卷一三〇至卷二七〇
天文　輿地

清會典圖

下册

中華書局影印

清會典圖下册目録

欽定大清會典圖卷一百三十

天文二十四 五星一

用土星三次衡日求本輪均輪半徑及最高圖

一

用土星三次衡日求本輪均輪半徑及最高圖

二

用土星三次衡日求本輪均輪半徑及最高圖

三

用土星三次衡日求本輪均輪半徑及最高圖

四

土星均數圖

用木星三次衡日求本輪均輪半徑及最高圖

一

用木星三次衡日求本輪均輪半徑及最高圖

二

用木星三次衡日求本輪均輪半徑及最高圖

三

用木星三次衡日求本輪均輪半徑及最高圖

四

木星均數圖

五星圖一

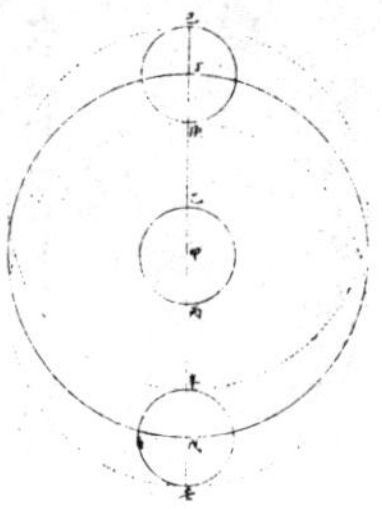

五星之行。各有其道。各有其極。與太陰白道之交於黃道同理。其行度有平行。有自行。有距日行。其輪有本輪。有均輪。有次輪。大概相同而細較之。有不同者。以平行言之。土木火三星各有平行。金水二星。即以太陽之平行為平行。以自行言之。土木火金四星之次輪心。皆行倍引數。水星之次輪心。則行三倍引數。以次輪大小言之。土木金水四星之次輪半徑皆有定數。火星次輪在本天最高則大。最卑則小。又視太陽在最高則大。最卑則小。以次輪行度言之。土木火三星。皆行距日度。金水二星。自有行度。以緯行言之。土木火三星。皆有本天。與黃道相交。以生緯度。次輪斜交本天。其面又與黃道平行。能加減其緯度。金水二星。本天即為黃道。本無緯度。因次輪斜交黃道以生緯度以伏見言之。土木火三星。皆有合有衝。金水二星。則有合有退合而無衝也。至輪心之行。本輪心皆行於本天。右旋。均輪從本輪最高左旋。土木火金四星之次輪心。從均輪最近。右旋。水星之次輪心。從均輪最遠。右旋。五星皆從次輪最遠。右旋。五星次輪。皆大於均輪。土木火三星之次輪半徑最大。與日天半徑略等。星距次輪最遠之度。又與次輪心距日之度等。以星行距日之迹觀之。則成繞日之形。其實五星皆以地為心也。如圖。甲為地心。乙丙為日本天。土木二星。本天大。次輪小。丁戊為二星本天。己庚與辛壬。皆為次輪。如日在乙。次輪心在丁。星在己。日行至丙。星亦行至庚。庚丙之相距。與己乙之相距等也。或日在丙。次輪心在戊。星在壬。日行至乙。星亦行至辛。辛乙之相距。與壬丙之相距等也。

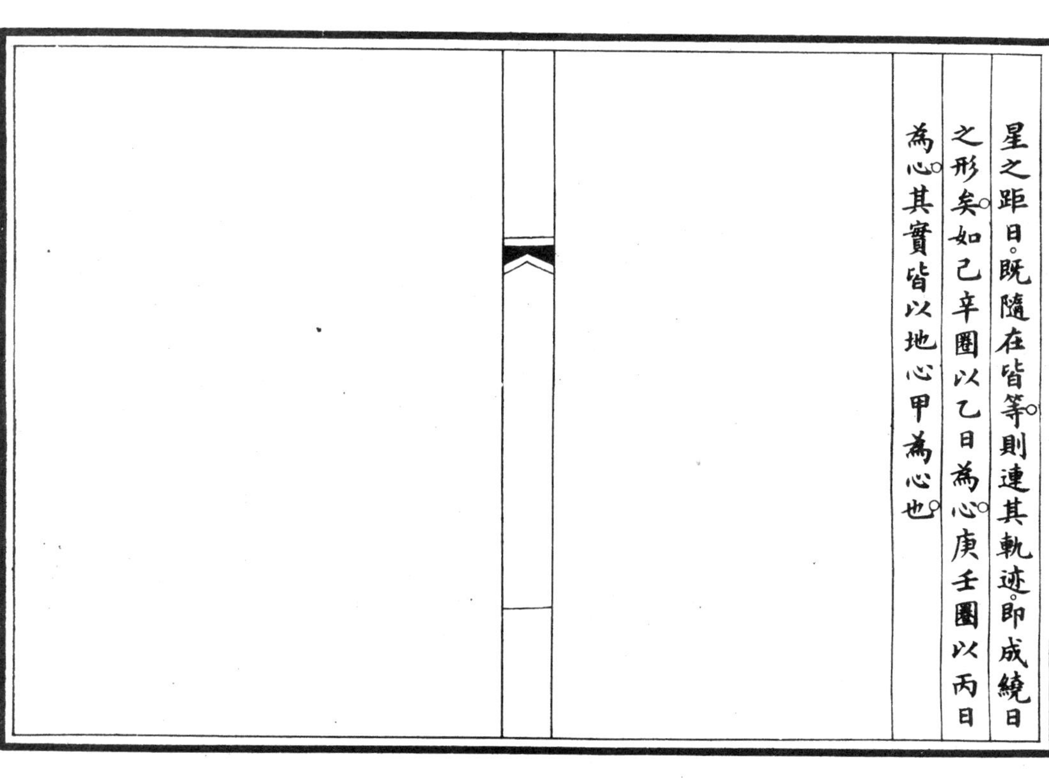

星之距日。既隨在皆等。則連其軌迹。即成繞日之形矣。如己辛圈以乙日為心。庚壬圈以丙日為心。其實皆以地心甲為心也。

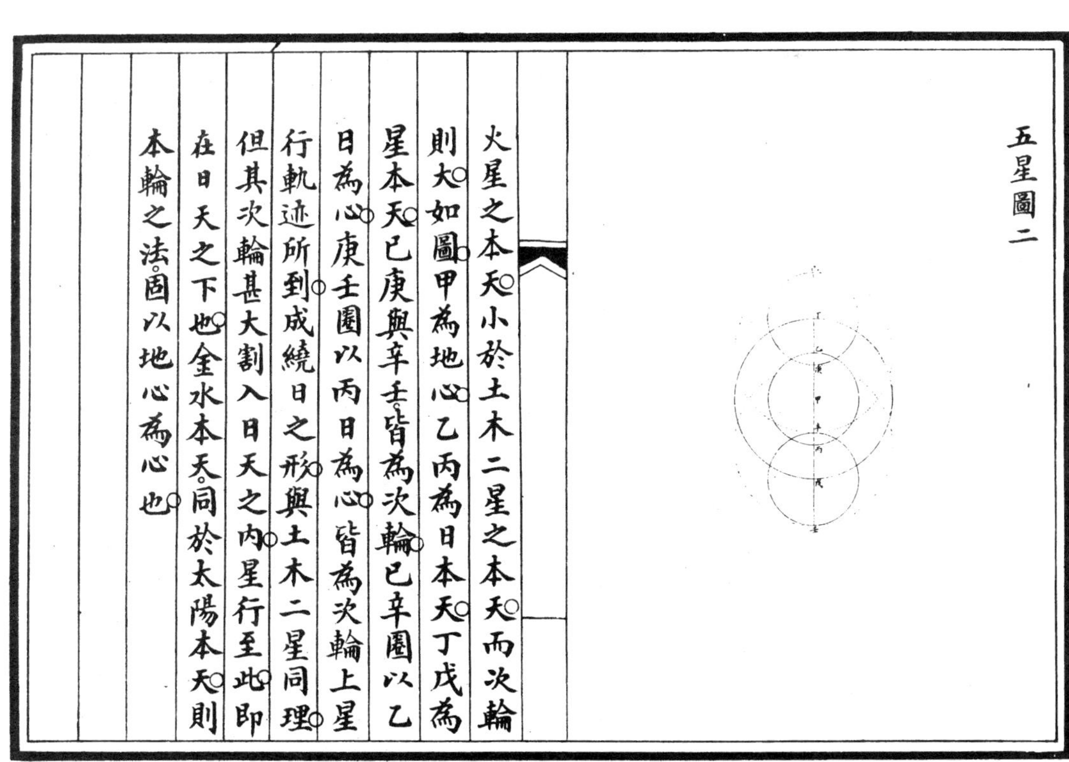

五星圖二

火星之本天。小於土木二星之本天。而次輪則大。如圖。甲為地心。乙丙為日本天。丁戊為星本天。己庚與辛壬。皆為次輪。己辛圈以乙日為心。庚壬圈以丙日為心。皆為次輪上星行軌迹所到。成繞日之形。與土木二星同理。但其次輪甚大。割入日天之內。星行至此。即在日天之下也。金水本天。同於太陽本天。則本輪之法。固以地心為心也。

五星圖三

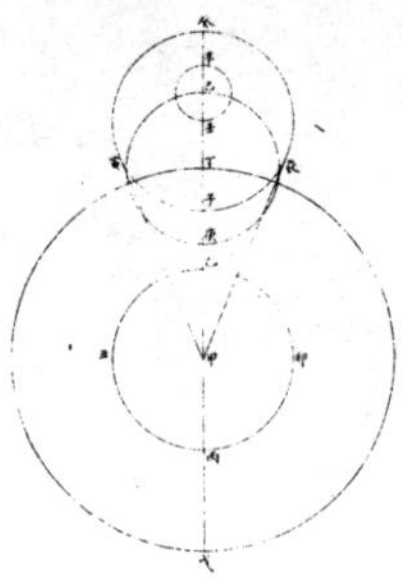

五星衡伏留退俱生於次輪星與日與地參直之時日在星與地之閒則星為日掩是為合伏地在星與日之閒則星與日相距半周天正相對照如月之望是為衡星在日與地之閒則星正當日之下如月之朔此時星必在次輪下半退行故為退伏土木火三星能距日半周天故有合有衡而無退合又星本天甚遠衡時雖遇緯度相合之時地影所不及故不為所掩金水二星之本輪以日為心常繞日行不能與日相距半周天故止有合有退合而無衡星在次輪上半周行見為順在次輪下半周行見為退在次輪左右雖行而不見其行見為留以土木火三星論之如圖甲為地心乙丙為日本天丁戊為星本天俱以甲為心己庚為本輪以丁為心辛壬為均輪以己為心癸子為次輪以壬為心太陽在乙本輪心在丁無距日度星在次輪之最遠癸自地心甲計之日在星與地之閒成一直綫星伏而不見為合伏設太陽在丑本輪心丁距日九十餘度則星從合伏癸亦行九十餘度至寅自地心甲計之星自上而下成一直綫不見其行為前留（或曰順留）設太陽在丙本輪心丁距日半周則星從合伏癸亦行半周至最近子自地心甲計之地在星與日之閒成一直綫為衡設太陽在卯本輪心丁距日二百六十餘度則星從合伏癸亦行二百六十餘度至辰自地心甲計之星自下而上成一直綫不見其行為後留（或曰退留）迨太陽復至乙與本輪心丁參直而星亦復至最遠癸又為合伏矣凡星在辰癸寅上弧則順輪心行自西而東故其行為順為疾星在寅子辰下弧則逆輪心

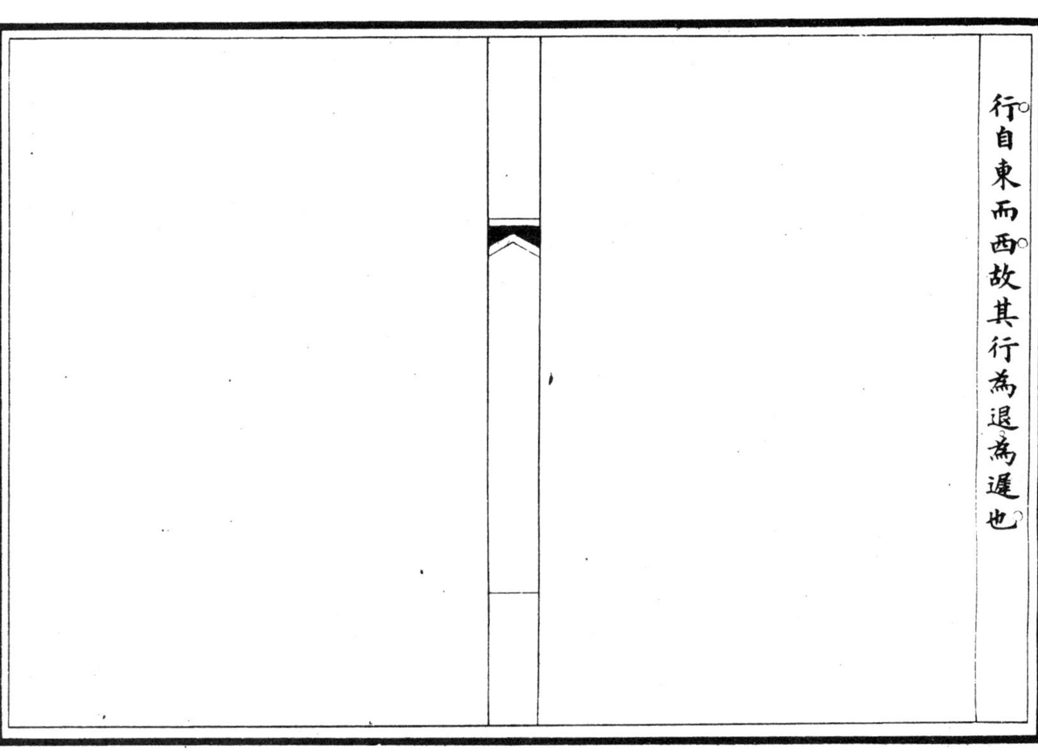

行。自東而西。故其行為退為遲也。

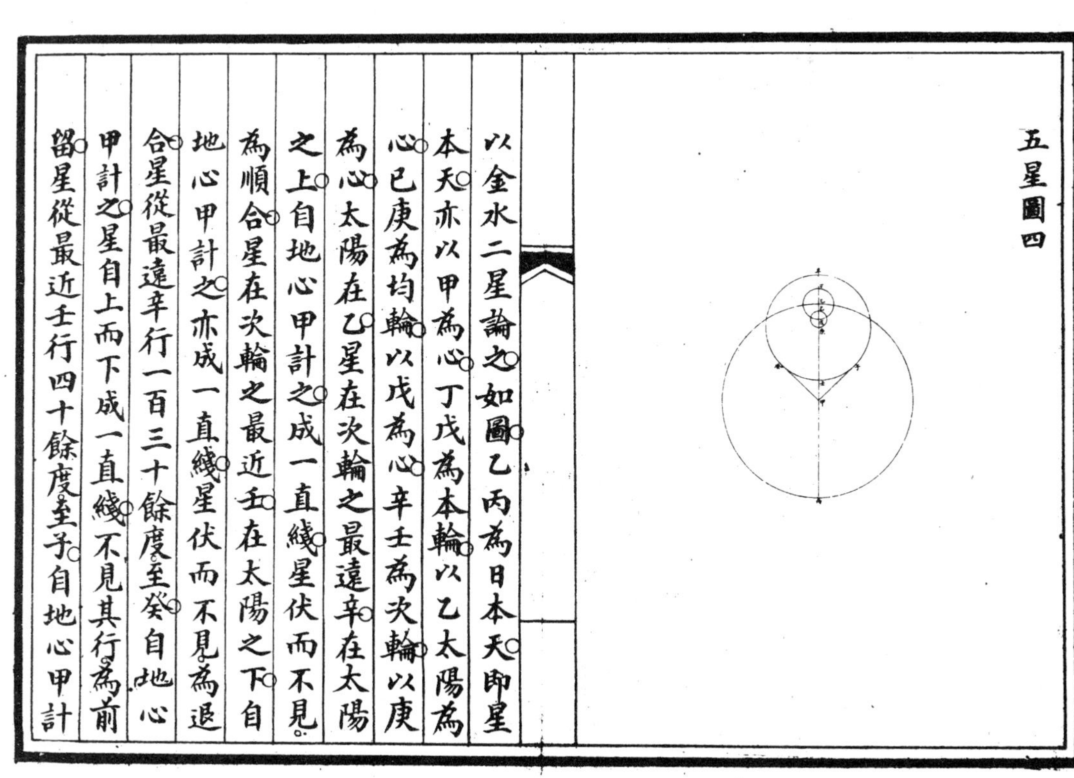

五星圖四

以金水二星論之。如圖。乙丙為日本天。即星本天。亦以甲為心。丁戊為本輪。以乙太陽為心。己庚為均輪。以戊為心。辛壬為次輪。以庚為心。太陽在乙。星在次輪之最遠辛。在太陽之上。自地心甲計之。成一直綫。星伏而不見。為順合。星在次輪之最近壬。在太陽之下。自地心甲計之。亦成一直綫。星伏而不見。為退合。星從最遠辛行一百三十餘度至癸。自地心甲計之。星自上而下。成一直綫。不見其行。為前留。星從最近壬行四十餘度至子。自地心甲計之。星自下而上成一直綫。不見其行。爲後留。凡星行子辛癸上弧。爲順。爲疾。行癸壬子下弧。爲退。爲遲。與土木火三星同也。

五星圖五

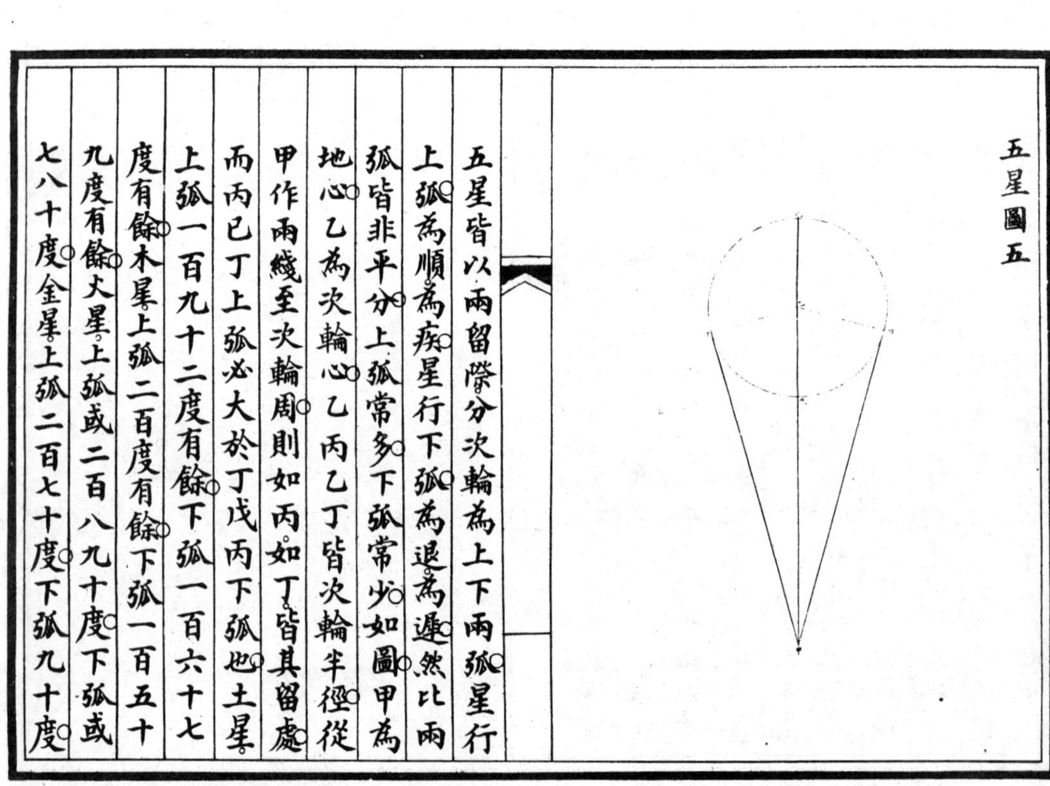

五星皆以兩留際分次輪爲上下兩弧。星行上弧。爲順。爲疾。星行下弧。爲退。爲遲。然比兩弧皆非平分。上弧常多。下弧常少。如圖甲爲地心。乙爲次輪心。乙丙乙丁皆次輪半徑。從甲作兩綫至次輪周。則如丙。如丁。皆其留處。而丙己丁上弧必大於丁戊丙下弧也。土星。上弧一百九十二度有餘。下弧一百六十七度有餘。木星。上弧二百度有餘。下弧一百五十九度有餘。火星。上弧或二百八九十度。下弧或七八十度。金星。上弧二百七十度。下弧九十度。

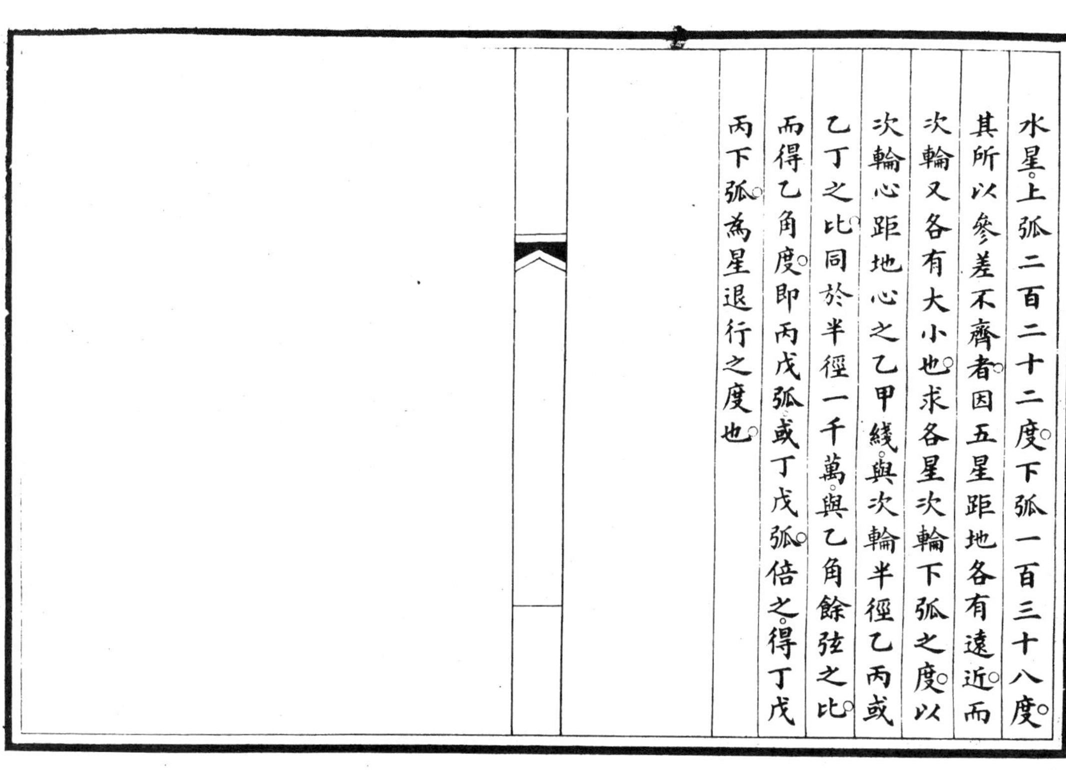

水星上弧二百二十二度。下弧一百三十八度。其所以參差不齊者。因五星距地各有遠近。而次輪又各有大小也。求各星次輪下弧之度。以次輪心距地心之乙甲綫。與次輪半徑乙丙或乙丁之比。同於半徑一千萬。與乙角餘弦之比。而得乙角度。即丙戊弧。或丁戊弧。倍之。得丁戊丙下弧。為星退行之度也。

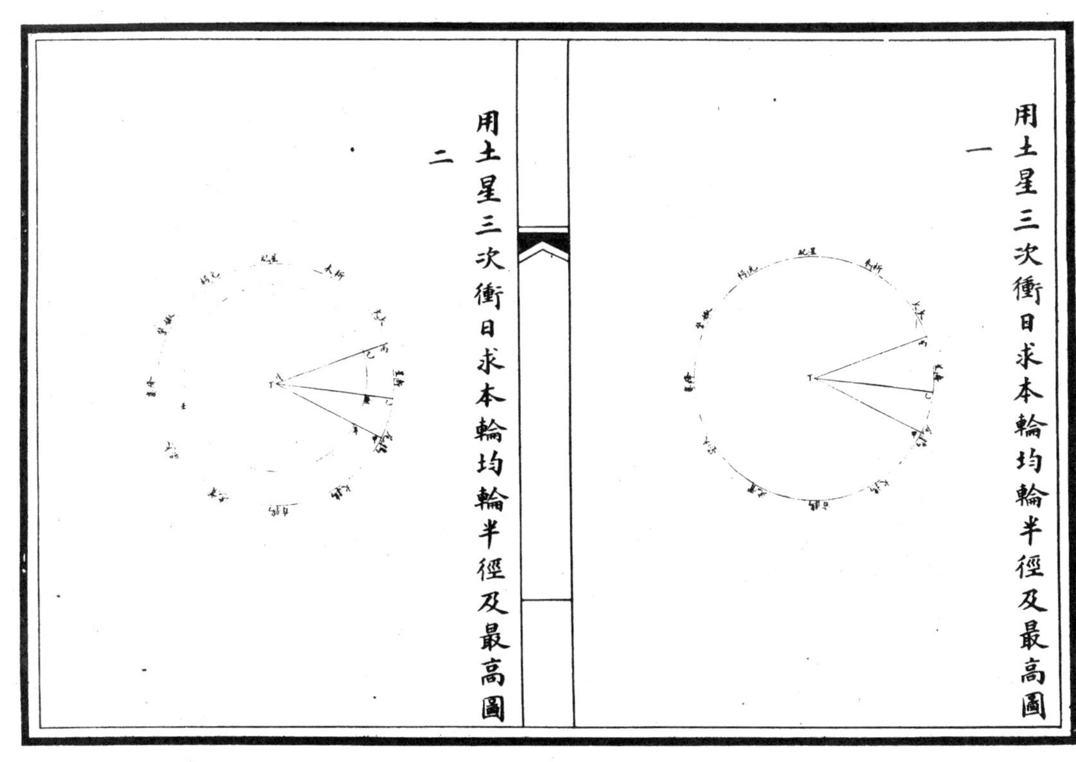

用土星三次衡日求本輪均輪半徑及最高圖一

用土星三次衡日求本輪均輪半徑及最高圖二

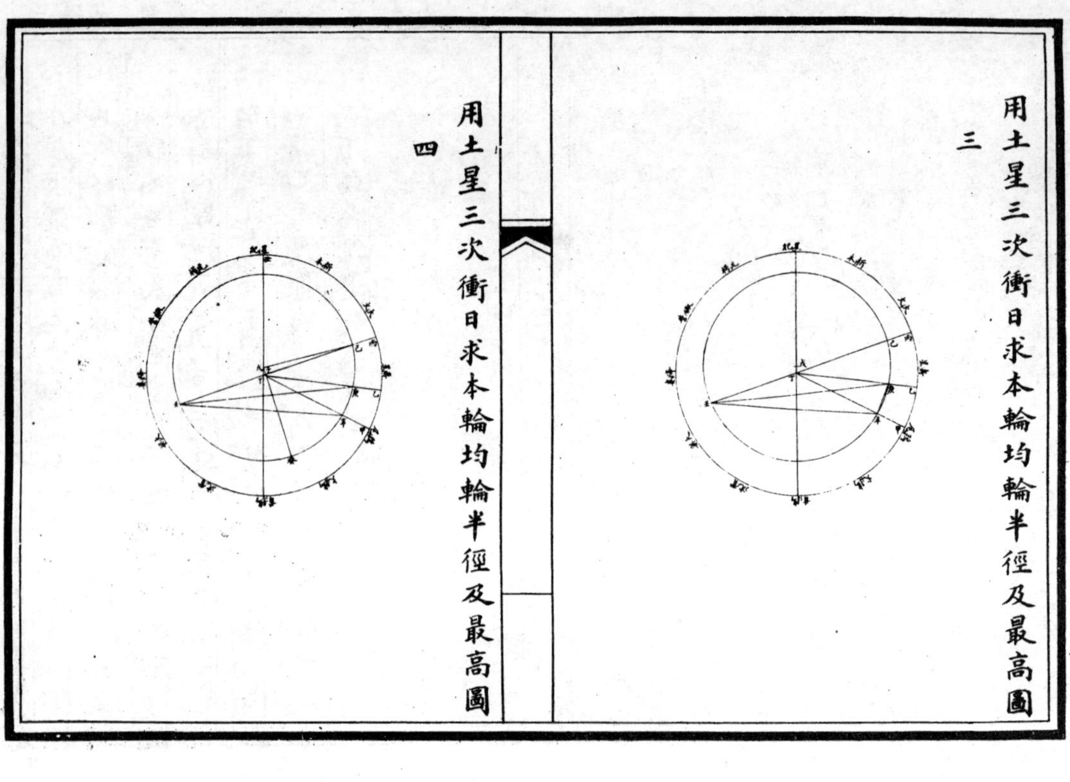

土星之初均數。生於本輪半徑。而求本輪半徑。須用三次衝日。蓋星衝日之時。星在次輪最近點。無次均數。故測諸星本輪半徑者。必俟此時。西人第谷。用土星三次衝日。測得兩心差為本天半徑十萬分之一萬一千六百二十八。後又定兩心差為本天半徑千萬分之一百一十六萬二千。本輪半徑為本天半徑千萬分之八十六萬五千五百八十七。比四分之三小。比三分之二大。均輪半徑為本天半徑千萬分之二十九萬六千四百一十三。比四分之一大。比三分之一小。最高在析木宮二十六度二十分二十七秒。每年最高行一分二十秒一十二微。案用土星三次衝日。始於西人多祿某。於漢永建二年丁卯。測得兩心差。為本天半徑十萬分之一萬一千七百七十二。用其四分之三。為本輪半徑。四分之一。為均輪半徑。最高在大火宮二十三度。後因其數與天行不合。又改兩心差為本天半徑十萬分之一萬一千二百七十七。至明正德九年甲戌。西人歌白泥。復測得兩心差為本天半徑十萬分之一萬二千。最高在析木宮二十七度三十五分。相距一千三百八十七年。而兩次所測最高。相差三十四度三十五分。乃以三十四度三十五分為實。一千三百八十七年為法。除之。得每年最高行一分二十九秒四十六微。今第谷所測。則明萬歷十八年庚寅也。用其數推算均數。與天行密合。今仍用其數。其測法。如第

一圖第一次衡日。日躔娵訾宮一度零三分二十七秒。土星在鶉尾宮一度零三分二十七秒。如甲。第二次衡日。日躔娵訾宮二十一度四十七分三十九秒。土星在鶉尾宮二十一度四十七分三十九秒。如乙。第三次衡日。日躔降婁宮一十六度五十一分二十八秒。土星在壽星宮一十六度五十一分二十八秒。如丙。第一次衡日。距第二次衡日。一萬一千三百四十三日五時三十六分。其實行相距二十度四十四分一十二秒。（即鶉尾宮甲點距乙點之度。亦即甲丁乙角。於第二次實行度內。減去第一次實行度。即得。）其平行相距一十九度五十九分五十四秒。（以每日平行度與距日相乘。減去全周。即得。）第二次衡日。距第三次衡日。七百五十五日二十時三十一分。其實行相距二十五度零三分四十九秒。（即鶉尾宮乙點距壽星宮丙點之度。亦即乙丁丙角。於第三次實行度內。減去第二次實行度。即得。）其平行相距二十五度一十九分一十六秒。乃用不同心圈立法算之。如第二圖。任取戊點為心。作己庚辛壬不同心圈。則辛庚弧即第一次距第二次之平行度一十九度五十九分五十四秒。庚己弧。即第二次距第三次之平行度二十五度一十九分一十六秒。爰從戊點過地心丁至圜周二界作一綫。為最高綫。如第三圖。戊丁即兩心差。又引丙丁綫至壬。自壬至甲丁乙丁二綫所割庚辛二點。作壬庚。壬辛。二綫自庚至辛。又作庚辛綫。即成壬丁辛。壬丁庚。壬庚辛。三三角形。以求本天半徑與兩心差之比例。先用壬丁辛三角形。求壬辛邊。此形有壬角二十二度三十九分三十五秒。（壬為界角。當辛己弧。以辛庚庚己兩弧相加。折半。即得。）有丁角一百三十四度一十一分五十九秒。（即甲丁丙角之餘。）設丁壬邊為一〇〇〇〇〇〇〇。求得壬辛邊一八二四二六三九。次用壬丁庚三角形。求壬庚邊。此形有壬角一十二度三十九分三十八秒。（以庚己弧折半。即得。）有丁角一百五十四度五十六分一十一秒。（即乙丁丙角之餘。）設丁壬邊為一〇〇〇〇〇〇〇。求得壬庚邊一九七二二九五四。末用壬庚辛三角形。求庚角。此形有壬辛邊一八二四二六三九。有壬庚邊一九七二二九五四。有壬角九度五十九分五十七秒。（以辛壬丁角與庚壬丁角相減。即得。）求得庚角六十度五十八分四十秒。倍之。得一百二十一度五十七分二十秒。為辛壬弧。與辛己弧四十五度一十九分一十秒相加。得一百六十七度一十六分三十秒。為己辛壬弧。於是以本天半徑命為一〇〇〇〇〇〇〇。各用八綫表求其通弦。則辛壬弧之通弦為一七四八八六三二。己壬弧之通弦為一九八七六八一三。乃用比例法。變先設之丁壬邊為同比例數。以先得之辛壬邊一八二四二六三九。與先設之丁壬一〇〇〇〇〇〇〇之比。即同於今所察之辛壬通弦一七四八八六三二。與今所求之丁壬邊之比。而得丁壬邊九五八六六七九。又平分己辛壬弧於癸。如第四圖。作戊癸綫。平分己壬通弦於子。得子壬九九三八四〇七。内減去丁壬九五八六六七九。餘子丁三五一七二八。又以己癸弧八十三度三十八分一十五秒。與九十度相減。餘六度二十一分四十五秒。為戊己子角。（戊己子為直角三角形。戊角當己癸弧。故己角為己癸弧減象限之餘。）故察其正弦。得一一〇八一八五。為戊子。乃用戊子丁句股形。以戊子為股。子丁為句。求得戊丁弦一一六二六六三。為兩心差也。至求最高之法。亦用戊子丁直角三角形。求丁角。此形有三邊。有子直角。求得丁角七十二度二十三分二十八秒。即第三次衝日土星距最高丑點之度也。

土星均數圖

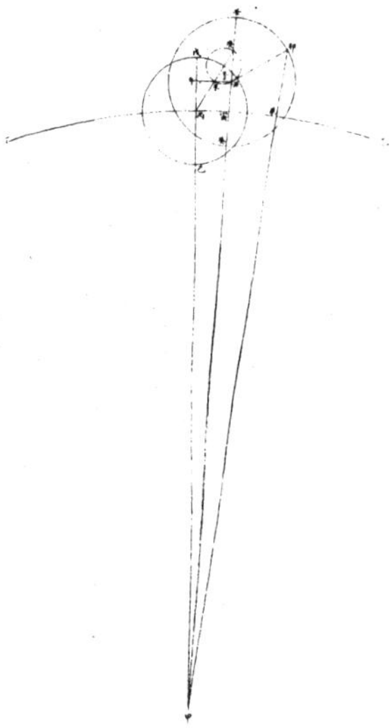

求土木火三星平行度。用前後兩測法。求兩心差。本輪均輪諸半徑。用三次衝日法。得土星周率三百七十八日八刻一十三分五十三秒三十八微四十一纖一十六忽四十八芒。而行次輪一周。每日在次輪周行五十七分零七秒四十三微四十一纖四十四忽三十三芒。一名歲行。每日本輪心平行經度二分零三十六微零八纖零七忽零六芒。兩心差爲本天半徑一千萬之一百一十六萬二千。乃本輪半徑均輪半徑相併之數。本輪半徑八十六萬五千五百八十七。最高每年行一分二十秒一十二微。均輪半徑二十九萬六千四百一十三。次輪半徑一百零四萬二千六百。如圖甲爲地心。即本天心。乙丙丁爲本天之一弧。丙甲爲本天半徑。戊己爲本輪全徑。戊丙爲半徑。戊爲最高。己爲最卑。庚辛爲均輪全徑。庚子爲半徑。庚爲最遠。辛爲最近。此遠近。以距本輪心言。壬癸爲次輪全徑。壬丑爲半徑。壬爲最遠。癸爲最近。此遠近。以距地心言。本輪心。從本天冬至度。右旋。（本天上與黃道冬至相對之度）爲經度。均輪心。從本輪最高戊。左旋。爲引數。即自行度。次輪心。從均輪最近辛。右旋。爲倍引數。星從次輪最遠壬。右旋。行本輪心距太陽之度。爲距日度。設均輪心。在本輪最高戊。爲自行初宮初度。次輪心。在均輪最近辛。合伏時。星在次輪最遠壬。衝太陽時。星在次輪最近癸。與地心甲同一直綫。無均數。如均輪心。從最高戊行三十度。至子。爲自行一宮初度。次輪心。則從均輪最近辛行六十度。至丑。若星在次輪之最遠壬。或最近癸。則與次輪心丑。同在一直綫。從地心甲計之。當本天之寅

丙甲寅角。為初均數。無次均數。求初均數用丙辛午直角三角形。求辛午。午丙二邊。午直角九十度。丙角三十度。辛角六十度。辛丙邊五十六萬九千一百七十四。本輪半徑內減均輪半徑之數求得辛午邊二十八萬四千五百八十七。午丙邊四十九萬二千九百一十九。以午丙加丙甲本天半徑一千萬。得一千零四十九萬二千九百一十九。為午甲邊。以辛午加丑辛六十度通弦二十九萬六千四百一十三。得丑午邊五十八萬一千。乃用午甲丑直角三角形。求得甲角三度一十分零九秒。即寅丙弧。為初均數。是為減差。以減平行得實行。又求得丑甲邊一千零五十萬八千九百九十一。為次輪心距地心數。若星從次輪最遠壬。過癸。行三百度至卯。從地心甲計之。當本天之辰。寅甲辰角即次均數。求次均數用丑甲卯三角形。求甲角度。丑角一百二十度。於壬癸卯弧三百度內減壬癸半周。餘癸卯弧。即丑角度。以與卯丑次輪半徑丑甲次輪心距地心數。求得甲角四度五十四分一十八秒。即辰寅弧。為次均數。以與初均數相加。得辰丙弧八度零四分二十七秒。亦為減差。以減平行得實行。凡午丙邊。在本輪心丙之上者。皆與本天半徑相加。在本輪心丙之下者。皆與本天半徑相減。凡實行不及平行者。皆為減差。過於平行者皆為加差。

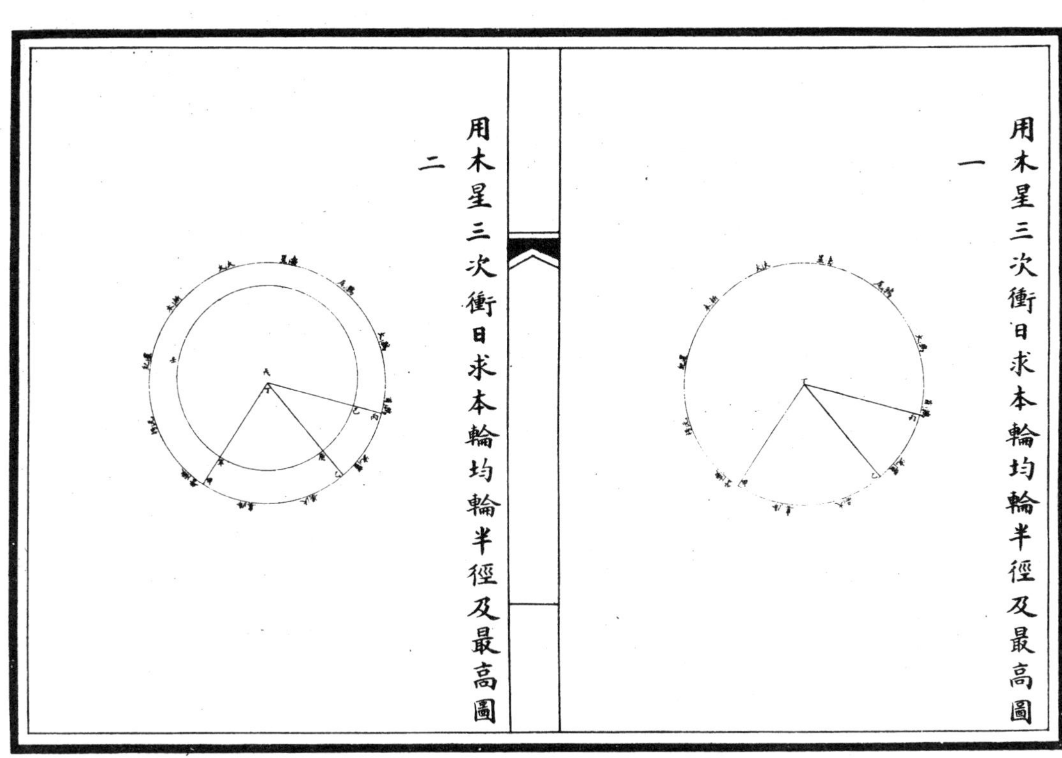

用木星三次衡日求本輪均輪半徑及最高圖　一

用木星三次衡日求本輪均輪半徑及最高圖　二

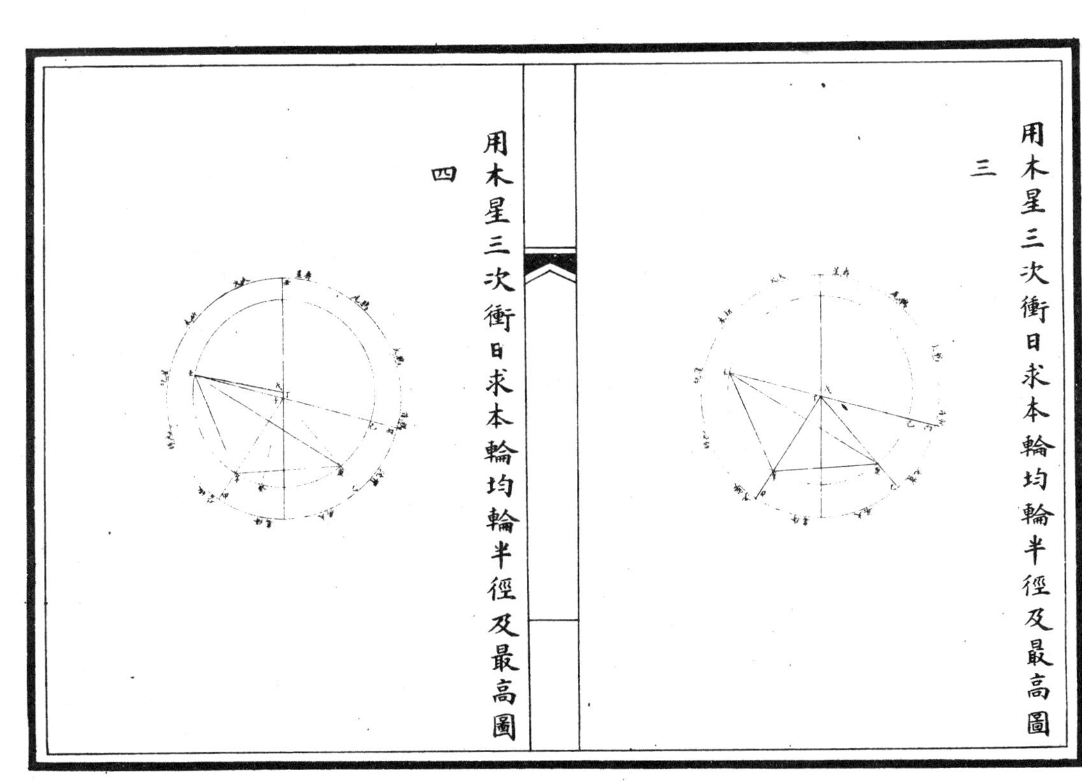

用木星三次衡日求本輪均輪半徑及最高圖　三

用木星三次衡日求本輪均輪半徑及最高圖　四

測木星本輪半徑法。與土星同。西人第谷。用木星三次衝日。測得兩心差為本天半徑十萬分之九千五百四十。後又定兩心差為本天半徑千萬分之九十五萬三千三百。本輪半徑為本天半徑千萬分之七十萬五千三百二十。（比四分之三小。比三分之二大。）均輪半徑為本天半徑千萬分之二十四萬七千九百八十。（比四分之一大。比三分之一小。）最高在壽星宮八度四十分。每年最高行五十七秒五十二微。（案西人多錄某。於漢陽嘉二年癸酉。測得兩心差。為本天半徑十萬分之八千九百零二。用其四分之三。為本輪半徑。四分之一。為均輪半徑。最高在鶉尾宮一十一度。後因其數與天行不合。又改兩心差為本天半徑十萬分之九千一百七十。至明嘉靖八年己丑。西人歌白泥。復測得兩心差為本天半徑十萬分之一萬一千九百三十。最高在壽星宮六度二十分。相距一千三百九十六年。兩次所測最高相差二十五度二十分。因知每年最高行一分零五秒二十微。今第谷所測則明萬曆二十八年庚子也。）用其數推算均數。與天行密合。今仍用其數。其測法。如第一圖。第一次衝日。日躔鶉尾宮七度三十一分四十九秒。木星在娵訾宮七度三十一分四十九秒。如甲。第二次衝日。日躔大火宮二十度五十六分。木星在大梁宮二十度五十六分。如乙。

第三次衝日。日躔析木宮二十五度五十二分二十七秒。木星在實沈宮二十五度五十二分二十七秒。如丙。第一次衝日。距第二次衝日。八百零四日一十五時三十五分。其實行相距七十三度二十四分一十一秒。（即娵訾宮甲點距大梁宮乙點之度。亦即甲丁乙角。於第二次實行度內。減去第一次實行度。即得。）其平行相距六十六度五十三分二十秒。（以每日平行度與距日相乘。即得。）第二次衝日。距第三次衝日。三百九十九日一十四時四十四分。其實行相距三十四度五十六分二十七秒。（即大梁宮乙點距實沈宮丙點之度。亦即乙丁丙角。於第三次實行度內。減去第二次實行度。即得。）其平行相距三十三度一十三分零八秒。乃用不同心圈立法算之。如第二圖。任取戊點為心。作己庚辛壬不同心圈。則辛庚弧。即第一次距第二次之平行度六十六度五十三分二十秒。庚己弧。即第二次距第三次之平行度三十三度一十三分零八秒。爰從戊點過地心丁至圜周二界作一綫。為最高綫。如第三圖。戊丁即兩心差。又引丙丁綫至壬。自壬至甲丁乙丁二綫所割庚辛二點。作壬庚壬辛二綫。自庚至辛又作庚辛綫。即成壬丁辛壬丁庚。壬庚辛。三三角形。以求本天半徑與兩心差之比例。先用壬丁辛三角形。求壬辛邊。此形。有壬角五十度零三分一十四秒。（壬為界角。當辛乙弧。以辛庚庚乙兩弧相加。折半。即得。）有丁角七十一度三十九分二十二秒。（即甲丁丙角之餘。）設丁壬邊為一○○○○○○○求得壬辛邊一一一五七四三六。次用壬丁庚三角形。求壬庚邊。此形。有壬角一十六度三十六分三十四秒。（以庚乙弧折半。即得。）有丁角一百四十五度零三分三十三秒。（即乙丁丙角之餘。）設丁壬邊為一○○○○○○○求得壬庚邊一八二一○○九一。末用壬庚辛三角形。求庚角。此形。有壬辛邊一一一五七四三六。有壬庚邊一八二一○○九一。有壬角三十三度二十六分四十秒。（以辛壬丁角與庚壬丁角相減。即得。）求得庚角三十四度三十八分二十八秒。倍之。得六十九度一十六分五十六秒。為辛壬弧。與辛己弧一百度零六分二十八秒相加。得一百六十九度二十三分二十四秒。為己辛壬弧。於是以本天半徑命為一○○○○○○○。各用八綫表求其通弦。則辛壬弧之通弦為一一三六八六八二。己壬弧之通弦為一九九一四三三二。乃用比例法。變先設之丁壬邊為同比例數。以先得之辛壬邊一一一五七四三六。與先設之丁壬一○○○○○○○之比。即同於今所察之辛壬通弦一一三六八六八二。與今所求之丁壬邊之比。而得丁壬邊一○一八九三三二。又平分己辛壬弧於癸。如第四圖。作戊癸綫。平分己壬通弦於子。得子壬九九五七一六六。與丁壬一○一八九三三二相減。餘子丁二三二一六六。又以壬癸弧八十四度四十一分四十二秒。與九十度相減。餘五度一十八分一十八秒。為戊壬子角。（戊壬子為直角三角形。戊角當壬癸弧。故壬角為壬癸弧減象限之餘。）察其正弦。得九二四五七五。為戊子。乃用戊子丁句股形。以戊子為股。子丁為句。求得戊丁弦九五三二七八。為兩心差也。至求最高之法。亦用戊子丁直角三角形。求丁角。此形。有三邊。有子直角。求得丁角七十五度五十四分一十五秒。與半周相減。餘一百零四度零五分四十五秒。為戊丁己角。即第三次衝日木星距最高丑點之度也。

木星均數圖

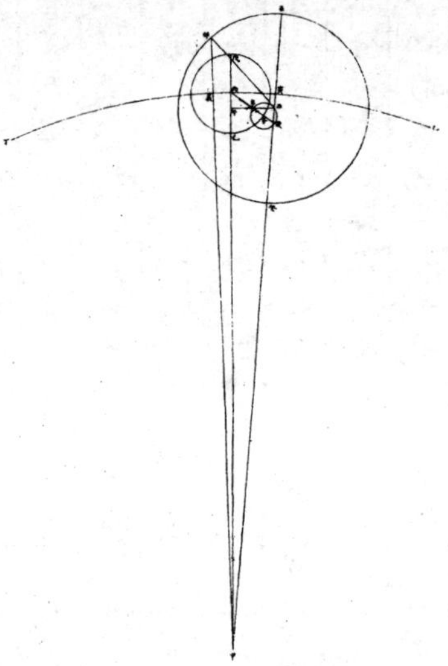

木星周率三百九十八日八十五刻一分二十六秒一十五微二十一纖三十六忽。而行次輪一周。每日在次輪周行五十四分零九秒零二微四十二纖四十七忽三十二芒。每日本輪心平行經度四分五十九秒一十七微零七纖零四忽零七芒。兩心差為本天半徑一千萬之九十五萬三千三百。如庚子加戊丙之數。本輪半徑七十萬五千三百二十。如戊丙。最高戊每年行五十七秒五十二微。均輪半徑二十四萬七千九百八十。如庚子。次輪半徑一百九十二萬九千四百八十。如壬丑。設自行初宮初度。合伏時。衝太陽時。星與戊甲同一直綫。無均數。如均輪心。從最高戊行一百二十度。至子。為自行四宮初度。次輪心。則從均輪最近辛。過庚。行二百四十度。至丑。若星在次輪之最遠壬。或最近癸。則與次輪心丑。同在一直綫。從地心甲計之。當本天之寅丙甲寅角。為初均數。無次均數。求初均數。與土星同法。惟丙午邊在本輪心丙之下。以丙午二十二萬八千六百七十一。減丙甲本天半徑一千萬。餘九百七十七萬一千三百二十九。為午甲邊。以辛午三十九萬六千零六十九。加辛丑一百二十度通弦四十二萬九千五百一十四。得丑午邊八十二萬五千五百八十三。求得甲角四度四十九分四十六秒。即寅丙弧。為初均數。是為減差。以減平行得實行。若星從次輪最遠壬行四十五度。至卯。從地心甲計之。當本天之辰寅甲辰角。即次均數。用丑甲卯三角形。求甲角次均數。亦與土星同法。丑角一百三十五度。於半周內減壬卯弧四十五度。餘卯癸弧。即丑角度。以與丑卯次輪半徑。丑甲次輪心

距地心數九百八十萬六千一百四十四。求得甲角六度五十七分四十九秒。即辰寅弧。為次均數。以與初均寅丙弧相減。餘辰丙弧二度零八分零三秒。為實行過於平行之度。是為加差。以加平行得實行。

欽定大清會典圖卷一百三十一

天文二十五　五星二

用火星三次衝日求本輪均輪半徑及最高圖一

用火星三次衝日求本輪均輪半徑及最高圖二

用火星三次衝日求本輪均輪半徑及最高圖三

用火星三次衝日求本輪均輪半徑及最高圖四

火星均數圖

用金星距太陽前後極遠度求最高及本輪均輪半徑圖一

用金星距太陽前後極遠度求最高及本輪均輪半徑圖二

用金星距太陽前後極遠度求最高及本輪均輪半徑圖三

用金星距太陽前後極遠度求最高及本輪均輪半徑圖四

金星均數圖

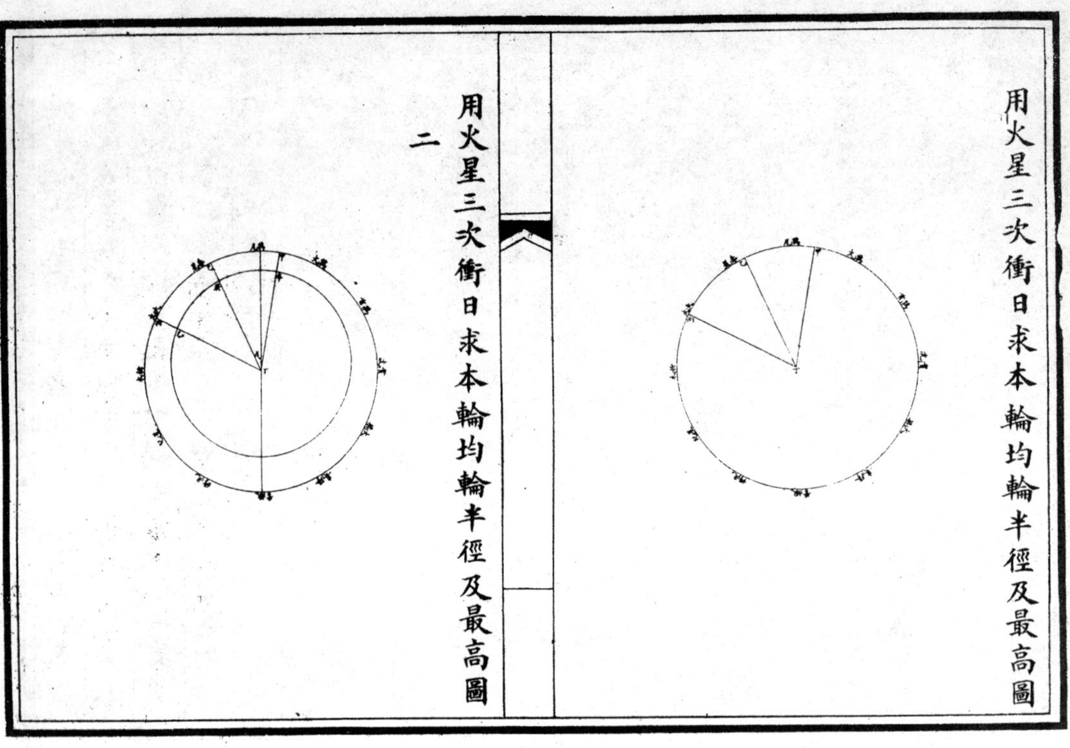

用火星三次衝日求本輪均輪半徑及最高圖

用火星三次衝日求本輪均輪半徑及最高圖二

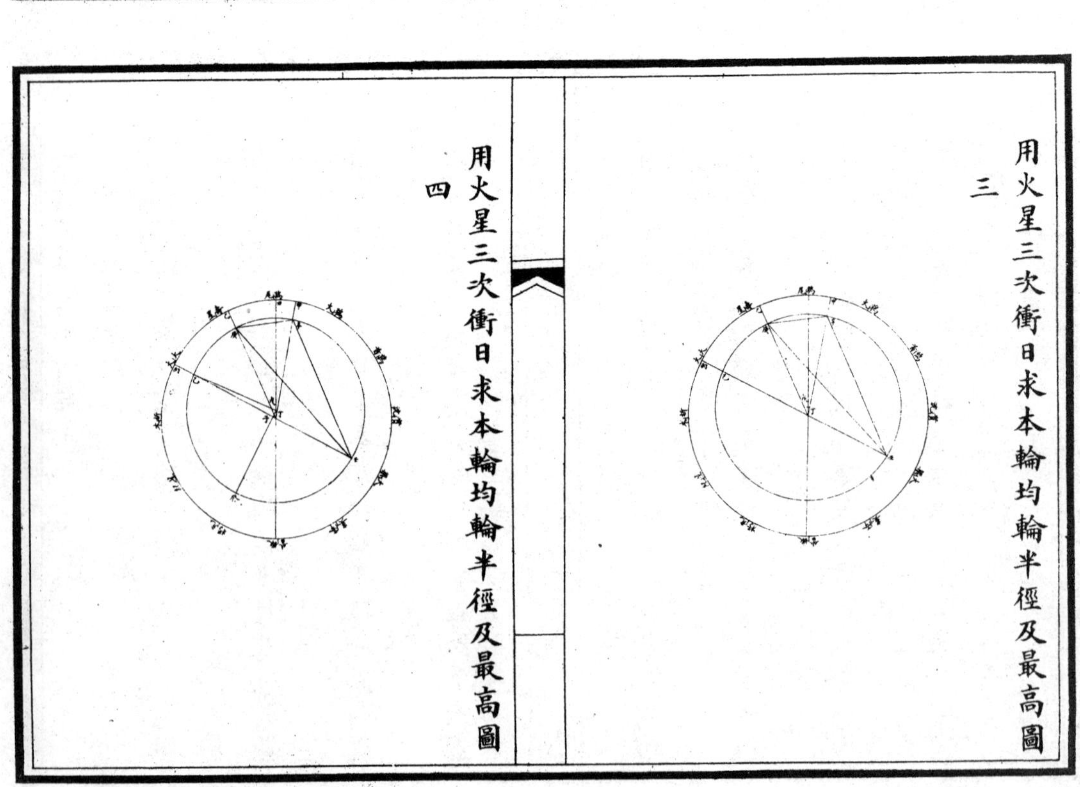

用火星三次衝日求本輪均輪半徑及最高圖三

用火星三次衝日求本輪均輪半徑及最高圖四

測火星本輪半徑法與土木二星同西人第谷用火星三次衝日測得兩心差為本天半徑千萬分之一百八十五萬五千本輪半徑為一百四十八萬四千兩心差之五分之四均輪半徑為三十七萬一千兩心差之五分之一最高在鶉火宮二十八度五十九分二十四秒每年最高行一分零七秒案西人多祿某於漢永和四年己卯測得兩心差為本天半徑十萬分之二萬一千八百六十一用其四分之三為本輪半徑四分之一為均輪半徑最高在鶉首宮二十五度二十九分後因其數與天行不合又改兩心差為本天半徑十萬分之二萬分至明嘉靖二年癸未西人歌白泥復測得兩心差為本天半徑十萬分之一萬九千六百最高在鶉火宮二十七度零一分相距一千三百八十四年而兩次所測最高相差三十一度三十二分因知每年最高行一分二十二秒零一微今第谷所測則明萬歷二十八年庚子也用其數推算均數與天行密合今仍用其數其測法如第一圖第一次衝日日躔元枵宮一十八度五十八分三十八秒火星在鶉火宮一十八度五十八分三十八秒如甲第二次衝日日躔娵訾宮二十三度二十二分火星在鶉尾宮二十三度二十二分如乙第三次衝日日躔大梁宮一度火星在大火宮一度如丙第一次衝日距第二次衝日七百六十四日一十二時三十二分其實行相距三十四度二十三分二十二秒即鶉火宮甲點距鶉尾宮乙點之度亦即甲丁乙角於第二次實行度內減去第一次實行度即得其平行相距四十度三十九分二十五秒以每日平行度與距日相乘減去全周即得第二次衝日距第三次衝日七百六十八日一十八時其實行相距三十七度三十八分即鶉尾宮乙點距大火宮丙點之度亦即乙丁丙角於第三次實行度內減去第二次實行度即得其平行相距四十二度五十二分三十五秒乃用不同心圈立法算之如第二圖任取戊點為心作己庚辛壬不同心圈則辛庚弧即第一次距第二次之平行度四十度三十九分二十五秒庚己弧即第二次距第三次之平行度四十二度五十二分三十五秒爰從戊點過地心丁至圈周二界作一綫為最高綫如第三圖戊丁即兩心差又引丙丁綫至壬自壬至甲丁乙丁二綫所割庚辛二點作壬辛壬庚二綫自庚至辛又作庚辛綫即成壬丁辛壬丁庚壬庚辛三三角形以求本天半徑與兩心差之比例先用壬丁辛三角形求壬辛邊此形有壬角四十一度四十六分壬為甲角當辛己弧以辛

庚庚己丙弧相加。折半即得有丁角一百零七度五十八分二十八秒。即甲乙丙角之餘設丁壬邊為一〇〇〇〇〇〇〇〇。求得壬辛邊一八八七七六二〇。次用壬丁庚三角形。求壬庚邊。此形有壬角二十一度二十六分一十七秒三十微。以庚己弧折半即得有丁角一百四十二度二十二分。即乙丁丙角之餘設丁壬邊為一〇〇〇〇〇〇〇。求得壬庚邊二一八九二六〇九。末用壬庚辛三角形。求庚角。此形。有壬辛邊一八八七七六二〇。有壬庚邊二一八九二六〇九。有壬角二十度一十九分四十二秒三十微。以辛壬丁角。與庚壬丁角相減。即得求得庚角五十七度二十五分一十五秒。倍之。得一百一十四度五十分三十秒。為辛壬弧。與辛己弧八十三度三十二分相加。得一百九十八度二十二分三十秒。為己辛壬弧。於是以本天半徑命為一〇〇〇〇〇〇〇。各用八綫表求其通弦。則辛壬弧之通弦為一六八五二九六五。己壬弧之通弦為一九七四三四二二。乃用比例法。變先設之丁壬邊為同比例數。以先得之辛壬邊一八八七七六二〇。與先設之丁壬邊一〇〇〇〇〇〇〇〇之比。即同於今所察之辛壬通弦一六八五二九六五。與今所求之丁壬邊之比。而得丁壬邊八九二七四八四。又平分己壬弧於癸。如第四圖。作戊癸綫。平分己壬通弦於子。得子壬九八七一七一一。內減去丁壬八九二七四八四。餘子丁九四四二二七。又以己癸弧八十度四十八分四十五秒。以己辛壬弧。與全周相減所餘折半即得與九十度相減。餘九度一十一分一十五秒。為戊己子角。戊己子為直角三角形。戊角當己癸弧。故己角為己癸弧減象限之餘察其正弦。得一五九六六五八。為戊子。乃用戊子丁句股形。以戊子為股。子丁為句。求得戊丁弦一八五四九六一。為兩心差也。至求最高之法。亦用戊子丁直角三角形。求丁角。此形有三邊。有子直角。求得丁角五十九度二十四分零三秒。即第三次衡日火星距最高丑點之度也。

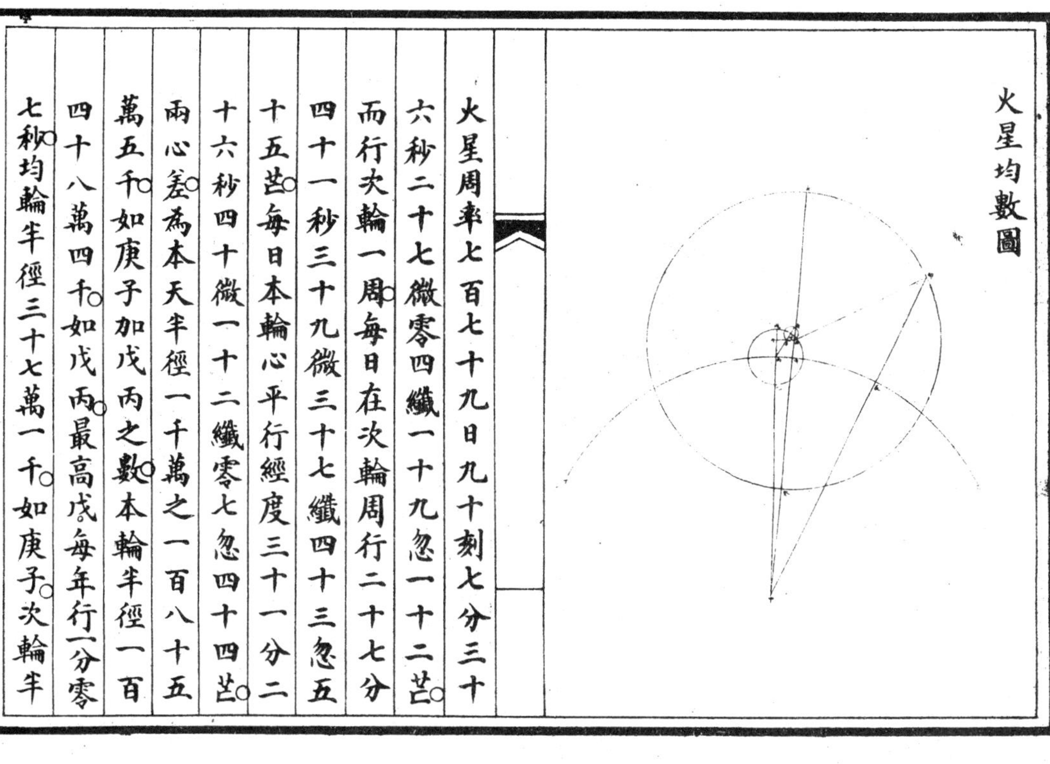

火星均數圖

火星周率七百七十九日九十刻七分三十六秒二十七微零四纖一十九忽一十二芒。而行次輪一周。每日在次輪周行二十七分四十一秒三十九微三十七纖四十三忽五十五芒。每日本輪心平行經度三十一分二十六秒四十微一十二纖零七忽四十四芒。兩心差為本天半徑一千萬之一百八十五萬五千。如庚子加戊丙之數。本輪半徑一百四十八萬四千。如戊丙。最高戊。每年行一分零七秒。均輪半徑三十七萬一千。如庚子。次輪半徑。如壬丑。隨時不同。太陽在最卑時。火星在最卑。其半徑為最小。六百三十萬二千七百五十。火星在最高。其半徑六百五十六萬一千二百五十。其較二十五萬八千五百。為本天高卑之大差。火星在最卑時。太陽在最高。其半徑六百五十三萬七千七百五十。與太陽在最卑時之最小半徑相較。餘二十三萬五千。為太陽高卑之大差。以兩高卑差。比例得由高及卑之次輪各半徑。設自行初宮初度。合伏時。衝太陽時。星與戊甲同一直綫。無均數。如均輪心。從最高戊行三十度。至子。為自行一宮初度。次輪心。則從均輪最近辛行六十度。至丑。若星在次輪之最遠壬。或最近癸。則與次輪心丑。同在一直綫。從地心甲計之。當本天之寅丙甲寅角。為初均數。無次均數。求初均數。與土木二星同法。惟用數各不同。求得甲角四度五十分零八秒。即寅丙弧。為初均數。是為減差。以減平行得實行。若星從次輪最遠壬。過癸。行三百度。至卯。從地心甲計之。當本天之辰寅甲辰角。即次均數。用丑甲卯三角形。求甲角。次均數。亦與土木二星同法。

惟用數各不同。求得甲角二十二度零三分二十七秒。即辰寅弧。為次均數。以與初均寅丙弧相加。得辰丙弧二十六度五十三分三十五秒。為實行不及平行之度。是為減差。以減平行得實行。求火星高卑差法。命火星本輪全徑為二千萬為一率。本天高卑大差二十五萬八千五百為二率。火星自行距最卑之正矢為三率。得四率為所求本天高卑差。又以太陽本輪全徑命二千萬為一率。太陽高卑大差二十三萬五千為二率。太陽自行距最卑之正矢為三率。得四率為所求太陽高卑差。以次輪最小之半徑六百三十萬二千七百五十。加所求本天高卑差。及太陽高卑差。即為本時次輪半徑。

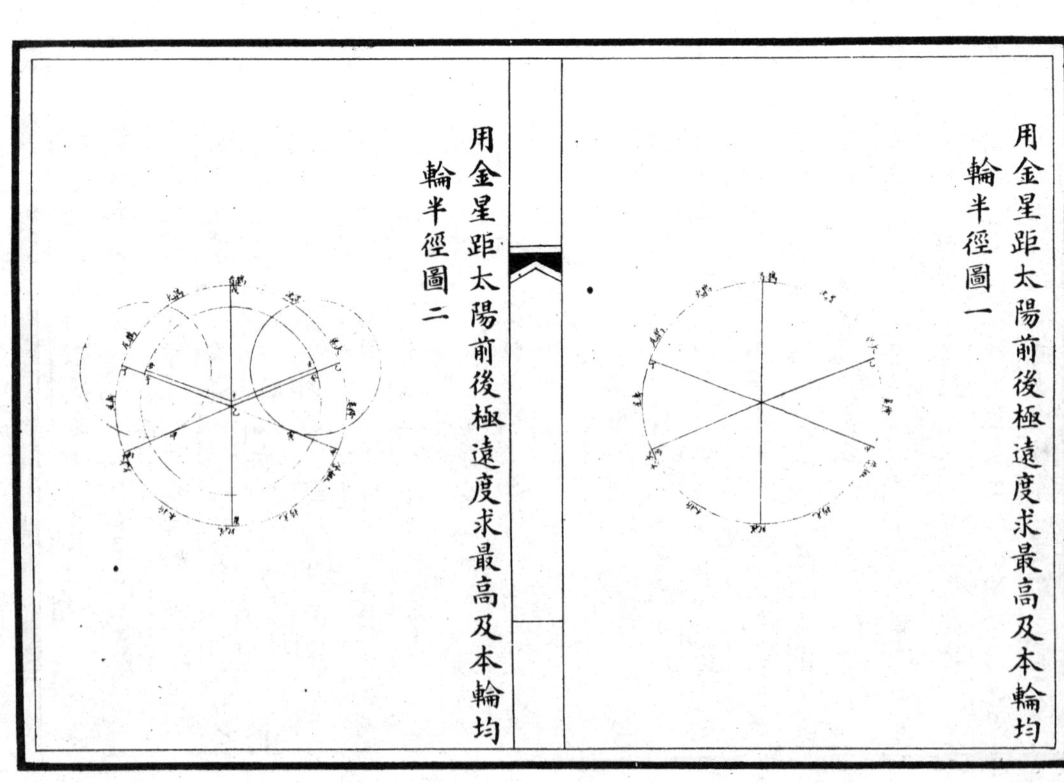

用金星距太陽前後極遠度求最高及本輪均輪半徑圖一

用金星距太陽前後極遠度求最高及本輪均輪半徑圖二

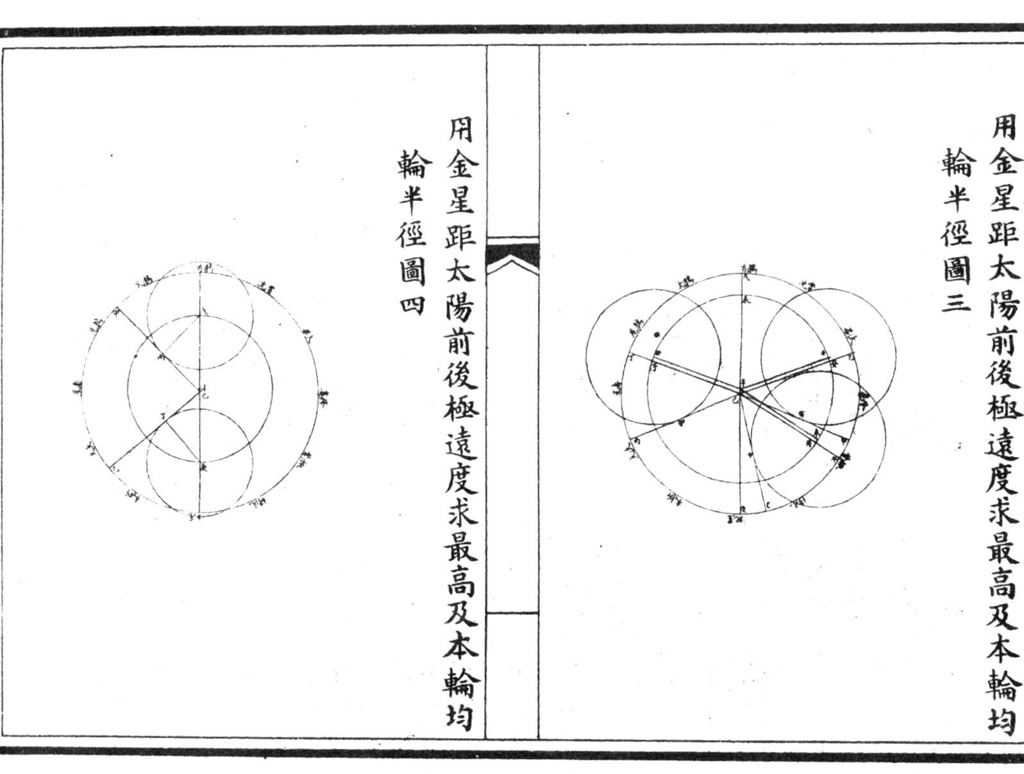
用金星距太陽前後極遠度求最高及本輪均輪半徑圖三

用金星距太陽前後極遠度求最高及本輪均輪半徑圖四

測金星兩心差之法。與土木火三星不同。蓋土木火三星各有平行。能與太陽衝。故測三次衝日之度。即可得兩心差及最高所在。金星即以太陽之平行為平行。星繞太陽旋轉。不得與太陽衝。故必測其距太陽極遠之度。先得最高所在。而後得兩心差。其本輪均輪之半徑。可次第定焉。其法於金星晨見時逐日測之。取其距太陽極遠之度。星自合伏後距太陽漸遠。至極遠又復漸近。故須逐日測之。方得其極遠之度也。夕見時亦逐日測之。取其距太陽極遠之度。但星距太陽極遠之度亦時時不同。蓋本天有高卑。平行即輪心。近最高則距地遠而角小。平行近最卑則距地近而角大。必擇晨夕極遠度之相等者。如晨測距太陽四十七度。夕測亦距四十七度。則其兩平行距高卑左右之度亦等。以兩平行所當宮度相加折半。即最高最卑綫所當宮度。然猶未能定其孰為最高。孰為最卑也。乃再擇晨見時或夕見時距太陽極遠之度。以相較。若平行所當宮度近最高。其相距極遠之度較小。近最卑。其相距極遠之度較大。既得最高。而兩心差可見矣。西人第谷。測得最高在實沈宮二十九度一十六分三十九秒。每年最高行一分二十二秒五十七微。定兩心差為本天半徑千萬分之三十二萬零八百一十四。本輪半徑為二十三萬一千九百六十二。比四分之三小。比三分之二大。均輪半徑為八萬八千八百五十二。比四分之一大。比三分之一小。又案西人多錄某於漢陽嘉三年甲戌。測得最高在大梁宮二十五度。兩心差為本天半徑十萬分之二千一百三十七。取其四分之三。為本輪半徑。四分之一。為均輪半徑。因其數於天行不合。又改兩心差為本天半徑十萬分之四千一百四十八。今第谷所測。則明萬歷十三年乙酉也。用其數推算均數。與天行密合。今仍用其數。其求最高之法。用晨夕兩測取其平行實行之大差相等者用之。如第一圖。第一次晨測得金星實行在娵訾宮八度二十三分四十七秒。如甲。太陽平行在降婁宮二十二度一十六分。即金星之平行如乙。甲乙弧四十三度五十二分一十三秒為平行實行之大差。第二次夕測得金星實行在壽星宮二十五度三十分一十三秒。如丙。太陽平行在鶉尾宮一十一度三十八分。即金星之平行如丁。丁丙弧亦四十三度五十二分一十三秒為平行實行之大差。兩測平行實行之大差既等。則最高最卑綫必在兩平行宮度之中。試取乙丁兩平行相距之弧。折半於戊。如第二圖。從戊過地心己至庚作戊庚綫。即為最高最卑綫。而不同心天之心。必在此綫之上。乃於戊庚綫上任取辛點為心。作壬癸子丑不同心天。復從辛點作壬辛丑辛兩綫。與乙己丁己平行。即以壬丑兩點各為心。作兩次輪切己甲綫於寅切己丙綫於卯。第一次晨測時。次輪心循不同心天行至壬。以太陽平行計之。當恆星天之乙。乙距戊之度。與壬距辰之度等。故乙點為平行。星循次輪周行至寅。從地心己計之。當恆星天之甲。故甲點為實行。甲乙相距之四十三度五十二分一十三秒。即癸己寅角。第二次夕測時。次輪心循不同心天行至丑。以太陽平行計之。當恆星天之丁。丁距戊之度。與丑距辰之度等。故丁點為平行。星循次輪周行至卯。從地心己計之。當恆星天之丙。故丙點為實行。丁丙相距之四十三度五十二分一十三秒。即子己卯角。此癸己寅及子己卯兩角之大小。因平行距最高之遠近而殊。蓋平行距最高近。則不同心天距地心之綫長。而角小。平行距最高遠則不同心天距地心之綫短。而角大也。今兩己角既相等。則癸己與子己距地心之兩綫必等。而乙點與丁點距最高之度亦必等。故以乙點之降婁宮二十二度一十六分。與丁點之鶉尾宮一十一度三十八分相加折半。得鶉首宮一度五十七分。如戊。其衝為星紀宮一度五十七分。如庚。得戊庚為最高最卑之綫也。欲定其孰為最高。須再測之。如第三圖。再用晨測得金星實行在星紀宮一十四度一十八分三十三秒。如巳。

太陽平行在娵訾宮初度。如午。巳午弧四十五度四十一分二十七秒。為平行實行之大差。試從辛點作辛未綫。與巳午平行。即以未點為心。作次輪切己巳綫於申。次輪心循不同心天行至未。以太陽平行計之。當恒星天之午。故午點為平行。星循次輪周行至申。從地心己計之。當恒星天之巳。故巳點為實行。巳午相距之四十五度四十一分二十七秒。即酉己申角。比前所測癸己寅角。多一度四十九分一十四秒。夫先測之平行乙點距鶉首宮戊點近。而平行實行之差少。是近最高而差角小也。後測之平行午點距鶉首宮戊點遠。而平行實行之差多。是遠最高而差角大也。然則鶉首宮戊點為最高。而星紀宮庚點為最卑可知矣。至求兩心差之法。亦用兩測。擇其平行度一當最高一當最卑。而距太陽極遠者用之。如第四圖。太陽平行在鶉首宮一度五十七分。正當金星最高之點。如戊。於時測得金星實行為鶉火宮一十六度二十二分四十五秒。如甲。其平行實行之差為四十四度二十五分四十五秒。即甲己戊角。又於太

陽平行在星紀宮一度五十七分。亦正當金星最卑之點。如庚。於時測得金星實行為大火宮一十三度四十分零四秒。如乙。其平行實行之差為四十八度一十六分五十六秒。即乙己庚角。乃以戊點為心。切己甲綫於丙。庚點為心。切己乙綫於丁。各作一金星次輪。又從戊點至丙。庚點至丁。作兩半徑。即戊己丙。己丁庚兩直角三角形。用己丙戊直角三角形。求戊己邊。此形有丙直角。有己角四十四度二十五分四十五秒。命戊丙半徑為一〇〇〇〇〇〇〇。求得

戊己邊二四二八五一六三。又用己丁庚直角三角形求己庚邊。此形有丁直角。有己角四十八度一十六分五十六秒。命庚丁半徑為一〇〇〇〇〇〇〇。求得己庚邊一三三九七〇七五。以戊己與己庚相加。得戊庚二七六八二二三八。為本天全徑。半之。得戊辛或辛庚一三八四一一一九。為本天半徑。辛庚半徑內減去己庚一三三九七〇七五。餘辛己四四四〇四四。為兩心差。乃用比例法變先所得之本天半徑為同比例數。以先所得之本天半徑一三八四一一一九。與先所得之兩心差四四四〇四四之比。即同於今所設之本天半徑一〇〇〇〇〇〇〇。與今所得之兩心差之比。而得三二〇八一五。為兩心差也。

金星均數圖

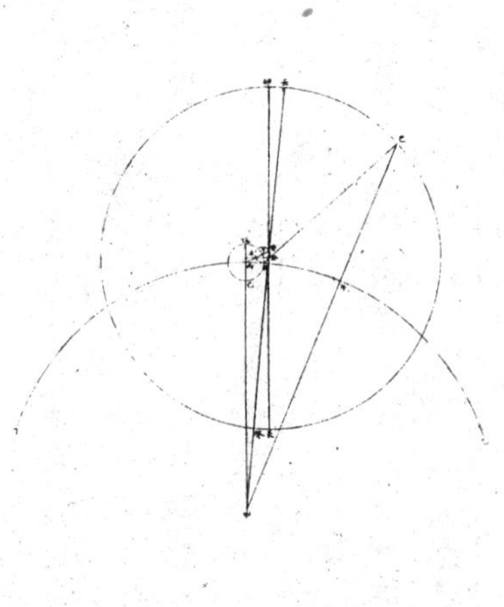

金水二星之平行經度。即太陽之平行經度。而在次輪周每日之平行。亦用前後兩測法求之。求兩心差法。與土木火三星不同。金水繞太陽行。不得與太陽衝。則用兩次於晨見夕見時。測其距太陽極遠之度。先得最高所在。而後得兩心差。以及本輪均輪諸半徑。金星周率五百八十三日八十九刻九分零五秒四十五微三十六纖。而行次輪一周。每日在次輪周平行三十六分五十九秒二十五微五十二纖一十六忽四十四芒。名伏見行。最高

每年行一分二十二秒五十七微。兩心差為本天半徑一千萬之三十二萬零八百一十四。即本輪半徑均輪半徑相併之數。本輪半徑二十三萬一千九百六十二。均輪半徑八萬八千八百五十二。次輪半徑七百二十二萬四千八百五十。如圖甲為地心。即本天心。乙丙丁為本天之一弧。丙甲為本天半徑。戊己為本輪全徑。戊丙為半徑。戊為最高。己為最卑。庚辛為均輪全徑。庚子為半徑。庚為最遠。辛為最近。壬癸為次輪全徑。壬丑為半徑。壬為最遠。癸為最近。卯辰次輪徑。與本輪徑戊己平行。卯為平遠。辰為平近。本輪心。從本天冬至度。右旋為經度。即太陽平行度。均輪心。從本輪最高戊。左旋為引數。即自行度。次輪心。從均輪最近辛。右旋為倍引數。星從次輪平遠卯。右旋行伏見度。設均輪心。在本輪最高戊。為自行初宮初度。次輪心。在均輪最近辛。星在次輪最遠壬。或最近癸。則平遠與最遠合。平近與最近合。與戊甲同一直綫。無均數。如均輪心。從最高戊行六十度。至子。為自行二宮初度。次輪心。則從均輪最近辛行一百二十度至丑。從地心甲計之。當本天之寅。丙甲寅角為初均數。求之之法。與土木火三星同。惟用數不同。求得甲角一度三十四分四十九秒。即寅丙弧。為初均數。是為減差。以減平行得實行。平遠卯距最遠壬之卯丑壬角。與初均數等。如星從平遠卯。行三百五十八度二十五分一十一秒。正當最遠壬。或行一百七十八度二十五分一十一秒。正當最近癸。則與次輪心丑同在一直綫。無次均數。若星從平遠卯。過辰。行三百二十度。至巳。則於卯癸辰巳弧。加壬卯弧。即初均數得壬卯癸辰巳弧三百二十一度三十四分四十九秒。為星距次輪最遠之度。從地心甲計之。當本天之午。寅甲午角。即次均數。用丑甲巳三角形。求甲角次均數。亦與土木火三星同法。惟用數不同。求得甲角一十五度五十五分二十七秒。即午寅弧。為次均數。以與初均寅丙弧相加。得午丙弧一十七度三十分一十六秒。為實行不及平行之度。是為減差。以減平行得實行。

天文二十六 五星三

用水星距太陽前後極遠度求最高及本輪均輪半徑圖一

用水星距太陽前後極遠度求最高及本輪均輪半徑圖二

用水星距太陽前後極遠度求最高及本輪均輪半徑圖三

用水星距太陽前後極遠度求最高及本輪均輪半徑圖四

水星均數圖

五星交周圖一

五星交周圖二

五星交周圖三

五星交周圖四

五星交周圖五

五星交周圖六

五星伏見圖一

五星伏見圖二

五星伏見圖三

五星伏見圖四

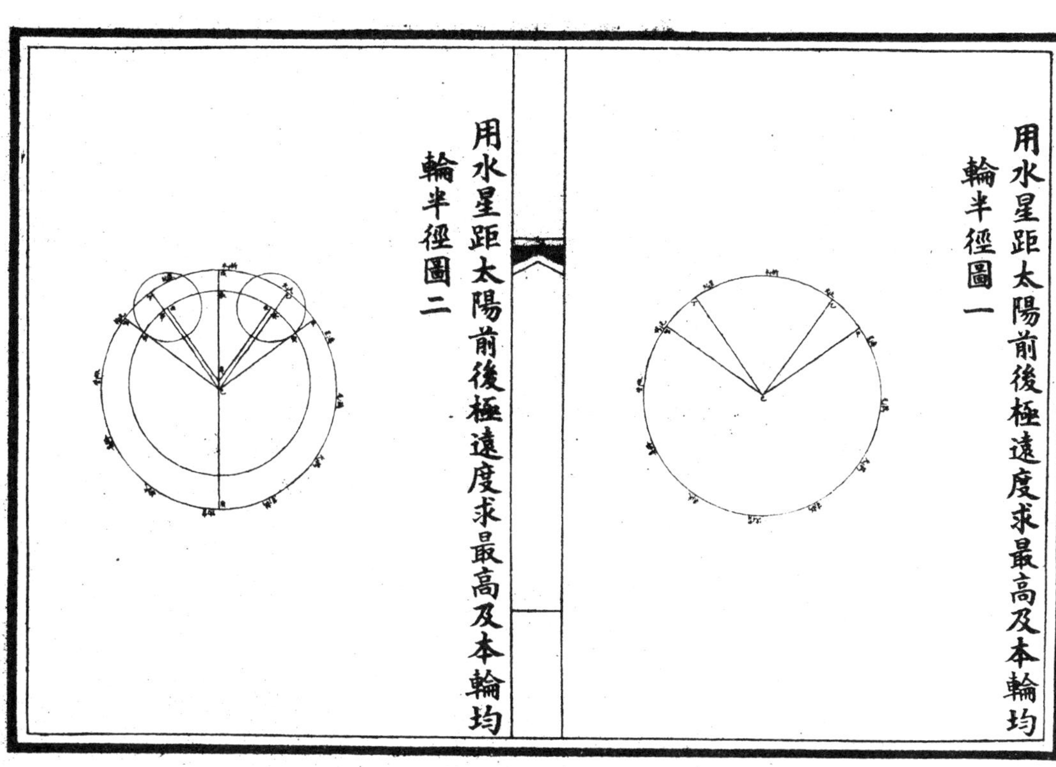

用水星距太陽前後極遠度求最高及本輪均輪半徑圖一

用水星距太陽前後極遠度求最高及本輪均輪半徑圖二

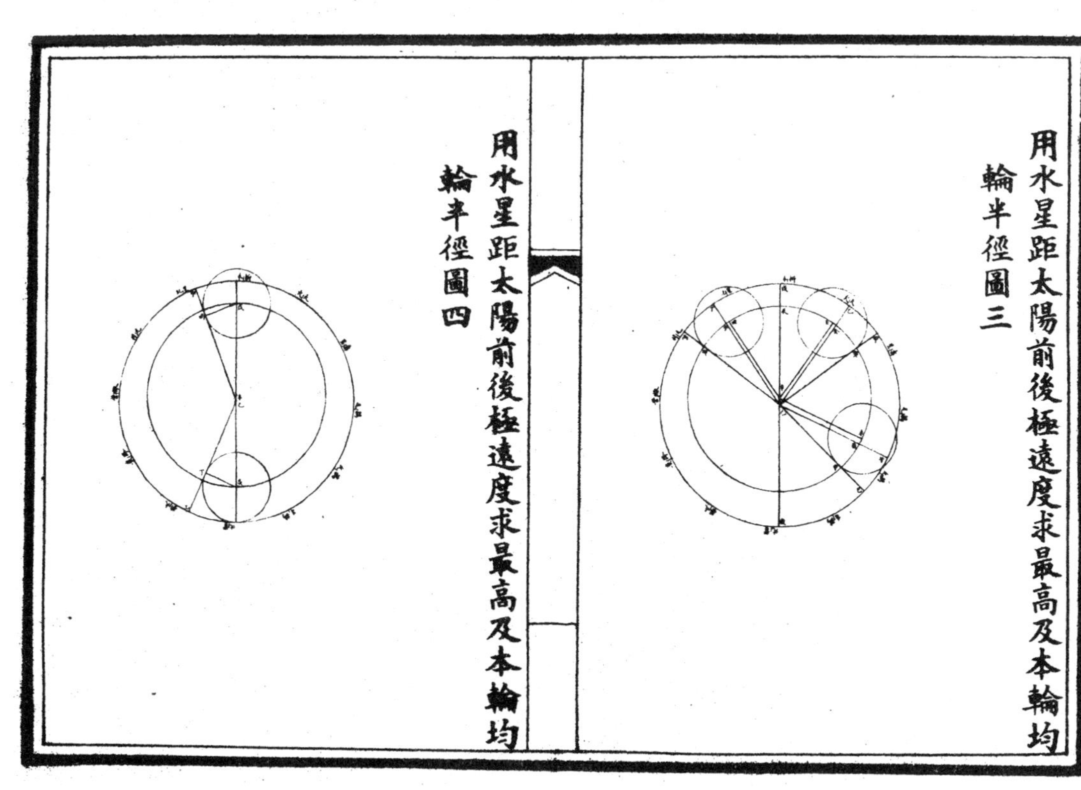

用水星距太陽前後極遠度求最高及本輪均輪半徑圖三

用水星距太陽前後極遠度求最高及本輪均輪半徑圖四

測水星兩心差之法。與金星同。其行旋繞太陽。不得與太陽衝。亦須測其距太陽前後極遠之度。先得最高所在。而後得兩心差。西人第谷。測得最高在析木宮初度一十分一十七秒。每年最高行一分四十五秒一十四微。定兩心差為本天半徑千萬分之六十八萬二千一百五十五。本輪半徑為五十六萬七千五百二十三。比六分之五微小。均輪半徑為一十一萬四千六百三十二。比六分之一微大。又案西人多錄某於漢永和三年戊寅。測得最高在壽星宮一十度一十五分。兩心差為本天半徑十萬分之九千四百零七。取其六分之五。為本輪半徑。六分之一。為均輪半徑。今第谷所測。則明萬歷十三年乙酉也。用其數推算均數。與天行密合。今仍用其數。其求最高之法。用晨夕兩測。取其平行實行之大差相等者用之。如第一圖。第一次晨測得水星實行在壽星宮一十度一十五分一十四秒。如甲。太陽平行在壽星宮二十九度三十二分。即水星之平行。如乙。甲乙弧一十九度一十六分四十六秒為平行實行之大差。第二次夕測得水星實行在星紀宮二十七度一十二分四十六秒。如丙。太陽

平行在星紀宮七度五十六分。即水星之平行。如丁。丁丙弧亦一十九度一十六分四十六秒為平行實行之大差。兩測平行實行之大差既等。則最高最卑綫必在兩平行宮度之中。試取乙丁兩平行相距之弧折半於戊。如第二圖。從戊過地心己至庚作戊庚綫。即為最高最卑綫。而不同心天之心。必在此綫之上。乃於戊庚綫上任取辛點為心。作壬癸子丑不同心天。復從辛點作壬辛丑辛兩綫。與乙己丁己平行。即以壬丑兩點各為心。作兩次輪。切己甲綫於寅。切己丙綫於卯。第一次晨測時。次輪心循不同心天行至壬。以太陽平行計之。當恆星天之乙。乙距戊之度。與壬距辰之度等。故乙點為平行。星循次輪周行至寅。從地心己計之。當恆星天之甲。故甲點為實行。甲乙相距之一十九度一十六分四十六秒。即癸己寅角。第二次夕測時。次輪心循不同心天行至丑。以太陽平行計之。當恆星天之丁。丁距戊之度。與丑距辰之度等。故丁點為平行。星循次輪周行至卯。從地心己計之。當恆星天之丙。故丙點為實行。丁丙相距之一十九度

一十六分四十六秒即子己卯角此癸己寅及子己卯兩角之大小因平行距最高之遠近而殊蓋平行距最高近則不同心天距地心之綫長而角小平行距最高遠則不同心天距地心之綫短而角大也今兩己角既相等則癸己與子己距地心之兩綫必等而乙點與丁點距最高之度亦必等故以乙點之壽星宮二十九度三十二分與丁點之星紀宮七度五十六分相加折半得析木宮三度四十四分如戊其衝為實沈宮三度四十四分如庚得戊庚為最高最卑之綫也欲定其孰為最高須再測之如第三圖再用晨測得水星實行在鶉首宮一十六度四十二分五十四秒如巳太陽平行在鶉火宮六度三十分如午巳午弧一十九度四十七分零六秒為平行實行之大差試從辛點作辛未綫與己午平行即以未點為心作次輪切己巳綫於申次輪心循不同心天行至未以太陽平行計之當恆星天之午故午點為平行星循次輪周行至申從地心己計之當恆星天之巳故巳點為實行巳午相距之一十九度四十七分零六秒即酉己申角比前所測癸己寅角多三十分二十秒夫先測之平行乙點距析木宮戊點近而平行實行之差少是近最高而差角小也後測之平行午點距析木宮戊點遠而平行實行之差多是遠最高而差角大也然則析木宮戊點為最高而實沈宮庚點為最卑可知矣至求兩心差之法亦用兩測擇其平行度一當最高一當最卑而距太陽極遠者用之如第四圖太陽平行在析木宮三度正當水星最高之點如戊於時測得水星實行為析木宮二十三度四十八分三十二秒如甲其平行實行之差為二十度四十八分三十二秒即甲己戊角又於太陽平行在實沈宮三度亦正當水星最卑之點如庚於時測得水星實行為大梁宮八度五十八分如乙其平行實行之差為二十四度零二分即乙己庚角乃以戊點為心切己甲綫於丙庚點為心切己乙綫於丁各作一水星次輪又從戊點至丙庚點至丁作兩半徑即成己丙戊己丁庚兩直角三角形用己丙戊直角三角形求戊己邊此形有丙直角有己角二十度

四十八分三十二秒。命戊丙半徑為一〇〇〇〇〇〇〇〇〇。求得戊己邊二八一四九〇三二。又用己丁庚直角三角形。求己庚邊。此形有丁直角有己角二十四度零二分。命庚丁半徑為一〇〇〇〇〇〇〇。求得己庚邊二四五五三八五〇。以戊己與己庚相加。得戊庚五二七〇二八八二〇。為本天全徑。半之。得戊辛或辛庚二六三五一四四一。為本天半徑。辛庚半徑內減去己庚二四五五三八五〇。餘辛己一七九七五九一。為兩心差。乃用比例法。變先所得之本天半徑為同比例數。以先所得之本天半徑二六三五一四四一。與先所得之兩心差一七九七五九一之比。即同於今所設之本天半徑一〇〇〇〇〇〇〇。與今所得之兩心差之比。而得六八二一六〇。為兩心差也。

水星均數圖

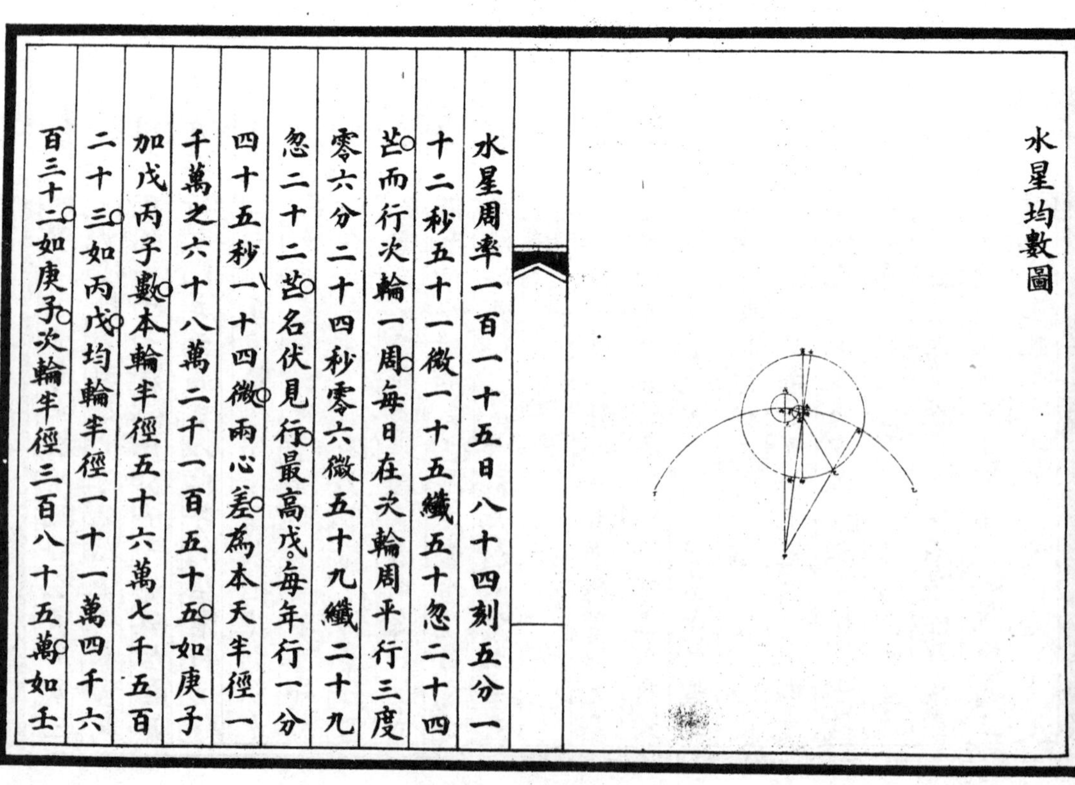

水星周率一百一十五日八十四刻五分一十二秒五十一微一十五纖五十忽二十四芒。而行次輪一周。每日在次輪周平行三度零六分二十四秒零六微五十九纖二十九忽二十二芒。名伏見行。最高戊。每年行一分四十五秒一十四微。兩心差為本天半徑一千萬之六十八萬二千一百五十五。如庚子加戊丙子數。本輪半徑五十六萬七千五百二十三。如丙戊。均輪半徑一十一萬四千六百三十二。如庚子。次輪半徑三百八十五萬。如壬

丑寅為平遠卯為平近次輪心從均輪最遠庚右旋為三倍引數星從次輪平遠寅右旋行伏見度設自行初宮初度平遠與最遠合平近與最近合與戊甲同一直綫無均數如均輪心從最高戊行一百一十度至子為自行三宮二十度次輪心則從均輪最遠庚行三百三十度至丑從地心甲計之當本天之辰丙甲辰角為初均數求之之法先用丑丙子三角形求得丙角度丙丑邊以丙角度減子丙己角餘丑丙己角乃用丙甲丑三角形求得甲角三度三十四分二十六秒即辰丙弧為初均數是為減差以減平行得實行平遠寅距最遠壬之寅丑壬角與初均數等如星從平遠寅行三百五十六度二十五分三十四秒正當最遠壬或行一百七十六度二十五分三十四秒正當最近癸則與次輪心丑同在一直綫無次均數若星從平遠寅行二百度至巳則於寅癸巳弧加壬寅弧即初均數得壬寅癸卯巳弧二百零三度三十四分二十六秒為星距次輪最遠之度從地心甲計之當本天之午辰甲午角即次均數用丑甲巳三角形求得甲角一十三度五十五分四十四秒即午辰弧為次均數以與初均辰丙弧相加得午丙弧一十七度三十分一十秒為實行不及平行之度是為減差以減平行得實行

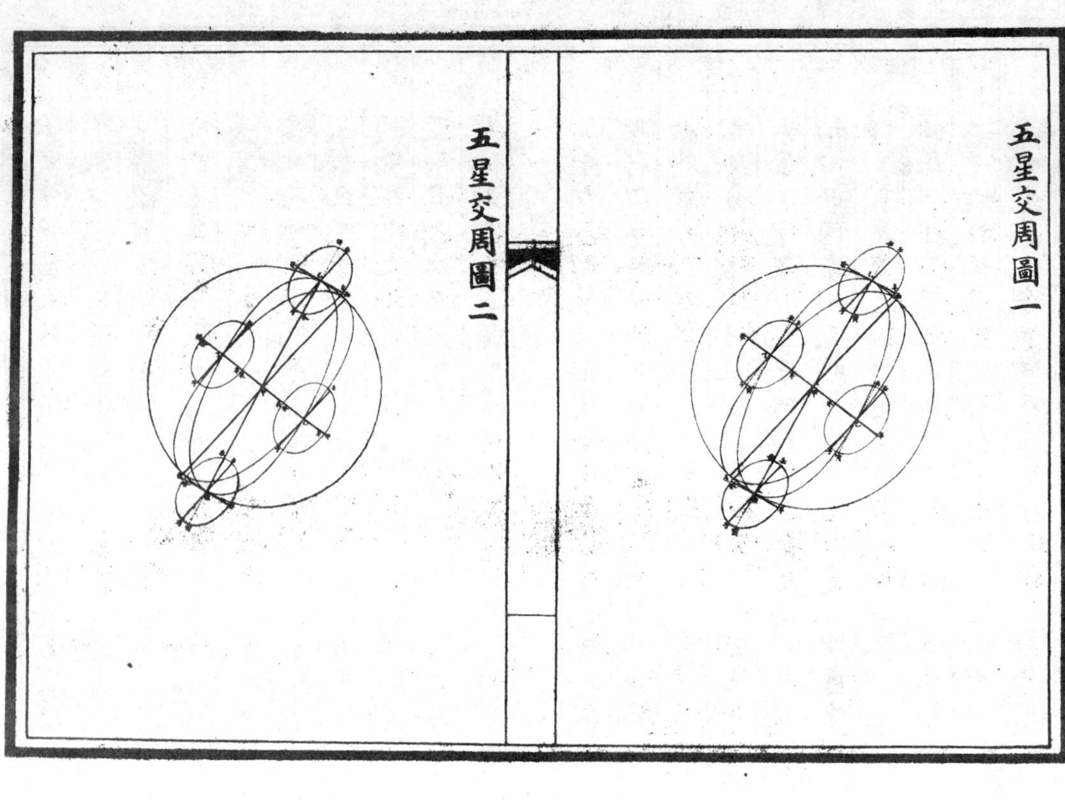

五星交周圖一

五星交周圖二

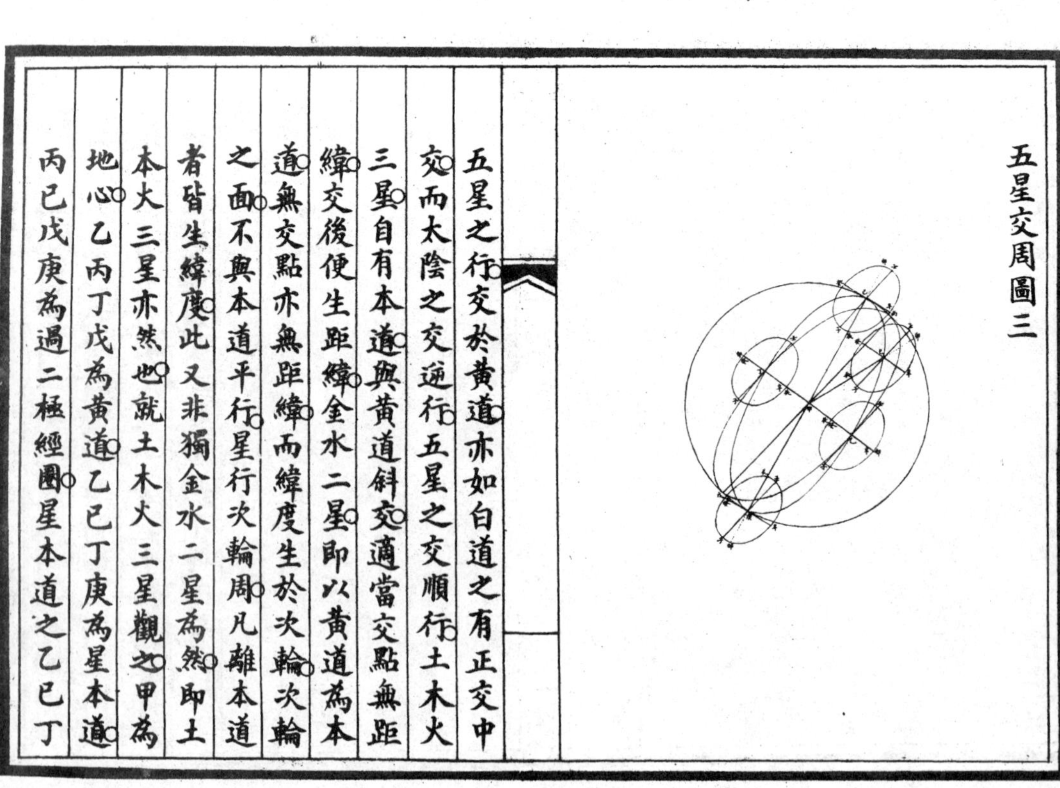

五星交周圖三

五星之行○交於黃道○亦如白道之有正交中交○而太陰之交逆行○五星之交順行○土木火三星○自有本道○與黃道斜交○適當交點無距緯○交後便生距緯○金水二星○即以黃道爲本道○無交點亦無距緯○而緯度生於次輪○次輪之面○不與本道平行○星行次輪周○凡離本道者皆生緯度○此又非獨金水二星爲然○即土木火三星亦然也○就土木火三星觀之○甲爲地心○乙丙丁戊爲黃道○乙巳丁庚爲星本道○丙巳戊庚爲過二極經圈○星本道之乙巳丁

半周在黃道南。乙為正交。丁為中交。己丙與戊庚為大距。當乙丁二交角。土星為二度三十一分。木星為一度一十九分四十秒。火星為一度五十分。乙丁為交綫。己庚為大距綫。辛壬癸子為次輪。其面與本道斜交。本道上有本輪均輪。而次輪心在均輪周。然本輪均輪皆與本道成一平面。自地心作視綫。與本道參直。故止將次輪畫於本道。以便觀覽。而與黃道平行。辛壬癸半周在本道南。低於本道之下。癸子辛半周在本道北。昂於本道之上。其辛癸經綫。恆當本道之平面。而與乙丁交綫平行。名之曰樞綫。樞綫之辛癸兩端。自地心甲視之。恆當本道。故與本道成兩交點。名之曰次交點。辛為次輪正交。癸為次輪中交。其壬子經綫。恆與本道面斜交。壬子綫本在兩交之中。因與本道斜交。非平行面。故作旁視之形。以顯交角。若與本道面平行作丑寅綫。則壬己丑及寅己子諸角。即次輪面與本道面斜交之角。與二道之交角等。其壬子二點距本道最大。故壬子綫名次輪大距綫。次輪心在本道乙丁兩交點。則無本道距黃道之緯度。次輪心在己。或在庚。則本道距黃道之緯度極大。星在次輪辛癸兩交點。則無星距本道之緯度。星在壬或在子。則星距本道之緯度極大。然星距次輪兩交之度。實由次輪心距本道兩交之度而知。蓋土木火三星行次輪周。皆自合伏起算。即次輪最遠。而合伏距次輪正交之度。即與次輪心距本道正交之度等。試自地心過次輪心作卯辰遠近綫。卯為合伏時星當本道視綫點。辰為退衝時星當本道視綫點。次輪心行至本道正交乙。則合伏所當本道視綫卯點與次輪正交辛點合。次輪心行至本道中交丁。則合伏所當本道視綫卯點與次輪中交癸點合。次輪心行至本道大距己。距正交乙九十度。則合伏所當本道視綫卯點距次輪正交辛點亦九十度。次輪心行至本道大距庚。距中交丁九十度。則合伏所當本道視綫卯點距次輪中交癸點亦九十度。若次輪心距本道正交乙行四十五度至巳。則合伏所當本道視綫卯點距次輪正交辛點亦四十五度。是知次輪心距本道正交之度。即合伏距次輪正交之度。以星距合伏之度與次輪心距本道正交之度相加。即得星距次輪正交之度。故本道之乙丁兩交點為緯度起算之端也。土木火三星緯度。次輪心在兩交之中。星又在次輪最近。其視緯極大。土星北緯二度四十八分。南緯二度四十九分。木星北緯一度三十八分。南緯一度四十分。火星北緯四度三十一分。南緯六度四十七分。

五星交周圖四

五星交周圖五

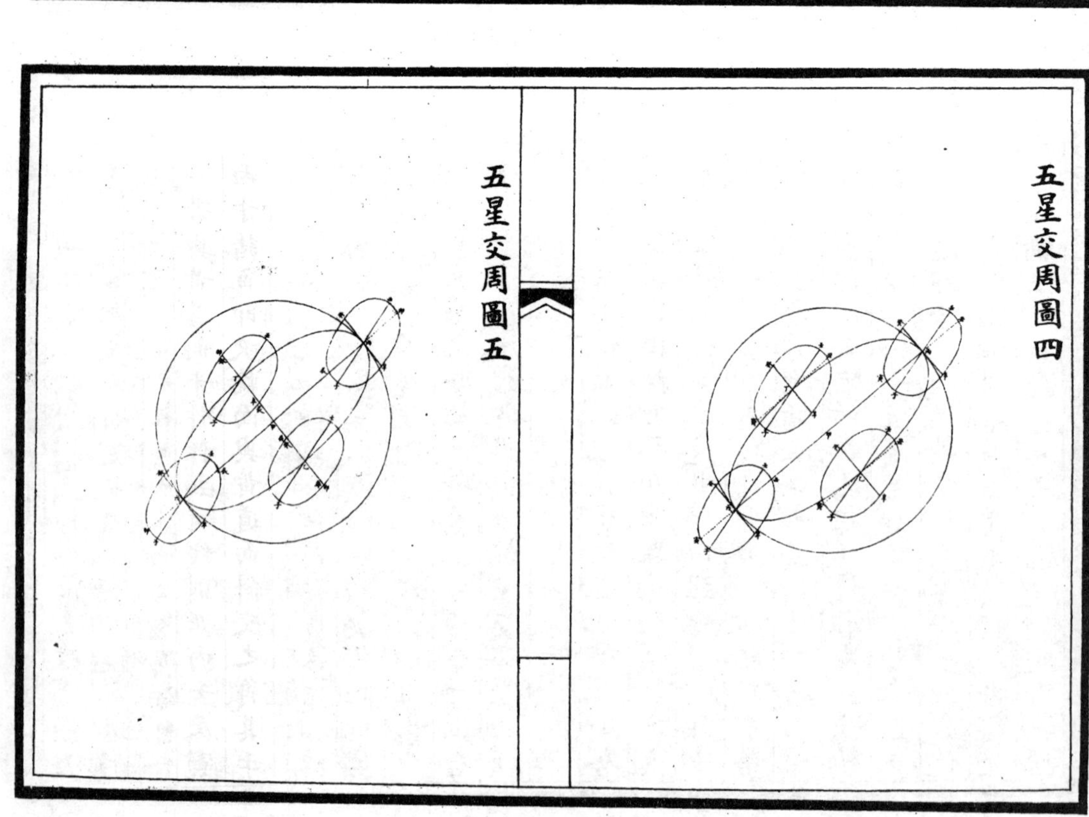

五星交周圖六

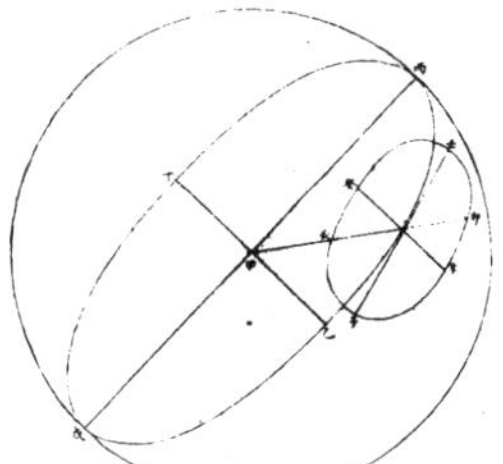

就金水二星觀之。甲為地心。乙丙丁戊為星本道。即黃道。丙戊為過黃極經圈。本道與黃道既為一體。故無二道之交。亦無相距之緯。辛壬癸子為次輪與黃道斜交。辛壬癸半周在黃道北。昂於黃道之上。癸子辛半周在黃道南。低於黃道之下。其辛癸徑綫。恆當黃道之平面。任次輪心在黃道之何處。其辛癸徑綫皆相為平行。亦名之曰樞綫。樞綫之辛癸兩端。自地心甲視之。恆當黃道。故與黃道成兩交點。亦名之曰次交點。辛為次輪正交。癸為次輪中交。因辛點為自黃道南過黃道北之點。故名正交。癸點為自黃道北過黃道南之點。故名中交。與土木火三星之本道兩交點相應。與次交點相反。其壬子徑綫恆與黃道面斜交。壬子綫本在兩交之中。因與黃道斜交。非平行面。故作旁視之形。以顯交角。若與黃道面平作作丑寅綫。則丑丙壬及寅丙子諸角。即次輪面與黃道面斜交之角。其壬子二點距黃道最大。故壬子綫亦名次輪大距綫。星在次輪辛癸兩交點。則無星距黃道之緯度。星在壬或在子。則星距黃道之緯度極大。然金水二星行次輪周。自平遠起算。而求次均與緯度。皆自最遠起算。其距次交點之度無由而知。故與樞綫平行作乙丁徑綫。亦名曰交綫。又自地心過次輪心作卯辰遠近綫。卯為最遠時星當本道視綫點。辰為最近時星當本道視綫點。次輪心行至交綫乙。則最遠所當本道視綫卯點與次輪正交辛點合。次輪心行至交綫丁。則最遠所當本道視綫卯點與次輪中交癸點合。次輪心距交綫乙行九十度至丙。則最遠所當本道視綫卯點距次輪正交辛點亦九十度。次輪心距交綫丁行九十度至戊。則最遠所當本道視綫卯點距次輪中交癸點亦九十度。若

次輪心距交綫乙行四十五度至巳。則最遠所當本道視綫卯點。距次輪正交辛點亦四十五度。故乙點亦命為正交。丁點亦命為中交。丙戌二點亦命為大距。所以紀次輪最遠距次交點之度。而為緯度起算之端。其實無本道之交周點也。金水二星緯度。次輪心在兩交之中。星在次輪最近。其緯度極大。金星九度零二分。水星三度三十三分。南北皆等。

五星伏見圖一

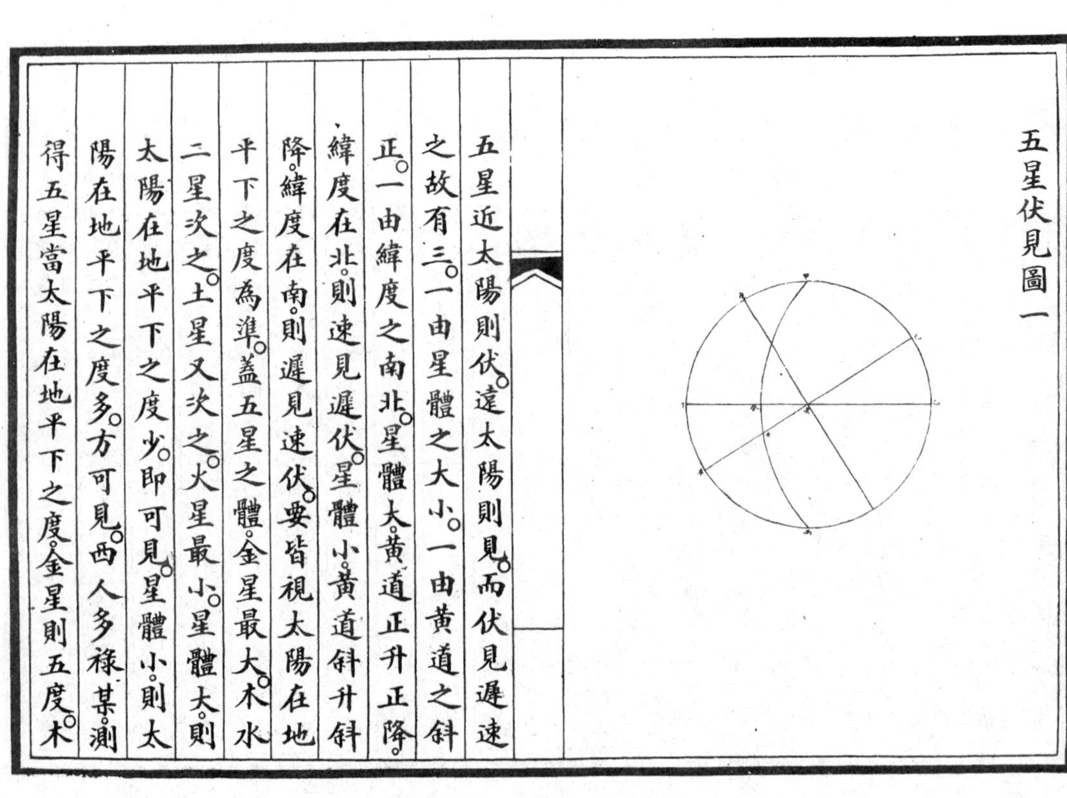

五星近太陽則伏。遠太陽則見。而伏見遲速之故有三。一由星體之大小。一由黃道之斜正。一由緯度之南北。星體大。黃道正升正降。緯度在北。則速見遲伏。星體小。黃道斜升斜降。緯度在南。則遲見速伏。要皆視太陽在地平下之度為準。蓋五星之體。金星最大。木水二星次之。土星又次之。火星最小。星體大。則太陽在地平下之度少。即可見。星體小。則太陽在地平下之度多。方可見。西人多祿某測得五星當太陽在地平下之度。金星則五度。木

星水星則一十度土星則一十一度火星則一十一度三十分以此為伏見之限如圖甲乙丙丁為過黃極經圈甲為天頂乙丁為地平戊為黃極己庚辛為黃道庚為星當地平又正當黃道無緯度壬為太陽癸壬為太陽距地平之度即伏見之限如庚為金星則癸壬為五度庚為木星水星則癸壬為一十度庚為土星則癸壬為一十一度庚為火星則癸壬為一十一度三十分用庚癸壬正弧三角形此形有癸壬弧有癸直角有庚角為黃道交地平之角如庚點為黃道之某宮某度即可求黃道與地平相交之角求得庚壬弧即星在黃道上距太陽伏見之限星距太陽之黃道度大於庚壬弧則見小於庚壬弧則伏癸壬弧五星既各不等則庚壬弧亦不等此因星體之大小而為伏見之遲速者也

五星伏見圖二

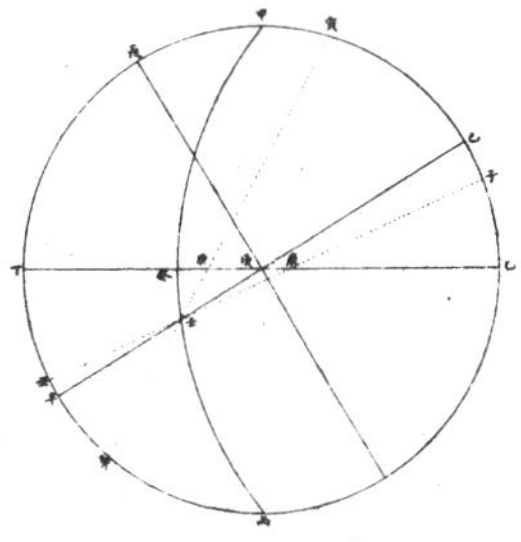

如圖癸壬伏見限五星各有定數而庚角則時時不同設黃道斜升斜降如子丑則庚角小庚壬弧轉大設黃道正升正降如寅卯則庚角大庚壬弧轉小此因黃道之斜正而為伏見之遲速者也

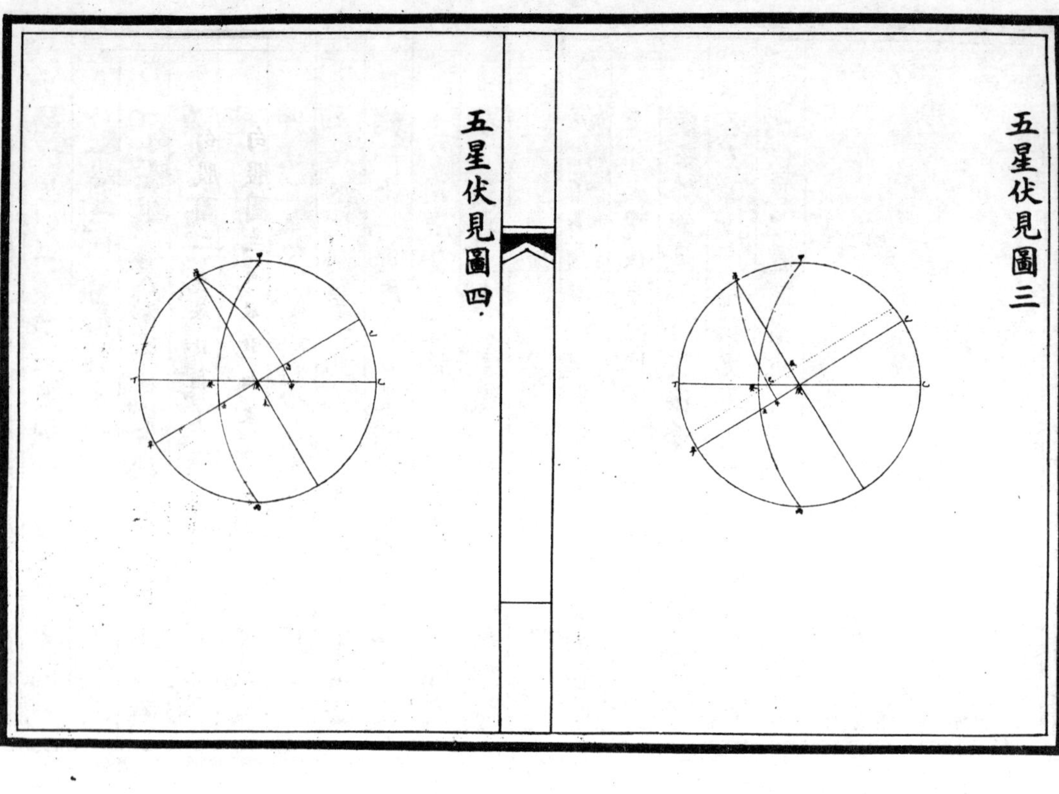
五星伏見圖三
五星伏見圖四

星或在黃道北如辰。其距緯為辰庚。其經度仍在庚。正當地平。而星已在地平之上。則庚壬弧不足以定伏見之限。試作辰己距等圈交地平於己。從黃極戊過己作經圈。截黃道於午。則午壬弧為星距太陽伏見之限。如第三圖。用庚己午正弧三角形。此形有午直角。有庚角。為黃道交地平之角。有己午距緯。與辰庚等。求得庚午弧。與庚壬弧相減。餘午壬弧。為伏見之限。星在辰。其距太陽之黃道度。大於午壬弧則見。小於午壬弧則伏也。又星或在黃道南如未。其距緯為庚未。其經度仍在庚。正當地平。而星尚在地平之下。則庚壬弧亦不足以定伏見之限。試作未申距等圈交地平於申。從黃極戊至申作經圈。截黃道於酉。則酉壬弧為星距太陽伏見之限。如第四圖。用庚申酉正弧三角形。此形有酉直角。有庚角。為黃道交地平之角。有酉申距緯。與庚未等。求得酉庚弧。與庚壬弧相加。得酉壬弧。為伏見之限。星在未。其距太陽之黃道度。大於酉壬弧則見。小於酉壬弧則伏也。此因緯度之南北而為伏見之遲速者也。

欽定大清會典圖卷一百三十三

天文二十七　算術一

句股圖一　面積及和較

甲　丁　乙　丙

句股形即直角三角形○但不用角度○則為句股法○其形為長方形之半○如甲乙丁丙長方形○於乙丙二角作斜綫○成兩句股形○短者為句○如甲乙○長者為股○如丙甲○斜者為弦○如丙乙○甲必直角○乙與丙皆銳角○句股形面積為長方形積之半○句股相乘為長方積○半之即句股面積○句與股之較為句股較○句與弦之較○為句弦較○股與弦之較為股弦較○句與股之和為句股和○句與弦之和為句弦和○股與弦之和為股弦和○句與股弦和之較為句和

較。即股較和。即弦較和。股與句弦和之較。為股和較。即句較和。即弦較較。弦與句股和之較。為弦和較。即句較較。即股較較。句與股弦較之較。為句較較。即弦和較。即股較較。股與句弦較之較。為股較較。即弦和較。即句較較。弦與句股較之較。為弦較較。即句較和。即股和較。句與股弦較之和。為句較和。即股和較。即弦較較。股與句弦較之和。為股較和。即句和較。即弦較和。弦與句股較之和。為弦較和。即句和較。即股較和。句股弦三者之和。為總和。凡兩數相減之餘數曰較。兩數相加之共數曰和。

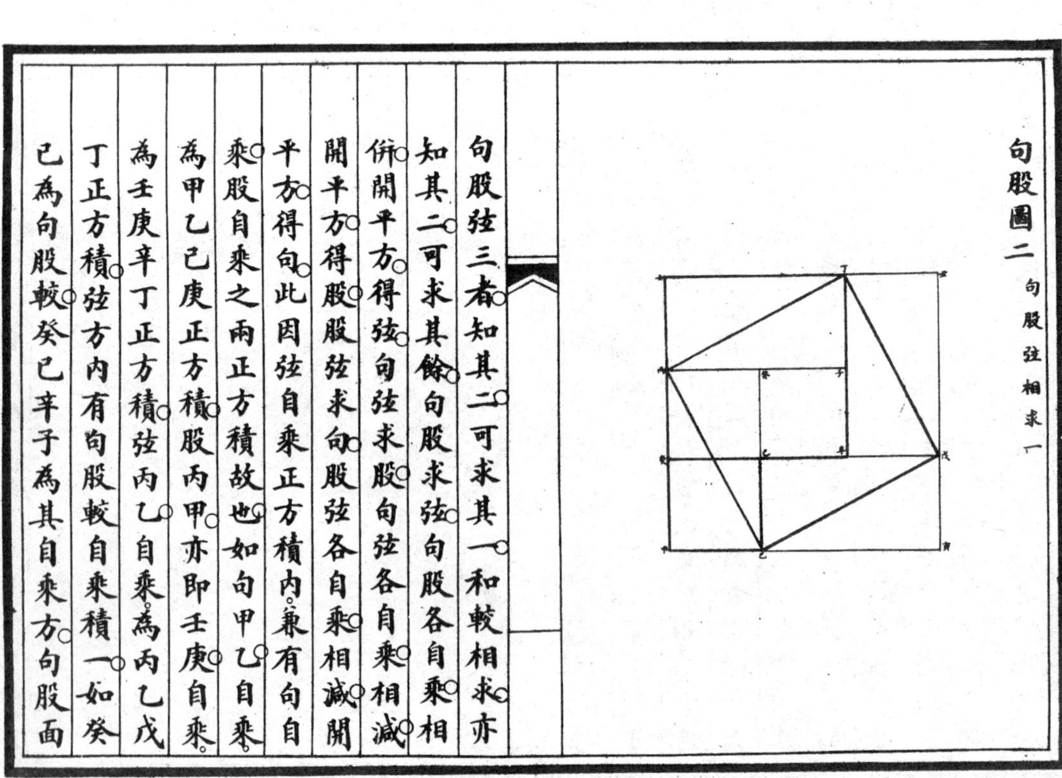

句股圖二

句股弦相求一

句股弦三者。知其二。可求其一。和較相求。亦知其二。可求其餘。句股求弦。句股各自乘相併。開平方。得弦。句弦求股。句弦各自乘相減開平方。得股。股弦求句。股弦各自乘相減。開平方。得句。此因弦自乘正方積內。兼有句自乘。股自乘之兩正方積故也。如句甲乙自乘。為甲乙己庚正方積。股丙甲。亦即壬庚。自乘。為壬庚辛丁正方積。弦丙乙。自乘。為丙乙戊丁正方積。弦方內有句股較自乘積。一如癸己。為句股較。癸己辛子為其自乘方。句股面積四。如丁子丙及丙癸乙。及乙己戊及戊辛丁。四句股面積。兩句方甲乙己庚。股方壬庚辛丁。兩形內。亦有句股較自乘積一。如癸己辛子方。句股面積四。如丁子丙及丙壬丁。甲乙丙。及丙癸乙。四句股面積。是弦方與句股兩方積。適相等也。故句股兩方相併。為弦方。弦方內減句方。餘股方。減股方。餘句方。

句股求弦又法。句股相減。餘句股較。句股相乘。倍之。較自乘。併之。開平方。得弦。此亦因弦自乘方內。兼有句股較自乘積一。句股面積四之故也。句股相乘。為句股面積二。倍之。為句股面積四。

又法。句股相減。餘句股較。句股相加。得句股和。和較各自乘。相併。半之。開平方。得弦。此因句股和自乘方內。共有句股較自乘積一。句股面積八之故也。和如壬甲自乘。為壬甲寅丑方。加一較自乘癸己辛子方。則為較自乘積二。句股面積八。是為弦方二也。故半之。為弦方。

句股圖三

句股弦相求二

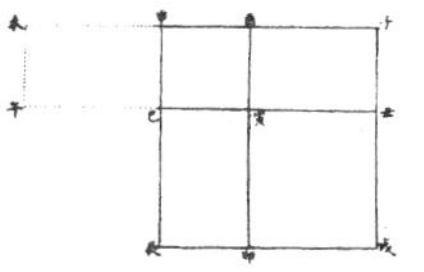

句弦求股又法。句弦相減。餘句弦較。句弦相加。得句弦和。和較相乘。開平方。得股。凡股自乘積。即句弦較與句弦和相乘之長方積。句如丑戊。弦如子戊。較如子丑。和如子未。相乘為子未午丑長方積。即子申辰卯寅丑磬折形積。即為股自乘積。蓋子申辰戊為弦方。內減丑寅卯戊句方。則餘即股自乘方積也。

股弦求句又法。股弦相減。餘股弦較。股弦相加。得股弦和。和較相乘。開平方。得句。此與句弦求股同理。以丑戊為股。則子丑為股弦較。子未為股弦和。丑寅卯戌為股方。磬折形為句自乘方積。凡句自乘積即股弦較與股弦和相乘之長方積也。

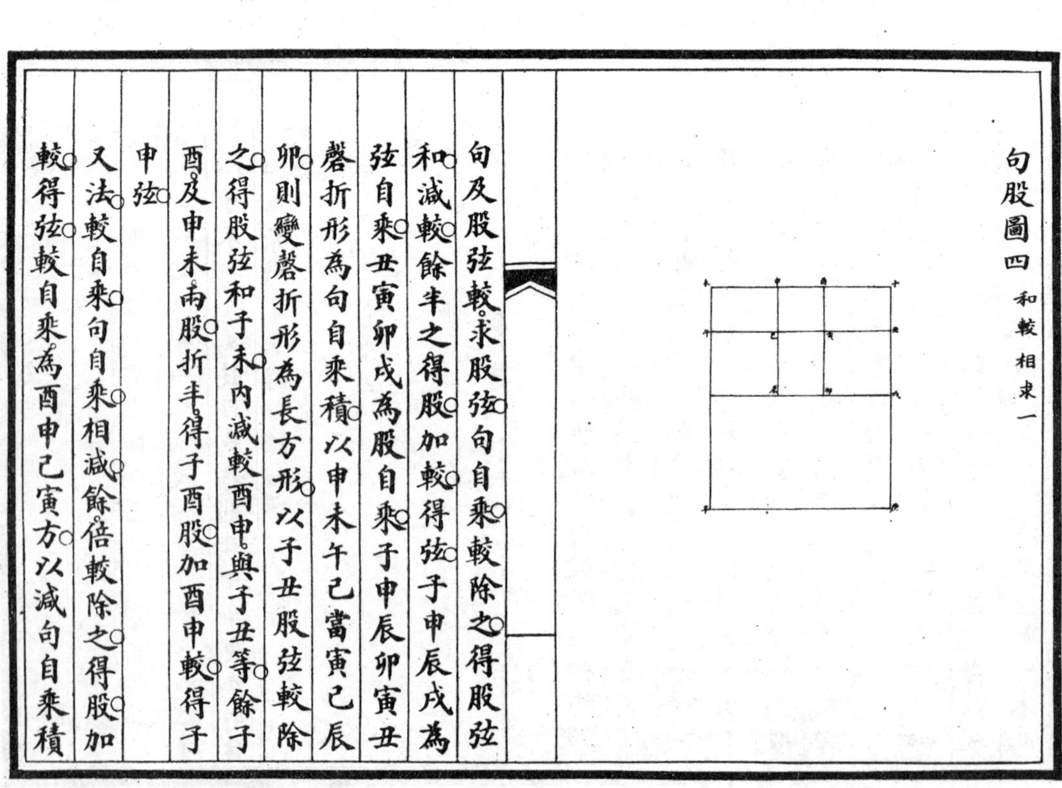

句股圖四 和較相求一

句及股弦較。求股弦。句自乘。較除之。得股弦和。減較。餘半之。得股。加較。得弦。子申辰戌為弦自乘。丑寅卯戌為股自乘。子申辰卯寅丑磬折形為句自乘積。以申未午己當寅己辰卯。則變磬折形為長方形。以子丑股弦較除之。得股弦和。子未內減較酉申。與子丑等。餘子酉。及申未。兩股折半得子酉股。加酉申較。得子申弦。

又法。較自乘。句自乘。相減。餘倍較除之。得股。加較。得弦。較自乘為酉申己寅方。以減句自乘積

磬折形餘子酉寅丑及寅巳辰卯兩長方積倍酉寅較為酉寅及寅巳之共數除之得子酉即股

句及股弦和求股弦句自乘和除之得股弦較減和餘半之得股加較得弦子未午丑為句自乘積則子丑較除之而得子未和者子未和除之得子丑較即酉申較也

又法句自乘和自乘相加半之以和除之得弦減較得股句自乘為子未午丑形股為丑戌弦為戌庚與子戌等股弦和為丑庚自乘得丑午辛庚正方與句自乘積相併為子未辛庚長方形折半闊仍子未股弦和長為子戌即弦股弦和子未除之得弦子戌

股及句弦較求句弦股自乘較除之得句弦和減較餘半之得句加較得弦此即句及股弦較求股弦之理以磬折形為股自乘積則子丑為句弦較子未為句弦和子酉為句

又法較自乘股自乘相減餘倍較除之得句加較得弦此亦句及股弦較求股弦又法之理

股及句弦和求句弦股自乘和除之得句弦較減和餘半之得句加較得弦此即句及股弦和求股弦之理

又法股自乘和自乘相加半之以和除之得弦減較得句此即句及股弦和求股弦又法之理以子未午丑為股自乘積則丑午辛庚為句弦和自乘積子未為句弦和丑戌為句

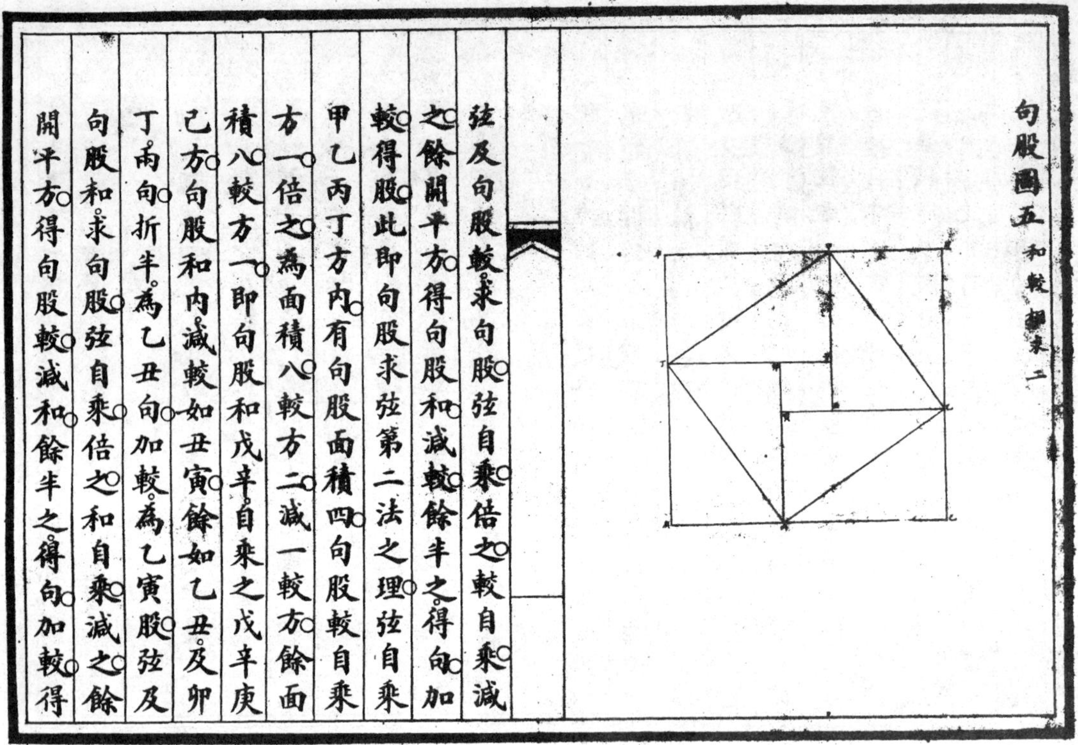

句股圖五　和較相求二

弦及句股較。求句股弦。自乘。倍之。較自乘。減之。餘開平方。得句股和。減較。餘半之。得句。加較。得股。此即句股求弦第二法之理。弦自乘甲乙丙丁方。內有句股面積四。句股較自乘方一。倍之。為面積八。較方二。減一較方。餘面積八。較方一。即句股和戊辛自乘之戊辛庚己方。句股和內減較。如丑寅。餘如乙丑。及卯丁丙。句折半。為乙丑句。加較。為乙寅股。弦及句股和。求句股弦。自乘。倍之。和自乘。減之。餘開平方。得句股較。減和。餘半之。得句。加較。得

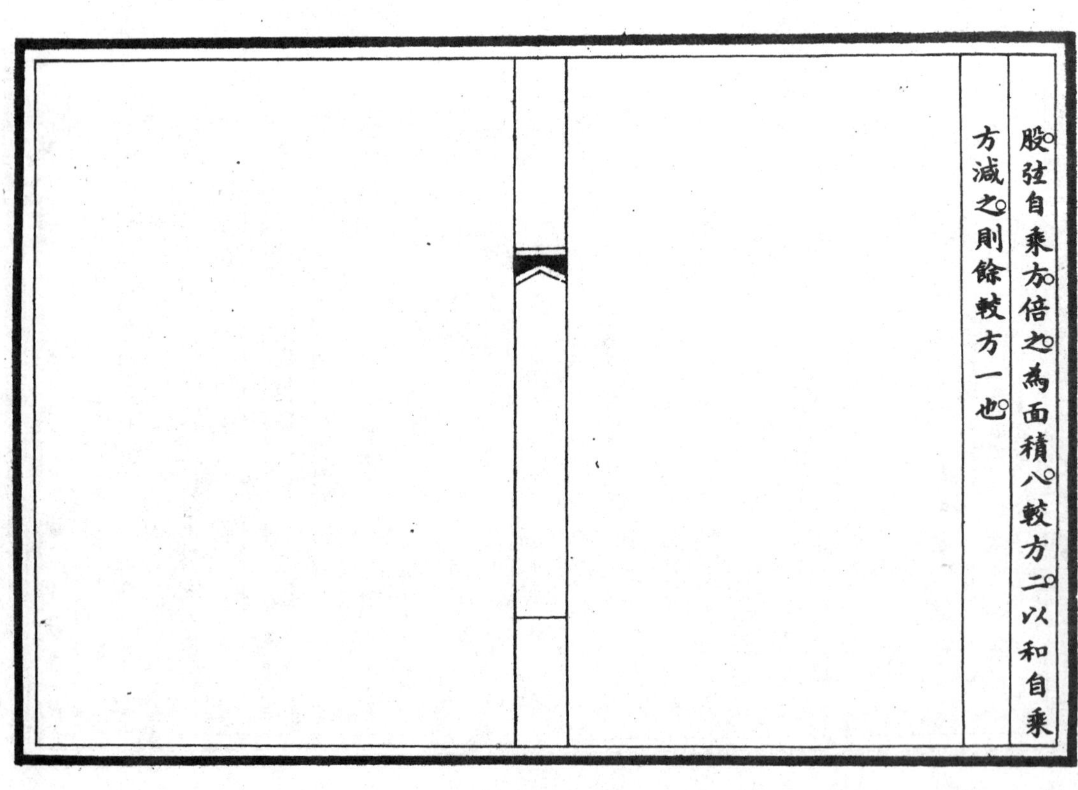

股。弦自乘方。倍之。為面積八。較方二。以和自乘方減之。則餘較方一也。

句股圖六 和較相求三

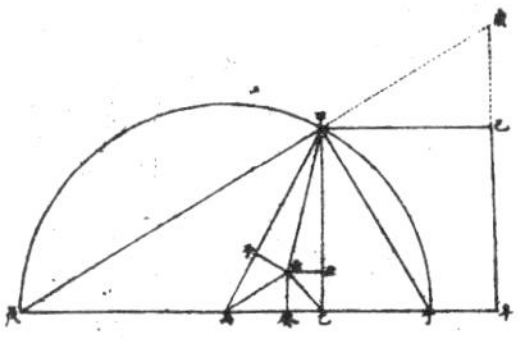

句弦較。股弦較。求句股弦。句弦較。股弦較。相乘。倍之。開平方。得弦和較。加股弦較。得句。加句弦較。得股。以句加句弦較。得弦。如甲乙丙句股形。以丙為心。甲丙弦為半徑。作戊甲丁半圜。自甲至戊。至丁。作甲戊。甲丁。二綫。引長戊丁至辛。令乙辛等甲乙股。隨作甲乙辛己股方。引長辛己。戊甲。二綫。相遇於庚。則己庚等句弦較。乙丁。庚辛即弦較和。句股弦總和為戊辛。又作甲乙丙形三角之分角綫。必相會於壬。壬即句股容圜心。自壬作句股弦之垂綫壬癸。壬丑。壬子。則乙丑等乙癸。甲丑等甲子。丙子等丙癸。丙子丙癸和。等於弦較較。丙癸即等半弦較較。壬丙既為甲角分角綫。壬丙子角。壬丙癸角。二角必等。甲丙乙角。為甲丙戊之外角。必等於戊甲丙。丙戊甲。二角之和。而丙戊甲角。丙甲戊角。原等。故壬丙癸角。必等丙戊甲角。壬丙必與甲乙平行。則壬癸丙。甲乙戊。甲乙丁。庚辛戊。皆為同式句股形。可為相當比例。用壬癸丙。甲乙丁。同式形。以甲乙丁形之句乙丁。即甲乙丙形之句弦較與句股較即甲乙丙形之弦和較之比。同於壬癸丙形之倍句即倍壬癸為甲乙丙形之弦和較與倍句股較即甲乙丙形之倍股弦較之比。則倍句弦較乘股弦較。必等於弦和較方。故有句弦較。股弦較。求句股弦。以句弦較。股弦較。相乘。倍之。開平方。得弦和較。依法加之。得句股弦。又句弦較股弦較相乘之倍積。既等於弦和較方。以弦和較方之半為長方積。其闊為股弦較。其長為句弦較。長闊之較。必為句股較。故有句股較。弦和較。求句股弦。仍按此比例。以弦和較自乘。半之。為長方積。句股較為長闊較。依較數開方。又法。得闊為股弦較。

長為句弦較。依法加之。得句股弦。
句弦和。股弦較。求句股弦。句弦和。股弦較。相乘。倍之。開平方。得弦較較。以減股弦較。得句。句弦和減弦較較。得股。股加股弦較。得弦。用甲乙戊壬癸丙。二形。以甲乙戊形之股乙戊。即甲乙丙形之句弦和。與句股較即甲乙丙形之弦較較。之比。同於壬癸丙形之倍股。即倍丙癸為甲乙丙形之弦較較。與倍句股較即甲乙丙形之倍股弦較。之比。則倍句弦和乘股弦較。必等於弦較較。方。故有句弦和。股弦較。求句股弦。以句弦和。股弦較。相乘。倍之。開平方。得弦較較。加減。即得句股弦。又句弦和股弦較相乘之倍積。既等於弦較較方。以弦較較方之半為長方積。其闊為股弦較。其長為句弦和。長闊之較。必為句股和。故有句股和。弦較較。求句股弦。仍按此比例。以弦較較自乘。半之。為長方積。句股和為長闊較。依較數開方又法。得闊為股弦較。長為句弦和。加減之。而得句股弦。
股弦和。句弦較。求句股弦。股弦和。句弦較。相乘。倍之。開平方。得弦較和。以減股弦和。得句。句弦和減句弦較。得股。句加句弦較。得弦。用甲乙丁庚辛戊。二形。以庚辛戊形之句股和。即甲乙丙形之倍股弦和。與句庚辛即甲乙丙形之弦較和。之比。同於甲乙丁形之句股和。即甲乙丙形之弦較和。與句乙丁即甲乙丙形之句弦較。之比。則倍股弦和乘句弦較。必等於弦較和方。故有股弦和。句弦較。求句股弦。以股弦和。句弦較。相乘。倍之。開平方。得弦較和。加減。即得句股弦。又股弦和句弦較相乘之倍積。既等於弦較和方。以弦較和方之半為長方積。其闊為句弦較。其長為股弦和。長闊之較。必為句股和。故有句股和。弦較和。求句股弦。仍按此比例。以弦較和自乘。半之。為長方積。句股和為長闊較。依較數開方又法。得闊為句弦較。長為股弦和。加減之。而得句股弦。
句弦和。股弦和。求句股弦。句弦和。股弦和。相乘。倍之。開平方。得句股弦總和。內減股弦和。得句。內減句弦和。得股。句弦和減句。得弦。用庚辛戊甲乙戊。二形。以庚辛戊形之句股和。即甲乙丙形之倍股弦和。與股辛戊即甲乙丙形之句股弦總和。之比。同於甲乙戊形之句股和。即甲乙丙形之句股弦總和。與股戊乙即甲乙丙形之句弦和。之比。則倍句弦和乘股弦和。必等於句股弦總和方。故有句弦和。股弦和。求句股弦。以句弦和。股弦和。相乘。倍之。開平方。得句股弦總和。依法減之。得句股弦。又句弦和股弦和相乘之倍積。既等於句股弦總和方。以句股弦總和方之半為長方積。其闊為句弦和。其長為股弦和。長闊之較。必為句股較。故有句股較句股弦總和。求句股弦。仍按此比例。以句股弦總和自乘。半之。為長方積。句股較為長闊較。依較數開方又法。得闊為句弦和。長為股弦和。依法減之。得句股弦。

股弦較。句股弦總和。求句股弦。股弦較。句股弦總和。相乘。為長方積。股弦較為長闊較。依較數開方又法。得闊為句。長為弦較較。以句股弦總和內減句。得股弦和。與股弦較相加。半之。為弦。相減。半之。為股。用壬癸丙甲乙戊二形。以壬癸丙形之句股較。（即甲乙丙形之股弦較。）與句股和（即甲乙丙形之句。）之比。同於甲乙戊形之句股較。（即甲乙丙形之弦較較。）與句股和（即甲乙丙形之句股弦總和。）之比。則股弦較乘句股弦總和之長方。可易為句乘弦較較之長方。其闊為句。其長為弦較較。長闊之較。即股弦較。故有股弦較。句股弦總和。求句股弦。以股弦較。句股弦總和。相乘。為長方積。股弦較為長闊較。依較數開方又法。得闊為句。長為弦較較。加減之。而得股弦。

句弦較。句股弦總和。求句股弦。句弦較。句股弦總和。相乘。為長方積。句弦較為長闊較。依較數開方又法。得闊為股。長為弦較和。以句股弦總和內減股。得句弦和。與句弦較相加。半之。為弦。相減。半之。為句。用甲乙丁庚辛戊二形。以甲乙丁形之句乙丁。（即甲乙丙形之句弦較。）與股甲乙之比。同於庚辛戊形之句庚辛（即甲乙丙形之弦較和。）與股辛戊（即甲乙丙形之句股弦總和。）之比。則句弦較乘句股弦總和之長方。可易為股乘弦較和之長方。其闊為股。其長為弦較和。長闊之較。為句弦較。故有句弦較。句股弦總和。求句股弦。以句弦較。句股弦總和。相乘。為長方積。句弦較為長闊較。依較數開方又法。得闊為股。長為弦較和。加減之。而得句弦。

股弦較。弦較和。求句股弦。股弦較。弦較和。相乘。為長方積。股弦較為長闊較。依較數開方又法。

得闊為弦和較長為句以弦和較與弦較和相加半之為股股加股弦較得弦用壬癸丙庚辛戊二形以壬癸丙形之句股較（即甲乙丙形之股弦較）與句壬癸（即甲乙丙形之半弦和較）之比同於庚辛戊形之句股較（即甲乙丙形之倍句）與句庚辛（即甲乙丙形之弦較和）之比則股弦較乘弦較和之長方可易為倍句乘半弦和較之長方亦即句乘弦和較之長方其闊為弦和較其長為句長闊之較即股弦較故有股弦較弦較和求句股弦以股弦較弦較和相乘為長方積股弦較為長闊較依較數開方又法得闊為弦和較長為句加減之而得股弦

句弦較弦較較求句股弦句弦較弦較較相乘為長方積句弦較為長闊較依較數開方又法得闊為弦和較長為股以弦和較與弦較較相加半之為句句加句弦較得弦用甲乙丁壬癸丙二形以甲乙丁形之句乙丁（即甲乙丙形之句弦較）與股甲乙之比同於壬癸丙形之倍句（即倍壬癸為甲乙丙形之弦和較）與倍股（即倍癸丙為甲乙丙形之弦較較）之比則句弦較乘弦較較之長方可易為股乘弦和較之長方其闊為弦和較其長為股長闊之較為句弦較故有句弦較弦較較求句股弦以句弦較弦較較相乘為長方積句弦較為長闊較依較數開方又法得闊為弦和較長為股加減之而得句弦

股弦和弦較較求句股弦股弦和弦較較相乘為長方積股弦和為長闊較依較數開方又法得闊為句長為句股弦總和以句股弦總和與弦較較相減半之為股股弦和減股得弦用庚辛戊壬癸丙二形以庚辛戊形之句股和（即甲乙丙形之倍股弦和）與股辛戊（即甲乙丙形之句股弦總和）之比同於壬癸丙形之句股和（即甲乙丙形之句）與股丙癸（即甲乙丙形之半弦較較）之比則倍股弦和乘半弦較較之長方即股弦和乘弦較較之長方可易為句乘句股弦總和之長方其闊為句其長為句股弦總和長闊之較即股弦和故有股弦和弦較較求句股弦以股弦和弦較較相乘為長方積股弦和為長闊較依較數開方又法得闊為句長為句股弦總和如所減而得股弦

句弦和弦較和求句股弦句弦和弦較和相乘為長方積句弦和為長闊較依較數開方又法

得闊爲股。長爲句股弦總和。以句股弦總和。與弦較和相減。半之。爲句。句弦和減句。得弦。用甲乙戊。甲乙丁。二形。以甲乙戊形之股乙戊。即甲乙丙形之句弦和。與句股和即甲乙丙形之句股弦總和。之比。同於甲乙丁形之股甲乙。與句股和即甲乙丙形之弦較和。之比。則句弦和乘弦較和之長方。可易爲股乘句股弦總和之長方。其闊爲股。其長爲句股弦總和。長闊之較。即句弦和。故有句弦和。弦較和。求句股弦。以句弦和。弦較和。相乘。爲長方積。句弦和爲長闊較。依較數開方又法。得闊爲股。長爲句股弦總和。如所減。而得句弦。

股弦和。弦和較。求句股弦。股弦和。弦和較。相乘。爲長方積。股弦和爲長闊和。依和數開方又法。得闊爲句。長爲弦較和。以弦較和。與弦和較相加。半之。爲股。股弦和減股。得弦。用庚辛戊。壬癸丙。二形。以庚辛戊形之句股和。即甲乙丙形之倍股弦和。與句庚辛即甲乙丙形之弦較和。之比。同於壬癸丙形之句股和。即甲乙丙形之句。與句壬癸即甲乙丙形之半弦和較。之比。則倍股弦和乘半弦和較之長方。即股弦和乘弦和較之長方。可易爲句乘弦較和之長方。其闊爲句。其長爲弦較和。長闊之和。爲股弦和。故有股弦和。弦和較。求句股弦。以股弦和。弦和較。相乘。爲長方積。股弦和爲長闊和。依和數開方又法。得闊爲句。長爲弦較和。加減之。而得股弦。

句弦和。弦和較。求句股弦。句弦和。弦和較。相乘。爲長方積。句弦和爲長闊和。依和數開方又法。得闊爲弦較較。長爲股。以弦較較。與弦和較相加。半之。爲句。句弦和減句。得弦。用甲乙戊。壬癸丙。二形。以甲乙戊形之股乙戊。即甲乙丙形之句弦和。與句甲乙即甲乙丙形之股。之比。同於壬癸丙形之倍股。即倍丙癸。爲甲乙丙形之弦較較。與倍句即倍壬癸。爲甲乙丙形之弦和較。之比。則句弦和乘弦和較之長方。可易爲股乘弦較較之長方。其闊爲弦較較。其長爲股。長闊之和。即句弦和。故有句弦和。弦和較。求句股弦。以句弦和。弦和較。相乘。爲長方積。句弦和爲長闊和。依和數開方又法。得闊爲弦較較。長爲股。加減之。而得句弦。

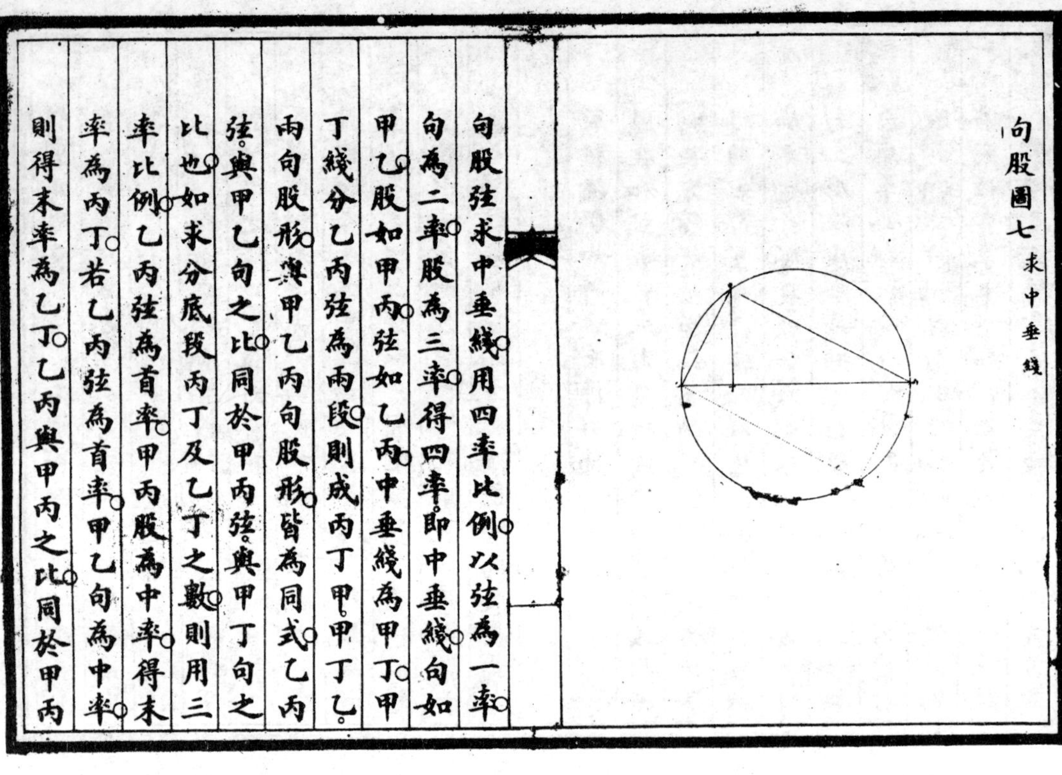

句股圖七 求中垂綫

句股弦求中垂綫用四率比例以弦為一率。句為二率。股為三率。得四率即中垂綫。句如甲乙。股如甲丙。弦如乙丙。中垂綫為甲丁。甲丁綫分乙丙弦為兩段則成丙丁甲甲丁乙。兩句股形。與甲乙丙句股形。皆為同式。乙丙弦與甲乙句之比。同於甲丙弦與甲丁句之比也。如求分底段丙丁及乙丁之數。則用三率比例。乙丙弦為首率。甲丙股為中率。得末率為丙丁。若乙丙弦為首率。甲乙句為中率。則得末率為乙丁。乙丙與甲丙之比。同於甲丙

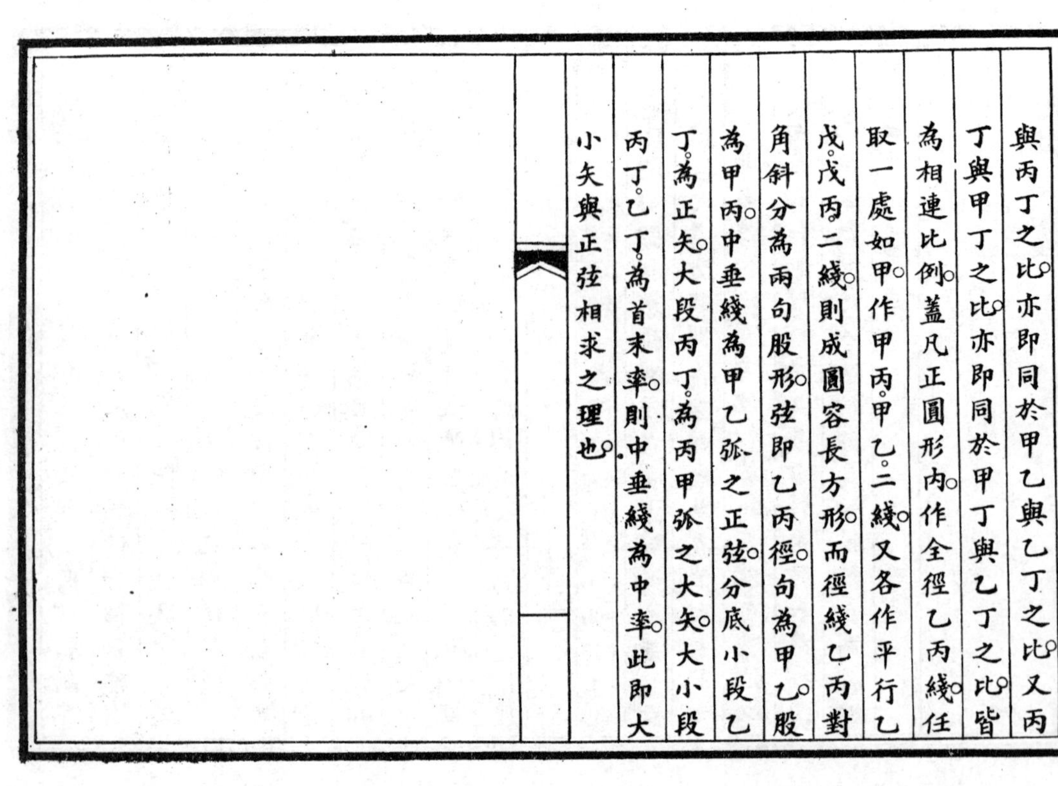

與丙丁之比。亦即同於甲乙與乙丁之比。又丙丁與甲丁之比。亦即同於甲丁與乙丁之比。皆為相連比例。蓋凡正圓形內。作全徑乙丙綫。任取一處如甲。作甲丙甲乙二綫。又各作平行乙戊戊丙二綫。則成圓容長方形。而徑綫乙丙對角斜分為兩句股形。弦即乙丙徑。句為甲乙。股為甲丙。中垂綫為甲乙弧之正弦。分底小段乙丁為正矢。大段丙丁為丙甲弧之大矢。大小段丙丁乙丁為首末率。則中垂綫為中率。此即大小矢與正弦相求之理也。

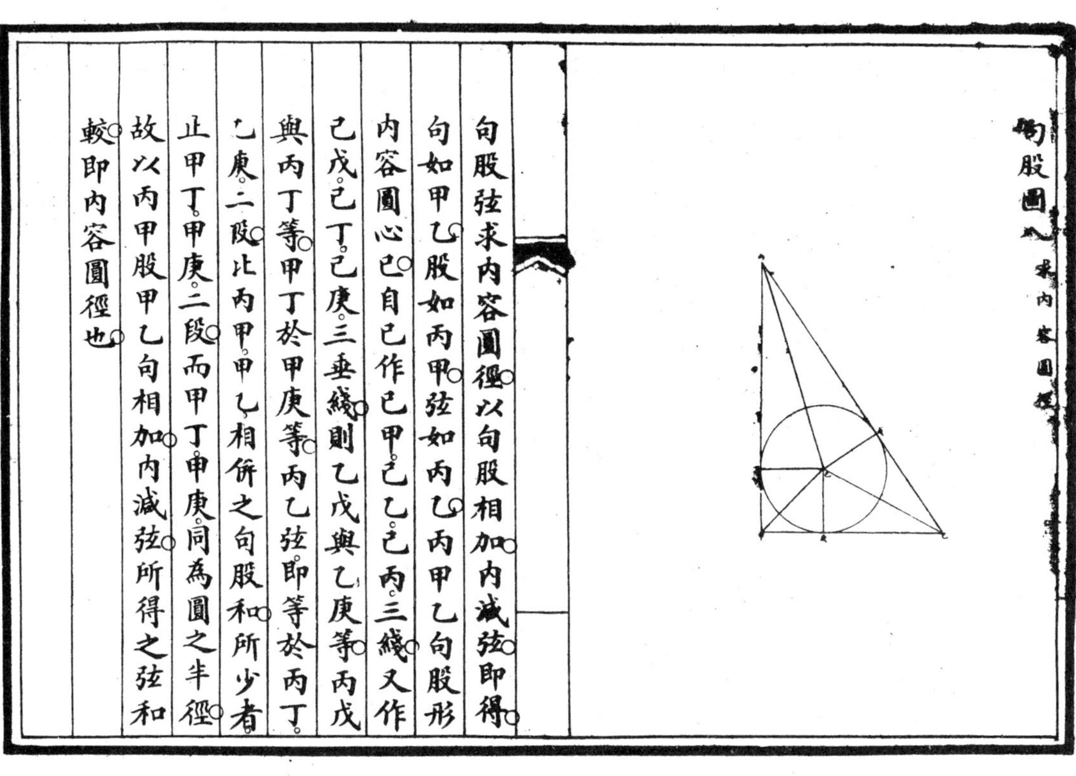

句股圖八 求内容圓徑

句股弦求内容圓徑以句股相加内減弦即得句如甲乙股如丙甲弦如丙乙丙甲乙句股形内容圓心己自己作己甲己乙己丙三綫又作己戊己丁己庚三垂綫則乙戊與乙庚等丙戊與丙丁等甲丁於甲庚等丙乙弦即等於丙丁乙庚二段比丙甲甲乙相併之句股和所少者止甲丁甲庚二段而甲丁甲庚同爲圓之半徑故以丙甲股甲乙句相加内減弦所得之弦和較即内容圓徑也

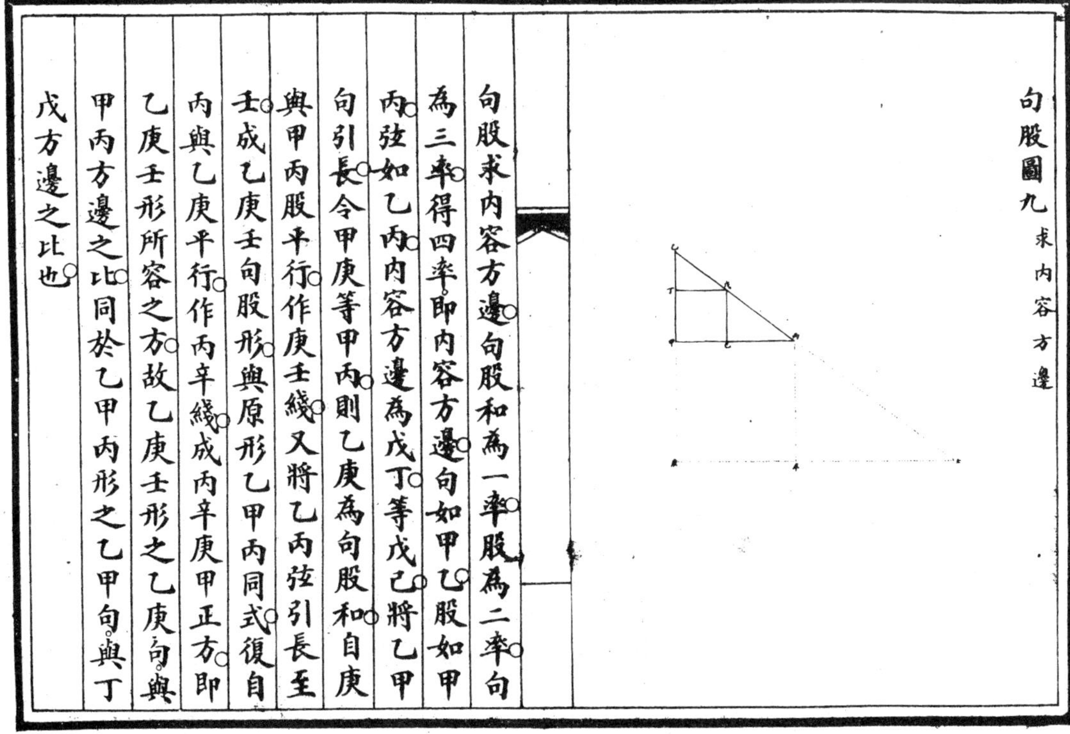

句股圖九 求内容方邊

句股求内容方邊以句股和爲一率股爲二率句爲三率得四率即内容方邊句如甲乙股如甲丙弦如乙丙内容方邊爲戊丁等戊己將乙甲句引長令甲庚等甲丙則乙庚爲句股和自庚與甲丙股平行作庚壬綫又將乙丙弦引長至壬成乙庚壬句股形與原形乙甲丙同式復自丙與乙庚平行作丙辛綫成丙辛庚甲正方即乙庚壬形所容之方故乙庚壬形之乙庚句與甲丙方邊之比同於乙甲丙形之乙甲句與丁戊方邊之比也

平方圖

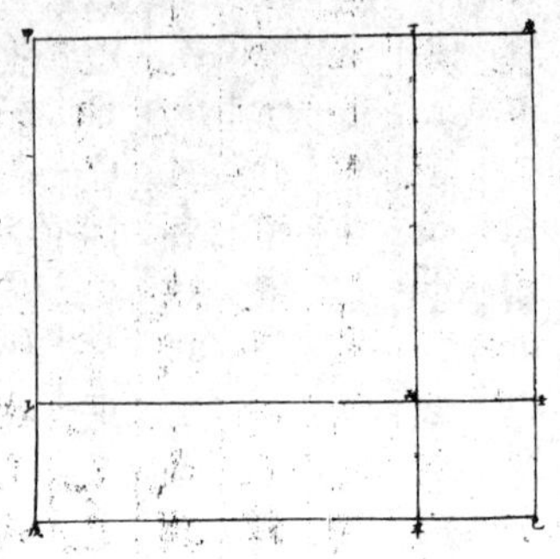

平方者。有長有闊而無高者也。長闊相等為正方。開平方者。開正方。與自乘相反。自乘。以正方邊求其積。開平方。以正方積求其邊也。凡平方邊一位者。積二位。如邊十則積百。積萬則邊百也。以初商次商三商遞次求之。設積有千百十單四位。則應商二次。以千百二位積商得初商邊。以十單二位積商得次商邊。初商之邊如甲乙。以之自乘為初商正方形積。如甲乙丙丁。次商之邊如乙戊。其積磬折形。如丁丙乙戊己庚。次商有兩廉一隅。蓋既得初商甲乙。以其積減原積而積尚有餘。當有次商。未知次商應加幾何。則以初商之邊倍之。如乙丙與丙丁為兩廉。以除餘積。得乙戊。以乙戊乘兩廉乙丙丙丁。為兩廉長方積。以乙戊自乘。為一隅正方積。併兩廉一隅之積。為次商磬折形積。以減餘積。適足其數。即或尚有餘積。已不滿初商倍廉之長數。則次商不能更大。即定乙戊為若干。合初商次商為幾十幾。若積有五六位。則有三商。積有七八位。則有四商。初商而外。每商皆有兩廉一隅。皆倍已得之邊為兩廉之長。以除得之數為一隅之邊。以除得數統乘之。與先乘兩廉。又以一隅之邊自乘而相併者同。即為每商之積。減餘積。知其適足否也。

帶縱平方圖

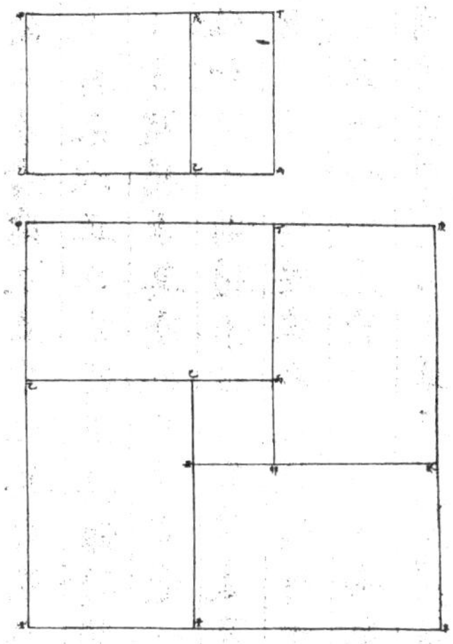

長方形爲帶縱方。縱者長多於闊者也。如甲乙己戊正方形。又加一戊己丙丁形。而爲甲乙丙丁長方。則爲帶縱方。甲乙闊比甲丁長所少之數爲較。如戊丁。甲乙闊與甲丁長相併之數爲和。如甲丁丁丙之共數。即甲庚。有以較數開方者。設甲乙丙丁長方積若干。長闊較戊丁若干。求甲丁長甲乙闊各若干。則用加縱開方。有以和數開方者。設甲乙丙丁長方積若干。長闊和甲丁丁丙共數若干。求甲丁長甲乙闊各若干。則用減縱益積開方。而其簡法。則仍用開正方法。以長方積四因之。有較數者。較自乘。併之。開平方。得長闊和。有和數者和自乘。內減四因長方積。餘開平方。得長闊較。和內減較。餘半之。得闊。加較。得長。長闊和。如甲庚。其自乘。如甲庚辛壬方。內爲長方積四。較己丙自乘。己丙卯丑方一。故以四因長方積加較方積。即爲和自乘方。開得和。以四因長方積減和方積。即爲較自乘方。開得較也。既得和較兩數。則加減而得長闊。

立方圖

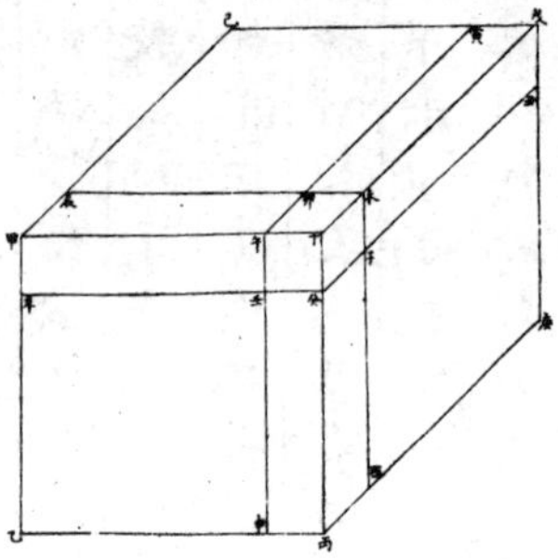

立方有長有闊有高長闊高三者俱等為正立方開立方者開正立方也與自乘再乘相反自乘再乘以正立方邊求其體積開立方以正立方體積求其邊也凡立方邊一位者積三位如邊十則積千積百萬則邊百也亦以初商次商三商逐次求之設積有十萬萬千百十單六位則應商二次以十萬萬千三位積商得初商邊以百十單三位積商得次商邊初商之邊如己辰與卯辰卯寅壬申子酉俱等以之自乘再乘為初商正方體積長如己辰闊如卯辰高如壬申次商之邊如辰甲與丁午丁未午壬寅戊戊丑俱等其積為平廉三如己辰卯寅及辛乙申壬及丑子酉庚三扁方體其厚皆如午壬又長廉三如午甲及未戊及癸丙三長方體其闊其厚皆如午壬又隅一如未卯午壬癸子立方體其邊皆如午壬午壬即次商邊辰甲之數蓋既得初商己辰以其積減原積尚有餘當有次商未知次商應加幾何則以初商之邊自乘三因之為三平廉面積以初商之邊三因之為三長廉長數以除餘積取畧小數如辰甲以辰甲為一隅之邊併三長廉數即以辰甲乘之為三長廉及一隅之面積併三平廉面積又以辰甲乘之為三平廉三長廉一隅體積即次商應減之積以減餘積適足其數或所餘無多則即定次商辰甲為若干合初商次商為幾十幾若積有七八九位則有三商積有十一二位則有四商初商而外每商皆有三平廉三長廉一隅立方帶縱有帶一縱者高闊等長不等有帶兩縱者高闊長俱不等亦各有較數和數之法而為推步所不必用法不具列

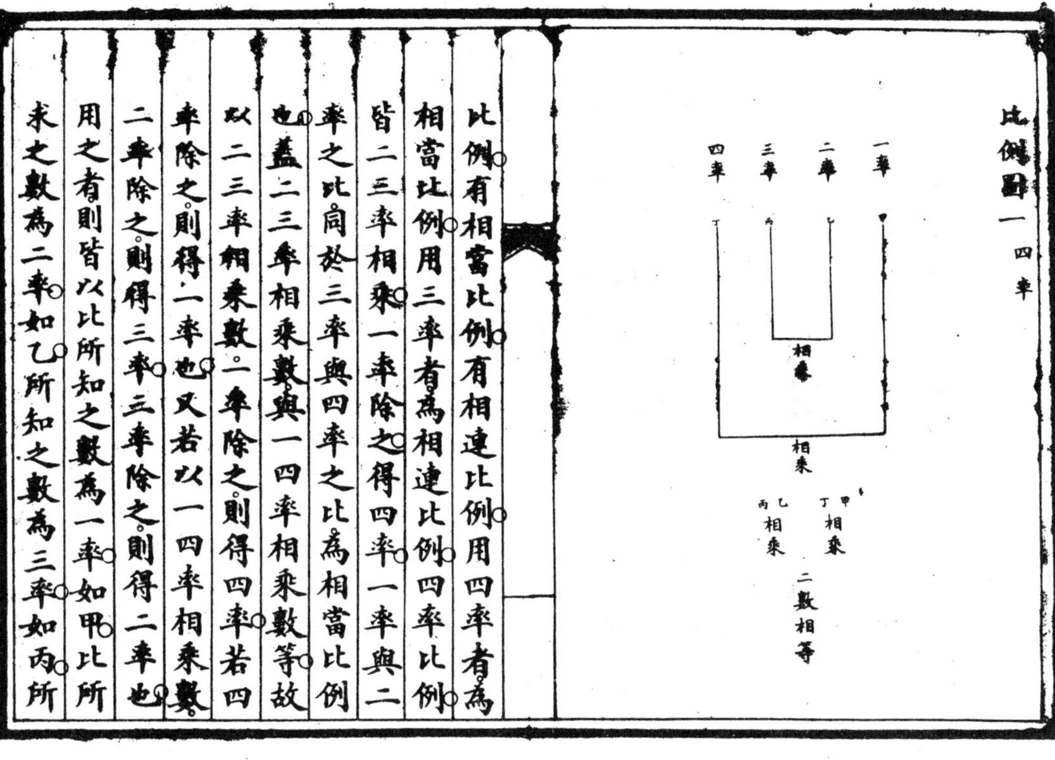

比例有相當比例有相連比例用四率者為相當比例用三率者為相連比例四率比例皆二三率相乘一率除之得四率一率與二率之比同於三率與四率之比為相當比例也蓋二三率相乘數與一四率相乘數等故以二三率相乘數一率除之則得四率若四率除之則得一率也又若以一四率相乘數二率除之則得三率三率除之則得二率也用之者則皆以比所知之數為一率如甲比所求之數為二率如乙所知之數為三率如丙所

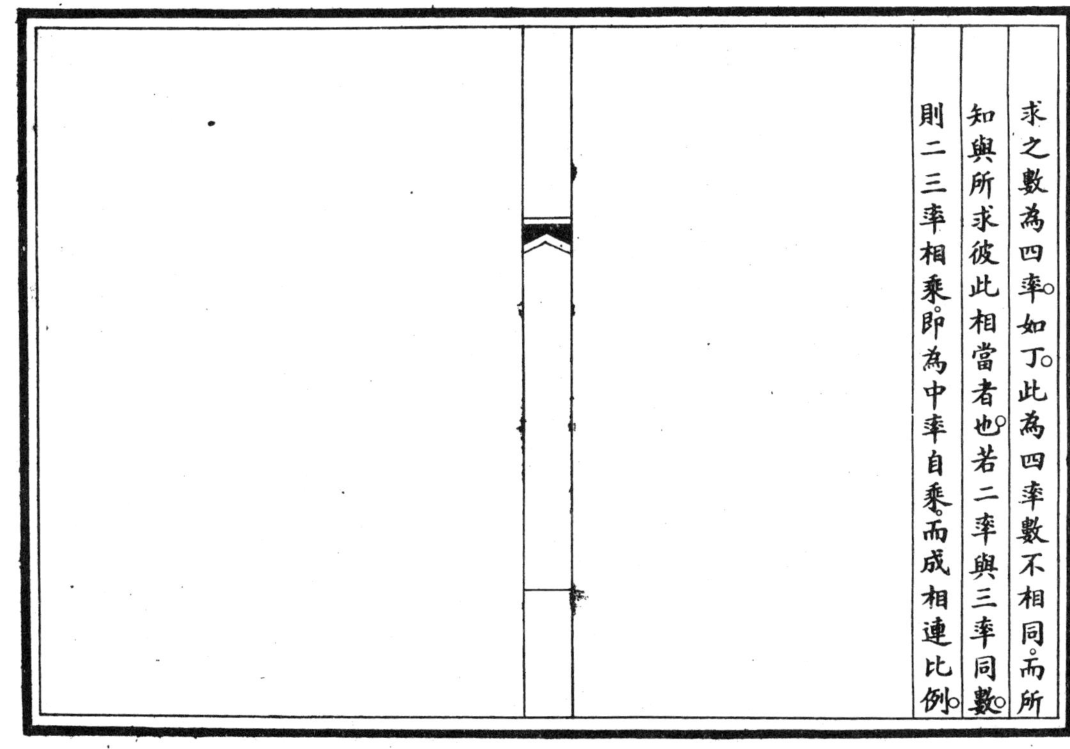

求之數為四率如丁此為四率數不相同而所知與所求彼此相當者也若二率與三率同數則二三率相乘即為中率自乘而成相連比例

比例圖二　三率

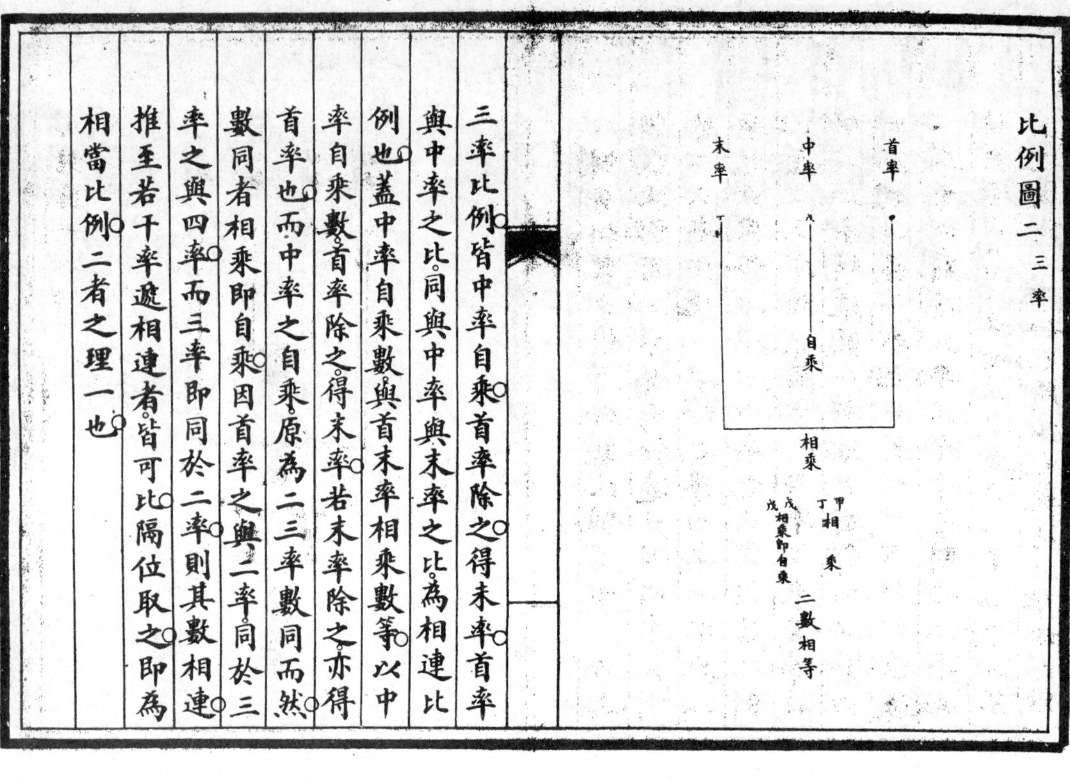

三率比例皆中率自乘首率除之得末率首率與中率之比同與中率與末率之比為相連比例也蓋中率自乘數與首末率相乘數等以中率自乘數首率除之得末率若末率除之亦得首率也而中率之自乘原為二三率數同而然數同者相乘即自乘因首率之與二率同於三率之與四率而三率即同於二率則其數相連推至若干率遞相連者皆可比隔位取之即為相當比例二者之理一也

比例圖三　同式形

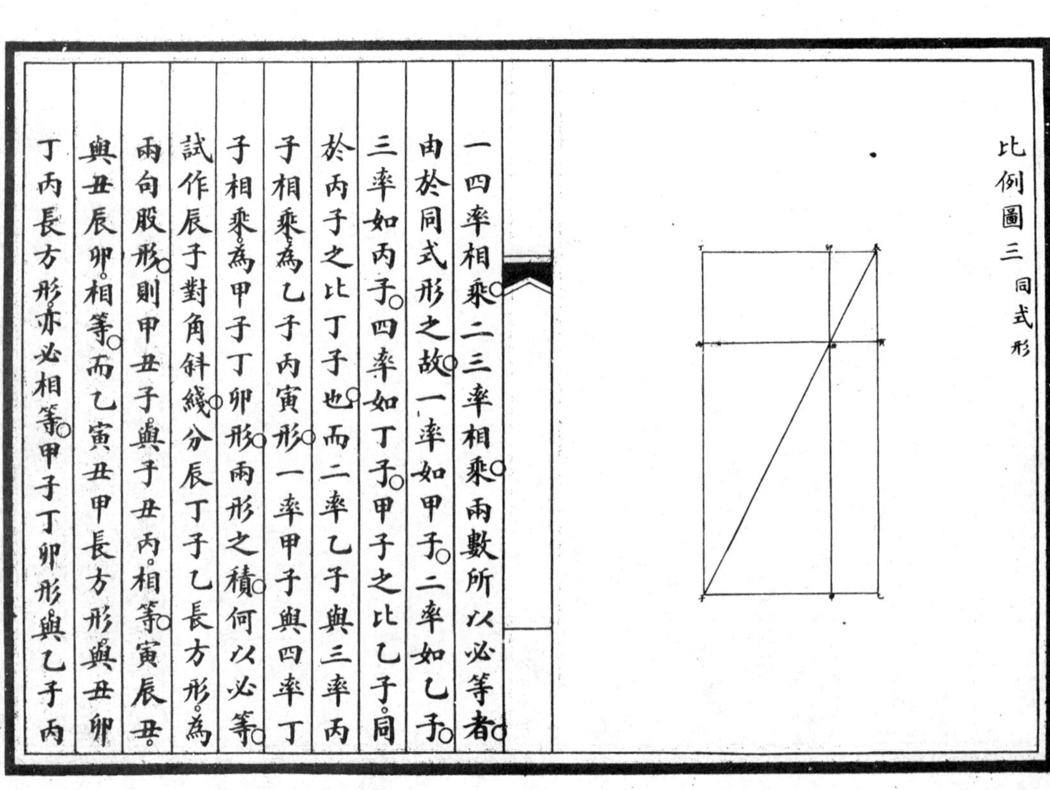

一四率相乘二三率相乘兩數所以必等者由於同式形之故一率如甲子二率如乙子三率如丙子四率如丁子甲子之比乙子同於丙子之比丁子也而二率乙子與三率丙子相乘為乙子丙寅形一率甲子與四率丁子相乘為甲子丁卯形兩形之積何以必等試作辰子對角斜綫分辰丁子乙長方形為兩句股形則甲丑子與子丑丙相等寅辰丑與丑辰卯相等而乙寅丑甲長方形與丑卯丁丙長方形亦必相等甲子丁卯形與乙子丙

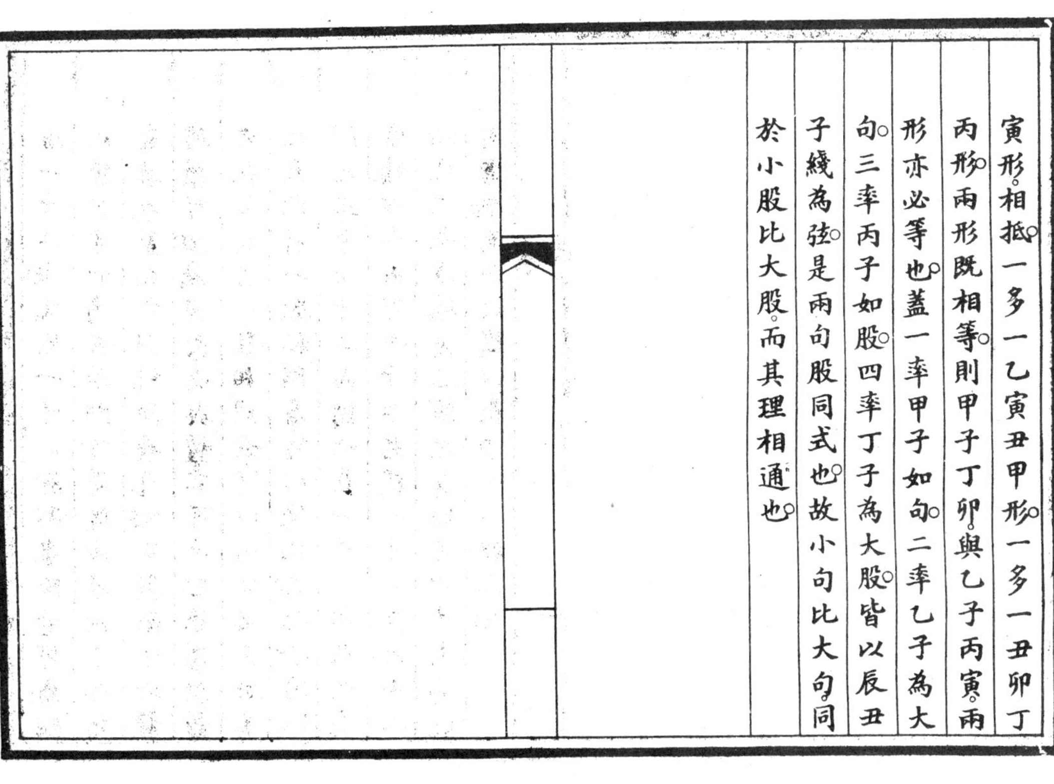

寅形。相抵。一多一乙寅丑甲形。一多一丑卯丁丙形。兩形既相等。則甲子丁卯。與乙子丙寅。兩形亦必等也。蓋一率甲子如句。二率乙子為大句。三率丙子如股。四率丁子為大股。皆以辰丑子綫為弦。是兩句股同式也。故小句比大句同於小股比大股。而其理相通也。

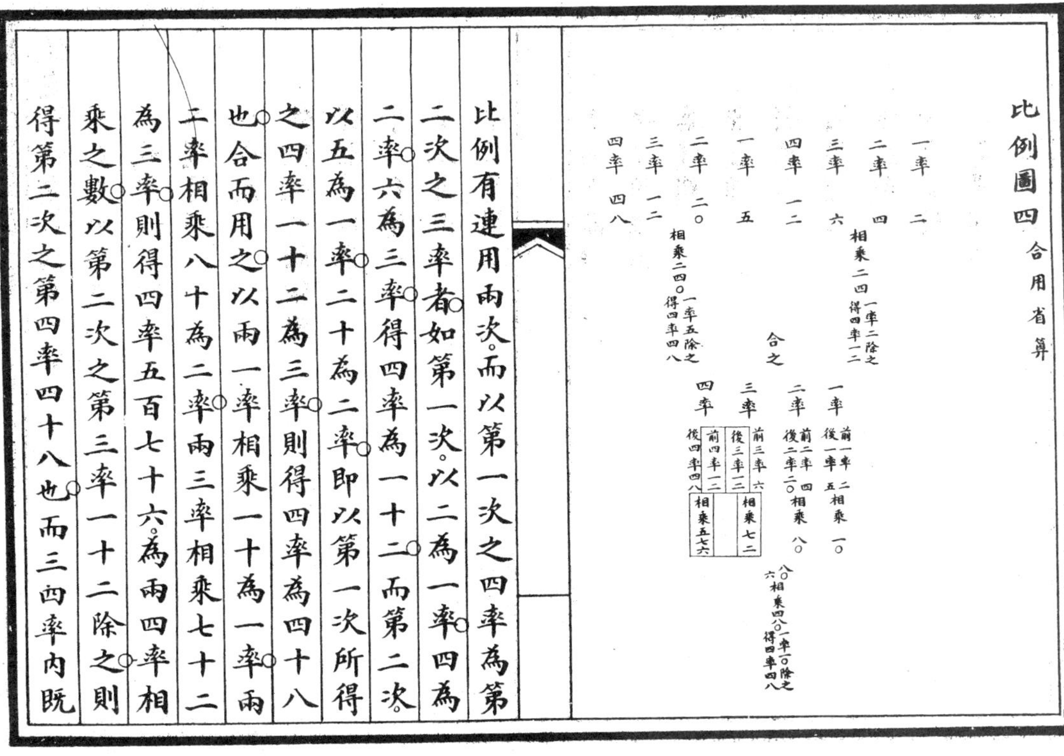

比例圖四　合用省算

比例有連用兩次。而以第一次之四率為第二次之三率者。如第一次。以二為一率。四為二率。六為三率。得四率為一十二。而第二次。以五為一率。二十為二率。即以第一次所得之四率一十二為三率。則得四率為四十八也。合而用之。以兩一率相乘一十為一率。兩二率相乘八十為二率。兩三率相乘七十二為三率。則得四率五百七十六。為兩四率相乘之數。以第二次之第三率一十二除之。則得第二次之第四率四十八也。而三四率內既用一十二乘。又用一十二除。則乘除皆可省。徑以前三率六爲三率。則徑得後四率四十八。爲省算也。蓋凡比例。綫與綫可比。面與面可比。體與體可比。綫與面。面與體。不可比也。惟體與體之長闊高。有一數相同者。可以面比之。面與面之長闊。有一數相同者。可以綫比之。此合用比例之三率七十二。爲闊六長一十二相乘之長方積。四率五百七十六。爲闊一十二長四十八相乘之長方積。是三率之長。同於四率之闊。故可省乘。而即以闊六長四十八相比也。

欽定大清會典圖卷一百三十四

天文二十八算術二

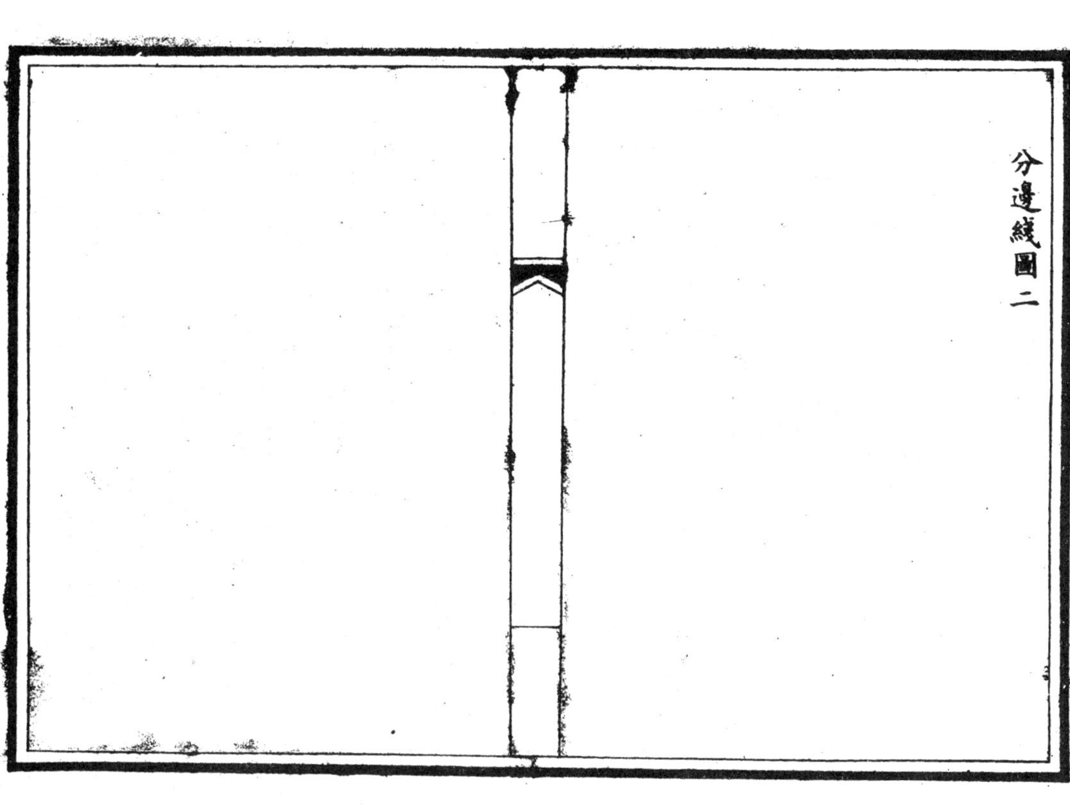

八綫圖一

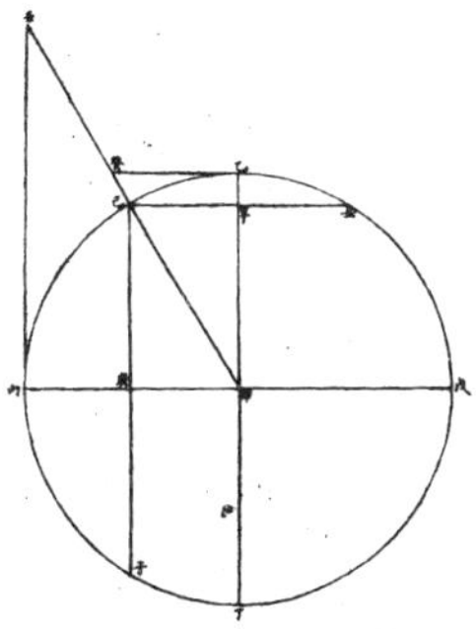

半徑甲丙甲乙甲戊甲丁甲己
己甲丙角　己丙弧
正弦己庚辛甲　正矢丙庚　正切壬丙　正割壬甲
餘弦己辛庚甲　餘矢乙辛　餘切癸乙　餘割癸甲
己甲乙角　己乙弧
正弦己辛庚甲　正矢乙辛　正切癸乙　正割癸甲
餘弦己庚辛甲　餘矢丙庚　餘切壬丙　餘割壬甲

圖中過心之直綫爲徑。如乙丁。如丙戊。皆全徑也。圖心適當其中。如甲。自甲至周。如甲乙。甲丙。甲丁。甲戊。皆爲半徑。徑爲直綫。圓周爲弧綫。弧綫與直綫之比例不通。徑一周三。以大數言也。尚有零數不盡。徑一則周三有餘。周三則徑一不足。周徑二者。不能皆爲有盡之數。因用割圓之法。內弦外切。屢求句股。爲無數多邊形。使弧綫直綫漸合爲一。而圓周始得。徑一〇〇〇〇〇〇〇〇則周爲三一四一五九二六五三有餘。周一〇〇〇〇〇〇〇〇則徑為三一八三〇九八八六有餘。此周徑定率也。而弧綫直綫不可比例。則用八綫馭之。仍以直綫與直綫為比。而周度可得。命圓周為三百六十度。如丙乙戊丁。每度六十分。每分六十秒。微。纖。忽。芒。塵。皆以六十遞析。命全徑為二千萬。如丙戊。如乙丁。半徑為一千萬。如甲丙。如甲乙。如甲戊。如甲丁。圓周四分之一。皆九十度。如丙乙弧。乙戊弧。戊丁弧。丁丙弧。皆為一象限。於一象限中任取一處。如己。截一弧為兩弧。如己丙弧為六十度。己乙弧為三十度。則每弧皆有八綫。己甲仍為半徑。與甲乙甲丙等也。己丙弧為己甲丙角之度。己乙弧為己甲乙角之度。其八綫在弧內與半徑平行者為弦。如己庚。如己辛。切弧外與弦平行者為切。如壬丙。如癸乙。弦截半徑之餘為矢。如丙庚。如乙辛。自圓心割圓周而與切綫遇者為割。如壬甲。如癸甲。在己甲丙角。則其弧己丙。其正弦己庚。正矢丙庚。正切壬丙。正割壬甲。而以己甲乙角。己乙弧。為餘角餘弧。餘弦己辛。餘矢乙辛。餘切癸乙。餘割癸甲。若在己甲乙角。則其弧己乙。其正弦己辛。

正矢乙辛。正切癸乙。正割癸甲。而以己甲丙角。己丙弧。為餘角餘弧。餘弦己庚。餘矢丙庚。餘切壬丙。餘割壬甲。此為正則彼為餘。彼為正則此為餘也。正矢即餘弦之餘。餘矢即正弦之餘。如甲丙半徑內。庚甲即餘弦。其餘丙庚為正矢也。乙甲半徑內。辛甲即正弦。其餘乙辛為餘矢也。餘弦加半徑為大矢。如庚戊為戊己一百二十度弧之大矢。辛丁為丁己一百五十度弧之大矢。正弦之倍為通弦。如己子為己丙子一百二十度弧之通弦。己丑為己乙丑六十度弧之通弦也。鈍角之弧過象限。即以外角八綫為其八綫。如戊甲己鈍角。其弧戊乙己一百二十度。以減半周戊乙丙。餘丙己弧六十度。即為外角己甲丙角之弧。己甲丙角八綫與戊甲己鈍角同。用惟矢。則以戊庚為大矢。直角九十度。如丙甲乙角。其弧丙乙。適足一象限。則半徑乙甲即其正弦。半徑丙甲即其正矢。而其餘諸綫俱無也。八綫皆成同式句股形。正弦己庚為股。餘弦庚甲為句。半徑己甲為弦。正切壬丙為股。半徑丙甲為句。正割壬甲為弦。半徑乙甲為股。餘切癸乙為句。餘割癸甲為弦。皆為同式。故正餘弦可以句股法相求。弦切割可以比例相求。以餘弦庚甲為一率。正弦己庚為二率。半徑丙甲為三率。則得四率正切壬丙。以正弦辛甲為一率。餘弦己辛為二率。半徑乙甲為三率。則得四率餘切癸乙。以餘弦庚甲為一率。半徑丙甲為二率。半徑己甲為三率。則得四率正割壬甲。正弦辛甲為一率。半徑乙甲為二率。半徑己甲為三率。則得四率餘割癸甲。此二三率皆為半徑。即三率比例也。

八綫圖二

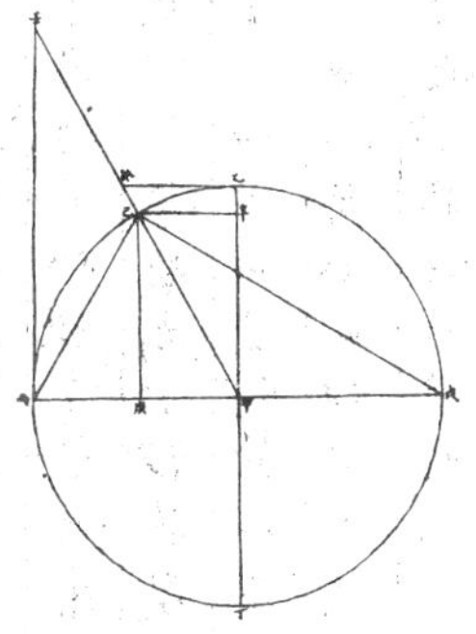

如圖。丙己通弦為句。己戊通弦為股。丙戊全徑為弦。己庚正弦為其中垂綫。與戊庚大矢。丙庚正矢。為連比例三率。己庚為中率。戊庚及丙庚為首末率。中率己庚正弦自乘。戊庚大矢除之。則得丙庚正矢。若丙庚正矢除之。則得戊庚大矢。首末率相乘開平方。則得中率己庚正弦。故弦矢可相求也。又八綫可以相代為用。如命半徑為一千萬。用半徑乘除者。其數不變。乘則升七位。除則降七位而已。而除難於乘。則可易除為乘。而用相代法。正弦與餘割

相代。如一率正弦辛甲股。二率半徑乙甲大股。三率餘弦己辛句。四率餘切癸乙大句。可以半徑己甲弦為一率。餘割癸甲大弦為二率。以比己辛句癸乙大句。此易一二率之同式股為同式弦也。如一率餘割癸甲弦。二率半徑己甲小弦。三率餘切癸乙句。四率餘弦己辛小句。可以半徑乙甲股為一率。正弦辛甲小股為二率。以比癸乙句己辛小句。此易一二率之同式弦為同式股也。餘弦與正割相代。如一率餘弦庚甲句。二率半徑丙甲大句。三率正弦己庚股。四率正切壬丙大股。可以半徑己甲弦為一率。正割壬甲大弦為二率。以比己庚股壬丙大股。此易一二率之同式句為同式弦也。如一率正割壬甲弦。二率半徑己甲小弦。三率正切壬丙股。四率正弦己庚小股。可以半徑丙甲句為一率。餘弦庚甲小句為二率。以比壬丙股己庚小股。此易一二率之同式弦為同式句也。正切與餘切相代。如一率正切壬丙股。二率半徑丙甲句。三率正弦辛甲小股。四率餘弦己辛小句。可以半徑乙甲股為一率。餘切癸乙句為二率。以比己庚小股己辛小句。又如一率餘切癸乙句。二率半徑乙甲股。三率餘弦己辛小句。四率正弦辛甲小股。可以半徑丙甲句為一率。正切壬丙股為二率。以比己辛小句辛甲小股。此一二率皆以同式句股易同式句股也。一象限中。逐度分秒皆有八綫。求之之法用六宗三要二簡諸法屢次遞求得每度每分每十秒之正弦。以求各餘弦正切餘切正割餘割之數。以列表。為八綫表。一象限九十度。取其半四十五度列之。四十五度以後即將四十五度以前逆數而得。凡六葉一度。每葉縱分六格。一正弦。二正切。三正割。四餘弦。五餘切。六餘割。正餘弦切割之名標於上。四十五度後逆數者。正為餘。餘為正。標其名於下。每格皆橫分十層。每層為一分。每一層中又分六層。每層為十秒。其度分秒標於左右。自初度至四十四度。列於右方之上。其分秒順列右行。由上而下。自四十五度至八十九度。列於左方之下。其分秒逆列左行。由下而上。其每綫之數。則於每格每層中由左而右橫列之。檢表之法。有度分秒查綫者。視對度分秒某層之綫有綫查度分秒者。視對綫某層之度分秒。其所列者。越十秒而一綫。若查十秒中之零秒。則用中比例。如檢一度三分一十三秒之正弦。則以一度三分一十秒與一度三分二十秒相減。餘十秒為一率。一度三分一十秒之正弦與一度三分二十秒之正弦相減。餘為二率。三秒為三率。得四率。以加一度三分一十秒之正弦。即為一度三分一十三秒之正弦。表中不列正餘矢者。正矢餘矢。可以正餘弦減半徑而得。半徑減餘弦得正矢。減正弦得餘矢。則數已寓也。全表

四十五度之正餘弦切割。各一萬六千二百綫。計凡九萬七千二百綫。茲不備列。舉每度之正餘弦切割為一表。以見其概。

八綫表

度	正弦	正切	正割
初			一〇〇〇〇〇〇〇
一	一七四五二四	一七四五五一	一〇〇〇一五二三
二	三四八九九五	三四九二〇八	一〇〇〇六〇九五
三	五二三三六〇	五二四〇七八	一〇〇一三七二三
四	六九七五六五	六九九二六八	一〇〇二四四一九
五	八七一五五七	八七四八八七	一〇〇三八一九八
六	一〇四五二八五	一〇五一〇四二	一〇〇五五〇八二
七	一二一八六九三	一二二七八四六	一〇〇七五〇九九
八	一三九一七三一	一四〇五四〇八	一〇〇九八二七六
九	一五六四三四五	一五八三八四四	一〇一二四六五一
一〇	一七三六四八二	一七六三二七〇	一〇一五四二六七
一一	一九〇八〇九〇	一九四三八〇三	一〇一八七一六八
一二	二〇七九一一七	二一二五五六五	一〇二二三四〇七
一三	二二四九五一一	二三〇八六八二	一〇二六三〇三九
一四	二四一九二一九	二四九三二八〇	一〇三〇六一三五
一五	二五八八一九〇	二六七九四九二	一〇三五二七六二
一六	二七五六三七四	二八六七四五四	一〇四〇二九九四
一七	二九二三七一七	三〇五七三〇七	一〇四五六九一八
一八	三〇九〇一七〇	三二四九一九七	一〇五一四六二二
一九	三二五五六八二	三四四三二七六	一〇五七六二〇七
二〇	三四二〇二〇一	三六三九七〇二	一〇六四一七七八
二一	三五八三六七九	三八三八六四〇	一〇七一一四五〇
二二	三七四六〇六六	四〇四〇二六二	一〇七八五三四七
二三	三九〇七三一一	四二四四七四九	一〇八六三六〇四
二四	四〇六七三六六	四四五二二八七	一〇九四六三六三
二五	四二二六一八三	四六六三〇七七	一一〇三三七七九
二六	四三八三七一一	四八七七三二六	一一一二六〇一九
二七	四五三九九〇五	五〇九五二五四	一一二二三二六二
二八	四六九四七一六	五三一七〇九四	一一三二五七〇一
二九	四八四八〇九六	五五四三〇九〇	一一四三三五四一
三〇	五〇〇〇〇〇〇	五七七三五〇三	一一五四七〇〇五
三一	五一五〇三八一	六〇〇八六〇六	一一六六三三四四
三二	五二九九一九三	六二四八六九四	一一七九一七八四
三三	五四四六三九〇	六四九四〇七六	一一九二三六三三
三四	五五九一九二九	六七四五〇八五	一二〇六二一八〇
三五	五七三五七六四	七〇〇二〇七五	一二二〇七七四六
三六	五八七七八五三	七二六五四二六	一二三六〇六八〇
三七	六〇一八一五〇	七五三五五四〇	一二五二一三五七
三八	六一五六六一五	七八一二八五六	一二六九〇一八二
三九	六二九三二〇四	八〇九七八四〇	一二八六七五九六
四〇	六四二七八七六	八三九〇九九六	一三〇五四〇七三
四一	六五六〇五九〇	八六九二八六八	一三二五〇一三〇
四二	六六九一三〇六	九〇〇四〇四一	一三四五六三二七
四三	六八一九九八四	九三二五一五一	一三六七三二七五
四四	六九四六五八四	九六五六八八八	一三九〇一六三六
四五	七〇七一〇六八	一〇〇〇〇〇〇〇〇	一四一四二一三六
	餘弦	餘切	餘割

度	餘割	餘切	餘弦
九〇			一〇〇〇〇〇〇〇
八九	五七二九八七〇九九	五七二八九九八三〇	九九九八四七七
八八	二八六五三七〇四九	二八六三六二四九八	九九九三九〇八
八七	一九一〇七三〇六〇	一九〇八一一二〇一	九九八六二九五
八六	一四三三五五八一〇	一四三〇〇六六〇二	九九七五六四〇
八五	一一四七三七一八八	一一四三〇〇五七九	九九六一九四七
八四	九五六六七七二二	九五一四三六四五	九九四五二一九
八三	八二〇五五〇九〇	八一四四三四六四	九九二五四六二
八二	七一八五二九六五	七一一五三六九七	九九〇二六八〇
八一	六三九二四五三二	六三一三七五一五	九八七六八八三
八〇	五七五八七七〇五	五六七一二八一八	九八四八〇七七
七九	五二四〇八四三一	五一四四五五四〇	九八一六二七一
七八	四八〇九七三四三	四七〇四六三〇一	九七八一四七六
七七	四四四五四一一五	四三三一四七五九	九七四三七〇一
七六	四一三三五六五五	四〇一〇七八〇九	九七〇二九五七
七五	三八六三七〇三三	三七三二〇五〇八	九六五九二五八
七四	三六二七九五五三	三四八七四一四四	九六一二六一七
七三	三四二〇三〇三六	三二七〇八五二六	九五六三〇四八
七二	三二三六〇六八〇	三〇七七六八三五	九五一〇五六五
七一	三〇七一五五三五	二九〇四二一〇九	九四五五一八五
七〇	二九二三八〇四四	二七四七四七七四	九三九六九二六
六九	二七九〇四二八一	二六〇五〇八九一	九三三五八〇四
六八	二六六九四六七二	二四七五〇八六九	九二七一八三九
六七	二五五九三〇四七	二三五五八五二四	九二〇五〇四九
六六	二四五八五九三三	二二四六〇三六八	九一三五四五五
六五	二三六六二〇一六	二一四四五〇六九	九〇六三〇七八
六四	二二八一一七二〇	二〇五〇三〇三八	八九八七九四〇
六三	二二〇二六八九三	一九六二六一〇五	八九一〇〇六五
六二	二一三〇〇五四五	一八八〇七二六五	八八二九四七六
六一	二〇六二六六五三	一八〇四〇四七八	八七四六一九七
六〇	二〇〇〇〇〇〇〇	一七三二〇五〇八	八六六〇二五四
五九	一九四一六〇四〇	一六六四二七九五	八五七一六七三
五八	一八八七〇七九九	一六〇〇三三四五	八四八〇四八一
五七	一八三六〇七八四	一五三九八六五〇	八三八六七〇六
五六	一七八八二九一六	一四八二五六一〇	八二九〇三七六
五五	一七四三四四六八	一四二八一四八〇	八一九一五二〇
五四	一七〇一三〇一六	一三七六三八一九	八〇九〇一七〇
五三	一六六一六四〇一	一三二七〇四四八	七九八六三五五
五二	一六二四二六九二	一二七九九四一六	七八八〇一〇八
五一	一五八九〇一五七	一二三四八九七二	七七七一四六〇
五〇	一五五五七二三八	一一九一七五三六	七六六〇四四四
四九	一五二四二五三一	一一五〇三六八四	七五四七〇九六
四八	一四九四四七六五	一一一〇六一二五	七四三一四四八
四七	一四六六二七九二	一〇七二三六八七	七三一三五三七
四六	一四三九五五六五	一〇三五五三〇三	七一九三三九八
四五	一四一四二一三六	一〇〇〇〇〇〇〇〇	七〇七一〇六八
	正割	正切	正弦

此以一千萬為半徑者也。如用一百萬為半徑。則諸綫皆截尾一位。用一十萬為半徑。則諸綫皆截尾二位。半徑減正餘弦而得餘矢正矢。當於尾位減一數。以彼此尚有零數故也。凡檢表。必列全表而檢之。以表中八綫不可以一時求也。而有求八綫之捷法。任舉一弧。可以求弦矢。任舉一弦一矢。可以求弧。法以弧度分秒化作本數用之。以全徑二千億取數當於尾後多取四位以備截零。故以二千億為全徑。之半周一百八十度弧本數三一四一五九二六五三五八。用十八除之。為十度弧本數一七四五三二九二五一九。又十除之。為一度弧本數一七四五三二九二五一。又六除之。為十分弧本數二九〇八八八二〇八。又十除之。為一分弧本數二九〇八八八二〇。又六除之。為十秒弧本數四八四八一三六。此十秒弧本數。截尾四位為四八四。而表中十秒正弦反為四八五者。表中因尾下之小餘八而進一於尾位為五者也。試觀表中自十秒至十一分十秒之正弦。皆與正切同數。則內弦外切已合為一。而與弧本數同矣。是即可以邇因而求正弦。試以十秒正弦四八五。用二因之為二十秒正弦九七〇。用三因之為三十秒正弦則一四五五。用四因之為四十秒正弦則一九四〇。是皆過於表中正弦一四五四及一九三九之數。若以四十秒正弦一九三九折半為二十秒正弦。當是九六九。又折半為一十秒正弦。當是四八四。是正與弧本數合。可知表中一十秒二十秒之正弦。皆於尾位進一者也又十除之。為一秒弧本數四八四八一三。所設弧若干度分秒。各取其數。相因相加。為弧本數。

弧求正弦。以弧本數為第一條。以半徑為連比例第一率。弧本數為第二率。二率自乘。一率除之。得第三率。以第一條三率乘之。一率除之。得第四率。二除之。三除之。為第二條。以第二條三率乘之。一率除之。得第六率。四除之。五除之。為第三條。以第三條三率乘之。一率除之。得第八率。六除之。七除之。為第四條。以後例推除至單位下而止。第一條第三條相併。第二條第四條相併。兩數相減。餘即正弦。

弧求正矢。以半徑為連比例第一率。弧本數為第二率。二率自乘。一率除之。得第三率。二除之。為第一條。以第一條三率乘之。一率除之。得第五率。三除之。四除之。為第二條。以第二條三率乘之。一率除之。得第七率。五除之。六除之。為第三條。以第三條三率乘之。一率除之。得第九率。七除之。八除之。為第四條。以後例推除至單位下而止。第一條第三條相併。第二條第四條相併。兩數相減。餘即正矢。

正弦求弧。以正弦為第一條。以半徑為連比例第一率。正弦為第二率。二率自乘。一率除之。得第三率。以第一條三率乘之。一率除之。得第四率。二除之。三除之。為第二條。以第二條三率乘之。一率除之。得第六率。九乘之。四除之。五除之。為第三條。以第三條三率乘之。一率除之。得第八率。二十五乘之。六除之。七除之。為第四條。以第四條三率乘之。一率除之。得第十率。四十九乘之。八除之。九除之。為第五條。以第五條三率乘之。一率除之。得第十二率。八十一乘之。十除之。十一除之。為第六條。以後例推。除至單位下而止。以諸條相併。即弧本數。以每度分秒之本數收之。得度分秒。

正矢求弧。以正矢倍之為第一條。以半徑為連比例第一率。倍正矢為第三率。三率自乘。一率除之。得第五率。三除之。四除之。為第二條。以第二條四乘之。三率乘之。一率除之。得第七率。五除之。六除之。為第三條。以第三條九乘之。三率乘之。一率除之。得第九率。七除之。八除之。為第四條。以第四條十六乘之。三率乘之。一率除之。得第十一率。九除之。十除之。為第五條。以第五條二十五乘之。三率乘之。一率除之。得第十三率。十一除之。十二除之。為第六條。以後例推。除至單位下而止。以諸條相併。又為連比例第三率。以與第一率半徑相乘。開平方。得第二率。即弧本數。

通弧求通弦法。如弧求正弦。通弧求矢法。如弧求正矢。通弦求通弧法。如正弦求弧。皆以連比例第三率四除之。以為每次所用之第三率。

正矢求通弧。以正矢八乘之為第一條。以半徑為連比例第一率。八乘正矢為第三率。四除之。以為每次所用之第三率。餘與正矢求弧之法同。

圓徑求周。以全徑（半徑即六十度弧之通弦。全徑為六十度弧通弦者二也。）三因之。（為六十度弧通弦者六。）為第一條。以第一條四除之。又二除之。三除之。為第二條。以第二條九乘之。四除之。又四除之。五除之。為第三條。以第三條二十五乘之。四除之。又六除之。七除之。為第四條。以第四條四十九乘之。四除之。又八除之。九除之。為第五條。以第五條八十一乘之。四除之。又十除之。十一除之。為第六條。以後例推。除至單位下而止。若以一千萬為全徑。則至十一條。併十一條數。得三一四一五九二六。即圓周。此合六通弦以求六通弧也。其不用連比例者。六十度通弦與半徑等。則每率皆等。無庸比例也。每條多一四除之者。既不用連比例。則第三率之用四除以為每次第三率者。分用於每條中也。蓋求通弦通弧之於第三率先用四除原即每條各用之四除總用之於第三率也。

以上諸法。無論弧之大小。按法求之。皆得真數。若弧過六十度者。可以餘弧求得餘弦。乃用句股法求得正弦。若弧在三十度以外至六十度者。求之條數漸多。尚苦其繁。則又有借弧借弦之法。

借弧求正餘弦圖

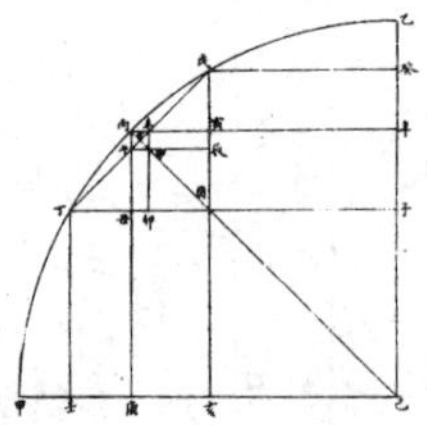

視本弧過三十度至六十度內者。借四十五度弧如甲丙。與本弧甲丁。或甲戊相減。餘為較弧。如丁丙。或丙戊。較弧祇在十五度內。如法求得較弧正弦。如丁戌。如戊戌。皆即酉戌正矢如丙戌。乃以半徑丙己為一率。借弧弦如丙庚。或丙辛。為二率。較弧弦矢相加如丙酉。或相減如申酉。為三率。得四率為弦較。如丙丑。如丙寅。或如申卯。如甲辰。與卯酉。丁丑。辰酉。戊寅。俱等。以丙丑與借弧弦相減。如丁壬。同戊癸。以申卯即戊寅。與借弧弦相加。如

戊亥同丁子。即皆得本弧之正餘弦。所用三率本弧小於借弧。求正弦則加成丙酉。求餘弦則減餘申酉。本弧大於借弧。求正弦則減餘申酉。求餘弦則加成丙酉。所得四率。本弧小於借弧。求正弦則減餘丑庚。求餘弦則加成丁子。本弧大於借弧。求正弦則加成戊亥。求餘弦則減餘寅辛。

借弦求弧圖

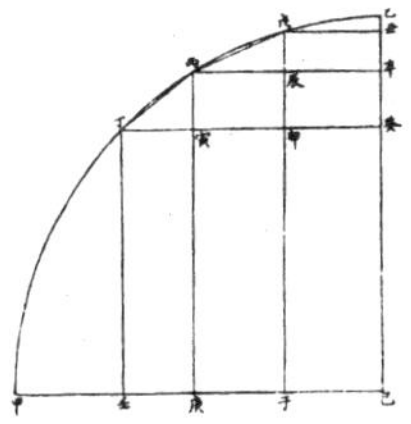

如圖。正弦若過半徑十分之三至十分之六。借三十度正弦五〇〇〇〇〇。餘弦八六六〇二五四用之。若過半徑十分之六至十分之八。借四十五度正弦餘弦皆七〇七一〇六八用之。若過半徑十分之八至十分之九。借六十度正弦八六六〇二五四。餘弦五〇〇〇〇〇用之。先以本弧正弦求得本弧餘弦。次以本弧正弦與借弧正弦相減。餘為正弦較。如丙寅或戊辰。皆為股。以本弧餘弦與借弧餘弦相減。餘為餘弦較。如寅丁或辰丙。皆

為句。求得弦。如丙丁或丙戊。為較弧通弦。如法
求得較弧。如丙丁弧。或丙戊弧。與借弧相加減。
得本弧。本弧正弦。大於借弧正弦。則兩弧相加。
本弧正弦。小於借弧正弦。則兩弧相減。

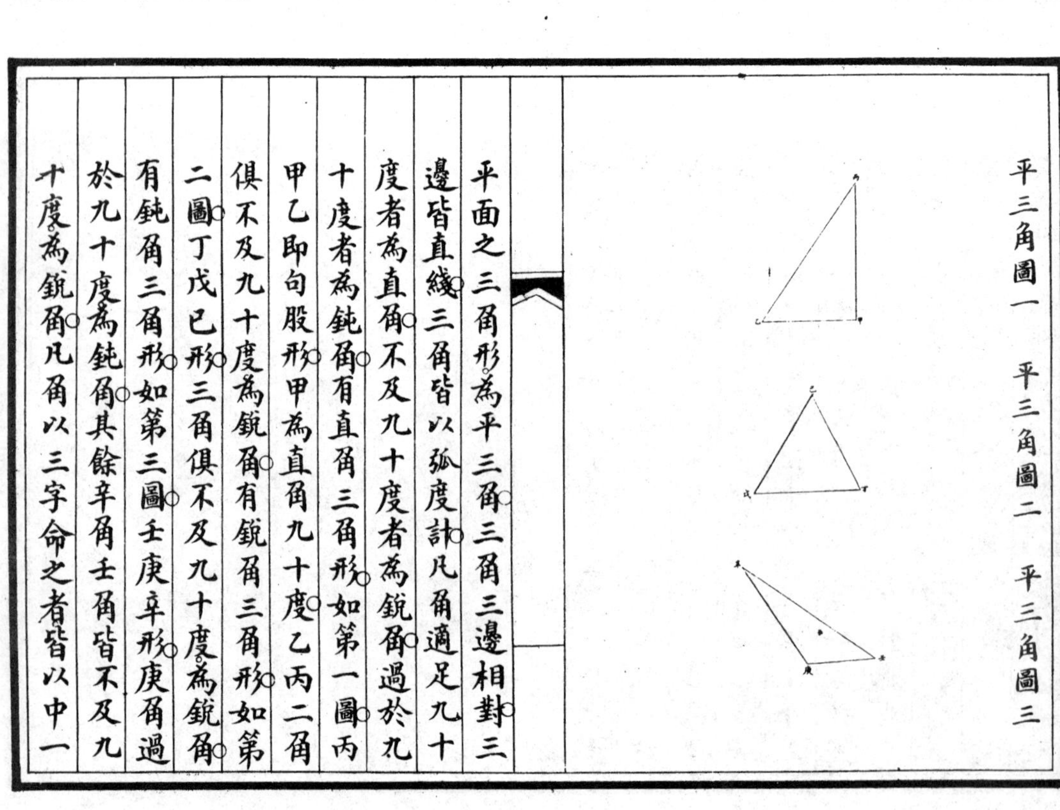

平面之三角形。為平三角。三角三邊相對。三邊皆直綫。三角皆以弧度計。凡角適足九十度者為直角。不及九十度者為銳角。過於九十度者為鈍角。有直角三角形。如第一圖丙甲乙即句股形。甲為直角九十度。乙丙二角俱不及九十度為銳角。有銳角三角形。如第二圖。丁戊己形。三角俱不及九十度。為銳角。有鈍角三角形。如第三圖壬庚辛形。庚角過於九十度為鈍角。其餘辛角壬角皆不及九十度。為銳角。凡角以三字命之者皆以中一

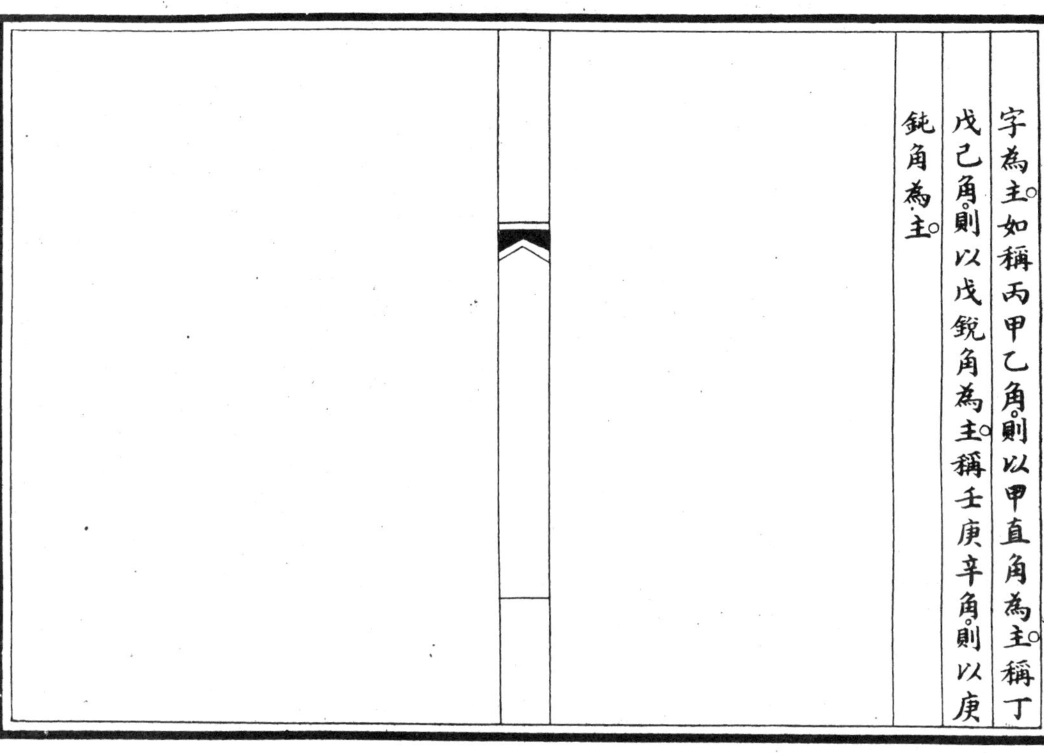
字為主。如稱丙甲乙角。則以甲直角為主。稱丁戊己角。則以戊銳角為主。稱壬庚辛角。則以庚鈍角為主。

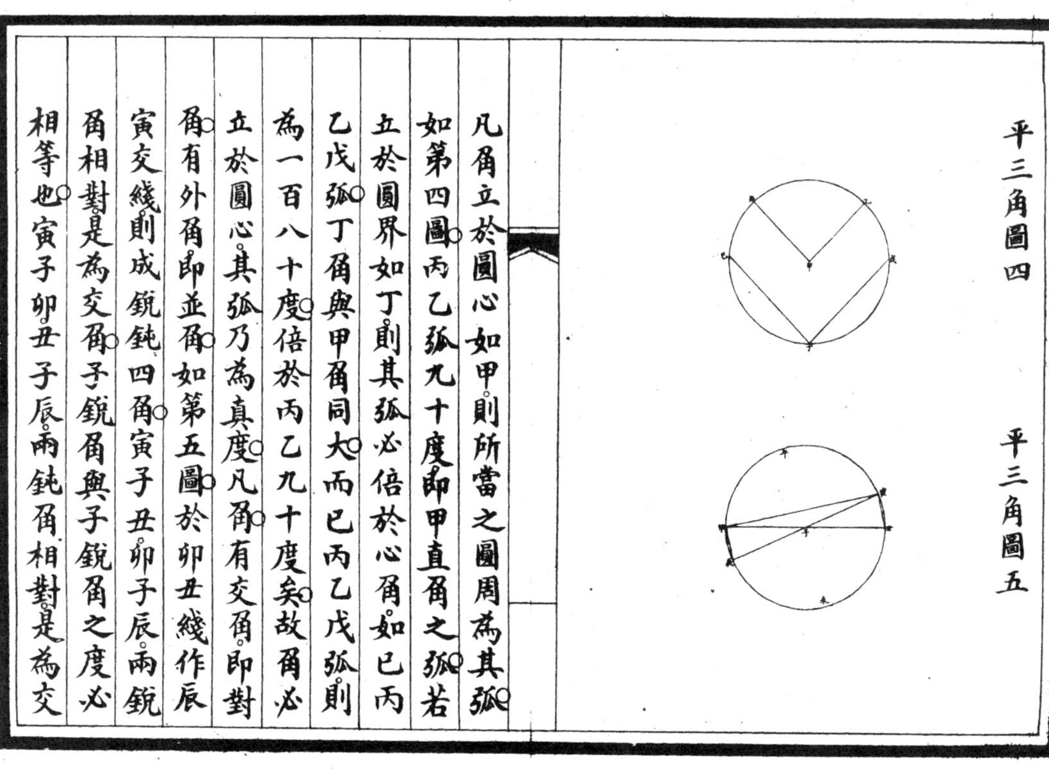
平三角圖四

平三角圖五

凡角立於圜心。如甲。則所當之圜周為其弧。如第四圖丙乙弧九十度。即甲直角之弧。若立於圜界。如丁。則其弧必倍於心角。如己丙乙戊弧。丁角與甲角同大。而己丙乙戊弧。則為一百八十度。倍於丙乙九十度矣。故角必立於圜心。其弧乃為真度。凡角有交角。即對角。有外角。即並角。如第五圖。於卯丑綫作辰寅交綫。則成銳鈍四角。寅子丑卯子辰。兩銳角相對。是為交角。子銳角與子銳角之度必相等也。寅子卯丑子辰。兩鈍角相對。是為交角子鈍角與子鈍角之度必相等也。若二角竝立於一綫之上。則一為本角。一為外角。寅子丑銳角。與寅子卯鈍角。二角相竝。同立於卯丑綫。則寅子丑角。為寅子卯角之外角。寅子卯角。為寅子丑角之外角。凡平三角。無論銳鈍。三角相併。皆一百八十度。如寅子丑銳角形。子為心角。其度為寅丑弧。寅為界角。其度為丑辰弧之半丑未弧。丑為界角。其度為寅卯弧之半寅午弧。丑辰弧與寅卯弧等。則寅卯弧之半午卯弧。亦必與丑未弧等。即為寅角度。合寅丑二角之度。即寅午卯弧。併子角度寅丑弧。共為丑卯半周一百八十度。寅午卯弧。即子外角之度也。子鈍角與子銳角相併。亦為半周一百八十度。故凡平三角。有一角。則其外角即為餘二角之共度。若知二角。則併二角度以減半周一百八十度。餘即又一角度也。

垂綫圖

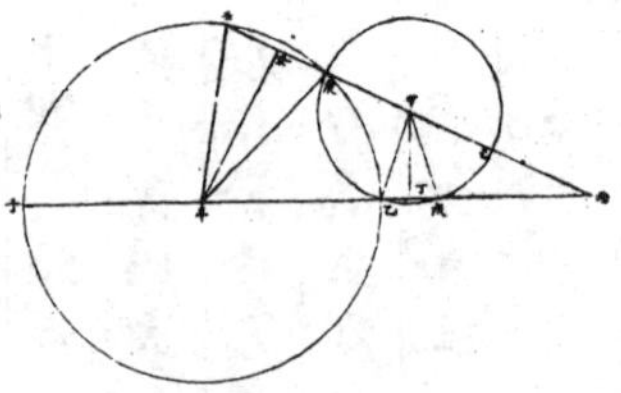

三角形之垂綫。銳角形則為中垂綫。鈍角形則為外垂綫。如甲乙丙銳角形。則甲丁垂綫垂於形內。甲戊丙鈍角形。則甲丁垂綫垂於形外。求之者。皆以對甲角之邊為底。甲角旁兩邊為兩腰。垂綫所截之底為分底。如丁丙如丁乙。銳角形求中垂綫。以底乙丙為分底和為一率。兩腰和甲丙及甲乙。即丙庚為二率。兩腰較丙己為三率。求得四率為分底較丙戊。以減全底乙丙。餘戊乙。半之為分底丁乙。以為句。小腰甲乙為弦。求得股甲丁。即中垂綫。鈍角

形求外垂綫。以底丙戊為分底較。為一率。兩腰較丙己。為二率。兩腰和甲丙及甲戊。即丙庚。為三率。求得四率。為分底和乙丙。內減底丙戊。餘戊乙。半之。丁戊以為句。小腰甲戊為弦。求得股甲丁。即外垂綫。此所用四率。以底比腰。同於以腰比底。似為轉比例。其實仍為相當比例。試引丙乙綫至辛。引丙甲綫至壬。作壬辛綫。又作辛庚辛癸二綫。則辛壬丙銳角形。與甲乙丙銳角形同式。辛庚丙鈍角形。與甲戊丙鈍角形同式。大三角形丙壬為分底和。丙辛及辛壬為兩腰和。即丙子。原三角形之分底和乙丙。即大三角形之兩腰較也。原三角形之兩腰和丙庚。即大三角形之分底較也。是銳角形之以丙乙丙庚比丙己丙戊。仍為以大較比小較也。鈍角形之以丙戊丙己。比丙庚丙乙。仍為以小較比大較也。則仍相當比例也。

圓徑圖一

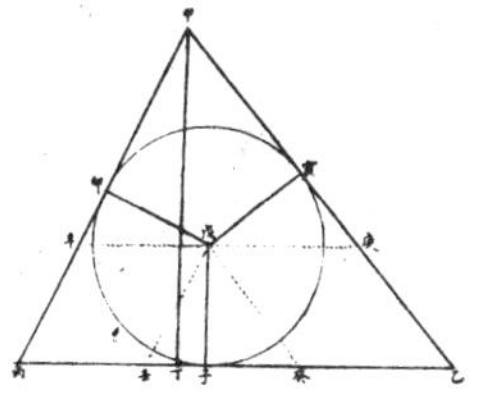

甲乙丙銳角三角形。戊為圓心。戊卯。戊子。戊寅。皆為內容圓之半徑。先以兩腰甲乙甲丙。底邊乙丙。求得中垂綫甲丁。乃以甲乙甲丙乙丙三邊相加為一率。中垂綫甲丁為二率。底邊乙丙為三率。求得四率。內容圓半徑戊子。倍之。即得內容圓徑。試與乙丙平行作庚辛過心綫。又自戊與兩腰平行作戊癸戊壬二綫。則戊壬等壬丙。戊癸等癸乙。戊癸壬形之三邊和。等於底邊乙丙。用戊癸壬。甲乙丙。同式三角形。以甲乙丙形之三邊和。與甲丁之比。

同於戊癸壬形之三邊和。即底邊乙丙與戊子之比。而得內容圓半徑戊子。倍之。即圓徑也求鈍角形內容圓法與此同。

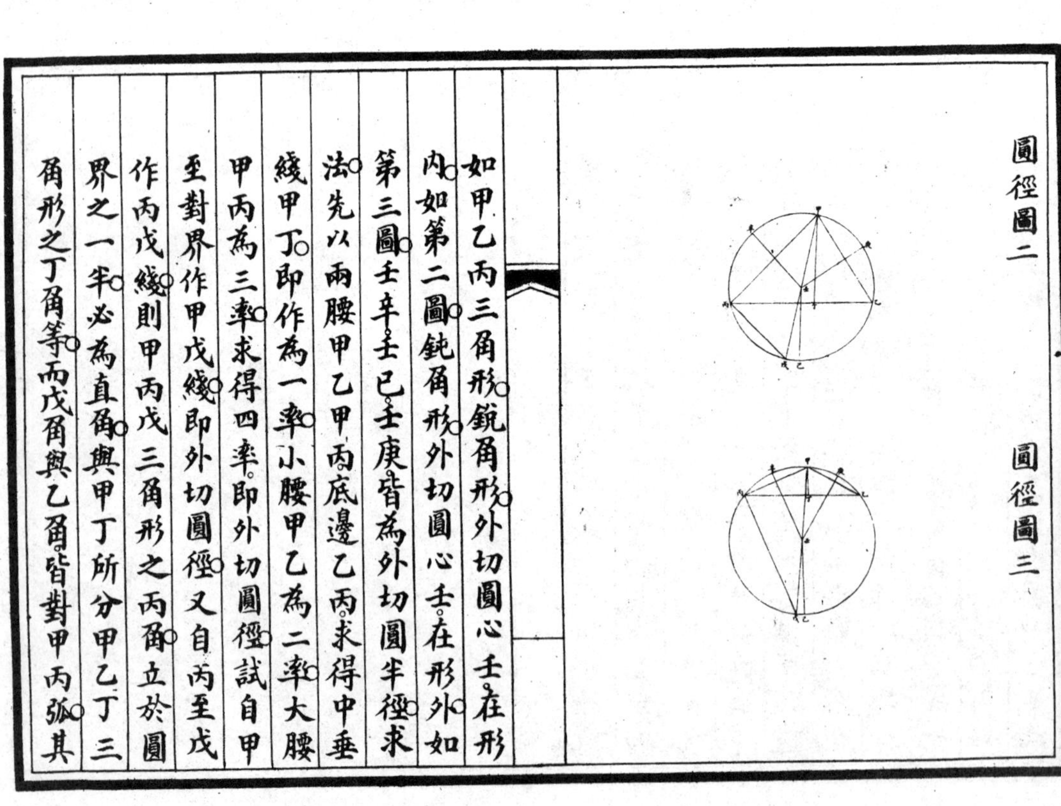

圓徑圖二

圓徑圖三

如甲乙丙三角形。銳角形。外切圓心壬。在形內。如第二圖。鈍角形。外切圓心壬。在形外。如第三圖。壬辛壬己壬庚。皆為外切圓半徑。求法。先以兩腰甲乙甲丙底邊乙丙。求得中垂綫甲丁。即作為一率。小腰甲乙為二率。大腰甲丙為三率。求得四率。即外切圓徑。試自甲至對界作甲戊綫。即外切圓徑。又自丙至戊作丙戊綫。則甲丙戊三角形之丙角。立於圓界之一半。必為直角。與甲丁所分甲乙丁三角形之丁角等。而戊角與乙角。皆對甲丙弧。其

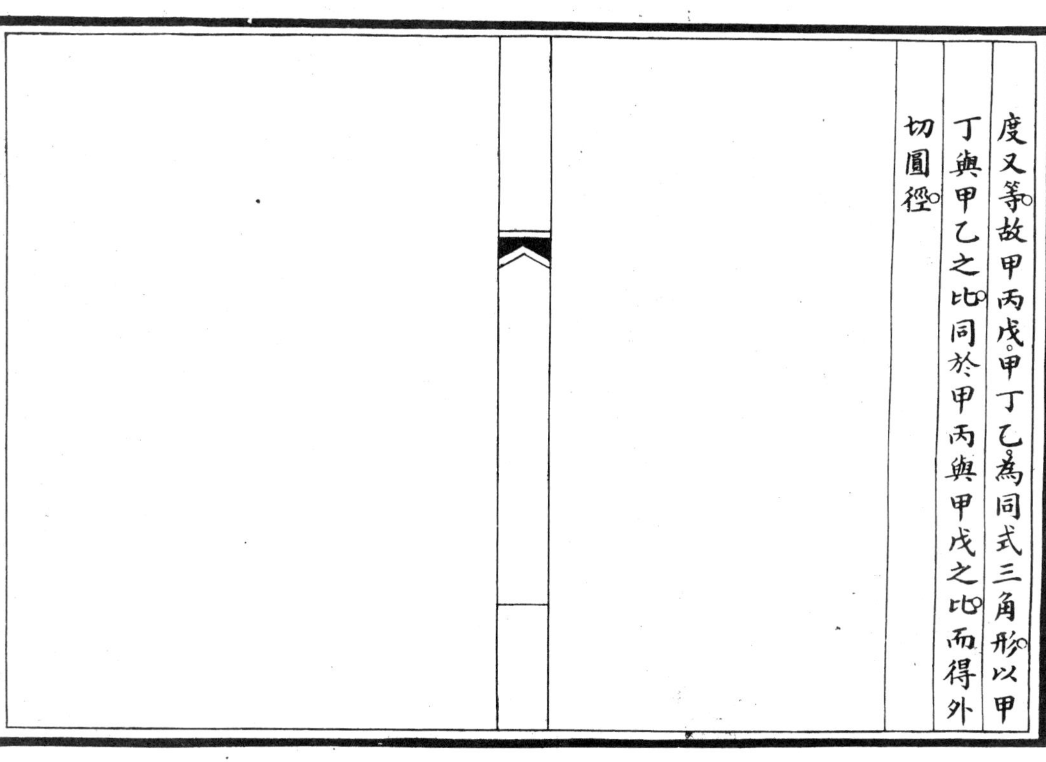

度又等。故甲丙戊。甲丁乙為同式三角形。以甲丁與甲乙之比。同於甲丙與甲戊之比。而得外切圓徑。

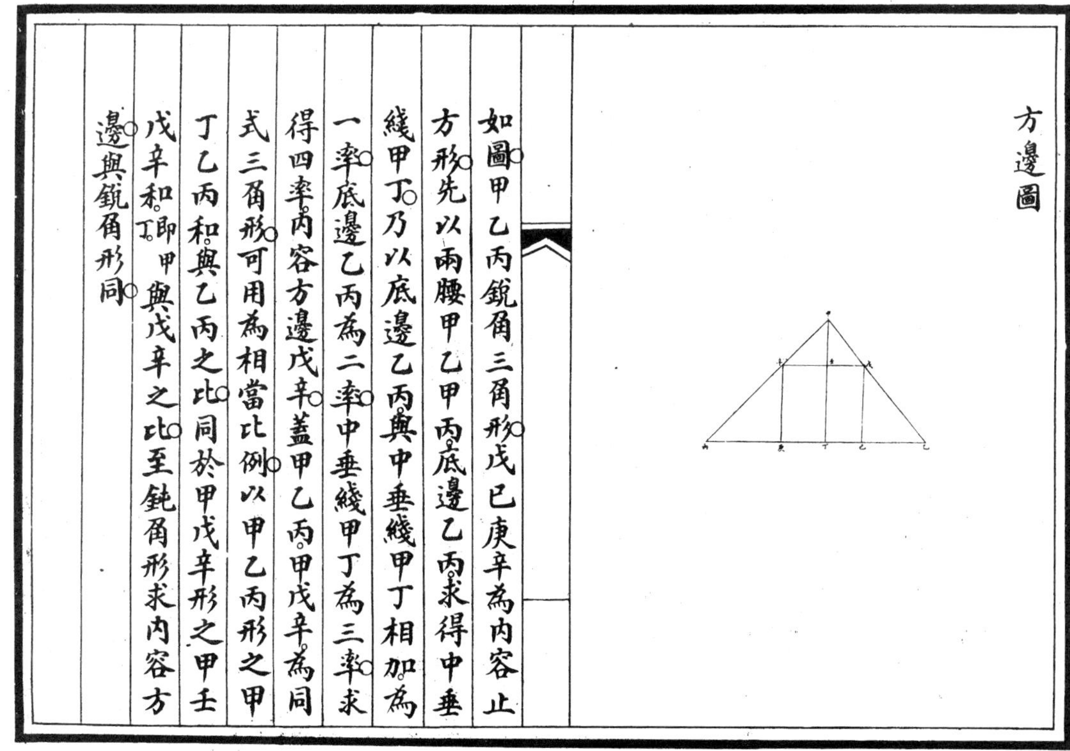

方邊圖

如圖。甲乙丙鋭角三角形。戊己庚辛為內容止方形。先以兩腰甲乙甲丙。底邊乙丙。求得中垂綫甲丁。乃以底邊乙丙與中垂綫甲丁相加為一率。底邊乙丙為二率。中垂綫甲丁為三率。求得四率。內容方邊戊辛。蓋甲乙丙。甲戊辛為同式三角形。可用為相當比例。以甲乙丙形之甲丁乙丙和。與乙丙之比。同於甲戊辛形之甲壬戊辛和。即甲丁。與戊辛之比。至鈍角形求內容方邊。與鋭角形同。

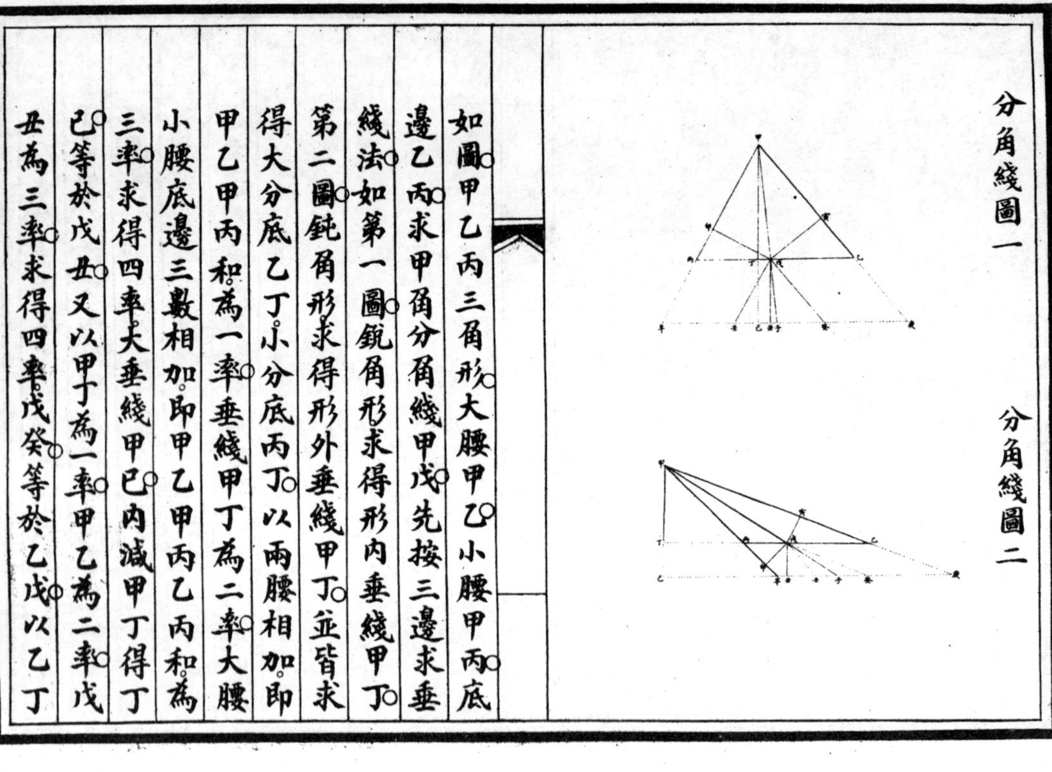

分角綫圖一

分角綫圖二

如圖。甲乙丙三角形。大腰甲乙。小腰甲丙。底邊乙丙。求甲角分角綫甲戊。先按三邊求垂綫法。如第一圖銳角形求得形內垂綫甲丁。第二圖鈍角形求得形外垂綫甲丁。並皆求得大分底乙丁。小分底丙丁。以兩腰相加。即甲乙甲丙和。為一率。垂綫甲丁為二率。大腰小腰底邊三數相加。即甲乙甲丙乙丙和。為三率。求得四率。大垂綫甲己。內減甲丁。得丁己。等於戊丑。又以甲丁為一率。甲乙為二率。戊丑為三率。求得四率。戊癸。等於乙戊。以乙丁減乙戊。餘丁戊。或以甲丁為一率。甲丙為二率。戊丑為三率。得四率戊壬。等於戊丙。銳角形。以戊丙內減丙丁。鈍角形。以戊丙加丙丁。皆得丁戊。乃以丁戊甲丁各自乘相加。開平方。即得甲角分角綫甲戊。試自甲戊分角綫戊點作甲乙甲丙二邊垂綫戊寅。戊卯。二綫必等。次自戊點作乙丙邊垂綫戊丑。令與戊寅或戊卯等。即將甲乙甲丙各引長至庚。至辛。隨作與乙丙邊平行之辛庚綫。鈍角形須將乙丙邊引長至丁。庚辛綫引長至己。成甲庚辛形。並將甲丁引長至己。甲戊引長至子。乃自戊與甲辛平行作戊壬綫。必等丙戊。與甲庚平行作戊癸綫。必等乙戊。則乙丙底邊。必等戊癸壬形之兩腰和。亦等丙辛乙庚和。而甲乙甲丙乙丙三邊和。必等甲庚辛形之甲庚甲辛兩腰和。用甲乙丙。甲庚辛。同式三角形。以甲乙甲丙和。與甲丁之比。同於甲庚甲辛和（即甲乙甲丙乙丙和）。與甲己之比。以甲己內減甲丁。餘丁己。必等戊丑。次用戊癸壬。甲乙丙。同式三角形。以甲丁與甲乙之比。同於戊丑與戊癸之比。而戊癸原等乙戊。以乙丁減之。餘丁戊。

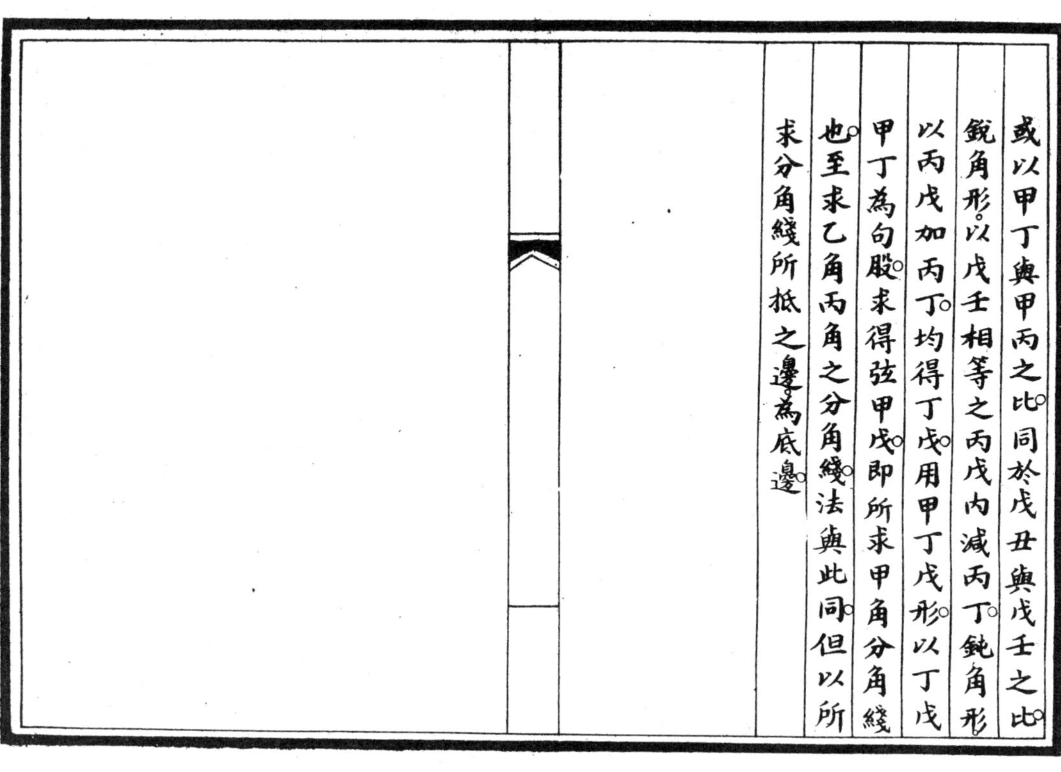

或以甲丁與甲丙之比。同於戊丑與戊壬之比。銳角形。以戊壬相等之丙戊內減丙丁。鈍角形以丙戊加丙丁。均得丁戊。用甲丁戊形。以丁戊甲丁為句股。求得弦甲戊。即所求甲角分角綫也。至求乙角丙角之分角綫法與此同。但以所求分角綫所抵之邊。為底邊。

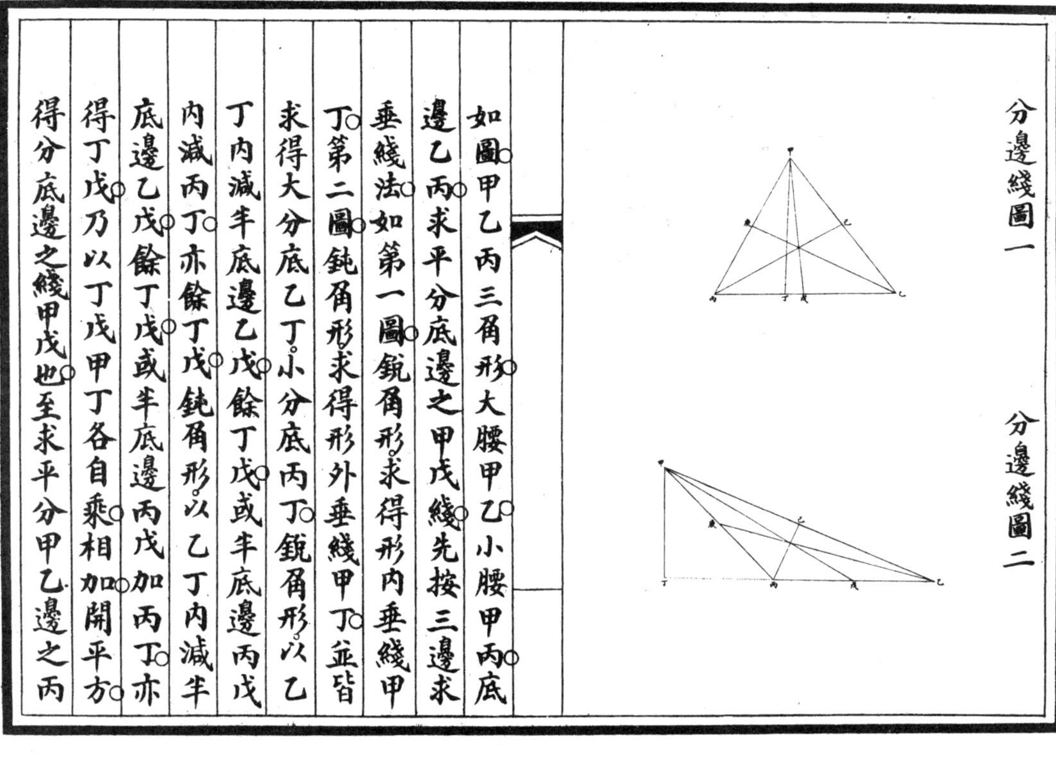

分邊綫圖一

分邊綫圖二

如圖。甲乙丙三角形。大腰甲乙。小腰甲丙。底邊乙丙。求平分底邊之甲戊綫。先按三邊求垂綫法。如第一圖銳角形。求得形內垂綫甲丁。第二圖鈍角形。求得形外垂綫甲丁。並皆求得大分底乙丁。小分底丙丁。銳角形。以乙丁內減半底邊乙戊。餘丁戊。或半底邊丙戊內減丙丁。亦餘丁戊。鈍角形。以乙丁內減半底邊乙戊。餘丁戊。或半底邊丙戊加丙丁。亦得丁戊。乃以丁戊甲丁各自乘相加。開平方。得分底邊之綫甲戊也。至求平分甲乙邊之丙己。及平分甲丙邊之乙庚。法均與此同。但各以分邊綫所抵之邊爲底邊。

欽定大清會典圖卷一百三十五

天文二十九算術三

直角形圖

邊較邊和求角圖一

邊較邊和求角圖二

鋭角形圖一

鋭角形圖二

鋭角形圖三

鈍角形圖

三邊求角圖一

三邊求角圖二

邊較求角圖一

邊較求角圖二

邊和求角圖一

邊和求角圖二

直角形圖

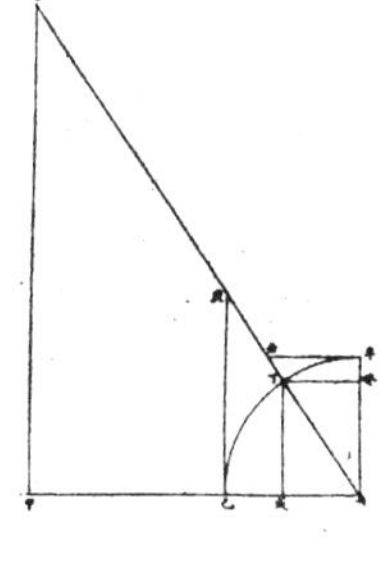

凡三角形邊角相求。皆知其三可求其三。角與邊皆相對。求之之法。必審所知所求對所知對所求。以為比例。直角形並不必用是法也。凡半徑皆可作直角正弦用。以角求邊者皆以半徑為一率。丙甲乙直角三角形。甲為直角九十度。如知丙角度。乙丙邊。而求乙甲邊。則甲直角正弦即半徑丁丙為一率。丙角正弦丁戊為二率。乙丙邊為三率。得四率即乙甲邊。若求甲丙邊。則半徑丁丙為一率。丙角餘弦戊丙為二率。乙丙邊為三率。得四率即甲丙邊。如知丙角度。乙甲邊。而求乙丙邊。則半徑丙辛為一率。丙角餘割丙壬為二率。乙甲邊為三率。得四率即乙丙邊。若求甲丙邊。則半徑丙辛為一率。丙角餘切辛壬為二率。乙甲邊為三率。得四率即甲丙邊。如知丙角度。甲丙邊。而求乙丙邊。則半徑己丙為一率。丙角正割庚丙為二率。甲丙邊為三率。得四率即乙丙邊。若求乙甲邊。則半徑己丙為一率。丙角正切庚己為二率。甲丙邊為三率。得四率即乙甲邊。如知乙角度。丙三邊互求。法皆倣此。以邊求角者皆以半徑為三率。如知乙甲邊。甲丙邊。而求丙角乙角。則甲丙邊為一率。乙甲邊為二率。半徑己丙為三率。得四率庚己。即丙角正切。乙角餘切。如知乙甲邊。乙丙邊。而求丙角乙角。則乙丙邊為一率。乙甲邊為二率。半徑丁丙為三率。得四率丁戊。即丙角正弦。乙角餘弦。如知甲丙邊。乙丙邊。而求丙角乙角。則甲丙邊為一率。乙丙邊為二率。半徑己丙為三率。得四率庚丙。即丙角正割。乙角餘割。皆檢表而得角度。此皆以同式之句股弦為比例也。以角求角者。相減而得。如知丙角。

求乙角則以丙角度減一象限九十度餘即乙角蓋甲角既爲直角則丙乙二角必共爲九十度也故於九十度中減丙角餘即乙角如知三邊而不知甲爲直角則以甲丙邊爲一率乙甲乙丙兩邊和爲二率兩邊較爲三率四率仍得甲丙邊即知甲爲直角此即三角形求分底邊之理因甲爲直角則乙甲邊即垂綫無分底即無分底較故四率仍得甲丙也

邊較邊和求角圖一

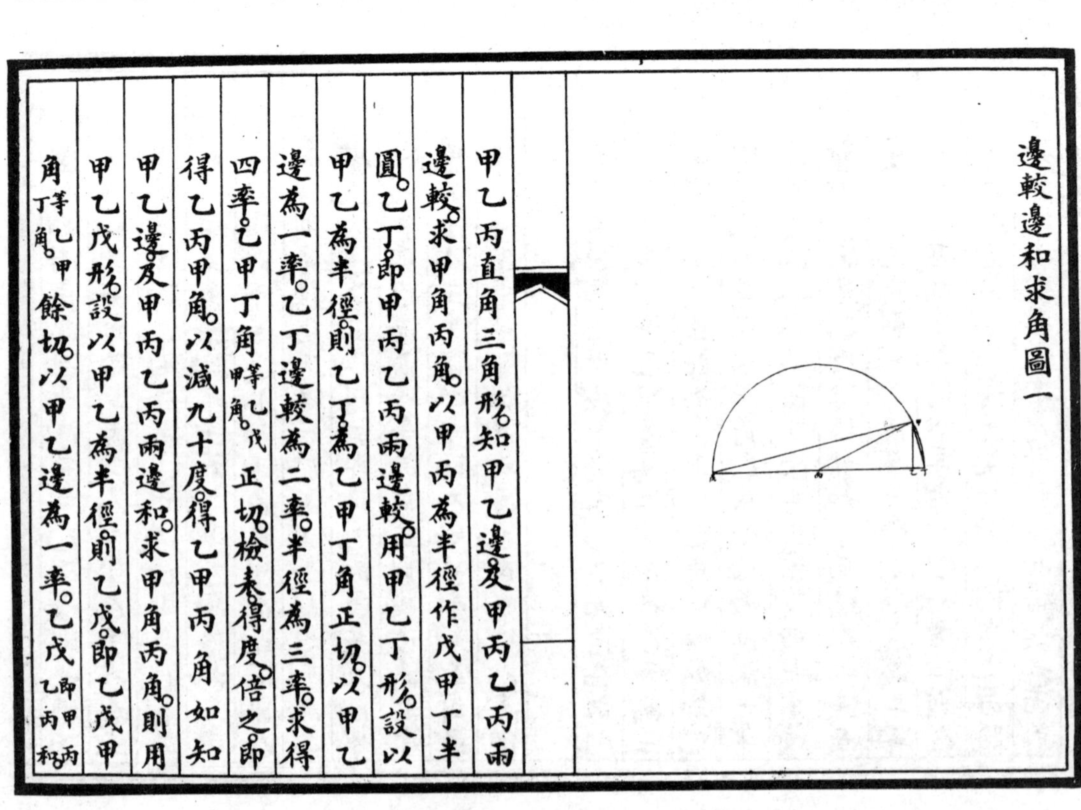

甲乙丙直角三角形知甲乙邊及甲丙乙丙兩邊較求甲角丙角以甲丙爲半徑作戊甲丁半圓乙丁即甲丙乙丙兩邊較用甲乙丁形設以甲乙爲半徑則乙丁爲乙甲丁角正切以甲乙邊爲一率乙丁邊較爲二率半徑爲三率求得四率乙甲丁角（等乙戊甲角）正切檢表得度倍之即得乙丙甲角以減九十度得乙甲丙角如知甲乙邊及甲丙乙丙兩邊和求甲角丙角則用甲乙戊形設以甲乙爲半徑則乙戊即乙戊甲角（等乙甲丁角）餘切以甲乙邊爲一率乙戊（即甲丙乙丙和）

邊和為二率。半徑為三率。求得四率。乙戊甲角餘切。檢表得乙戊甲角。倍之。得乙丙甲角。以減九十度。得乙甲丙角。

邊較邊和求角圖二

甲乙丙直角三角形。知甲乙邊及甲丙乙丙兩邊較乙丁。求甲角乙角。將丙乙邊引長至丁。令丙丁與甲丙等。作甲丁綫。成甲丁乙三角形。用對邊對角法。以甲乙邊為一率。乙丁邊較為二率。丁角正弦（即半直角四十五度正弦）為三率。求得四率。為甲角正弦。檢表得乙甲丁角。為半較角。與丁甲丙角半直角（等丙丁甲角）相減。得乙甲丙角。相加得甲乙丙角。如知甲乙邊及甲丙乙丙兩邊和。求甲角乙角。將乙丙邊引長至戊。令丙戊與甲丙等。作甲戊綫。成甲乙戊三角形。用對邊對角法。

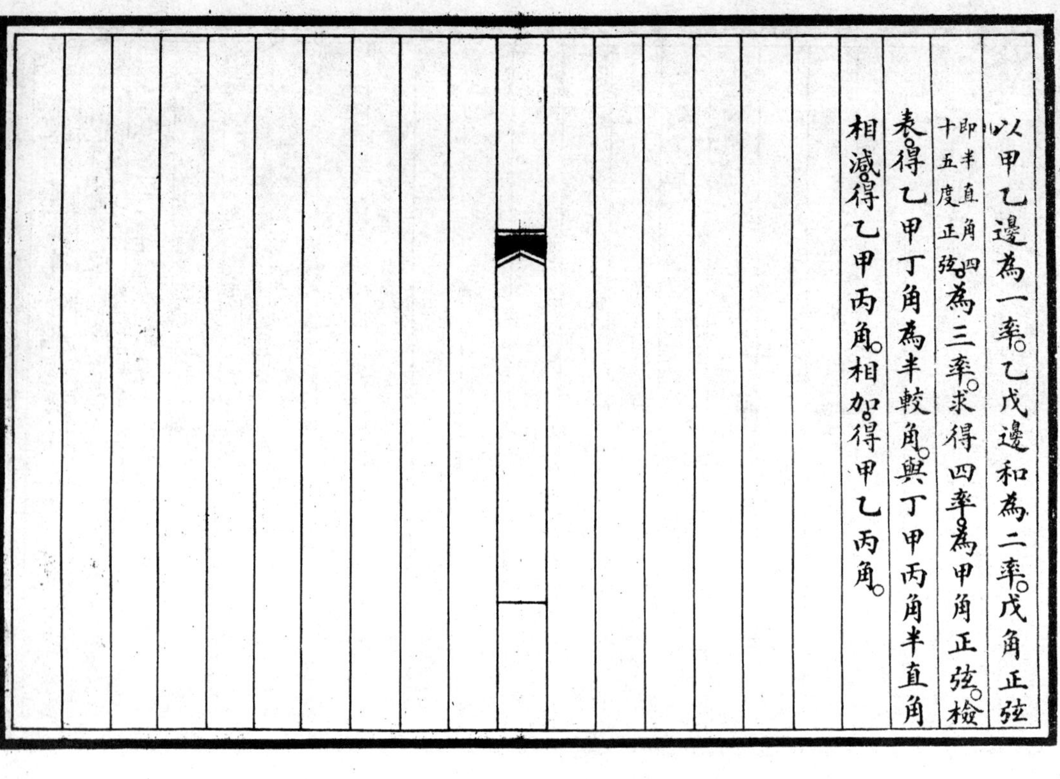

以甲乙邊為一率。乙戊邊和為二率。戊角正弦即半直角四十五度正弦。為三率。求得四率。為甲角正弦。檢表。得乙甲丁角為半較角。與丁甲丙角半直角相減得乙甲丙角。相加得甲乙丙角。

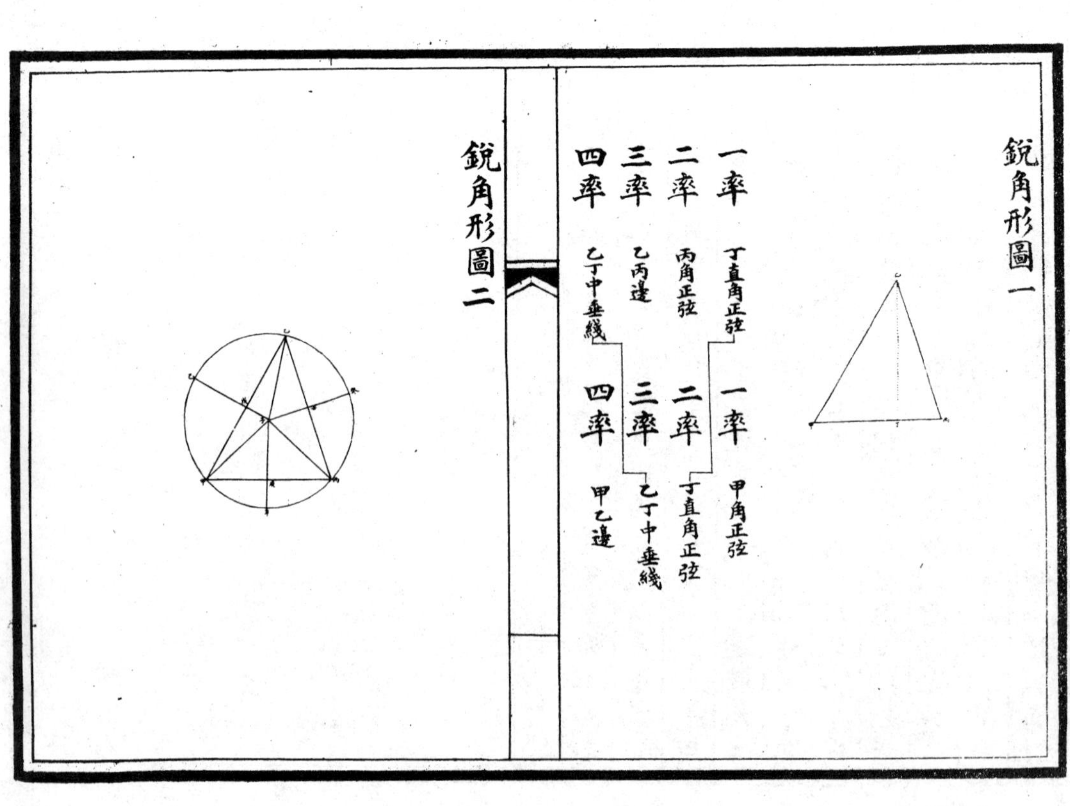

銳角形圖一

一率　丁直角正弦
二率　丙角正弦
三率　乙丙邊
四率　乙丁中垂綫

一率　甲角正弦
二率　丁直角正弦
三率　乙丁中垂綫
四率　甲乙邊

銳角形圖二

銳角三角形。甲乙丙三角俱銳。邊角相求。則審所知所求。以對所知比所知。同於以對所求比所求也。如知乙角。丙角。乙丙邊。求甲乙邊。以乙丙二角相併。於半周一百八十度內減之。餘即甲角。是為對所知之角。以其正弦為一率。對所求之角丙角正弦為二率。所知乙丙邊為三率。得四率。即甲乙邊。此非直角形正弦與邊似非同式。而比例可通者。蓋暗用中垂線分為兩直角形。合兩次比例為一次比例也。如第一圖。試作乙丁垂線。則成乙丁丙乙丁甲。兩句股形。次第求之。第一次。以丁直角正弦為一率。丙角正弦為二率。乙丙邊為三率。得四率。為乙丁中垂線。第二次。以甲角正弦為一率。丁直角正弦為二率。乙丁中垂線為三率。得四率。為甲乙邊。此皆直角形邊角相當之理也。而合兩次用之。一二率內丁直角正弦同。則可省。三四率內乙丁中垂線同。則可省。是徑以甲角正弦為一率。丙角正弦為二率。乙丙邊為三率。而四率徑得甲乙邊矣。若求甲丙邊。則以對所知甲角正弦為一率。對所求乙角正弦為二率。所知乙丙邊為三率。得四率甲丙邊。其理同也。又三角正弦與三邊原有相當之理。如第二圖。試切三角作圖。周則每界角各對一弧。自角作甲子乙子丙子三線會於圓心子。自心子作子癸子辛子己各垂線。將每角所對弧平分一半。各成兩心角。每一心角與相當各界角之度等。則乙壬為乙子壬角正弦。丙壬為丙子壬角正弦。皆即為甲角正弦。丙庚為丙子庚角正弦。甲庚為甲子庚角正弦。皆即為乙角正弦。甲戊為甲子戊角正弦。乙戊為乙子戊角正弦。皆即為丙角正弦。以正弦比正弦。是以半邊比半邊。即同於以全邊比全邊。而為相當比例也。如知乙角。甲乙邊。甲丙邊。求丙角。乙丙邊。則先求丙角。以對所知甲丙邊為一率。對所求甲乙邊為二率。所知乙角正弦為三率。得四率。即丙角正弦。檢表得丙角度。以減半周。餘為甲角度。次求乙丙邊。以對所知乙角正弦為一率。對所求甲角正弦為二率。所知甲丙邊為三率。得四率。即乙丙邊。凡有邊角相對者。皆以是法求之。凡角求邊。而一率用正弦。非直角之正弦即

半徑者皆可以其角之餘割代之。以與二率相
乘以為二率。而仍以半徑為一率。是即八綫代
用易除為乘之法。若一率為餘弦或切綫割綫
亦可以代用之綫易入二率。而以半徑為一率。

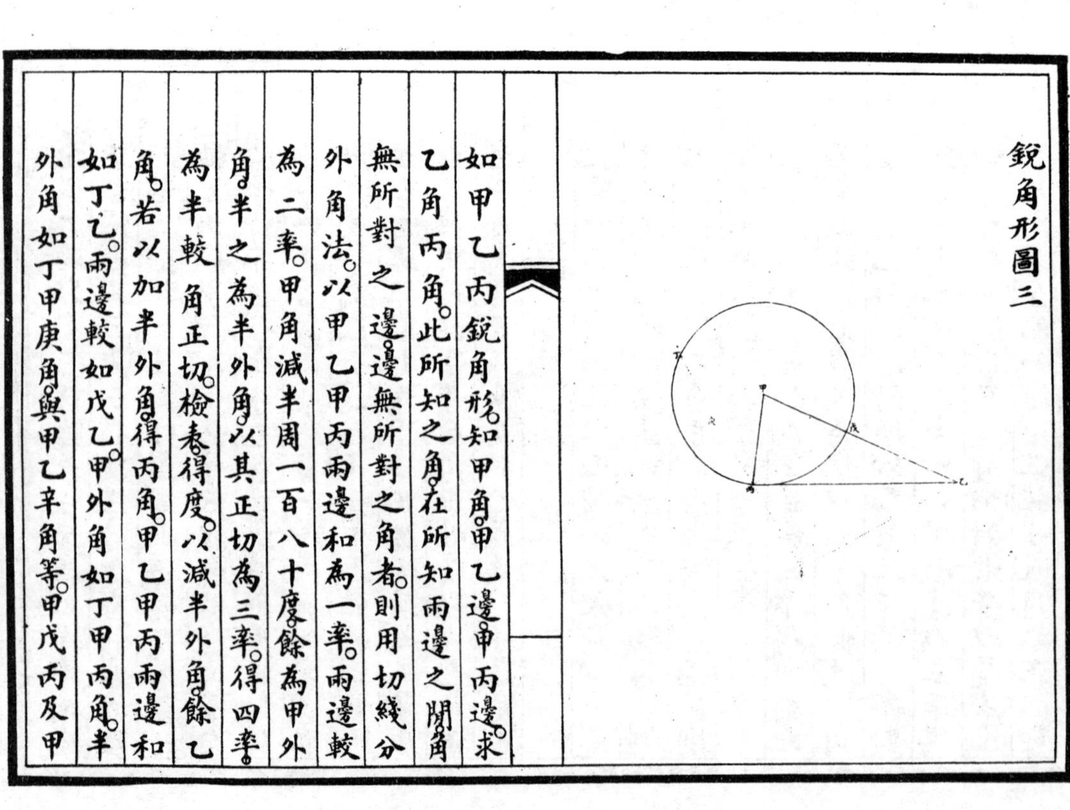

鋭角形圖三

如甲乙丙鋭角形。知甲角甲乙邊甲丙邊。求
乙角丙角。此所知之角在所知兩邊之閒角
無所對之邊。邊無所對之角者。則用切綫分
外角法。以甲乙甲丙兩邊和為一率。兩邊較
為二率。甲角減半周一百八十度餘為甲外
角半之為半外角。以其正切為三率。得四率
為半較角正切。檢表得度。以減半外角餘乙
角。若以加半外角得丙角。甲乙甲丙兩邊和
如丁乙。兩邊較如戊乙。甲外角如丁甲丙角。半
外角如丁甲庚角。與甲乙辛角等。甲戊丙及甲

丙戊二角為乙丙二角相和折半之度皆與半外角等其正切如丁辛半較角如戊丙乙角與丙乙辛角等其正切為丙辛丙邊和丁乙比丙邊較戊乙同於半外角正切丁辛比半較角正切丙辛也既得半較角丙乙辛角於甲乙辛半外角內減之則餘甲乙丙角以半較角戊丙乙角加甲丙戊半外角則成甲丙乙角

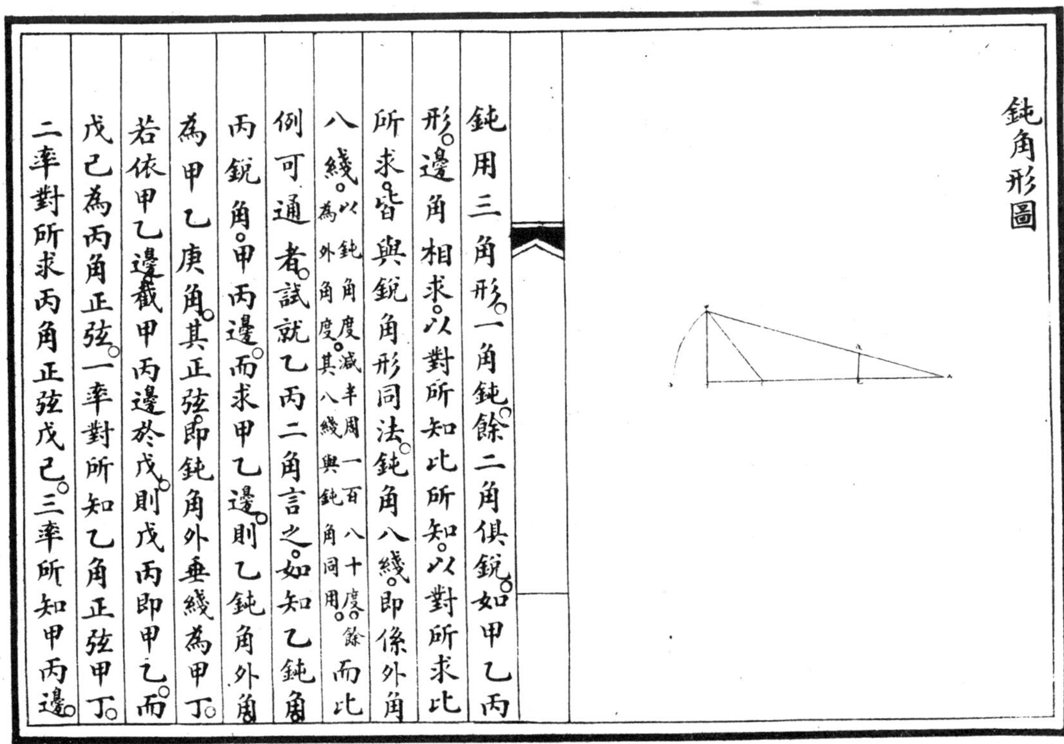

鈍角形圖

鈍用三角形一角鈍餘二角俱銳如甲乙丙形邊角相求以對所知比所知以對所求比所求皆與銳角形同法鈍角八綫即係外角八綫以鈍角度減半周一百八十度餘為外角度其八綫與鈍角同用而比例可通者試就乙丙二角言之如知乙鈍角丙銳角甲丙邊而求甲乙邊則乙鈍角外角為甲乙庚角其正弦即鈍角外垂綫為甲丁若依甲乙邊截甲丙邊於戊則戊丙即甲乙而戊己為丙角正弦一率對所知乙角正弦甲丁二率對所求丙角正弦戊己三率所知甲丙邊

四率戊丙。即所求甲乙邊。是仍同式形比例也。至所知之角在所知兩邊之閒。角無對邊。邊無對角者。用切綫分外角法。亦與銳角形同理。

三邊求角圖一

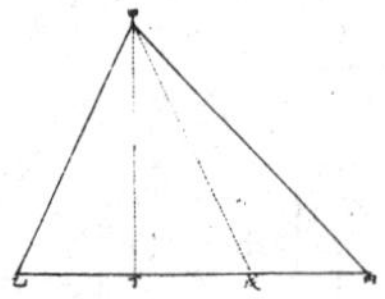

以三邊求三角。無論銳鈍。皆以大邊為底。如乙丙。餘二邊為兩腰。如甲乙。如甲丙。先求分底較。如丙戊。以底為一率。兩腰和為二率。兩腰較為三率。得四率為分底較。此即求垂綫所用法。以分底較丙戊減全底乙丙。餘乙戊。折半為乙丁分底。次求乙角。以丁角為所知之角。甲分角為所求之角。一率對所知甲乙邊。二率對所求乙丁分底。三率所知丁直角正弦。即半徑。得四率為所求甲分角正弦。即乙角餘弦。檢表得乙角。次求丙角。一率對所知

甲丙邊。二率對所求甲乙邊。三率所知乙角正弦。得四率為所求丙角正弦。檢表得丙角。以與乙角相併。減半周。餘即甲角。

三邊求角圖二

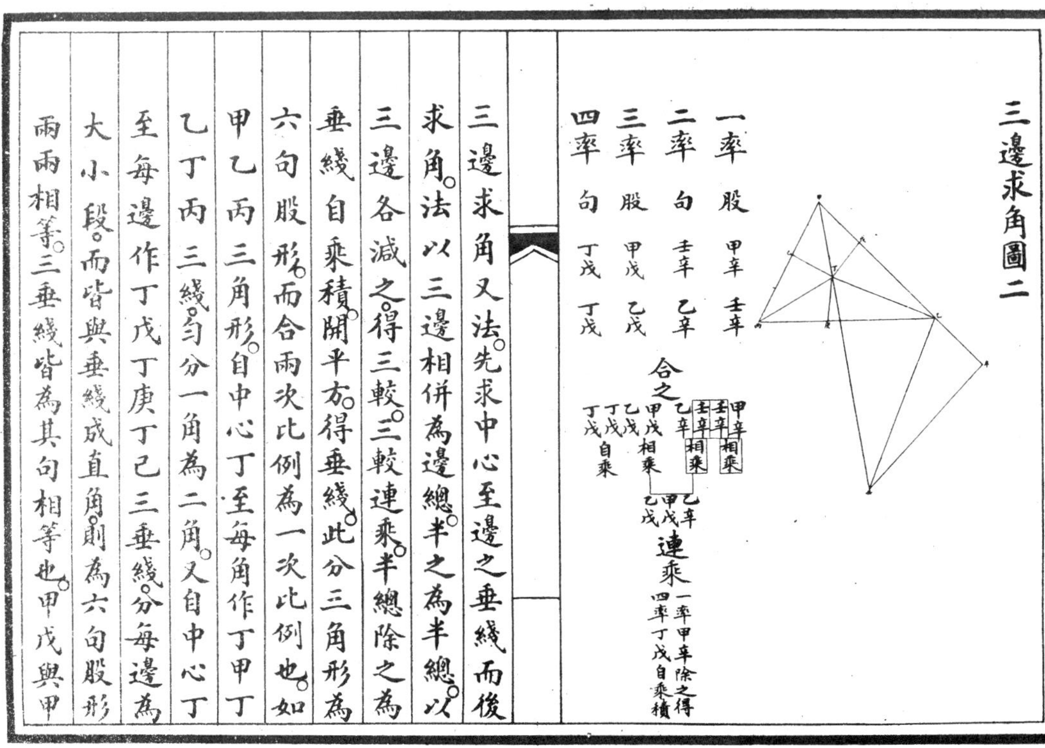

三邊求角又法。先求中心至邊之垂綫。而後求角。法以三邊相併為邊總。半之為半總。以三邊各減之。得三較。三較連乘。半總除之為垂綫自乘積。開平方。得垂綫。此分三角形為六句股形。而合兩次比例為一次比例也。如甲乙丙三角形。自中心丁至每角作丁甲丁乙丁丙三綫。勻分一角為二角。又自中心丁至每邊作丁戊丁庚丁己三垂綫。分每邊為大小段。而皆與垂綫成直角。則為六句股形兩兩相等。三垂綫皆為其句相等也。甲戊與甲

乙等乙戊與乙庚等丙庚與丙己等皆為垂綫句之股合六股為邊總半總為三股如甲戊戊乙丙庚引甲乙至辛使乙辛與丙庚等則甲辛即半總以三邊減之甲戊為丙乙邊（即戊辛）之較戊乙為甲丙邊（即甲戊乙辛）之較乙辛（即丙庚）為甲乙邊之較半總即三較共數也試引甲丁綫至壬與丁戊平行作壬辛綫又作乙壬綫則甲辛壬為直角丁乙壬亦直角壬辛甲與丁戊甲為同式句股乙辛壬與丁戊乙為同式句股以甲辛股比壬辛句同於甲戊股比丁戊句為第一次比例也以壬辛股比乙辛句同於乙戊股比丁戊句為第二次比例也合而用之兩一率甲辛壬辛相乘為一率兩二率壬辛乙辛相乘為二率兩三率甲戊乙戊相乘為三率兩四率丁戊丁戊相乘即自乘為四率是為面與面比也而一二率內壬辛數同則省之徑以甲辛為一率乙辛為二率甲戊乙戊相乘為三率則得四率丁戊自乘積也兩三率既以甲戊較乙戊較相乘又以二率乙辛較乘之是三較連乘也一率甲辛半總除之所得四率為丁戊垂綫自乘積故開平方得垂綫也既得垂綫則任求一角以其對邊與半總之較為一率垂綫為二率半徑為三率得四率為所求角之半角正切蓋角之對邊與半總之較即其角旁為垂綫所截之股如求丙角則其對邊甲乙與半總甲辛之較為乙辛乙辛即丙庚也丙庚股若半徑丁庚句即垂綫若半角之正切故以對邊之較丙庚比半徑同於垂綫丁庚之比正切檢表得度為丙半角丁丙庚角度倍之得丙角如法再求一角既得二角則相併以減半周餘即又一角若知三角度而不知三邊數則無實數可據其形可大可小不可求也

邊較求角圖一

甲乙丙三角形。知甲角。乙丙邊。甲乙甲丙兩邊較乙丁。求乙角丙角。則依甲丙邊截甲乙邊於丁。作丙丁綫。成乙丁丙鈍角形。以甲角減半周。餘半之。爲丁鈍角之外角。乃求丙分角。以對所知乙丙邊爲一率。對所求乙丁邊較爲二率。所知丁鈍角正弦爲三率。得四率爲丙分角正弦。檢表得度。以加丁外角爲丙角。若以減丁外角餘乙角。

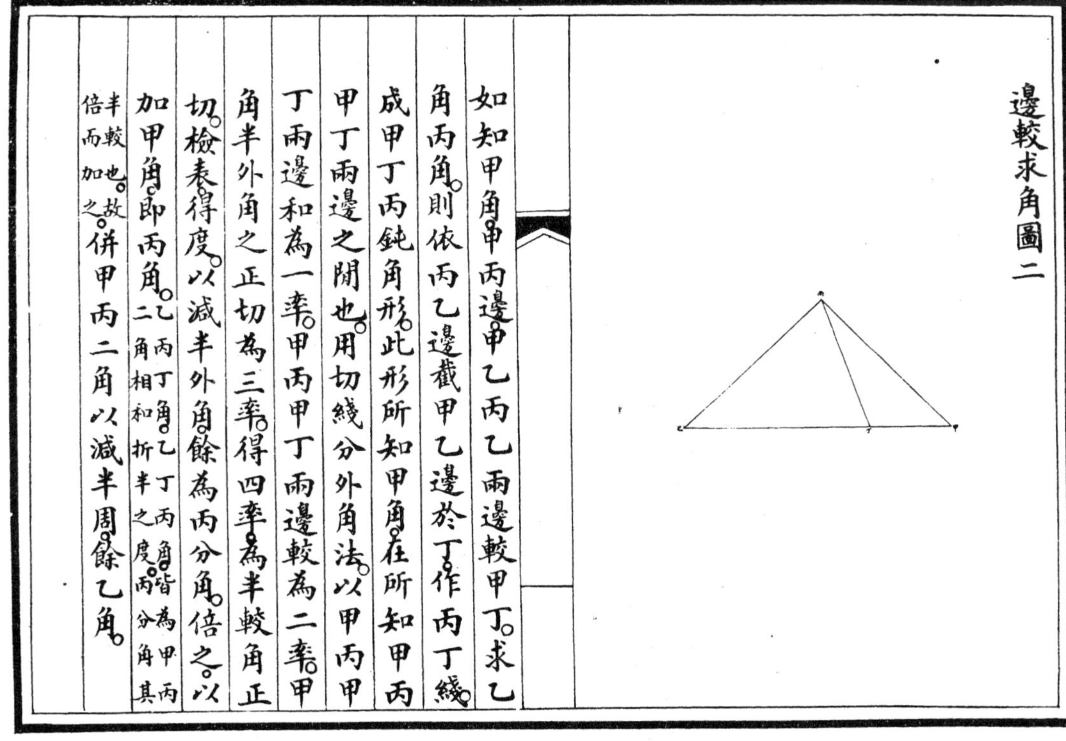

邊較求角圖二

如知甲角甲丙邊甲乙丙兩邊較甲丁。求乙角丙角。則依丙乙邊截甲乙邊於丁。作丙丁綫。成甲丁丙鈍角形。此形所知甲角在所知甲丙甲丁兩邊之閒也。用切綫分外角法。以甲丙甲丁兩邊和爲一率。甲丙甲丁兩邊較爲二率。甲角半外角之正切爲三率。得四率爲半較角正切。檢表得度。以減半外角。餘爲丙分角。倍之。以加甲角。卽丙角。乙丙丁角。乙丁丙角。皆爲甲丙二角相和折半之度。丙分角其半較也。故倍而加之。併甲丙二角。以減半周。餘乙角。

邊和求角圖一

甲乙丙三角形。知甲角、乙丙邊、甲乙甲丙兩邊和。求丙角乙角。則引甲丙邊至丁。使甲丁與乙甲等。丙丁即兩邊和。作乙丁線。成丁乙丙三角形。甲角為丁甲乙鈍角之外角。半之即丁角。求丙乙丁角。以對所知乙兩邊為一率。對所求兩邊和丙丁為二率。所知丁角正弦為三率。得四率為丙乙丁角正弦。檢表得度。內減半甲角（即等丁角之甲乙丁角）。餘即乙角。併甲乙二角減半周餘即丙角

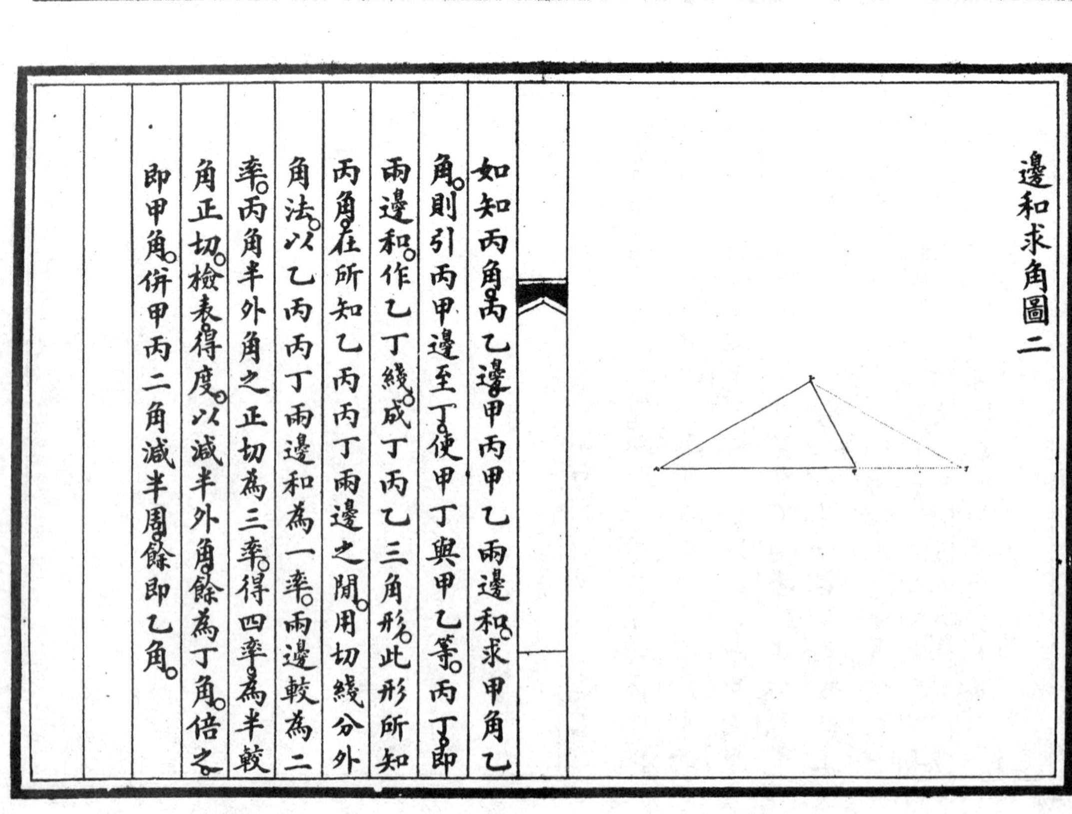

邊和求角圖二

如知丙角、丙乙邊、甲丙甲乙兩邊和。求甲角乙角。則引丙甲邊至丁。使甲丁與甲乙等。丙丁即兩邊和。作乙丁線。成丁丙乙三角形。此形所知丙角在所知乙丙丙丁兩邊之間。用切線分外角法。以乙丙丙丁兩邊和為一率。兩邊較為二率。丙角半外角之正切為三率。得四率為半較角正切。檢表得度。以減半外角餘為丁角。倍之即甲角。併甲丙二角減半周餘即乙角。

欽定大清會典圖卷一百三十六

天文三十算術四

弧三角圖一

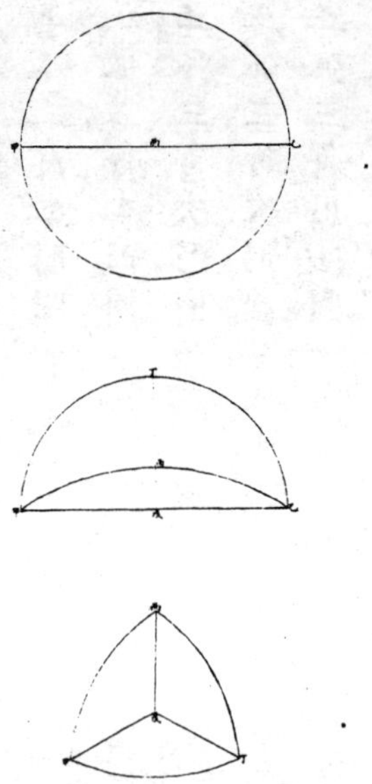

球面之三角形為弧三角。亦三角三邊相對。而三邊皆係弧綫。故三角三邊皆以度計。各有八綫。有直角。有銳角。有鈍角。三角內有一直角者為正弧三角。無直角者為斜弧三角。以圓球中剖之為半球體二。每一體底為平圓如甲乙面。上為半球如甲丙乙體。半球上凸。其底邊為全圓三百六十度如甲乙周。就半球體又依甲丙乙綫中剖之。成甲丁乙丙體二。每一體為球體四分之一。甲丁乙。甲丙乙。兩弧綫。皆半周一百八十度。甲乙直綫即球全徑。甲角乙角。皆直角九十度。角之度在丁丙弧。就甲丁乙丙體又依丁丙戊綫中剖之。成甲丁丙戊體二。每一體為球體八分之一。其體上尖如戊。下為甲丁丙弧三角形。戊尖即球心。戊甲。戊丁。戊丙。三稜皆球半徑。甲丁。丁丙。丙甲。三弧皆九十度。甲戊丁。丁戊丙。丙戊甲。三平面皆為圓面四分之一。各以戊角為其心。甲丙丁三角。皆直角九十度。甲角度即丙丁弧。丙角度即甲丁弧。丁角度即甲丙弧。是三直角皆等。三邊皆等。不待求者也。

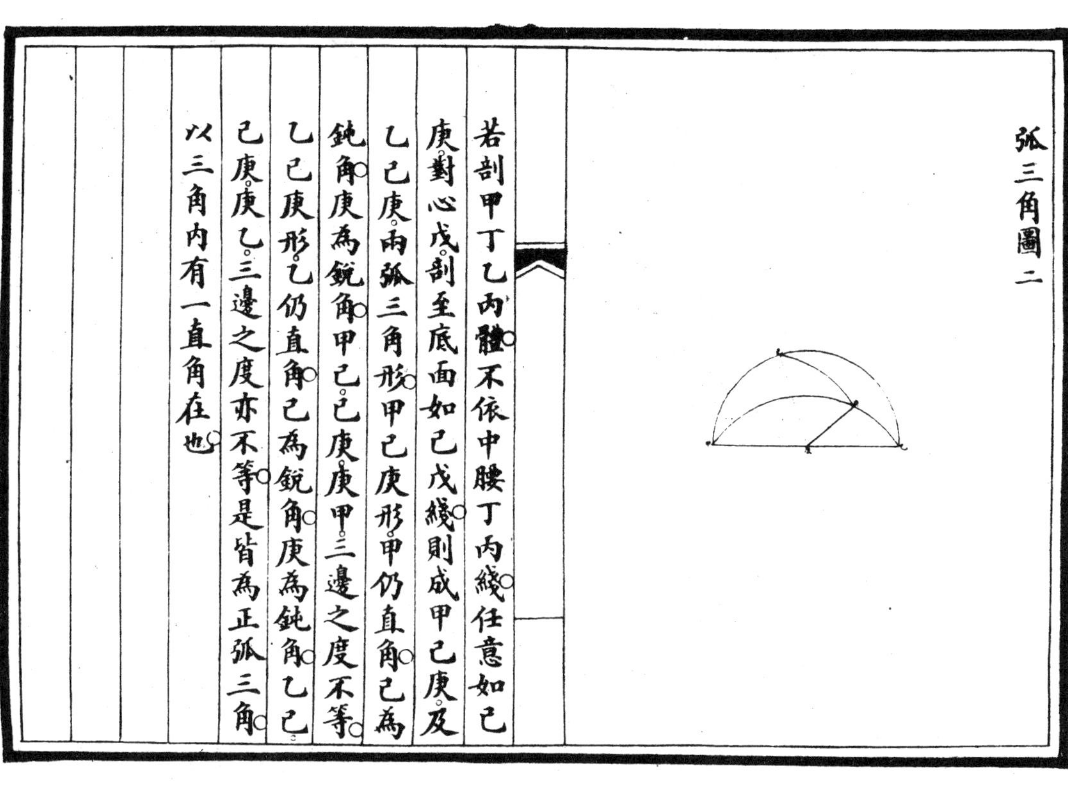

弧三角圖二

若剖甲丁乙丙體。不依中腰丁丙綫。任意如己庚對心戊剖至底面。如己戊綫。則成甲己庚及乙己庚丙弧三角形。甲己庚形。甲仍直角。己爲鈍角。庚爲鋭角。甲己、己庚、庚甲三邊之度不等。乙己庚形。乙仍直角。己爲鋭角。庚爲鈍角。乙己、己庚、庚乙三邊之度亦不等。是皆爲正弧三角。以三角内有一直角在也。

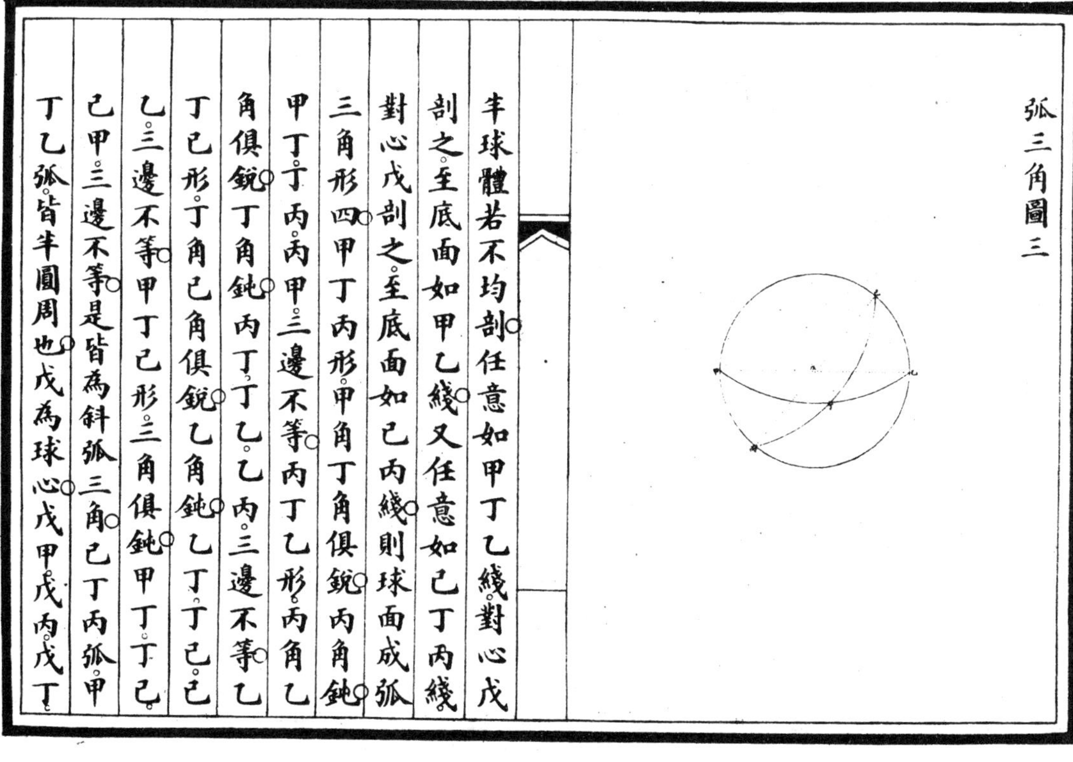

弧三角圖三

半球體若不均剖。任意如甲丁乙綫。對心戊剖之。至底面如甲乙綫。又任意如己丁丙綫。對心戊剖之。至底面如己丙綫。則球面成弧三角形四。甲丁丙形。甲角、丁角俱鋭。丙角鈍。甲丁、丁丙、丙甲三邊不等。丙丁乙形。丙角、乙角俱鋭。丁角鈍。丙丁、丁乙、乙丙三邊不等。乙丁己形。丁角、己角俱鋭。乙角鈍。乙丁、丁己、己乙三邊不等。甲丁己形。三角俱鈍。甲丁、丁己、己甲三邊不等。是皆爲斜弧三角。己丁丙弧、甲丁乙弧皆半圓周也。戊爲球心。戊甲、戊丙、戊丁戊乙。戊己。五棱綫皆球半徑也。即為各邊弧之半徑甲丁丙形之丁角。乙丁己形之丁角。二銳角相等。丙丁乙形之丁角。甲丁己形之丁角。二鈍角相等。以其同為己丁丙甲丁乙。二交綫所分而為交角也。丁銳角二。即丁鈍角二之外角。以其同在一弧綫內而為竝角也。推是類。凡一形內有二直角。餘一角或銳或鈍者有一直角。餘二角或俱銳。或俱鈍。或一銳一鈍者皆為正弧三角形。有二角銳一角鈍者有一角銳二角鈍者有三角俱銳者有三角俱鈍者皆為斜弧三角形。凡鈍角大邊祇在一百八十度之內。凡弧三角形無論斜正。三角相併必大於一百八十度。而不得滿五百四十度。三邊相併。不得滿三百六十度。

弧三角圖四

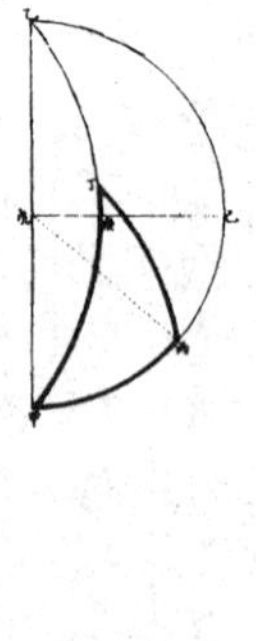

弧三角形弧之度在弧。其角以球心為心。球半徑為其半徑。如甲丙弧。以戊為心。戊丙戊甲。為半徑。甲丙弧之角。為甲戊丙角也。角之度則在角旁兩弧適足一象限處相距之弧。如甲角度在甲己甲庚兩弧相距之庚己弧也。甲至己九十度。甲至庚亦九十度。兩弧相距極遠處之庚己弧。即甲角度。如黃赤二道之大距緯度。乃為黃赤交角度也。

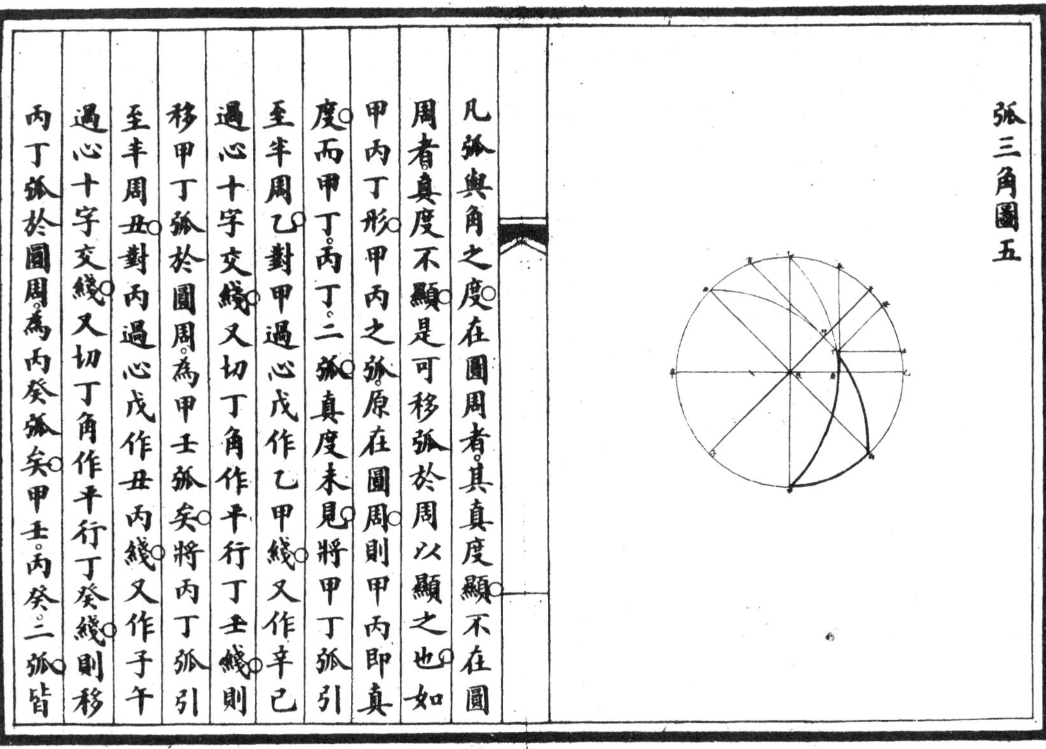

凡弧與角之度。在圜周者。其真度顯。不在圜周者。真度不顯。是可移弧於周以顯之也。如甲丙丁形。甲丙之弧原在圜周。則甲丙即真度。丙甲丁、丙丁、二弧。真度未見。將甲丁弧引至半周乙。對甲過心戊作乙甲綫。又作辛己過心十字交綫。又切丁角作平行丁壬綫。則移甲丁弧於圜周。為甲壬弧矣。將丙丁弧引至半周丑。對丙過心戊作丑丙綫。又作子午過心十字交綫。又切丁角作平行丁癸綫。則移丙丁弧於圜周。為丙癸弧矣。甲壬、丙癸、二弧。皆

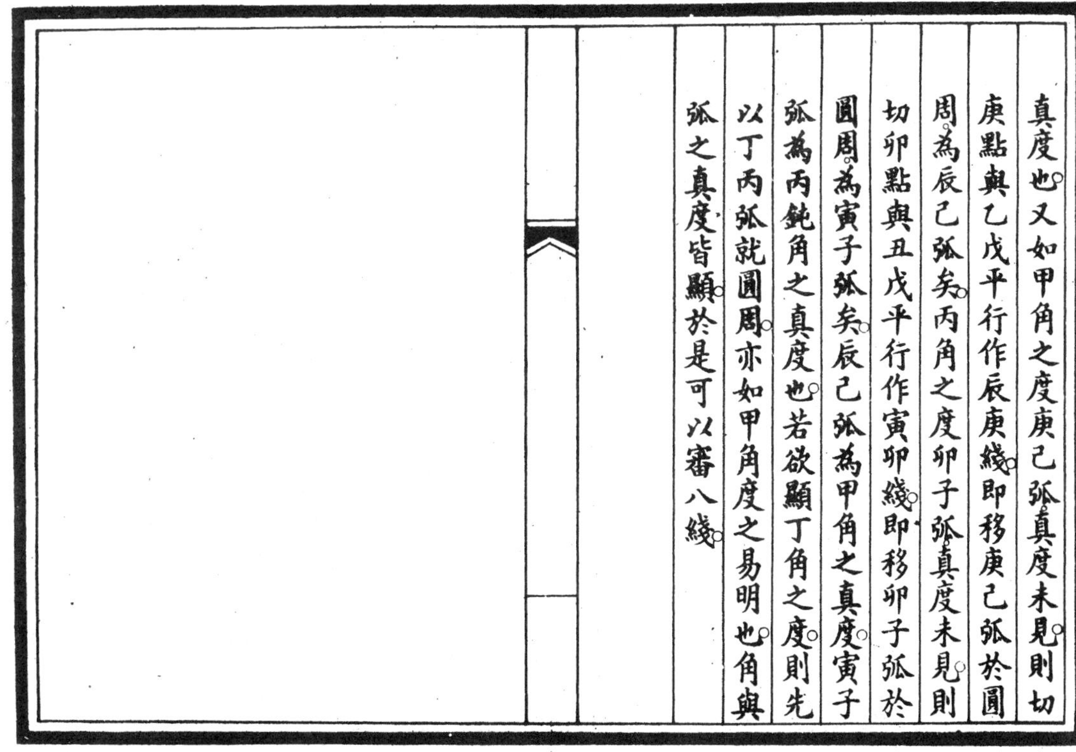

真度也。又如甲角之度庚己弧真度未見。則切庚點與乙戊平行作辰庚綫。即移庚己弧於圜周。為辰己弧矣。丙角之度卯子弧真度未見。則切卯點與丑戊平行作寅卯綫。即移卯子弧於圜周。為寅子弧矣。辰己弧為甲角之真度。寅子弧為丙鈍角之真度也。若欲顯丁角之度。則先以丁丙弧就圜周。亦如甲角度之易明也。角與弧之真度皆顯。於是可以審八綫。

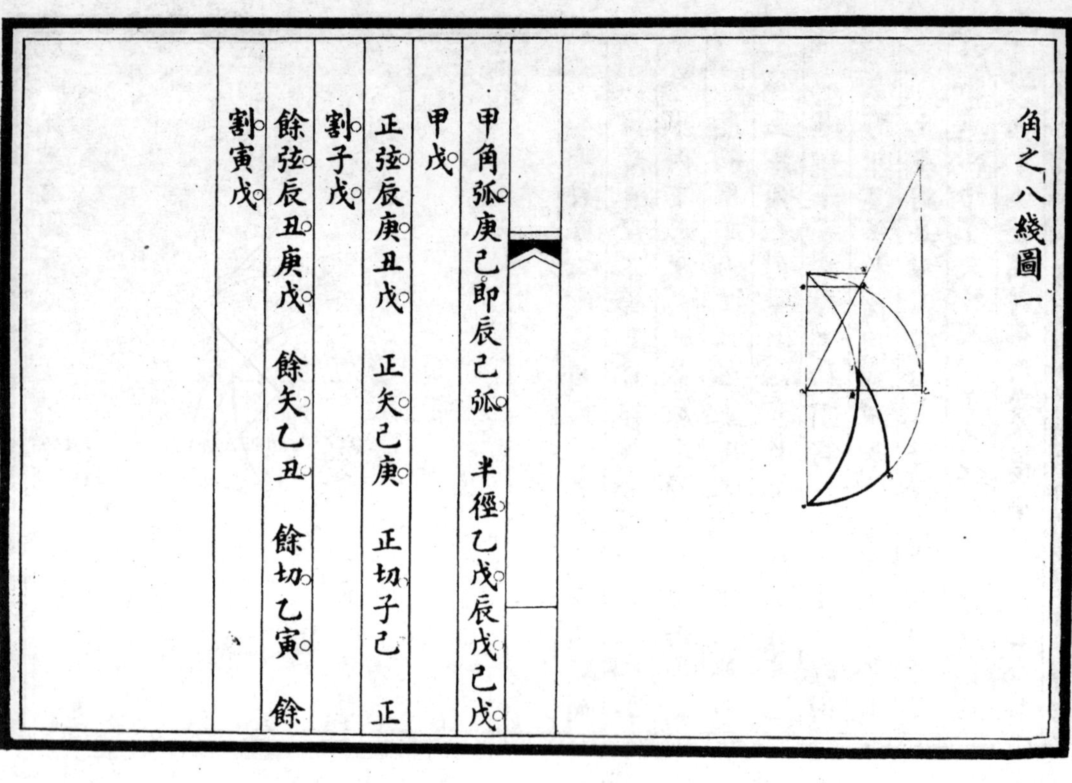

角之八綫圖一

甲角弧庚己。即辰己弧。半徑乙戊。辰戊。己戊。甲戊。正弦辰庚。丑戊。正矢己庚。正切子己。正割子戊。餘弦辰丑。庚戊。餘矢乙丑。餘切乙寅。餘割寅戊。

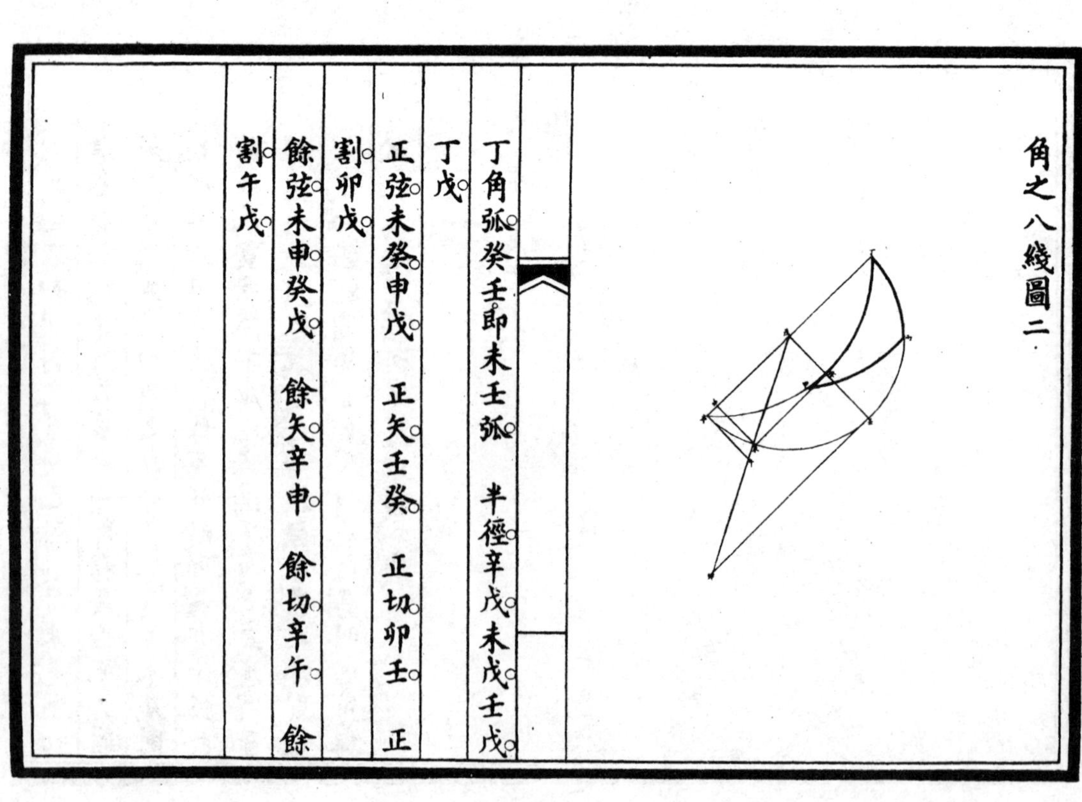

角之八綫圖二

丁角弧。癸壬即未壬弧。半徑辛戊。未戊。壬戊。丁戊。正弦未癸。申戊。正矢壬癸。正切卯壬。正割卯戊。餘弦未申。癸戊。餘矢辛申。餘切辛午。餘割午戊。

角之八綫圖三

丙鈍角弧。卯子即寅丑子弧。外角弧。卯午即寅午弧。　半徑。丙戊子戊丑戊寅戊午戊。

正弦。寅卯申戊。　大矢。子卯。正矢。午卯。　正切。辰午。　正割。辰戊。

餘弦。寅申卯戊。　餘矢。丑申。　餘切。未丑。　餘割。未戊。

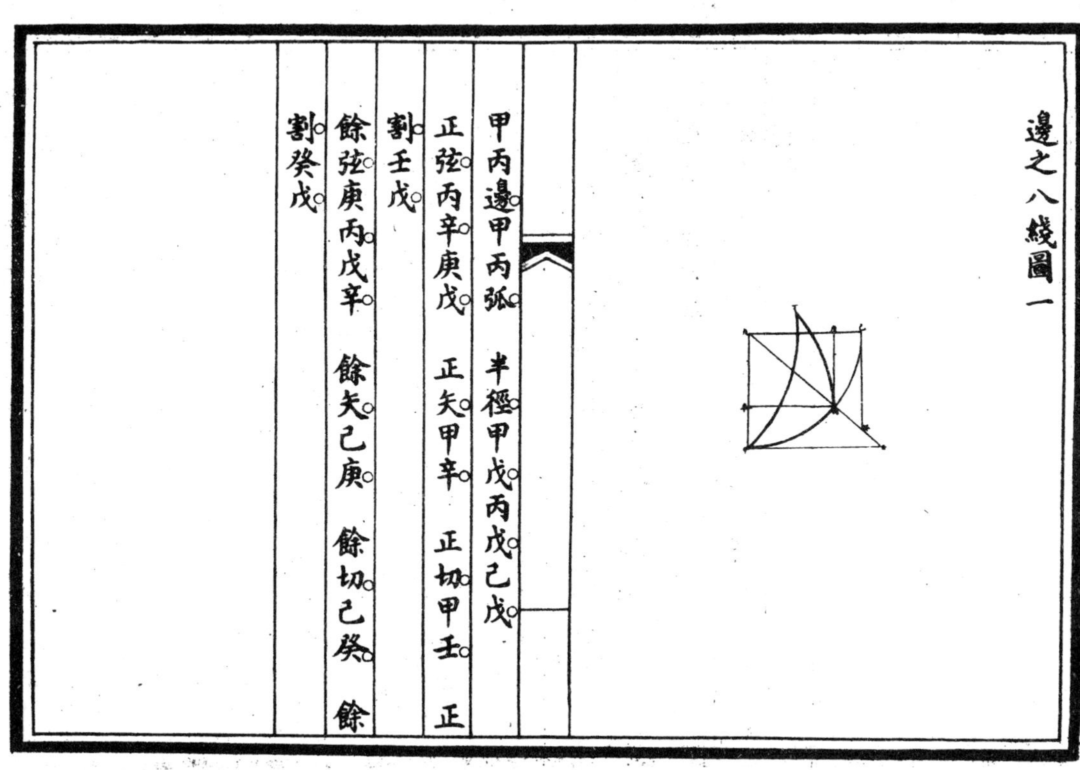

邊之八綫圖一

甲丙邊。甲丙弧。　半徑。甲戊丙戊己戊。

正弦。丙辛庚戊。　正矢。甲辛。　正切。甲壬。　正割。壬戊。

餘弦。庚丙戊辛。　餘矢。己庚。　餘切。己癸。　餘割。癸戊。

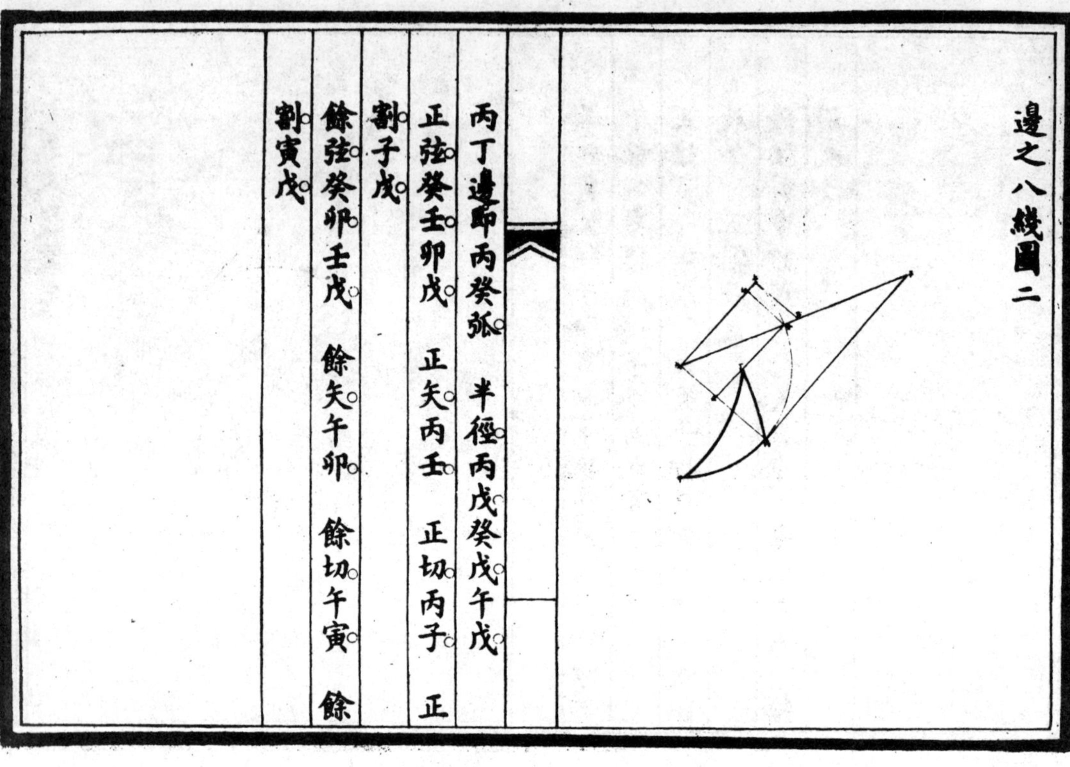

邊之八綫圖二

丙丁邊即丙癸弧　半徑丙戊癸戊午戊
正弦癸壬卯戊　正矢丙壬　正切丙子　正
割子戊
餘弦癸卯壬戊　餘矢午卯　餘切午寅　餘
割寅戊

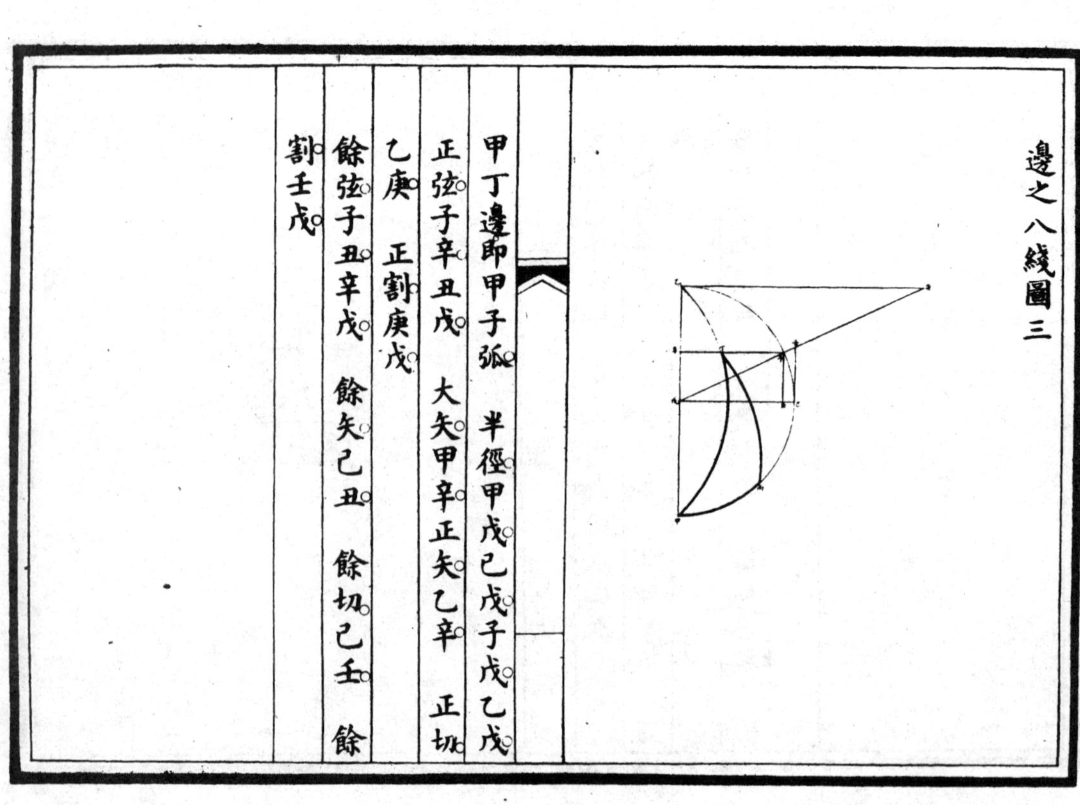

邊之八綫圖三

甲丁邊即甲子弧　半徑甲戊己戊子戊乙戊
正弦子辛丑戊　大矢甲辛正矢乙辛　正切
乙庚　正割庚戊
餘弦子丑辛戊　餘矢己丑　餘切己壬　餘
割壬戊

如角邊八綫各三圖直角九十度及邊適足九十度者。其正弦即半徑。正矢亦即半徑。凡半徑皆可作直角正弦用。

正弧三角本形圖一

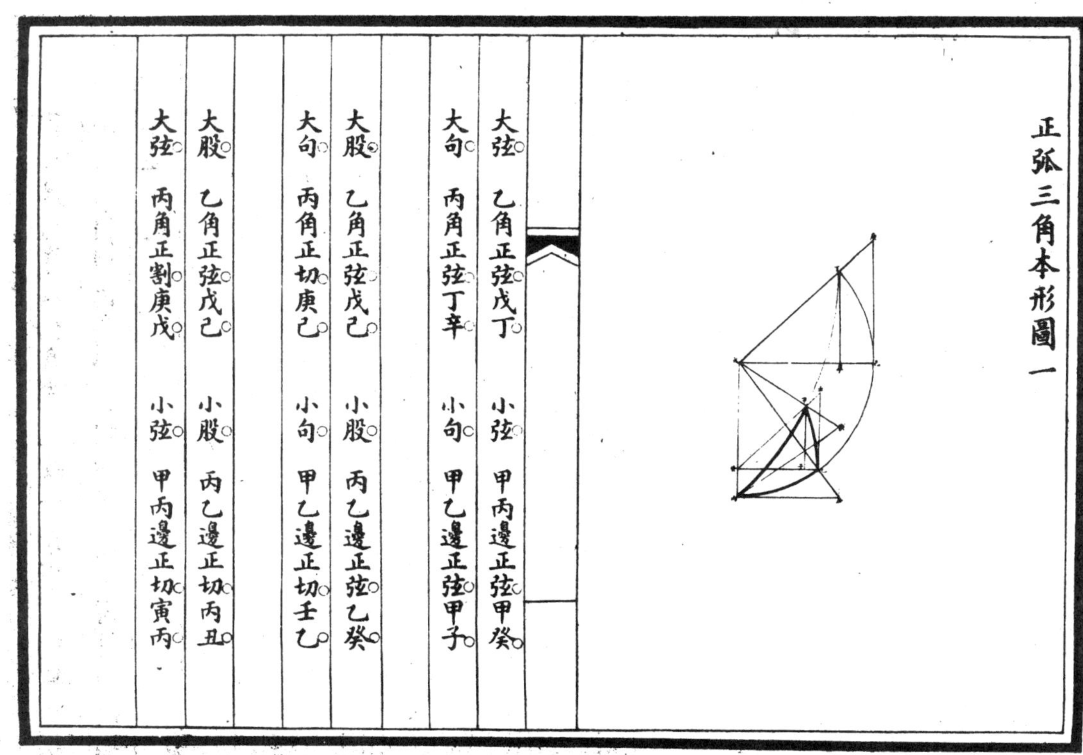

大弦。乙角正弦戊丁。　小弦。甲丙邊正弦甲癸。

大句。丙角正弦丁辛。　小句。甲乙邊正弦甲子。

大股。乙角正弦戊己。　小股。丙乙邊正弦乙癸。

大句。丙角正切庚己。　小句。甲乙邊正切壬乙。

大股。乙角正弦戊己。　小股。丙乙邊正切丙丑。

大弦。丙角正割庚戊。　小弦。甲丙邊正切寅丙。

弧三角無同式形。兩邊角相求。則以八綫所成之同式句股形為比例也。如甲乙丙正弧三角形。乙為直角九十度。甲丙二角皆鋭。此形用丙角。其弧丁己正立。甲乙邊亦正立。丙乙邊側眠。與丙己大弧同一面。甲丙邊斜倚。與丁甲丙大弧同一面。丙角正弦丁辛正切庚己。甲乙邊正弦甲子。正切壬乙。皆直立。乙直角正弦即半徑己戊。乙丙邊正弦乙癸。正切丑丙。皆平眠。乙直角正弦即半徑丁戊。丙角正割庚戊。甲丙邊正弦甲癸。正切寅丙。皆斜倚。遂成大小句股弦同式者三。大弦乙直角正弦戊丁。比小弦甲丙邊正弦甲癸。同於大句丙角正弦丁辛。比小句甲乙邊正弦甲子。此即以對所知比所知。對所求比所求之理也。則乙直角與丙角。甲丙邊。甲乙邊。四者可以四率互求。大股乙角正弦戊己。比小股丙乙邊正弦乙癸。同於大句丙角正切庚己。比小句甲乙邊正切壬乙。大股乙角正弦戊己。比小股丙乙邊正切丙丑。同於大弦丙角正割庚戊。比小弦甲丙邊正切寅丙。皆非所知所求邊角相對。而乙

直角。與丙角。丙乙邊。甲乙邊。四者可以四率互求。乙直角。與丙角。丙乙邊。甲丙邊。四者可以四率互求也。

正弧三角本形圖二

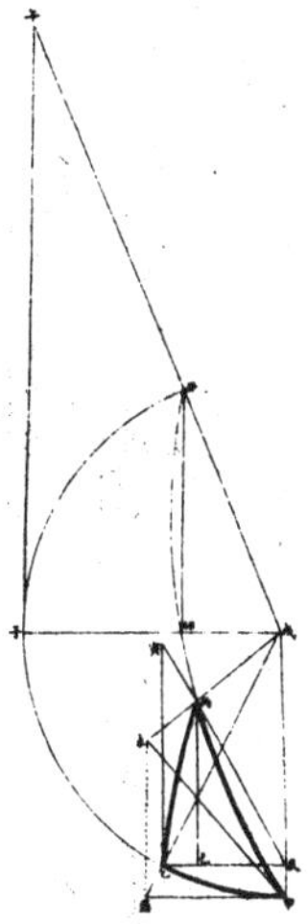

大弦　乙角正弦丑戊　　小弦　甲丙邊正弦丙辰
大股　甲角正弦丑卯　　小股　丙乙邊正弦丙巳
大句　乙角正弦子戊　　小句　甲乙邊正弦乙辰
大股　甲角正切午子　　小股　丙乙邊正切寅乙
大句　乙角正弦子戊　　小句　甲乙邊正切酉甲
大弦　甲角正割午戊　　小弦　甲丙邊正切未甲

如圖。用甲角。其弧丑子正立。丙乙邊亦正立。甲乙邊測睨與甲子大弧同一面。甲丙邊斜倚與丑丙甲大弧同一面。甲角正弦丑卯。正切午子。丙乙邊正弦丙巳。正切寅乙。皆直立。乙直角正弦即半徑子戊。甲乙邊正弦乙辰。正切酉甲。皆平睨。乙直角正弦即半徑丑戊。甲角正割午戊。甲丙邊正弦丙辰。正切未甲。皆斜倚。遂成大小句股弦同式者三。大弦乙直角正弦丑戊。比小弦甲丙邊正弦丙辰。同於大股甲角正弦丑卯。比小股丙乙邊正弦丙巳。此即以對所知比所知。對所求比所求之理也。則乙直角與甲角。甲丙邊。丙乙邊。四者可以四率互求。大句乙角正弦子戊。比小句甲乙邊正弦乙辰。同於大股甲角正切午子。比小股丙乙邊正切寅乙。大句乙角正弦子戊。比小句甲乙邊正切酉甲。同於大弦甲角正割午戊。比小弦甲丙邊正切未甲。皆非所知所求邊角相對。而乙直角與甲角。甲乙邊。丙乙邊。四者可以四率互求。乙直角與甲角。甲乙邊。甲丙邊。四者可以四率互求也。

正弧三角次形圖一

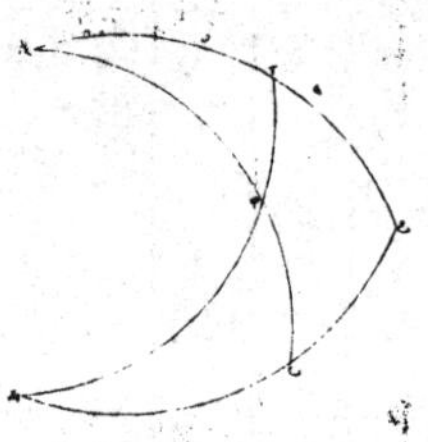

大弦。乙角正弦。即丁角正弦。　小弦。甲乙邊餘弦。即甲戊邊正弦。

大句。丙乙邊餘弦。即戊角正弦。　小句。甲丙邊餘弦。即甲丁邊正弦。

大股。乙角正弦。即丁角正弦。　小股。丙角餘弦。即丁戊邊正弦。

大句。丙乙邊餘切。即戊角正切。　小句。甲丙邊餘切。即甲丁邊正切。

大股。乙角正弦。即丁角正弦。　小股。丙角餘切。即丁戊邊正切。

大弦。丙乙邊餘割。即戊角正割。　小弦。甲乙邊餘切。即甲戊邊正切。

大弦。乙角正弦。即丁角正弦。　小弦。甲乙邊餘弦。即甲戊邊正弦。

大股。甲角正弦。即次形甲角正弦。　小股。丙角餘弦。即丁戊邊正弦。

大句。乙角正弦。即丁角正弦。　小句。甲丙邊餘弦。即甲丁邊正弦。

大股。甲角正切。即次形甲角正切。　小股。丙角餘切。即丁戊邊正切。

大句。乙角正弦。即丁角正弦。　小句。甲丙邊餘切。即甲丁邊正切。

大弦。甲角正割。即次形甲角正割。　小弦。甲乙邊餘切。即甲戊邊正切。

甲乙丙正弧三角形。將三邊各引長至一象限。如丙乙邊為丙己。丙甲邊為丙丁。甲乙邊為乙戊。又作戊己弧。亦一象限。則成甲丁戊正弧三角形。是為次形。次形丁直角與乙直角同。甲角與原甲角同。戊角之弧乙己。即丙乙邊之餘弧。用餘弧。則丙乙邊變為戊角矣。戊丁邊。即丙角丁乙弧之餘弧。用餘弧。則丙角變為戊丁邊矣。甲丁邊即甲丙邊之餘弧。用餘弧。則甲丙邊變為甲丁邊矣。用餘弧者。用本形之餘弦切割。即次形之正弦切割。就次形而審其句股弦之同式。則大弦乙角正弦。比小弦甲乙邊餘弦。同於大句丙乙邊餘弦。比小句甲丙邊餘弦也。大股乙角正弦。比小股丙角餘弦。同於大句丙乙邊餘切。比小句甲丙邊餘切也。大股乙角正弦。比小股丙角餘切。同於大弦丙乙邊餘割。比小弦甲乙邊餘切也。大弦乙角正弦。比小弦甲乙邊餘弦。同於大股甲角正弦。比小股丙角餘弦也。大句乙角正弦。比小句甲丙邊餘弦。同於大股甲角正切。比小股丙角餘切也。大句乙角正弦。比小句甲丙邊餘切。同於大弦甲角正割。比小弦甲乙邊餘切也。凡同式之形六。皆可以四率互求也。

正弧三角次形圖二

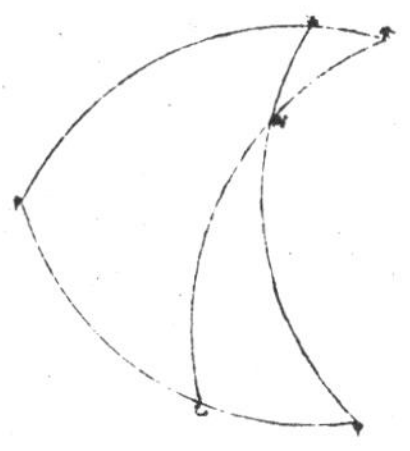

大弦。乙角正弦。（即壬角正弦）小弦。乙丙邊餘弦。（即丙癸邊正弦）

大股。甲乙邊餘弦。（即癸角正弦）小股。甲丙邊餘弦。（即壬丙邊正弦）

大句。乙角正弦。（即壬角正弦）小句。甲角餘弦。（即壬癸邊正弦）

大股。甲乙邊餘切。（即癸角正切）小股。甲丙邊餘切。（即壬癸邊正切）

大句。乙角正弦。（即壬角正弦）小句。甲角餘切。（即壬癸邊正切）

大弦。甲乙邊餘割。（即癸角正割）小弦。乙丙邊餘切。（即丙癸邊正切）

大弦。乙角正弦。（即壬角正弦）小弦。乙丙邊餘弦。（即丙癸邊正弦）

大句。丙角正弦。即次形丙角正弦　小句。甲角餘弦。即壬癸邊正弦

大股。乙角正弦。即壬角正弦　小股。甲丙邊餘弦。即壬丙邊正弦

大句。丙角正切。即次形丙角正切　小句。甲角餘切。即壬癸邊正切

大股。乙角正弦。即壬角正弦　小股。甲丙邊餘切。即壬丙邊正切

大弦　丙角正割。即次形丙角正割　小弦。乙丙邊餘切。即丙癸邊正切

如甲乙丙形將丙乙邊引至癸。甲丙邊引至壬。甲乙邊引至辛。又作癸辛弧。皆一象限。則成丙壬癸正弧三角形。是為次形。次形壬直角與乙直角同。丙角與原丙角同。癸角之弧乙辛。即甲乙邊之餘弧。用餘弧。則甲乙邊變為癸角矣。壬癸邊。即甲角壬辛弧之餘弧。用餘弧。則甲角變為壬癸邊矣。壬丙邊。即甲丙邊之餘弧。用餘弧。則甲丙邊變為壬丙邊矣。就次形而審其句股弦之同式。則大弦乙角正弦比小弦乙丙邊餘弦。同於大股甲乙邊餘弦比小股甲丙邊餘弦也。大句乙角正弦。比小句甲角餘弦。同於大股甲乙邊餘切。比小股甲丙邊餘切也。大句乙角正弦。比小句甲角餘切。同於大弦甲乙邊餘割。比小弦乙丙邊餘切也。大弦乙角正弦。比小弦乙丙邊餘弦。同於大句丙角正弦。比小句甲角餘弦也。大股乙角正弦。比小股甲丙邊餘弦。同於大句丙角正切。比小句甲角餘切也。大股乙角正弦。比小股甲丙邊餘切。同於大弦丙角正割。比小弦乙丙邊餘切也。凡同式之形六。亦皆可以四率互求也。而正弧三角邊角相求之法已備。凡比例四率輾轉相求。直角正弦不在一率而在二三率者。皆可用八綫相代法。易一率入二三率。而以半徑為一率也。如知甲乙丙三角。求甲乙邊。當以甲角正弦為一率。乙角正弦半徑為二率。丙角餘弦為三率。得四率為甲乙邊餘弦。今以半徑為一率。以甲角餘割代一率之甲角正弦為二率。則得四率亦即甲乙邊餘弦。凡比例皆可以半徑為一率而省除為乘也。凡正弧三角用正餘弦相求者。皆可用總較法。法詳斜弧三角。凡求鈍角及

過九十度之大邊。所得者為其外角餘弦。皆以減半周。而得鈍角大邊。

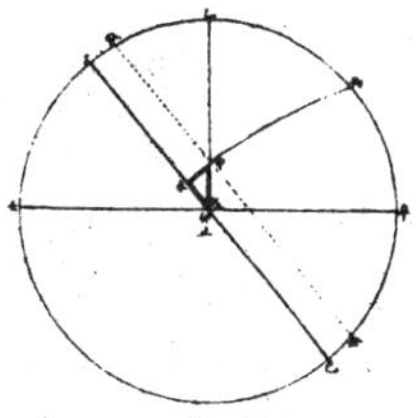

正弧三角用法圖一

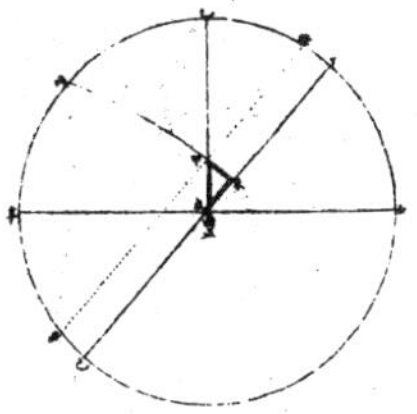

正弧三角用法圖二

春分後。秋分前。太陽在赤道。北如某處已知本日日距赤道北緯度。測得太陽正東或正西高度。求其處北極高度。及太陽正東或正西時刻。如圖。乙為天頂。辛戊壬為地平。丁辛己壬為子午經圈。丙為北極。丙辛為所求某處北極高度。丁戊己為赤道。己為子正。戊為卯酉正。丁為午正。癸甲丑為赤道距等圈。即太陽隨天西轉之軌。丙未為赤經。甲為太陽所在。當赤道於未。當地平於戊。甲未即所知本日日距赤道北緯度。甲戊即所知太陽正東或正西高度用甲未戊正弧三角形此形未為直角有甲未甲戊二弧求戊角以甲戊弧正弦為一率甲未弧正弦為二率半徑為三率求得四率為戊角正弦檢表得丁戊乙角當乙丁弧某處赤道距天頂與丙辛弧等即所求某處北極高度次求未戊弧以甲未弧餘弦為一率甲戊弧餘弦為二率半徑為三率求得四率為未戊弧餘弦檢表得未戊弧與丁戊弧九十度相減得丁未弧為日距午東或午西赤道度正東高度為午東如第一圖正西高度為午西如第二圖變時得丁未加減分與丁點午正十二小時相加減正東高度相減正西高度相加即得未點為所求太陽正東或正西時刻

如某處已知本日日距赤道北緯度測得太陽正東或正西時刻求其處北極高度及太陽正東或正西高度用甲未戊正弧三角形此形有甲未弧有未戊弧以正東時刻或正西時刻與十二小時相減變度得丁未弧與丁戊弧九十度相減即得求戊角以未戊弧正弦為一率甲未弧正切為二率半徑為三率求得四率為戊角正切檢表得乙戊丁角當乙丁弧與丙辛弧等即所求某處北極高度次求甲戊弧以半徑為一率未戊弧餘弦為二率甲未弧餘弦為三率求得四率為甲戊弧餘弦檢表得甲戊弧為所求太陽正東或正西高度

如某處已知本日日距赤道北緯度及其北極高度求太陽正東或正西高度及其時刻用甲未戊正弧三角形此形有戊角乙戊丁角當乙丁弧與丙辛弧某處北極高度等有甲未弧求甲戊弧以戊角正弦為一率半徑為二率甲未弧正弦為三率求得四率為甲戊弧正弦檢表得甲戊弧為所求太陽正東或正西高度次求未戊弧以戊角正切為一率半徑為二率甲未弧正切為三率求得四率為未戊弧正弦檢表得未戊弧與丁戊弧九十度相減得丁未弧為日距午東或午西赤道度變時得丁未加減分與丁點午正十二小時相加減正東高度相減正西高度相加得未點為所求太陽正東或正西時刻

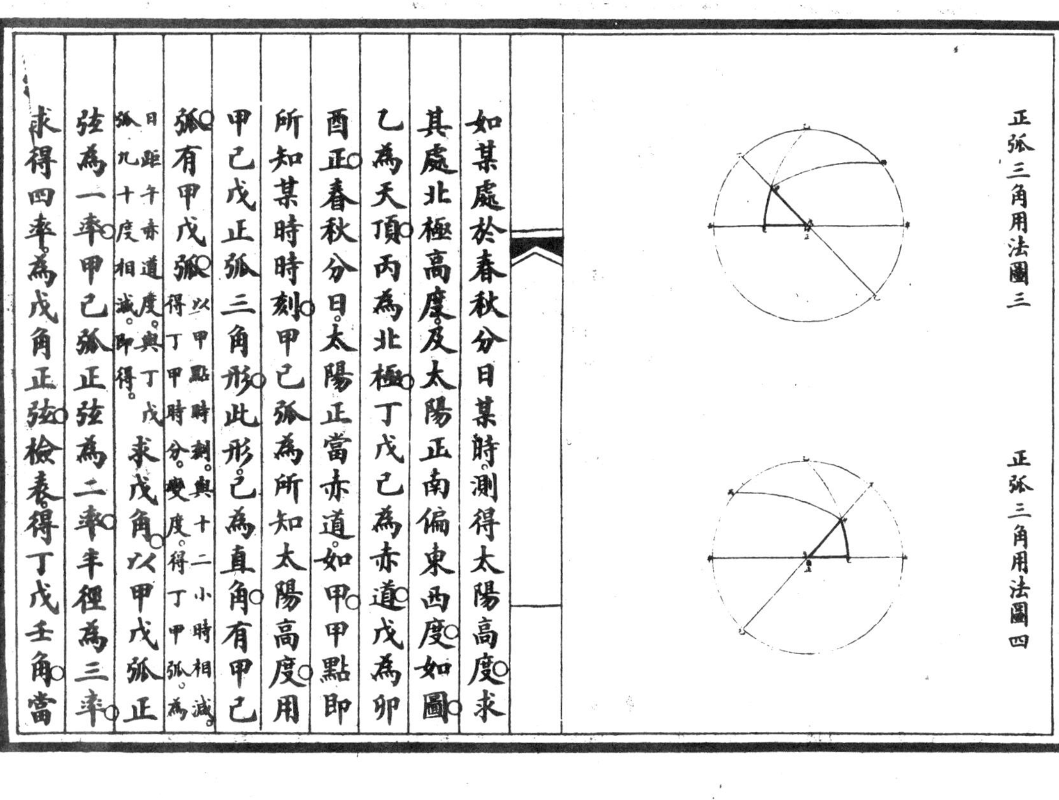

正弧三角用法圖三

正弧三角用法圖四

如某處於春秋分日某時。測得太陽高度。求其處北極高度。及太陽正南偏東西度。如圖。乙為天頂。丙為北極。丁戊己為赤道。戊為卯酉正。春秋分日。太陽正當赤道。如甲。甲點即所知某時時刻。甲己弧為所知太陽高度。用甲己戊正弧三角形。此形。己為直角。有甲己弧。有甲戊弧。以甲點時刻。與十二小時相減。得丁甲時分。變度。得丁甲弧。為日距午赤道度。與丁戊弧九十度相減。即得。求戊角。以甲戊弧正弦為一率。甲己弧正弦為二率。半徑為三率。求得四率為戊角正弦。檢表得丁戊壬角。當丁壬弧。某處赤道高度。與乙壬弧九十度相減。得乙丁弧。與丙辛弧等。即所求某處北極高度。次求戊己弧。以甲己弧餘弦為一率。甲戊弧餘弦為二率。半徑為三率。求得四率為戊己弧餘弦。檢表得戊己弧。與戊壬弧九十度相減。得壬己弧。所當己乙壬角。即所求太陽正南偏東西度。測時在午正前。為偏東。如第三圖。測時在午正後。為偏西。如第四圖。

如某處。已知其北極高度。於春秋分日。測得太陽高度。求太陽正南偏東西度。及所測時刻。用甲己戊正弧三角形。此形有戊角。以丙辛弧某處北極高度。與乙辛弧九十度相減。得乙丙弧。與丁壬弧等。即戊角所當之弧。有甲己弧太陽高度。求甲戊弧。以戊角正切為一率。半徑為二率。甲己弧正切為三率。求得四率為戊己弧正弦。檢表得戊己弧。與戊壬弧九十度相減。得壬己弧。所當己乙壬角。即所求太陽正南偏東西度。次求甲戊弧。以戊角正弦為一率。半徑為二率。甲己弧正弦為三率。求得四率為甲戊弧正弦。檢表得甲戊弧。與丁戊弧九十度相減。得丁甲弧。為日距午東或午西赤道度。變時。得丁甲加減分。與丁點午正十二小時相加減。正南偏東度相減正南偏西度相加得甲點即所求測時之時刻。如某處於春秋分日。已知測時。及北極高度。求太陽高度並太陽正南偏東西度。用甲巳戊正弧三角形。此形有戊角。有甲戊弧。以甲點測時與十二小時相減變度得甲丁弧日距午東或午西赤道度與丁壬弧九十度相減。即得求甲巳弧。以半徑為一率。戊角正弦為二率。甲戊弧正弦為三率。求得四率。為甲巳弧正弦。檢表得甲巳弧。為所求太陽高度。次求戊巳弧。以半徑為一率。戊角餘弦為二率。甲戊弧正切為三率。求得四率。為戊巳弧正切。檢表得戊巳弧。與戊壬弧九十度相減。得壬巳弧。所當巳乙壬角。即所求太陽正南偏東西度。測時在午正前為偏東測時在午正後為偏西

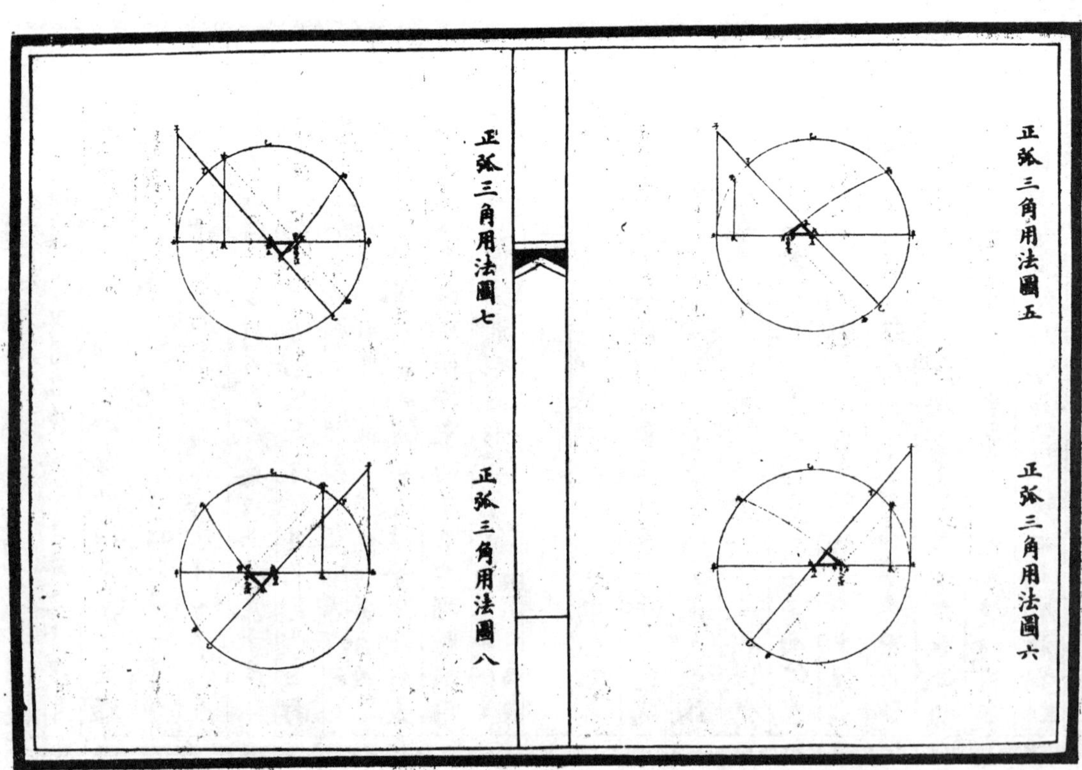

正弧三角用法圖五

正弧三角用法圖六

正弧三角用法圖七

正弧三角用法圖八

如某處測得日出入地平。正東西偏南度。或正東西偏北度。及正午太陽高度。求其處北極高度。及日出入時刻。如圖。乙為天頂。辛戊壬為地平。丙為北極。丁戊己為赤道。戊為卯酉正。甲為日出入之位。正當地平之點。甲戊弧即所知日出入地平。正東西偏南度。或正東西偏北度。與其正弦相應。癸壬弧為所知正午太陽高度。癸辰為其正弦。戊辰為其餘弦。求法先以戊辰與日出入地平偏度正弦甲戊相加減。日出入地平正東西偏南度相減。日出入地平正東西偏北度相加。得甲辰。乃用癸辰甲。子壬戊。同式句股形。以甲辰為一率。癸辰為二率。半徑壬戊為三率。求得四率子壬。為丁壬弧正切。檢表。得丁壬弧某處赤道高度。與乙壬弧九十度相減得乙丁弧。與丙辛弧等。即所求某處北極高度。次求日出入時刻。以丁壬弧。與癸壬弧相減得丁癸弧。與甲未弧等。為本日日距赤道南北緯度。丁壬弧大於癸壬弧。為日距赤道南緯度。丁壬弧小於癸壬弧。為日距赤道北緯度。於是用甲未戊正弧三角形。此形。未為直角。有甲未弧。及戊角。即丁壬弧。某處赤道高度。求未戊弧。以戊角。即丁壬弧正切子壬。為一率。半徑戊壬為二率。甲未弧正切未寅為三率。求得四率。為未戊弧正弦。檢表得未戊弧。為卯酉前後赤道度。變時得未戊。為卯酉前後加減分。與戊點卯正六小時相加減。日距赤道南緯度相加。日距赤道北緯度相減。得未點之時。當地平於甲。即所求日出時刻。又以未戊卯酉前後加減分。與戊點酉正十八小時相加減。日距赤道南緯度相減。日距赤道北緯度相加。得未點之時。當地平於甲。即所求日入時刻。

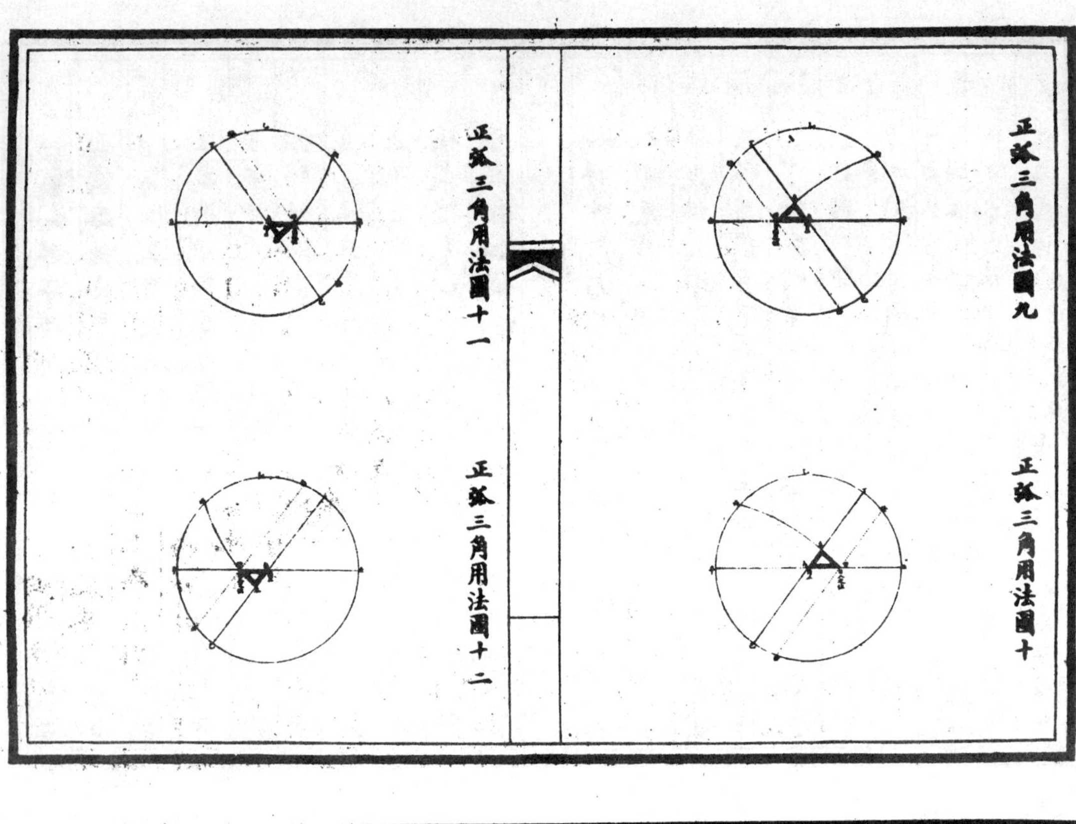

如某處已知本日日距赤道緯度。測得日出入地平。正東西偏北度。求其處北極高度。如圖。乙為天頂。辛戊壬為地平。丙為北極。丁戊己為赤道。戊為卯酉正。甲為日出入地平之點。當赤道於未。甲未弧為所知本日日距赤道南北緯度。日出入地平正東西偏南度。為日距赤道南緯度。日出入地平正東西偏北度。為日距赤道北緯度。戊甲弧為所知日出入地平。正東西偏南度。或正東西偏北度。用戊未甲正弧三角形。此形未為直角。有甲未、戊甲二弧。求戊角。以戊甲弧正弦為一率。甲未弧正弦為二率。半徑為三率。求得四率為戊角正弦。檢表得丁戊壬角。當丁壬弧。某處赤道高度。與乙壬弧九十度相減。得乙丁弧。與丙辛弧等。即所求某處北極高度。

如某處已知本日日距赤道南北緯度。及其北極高度。求日出入地平。正東西偏南度。或正東西偏北度。用戊未甲正弧三角形。此形有甲未弧。有戊角。當丁壬弧。某處赤道高度。以丙辛弧某處北極高度相等之乙丁弧。與乙辛弧九十度相減。即得。求戊未弧。以戊角正弦爲一率。半徑爲二率。甲未弧正弦爲三率。求得四率。爲戊甲弧正弦。檢表。得戊甲弧。卽所求日出入地平正東西偏南度。或正東西偏北度。

欽定大清會典圖卷一百三十七

天文三十一 算術五

斜弧三角用法圖二十

斜弧三角圖一

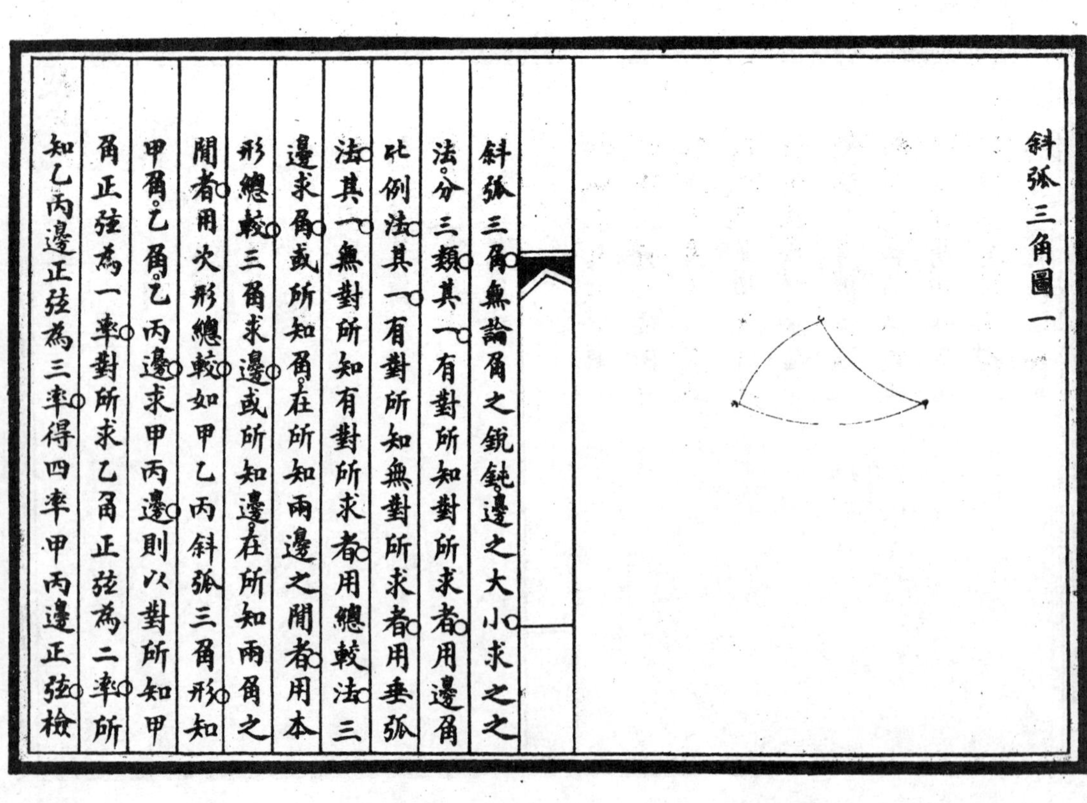

斜弧三角無論角之銳鈍邊之大小求之之法。分三類。其一。有對所知對所求者。用邊角比例法。其一。有對所知無對所求者。用垂弧法。其一。無對所知有對所求者。用總較法。三邊求角。或所知角在所知兩邊之閒者。用本形總較。三角求邊。或所知邊在所知兩角之閒者。用次形總較。如甲乙丙斜弧三角形。知甲角。乙角。乙丙邊。求甲丙邊。則以對所知甲角正弦為一率。對所求乙角正弦為二率。所知乙丙邊正弦為三率。得四率甲丙邊正弦。檢

表得邊度○如知丙角甲乙邊乙丙邊求甲角○則以對所知甲乙邊正弦為一率○對所求乙丙邊正弦為二率○所知丙角正弦為三率○得四率甲角正弦○檢表得角度○此皆暗用垂弧○分為兩正弧三角形○而合兩次比例為一次比例者也○與平三角同理○又此四率中皆無半徑○仍可用八綫相代法○以半徑為一率○以餘割代一率之正弦○以與二率相乘而為二率省除為乘也○

斜弧三角圖二

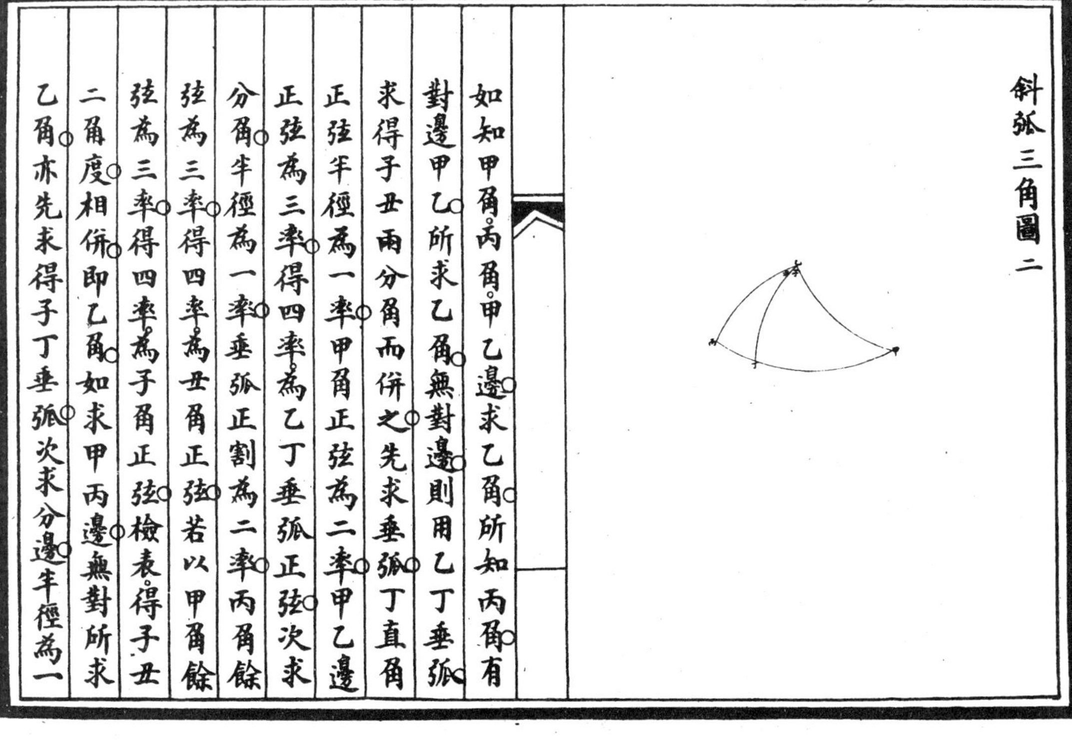

如知甲角○丙角○甲乙邊○求乙角○所知丙角○有對邊甲乙○所求乙角○無對邊○則用乙丁垂弧○求得子丑兩分角○而併之○先求垂弧○丁直角正弦半徑為一率○甲角正弦為二率○甲乙邊正弦為三率○得四率為乙丁垂弧正弦○次求分角○半徑為一率○垂弧正割為二率○丙角餘弦為三率○得四率為丑角正弦○若以甲角餘弦為三率○得四率為子角正弦○檢表○得子丑二角度○相併○即乙角○如求甲丙邊○無對所求乙角○亦先求得子丁垂弧○次求分邊○半徑為一

率甲角餘切為二率垂弧正切為三率得四率為甲丁分邊正弦若以丙角餘切為二率得四率為丙丁分邊正弦檢表得二分邊度相併即甲丙邊

斜弧三角圖三

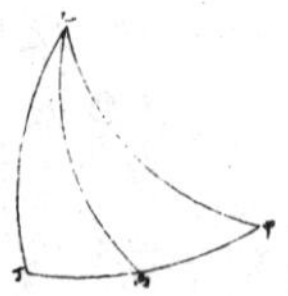

如甲丙乙鈍弧三角形知丙鈍角甲角甲乙邊求乙角所知丙角有對邊甲乙所求乙角無對邊而丙為鈍角則用乙丁外垂弧求得大小二角而減之先求外垂弧丁直角正弦半徑為一率甲角正弦為二率甲乙邊正弦為三率得四率為乙丁外垂弧正弦次求大小二角半徑為一率外垂弧正割為二率丙鈍角餘弦為三率得四率為丙乙丁小角正弦若以甲角餘弦為三率得四率為甲乙丁大角正弦檢表得大小二角度相減餘乙角如

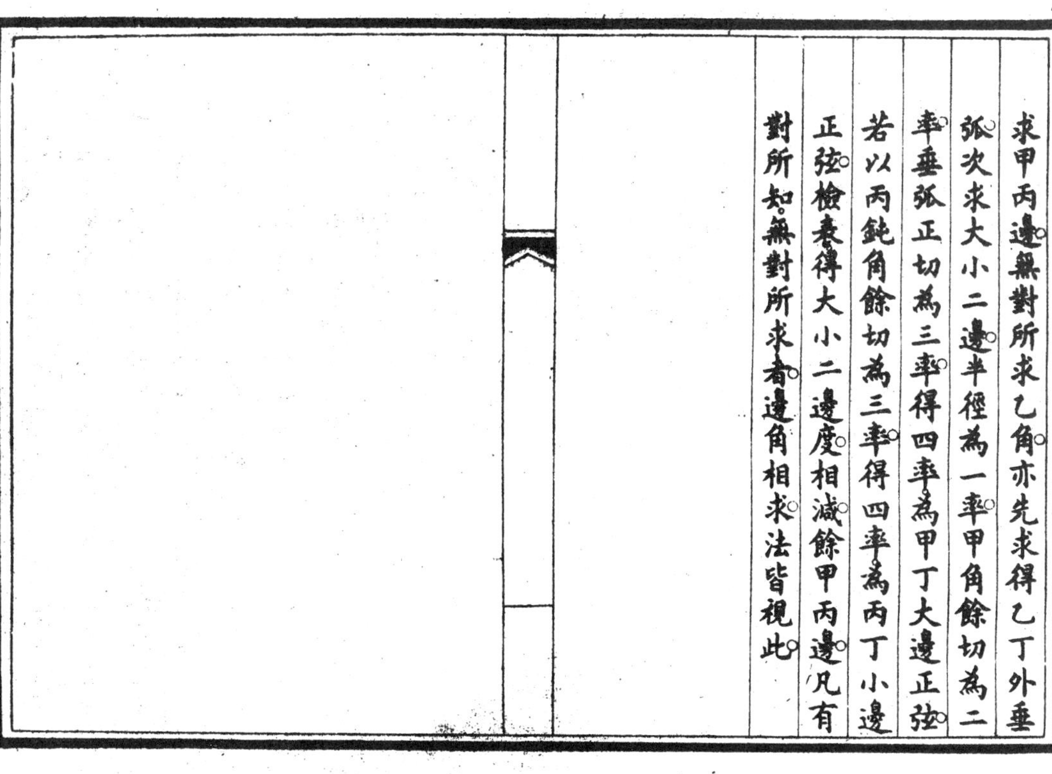

求甲丙邊。無對所求乙角。亦先求得乙丁外垂弧。次求大小二邊。半徑為一率。甲角餘切為二率。垂弧正切為三率。得四率為甲丁大邊正弦。若以丙鈍角餘切為三率。得四率為丙丁小邊正弦。檢表得大小二邊。度相減。餘甲丙邊。凡有對所知。無對所求者。邊角相求法皆視此。

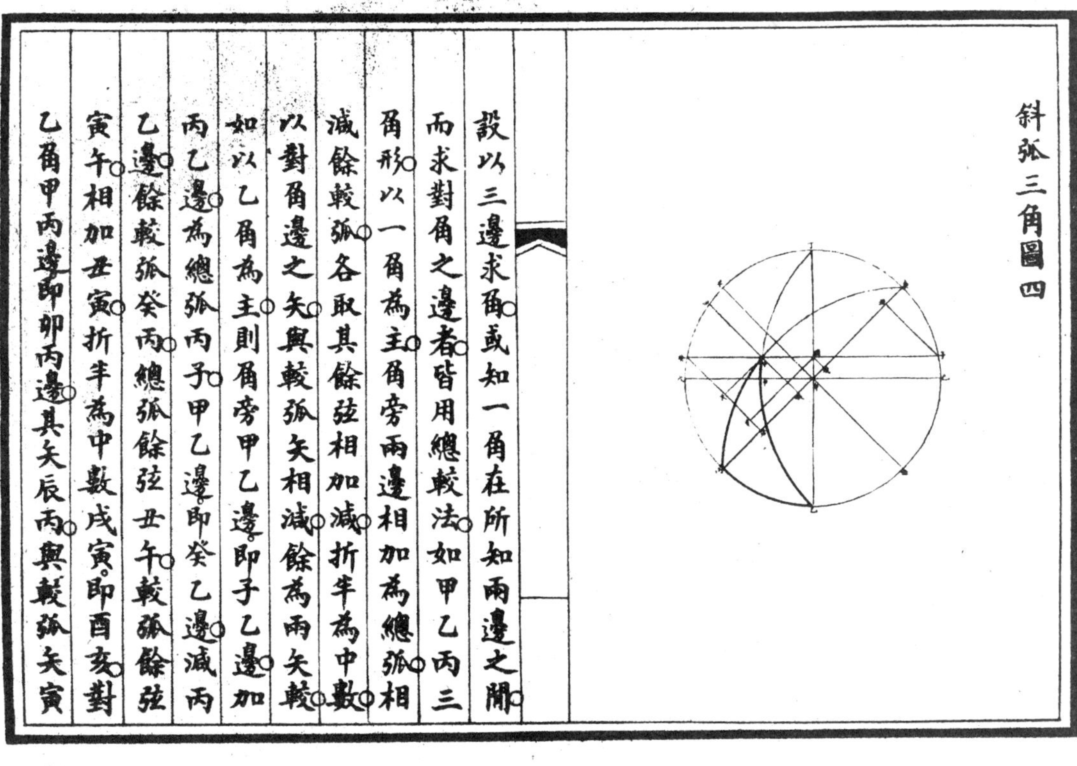

斜弧三角圖四

設以三邊求角。或知一角在所知兩邊之間。而求對角之邊者。皆用總較法。如甲乙丙三角形。以一角為主。角旁兩邊相加為總弧。相減餘較弧。各取其餘弦相加減。折半為中數。以對角邊之矢與較弧矢相減。餘為兩矢較。如以乙角為主。則角旁甲乙邊。即子乙邊。加丙乙邊。為總弧丙子。甲乙邊。即癸乙邊。減丙乙邊。餘較弧癸丙。總弧餘弦丑午。較弧餘弦寅午。相加丑寅。折半為中數戌寅。即酉亥。對乙角甲丙邊。即卯丙邊。其矢辰丙。與較弧矢寅丙相減餘兩矢較辰寅即甲未中數酉亥與兩矢較甲未平行乙角矢申戊與距等半徑酉癸平行甲癸為距等矢距等半徑酉癸為大弦中數酉亥為大股距等矢甲癸為小弦兩矢較甲未為小股是可以同式比例也而距等半徑酉癸之比距等矢甲癸同於戊午半徑之比乙角矢戊申是又可以同式者相代故半徑戊午之比乙角矢戊申即同於中數酉亥之比兩矢較甲未也如知乙角甲乙邊丙乙邊求甲丙邊則以半徑戊午為一率乙角矢戊申為二率中數酉亥為三率得四率為兩矢較甲未以加較弧矢寅丙即得甲丙邊之矢辰丙以減半徑餘為餘弦檢表得甲丙邊度如知三邊求乙角則以中數酉亥為一率兩矢較甲未為二率半徑戊午為三率得四率為乙角矢戊申以減半徑餘為餘弦檢表得乙角度凡三邊求角及兩邊一角求對角之邊者法皆視此而總弧較弧兩餘弦之或加或減則視兩餘弦同半徑則相減各半徑則相加總較二弧俱在一象限內或較弧在象限內總弧過三象限或較弧過一象限總弧在二象限外三象限內此皆同半徑而相減者也較弧在象限內總弧過一象限二象限或較弧過一象限總弧過三象限此皆各半徑而相加者也

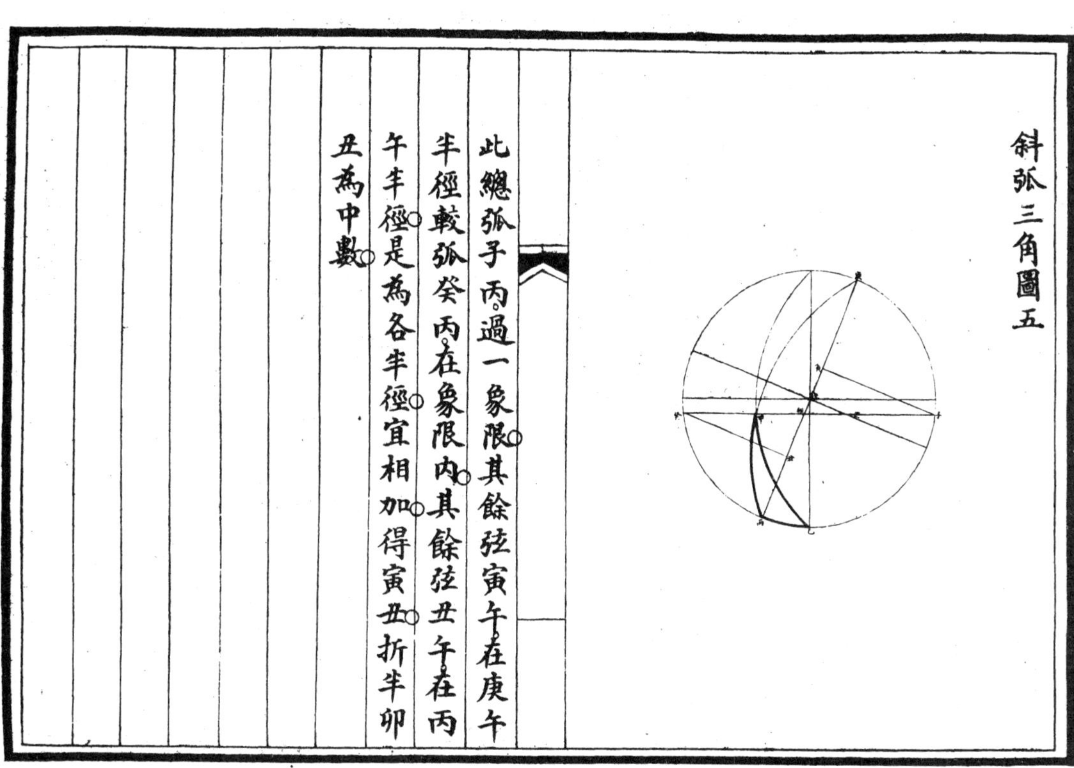

斜弧三角圖五

此總弧子丙過一象限。其餘弦寅午在庚午半徑。較弧癸丙在象限內。其餘弦丑午在丙午半徑。是為各半徑。宜相加。得寅丑。折半卯丑為中數。

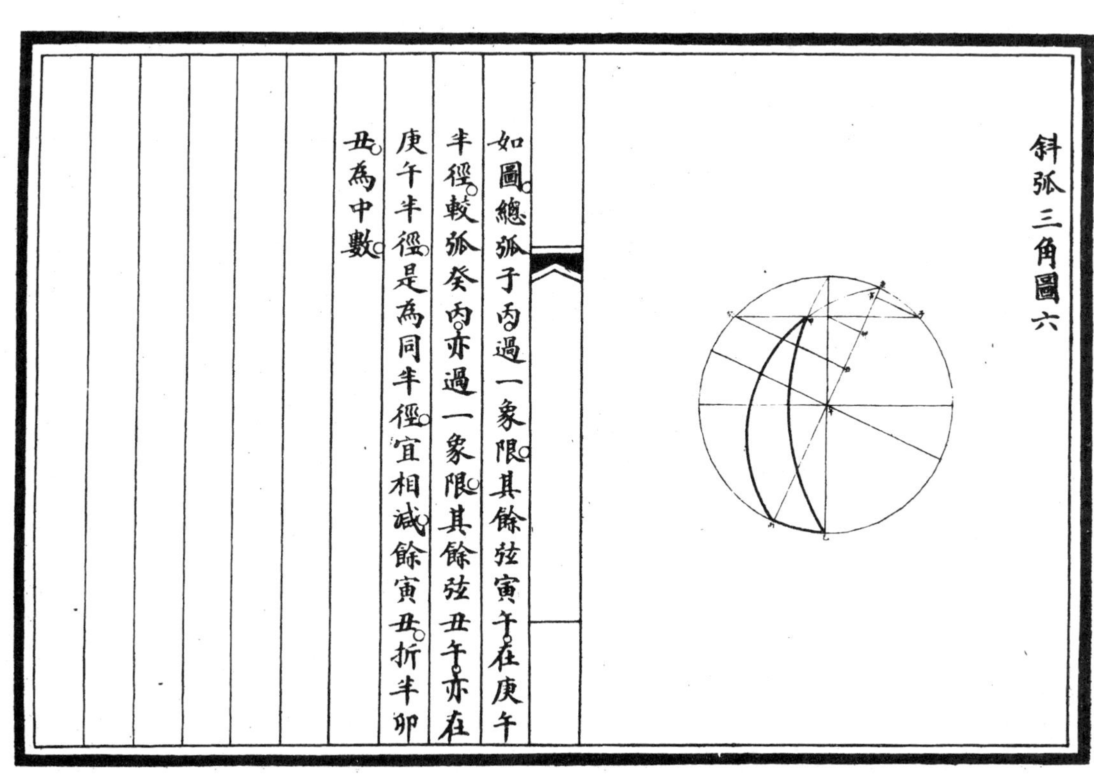

斜弧三角圖六

如圖。總弧子丙過一象限。其餘弦寅午在庚午半徑。較弧癸丙亦過一象限。其餘弦丑午亦在庚午半徑。是為同半徑。宜相減。餘寅丑。折半卯丑為中數。

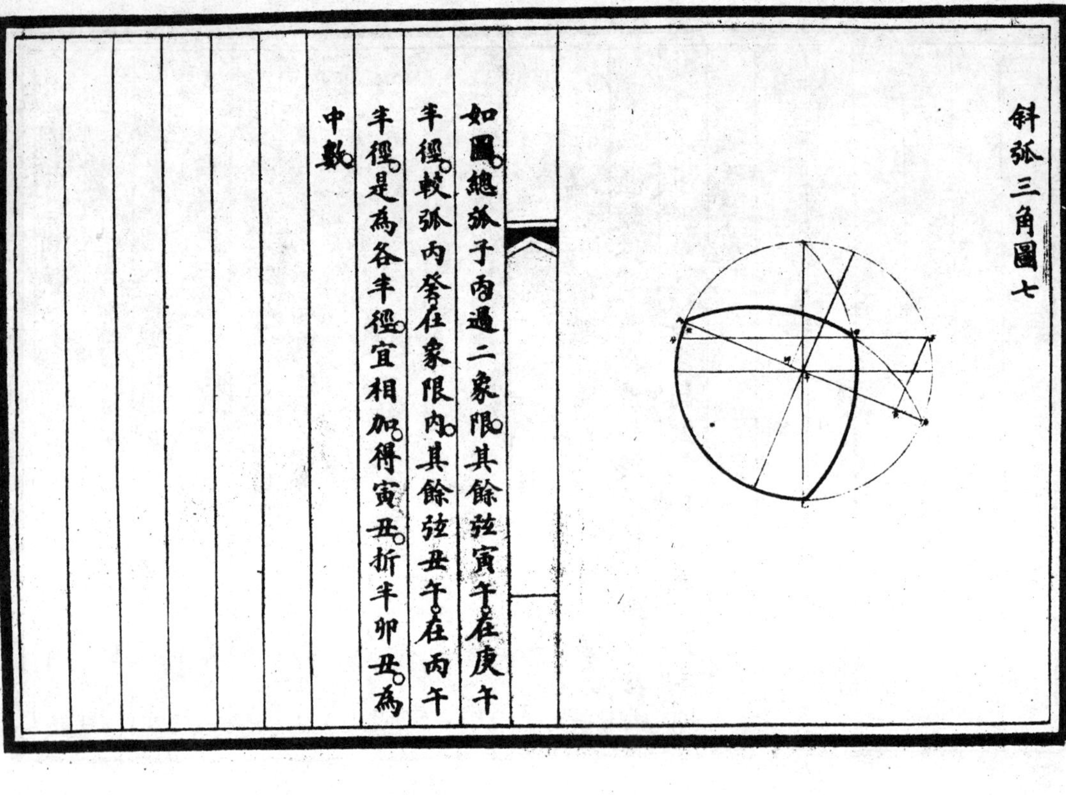

斜弧三角圖七

如圖。總弧子丙過二象限。其餘弦寅午在庚午半徑。較弧丙癸在象限內。其餘弦丑午在丙午半徑。是為各半徑。宜相加。得寅丑。折半卯丑。為中數。

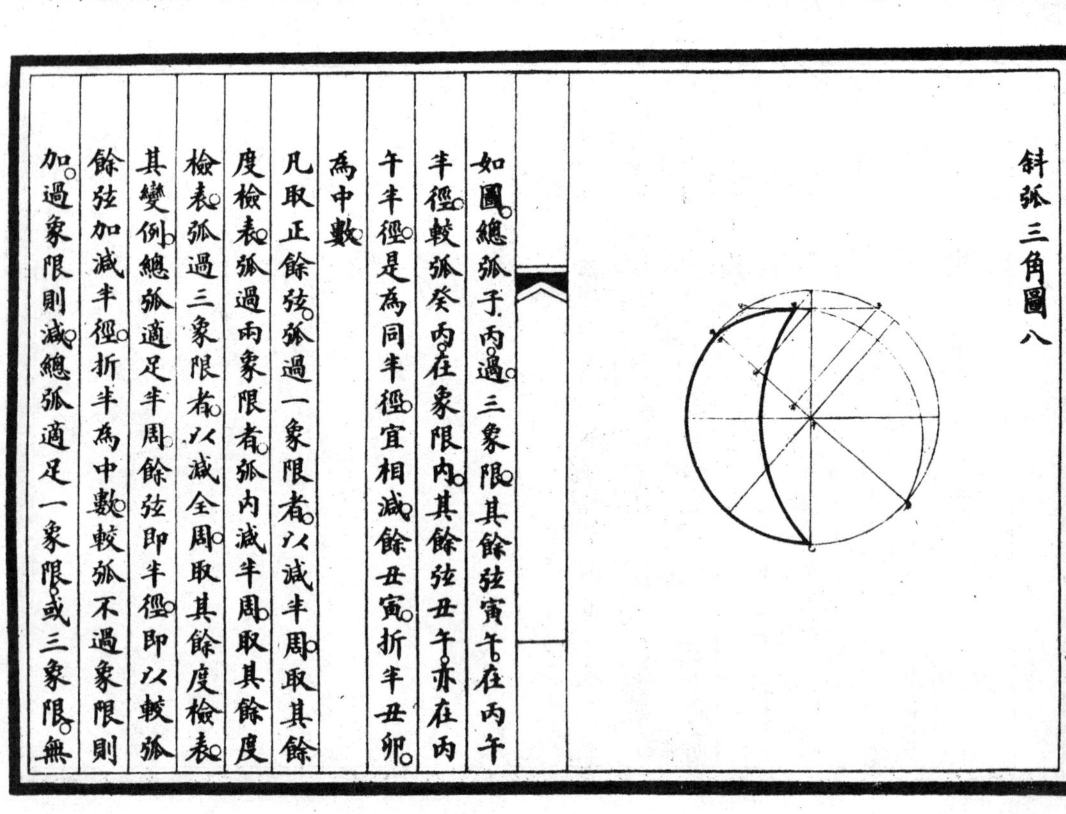

斜弧三角圖八

如圖。總弧子丙過三象限。其餘弦寅午在丙午半徑。較弧癸丙在象限內。其餘弦丑午亦在丙午半徑。是為同半徑。宜相減。餘丑寅。折半丑卯。為中數。

凡取正餘弦。弧過一象限者。以減半周。取其餘度檢表。弧過兩象限者。弧內減半周。取其餘度檢表。弧過三象限者。以減全周。取其餘度檢表。其變例。總弧適足半周。餘弦即半徑。即以較弧餘弦加減半徑。折半為中數。較弧不過象限則加。過象限則減。總弧適足一象限。或三象限。無餘弦即用較弧餘弦折半為中數角旁兩弧相等無較弧即以總弧餘弦與半徑相加減折半為中數總弧過象限或過半周則加總弧在象限內或過三象限則減較弧適足一象限無餘弦即用總弧餘弦折半為中數總弧適足一象限或三象限而兩弧又相等無較弧即以半徑為較弧餘弦折半為中數較弧適足一象限無餘弦而總弧又適足半周餘弦即半徑即以半徑折半為中數

凡取矢弧過象限者即於過弧內減象限取其餘度之正弦加半徑即大矢若以減半徑則餘外弧正矢兩矢較變例弧適足一象限者弧之矢即半徑若對弧較弧二者有一弧適足象限即命其又一弧之餘弦為兩矢較若無較弧即以對弧矢為用

斜弧三角次形圖

如甲乙丙弧三角知三角求邊或知一邊在所知兩角之間求對邊之角則用次形使角變為邊邊變為角而以總較法求之引甲乙邊作圓周甲丙邊作庚甲半周乙丙邊作乙辛半周又以甲角為心作丁壬弧乙角為心作戊癸弧丙角為心作己酉弧則成子丑寅形是為次形而原形之邊皆變為次形之角原形之角皆變為次形之邊甲壬乙癸皆象限甲乙即壬癸而壬子癸子皆象限則壬癸為子角度而甲乙邊變為子角乙辰丙午皆

象限。乙丙即辰午。而辰寅。午寅。皆象限。則辰午為寅角度。而乙丙邊變為寅角。甲卯。丙未。皆象限。甲丙即卯未。而未丑。卯丑。皆象限。則卯未為丑外角度。而甲丙邊變為丑外角。甲角度。原為丁卯弧。丁子。卯丑。皆象限。則丁卯即子丑。而甲角變為子丑邊。丙角度。原為未午弧。未丑。午寅。皆象限。則未午即丑寅。而丙角變為丑寅邊。乙外角度。原為戊辰弧。戊子。辰寅。皆象限。則戊辰即子寅。而乙外角變為子寅邊。如知三角。求甲乙邊。（在次形為知三邊求子角）則以甲角（次形子丑邊）乙外角（次形子寅邊）相加為總弧。相減餘較弧。兩餘弦相加。折半為中數。以為一率。半徑為二率。丙角（次形丑寅邊）矢。與較弧矢。相減。餘兩矢較。為三率。得四率即甲乙邊（次形子角）矢。如知甲乙邊。知邊旁兩角。而求對邊丙角。（在次形為知子角知角旁兩邊求對邊丑寅）則以半徑為一率。中數為二率。甲乙邊矢為三率。得四率。為兩矢較。以加較弧矢。得丙角（次形丑寅邊）矢。是法無異於三邊求角。或兩邊一角求對邊也。惟邊旁兩角中。必用一外角。為稍異耳。

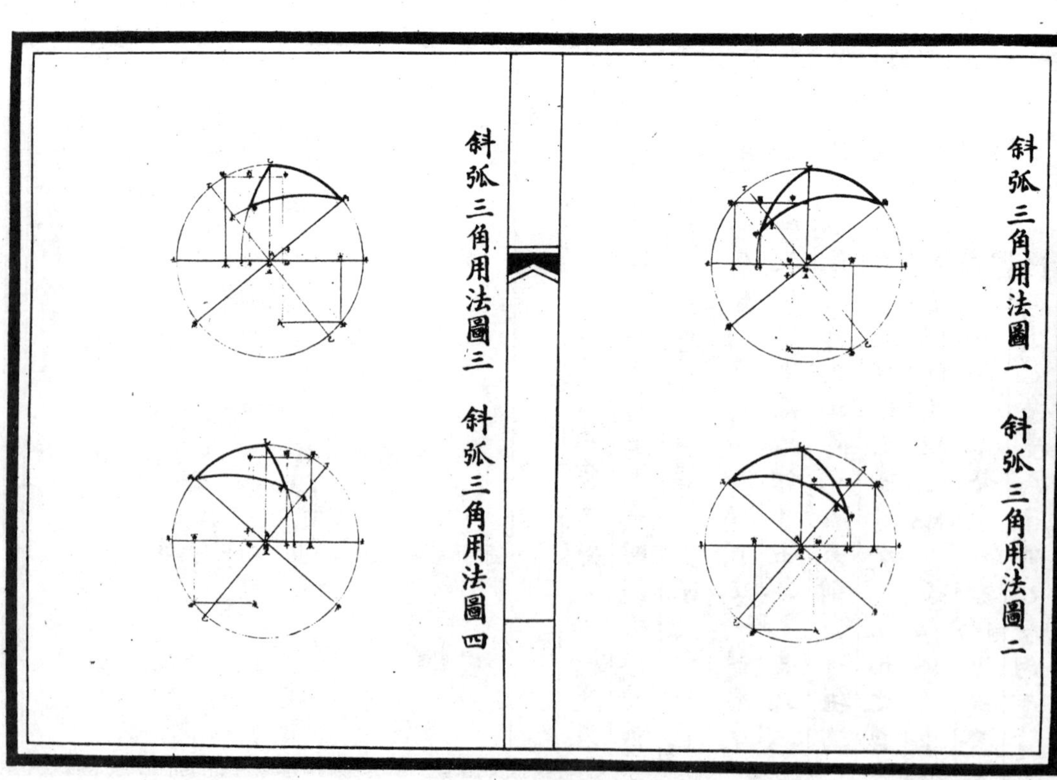

斜弧三角用法圖一　斜弧三角用法圖二

斜弧三角用法圖三　斜弧三角用法圖四

如某處已知測時測得太陽高度及正午太陽高度求其處北極高度及太陽正南偏東西度如第一第二圖乙為天頂辛戌壬為地平丙丁庚己為子午經圈丙為北極丁戊己為赤道己為子正戊為卯酉正丁為午正癸子丑為赤道距等圈即太陽隨天西轉之軌乙甲己為高弧丙未為赤經甲為測時太陽所在當赤道於未當地平於巳未丙丁角當丁未弧為所知日距午東或午西赤道度（測時在午正前與十二小時相減變度為日距午東赤道度測時在午正後減去十二小時變度為日距午西赤道度）其正矢丁未甲己弧為所知測時太陽高度癸壬弧為所知正午太陽高度今癸乙弧（即所知癸壬弧之餘弧）與乙甲弧（即所知甲己弧之餘弧）丙弧無所夾之角未丙丁角無所對之弧故不能用垂弧總較各法須變法求之乃以癸壬弧正弦癸辰相等之酉午與甲己弧正弦甲午相減得酉甲為正弦較即矢較又子癸距等圈半徑與丁戊赤道半徑為相應則癸甲與丁未為相應用癸酉甲癸申子同式句股形以未丙丁角正矢癸甲為一率酉甲為二率子癸距等

圈半徑為三率求得四率申子為中數（等子戌）倍之得申戌內減癸壬弧正弦癸辰相等之申卯得卯戌與寅丑等即辛丑弧正弦檢表得辛丑弧加辛乙弧九十度得乙辛丑弧為子正日距天頂再加癸乙弧正午日距天頂得癸丙丑弧半之得癸丙弧與丙甲弧日距北極等以減丙未弧九十度得甲未弧為日距赤道南北緯度（丙甲弧不及九十度為日距赤道北緯度丙甲弧過九十度為日距赤道南緯度）隨以癸丙弧日距北極與癸壬弧相加得丙癸壬弧與壬乙辛弧半周相減得丙辛弧即所求某處北極高度次求太陽正南偏東西度如第三第四圖用丙乙甲斜弧三角形以乙甲弧正弦為一率丙甲弧正弦為二率丁丙未角正弦為三率求得四率為乙角正弦檢表得壬乙巳角當壬巳弧即所求太陽正南偏東西度（測時在午正前為偏東測時在午正後為偏西）

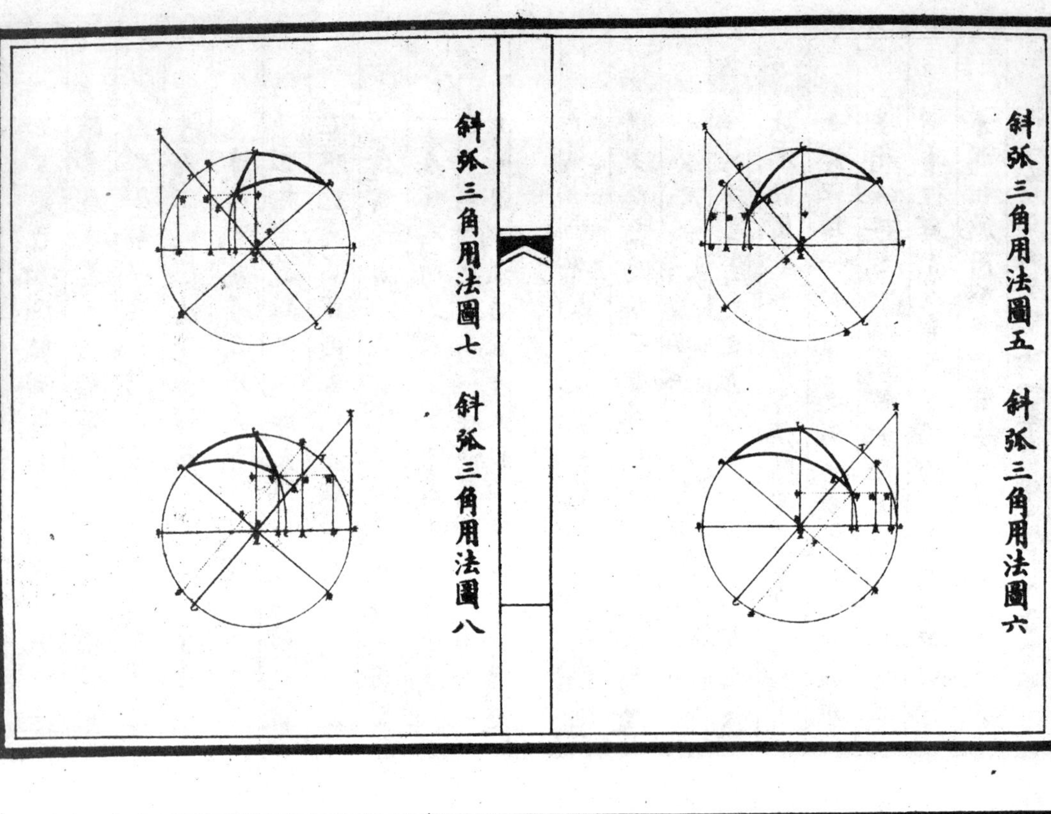

斜弧三角用法圖五　斜弧三角用法圖六

斜弧三角用法圖七　斜弧三角用法圖八

如某處巳知正午太陽高度。測得午正前或午正後太陽高度及太陽正南偏東西度。求其處北極高度及所測時刻。如第五第六圖。乙爲天頂。辛戊壬爲地平。丙爲北極。丁戊巳爲赤道。戊爲卯酉正。甲爲午正前或午正後太陽所在。當赤道於未。當地平於巳。甲巳弧爲所知午正前或午正後。太陽高度。巳乙壬角當巳壬弧。爲所知太陽正南偏東西度。其餘弦巳戊。癸壬弧爲所知正午太陽高度。寅甲申爲地平距等圈半徑。必平行於壬戊。則寅壬弧等於甲巳弧。壬巳與寅甲兩段。同爲乙甲巳大圈所分。則壬戊與巳戊之比。同於寅申（等卯戊。）與甲申（等午戊。）之比。故以半徑壬戊爲一率。巳壬弧太陽正南偏東西度餘弦巳戊爲二率。甲巳弧相等之寅壬弧餘弦寅申（等卯戊）爲三率。求得四率甲申。與癸壬弧餘弦辰戊相等之酉申相減。得酉甲。又以癸壬弧正弦癸辰與甲巳弧正弦甲午相等之酉辰相減。得癸酉。乃用癸酉甲亥壬戊同式句股形。以酉甲爲一率。癸酉爲二率。半徑壬戊爲三率。求得四率亥壬。為丁壬弧正切。檢表得丁壬弧。為某處赤道高度與乙壬弧九十度相減得乙丁弧。與丙辛弧等為所求某處北極高度。次求所測時刻。如第七第八圖。以癸壬弧。與丁壬弧相減。得丁癸弧等於甲未弧。為日距赤道南北緯度。（正午太陽高度。大於赤道高度為日距赤道北緯度。正午太陽高度。小於赤道高度。為日距赤道南緯度。）再與丙丁弧九十度相加減。（緯南相加。緯北相減。）得丙癸弧。與丙甲弧等。為日距北極。用丙乙甲斜弧三角形。以丙甲弧正弦為一率。乙甲弧。（以甲巳弧。與乙巳弧九十度相減。即得。）正弦為二率。壬乙巳角（即甲乙丙角之外角。）即巳壬弧正弦為三率。求得四率。為丙角正弦。檢表得未丙丁角。當丁未弧。為日距午東。或午西。赤道度。（正南偏東度為午東。正南偏西度為午西。）變時。與丁點午正十二小時相加減。（午東相減。午西相加。）得未點。即所求時刻。

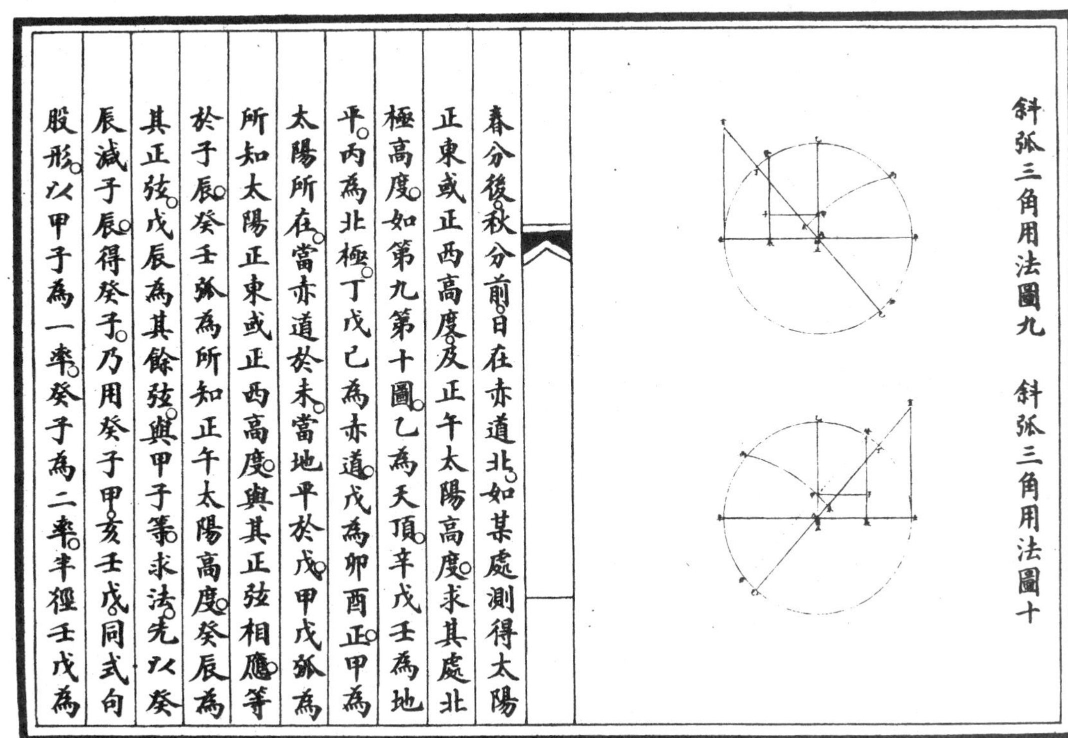

斜弧三角用法圖九　斜弧三角用法圖十

春分後秋分前。日在赤道北。如某處測得太陽正東或正西高度。及正午太陽高度。求其處北極高度。如第九第十圖。乙為天頂。辛戊壬為地平。丙為北極。丁戊巳為赤道。戊為卯酉正。甲為太陽所在。當赤道於未。當地平於戊。甲戊弧為所知太陽正東或正西高度。與其正弦相應等於子辰。癸壬弧為所知正午太陽高度。癸辰為其正弦。戊辰為其餘弦。與甲子等。求法先以癸辰減子辰。得癸子。乃用癸子甲亥壬戊同式句股形。以甲子為一率。癸子為二率。半徑壬戊為三率。求得四率亥壬。爲丁壬弧正切。檢表。得丁壬弧。爲某處赤道高度。與乙壬弧九十度相減。得乙丁弧。與丙辛弧等。爲所求某處北極高度。

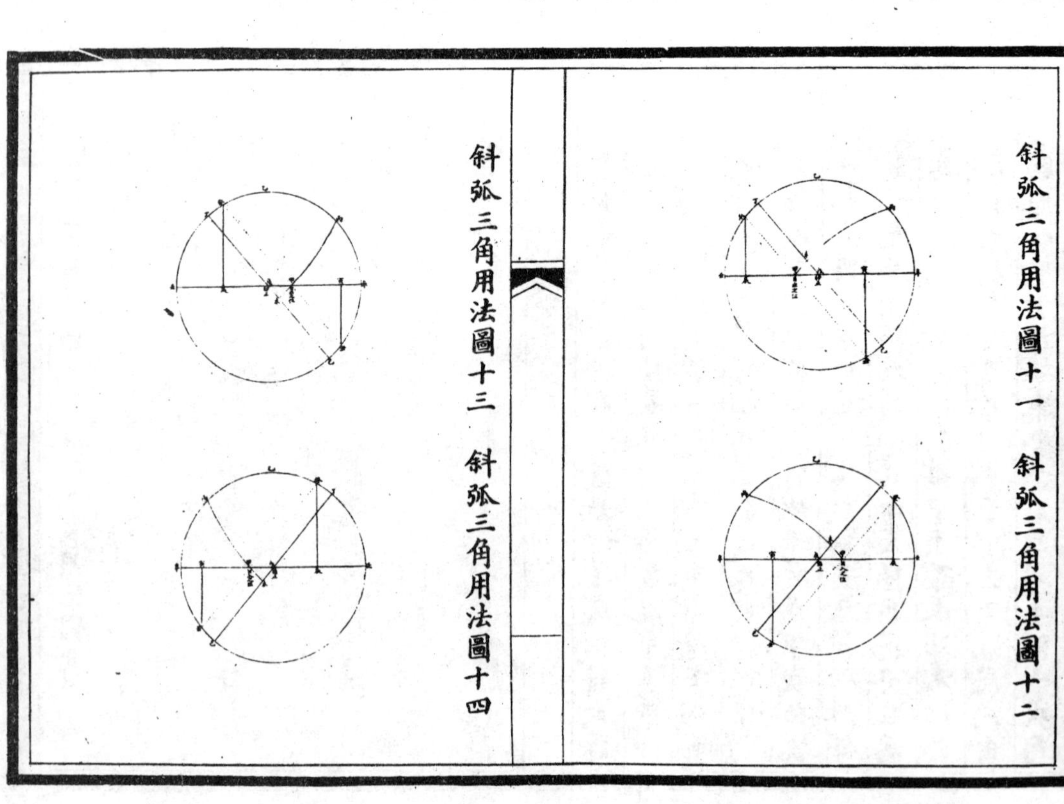

斜弧三角用法圖十一　斜弧三角用法圖十二

斜弧三角用法圖十三　斜弧三角用法圖十四

如某處測得日出地平距正午之時。或日入地平距正午之時。及正午太陽高度。求其處北極高度。如圖。（十一十二兩圖日距赤道南。十三十四兩圖日距赤道北。）乙為天頂。辛戊壬為地平。丙為北極。丁戊己為赤道。戊為卯酉正。甲為日出入之位。正當地平之點。而當赤道於未。甲未弧即本日日距赤道南北緯度。丁未即所知日出入地平距正午之時。變度得丁未弧。為日距午東或午西赤道度。（日出地平為午東。日入地平為午西。）當丁丙未角。癸壬弧為所知正午太陽高度。其正弦癸辰。求法。乃以癸甲與丑甲之比。同於丁未與己未之比。又用甲辰。癸甲。寅丑同式句股形。以癸甲與丑甲之比。同於癸辰與寅丑之比。觀此兩比例。一二率相同。故以丁未（即丁丙未角之矢。如日距赤道北為大矢。日距赤道南為正矢。）為一率。未己（日距赤道北為丁丙未角之正矢。日距赤道南為丁丙未角之大矢。）為二率。癸辰（即癸壬弧正弦。）為三率。求得四率寅丑。即辛丑弧正弦。檢表得辛丑弧。與癸壬弧相加。半之。得丁壬弧。為某處赤道高度。與乙壬弧九十度相減。得乙丁弧。與丙辛弧等。即所求某處北極高度。

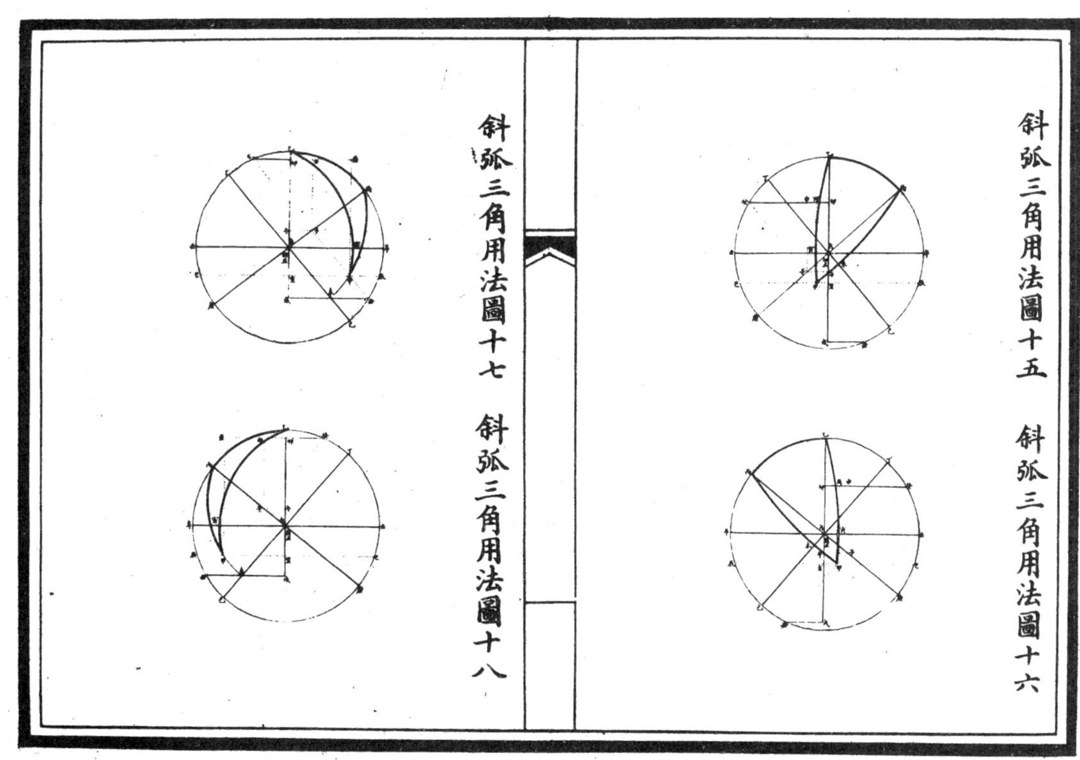
斜弧三角用法圖十五

斜弧三角用法圖十六

斜弧三角用法圖十七

斜弧三角用法圖十八

如某處已知其北極高度及本日日距赤道南北緯度求其處昏旦時刻如第十五第十六圖乙爲天頂辛戊壬爲地平丙爲北極丁戊己爲赤道戊爲卯酉正辰亥己爲地平距等圈本時太陽在甲當赤道於未未點即所求昏旦時刻丙甲弧爲所知本日日距北極以甲未弧日距赤道南北緯度與丙未弧九十度相加減得丙甲弧緯南相加緯北相減乙丙弧爲所知某處北極距天頂以丙辛弧某處北極高度與乙辛弧九十度相減即得乙甲弧爲所知日在地平下距天頂一百零八度以甲寅弧朦影限十八度與乙寅弧九十度相加即得求法用甲乙丙斜弧三角形此形有丙甲弧乙丙弧乙甲弧求丙角以丙甲弧相等之丙丑弧與乙丙弧相加得乙丑總弧以丙甲弧相等之丙癸弧與乙丙弧相減得乙癸較弧乃以乙丑總弧餘弦戊戌與乙癸較弧餘弦戊卯相加得卯戌半之得卯午爲中數與甲子等乙甲弧與乙辰弧等隨以乙辰弧大矢乙亥內減乙癸較弧正矢乙卯得卯亥爲矢較與酉甲等用癸申子癸酉甲同式句股形以申子與癸子之比同於酉甲與癸甲之比又丁戊與癸子之比同於丁未與癸甲之比如第十七第十八圖觀第一比例二四兩率與第二比例二四兩率相同則申子與丁戊之比必同於酉甲與丁未之比故以申子中數爲一率半徑丁戊爲二率酉甲矢較爲三率求得四率丁未爲丁丙未角大矢內減半徑丁戊得未戊爲丙外角餘弦檢表得己丙未角與半周相減得丁丙未角當丁未弧爲旦刻日距午正前赤道度或昏刻日距午正後赤道度變時得丁未加減分與丁點午正十二小時相減得未點爲所求旦刻又以丁未加減分與丁點午正十二小時相加得未點爲所求昏刻

斜弧三角用法圖十九

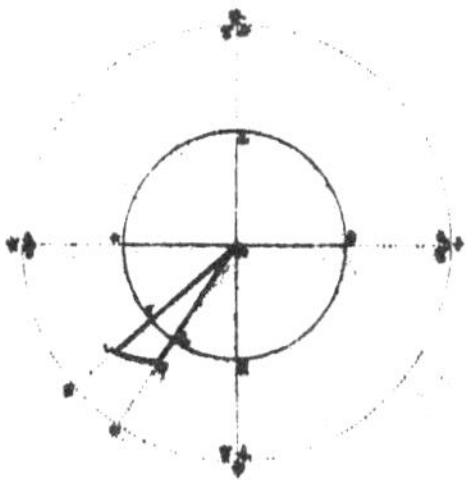

斜弧三角用法圖二十

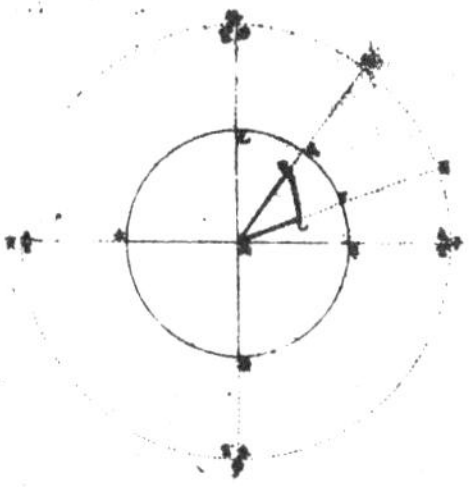

如己知二星赤道經緯度。求二星斜距度。如圖。十九圖星在赤道南。二十圖星在赤道北。丙為北極。己辛庚壬為赤道。丙己。丙辛。丙庚。丙壬。皆為九十度弧。癸子申寅為赤道距等圈。癸為丑宮之點。子為戌宮之點。申為未宮之點。寅為辰宮之點。設二星如甲如乙。甲乙弧即所求二星斜距度。丙甲弧為所知甲星距北極度。星在赤道南。以甲戊弧甲星赤道緯度與丙戊弧九十度相加。得丙甲弧。星在赤道北。以甲戊弧與丙戊弧九十度相減。得丙甲弧。丙乙弧為所知乙星距北極度。以乙丁弧乙星赤道緯度與丙丁弧九十度相加減。得丙乙弧。加減同上。甲星當赤道於戊。與卯點相應。戊點即所知甲星赤道經度。乙星當赤道於丁。與酉點相應。丁點即所知乙星赤道經度。求法。先以二星赤道經度相減。得丁戊弧。當丁丙戊角。乃用甲乙丙斜弧三角形。此形有丙甲。丙乙。二弧。及所夾丁丙戊角。求甲乙弧。按前斜弧三角圖四。依法求之。即得所求甲乙弧二星斜距度。

欽定大清會典圖卷一百三十八

天文三十二 儀器

天體儀圖

天體儀康熙十二年製。即古渾象也。春秋文曜鉤。唐堯即位羲和立渾儀。尚書舜典疏云。揚子法言或問渾天。日洛下閎營之。宣帝時司農中丞耿壽昌為之象。史官施用焉。後漢張衡作靈憲以說其狀。鑄銅為球以象天體。徑六尺。兩端中心為南北極。貫以鋼軸。面刻黃赤二道。平分十二宮。布列星漢。其外為子午圈。周圍各離天體球五分。兩面刻去極度。東西合成圈。孔以受天體之軸。其上正中為天頂。其下為地平圈。闊八寸。為渠。環之外刻四象限度及地平時刻方位。下施四足。承以圓座。高四尺七寸。設螺柱以取平。南北正中闕其內以受子午圈半入地平下。半出地平上。自天頂設高弧帶地平遊表。以察諸曜地平經緯度。於北極安時盤。徑二尺。定於子午圈。設遊表於北極樞。令自轉以指日度。又能隨天體旋轉以指時。座下設機輪。使北極能高下。蓋渾天之全象而諸儀之用所統宗也。至其用法。如以某節氣某星當中測時刻。法先將儀上某節氣運於子午圈下。再將時盤上遊表亦定於子午。次將某星運於子午圈下。隨視時盤遊表所指時刻。即所求某星當中之時刻也。如以某節氣某時測某星當中。法先將儀上某節氣運於子午圈下。再將時盤上遊表亦定於子午。隨將儀往西運轉。使時盤上遊表指定某時。隨視正當子午圈下之星。即所求當中之星也。如以某節氣測日出入。法先將儀上某宮某度運於子午圈下。再將時盤上遊表亦定於子午。次將某宮度運於東地平邊。隨再視時盤遊表所指。即所求之日出。再將某宮度運於西地平邊。隨視時盤遊表所指。即所求之日入也。如以某時刻測諸曜地平上高度。法先推太陽在黃道某宮。將儀上黃道某宮運於子午圈下。再將時盤遊表亦定於子午。隨將儀往東運轉。視時盤遊表恰指某時刻。再用高弧表正對黃道某宮。從地平依高弧上度數至黃道某宮係若干度分。即所求之高度也。如以某時刻測地平上偏度。法先推太陽在黃道某宮運於子午圈下。再將時盤遊表亦定於子午。隨將儀往東運轉。視時盤遊表恰指某時。再用高弧表正對黃道某宮。從正南依地平盤上度。數至遊表係離正南偏東西若干度。即所求之偏度也。

赤道經緯儀圖

赤道經緯儀舊儀三重。外曰六合儀。次內曰三辰儀。內曰四游儀。凡七圈。康熙十二年更今制鑄銅二重。凡三圈。蓋會三辰於六合而又省一地平圈也。其外正立為子午圈。外徑六尺一寸。規面闊一寸三分。側面厚二寸五分。兩面皆刻去極度。以京師北極出地南極入地各三十九度五十五分為準。兩極各貫鋼軸。以半圓合而固之。距兩極各九十度橫置赤道圈。與子午圈交陷其中。以相入。外徑五尺九寸。內規面及上側面刻周日時刻。外規面及下側面刻周天度分。自南極作兩象限弧承之。其內為赤道過極經圈。貫於南北極之兩軸。外徑五尺六寸。與赤道圈內徑相切。四面刻赤道緯度。內為通軸。徑一寸。中半安橫表。長三寸。於赤道圈上設遊表。對直軸以測赤道經度。於過極圈上設遊表。對橫表以測赤道緯度。下為半圓雲座。升龍承之。至其用法。如測時刻法。將儀上經圈耳表正對中心長柱表。將太陽測準。將表定住。看經圈耳表所指。即所求之時刻也。如夜測某曜經緯度法。先自某曜或東或西取一距星。一人用定住經表。測其距星。再一人用鈐表。將經緯圈鈐住。從緯圈左右邊測某曜。將表定住。從經表數至鈐表係若干度分。此即某星離距星之經度。如測緯度。即用緯圈上表正對中心小柱表。將某曜測準。將表定住。從赤道中數至表邊。即所求之赤道或南或北之緯度也。

黃道經緯儀圖

黃道經緯儀。舊儀有黃道緯圈而無黃道經圈。康熙十二年更今制。鑄銅三重。凡四圈。其外正立為子午圈。制與赤道經緯儀子午圈同。次內為過極至圈。外徑五尺五寸。規面闊二寸三分。側面厚一寸一分。兩面亦刻去極度。貫於赤道南北極之兩軸。象天左旋。又從赤道南北極各距二十三度三十一分三十秒定黃道極。（黃道極距赤道極。即黃赤大距。康熙五十二年測得黃赤大距二十三度二十九分三十秒。乾隆初從西人利酌理噶西尼所測。改為二十三度二十九分。道光中測為二十三度二十七分。二者推算至今兼而用之。觀象臺之天體儀。赤道經緯儀。黃道經緯儀。地平經儀。象限儀。紀限儀六座。均係康熙十二年製成。是以天體儀。黃道經緯儀之黃赤大距。猶仍西人第谷所測。為二十三度三十一分三十秒。）距黃極九十度橫置黃道緯圈。與過極至圈交。徑及闊厚亦如之。陷其中以相入。兩側面一刻十二宮。一刻二十四節氣。象七政右旋。又次內為黃道經圈。以鋼軸貫於黃道南北兩極。外徑五尺一寸四分。規面闊二寸三分。側面厚九分。四面皆刻黃道緯度。象黃道四遊。兩極安直軸。設橫表遊表。與赤道經緯儀同。以測黃道經緯度。下為半圓雲座。升龍二承之。至其用法。如測太陽黃道節氣及宮度。法先將經圈運動。必使圈上下無日影。再將經圈耳表正對中心長柱表。將太陽測準。將表定住。看表所指。即所求之節氣也。如夜測某曜經緯度。法先自某曜或東或西取一距星。如距星在申宮。正衝即在寅宮上。將儀上定表正對中心長柱表。測其距星。再一人用鈐表將經緯圈鈐住。再以緯圈邊測其某曜。將此表定住。看二表相離若干度分。再視鈐表在何宮度。如測在酉宮。正衝即卯宮。如測緯度。即用緯圈上表正對中心柱表。將某星測準。將表定住。從黃道

中數至表邊。即所求之黃道或南或北之緯度也。如七曜相近於黃赤二道。不能測其緯度。必用一復圜表在緯圈上或南或北。以十度定表還在於上。下用安定緯表正對上復圜表測其七曜。如測在十二度二十分。減去上表十度。下餘二度二十分。折半得一度一十分。即所求之實數也。星在北表安在南測。星在南表安在北測。

地平經儀圖

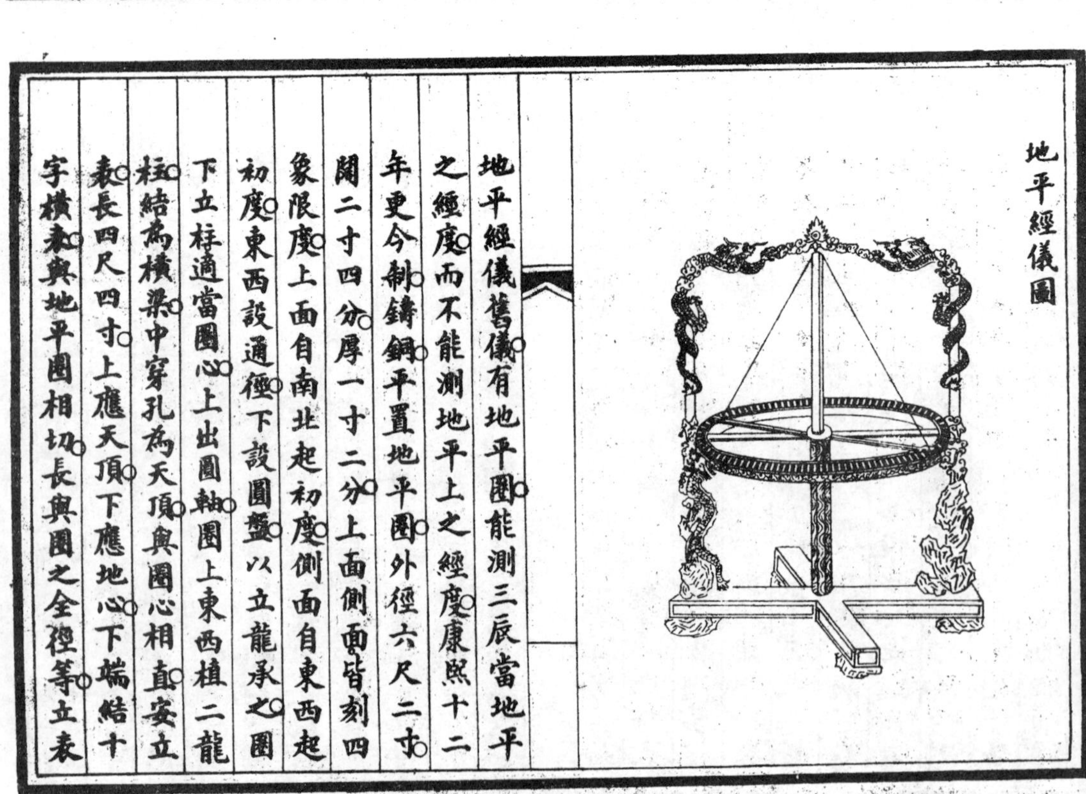

地平經儀。舊儀有地平圈。能測三辰當地平之經度。而不能測地平上之經度。康熙十二年更今制。鑄銅平置地平圈。外徑六尺二寸。闊二寸四分。厚一寸二分。上面側面皆刻四象限度。上面自南北起初度。側面自東西起初度。東西設通徑。下設圓盤。以立龍承之。圈下立柱適當圈心。上出圓軸。圈上東西植二龍柱。結為橫梁。中穿孔為天頂。與圈心相直。安立表。長四尺四寸。上應天頂。下應地心。下端結十字橫梁。與地平圈相切。長與圈之全徑等。立表

中空。上下各設小圓柱二。頂開一孔。旁開二孔。中結一直綫。左右分引二綫。斜貫於横表之兩端。成兩三角形。旋轉横表。令三綫與所測參直。視表所指。以測各曜之地平經度。如測諸曜偏度。或正南正北偏東西。或正東正西偏南北。法先將儀上立表下所結十字横表之斜貫二綫。與中直綫。三綫參直。與所測之曜測準。隨看横表所指地平經度。即所求之曜在地平上偏度也。

象限儀圖

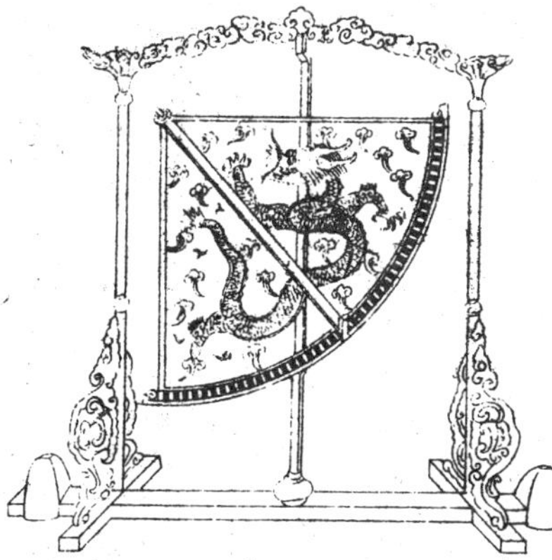

象限儀。舊儀有地平經圜。而無地平緯圜。元郭守敬簡儀。設立運圜。以測三辰出地之度。即地平緯圜也。康熙十二年製此儀。為全圜四分之一。亦名地平緯儀。鑄銅。其制以直角為心。兩邊一縱一横。皆為半徑。各長六尺。闊二寸一分。厚一寸一分。象限弧闊二寸六分。厚一寸一分。正面刻九十度分。外規面刻度數字。其數自上而下。以紀地平高度。自下而上。以紀距天頂度。聯以雲龍。背面正中為立軸。與儀之立半徑平行。長九尺七寸。闊二寸一分。厚一

寸七分。圓其兩端。東西立柱。高九尺四寸。上下橫梁。七尺八寸。飾以雲龍。梁上各穿圓孔。以受立軸。令能東西運轉。直角安橫軸。長三寸一分。軸本加遊表。闊二寸一分。厚二分有奇。長與半徑等。遊表末設立耳。以測地平緯度。如測諸曜在地平上高度。法先從遊表之立耳視其上柱表。恰指所測之曜。測準。將表定住。即從上地平往下數至遊表邊。即所求之曜在地平上高度也。

紀限儀圖

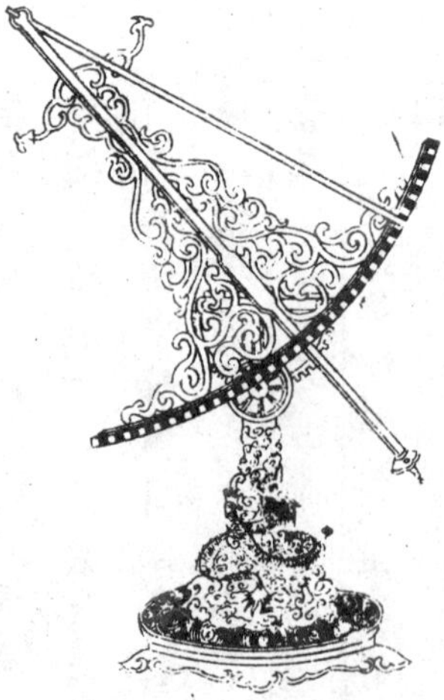

紀限儀。諸曜在天之度。赤道經緯。以南北二極為宗。黃道經緯。以黃極為宗。地平經緯。以天頂為宗。其兩曜斜距之度。古無測器。康熙十二年。製此儀。亦名距度儀。鑄銅。其制。一弧一幹。弧為圓周六分之一。通弦六尺。面闊二寸五分。從中至左右各列三十度。幹為圓之半徑。長六尺。末有柄。以便運旋。幹之上端為圓心。設立柱。加遊表。長與半徑等。遊表末設立耳。為測一曜之用。弧背左右各設窺表。為另測一曜之用。又於幹之兩旁設立柱。相距應弧背之十度

以為借測之用儀面聯以流雲背以樞低昂之承以半圓有齒旁加小輪可使平測其下立柱入於圓座以左右之凡兩曜相距之度皆可測馬座高四尺徑三尺繞以立龍如測諸曜斜距度法先將儀之低昂運旋恰與所測斜倚定準隨一人用安定表對中心柱表將一星測準（如測左星則人在右如測右星則人在左）二人將表定住隨視兩表相距之度即所求兩曜之斜距度也如兩曜在天斜距相近不能容二人測則借十度以測之法先將遊表對中心柱表將左邊之曜測準再將左邊窺表對左邊柱表將右邊之曜測準（如窺表安在右邊則對右邊柱表測左邊之曜用遊表測右邊之曜）將兩表定住隨視兩表相距之度若干減去所借十度餘即所求兩曜之斜距度也

地平經緯儀圖

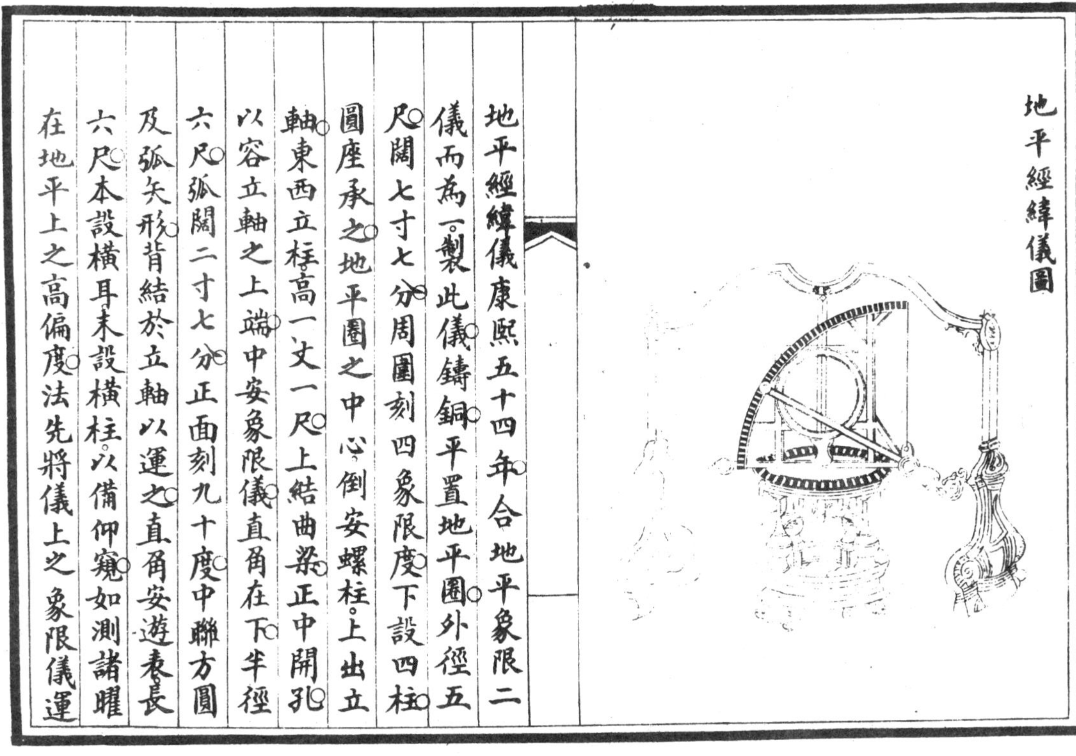

地平經緯儀康熙五十四年合地平象限二儀而為一製此儀鑄銅平置地平圈外徑五尺闊七寸七分周圍刻四象限度下設四柱圓座承之地平圈之中心倒安螺柱上出立軸東西立柱高一丈一尺上結曲梁正中開孔以容立軸之上端中安象限儀直角在下半徑六尺弧闊二寸七分正面刻九十度中聯方圓及弧矢形背結於立軸以運之直角安遊表長六尺本設横耳末設横柱以備仰窺如測諸曜在地平上之高偏度法先將儀上之象限儀運

轉。使遊表與所測之曜參直。將表定住。隨視象限儀下半徑直角所指。即所求之曜在地平上偏度。即經度遊表所指。即所求之曜在地平上高度也。即緯度

璣衡撫辰儀圖

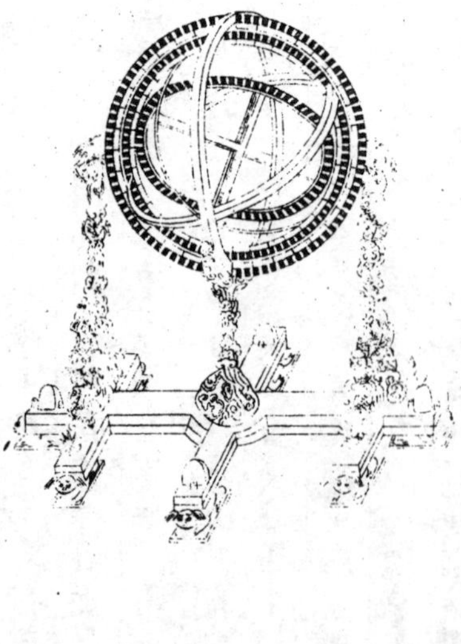

璣衡撫辰儀乾隆九年製。尚書舜典。在璿璣玉衡。以齊七政。孔傳云。璣衡。王者正天文之器。皋陶謨。撫于五辰。孔傳云。撫順五行之時。鑄銅徑六尺。其外即古六合儀。而不用地平圈。正立子午雙環為天經曰子午圈外徑六尺三寸。規面闊三寸二分。中空一寸。側面厚九分。四隅各施銅枕合雙環而固之。其中空之半為子午正綫。兩面刻去極度。以雲座承之。北極出地度。天頂距極度。以京師為準。距兩極九十度結赤道單環為天緯曰天常赤道。外徑六尺一寸二分。規面闊二寸四

分。側面厚一寸四分。兩面刻周日時刻。兩龍柱扶之。次內。即古之三辰儀。而不用黃道圈。兩極綰赤道經度雙環曰赤極經圈。外徑五尺五寸六分。規面闊二寸二分。中空一寸二分。側面厚八分。兩面刻去極度。中腰結遊旋赤道。外徑五尺五寸六分。規面闊二寸二分。側面厚一寸二分。兩面刻周天度以象七政運行。自南極作兩象限弧承之。最內。即古之四遊儀。貫於二極之雙環為四遊圈。外徑五尺。規面闊一寸六分。中空一寸四分。側面厚七分。兩面皆刻周天度。定於遊圈之兩極為直距。闊一寸六分。中空一寸四分。厚七分。中心施窺衡。長四尺七寸二分。方一寸二分。中空一寸。上下有方蓋。遊圈中腰設直表。以指經度及時。窺衡右旁設直表。以指緯度。座施螺柱。以取平。天頂施垂綫。以取正。用綰經度表。以定遊旋赤道之經度於四遊圈。用綰時度表。以互求經度時刻。並以太陽時刻及經度。測月星。至於借表窺測。則有借弧指時度表。立表平行立表平行借弧表平行綫測經度表。諸器。子午雙環南面。鐫乾隆甲子年

御製清漢文。至其用法。測太陽時刻。則先將四遊圈運轉。用窺衡將太陽測準。務使上下十字綫影相合。將儀定住。隨視天常赤道圈上之時刻。即所求之時刻。如所求之時刻恰值午正者。則用借弧表以測之。

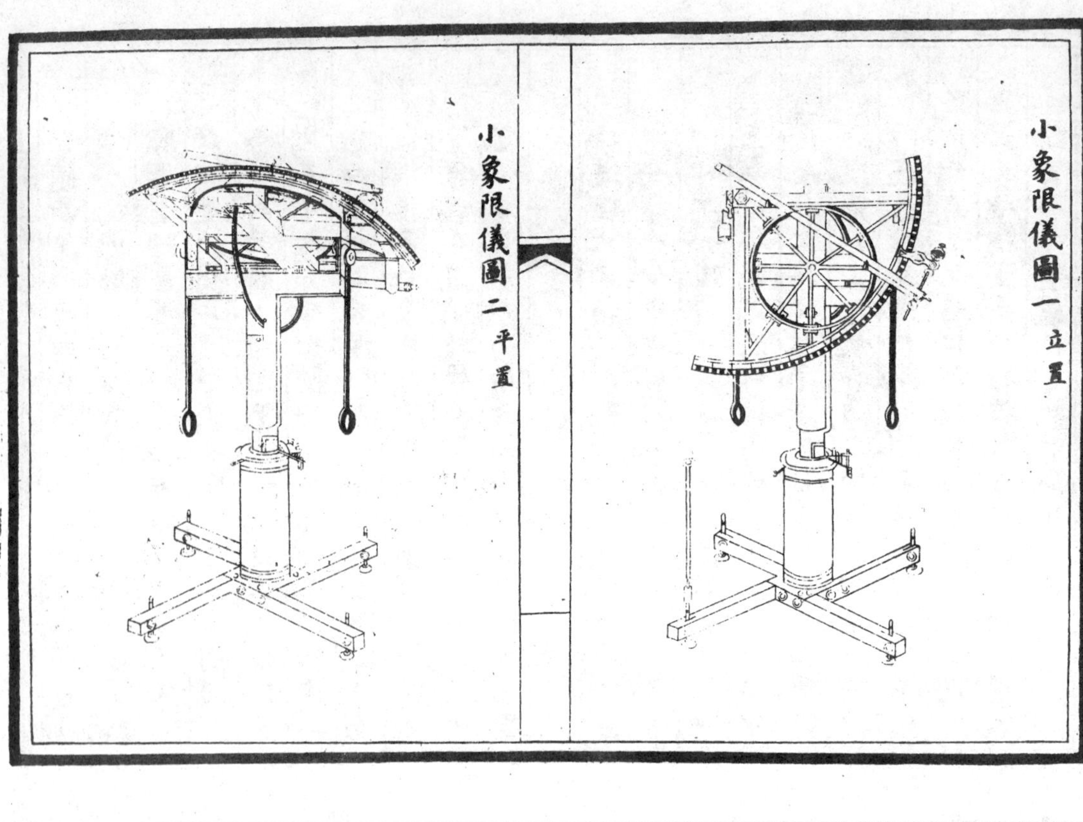

小象限儀圖一 立置

小象限儀圖二 平置

小象限儀乾隆五十年英吉利國進第一圖立置。第二圖平置。為全圖四分之一。其制兩半徑一弧。以銅為之。兩半徑交處即圖心。承以木座。座高二尺三寸。座上平置者為地平盤。通徑九寸三分。寬二寸二分。周刻三百六十度。每度二分之。上立者為象限弧。弧之通徑四尺五寸六分。弧面闊一寸四分。正面內層刻九十度。每度六分之。外層刻九十六分。每分八分之。儀背結於立柱。立柱下半入座中。末為鋼樞。可使東西旋轉。柱中出銅耳。末帶小弧表。以綰地平度分。儀之圖心綴千里鏡窺筩。使可上下低昂。窺筩上端帶有燈罩。夜測注油燃之。以看度分。窺筩下旁出小弧表。以綰高弧度分。座下四足設螺柱。以取平。儀之中心挂墜綫以取直。綰地平度分表綰高弧度分表各有摺表。以螺旋結之。又有螺絛。以為進退。窺筩內設遠鏡。安十字綫。以定中心。此儀立置。可測日月星之高度及地平偏度。法先用指南鍼露管將地平盤安準。用墜綫將象限弧東西推轉。使弧面正對所測。隨將窺筩上下低昂。使窺筩直指所測。人目自窺筒內視所測正當十字綫中心。即將綰高弧度分表並綰地平度分表各用螺旋結住乃視綰高弧度分表第一綫所對內層度分。即得所測之高度也儀面每一綫為十分。如第一綫不正對則查第幾綫正對。即得零分並秒數。每一綫為二十秒查外層分數同此再視綰地平度分表正中一綫所對地平盤度分。偏西為左西加借弧二十度。偏東為右東則減不足二十度者反減借弧。則偏東變為偏西即得所測之地平偏度也。盤面每一綫為三十分。如正中一綫

不正對則視第幾綫正對。先自中綫向左數次自中綫向右數即得零分並秒數。每一綫為一分三十秒設或人目自窺筒中視之。不能恰當十字綫中心。若偏上下。則轉窺筒上螺條以就之。若稍偏東西。則轉地平盤上螺條以就之。平置可測兩處相距之角度。法將儀心下與半徑平行綴窺筒近人目一端稍可低昂。是為定表。儀面上設三角形架。底長如半徑。一端開孔。受軸於儀心。一端內設小弧表以取度分。中高兩邊開缺口。上受窺筒橫軸。窺筒折表處。下結橫軸。入缺口中。使可隨軸低昂。

亦可隨三角形架旋轉。是為遊表。窺筒結露管以取平。如測兩處相距角度。先用窺筒上露管將儀面安平。乃用定表窺筒旋轉低昂。人目自窺筒內測定一處。隨將儀柱結定。次用儀面三角形架上遊表窺筒旋轉低昂測定又一處。乃視遊表下小弧表正中一綫所對儀面內層度分。即得所測兩處相距之角度也。如正中一綫不正對則自中向左。復自右向中。視第幾綫正對。即得零分並秒數。每一綫為二十秒此儀用千里鏡惟測甚遠之處則明。若測近處。反不真切矣。

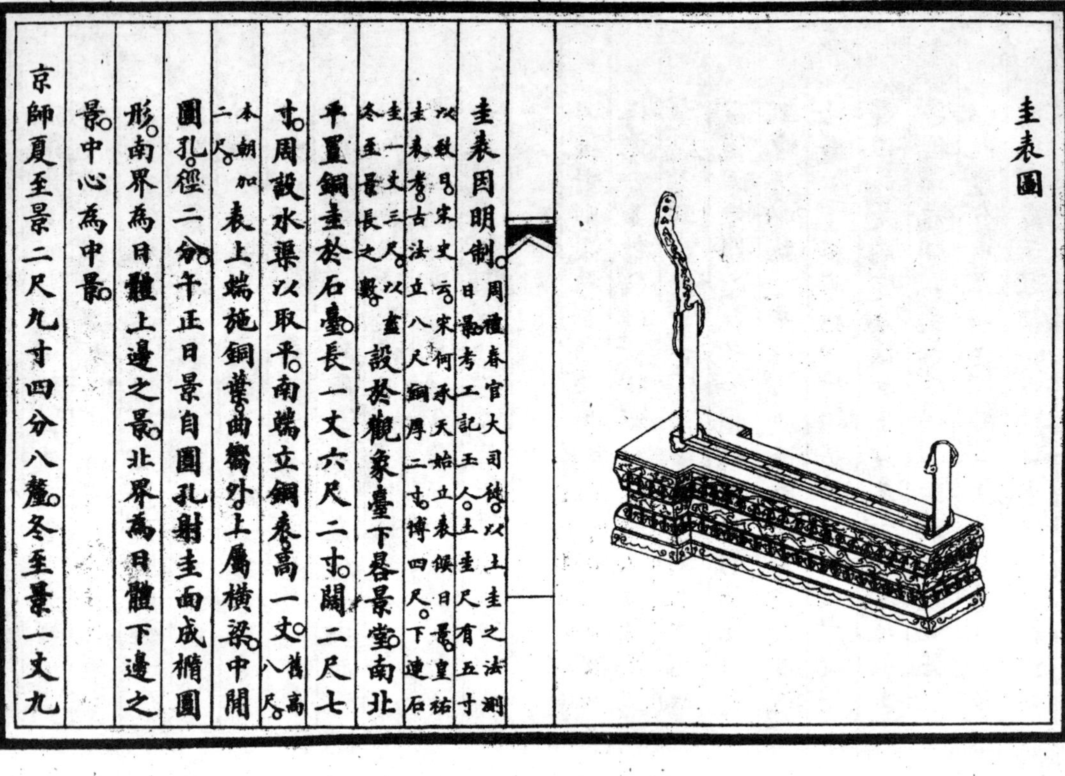

圭表圖

圭表因明制。周禮春官大司徒以土圭之法測日景。考工記玉人。土圭尺有五寸以致日。宋史云。宋何承天始立表候日景。皇祐圭表考古法立八尺銅表。厚二寸。博四尺。下連石圭一丈三尺。以盡冬至景長之數。設於觀象臺下晷景堂南北。平置銅圭於石臺。長一丈六尺二寸。闊二尺七寸。周設水渠以取平。南端立銅表高一丈。舊高八尺。本朝加二尺。表上端施銅葉。曲嚮外上屬橫梁。中開圓孔。徑二分。午正日景自圓孔射圭面成橢圓形。南界為日體上邊之景。北界為日體下邊之景。中心為中景。京師夏至景二尺九寸四分八釐。冬至景一丈九尺九寸四分。以次贏縮。因圭長不及冬至景長之數。又於北端設立圭。高三尺五寸。自表外臺面對上圓孔處起度。至立圭一丈四尺五寸四分八釐。冬至景上立圭二尺七寸四釐。

漏壺圖

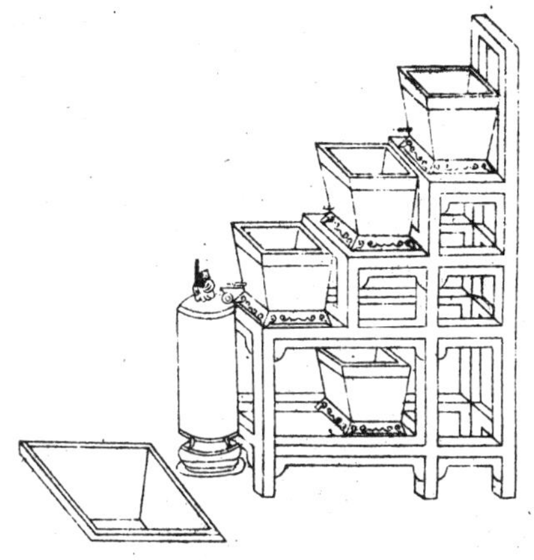

周禮夏官挈壺氏注。主挈壺水以為漏。後漢書志孔壺為漏。浮箭為刻。隋書志黃帝創觀漏水制器取則。以分晝夜。宋史有求壺複壺。廢壺建壺及平水壺之制。今制播水壺三。形方。上曰日天壺。即宋之求壺。面闊一尺九寸。底闊一尺三寸。高一尺七寸。水欲常滿。次曰夜天壺。即宋之複壺。又次曰平水壺。高闊遞減一寸。層累而下。承以朱座。有亭覆之。亭座通高一丈八尺四寸。分水壺一。形方。即宋之廢壺。高闊如平水壺。在平水壺下少後。受水壺一。形圓。曰萬水壺。即宋之建壺。徑一尺四寸。高三尺一寸。在座前地平上。壺皆有蓋。播水三壺前面近下。皆為龍口。玉滴以次漏於受水壺。平水壺後近上穿孔。洩於分水壺。以平其水而均其漏。受水壺上為銅人。抱時刻漏箭。長三尺一寸。上起午正。下盡午初。壺中安箭舟。如銅鼓形。水長舟浮。則箭上出。水盈箭盡。則洩之於池。壺面俱鐫

大清乾隆年製。平水壺面鐫

高宗純皇帝御製銘。粵昔重黎分司地天迎日寘景舉分測辰明時敬授欽若

昊乾予承百王肖歲祈年齋政協紀命彼疇人徵宮戒井斟衡酌權範金規木爰兹漏蓮玉注金筒水火燥寒協其高卑別以方圓九十六刻成一日焉視彼陽晷明晦無愆較自鳴鐘淫巧徒傳攝提有紀孟陬用平于以考時寢興慎旃于以熙績勤民禮賢業業競競俯察仰觀器與道偕是驗是虔作銘垂誡貽百曾元

乾隆歲在乙丑孟夏之月

御銘

欽定大清會典圖卷一百三十九

輿地一

皇輿全圖

皇輿全圖

京師居天下之中。北極高三十九度。五十五分。直隸省為畿輔北極高三十八度五十一分。偏西五十二分。其東三省。曰盛京北極高四十一度五十一分。偏東七度一十五分。曰吉林北極高四十三度四十七分。偏東一十度二十七分。曰黑龍江北極高四十七度二十九分。偏東七度三十五分。畿輔之南三省。曰河南北極高三十四度五十二分。偏西一度五十六分。曰山東北極高三十六度四十五分。偏東四十分。曰山西北極高三十七度五十三分。偏西三度五十七分。山東省之南為兩江三省。曰江蘇北極高三十二度四分。偏東二度一十八分。曰安徽北極高三十度三十七分。偏東三十四分。曰江西北極高二十八度三十七分。偏西三十七分。兩江之南為閩浙三省。曰浙江北極高三十度一十八分。偏東三度四十一分。曰福建北極高二十六度二分。偏東二度五十九分。曰臺灣北極高二十四度十一分。偏東四度四分。河南之南為湖廣二省。曰湖北北極高三十度三十四分。偏西二度一十七分。曰湖南。北極高二十八度一十三分。偏西三度四十二分。湖廣之南為兩廣二省。曰廣東。北極高二十三度一十分。偏西三度三十三分。曰廣西。北極高二十五度一十三分。偏西六度一十四分。山西之西為陝甘三省。曰陝西。北極高三十四度一十六分。偏西七度三十三分。曰甘肅。北極高三十六度八分。偏西一十二度三十六分。曰新疆。北極高四十三度五十六分。偏西二十七度一十分。陝西之南為四川省。北極高三十度四十一分。偏西一十二度一十六分。四川之南為雲貴二省。曰雲南。北極高二十五度六分。偏西一十三度三十七分。曰貴州。北極高二十六度三十分。偏西九度五十二分。直隸西北為察哈爾。北極高四十度五十分。偏西一度三十六分。甘肅之西為青海。北極高三十七度。偏西十六度三十分。四川之西為西藏。北極高三十度三十分。偏西二十四度五十分。新疆之北為科布多。北極高四十八度六分。偏西二十六度二十三分。為唐努烏梁海。北極高五十度四十分。偏

西二十四度二十分。長城之外當

盛京直隸山西陝西北。為內蒙古六盟四十九旗游牧。踰瀚海而北。為外蒙古喀爾喀四部八十六旗游牧。西套為阿拉善額濟納二旗游牧。大海自吉林東北接俄羅斯境。踰朝鮮而南。自鴨綠江口襟

盛京直隸山東江蘇浙江福建廣東。接越南境。大江上源曰岷江。出四川岷山。西源曰金沙江。出青海。東行受嘉陵江諸水。經湖北受漢水。經湖南受洞庭湖水。經江西受鄱陽湖水。經安徽受巢湖水。經江蘇北受洪澤湖水。南受太湖水。入於海。黃河上源為塔里木河。出新疆。曰蔥嶺南河。曰蔥嶺北河。曰和闐河。合渭干河諸水伏流於羅布泊。至青海復出於巴顏喀喇山。東經甘肅受洮河大通河。北經內蒙古。折南經山西。西受汾河。陝西東南受渭河。折西經河南。北受濟河沁河洛河。又經直隸南山東西。貫運河東北行入於海。淮水出河南桐柏山。合汝水渦水澮水。東經安徽。瀦為洪澤湖。東注運河。達於江海。北運河永定河大清河子牙河南運河灤河薊

運河並在直隸入於海。遼河渾河太資河鴨綠江大淩河小淩河並在
盛京入於海。混同江在吉林上源三曰黑龍江曰嫩江曰松花江入於海。山東運河上源曰汶水北達於河南注於江。錢塘江甬江椒江並在浙江入於海。建江一曰閩江在福建入於海。西江出雲南受廣西諸水至廣東與北江東江並入於海。潞江瀾滄江在雲南。雅魯藏布江岡噶江在西藏伊犂河額爾齊斯河在新疆色倫額河扎布噶河在喀爾喀游牧大穆克河阿努河哈屯河在唐努烏梁海。極東三姓所屬庫頁島偏東三十一度二十分。極西新疆疏勒州葱嶺之西偏西四十七度。極北吉林三姓東北外興安嶺北極高六十一度。極南廣東瓊州府崖山北極高十八度十三分。凡東西相距七十八度有奇。南北相距四十二度有奇。

欽定大清會典圖卷一百四十

輿地二

京師順天府圖

直隸省全圖

順天府圖

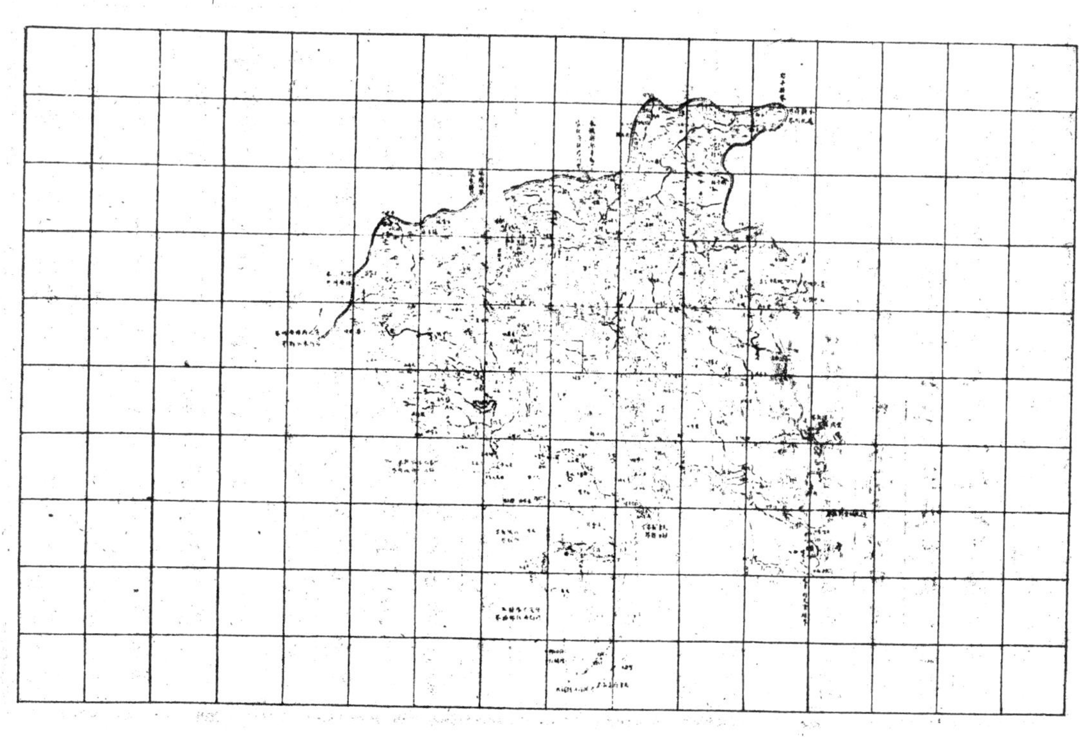

京師順天府府尹治大興宛平統廳四西路廳駐宛平縣西領涿州大興宛平良鄉房山四縣東路廳駐通州領通州薊州三河武清寶坻甯河香河五縣南路廳駐大興縣南領霸州保定文安大城固安永清東安六縣北路廳駐昌平州南領昌平州順義懷柔密雲平谷四縣海在府東南北接遵化州豐潤縣界爲甯河縣東南境南接天津府天津縣界北運河上源曰白河即沽水自承德府灤平縣東南流入界經密雲縣西北騾騎堡南流白馬關河亦自灤平縣來注之又南支津西南出經懷柔縣東合大水谷水雁溪河復合正渠其正渠南經密雲縣西南潮河亦自灤平縣來經密雲縣東北合湯河乾塔河清水河黃門子河屈西南流來會又西南經懷柔縣東南合支津又南流經順義縣東北七度河九度河俱自昌平州來經縣南合小泉河曰懷河東南流注之又南經通州東北爲北運河受溫餘河及通惠河溫餘河即瀹河自宣化府延慶州來經居庸關東南流至昌平州西南合龍眼泉虎眼泉水折東左納天壽山水右納

南沙河又東折南龍泉山水合湯泉抱榆泉絳州河西南流注之又南右納清水河折東經大興縣及通州北會北運河通惠河又名大通河出宛平縣西玉泉山東流瀦爲湖又東經

禁籞爲金水河又爲玉河又東出

都城經大通橋八里橋又經通州城北支津南流合涼水河其正渠東會北運河北運河又南經通州東南受涼水河河出宛平縣南經海子內東流至張家灣南合通惠河支渠又南出爲涼水新河注鳳河其正渠東流注北運河北運河又東南流經香河縣西南支津東南出爲王家務引河經寶坻縣西南甯河縣西入七里海正渠南流經武清縣東河西務南蔡村至筐兒港支津東出爲筐兒港引河亦經寶坻縣西南甯河縣西入七里海正渠又南入天津府天津縣界永定河上源曰桑乾河俗名渾河自宣化府懷柔縣來經豬窩口入界東南流經宛平縣西北青白口東清水河出涿州三坡東北流注之又東折南分流復合又南爲永定河循石景山麓經盧溝橋又南經良鄉縣東又南經涿州東

北宛平縣西南固安縣北又東經永清縣北折南經縣東又東經東安縣南又東南經武清縣東南入天津府天津縣界鳳河出海子內東流經大興縣鳳河營北東安縣北至通州南合涼水新河又經武清縣東北折南流入天津縣界拒馬河自易州淶水縣東南流至鐵鎖崖支津東南流入界經房山縣西南涿州北胡良河出房山縣西甘池村合杖引泉白玉泉東南流注之又東琉璃河出房山縣西北合東西沙河爤兒河挾活河東南流經良鄉縣西南來注之又折南牤牛河即廣陽河出宛平縣西經良鄉縣東合茨河西南流注之又南經固安縣西入保定府新城縣界大清河一名玉帶河自保定府雄縣匯西淀諸水東流入界經保定縣北趙王河亦自雄縣來東北流注之又東北經縣北盧各莊支津東北出為中亭河合其縣來之引河與正渠並東北流經霸州南文安縣北大城縣東北正渠入天津府靜海縣界支津經霸州東亦入靜海縣界子牙河自河間府河間縣東流入界經大城縣南東北流經縣東北亦入靜海

縣界黑龍港河自青縣分流入界經大城縣東合北流復入青縣界海河在府東南與天津府接界薊運河上源為浭水俗名梨河自遵化州西流入界經薊州東淋河自北來注之又西經薊州南合諸泉水折南為薊運河又南經寶坻縣北泃河出黃崖關外南流經薊州北折西經平谷縣南合獨樂河逆流河石河水西流折南經三河縣東又折東南來會又東左納紫金洪折南流其東岸與遵化州玉田縣分界左納小泉河又南右受鮑邱河河自三河縣西北田各莊東南流經寶坻縣北又經縣東南窩頭河一名溜溜河俗名箭桿河自順義縣東南流經通州東三河縣西南香河縣北名尹家河又東南注之又東南至八門城抽鍼河一作繡鍼河自寶坻縣東南流注之又東南注於薊運河薊運河又東南還鄉河自玉田縣西流來注之又曲折東南流經甯河縣東又南受七里海各引河又東南由北塘海口入於海七里海後海皆在甯河縣西南受王家務筐兒港及天津府界內各引河又南為曲里海俱注薊運河西山在宛

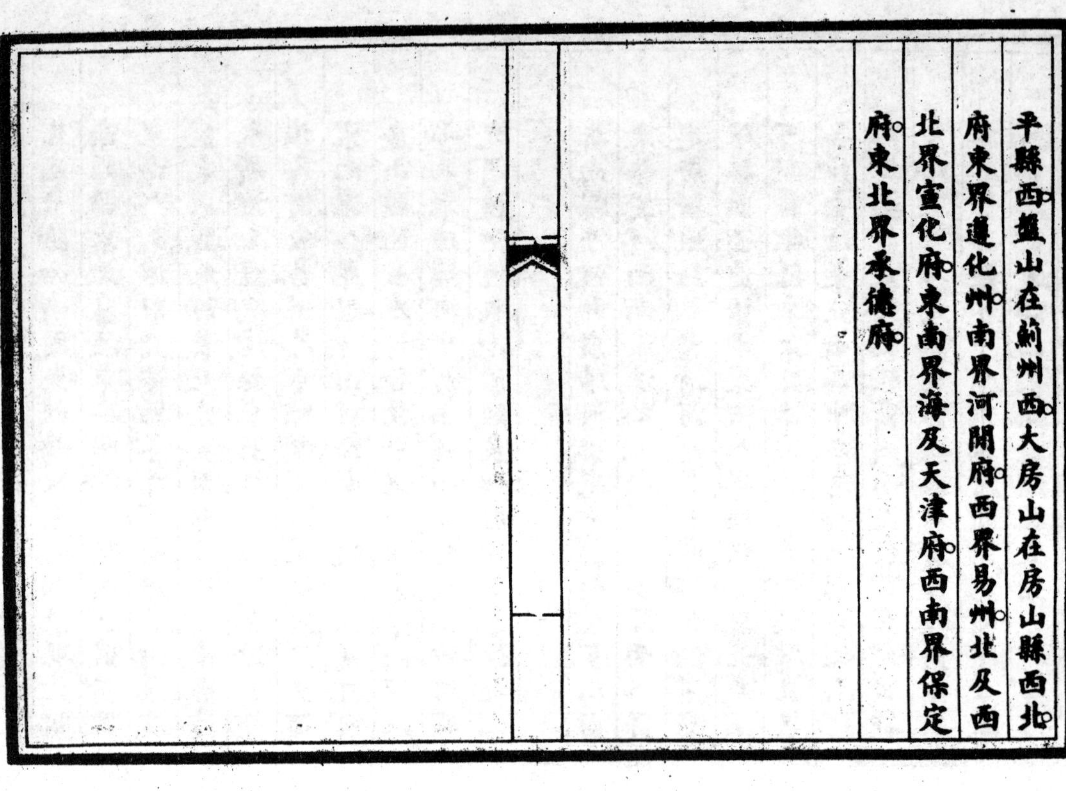

平縣西。盤山在薊州西。大房山在房山縣西北。府東界遵化州。南界河間府。西界易州。北及西北界宣化府。東南界海及天津府。西南界保定府。東北界承德府。

直隸省全圖一

中

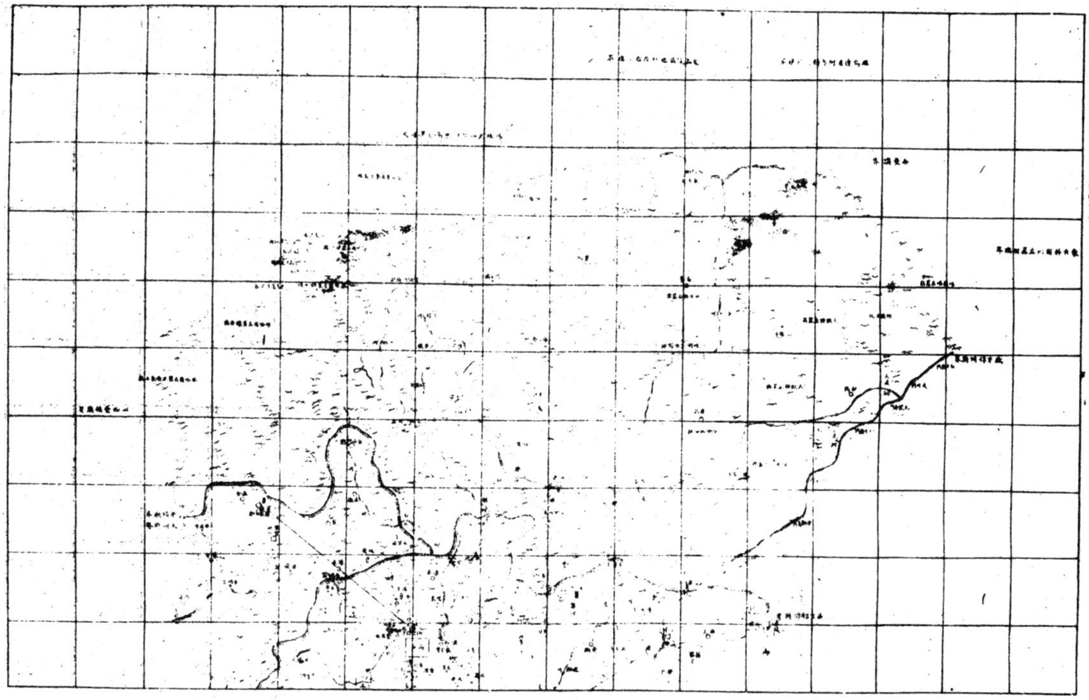

直隸省全圖二

南

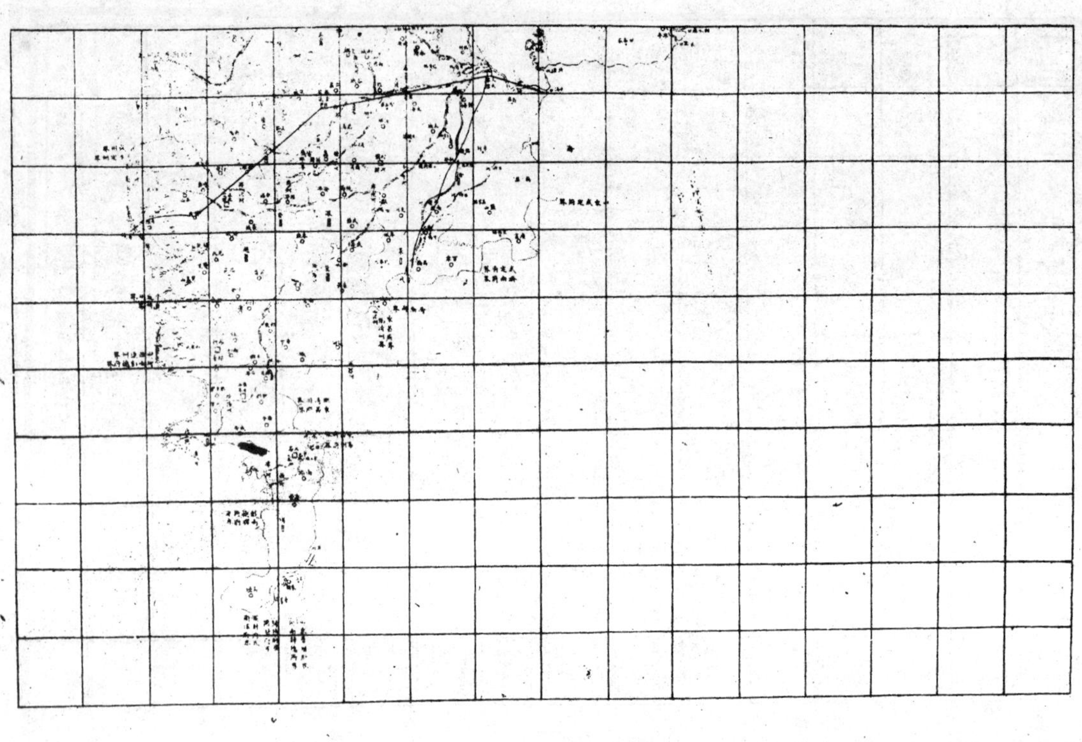

直隸省保定府為省治在
京師西南直隸總督布政司共治焉統府十順天府屬廳四口北道屬廳三州六保定府之東天津府南深州冀州大名府北易州東北遵化州永平府承德府東南河間府西南正定府趙州順德府廣平府西北宣化府海在省東南境東北接
盛京錦州府界東南接山東武定府界灤河上源曰上都河出獨石口廳東北山北流經多倫諾爾廳北折東南流經承德府南入邊又經永平府治西合青龍河東南分流入於海薊運河上源曰梨河出遵化州東境西南流經州南折南經順天府東合泃河還鄉河東南流入於海海河在天津府治東南上承北運河永定河大清河子牙河南運河水曲折東南流入於海北運河上源曰白河出塞外由獨石口廳南流經宣化府東承德府西順天府東北潮河出承德府南流經古北口來會又南渝河出宣化府東南流來會又東南注海河永定河上源曰桑乾河自山西大同府東流入境經宣化府南順天府

西。又東南會大清河注海河。大清河上源三。北曰拒馬河出易州東北流經州北折東南經順天府西又經保定府東北為白溝河中曰唐河即滱河自山西大同府東北流入境經易州西保定府西北定州北。折東北經保定府東南合府河匯於西淀。南曰沙河。自山西代州東南流入境。經正定府北定州南。又經保定府南。滋河亦自代州東南流來會又東北流為豬龍河。亦匯於西淀三源合東流為大清河。經順天府南天津府北會於永定河。子牙河上源曰滹沱河。

自山西平定州東南流入境。經正定府南定州南深州北河間府西南。滏陽河出廣平府西南東北流經府東順德府東趙州東南冀州北深州東南來會又東北流為子牙河。又經府東天津府北注海河。南運河上源曰衛河。自河南彰德府東北流入境經大名府南。漳河亦自彰德府東流來會。又東流經府東錯入山東臨清州界。復經河間府東南北流經天津府西。折東經府北注海河。黃河自河南開封府東北流入境經大名府南。又東北入山東曹州府界。潢河即

遼河。出圍場西北克什克騰旗界東流經承德府北合老哈河。又東入
盛京錦州府界。大淩河小淩河並出承德府東。東流入錦州府界東至海。西至山西界。北及西北至內蒙古昭烏達盟錫林郭勒盟界南至河南界東北至
盛京界。東南至山東界。西南至河南界。

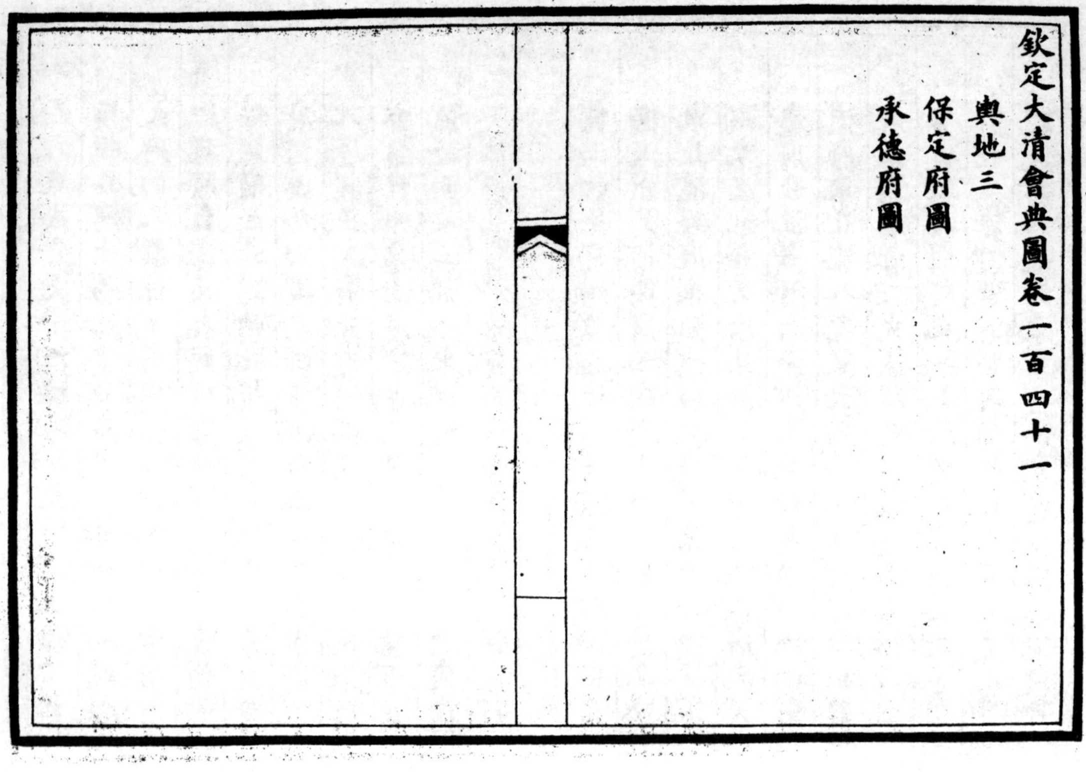
欽定大清會典圖卷一百四十一
輿地三
保定府圖
承德府圖

保定府圖

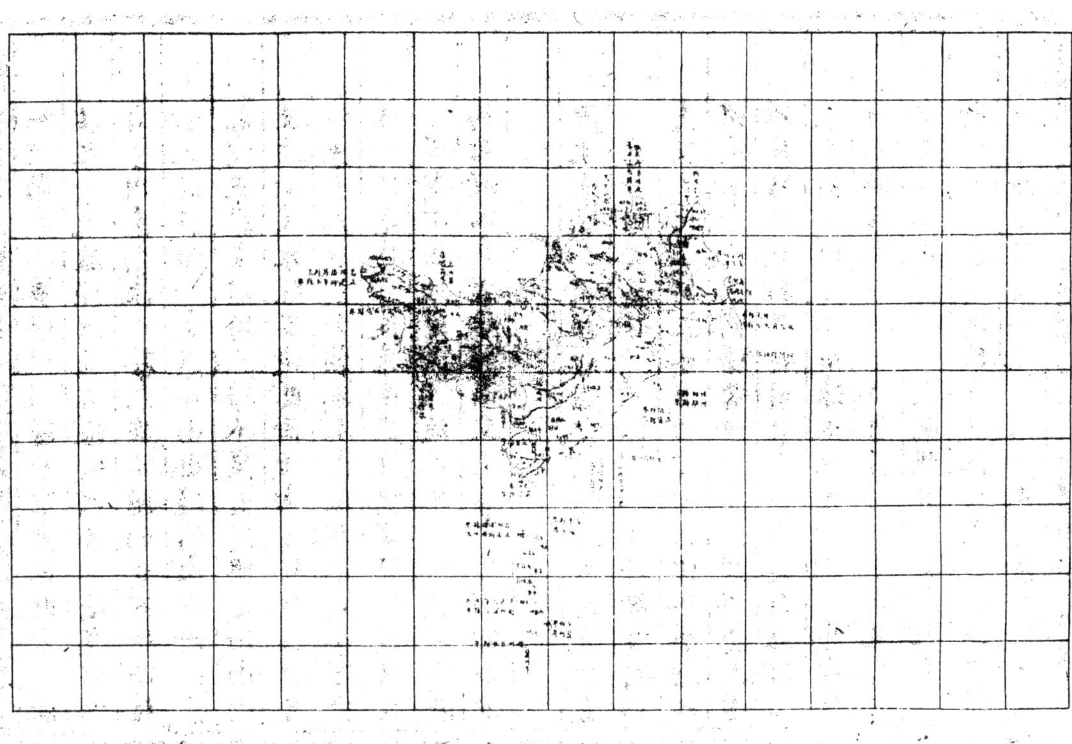

保定府為直隸省治。至
京師三百三十里。領州二縣十四。治清苑。東安州。南蠡縣。東南高陽。西南完縣唐縣望都祁州博野東鹿。西北滿城。東北安肅容城定興新城雄縣。西淀在府東。匯境內諸水東出為大清河。即會同河。入順天府保定縣界。唐河即滱河。自易州廣昌縣入界。經唐縣西北倒馬關曲折東南流。右納鴻上水。左納倒流河水。又南恆河自易州曲陽縣來東流注之。又經伏城村馬湮河亦自曲陽縣來注之。又南支渠東出為廣利渠經縣南及完縣南會祁河。其正渠南流錯入定州界分二支。南支由祁州南入豬龍河。北支東流復經望都縣南府治南蠡縣北高陽縣西。至安州西南陽城河出望都縣西北九龍泉經縣南府治南東流注之。又東北經安州西會府河。河即清苑河。出滿城縣南一畝泉東南流環府治北通徐河。又東流祁河出完縣西伊祁山。合放水河廣利渠蒲河。經滿城縣南歧為二。為金綫河為白草溝。並東北流注之。又東會唐河。唐河又東北流經安州西北。曹河上游曰徐河自易

州東南流入界。經滿城縣北安肅縣南東南流注之。折東流經州北為依城河。又東受雹河河自易州東南流入界經安肅縣西北右納曲村水。又經縣治西。支津東南出經治南安州北注雜淀。正渠東經縣北。雞爪泉出定興縣西南南流注之。又東經容城縣西。折南經安州西北。支津東出為新河合萍水及大激淀水。東南流匯西淀。正渠穿雜淀東南流注依城河。依城河又東環新安鎮北通大激淀。又東會豬龍河水瀦為西淀。又東經雄縣南東流為大清河。會白溝河東北流入順天府保定縣界。其由西淀分支而東北出者為趙王河亦入保定縣界。滹河南支及沙河滋河三水並由定州東流入界。經祁州南三岔口匯為豬龍河。東北流經博野縣蠡縣高陽縣東南。至安州東匯於西淀。白溝河上源為拒馬河。自易州淶水縣東南流入界經定興縣西。易水白澗河並自易州東南流來會。又東南左納馬村河。又東南經容城縣北。又東經新城縣南白溝河鎮。其支津自順天府固安縣來。經新城縣東十九堡南出為盧僧引河。又西南合斗門河來會。是為白溝河。東南流經容城縣東雄縣西至王克橋東出為王克橋引河合盧僧引河東南流亦入保定縣界。正渠折東經縣南。又東會大清河。府東及東北界順天府南界深州。西界定州。北界易州。東南界河間府西南界正定府趙州冀州。西北亦界正定府。

承德府圖一

中

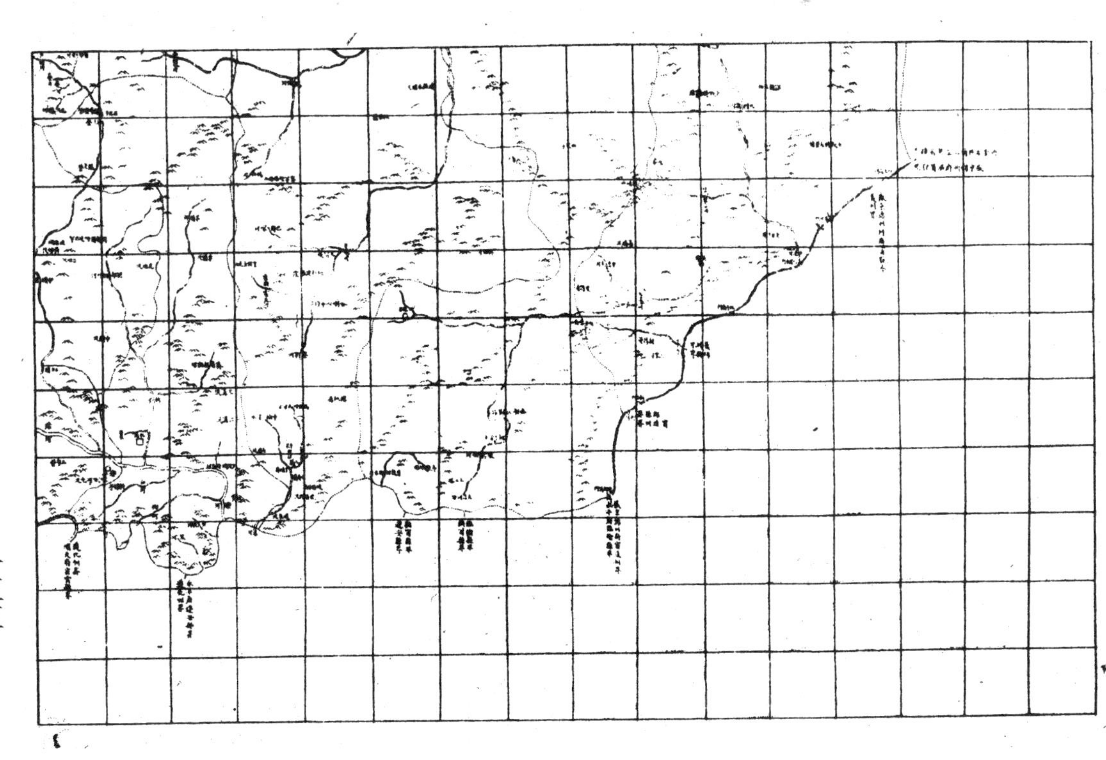

承德府圖二

中右一

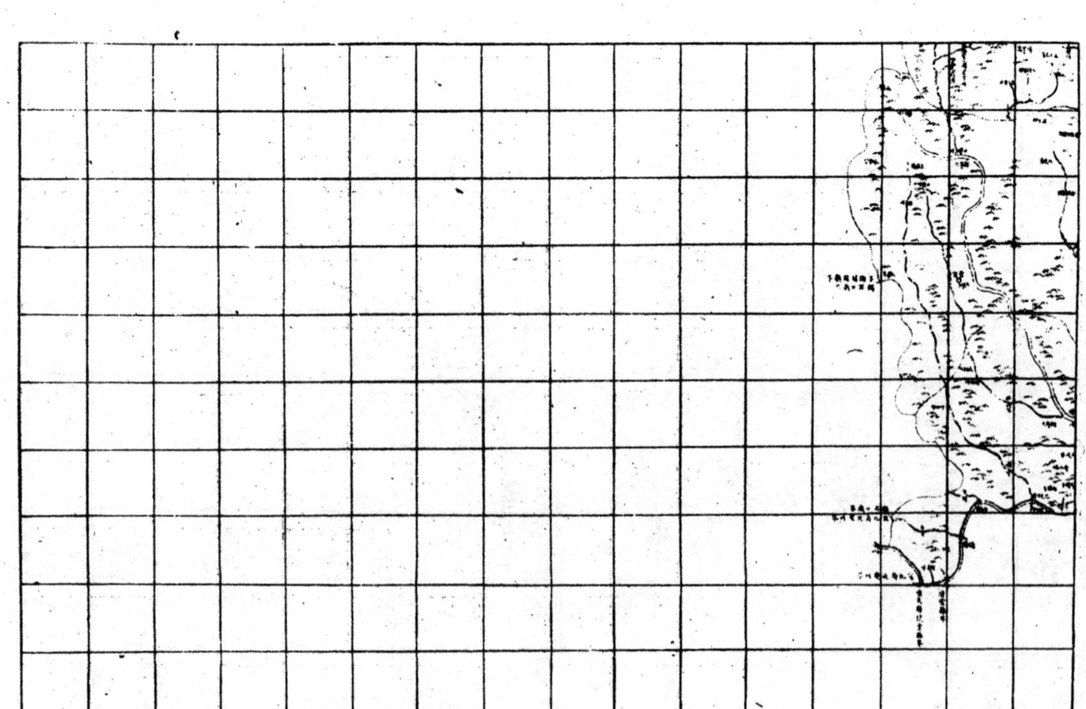

承德府圖三

北一
中

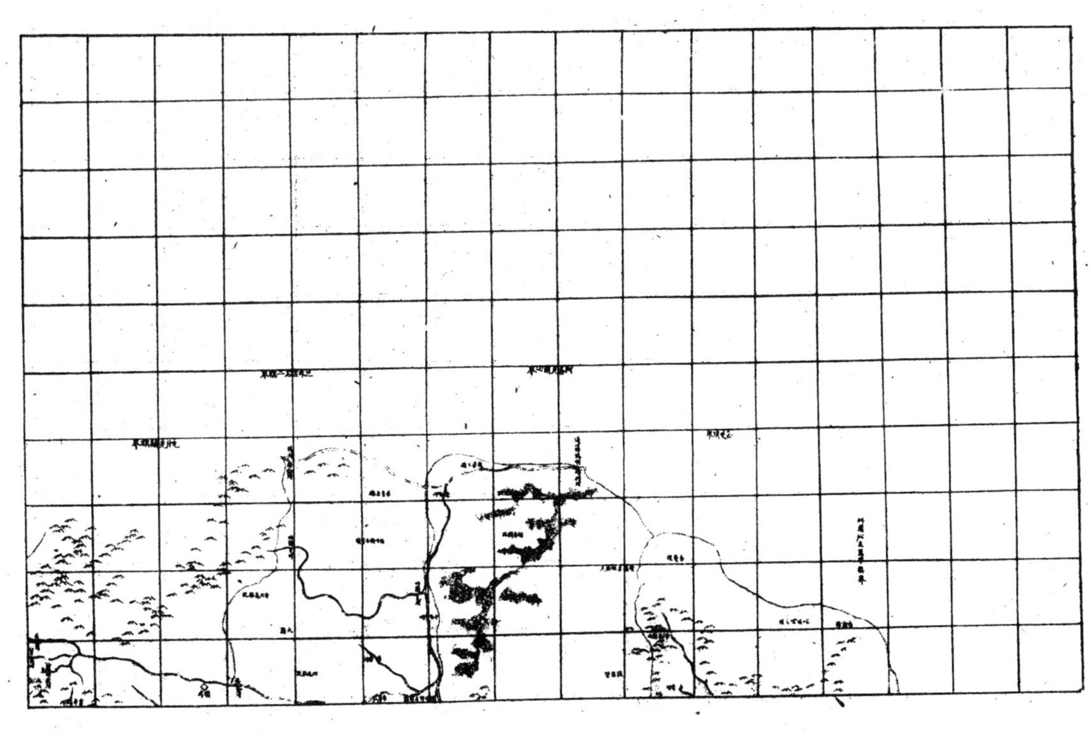

承德府圖四

北一　右一

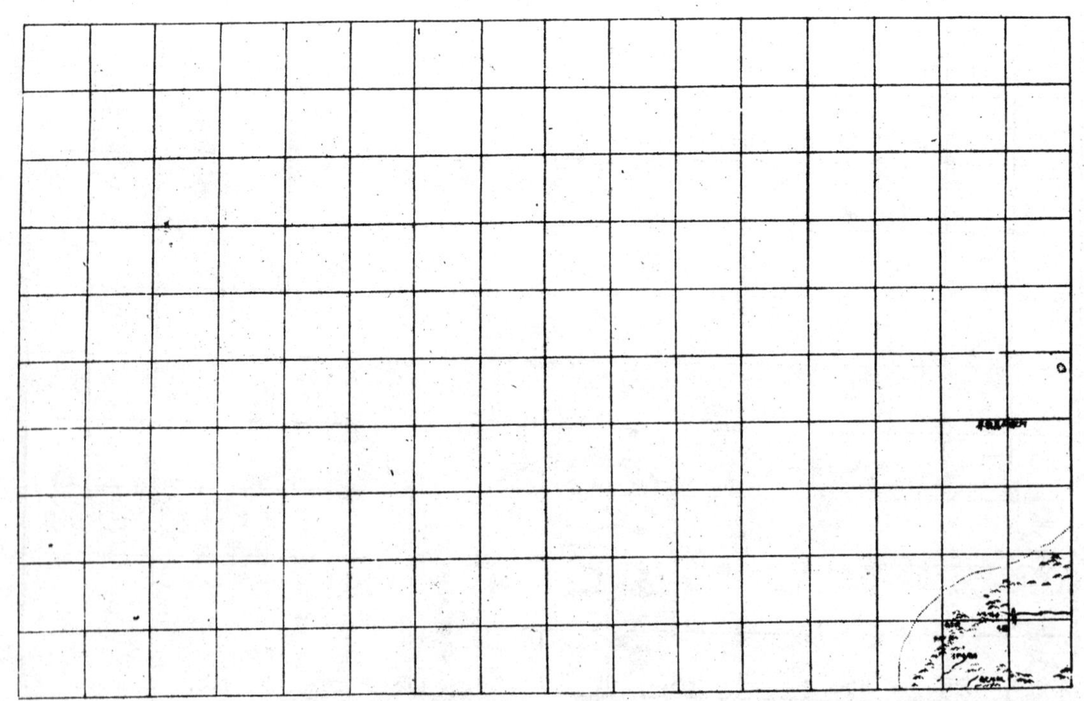

承德府在省治東北七百八十里。至京師四百二十里。領廳一州一縣五。東南平泉州西南灤平東北赤峰建昌朝陽西北圍場廳豐甯潢河一名遼河即錫喇穆倫自克什克騰旗東流入界。經赤峰縣北建昌縣東北受老哈河。河一名土河上源曰察罕河。出平泉州北東北流。霍爾霍克河出州北霍爾霍克山巴爾喀河亦出州北。俱東流注之。又經建昌縣東北英金河出圍場東北合努古岱河巴顏穆敦河東南流。西爾哈河出圍場東南合錫伯河東北流二水經赤峰縣西合東流左納卓索河來注之。又北伯爾克河俗名羊腸子河出圍場東流注之。又北入潢河。潢河又東入奈曼旗界。灤河即上都河古濡水。自多倫諾爾廳東南流入界。經豐甯縣西北。又東經縣北庫爾奇勒河即小灤河出圍場西北合鄂倫哲依圖察罕河搭本陀羅海河南流注之。始名灤河。又經縣東。至灤平縣西北興州河出豐甯縣西北沙爾呼山東南流注之。又東南經縣北伊遜河出圍場西南合書庫里河大小覺河孫几圖河西南流。伊瑪圖川亦出圍場西南永安湃合七老圖河孟奎溝卜克溝東南流。二水經豐甯縣東合南流來注之。又經府治南受熱河。河即武列水。其源三。一曰固都爾呼河出豐甯縣東北。一曰茅溝河亦曰默沁河出治東北。一曰賽音郭勒河出霍爾霍克山西南之三道溝。合南流經治東南。溫泉出治西南東流注之。又南注灤河。灤河又東右納白河。又經下板城西折南流。左納老牛河。又南柳河出邊內東北流注之。又南入永平府遷安縣界。烏勒呼馬梁水出平泉州東北。車輪窖水出州西北。經州南合南流為瀑河。漆河即青龍河出建昌縣西南。黃花川黑河俱出府治東南。四水並南流入永平府遷安縣界注灤河。白河黑河並自獨石口廳東南流入界。經灤平縣西南入順天府密雲縣界。潮河出豐甯縣西北。東南流經縣西及灤平縣西。又西南亦入密雲縣界。大淩河即傲穆倫。三源俱出建昌縣。南源出土心塔。中源出縣西南。北源出縣西北。合北流。折東經朝陽縣西南卑魯克河東南流注之。又經縣南又東經老貝子府受圖爾根河。河即北土河。出縣北。南流經鄂爾土阪司西卓索河出縣北輝果爾山東南流注之。又南什巴爾台河出縣北多倫和爾碩山亦東南流注之。又東南注大淩河。大淩河折東南經九關台門入盛京錦州府義州界。小淩河即明安穆倫出朝陽縣西明安喀喇山。三泉合東南流入錦州府錦縣界。湯河大水谷河雁溪河俱出灤平縣南入順天府密雲縣界。圍場在府西北。内興安嶺在圍場北。府東界盛京奉天府錦州府。南界遵化州。西界獨石口廳。北界圍場東北界内蒙古巴林旗阿魯科爾沁旗科爾沁左翼旗東南界永平府西北界多倫諾爾廳西南界順天府宣化府。

欽定大清會典圖卷一百四十二

輿地四

永平府圖

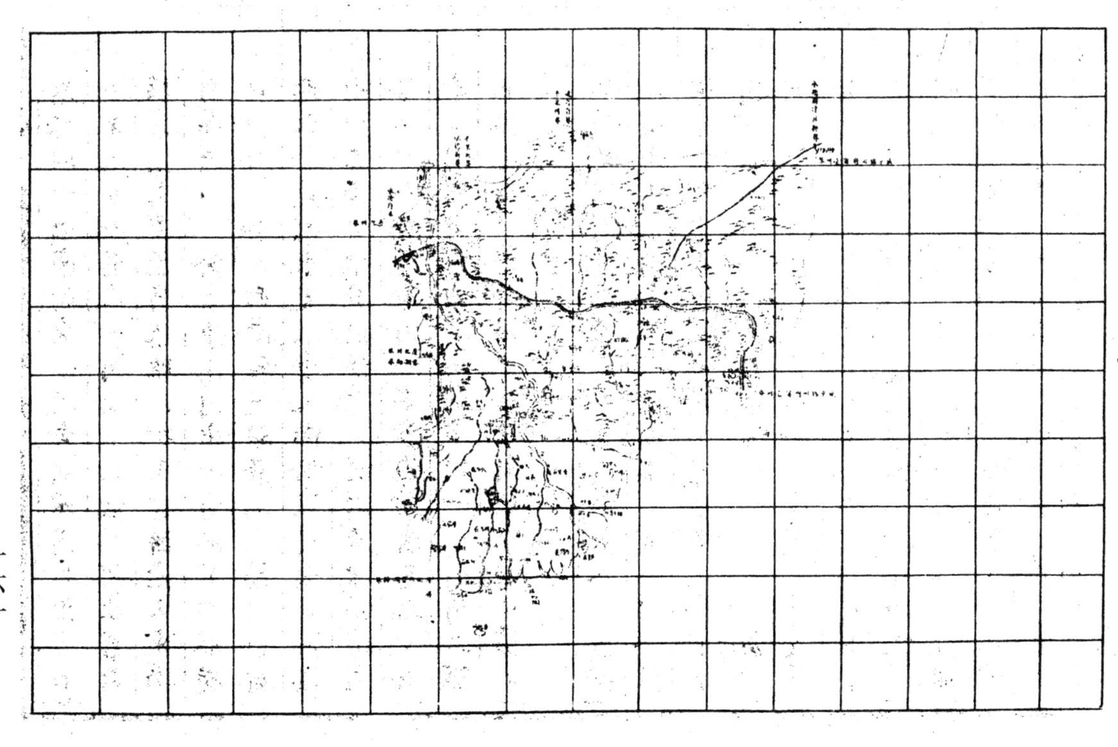

永平府在省治東北八百三十里。至京師五百五十里。領州一縣六。治盧龍。東撫甯臨榆。南樂亭。東南昌黎。西南灤州。西北遷安。海在府南。東接奉天錦州府甯遠州界。爲臨榆縣南境。有秦王島及老龍頭諸島。又西爲撫甯縣東南境。又南爲昌黎縣東南境。又西爲樂亭縣南境。有石臼陀月陀諸島。又西爲灤州西南境。有曹妃殿諸島。又西接遵化州豐潤縣界。灤河自承德府東南流入界。經遷安縣西北。黃花川自承德府東來注之。清河瀑河並自承德府西南來注之。又南入邊。黑河自承德府來。撒河自遵化州來合東南流注之。又南折東。長河出遷安縣北邊外西南流注之。經縣西。又東南至府治西南。受青龍河。河一曰漆河。自承德府建昌縣南流入界。經遷安縣東北。會河合東北諸山水西流注之。又南經桃林口入邊。又西南經縣東南。白羊河出縣北白羊峪。沙河出縣北都山。合東南流注之。又南經府治西。注灤河。灤河又南過偏涼汀。經灤州治東。又東南經樂亭縣西北。有南出故道。自清河口入於海。灤河又東南經

昌黎縣南。樂亭縣東。分流自甜水溝口浪窩口老米溝口入於海。沙河上流曰飲馬河。出盧龍縣東南。南流經昌黎縣西。折東經縣南。又東南自蒲河口入於海。東陽河出撫甯縣北。由界嶺口南流入邊。又西南經榼頭營南。西陽河出縣西北。合燕河東流來會。又南。松流河飲馬河俱出縣西南。合東北流注之。又經縣南東南流。自陽河口入於海。渝河一名沙河。出撫甯縣東北。南流自戴家河口入於海。石河一名榆河。二源出臨榆縣北邊外。湯河亦出縣西北。並南流入於海。九門河出臨榆縣東北。東南流入甯遠州界。清河出灤州西五子山。南南流。大沂河小沂河合諸泡水來會。又南經公案橋東。又南自大清河口入於海。沂河故道自倴城南流入於海。潮河出灤州西南。南流入於海。沙河出遷安縣西南。南流經灤州西。又西南入遵化州豐潤縣界。陡河一曰館水。出遷安縣館山西南流經灤州西。右納唐家河及豐潤縣來之板橋河。經開平鎮西。又南左納石溜河。經稻地鎮。又南入豐潤縣界。還鄉河出遷安縣西北黃山麓泉莊西

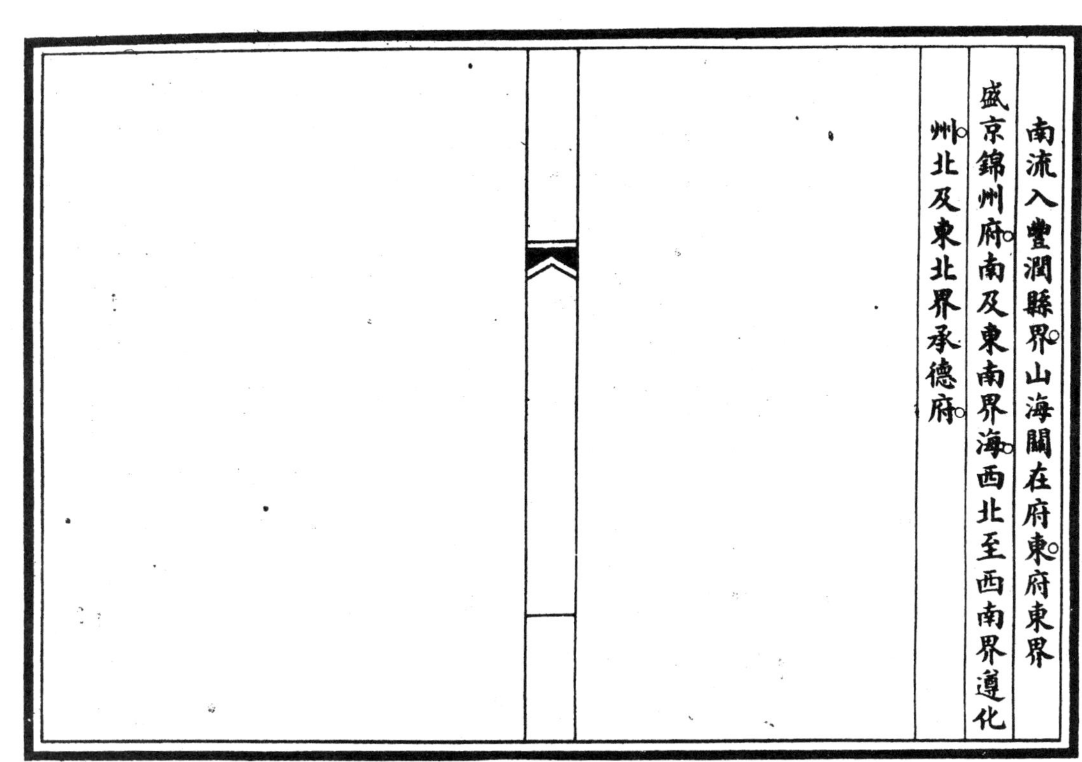

南流入豐潤縣界。山海關在府東。府東界
盛京錦州府。南及東南界海。西北至西南界遵化
州。北及東北界承德府。

河間府圖

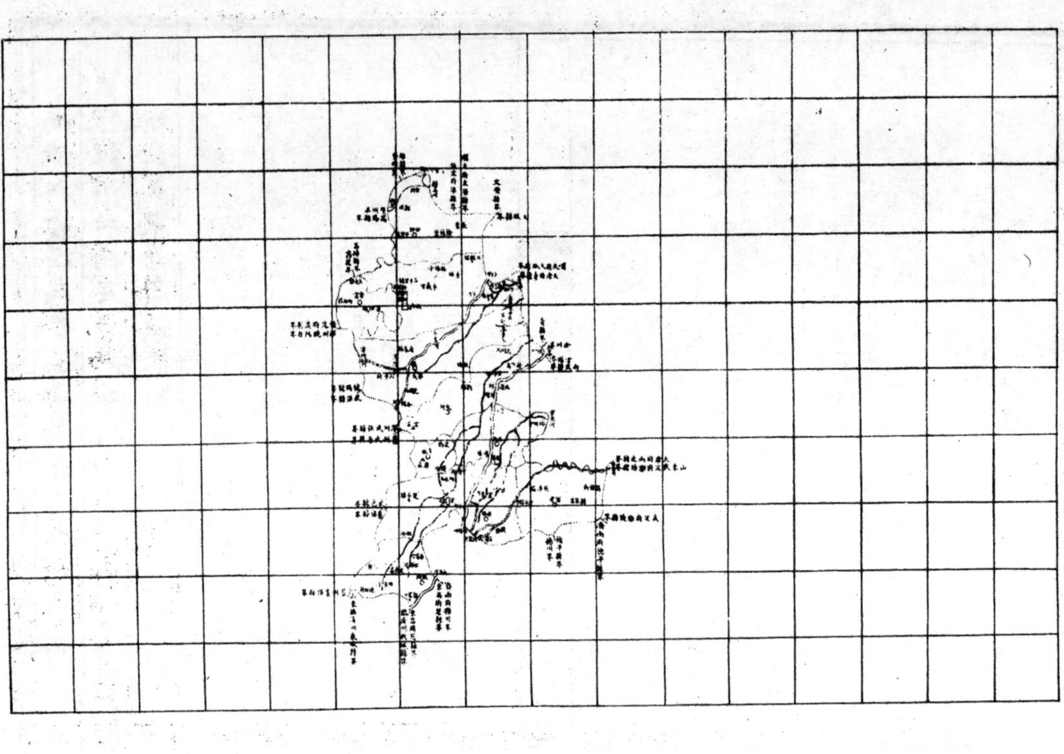

河間府在省治東一百四十里。至京師四百一十里。領州一縣十。治河間。南獻縣故城。西肅甯。北任邱。東南交河阜城東光景州吳橋甯津。西淀在府北境。匯保定府境諸水東流爲大清河。仍入保定府雄縣界。滹沱河自深州饒陽縣東流入界。經獻縣西滏陽河自深州武強縣東北流來會。爲子牙河。又東經縣北。又東北經府治東。又東北入順天府大城縣界。黑龍港在獻縣東。東北流經府治東。又東北入天津府青縣界。其中支東支在獻縣東並東入青縣

界。南運河自山東臨清州武城縣東北流。經故城縣南緣界東北流。錯入山東濟南府德州界。復經景州東吳橋縣西北過連鎮。又經東光縣西過霞口。又經交河縣東。其南爲天津府南皮縣界。又東北入天津府滄州界。宣惠河自德州東北流入界。經吳橋縣西東光縣東。沙河亦自吳橋縣東北流注之。又東流入南皮縣界。古黃河即四女寺減河鉤盤河。即哨馬營減河並分南運河水。自德州東北流入界。經吳橋縣東南合東北流。經甯津縣西北入天津府南皮縣界。

古沙河曲流河並出故城縣西境。北流經景州治北合流。復分。並稱漫河。經阜城縣東東光縣西。再合北流行古漳河道。經交河縣東。又東北入青縣界。府東界天津府。南界山東臨青州。西至北界保定府。東北界順天府。東南界山東武定府濟南府東昌府。西南界深州冀州。

天津府圖

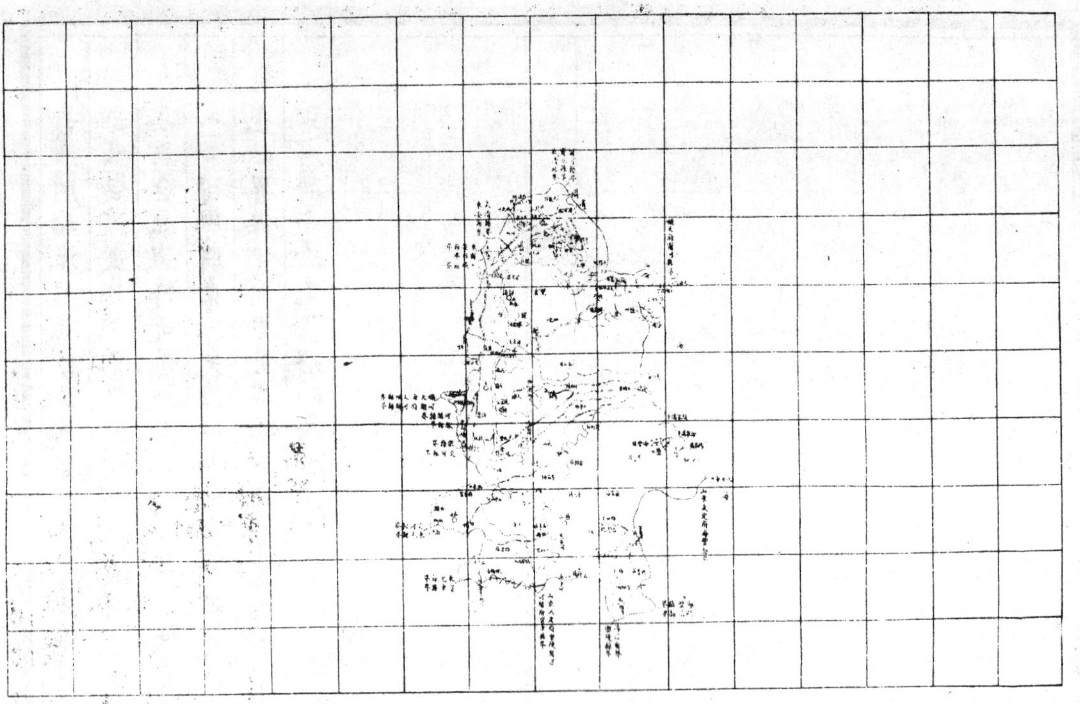

天津府在省治東四百六十里至京師二百五十里領州一縣六治天津南鹽山東南慶雲西南靜海青縣滄州南皮海在府治東南北接順天府甯河縣界為天津縣東南境又南為滄州東北境又東南為鹽山縣東北境又東南接山東武定府海豐縣界海河即直沽在治城外其上曰三會海口俗曰三岔口總匯北運永定大清子牙南運五河曲折東南流合西出各引河及靳官屯引河自大沽口入於海北運河自順天府武清縣入界南流經治北注海河永定河亦自武清縣入界東南流經治西北鳳河亦自其縣來會又東南玉帶河辛張河自順天府大城縣霸州入界合東流仍名大清河經靜海縣西東北流來會又東經治北注海河子牙河亦自大城縣東北流入界經靜海縣西復錯入其縣界又北經獨流鎮受黑龍港河河三支並自河間府河間縣獻縣來經青縣西古漳河水亦自河間府交河縣來注之又東北錯入大城縣界合流復經縣西及靜海縣西北注子牙河子牙河又東北經治北注海河南運河

自河間府東光縣北流入界。經南皮縣西滄州西南支津東出為捷地減河。又北經縣西青縣東南復東出支津為興濟減河。並東流自歧口入於海。南運河又經靜海縣南復東出支津為靳官屯減河。東北流經天津縣東南注海河。南運河經縣西又東北經府治北注海河。楊家河在滄州東北東流過毋豬港會石碑河。河即王莽河一名馬頰河。自南皮縣承宣惠河分流東北匯縣西諸窪水。又東北經滄州東北入於海。宣惠河自河間府東光縣東流入界。經南皮縣東南支津北出為石碑河。其正渠東經滄州東南鹽山縣南。又東左納明白窪水。右納無棣溝水。又東入山東武定府海豐縣界會古黃河。古黃河一名禹津河即四女寺減河。自河間府甯津縣東北流入界。經南皮縣東南鹽山縣南錯入武定府樂陵縣界。復經慶雲縣南東北流經鹽山縣東。亦入海豐縣界。入大河口馬頰河自樂陵縣東流入界。經慶雲縣南亦入海豐縣界。溻河淀在治東北。北受笸兒港引河西承直沽各引河東出引河入順天府甯河縣界。府東至

西北俱界順天府。南及東南界山東武定府及海。西南界河間府。

正定府圖

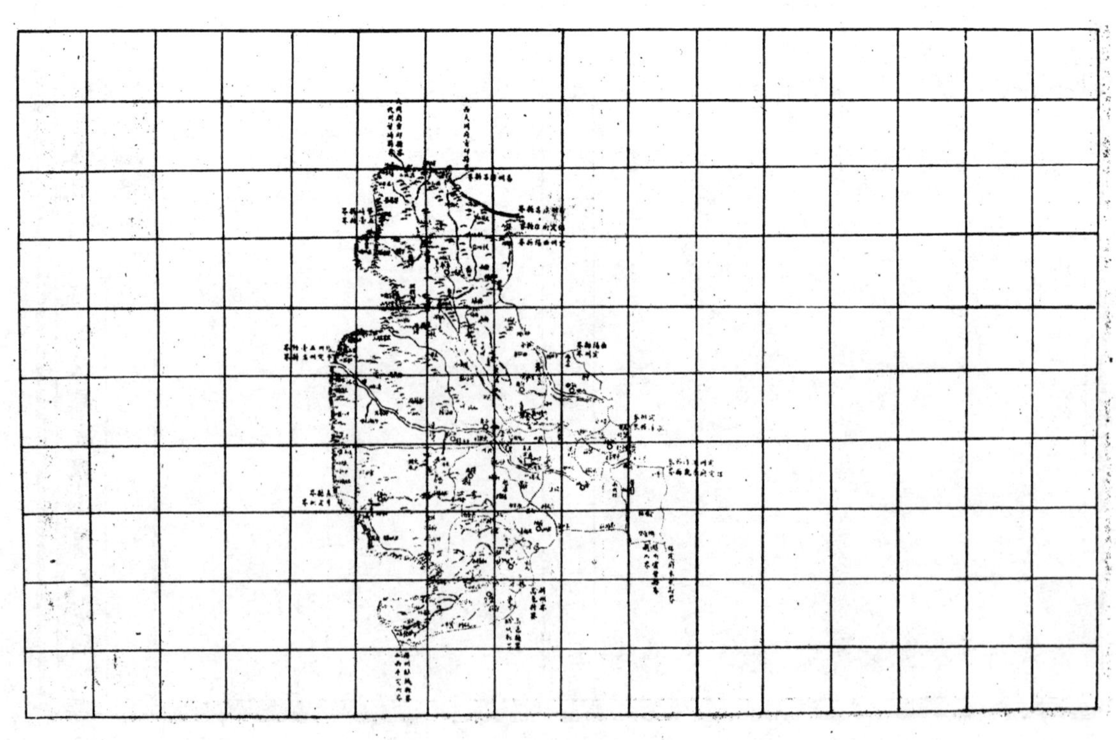

正定府在省治西南二百九十里。至京師六百一十里領州一縣十三。治正定。南樂城。北行唐東南藁城晉州西南獲鹿元氏贊皇井陘。東北無極新樂。西北平山靈壽阜平。滹沱河自山西平定州盂縣東流入界經平山縣西北卧石口東南流右納沕沕水又東經縣北受冶河。河上流為西韓河一曰緜蔓水。自山西平定州東流入界經井陘縣西南娘子關東流。甘淘河一曰沾水。亦自平定州經楊莊口北流來會。又東右納金珠泉水。折北經平山縣西北注滹沱河。滹沱河又東經靈壽縣西南松陽河二源出縣西北合南流注之。又東衛河出縣東北南流注之。又東南經府治南。又經藁城縣西北只照河出府治西北曰小鳴泉大鳴泉韓泉周泉合東南流注之。又經縣北。折東北流經無極縣南晉州北入定州深澤縣界沙河即泒水自山西代州繁峙縣東南流經阜平縣西北大砦口入界。又東南靈邱河自山西大同府靈邱縣西南來注之。又南北流河自龍泉關東流注之。又東經大泒山折南流經縣南。又東至方太口鵝子河亦自靈邱縣南流來注之。又東至王柳口板峪河出縣東北大茂山南流注之。又東胭脂河出縣西南青竿嶺合當城河東北流注之。又東錯入定州曲陽縣界合平陽河。復經行唐縣東北右納曲河。又南流折東經新樂縣南。又東郜河出行唐縣西北兩嶺口合甘泉河沙溝龍門溝貫木溝龍泉諸水東南流注之。又東入定州界。滋河即慈河。自代州五臺縣東南流經靈壽縣西北白草山口入界又經縣西北左納汊河。右納慈峪河。又東南經行唐縣西南至新樂縣西南行木刀溝舊瀆左納惠民渠水。東南流經無極縣西北大户村分二支。北支經縣北南支經縣南並東入深澤縣界。洨河出獲鹿縣南五峰山。金河亦出縣南金珠山。合東南流經欒城縣西北沙河金水河並出元氏縣西北東流注之。又東南入趙州界豬龍河上承元氏縣西北山水東流經縣北亦入趙州界。槐河出贊皇縣西南匯黃沙嶺水段嶺口水野狐泉水紙糊套山水東流經縣北又經元氏縣南泜水二源北出元氏縣無極山南出贊皇縣四望可關二山合東南流注之。又東南入趙州高邑縣界。泲水出贊皇縣西南贊皇山東北流經縣南又東亦入高邑縣界。封龍山在元氏縣北。贊皇山在贊皇縣西南。府東至北界定州。南界趙州。西及西南界山西平定州。西北界保定府易州及山西大同府代州。東南亦界保定府。

欽定大清會典圖卷一百四十三

輿地五

順德府圖

廣平府圖

大名府圖

宣化府圖

順德府圖

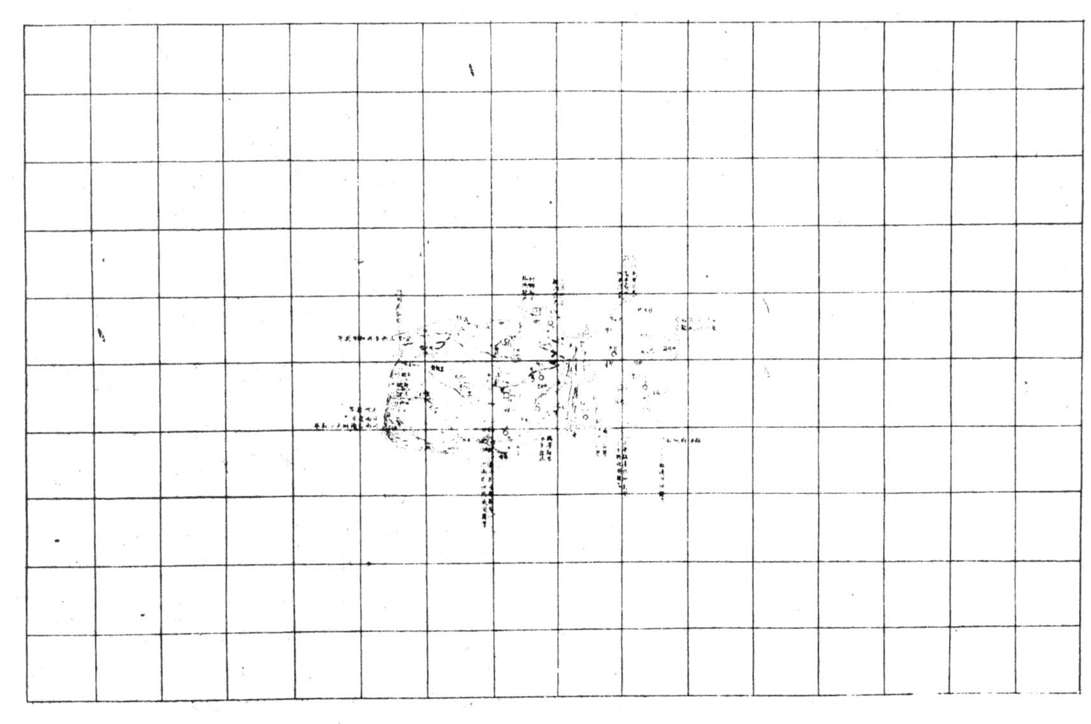

順德府在省治西南五百七十里。至
京師一千里。領縣九。治邢臺。東廣宗。南沙河。北內邱。東南南和。平鄉。東北任縣。唐山。鉅鹿。大陸澤即南泊。在任縣東北。匯劉累河。洺河。南北沙河七里河。牛尾河。柳林河。李陽河。北流為新澧河入趙州界。其東出支河為雞爪河。入滏陽河。滏陽河自廣平府雞澤縣北流入界。經平鄉縣東任縣東北。合雞爪河。又北經鉅鹿縣西北入趙州隆平縣界。劉累河亦自雞澤縣北流入界。經南和縣東。平鄉縣西。任縣東北。匯於澤。洺河亦

自雞澤縣北流入界。經南和縣東。任縣東北。匯於澤。沙河即古湡水。二支。北支自山西遼州東南流。由大嶺口入界。南支自河南彰德府武安縣東流。由黃背巖入界。俱經沙河縣西。合東流洪河。一名龍門川。出邢臺縣西。匯諸山水東南流注之。又經縣西南。復分二支。北支東經南和縣南。南支錯入廣平府永年雞澤二縣界。復北經南和縣東南。俱北流。經任縣東北。匯於澤。七里河出邢臺縣西北。經府治南。百泉河出治東南。北流注之。又東經南和縣西。又東北經任縣東南。又北匯於澤。達活野狐二泉。俱出邢臺縣西北。合東流為鴛鴦水。即牛尾河。經治北。沙底河出邢臺縣西火石岡。東流注之。又東北經任縣西北。又東北匯於澤。柳林河一名馬河。即馮河。出內邱縣西龍騰山。東流經縣南。唐山縣西南。任縣東北。匯於澤。泜河二源。北源在趙州臨城縣。南源出內邱縣胡姑腦兒山。東北流錯入臨城縣界。會北源。復經縣北。又經唐山縣北入趙州隆平縣界。府東至南界廣平府。西及西北界山西遼州。北界趙州。西南界河南彰德府。東

北界冀州。

廣平府圖

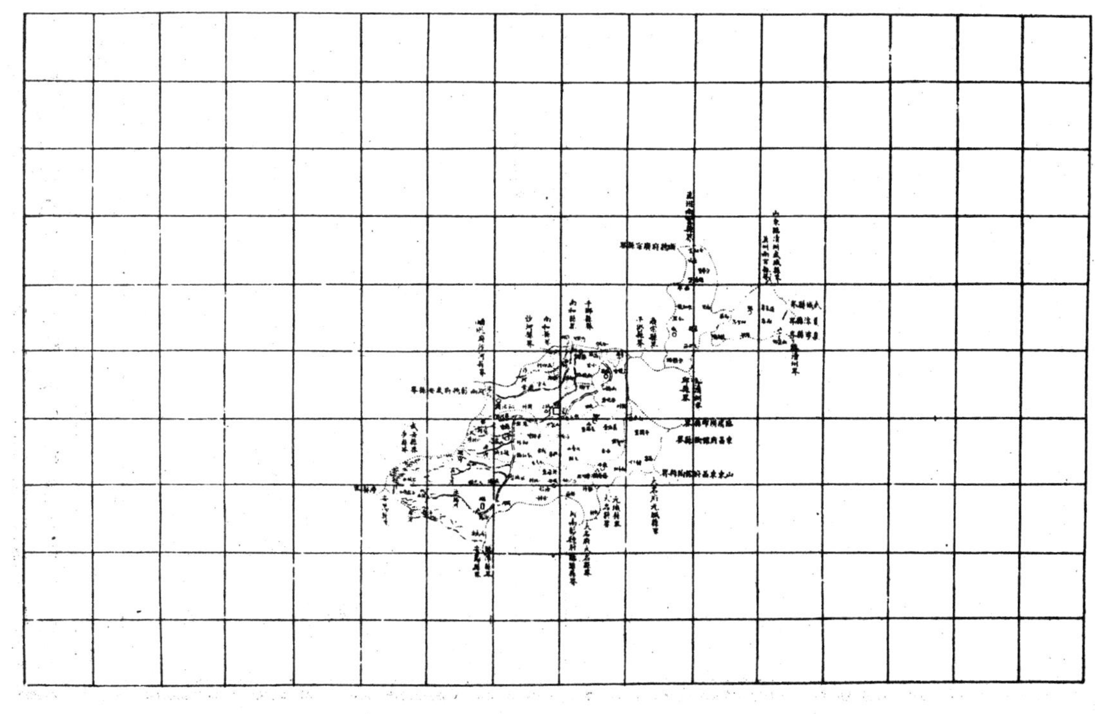

廣平府在省治西南六百八十里至
京師九百五十里領州一縣九治永年南成安東
南肥鄉廣平西南邯鄲磁州東北曲周雞澤威
縣清河滏陽河二源並在磁州西北出石鼓山
晉祠廟南出神麛山黑龍洞合東流經州南折
北流牝牛河二源亦出州西北合東流注之又
北澗河亦出州西北東流注之又北經邯鄲縣
東渚河出縣西南沁河出縣西輸龜河出縣西
北並東流注之折東經府治西南溢而北出爲
劉累河北流經雞澤縣西入順德府南和縣界
正渠東經府治南東北經曲周縣南又東折北
經雞澤縣東入順德府平鄉縣界洺河自河南
彰德府武安縣東流入界經府治北折東北經
雞澤縣西又北入順德府南和縣界沙河自順
德府沙河縣東南流入界經府治北雞澤縣西
東北流亦入南和縣界南運河自山東臨清州
緣界北流經清河縣東境又北入臨清州武城
縣界漳河自河南彰德府安陽縣緣界東流經
磁州南境又東入彰德府臨漳縣界府東界山
東臨清州西至南界河南彰德府北及西北界

順德府東南界大名府山東東昌府東北界冀
州

大名府圖

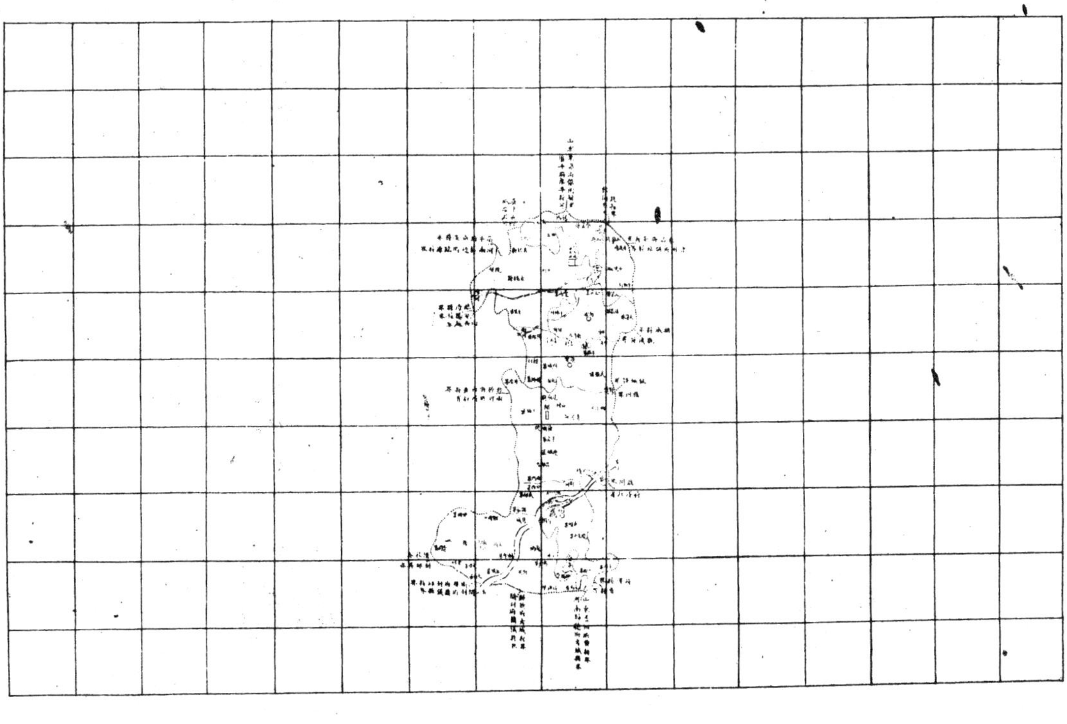

大名府在省治南八百里。至京師一千一百二十里。領州一縣六。治元城大名。南清豐東明。東南南樂西南開州長垣黃河自河南開封府蘭儀縣北流入界。經長垣縣東。又東北經東明縣西開州南徐鎮西北。東北流入山東曹州府濮州界。衛河自河南彰德府內黃縣東北流入界。經清豐縣西北大名縣西南南樂縣西。復經大名縣東南。漳河自河南彰德府臨漳縣來東流經大名縣西錯入彰德府內黃縣界復東流來會。又東北經龍王廟西又經元城縣東。東北流入山東東昌府館陶縣界。府東及東南界山東曹州府。南界河南歸德府。西界河南彰德府。北及東北界山東東昌府。西南界河南開封衛輝二府。西北界廣平府。

宣化府圖

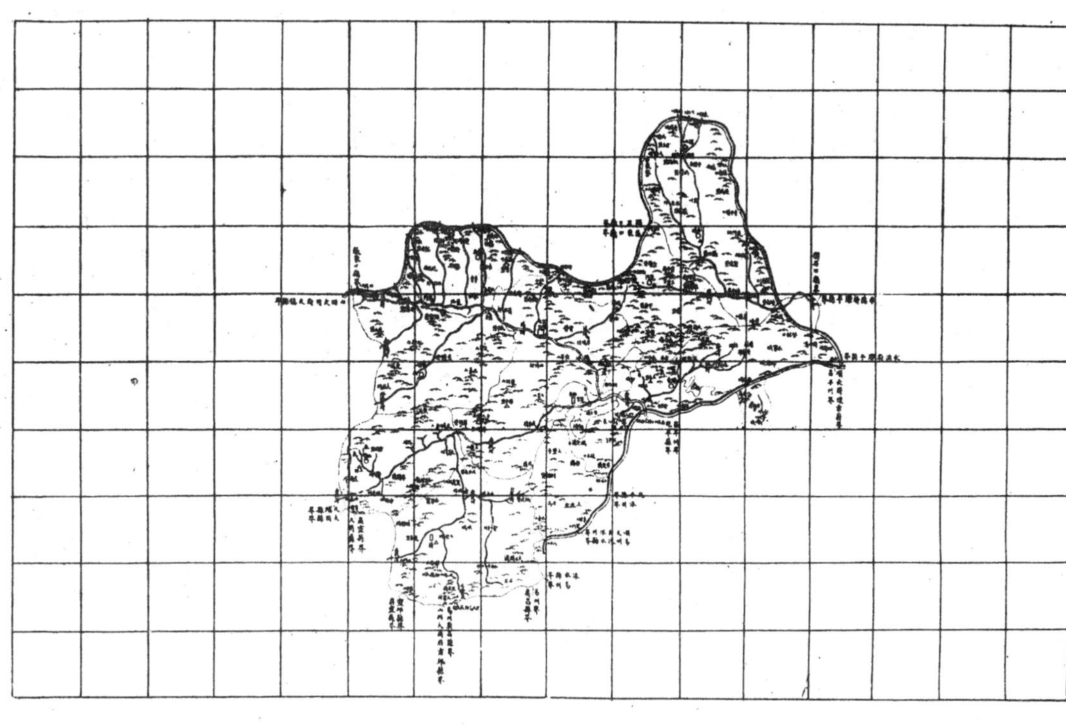

宣化府在省治西北七百里至
京師三百四十里領州三縣七治宣化東南保安
州懷來延慶州西南懷安西甯蔚州東北龍門
赤城西北萬全桑乾河即渾河自山西大同府
天鎮縣東流入界經西甯縣西南虎溝河亦自
天鎮縣來南流注之經曲長城又東洋河合諸
泉水出縣西北南流注之東廠水出縣南北流
注之又東左納諸山泉右納大溝河又東受壺
流河河即祁夷水自山西大同府廣靈縣東流
入界經蔚州西又經州北又東七里河出州南

北流注之又東右納泉水折北安定河出州東
北會子河出州東南合西北流注之又北經西
甯縣東注桑乾河桑乾河又東經府治西南又
經保安州南又經懷來縣西受東陽河河一作
洋河即于延水自張家口廳南流入界經懷安
縣西北柴溝堡西陽河自天鎮縣東流來會又
東經會河堡南陽河亦自天鎮縣東北流來會
為燕尾河又東經萬全縣西南孫才溝即樺林
溝西沙河即青陽溝俱自張家口廳西南流注
之又東新河出塞外南流注之又東雙陽河亦

自塞外南流注之。經縣南又東。東沙河亦自塞外南流注之。又東水溝口河自天鎮縣來東北流環懷安縣治又東北流注之。又東清水河自塞外西南流注之。又經府治西柳河川自塞外來經龍門縣西。西南流注之。經府治南又東泥河上游爲龍門溝自塞外來經龍門縣西合諸山泉西南流注之。又東南注桑乾河。桑乾河又東折南經懷來縣西南。二道河出縣西南匯礬山諸泉東北流注之。又東南受媯河。河即清夷水。自延慶州東北黃龍潭西南流經州南。又西沽河出州東北蔡河黑龍河出州西北並南流注之。又西經懷來縣南。大沙河石河並南流注之。又西折南注桑乾河。桑乾河又東南由豬窩口入順天府宛平縣界。白河即沽水自北柵口入邊南流。經獨石口廳治石納西柵口水左納東柵口水。又南經赤城縣東。水泉河出縣西北合塞外大石門水東南流注之。又南翦子嶺水出龍門縣東北浩門嶺水出赤城縣南合東北流注之。又東南龍門水出龍門縣西匯諸山泉經縣南東流注之。又東長伸地水出赤城縣東紅石山南流注之。又經延慶州東北出邊。又東入獨石口廳界。渝河出延慶州東南八達嶺東南流經居庸關入順天府昌平州界。府東界承德府。南界易州。西及西南界山西大同府。北及西北界張家口廳。東北界獨石口廳。東南界順天府。

欽定大清會典圖卷一百四十四

輿地六

遵化州圖

易州圖

趙州圖

冀州圖

深州圖

定州圖

遵化州圖

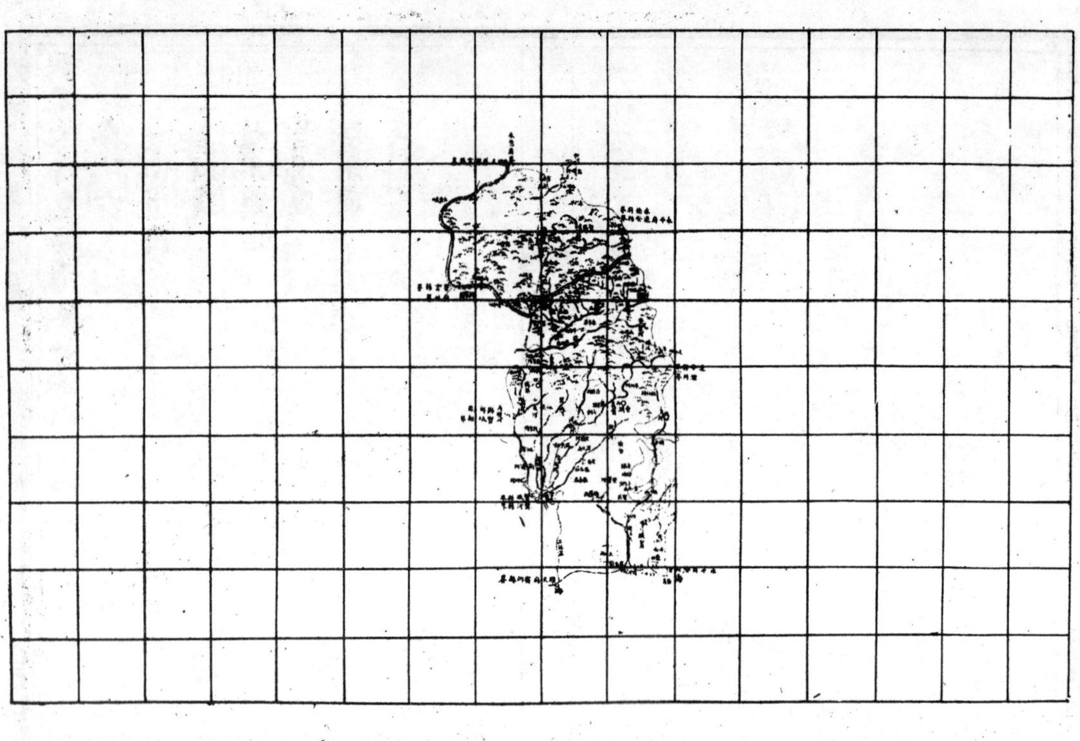

遵化州在省治東北六百三十里。至
京師三百二十里。領縣二。東南豐潤。西南玉田。海
在州南。東接永平府灤州界。西接順天府寶坻
縣界。梨河即淶水。出州東鹿兒嶺西流。大水峪
水出州東北南流注之。又西南松棚河出州東
北合數小水南流注之。又西南白馬峪水雙泉
河並出州東南西流注之。又經州治南西流。沙
河一名十河合州北諸山水西南流注之。又經
玉田縣北。錯入順天府薊州界。合淋河為薊運
河。復經玉田縣西緣界南流。小泉河即灤輝河
出玉田東北合藍泉河螺山水南流注之。又南
西合鮑邱河。又經豐臺西北受還鄉河。河即巨
梁水。自永平府遷安縣東流經崖兒口入界。經
豐潤北西南流。右納州治東南及豐潤縣北境
諸山水。又經玉田縣東南。沙流河出豐潤縣西
北叢峪山西南流注之。又西南經鴉鴻橋鎮。又
南分二支。西支合玉田縣東之雙城河西南流
注薊運河。東支合豐潤縣南之黑龍河泥河亦
西南流注薊運河。薊運河又南入順天府寶坻
縣界。陡河即館水。自永平府灤州西合豐潤縣

東北之板橋河南流入界。經縣東南趙支場西。龍灣河在縣南瀦為胡盧泊南流注之。又南過大泊經畢家圈東黑沿子西。由澗河口入海。沙河亦自灤州東南流入界。經豐潤縣東南過鐵金泊由黑洋河口入海。柳河在州北。東北流入承德府界。橫河激河亦在州北。合東流入永平府遷安縣界。州東及東北界永平府。南及東南界海。西及西南界順天府。北及西北界承德府。

易州圖

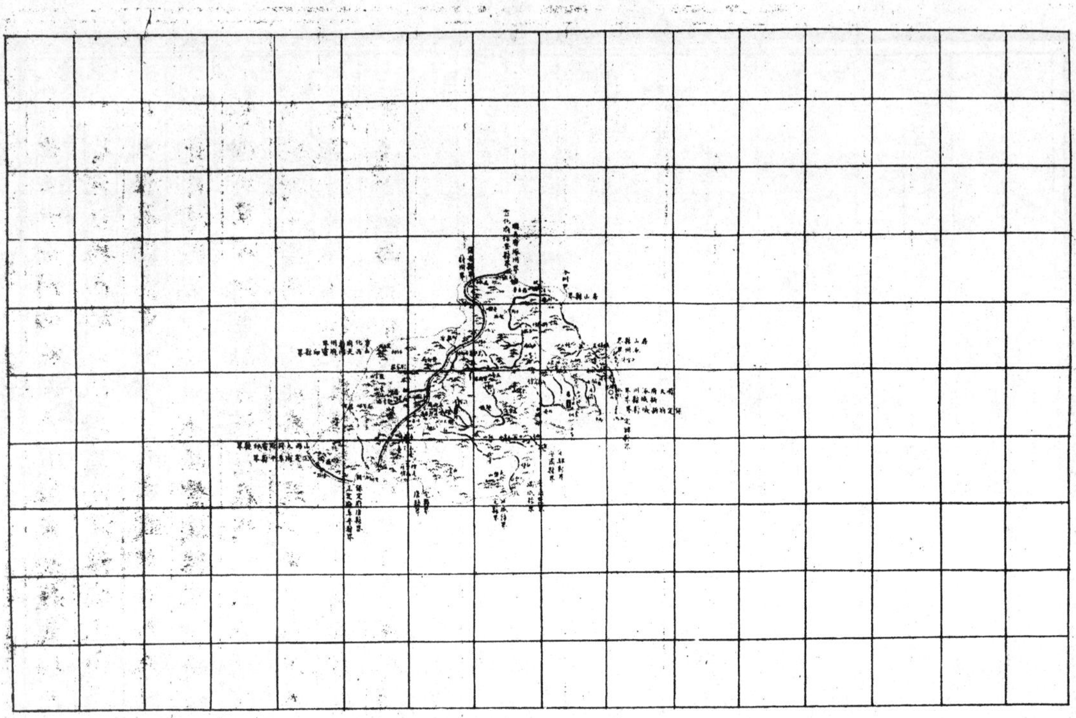

易州在省治北一百四十里。至京師二百二十里。領縣二。東淶水。西廣昌。拒馬河二源俱出廣昌縣。西源出治西南淶山鎮海寺。東源出治東南泰山廟古塔下。合東流經浮圖峪。又東北經州西紫荊關。左右各納數小水。折北流經淶水縣西北黃莊。右納小水一。又北折東經縣北。東南流右納一水。至鐵鎖崖下支津東出入房山縣界。正渠南流經縣東。清水河出縣西北紫涼山。合諸小水東南流注之。又東南入保定府定興縣界。易水即古濡水。出州西孟津嶺。合數小水東流經治南。又東五里河出州北南流注之。又經淶水縣西南。迎紫河出州北紅崖山。遒欄河出淶水縣西北樂平山。並南流注之。又東折南亦入定興縣界。白澗河即中易水。出州西北紫荊關南五峰山。東南流合紫荊關水。又南雙峰河出州西東流注之。又南許家村河。軍士川。大關村河。獨石口河。俱出州西合東流注之。又東流經治南。又東亦入定興縣界。雹河即瀑河。出州西南石虎岡。合西考山水東南流入保定府安肅縣界。徐河出州西南五迴

嶺。東南流經郎山南。又南過龍門一名雷溪。又南入保定府滿城縣界。滱河即唐河自山西大同府靈邱縣東南流入界。經廣昌縣西南入保定府唐縣界。州東至南界保定府。西界山西大同府。北及東北界順天府。西南界正定府。西北界宣化府。

趙州圖

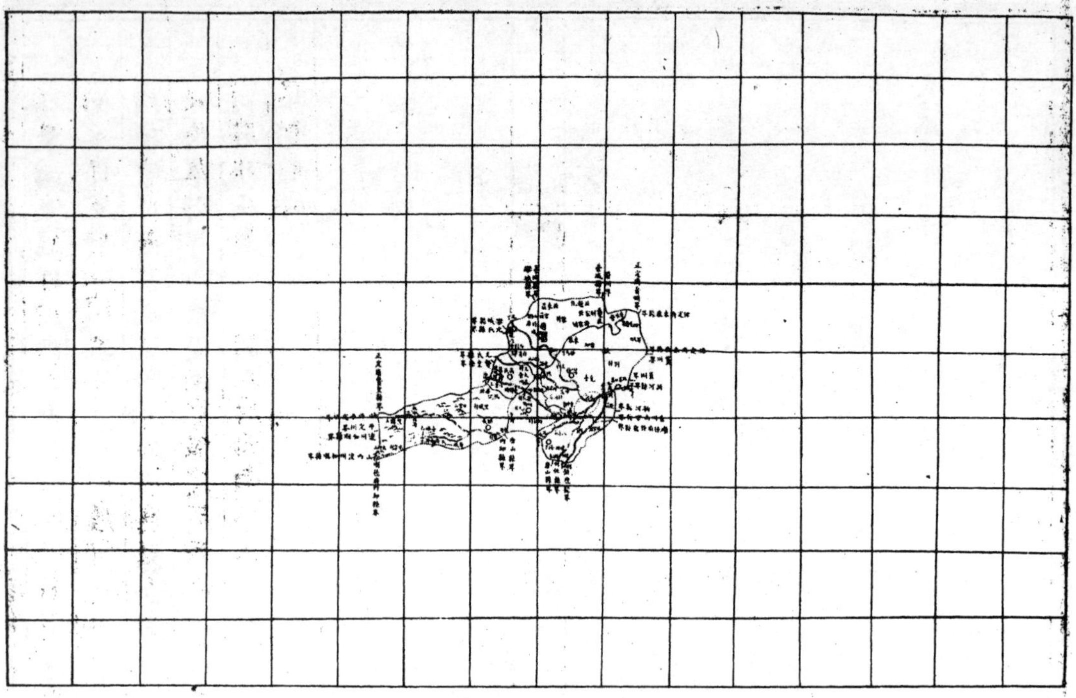

趙州在省治西南三百九十里。至
京師七百四十里。領縣五。南隆平。東南甯晉。西南柏鄉。高邑。臨城。北泊即甯晉泊。在甯晉縣東南。南承新澧河泜河沛河槐河洨河。東流爲十字河。注於滏陽河。滏陽河自順德府鉅鹿縣北流入界。經隆平縣東甯晉縣東南。受十字河。又東北入冀州新河縣界。新澧河自順德府任縣北流入界。經隆平縣東。又北匯於泊。泜河二源。南源自順德府内邱縣北流入界。經臨城縣西南合乞了山水。東北流。北源出臨城縣南敦輿山東南流來會。又經縣南錯入順德府内邱唐山二縣界。復經隆平縣北匯於泊。沛河自正定府贊皇縣東南流入界。經高邑縣南東南流經柏鄉縣北。又經隆平縣北。午河上源曰泥河。出臨城縣北。又東經柏鄉縣南來會。又東匯於泊。槐河自正定府元氏縣東南流入界。經高邑縣北州治南甯晉縣西南。洨河自正定府欒城縣來。豬龍河自正定府元氏縣來。經州治西合東南流來會。又東南匯於泊。州東界保定府。南界順德府。西至東北界正定府。東南界冀州。西南界

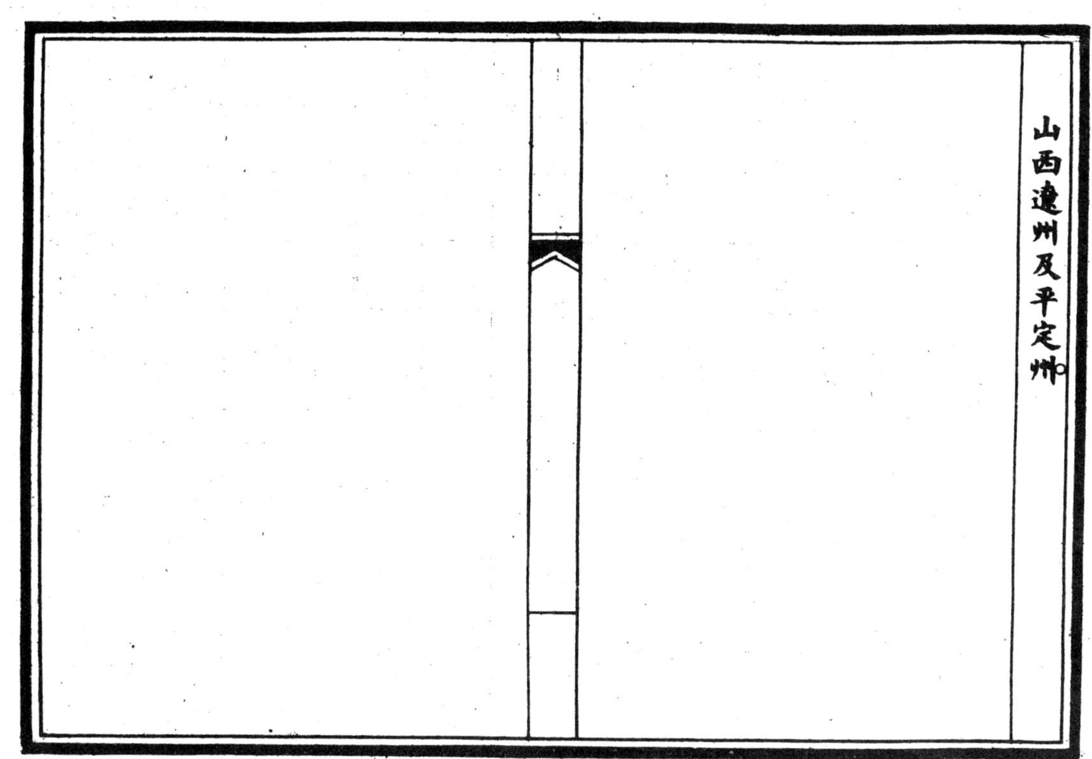

冀州圖

冀州在省治南三百三里。至
京師六百三十三里。領縣五。東南棗强。西南新河
南宮。東北衡水武邑。滏陽河自趙州甯晉縣東
流入界。經新河縣北州治西北。又經衡水縣西
新河自州治西環治城東北流注之。又東北流
經縣北。又經武邑縣北入深州武强縣界。州東
及東北界河間府。南界廣平府。西界趙州。北界
深州。東南界山東臨清州。西南界順德府。西北
界保定府。

深州圖

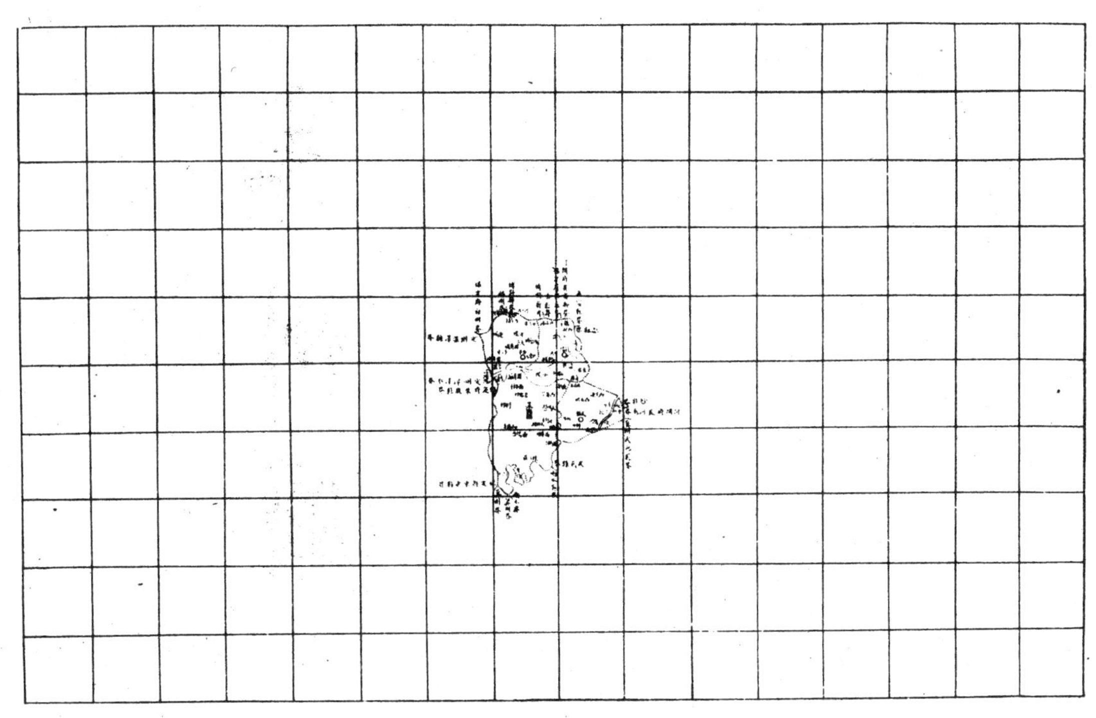

深州在省治南二百八十二里。至京師六百十二里。領縣三。東武强。北安平。東北饒陽。滹沱河自定州深澤縣東流入界。經安平縣西南州治西北。復經安平縣東南饒陽縣南。東入河間府獻縣界。滏陽河自冀州武邑縣北流入界。經武强縣東。又東北亦入獻縣界。豬龍河自保定府祁州東流入界。經安平縣北。又東北入保定府博野縣界。州東及東北界河間府。南及東南界冀州。北至西南界保定府。

定州圖

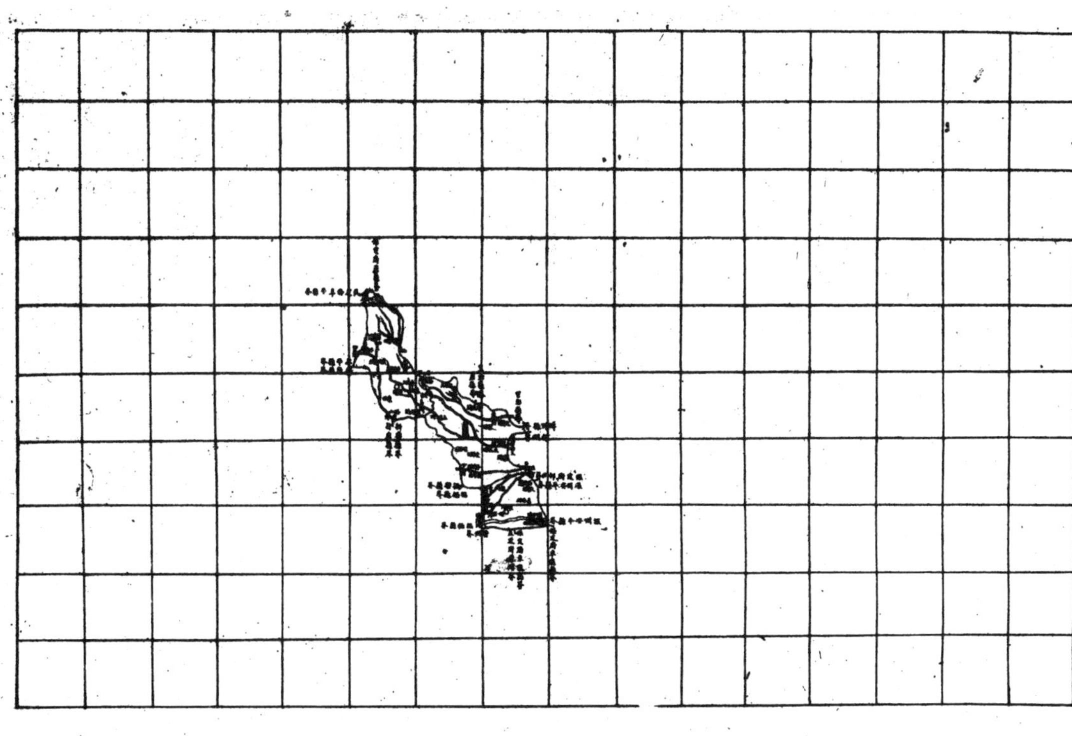

定州在省治西一百五十里。至
京師五百里。領縣二。東南深澤。西北曲陽。唐河即滱河自保定府唐縣合恒河東南流入界。經治西北支曾分二支。一支東南流經治東南。嘉河一名孟良河出曲陽縣西北東南流合二小水來注之。又東入保定府祁州界。一支東流經治東北。清水河二源並出州西北合東南流注之。又東北入保定府望都縣界。恒河自唐縣錯入州界。經曲陽縣北三會河三源俱出縣西北境東南流注之。又東復入唐縣界。馬泥河出曲陽縣東北。南流折東亦入唐縣界。沙河自正定府阜平縣東南流入界。經曲陽縣西北平陽河亦自阜平縣來東南流注之。又東左納圖覺泉水。折南流錯入正定府行唐新樂二縣界。復東經治南又東入祁州界。滋河自正定府無極縣分二支並東北流入界。經深澤縣西。又經縣北。合東流經州治東南。亦入祁州界。滹沱河亦自無極縣東流入界。經深澤縣南。又東經子位村北入深州安平縣界。州東至北界保定府。南至西北界正定府。東南界深州及保定府。

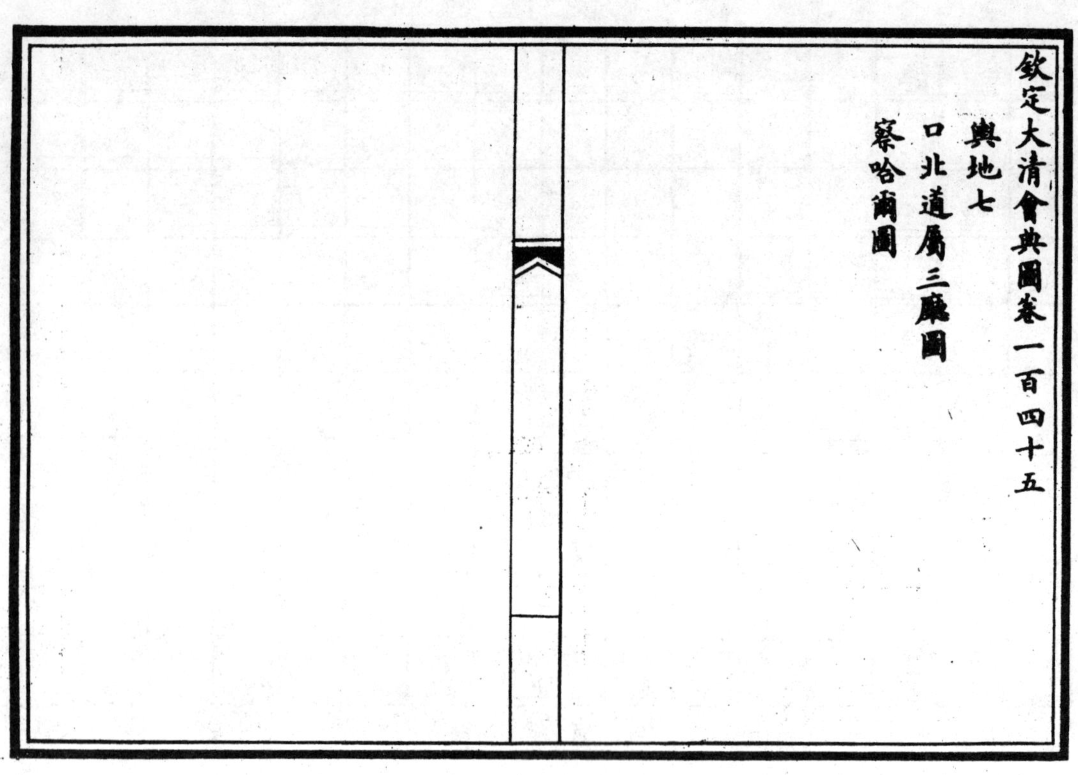

欽定大清會典圖卷一百四十五

輿地七

口北道屬三廳圖

察哈爾圖

口北道屬三廳圖一

中

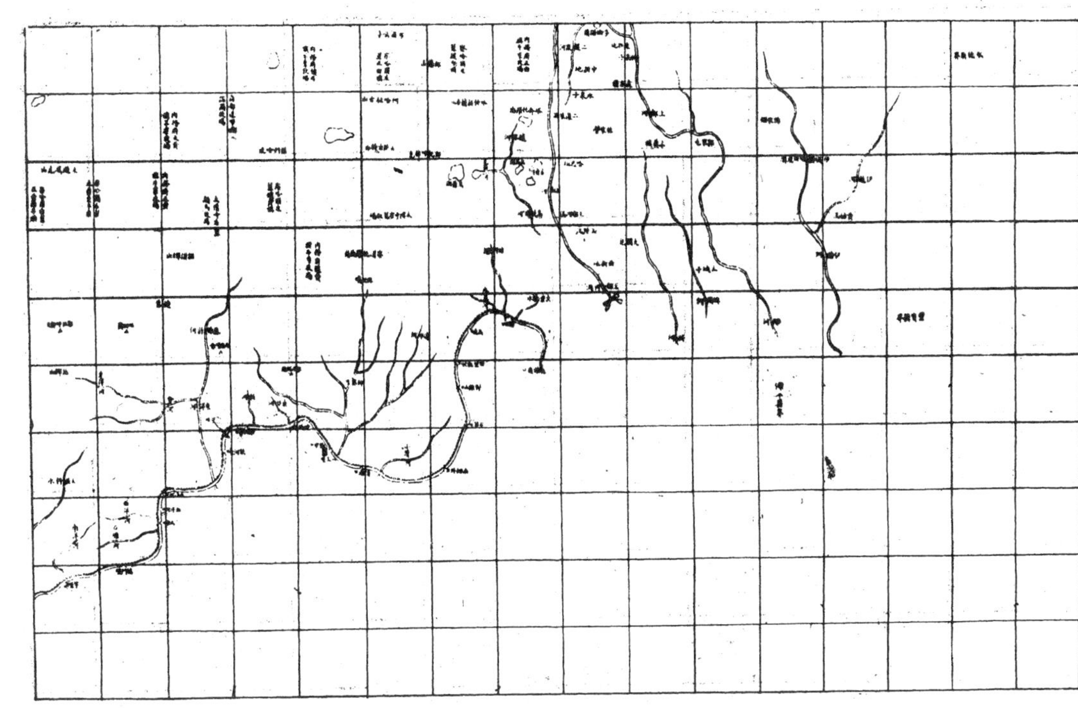

口北道屬三廳圖二

中北一

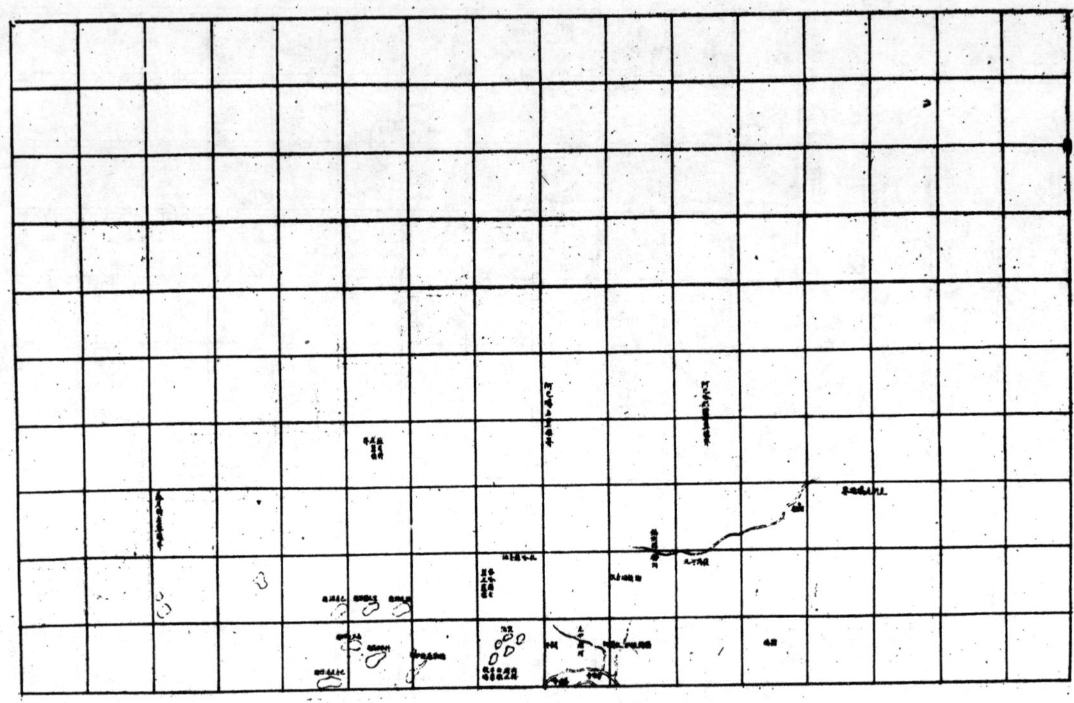

口北道屬三廳圖三

北一
右一

口北道駐宣化府。在省治西北七百九十里。至京師四百六十里。領廳三。南張家口。東北獨石口。多倫諾爾上都河出獨石口廳東北巴顏屯圖固爾山即黑龍山。左坳名哈達圖大巴漢兩泉湧出。右坳名什伯圖大巴漢亦兩泉湧出。合西北流。經多倫諾爾廳西南上都河汛西。又北至開平城東南折東流經廳治北。左納克依綳河。又東南右納圖爾根伊札爾河折南經治東二道泉河出廳西南北流折東南來注之。又東南入承德府豐甯縣界。黑河出黑龍山老獐溝。東南流經獨石口廳東黑河汛西卯鎮汛南。又西南入承德府灤平縣界。沽河一曰白河出獨石口廳北狗牙山南流經馬神廟喇麻洞馬圖嶺西。神明鏡溝麗家窑東。至北柵口入邊。經廳西西南水泉河一曰西柵口水大呰溝水一曰東柵口水並南流來會。又南錯入宣化府赤城縣界。復經廳東南入宣化府延慶州界。大石門河出獨石口廳西北。東南流亦入赤城縣界。清水河出張家口廳東北雙盤道嶺。西南流太子河西南流注之。石窯泉即豪慶兒水南流注之。又西南歧為二會驛馬圖河。河出廳北麻泥壩南流經驛馬圖西。乾圪料溝西南流注之。又經上下拜察為拜察河。夾沙河東南流注之。又南與清水河會。又南西溝水東南流注之。又南入宣化府萬全縣界。東陽河自山西豐鎮廳東流入界合其廳一小水為合河口。又東蘇祿計河南流來會。折南入宣化府懷安縣界。西陽河亦自其廳來入懷安縣界。東沙河新河西沙河孫才溝並出張家口廳入萬全縣界。小清水河亦出廳東北。西南流入宣化府龍門縣界。隨客河烏

克爾河並在多倫諾爾廳西南。潴為克勒泊。東及東南界承德府。西界山西豐鎮廳北及西北界察哈爾。南界宣化府。東北界圍場。西南界山西大同府。

察哈爾圖一

中

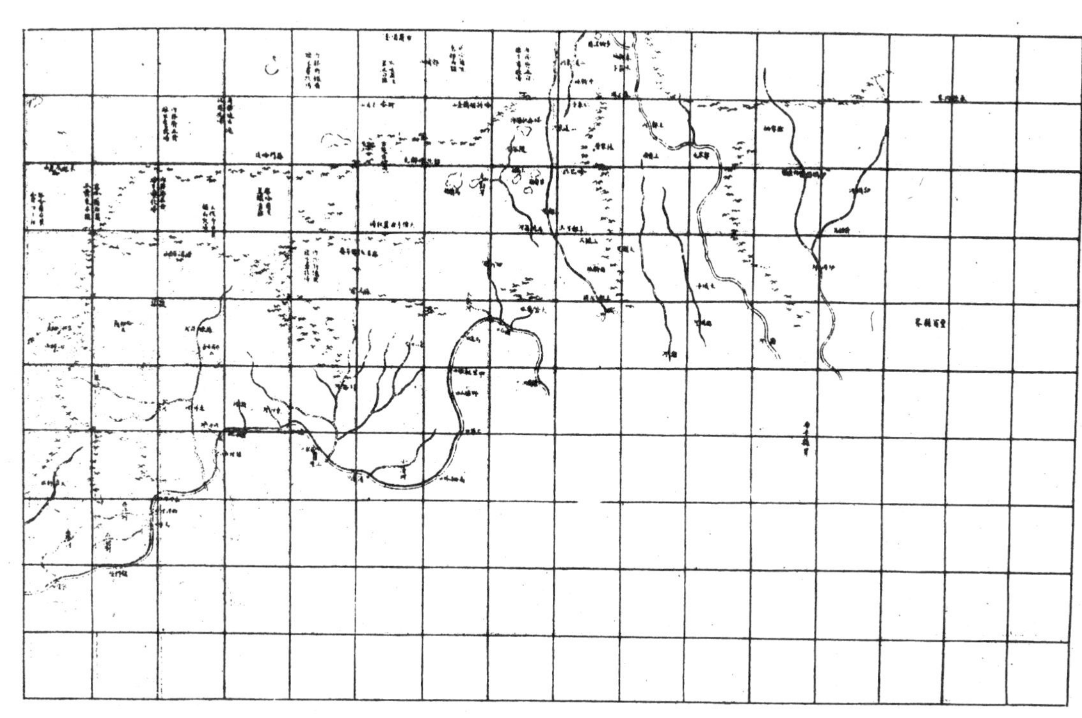

察哈爾圖二

中右一

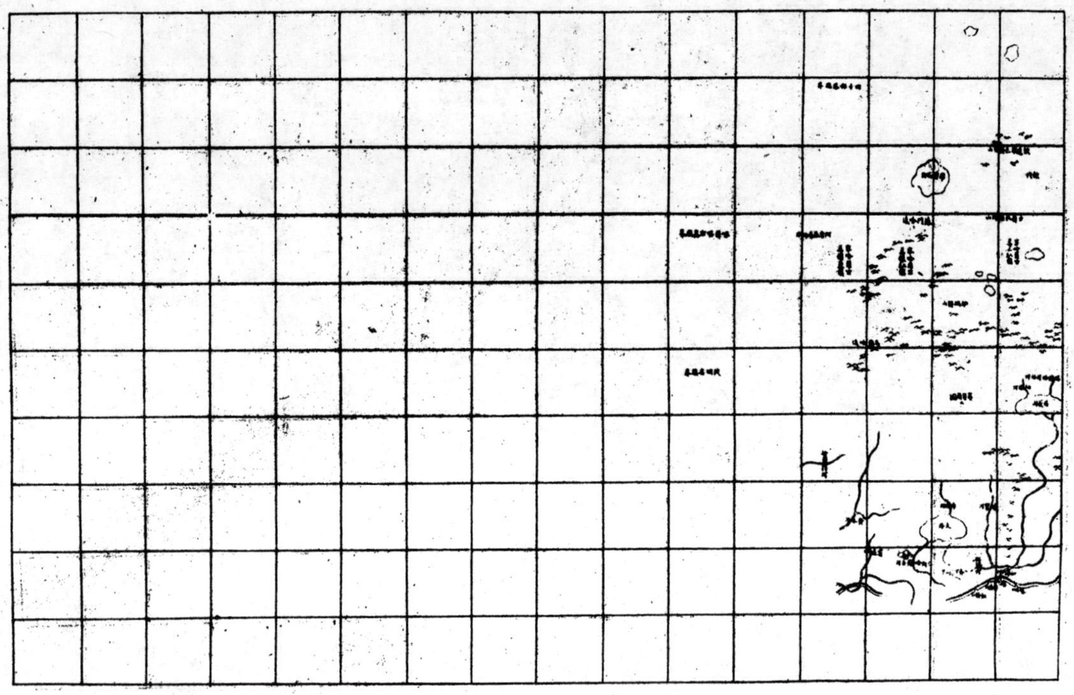

察哈爾圖三

北一
中

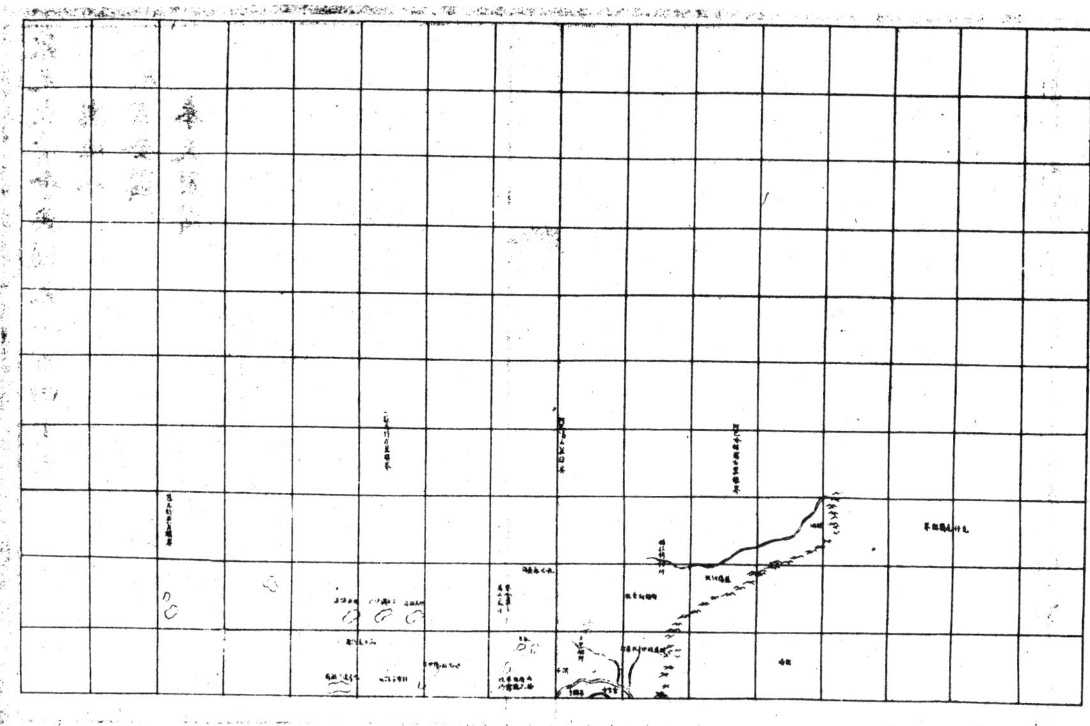

察哈爾都統駐張家口。在京師西北四百三十里。所屬八旗。左翼四旗。東起正藍。以次而西爲鑲白正白鑲黃及右翼正黃東半旗。並當直隸北邊外承德府多倫諾爾廳獨石口廳張家口廳界。右翼四旗。東起正黃西半旗。以次正紅鑲紅鑲藍。並當山西北邊外豐鎮廳甯遠廳界。北至內蒙古錫林郭勒盟界。西至內蒙古烏蘭察布盟界。東北至昭武達盟界。東南至直隸界。西南至山西界。

欽定大清會典圖卷一百四十六

輿地八

盛京全圖

奉天府圖

盛京省全圖一

中

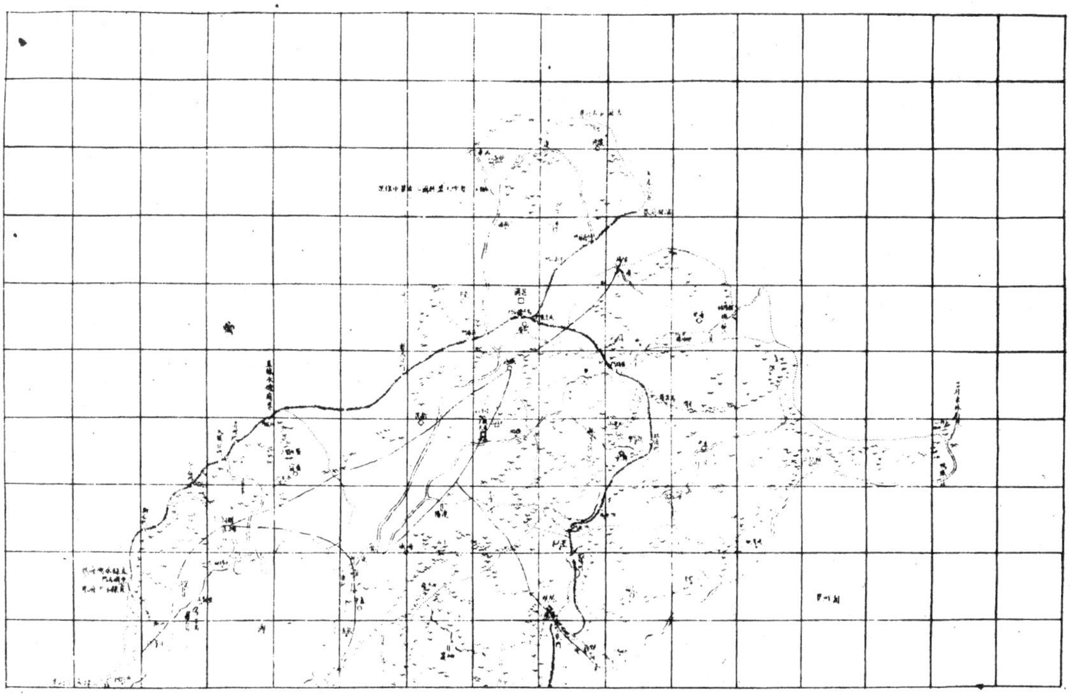

盛京省全圖二

南

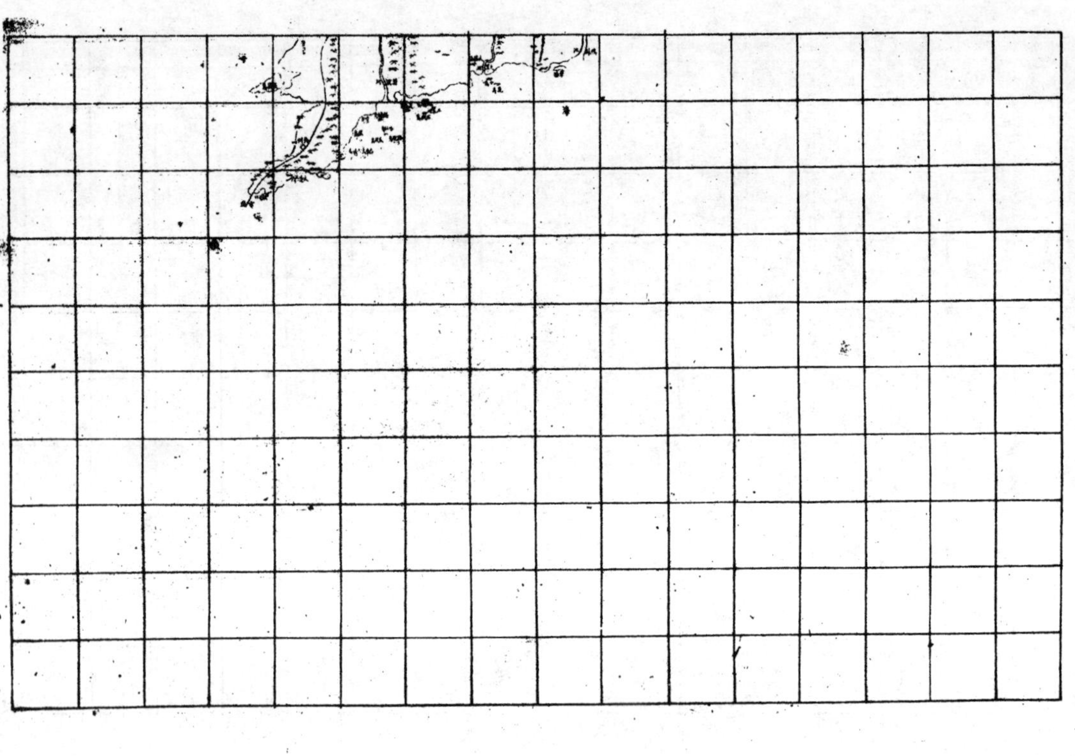

盛京在
京師東。
盛京將軍兼總督奉天府府尹兼巡撫治奉天府。
將軍本屬城一（即盛京本城）。所屬城十三。東
興京（即廳治）。南遼陽（即州治）鳳凰（即廳治）岫巖（即州治）牛莊
蓋州（即蓋平縣治）熊岳復州（即州治）金州（即廳治）北開原（即縣治）。西錦州（即錦州府錦縣治）義州（即州治）廣甯（即縣治）。府
尹本屬府一（即省治）。所屬府二廳二。奉天府東北
昌圖府。西南錦州府。東
興京廳東南鳳凰廳。鳳凰廳南為大海。東接朝鮮
界。西接直隸永平府界。鴨綠江自吉林吉林府
入境。經
興京廳東。屈西南流。混江出廳東北境西南流經
廳東南鳳凰廳東北來會。又西南至鳳凰廳東
南合靉河入於海。大洋河出鳳凰廳西北。碧流
河出奉天府西南。並南流入於海。東遼河出圍
場。北流錯入吉林府界。復入境經昌圖府北。西
遼河一曰外遼河。自內蒙古科爾沁旗東南流
來會。折西南經奉天府西北。合清河至府西南。
渾河出

興京廳東北境西南流合蘇子河太資河來會又西南入於海大淩河小淩河六州河並自直隸承德府入境經錦州府東南入於海輝發江出興京廳東北境東北流入吉林府界東及東北至吉林界西及西南至直隸界南至海北及西北至內蒙古哲里木盟界東南至朝鮮界

奉天府圖一

中

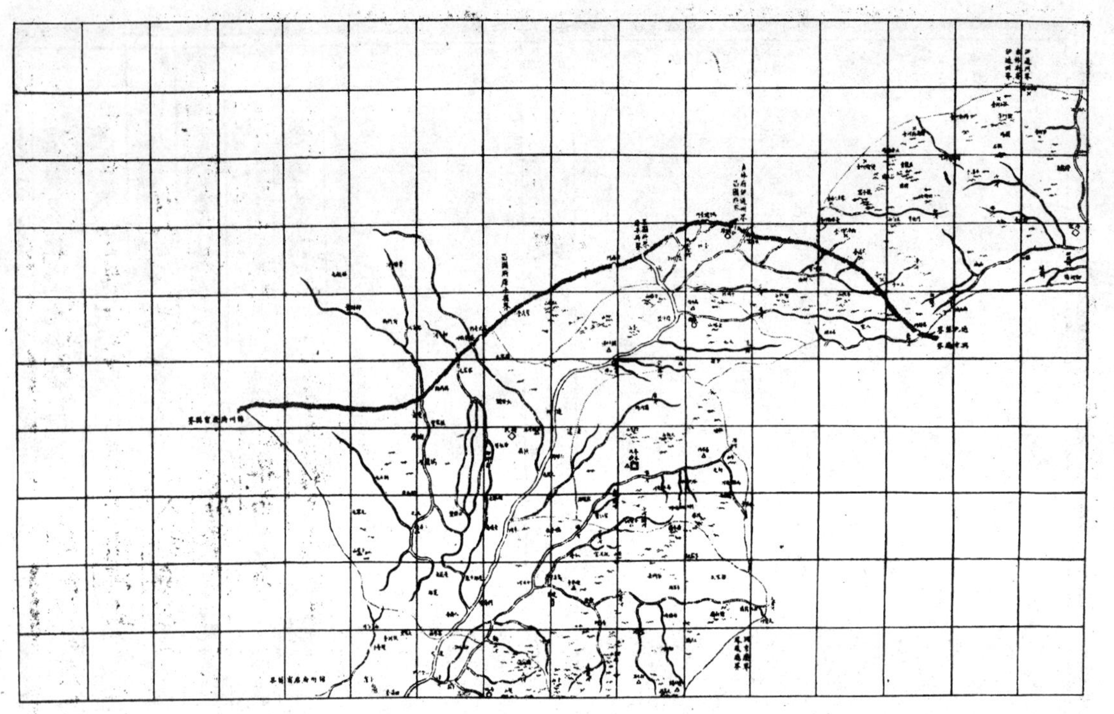

奉天府圖二

中
左一

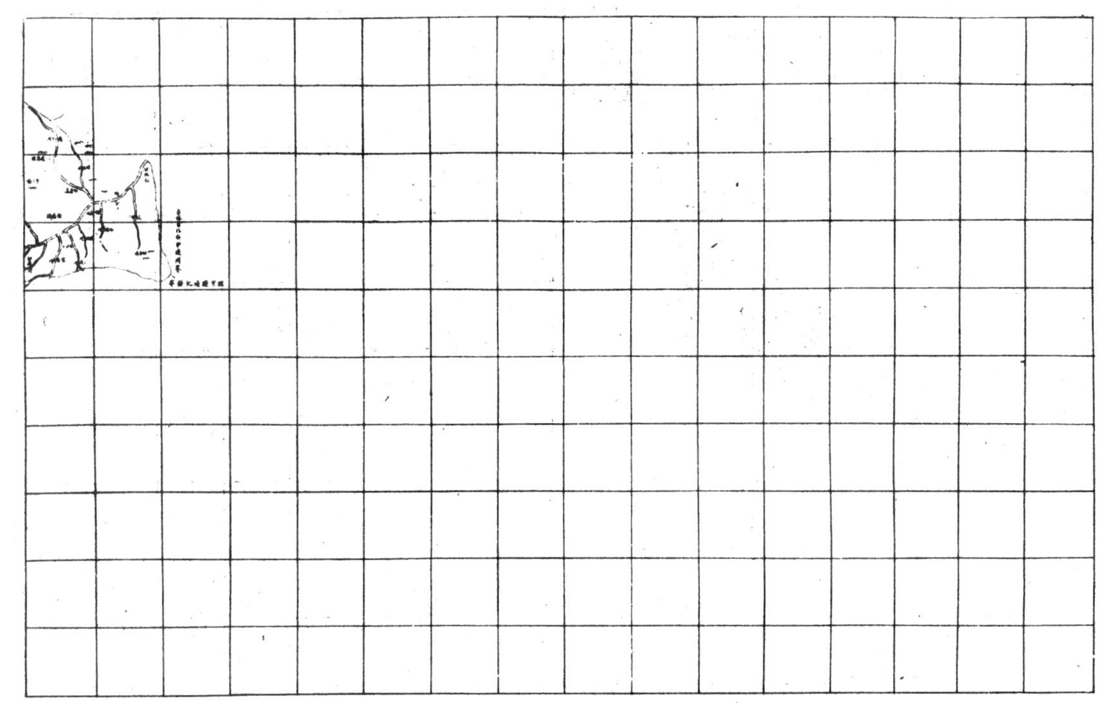

奉天府圖三

中南一

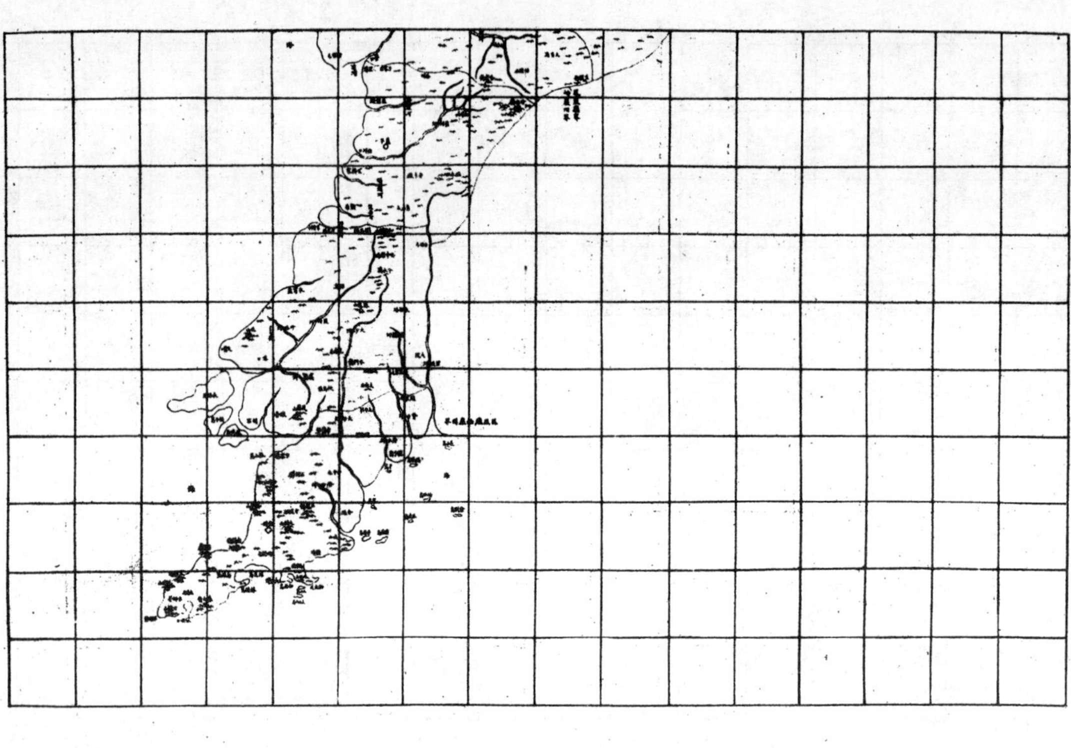

盛京奉天府在
京師東一千五百里。領廳三州二縣五。治承德。西
南海城蓋平遼陽州復州金州廳。西北新民廳。
東北鐵嶺開原海龍廳。海在府西南。東接鳳凰
廳岫巖州界。西為金州廳境曰貔子窩口。其東
南有長山諸島。南曰大連灣。有棒槌諸島。又西
南曰旅順口。又北為羊頭窪。迤東北為黃龍尾
有孤山島。又西北為復州境有長興諸島。又東
北為蓋平縣境。又西為海城縣境曰沒溝營口。
又西接錦州府廣甯縣界。遼河自昌圖府康平
縣東南流入界。經開原縣西南。堯子河馬鬘河
並自昌圖府來合。西南流注之。又東南。清河自
海龍廳西流經縣東。右納三小水。經威遠堡門
合扣河。又西南合沙河。注之。至鐵嶺縣治西北。
柴河出開原縣東南。西流經高力站南。注之。又
西南。范河懿路河拼牛河並西流注之。又西南
經石佛寺至新民廳東南。養息牧河自蒙古蘇
魯科東南流經彰武臺門來注之。又西南。蒲河
即泥河。自府治東北蒲河所西南流至新民廳
東南注之。又西南。柳河溝一曰扣河亦曰新開

河自蒙古庫倫上哨東南來經廳西北歧為數支合鵝鷹河葦塘河及境西諸小水復合南流注之。又西南會渾河。河一名小遼河自興京廳西流入界。經府治東。左納馬郡丹河。又西經撫順至蔦布街南左納塔兒峪河蝲蛄峪河高士屯河經府治南。又西南。經彰驛站左納南新開河至遼陽州西北小北河屯東太資河二源並自興京廳來合西流左納細河藍河湯河達連河至州治北合十里河及沙河鋪河來會。又西南。左納沙河及鞍山河。又經海城縣西。左納土河及沙河。又西經牛莊東北。合蛤蜊河。又西至三岔河口。會遼河。遼河又西南經田莊台至沒溝營口。入於澥。輝發江一名柳河。自興京廳通化縣東北流入界。經海龍廳西南左納白銀河榛河及沙河水。經廳治南。又東。右納押鹿河左納大沙河水。又至朝陽鎮南。伊通河亦自通化縣來經柳河鎮合減水河東北流注之。又東。蔦集河三通河並自通化縣來注之。又東北。經輝發城北右納黃泥河。又東。亮子河出廳北合嚐石河南流注之。又東。右納蝦蟆河蛟河水。又東北至駝佛別入吉林吉林府伊通州界。南沙河在海城縣西南入於海。淤泥河在蓋平縣北。清河又名蓋州河蝸頭河熊岳河並在蓋平縣南。俱西流入於海。浮渡河出復州東北老虎峪。西流經州西北入於海。復州河出州東北和尚帽山。西南流。珍珠河東南流注之。嵐崮河出嵐崮山北流折西南注之。又西南至長興島入於海。澄沙河出金州廳東。大沙河出復州東北。清水河出復州大白山。贊子河出復州英姑城諸山。碧流河出蓋平縣東南山。經復州東合吊橋河並南流經金州廳東入於海。赫爾蘇河在海龍廳西北入吉林府伊通州界。圍場在府東北。

天柱山在承德縣東北。

隆業山在承德縣西北。千山在遼陽州南。府東及東南界

興京廳。西界錦州府。南界鳳凰廳。北界昌圖府。西北界直隸承德府。西南界海。東北界吉林吉林府。

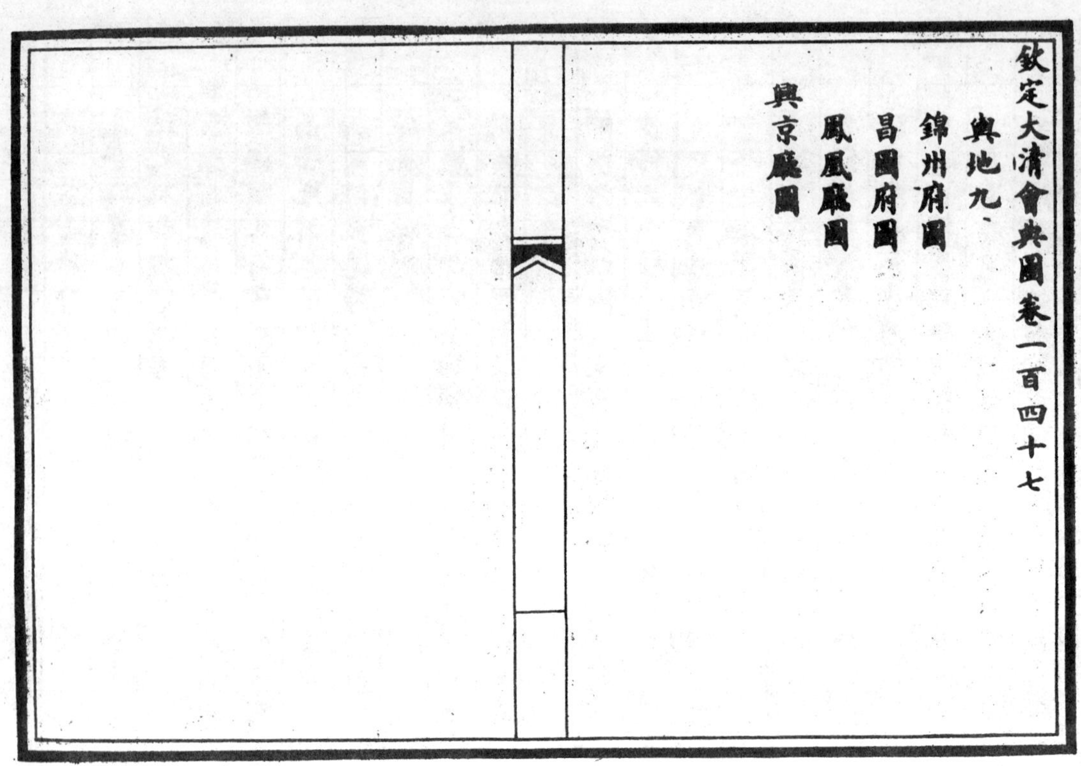

欽定大清會典圖卷一百四十七

輿地九

錦州府圖

昌圖府圖

鳳凰廳圖

興京廳圖

錦州府圖

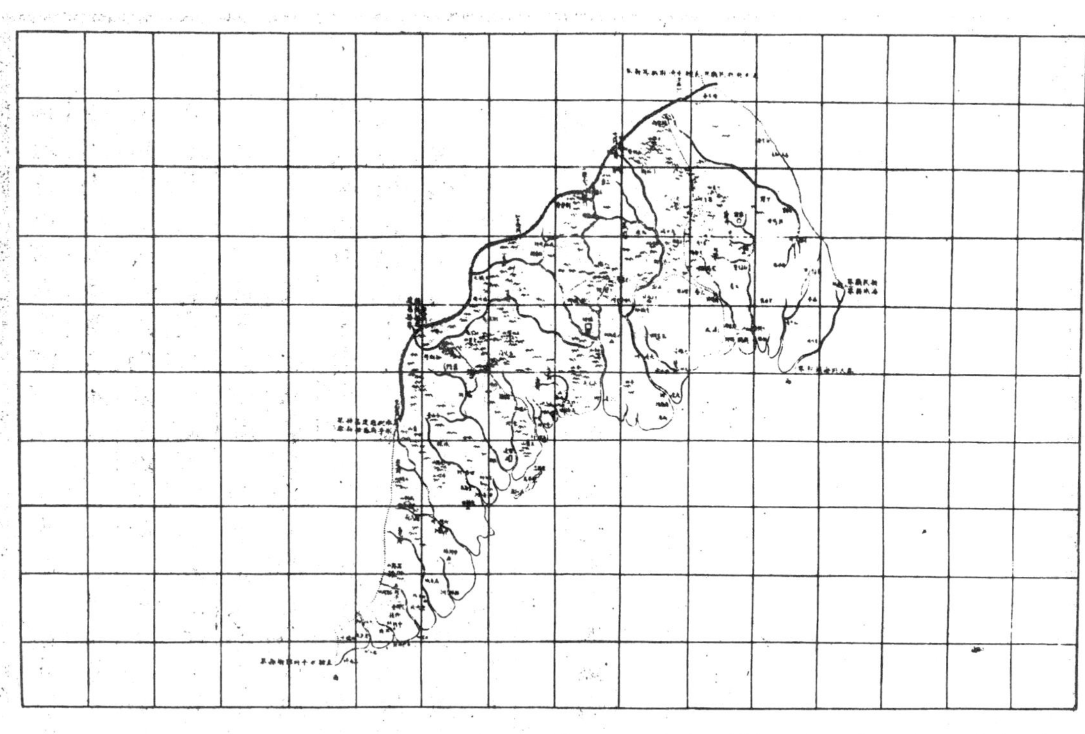

錦州府在省治西南四百九十里。至
京師一千一十里。領州二縣二治錦縣。西南甯遠
州東北義州廣甯。海在府南東接奉天府海城
縣界。為廣甯縣南境。青沙坨及莽獐湖諸水西
南流入焉。又西。板橋河出縣西老爺嶺東沙河
及楊郎河出縣西北醫巫閭山合南流入焉。又
西。閭陽驛河亦南流入焉。又西南為府治錦縣
南境。枯淩河入焉。又西南。大淩河自朝陽縣九
關臺門南流入界右納柳河川水。經義州西北
折東南至得勝堡右合一小水。又東至州治北。
又東。左合一小水。又東南經平房峪北。清河上
游曰翁格勒庫河即古檻倫水自朝陽縣東南
流經清河門西入界合細河南流注之。又南屈
西經府治東。右納大蛤蜊河。又東南入焉。又西。
小淩河自朝陽松嶺子門西流入界。經義州西
南東南流經班吉塔南。左納楊樹溝河。又東經
錦縣西。亦曰錦川。至府治東南。女兒河一曰鄂
欽河。自朝陽縣來經甯遠州西北東流注之。小
蛤蜊河合二道河南流注之。又南流入焉。又西。
高橋河合七里河南流入焉。又西南。飲馬河周

柳河連山河五里河俱南流入焉。又西南爲甯遠州南境其南有覺華諸島。西河三源俱出州西北。東南流經州西。東河出州東北水口西南流經州東。合南流入焉。又西。煙臺河南流入焉。又西南。六州河自東樹溝門南流合黑水河及一小水經中後所城北東南流入焉。又西。貓眼河高兒河石河中前所河九江河俱南流入焉。又西接直隸永平府臨榆縣界。醫巫閭山在廣甯縣西北。牽馬嶺在廣甯縣西南。松山在錦縣南。杏山塔山俱在錦縣西南。府東及東北界奉天府。西至北界直隸承德府。南及東南界海。西南界直隸永平府。

昌圖府圖

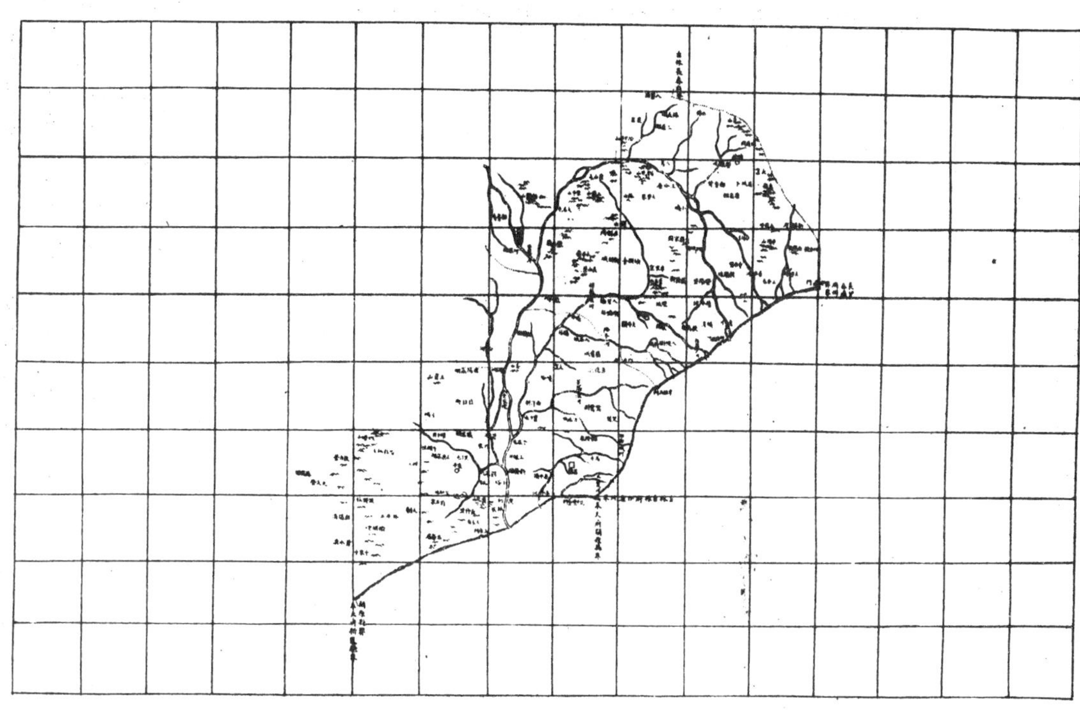

昌圖府在省治北二百四十里。至京師一千七百四十里。領縣三。東北奉化懷德西康平。遼河自吉林吉林府伊通州西北流經赫爾蘇門分流入界。經奉化縣東懷德縣西南合北流左納積水河右納一小水。又北經朝陽坡。又北香水河經黑林子西北流注之。又西北復分。雙龍河出懷德縣大青山西南流注之。復合西北流右納二小水。經哈拉巴山南。至奉化縣北。折西南分流復合。經康平縣東北外邊河即錫喇穆倫自蒙古達爾罕王旗東南流合二水來會。又西南經府北南流經金家坨北支津西南出為背河。右納蒙古王旗界之公河及縣南北合流二水。其正渠經金家屯西受招蘇太河。河自邊內西北流。經奉化縣西北合車家窪河。至府西北合條子河及二小水。又西南四面城河蓮花泡河合西南流注之。又南注邊河。邊河又南合支津入奉天府開原縣界。馬鬘河自邊內西南流經府治南。又西南至馬千總臺門西入開原縣界。亮子河亦自邊內西流經府治東北。左右各合二小水亦入開原縣界。新開河自

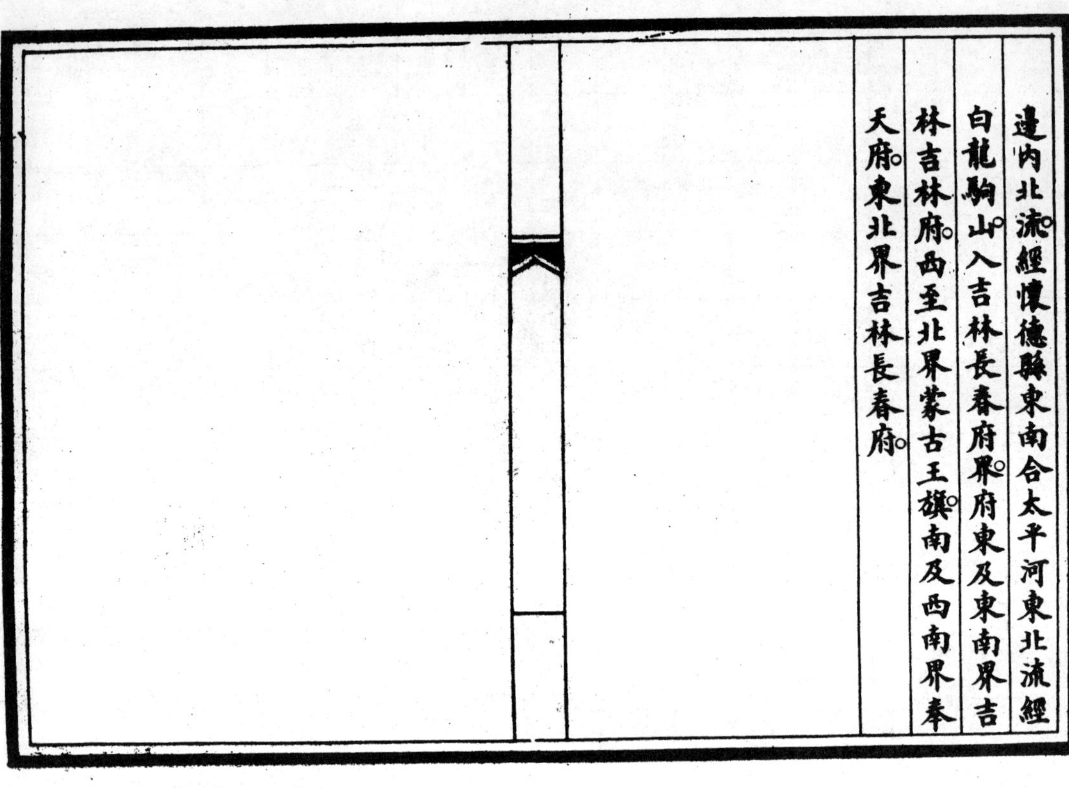
邊內北流。經懷德縣東南合太平河東北流經白龍駒山。入吉林長春府界。府東及東南界吉林吉林府。西至北界蒙古王旗。南及西南界奉天府。東北界吉林長春府。

鳳凰廳圖

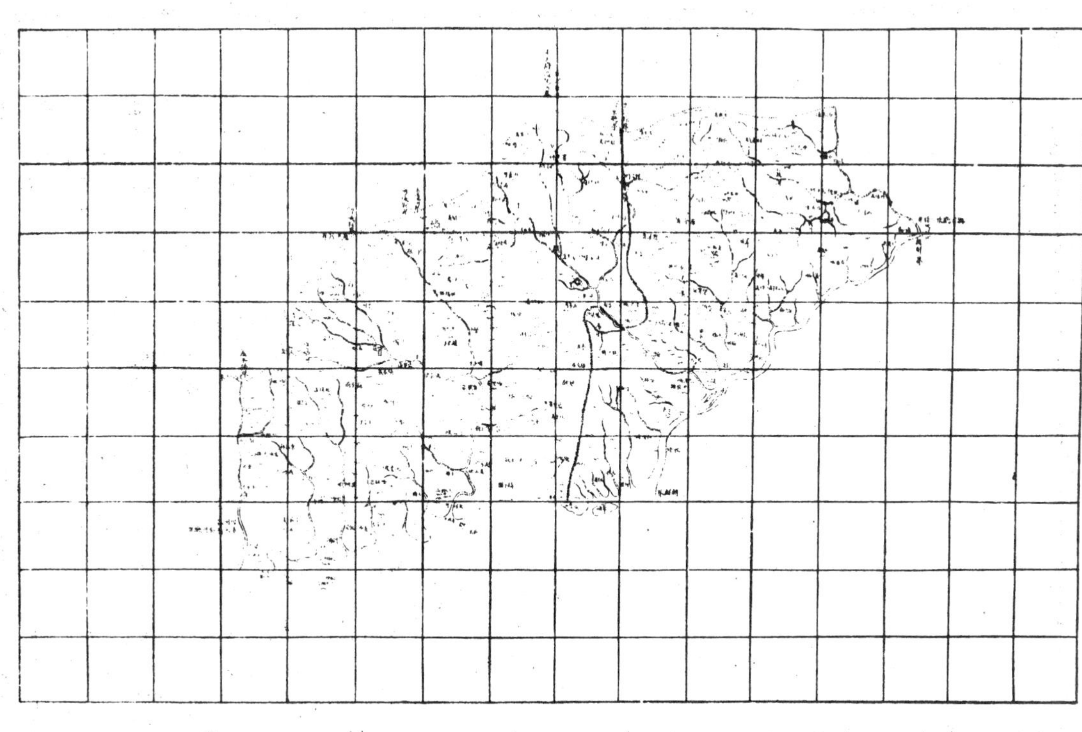

鳳凰廳在省治東南四百八十里至
京師一千九百八十里領州一縣二東南安東西
南岫巖州東北寬甸海在廳南自朝鮮界西為
安東縣南境又西為廳治南境又西為岫巖州
南境有石城諸島又西接奉天府金州廳界鴨
綠江自
興京廳懷仁縣西南流經寬甸縣東南其南岸為
朝鮮義州界混江亦自懷仁縣東南流合小雅
河北鼓河南鼓河及諸小水來會又西南右納
數小水及小蒲石河又西南經盤道嶺有數小
水合南流注之又西合長甸河諸水又西大蒲
石河出縣北白石砬合螞蟻河東來一小水望
寶石河南流注之折而南合安平河經安東縣
東又南受靉河河出寬甸縣牛毛嶺西流經靉
陽門北至廳東北合一小水屈東流復經縣西
北左納牛尾生河又南屈西經廳東北石頭城
西右納賽馬集河又西南經石橋至廳治東南
草河出廳北草河長東南流合通遠堡河注之
復折東南經安東縣西北右納湯河屈東流經
九連城北左納夾河水又東南經虎耳山南會

鴨綠江鴨綠江又西南經安東縣東右納沙河
及二小水。至趙溝南合大河入於海大洋河出
岫巖州西北。東南流經州治北。右納大王河雅
河。至州治東南。右納攔溝河。又東南。哨子河自
州北合清河東南流來會。又經廳西折南。左納
二小水。又南。右納州東南小洋河。至大孤山南
入於海。太平溝在安東縣南。龍胎河在鳳凰廳
南。沙河英阿河大莊河在岫巖州南。並南流入
於海。鳳凰山在廳東南。廳東及東北界
興京廳。西至北界奉天府。南界海。東南界朝鮮。

興京廳圖

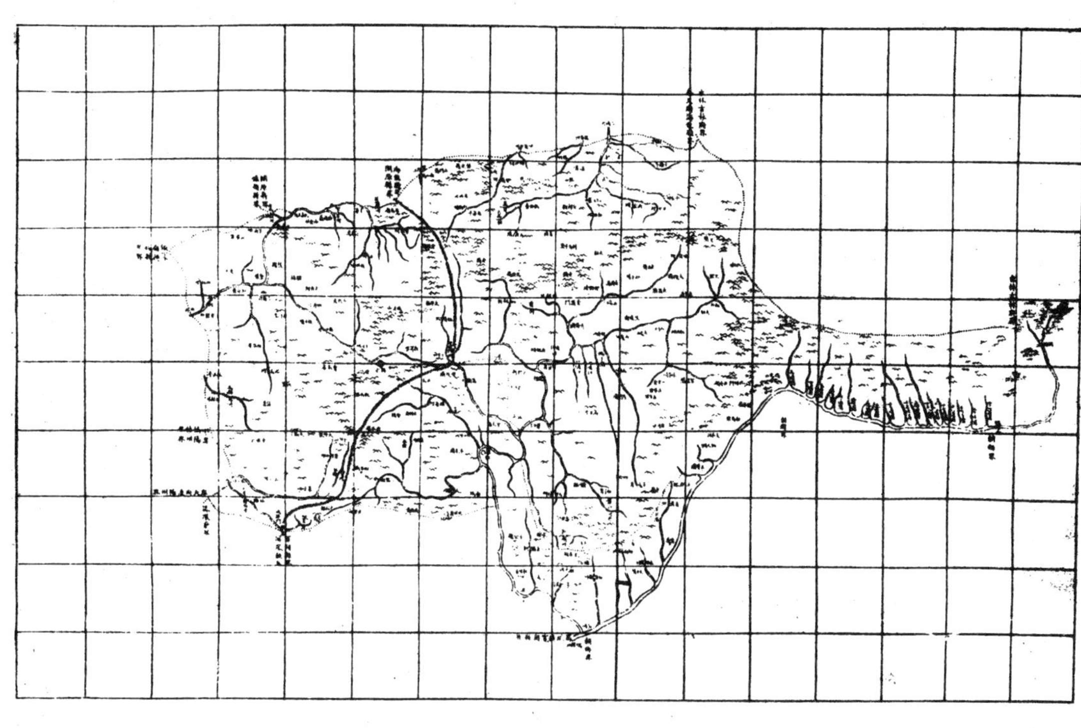

興京廳在省治東三百二十里。至京師一千八百二十里。領縣二。東通化。東南懷仁。鴨綠江自吉林長白山南流。折西合二十一道溝水。經通化縣東。其南岸爲朝鮮界。經帽兒山南。折西南流合二小水。又西南經懷仁縣東至通溝城。右納通溝河。又西南。右納太平溝河及榆樹林河。又西南合一小水。又西經岔溝門合外岔溝河。又西混江來會。江出通化縣東北三岔。合二水西南流經紅汀。折而西合南來一小水。又西左合數小水至縣治東南。哈泥河出縣東北老岡西流合二密河橫道河折而南注之。又西經縣治南前營溝。折而南拉蛄河合蝦蟆河及一小水東南流注之。又南。葦沙河出縣東南老嶺。合螞蟻河高力河西北流注之。又西經江甸西至懷仁縣東北崗山。富爾江自通化縣西北金廠嶺南流經旺清門合旺清河東流來注之。又南。新開河亦出老嶺西北流注之。折西至縣治北。又屈西南。右納六道河。復折東南。右納大雅河。又南經秋皮嶺屈東流。左納上漏河及裏岔溝河。又東南與鴨綠江會。鴨綠江又西

南入鳳凰廳寬甸縣界。渾河出廳東北滾馬嶺。西流左合數小水。折而北經下寨東納英額河。復折而西罕羊河自其南合一小水注之。又西經油葫蘆至札木火洛迤西南右納年馬州河。折而南經營盤東。蘇子河自廳東分水嶺西流經治北合北來一小水注之。又西左納温道河。又西右納一小水。經央邦南。又西南右納柳林河。又西經撫順南入奉天府承德縣界。馬郡丹河出廳治西。西北流合一小水。又西北經救兵台入承德縣界。太資河二源。北源出廳西南平頂山。西流右納葦子峪河。至馬家城西南源出懷仁縣西南老嶺。並西流入奉天府遼陽州界輝發江一名柳河。出通化縣南山城北流入奉天府海龍廳界。伊通河亦出金廠嶺。東北流經向陽鎮。迤東北經柳河鎮東合一小水。又東北亦入海龍廳界髙集河出通化縣北境東北流合勝水河。亦入海龍廳界。三通河出通化縣北。合馬鹿溝藍山川大花斜諸水。東北流經釣魚台東至孤山南。右納板石河水。又東北。涼水河合兩岔頭水自其南注之。又東北。右納小金川水。又東北。右納一小水。又東北。右納三道河水。又東北。右納大小灘平水。又東北流亦入海龍廳界。

啟運山在廳東北。廳東及東北界吉林府。西至北界奉天府。南及西南界鳳凰廳。東南界朝鮮。

吉林省全圖一

中

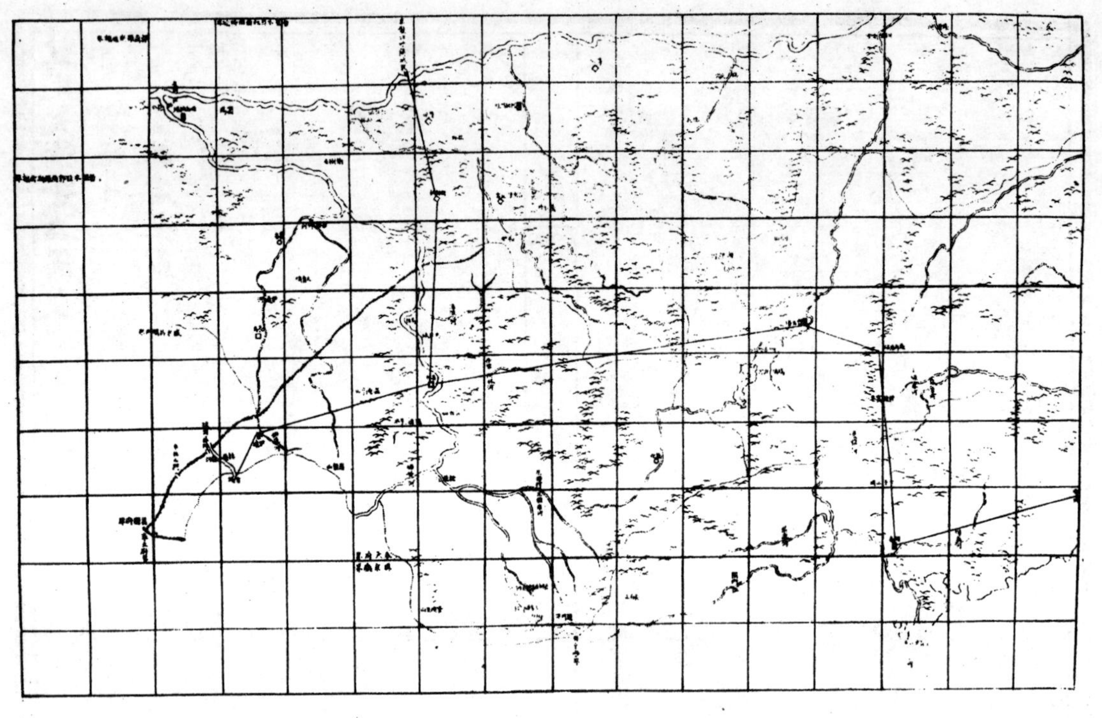

吉林省全圖二

中左一

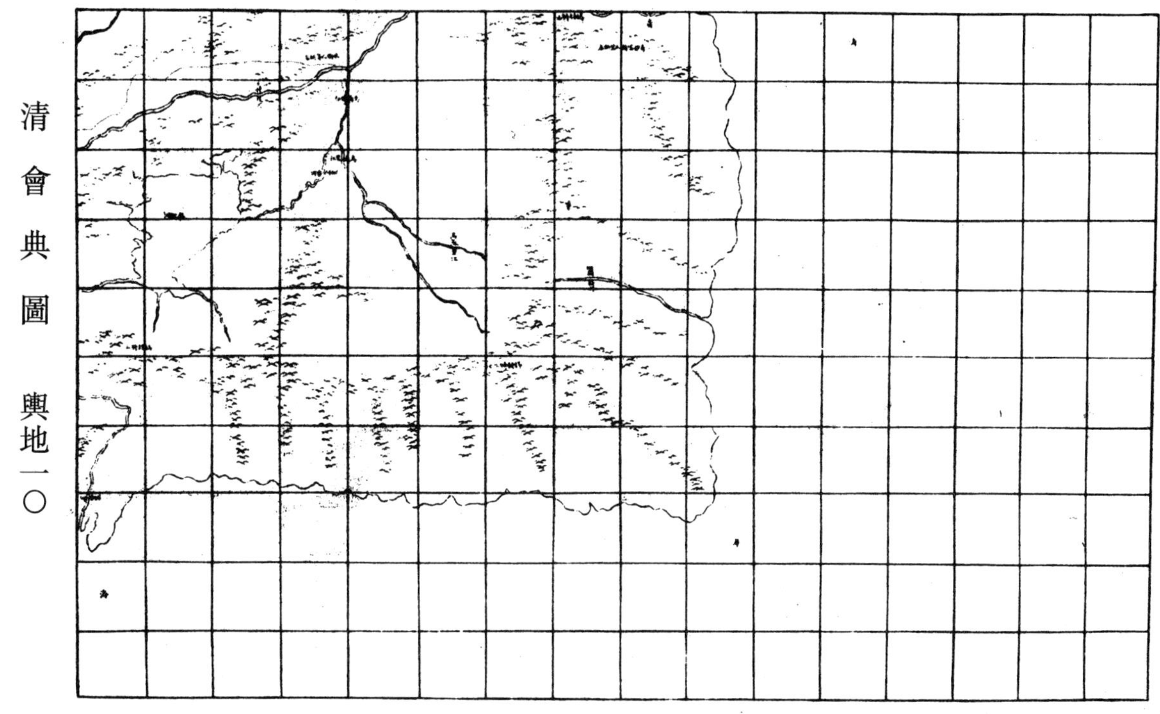

吉林省全圖三

北一中

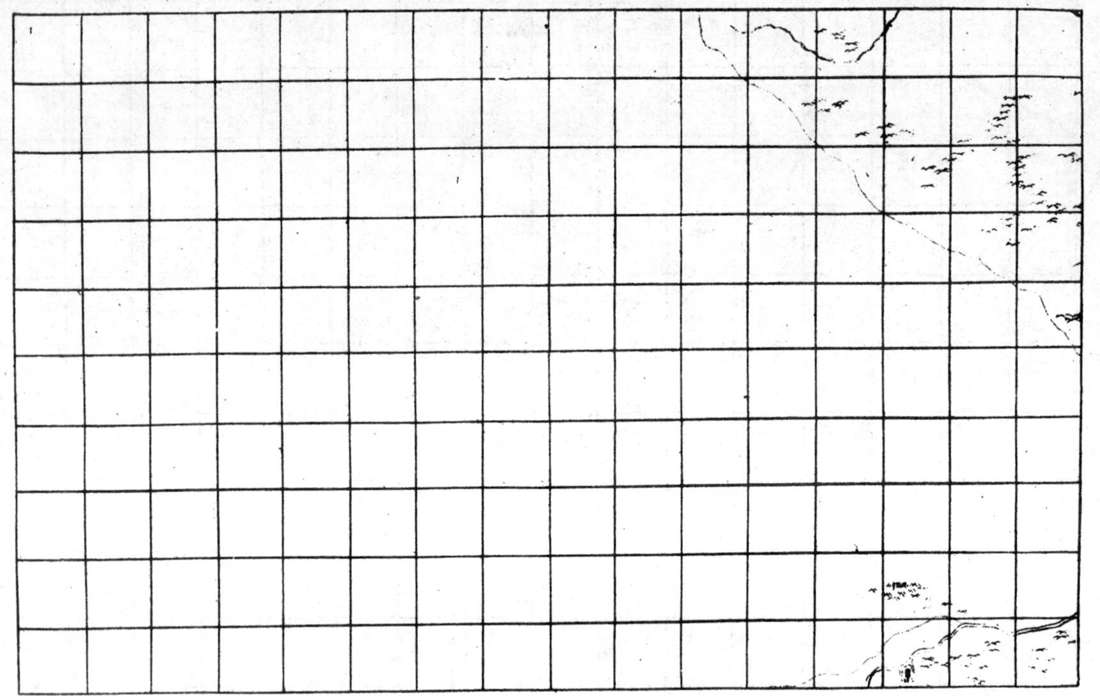

吉林省全圖四

北一
左一

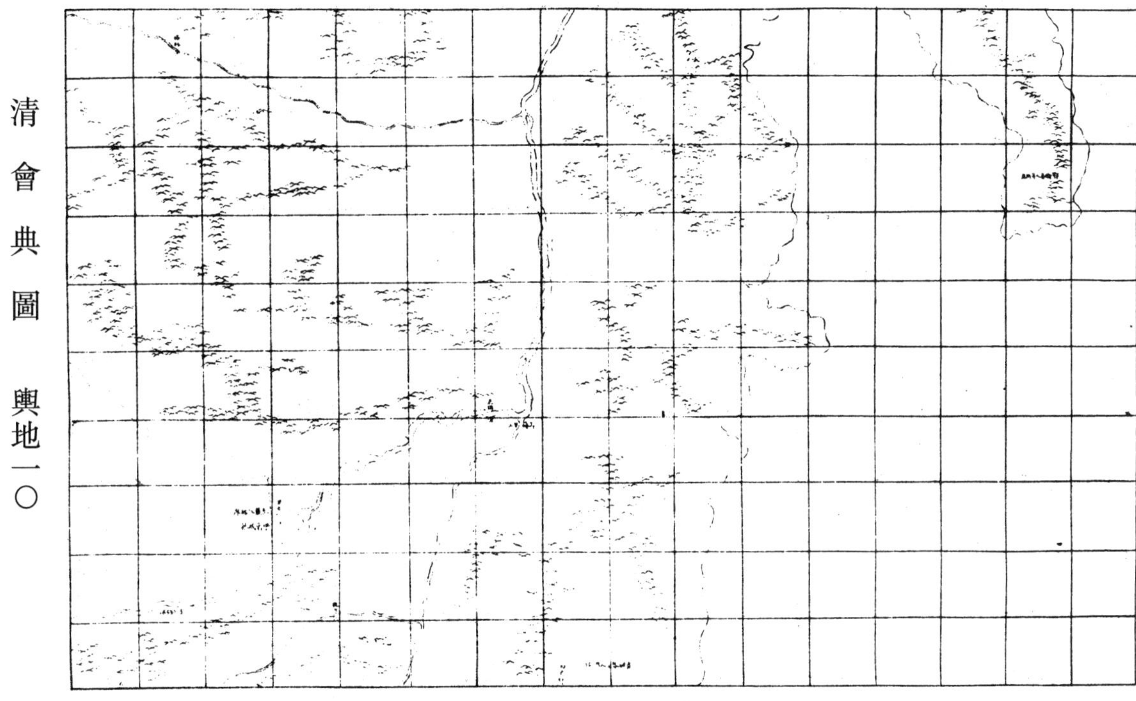

吉林省全圖五

北二
中

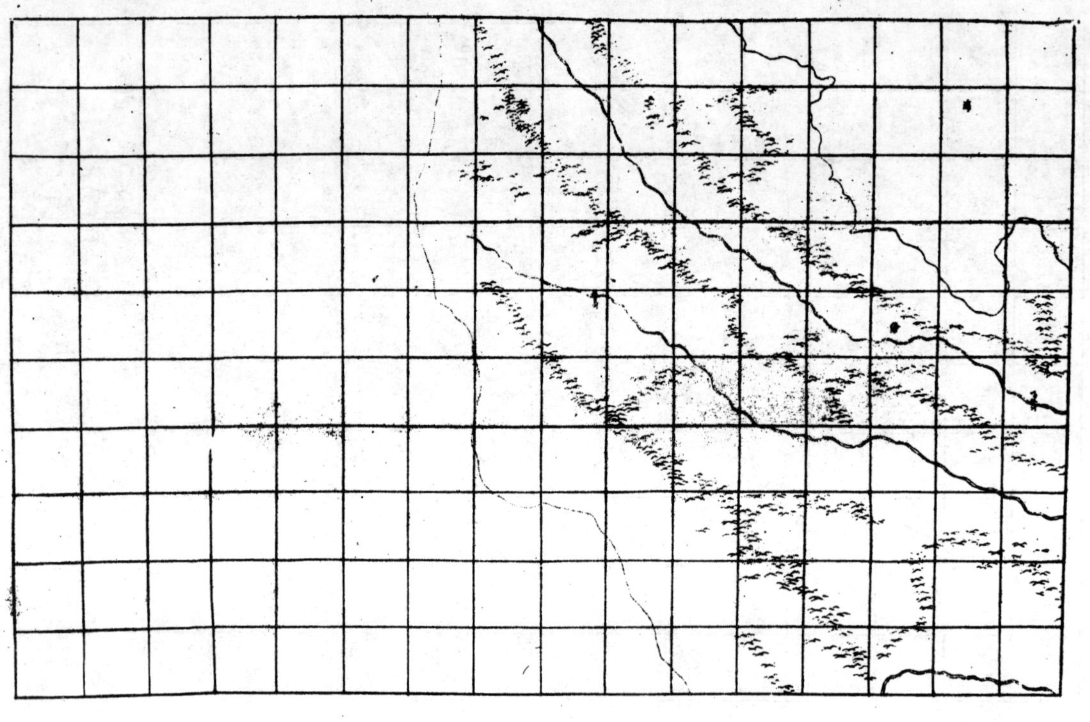

吉林省全圖六 北二左一

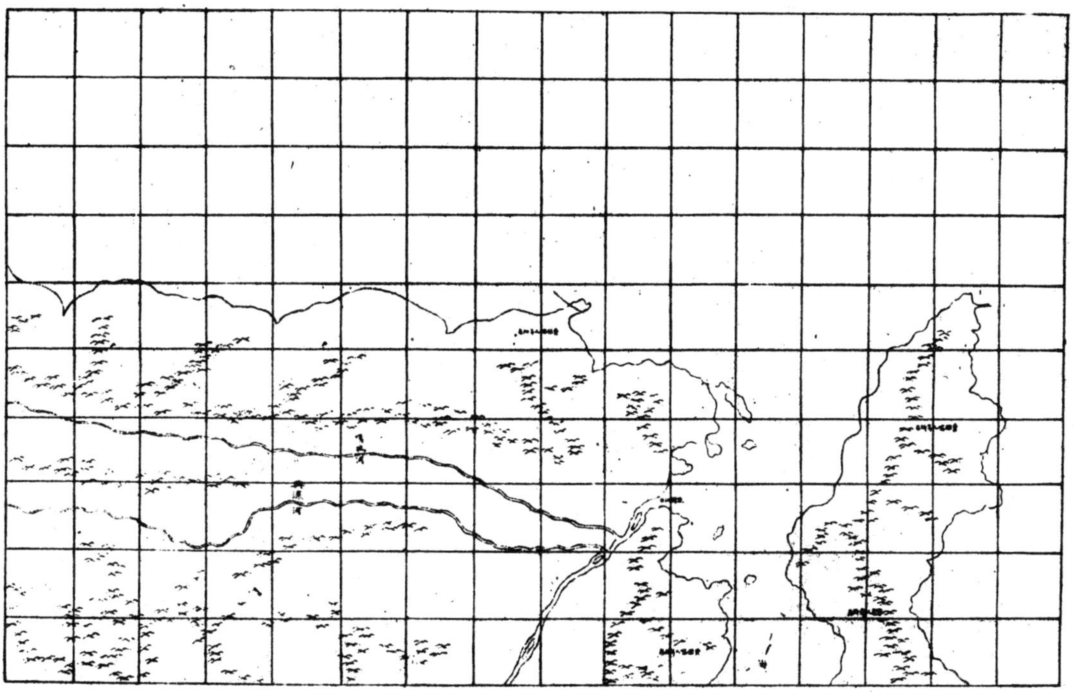

吉林省全圖七

北三
中

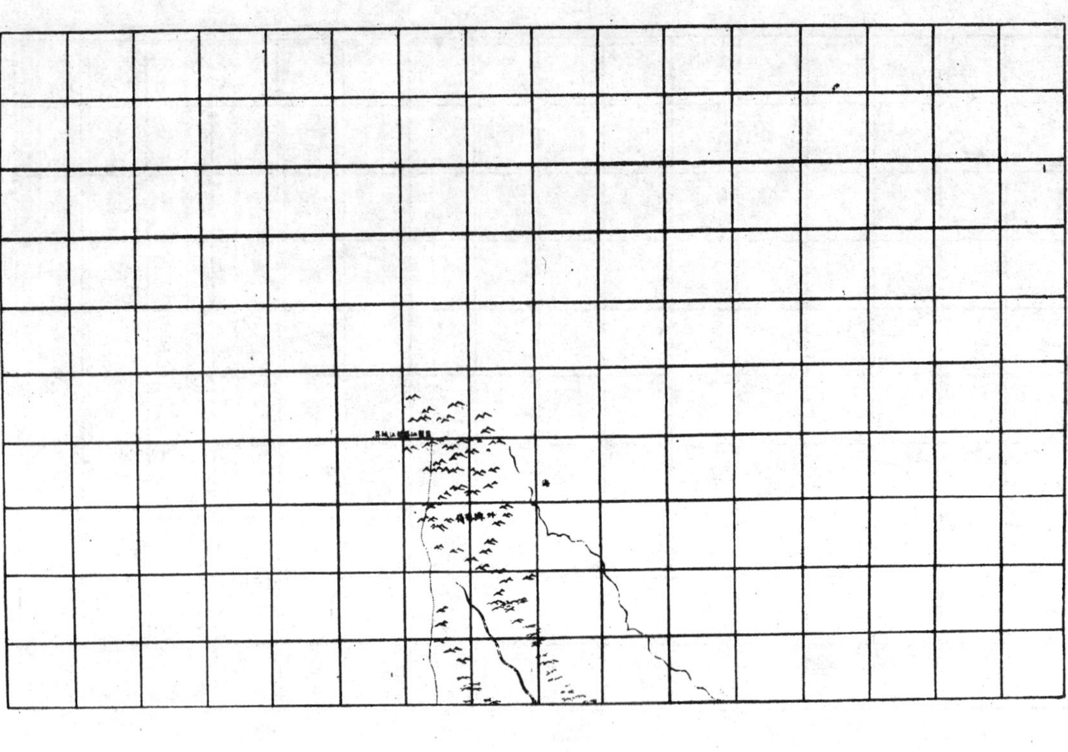

吉林省在

京師東北。吉林府爲省治。吉林將軍治焉。將軍本屬城一（吉林城）所屬副都統城五總管城一協領城二府二廳四。吉林城之北打牲烏拉城。西北伯都訥城拉林城。東北阿勒楚喀城三姓城富克錦城。東甯古塔城。東南琿春城。西北長春府。北伯都訥廳。東北五常廳賓州廳雙城廳。海在省東境北接俄羅斯界。南接朝鮮界。松花江數源自吉林府長白山北流。輝發河自奉天府來注之。又合温都亨河依罕阿林河溪浪河曲西北流經

長春府北。伊通河合伊勒們河北流注之。又西北緣郭爾羅斯旗界會嫩江。是爲混同江。緣界折東經伯都訥廳北。至拉林城北。拉林河合莫勒恩河西北流注之。北爲黑龍江呼蘭城界。又經雙城廳北至阿勒楚喀城北。合阿勒楚喀河。經賓州廳北又東入界。合螞蜒河。又東北經三姓城北。瑚爾哈河合瑪爾瑚里河海浪河東北流注之。倭肯河西北流注之。又東北復緣呼蘭城界經富克錦城北。又東北黑龍江自黑龍江城東南流來會。又東北過喀爾喀山東烏蘇里

江出錫赫特山合興凱湖大穆稜河撓力河東北流注之。又北合格林河興滾河噶穆河入於海。圖們江自長白山緣界東流。經琿春城西北南岸爲朝鮮界。駭浪河合嘎雅河南流注之。琿春河西南流注之。又東南經琿春城南入於海。約色河瑚爾新河並東流入於海。赫爾蘇河自盛京奉天府北流入界。經長春府南入盛京昌圖府界。東至海。西至盛京界。南至朝鮮界。北至俄羅斯界。東北至內蒙古哲里木盟界。

欽定大清會典圖卷一百四十九

輿地十一

吉林府圖

長春府圖

吉林府圖一

中

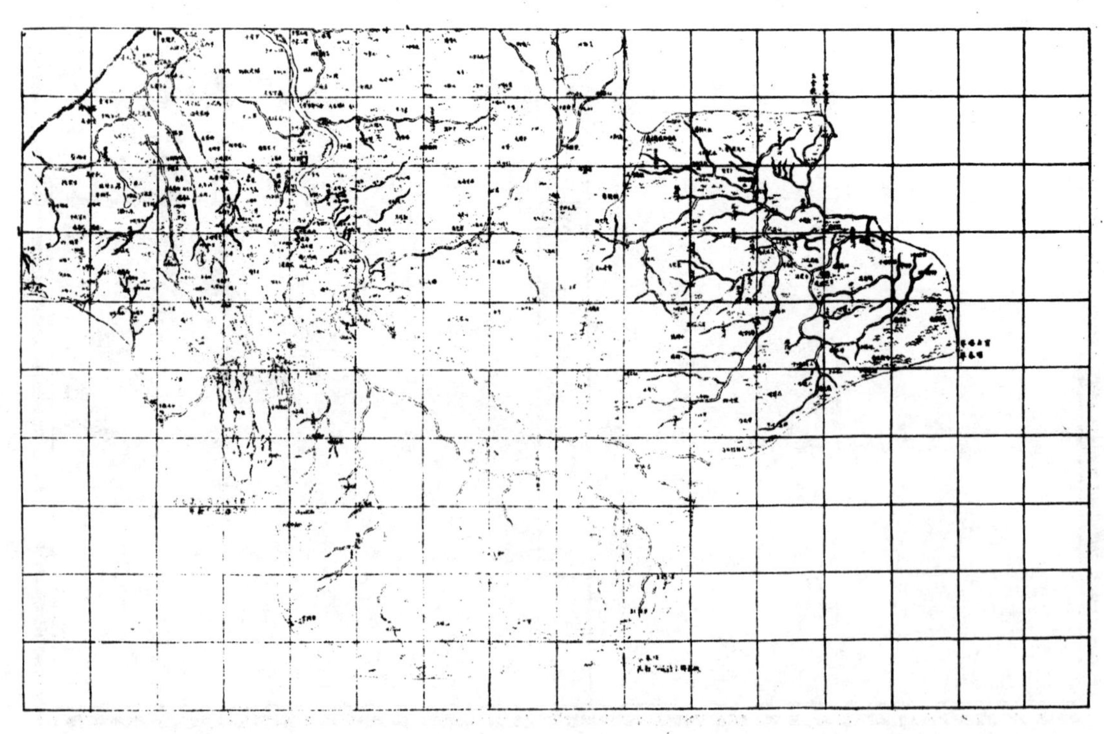

吉林府圖二

中右一

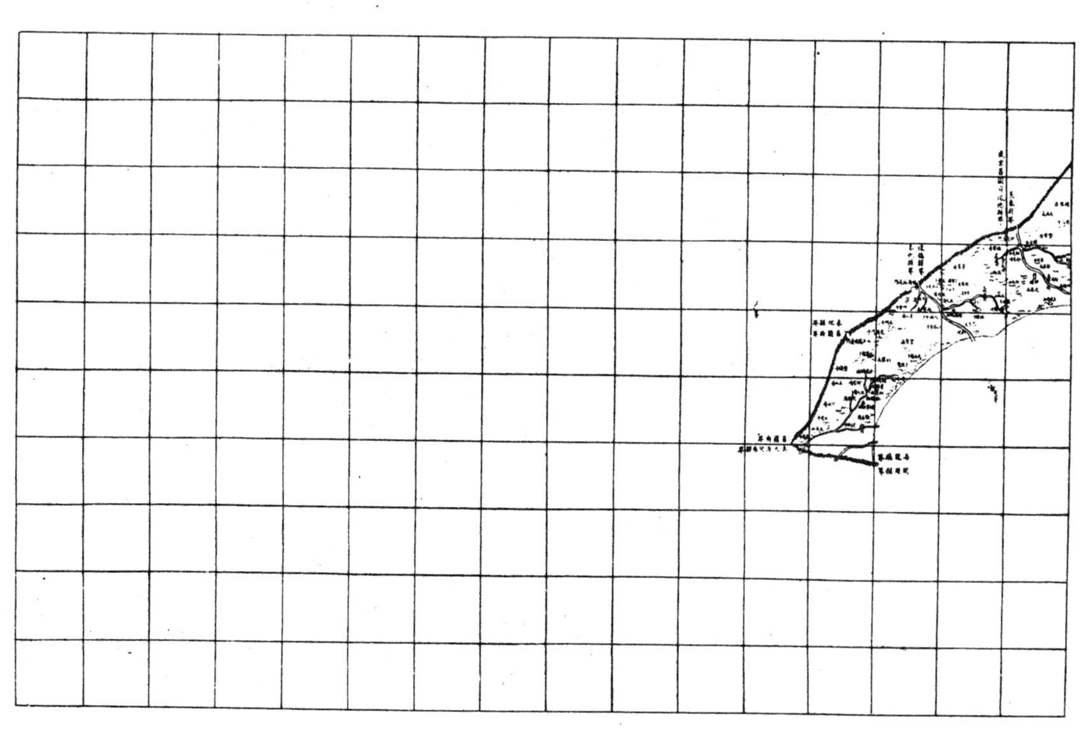

吉林府圖三

北一
中

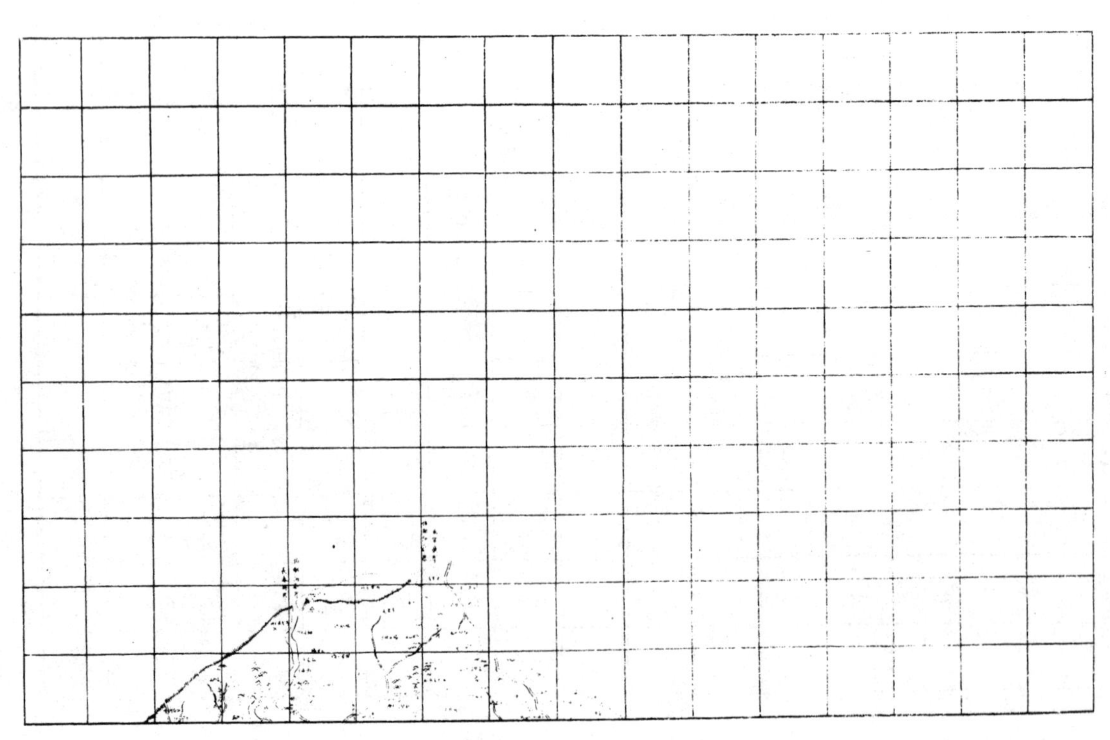

吉林府為吉林省治至京師二千三百五里領州一縣一東敦化西南伊通州松花江東源二出府南長白山西北麓一曰安巴圖拉庫河即小土拉庫河一曰阿濟格圖拉庫河即大土拉庫河自山巔之闥門潭流出合而西北流尼雅穆尼雅庫河合裏馬鹿溝黃花松溝四道白河三道白河二道白河自東南來注之又西北右納三母石河與西源會西源亦有二曰額赫額因河曰三音額因河幷出山之西麓合而北流左納雅哈河那爾混河尼什哈河折東北與東源會而西北流經府東南之煙筒山西受輝發河河自奉天海龍廳來東北流經伊通州東南當石河出馬髮嶺合林家屯河紅土屯河寶山屯河南流注之又東北交河自奉天海龍廳緣界北流注之又東北細鱗河石頭河富太河獨立河豬膟河呼蘭河金沙河自其北注之託佛別河報馬川河石頭河色力河法別河蘇密河公別河大小箘箕河自其南注之又東北經府南大萬兩河出伊通州東南那爾轟山合小萬兩河家鷄河東北流注之又東北注於松花江松花江東北流右納大小穆欽河小加皮溝五虎石河又東古洞河自琿春城來西北流合富太河注之又屈曲而北右納漂河及芒牛溝河折西北受拉法河河出府東北西南流經土山屯西右大沙河十道河又西南經拉法站及北崴子屯東左納大蛟河又西南注於松花江松花江又西北流左納螞蟻河海浪河右納響水河涼水河大富太河小富太河雅門溝河又西北額赫穆河西流注之又經治城西南溫德亨河自大黑山北流合大水河折東北流來注之又東北經治城東折西北至龍潭山西依罕阿林河即一漢河出府東老爺嶺北合嘎雅河雙岔河西流注之西沙河東流注之又北經金珠鄂佛羅站西右出支津曰富爾屯河北流溪浪河出府東北合喀岔河來會為舒蘭河至察爾巴注正渠其正渠自金珠鄂佛羅站西北流至擦爾巴受支津又東北經馬當溝卡倫入長春府界牡丹江即瑚爾哈河出敦化縣西南老嶺東流經帽兒山南右納四道溝水經懷德鄉西東北流左納黃泥河大石

頭河又東北經鄂多哩城東及縣治東左納小石頭河又北雷風氣河自烏松硎子東合朝陽河宋家店河黃泥河興隆河東流注之又北經通溝嶺北受頭道河河舊名珊延木克河出縣南大秫稭垛嶺合二道河三道河北流沙河合黃泥河柳樹河板橋河涼水泉西南流來會又西北流左納興隆川右納三清觀河及沙河支津經高麗盤道又北馬鹿溝河合二道溝四道溝水西南流注之又西北經通溝站注於牡丹江牡丹江又西北左納蝦蟆塘河黑石河右納义魚河又西北經高麗城受鄂穆赫索河河上源為東西馬鹿溝並出縣北洋白山合而南經鄂穆赫站意氣松河合朱爾多河東南流注之折東南威虎河合大小沙河東流注之又東右納蘇子河左納一小水折南注於牡丹江牡丹江又東流經長嶺子北都稜河合諸小水南流注之又東右受馬鹿溝支津入甯古塔城界伊勒們河出伊通州東南萬寶山二源合而北經神仙洞玻璃河亦出伊通州境東北流注之又西北經五花

頂屯東雙陽河出暖泉子北流合石頭河來注之又北折東經蓮花泡屯北岔路河亦出伊通州合一小水北流注之又東左納興隆河又東經石灰窰蘇通河合雙河倒水溝河五里河北流來注之又東而北木石河合小河灣河西南流注之又北右納丁家屯河入長春府界大伊通河出伊通州南山西北流經大宛屯東又西合小伊通河經州治東又北右納柳樹河又北經勒克山東北溝口屯河合放牛溝河來注之又北出伊通邊門入長春府界赫爾蘇河即東遼河自奉天府海龍廳入界東北流經伊通州西南又經赫爾蘇站大孤山河合小孤山河西北流注之又北左納張家溝黃米溝水又北出赫爾蘇邊門入奉天府奉化縣界扣河一名大清河又曰贍河亦自海龍廳入境西北流經州西歡喜嶺又西北經前城子葉赫河一曰橫道河自嘎哈嶺西流合老虎洞溝艾家溝水來注之又西南入奉天府開原縣界長白山舊名果勒敏珊延阿林在府東南望祭山即温德亨山在府西南府東界甯古塔城西及西北界長春

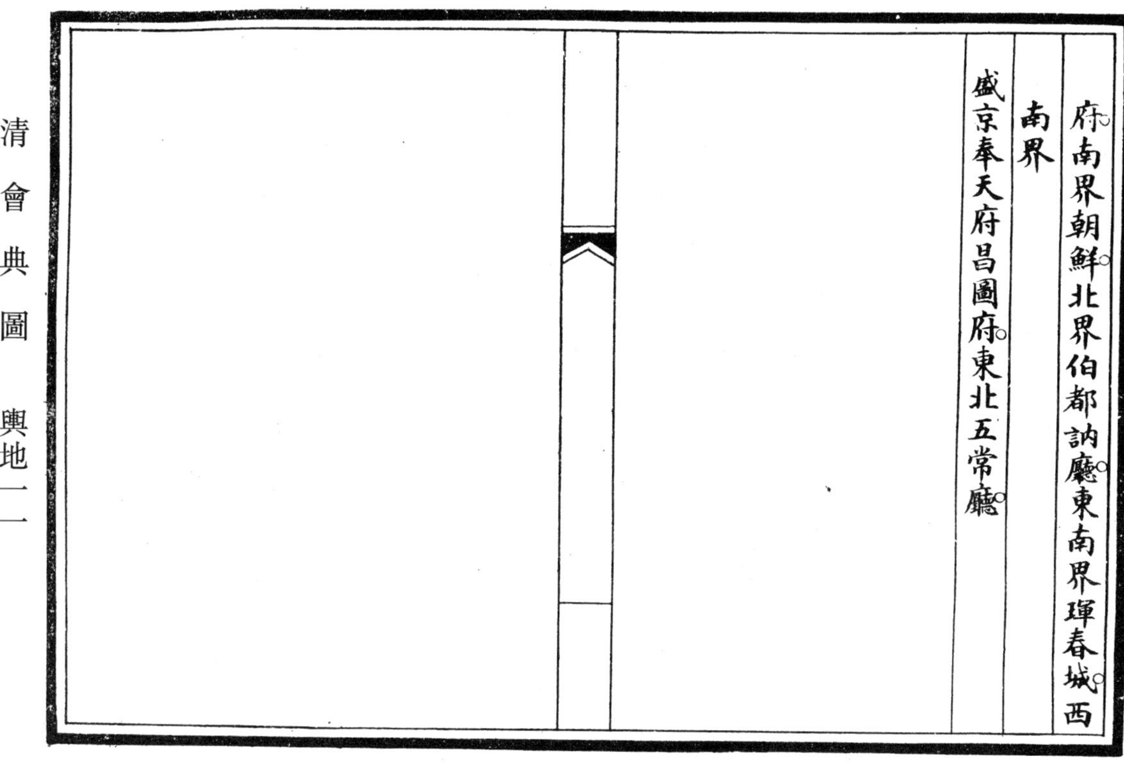
府。南界朝鮮。北界伯都訥廳。東南界琿春城。西南界
盛京奉天府昌圖府。東北五常廳。

長春府圖

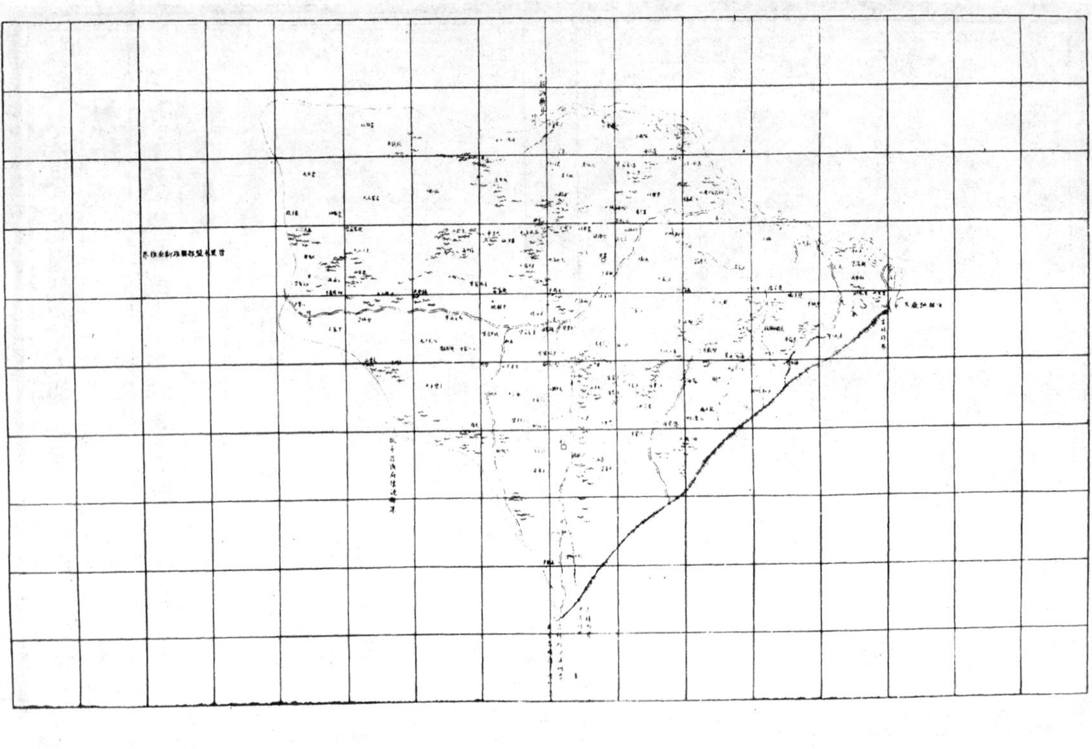

長春府在省治西北二百四十里。至京師二千二百里。領縣一。北農安。松花江自吉林府北流經府東北。其東爲伯都訥廳界。又北經望波山東。左出一支津經巴彥通北復合。沐石河合太平溝河自東南來注之。又西北經張述口北。左納一小水。又經紅石磖北。南受伊通河。河自吉林府伊通州北流入界。右納新立城河。又經府治東而北。至農安縣南。驛馬河自蒙古入境東流合新開河來注之。又東北經農樂社南。伊勒們河自吉林府來合新立屯河、沙河、霧海河來會。又東北入松花江。松花江又西北流。左納青山口河、卜魁溝河。折西經張家店。左納一小水。又西北入蒙古界。府東至南界吉林府。西及西南界奉天昌圖府。北及西北界蒙古郭爾羅斯前旗。東北界伯都訥廳。

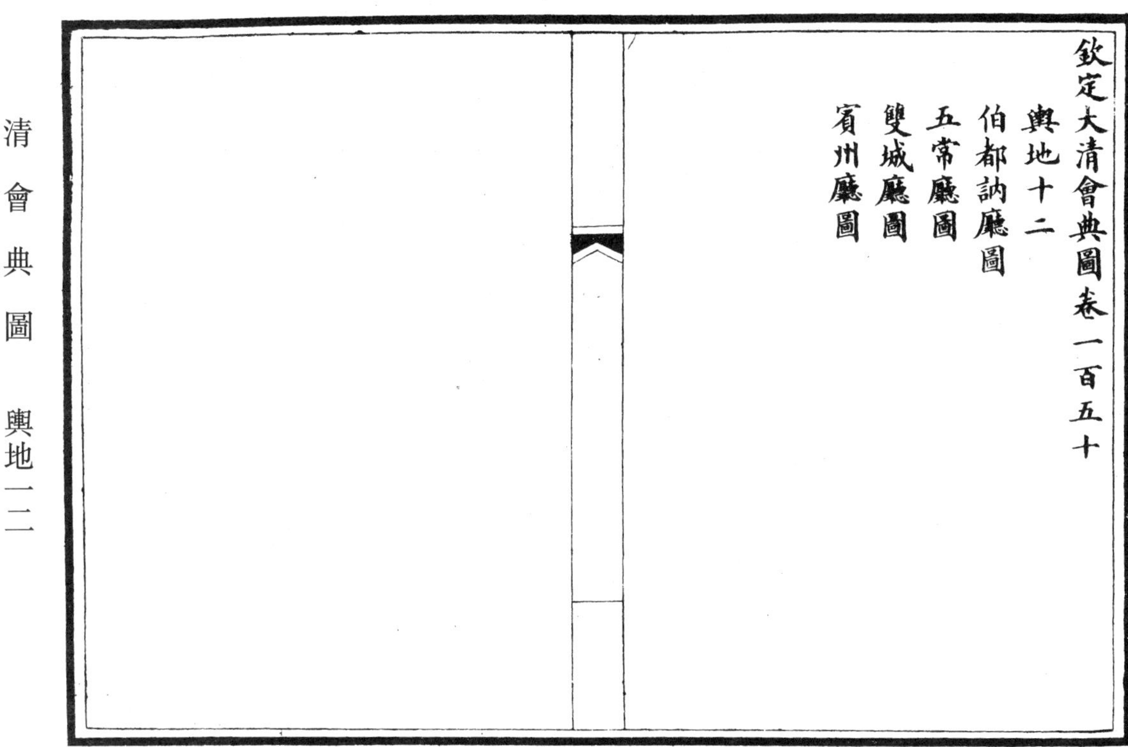

欽定大清會典圖卷一百五十

輿地十二

伯都訥廳圖

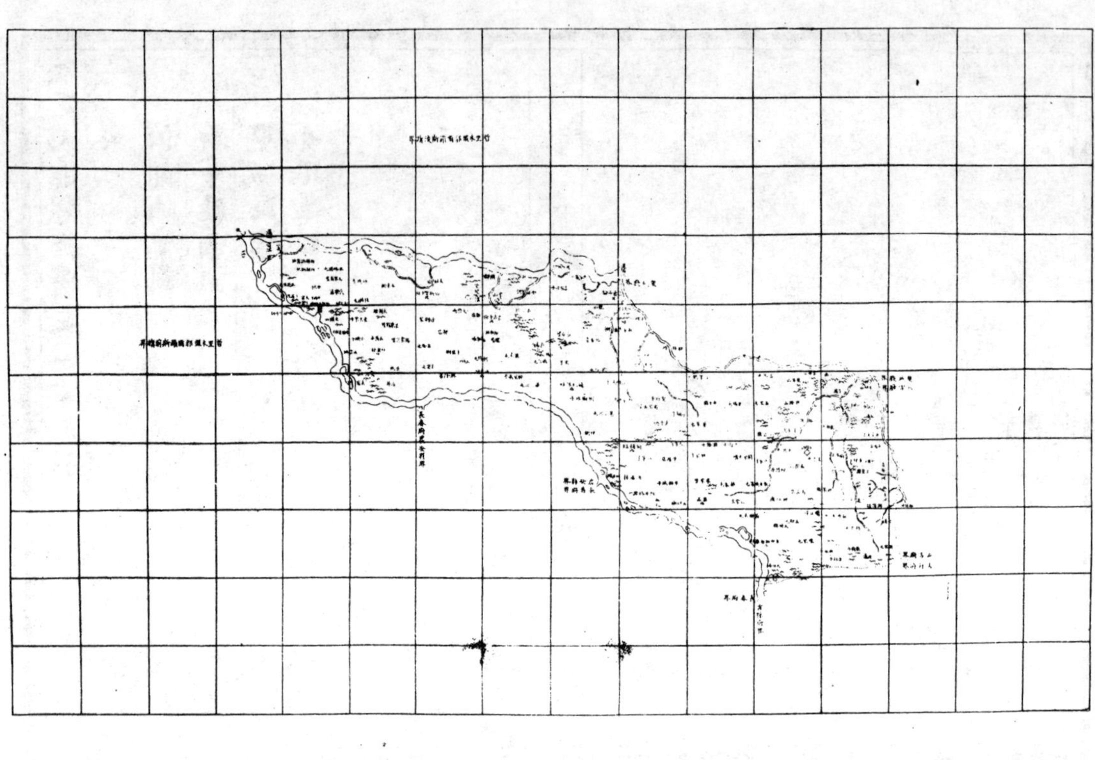

伯都訥廳在省治北二百七十里至
京師二千五百七十里。松花江自吉林府北流經
廳西南。登伊勒哲庫站西又北折西其南為長
春府界。又經廳西南之盟温站陶賴昭站遜札
保站浩色站及興隆堡南。又西經鷹山南西北
流右出一支津為大富水。復合西北流經東圍
山及伯都訥新城南。又北別出為小溪浪河。經
瓜爾佳屯西復合北流。經伯都訥站及伯都訥
舊城西。別出為二道河。又北左會自蒙古來之
嫩江。折東流為混同江。其北為黑龍江界。二道
河自其南注之。又東經察哈爾屯北。別出為大
肚泡並東流經哈斯罕卡倫北復合。又東別出
為四合堡河南流經朗郡東合家靖溝水復合
東流。又別出為兔斯河。東流復合。折南右納黑
石沱河。又東經岱吉卡倫北受拉林河。河自五
常廳合七道河五道河富春河緣界北流經廳
東至牛頭山東北折西流其北為雙城廳界。南
有卡岔河即哈薩里河合二道河卡路河北流
來注之。又經廳北之龍首山西。西北流右納董
家屯河。又西北經柞樹岡北右納蘇家窩堡河

又西北入於混同江。混同江又東流入雙城廳界。廳東及東南界五常廳。西及西南界長春府。南及東南界吉林府。北及東北界雙城廳。西北界黑龍江内蒙古。哲里木盟郭爾羅斯前後旗。

五常廳圖

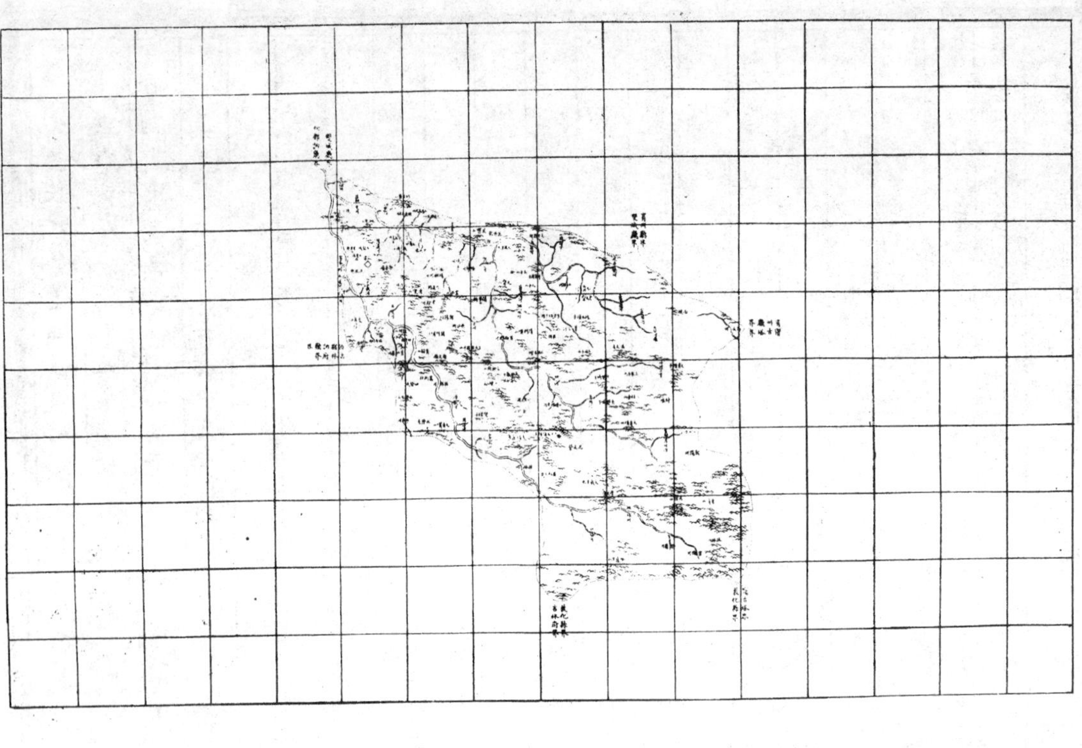

五常廳在省治北三百六十里。至
京師二千六百六十里。拉林河即淶流河。出廳東南拉林山。二源。北曰霍倫河。南曰舒蘭河。合西北流經大歲子屯西南。左合和倫河。又西北右納一小水。又西北經雙研子南。左納一小水。右納響水河。又西北右納韓沖河。渾水河。左納小石頭河。又經轂頭山北而西。右納靠山寨河。又西北經山河屯北。黃泥河出連環山西南流注之。小沙河自吉林府來合福安屯河北流注之。又西北右納半截河。又北七道河五道河富春

河並自伯都訥廳東流來注之。又經後沙山西而北。會莫勒恩河。河舊名磨稜河。又曰摩琳河。出拉林山北。二源合西流。經大青頂山南。又西折北右納石頭河。左納小莫勒恩河。又西北沖河自東來注之。又經紅石磖南。左納小黑河。經大肚歲子折西北。右納湘水河。左納七才河。又北經蘭彩橋東。右納薛家溝河。左納劉泡河。又北大泥河合小石頭河姜家溝河疙疸橋河元寶河小泥河葦沙河六道河子大石頭河西北流注之。折西左納條子河小六道河籐子河黑

魚泡五角泡琉璃河頭道河。右納五道黃泥河三道黃泥河二道黃泥河頭道黃泥河及柳樹河。又西北與拉林河會。拉林河又西北流右納背陰河。又西北入雙城廳界。呼蘭河出廳南永發屯山。東南流入吉林府界。海浪河出廳東一面坡東南流入甯古塔界。廳東及東南界甯古塔城。西及西北界伯都訥廳。南及西南界吉林府。北界雙城廳。東北界賓州廳。

雙城廳圖

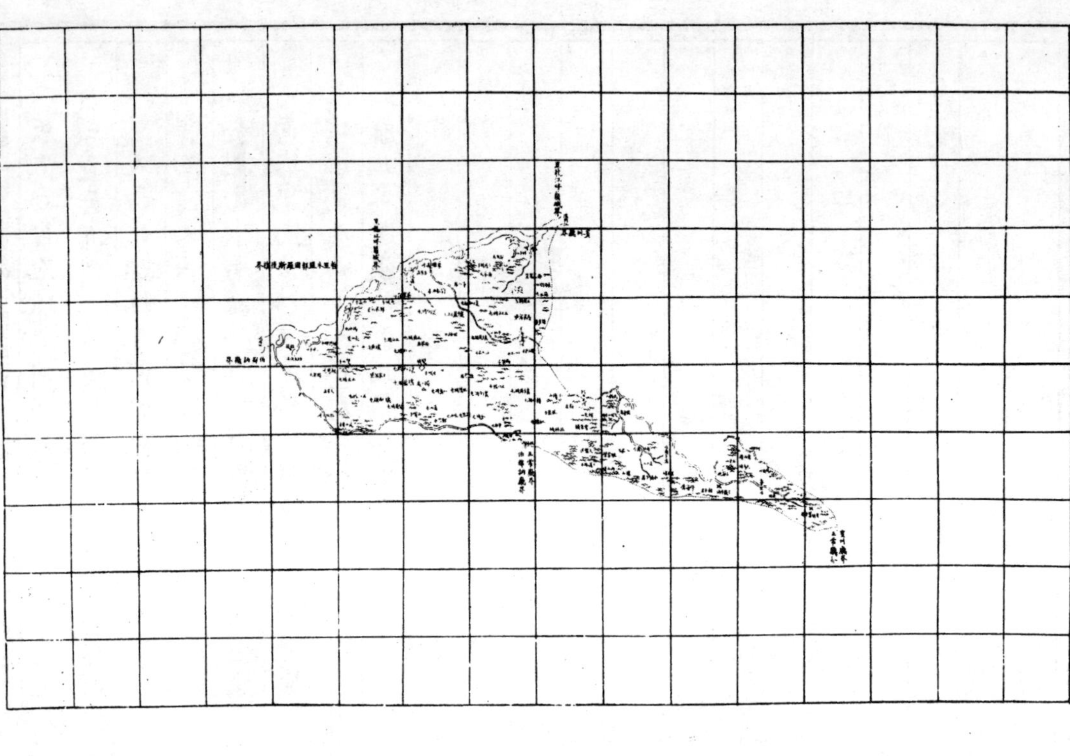

雙城廳在省治東北五百里。至京師二千八百五十里。混同江合拉林河自伯都納廳緣界東北流經廳西北。其北為黑龍江呼蘭城界。右納煙火泡子水。又東北又出一支津復合東北流。經廳西北西崴子。右出一支津復合。至東城子西復右出一支津復合東北流。至萬家店北右出一支津曰三道溝。受一小水復合。又東經廳北。葦塘溝河自賓州廳西北流來注之。又經天鴨泡北。右納正陽河。又東北入賓州廳界。阿什河。自賓州廳緣界西流經廳東南青山嶺東。左納小黃泥河。又北折南經多歡卡倫北。大黃泥河出筆架山西北流合一小水來注之。又西北經周倉店北。甬子溝河出黑硐山西北流合三小水來注之。又西北經馬韋山北左納新立屯河。折東北入賓州廳界。廳東及東北界賓州廳。西至南界伯都納廳。北及西北界黑龍江呼蘭城。東南界五常廳。

賓州廳圖

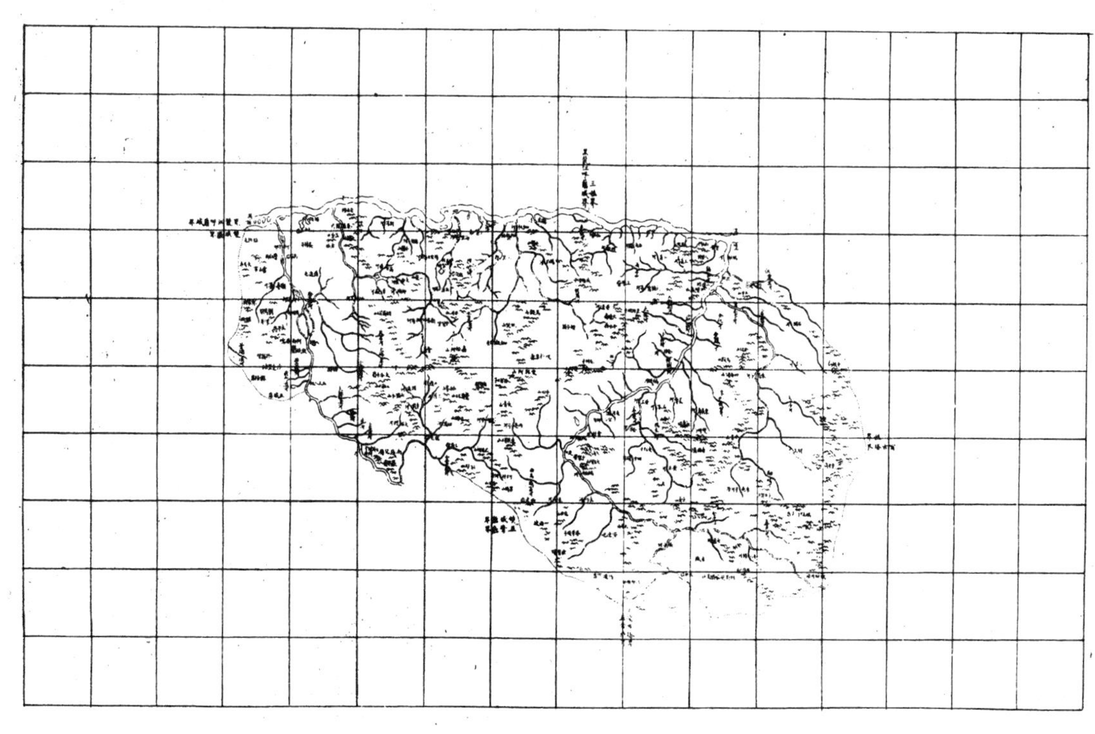

賓州廳在省治東北六百三十里。至京師二千九百三十里。混同江自雙城廳東流經廳西北。其北為黑龍江呼蘭城界。右受阿什河。河即褚庫河又曰阿勒楚喀河。出廳東南墨爾山北麓。西北流右納花磖子河。又曲折而西經三道街南。左納小黃泥河。又西北頭道河二道河三道河四道河合為混元河南流注之。折西南經嚴家嶺南。又折西北右納大石頭河小石頭河沙河蛤螞塘河大腰溝河。又北左納前二道河後二道河。經沙克里站及白城東。又經阿勒楚喀城東。西北流歧為三復合。經滿洲屯東大海溝河合茂石河小海溝河西流注之。又西北左納太平溝河廟臺溝河。又西北注於松花江。松花江又東流右納橫道河又東受蜚克圖河。河出廳南嘉松阿山西北流經于窩堡北。左納爾奔佈拉庫河。折北經元寶山及廳城西南。北流折西。左納大猞猁河柳樹河草廠河。右納高力溝河。又西左納小猞猁河。又西北經蜚克圖站東。曲折西北流注於混同江。混同江又東右納朝陽河。又東經小團山北右納烏兒河楊家大橋河。又曲東流經紅石磖北。又經半拉山南折而北。海里渾河自廳東南北流經葦子溝站合五道林河來注之。又東南別出為三道溝。合馬蛇河復合東流三岔河合頭道溝河北流注之。耞板河即札巴蘭河又名乞蒲拉河。合元寶溝河橫道河朝陽河湯石河北流過耞板站來注之。又東右納陶淇河。又東經治東北。其北為三姓城界。右納半截河石洞河擺渡河白魚圈河及三小水。又東經萬寶山北。右納三保河及一小水。又東經南天門北。黑河東流折北注之。又東。受螞蜒河。河出廳東南螞蜒河大嶺西北流。左納小石頭河。右納養魚池河。曲折而西。左納七道河。右納金沙河。又西倭沙河合一小水自南來注之。又西北經太平山北。左納一水。又西北。大沙河東北流來注之。又西北經于家營西。西烏幾窑河東流合花曲河折北來注之。折東北流。西亮子河合一水東流注之。又曲折而東北右納金沙泡空心柳河通河泡諸水。左納五小水。折東黃玉河合四方頂河楊木河金沙河小平安河自南來注之又東北經螞蜒河南右納石洛河長壽河東長壽河東烏綫窑河金鳳河金坑河左納柳樹河金沙河小林河大林河小柳樹河大柳樹河又東北經二道坡南東亮子河自太平碉合細鱗河驛馬河大遂河小遂河小石頭河曲折西北流注之又東北石頭河西北流注之涌子河合大豬嘴沫河二道河三道河東流注之又東北大黃泥河合小黃泥河西北流注之又東北入混同江混同江又東流入三姓城界廳東及東北界三姓城西及西南界雙城廳南界五常廳北及西北均界黑龍江呼蘭城東南界甯古塔城

欽定大清會典圖卷一百五十一

輿地十三

甯古塔城圖

琿春城圖

甯古塔城圖一

中

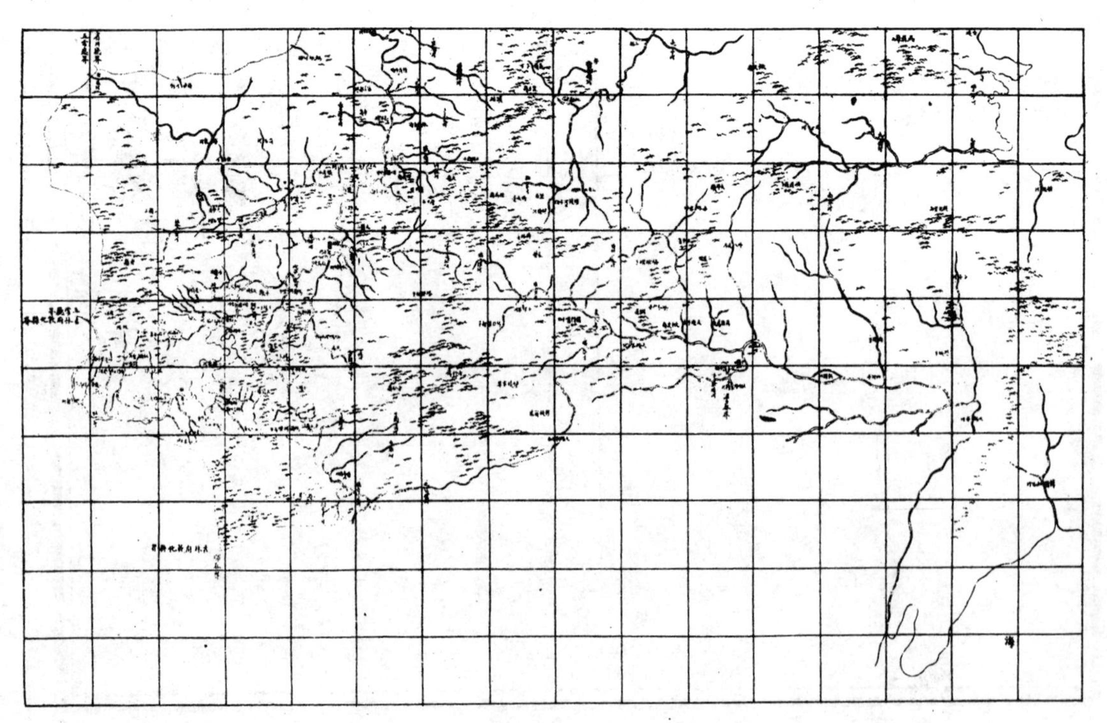

甯古塔城圖二

中左一

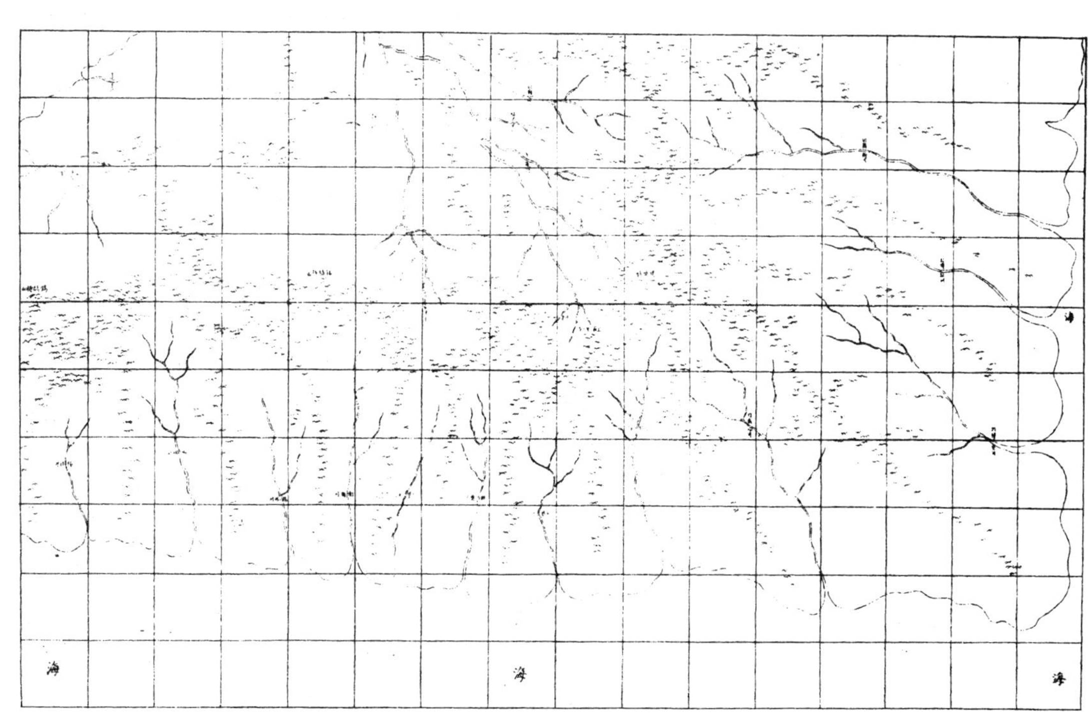

甯古塔城圖三

北一
中

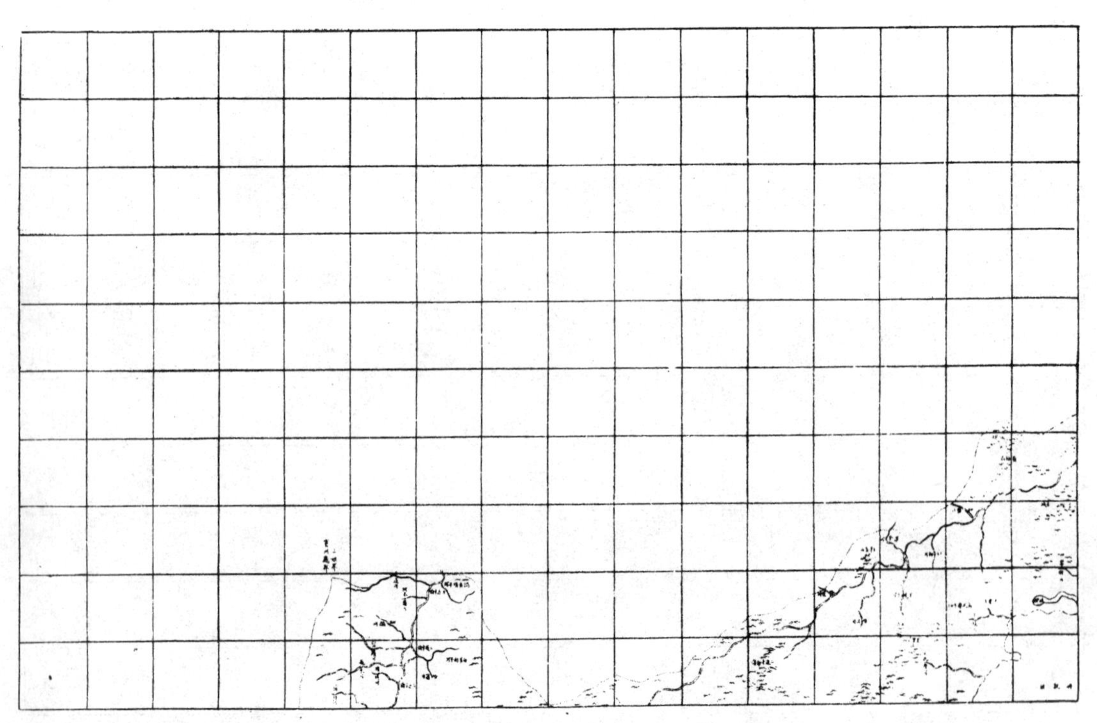

甯古塔城圖四

北一
左一

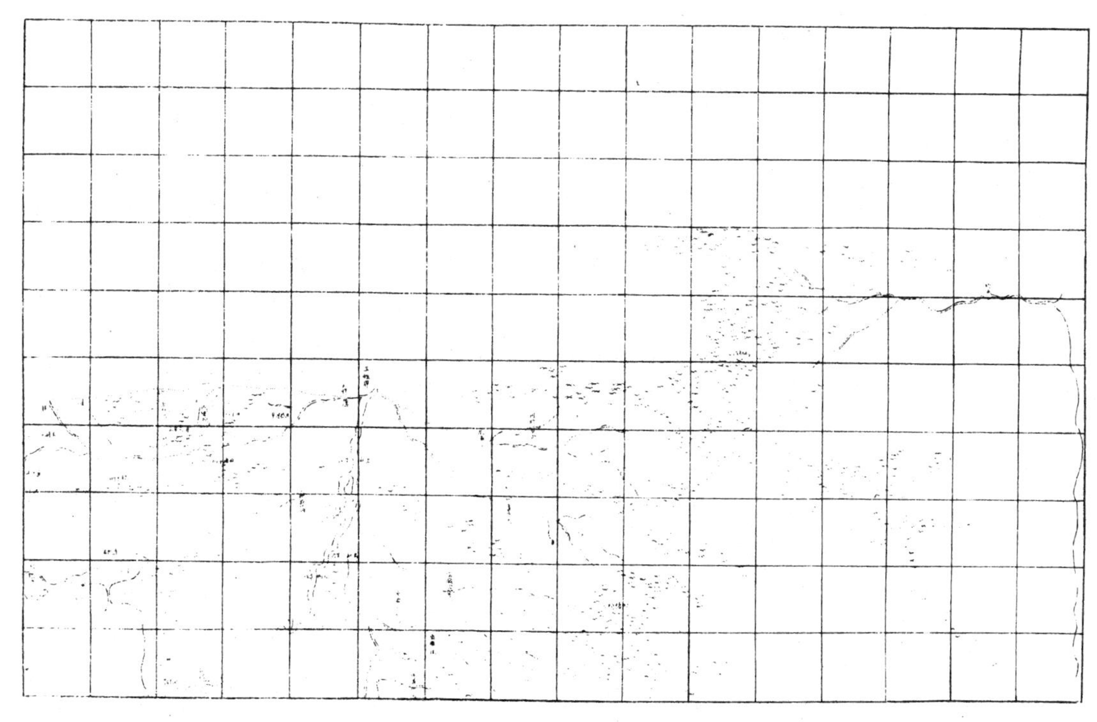

甯古塔城在省治東八百里。至京師三千一百五里。海在府東南境。牡丹江自吉林府敦化縣來。合都稜河東流經城西南。三道登什庫河合二道登什庫河自北來注之。又東北左合頭道登什庫河。又東阿爾蘭河合四小水自北來注之。又東而北。又納大小孔其木河。左納東塔拉泡及朱克敦河。又曲折東北流匯自南來之小夾溪大夾溪松音河自東來之柳樹河金坑河石頭河。自西來之丰拉窩集河必罕河爲一巨澤。曰必爾騰湖。又自湖東北出始曰瑚爾哈河。又經北湖頭而北。右納阿巴河。左納三道河。又經敦京城西。左納二道河。又東北左納頭道河。折東舊街基河自沙蘭站北東流折南注之。瑪爾胡哩河出瑪爾胡哩窩集合十數小水北流注之。又經城南索爾霍綽河一名哈嗎河子合三道河及四小水北流注之。又東北右納蝦蟆河。經城東折北。塔克通阿河合五小水西流注之。又經城東北。左納藍岡河。右納呼錫哈里河。又曲折而北經老黑山東會海浪河。河自五常廳東南流入界。左納一水。折南經

封堆北。右納拉哈窩河。又東楊木臺河分二支北流注之。折東北經龍頭山北。窩占河東南流注之。又東北商石河合一水東南流注之。又東左納二小水及石頭河。又東與瑚爾哈河會。瑚爾哈河又東流經乜河屯右納乜河北流。特林河合磨刀河鐵嶺河西流注之。又北右納奇克屯河烏府林河樺樹林河江窩峯河哈圖河白草甸河鍋盔頂子河。左納長石磖子河富達窩河薩林河頭道河飛來河甯羅河細鱗河阿木蘭河三道河。又北入三姓城界。大綏芬河出城東南穆稜窩集。北流折而東會協領河。河出城東。東南流一水自烏拉草甸子東北流注之。又東右納小羊草河。曲東南經關門嘴子山北。倭林喀河出城東太平嶺合六小水自東北來會。曰裏八道河。又東南右合小綏芬河。又東南會大綏芬河。又東流左納一水經楸皮嶺南。左納大泡子水萬鹿溝水。又東經小圍山北。大瑚佈圖河合小瑚佈圖河自琿春城北流來會。又東北左納外八道河。又東南內河子沙河子二水南流注之。折西南入于海。烏蘇里江即和羅喈

江。出城東南錫赫特山。合伊津江富齊河能圖河努喀米河西北流。朝野河北流注之。又北合胡爾穆河噶爾瑪河庫爾布新河。又西北會自興凱湖東北來之松阿察河。湖一曰鏡泊在城東白稜河烏扎庫河夕陽河細房子河自其西注之。毛爾河合北岔河南岔河大樹河自其西南注之。橫道河雷風河半泡子河自其東南注之。小湖水自其北注之。又溢而東北流為松阿察河。經龍王廟東北與烏蘇里江會。烏蘇里江又折東北右納福爾圖庫河。左納倒木溝及小穆稜河。又北分流復合。又北阿庫里河尼滿河阿穆努河合西北流注之。左受大穆稜河。河一名莫力河。出城東特林嶺。合柳芽河三音必拉罕河東北流長嶺子河合廟兒嶺河自西北來注之。右納一小水。又經三站南。左納一小水。右納亮子河。又東北富克錦城之哈達河郭金河和圖河並自西北來注之。黃泥河下亮子河水曲柳河並自南來注之。又東北右納一小水。經大林子南而東。斐底河亦自富克錦城來合。太平硐子河東南流注之。又東北左納石頭河。又經半拉窩集南左納一小水。又東注烏蘇里江。烏蘇里江又東北入三姓城界。十三道嘎雅河在城東南與琿春接界。薩奇庫河出城南瑪爾瑚里窩集。東南流左納三道河牛圈溝河石頭河。經薩奇庫站又東南經小三岔口。右納阿木達河。又東南注於十三道嘎雅河。入琿春城界七虎林河自三姓富克錦城東南流入城東北境。又東南西納一小水。折東北復入富克錦城東螞蜒河倭沙河並出城西北。西北流入賓州廳界。約色河胡爾斯河拉傅拉河額穆里河並在城東。東南流入於海。塔爾分河胡野克河布魯河雅蘭河烏集米河都爾河錫林河拂林河錫拉河傅爾加哈河並在城東南。南流入於海。

城東及東南界海。西界五常廳。南界琿春城北及東北界三姓。西南界吉林府。西北界賓州廳。

琿春城圖一

中

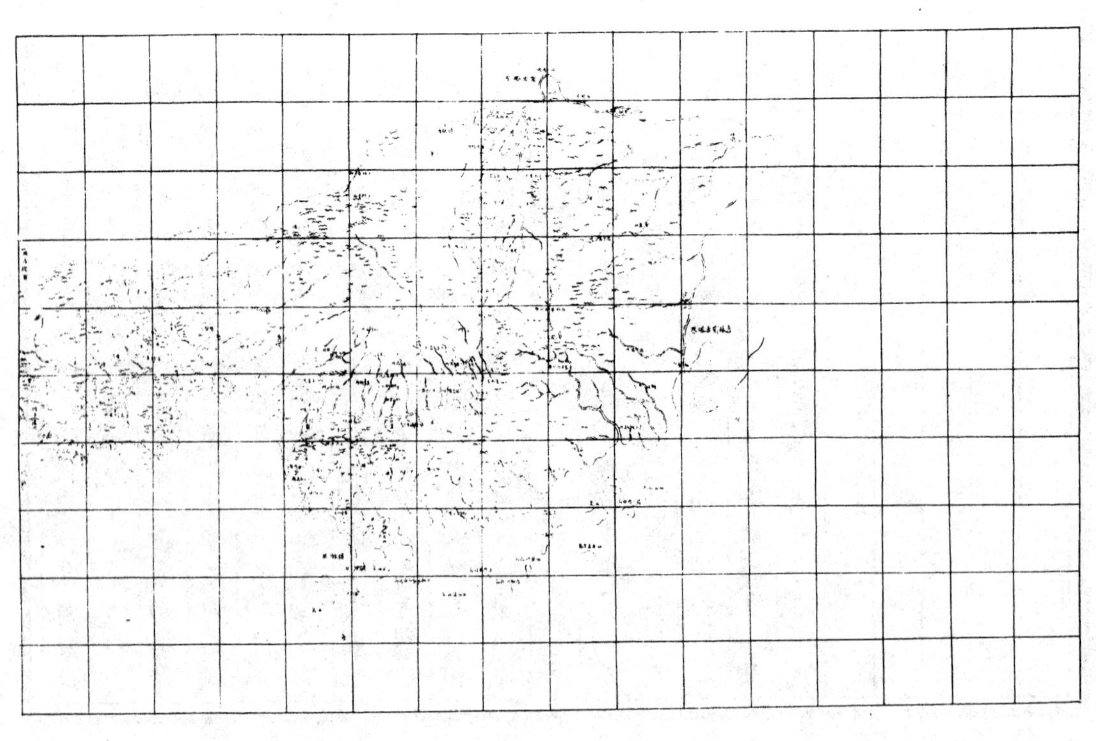

琿春城圖二

中　右一

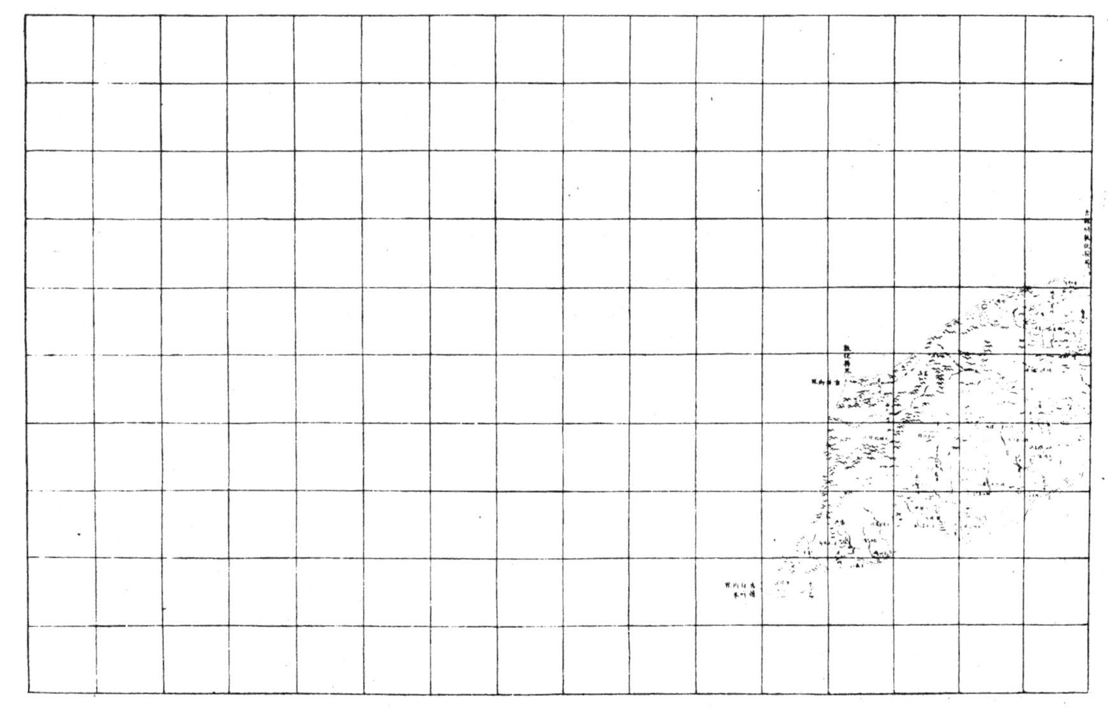

琿春城在省治東南一千一百里。至
京師三千四百五里。海在城東南。大綏芬河出城北土門子山。東北流錯入甯古塔城界。大瑚佈圖河出城東合三岔河老身河石頭河亮家川鹹廠溝及諸小水。小瑚佈圖河亦自城東合佛爺溝河大壯川河索龍河諸小水相會北流出境注之。復東流經城東。北舒圖河合劉治河木耳溝河黄溝河岸子溝河東北流注之。又折而南右納四道溝三道溝二道溝水入於海。圖們江一名統們江。有二源。北曰下乙水。南曰石乙水。並出城西南長白山支麓東流合於碧桃花甸南。又東北經紅土山南左納紅土河。右納半截江。左納長山嶺河。又東大箕溝河舊名阿几個色禽又名小圖們江亦自長白山東南流來會。又東北經長坡嶺南左納外七道溝河。又東經沙窩堡南紅溪河合外馬鹿溝河石人溝河及諸小水南流注之。又東北右納西豆水河。又東北經望將臺山南左納外六道溝河枇杷溝河。又東北左納外五道溝河石洞溝河。又東北外四道溝河合數小水東南流注之。又東北經

高麗崴子南右納數小水。左納金沙溝。折東南左納火狐狸溝河。又東北經和龍峪南左納石門溝河右納數小水。又東北經光霽峪折北經馬平嶺左右各納數小水。又經豐都嶺東折東流北十三道嘎雅河合佈爾哈通河駭浪河來會。河舊名噶哈里河。出城北土門子山西流右合甯古塔之薩奇庫河。又西折南經瑚珠站東。瑚珠河合苦水河東流注之。左納大荒溝河小柳樹河。又東南經東崴子東。大旺清河合小旺清河尖山河夾皮溝河大柳樹河自東來注之。折西南經鍋盔頂山北。牡丹川河合三小水自西來注之。折東南右納白菜溝河。又東南金沙溝河合數小水自東注之。又曲折而南經小盤山東南。佈爾哈通河出城西北哈爾巴嶺合城場溝河廟溝河小廟溝河柳樹河細鱗河朝陽河煙集河諸小水自西北來駭浪河出城西南牛心山二源合三道溝二道溝頭道溝四道溝五道溝小七道溝七道溝六道溝敦臺溝八道河子諸水自西南來合東北流。左納衣蘭溝葦子溝水。折東南流與嘎雅河會。又南注圖們江。

圖們江又東流經大高麗嶺南。大道河合半截江南流注之。又東經空洞山南。石頭河西南流注之。又東南左納乾河太平溝河。又東南經窑占站。窑占河合檳榔溝河梨樹溝河西南流注之。又曲折而南左納陰陽河。至城西南東受琿春河。河出城東北通肯山。三源合南流。左納香房溝河及一小水。又經分水嶺西。西南流左納灣溝河臺馬溝河黑瞎子背河太平川河鬧枝溝河梨樹溝河水淋河。右納小土門河大土門河六道溝河大六道溝河五道溝河大五道溝河。又曲折而西。右納臭松溝河四道溝河小柳樹河大柳樹河三道溝河外郎溝河二道溝河頭道溝河駱駝河。左納西北溝河西鬧枝溝河葫蘆河大紅旂屯河。經治城南。西南流右納車大人溝河。左納大小二道河板石溝河。又西南注圖們江。圖們江又南流。左納數小水。至玉泉洞南折北經五棵樹。又折東南左納圖兒河。又曲折而南入于海。頭道溝河昂邦河大小夾皮溝河蒙古街河薩瑪河西吉窑河圖拉木河額吉窑河舒爾霍薩河吉新河伊力河巖杵河佛多石河橫道河英安河英額拉丹河並在城東南入於海。富太河古洞河並出城西北富嶺西流入吉林府界。城東及東南界海。西及西北界吉林府。南及西南界朝鮮。北至東北界甯古塔城。

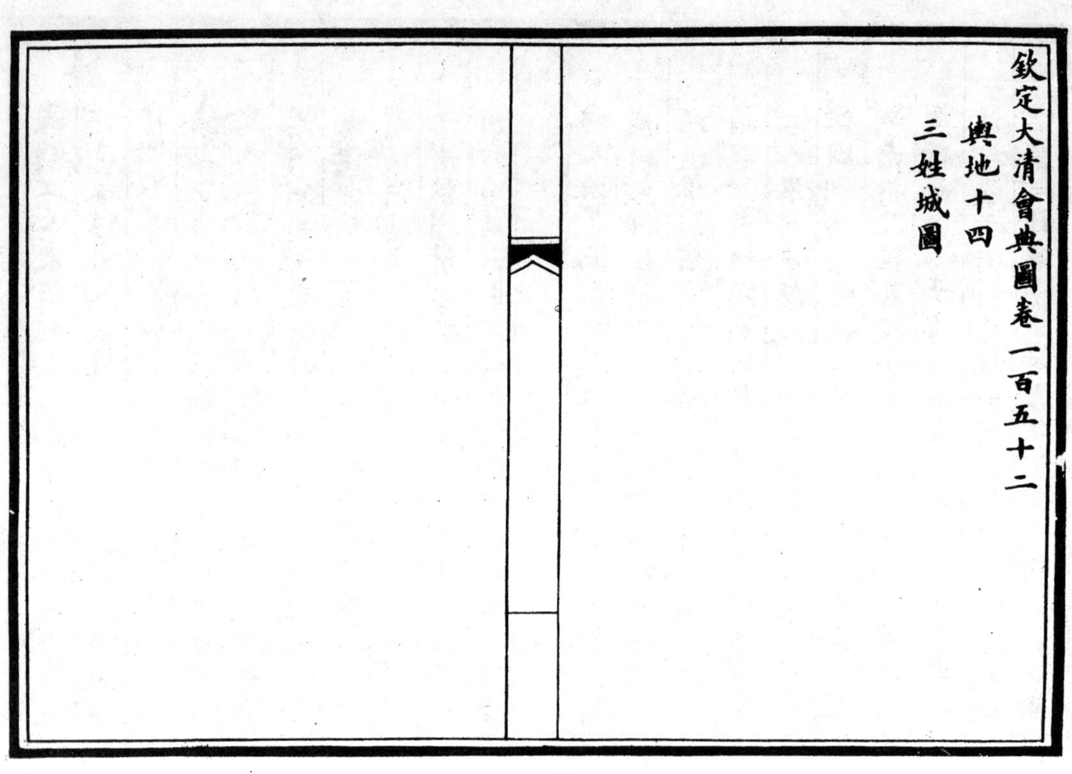

欽定大清會典圖卷一百五十二

輿地十四

三姓城圖

三姓城圖一

中

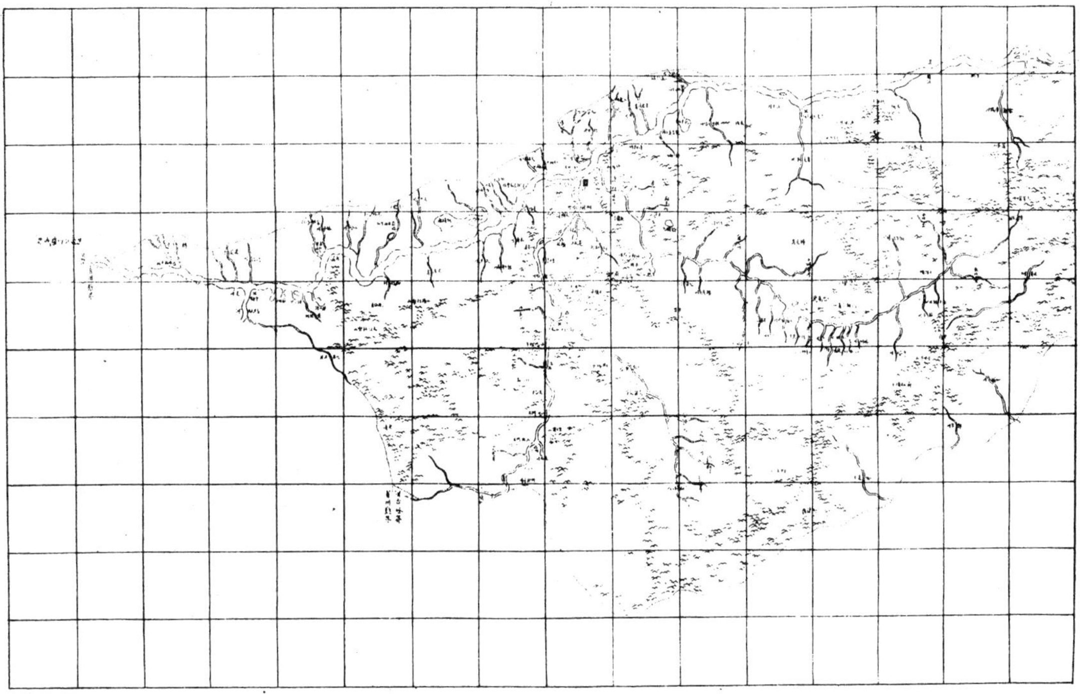

三姓城圖二

中左一

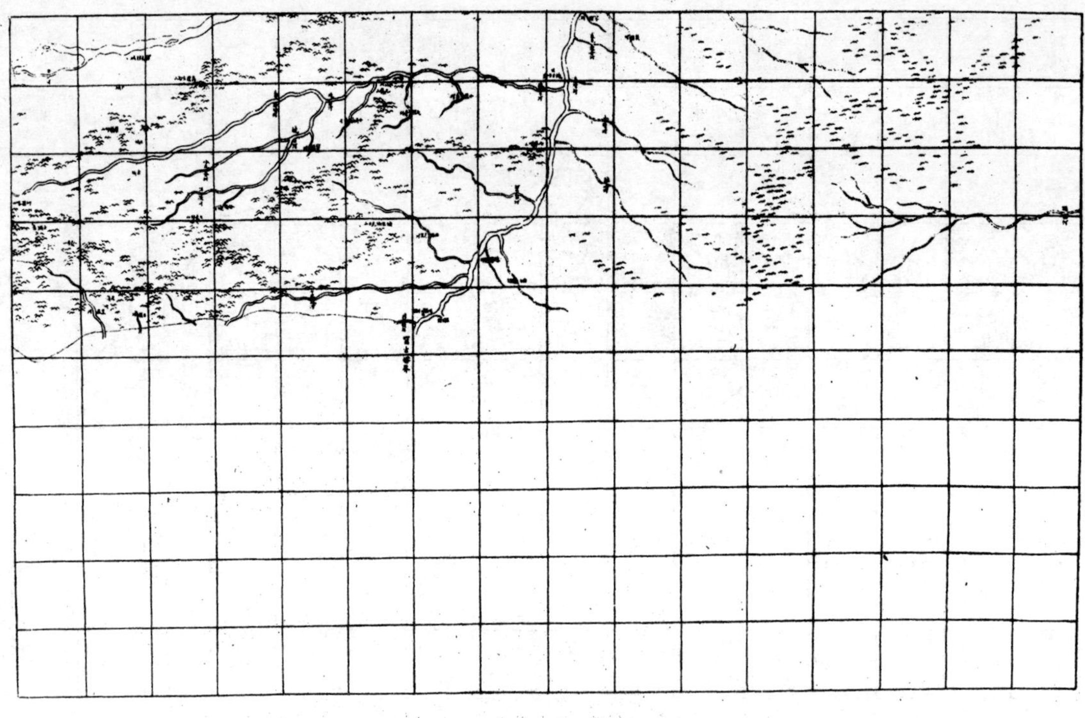

三姓城圖三

中左二

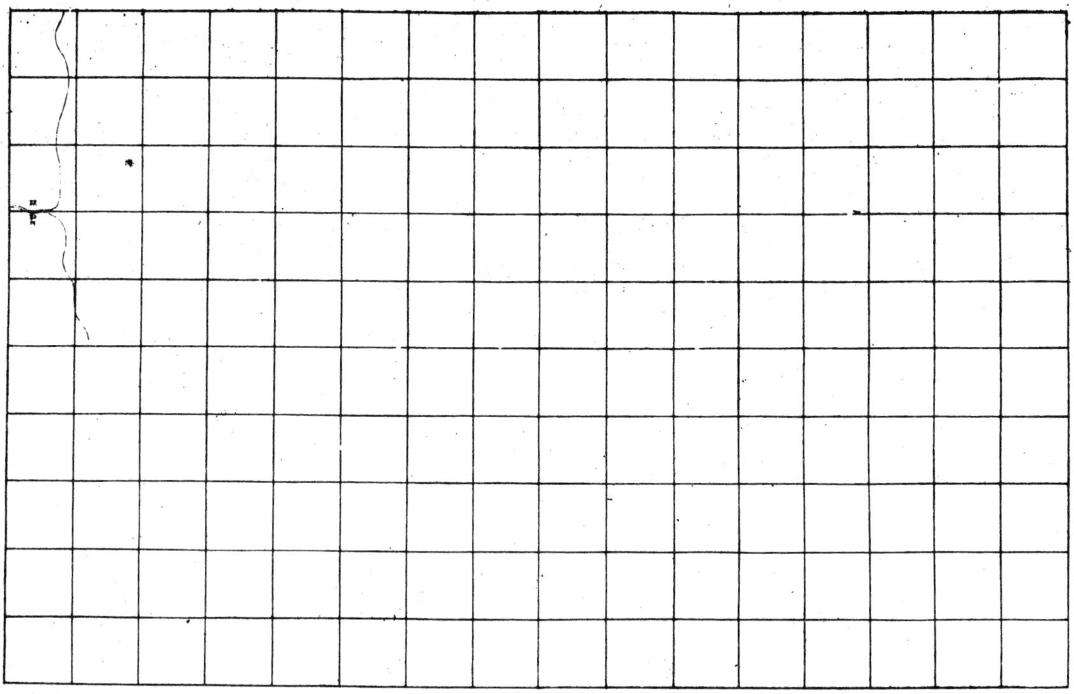

三姓城圖四

北一
中

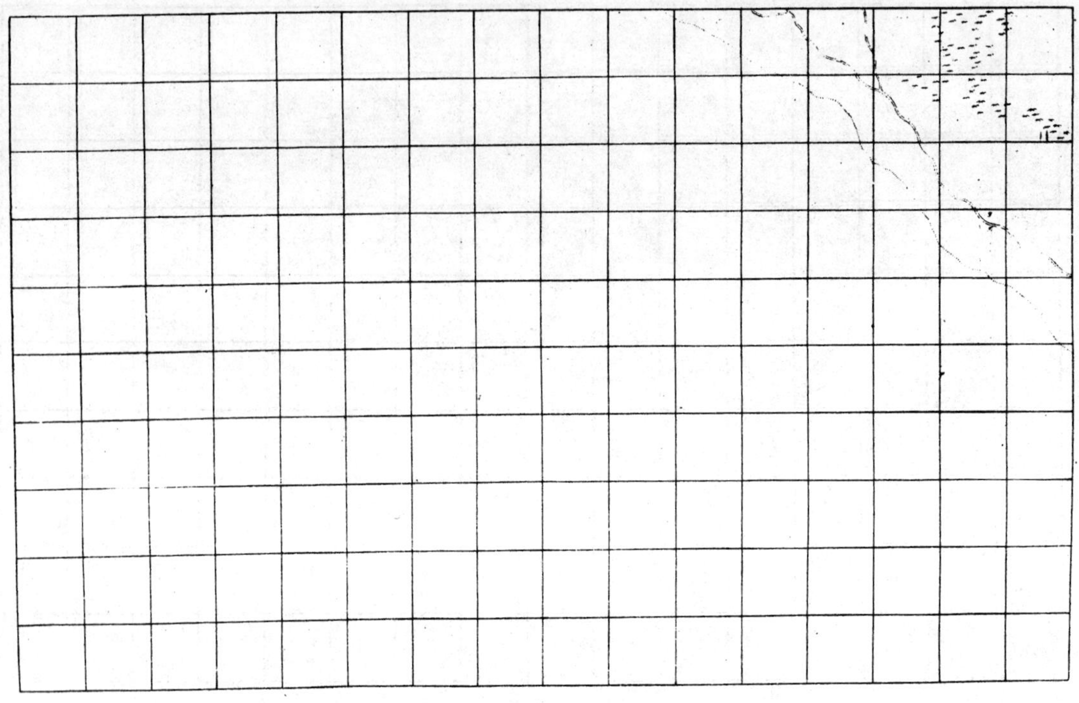

三姓城圖五

北一
左一

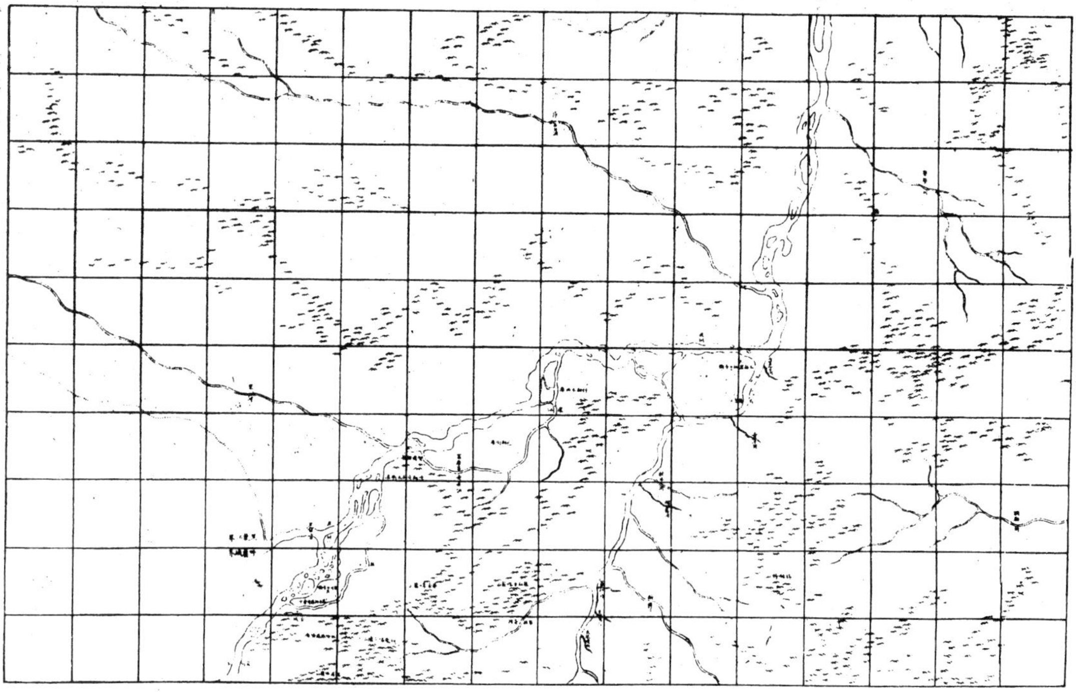

三姓城圖六

北一
左二

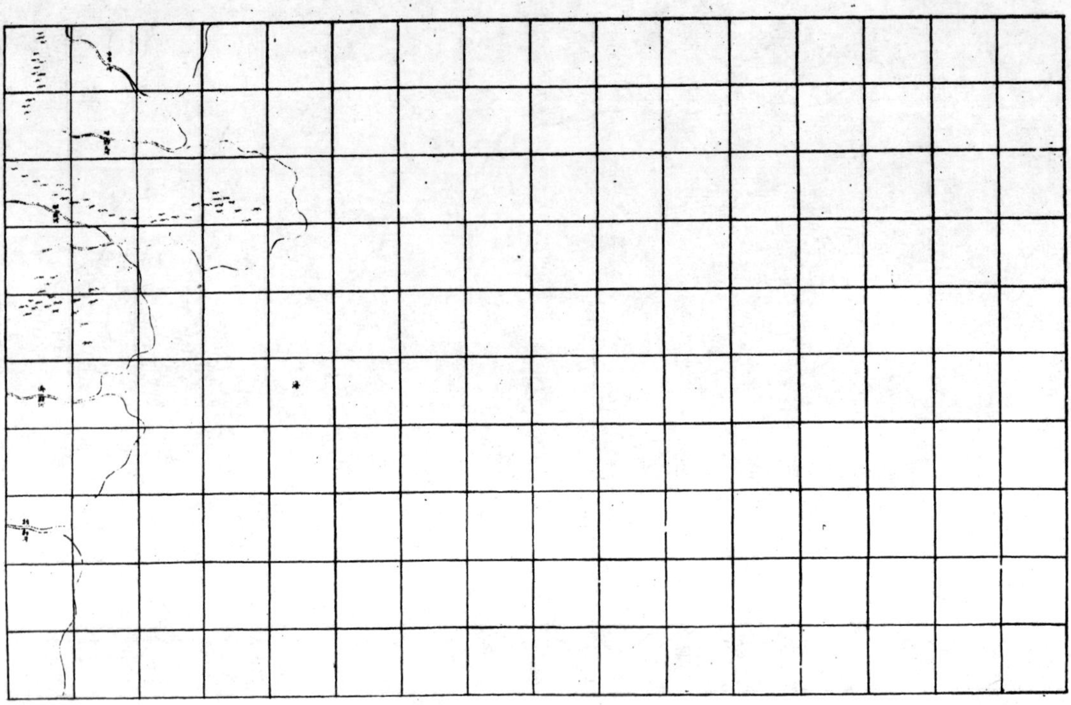

三姓城圖七

北二　中

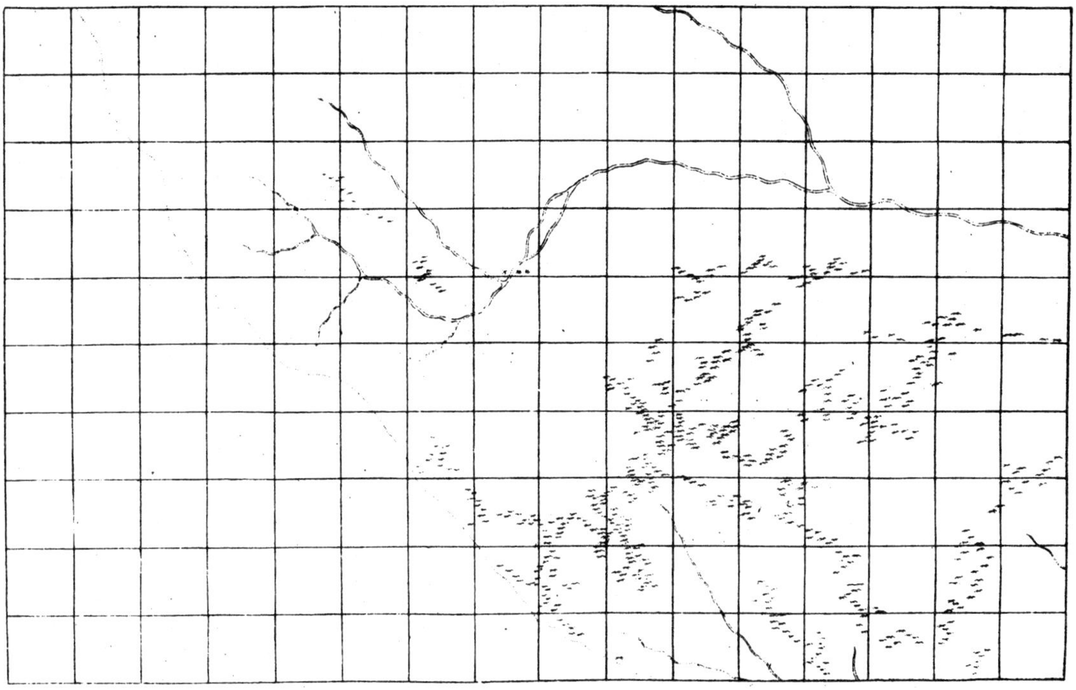

三姓城圖八

北二左一

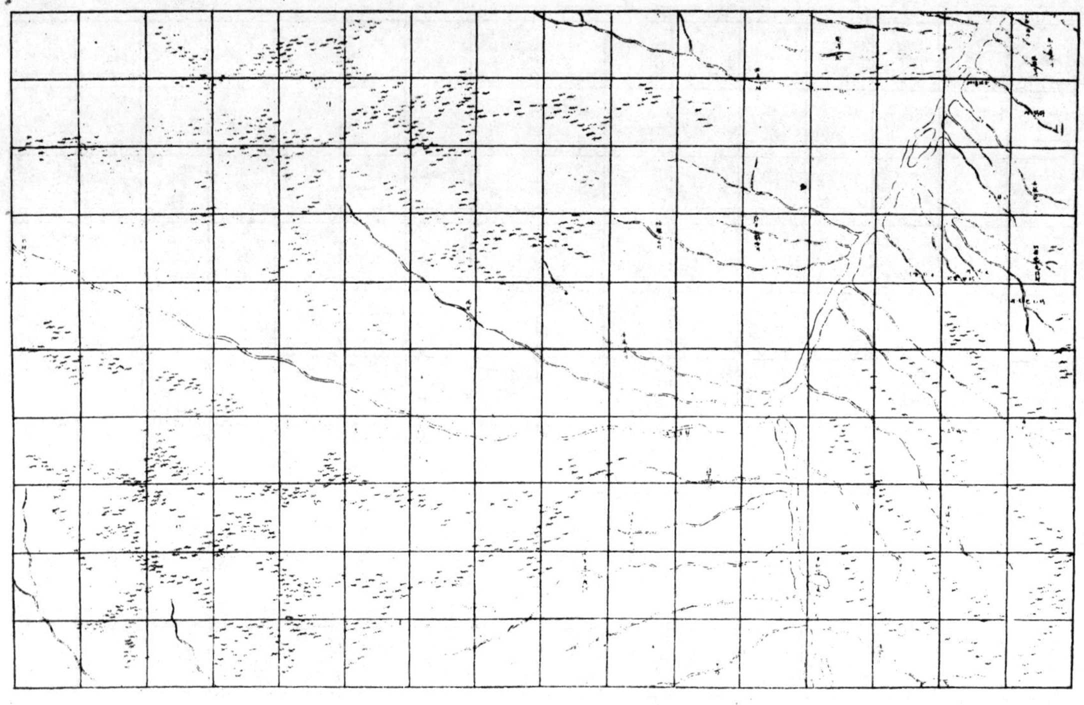

三姓城圖九

北二　左二

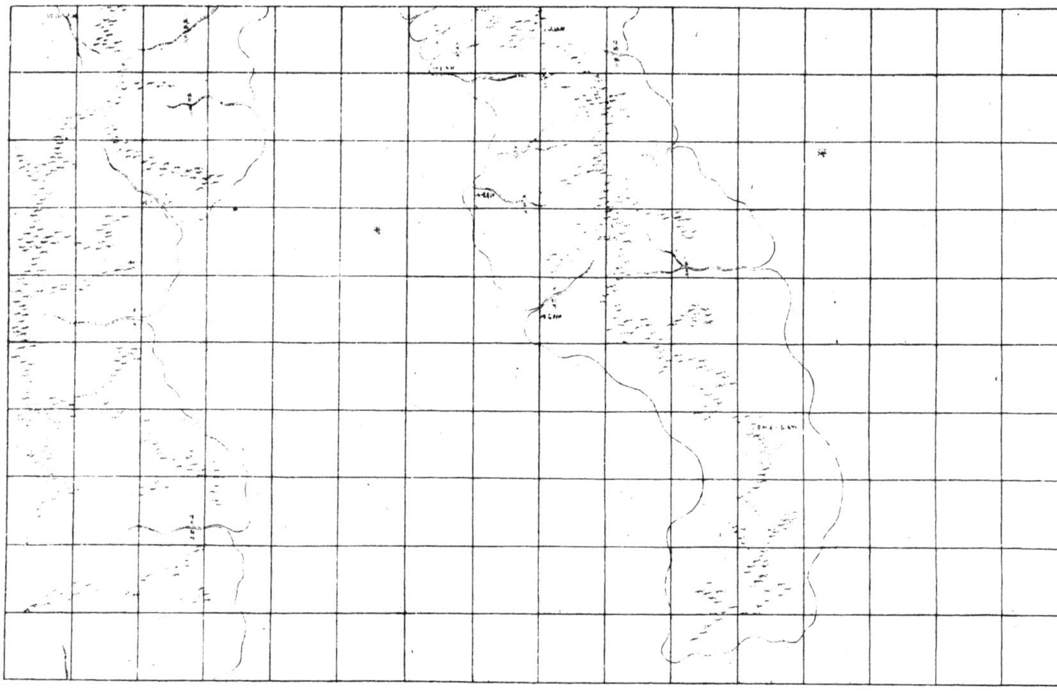

三姓城圖十

北三 中

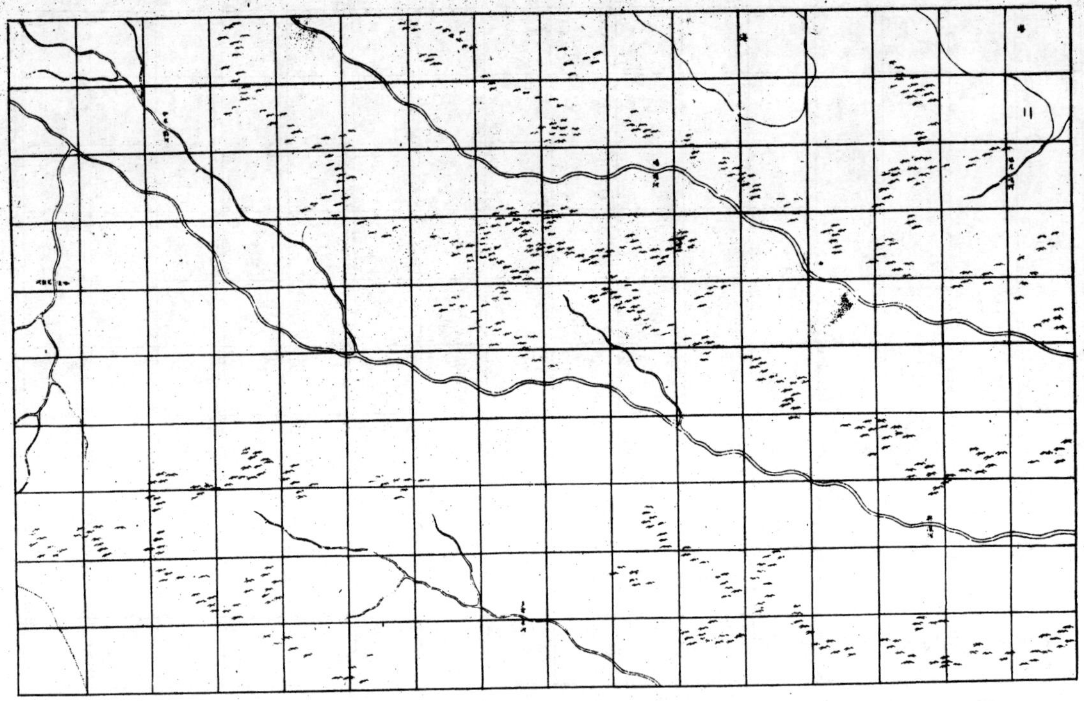

三姓城圖十一

北三
左一

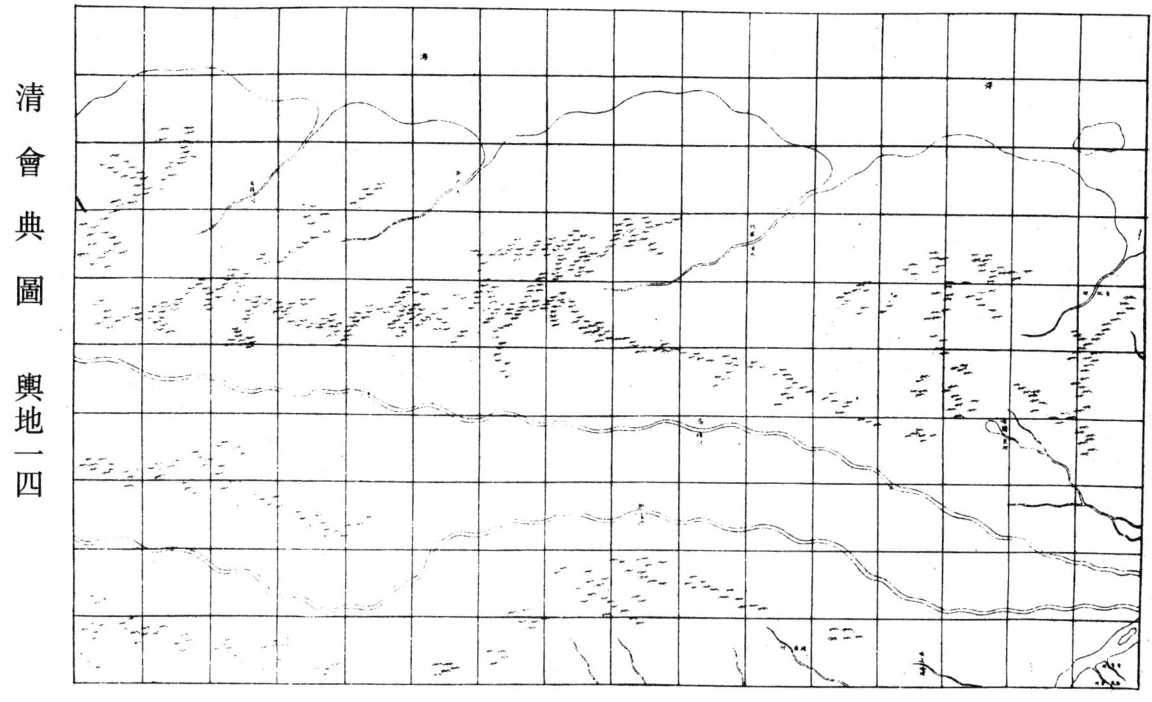

三姓城圖十二

北三
左二

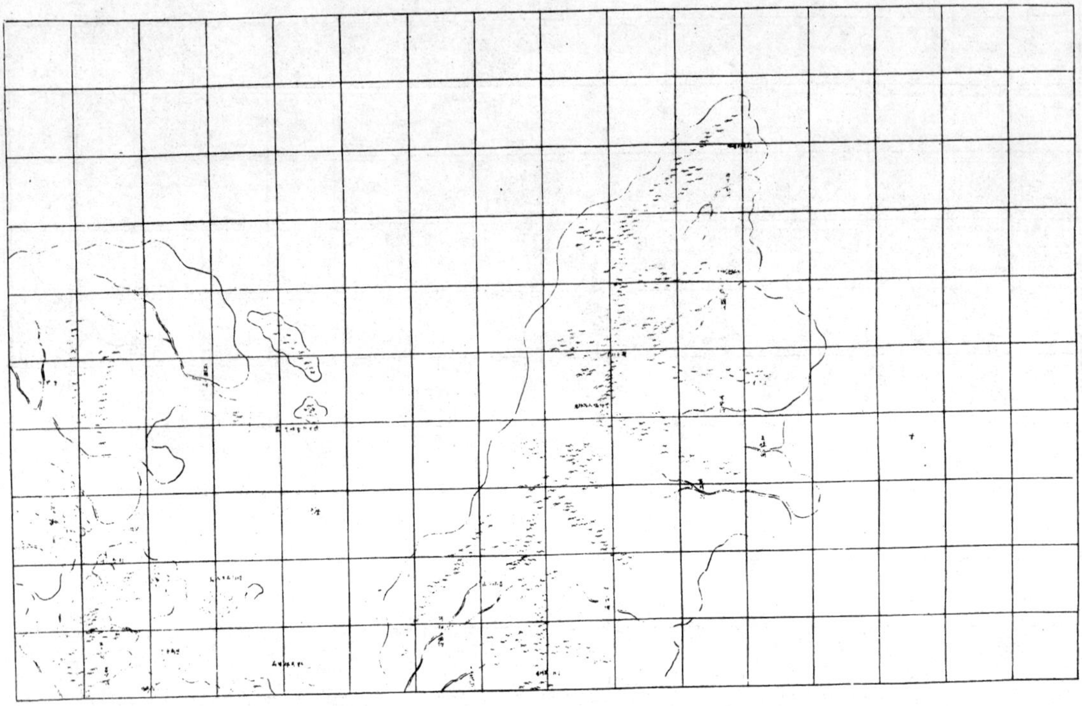

三姓城圖十三

北三 右一

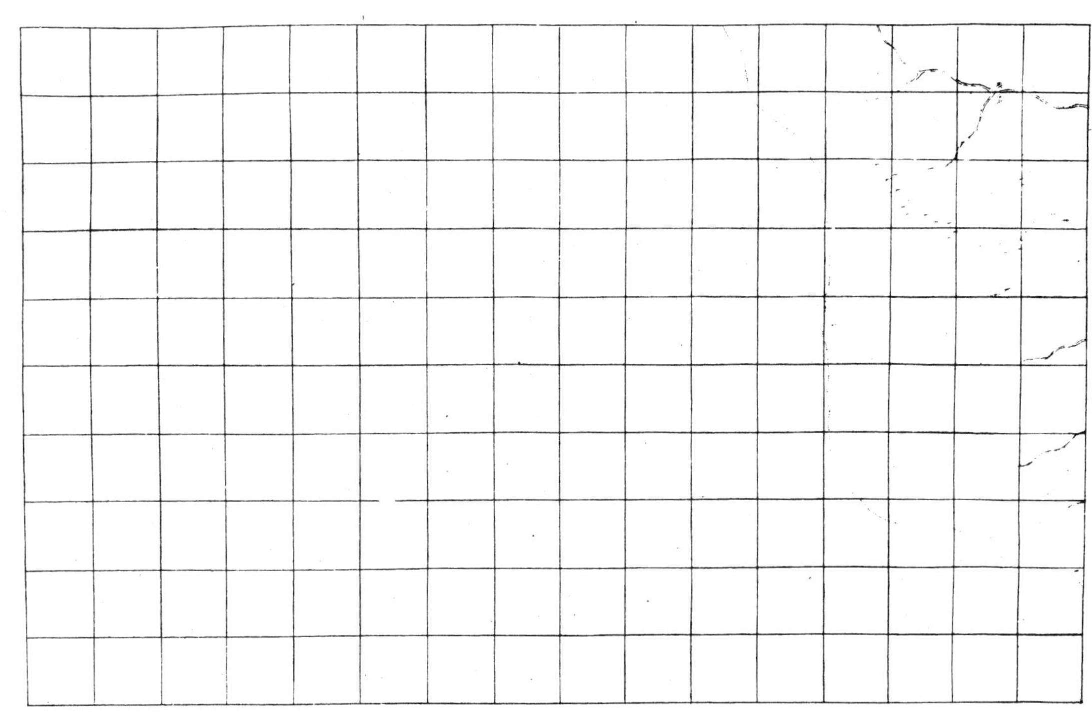

三姓城圖十四

北四中

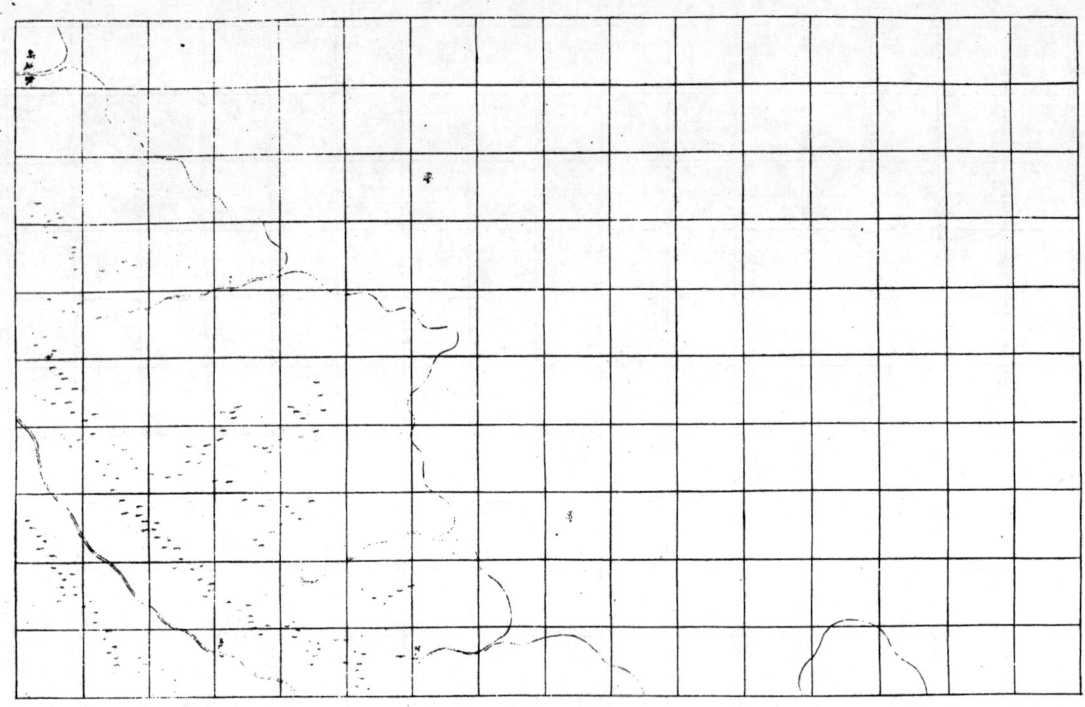

三姓城圖十五

北四 右一

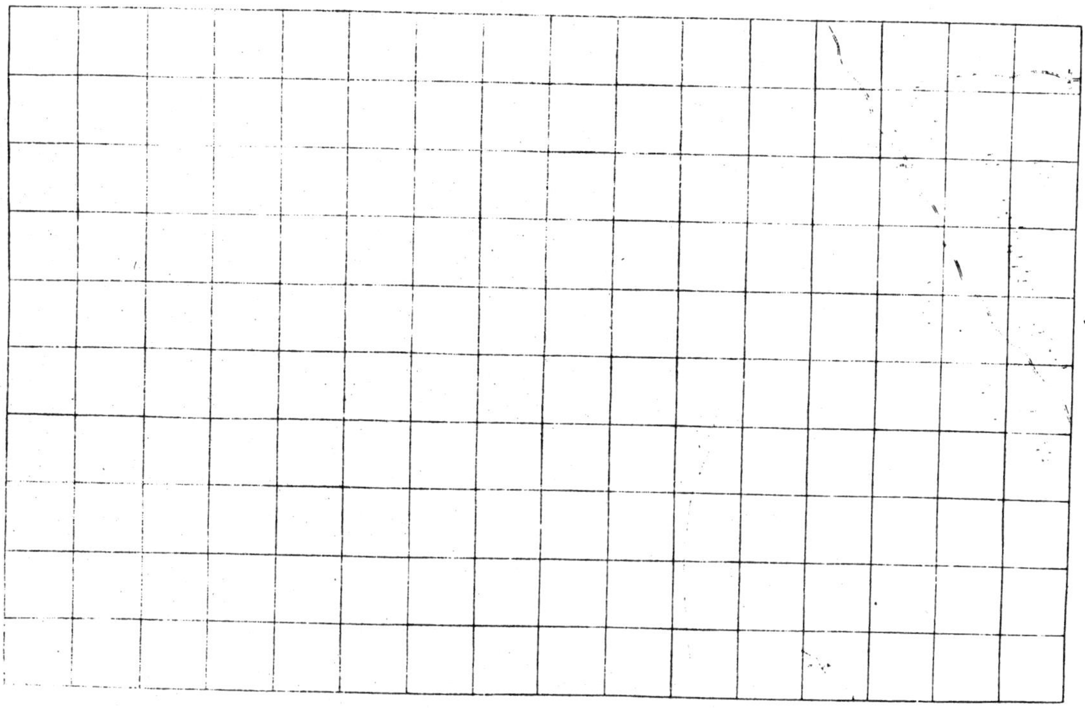

三姓城圖十六

中 北五

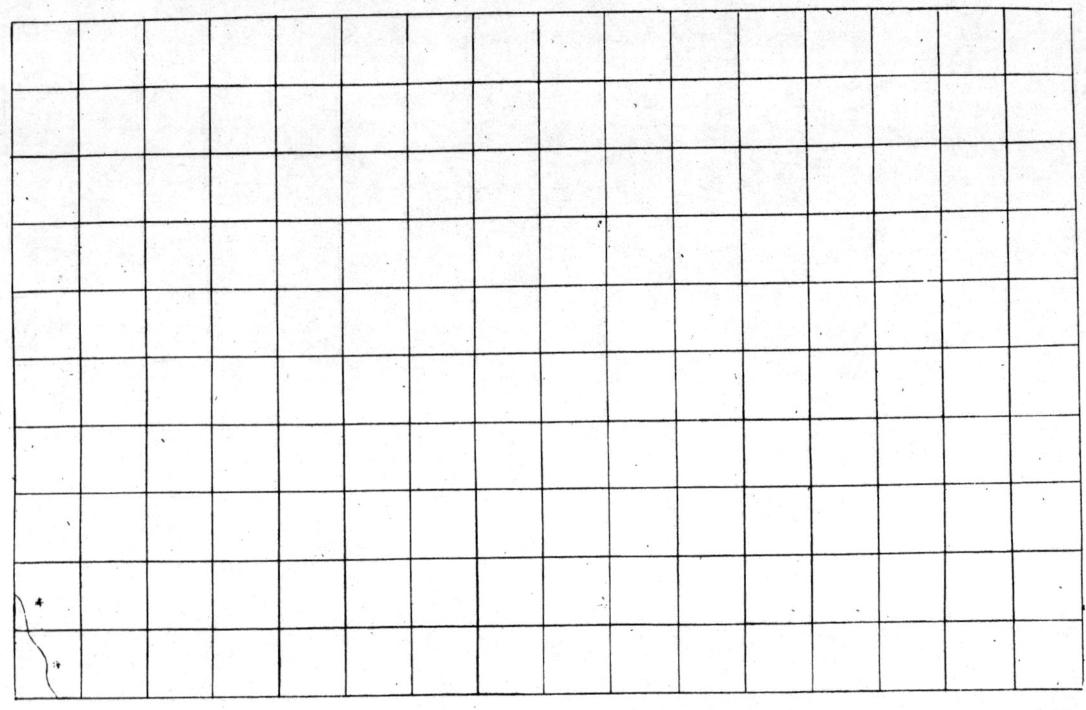

三姓城圖十七

北五
右一

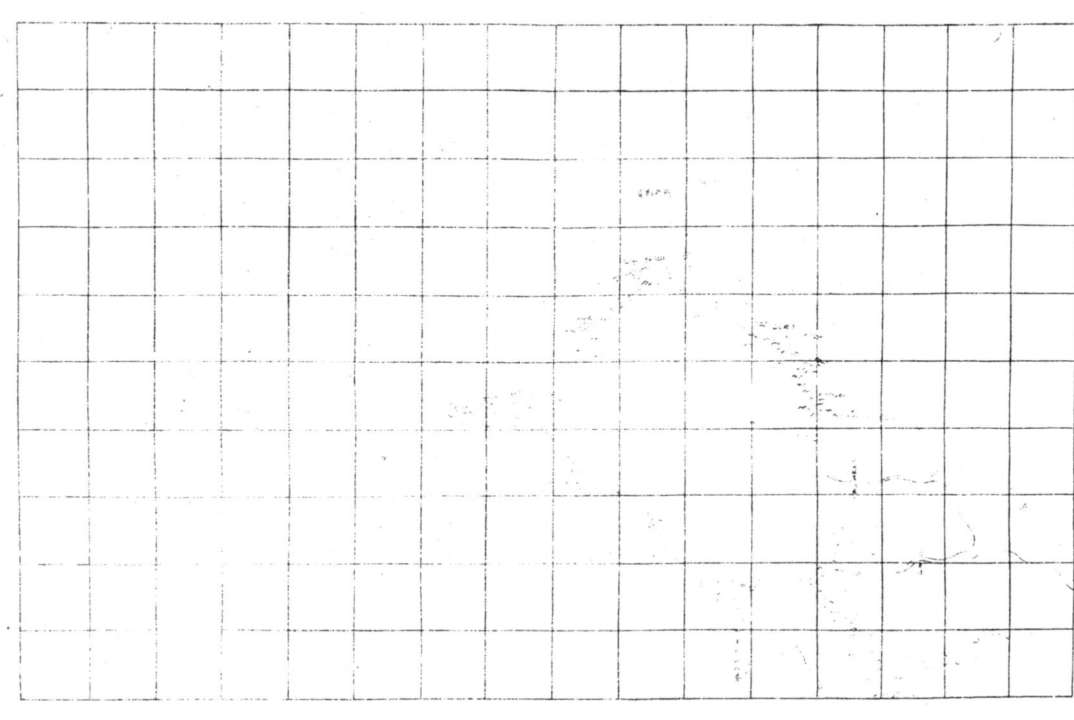

三姓城在省治東北一千二百里。至
京師三千五百五里。海在城東境。松花江自賓州
廳東流。經城西佛斯亨站南。左納轉心湖河。又
東。左納沙河、濃濃河、頭道河。右納黑河。至卡倫
西。螞蜒河合大黃泥河自賓州來北流注之。又
東入界。右納匍匐泡、橫頭泡、黃泥河、楚山泡諸
水。折東北。經富拉渾站南。左納富拉渾河、林子
河、小橋河、薩林河。折南。經草皮溝。又東北。經崇
古爾庫站南。左納崇古爾庫站河。右納永起河。
又經小羅拉窑山北。左納大崇河。右納黑瞎溝

又東北。一水出城西北東南流。豬為化什哈泡。
復溢而南流注之。瓦洪河、郭卜奇希河、朱奇河、
達林河並北流注之。西伯河、二道河、頭道河並
南流注之。經鄂勒果木索站南。又東。左納大小
古洞二河。又東。經妙葛山站至治城西北。南會
瑚爾哈河。河自甯古塔合三道河東北流入界。
經城南門坎子哨北。左納小夾皮溝。右納蓮花
泡水。又東北。左納四道河、五道河。又經烏斯渾
河口卡倫北。烏斯渾河合龍爪溝河、額和勒河、
湖水別拉河、西北稜河西北流注之。折西北。左

納尼什哈河。又東北右納碾子溝。又經松樹嶺東博勒河合蓮花泡水西北流注之。又北與混同江會。混同江經城北又東北流受倭坑河。河出富克錦城西南山。經黑山南合東北岔河西北岔河西南流。左納西金別拉河茄子河。右納樹椿樓河。復左納奇塔河楊樹河小駝腰子河偏臉子河陡溝子河。又經大巴爾蘭小巴爾蘭南。左納大小碾子河杏樹溝河赫蘭珠崗河麵羊河鷄心河。又西北右納七湖力河巴湖力河羊結河。左納大駝腰河二道河頭道河。又西左納魚眼泡水。折北經長嶺子東右納蘇木河彥窩河。又西北注於混同江。混同江又東北流經豬爾山西。巴蘭河合元寶山河滿天星河自北來注之。又東北左納拉木河烏風浪河瓦丹河姜君溝。右納舒勒河。折東經敖奇達卜庫北。右納泡子沿水。左納湯旺河。復右納壯牛哈河。又東其北為黑龍江城界。又經佳木司北。至音達木卡倫右納音達木河。又東經古城北一小水出哈達密山北流注之。又東北喀爾庫瑪河合一小水北流注之。又東支津右出為安巴河。東流

復合。又東北經富克錦城北。又經烏爾古力山北。至喀爾佈蘭山北。支津右出為黑河。又東北黑龍江自西北來會。又東北經德勒奇科木街津西。黑河自西南來注之。又東北奇穆尼河東南流注之。又北別出為濃江。又東北經科勒木洪庫西。濃江南合二小水東北流分三支來注之。又東右納烏蘇里江支津。又北會烏蘇里江。江自甯古塔合穆稜河東北流入界。右納呢滿河左納七虎林河西佈克里河。又東北右納喀察里河西北湖河。左納阿佈親河。復右納雞心河小清河。又東北撓力河一曰諾羅河。出城東南發希山。東北流合哈瑪通河依瓦魯河寶清河大奇勒清河小奇勒清河大佳奇河小佳奇河來注之。又東北右納大清河朱克德奇河罕爾河敖翁河大眼溝河蒿通河畢新河。左納畢拉音河。河又東北右納新開河阿葛河壯牛河。又東北左出一支津再分為二注於混同江。正渠又東北右納青牛河七里空河。又東北與混同江會。混同江北流。庫魯河東南流注之。右納鼇鼇河博敦河。左納布庫河及西來一水。經渾

棉塔爾哈。又北左納傅達里塔爾哈河謨爾齊塔哈河對罕河。又北右納畢爾古河。又北格楞河一作格林河自黑龍江愛琿城界東流合多索米河來會。又北左納溝根河庫爾古河。迆東北右納由倭克特河哈爾吉河希拉遜河。又北左納綽羅河齊克圖哈河。又東北右納年塔哈河胡伊里河道宛河錫拉巴錫河納穆德克特河鄂提河岳敏河。至魁瑪噶珊右納魁瑪河錫雅里河馬哈爾奇河和勒爾河發提音河青音河阿克齊河。左納必占河圖纏河梅庫河福達哈河。又東北興滾河出外興安嶺東南流合哈達烏爾河伊米勒河來會。折而東噶穆河亦出外興安嶺東流來會。又東北右納巴爾喀河鄂達里河科奇河左納喀圖米河齊淩集河岳米河里齊河發特海河。又東北入於海。其東懸居海中者曰庫頁島。甯爾河古第河圖瑚魯河鄂古河吉特河瑪尼噶河阿拉河索倫河戾拉河烏底河阿老河鄂斯都魯納薩河並在城東北境入於海。都圖佈河尼滿河底米河察喀瑪河克勒穆特河提揚靄河恰恰里河額奇地河克謨爾河僧克勒河希魯河瑚野克河都爾河濟勒河額勒河並在城東境入於海。石頭河出城東南老嶺斐底河出城東發希山和圖河郭金河哈達河並出城東俱南流入甯古塔城界。城東至東北界海。北界黑龍江。西及西南界賓州廳。南及東南界甯古塔城。

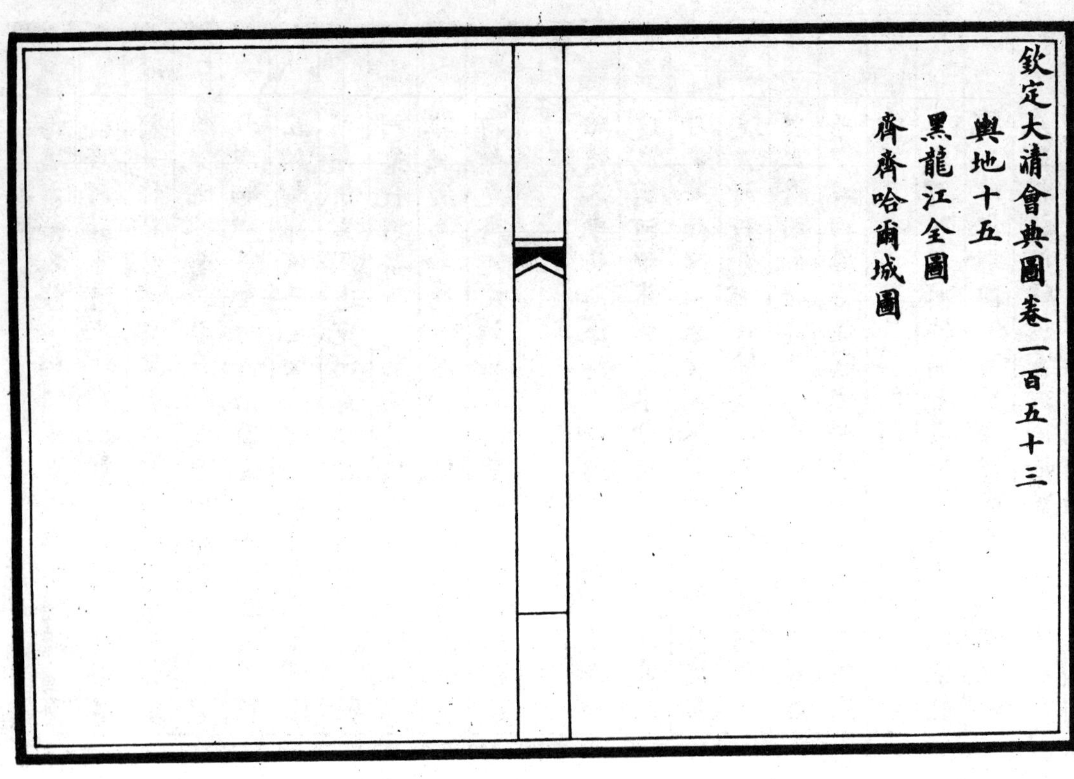
欽定大清會典圖卷一百五十三
輿地十五
黑龍江全圖
齊齊哈爾城圖

黑龍江全圖一

中

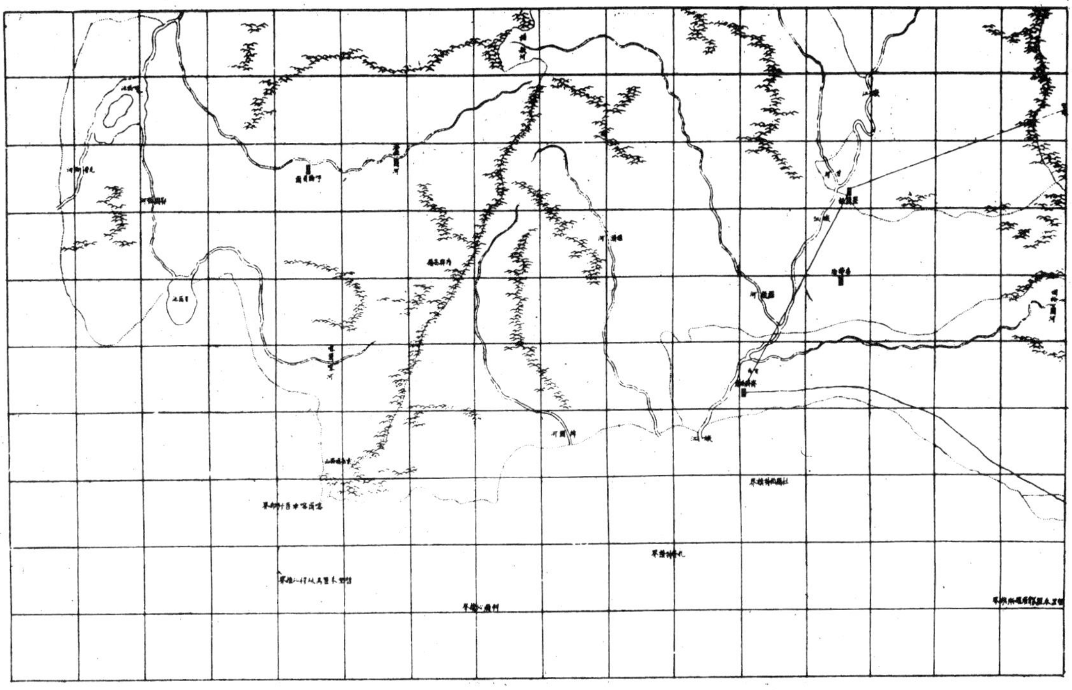

黑龍江全圖二

中左一

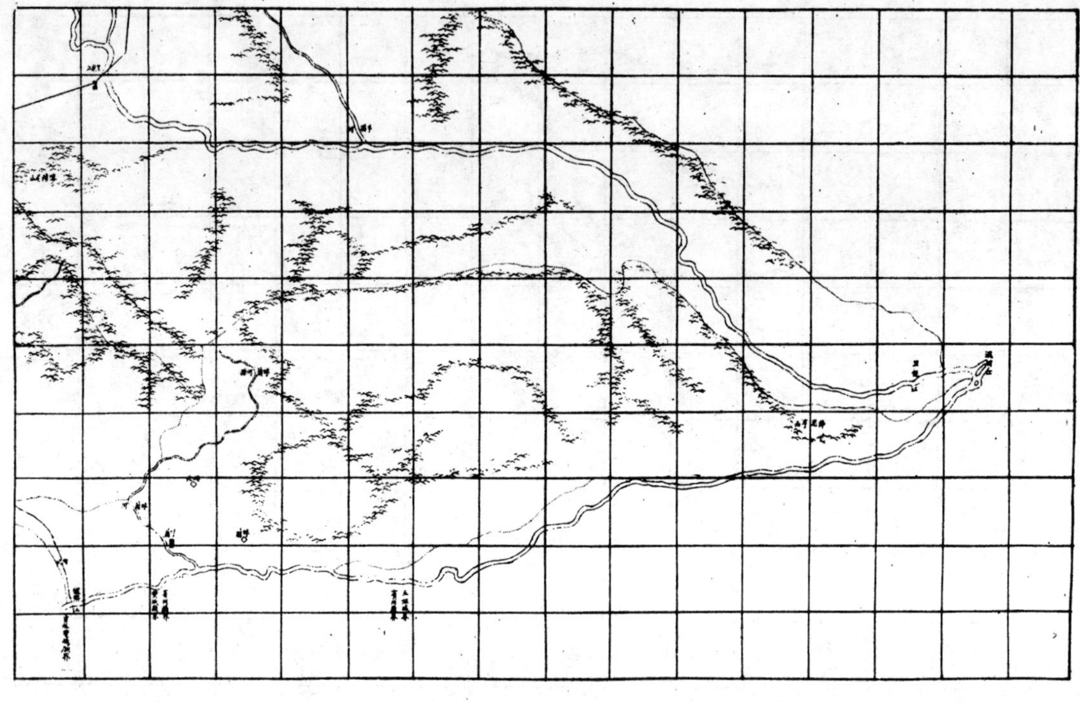

黑龍江全圖三

北一
中

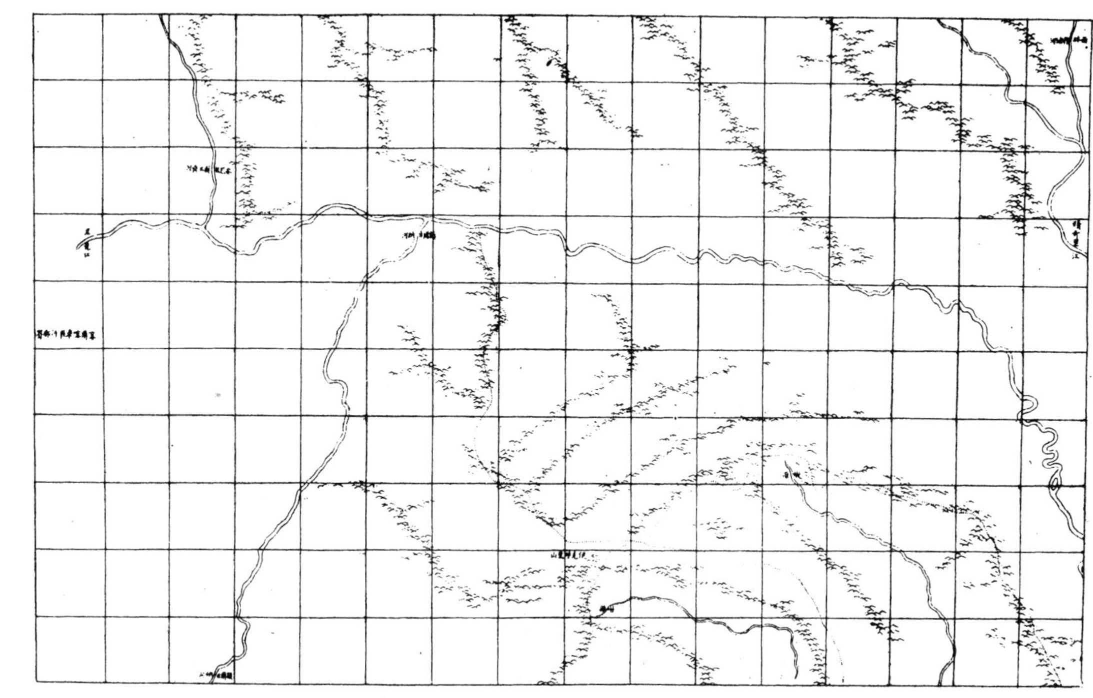

黑龍江全圖四

北一
左一

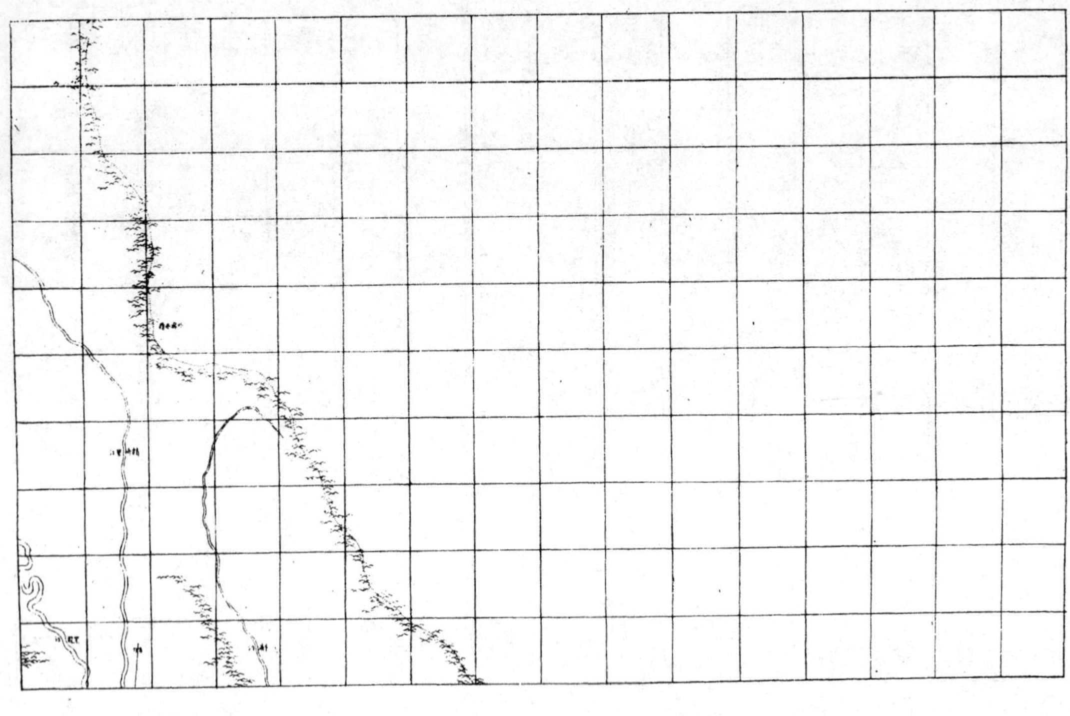

黑龍江全圖五

北二　中

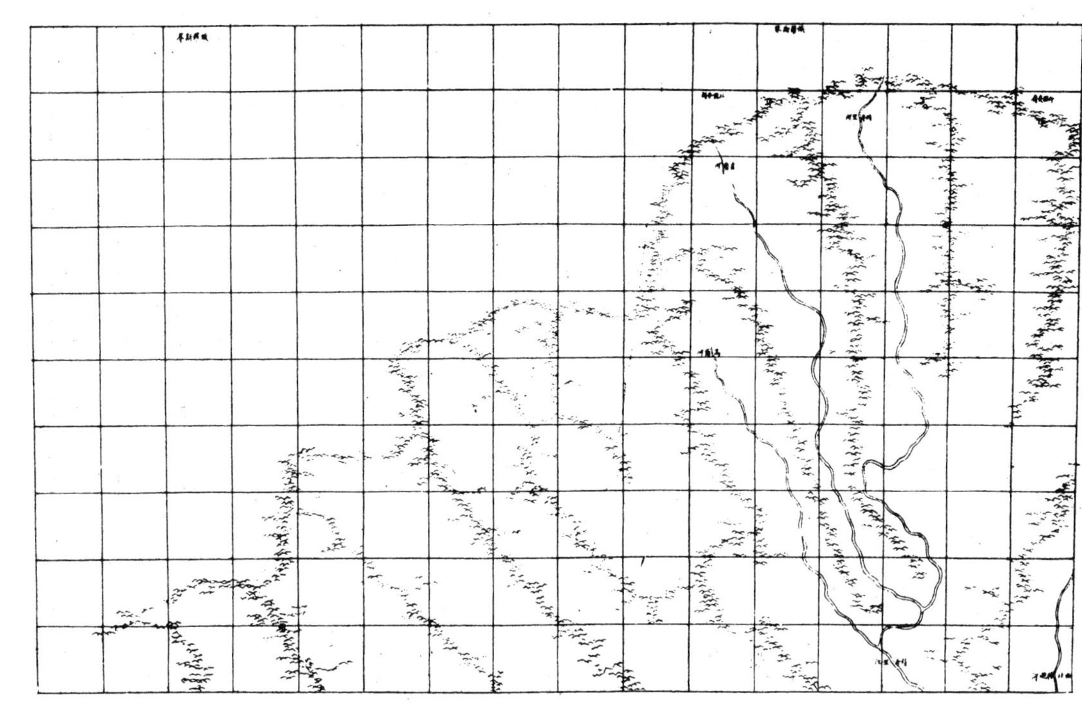

黑龍江全圖六

北二
左一

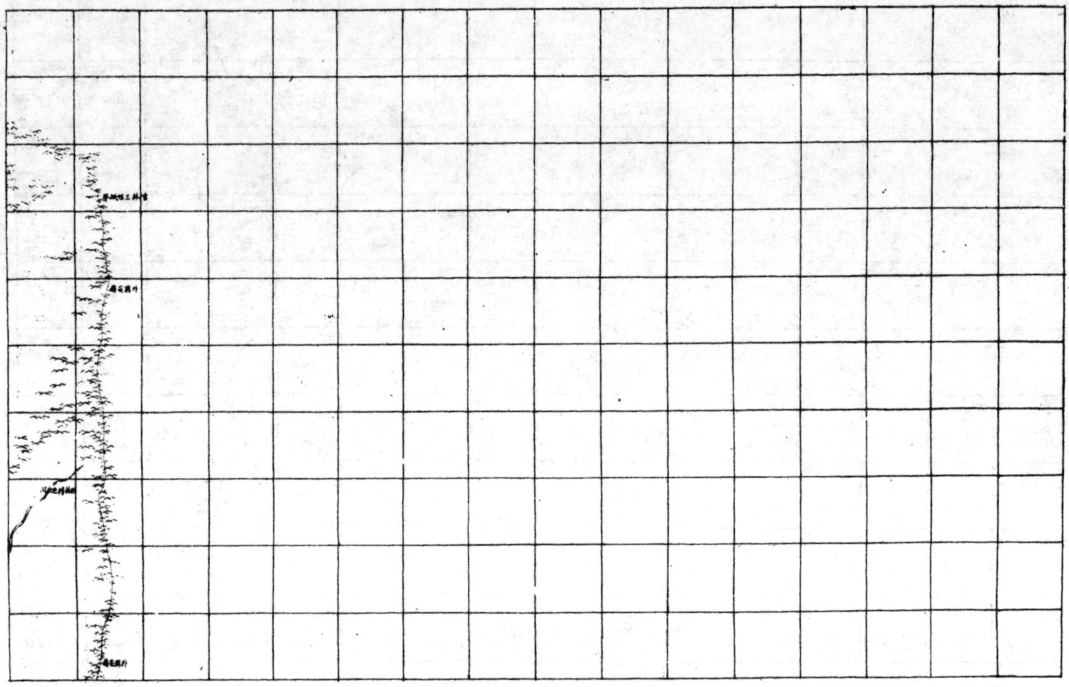

黑龍江在
京師東北。將軍治齊齊哈爾城。統城六。齊齊哈爾城東南呼蘭城。東北布特哈城墨爾根城黑龍江城。西北呼倫貝爾城。黑龍江自外蒙古車臣汗部東流經黑龍江城西北安巴格爾必齊河東南流注之。又東受額爾古訥河。河上承克魯倫河。自車臣汗部東經呼倫貝爾城西北匯為呼倫池。喀爾喀河出城南貫貝爾池北流為鄂爾順河注之。又東北出合海拉爾河為額爾古納河。又東北會黑龍江。黑龍江又東南經黑龍江城北精奇里江合吉魯河烏爾河西林穆迪河南流注之。又東牛滿河東南流注之。又東南會混同江。江自吉林雙城廳東流經呼蘭城南。又東北與黑龍江會。又東入吉林三姓城界。嫩江出墨爾根城西北。屈西南流經城西。甘河東南流注之。又經布特哈城西南。諾敏河西南流注之。又經齊齊哈爾城西入內蒙古哲里木盟界。雅爾河綽爾河並出佈特哈城西北東南流出境注之。東至吉林界。西至外蒙古喀爾喀界。北至俄羅斯界。南至內蒙古哲里木盟界。

齊齊哈爾城圖一

中

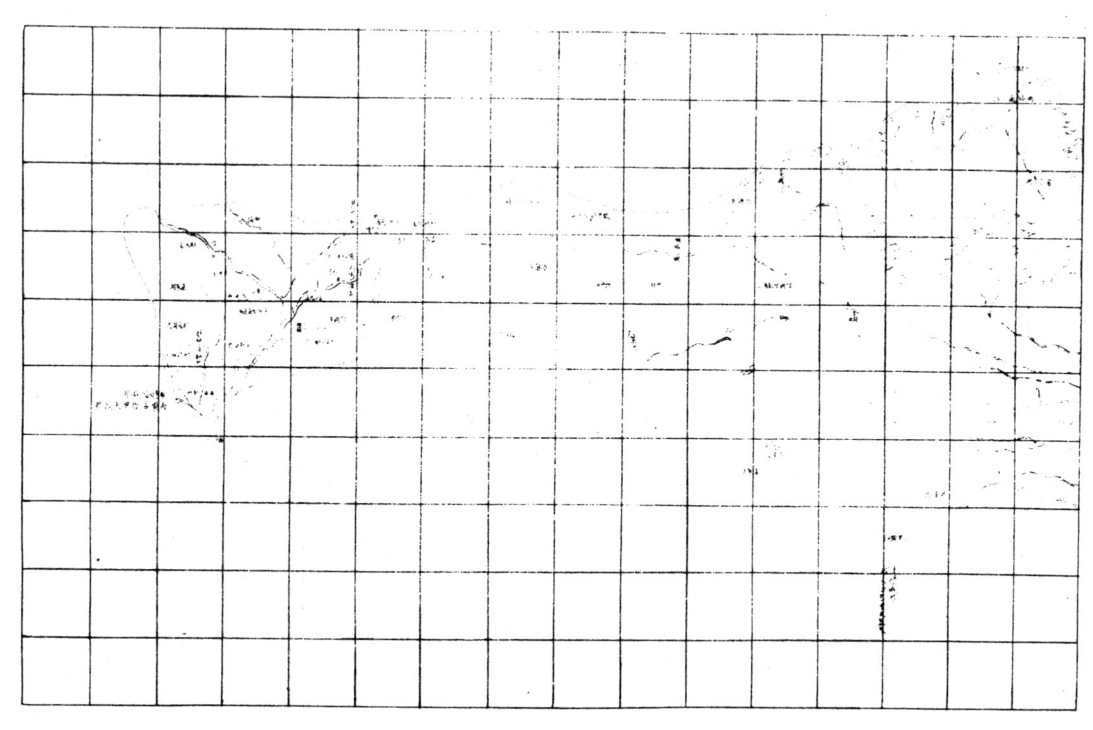

齊齊哈爾城圖二

中左一

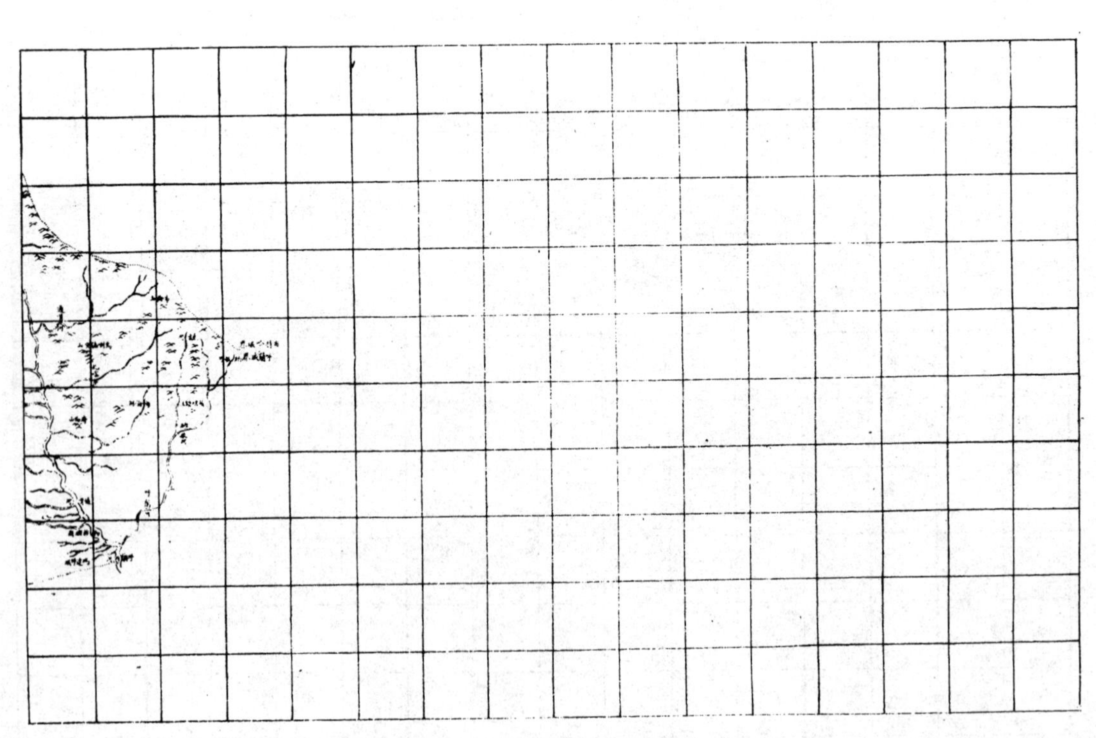

齊齊哈爾城為黑龍江將軍治在
京師東北三千三百七十七里。嫩江自布特哈城西南流入界。經城北精奇里。楚勒噶勒河亦自其城來注之。經甯尼顏站西南流支港紛出。伯爾代溝亦自其城來左通瑚裕爾河水為納喇渾溝經塔哈爾站北西南流注之。阿倫河音河並自其城來東南流注之。又西南經城西南受庫庫勒河。河出城西廉家岡南流左出支津注於江。又南科爾奇勒河亦自其城來分流注之。折東南注於嫩江。嫩江又東南受瑚裕爾河。河出城東北巴彥蘇古山。西南流會窩冷河。左右各納二水。得迪河窩羅河鄂魯洛河並南流注之。音吉干泊及一水西北流注之。又西南至莽奈左納一水右納納約特溝。折南右通伯爾代溝。又南經二十棵樹西。又西南經城南注嫩江。嫩江南流入內蒙古哲里木盟界。呼蘭河自呼蘭城西流入界。經城東南納敏河。二源並出布倫山南合南流注之。又西南通肯河出布倫山西西南流合札喀河海倫河及衆小水折西南來會。又東南入呼蘭城界。松津泊那吉泊馬蘘泊並在城東南。城東界呼蘭城。西至東北界布特哈城。南界內蒙古哲里木盟

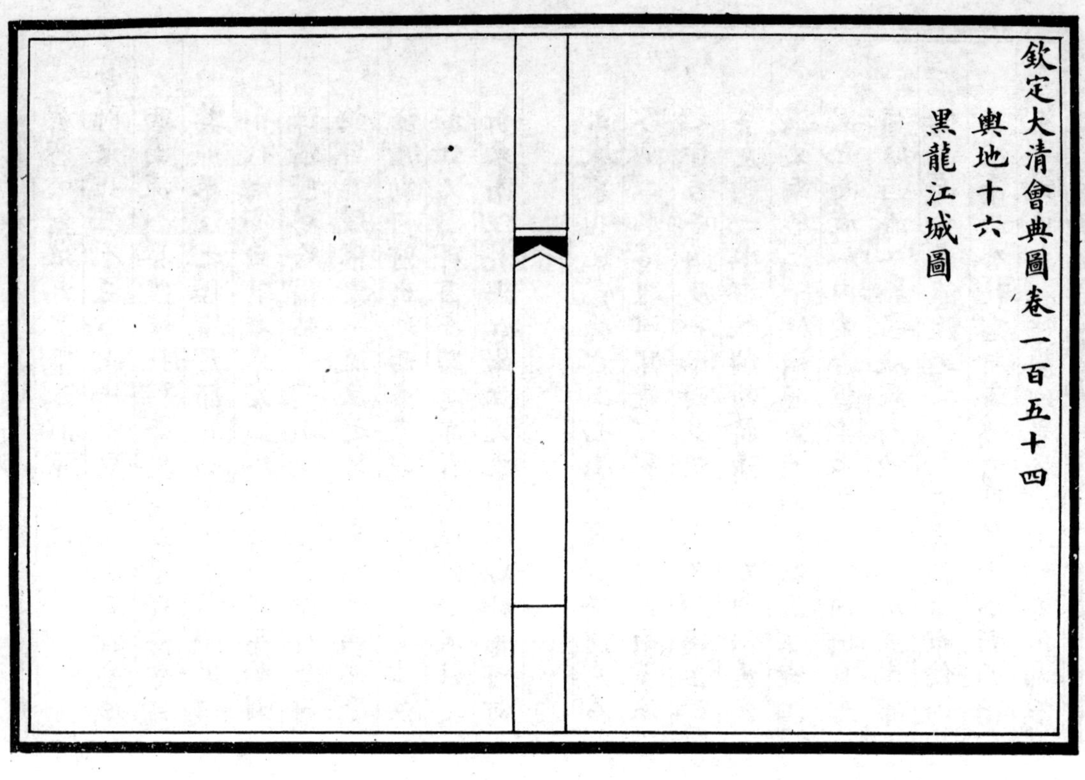

欽定大清會典圖卷一百五十四

輿地十六

黑龍江城圖

黑龍江城圖一

中

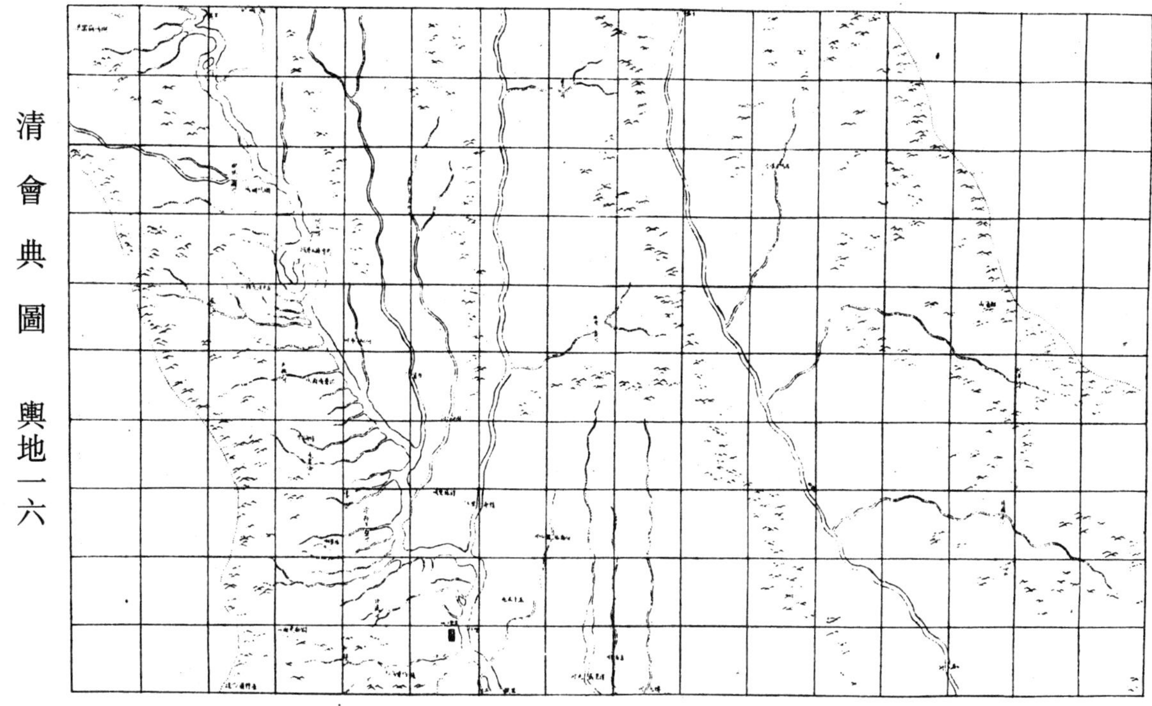

黑龍江城圖二

中左一

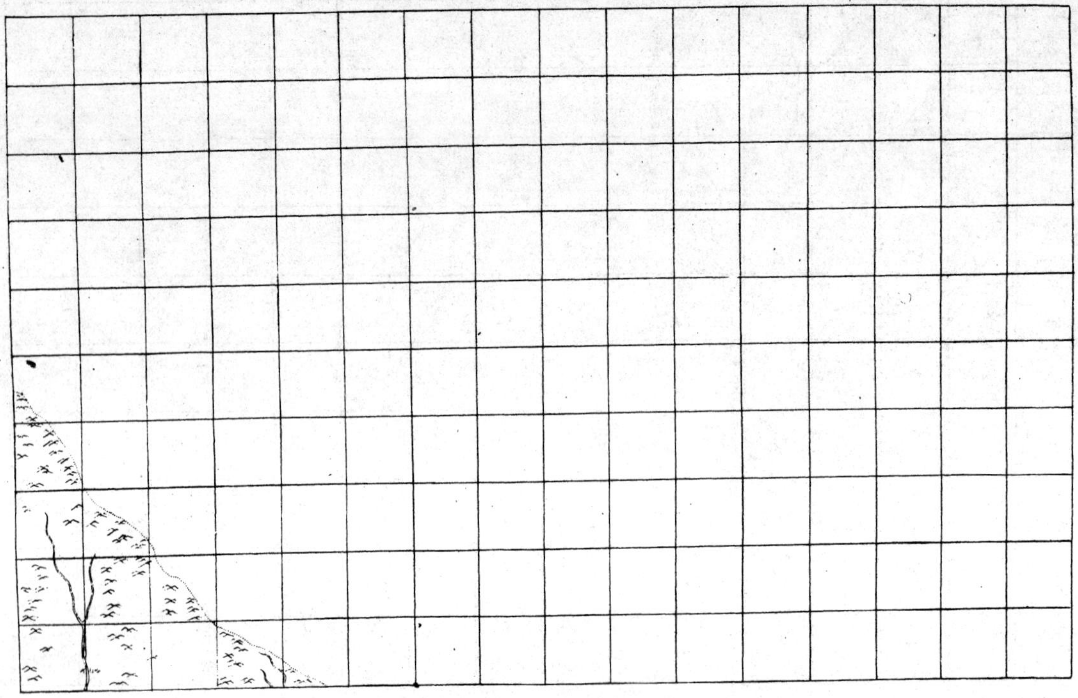

黑龍江城圖三

中右一

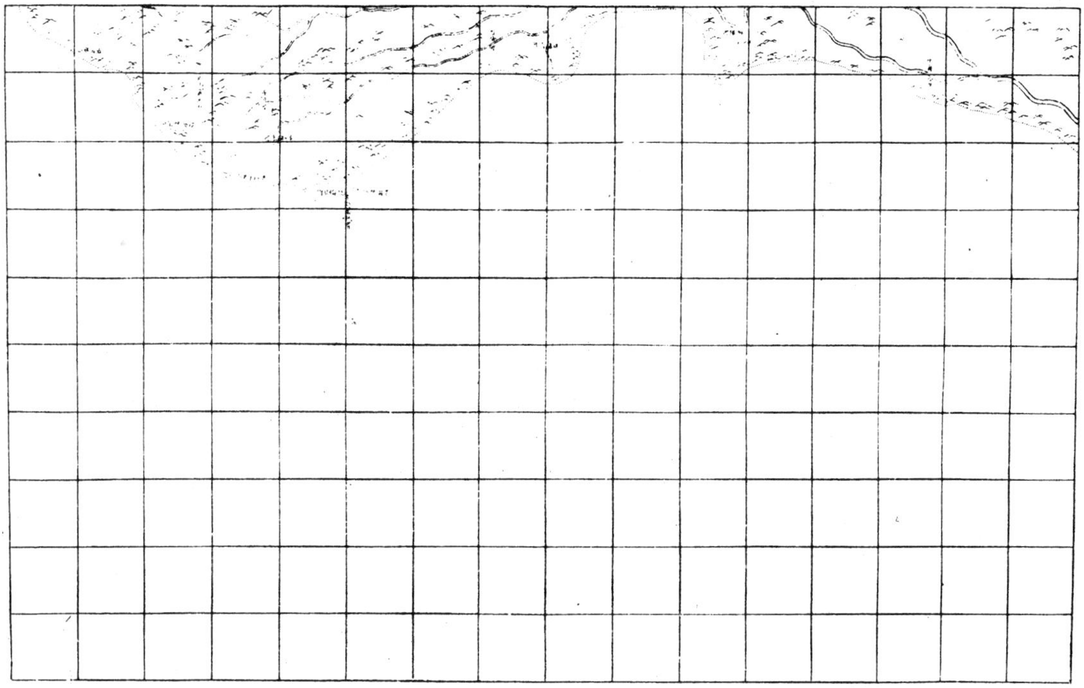

黑龍江城圖四

北一
中

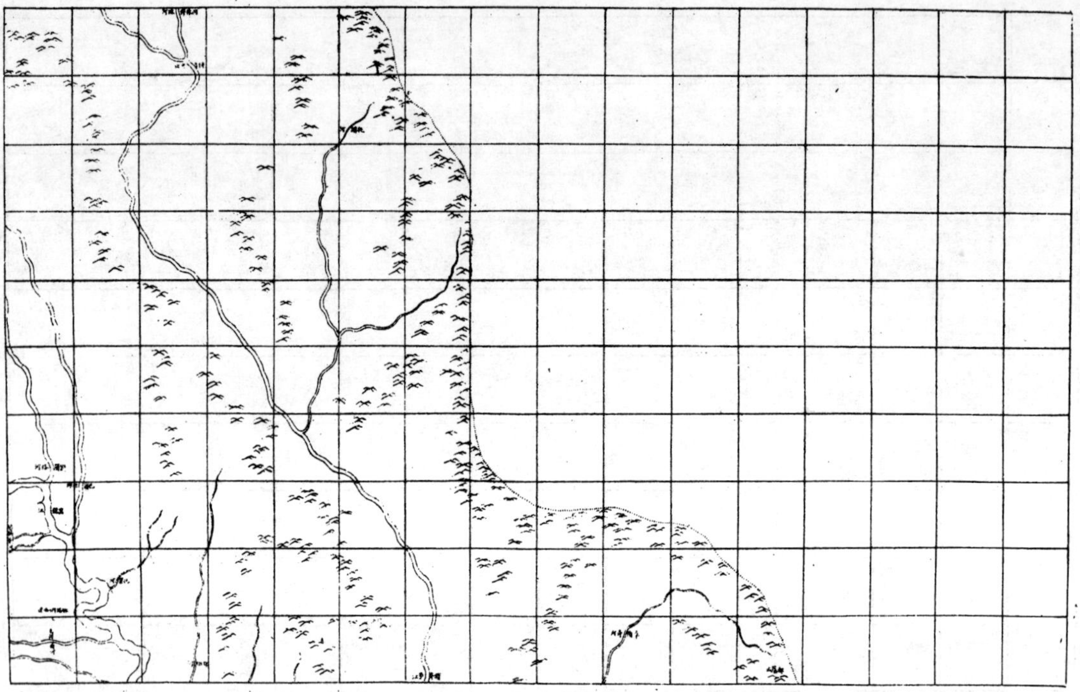

黑龍江城圖五

北一
右一

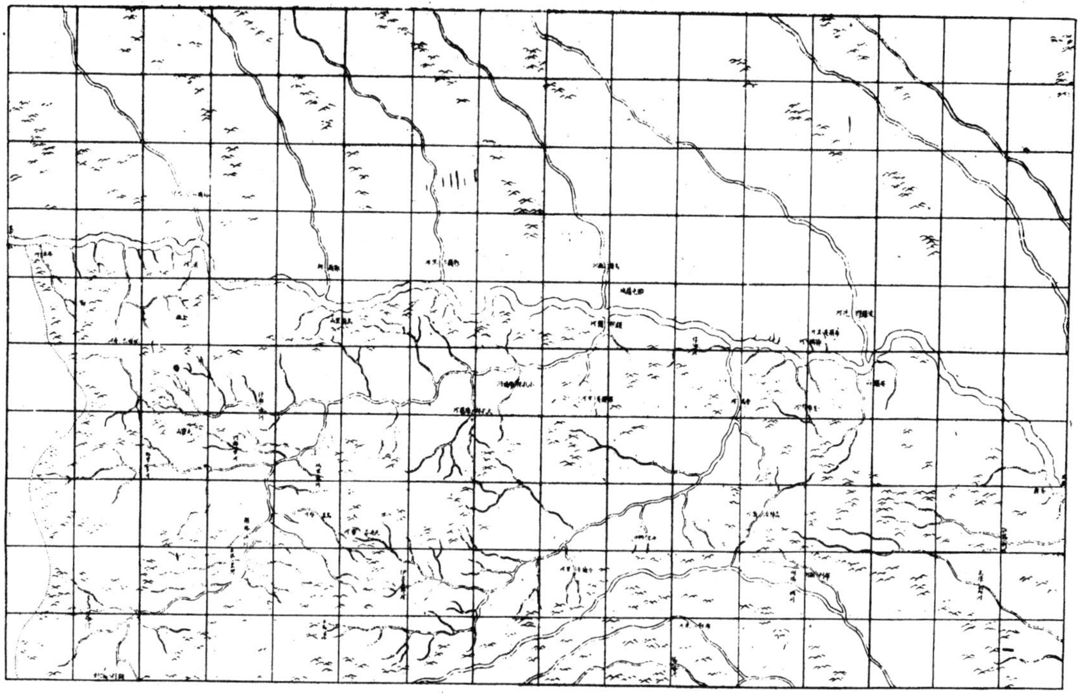

黑龍江城圖六

北一　右二

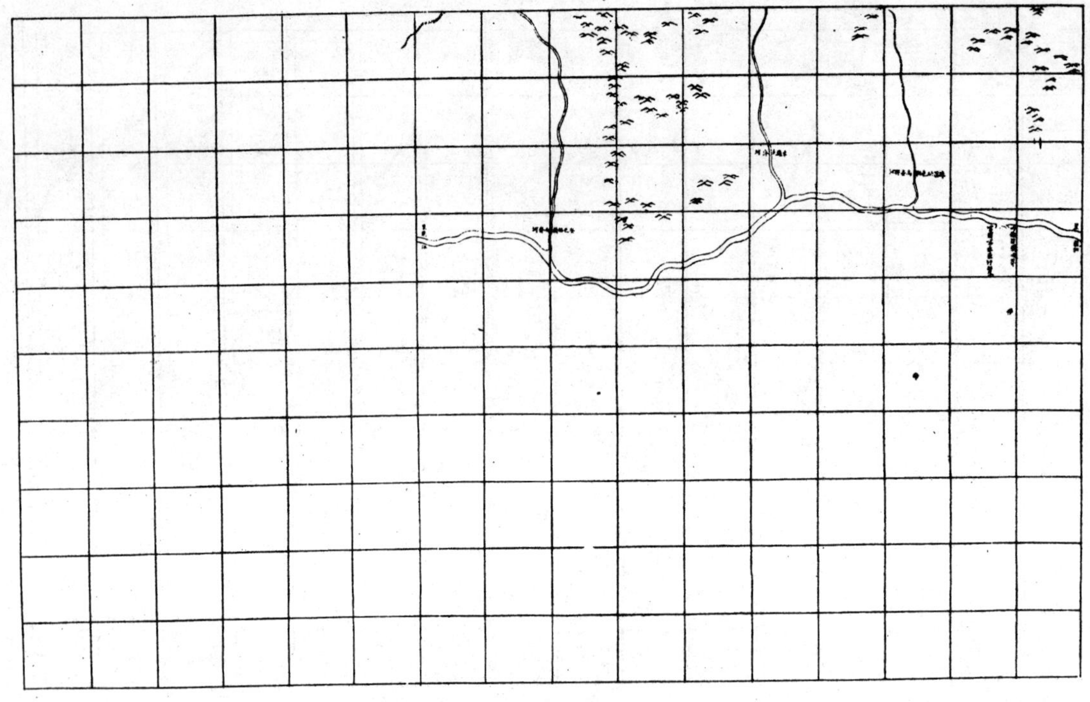

黑龍江城圖七

北二　中

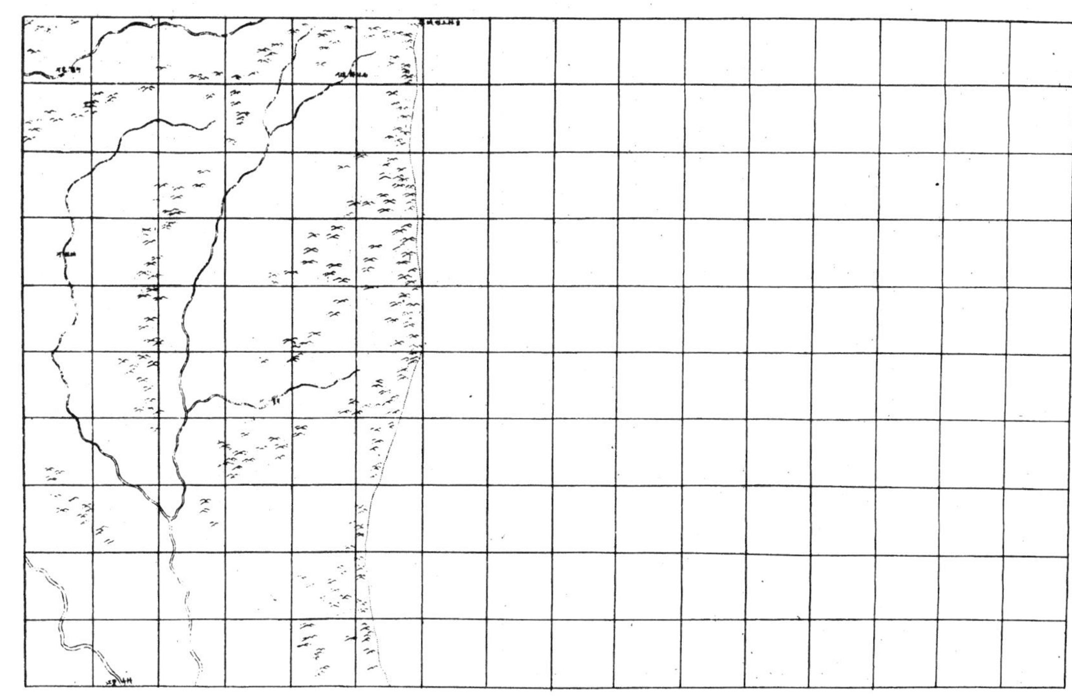

黑龍江城圖八

北二
右一

黑龍江城圖九

北二
右二

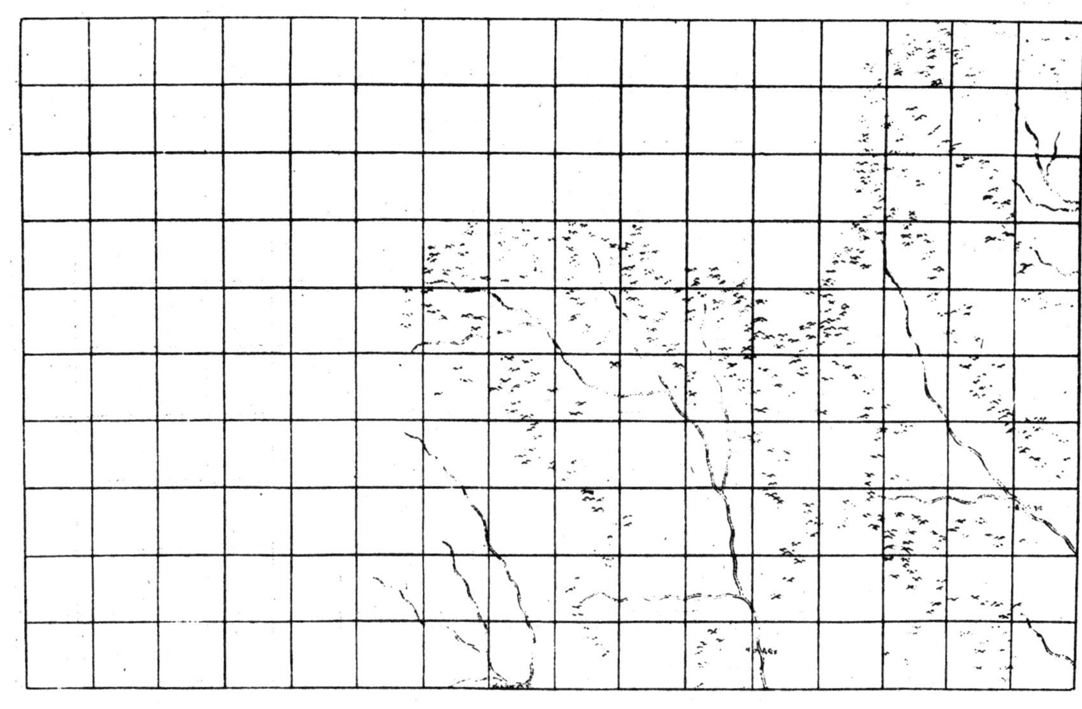

黑龍江城圖十

北三中

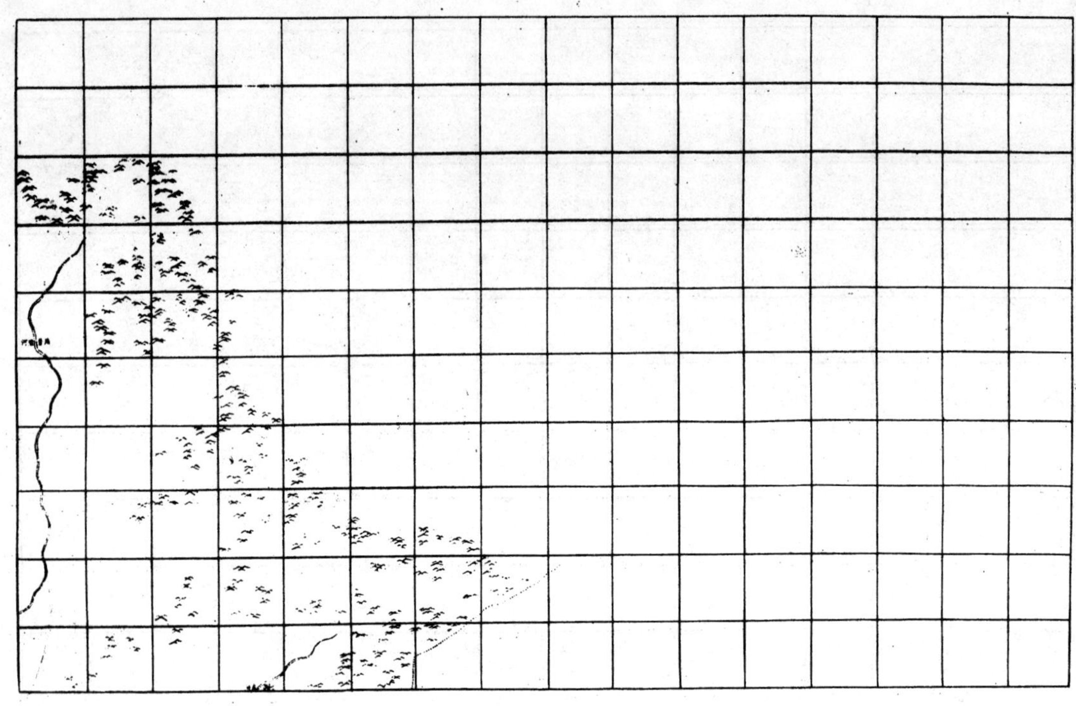

黑龍江城圖十一

北三右一

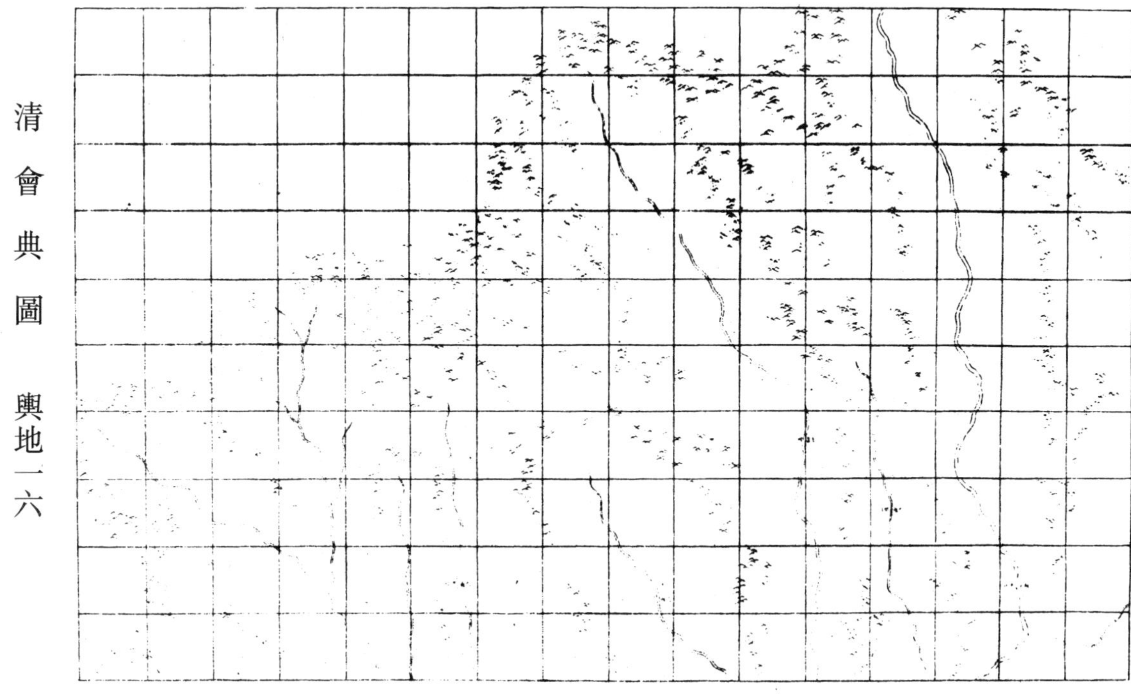

黑龍江城圖十二

北四中

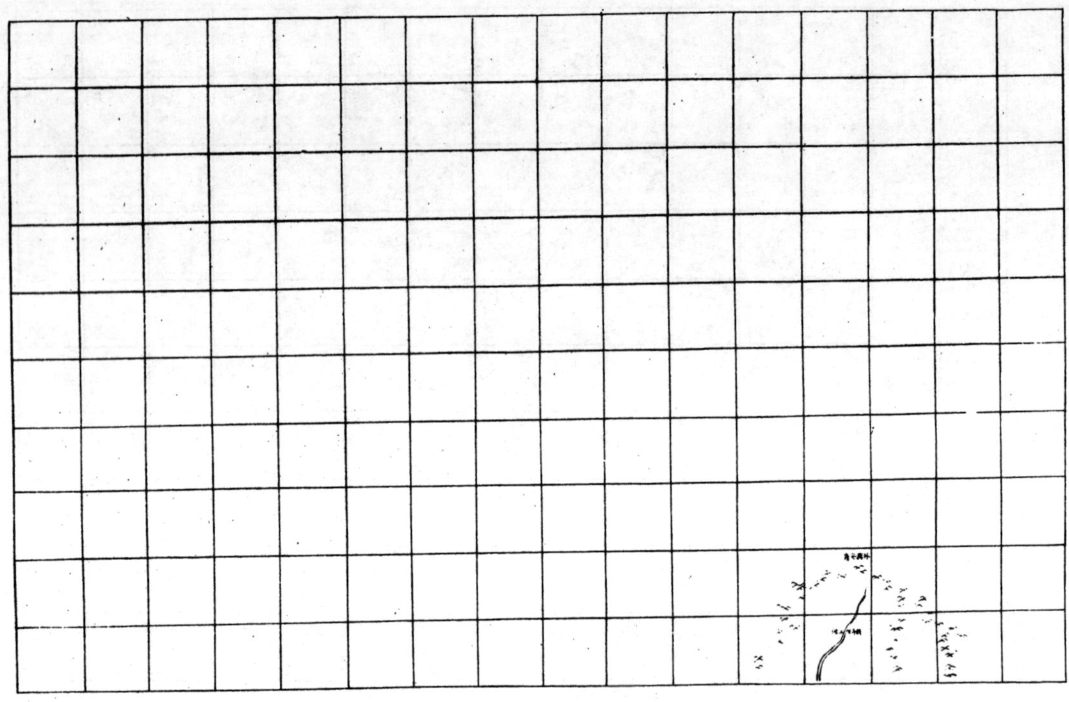

黑龍江城圖十三

南一中

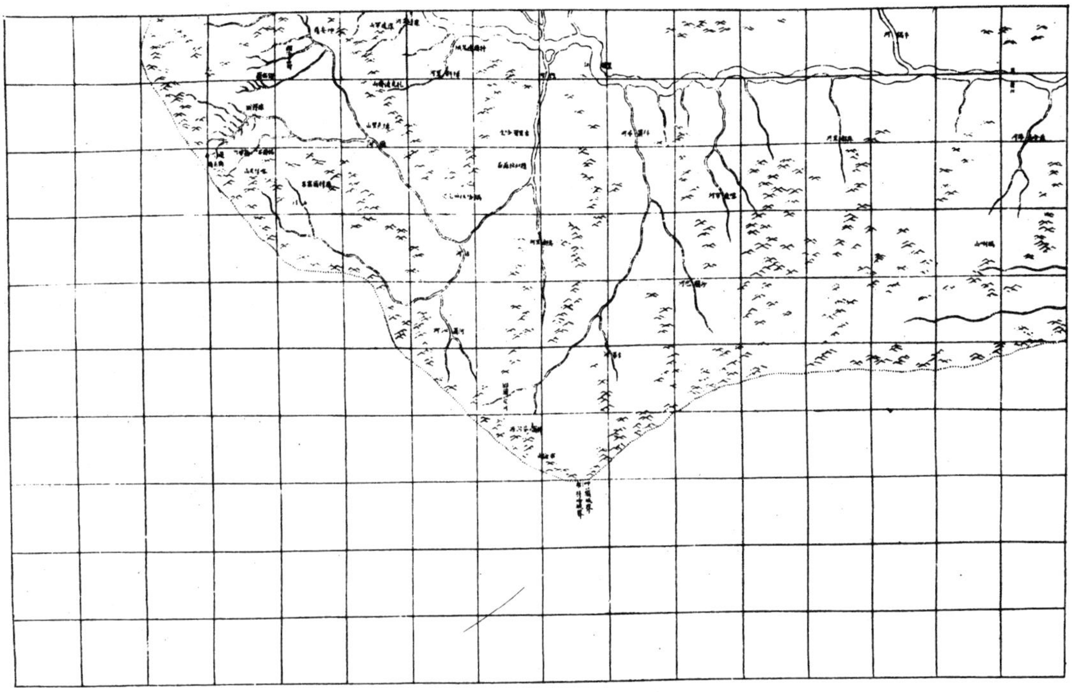

黑龍江城圖十四

南一
左一

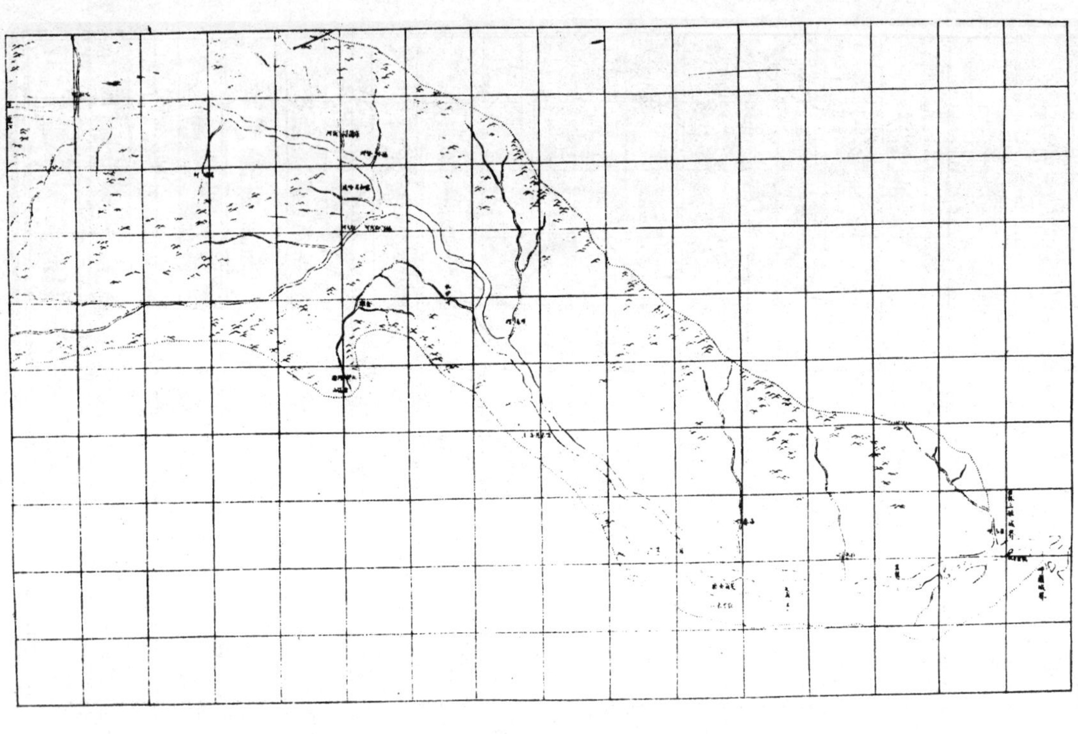

黑龍江城在齊齊哈爾城東北八百二十五里至

京師四千二百二里。黑龍江自喀爾喀車臣汗部東流經雅克薩城西安巴格爾必齊河卓羅克齊河綽爾納色勒烏魯穆河並南流注之。又東南岸經呼倫貝爾城北界會額爾古納河。又東入界。格爾必齊河即阿瑪帀爾河鄂爾河鄂爾多昆河烏爾蘇河並東南流注之。洛古河察爾巴奇河漠河諸水並北流注之。至雅克薩城南受額穆爾河。河出城西南治吉察山合數水東北流。多爾那伊河東流注之。又合數水東北流。吉瑪里河羅格德河並東流注之。烏吉察河西流注之。又西北那里多河合數水來會。門都里河出元寶山東流注之。瑪里察河西北流注之。又東北什都喀河自金廠合諸水來會。又合數水而東。大小札林庫爾河布爾戛里河並北流注之。又東北注於黑龍江。黑龍江又東南旁烏河合伊吉昌那河色連吉察河布爾戛里河活里翰河穆倫河諸水東北流注之。左納數小水及鄂瑪河布爾戛里河諸水。右納奎庫堪河及諸小水經安羅山北。波羅穆達河東南流注之。又屈折東南流。額爾格河巴爾坦河托綦河鄂嫩河並西南流注之。鄂錫們河烏庫爾河並東南流注之。又合數水屈折南流至瑚瑪爾城受瑚瑪爾河。河出城西南伊勒呼里山東北流合烏特治爾河布列斯河。折東南呼爾哈河上承塔哈河倭勒克河胡集爾河綽諾河布勒克河來會。又東南注黑龍江。黑龍江又屈折南流經烏魯蘇木丹城西。左納阿蘇河右納古里明推河滾河克拉河及諸小水。經郭普戛爾城東左納阿拉布河。右納庫倫河克魯倫河達彥河霍勒戈壁河諸水。折南左納布蘭河固蘭河。又東會精奇里江。江出外興安嶺南流。庫普里河阿爾吉河並西南流注之。巴爾坦河吉魯河烏爾河並東南流注之。又東南。西林穆迪河合貝薩河納拉河與托謨河並西南流注之。又南。左納貝屯河布迪音河。與黑龍江會。黑龍江右納什建河數小水。經愛渾西及治城東。又南。坤河合阿林河與康達罕河博科里河諸水並東北流注之。伯勒格爾沁河吉滿河謨里爾克河西南流注之。又南折東受遜河。河出城西南興安嶺合數小水東流右納錫爾喀谿魯河。又東額冷古河合數水南流注之。又東南占河合阿爾沁河東北流注之。烏都里河北流注之。又北注黑龍江。黑龍江又東。科爾芬河合額爾皮河多畢河沙圖巴河北流注之。喀達罕河蘇都里河並北流注之。又東會牛滿河。河三源並出都薩山中曰尼瑪堪河。西曰卓倫奇河。東曰阿淩河。合南流。特爾瑪河西流注之。又南注黑龍江。黑龍江又東右納薩合希倭河烏伊河尼堪河左納哈拉河庫爾圖爾河庫木努河。折東南福河與札伊河並東北流注之。珠春河南流注之。又東南庫魯河蘇魯河並南流注之。集達河斐爾法滦河並東流注之。經鄂里米城東北合畢占河。與混同江會入吉林三姓城界。外興安嶺在城北喀穆尼山在城南城東及東北界吉林三姓城西界墨爾根城北界外興安嶺南界布特哈城東南界呼蘭城西北界喀爾喀車臣汗部呼倫貝爾城俄羅斯。

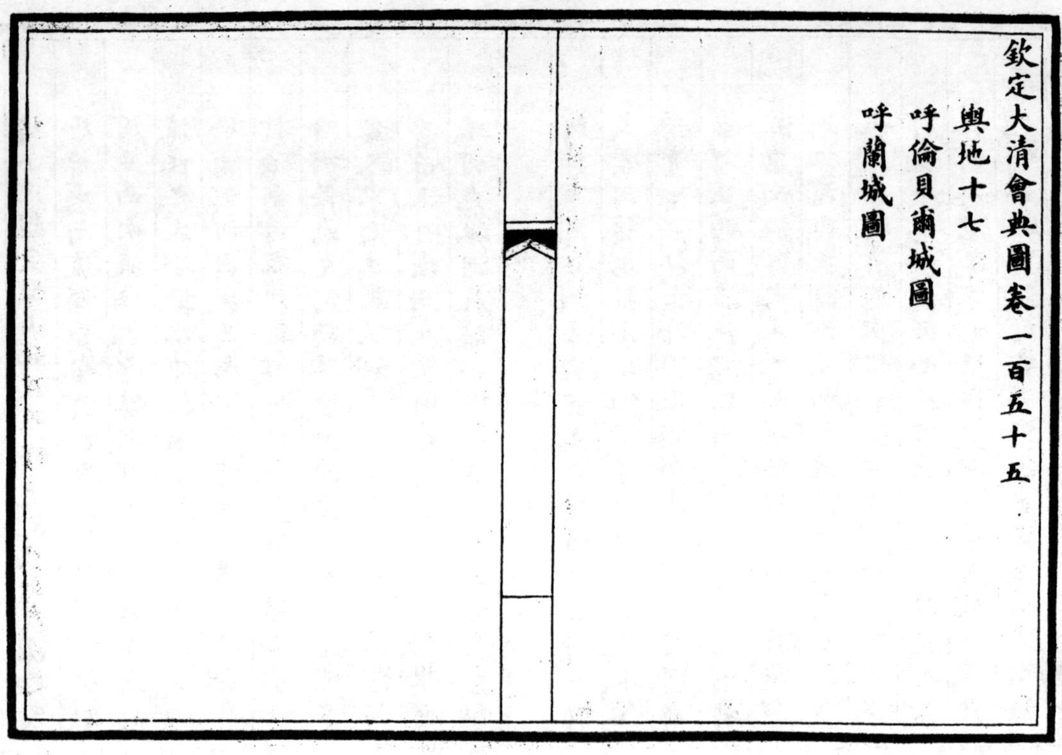
欽定大清會典圖卷一百五十五
輿地十七
呼倫貝爾城圖
呼蘭城圖

呼倫貝爾城圖一

中

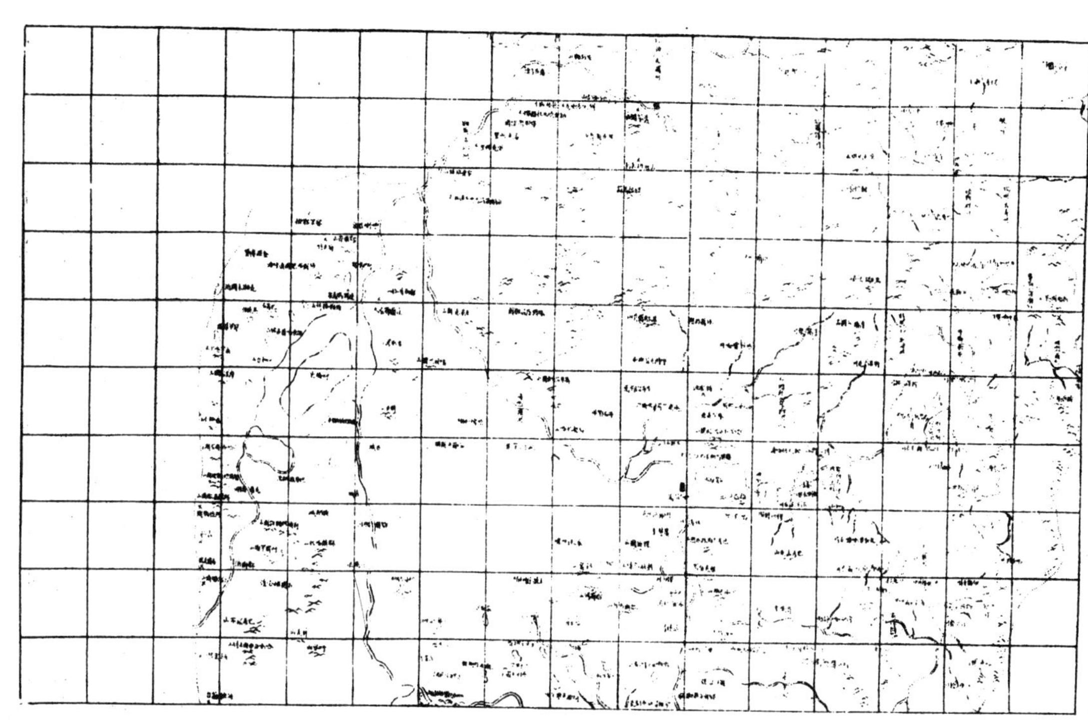

呼倫貝爾城圖二

中左一

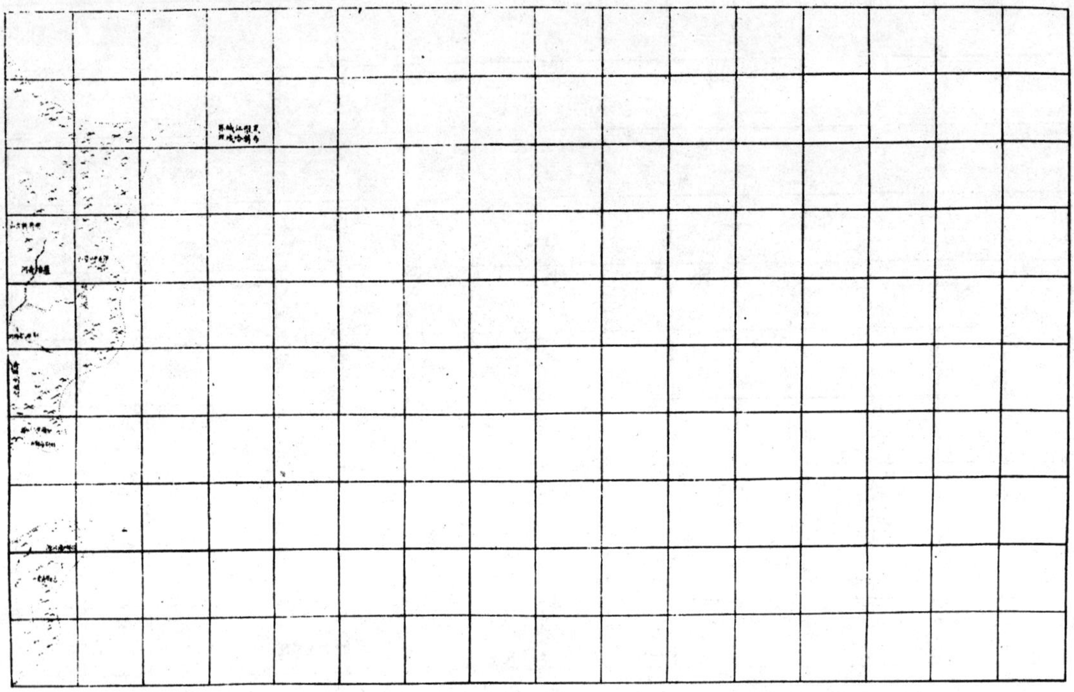

呼倫貝爾城圖三

中北一

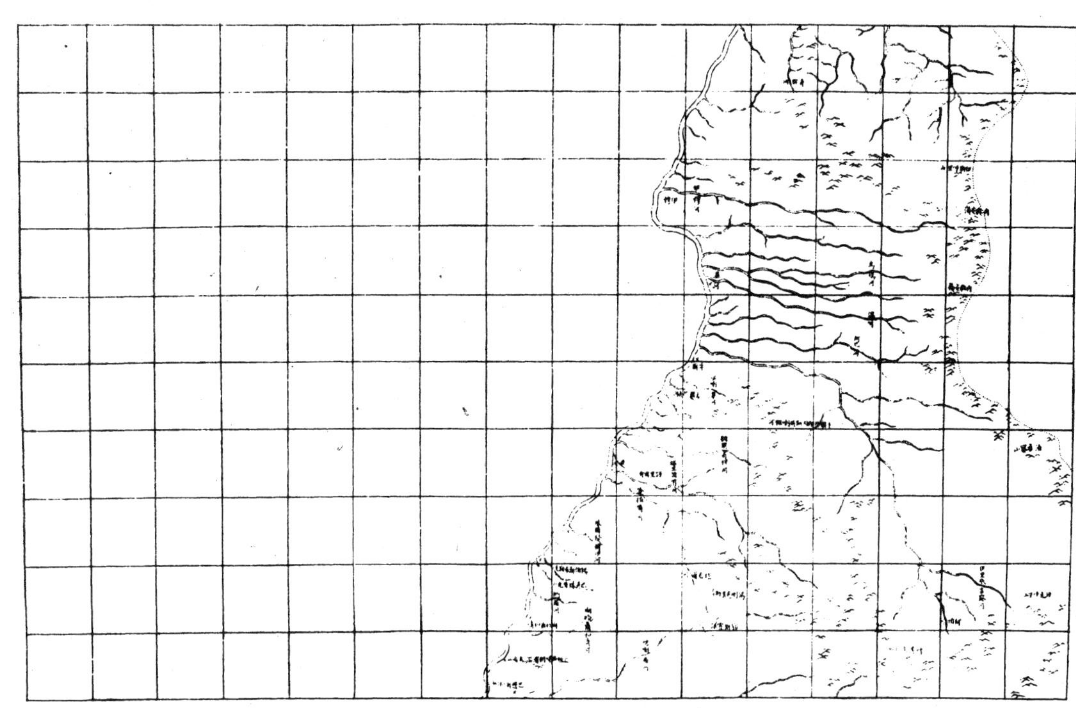

呼倫貝爾城圖四

北二中

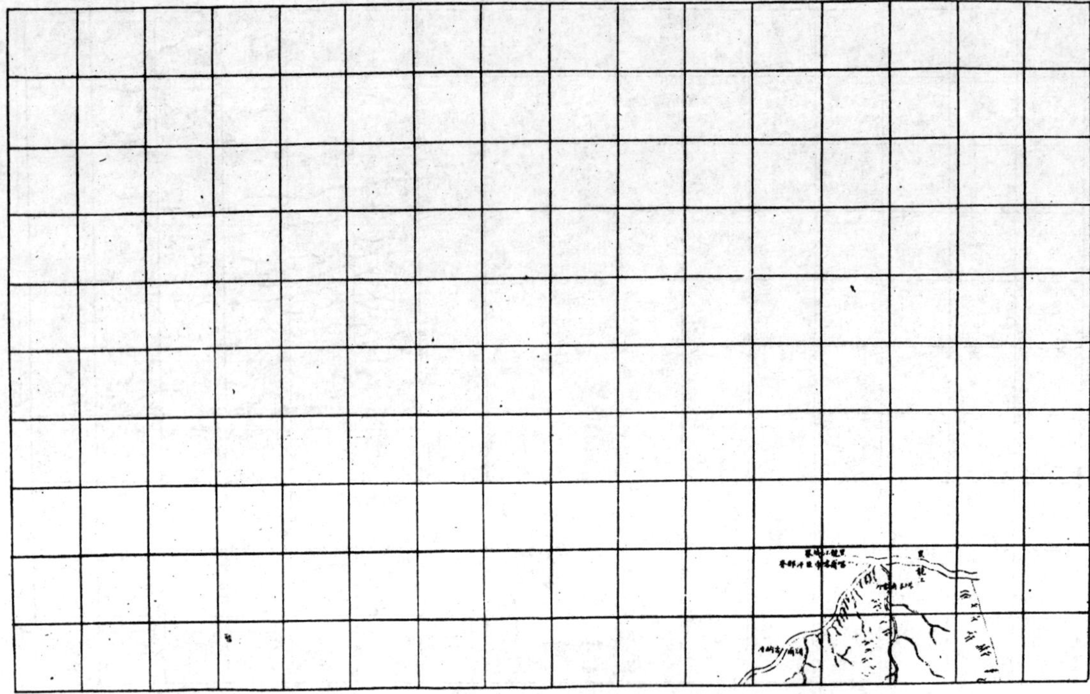

呼倫貝爾城圖五
中南一

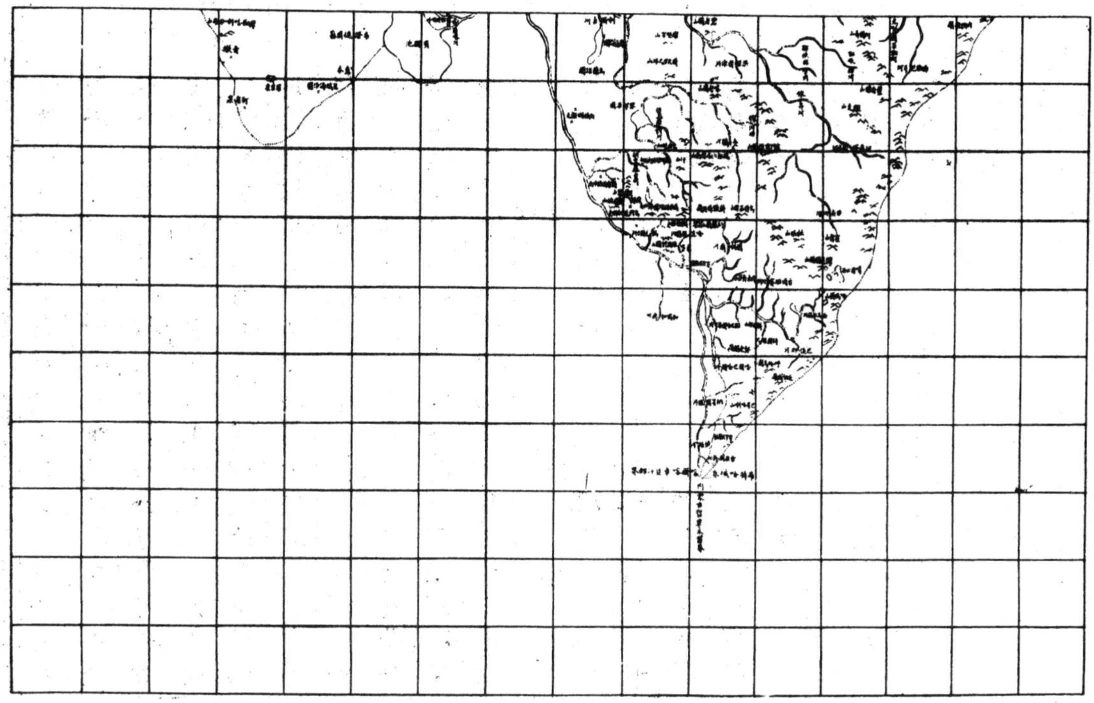

呼倫貝爾城在齊齊哈爾城西北八百五十七里。至京師四千二百四十五里。呼倫池在城西北。克魯倫河自喀爾喀車臣汗部東北流來注之。鄂爾順河自貝爾池北流來注之。復自池東北出為額爾古納河。至郭勒特格山東會海喇爾河。河出城東北界吉勒奇克山之北。合數水西南流。左納奇呼伊河諸水。右納果尼約爾河諸水。又西南庫勒都爾河合折爾固勒河音格勒奇河訥普塔勒代河伊勒特克奇河特爾穆勒津河哈巴喇里河諸水西南流注之。左納摩該圖河歐肯河奇雅喇河合西北流注之。又西南右納三小水及鄂勒奇哈河博羅斯河。左納瑚裕爾和奇河。又西南至博沁圖山東。烏努爾果勒水合庫勒巴彥河博羅圖河烏呼圖河鄂克特河噶察河鄂羅奇河達爾賓河又會札敦河哈奇罕河錫伯河及烏蘭布爾噶蘇台河數小水西北流注之。又西左右各納一水。西南流。特諾克河南流注之。札喇木台河二源北流注之。又經城北。依奔河即移米河出室韋山。合阿魯塔爾

奇河鄂依那河洪果爾金河韋突克河錫尼克河西北流會輝河所受之奎騰河及諸泊水北流注之又西墨爾根河合崇固林霍倫河哈吉霍倫河依爾該圖霍倫河東南流注之又曲西北經窩集温都爾山南哈壇和碩北至室韋格特西與額爾古納河會額爾古納河東北分流復合至庫克多博北受根河河亦曰旱河一曰犍河出城東北伊克呼里山合薩吉奇河鄂羅諾因河奇雅喇犍河英吉爾河楞布爾河穆果河札多瑪河西南流伊圖里河合錫琳吉奇河西流注之額斯棍河哈魯克奇河及二小水合西北流注之又西右納鄂爾佳河左納數小水又西流注額爾古納河額爾古納河又東北特勒布爾河喀喇布河合西流注之又東北右納瑚裕爾和奇河約羅河珠爾格特伊河及三小水又北哈拉爾河合塔布爾河與謨里爾肯河並西流注之復右納遜河額爾奇穆河古爾布奇河必喇畢河又東北牛爾河亦出伊勒呼里山曰阿怕河曰伊里底吉察河合數水西北流注之又北右納阿巴河温河烏瑪河伊穆河及數小水東北流奇乾河塔落甫喀河並合數水北流注之又東北會於黑龍江黑龍江自喀爾喀車臣汗部緣界東流入黑龍江城界貝爾池在城西南與車臣汗接界上源為喀爾喀河出室韋山南穆克圖爾山東南曰噶爾必鄂模西南流左納哈瑪爾河巴達那河特爾根河右納古爾班賽坎河及數小水安巴哈爾渾河合哈爾巴哈圖河西北流注之圖喇爾河合數水西南流注之又西納墨爾根河上承博羅河北流注之經古堡南又西北右納哈達該圖河錫巴爾台河胡魯蘇台河左納和爾和齊河又西北支津右出為庫爾河注於鄂爾順河正渠匯於貝爾池內興安嶺在城東南伊克呼里山在城東北索岳爾濟山在城南城東及東南界布特哈城西至南界喀爾喀車臣汗部東北界黑龍江城

呼蘭城圖一

中

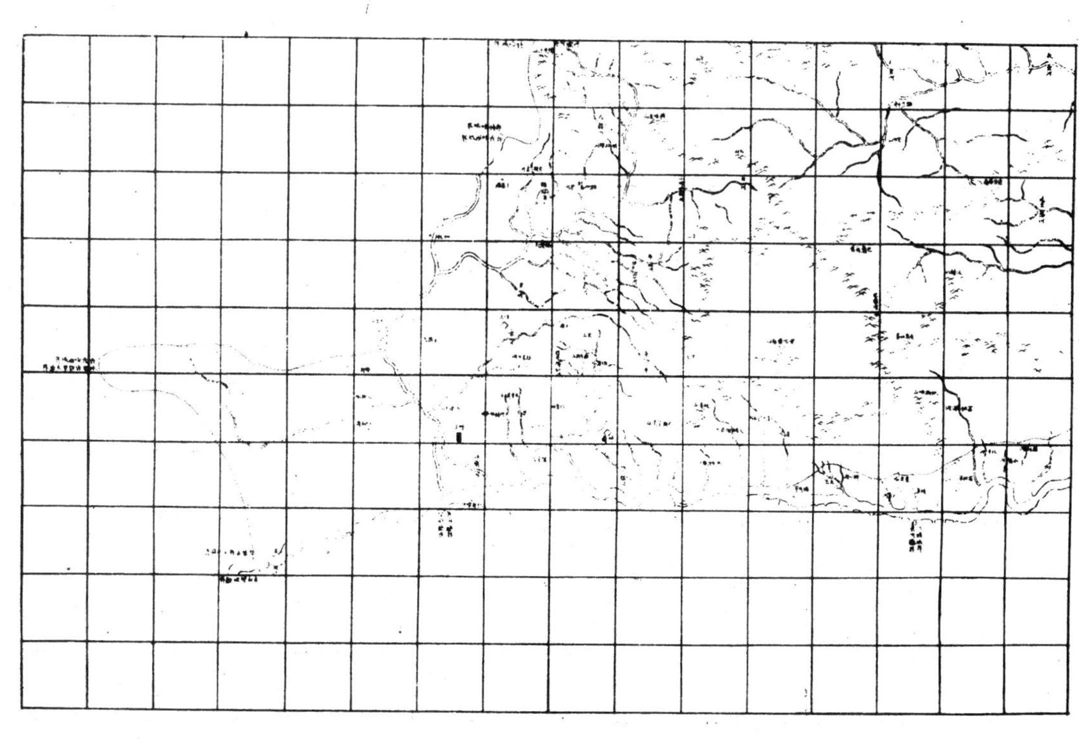

呼蘭城圖二 中左一

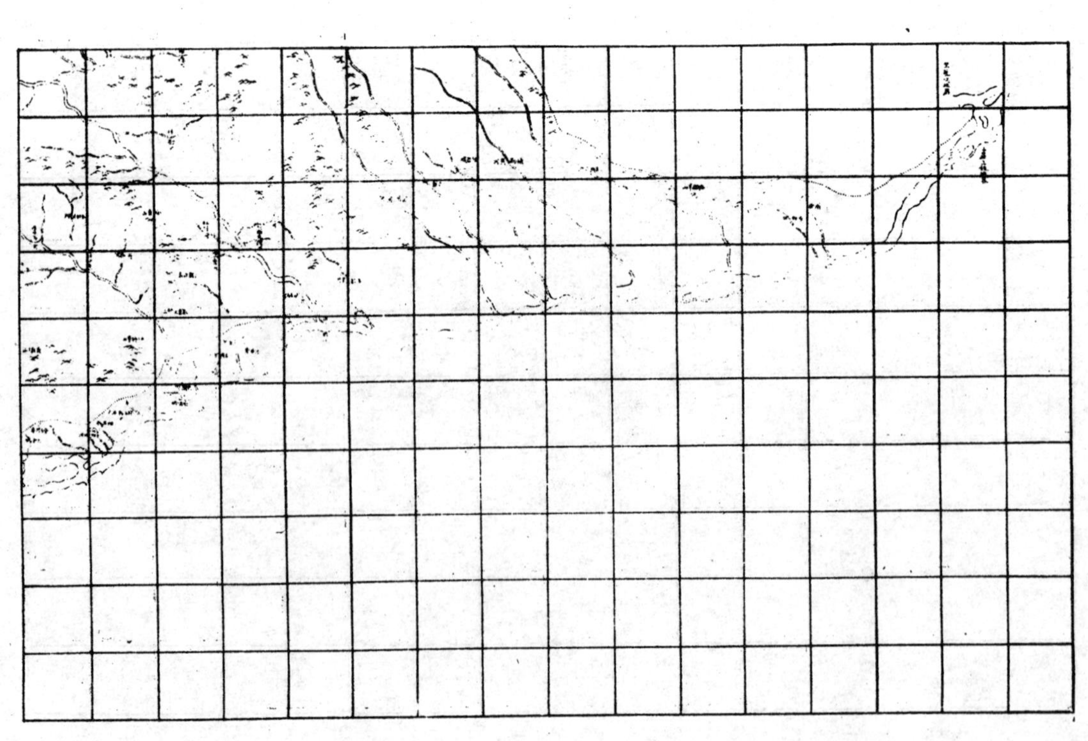

呼蘭城圖三

北一
中

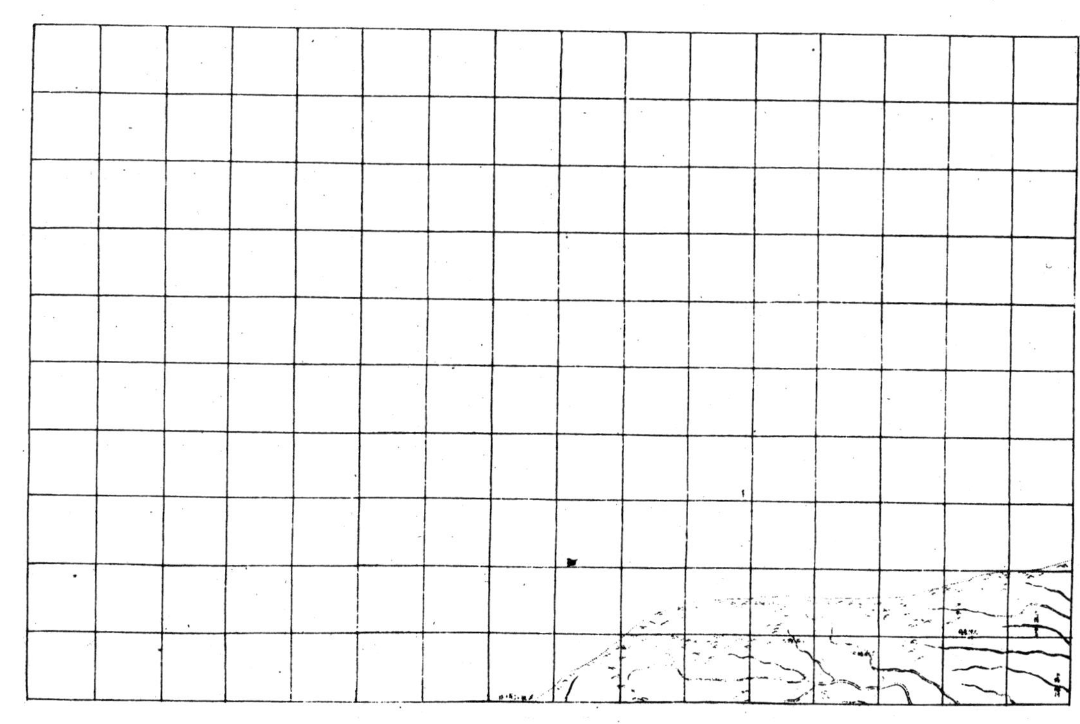

呼蘭城圖四

北一
左一

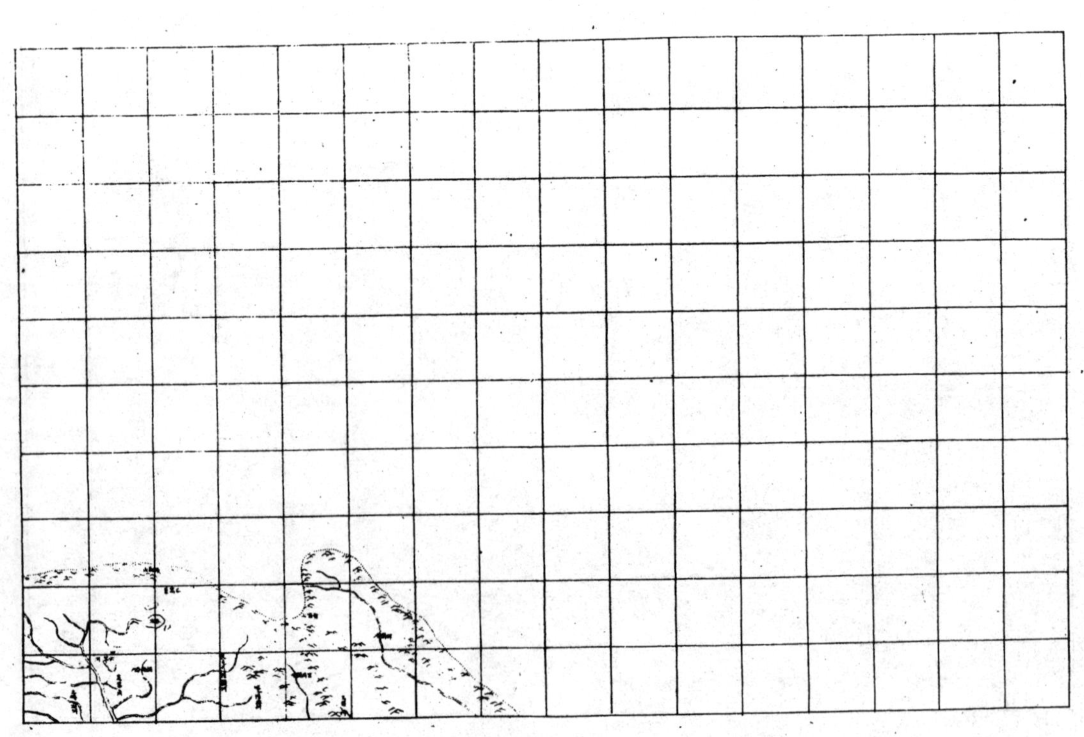

呼蘭城在省治東南九百六十五里。至京師三千五百四十二里。領廳二。東北呼蘭綏化混同江自吉林雙城廳緣界東北流。經治南受呼蘭河。河出廳東北布倫山。合數小水東南流。折西南右納青頂河馬蜂河胡拉庫河。又西南白河出白山合數水小呼蘭河來會。又西南右納額伊濟密河。左納昂邦河拉列罕河及二小水。又西南經餘慶街南。額伊渾河合尼爾吉河及其支津南流來注之。克木克河合二道河西流注之。經綏化廳北津河西北流注之。納敏河緣界西南流注之。又西南至小榆樹。大鹼溝東流注之。濠河出呼蘭廳東北黑山。西北流經綏化廳南。折西南合一水注之。至城西北分流注混同江。混同江又東北南岸為吉林賓州廳界。左納涉搜溝水。經呼蘭廳南碩羅河出石廠南合哲克特伊河漂河及數小水東南流注之。又東折北隈鴉河自巴爾集瑪山西流經廳治西折東南注之。又東左納數小水。又東左納佛特庫河大小穆倫苔河二道河。又東經吉林借設之佛思亨站南。左納轉心湖沙河濃濃河頭道河富拉渾河林子河小橋河薩林河大崇河西伯河二道河頭道河及諸小水是為三姓借界巴蘭河出老黑山。合數水東北流。經沃赫山北。折東南。達里帶河合珠勒河丹沁河及數水東南流注之。又東北左納烏風浪河瓦丹河將軍溝又東左受吞河。河亦曰屯河。即陶溫河。出布倫山吞窩集為吞泊水。合伊春河烏謨魯河東流。折南窩集河合必罕河西流注之。胡迪奇河西南流注之。喀穆齊河合札克丹穆圖河與穆遜河並西流注之。上下錫琳河並東流注之。又西南札里河合上下石頭河雅魯河及衆小水東流來會。折東南左納珠勒河土河阿西克坦河右納三小水紅科河哈魯河。經固木訥注混同江。混同江又東緣城東界左納多龍烏河富爾瀾河烏爾河德勒恩河都爾河布雅河南樂水東北流入三姓城界佛思亨山在城東北。城東界吉林三姓城。西界內蒙古哲里木盟。北界黑龍江城。南界吉林賓州廳。西南界吉林雙城廳西北界齊齊哈爾城布特哈城。

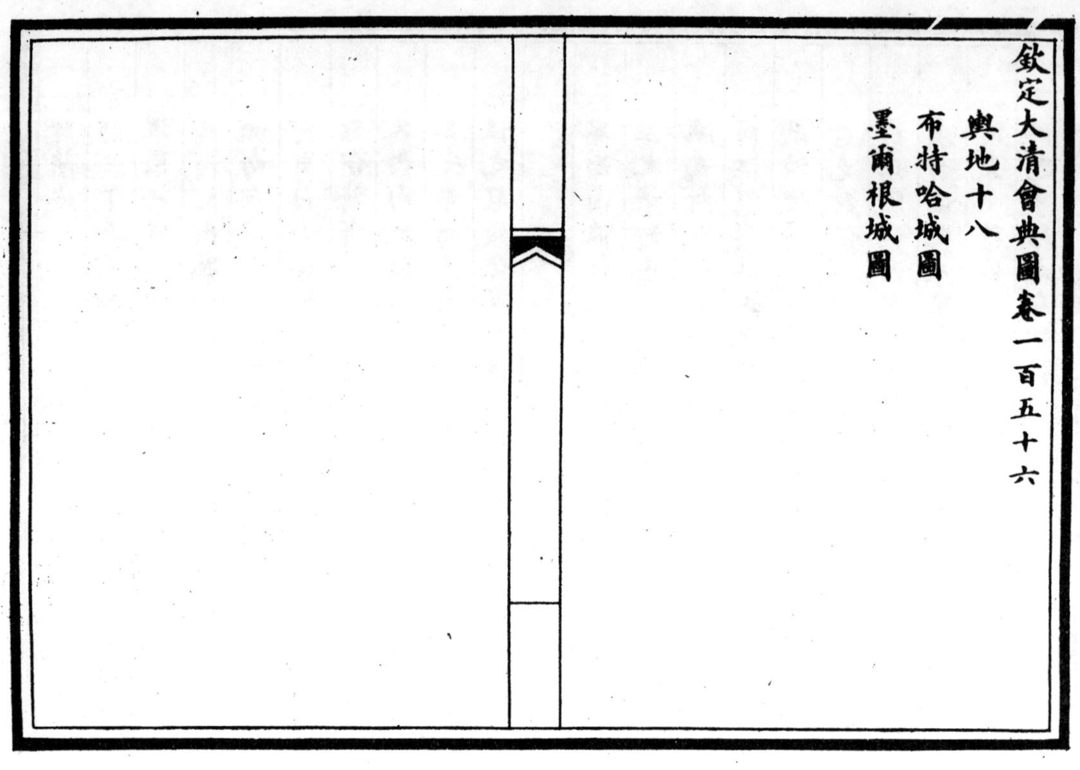
欽定大清會典圖卷一百五十六
輿地十八
布特哈城圖
墨爾根城圖

布特哈城圖一

中

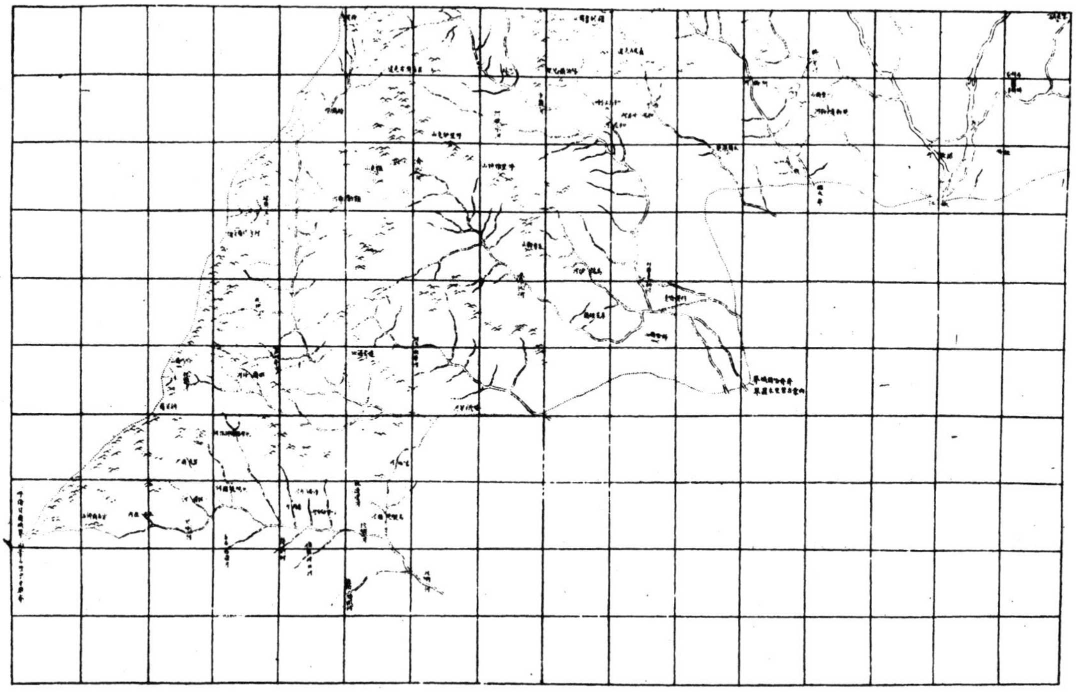

布特哈城圖二

中左一

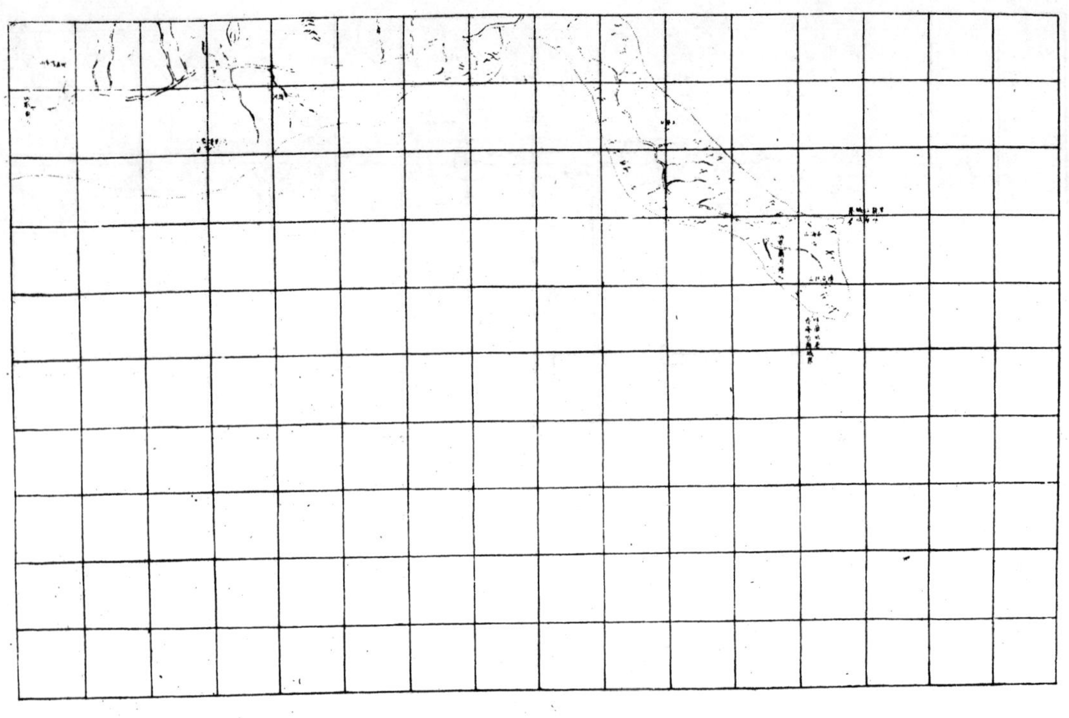

布特哈城圖三

北一
中

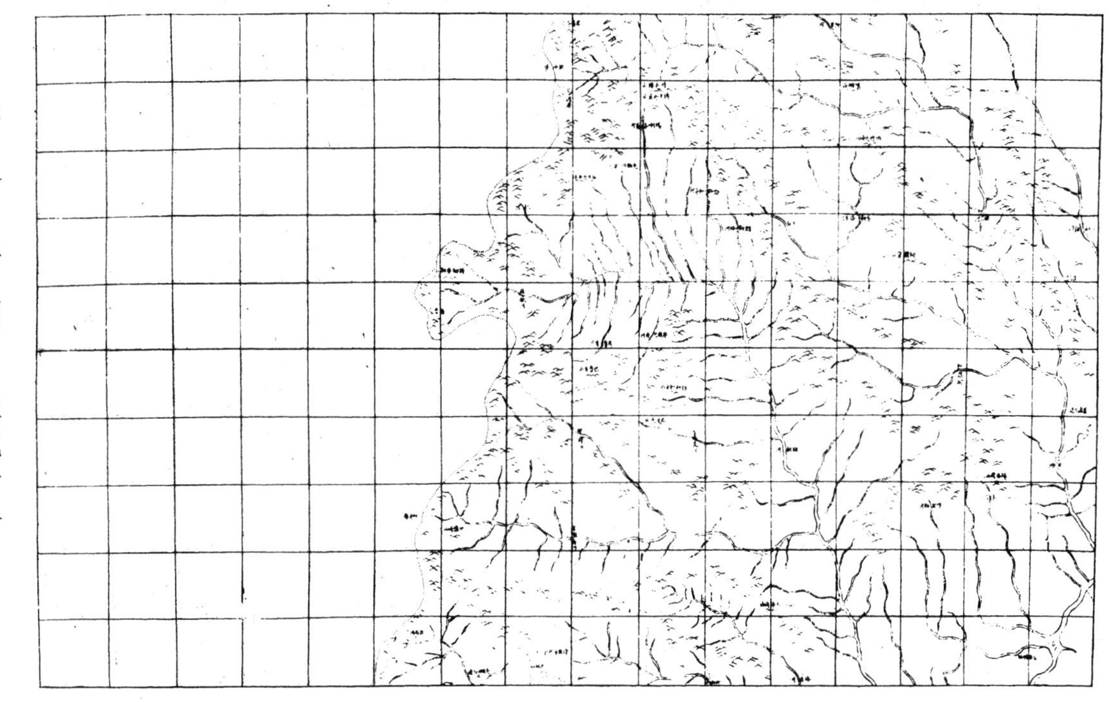

布特哈城圖四

北一
左一

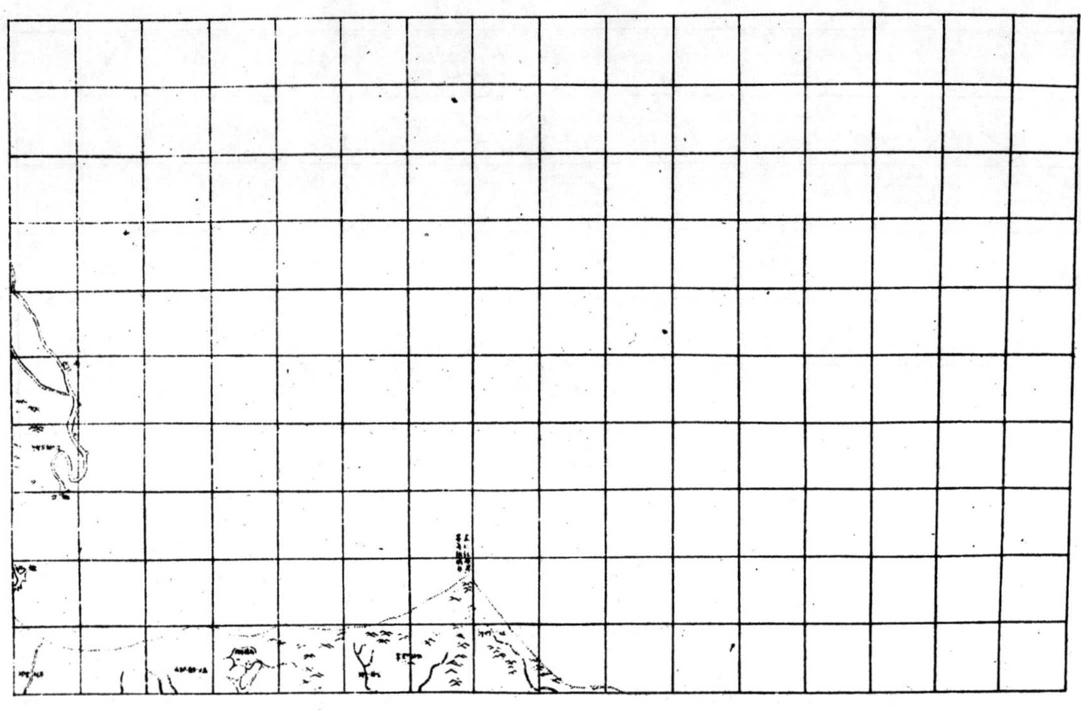

布特哈城圖五

北二中

布特哈城在齊齊哈爾城東北三百里。至京師三千六百七十七里。嫩江自墨爾根城緣界南流。多布庫爾河合數水東南流注之。又南鄂肯河亦合數水東南流注之。又經達巴爾罕穆丹南曲折南流錯入其城界又西南受甘河。河出興安嶺支阜英吉奇山。合數水東北流。經阿述特山南。又合數小水東南流。阿里河合數水來會。又合數水東南流經善古克達西。奎勒奇肯河合奎勒河和羅河及數水來會。又合數水南流注嫩江。嫩江又西南左納一小水。衮河合一水呼爾勒河合三水並東南流注之。又西南經舊城東及治城西。又南受納默爾河。河出城東南博克托山。合數水西北流。左納吐魯們河。折西經哈勒巴室韋山南。左納三小水右納一小水及喀喇河。又西左納溫察爾河及二小水。右納烏德林泊及數小水。經城東南。羅喇喀河自墨爾根城南流注之。經城南又西注嫩江。嫩江又西南受諾敏河。河出特勒庫勒山。三源合東南流。右納數小水左納托河及數小水。又曲東流右納尼魯肯河察爾巴奇河。左納克勒必罕河錫喇奇肯河額勒和奇河額勒格河及數小水。折南流。經額勒和肯山巴達克山東。又合巴達克河及數水南流。畢喇爾河合十餘水東流注之。又合數水東南流經舊城西格尼河亦合十餘小水東南流注之。又東南分流注嫩江。嫩江又南。右納楚勒嘎勒河入齊齊哈爾城界。阿倫河在城西。合十餘小水與音河並東南流入齊齊哈爾城界。雅爾河出城西大嶺。合衆水東南流經巴林南。又東南右納阿敏永河諸水。左納和尼河。又合數小水東南流左出為科爾吉勒河入齊齊哈爾城界。正渠又南烏德伊河濟沁河各合數水東南合流來會。又東南分流入内蒙古哲里木盟界胡玉爾庫河在城西。合數水亦入哲里木盟界綽爾河出城西。合數水南流。塔爾奇河合數水東流注之。額勒庫河西流注之。又合數水南流。札伊河與哈巴奇河並東流注之。又合數水東南流。托欣河合那爾什河及數小水東流注之。又東南亦入哲里木盟界。陀喇河出索岳爾濟山。東流左合木什匣河郭圖河詧克爾河札瑪克圖河厄黑格錫特依河套爾河庫齊台河多和倫台河。右合吉布格圖河特們河雅爾胡台河。噶海河蘇海圖河烏瓏楚爾河合南流注之。東南流右納德伯特依河亦入哲里木盟界。城東界黑龍江城。西至北界呼倫貝爾城。南界齊齊哈爾城。東北界墨爾根城。西南界内蒙古哲里木盟。

墨爾根城圖一

中

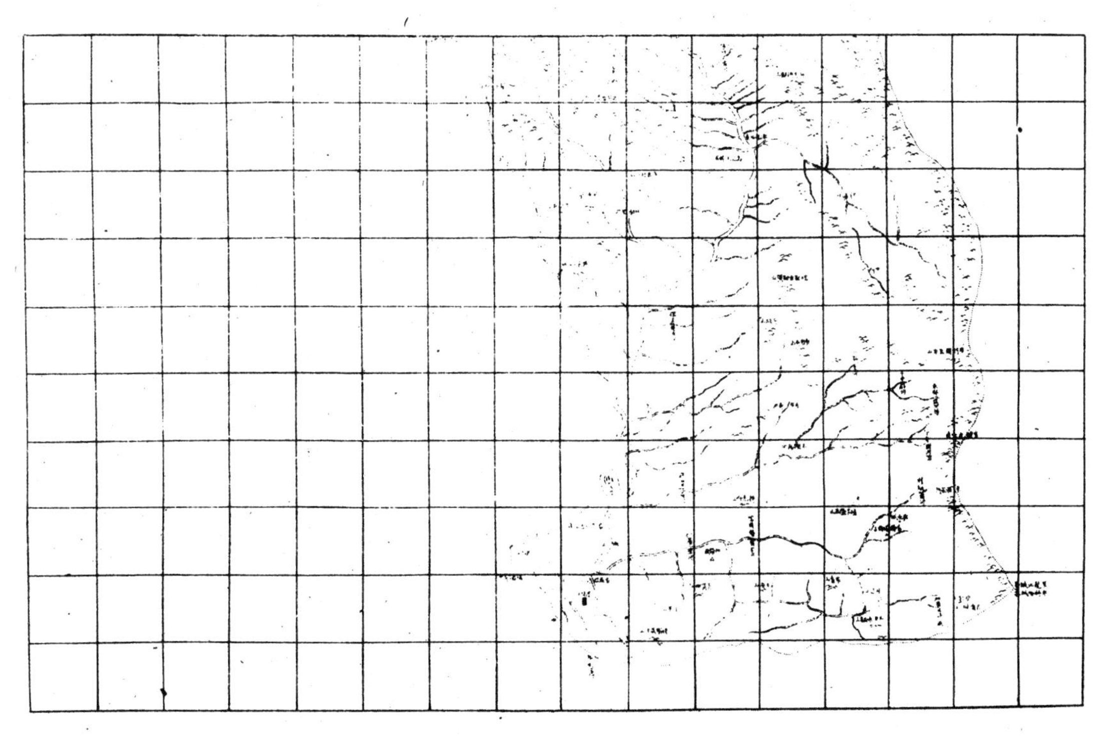

墨爾根城圖二

北

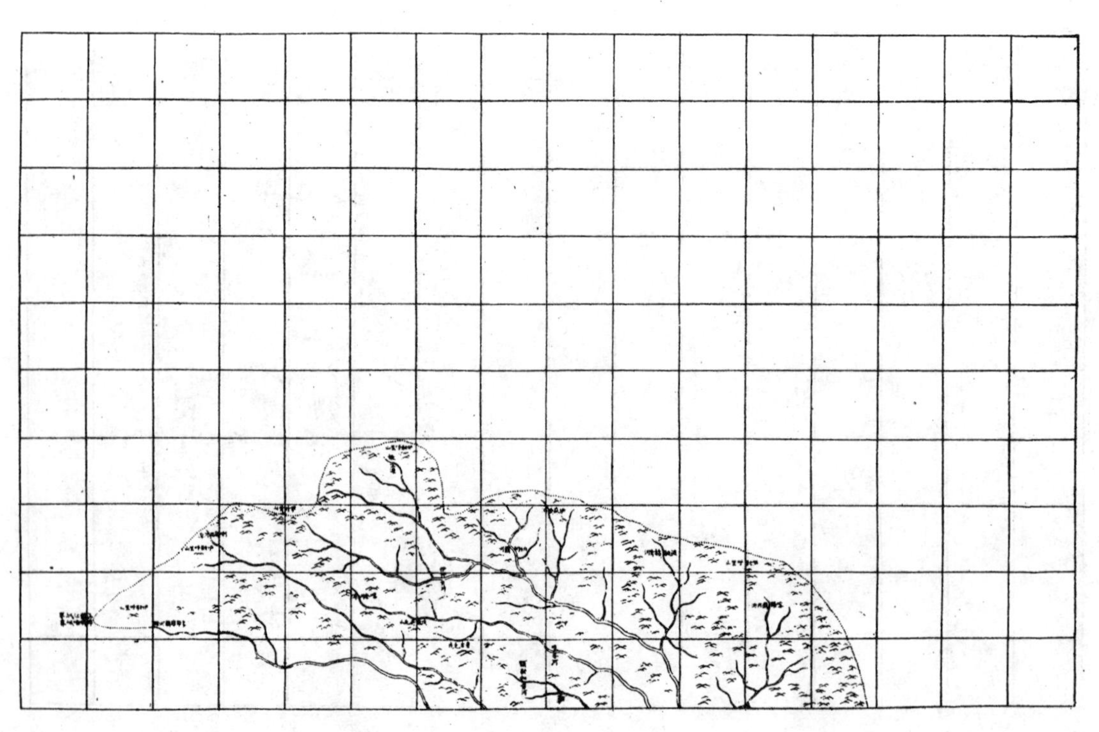

墨爾根城在齊齊哈爾城東北四百六十里。至京師三千八百三十七里。嫩江出城西北伊勒呼里山。合三水東南流伊什肯河合數水東南流注之。又東南納約爾河伊蘇肯河各合數水南流注之。左右各納一水。又東南額勒赫肯河合數水西南流注之。喀奈河東南流注之。又南喀羅爾河出伊勒呼里山合數水西南流折西注之。右納一小水。左納四小水。又南額勒和肯河古里克河各合數小水東南流注之。又左右各納二水南流。鄂多河合中科河及數小水西北流注之。經烏雲沃赫渾東。又南流左右各納數水。喇都里河出伊勒呼里山東南流合數水及古里河來會。又南左納雅普薩台河三小水。右納二小水。多布庫爾河亦出伊勒呼里山合數小水緣界東南流注之。固古河合數水西南流注之。又曲折南流至城北受謨魯爾河。河出庫穆爾哈達合三小水西流。木齊爾河合小中科河小鄂多河及二水西南流注之。右納布布奇河又西南注嫩江。嫩江又南受和羅爾河。河出吉爾奇納山。合數小水西北流。喀爾塔爾吉河

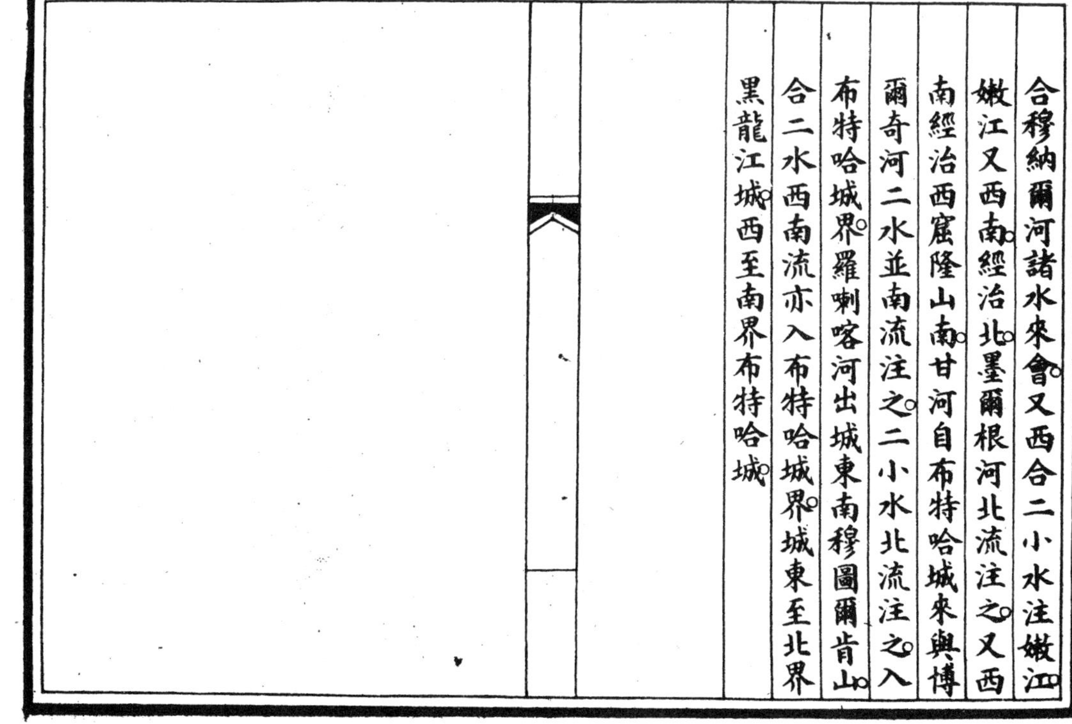
合穆納爾河諸水來會。又西合二小水注嫩江。嫩江又西南經治北。墨爾根河北流注之。又西南經治西窟隆山南。甘河自布特哈城來與博爾奇河二水並南流注之。二小水北流注之。入布特哈城界。羅喇喀河出城東南穆圖爾肯山。合二水西南流亦入布特哈城界。城東至北界黑龍江城。西至南界布特哈城。

欽定大清會典圖卷一百五十七

輿地十九

山東省全圖

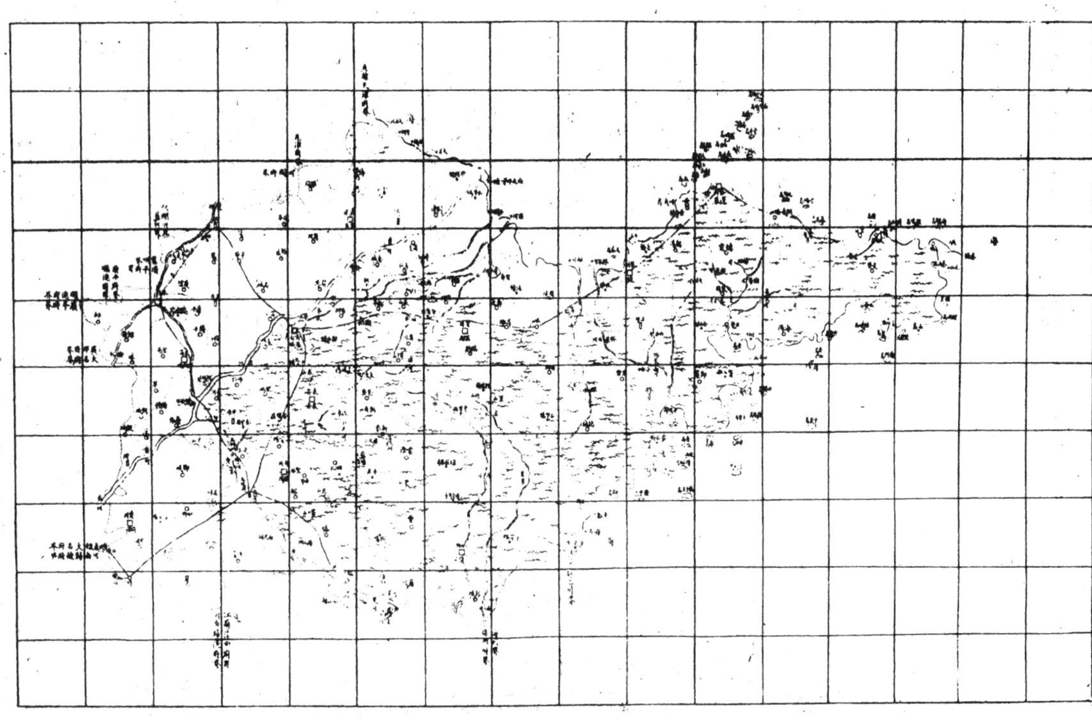

山東省在

京師東南。濟南府為省治。山東巡撫布政司共治焉。統府十州二。濟南府之東青州府。南泰安府兗州府。東南沂州府。西南東昌府曹州府濟甯州。東北武定府萊州府登州府。西北臨清州。海在省東。環東北至東南三面。東北接直隸天津府界。西南接江蘇海州界。黃河自直隸大名府東北流入境。經曹州府北至兗州府西北。受運河。又東北經泰安府西。北出為新運河。又東北經省治北。武定府南。又東北至利津縣入於海。

運河上源為大汶河。出泰安府。會小汶河。西南流。至兗州府汶上縣分水口。分南北二流。並為運河。南流者經濟甯州西。東南流錯入江蘇徐州府境。復經兗州府西泰安府西南。注黃河。復自泰安府東阿縣西導黃水西出為新運河。北流經兗州府西北東昌府東至臨清州南。衞河自直隸大名府東北流來會。又北經東昌府東北省治西北。入直隸河間府境。南旺湖馬踏湖蜀山湖並豬汶河諸水在兗州府西濟甯州北。馬場湖在濟甯州西北。南陽湖獨山湖並在州東南。微山湖在兗州府東南。小清河新舊二渠。舊小清河上源為灁水。新小清河上源為濼水。並出省治東南。東北流經青州府西。一東北流至小清河口入於海。一東流至青州府北。淄河匯麻大湖水瀦為青水泊北流來會又東至淄河口入於海。濰水出沂州府。東流經青州府東南折北經萊州府西濰河口入於海。膠萊河上源為白沙河出萊州府南流至水口。分南北二流南流者為膠萊南河合大沽河至膠州澳入於海。北流者為膠萊北河經府西北膠萊河口入於海。五龍河上流曰陶漳曰楊础曰觀裏曰九里曰昌水並出登州府。合南流至五龍河口入於海。沂水出沂州府南流與沭河並入徐州府境。東北及東南至海。西北至直隸界。南至江蘇界。西南至河南界。

濟南府圖

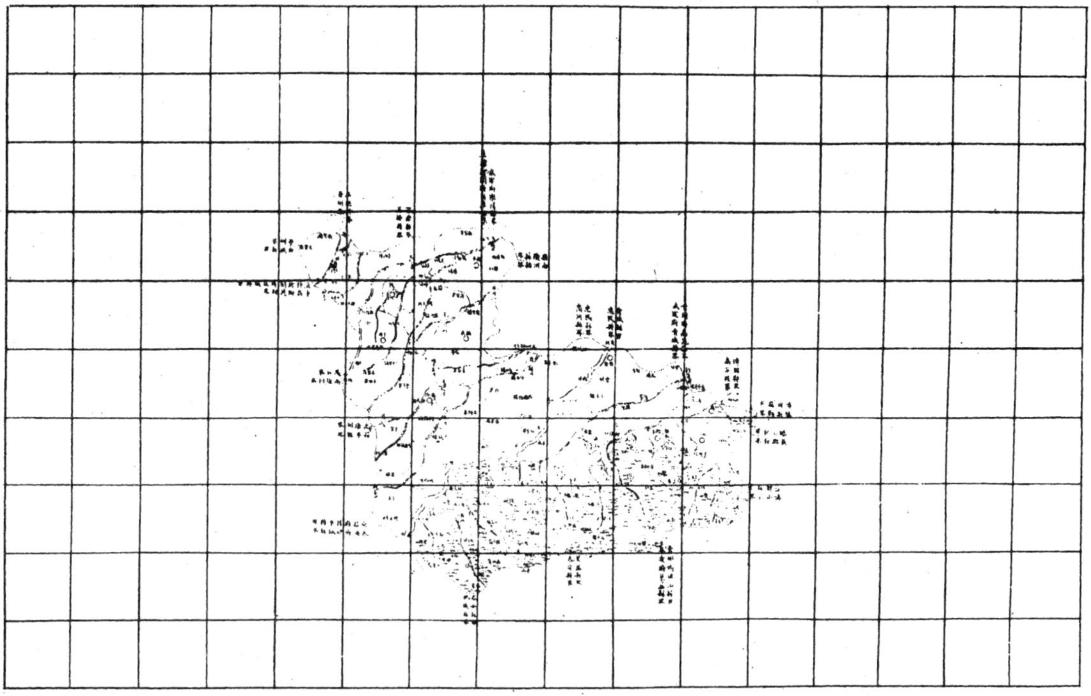

濟南府為山東省治。至
京師八百里。領州一縣十五。治歷城。東南淄川。東
北濟陽章邱齊東鄒平長山新城。西南長清。西
北齊河禹城臨邑平原陵縣德平德州。黃河自
泰安府肥城縣東北流入界。經長清縣西南。南
沙河出縣南五道嶺西北流注之。又東北經縣
東北。北沙河自泰安府泰安縣西北流注之。又
經齊河縣治南。豐齊河一名玉符河又名玉水
上源曰錦陽川出府治南仙龍潭左合錦雲川
右合錦繡川西北流注之。又經府治西北濼口
鎮過華山北東北流經濟陽縣東。又經章邱縣
西北齊東縣西東北流入武定府惠民縣界。小
清河新舊二渠。舊渠曰獺河即古楊渚溝水。出
章邱縣東南野狐嶺。北流至柳塘口。折而東經
鄒平縣西右通滸山泊。又東北。北沙河出縣南摩
訶峰北流注之。經縣北又東北。白條河出縣南
豬龍河出長山縣西合北流注之。又經長山新
城二縣西北入青州府高苑縣界。新渠上源曰
濼水出府治西南趵突泉。北流經治西北。柳塘
河出治南玉函山北流折東來會。為新小清河。

折東經治北又東右納鏷村河及壩子河韓倉河神武河又東北全節河上源曰巨合水出章邱縣西南長城嶺拔槊泉北流經龍山鎮西合關盧水武原水北流注之又東北經章邱縣北繡江河一曰清河出縣東南百脈泉合瓜漏河北流注之又經齊東縣南鄒平縣北長山縣西北亦入高苑縣界孝婦河自青州府博山縣北流入界經淄川縣西右納般水又北漫泗河合獮水河西流注之又經長山縣南范陽河即古萌水出淄川縣西南滴水泉合瀧水東北流注之又折西北左納米溝水及魚子溝水又經鄒平縣東北折東北流復經長山縣北至新城縣東北豐水即古德會水一曰鄭潢溝北流注之又東北注麻大湖入青州府博興縣界烏河即古時水一曰烏龍水自青州府臨淄縣西北流入界經新城縣東涝淄河自青州府益都縣來北流注之又北亦注麻大湖徒駭河一曰土河自東昌府高唐州東流入境經禹城縣西南漯河自東昌府茌平縣來東北流注之又經禹城橋東流經齊河縣東北趙牛河亦自茌平縣來

東北流注之又經臨邑縣南濟陽縣北入武定府商河縣界商河即古夾馬河自禹城縣順水土河東流經臨邑縣南濟陽縣西北亦入商河縣界馬頰河自東昌府恩縣東北流入界經平原縣西曲陸店至德州東折東流經德平縣西北受篤馬河河出平原縣南石家窪東北流經陵縣東左納新高津河又北折東趙王河自高唐州來經平原縣東歧為二一東北流經鉤盤鎮為鉤盤河入商河縣界一北流來注之又東北經德平縣西北注馬頰河馬頰河又東北入樂陵縣界運河即衛河自東昌府恩縣北流入界經德州西南又經治西東北流至哨馬營支津東北出為北支減河入直隸河間府吳橋縣運河又東北入河間府景州界南支減水河即四女寺減水河又稱老黃河亦自恩縣東北流入界經德州南折北入直隸河間府吳橋縣界華山即華不注山在府治東北府東及東南界青州府西及西南界東昌府南界泰安府北及東北界武定府西北界直隸河間府

泰安府圖

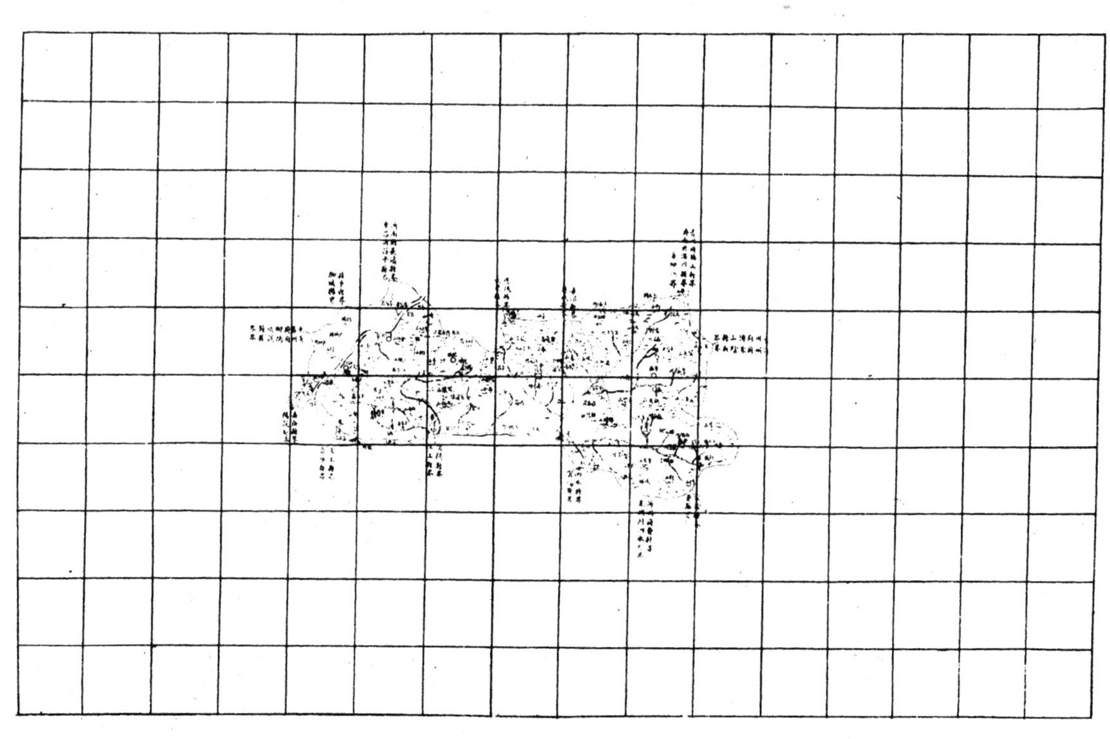

泰安府在省治南一百八十里。至京師一千里。領州一。縣六。治泰安。東萊蕪。東南新泰。西東阿。西南東平州。西北肥城。平陰。黃河自兗州府壽張縣東北流入界。經東平州西北。又經東阿縣西南陶城鋪。新運河及新開支運河並左出入兗州府陽穀縣界。黃河又東北經龐家口。受大清河。又經縣治北。右納狼溪河。又經平陰縣西。右納錦水。又經肥城縣西北。入濟南府長清縣界。運河自兗州府汶上縣北流入界。經東平州西南安山鎮。西北流入兗州府壽張縣界。大汶河出萊蕪縣東北原山。合匯水河。西南流經府治東。石汶水一曰天津河。出泰山東北。東南流來會。又西南會牟汶水。水出萊蕪縣東山。西南流。浯汶水自沂州府蒙陰縣來會。西流右納孝義河。經縣南。嬴汶水出新甫山。北流來會。又西。嘶馬河出縣北大崖山。合小龍灣水南流注之。又西會大汶河。大汶河又西南。右納鐵佛堂泉。又經府治東南。會北汶水。水一名泮河。出泰山西北桃花峪。歧為二。一西北流入濟南府長清縣為北沙河。一東南經府治南。合漆河。環水會大汶河。大汶河又南會小汶河。小汶河一曰柴汶水。出新泰縣東北龍堂山。合南師河。敖陽山河西流經縣南。又西右納西周河。左納廣明河。復右納廣甯河。又西蘇莊河。羊流河並出新甫山。合南流注之。又經府東南。左納東濁河及文曲河二柳河。淄河西北流注大汶河。大汶河又西經府治南。其南岸為兗州府甯陽縣界。又西。西濁河小會河俱南流注之。又經東平州東南。匯河上源曰肥河。出肥城縣東黃山。康河出縣北五道嶺。合西南流。經縣南。右納衡魚河。又西經平陰縣南。折東南流注之。至戴村壩溢而西北出者為大清河。復分支為小清河。並西北流。夾東平州治。復合西北注黃河。其正渠自戴村壩西南流入兗州府汶上縣界。府東及東南界沂州府。西至南界兗州府。北界濟南府。東北界青州府。西北界東昌府。

武定府圖

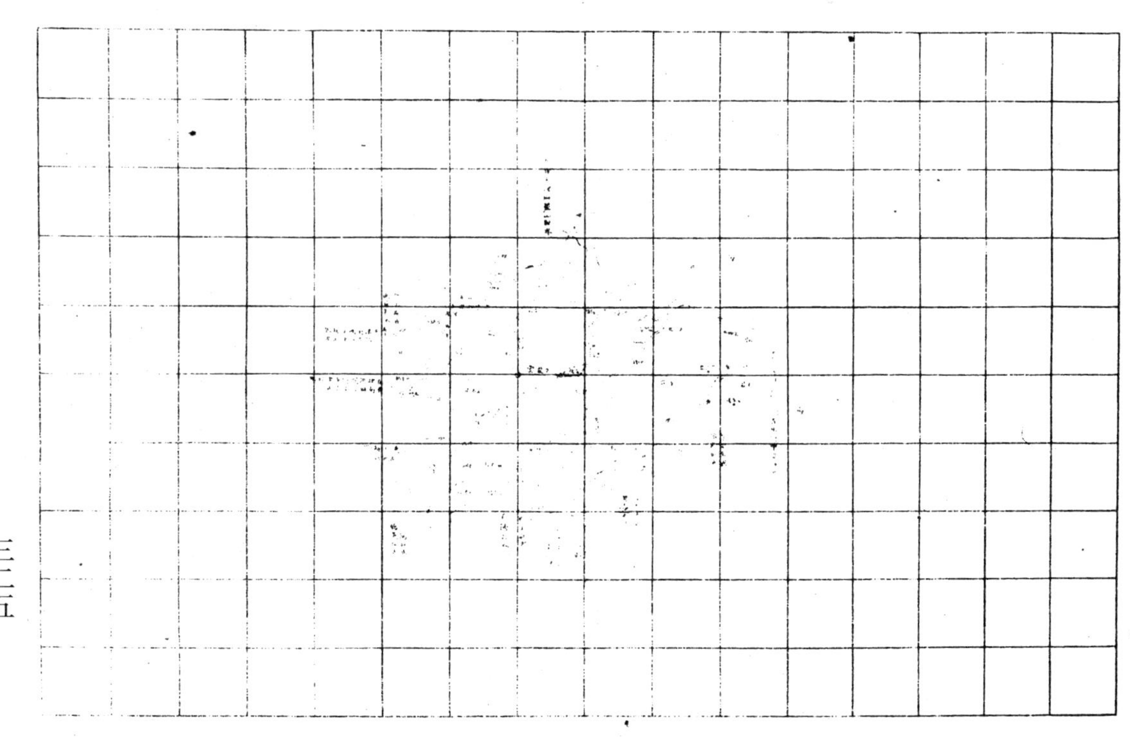

武定府在省治東北二百里至
京師七百里領州一縣九治惠民東濱州利津北陽信海豐東南青城蒲臺西南商河東北霑化西北樂陵海在府東北北接直隸天津府鹽山縣界為海豐縣東北境又東南為霑化利津二縣東北境又東南接青州府樂安縣界黃河自濟南府濟陽縣東北流入界經府治南青城縣北又東北經濱州南蒲臺北利津縣南又經永阜場北出鐵門關自牡蠣口入於海徒駭河一曰徒河亦自濟陽縣東北流入界經商河縣東南府治南至濱州西商河俗名土河即夾馬河亦曰小支河自濟陽縣來沙河自濟南府德平縣來合東北流來會折北經霑化縣東南東北流至富國場分流復合東北流至大洋口入於海鉤盤河自府治西北八方泊東北流經陽信縣東南又環霑化縣治東北流自石橋海口入於海馬頰河自德平縣東北流入界經樂陵縣南又東北錯入天津府慶雲縣界復經海豐縣北東北流自月河口入於海鬲津河即四女寺減河俗稱老黃河自天津府南皮縣東流入界經樂陵縣北又東錯入鹽山縣界復經海豐縣北會宣惠河東北流自大沽河口入於海府東及東南界青州府西至南界濟南府北界直隸天津府東北界海西北界直隸河間府

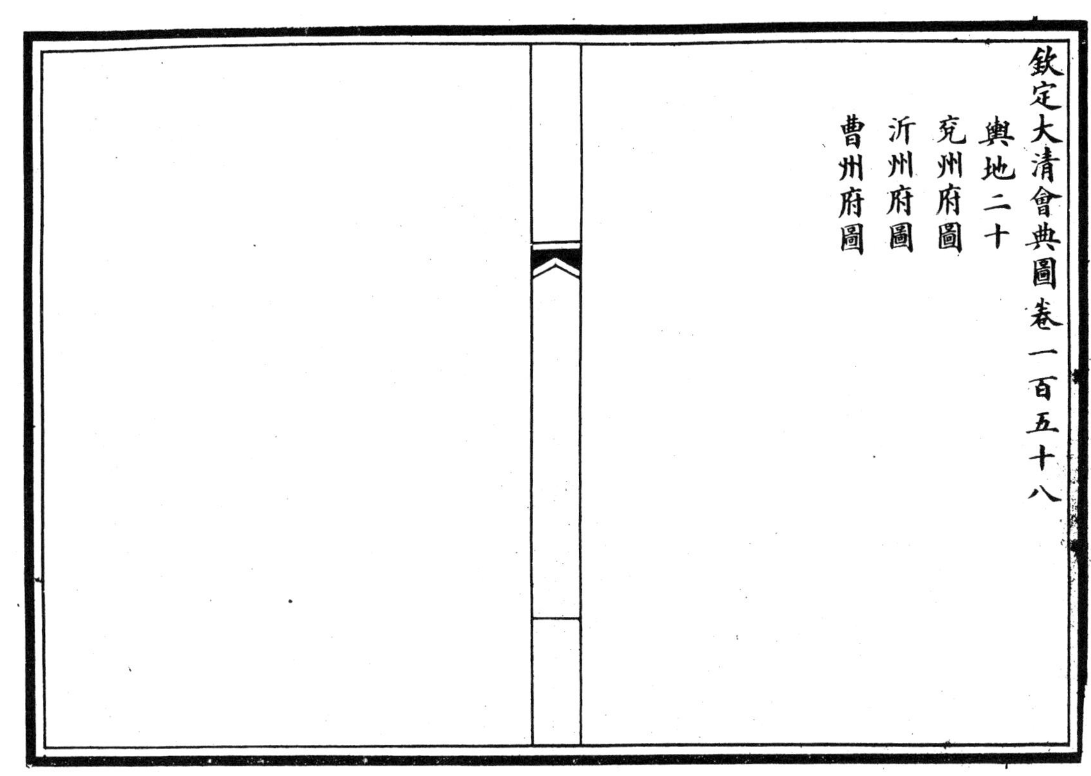

欽定大清會典圖卷一百五十八

輿地二十

兗州府圖

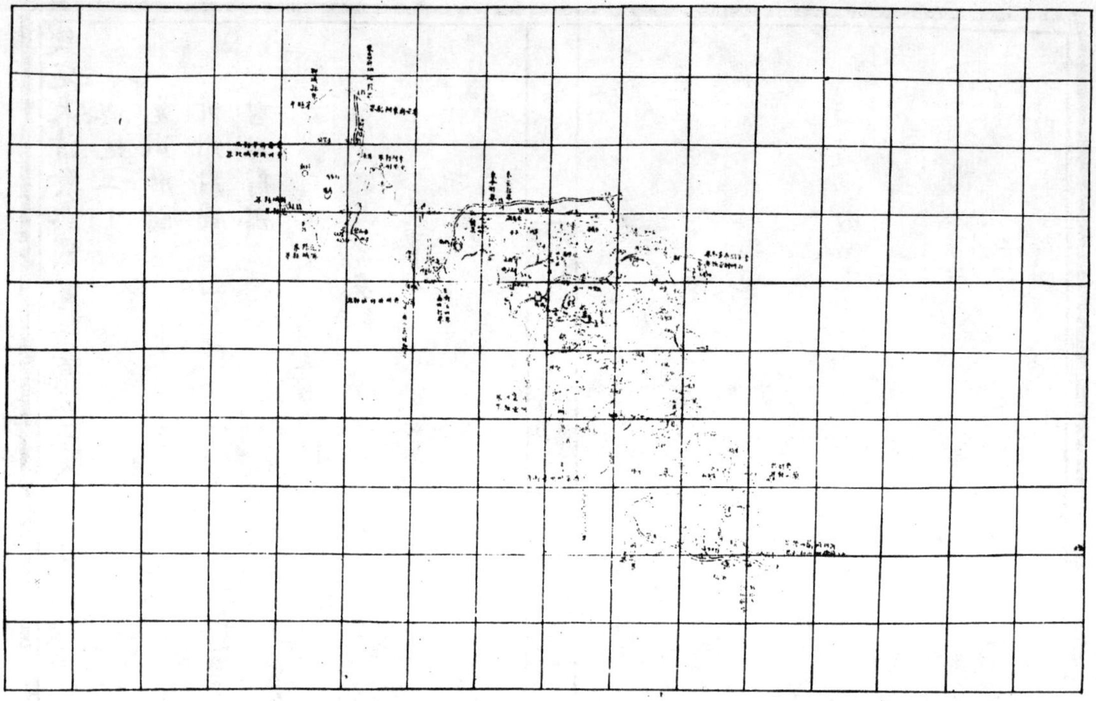

兗州府在省治南三百二十里至京師一千二百三十里領縣十治滋陽東曲阜北甯陽東南鄒縣滕縣嶧縣東北泗水西北汶上壽張陽穀黃河自曹州府范縣東北流入界經陽穀縣南壽張縣東南趙王河自曹州府鄆城縣北來注之又東北復經陽穀縣東南沮河即濟水亦自鄆城縣北來注之又東北復經壽張縣東北會運河而北入泰安府東平州界運河上源曰汶河自泰安府泰安縣合淄河緣界西流經甯陽縣北又西經汶上縣北折南入界至縣西南分水口分南北二流並為運河北流者合南旺諸湖水經汶上縣西又北錯入東平州界復經壽張縣東北會黃河又自泰安府東阿縣西出為新運河復經壽張縣東北北流入東昌府聊城縣界其故道在壽張縣張秋鎮已淤其南流者合諸湖水錯入濟甯州界復合獨山諸湖水經滕縣西南錯入江蘇徐州府沛縣界復經滕縣南薛河出縣東寶峰山合南明水西南流注之又南受微山湖水東流經嶧縣西南韓莊集南又經陰平集南左納彭河及牛山泉

水。又東承水出嶧縣北車稍山。合光武泉水石拉河許池泉金拉河東南流注之。又東南入江蘇徐州府邳州界。洸河出甯陽縣北南流經縣西又經府治西北。漢馬河灑河俱出甯陽縣東合西南流注之。又西南入濟甯州界。泗河出泗水縣東陪尾山西流。洙水自沂州府費縣西來注之。西北流左納黃陰河右納黃溝河金線河百丁河丑村河高陽河諸水。復左納濟水經縣北。又西南左納玉溝泉右納柘溝泉復左納一小水。又經曲阜縣東北。嶮水出縣北九仙山南

流注之。又經聖林北新安泉映安泉合南流注之。折東南經府治東。西出一支津過府治而西為府河入濟甯州界。正渠南流。沂水出鄒縣東北智源溪經曲阜縣南合雩水洙水西流注之。又西南經鄒縣西錯入濟甯州界。分支津為新泗河。又東南來經鄒縣西南復入濟甯州界。白馬河出鄒縣東北九龍山麓溪湖。合蔘河西南流。經縣西大小沙河並出縣東北四基山合西南流注之。又西南入濟甯州界。鄰河出滕縣東北述山合黃約山水西南流。黿步水出連珠山

石溝水出巉山並西南流注之。又經縣南右納南梁水。又西南入沛縣界注運河南旺湖蜀山湖馬踏湖並在汶上縣西南。與濟甯州嘉祥縣接界。獨山湖在滕縣西。與濟甯州接界。界河出滕縣西北龍山北沙河出鄒縣東南嶧山並西南流注之。微山湖在嶧縣西。與沛縣接界。陪尾山在泗水縣東。龜山在縣東北。尼山在鄒縣東北。嶧山一曰邾嶧山又曰鄒嶧山。在縣東南。葛嶧山即古嶧陽山。在嶧縣東南。府東及東南界沂州府。西及西南界濟甯州。北及東北界泰安

府。南及西南界江蘇徐州府。西北界東昌府曹州府。

沂州府圖

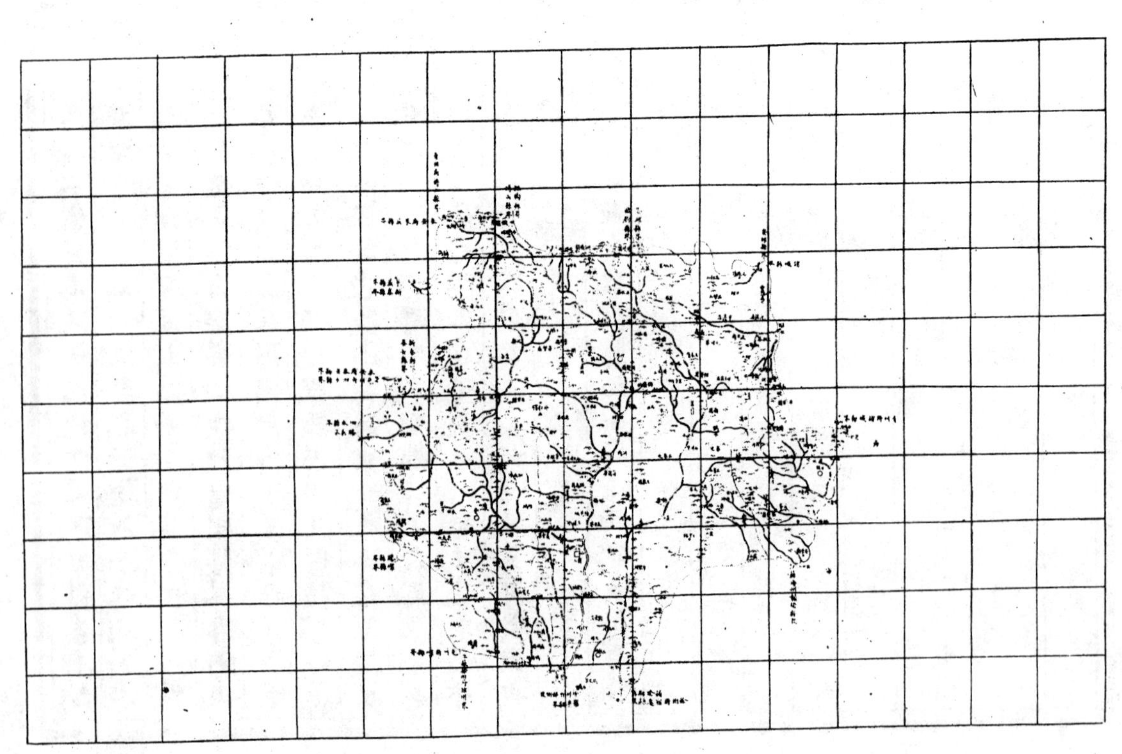

沂州府在省治東南六百里至
京師一千六百里領州一縣六治蘭山東南郯城西北費縣蒙陰東北日照莒州沂水海在府東北接青州府諸城縣界為日照縣東境又南接江蘇海州界沂水三源並出蒙陰縣北中源出通廠峪西源出紋嶺東源出王峪嶺至龍洞山合東流經沂水縣西北螳螂水出蒙陰縣北松仙嶺合二小水東南流注之又東南左納小運河及沂津河右納白馬河又東南左納連縣山水及東安水復右納一小水又東南至縣北折南流左納暖水河及順天水小沂水經縣西又南閻山水合泉莊河水東流注之又南右納獨樹水左納興隆水又西南受東汶河河一曰桑泉河出蒙陰縣西南五女山北流左納巨圍水及西諸福河東諸福河折東南經縣西南右納叟崮水又東右納蒙陰水及桃墟水又東北梓水出縣北合王良疃水王莊水著善河洗硯泉水南來注之又東南注沂水沂水又西南經府治北蒙山水出蒙陰縣東蒙山柳青河出費縣東北並東南流注之又南右納孝感河又南受祊河浚河合流之水祊河出費縣西大崖崮合倉山河東北流經縣東會浚河浚河出縣西北聰山小沂水自兗州府滕縣來合興水河注之又東南右納同石河及乾河水折東北經縣北洪河塔河合南流注之又東南左納蒙陽河會祊河又南右納一小水左納紅衣河又東注沂河沂河又南受涑水支津經府治東又南右納一水入江蘇徐州府邳州界武水上源曰涑水出費縣東南天井汪東流經府治西支津東出注沂水正渠折南為武河亦入邳州界燕子河出郯城縣西北龍王堂南流支津西南出為鴨蛋河與正渠並南流入邳州界泇河東西二源東出費縣東南旗山東南流經府治西匯於芙蓉池為芙蓉河又南右納陽明河入邳州界西出費縣西南抱犢山東南流經府治西亦入邳州界白馬河出郯城縣東西南流入邳州界沭水出沂水縣北沂山東南流大峴山水小峴山水合南流注之又南左納箕山水右納朱龍河又經莒州西北右納洛水左納袁公水經州東折西南流又經州

南黃華水呂清水合東南流注之。左納鶴水。又南潯水出日照縣西西南流注之。又西南經府治東右納湯河。又南經郯城縣東南亦入邳州界。絡車河出莒州南。東南流入江蘇海州界。石河出莒州東南。合白羊水南溝河東南流。經日照縣東南荻水口入於海。竹子河出日照縣西南矮岐山。合白埰山幽兒崮二水東南流經漲洛口入於海。傅疃河出日照縣西北駝兒山南流。三公莊河東南流注之。代疃河合空中山水西南流注之。花崖河曲河並東流注之。絲水因水合南流注之。又東經夾倉口入於海。雨城河自諸城縣東經日照縣東北合金銀河經龍旺口入於海。濰水俗曰淮河出莒州西北濰山。伏流。至箕屋山復見經州東北析泉水北流注之。龍骨山水及洪陵河膏澤河並出日照縣西北合北流注之。又東入青州府諸城縣界。浯水亦出州北高柘山東北流經石埠鎮入青州府安邱縣界。浯汶水出蒙陰縣西北。西北流入泰安府萊蕪縣界。沭水出費縣北西流入兗州府泗水縣界。沂山在沂水縣北。蒙山在蒙陰縣南。府

東界海。西及西南界兗州府。南界江蘇徐州府。北及東北界青州府。東南界江蘇海州。西北界泰安府。

曹州府圖

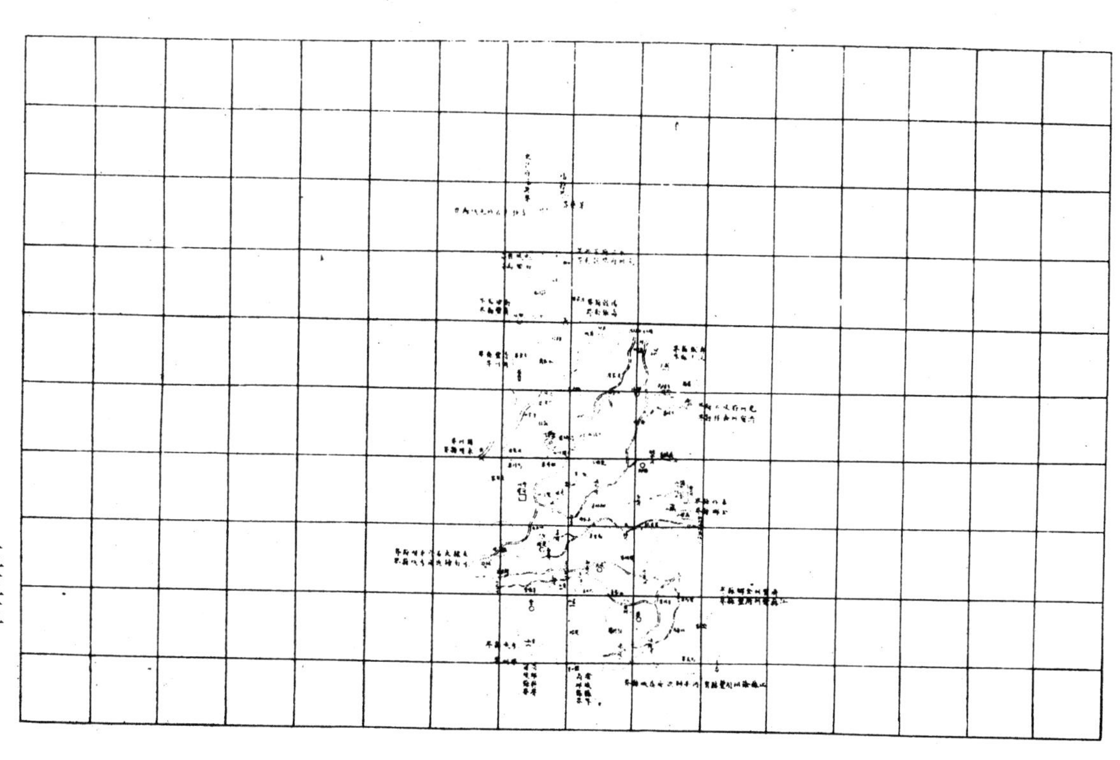

曹州府在省治西南五百八十里。至
京師一千二百里。領州一縣十。治菏澤。北濮州觀
城。東南定陶曹縣城武單縣。東北距野鄆城
范縣朝城。黃河自直隸大名府東明縣東北流
入界。經府治西北。仍錯入開州界。東北流復經
濮州南東北流又經范縣東南又東北入兖州
府壽張縣界。黃河故道在曹單二縣南西接河
南衛輝府考城縣界。東接江蘇徐州府豐縣界。
灉河俗稱趙王河。自曹縣西北東北流經府治
南折北經治東雙河口。右出支津東南流為沮
河一曰清水河經定陶縣東北為北渠河。折東
北復經府治東。又經鉅野縣西為豬水河。及岐
為二。一東流入濟甯州嘉祥縣界。一北流為濟
水。經鄆城縣南又岐為二。一東流入兖州府汶
上縣界。一北流復名沮河入兖州府壽張縣界。
其正渠東北流經鉅野縣西北濮州東南至鄆
城縣西冷莊河分流復合。又東北入壽張縣界。
洙河自曹縣東南境。東北流經單縣西南右出
支津為順隄河東北流合正渠。其正渠東北流
經縣東西北。新隄河上流為白花河出曹縣西
北東流經城武縣西南為新隄河折東南為八
里河來注之。右會順隄河北流夏月湖河亦自
曹縣西北境東流經縣北及城武縣北為新沖
河又為樂成河來注之。又東北入濟甯州金鄉
縣界。南渠河出定陶縣西南中渠河出定陶縣
西北並東流經縣東合東北流為萬福河經鉅
野縣西南城武縣北又經鉅野縣東南為柳林
河。又東流入金鄉縣界。金山河自鉅野縣西南
東流經縣南又東經金山北入嘉祥縣界為蔡
河。府東及東南界濟甯州。西及西北界直隸大
名府。南及西南界河南歸德府。北界東昌府。東
北界兖州府。

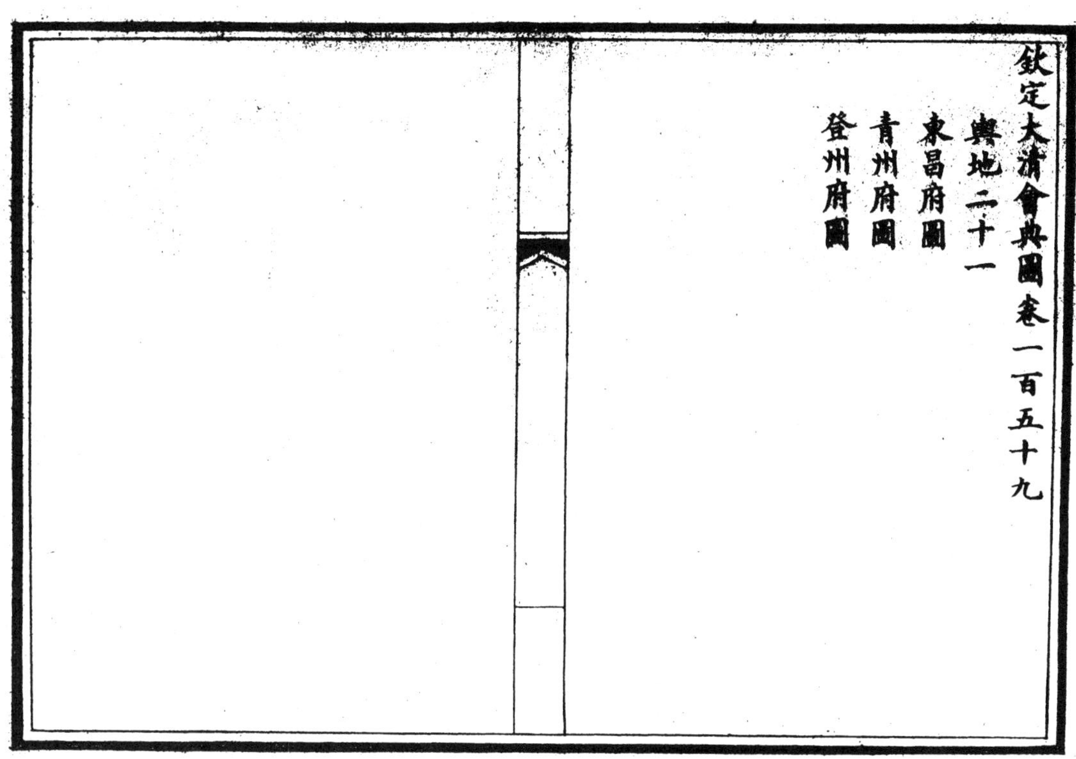

欽定大清會典圖卷一百五十九

輿地二十一

東昌府圖

青州府圖

登州府圖

東昌府圖

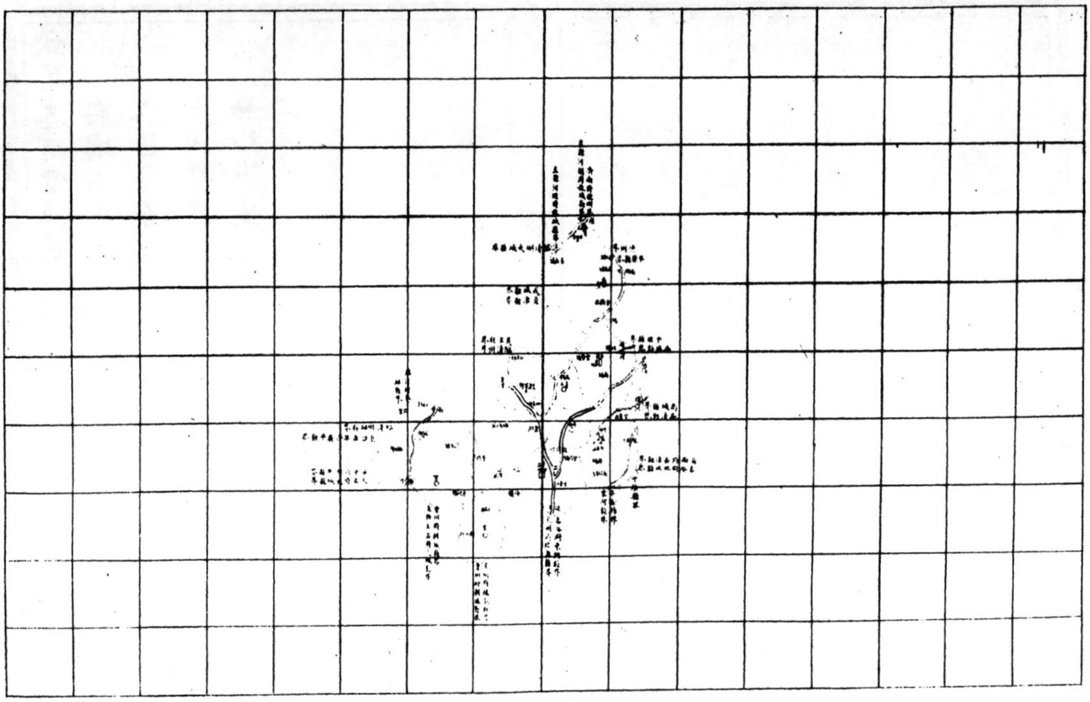

東昌府在省治西南二百二十里。至京師九百四十里。領州一縣九。治聊城。西堂邑冠縣。東北博平茌平清平高唐州恩縣。西南莘縣。西北館陶。衛河自直隸大名府元城縣東北流入界。經館陶縣西。又東北入臨清州界。運河自兗州府陽穀縣北流入界。經府治東。右出支津為徒駭河。經博平縣北高唐州南茌平縣東北。又東北流入濟南府禹城縣界。正渠西北流經博平縣西北田家口。分水東流。行馬頰河故瀆曰馬頰河。東北流經清平縣北高唐州西北恩縣東南。入濟南府平原縣界。正渠又西北流錯入臨清州界。合衛河。復東北流經恩縣西北。其北為直隸河間府故城縣界。又東北至四女寺。東出支津為四女寺減水河。與正渠並東北流入德州界。趙王河出高唐州東。東北流入濟南府平原縣界。漯河出茌平縣西南刁家窪。東北流入禹城縣界。趙牛河出茌平縣東南。東北流入濟南府長清縣界。府東及東北界濟南府。西及西南界直隸大名府。南界兗州府。北界直隸河間府。東南界泰安府。西北界臨清州。

青州府圖

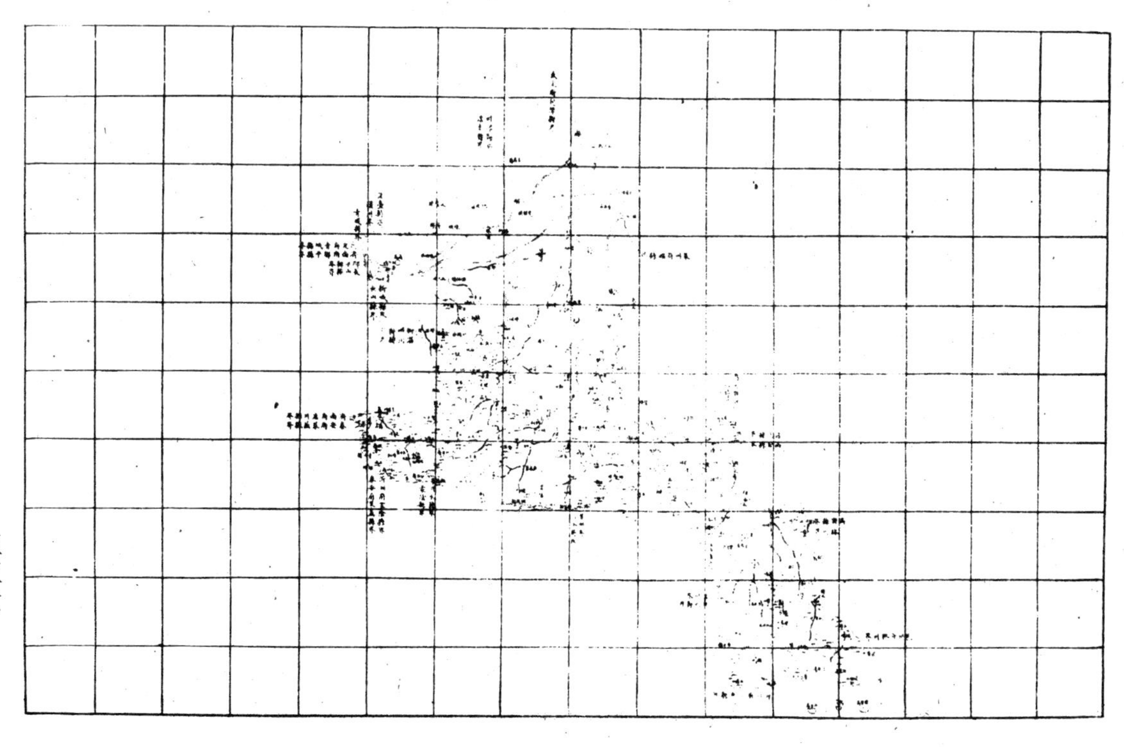

青州府在省治東三百三十里。至京師一千里。領縣十一。治益都。東昌樂。東南臨朐安邱諸城。西南博山。東北壽光。西北臨淄樂安博興高苑。海在府東北。北接武定府利津縣界為樂安縣東北境。又南為壽光縣東北境。又東南接萊州府濰縣界。復自萊州府膠州南為諸城縣東南境。折西接沂州府日照縣界。小清河自濟南府新城縣東北流入界。經高苑縣西南軍張閘。支津東北出為支脈溝。新小清河自濟南府長山縣來注之。東流經縣南五空橋。又東北經博興縣南堰頭莊及嫌城。又東北經樂安縣北寬閘稍。又東北入於海。小清河正渠自軍張閘東流。亦經縣南博興縣南樂安縣東北。預備河上承麻大湖水亦東北來注之。又東北會淄河。河自泰安府萊蕪縣東北流入界。經博山縣南。又東北經泉河集右納池上泉水。又東北家桑峪水即聖水北流注之。又東北過萊蕪口經廟灣西右納仁河。又東北經臨淄縣東南右納天齊淵及女水經縣東石槽城。折北經樂安縣東。折東經壽光縣西北。折北復經樂安縣東西通預備河。又東復經壽光縣北匯為清水泊北流經樂安縣東北燕子窪會小清河。又東北由淄河門入海。其支津東流由羊角溝入海。麻大湖在高苑博興二縣南。西與濟南府新城縣接界。漢溱水即澠水出臨淄縣西北。西北流匯於湖。烏河即時水一曰耏水出臨淄縣西南矮槐樹鋪。合澅水系水北流折西入濟南府新城縣界。澇淄河出府治西金山北流亦入新城縣界。隴水俗稱孝婦河出博山縣西南鳳凰山。合范河沙溝河石臼河北流入濟南府淄川縣界。

清水泊即古鉅淀在壽光縣北。北陽河即濁水一曰繩水出府治西北為山。東北流經府治北壽光縣西樂安縣東南。復經壽光縣西右納王欽河。又北匯於泊。東躍龍河西躍龍河俱出壽光縣北。合北流匯於泊。巨洋水俗稱瀰河即古昧水出臨朐縣南沂山西麓。北流逢水合署水東流注之。石納南丹水又北復左納薰治泉及大石水。又經縣東右納時村水。又北石溝水出府治西南石膏山經逢山北合一水東流注之。又北經府治東左納南陽河。又東北經壽光縣南折北流經侯鎮西官臺鹽場東由澗河口入海。丹河二源，西曰西丹河，出臨朐縣東丹山，東曰東丹河，出昌樂縣南方山，經昌樂縣西北合，東北流經壽光縣東北。堯河出臨朐縣東北堯山，東北流注之。又東北入萊州府濰縣界。桂河亦出方山，北流經壽光縣東南，折東流，亦入濰縣界。大于河出昌樂縣東南，白狼河亦出縣南擂鼓山，俱東北流入濰縣界。汶水出臨朐縣沂山，東北流，右納峴水，左納英水，又經安邱縣西，孟津河自臨朐縣東南流注之，又東，右納經龍河及陵河，經縣北。小汶河俗曰劉家河，自昌樂縣東南叢角山東南流注之。又東北入濰縣界，合濰水。濰水俗稱淮水，自沂州府莒州東流入界，經諸城縣西，東北流，西商溝水亦自莒州來合。營河水東南流注之。又東，右納涓水及扶淇水，經縣北，右納盧水，折北流。百尺河二源俱出縣東南，一出五弩山，一出障日山，合北流注之。又北流錯入萊州府高密縣界，合浯水，復經安邱縣東，西北流，左納小浯水，又北經峠山西，亦入濰縣界。浯水亦自莒州北流入界，經安邱縣

南，左納峡河，又東經諸城縣西北，右納荊水，又東北入高密縣界注濰水。紀里河、盤池水俱出諸城縣東南，合南流，經董家口入於海。橫河、黃山河亦俱出縣南入於海。潮河亦出縣南，入沂州府日照縣界，曰雨城河。膠水西源出諸城縣東南五弩山，錯入萊州府膠州界，合東源北流，復經諸城縣東北，又北入膠州界。五龍河出諸城縣東北九龍山，錯入萊州府高密縣界，復經諸城縣東北，合盆池河，又北復入高密縣界。沂山在臨朐縣南。原山在博山縣西。府東界萊州府，西界濟南府，南界沂州府，北及西北界武定府，東南界海，東北界海，西南界泰安府。

登州府圖

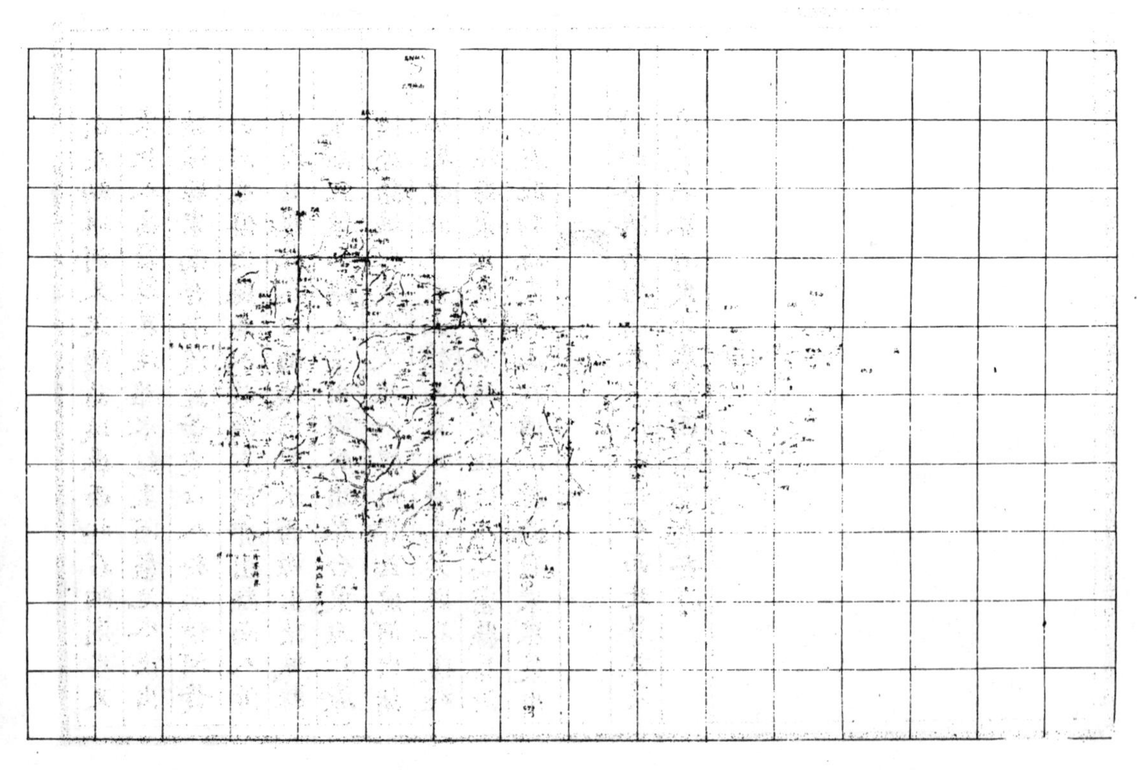

登州府在省治東九百二十里至
京師一千八百六十里領州一縣九治蓬萊東南棲霞萊陽福山海陽甯海州文登榮城西南招遠黃縣海環府北東南三面西接萊州府治掖縣界爲招遠縣西北境又北折東爲黃縣西北境有峔嶬諸島又東北折東南爲府治蓬萊縣北境有長山諸島又東爲福山縣北境有之罘島曰煙臺海口又東南爲甯海州北境有崆峒諸島又東爲文登縣北境曰威海衞有劉公諸島又東爲榮城縣北境有雞鳴諸島又東環成山而西爲縣南境有鏌鋣諸島又西北爲文登縣南境有姑嫂諸島又西爲甯海州東南境又西爲海陽縣南境有棉花諸島又西爲萊陽縣南境又西接萊州府即墨縣界界河上源曰東良河出招遠縣東南分水嶺合張星河西北流經縣北鍾離河老翅河俱出縣西南合東北流注之又北經縣北入於海永文河即顧門河出招遠縣東北羅山北流經黃縣西南欒河亦自招遠縣北流注之黃水河出棲霞縣西北蠶山北流經黃縣東莊頭河自府治西南西北流注之又西北絳水河出黃縣南東北流注之又北流經縣北入於海黑水出府西南黑石山合窰水及窰分水經治城北流入於海塔地橋河之罘水安香河解宋河平暢河八十里鋪河俱出治東南並北流經治北入於海白洋河出棲霞縣東南靈山環縣治北流折東北經福山縣南俗稱夾河又北經縣東會大姑河河出萊陽縣三螺山東北流經棲霞縣東福山縣東南至道平村道平河出甯海州西南兩欹山合劉疃河古峴河西北流注之又西北俗稱外夾河與白洋河會白洋河又北左納流子河經福山縣北入於海辛安河出甯海州西南碏嵠二山七里河亦出州西南沁水一名金水河出州東南崑嵛山龍泉河亦出崑嵛山並北流經州北入於海黃壘河出甯海州黃壘口合盤山河唐家店河南流經州南入於海羊亭河石頭河並出文登縣北北流入於海木楮河在文登縣南抱龍河出駕山送駕河出著棊山劉家河古橋河並出縣西北板橋河出崑嵛山小河出縣西南並會於木楮河高村河出文登縣東駕山並南流

經縣南入於海。柘埠河出文登縣東北石家河合報信河埠上河亦出縣東。不夜河出榮城縣西院門口。並東北流經榮城縣北入於海。馬到河在榮城縣南沽河出縣西南立駕山。合桲羅溝水灘裏河出縣西南山譚村港出縣西南峩石山。並東流經縣東入於海。夏村河在海陽縣東上流為玉林河出甯海州南崂山。合嵩焦河決港河南流。白水河出海陽縣北黃草庵。紀疃河出縣西北老彭山。白沙河出縣西北福臺山。並經榮城縣南南流入於海。五龍河上源為陶漳河出棲霞縣二源。東源出阬山。西源出唐山合玉皇嶺水匯為蛇窩泊。南流經萊陽縣東北望石山楊础河出棲霞縣南山東南流來會。又西南至紅土厓。觀裏河即原疃河一名縣河出棲霞縣二源。一出艾山。一出寺口。合東南流來會。又西南經縣南九里河出縣西北韭山合荊河東南來會。又西南經五龍山。昌水河出海陽縣二源。一出林寺山。一出招虎山。合西南流來會。是為五龍河。又南入於海。大沽河出招遠縣會仙山。南流經萊陽縣西南緣界南流合小姑河入萊州府平度州界。吳姑河出縣西南龍灣。西南流亦入其州界注大沽河。成山在榮城縣東。府西南界萊州府。餘俱界海。

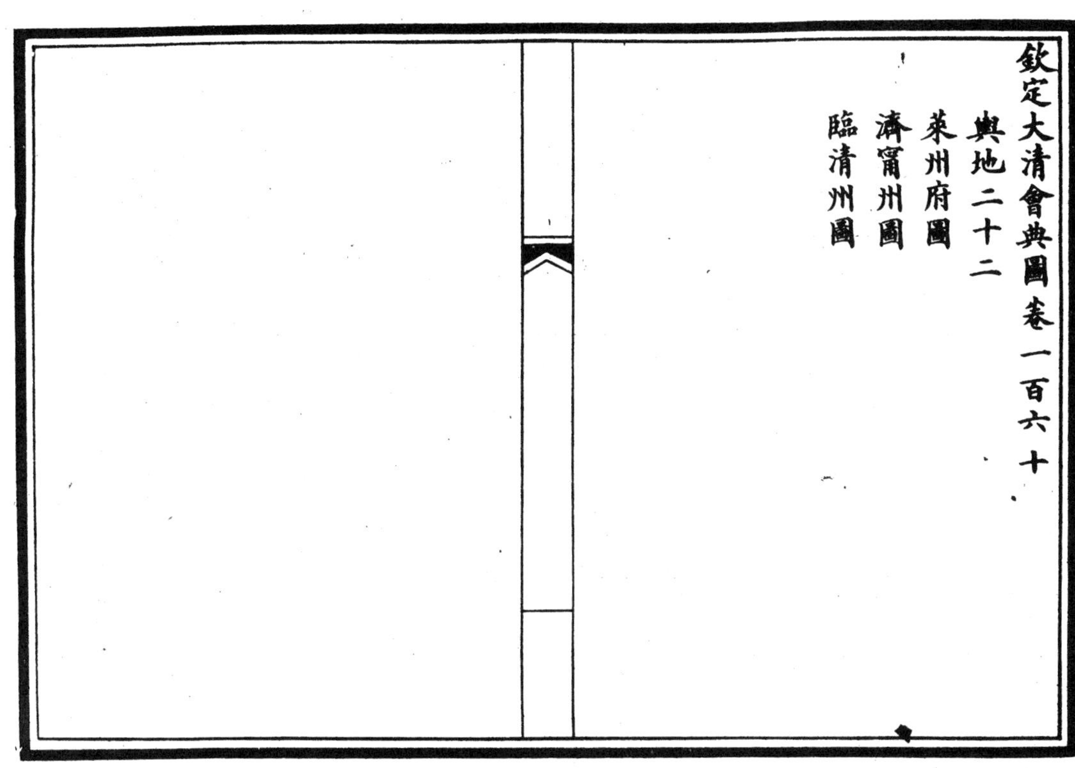

欽定大清會典圖卷一百六十

輿地二十二

萊州府圖

濟甯州圖

臨清州圖

萊州府圖

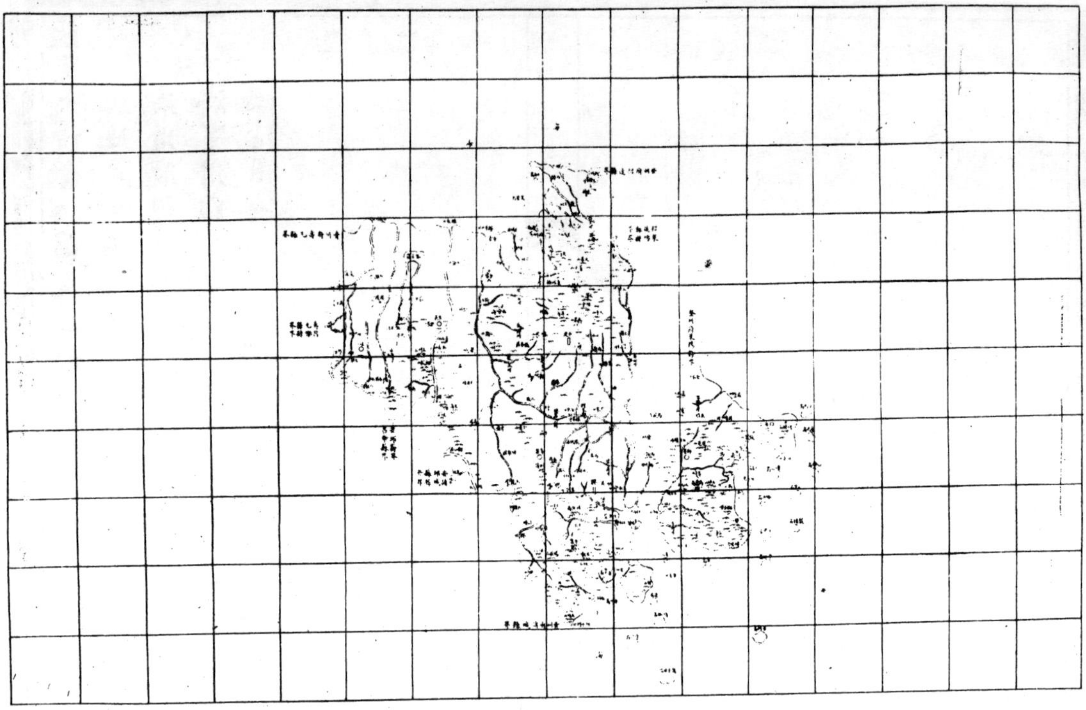

萊州府在省治東六百八十里至京師一千四百里領州二縣五治掖縣東南平度州膠州即墨西南昌邑濰縣高密海夾府南北二面西北接青州府壽光縣界為濰縣北境迤東為昌邑縣北境又東為平度州北境又東北為府治西北境其北有芙蓉諸島又東接登州府招遠縣界復自登州府萊陽縣界東南為即墨縣東北境至縣東有田橫白馬諸島折西南至勞山下又西為膠州灣一曰太平灣亦曰膠澳為膠州南境其南有靈山栝榔諸島又西南接青州府諸城縣界膠萊河當平度州南分水口上承州北明堂山之白沙河水歧為二支一東南流曰膠萊南河右受膠河河二源東源出膠州西南望蕩山曰六汪河西源自諸城縣來合東北流右納周陽河又東北經高密縣東又經平度州南張奴河一曰孝源河出膠州西南錫恩嶺合祝村河東北流注之又東北注膠萊南河膠萊南河又東南左納落藥河又經膠州東北又納張奴新河折南右納碧溝河水又南沽河自登州府來合小沽河朱東河墨水河經

平度州東南流注之又南入於海其自分水口西北流者為膠萊北河經州西南右納現河及鄧紀溝又西北五龍河自青州府諸城縣來北流注之又北經昌邑縣東泰文河龍王河並自平度州西北合西流注之又西北右納蘇村河及藥石河又北入於海濰水自青州府諸城縣北流入界合其縣之浯水西北流錯入青州府安邱縣界合小浯水復經濰縣東汶水亦自安邱縣東北流來會又北經濰縣東又東北經昌邑縣東又北入於海溉水出濰縣東南塔山左納甯家溝水右納張面河水又北流經縣東北入於海白狼河自青州府昌樂縣東北流入界經濰縣東又北小于河出縣西南大于河自樂城縣來桂河丹河俱自青州府壽光縣來合東北流注之又北經濰縣北入於海寒浞河瀑河並出濰縣東北流至昌邑縣西北豬為容安窪白沙河出府治南杲村河出府治西南掖河一曰掖西河出府治南大基山淇水河蘇郭河龍王河並出府治東萬歲河朱橋河自登州府招遠縣入界俱西北流經府治北入於海客旅店河周疃河並出即墨縣東北東北流入於海李村河白沙河並出即墨縣南西流入於海淮涉河二源並在即墨縣南一出蓮花山一出石城山合西流左納墨水右納石河頭河西南流經不其城入於海那城河出即墨縣西馬鞍山雲溪河三源並出膠州西北洋河出膠州西南高成嶽山合高密縣王子山水風水亦出高成嶽山合麗水北蠣河亦出州南合護城河俱東南流經膠州南入於海勞山在即墨縣東南府東及東北界登州府西至南界青州府北及西北界海東南界海

濟甯州圖

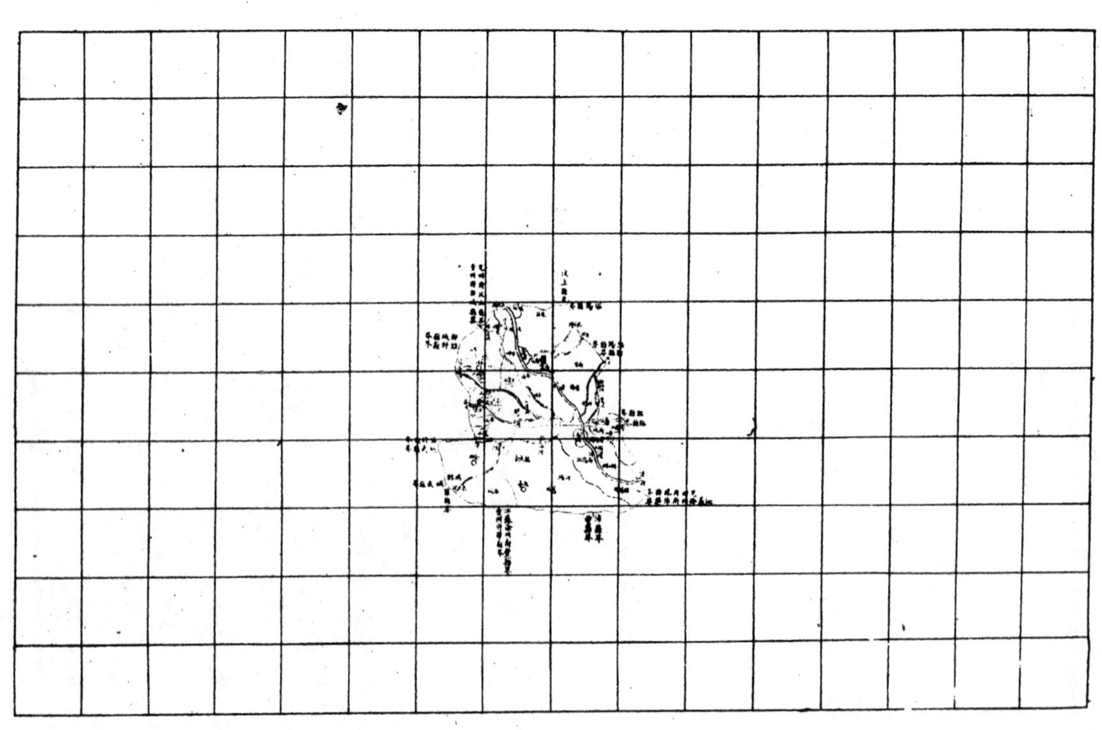

濟甯州在省治西南一百八十里。至京師一千二百十里。領縣三。西嘉祥。西南金鄉。魚臺。運河自兗州府汶上縣分水口南流入界。經嘉祥縣東北。受南旺蜀山二湖。南流經州西。其東為馬場湖。至安居折東經治南。又東南經魯橋南。泗河自兗州府鄒縣西南流來注之。又東南經魚臺縣東北。過南陽閘。西為南陽湖。東為獨山湖。東南為昭陽湖。折東入兗州府滕縣界。南旺湖在嘉祥縣東北。蜀山湖在州治西北。並接汶上縣界。馬場湖在州治西。府河自兗州府滋陽縣西流入界。經州東。洸河亦自滋陽縣來合西流注之。南陽湖在州治東南魚臺縣東。其北受牛頭河。其西受新開河。其南曰昭陽湖。接江蘇徐州府沛縣界。牛頭河首受南旺湖水。於嘉祥縣北出牤生閘而南。趙王河之東南一支自汶上縣來。東南流注之。又東南經州治南。受長澹河。河上流為澹臺河。自曹州府鉅野縣來。經嘉祥縣南澹臺山北。顧兒河其上為蔡河。亦自鉅野縣來。經嘉祥縣南。金鄉縣北。東南流來會。又東注牛頭河。牛頭河又東南匯於南旺湖。新開河其上流為淶河。自曹州府單縣東北流入界。經金鄉縣西南。東北流經縣東北。柳林河自鉅野縣東流來注之。又東經魚臺縣東北。匯於南陽湖。獨山湖在州東南。其東北受新泗河。其南接滕縣界。新泗河自州治東南分泗河水。錯經鄒縣界。復經州東南。合其縣來之白馬河。匯於獨山湖。州東南至西北界兗州府。南界江蘇徐州府。西及西南界曹州府。

臨清州圖

臨清州在省治西一百十里。至
京師七百六十里。領縣三。西南邱縣。東北夏津武城。運河自東昌府清平縣西北流入界經州治南。又西衛河自東昌府館陶縣東北流來會。折北經治西又北經夏津縣西其西為直隸廣平府清河縣界。過渡口又東北經武城縣西。又北折東經甲馬營北。又東北入東昌府恩縣界。馬頰河自東昌府高唐州北流入界。經夏津縣東。又東北入東昌府恩縣界。州東北至西南界東昌府。西及西北界直隸廣平府。北界直隸河間府。

欽定大清會典圖卷一百六十一

輿地二十三

山西省全圖一

中

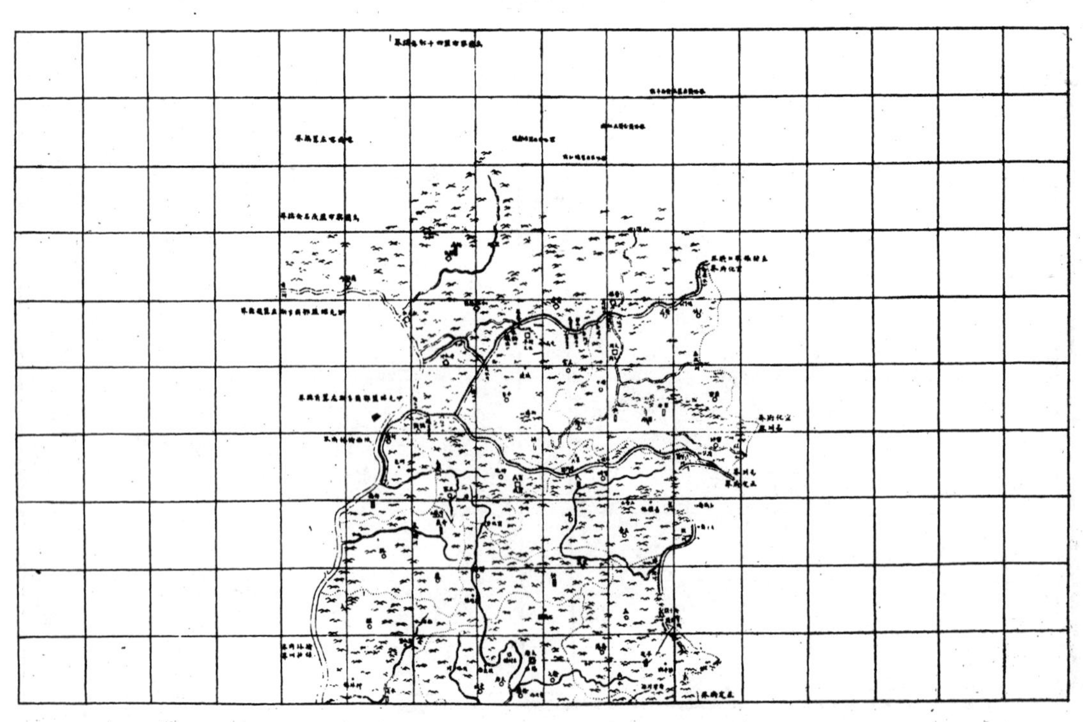

山西省全圖二

南

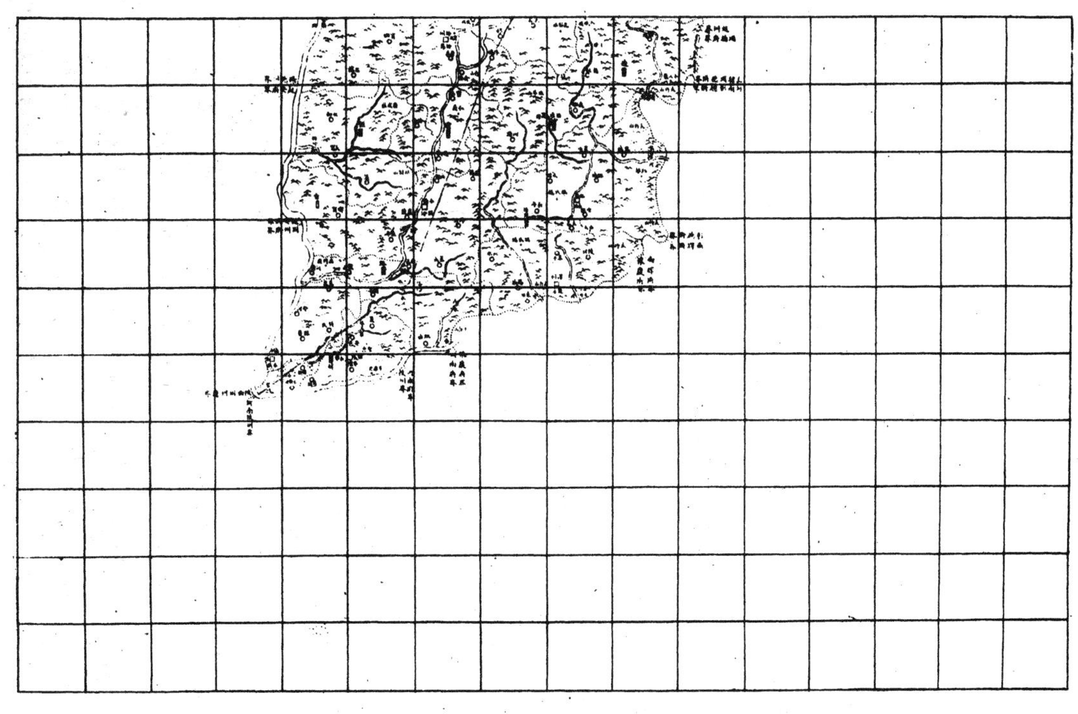

山西省在

京師西南太原府為省治山西巡撫布政司共治馬統府九州八歸綏道屬廳七太原府東平定州北甯武府朔平府歸綏道屬七廳東南遼州沁州潞安府澤州府西南汾州府霍州隰州平陽府絳州解州蒲州府東北忻州代州大同府西北保德州黃河自內蒙古伊克昭盟鄂爾多斯旗東南流入境經薩拉齊廳南其南為鄂爾多斯旗界折東南經托克托廳西合黑河又屈西南經清水河廳西合兔毛河又經保德州西北合大澗河西為陝西榆林府界又西南經太原府西北合嵐漪河又經汾州府西合離石水又經隰州西其西為陝西綏德州界合昕川河又南經平陽府西其西為陝西延安府及同州府界又經絳州西蒲州府北受汾河河出甯武府西南南流經忻州及太原府西合淌水又經汾州府東合文峪河又經霍州及平陽府西折西南經絳州東南合澮河又屈西流注黃河黃河又西南經蒲州府西南錯入陝西同州府界涑水會姚暹渠出境注之又南折東經府東南又經解州南其南為河南陝州及河南府界又經絳州東南合沇水又東入河南懷慶府界桑乾河出朔平府南東北流經大同府南會渾河及如渾河又東流入直隸宣化府界滹沱河出代州東西流折南經忻州北平定州東北又東入直隸正定府界清漳河出平定州南屈曲南流經遼州東入河南彰德府界濁漳河二源南源出潞安府北源出沁州合東北流又合小漳水亦入彰德府界沁河出沁州西南流經平陽府東澤州府西與丹河並南流入懷慶府界滱水出大同府沙河滋河並出代州東流入直隸易州及正定府界東至直隸界西至陝西界南至河南界北至察哈爾及內蒙古烏蘭察布盟界西北至伊克昭盟界

太原府圖

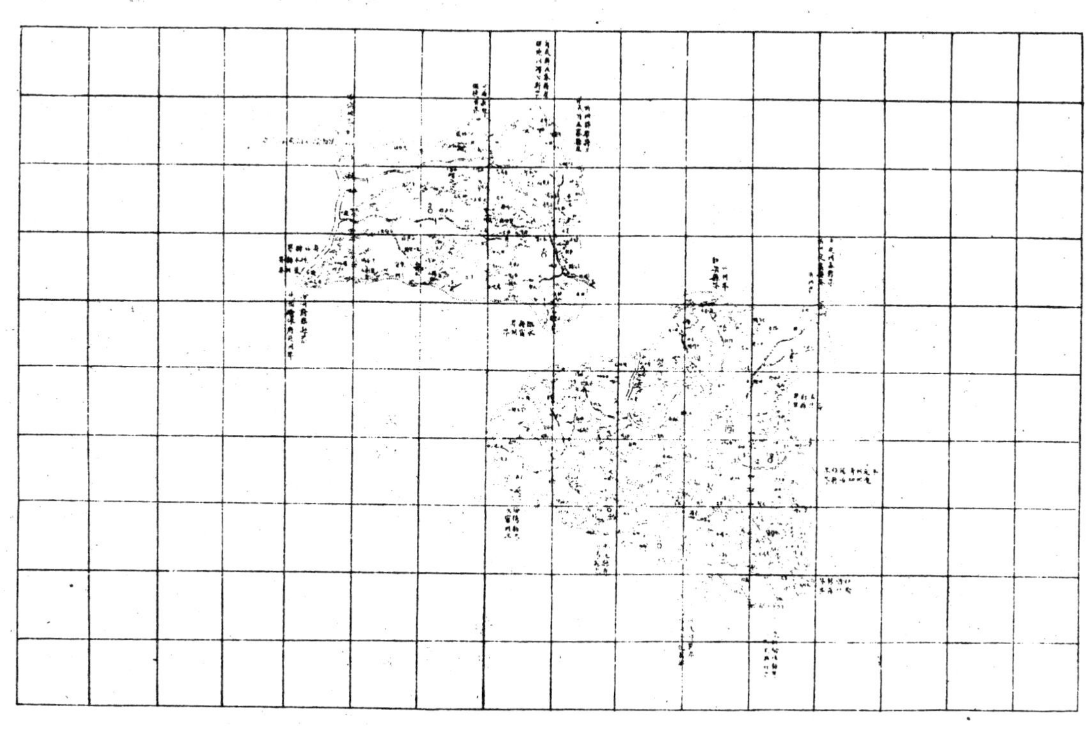

太原府為山西省治。至
京師一千二百里。領州一縣十。治陽曲。南太谷東南榆次。西南徐溝太原交城文水祁縣。西北嵐縣興縣岢嵐州。黃河自保德州南流經興縣西。西為陝西榆林府府谷縣界。灕水出岢嵐州東南合黃道川三角城二水西北流沙河出州北岢嵐山西南流與合是為岢灕河西南流注之。又屈西南。西為榆林府神木縣界。蔚汾河出嵐縣西北黃尖山西北流經縣西南左合南川水西北流注之。又西為榆林府葭州界。又南入汾州府臨縣界。汾河自忻州靜樂縣南流入界。經交城縣北。孔河出縣西北山東南流注之。酸水出縣西北少陽山東北流注之。又屈東北流經府治西北。掃谷水出府治西北境龍泉水出府治北山合南流注之。又南陽興河出府治東北分水嶺西南流合石橋水是為洛陰水又西流注之。又南經府治西。又經太原縣東。晉水出縣西懸甕山分三渠東流注之。又南經徐溝縣北會洞渦水。水自平定州壽陽縣西流入界。經榆次縣東南。大涂水出太谷縣東南八賦嶺合小涂水北來注之。又西右納原過水。又西經徐溝縣東北太原縣南復經徐溝縣境與汾河會。汾河又南經縣西南回馬河一名烏馬河自遼州榆社縣來經太谷縣北西北流注之。又西南經文水縣東南入汾州府平遙縣界文峪河即文水上游曰渾谷水。出交城縣西北孝文山。西南流合石渠河西谷水。屈東南經縣西合連石樓山水又合文谷水是為文峪河東南流經文水縣北瓷窰河一名塔沙水瓦窰河一名步渾水並出交城縣西北合南流注之。屈西南經縣南右納隱泉水。又西南入汾州府汾陽縣界。昌源河古侯甲水舊名沙河自沁州武鄉縣北流入界經祁縣東南屈西北經縣北又西南入汾州府平遙縣界嵐水出嵐縣南赤堅嶺北流折東壺盧河出縣北之馬雙松二嶺南流注之。又東入忻州靜樂縣界。湫河古陵水出興縣東南。西流入汾州府臨縣界。岢嵐山在岢嵐州北。府東界平定州。北及東北界忻州。西及西南界汾州府。南界沁州。西北界保德州。東南界遼州。西北界陝西榆林府。

平陽府圖

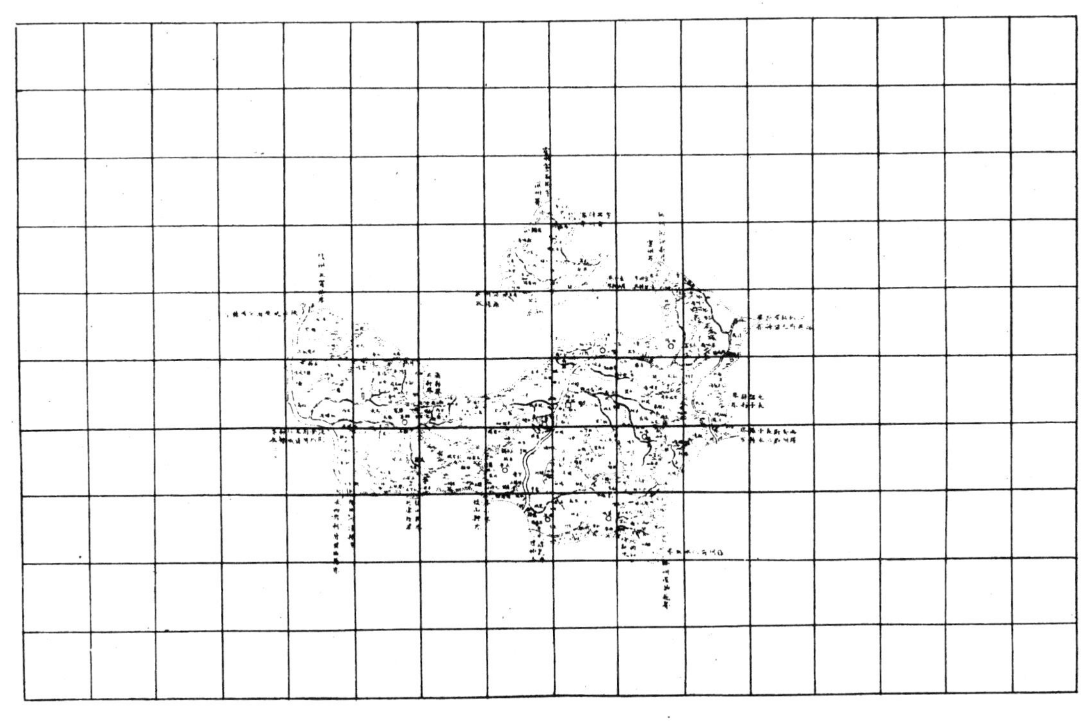

平陽府在省治西南五百六十里。至京師一千八百里。領州一縣十。治臨汾。北汾西。東南浮山翼城。西南襄陵太平曲沃鄉甯。東北洪洞岳陽。西北吉州。黃河自隰州大甯縣西南流經吉州西北。西爲陝西延安府宜川縣界。又西南經壺口山。是爲孟門。又東南清水河古羊求川出州東高天山。左右各合一小水。經州南屈西流注之。又南經鄉甯縣西。西爲陝西同州府韓城縣界。鄂水出縣東鄂山。合羅峪河及數小水經縣南西流注之。又東南入絳州河津縣界。

汾河自霍州西南流入界。經汾西縣東南轟轟澗水出縣東北境南流注之。勍香河出縣西境東南流注之。又南錯入霍州趙城縣界。復經洪洞縣西。右納北澗河。又南澗河古通軍水出岳陽縣北金堆里。合安吉嶺水南流經縣南合朱家窑水西來注之。又南左納羊獬河右納南澗河。又南經府治西受高河。河爲古高梁水。上游爲澮水。出浮山縣東南壺口山。合龍角山水西流經縣西南折西北經府治東烏水一名澇水出浮山縣東北烏嶺西北流來注之是爲高河。又西金水河出浮山縣南浮山亦西北來注之。又西注汾河。汾河又南平水出府治西平山東流注之。又南經襄陵縣東。龍子祠水自府治西東南來。歧爲三環城東流注之。又南經太平縣東曲沃縣西。合水古天井水出翼城縣西北小緜山。合溫泉水西南流注之。又南入絳州界。澮河出翼城縣東西烏嶺北源出縣東北佛山。合西源頭水來會。又南流。灤水出縣東南絳高山。合沙泉西流注之。是爲澮河。又西南錯入絳州絳縣界。折西北復經曲沃縣南。絳水自絳州北流來注之。又西入絳州界。

沁河自沁州沁源縣南流入界。經岳陽縣東。和川河一名蘭河出縣北寶豐里東南流注之。又西橫水自潞安府長子縣西流來注之。又折東南入澤州府沁水縣界。東河出浮山縣東橫嶺山東南流入沁水縣界。南川河出鄉甯縣東北牛王廟東北流入隰州蒲縣界。懸底河出吉州東高天山北流入隰州大甯縣界。義泉河出汾西縣西南境西北流入隰州界。府東界潞安府。西界陝西延安府。北界霍州。南界絳州。東南界澤州府。西南界陝西

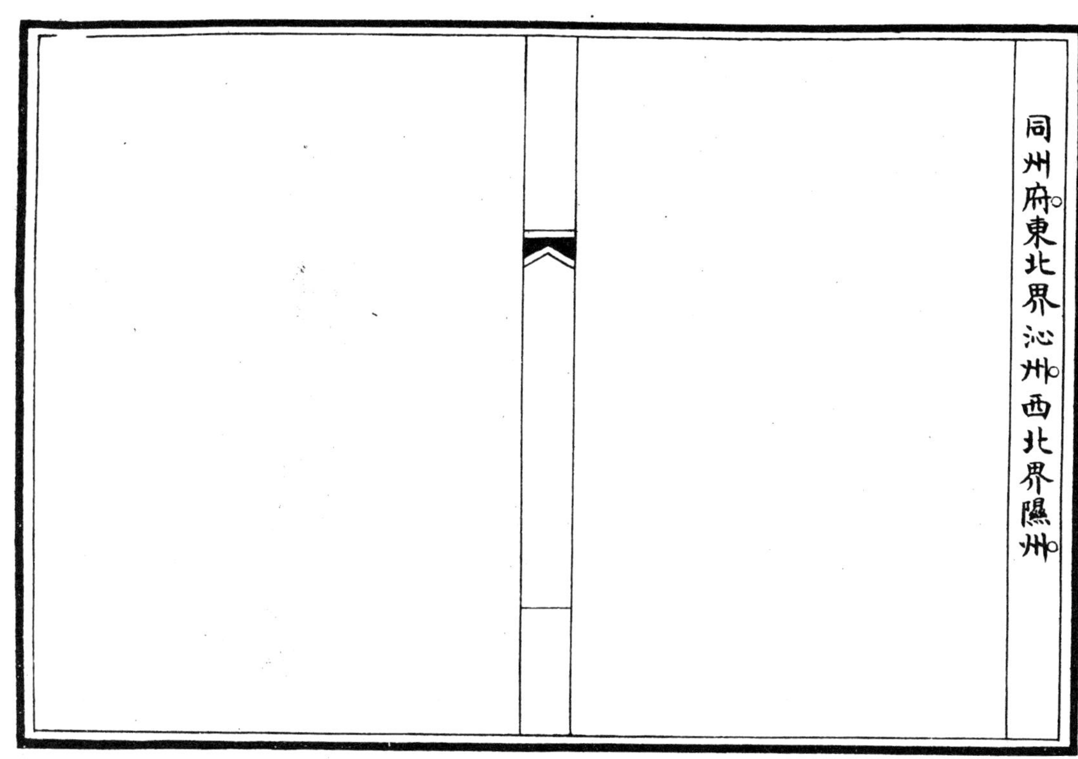

同州府。東北界沁州。西北界隰州。

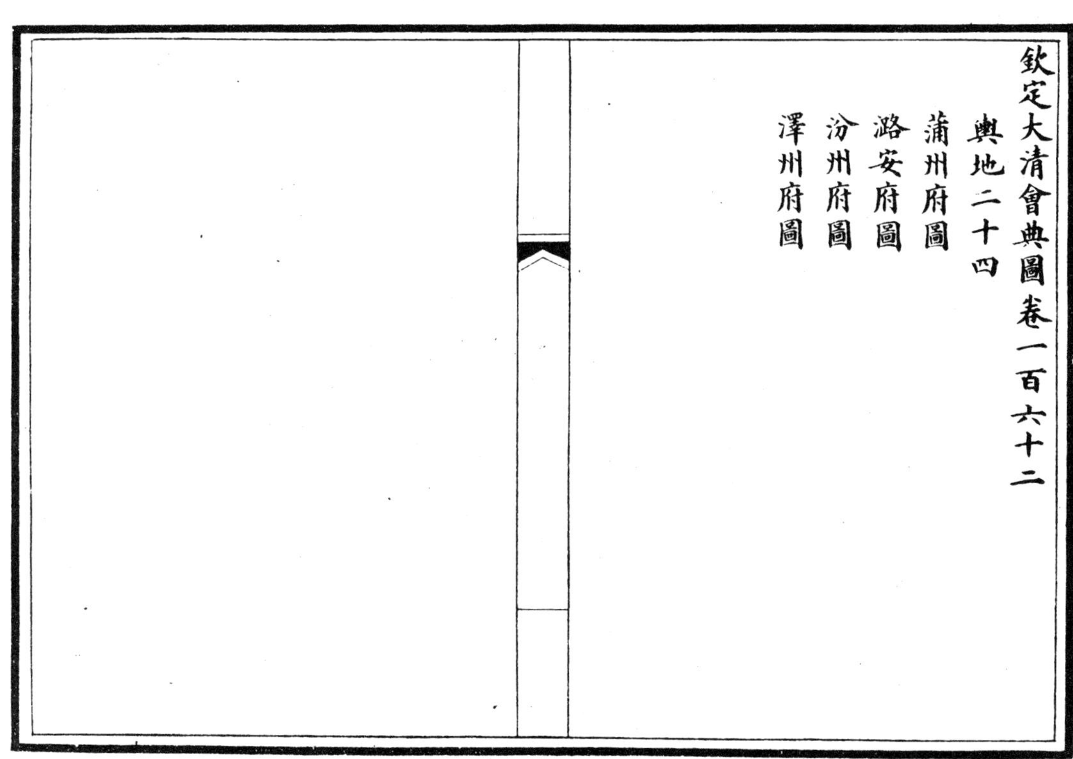

欽定大清會典圖卷一百六十二

輿地二十四

蒲州府圖

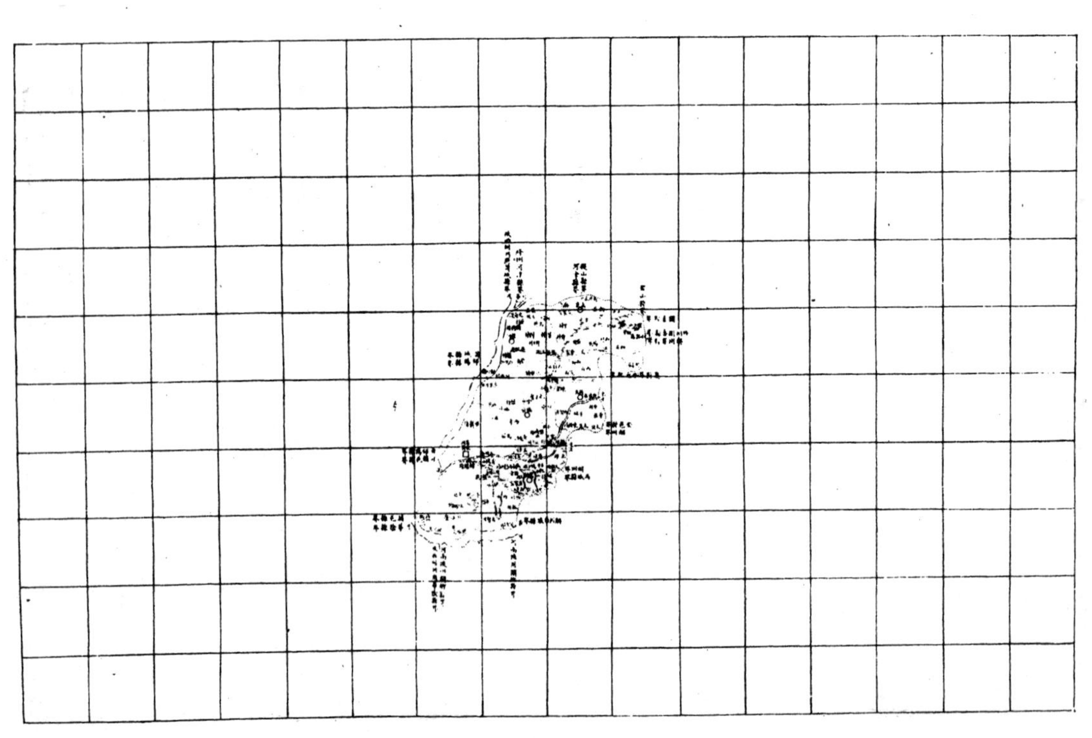

蒲州府在省治西南一千一百里。至
京師二千二百里。領縣六。治永濟。東南虞鄉。東北臨晉猗氏榮河萬泉。黃河自絳州河津縣南流經榮河縣西北。汾河亦自其縣來會。西為陝西同州府韓城縣界。經臨晉縣西。西為郃陽縣界。又西南經府治西北。又西南錯入朝邑縣界。復東南流經府治西南。西為陝西同州府華陰縣界。又南為河南陝州閿鄉縣界。又東經永樂鎮南。媯汭二水並出府治東南歷山合南流注之。又東入解州芮城縣界。涑水自解州安邑縣西流入界。經猗氏縣南。又經臨晉縣虞鄉縣北。姚暹渠亦自解州來合流。匯為五姓湖。鴨子池亦在虞鄉縣北。上承中條山諸谷水北流注之。又西出經府治南。又西流入陝西同州府朝邑縣界。注于河。中條山在府治東南。府東及東南界解州。西北及西南界陝西同州府。南界河南閿鄉縣。東北界絳州。

潞安府圖

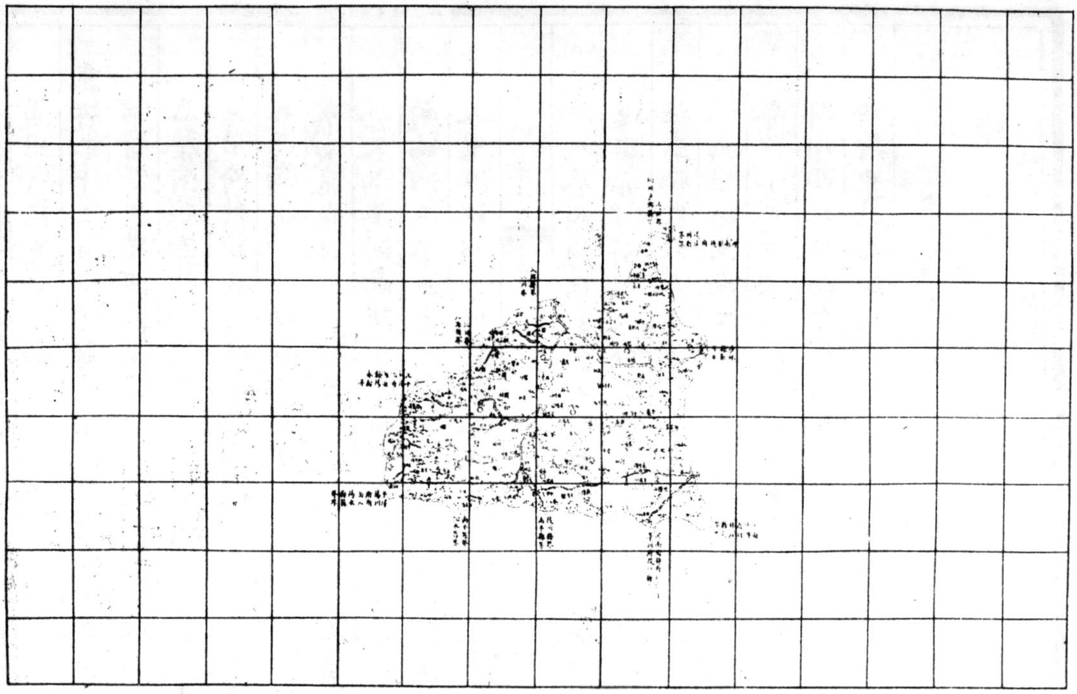

潞安府在省治東南四百五十里至京師一千三百里。領縣七。治長治。東南壺關。西南長子。東北潞城。襄垣。黎城。西北屯留。濁漳河二源。西源出長子縣西南發鳩山。東流右合繖蓋水。左合陽泉水。經縣南又東。慈林水出縣南丹朱嶺。東流折北注之。又東經府治南。折北流。淘清河出壺關縣東南東井嶺。西北來合雞鳴水。入諫水注之。又北經府治西。藍水出屯留縣西南盤秀山。雍水亦出縣西境。合東流經長子縣北來注之。又北石子河一名壺水。出壺關縣東南七里村。西北來注之。又北經屯留縣東南。又東北經潞城縣西。絳水即古涑水。出屯留縣西盤秀山。左合七泉水。高麗河。交川水。東流經縣北。折東南。右合雞鳴水。東來注之。又西北經襄垣縣東南。北源自沁州東南流經縣西。合郭水來會。又北流。甘水出縣西北甘羅堰村。東南流注之。又折東北。小漳河自沁州武鄉縣南流經縣北。合史水來會。又折東南經黎城縣西。潞城縣北。復經黎城縣東南。左納黃須水。又東經潞城縣東北。入河南懷慶府涉縣界。清漳河自遼

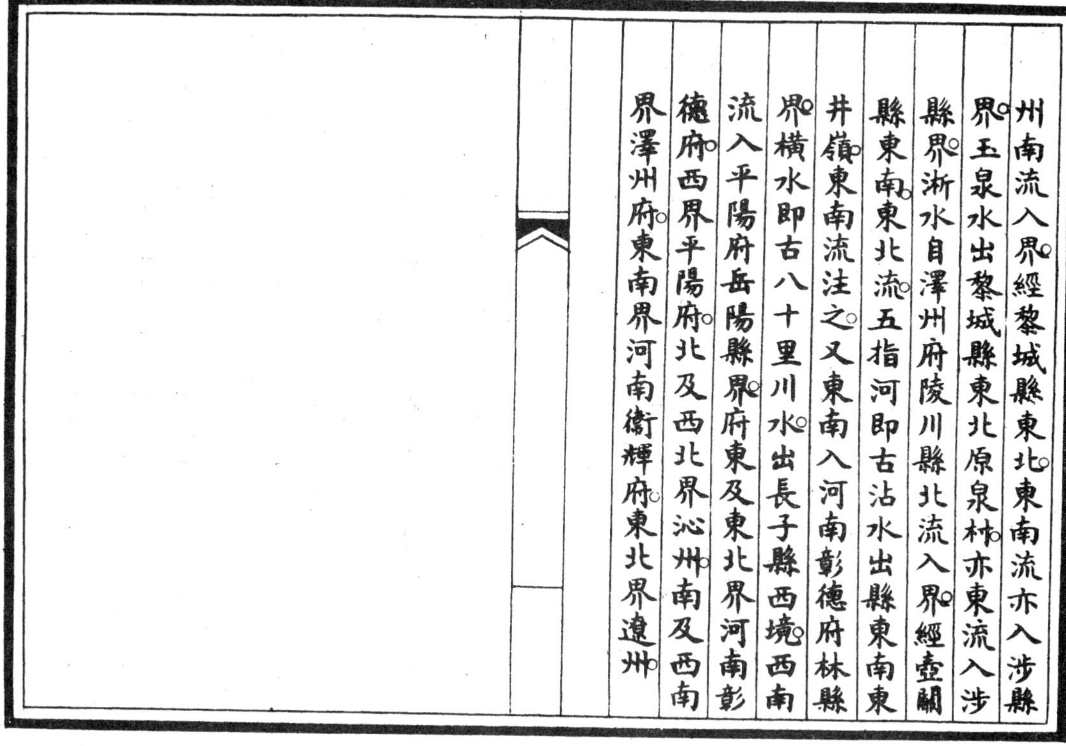

州南流入界。經黎城縣東北。東南流亦入涉縣界。玉泉水出黎城縣東北原泉林。亦東流入涉縣界。淅水自澤州府陵川縣北流入界。經壺關縣東南。東北流。五指河即古沾水出縣東南東井嶺。東南流注之。又東南入河南彰德府林縣界。橫水即古八十里川水。出長子縣西境。西南流入平陽府岳陽縣界。府東及東北界河南彰德府。西界平陽府。北及西北界沁州。南及西南界澤州府。東南界河南衛輝府。東北界遼州。

汾州府圖

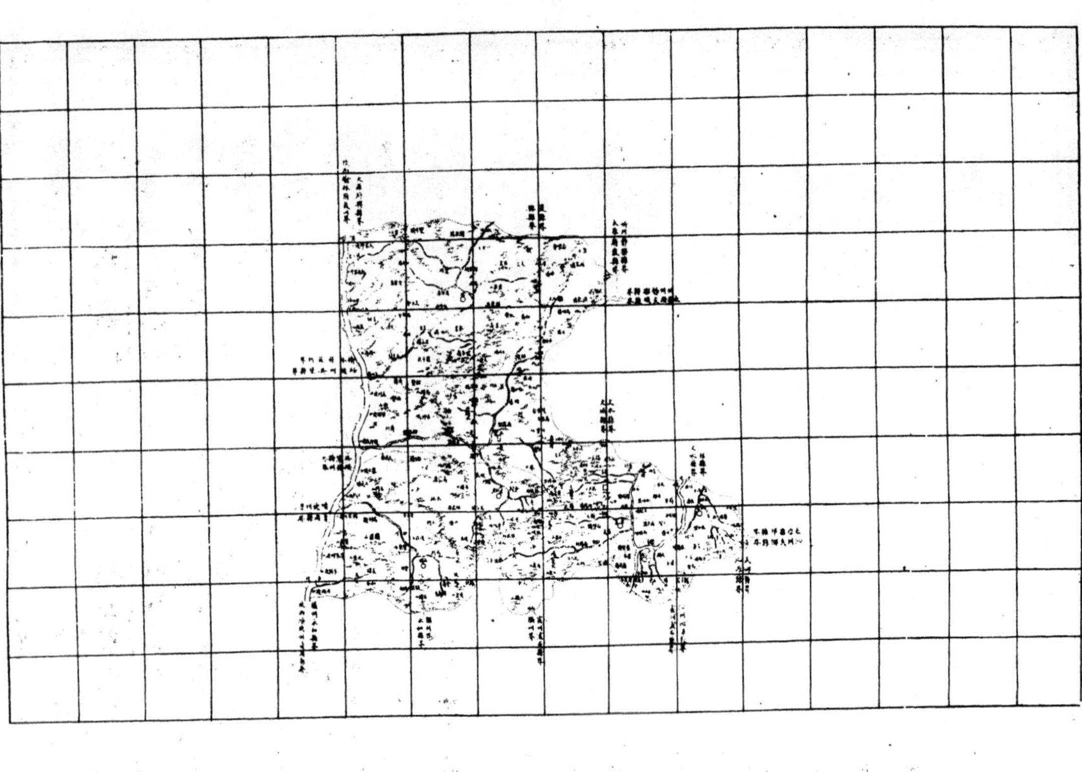

汾州府在省治西南二百二十里至
京師一千三百八十里。領州一縣七。治汾陽。西甯鄉。東南孝義介休平遥。西南石樓。西北永甯州臨縣。黄河自太原府興縣南流經臨縣西。西為陝西榆林府葭州界。紫金山水杏林莊河曲峪河清涼寺河月鏡川水並出縣西境西南流注之。又經永甯州西。西為陝西綏德州吴堡縣界。湫河亦自興縣來西南流經臨縣北合窰頭水萬安溝屈經縣東合連枝山水漢高山水西南流經州西北磧石鎮南注之。又南受三川河。河上承離石水即北川河。出州北赤堅嶺南流經州北左合呂梁山水右合北澗水。又南經州西北東川河出州東合吴城鎮水西北流來會。又經州西南清水河即南川河。出甯鄉縣南泉子山合諸山水西北流來注之。是為三川河。又西注黄河。黄河又南經甯鄉縣西。西為綏德州界。又經石樓縣西。沙河上流為土軍川水出縣東境合牧馬川屈產泉暖泉陂水西北流注之。又南左納温泉水。又南入隰州永和縣界。汾河自太原府文水縣南流入界。經平遥縣西受昌源

河。河自太原府祁縣來西南流經縣東北。左納嬰澗水。又南中都河出縣東南過嶺山合源池水亭岡水西北流注之。又西南流注汾河。汾河又西南經介休縣北。左納勝水石河石洞水。又西會文峪河。河自太原府文水縣南流入界經府治東右納原公水金鎖關水。又南經孝義縣東。義河一名金沙河出縣西北薛頡嶺東流注之。又南孝河出縣西南盤重原合陽泉水東流注之。又東南流與汾河會。汾河又南入霍州靈石縣界。府東至北界太原府。西界陝西綏德州南界霍州東南界沁州。西南界隰州。西北界陝西榆林府。

澤州府圖

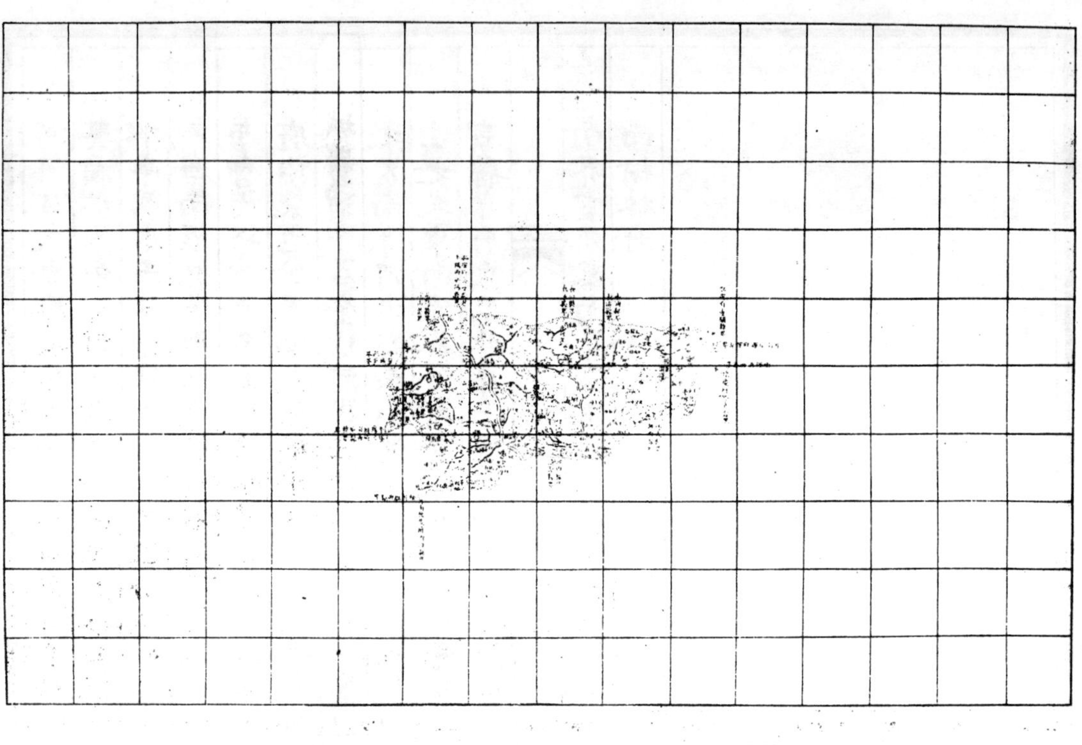

澤州府在省治東南六百二十里。至
京師一千八百里。領縣五。治鳳臺。北高平。東北陵川。西陽城。西北沁水。沁河自平陽府岳陽縣南流入界。經沁水縣北。東河自平陽府浮山縣來東北流注之。又經縣東北。梅河杏河並出縣西南東鴟嶺東流夾縣城。俗名縣河。合東北流注之。又東南。海子河即秦川水。出縣東北秋峪嶺合十里河即槃水。又合玉溪河西南流注之。又東南左納潘河。又經陽城縣東。左納史山河。又南。蘆河即古陽泉水。出沁水縣南鹿臺山。合黑嶺水東流來注之。又南。澤河即古濩澤水。出縣西白㵎嶺東流。合西河小河注之。又南。桑林水出縣南析城山東麓。東北流注之。陽阿水一名長河。出府治西北境。西南流來注之。又東南經府治西南。入河南懷慶府濟源縣界。丹河上源出高平縣北丹朱嶺。合絕水南流。長平水出縣西轍蓋山。東流注之。屈東南經縣東。西長河東長河並出縣東北。西南流注之。又南。許河出縣西五龍山。合二小水。東南流注之。又南經府治東北。蒲水出陵川縣西北聖宮山。合一小水西

南流注之。又南古莞谷水一名源源水出府治北二仙掌左合塔河東流來會。又南流東大河一名丈河出陵川縣東北堯莊西南流注之。又南白水出府治西北伊侯山合小箕水大箕水東南流注之。又南經三谷水口隘入河南懷慶府河内縣界。沇水東源曰教水一名東河。出陽城縣西南千峯嶺。南合一小水西南流入絳州垣曲縣界。淅水為淇水上源。出陵川縣東北淅山。東北流入潞安府壺關縣界。太行山在府治南。府東至南界河南懷慶府。西及西南界絳州北界潞安府東北界河南衛輝府。西北界平陽府。

欽定大清會典圖卷一百六十三

輿地二十五

大同府圖

甯武府圖

朔平府圖

平定州圖

大同府圖

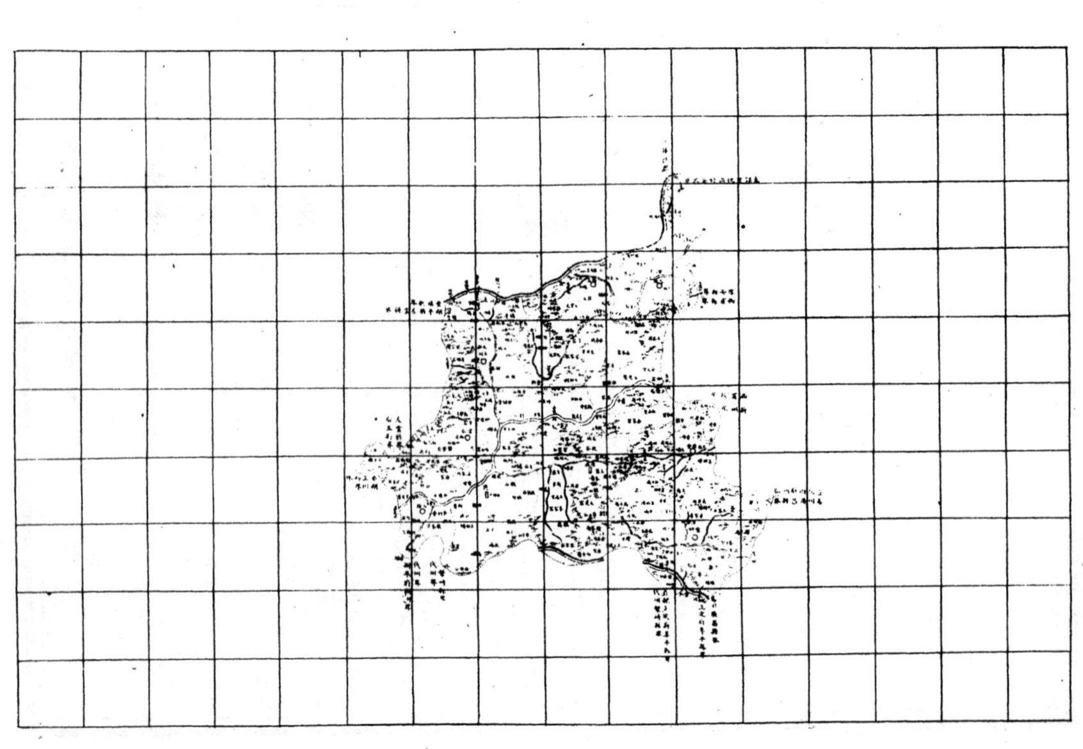

大同府在省治北六百二十里。至京師七百二十里。領州二縣七。治大同。南應州。東南渾源州廣靈靈邱。西南懷仁山陰。東北陽高天鎮。桑乾河自朔平府朔州東北流入界。經山陰縣西北。屈東南經縣東。黃水河亦自朔州東北流來注之。又東經應州北。渾河出渾源州東南漢王峪。北流合望狐山水。折西合李家窰水西流來會。又東北經府治南。受如渾河。河一曰御河。自豐鎮廳南流入界。經府治北。右納卷子河。左納鎮川河。經治東。又南。肖畫河自朔平府左雲縣東南流來注之。又南注桑乾河。桑乾河又東經天鎮縣南。又東入直隸宣化府西甯縣界。南陽河古雁門水。出豐鎮廳東北山羊寨。南流入邊。經陽高縣西北。馬邑水出縣西北境。東流注之。經縣北。東南流至縣東南。白登河出府治東少咸山。南流折東北注之。又東經天鎮縣西南。三沙河出縣東南境西流注之。經縣北。又東北入直隸宣化府懷安縣界。西陽河古延鄉水。出豐鎮廳東北山。東流入界。經天鎮縣東北。石塘河亦自其廳來。東南流注之。又東亦入懷安縣界。壺流河出廣靈縣西莎泉。東流合石家泉枕頭河。經縣東壺山。入直隸宣化府蔚州界。滱水出渾源州南檜峯嶺。東南流經靈邱縣南。黑龍河落水河並出縣北境。南流注之。又東南入直隸易州廣昌縣界。鷗子河靈邱河並出靈邱縣南境。南流入直隸正定府阜平縣界。水溝口河俗名姜莿屯河。出天鎮縣東南境。東流入直隸宣化府懷安縣界。虎溝河亦出天鎮縣東南境。東南流入宣化府西甯縣界。恆山為北嶽。在渾源州東南。府東及東北界直隸宣化府。西及西南界朔平府。北及西北界豐鎮廳。南界代州。東南界直隸易州。

甯武府圖

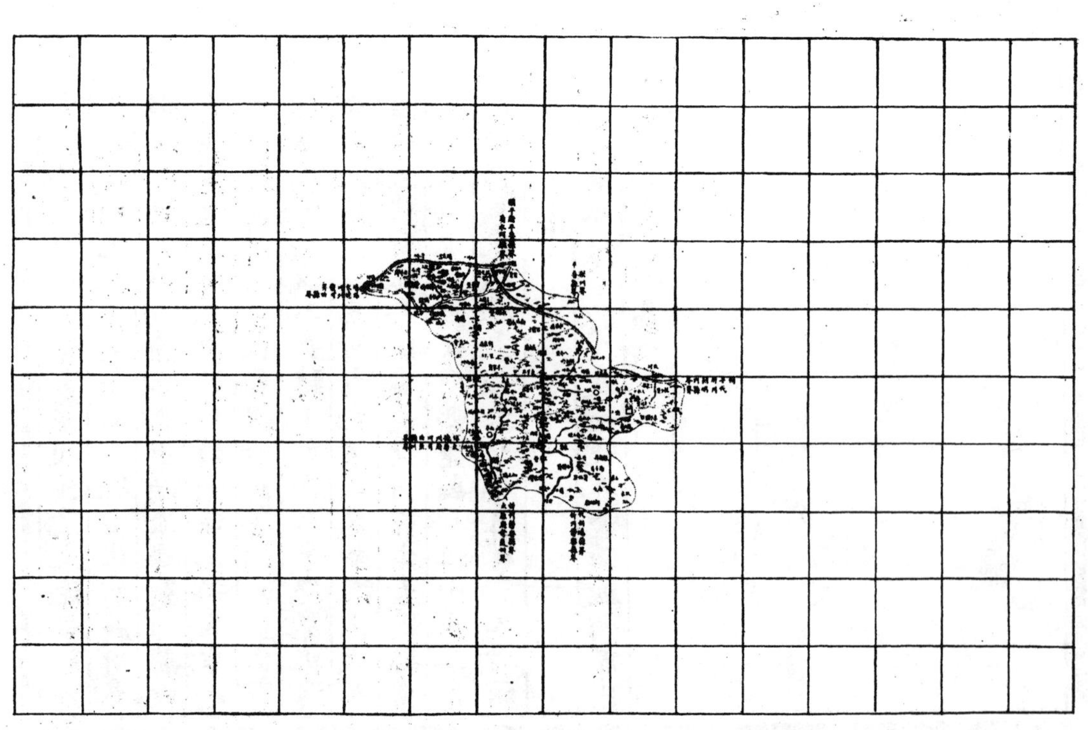

寧武府在省治北三百四十里。至京師九百五十里。領縣四。治寧武。西北神池偏關。西南五寨。黃河自清水河廳南流經偏關縣西北邊牆外。關河自朔平府平魯縣來西南流經縣東南合了角崖紅水溝沙窊寺諸水西北流注之。又西南入保德州河曲縣界。清漣河出五寨縣西南蘆芽山。東北流經縣東。又北達沐河出神池縣北義井河出神池縣西合西流注之。是為大澗河西流亦入河曲縣界。汾河出府治西南管涔山。合天池水西南流入忻州靜樂縣界。恢河一名渾河。出府治西南分水嶺。東流經治南。又東入朔平府朔州界。府東至南界代州。西界保德州。北及東北界朔平府。西北界清水河廳。西南界太原府忻州。

朔平府圖

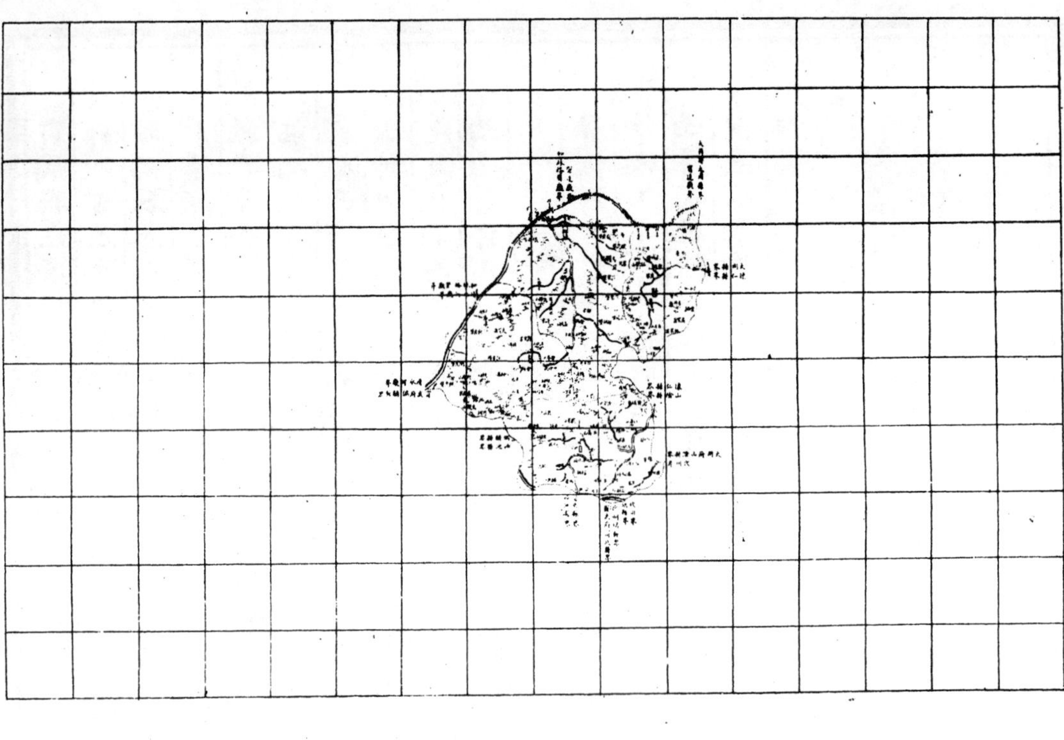

朔平府在省治北六百七十里至
京師九百六十里領州一縣三治右玉東南左雲
朔州西南平魯桑乾河出朔州東洪濤山二源
左曰黃道泉右曰金龍池合東南流經州東馬
邑鄉南會恢河河自甯武府甯武縣北流入界
經州南左納二小水折東流巖潤水合七里河
南流注之又東右納沙棱水東北流與桑乾河
會桑乾河又東北入大同府山陰縣界黃水河
出朔州東南境東北流亦入山陰縣界肖畫河
舊名十里河出左雲縣西南境合廖家河北流
經縣西北折東流左合龍泉水又東經縣東焦
山南是為肖畫河入大同府大同縣界兔毛河
出府治東驟駝山西流經府治北會滄頭河河
出平魯縣西南境北流環縣城折東北經府治
南右納牛心山水左納孫家川水雲石堡水屈
西北經府治西右納范家堡水馬營河又北與
兔毛河會又北入和林格爾廳界湯溪河出平
魯縣西北大頭山西北流為清水河入清水河
廳界闢河出平魯縣西境西流入甯武府偏關
縣界府東及東北界大同府西及西北界和林

格爾廳。北界甯遠廳。南界甯武府。東南界代州。西南界清水河廳。

平定州圖

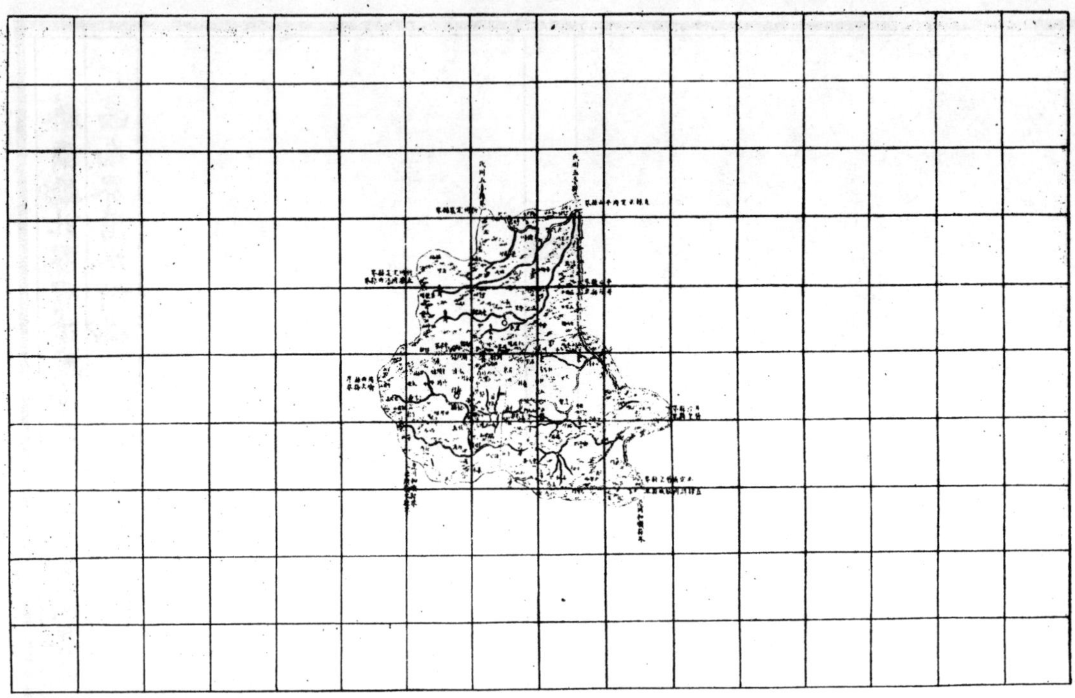

平定州在省治東南二百七十里。至
京師八百七十里。領縣二。西北壽陽盂縣。滹沱河自代州五臺縣東南流入界。經盂縣北。龍花河出縣西北興道村東北流注之。又東。烏河亦出縣西北境東北流注之。折東北。秀水河出縣西南玉泉山。左合香河東北流注之。又東入直隸正定府平山縣界。桃水古緜蔓水。為冶河北源。出壽陽縣東南桃源溝。合諸山溪水東流經州治北。又東南。川水出州東南柏井鎮分水嶺西北流合嘉水黑水陽勝水北來注之。又東北。文谷水出州治北河底鎮東南流注之。又東。澤發水一名妬女泉出州治東北承天山南流注之。又東入直隸正定府井陘縣界。沾水為冶河南源。出州治東南沾嶺。合陡泉及諸山水經樂平鄉北東北流。甘桃河一曰西韓河亦出分水嶺東流注之。又東北入直隸正定府井陘縣界。清漳河亦出沾嶺西南流入遼州和順縣界。洞渦水出州治東南陡泉山。西流經壽陽縣南。壽水出縣西要羅山。合黑水東流經縣南折南流注之。又西入太原府榆次縣界。府東及東北界直

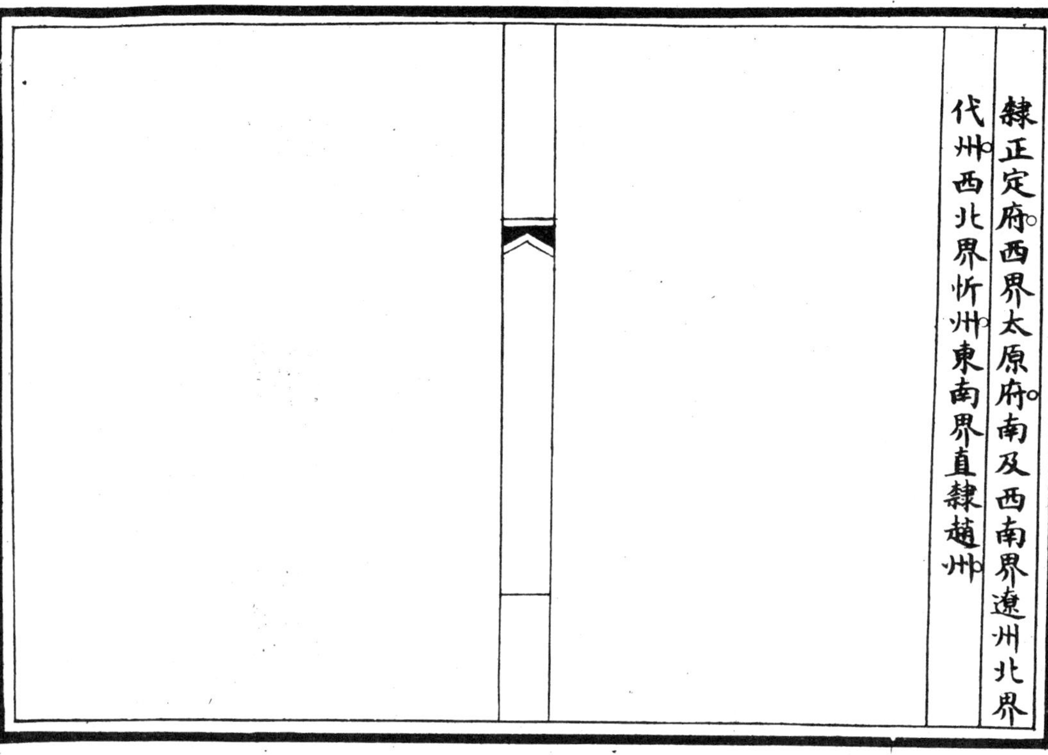

隸正定府。西界太原府。南及西南界遼州。北界代州。西北界忻州。東南界直隸趙州。

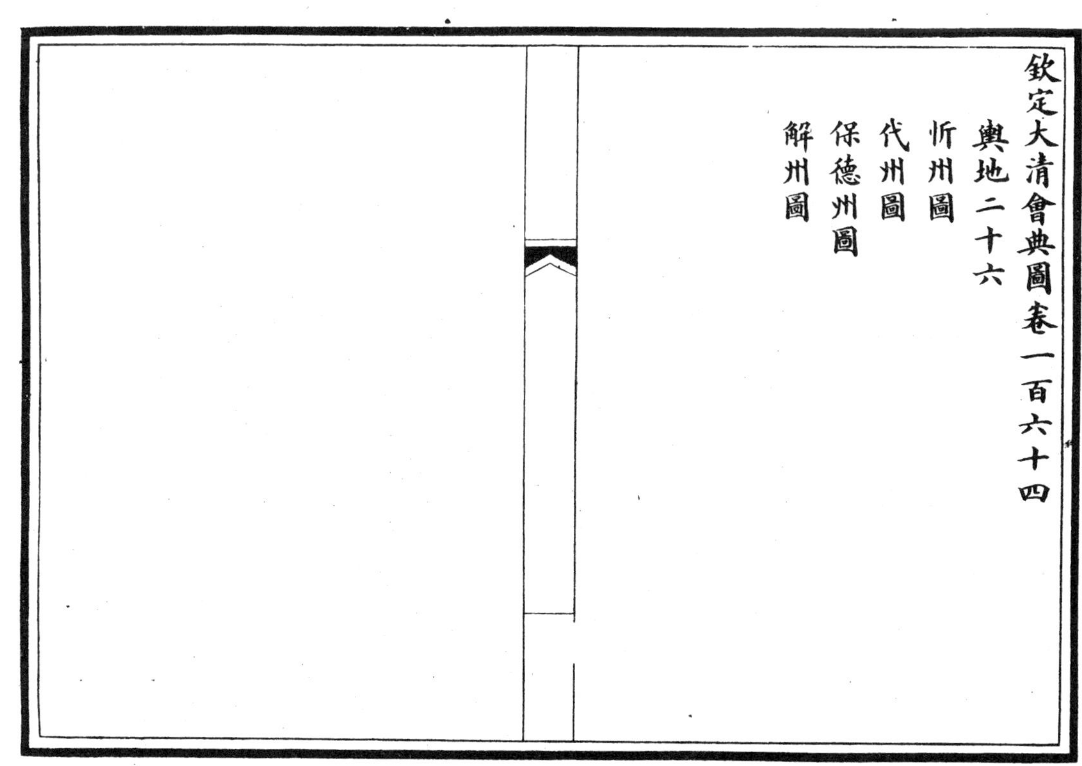

欽定大清會典圖卷一百六十四

輿地二十六

忻州圖

代州圖

保德州圖

解州圖

忻州圖

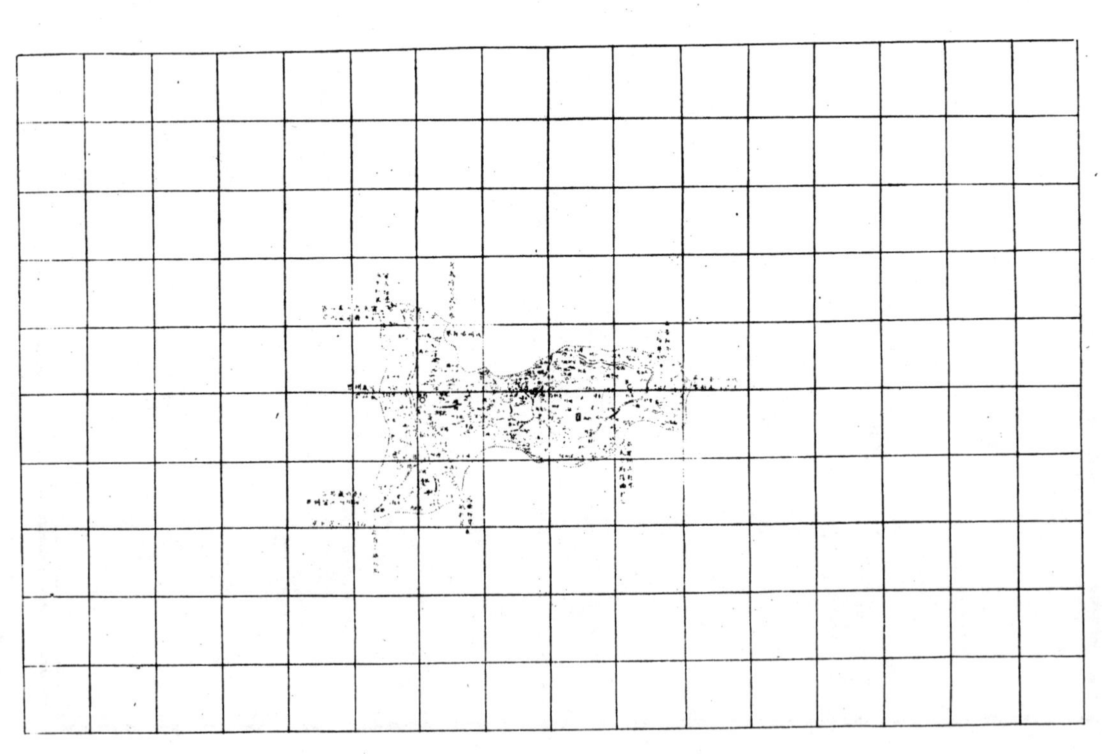

忻州在省治北一百里至
京師一千三百里領縣二東北定襄西北靜樂滹沱河自代州崞縣南流入界經州治北屈東流經定襄縣北牧馬河出州治西南白馬山合州西諸山水東北流注之又東入代州五臺縣界汾河自甯武府甯武縣西南流入界經靜樂縣北別源出縣北管涔山東南流來會又南經縣西礙河出縣東北巾字山西流注之又南經縣南石峽山嵐水自太原府嵐縣東流來注之又南經樓煩鎮東獨石河出縣西南境東北流注之又東南入太原府交城縣界雲中河出州治西雲中山東北流入崞縣界州東及東南界平定州西至南界太原府北及東北界代州西北界甯武府

代州圖

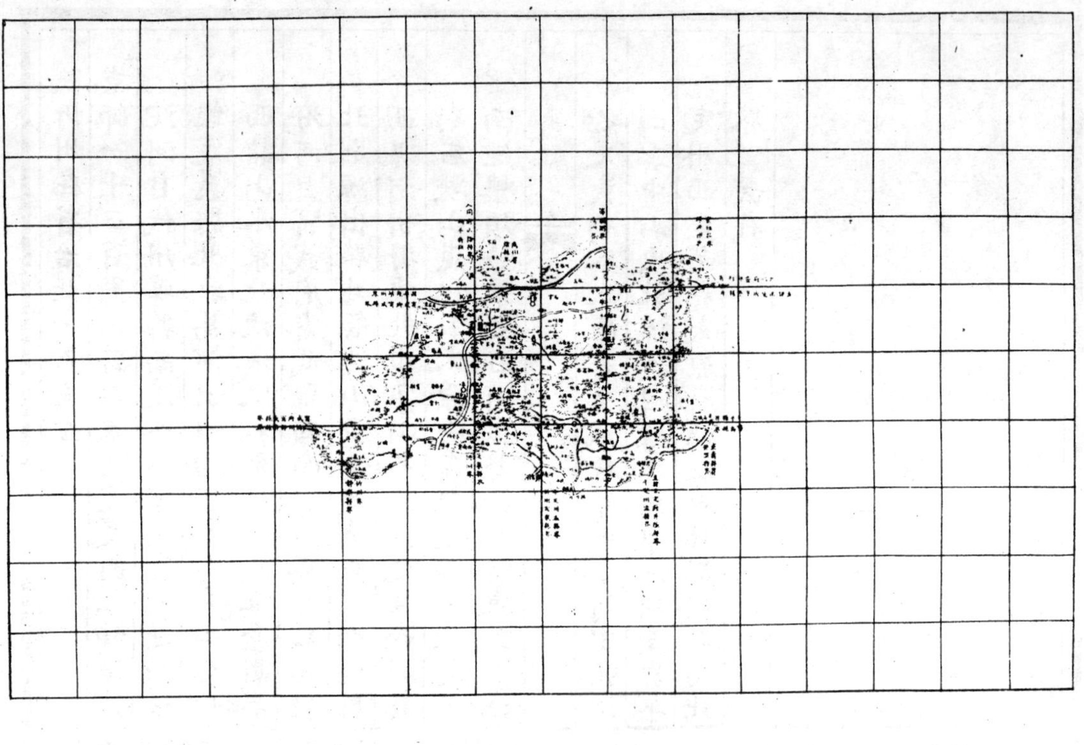

代州在省治東北三百二十里至
京師七百七十里領縣三東繁峙東南五臺西南崞縣滹沱河出繁峙縣東泰戲山合三泉水華嚴水西流經州治南又西莪谷水出繁峙縣南境西北流注之又西雁門水出州治北雁門山南流注之經州治南又西羊頭神河出州治西北境南流注之又西折南經崞縣東又南陽武河出縣西陽武鎮東流注之又西南板市河舊名沙河出縣西南太子巖雲中河自忻州來合東流注之又南錯入忻州及定襄縣界復經五臺縣西南銅川河出崞縣東福壽山東南流注之又東泉巖河出縣西境東南流注之又東經縣南清水河出縣東境合神武泉虒陽河慮虒河東峪河西流折南注之又西入平定州盂縣界沙河出繁峙縣東巖頭山東流入直隸正定府阜平縣界滋水出五臺縣東烏牛山東南流入正定府平山縣界五臺山一名清涼山在五臺縣東北州東及東南界直隸正定府西界甯武府南及西南界忻州北及東北界大同府東南界平定州西北界朔平府

保德州圖

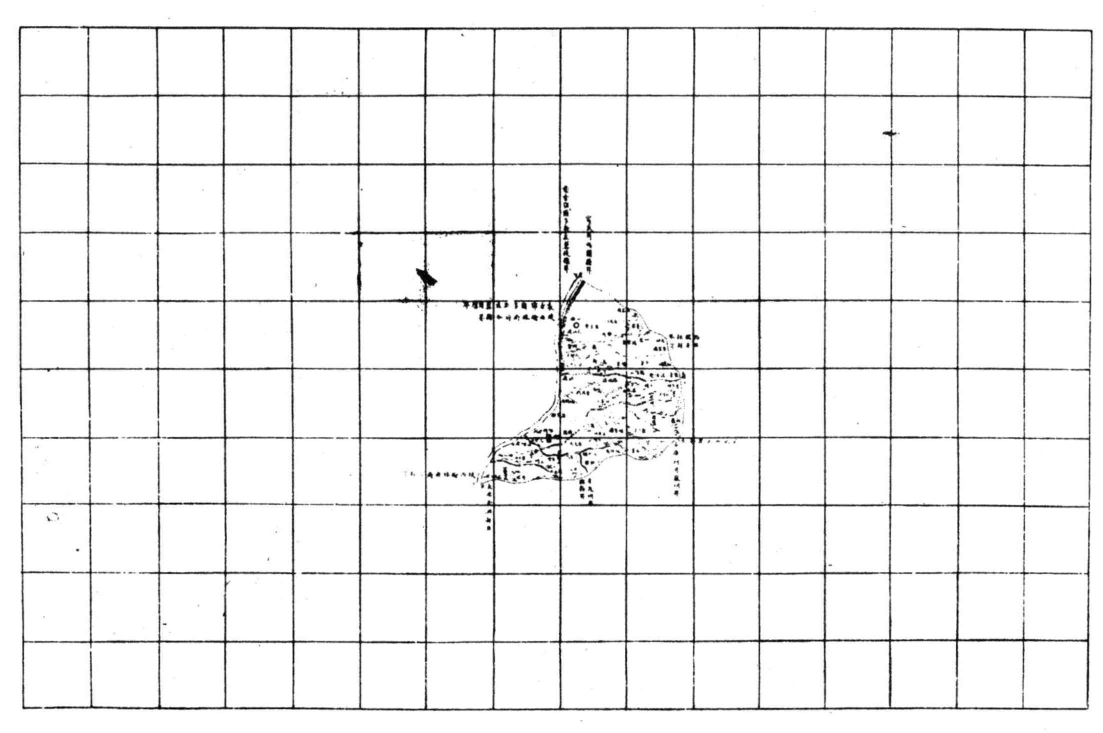

保德州在省治西北四百六十里。至
京師一千七百十五里。領縣一。東北河曲。黃河自甯武府偏關縣西南流經河曲縣北。又經縣西西北為陝西榆林府府谷縣界。又西南經河邑鎮西。大澗河自甯武府五寨縣西流來注之。又西南經州治北天橋石峽是為呂梁洪。又西南經治西。石佛河出河曲縣東南境合葫蘆山水西流經治南合朱家川水西北流注之。又南左納一小水。又南入太原府興縣界。州東及東北界甯武府。北至西界榆林府。南及東南界太原府。

解州圖

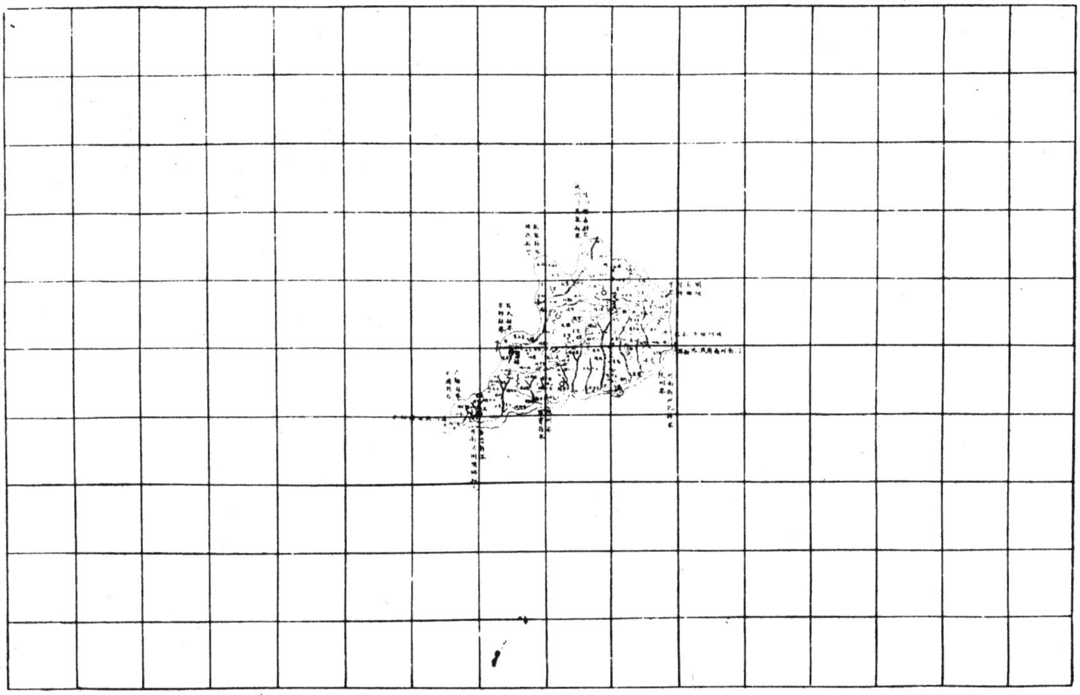

解州在省治西南九百五十里。至京師一千四百五十里。領縣四。東南平陸。西南芮城。東北安邑。夏縣。黃河自蒲州府永濟縣東流經芮城縣南。南爲河南陝州閿鄉縣靈寶縣界。洪源澗水地皇泉葡萄澗水並出縣西北境合南流注之。經縣南又東。洹水恭水並出縣東北境合南流注之。又經平陸縣南。南爲河南陝州界。中條山諸澗水並南流注之。又東出三門過砥柱山。又東劉家溝水后溝水積石水。並出夏縣東境南流注之。又東入絳州垣曲縣及河南

河南府澠池縣界。涑水自絳州聞喜縣西南流入界。經夏縣西。又西南經安邑縣西北。又西入蒲州府虞鄉縣。界。姚暹渠出夏縣東巫咸谷。西流經縣南合橫洛渠。經安邑縣東北合王峪水。經縣北折南流。又西經州治北。又西入蒲州府虞鄉縣界。鹽池在州治東安邑縣西南。硝池一名女鹽池。在州治西。六小池亦在州治西。苦池一名苦鹽灘。在安縣東。州東及東北界絳州。西至北界蒲州府。南及西南界河南陝州。東南界河南河南府。

欽定大清會典圖卷一百六十五

輿地二十七

絳州圖

隰州圖

沁州圖

遼州圖

霍州圖

歸綏道屬七廳圖

絳州圖

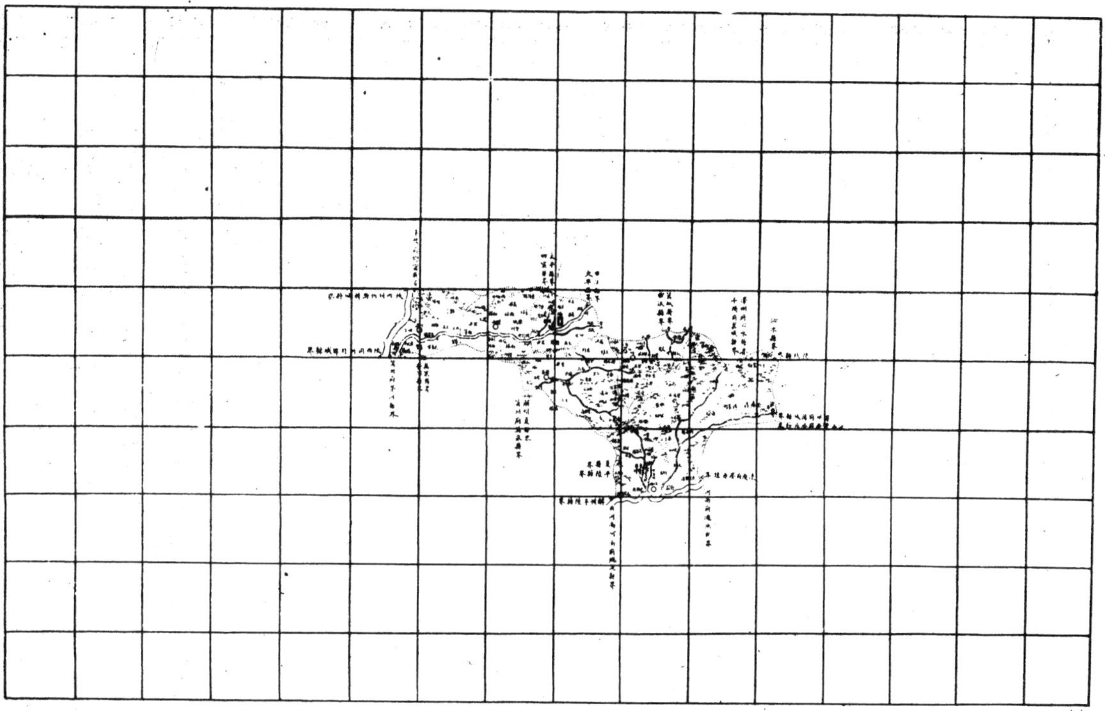

絳州在省治西南七百十里。至京師一千八百里。領縣五。西南聞喜。東南絳縣垣曲。西稷山河津。黄河自平陽府鄉甯縣南流經河津縣西。西為陝西同州府韓城縣界。南出龍門山入蒲州府榮河縣界。復自解州平陸縣東流。經垣曲縣南。南為河南懷慶府澠池縣界。亳水清水並出縣西北境合流為亳清河。東南流至縣西合白水注之。又東受沇水。水二源。西源出縣東北歷山南流經同善鎮西南。其東源曰教水自澤州府陽城縣西南流來會。又南經縣東注黄河。黄河又東入河南懷慶府濟源縣界。汾河自平陽府曲沃縣西南流入界。經州治東南會澮水。水自平陽府翼城縣西南流入界。經絳縣東北左納故郡水。屈西北流仍錯入平陽府曲沃縣界。復西南流經州治東南與汾河會。汾河又西經州治西。清濁二水出州治北鼓山並南流注之。又西經稷山縣南。又西經河津縣南西南流入蒲州府榮河縣界。涑水出絳縣東南太陰山。西流經縣南。又西經聞喜縣東右合甘泉水。又西南沙渠水俗名呂莊河出縣東南

境合諸山水西北流注之。又西經縣西南入解
州夏縣界。絳水出絳縣東南回馬嶺。北流入曲
沃縣界。州東至北界平陽府。西界陝西同州府。
南界解州。東南界澤州府河南懷慶府河南府。
西南界蒲州府。

隰州圖

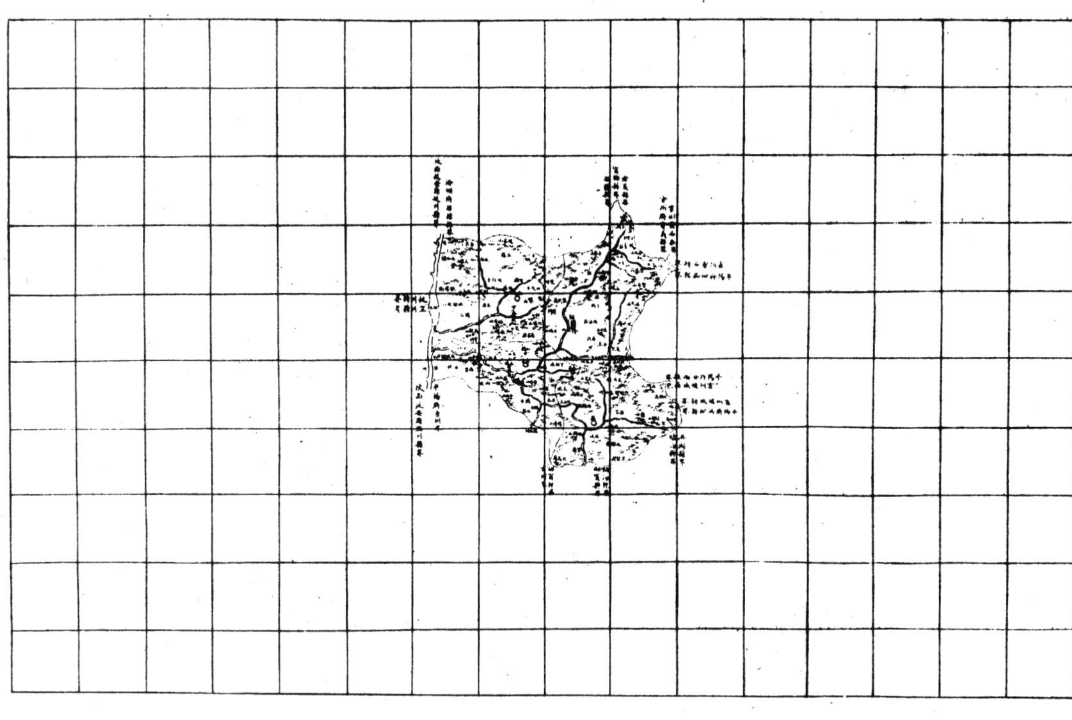

隰州在省治西南五百五十里。至
京師一千七百里。領縣三。東南蒲縣。西南大甯。西北永和。黄河自汾州府石樓縣南流經永和縣西。西為陝西延安府延川縣界。又南為老牛灘。西為延安府宜川縣界。仙芝水出縣東北仙芝谷。合榆林川水甘露河西南流注之。又南經大甯縣西馬鬭關。北受昕川河。河三源。南源曰第一河。即東大河。出蒲縣東南分水嶺。西北流。右合東小河。又西經縣南。南川河自平陽府北流來注之。經縣西屈曲西北流。經大甯縣東南懸底河自平陽府吉州來。北流注之。又經義亭村名義亭川。又西北經縣西南。會北源。北源曰紫川河。舊名隰河。出州治北境。合諸山水南流。其東源曰義泉河。自平陽府汾西縣來。合聖水山泉西流。並經州治西南仵城鋪。合西南流。左納蒲川水。又西流與南源會。是為昕川河。又西北注黄河。黄河又南入平陽府吉州界。姑射山在蒲縣東。州東及東南界平陽府。西界陝西延安府。南界平陽府。北及西北界汾州府。東北東南並界霍州。

沁州圖

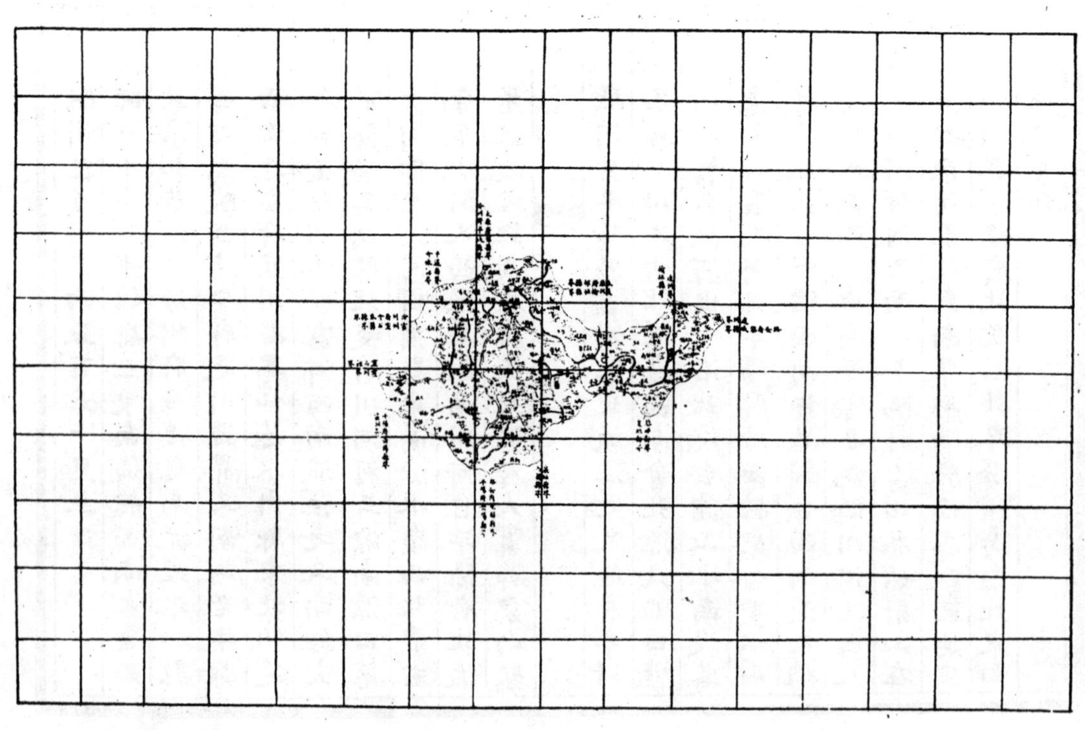

沁州在省治東南三百十里。至京師一千七百里。領縣二。西南沁源。東北武鄉。沁河出沁源縣北緜山諸谷源有三。一曰水峪河出車家嶺。一曰琴峪水。出崖頭滑鳳二村。一曰青果山水。出白狐窰。並經陽城村西南合流。又南。西源曰漳水。出河底村東南流來會。又西南經縣東。右納西川河。又南經縣南。左納青龍河又南入平陽府岳陽縣界。小漳水自遼州榆社縣南流入界。經武鄉縣西。甲水出縣西北護甲山西南流注之。又東流經縣南。右納南亭河。又東折南。洪水舊名青石河。出縣東雙峯山。合黃巖水南流折西注之。又南入潞安府襄垣縣界濁漳河北源出州治西北伏牛山。東南流經治西北。合小河水。經州西。又南右納後泉水銅鞮水。又南入潞安府襄垣縣界。昌源河出武鄉縣西北分水嶺。東北流入太原府祁縣界。州東至南界潞安府。西界霍州。北界太原府。東北界遼州。西北界汾州。西南界平陽府。

遼州

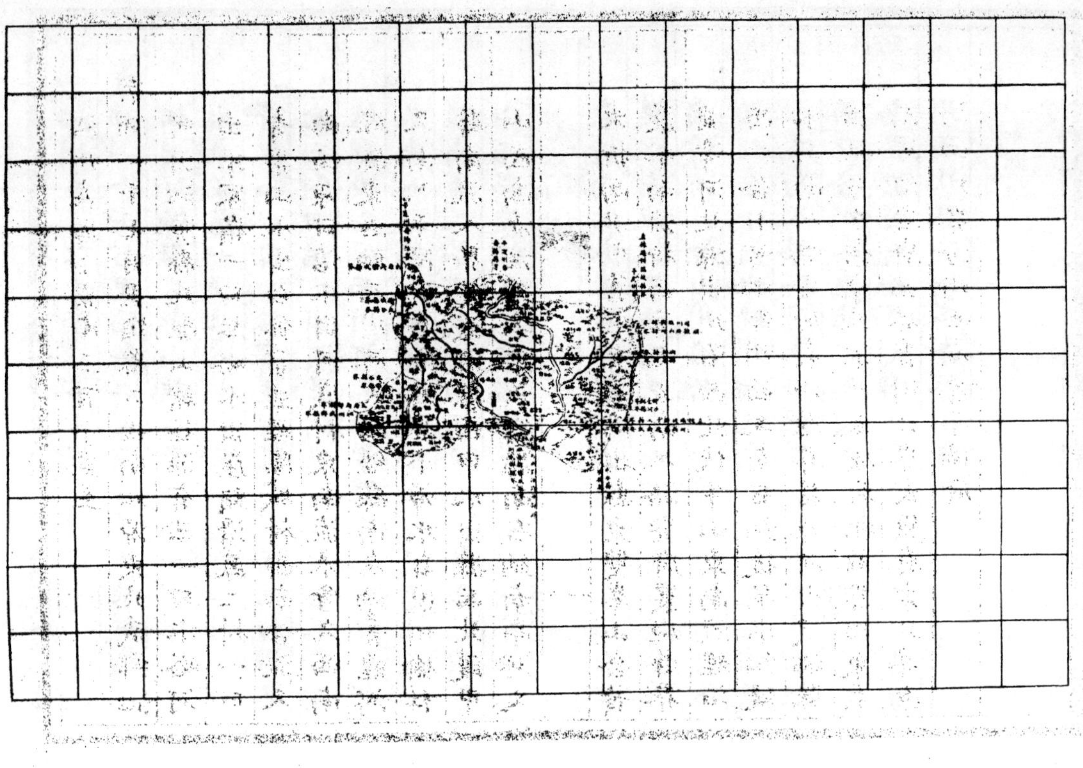

遼州在省治東南三百四十里。至
京師一千二百里。領縣二。西南榆社。東北和順。清漳河自平定州南流入界。經和順縣西北。曲東南流經縣東。又南梁餘水東南流注之。又南清河會萬泉水西南流注之。又西南西漳水出和順縣西北八賦嶺西南流來會。又南入河南彰德府界。小漳水一曰榆社水。出和順縣西山。南流經榆社縣西南。右納西川河。左納儀川河。西南流入沁州武鄉縣界。沙河出縣東南入直隸順德府沙河縣界。州東界直隸順德府。西及西北界太原府。北界平定州。南及西南界沁州。東南界潞安府。河南彰德府。東北界直隸趙州。

遼州圖

霍州圖

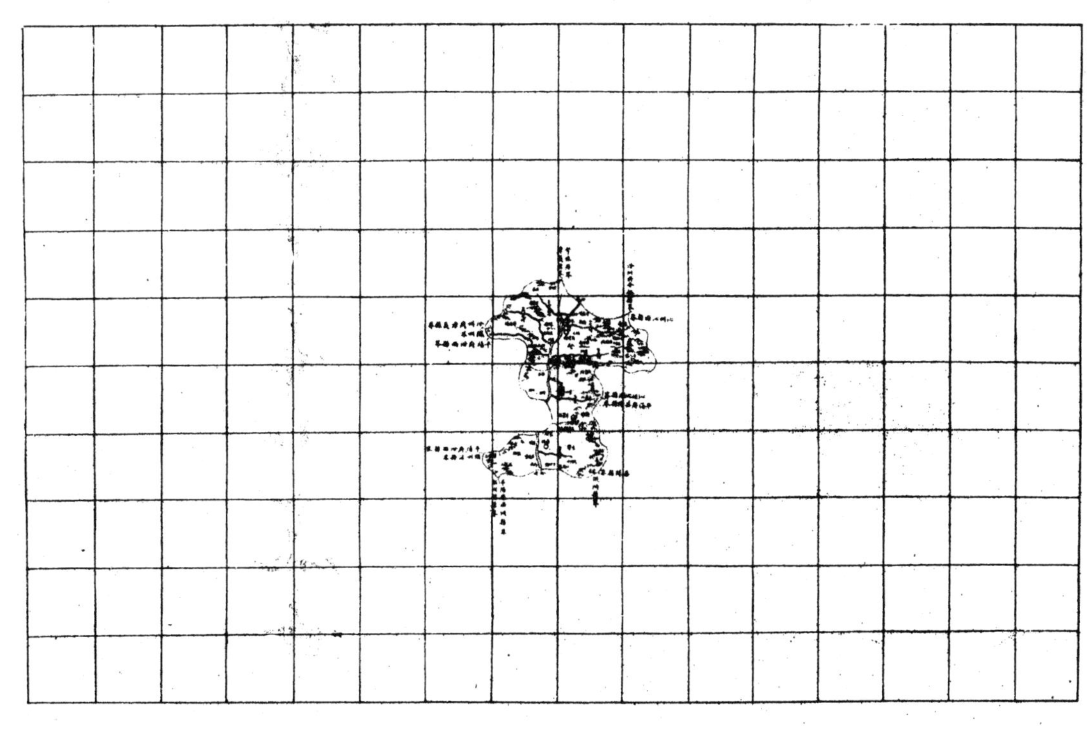

霍州在省治西南五百里。至京師一千五百五十里。領縣二。北靈石。西南趙城。汾河自汾州府介休縣西南流入界。經靈石縣北。右納景家溝。左納小水河。經縣西。又南右納石門峪河、新水峪河。左納仁義河。又經州治西。左納彘水。錯入平陽府汾西縣界。復經趙城縣西。左納霍泉水。又南入平陽府洪洞縣界。霍山在州東。州東及東北界沁州。西界平陽府。北及西北界汾州府。南及東南界平陽府。西南界隰州。

歸綏道屬七廳圖

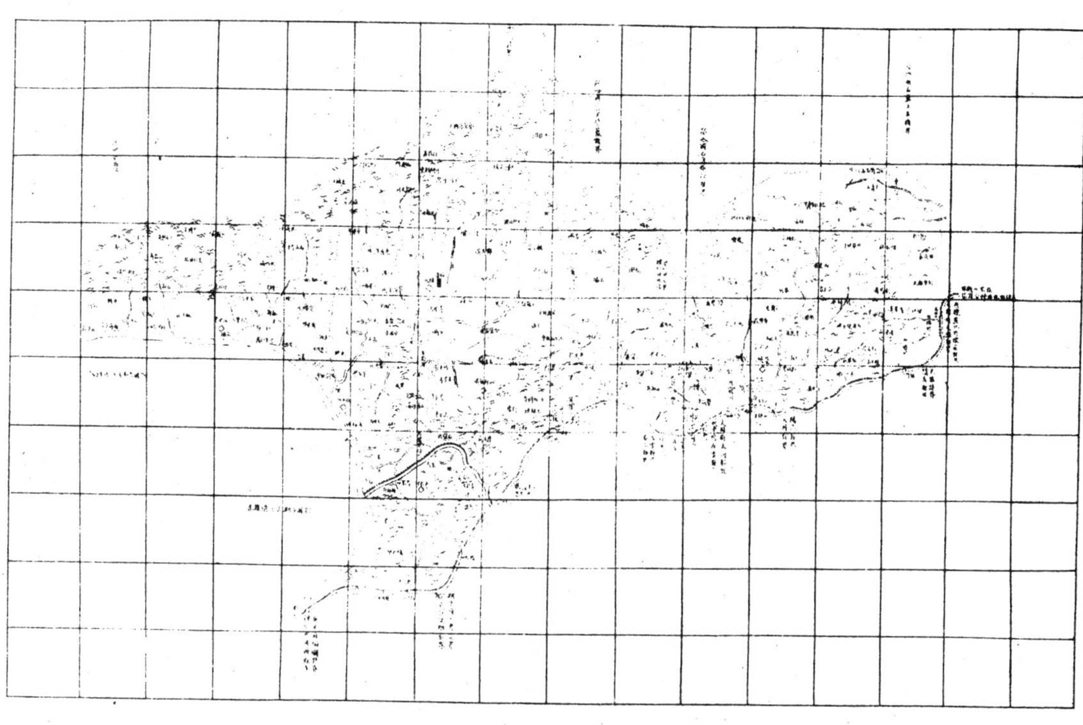

歸綏道屬七廳歸綏道駐歸化城在省治西北八百九十里至

京師一千一百八十里歸化城廳之南清水河廳東南和林格爾廳寧遠廳豐鎮廳西南托克托城廳薩拉齊廳黃河自鄂爾多斯左翼前旗界緣界東流經薩拉齊廳西南包頭河五當河並南流注之經廳南又東蘇爾哲河二源並出廳東北大西溝合西南流經杜守節營右合一水來注之又西冒帶河出廳東北二源合南流注之又東南經托克托城廳西受黑河河二源一曰金河即伊克土爾根河古芒干水出歸化城廳東北官山南流喀喇江哲爾得河並西流注之折西經廳治南小黑河出廳東北喀喇克沁山南流合九達海河來注之又南哈爾几河南流注之又西南經托克托城東北黃水河出寧遠廳北西流經和林格爾廳北合二小水注之又西克魯庫河古白道中溪水出廳北土城子南流右出支津為多羅圖河夾畢齊克司南復合南流注之又西南經廳治北察素河自歸化廳西北南流注之又西南注黃河黃河經廳治

西。又東南至清水河廳西北受清水河。河自朔平府平魯縣西流自大水口入界。經清水河廳東南。紅門口水鎮川口水合西北流來會。為三汊河。又西北經廳北邊外。兔毛河自朔平府右玉縣來合甯遠河西流為烏蘭穆倫來會。又西北注黃河。黃河又南經廳西。折西南入保德州河曲縣界。如渾河古御河出豐鎮廳葫蘆海南流經廳東南。大莊科水西南流來會。得勝河合聚寶河東南流來會。又南入大同府大同縣界。南陽水古雁門水。出豐鎮廳東北山羊巖南流入大同府陽高縣界。西陽河古延鄉水。出豐鎮廳東與石塘河並入直隸宣化府懷安縣界。東陽河古于延水。出豐鎮廳東北。經二道河司與一水並入直隸張家口廳界。大海在甯遠廳東北。布波河南流注之。布爾哈蘇台河莽阿河並北流注之。大青山在歸化城北。東界直隸張家口廳。西界內蒙古鄂爾多斯左翼旗。北界察哈爾南界大同府朔平府。西北界茂明安四子部落旗。

欽定大清會典圖卷一百六十六

輿地二十八

河南省全圖

開封府圖

陳州府圖

河南省全圖一

中

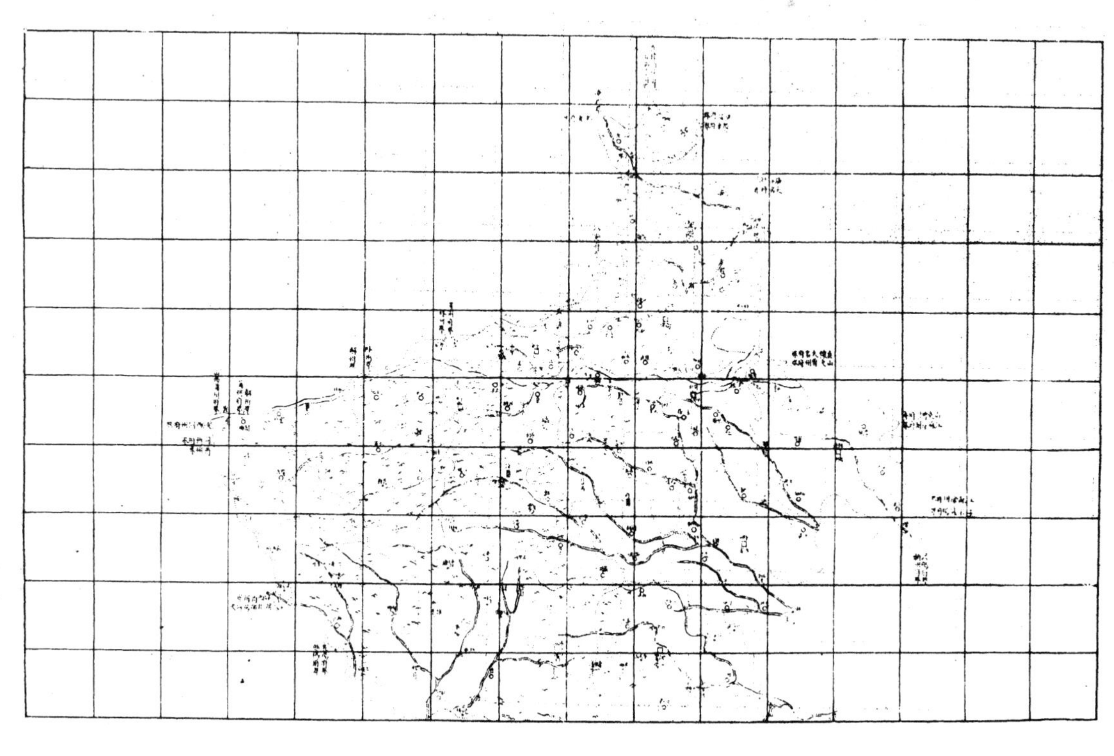

河南省全圖二

南

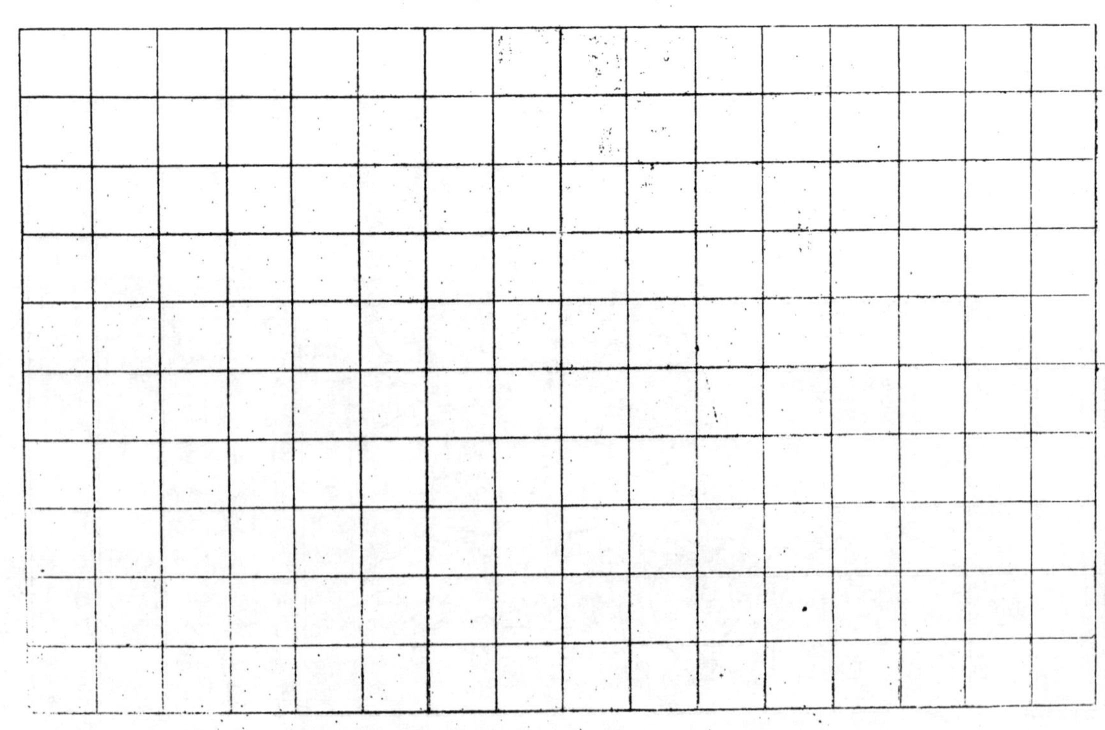

河南省在

京師西南開封府為省治河南巡撫布政司共治焉統府九州四開封府之北彰德府西河南府陝州東南歸德府陳州府光州西南許州汝州南陽府汝甯府西北衛輝府懷慶府黃河自陝西省東北流經陝州北至河南府西北入境東流經府北及懷慶府南合濟水又東洛河亦自陝西入境合澗河瀍河伊河東北流注之又東合沁河經開封府北衛輝府南至開封府東北入直隸大名府界其故道東南出入山東曹州府界衛河出衛輝府西北合小丹河淇河東北流經彰德府東亦入大名府界清漳河自山西遼州入境經彰德府西北濁漳河自山西潞安府東流來會又東亦入大名府界賈魯河上游為須索河出開封府西東流至府西南支津東南出為惠濟河經歸德府南合渦河入安徽鳳陽府界其正渠東南流經陳州府西北合雙洎河又東南汝河出河南府西南合沙河潁河來會又東南為大沙河入安徽潁州府界澮河出歸德府北東南流入安徽鳳陽府界淮河出南

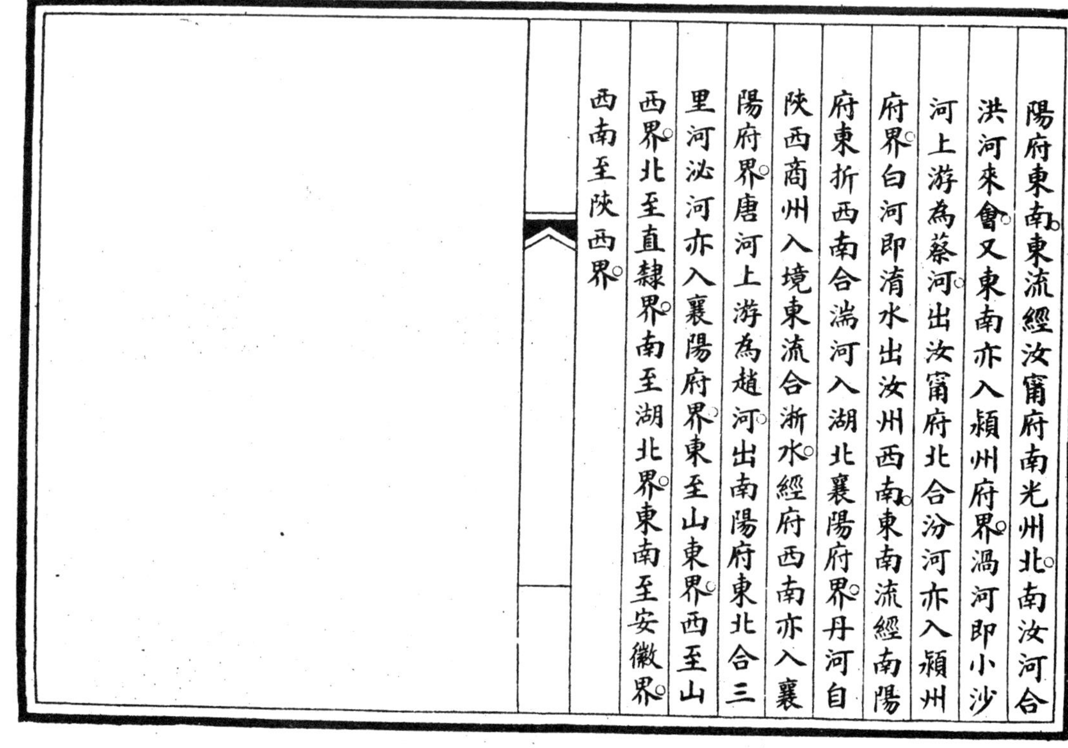

陽府東南東流經汝甯府南光州北南汝河合洪河來會又東南亦入潁州府界渦河即小沙河上游為蔡河出汝甯府北合汾河亦入潁州府界白河即淯水出汝州西南東南流經南陽府東折西南合湍河入湖北襄陽府界丹河自陝西商州入境東流合淅水經府西南亦入襄陽府界唐河上游為趙河出南陽府東北合三里河泌河亦入襄陽府界東至山東界西至山西界北至直隸界南至湖北界東南至安徽界西南至陝西界

開封府圖

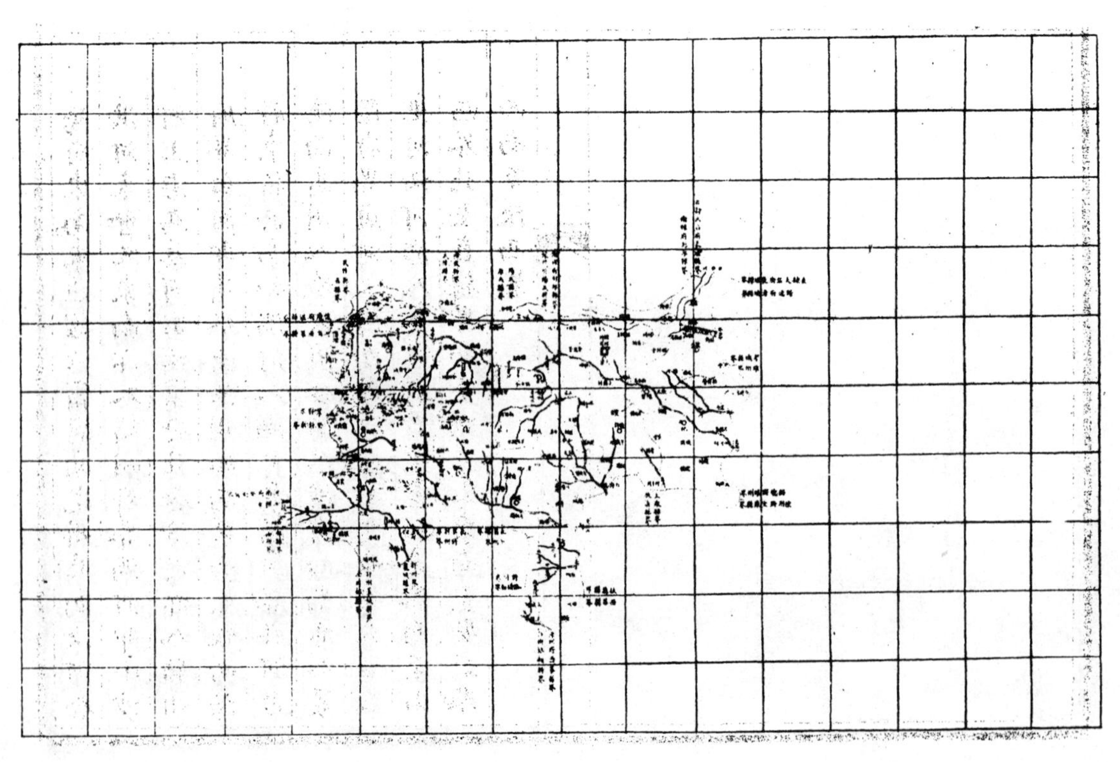

開封府為河南省治在

京師西南一千五百四十里領州二縣十四治祥符東蘭儀西滎陽東南通許陳留杞縣西南中牟鄭州尉氏鄢陵洧川新鄭密縣禹州西北滎澤汜水黃河自河南府鞏縣東流經汜水縣西其北為懷慶府溫縣界經虎牢關北又東汜水出縣南境合鞏縣之玉仙河北流經縣治西注之又東北其北為懷慶府武陟縣界又東經滎澤縣西北倉頭口又東南經廣武山北又經滎澤縣北為滎澤口又東經王祿營南為花園口又東經鄭州北其北為懷慶府原武縣界又東至京水鎮又東為楊橋口又東經中牟縣北其北為懷慶府陽武縣界又東至東張鎮又東經府治北黑岡口其北為衛輝府封邱縣界又東入界經柳園口至埽頭鎮又東經陳留縣東北曲興集又東至蘭儀縣西北銅瓦廂折東北流入直隸大名府長垣縣界其故道東至歸德府考城縣界賈魯河上游為須索二水索水三源並出滎陽縣南萬山一為聖僧泉一為寫李泉一為響娘子泉三源合北流經縣東曰索河西北流左納一水折而東經河陰鄉南又東經滎澤縣南須水出滎陽縣東南山東北流左合一水經須水鎮來會是為須索河又東經鄭州西北京河出滎陽縣東南大周山合楊五溝泉聖水冷泉暖泉水經京水鎮來會又東經州北又東金水河自州西南十八里河七里河自州東南北流經祭城西合東北流注之曰賈魯河又東迆南右納欒河水又東經中牟縣西右納龍鬚溝水又東右納鴨陂水又東經縣治西北支渠東北出為惠濟河經祥符縣南折東南經陳留縣北又東南經杞縣北入歸德府睢州界其正渠經中牟縣東南右納糞陂馬長陂水又東南右納丈八溝水又東南至辛店北右納黑李陂武張陂水又東至祥符縣朱仙鎮折而南經尉氏縣東南康溝河新河大溝河東南來注之又東南經白潭西半截河出通許縣西南流注之又東南入陳州府扶溝縣界雙洎河上游為溱洧二水洧水自河南府登封縣東流入界經密岵山北又東經密縣南綏水出縣西北方山東南流注之又東經大隗鎮又東溱水出縣東

北聖水峪東南流來會是為雙洎河東流經新鄭縣南又東左納黃水河折東南錯入許州長葛縣界左納梅河水復經洧川縣西南左納蟄龍河復青河橐蛇河水又東經鄢陵縣北入陳州府扶溝縣界潁河自河南府登封縣東南流入界經禹州西北潁水三源合東流注之又東南經龍池北左納書堂川麻地川水又經州北南流入許州界潩水出密縣東南大隗山東南流經新鄭縣西南亦曰澮河經岳口鋪東入許州長葛縣界烏溪水出禹州西境東流折而南合藍水入汝州郟縣界土爐河出禹州東南境東南流入許州襄城縣界暖泉河出禹州東北境東流入許州長葛縣界石梁河亦出禹州東北境東流入許州界文水河出鄢陵縣西境東流北中南三道河並出鄢陵縣西南合東流並入陳州府扶溝縣界艾城河上承石梁河自許州臨潁縣緣界東南流經鄢陵縣西南合流潁河又東南入陳州府西華縣界青岡河出通許縣東南境南流經杞縣西南入陳州府太康縣界睢河桃河並出陳留縣東北東南流經杞縣東合東流入睢州界府東及東南界歸德府西界河南府南界陳州府北界衛輝府東北界直隸大名府西北界懷慶府西南界許州汝州

陳州府圖

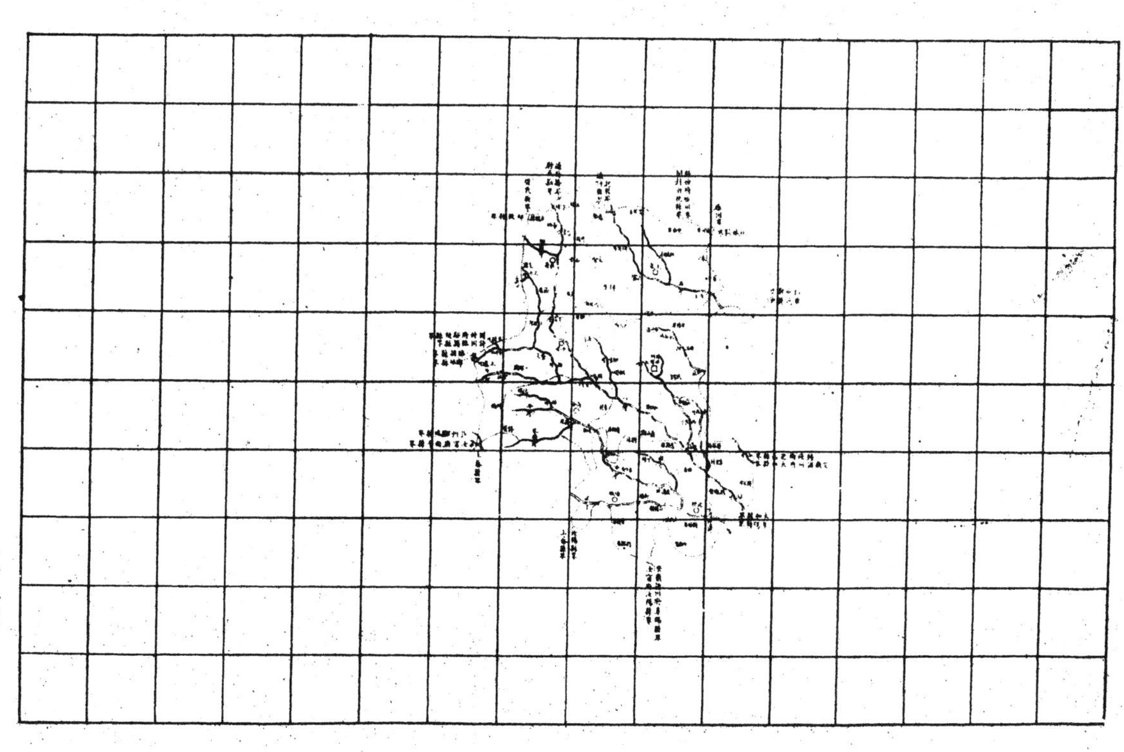

陳州府在省治東南三百里。至京師二千一百里。領縣七。治淮甯。北太康。東南沈邱。西北西華。扶溝。西南項城。商水。沙河自許州郾城縣東流入界。經西華縣西南常社北。又東經商水縣北。會潁河。河自許州臨潁縣東流入界。經縣西。右納自許州郾城縣來之土鑪河。又東至合河口。左納開封鄢陵縣來之流潁河。又東經豪城北。大浪河上承鄢陵縣文水河及三道河南流注之。又東南與沙河會。沙河又東經八里灣北。又淮甯縣西周家口會賈魯河。

河自開封府尉氏縣南流入界。經扶溝縣北白潭鎮。又南右合自鄢陵縣來之雙洎河。又東南經西華縣治東。又東南與沙河會。沙河又東南左納柳涉河。又經新站集。又東南至槐店七里河環府治東南流。經西塘集。分二支為東西蔡河。並自其北注之。又東南曰大沙河。入安徽潁州府太和縣界。小沙河即渦河上游。曰泥河。自汝甯府上蔡縣東流入界。經項城縣南。又東至沈邱縣西。會汾河。河出商水縣西。東流。左納枯河水。又東經商水縣南。右納汝甯府上蔡縣之界溝河水。又東折而南。經項城縣北婁堤店。又東南左納澱河。又東南與泥河會。始曰小沙河。小沙河又東經沈邱縣南。迤東南亦入太和縣界。渦河上游曰青岡河。自開封府通許縣東南流入界。經太康縣西。又東南經縣南。又東左納一水。又東南經黃米口南。又東經淮甯縣東北入歸德府鹿邑縣界。西明河一曰西洺河。出淮甯縣北境。東南流。經臨蔡城北。又東南經何莊北。亦入鹿邑縣界。府東及東北界歸德府。西界許州。南及西南界汝甯府。北及西北界開封府。

東南界安徽潁州府。

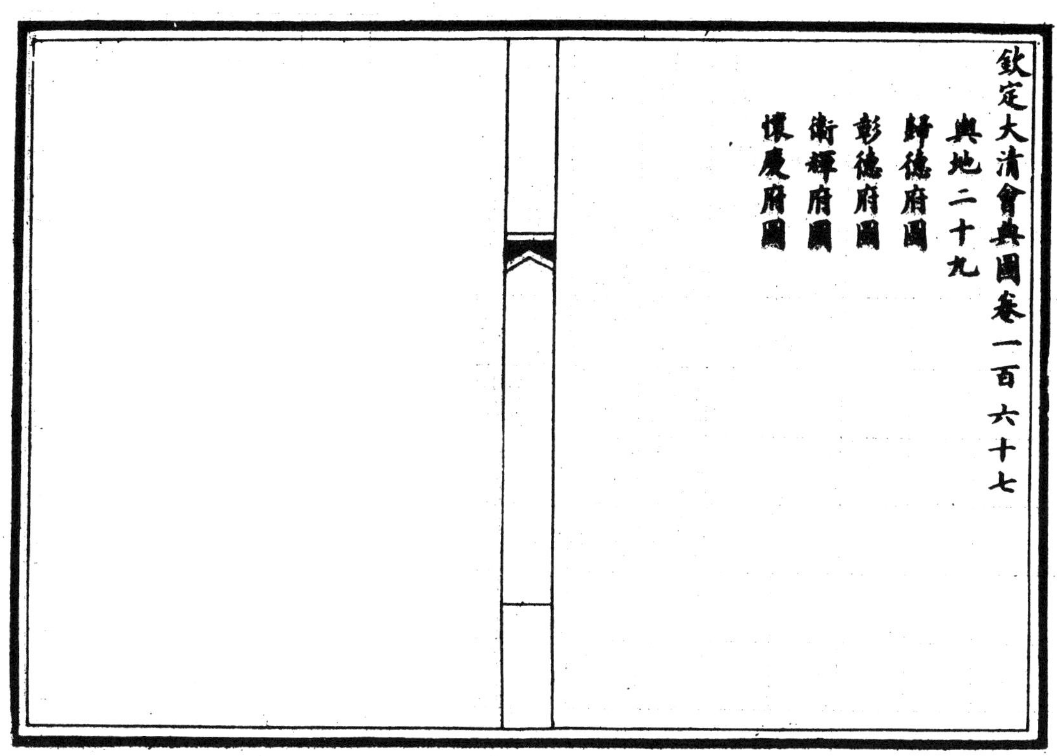

欽定大清會典圖卷一百六十七

輿地二十九

歸德府圖

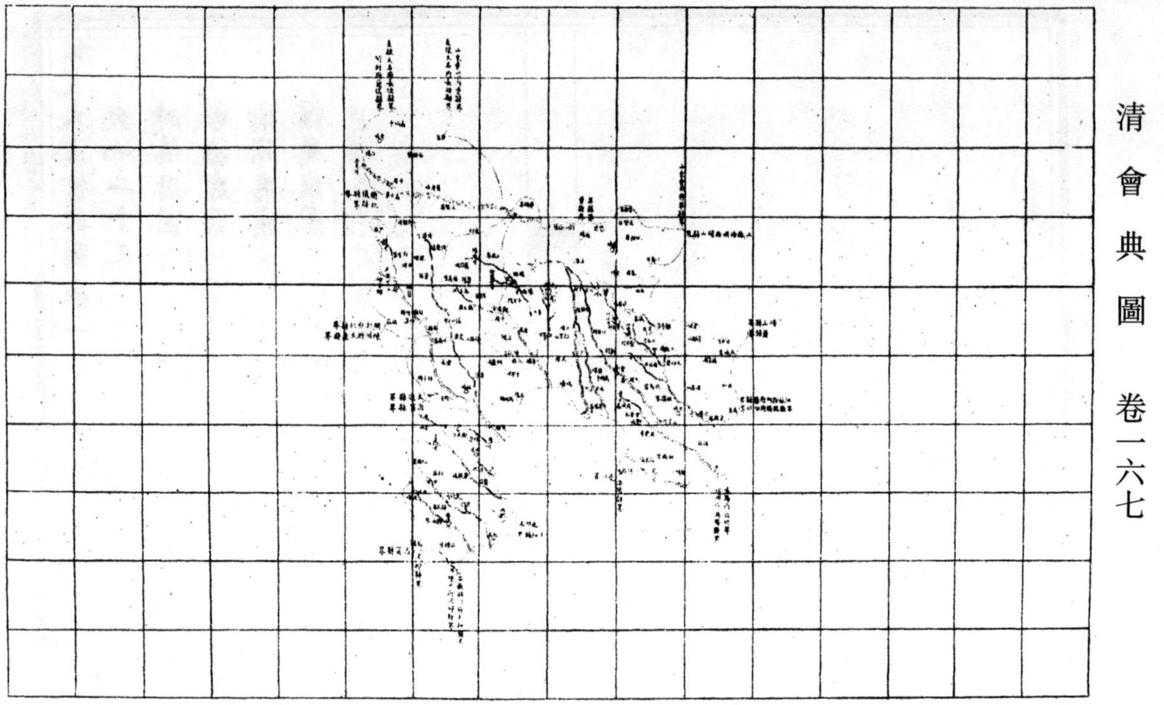

歸德府在省治東二百八十里。至
京師一千八百里。領州一縣八。治商邱。西甯陵。睢州。東南夏邑。永城。西南柘城。鹿邑。東北虞城。西北考城。黃河故道在考城縣南。睢州甯陵縣。府治商邱縣。虞城縣北。渦河自陳州府太康縣東流入界。經鹿邑縣西北。錯入陳州府治淮甯縣界。復經縣東北。會惠濟河。河自開封府杞縣東南流入界。經睢州西北。左納杞縣之橫河水。又東南至州南。經白廟西仲集東。又東南經柘城縣西至治西南。張弓河上承睢州北老黃河水

東南流經甯陵縣西南。至縣東注之。又東南至鹿邑縣東。與渦河會。渦河又東入安徽亳州界。古宋河二源。並出府治北。夾治南流。合為古宋河。左納一小水。經李口東折西南。陳兩河出甯陵縣北。合何家窪河東南流。經商邱縣西。又南流來會。冀家河亦出甯陵縣西境。東南流來會。又經李樓東南。亦入亳州界。沙河出府治西北。東流至治東北。左出一支為北岔沙河。注澮河。其正渠南流至府東南芒種橋南。復左出一支為南岔沙河。與正渠並南流入亳州界。澮河出

永城縣西北經澮源集東南流。大澗溝上承北岔沙河水東南流來會。又東南入安徽鳳陽府宿州界。巴溝河上游曰響河出府治東左合一水東南流。經夏邑縣西北右納白沙河。左納毛河水。又東南至永城縣西北左納虬龍溝右納歧河水。爲巴溝河。又東南經東興集南入宿州界。芭河自安徽潁州府亳州東南流入界經永城縣西南。又東南經種麻集北新橋集南。又東入安徽潁州府渦陽縣界。西洺河自淮甯縣東流入界經鹿邑縣西南。黑河出縣西南合茨河東南流。西肥水出縣東南。谷河出縣西南。並入安徽潁州府太和縣界。清水河出鹿邑縣西。急三道河出縣東南。並東南流入亳州界。府東界江蘇徐州府。西界開封府。南界安徽潁州府北及東北界山東曹州府。東南界安徽鳳陽府。西南界陳州府。西北界直隸大名府。

彰德府圖

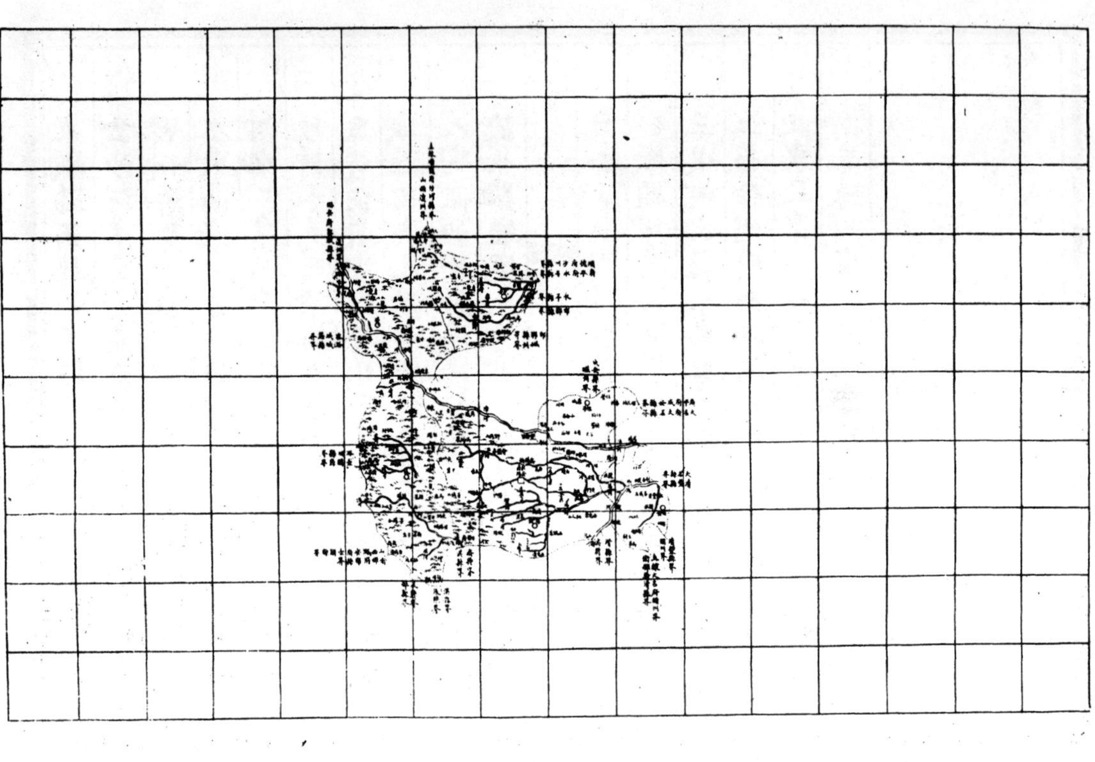

彰德府在省治北三百六十里。至京師一千二百里。領縣七。治安陽。西林縣。東北臨漳。東南湯陰。內黃。西北武安。涉縣。漳河二源。清漳河自山西遼州東南流入界。經涉縣西北買村西。合其州之源泉河水。又東南經清涼村西鳳洞山東歧為二支。至縣西南椿樹嶺北復合。又東經韓王嶺南。東南流至合漳村東。濁漳河自山西潞安府黎城縣來。東流經回風峪北來會。是為漳河。又東南經府治北。其北為直隸廣平府界。又東經豐樂鎮至臨漳縣南。東南流經河杜村北。東流入直隸大名府大名縣界。衛河自衛輝府濬縣東北流入界。經湯陰縣東內黃縣渡村西。又東北受湯河。河出湯陰縣西境。東流經羑里至縣東北。永通河自縣西南合李朱渠姚村渠水東北流注之。又東北至府治東南。羑河出湯陰縣西合南萬金渠新惠河東流注之。又東北舊洹河合北萬金渠中萬金渠東流注之。又東注衛河。衛河又東北受洹河。河亦曰安陽河。自山西潞安府黎城縣伏流至林縣西北隆慮山復出。東流至縣東北。史河出縣西北

倚陽山東南流合數小水注之。折東南至縣東龍山西又伏流至府西善應山復出合天喜泉東北流。支渠東出為萬金渠。正渠北流左納珍珠泉馬跡泉水。又折東至府治北安陽橋又東支津東南出曰舊洹河。其正渠折東南注衛河。衛河又東經內黃縣北楚旺鎮東南右納永豐渠水。又東北入直隸大名府清豐縣界。南洺河出武安縣西南磨盤峧東南流經縣南折東北經縣東紫金山玉帶河紫金河水合東流注之。又東北北洺河出縣西北天井峧東南流經縣北來會。是為洺河。又東北入直隸廣平府永年縣界。淇河出林縣東南臨淇鎮東北流經淇陽城南。淅河自山西澤州府陵川縣來東流經縣西南玉泉山北折東南流來會。又東南經湯陰縣西南入衛輝府淇縣界。隆慮山在林縣西北。府東界直隸大名府。西界山西路安府。東南至西南界衛輝府。北及東北界直隸廣平府西北界直隸順德府山西遼州。

衛輝府圖

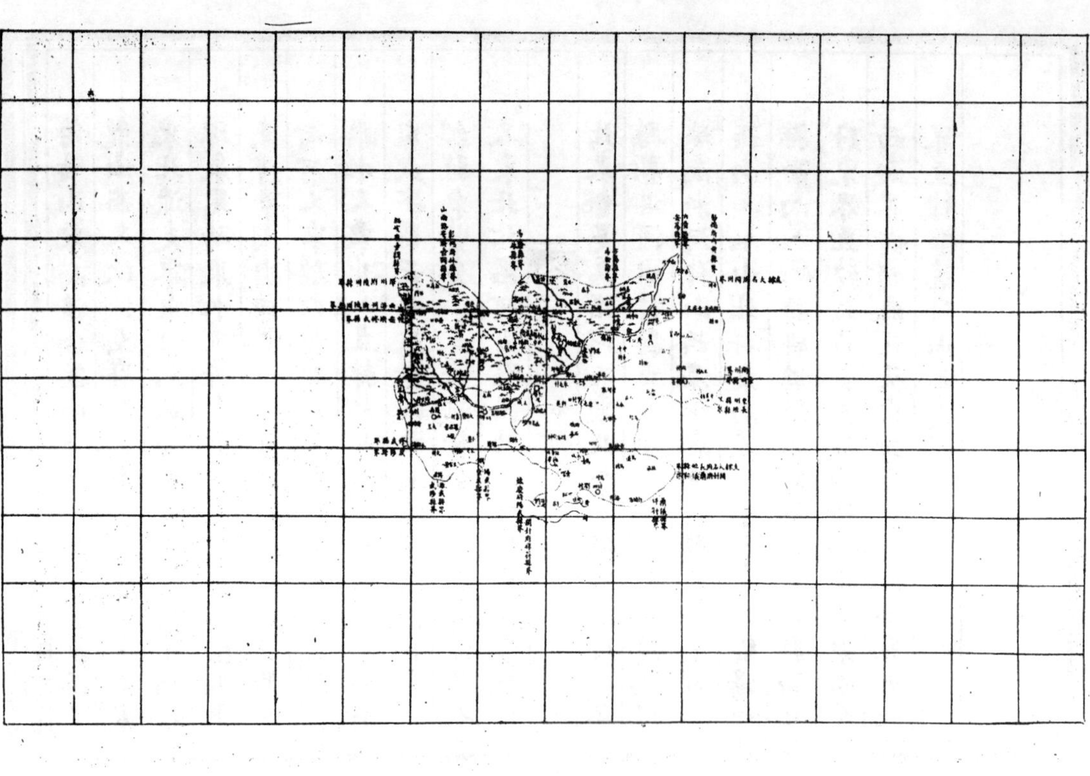

衛輝府在省治西北一百六十里至
京師一千四百里。領縣九。治汲縣。東南延津封邱。
東北淇縣滑縣濬縣。西南新鄉獲嘉。西北輝縣。
黃河自懷慶府陽武縣東流經封邱縣西南。又
東入開封府治祥符縣界。衛河上源曰百泉。即
搠刀泉。出輝縣西北蘇門山。南流合萬泉卓泉
蓮花泉。經新鄉縣西北。會小丹河。河自懷慶府
修武縣來。經獲嘉縣西北。新河亦自其縣來合
梅竹泉。東南流注之。又東合北來一水。經穆家
營南。又經新鄉縣西北。峪河出輝縣西峪河口
東南流至合河鎮注之。北流河北輝縣西石門
口。合焦張丁公三泉水。東南流經獲嘉縣東北
為沙河。又東南來注之。又東與百泉會。是為衛
河。衛河又東經新鄉縣駱駝店北。東北流經府
治彪山南。至府治西。孟姜女河出延津縣西北。
東北流注之。又東北左納蒼河水。經淇縣東南。
斮脛河出縣西東南流合趙家渠水注之。又東
北。淇河自彰德府湯陰縣來東南流。合思德河
經青龍鎮東注之。又東經濬縣西南新鎮北。至
道口北。東北流經浮邱山西。至縣北左納長豐

泊水○又東北經蔣坡東入彰德府安陽縣界○蘇門山在輝縣西北○大伾山在濬縣東○府東界直隷大名府○西至南界懷慶府○北及東北界彰德府○東南界開封府○西北界山西澤州府○

懷慶府圖

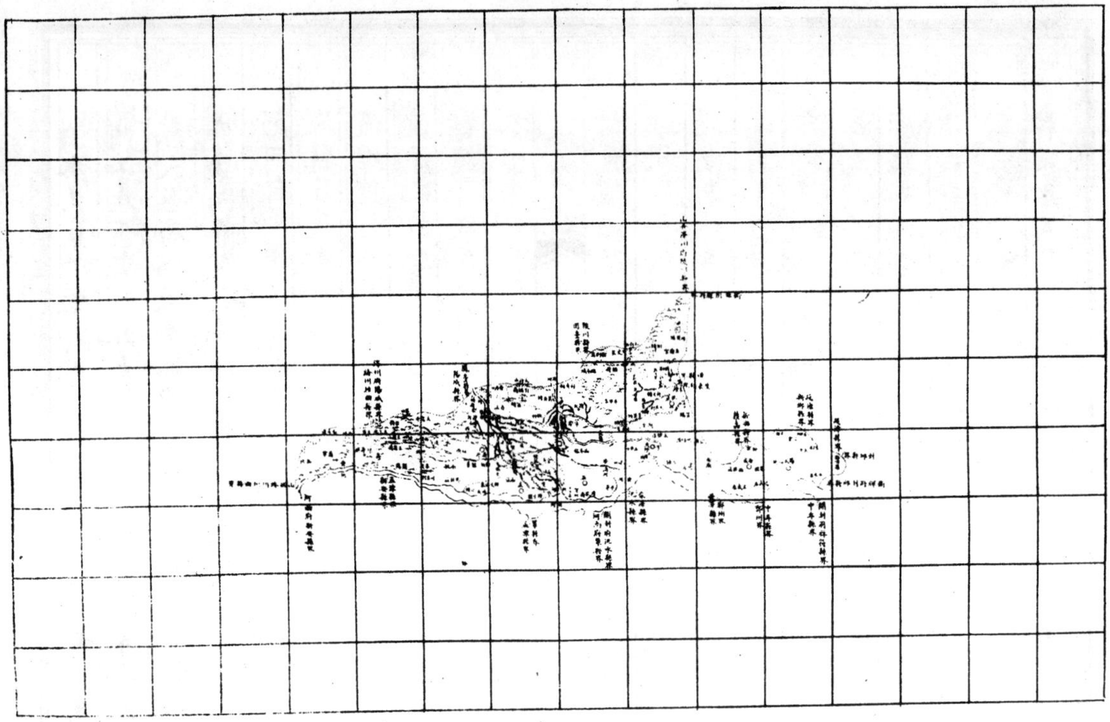

懷慶府在省治西北三百里○至京師一千八百里○領縣八○治河内○東武陟○西濟源○東南温縣原武陽武○東北修武○西南孟縣○黃河自山西絳州垣曲縣東流○經濟源縣西南○其南為河南府新安縣界○又東經邵源關至孟縣西○其南為河南府孟津縣界○又東經白坡鎮及冶戍鎮至縣南○又東受湨河○河三源並出濟源縣西○合東流至縣東○湨水出縣西北莽山○東南流經縣北來注之○又東永利渠上承沁水分東南二支並南流注之○至孟縣北○餘濟河上承永利

渠東支及豐稔南渠水經洪道村南東南分流其西支來注之○又南經鎖水關東達於河○黃河又東南流○其南為河南府鞏縣界○北受豬龍河○河即沇水○上流為濟水○出濟源縣西北天壇太乙池○伏流至縣北復出○合潒河東流經府治河内縣西為豬龍河○支津東出環府治○利仁河承利豐渠水來注之○又東注沁河○其正渠折東南流○利豐渠上承沁水分支為豐稔南渠來注之○又東南分支渠為通濟河○並東南流復合○經孟縣東温縣西○右納餘濟河北支○左納豐稔北渠

水又南逹於河黄河又東至温縣東東北流其南為開封府汜水縣界又經武陟縣西南廣濟河亦承沁水東南流經王順村南注之又至陽城南其南為開封府榮澤縣界至縣東南受沁河河自山西澤州府鳳臺縣東南流入界經濟源縣北歧為廣濟永利利豐三渠水其正渠東流經魏村南至府治北大丹河匯九道堰水南流注之至府東南右納濟河東支水又東經尚香鎮至武陟縣西又東經五車口北至縣東北木欒店西折南流逹於河黄河又東南錯入開封府榮澤縣界復經原武縣南其南為開封府鄭州界又東錯入開封府中牟縣北復經陽武縣東南入其縣界小丹河上游為丹河亦自鳳臺縣來經府北丹口歧為二支西南流者曰大丹河注沁河其東南流者曰小丹河經清化鎮南左右各受數小水又東南經武陟縣西北甯廓驛南迆東北經新安北至修武縣南折東入衛輝府獲嘉縣界新河上游為劉公河出修武縣西南東北流經縣北左納茍泉王母泉大小朴泉水又北左納鹿沙蔣村馬坊三泉水又東亦入獲嘉縣界王屋山在濟源縣西北府東及東北界衛輝府西界山西絳州南及西南界河南府北及西北界山西澤州府東南界開封府

欽定大清會典圖卷一百六十八

輿地三十

河南府圖

南陽府圖

汝甯府圖

河南府圖

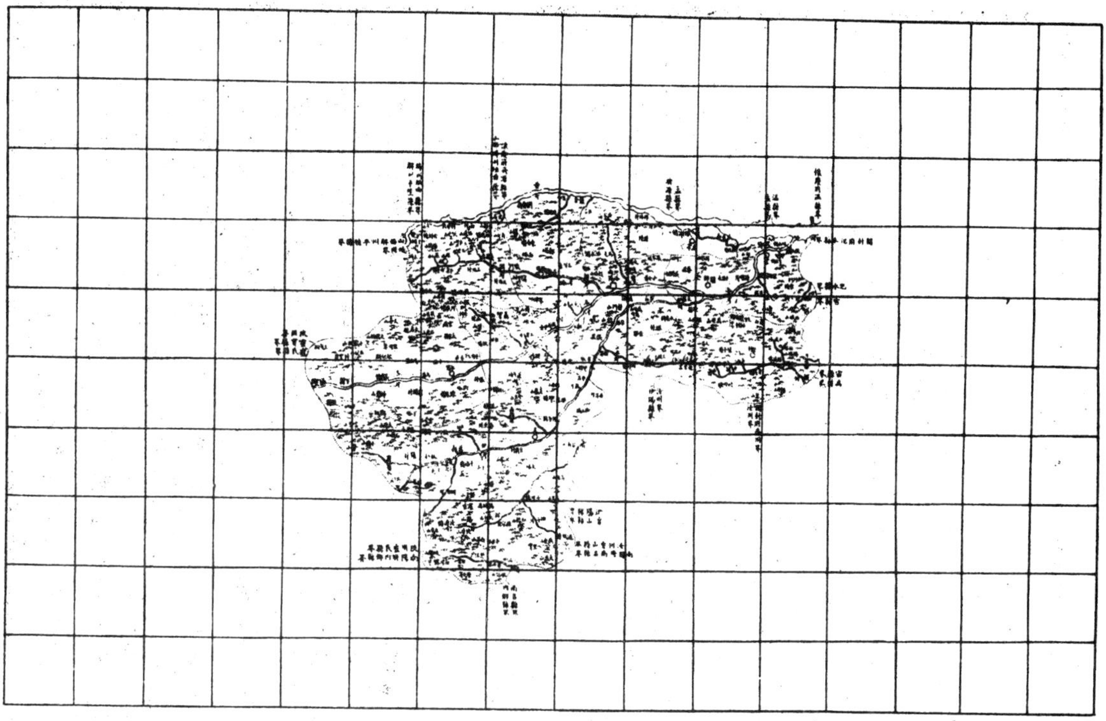

河南府在省治西三百八十里至京師一千八百里。領縣十。治洛陽東偃師。東南登封西南宜陽嵩縣永甯東北孟津鞏縣西北新安澠池。黃河自陝州東北流經澠池縣西北。其西為山西解州平陸縣界。折東。其北為山西絳州垣曲縣界。又東經南村鎮至新安縣東北。畛水出縣西北疆山。東北流經北冶鎮東注之。其北為懷慶府濟源縣界。又東經孟津縣西北至鐵謝鎮東南出支津夾舊縣而東復入正河。又東其北為懷慶府孟縣界。又經鞏縣東北。其北為懷慶府溫縣界。受洛河。河自陝州盧氏縣東流入界。經永甯縣西。迤東北經長甯鎮至縣治南。又東北經宜陽縣西南韓城鎮。西渡水出縣西北熊耳山。經聶灣西東南流注之。又東北右納澗河。左納魚泉水。又東北右納黑澗水。至縣東北。右納三泉水。左納蓼溪水。又東北經府治西南。澗河上游曰穀水。自陝州來。經澠池縣境合澠水。五里河澗水。又經新安縣南東南流注之。經府治南。又東。瀍河出孟津縣西北任家嶺南流注之。又東經偃師縣南。伊河自陝州盧氏

縣來。經嵩縣西合瀍瀍水明白河鸞峪水。至縣東合高都水。至府西南合江左河諸水。又東北來注之。又東至鞏縣西南右納羅水。又北折東至縣東北右納市河及魏氏河。又東北至洛口達于河。黃河又東北入開封府汜水縣界。汝河出嵩縣西南天息山。東流經孫家店。折東北至汝河鎮右納紬子河水。又東北入汝州伊陽縣界。白河出嵩縣西南攻離山。東南流經青石槽北。入南陽府南召縣界。潁河出登封縣西境爲右潁。東流合澤餘溝中潁左潁水。至縣東浩城鎮。石淙水自其北合五渡水注之。折東南入開封府禹州界。洧水出登封縣東陽城山。東流入開封府密縣界。石城河出鞏縣東南。東北流入開封府汜水縣界。嵩山在登封縣北。渾陸山在嵩縣東。北邙山在府治北。伊闕山在府治西南。府東及東南界開封府。西及西南界陝州。南及東南界汝州。北及東北界懷慶府。西北界山西解州絳州。西南界南陽府。

南陽府圖

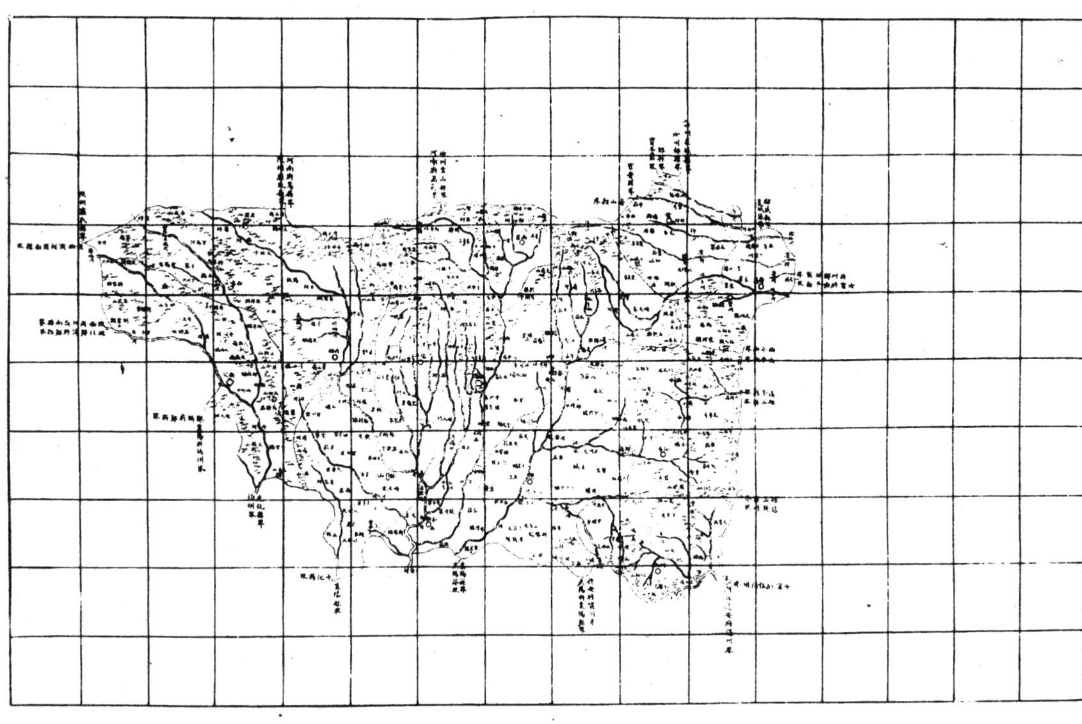

南陽府在省治西南六百十里至
京師二千一百四十五里。領廳一州二縣十。治南陽。西淅川廳。西北鎮平內鄉。東南唐鄉泌陽桐柏。東北裕州南召葉縣舞陽。西南鄧州新野。白河自河南府嵩縣東南流入界。經南召縣西北。東南流右納二小水。又東南左納五路山水。至縣南留山河出縣西北。合雞子河及一水西南流注之。又南經府治北豫山東。折西南至府治東。右納梅溪河水。又西南支津南出為溧河。其正渠又西南右納木溝河十二里河水。經淯陽

城東至新野縣北。東出為白河故道。其正渠又西南右納潦河。經復興鎮東受湍河。河出內鄉縣西北山東南流。至縣北左納一小水。右納長城河螺螄河。至縣東南左納沐河水。經鄧州西北。又東趙河即古湼水俗曰西十二里河出鎮平縣北嫱女朵山南流。合西三里河東三里河淇河。至州東北合嚴陵河注之。又東南注白河。白河又東南至新野縣北。右合故道水折西南。刁河出內鄉縣西南蕭山東南流經鄧州南注之。復折東南。溧河自府治南南流經林水驛東

屈西南來注之。又南右納黃渠河。左納一小水。入湖北襄陽府襄陽縣界。唐河上游亦曰趙河。出裕州西北酈鳴山。南流經趙河鋪至賒旗店。潘河出州北七峯山。合三里河清河呂河西南流注之。又南經府東唐縣東北。始曰唐河。逮西南至源潭鎮。泌水出泌陽縣東北小銅山。西南流合三小水。折西北至縣西合灤水。至唐縣東北合馬仁陂河來注之。又西南右納桐河水。至縣西南受澧河。河出桐柏縣西北胎簪山。合鴻儀河盧家河水。經平氏汛至唐縣東南。右納江河水北折而西秋河自湖北德安府隨州來。經桐柏縣西北來注之。又折西北注唐河。唐河又西南至蒼苔鎮亦入襄陽縣界。淮河出桐柏縣西胎簪山。東流合數小水。經縣北折東南。左納月河水。經出山店東入隨州界。栗樹河出縣東北。南流合數小水入隨州界注淮河。丹河自陝西商州商南縣東流經淅川廳西北。其南為湖北鄖陽府鄖縣界。淇河上承其縣之摩峪河。東南流注之。折東南經廳治西。右納鄖縣之滔河水至廳西南入界。又東南淅水上游曰黃沙五

渡河。自陝州盧氏縣來。合丁河東南流注之。又東南右合一小水。入湖北襄陽府均州界。北汝河自許州襄城縣合汝州寶豐縣來之湛河沙河南流入界。經舞陽縣北。輝河即昆水。出葉縣西西唐山東流來注之。又東入許州郾城縣界。拐河亦出酈鳴山。東流經葉縣南亦曰澧河。一曰醴河。又東經舞陽縣北與唐河並東流入郾城縣界。注北汝河。江千河上游曰賈河。出裕州北半心山。東南分流。經梁城復合東北流。經葉縣南始曰江千河。復折東南經舞陽縣南亦曰三里河。右納八里河水。入汝甯府西平縣界為洪河。沙河出泌陽縣北黃山。東合瀙水潕水又東合北來一水。經沙河店北入汝甯府遂平縣界。為南汝河。夏家河出鄧州西湯山。東南流入湖北襄陽府光化縣界。桐柏山在桐柏縣西南。府東界汝甯府。西界湖北鄖陽府。南及西南界湖北襄陽府。北界汝州。東北界許州。西北界河南府陝州陝西商州。東南界湖北德安府。

汝甯府圖

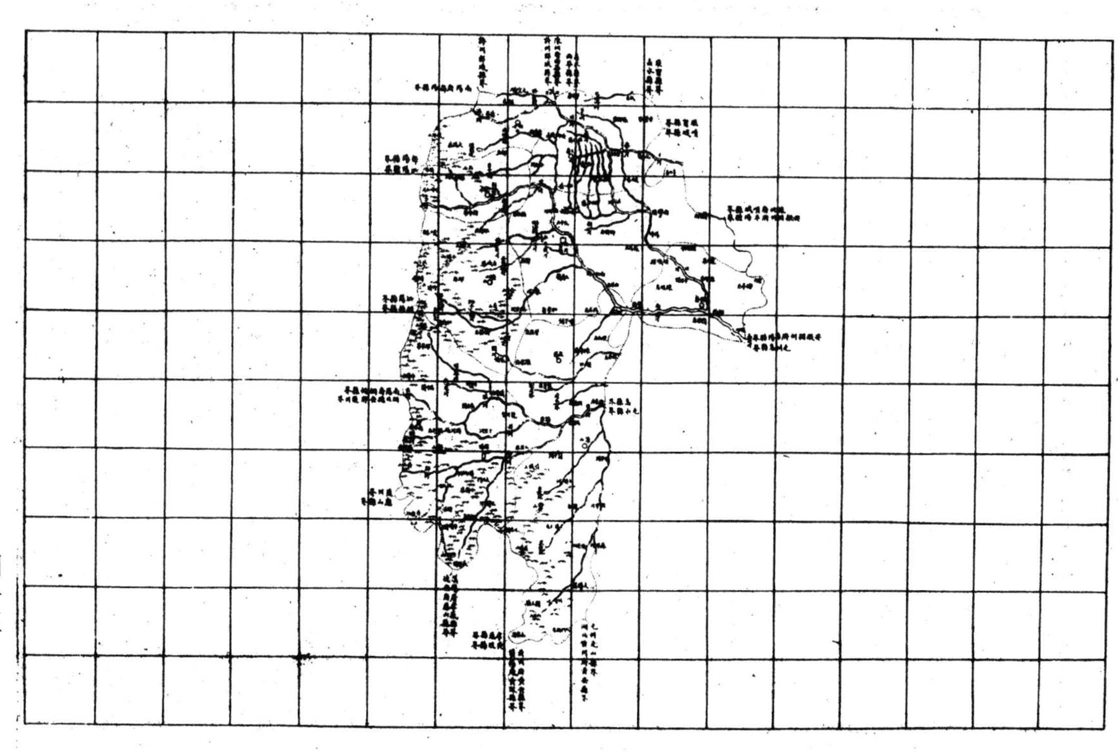

汝甯府在省治南四百六十里。至京師二千三百里。領州一縣八。治汝陽。南正陽。北上蔡。東南新蔡羅山。西南確山信陽州。西北遂平西平。南汝河上游曰沙河。自南陽府泌陽縣東流入界。經遂平縣西左納陽奉河。至縣東左納新河水。又東經上蔡縣西南。清水河出確山縣北東北流。經遂平縣東南來注之。折南經府治北。汝河故道上承洪水自上蔡縣西北合流堰河石羊河小沙河南流來注之。又南斷濟河即斗河。上承確山縣北吳桂橋河黃酉河來注之。折東南經府治東南右納半截河水。又東南溱河俗曰石滾河。出確山縣西。東流合天目山水獅子橋河來注之。又東南至正陽縣東北汝南埠。右納陳家溝水。又經新蔡縣西東流至縣東南會洪河。河自南陽府舞陽縣東南流入界。經西平縣西北折東北流。至縣東北左納淤泥河水。復折東南經上蔡縣西北左納陳州府西華縣之洄溜河。又東南支津南出為汝河故道。又東南至縣東絕蔡河而南。右納朱馬河水。又南至府治東北杜溝五水自上蔡縣南流合而

東來注之。東流右納荆河水。又東至廟灣鎮。茅河出上蔡縣北境東南流絕蔡河而南來注之。又東南至新蔡縣與南汝河會。南汝河又東南經練村入光州息縣界。蔡河又名泥河出上蔡縣西南過杜五溝朱馬河洪河茅河亂流而東。經汝陽縣東北。入陳州府項城縣界。淮河自湖北德安府隨州東南流入界。經信陽州西北右合其州之仙河游河二水。至游河店東。支津東南出為祥河。其正渠折東北經州北明港河出州西天目山。合尚家河東南流注之。又東至正陽縣西南右合祥河水。又東經縣南羅山縣北受獅河。河自隨州來。經信陽州西南九曲河自湖北應山縣來。合譚家河東北流注之。又東右納三灣河水。又東北注淮河。淮河又東竹竿河出縣南六斗山。經大勝關合蘇家河黑龍池水小横河東北流注之。又東入息縣界。閭河即申陂水。出確山縣南東流經正陽縣東南。合腫皮港水東北流。清水港水出正陽縣南亦東流。並入息縣界。界溝河出上蔡縣北東流入陳州府商水縣界。府東界安徽潁州府。西及西北界南

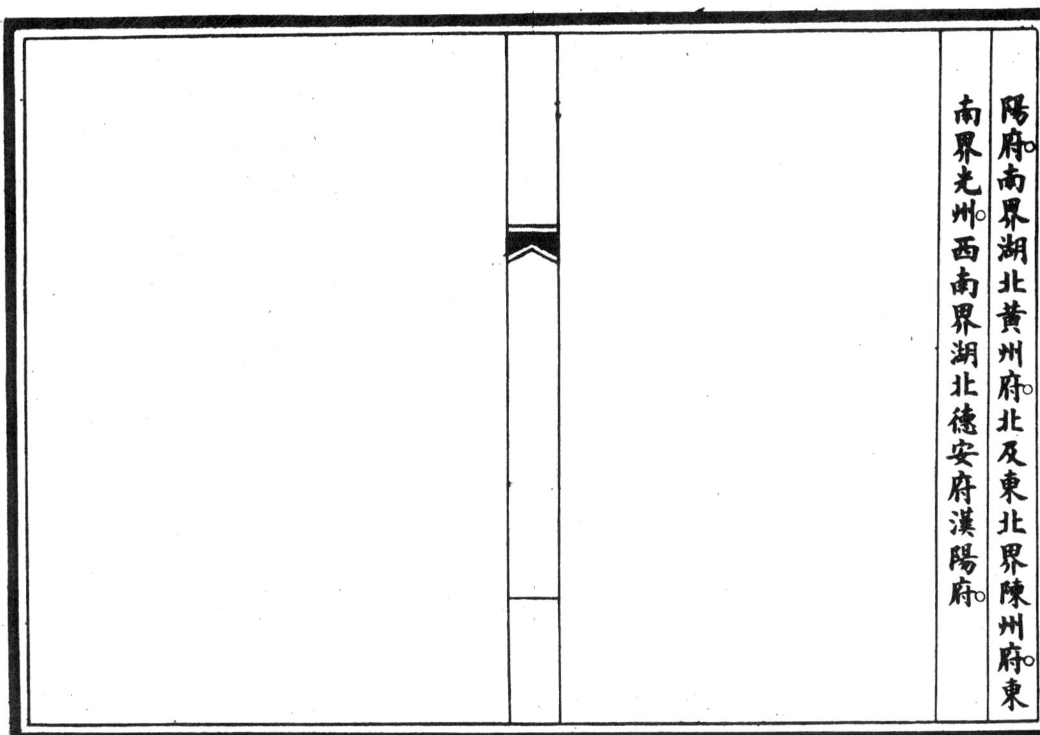

陽府。南界湖北黃州府。北及東北界陳州府。東南界光州。西南界湖北德安府漢陽府。

欽定大清會典圖卷一百六十九

輿地三十一

許州圖

陝州圖

光州圖

汝州圖

許州圖

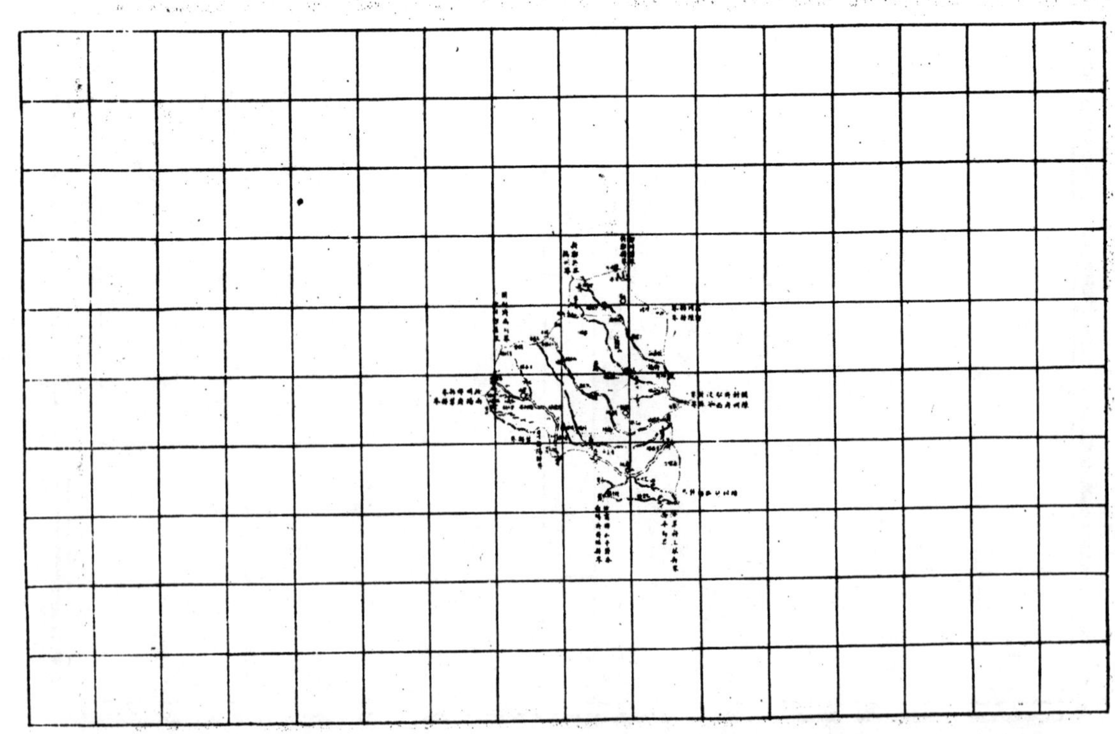

許州在省治西南二百五十里。至
京師一千七百九十里。領縣四。東南臨潁郾城。東
北長葛。西南襄城。潁河自開封府禹州東南流
入界。經襄城縣潁橋鎮東。又經州西岡子鋪西。
又東南經阮王店南。東流經臨潁縣西北。折而
南經縣西。又東經縣南。又東經黃連城南入陳
州府西華縣界。土爐河亦自禹州來。東南流經
襄城縣東臨潁縣西南郾城縣西北。瑪瑙河出
襄城縣東。東南流注之。又東經縣北。又東北亦
入西華縣界。汝河自汝州郟縣東流入界。經襄
城縣草店南。又東南經縣南。氾水出縣西北境。
經王洛鎮西。東南流注之。又東南經茨溝鎮南。
折而南經霍郾鎮西。湛河自南陽府葉縣來東
南流注之。又南沙河亦自舞陽縣來會。又東南
錯入舞陽縣界。合輝河水。復經郾城縣西至縣
南。澧河唐河並自舞陽縣來合。東北流注之。又
東至乾河口。支津東南出為洄溜河。其正渠東
北流亦曰沙河。經赤塚店西入陳州府西華縣
界。淤泥河自汝寧府西平縣東流經郾城縣南
入汝寧府上蔡縣界。石梁河自開封府禹州東
南流入界。經石固南。又東。暖泉河亦自禹州東
南流來注之。又東南經州西。又經州南大石橋
右納湛澗水。又東右納五里河水會艾城河。河
一曰澮河。自開封府新鄭縣東南流入界經長
葛縣西。右納后河水。又經州治東北。又東南經
軒橋北。折而南與石梁河會。石梁河又東入開
封府鄢陵縣界。州東至西北界開封府。西界汝
州。南界汝寧府。東南界陳州府。西南界南陽府。

陝州圖

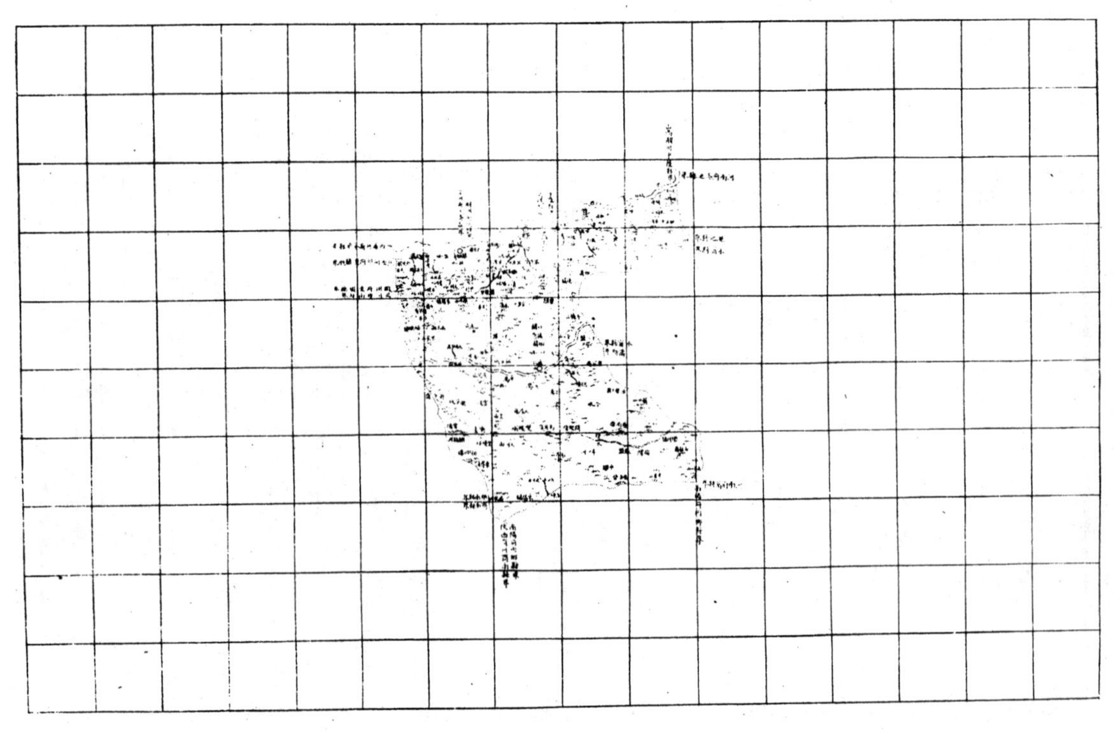

陝州在省治西六百八十里。至京師二千一百里。領縣三。靈寶閿鄉盧氏並西南。黄河自陝西潼關廳東流經閿鄉縣西北。其北為山西蒲州府永濟縣界。又東玉溪澗水出縣西南境合文峪水北流經閿底鎮西注之。又東石姥峪水一曰十二河出縣西南石姥山北流注之。又東即水出縣西南棗香峪亦曰棗香峪水。北流經盤豆鎮西注之。又東湖水出縣南大湖峪東北流經縣治西屈西北注之。又東經縣治北。其北為山西解州芮城縣界。又東為呂店渡。經靈寶縣西。稠桑河出閿鄉縣東南夸父山東北流經稠桑鎮來注之。又東至縣治西函谷關。恒農澗水一曰宏農河自縣西南朱陽鎮東北流合斷窑澗霸底河水注之。又東至縣東北好陽河出縣東南峴山北流注之。又東右納菑水。又東經州西。其北為山西解州平陸縣界。右納橋頭溝藏龍澗水。又東青龍澗水出州東南西北流合廣濟渠水注之。又東經州東北為萬金灘。至會興鎮。又東至砥柱。右納七里溝水。迆東北入河南府澠池縣界。洛河自陝西商州東流入界。經盧氏縣西。左納木桶溝水。迆東南右納黑溝水洪澗水。至縣東右納大石河水。折東北經金斗山東入河南府永甯縣界。伊水出盧氏縣東南悶頓嶺。東流折東北經欒川鎮東入河南府嵩縣界。州東及東北界河南府。西界陝西潼關廳。南及東南界南陽府。北界山西解州。西南界陝西商州。西北界山西蒲州府。

光州圖

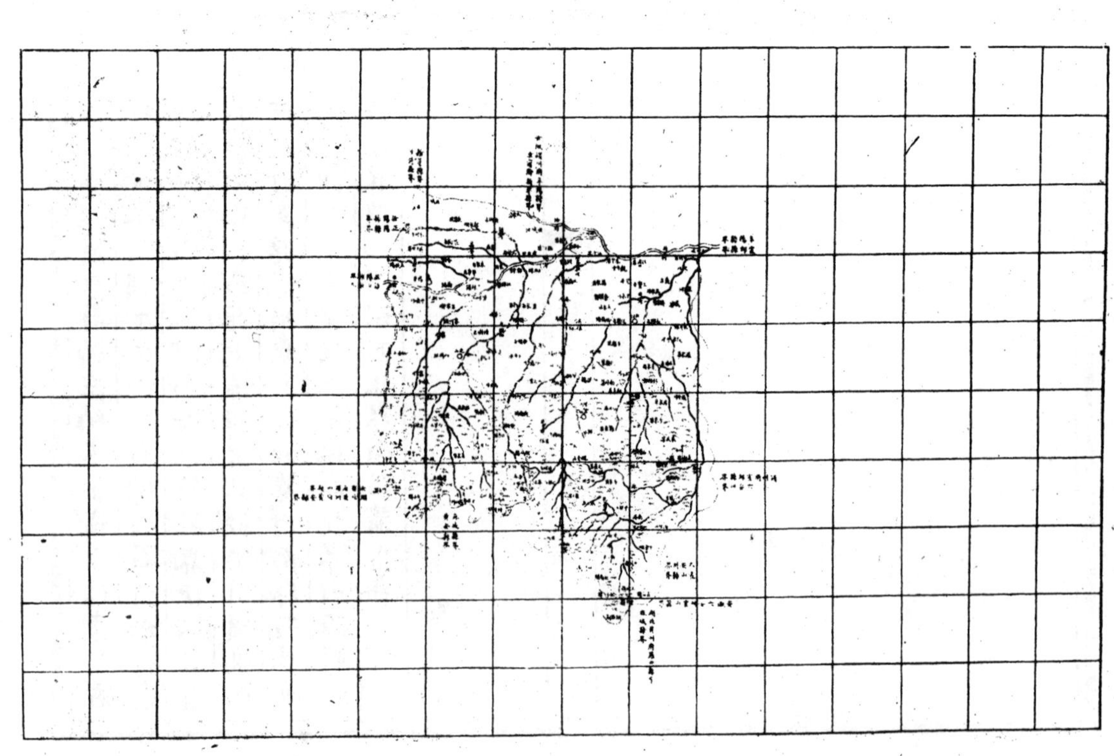

光州在省治南八百里。至京師二千四百里。領縣四。東固始。東南商城。西南光山。西北息縣。淮河自汝甯府羅山縣合竹竿河東流入界。經息縣南光山縣北。歧為二支。北支至息縣東。清水港水自汝甯府正陽縣來。東南流注之。南支經州西北堡子口。寨河即古柴水。出光山縣西南雲台山。合吳陳河。東北流注之。又東至州北江興集。復合。東北流。左納萬安河及正陽縣之閭河水。又至鄭家店。受潢河。河自湖州黃州府麻城縣來。經光山縣南黃土關西。左右各合一小水。又北。右納潑波河。左納陡山河及一小水。折東北至縣南。右納小潢河水。又東北經州西南。右納清水港水。貫州治東北流。右納小閭河水。至鄭家店東。注淮河。淮河又東北經固始縣西北息縣東北烏龍集南。至兩河口。汝河自汝甯府新蔡縣東南流來會。其北為安徽潁州府界。折東南經固始縣北。受白露河。河亦曰白鷺河。即古淠水。上游為雙輪河。出光山縣南守軍金泉二山。合北流經陰山關西白雀園東。折東北經州東西。至固始縣西。春河即古詔虞水。出商城縣西北。北流至北廟。北注之。又東北注淮河。淮河又東北經往流集北。又東至三河尖。受史河。河上游曰決水。一曰牛山河。出商城縣南西牛山。北流折東。右合八仙台水。清白河。左合花園河。又東。右合佛南河水。又東。竹根河合柳林河諸水。東北流注之。折東北左合麻河水。至固始縣東南。右納一小水。又東北。皂靴河出商城縣東南望岡嶺。東流來注之。折西北至縣東南石佛殿。右納段家井河。左納羊行河。又西北石槽河二源並出商城縣東南大蘇山。合北流至固始縣南。合沙河為二道河。來注之。又北經縣治東而北。曲河上游為灌水。即古澮水。出商城縣南黃柏山。北流。左右各合數小水。又北合龍潭河鄭家河諸水。屈東北經固始縣西南曰曲河。經陽關店西。至縣北馬家埠來會。又東北。右納泉河水。又北注淮河。淮河又東入安徽潁州府霍邱潁上二縣界。州東及東北界安徽潁州府。西至北界汝甯府。南及西南界湖北黃州府。東南界安徽六安州。

汝州圖

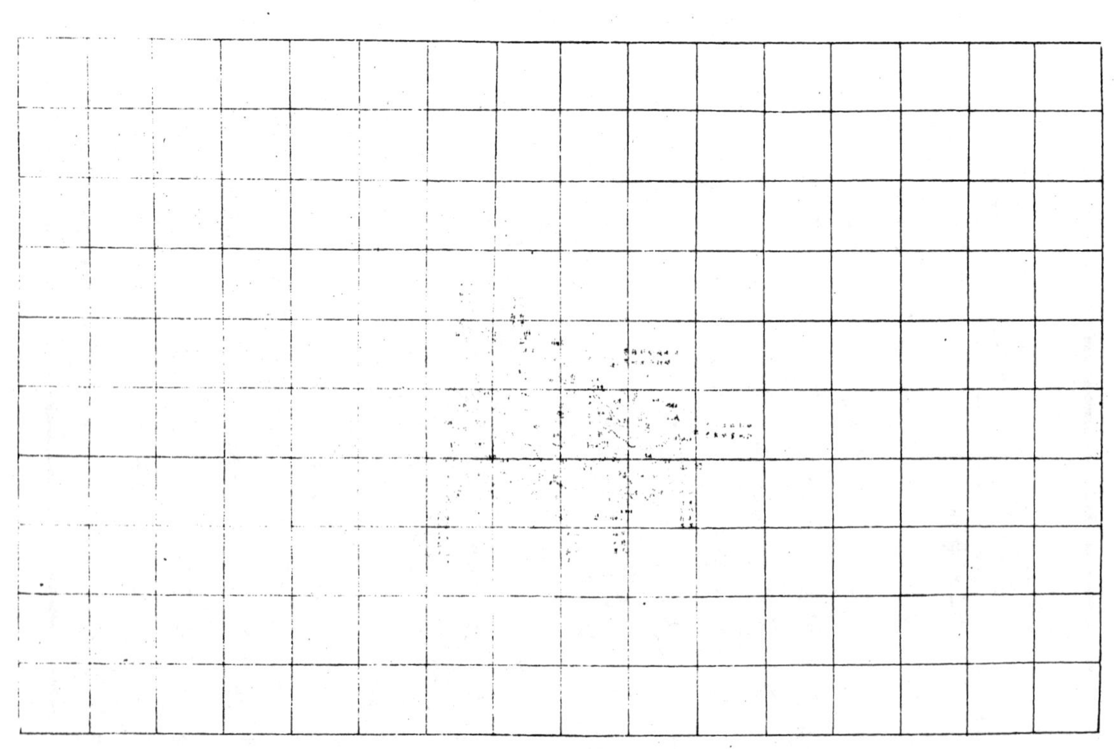

汝州在省治西南四百九十里。至京師一千九百里。領縣四。東南寶豐郟縣魯山。西伊陽。汝河自河南府嵩縣東北流入界。經伊陽縣西南。至縣南馬藺鎮北。右納馬藍河水。又經州西陳塞南。又東南經州治南。左納洗耳河水。又東南經郟縣西。左納青龍河水。至縣東南寺村西。石河出寶豐縣西北三堆山。柏河二源亦出縣西北。合東北注之。又東南吳趙河自開封府禹州來東南流注之。又東南入許州襄城縣界。沙河即湍水。出魯山縣西沒大嶺。東流經女靈山南。合波水。鴉河自南陽府南召縣來北流注之。經縣治南。又東。左納牛蘭水。彭水亦自南召縣來東北流注之。又東經寶豐縣東南。左納應水。又東入南陽府葉縣界。湛河出寶豐縣東南。亦入葉縣界。伊河自嵩縣東北流。經伊陽縣西北。右納永定河水。入河南府洛陽縣界。州東及東北界開封府。西至北界河南府。南及西南界南陽府。東南界許州。

欽定大清會典圖卷一百七十

輿地三十二

江蘇省全圖

江甯府圖

蘇州府圖

松江府圖

江蘇省全圖

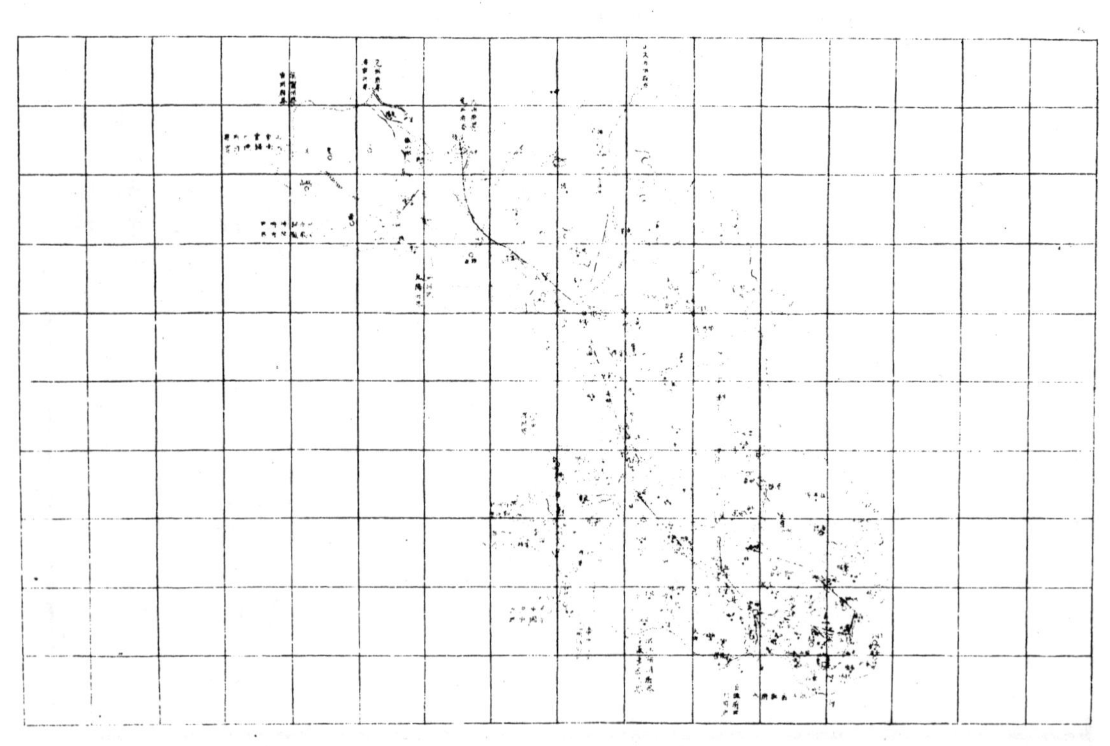

江蘇省在京師東南。江甯府為兩江總督治布政司共治焉。蘇州府為江蘇巡撫治布政司共治焉。統府八廳一州三。江甯府東北揚州府淮安府海州。西北徐州府蘇州府。東南松江府。東北太倉州海門廳通州。西北常州府鎮江府。海在省東。北接山東沂州府界。南接浙江嘉興府界。大江自安徽太平府東北流入境。經江甯府治西。秦淮河上承赤山湖水。屈西流合石臼湖水北流注之。又東滁水自安徽滁州來東南流注之。又東經揚州府南鎮江府北受淮南運河。河自山東兗州府東南流入境為中運河。經徐州府北錯入其府界。復經府東北微山湖水南出折東注之。又東南沂河自山東沂州府來南流注之。又經淮安府西北右出為鹽河。東北流合沭河入於海。其正流折西過黃河故道而南。淮水自洪澤湖北出來會是為淮南運河。屈東南右分數支注於大蹤湖。復出為射陽河入於海。其正流經揚州府東北左通運鹽河。又西南入於江。大江又東。南出為江南運河。大江折南而東經蘇州府北通州南。串場河分射陽河水東南流。經揚州府東分為兩運鹽河。左通淮南運河。右入於江。大江又東南經海門廳南太倉州東北劉口受婁江。江分太湖水東北流注大江。大江又東為吳淞口。東江亦分太湖水東出為澄湖為澱山湖為三泖湖屈北流為黃浦江。吳淞江亦分太湖水東流來會。又東北注大江。大江又東南入於海。太湖在蘇州常州二府南與浙江湖州府接界。洪澤湖在淮安府西與安徽泗州接界。大蹤湖廣洋湖在淮安府東揚州府東北。白馬湖寶應湖高郵湖邵伯湖在淮安府南。揚州府西北。丹陽湖固城湖在江甯府南與安徽甯國府接界。東至海。西至安徽界。北至山東界。南至浙江界。西北至河南界。

江甯府圖

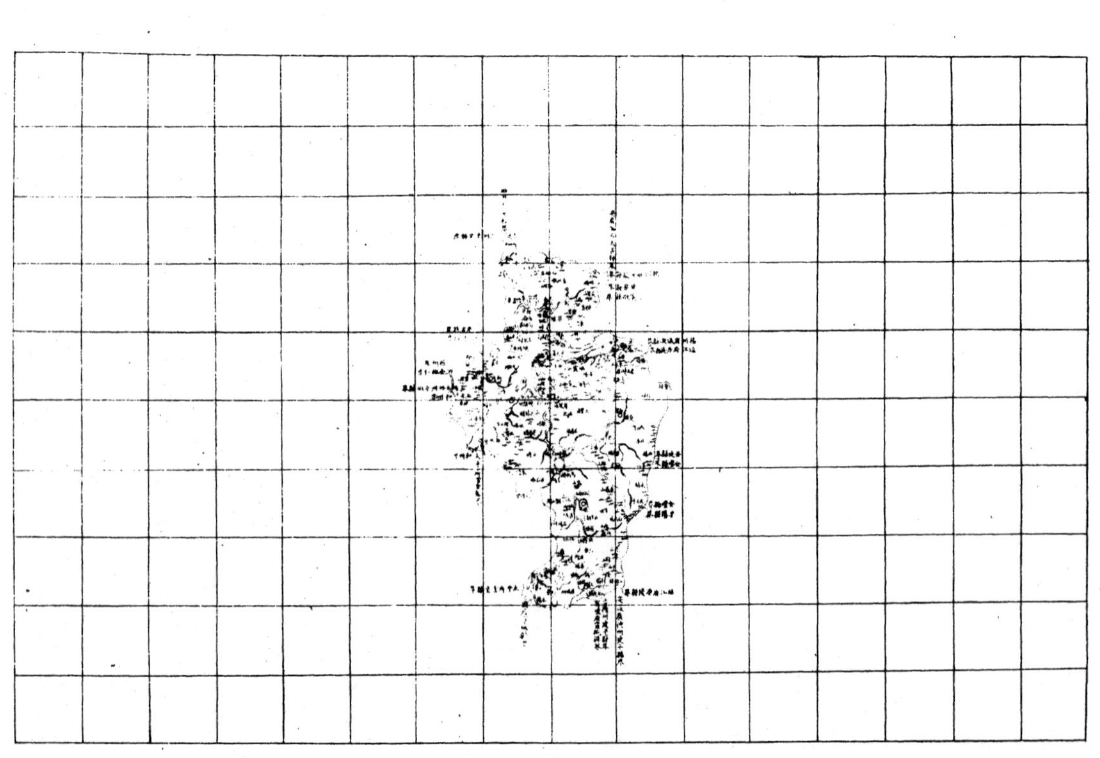

江甯府為兩江總督治在
京師東南二千四百四十五里領縣七治上元江甯北六合西江浦東南句容溧水高淳大江自安徽太平府當塗縣東北流入界經府治江甯縣西南右納烈山河及數小水經江甯司板橋大勝關西江浦縣東南左納新河口水經府治西為旂千洲經秦淮口受秦淮水水三源北出句容縣北華山南流經縣治東又南會東源東源出縣東南茅山及方山水匯為赤山湖西北流來會又西流經溧水縣北會南源南源出縣東北東廬山白馬橋水合石臼湖水西北流注之又北分流與二源會經秣陵關會數小水又北流過治城西北分流注大江大江經下關又經上元縣北及六合縣南有七里洲八卦洲經燕子磯北折東為黄天蕩至沙洲圩受滁河河一曰沙河自安徽和州來東北流經江浦縣北合安徽滁州來之烏衣河東流入界經六合縣西阜河口合三汊河至縣東合治河折東南經瓜埠南分流注大江大江又東經句容縣北左納東溝水右納御河又東北入鎮江府丹徒縣界石臼湖在溧水縣西南其西南為丹陽湖與安徽太平府當塗縣接界固城湖在高淳縣東南胥水自下壩南流歧為二一東流入鎮江府溧陽縣之三塔湖一西流經縣南瀦於固城湖復自湖西出曰水陽河及花溪諸支津並注於丹陽湖湖在縣西南與安徽太平府當塗縣接界其東北為石臼湖在溧水縣西南北合白馬橋水注秦淮河鍾山在府治上元縣北茅山在句容縣東南府東界鎮江府西及西南界安徽太平府北界安徽泗州南界安徽甯國府東南界安徽廣德州東北界揚州府西北界安徽滁州

蘇州府圖

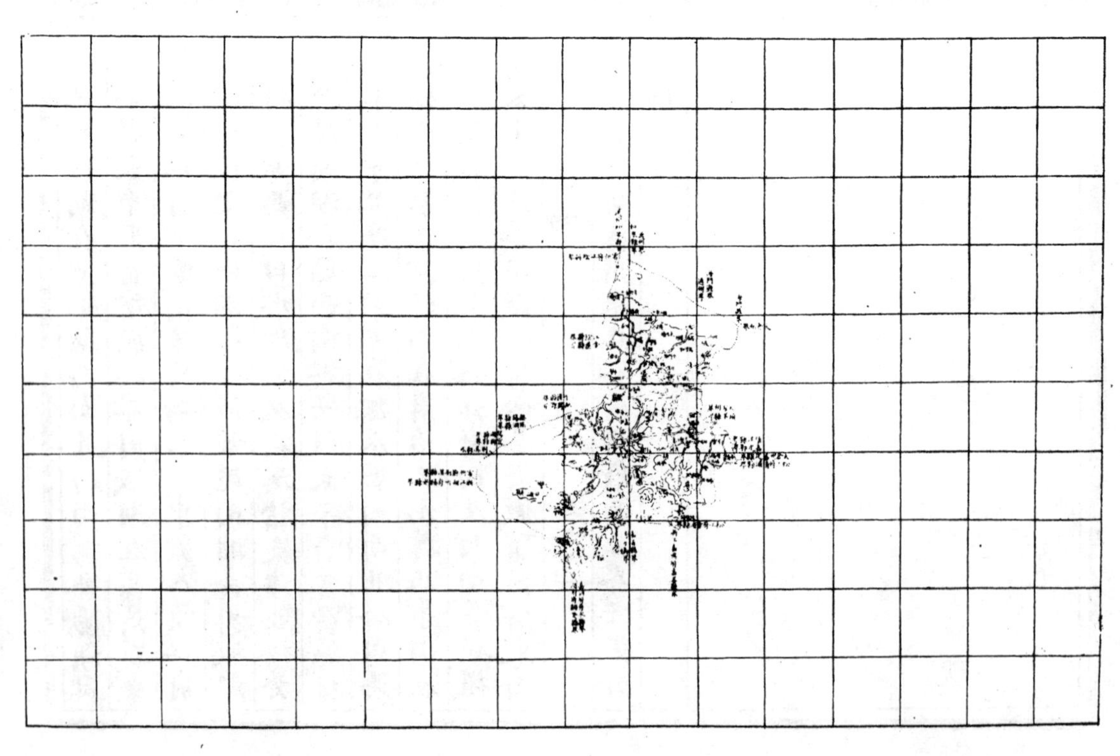

蘇州府為江蘇巡撫治在
京師東南二千七百二十里領廳一縣九治吳縣長洲元和南吳江震澤東北崑山新陽昭文常熟西南太湖廳大江自常州府江陰縣緣界東南流經昭文縣北右納黃四浦水至縣北福山港上承府治北元和港左會常州府東來諸港蕩水北流注之又東南經常熟縣北許浦白茆浦並承諸湖水北流注之又東南入太倉州界運河自常州府金匱縣南流入長洲縣西北界西通龍潭港北通鴛鴦蕩諸水至滸墅關鮎魚

光福諸港並承太湖水東北流來會又環府治分流北為元和塘東為婁江正渠南流經吳江縣治東又南經平望浙江湖州府烏程縣之運河東北流合其縣之爛泥塘及諸港水來會又東南入浙江嘉興府秀水縣界太湖即震澤在府西與常州府及浙江湖州府接界港汊紛歧並入於海其最大者有三曰婁江曰吳淞江曰東江婁江自鮎魚口東北出經府治婁門東流北通陽城三湖南通吳淞江水環崑山新陽二縣治又東入太倉州界吳淞江自吳江縣長橋口東流過運河南會龐山九里澱山諸湖北通婁江及獨墅諸湖曲折東流入松江府青浦縣界東江一曰白蜆江在吳江縣東南亦受太湖水匯九里龐山及吳淞江以南諸湖水東南流為急水港復瀦為澱山湖與青浦縣接界府東及東南界松江府西及西北界常州府北及東北界通州南界浙江嘉興府西南界浙江湖州府

松江府圖

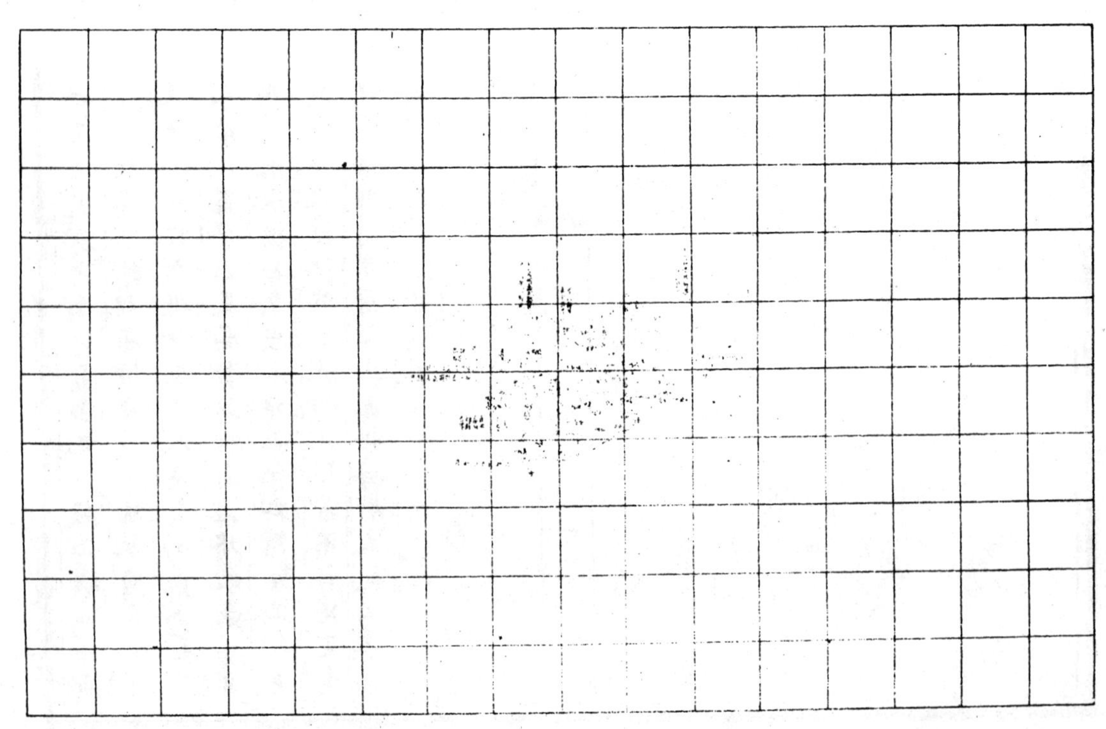

松江府在江甯府東南六百二十里。蘇州府東南一百六十里。至京師二千九百五十里。領廳一縣七。治華亭婁縣。東南匯東南奉賢西南金山東北上海川沙廳西北青浦。海在府東及南。北接太倉州寶山縣界為川沙廳東境。又南為南匯縣東境。折西為奉賢金山二縣南境。又西接浙江嘉興府平湖縣界。吳淞江自蘇州府崑山縣東流入界。經青浦縣北。趙屯浦大盈浦並自曹港分澱山湖水北流注之。又東顧會浦上承通波塘水流分支為淞子浦並北流注之。其北受太倉州嘉定縣諸港水錯入其縣界。經諸翟鎮北。復經上海縣西。右受蟠龍港水。又經縣治北會黃浦江。江上流為白蜆江。即東江。自蘇州府吳江縣來。經青浦縣西匯為澱山湖。支津東出為曹港。過縣治而東為横泖。又東為龍華港。復注正渠。正渠自湖東南流出為三泖湖。又東南左出支津為古浦。環府治北為通波塘。蟠龍港諸水注吳淞江。東為俞塘注正渠。正渠又南大徵塘楓涇塘廣陳塘並自嘉興府嘉善平湖二縣東流合諸港水為秀州塘來會。又東經府治華亭縣南。右納縣南境及金山縣境諸水。左通俞塘水。又東經上海縣境南。右通運鹽河及奉賢南匯二縣川沙廳境諸水。左納俞塘及龍華港水。經縣治東又北與吳淞江會。吳淞江左納江灣浜。右納東溝諸水北流入太倉州寶山縣界。澱山湖在青浦縣西。與蘇州府崑山縣接界。府東至南界海。西及西北界蘇州府。北界太倉州。西南界浙江嘉興府。

欽定大清會典圖卷一百七十一

輿地三十三

常州府圖

鎮江府圖

淮安府圖

常州府圖

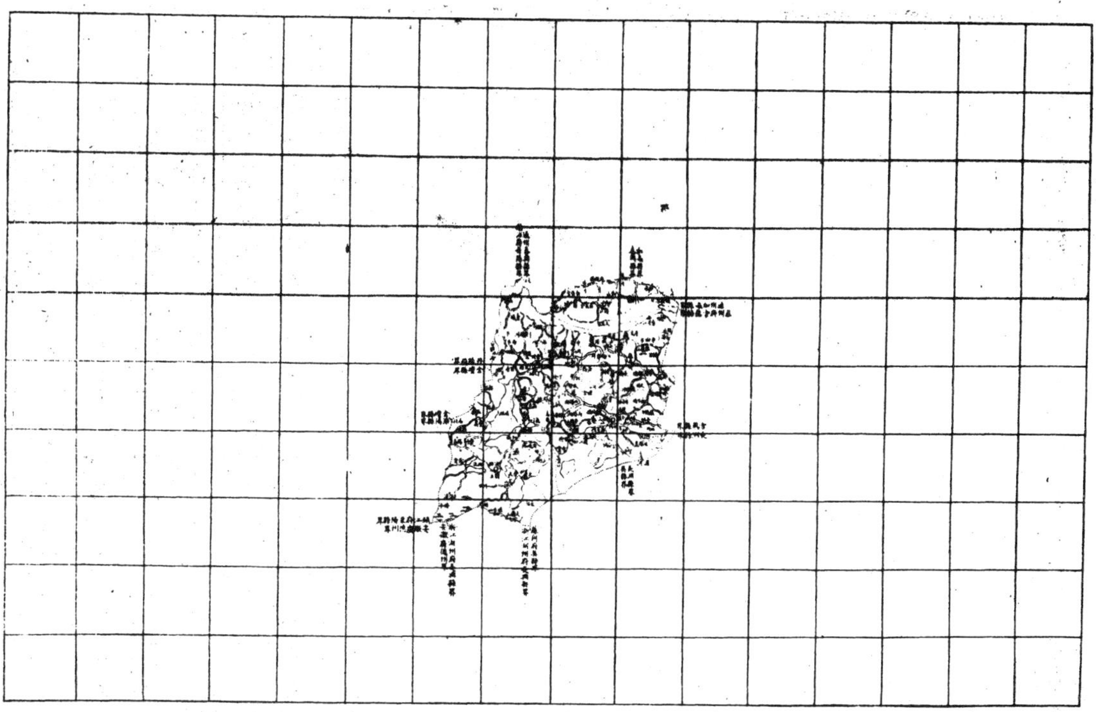

常州府在江甯府東南二百七十里。蘇州府西北二百八十里。至

京師二千五百三十五里。領縣八。治陽湖武進。東南金匱無錫。東北江陰靖江。西南宜興荆溪。大江自通州泰興縣緣界東南流。經府治武進縣西北。南通孟河。得滕河諸港。又東入界。經靖江縣南界。河圍河俱北受通州泰興縣諸水。分數支夾縣治南來注之。南岸經江陰縣西北。綱頭河分運河水。岐為澡江河桃花港利港申港四水來注之。又東經縣北。南出為夏港。為黃田港。

又東入蘇州府昭文縣界。黃田港分江水南流東出為横河。南出為江陰漕河。合夏港南流。其左支港岐出為横塘直塘諸水。又南至高橋注運河。運河自鎮江府丹徒縣東南流入界。經武進縣西北。北通孟河。得滕河水。白鶴溪亦自其縣來合滆湖水。為扁担河。北流注之。又經府治西。西蠡河自荆溪縣北流。會滆湖及諸港水來注之。又環府東南流。北出為網頭河。為舜河。南通南高河。宋建蕩南北陽湖及太湖以北諸港水。又合江陰漕河。環金匱無錫二縣治。右分數支津與正渠並入蘇州府長洲縣昭文縣界。太湖在荆溪宜興二縣東無錫縣南西氿即西溪。出荆溪縣南西通徐舍河楊港北通滆湖諸水。又東流為東氿即東溪。又東北流經百瀆口匯於湖。府東及東南界蘇州府。西及西北界鎮江府。北及東北界通州南界浙江湖州府。西南界安徽廣德州。

鎮江府圖

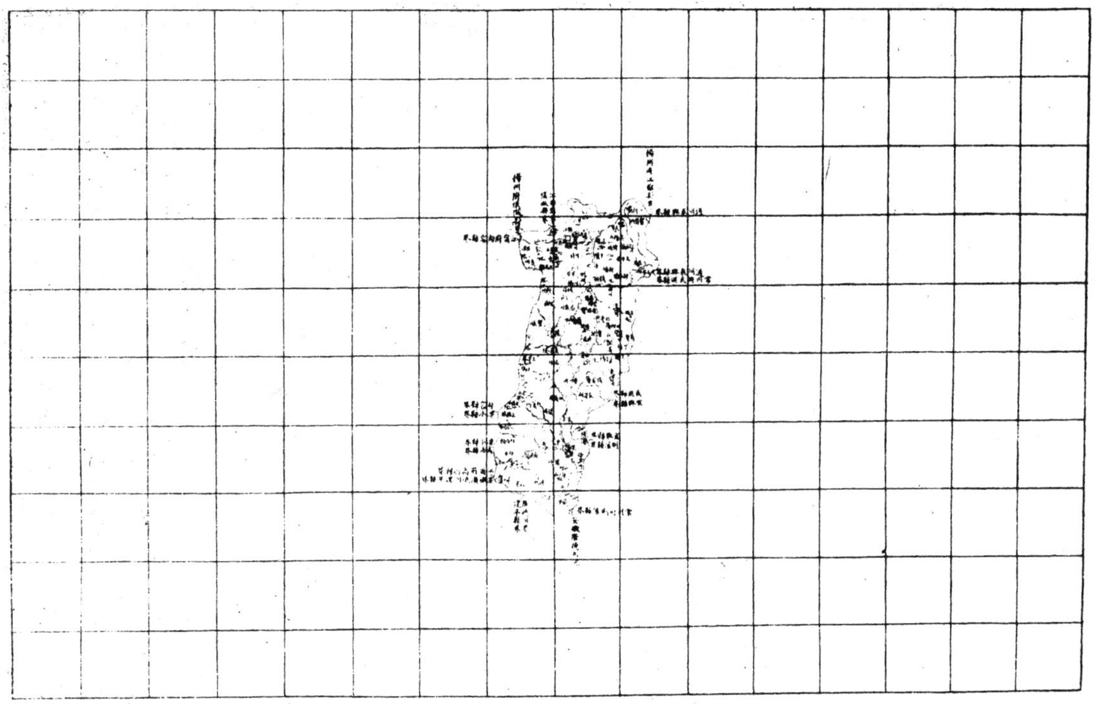

鎭江府在江甯府東北一百八十里。蘇州府西北三百七十里。至京師二千三百三十五里。領縣四。治丹徒。東南丹陽金壇溧陽。大江自江甯府句容縣來經府治西緣界東北流。其北岸爲揚州府儀徵縣界。又經治西北爲京口。運河出焉。經治北又東北。岸爲揚州府江都縣界。又東右納運河二支津。又夾寶晉洲東南流入常州府武進縣界。運河自京口南流爲江南運河。一曰徒陽運河。折而東左出二支津注大江。正渠又南至丹陽縣北。右納練湖水。左出支津爲九曲河。經包港注大江。又環縣治而南。簡瀆合香草河東北流注之。又東南會南運河。河即金壇漕河。又名珥瀆河。上源二。一曰胥水。自江甯府高淳縣來。經溧陽縣南合昇平蕩三塔蕩南渡蕩諸水爲南河。一曰上興水。會馬前蕩諸水爲中河。合東流。戴埠河自縣南合徐舍河來會。北流。長蕩湖西南支津合楊港水西流注之。又經金壇縣南。左納薛埠水。右納長蕩湖錢資蕩水。環縣治而北。右納堯塘河。又北左納西暘水。右出支津曰白鶴溪。東

入常州府武進縣界。正渠經珥村又北與運河會。運河東南流亦入武進縣界。府東及東南界常州府。西界江寧府。北及西北界揚州府。南及西南界安徽廣德州。

淮安府圖

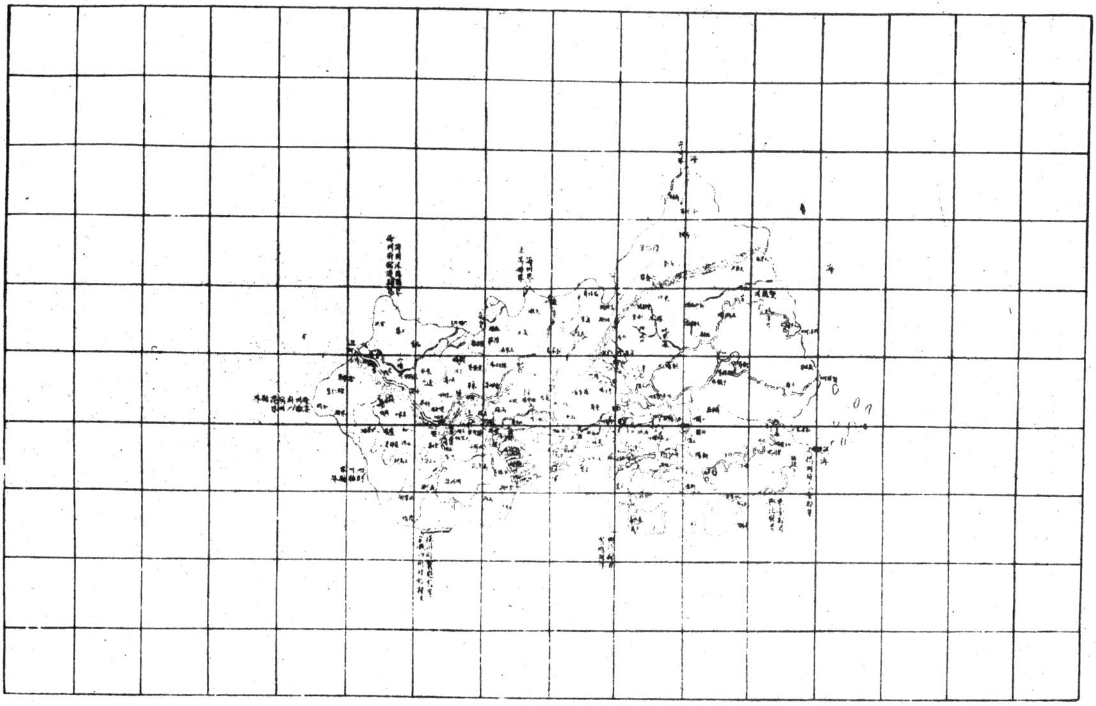

淮安府在江寧府東北五百里。蘇州府西北七百五十里。至京師一千九百九十五里。領縣六。治山陽。東南鹽城。東北安東。阜寧。西北清河。桃源。海在府東北。接海州界。為阜寧鹽城二縣東境。南接揚州府東台縣界。運河自徐州府宿遷縣東南流入界為中運河。經桃源縣西北至縣治北。又東南至清河縣西雙金閘。左出為鹽河。經安東縣東北入海州界。正渠又東至中河口。截黃河故瀆。至玉壩會淮水。水自洪澤湖流出。沿高家堰東北流與運河會。是為淮南運河。又東北經縣治北。折東南經府治北。左出一支津為烏沙河。右出一支津注於白馬湖。正渠經治西。又南自興文涇口諸閘分十餘水。並東流匯於大縱湖。正渠又南入揚州府寶應縣界。其自大縱湖北馬莊東北出者為射陽河。會阜寧縣境新沙河大沙河柳泉河穿泉河及諸港水。至五新鎮復分一支東北流為五新港。至北洋河口入於海。正渠東流至射陽河口入於海。其自湖南東出者。會鹽城縣境諸水東流。亦分二支。一經縣北至新

洋港口入於海。一經縣南至闞龍港口入於海。其緣范公隄亂流而南者為串場河。入揚州府興化縣界。六塘河亦自宿遷縣入界。經桃源縣北折東北流歧為二。並入海州沭陽縣界。民便河在安東縣東。東北流入海州界。洪澤湖在府西。接安徽泗州界。上承淮水為運河上流。白馬湖在府南寶應縣界。大縱湖即射陽湖。在府東接揚州府興化縣界。為運河下流。府東及東北界海。西及西南界安徽泗州。南及東南界揚州府。北界海州。西北界徐州府。

欽定大清會典圖卷一百七十二

輿地三十四

揚州府圖

徐州府圖

海門廳圖

揚州府圖

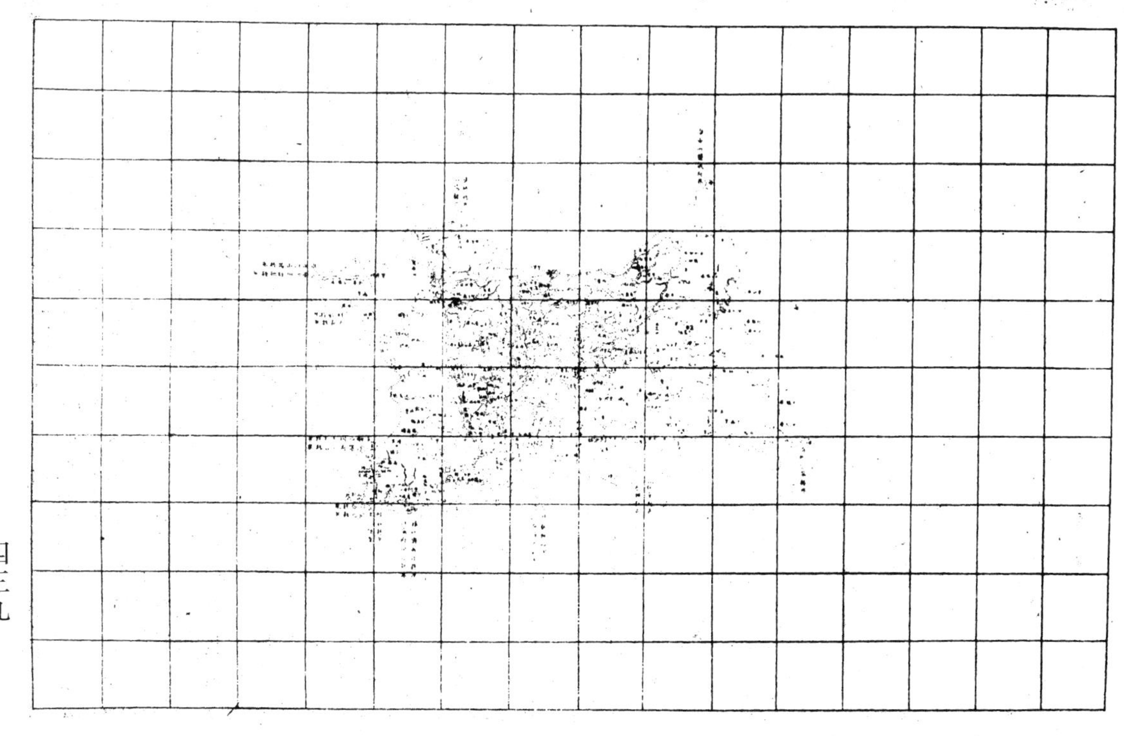

揚州府在江甯府東北二百十里。蘇州府西北
四百四十五里。至
京師二千二百七十五里。領州二縣六。治江都甘
泉。北高郵。西南儀徵。西北寶應。東北泰州興化。
東臺。海在府東。北接淮安府鹽城縣界。為東臺
縣東境。又南接通州如皋縣界。大江自江甯府
六合縣來。經儀徵縣西南小河口。左納一水。緣
界東流至新河灣。新河合運河支港南流注之。
又東至縣南。儀徵運河上承運河及帶子諸港
水西南流注之。又東為里世洲南岸。為鎮江府
丹徒縣界。至瓜洲鎮南。受運河。河自淮安府山
陽縣南流入界。經寶應縣北。東出數支津並注
於廣洋湖。又南經治西。受寶應湖水。經氾水鎮
又東南至界首鎮。受界首湖。經高郵州北。東出
數支津分注於廣陽吳公諸湖。又經六漫及馬
蓬。西右受高郵湖水。左出數支津注於清水潭
又經治西。右受七里湖水。左出支津為南北橙
子諸河。又經車邏壩及露筋祠西。右受邵伯湖
水。左出數支津分注於綠洋湖喬墅蕩。又經府
治。東彎頭鎮左出支津為南運鹽河。正渠折西

環府治南流。歧為三。一西南流經冬青舖為儀
徵運河。一南流經瓜洲口注大江為瓜洲運河。
一東南流注大江。大江又東。芒稻河呂四河並
分運河水合東南流為夾江來注之。又折東南
入鎮江府丹徒縣界。其自彎頭分運河水而東
流者為南運鹽河。右出支津三。曰芒稻河。曰呂
四河。及一水並南流注大江。左受運河綠洋湖
喬墅蕩諸支港。東流至泰州治南。東臺鹽河自
東臺縣治循泰隄合運河以東諸支港水。歷溱
潼淤溪西南流來會。右出支津為西南河。亦入
泰興縣界。正渠又合諸港水東流至海安鎮。會
南串場河。河自淮安府鹽城縣來。經東臺縣北。
右受海溝河白塗河車路河梓辛河蚌沿河諸
水。復左出支港自東川港諸口入於海。又經縣
治西。右出支津為東臺鹽河。又東南經梁垛安
豐諸鹽場港汊紛錯。又東南與南運鹽河會。又
東南入通州如皋縣界。寶應湖在寶應縣西。西
受洪澤湖五壩水。北通山陽縣白馬湖水。又南
為界首湖。至高郵州西為高郵湖。唐家湖七里
湖。又南為赤岸湖。至邵伯鎮為邵伯湖。皆在運

河西。是為運河上流。廣洋湖在寶應縣東北。接大縱湖。與淮安府鹽城縣接界。又南為吳公湖平望湖並在興化縣北。德勝湖在縣東。奶子蕩旂杆蕩孔蕩並在縣東南。清水潭草蕩在高郵州北。綠洋湖喬墅蕩並在甘泉縣東北。皆在運河東。是為運河下流。府東及東北界海。西及西南界江甯府。南界鎮江府。北界淮安府。東南界通州。西北界安徽泗州。

徐州府圖

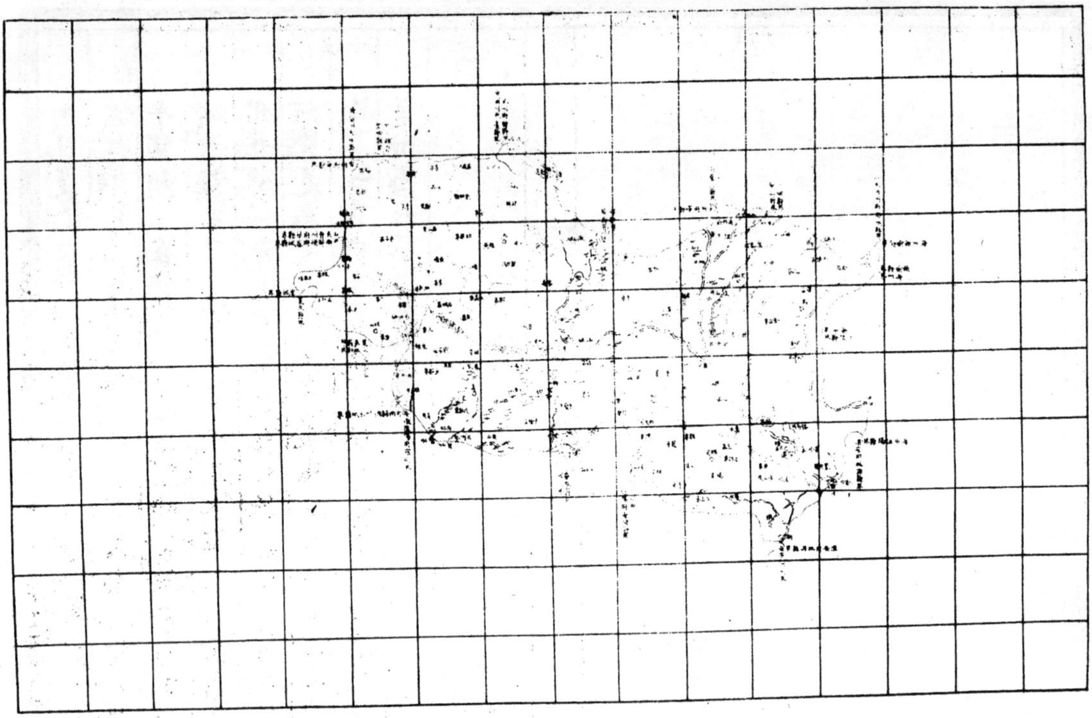

徐州府在江甯府西北七百三十里蘇州府西北一千二百里至京師一千一百六十里領州一縣七治銅山東南睢甯西南蕭縣東北邳州西北沛縣豐縣碭山微山湖在沛縣及府治北接山東兖州府滕縣界運河自滕縣東南流入界合其縣沙河經沛縣東北夏鎮西會湖水又東南錯入滕縣及嶧縣界復經邳州西北泇口東西泇河並自沂州府蘭山縣東合西南流注之又經州西武河自沂州府郯城縣來西南流經州南合其縣之燕子河艾山河又西南注之又南徐州河上承湖水南流折東注之又東南經宿遷縣治北左通駱馬湖水經縣東又東南至仰化集左出支津為六塘河與正渠並東南入淮安府桃源縣界睢河出蕭縣西南與岱山河龍山河北股河並南流入安徽鳳陽府宿州界澮河在府治東南流經蕭縣東南歧為二入鳳陽府靈壁縣及宿州界黃河故道在碭山縣蕭縣銅山縣睢甯縣北豐縣邳州宿遷縣南府東界海州西及西南界河南歸德府南界安徽鳳陽府北界山東兖

州府。東北界山東沂州府。東南界淮安府。西北界山東濟甯州曹州府。

海門廳圖

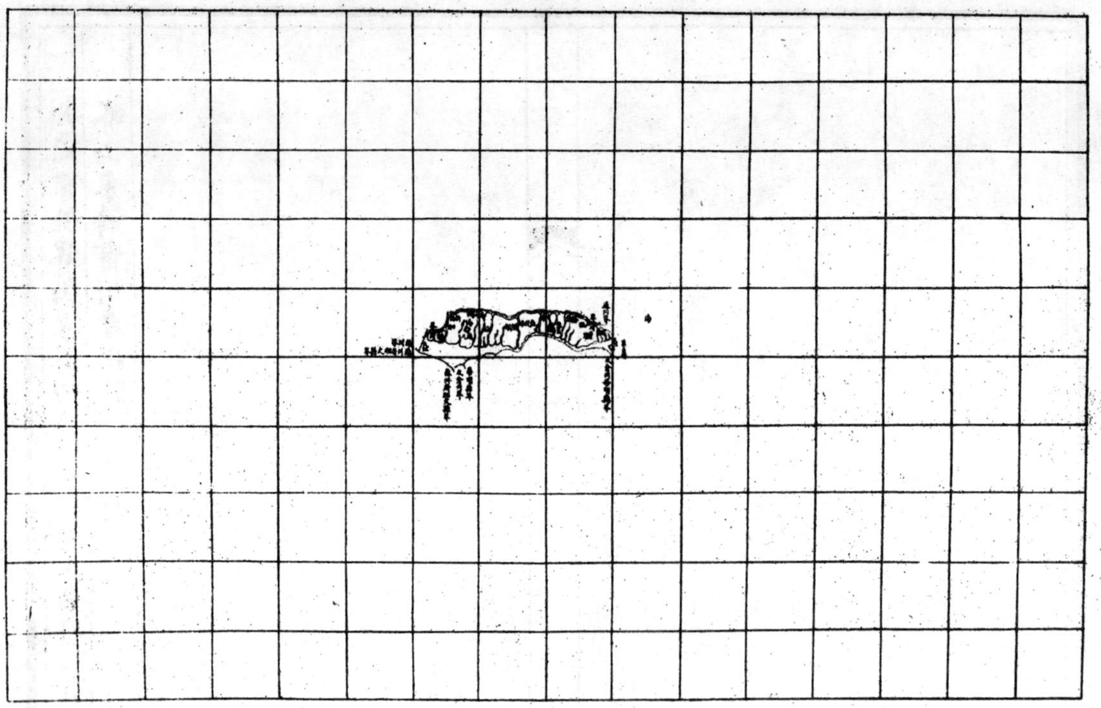

海門廳在江甯府東南五百七十里。蘇州府東北一百五十里。至
京師二千七百二十五里。海在廳東境。北接通州界。南接太倉州崇明縣界。大江自通州緣界東流。經廳南而東入於海。界河引海潮水緣界西流。經廳治北而西注於江。境內二十餘港。潮水互通。廳東及東北界海。西至北界通州。南及東南界太倉州。西南界蘇州府。

欽定大清會典圖卷一百七十三

輿地三十五

海州圖

通州圖

太倉州圖

海州圖

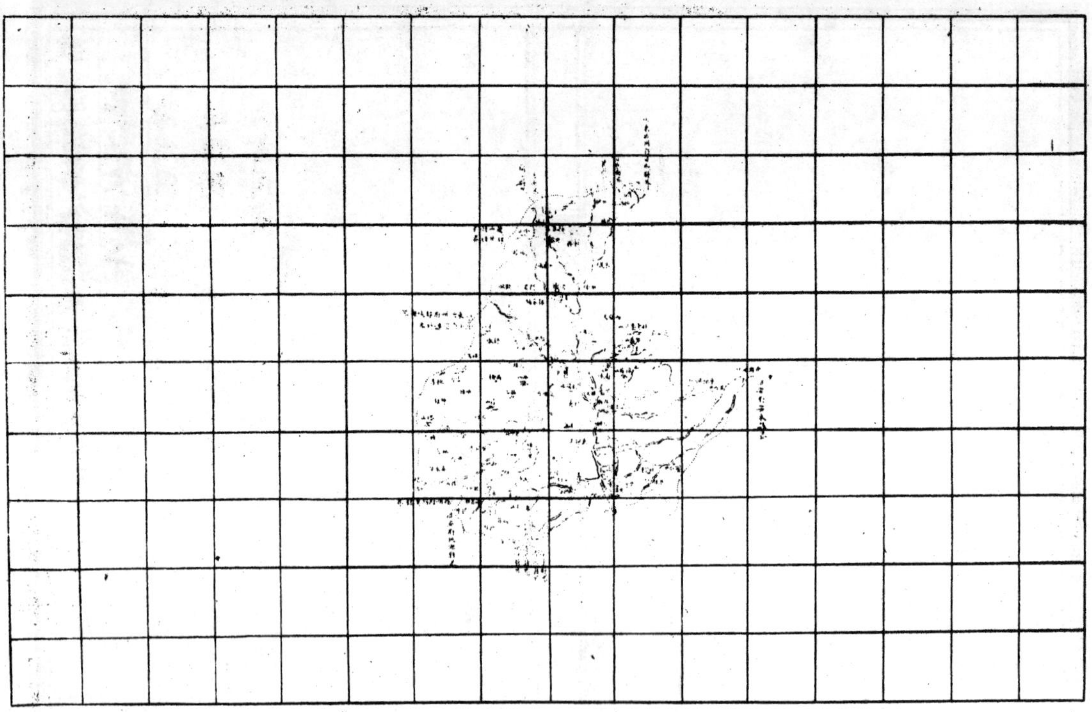

海州在江甯府東北八百二十里。蘇州府西北一千一百三十里。至
京師一千七百里。領縣二。北贛榆西南沭陽海在州東北北接山東沂州府日照縣界為贛榆縣及州治東境南接淮安府阜甯縣界沭河自徐州府宿遷縣東流入界經沭陽縣西左出支津二。曰新挑河曰後河。並匯於青伊湖。正渠又南經縣南。折東六塘河北支自淮安府安東縣來東北流注之。又東鹽河即官河亦自安東縣來。經新安鎮西北流合六塘河南支來會是為一帆河。右出支津曰武障河。合數小水東北經莞瀆鎮南響水口北合民便河至北潮河口入於海。正渠又北右出支津合數小渠東北至淮河口入於海。正渠經大伊山東又北至龍王蕩口及板浦場西右出支津二。歧為數支。並入於海。正渠經州治東。薔薇河上承青伊湖碩項湖水及大沙河支津至新浦口入於海。大沙河自贛榆縣西東南流經臨洪鎮歧為二。一注官河一入於海。青口河在縣西北。興莊河在縣北。絡車河柘汪河荻水口水在縣東北並東南流入於

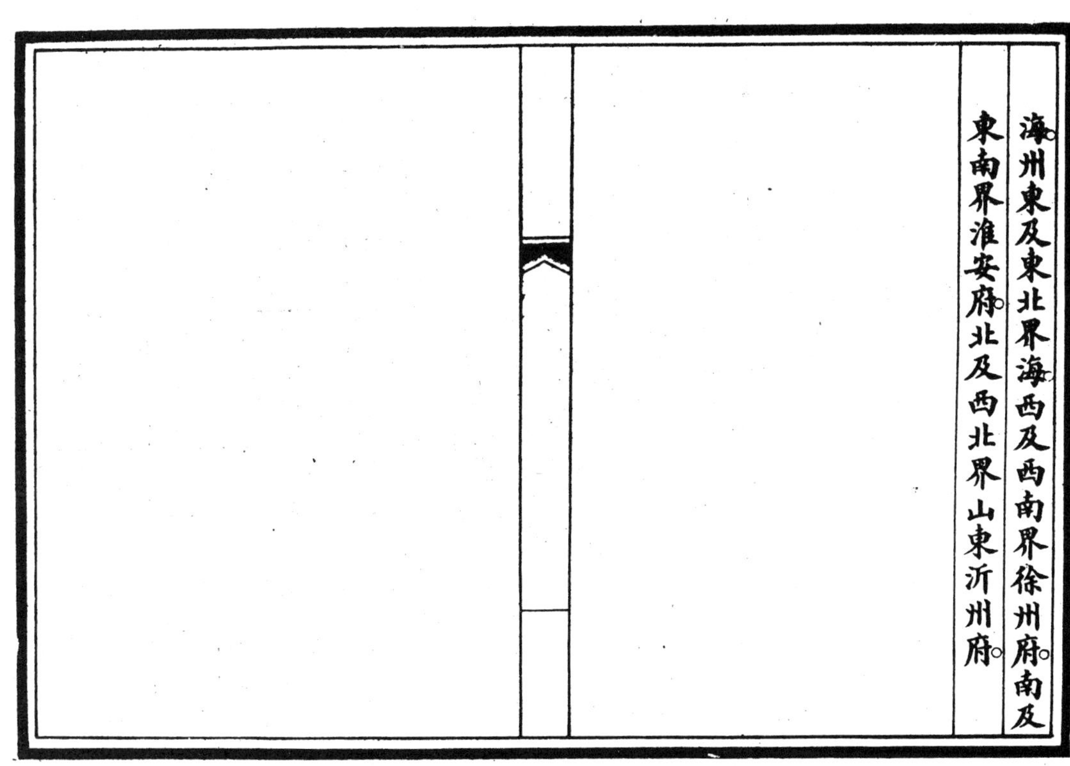

海州東及東北界海西及西南界徐州府南及東南界淮安府北及西北界山東沂州府

通州圖

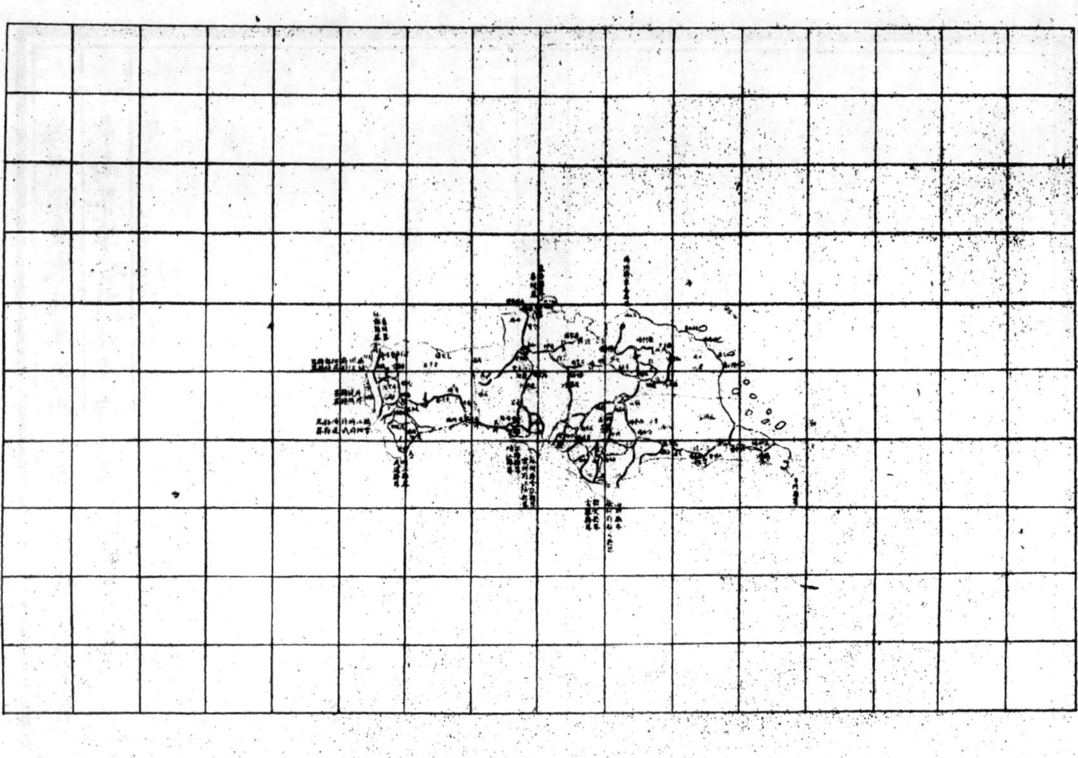

通州在江甯府東南五百三十里蘇州東北二百里至京師二千六百九十五里領縣二西北如皋泰興海在州東北北接揚州府東臺縣界為如皋縣界州治東境南接海門廳界大江自鎮江府丹徒縣來東南流經泰興縣西北西南河自揚州府泰州來南流注之又南田家河亦上承西南河水來注之又南經縣治西納諸港水至九圩左納界河錯入常州府靖江縣界復經如皋縣南張黃港口龍遊河自縣治南受南運鹽河水南流分數港來注之又經州治西受南運鹽河諸支港河自泰州南流入界經如皋縣北合東來一水南流環縣治合西來一水支津南出為龍遊河正渠又東左納斜港水至丁堰歧為二一南流經州西支港歧出並注於江一東流為場河至岔河支港互通為偏岔河為新河為陵河注之者為後河繞豐利掘港諸鹽場復西南流至石港場右分數支環州治南流注於江正渠緣范隄東南流經西亭金沙餘西餘東呂四諸場西通西支注於江南通海門廳界河入於

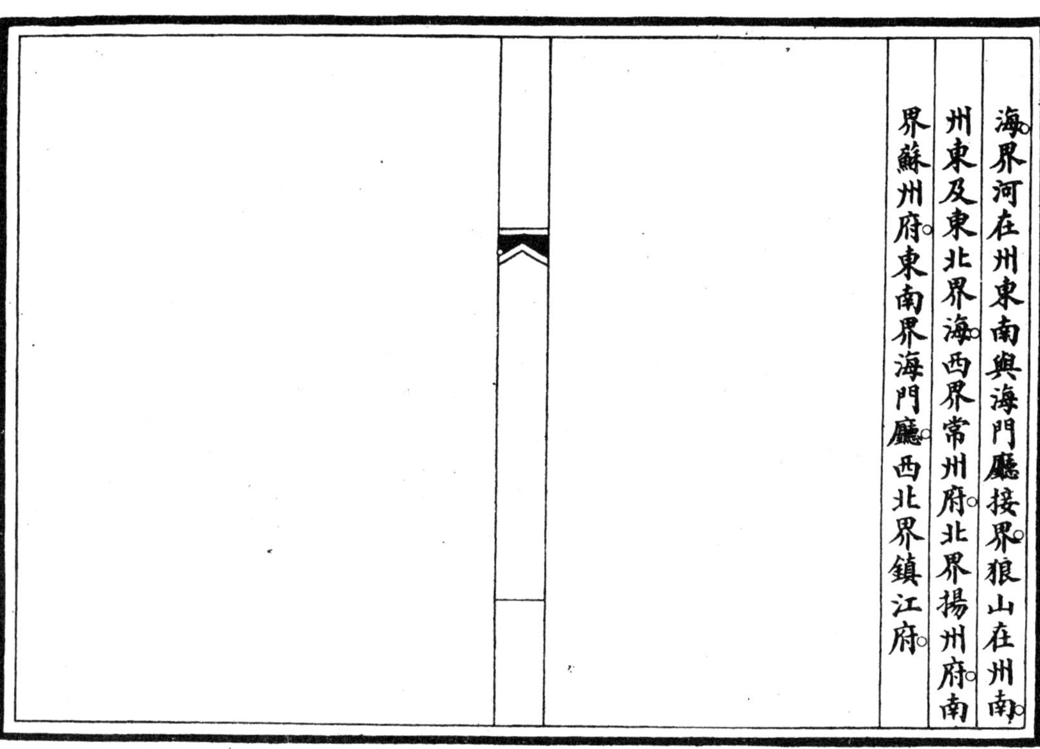
海。界河在州東南與海門廳接界。狼山在州南。
州東及東北界海。西界常州府。北界揚州府。南
界蘇州府。東南界海門廳。西北界鎮江府。

太倉州圖

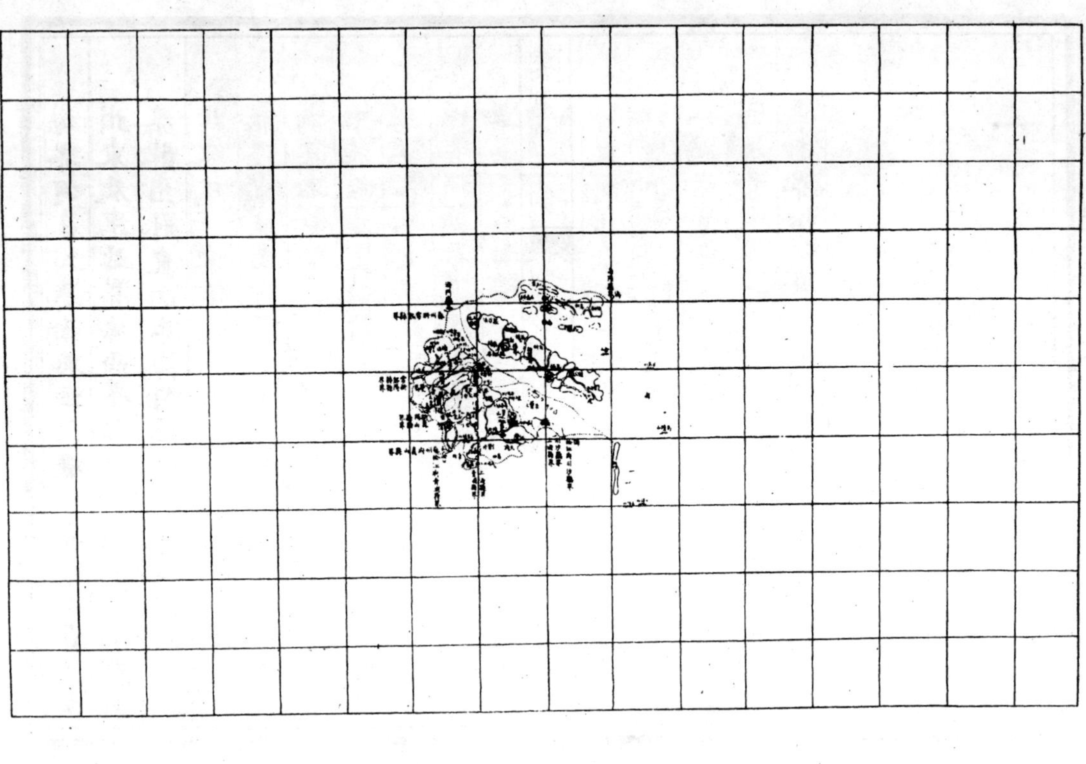

太倉州在江甯府東南五百六十里。蘇州府東
北一百二十里。至
京師二千八百四十里。領縣四。治鎮洋。東南嘉定
寶山。東北崇明。海在州東北。北接海門廳界。為
崇明縣東境。曰外洋。崇明縣南寶山縣北曰內
洋。又南接松江府上海縣界。大江北岸自海門
廳東南流入界。夾崇明縣西東。其北皆漲沙。施
翹港會崇明縣境諸水東南流至十滧入於海。
大江南岸自蘇州府昭文縣東南流入界。經州
治北。一水上承蘇州府昭文縣白茆浦水東北

流注之。又東南七了浦亦自昭文縣來。經州治
北直塘南。右出支津為楊林塘水。又東經浮橋
南分流注之。又東南至楊林口受楊林塘。塘上
承七丫浦水南流經州治北。右出支津二。一南
注婁江。一曰新塘港與正渠並東北流至西涇
營復南通婁江北合正渠入大江。大江又南至
劉河口受婁江。江一曰劉河。自蘇州府新陽縣
合顧浦水入界。東北流環州治。七丫浦支水南
流注之。鹽鐵塘分吳淞江水過練祁塘通橫瀝
水北流來注之。經劉河鎮。又東。橫瀝塘亦分吳

淞江水自上海縣來經南翔過蘊草浜練祁塘北流來注之至甘草鎮北通茜涇營水南受界涇水至劉河口注大江大江又東南至寶山縣北練祁口練祁塘分顧浦水過鹽鐵塘橫瀝塘界涇東流南通蘊草浜水又東來注之又東南為吳淞口受吳淞江江自松江府青浦縣緣界東流經嘉定縣西南支津北出曰顧浦出界注婁江又東支津北出曰鹽鐵塘河又東南仍錯入青浦縣界復經嘉定縣南支津東北出曰蘊草浜又東南錯入松江府上海縣界復經寶山縣東南北流蘊草浜過橫瀝浜左通界涇右通江灣浜東北流至胡港來注之又北注大江大江過崇寶沙又東南入於海州東及東北界海西及西南界蘇州府北及西北界海門廳南及東南界松江府

欽定大清會典圖卷一百七十四

輿地三十六

安徽省全圖

安慶府圖

徽州府圖

安徽省全圖一

中

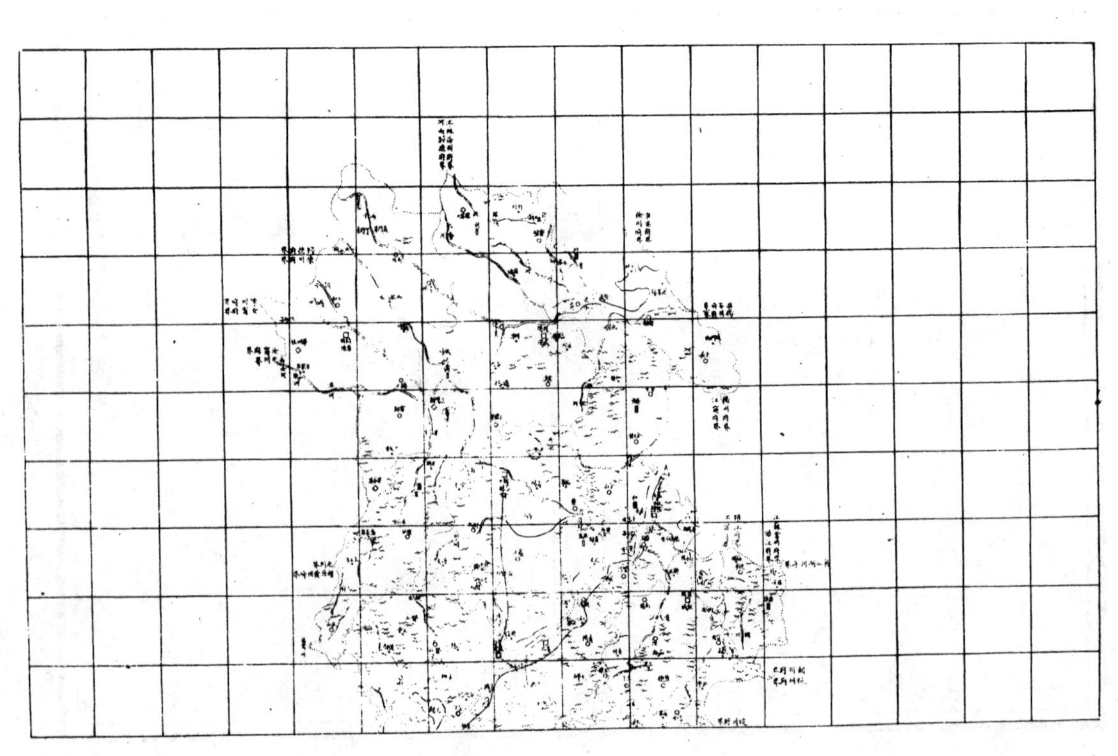

安徽省全圖二

南

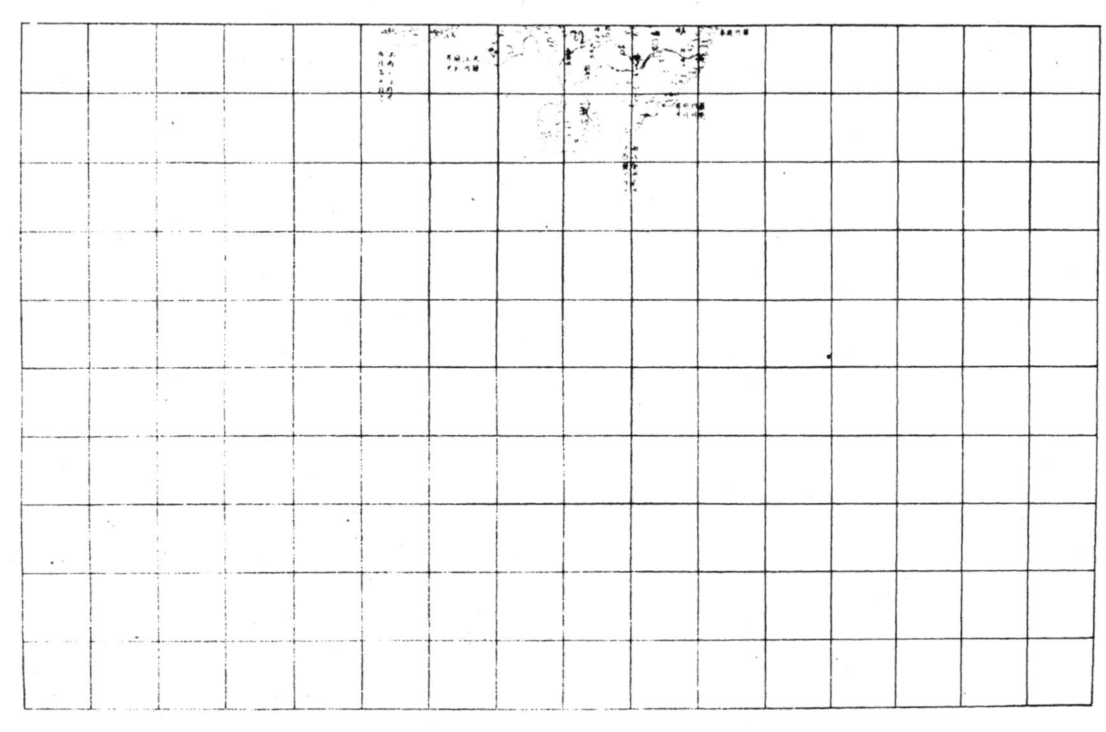

安徽省在

京師東南安慶府為省治安徽巡撫布政司共治焉統府八州五安慶府東南徽州府東北池州府甯國府太平府廣德州廬州府和州滁州鳳陽府泗州西北六安州潁州府大江自江西九江府東北流入境經安慶府西南泊湖上承三溪河及湖北黃州府接界諸湖連亘而東注之又經治南皖水出安慶府西北合長河東流注之又東而北高子河魯王河合為菜子湖南出為樅陽江注之又經池州府治北貴池水東北流注之又經廬州府東南至太平府西青弋江東北流注之巢湖匯前河水肥水東出為濡須河注之又北姑熟溪二源合北流會南漪湖丹陽湖水折西注之又北經和州東入江蘇江甯府界滁水出廬州府北東流經滁州南亦入江甯府界淮水自河南光州緣界東流經潁州府西南汝水自河南汝甯府緣界東南流來會又東入境經潁州府東南鳳陽府西南淠水北流注之潁河渦河並自河南陳州府入境合東南注之又東北南肥水合安豐塘水北流注之屈西北西肥河東南流注之又東北渦河亦自河南歸德府來東南流注之又經鳳陽府治北泗州南雎河自江蘇徐州府南流入境經鳳陽府北瀦為楊疃湖又南為岳家河合沱河澮河東南流注之又東潼河東南流注之池河東北流注之又東瀦為洪澤湖接江蘇淮安府界新安江出徽州府西南合横江水武林水東流入浙江嚴州府界婺江出徽州府西南流入江西饒州府界大洪水出徽州府西東南流亦入饒州府界落里河二源出六安州西南西南流入湖北黃州府界東至浙江界西至湖北界北及東北至江蘇界南至江西界西北至河南界

安慶府圖

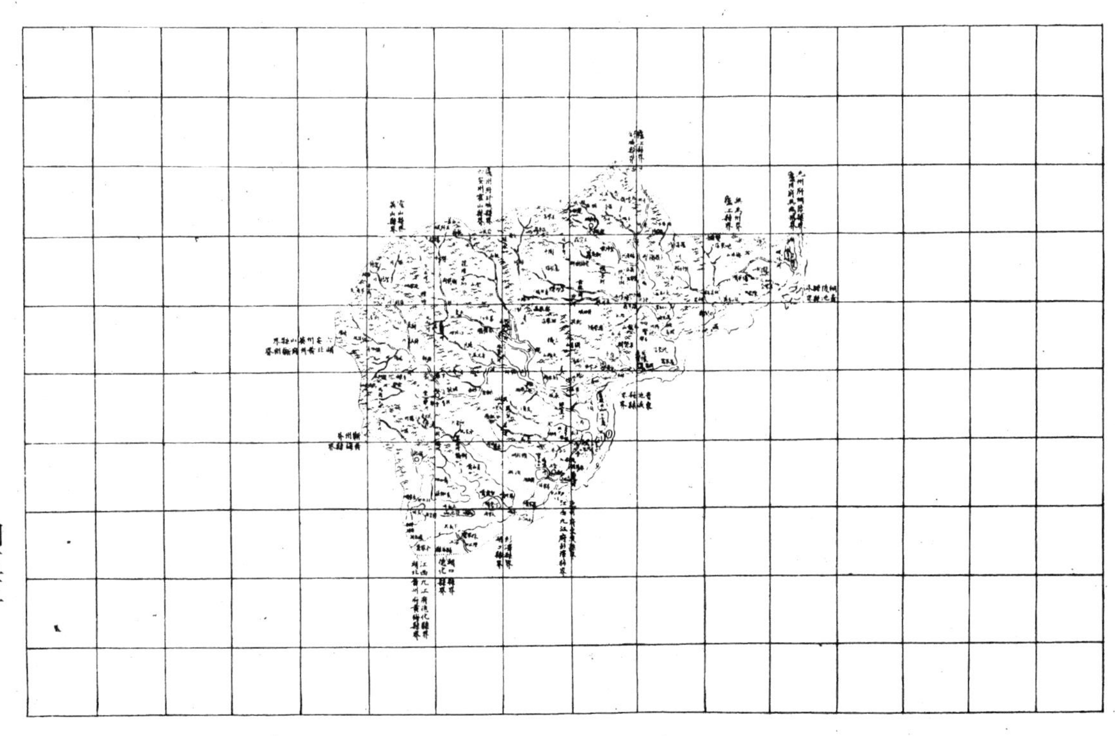

安慶府為安徽省治。在

京師東南二千七百里。領縣六。治懷甯。西南。太湖

宿松望江。西北桐城潛山。大江自江西九江府

彭澤縣來。經宿松縣小孤山司南。緣界東北流。

經望江縣南為古老江口。其右岸為池州府東

流縣界。又東經縣東南華陽鎮。受楊溪河。河

即古雷江。上源曰三溪河。亦曰二郎河。即古雷

水。出宿松縣西北。經縣治西。合二水南流。瀦為

鮎魚湖。又南為龍宮湖。西為牌湖為麻湖為鰔

湖。與湖北黃州府黃梅縣接界。復自湖出夾湾

池山。而東北為上長河。南為下長河。有涇江口。

自其南分洩湖水。入江西九江府德化縣界。又

東至宿松縣。東南為大官湖。縣東數水東南流

瀦焉。又繞下倉場而東曰茅湖。折北跨宿松太

湖望江三縣。曰泊湖欄杆湖鮮湖。有黑洋河合

止鳳涼亭荆橋思常諸河水匯焉。復自響水口

東出為楊溪河。至望江縣治南。支津北出為後

溪河疋渠。經吉水溝南流。合湖水支津分流注

於江。大江又東北。受漳湖諸水。水源曰鳳泉。出

縣東北鳳棲嶺。曰茗溪。出縣東北大茗山。並東

南流瀦為赤湖及武昌青草白土諸湖。有石子

港水北流匯焉。前長河雙港上承後溪河水東

北流亦匯焉。又東為漳湖。湖在望江縣東北。北

承皖水。西受棣溝河水。東南出支津注於江。大

江又北。經懷甯縣西南皖口鎮受皖水。水出潛

山縣西北公蓋山東。合桃嶺水龍潭水。經雙河

口分流。並南。潛水出公蓋山西。合楊村河下五

河橦鐘河九山河經縣西善士坊南分流來會。

又南復合。又南。長河上源曰羊角河。出太湖縣

西北羊角山。合銀河深村河白沙河南陽河大

小湖河棠黎河海會山水小池河晶靈河地靈

河諸水來會。又東南經石牌鎮北右出為棣溝

河。左納塌寨湖水。又東分流夾黃成圩。左合學

湖水。右通棣溝支津又東分為三支港。南分注

漳湖。北納治湖及石門湖水。並東流注於江。大

江折東經省治南。其右岸為池州府貴池縣界。

折北經桐城縣治東南受樅陽河。河數源並出

桐城縣。東河出縣東北洪濤山曰高子河緣盧

州府盧江縣界。西河出縣東北魯硔山曰魯王

河。合南流為雙河。匯於安息湖。龍眠河出縣北

龍眠山合桐溪及一水東南流匯於鴨子湖。挂車河出縣西南挂車嶺二源與鴨子河俱匯於鴨子湖。二湖並南為蟢子湖為菜子湖。沙河合槎水黃麻河東流注之。右納一小水。東南出為樅陽河。復瀦為蓮花湖。又南出經大龍灣。折東經樅陽鎮注於江。大江又東繞欄江磯。其右岸為銅陵縣界。又東受白蕩湖水。水上源為羅昌河。自廬州府廬江縣來南流與麻埠水並瀦於竹子湖。又南出瀦為白蕩湖。數小水合南流亦瀦焉。又南出為馬船溝為新開溝。又東出一支經湯家溝復分為王家套為楓林河復瀦為陳洋湖。並注於江。大江又北入廬州府無為州界。灊山在潛山縣西北。府南至東界池州府。北及東北界廬州府。西界湖北黃州府。西南界江西九江府。西北界六安州。

徽州府圖

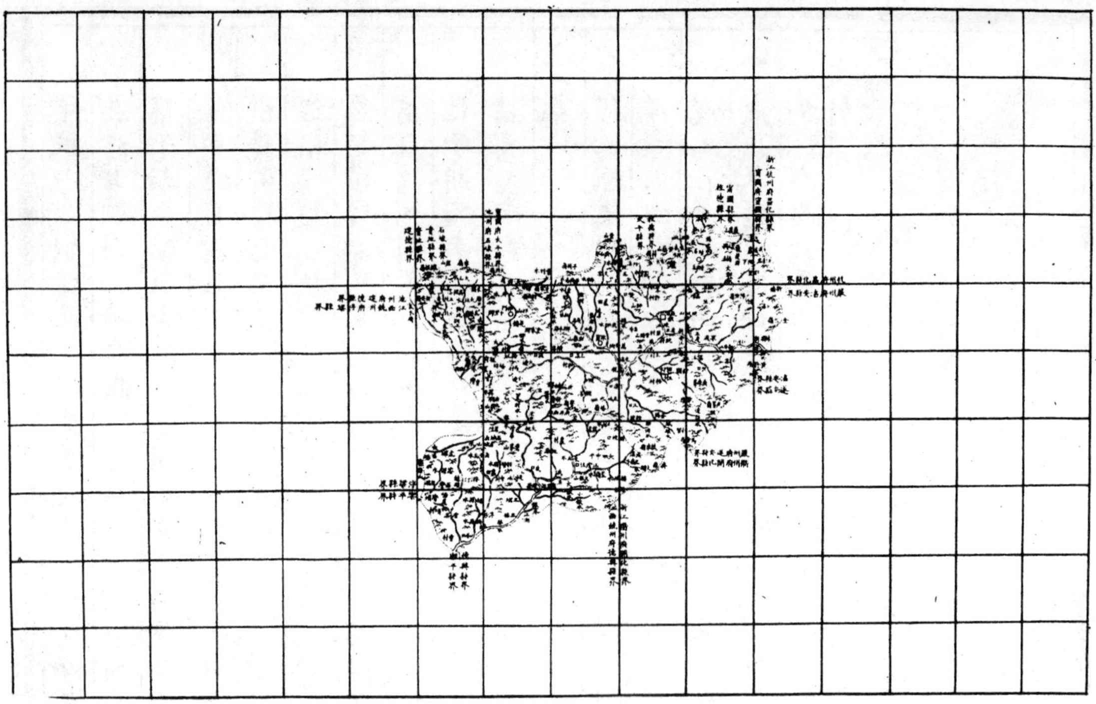

徽州府在省治東南五百七十里○至
京師二千八百五十里○領縣六○治歙縣○西南婺源休甯○西北黟縣祈門東北績溪○新安江上承率水○即浙江上源○一名漸江○出婺源縣西北率山○北流經休甯縣西祁門縣西南○左合孚溪水○東流復經休甯縣西南上溪口鎮○折東南○右合漸源東水迴溪水五城水○又經下溪口鎮○東北流受橫江水○水出黟縣西北方家嶺○東南流○武林水東流注之○章水南流注之○屆東南○羊棧嶺水南流注之○又經休甯縣西北○夾溪上承黃山水右合黃堆水南流注之○又經縣治南而東○左納武洪水○又東南注率水○率水又東北○汊水合珮琅水連嶺水璜源水屆北流注之○又東北○石門水出歙縣東南合數水西北流注之○又東北經府治南受練江○江上源為大鄣水○出績溪縣東大鄣山○西南流○績溪水亦名徽水○上承揚之水東南流注之○折西○經縣東而南○盧水昆水常水合東南流注之○是為臨溪○又經府治西北○布射水合富資諸水○豐樂水合阮溪潁水諸水○並東南流注之○是為練江○又經府

治南注於率水率水又東南為新安江左合佛倫嶺水右納昌溪水又東小昌溪老竹水合西南流注之右納小溝水又東屈南經街口鎮入浙江嚴州府淳安縣界婺水出婺源縣西北大廣山合莒徑水東南流經清華鎮北會浙源西水水出浙嶺合一小水經沱口南沱水合理源水篁郚水南流注之又西與婺水會婺水屈南經武口會武溪溪出休甯縣東南扶車嶺曰正東水合大鏞水麻坑水篁嶺水西流東北水合數水與桃源水並南流注之又西與婺水會婺水又南經縣治東西南流大畈水合小畈水西流注之又西南桃溪水合考郚水東南流注之又西左納銀港水又西南經五福鎮南其左岸為江西饒州府德興縣界又西南梅源水合船漕嶺水角子尖水南流注之曹溪上承崌尾水石城山水東南流注之又西南經曹郚南入德興縣界濬源水出婺源縣西濬源山合一水西南流經灣頭北入饒州府樂平縣界長溪出婺源縣北率山南麓西南流入饒州府浮梁縣界大洪水即古鄱水出祁門縣北大洪山東南流經縣治東屈西南武陵水合一小水東流注之又南椰木嶺水西流注之又西南大北水合一水南流注之又西南經倒湖鎮亦入浮梁縣界小北水合若坑水南流左納新安水又東南屈西良禾水東南流注之又西北亦入浮梁縣界

黃山在府治北府東及東南界浙江嚴州府西及西南界江西饒州府南界浙江衢州府北界甯國府西北界池州府東北界浙江杭州府

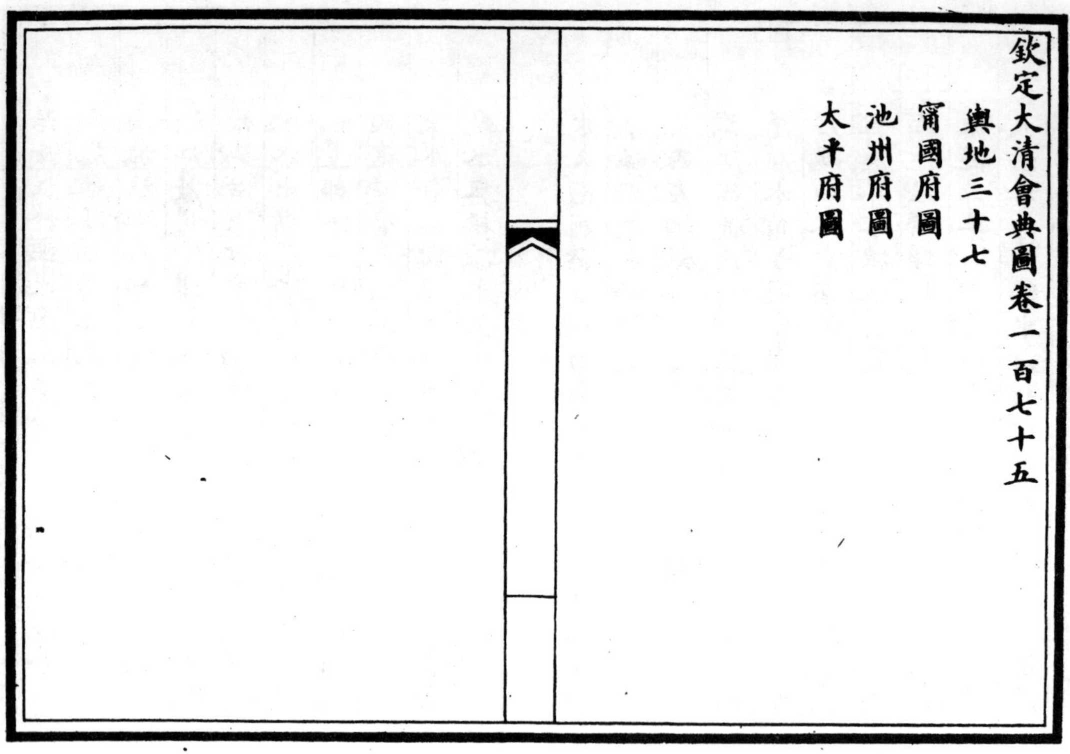
欽定大清會典圖卷一百七十五
輿地三十七
甯國府圖
池州府圖
太平府圖

甯國府圖

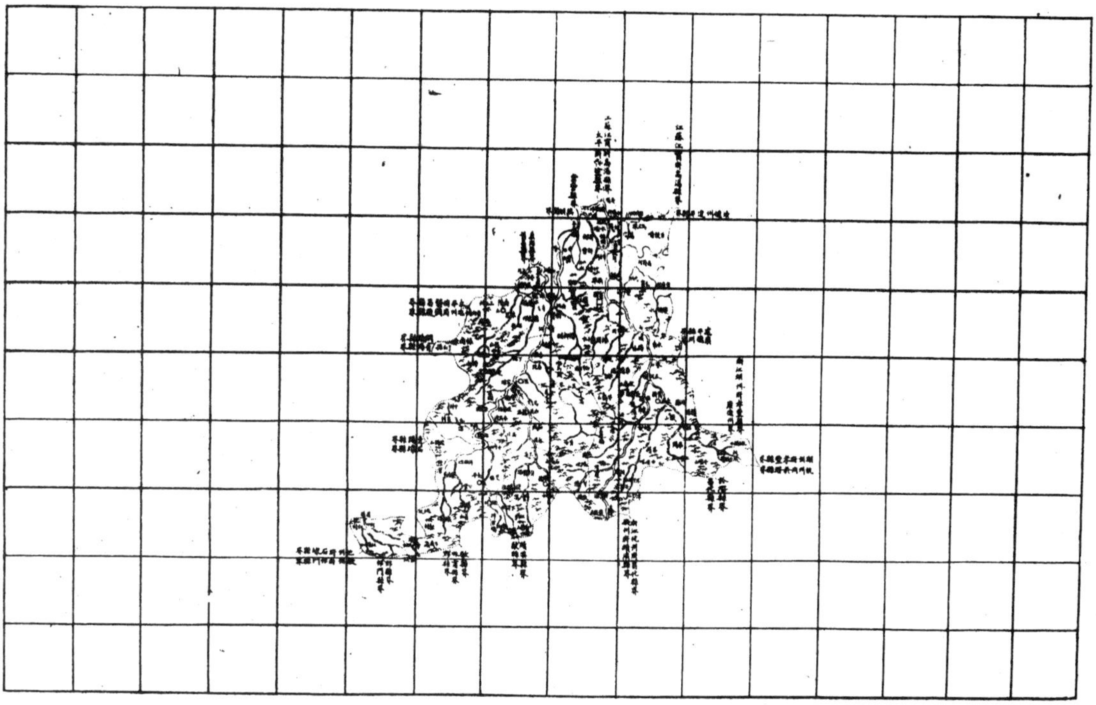

甯國府在省治東南四百三十里。至京師二千七百四十五里。領縣六。治宣城。東南甯國西南涇縣旌德太平。西北南陵句溪亦曰水陽江。二源。東溪曰杭水。自浙江杭州府於潛縣西北流入界。經甯國縣東南。右納孔夫關水。左納千秋嶺水。又西北右納瀉溪水陳村水。左納千頃山水。屈曲西北。洋丁源水合苦竹嶺水東東流注之。又西北經縣治東為東溪。又至五河渡會西溪。西溪一曰徽水。自徽州府績溪縣西北流入界。經縣西南。弋溪水亦自其縣來注之。折東北。考溪合一水西流注之。又東北烏溪合丁溪泌溪水東流注之。又北合龍潭水為西溪。又東北會東溪。二溪合。西北流。左納澄清溪水。又經宣城縣西南為句溪。又西北右出為雙溪注於南漪湖。又西北宛溪合橫橋澗水北流注之。又經府治北。右納油榨溝水。又北受南漪湖水。湖在府治東北。接廣德州建平縣界。南為裏南湖。雙梗水北流注之。雙溪上承句溪水北流注之。復西出為油榨溝為渾水河並注句溪。句溪又北。左出支津經稻堆山合竹塘水西北流

合正渠正渠北流經塞口山復分支津東注固城湖又北至水陽鎮北為龍溪一曰水陽河又西北入丹陽湖折西至雁翅斗門南復出兼名丹陽湖南股水其左岸為太平府當塗縣界又西經黃池鎮為黃池河其支津自稻堆山西北流合竹塘水五丈湖及小泊水來會入當塗縣界青弋江上承徽州府黟縣葉村水西北流入界為美溪經太平縣西南左納一小水及江溪水章山北水亦自其縣來注之又北錯入池州府石埭縣界為舒溪復東北流經縣西北穰溪漊溪水並北流注之又經縣東北小河口麻川水合下洋水北流注之折西經涇縣治西南合溪水會一水東南流注之屈東北右納吳什水花林溪水左納上連溪冷水澗水又東北會藤溪水水上源為徽水自徽州府績溪縣北流入界經旌德縣治東霞水亦自其縣來注之又西北陶環溪合抱麟溪豐溪東北流注之又北經縣東南為藤溪左右各納一小水又西北會舒溪舒溪又東北經縣治西南烏溪水西北流注之經縣北右納幕溪又東北琴溪合曹溪丁溪

洗馬澗水西北流注之又東北經南陵縣東南為青弋江右合白洋桓籠考阮諸水左出為石硊河又東北右納蕭公橋水又北經沚灣鎮右通五丈湖正渠折西北入蕪湖縣界小淮河出南陵縣西南呂山合章水東北流鷰嶺水西流注之又經縣治東為東溪又東北石硊河分支為資福河合蒲橋河石溪水西南流注之屈西復北曰小淮河又西北復合石硊河支津又東北與石硊河並入蕪湖縣界固城湖在府東北慈溪注之府東界廣德州西界池州府南及西南界徽州府北及西及界太平府東南界浙江湖州府杭州府東北界江蘇江甯府

池州府圖

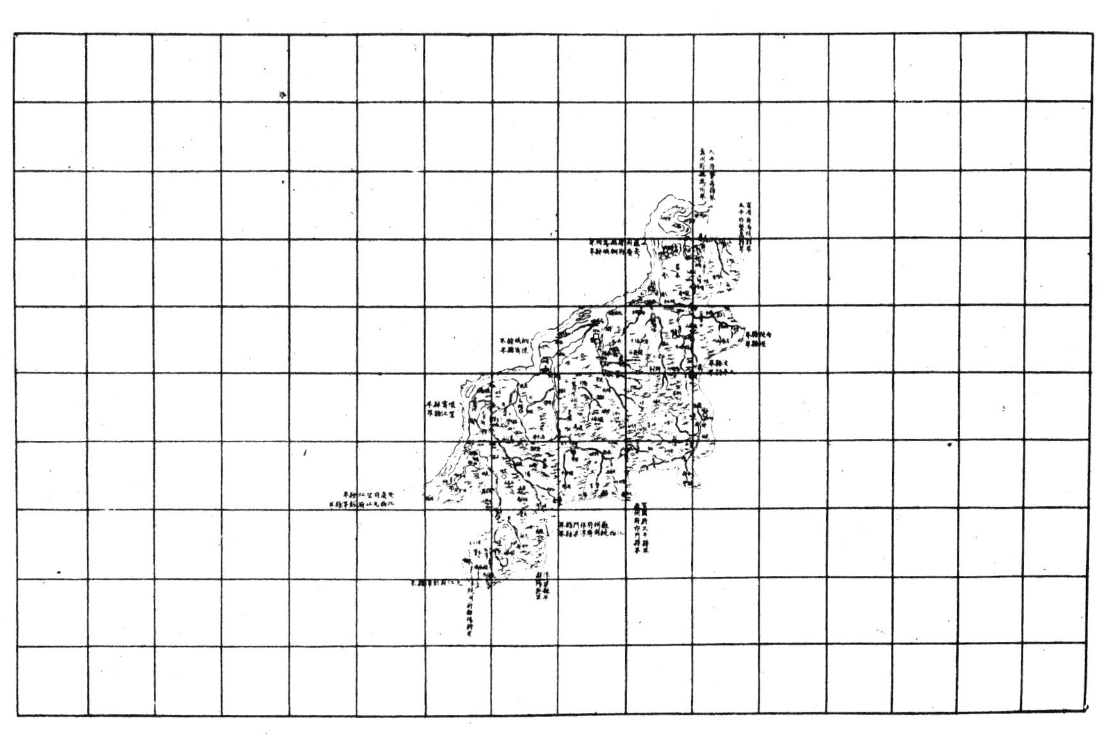

池州府在省治東一百二十里至
京師二千八百里領縣六治貴池東南石埭西南
建德東流東青陽東北銅陵大江自江西九江
府彭澤縣來緣界東北流經東流縣西南其
左岸為安慶府望江縣界又東北香口河上
承白洋湖浩家湖場上湖水西流注之又東受
江口河水水上源為前河出建德縣南分流嶺
左納小水西北流經東流縣南瀦為湖曰長石
湖仙人湖南門湖左分注白洋湖西出為江口
河注於江大江又東北經吉陽鎮右別出為吉
陽河又北繞姚家洲其左岸為懷甯縣界折東
經貴池縣西南黃湓鎮受黃湓河河上源曰後
河出建德縣東南良禾嶺西北流右納石門溪
水西溪水曰張溪河又西北經東流縣東北瀦
為大清湖東北出為黃湓河吉陽河水東南流
來會又東北右通馬踏湖又東北注於江大江
折北右通秋浦水又東北其左岸為桐城縣界
循古夾洲右分一支為烏紗夾受貴池水水一
名貴長池一名池口河上源為漣溪出石埭縣
西南界大洪嶺北流折西右合鴻陵水左合管

溪水又西唐部水出貴池縣櫸根嶺北流注之
屈北而西經七里鎮為七里河右納蓬溪水左
納洪水潭水又北右納貢溪水又北經貴池縣
西南為貴池水龍舒水出縣東南廬子庫山合
棠溪水屈西流注之又北馬踏湖水東北流注
之又北貫殷家匯為秋浦水西通江水東北出
為池口注於烏紗夾清溪出縣西南曰涔溪合
南來一水西北流右合峽川水南畝水曰白羊
河瀦為齊山湖又北經府治東至清溪鎮亦注
於烏紗夾烏紗夾復合大江東北流受梅根湖
水湖在府治東北梅根河亦曰錢溪出縣東太
僕山東北流瀦焉五溪水合黃荆橋水亦北流
瀦焉又西北出為梅根港注於江大江又東北
經銅陵縣西南受大通河河一曰管埠河上承
甯國府南陵縣社橋水西流入界經青陽縣東
金山鎮左納黃蘗山水右納錢家橋水為管埠
河又西瀦為二十四湖臨城水出青陽縣南合
雙河水北流注之又西北經貴池縣東北亦貫
梅根湖北出經大通鎮注於江大江又北碁港
水出縣南銅官山西流注之又北經銅陵縣治

西。天井湖水西流為河口河注之。又北。左岸為廬州府無為州界。又繞小湖洲章家洲而東入太平府繁昌縣界。饒水出建德縣南遶山。合一水南流。經昭潭鎮。龍口水出縣東南分流嶺。合數水西流注之。又南入江西饒州府鄱陽縣界。樹長港水。禪山港水。並出建德縣西。亦南流入鄱陽縣界。舒溪上承甯國府太平縣美溪水北流入界。經縣西南河口鎮。東北流左合小溪河右合余溪水。又東北船溪三溪水合東流注之。是為舒溪。折東獄溪水東南流注之。又東經縣治南。又東。入甯國府太平縣界。順安河出銅陵縣龍口嶺。東北流。瀦為羊湖。又北。左出為東西湖水。又北。鳳心閘河出縣東北鵲頭山。合東西湖水東流來會。又東為二港。右合天門水。並入太平府繁昌縣界。黃滸河自繁昌縣錯入銅陵縣境。北流復入其縣界。九華山在青陽縣西南府東及東南界甯國府。西界安慶府。南界徽州府。北及西北界廬州府。東北界太平府。西南界江西九江府饒州府。

太平府圖

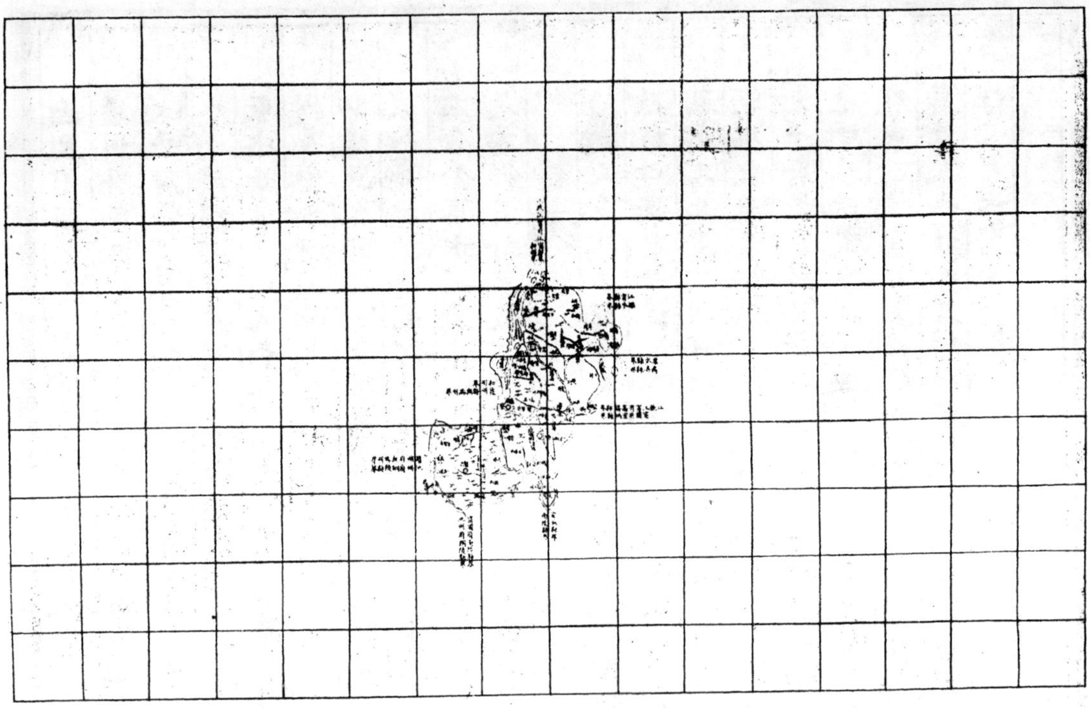

太平府在省治東北四百九十里○至
京師二千四百六十五里○領縣三○治當塗○西南蕪湖繁昌○大江自池州府銅陵縣來○緣界東北流○經繁昌縣西○其左岸為廬州府無為州界○又東北經荻港鎮受荻港水○水上源曰黃滸河○自甯國府南陵縣西北流○經繁昌縣西南○錯入銅陵縣界○復經縣西南鳳心閘河亦自銅陵縣分流注之○又北為荻港○注於江○大江折北循黑沙洲為廬蓆夾○經舊縣鎮北復合折東循錦衞洲為三山夾○合數小水○經三山鎮西復合○又東受魯港水○水一名魯明江○自甯國府分青弋江水為石硊河○緣界北流○經蕪湖縣東南夫子關西○至三不管鎮○右通天成諸湖○折西○小淮河自南陵縣北流來會○又北經蕪湖縣南石硊市○右納一小水○屈西南○折北為魯明江○城南河出繁昌縣治西○經治南東流注于江○大江又北○經蕪湖縣西南受青弋江○江自甯國府宣城縣北流入界○經方邨西○又西北○左通天成湖歐陽湖水○又西北○右合鳩茲港水○折西至濮家店南○右出為扁擔河○正渠又西○歐陽湖天成湖上承石硊河支

津北流注之。又經縣治南而西。注于江。大江又北。其左岸為和州界。右納滁泥港水。又北經府治西東梁山。至金柱關受姑孰溪。溪一名水陽江。上承宣城縣句溪自丹陽湖西南流經烏溪鎮。又西至黃池鎮為黃池河。句溪支津自其縣合五丈湖及小泊水來會。西出支津二繞三里埂為鳩茲港為二橫溝。又西北經雙鉤鋪。北出一支津。正渠又西北。環府治而西。扁擔河合烏汊港二橫溝水屈北流注之。又西北至金柱關注於江。大江又北。姑孰支津自雙鉤鋪北流合丹陽湖北股水。折西北經黃山渡西注之。又北。受丹陽湖。湖在府東南。與江蘇江甯府溧水高淳二縣接界。唐溝河李家橋水合南流瀦焉。西南出為南股水即水陽江。西北出為北股水。並注姑孰溪。自湖東北流出者為新河。經博望鎮東折西經丹陽鎮南。又西經采石磯南。注于江。大江又東北右納一小水。又東北慈湖港合一小水注之。又東北入江蘇江甯府江甯縣界。府東及東北界江蘇江甯府。北至西界和州。南及東南界甯國府。西南廬州府池州府。

欽定大清會典圖卷一百七十六

輿地三十八

廬州府圖

鳳陽府圖

潁州府圖

廬州府圖

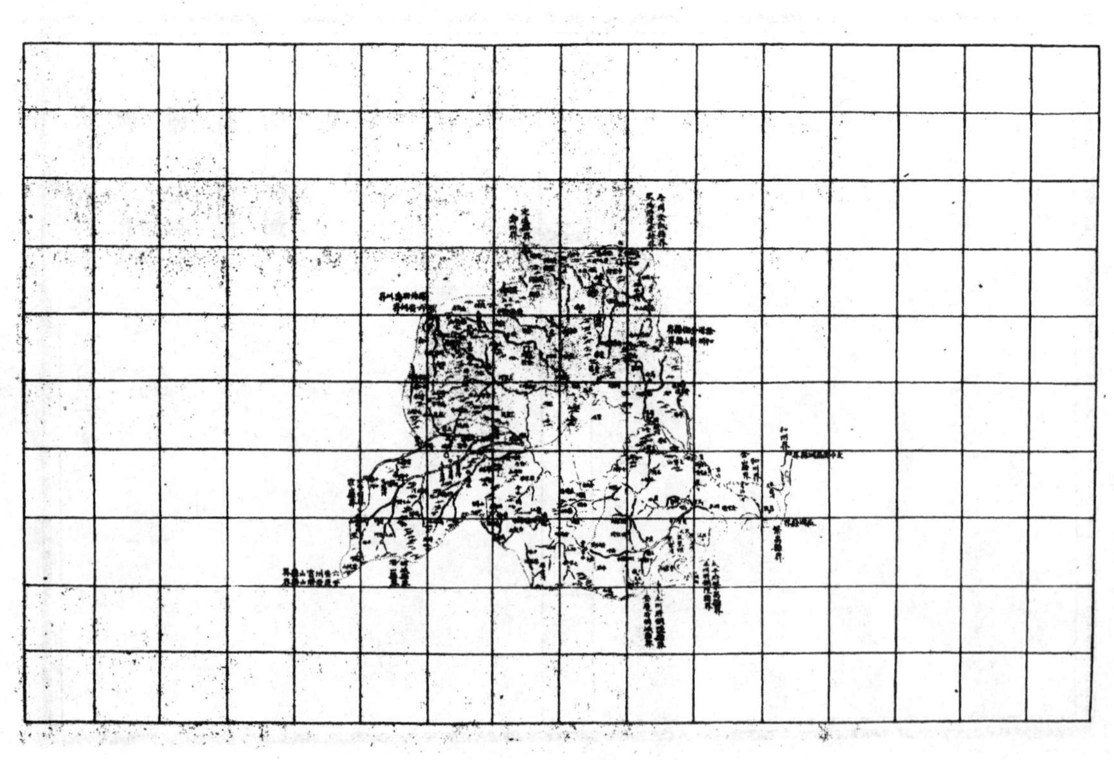

廬州府在省治北四百六十里。至京師二千四百六十里。領州一縣四。治合肥。東南廬江巢縣無為州。西南舒城。大江自安慶府桐城縣緣界東北流。經無為州西南石灰鎮。左納竹絲湖水。下新河水。又北經鳳凰頸東。其右岸為太平府繁昌縣界。至泥汊鎮。受泥汊河。河出廬江縣西曰繡溪。經縣治南。屈東流。瀦為黃陂湖。又東南通沙湖及白洋諸水。北通白湖及後湖諸水。又東出為青帘水。又東經無為州西南。右出支津二。一為湖瀧水。匯為竹絲湖。一為下新河。並注于江。永安水自州西北合數小水。屈南分流注之。又東北左納直阜水。又東南流為夾江。又東南為泥汊河。注于江。大江又北經柵港鎮。受柵港水。水上分濡須河水。西南流為運河。至州治東。襄河出州西。合數小水環州治而東注之。折東南為馬家河。左分一支為直阜水。又東為柵港水。注于江。大江又東北。左納馬腸河水。又東北。其右岸為蕪湖縣界。左納奧龍河水。又北入和州界。巢湖亦曰焦湖。在府治東南跨合肥廬江巢縣三縣境。三河水上源二。一曰後河。一曰前河。後河上流為小界河。自六安州緣界東流。經舒城縣西界會大界河。經縣北。合蓮花山水。桃城水。為後河。與前河會。前河亦曰馬柵河。出舒城縣東南岩拔山。東北流。左納黃楊河。巴楊河諸水。右納山七里河。烏紗河諸水。又東經縣治南。為上中下七里河。歧為三。北合後河。南合南港水。並東流。經三河鎮南。合東流匯於湖。肥水出合肥縣西將軍嶺。合長岡店水。東南流。經府治北。又東南。店埠水東土山水唐陽橋水合南流注之。又南匯於湖。大蜀山水。方家橋水。周公水。千字山水合東南流匯于湖。冷水關水東北流匯於湖。柘皋河出巢縣西北。左合一小水。匯於湖。湖水東出。經巢縣治南為黃雒河。一曰天河。又東南。清溪水緣和州含山縣界南流注之。又經無為州東北為濡須河。折南支津右出為運河。折東支津右出為馬腸河。又東緣和州界。支津右出為奧龍河。正渠又東北入和州界。滁水出合肥縣北黃泥礮。東南流左合護城南北水諸佛寺水。小馬廠水。右合陷陂湖水。石塘橋水。東西黃山水。東流入滁州全椒縣界。南肥河亦出將軍嶺西北流合胡家橋水鐵索澗水入鳳陽府壽州界。金家橋水出縣西南。北流入六安州界。閻澗水出縣西北土山。北流亦入壽州界。麻埠河出縣北。東流入鳳陽府定遠縣界。羅昌河出廬江縣南平頂山。南流入安慶府桐城縣界。高子水自桐城縣東北緣界南流。合曹王水白兔水仍入桐城縣界。府東界和州。西界六安州。南及西南界安慶府。北及西北界鳳陽府。東南界太平府池州府。東北界滁州。

鳳陽府圖

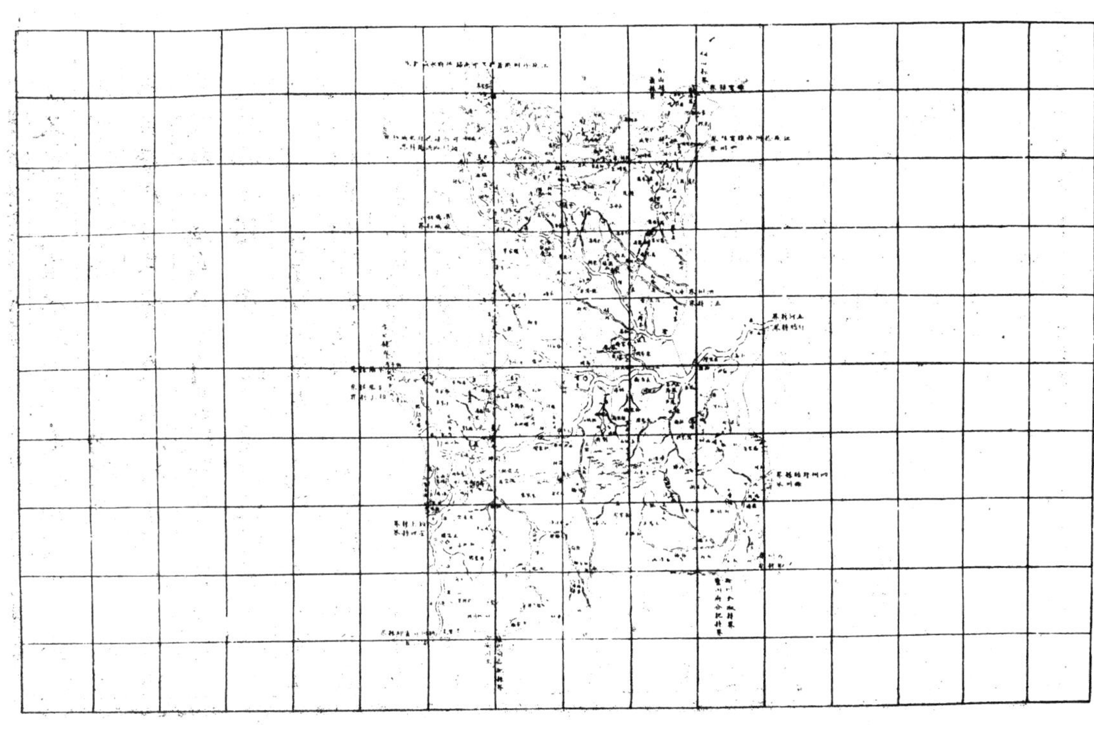

鳳陽府在省治北六百七十里。至
京師一千九百八十五里。領州二縣五。治鳳陽。南定遠。西南鳳臺壽州。西北懷遠宿州。北靈璧。淮水、自潁州府霍邱縣東流入界。經壽州西南正陽關。淠水自六安州來。經州西南隱賢集緣霍邱縣界北流。經迎河集右分支為泄水。又北泄水自安豐塘西北流來會。又東北緣潁州府潁上縣界。又東經州西及鳳臺縣西南沙河支渠自潁上縣來分流注焦岡諸湖。又東流注之。淮水又北左通焦岡董峯諸湖。又東北經州治西北受南肥水。水自廬州府合肥縣北流入界。經壽州東南謝家墩。東北流左右合數水經氐埠鎮瀦為氐埠湖。閻澗水二源亦自合肥縣來經州東南合西北流注之。又西北經陡澗鋪西。椰槐澗自六安州北流入界經州南合泄水北流瀦為安豐塘又北分流出皁口坊合二水東北流注之。又北環州治而西合西湖水注於淮水。淮水又西受董峯諸湖水。湖上承沙河支渠於鳳臺縣西南鄒家港北流復分右注焦岡湖。又北會花水澗及涿溝水為小泊東出亦注焦岡

湖。又東右通淮水。北出為董奉湖。又北注於淮
水。淮水屈東經硤石口受西肥河。河一曰夏肥
水。自潁州府阜陽縣東南流入界。經縣西北胡
家集。獅子溝自潁州府蒙城縣來南流注之。又
東屈西南錯入潁上縣界。復東流經高家樓。東
溼泥河亦自蒙城縣來左分為黑河又南流注
之。又屈東南注於淮水。淮水又經縣治南而東
茨河一名沙河自蒙城縣南流入界經懷遠縣
西左為正渠其分支經鳳臺縣北絕黑河東泥
河而南為北裔溝南裔溝又西南合駕河水屈

東合東泥河支津曰蘆溝水又南合倉林水注
於淮水。淮水又東受湯魚湖水。湖上源即黑河
分溼泥水於縣西北錯入蒙城縣界。復東南流
經李興集絕北裔溝而東。東泥河出縣西北絕
南裔溝而東。左分為蘆溝。又東會黑河。又東匯
于湖。又南出兩港並注淮水。淮水又東屈北經
懷遠縣南。洛河自合肥縣北流入界。經定遠縣
西壽州東左通閻澗水。又北右納一水。經爐橋
鎮左納一水。又北經懷遠縣南蔡城塘水東北
流注之。又北經新城口注於淮水。淮水又北茨

河正渠東流注之。又北經縣治東。天河一名西
濠水出鳳陽縣西南鏌鋣山。合官溝水十里橋
水。西南流經縣東南合盤塘郭陂湖水。又北經
塗山西折西注之。淮水又北。渦河自蒙城縣來
右合界溝水入界又東南注之。又東經府治西
北胡家橋徐家橋水合北流注之。又東經長淮
衛北。北肥水自蒙城縣來左出為界溝又東南
流左出二港合澮河又東南注淮水。淮水又東
南右納方邱湖水。又經府治北而東。濠水上源
為殷家澗女兒潭諸水。經上方橋合東北流經

臨淮關西注之。又東緣泗州五河縣界。屈東北
花園湖合鹿塘劉佛塘小溪河紅心澗諸水北
流注之。又東北經浮山北入泗州五河縣界。楊
疃湖在靈壁縣北。東為陵子湖孟山湖崔家湖
南繞土山為禪堂湖土山湖。上源為睢河自江
蘇徐州府蕭縣東南來。經宿州西北合溪河東
南流岱山河龍山河並自蕭縣來西南流注之。
又南右出支津通巴溝河。又東右出支津為沙
溝。又東左納彭溝桃溝水。又東右出支津為唐
溝。又東會北股河。北股河亦自蕭縣南流經州

西南東南流右出為彭溝左納化家湖蔣家湖及三山湖水又東右出為桃溝十字河上承蕭縣來之淄水河及唐家諸湖水南流注之又東奎河亦自蕭縣來合十字河水南流注之又南流會睢河又東折南為新斜溝會南股河河自永城縣來東流為巴溝河經宿州西北會洪河東南流左合睢水支津右通蔣家湖又東左合沙溝水右出為北運溝又東左出為呼溝又東右合唐溝水又東會於新斜溝又東經靈壁縣西北豬于湖蔣家湖上承南股河水又絕北運溝而東為蓮花池左為呼溝水又東為潘家湖為麻湖經縣西北亦匯於湖漁溝水上承蕭縣資河水東南流經靈壁縣東北古城口左合房村河水右合青家湖水又東南分流右通涑山湖左合峯山牐河為兩渠並匯於湖湖水南出三溝正渠曰斜溝中曰土山溝右曰崔家溝斜溝南流豬為石湖南出為岳家河土溝崔家溝合南流環靈壁縣治分一支為羅家溝來注之又東南合長直溝入泗州界其自靈壁縣分支南流者為大路西溝會柯家湖水又東南為北沱河亦入泗州界紫蘆湖上承北運溝水絕蔣家湖環宿州治而南右出為唐溝為南運溝又東南豬為紫蘆湖復南出支港二又東流為沱河左出為梁溝又東南經靈壁縣西南右出為栗澗又東右通馬路溝水桃家溝葛家溝並分柯家湖水南流注之又東南經濠城集入泗州界馬路溝上分栗澗水東南流右出為陡溝又東南左合沱水分支右出為貝溝又東南右出為北直溝又東南入泗州五河縣界澮河亦曰渙水自河南歸德府永城縣東南流入界經宿州西折南流苞河自潁州府渦陽縣來東流注之又東南左合赤湖運斗湖橫隄湖諸水又東南左合唐溝陳溝水右分支夾蘄縣集而南為雙龍溝又東南紫蘆湖二港水及梁溝並南流注之又東南右出為田家湖又東南栗澗上承沱河水南流左出為馬路溝又西南注之又東南經靈壁縣西南左合陡溝貝溝水又南受澥河河即古解水一名穀水出宿州南二渠並東南流北肥河分支自蒙城縣來東流注之雙龍溝二水東南流注之又東南北納田家湖水經

靈壁縣西南注澮河。澮河又東南右通北肥水。又東北直溝分兩渠並南流注之。又南經順河集亦入五河縣界。池河上源出廬州府合肥縣東北曰麻埠水東流入界。經定遠縣東南折北流。石塘湖水出縣北東南流經縣東南合馬長澗水張橋水折北流注之。又東南左合水澇湖水右合五尖山水。經池河鎮爲池河。又東左合小水。又東北入泗州盱眙縣界。府東界泗州。西界潁州府。北界江蘇徐州府。南界廬州府。西北界河南歸德府。西南界六安州。東南界滁州。

潁州府圖一

中

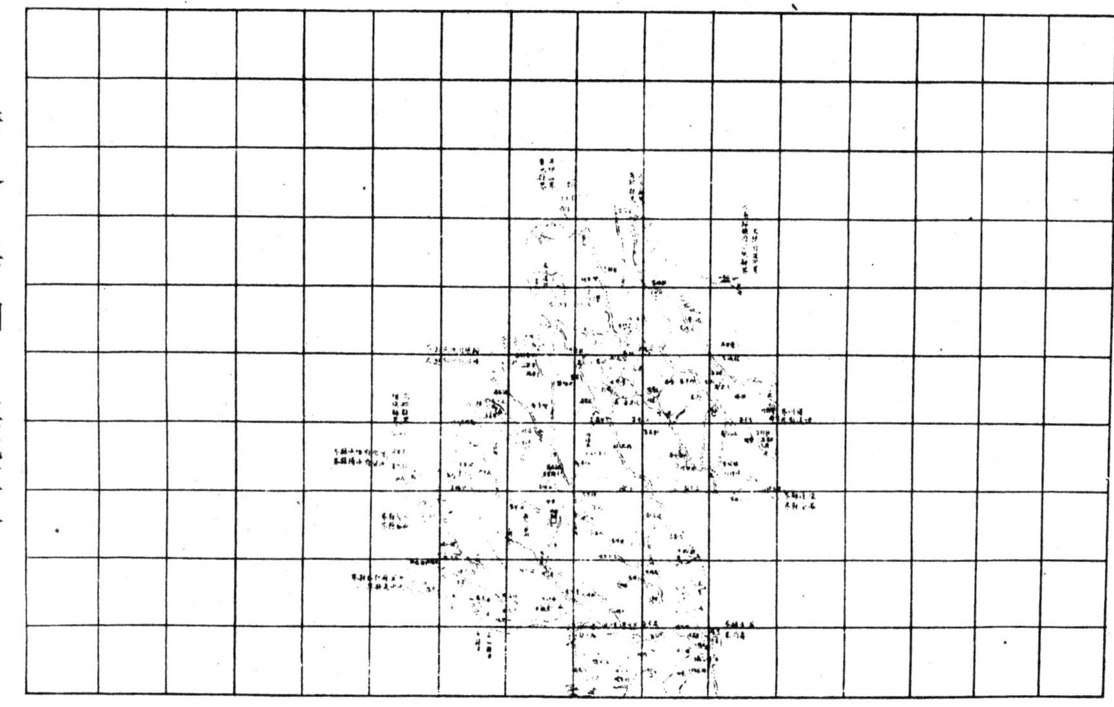

潁州府圖二

南

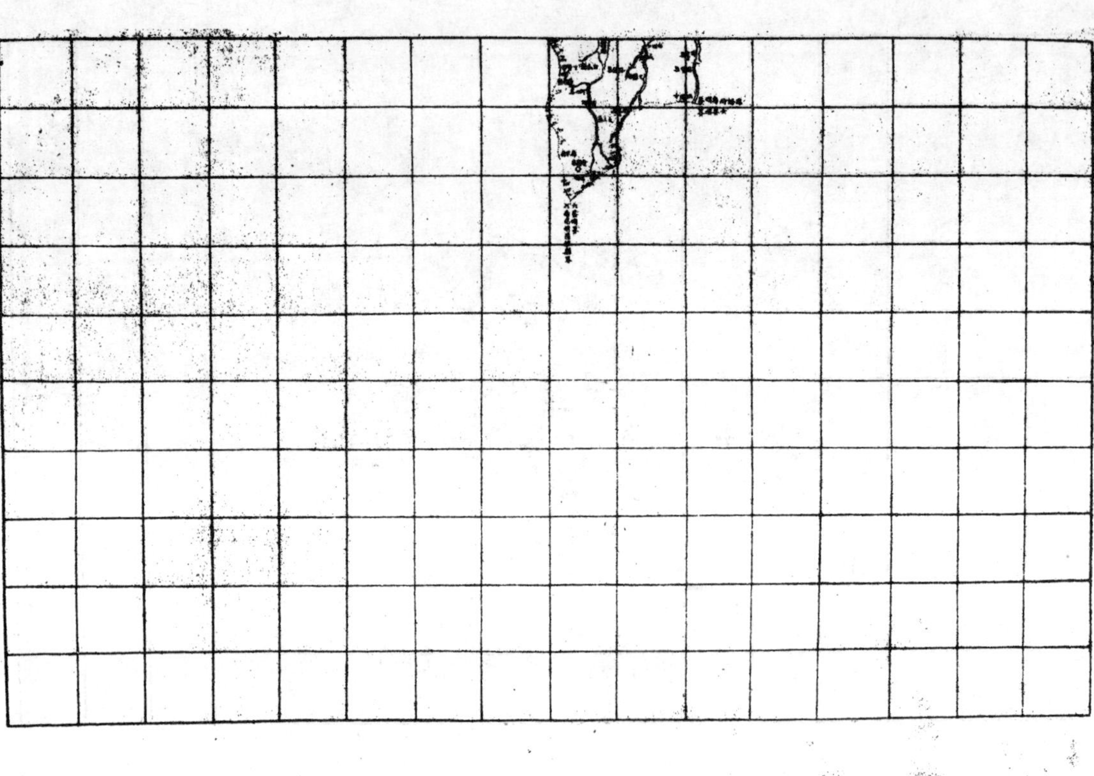

潁州府在省治北八百四十里。至
京師一千八百二十里。領州一縣六。治阜陽。東南潁上霍邱亳州。西北太平。東北蒙城渦陽
淮水自河南光州息縣來。經阜陽縣西南緣界東南流。汝水自河南汝甯府新蔡縣緣界東南流來會。又東南經地里城。折東北入境。谷河出縣西油店橋東南流注之。又東經三河尖受史河。河自息縣東北流入界。經霍邱縣西北泉河亦自其縣來合張家塘水注之。又東北注淮水。淮水又東經潁上縣南霍邱縣北。清河自府治

西南流絕大潤河屈東南流注之。又東大潤河出阜陽縣西南合數水東北流會小潤河絕清河而東經潁上縣潤河集注之。又東經趙家集受西湖水。湖上流曰緯河。出霍邱縣南梅山。合下螺山諸水北流匯為洪塘湖。又北出合新開河為西湖。又北夾任家集為二港注於淮水。淮水又東南經溜子口受東湖水。湖上承泧水自六安州北流入界。經霍邱縣治東南合二小水。經白澗口匯為東湖。又東北流注於淮水。淮水又東南。淠河亦至六安州北流經縣東南滋陽

寺緣鳳陽府壽州界西北流來注之又東折北經西正陽關受潁河水水自河南陳州府沈邱縣東南流入界經太和縣西北界首集東南流八丈河亦自其縣來匯為聶家湖東南流注之又東南經縣治西又東南經阜陽縣西北至三里灣小沙河自沈邱縣來合流鞍河及延河柳河白洋湖西七里湖水東流來會又東南七里湖合府治城河北流注之又東茨河即古細水自河南歸德府鹿邑縣來合西洺河宋塘河谷河北八丈河伍名溝梁莊湖水來會又東南經潁上縣西北左納烏江水右納江家湖水又經縣東北左合樊家湖荆家湖水經縣治北又東至楊家腦南左出為沙溝又東南至沫河口並注淮水入鳳陽府壽州界西肥河自鹿邑縣東南流入界經太和縣北亳州南絕宋塘河東南流忠心溝上承渦河水左出為乾溝又西南流注之又東經阜陽縣東北苗家集右出為母豬港左受清游湖水又東南右出為梁莊湖又東南鑽入鳳陽府鳳臺縣界復經潁上縣東北折東南合濟水仍入其縣界渦河自鹿邑縣東流入界經亳州西合清河經州治北而東馬尚河上承古宋河自歸德府商邱縣來南流注之又南急三道河自鹿邑縣來東流右出為宋塘河又東北流注之又南清水河亦自鹿邑縣來絕宋塘河而東為十字河又東南左出為百尺河並東流注之又南左納漳河水又南右出為忠心溝折東經渦陽縣右出為龍鳳溝桉溝界溝又東經縣北武家河水上承沙河自商邱縣來東南流注之又東南五毒溝水合白泥湖窪水注之又東南左出為銀溝金溝又東南經蒙城縣西北左出為沙溝右納七里溝水又東南左出二支溝又東南合界溝水入鳳陽府懷遠縣界清游湖在渦陽縣西南匯乾溝龍鳳溝桉溝界溝水南通西肥河東出復為蔡湖南通花溝水左納銀溝金溝水又東南出為茨河又經蒙城縣西又東南左納沙溝麻山溝水右出為獅子溝涇泥河大溝三水又東南經東木橋入鳳臺縣界北肥水自歸德府永城縣南流入界經亳州東豬為花馬潭左通芭河又南流經渦陽縣北新興鎮為白湖窪又東南經龍山營右出

為五壽溝。又東南經蒙城縣南檀城集。右出為七里溝。又東左出支港東流入鳳陽府宿州界。正渠又東南右出為界溝。又東入鳳陽府懷遠縣界。芭河自永城縣南流入界。經亳州東北右通花馬潭水。又東南錯入其縣界。復緣界東南流經渦陽縣東北石弓山。又東南入宿州界。花水澗溹溝出潁上縣東北俱東南流入壽州界。府東界鳳陽府。西界河南汝甯府。南及西南界河南光州。北及東北界河南歸德府。西南界河南陳州府。東南界六安州。

欽定大清會典圖卷一百七十七

輿地三十九

廣德州圖

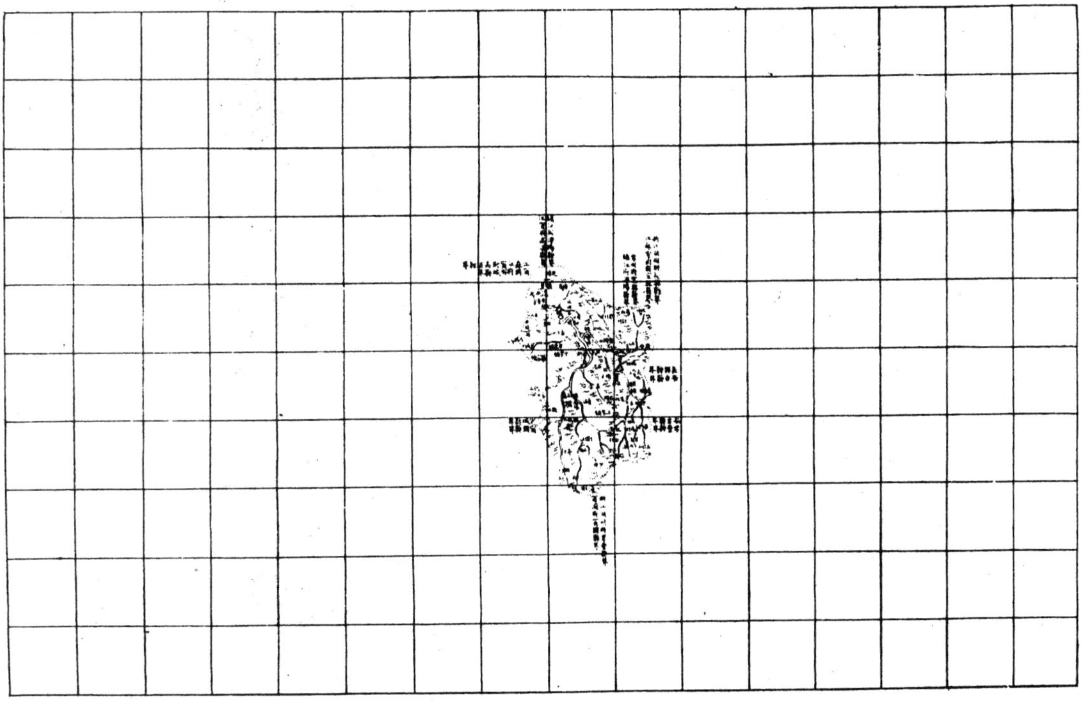

廣德州在省治東六百二十五里。至京師二千七百八十里。領縣一。西北建平。郎川一名綏溪上源曰桐川水。出州西南白石山。北流左納一水。又北屈東福巡溪合上汭下汭諸水北流來會。又東北經誓節渡右納英溪水。又東北經建平縣東南山下鎮北會鯉洪溪。溪上源為環溪甘溪。俱出州東南石鼓山。並北流合東亭湖水為鯉洪溪。又西北雄溪石溪乾溪合北流注之。又經州治北。碧溪水出州東義蒼山。西南流注之。又西北九斗川出州北五花巖山合杭村諸水曲西南流注之。又西北經建平縣東南。與桐川會為合溪。又西北為郎川。屈西經縣南。又西瀦為南漪湖。西南跨甯國府宣城縣界。其支渠西流合北河水蕩南湖水。亦入宣城縣界。裏南湖在建平縣南。方家鋪水匯焉。梅渚河出建平縣北。東北流入江蘇鎮江府溧陽縣界。州東至南界浙江湖州府。西界甯國府。北界江蘇鎮江府。東北界江蘇常州府。西北界江蘇江甯府。

滁州圖

滁州在省治東北六百五十里。至京師二千二百五里。領縣二。西南全椒。東北來安。滁河自廬州府合肥縣東南流入界。經全椒縣西折東緣和州含山縣界。左合二小水。又東經陳家市。緣和州界。屈東北流。經全椒縣東南觀音庵圩襄水出縣西北石臼山。東南流合白酒岡水楚迷溝水查瀾水注之。又東北經州治南錯入江蘇江甯府江浦縣界。復經來安縣南受烏衣河。河出來安縣西北嘉山曰秋沛水。東南流。右納獨山水。經州北。右納盈福河水。又南。瓦店河出

州西北磨盤山。合曲亭澗諸水東南流注之。屈東南。經州治東。小沙河貫城東流注之。紅沙澗上源曰雙沛河。出來安縣清河嶺南流注之。又東南。來安水出縣北馬嶺合高官水經縣東合白石塘水南流注之。又東南注于滁河。滁河又東赤山湖上游曰吳沛水。出來安縣東西龍山南流注之。又東入江甯府六合縣界。白塔水出來安縣寶山右合長店水。入泗州天長縣界。小馬廠水。出州西南合一水西南流入合肥縣界注滁水。州東及東南界江蘇江甯府。西及西北

界鳳陽府。南界和州。北及西北界泗州。西南界

廬州府。

和州圖

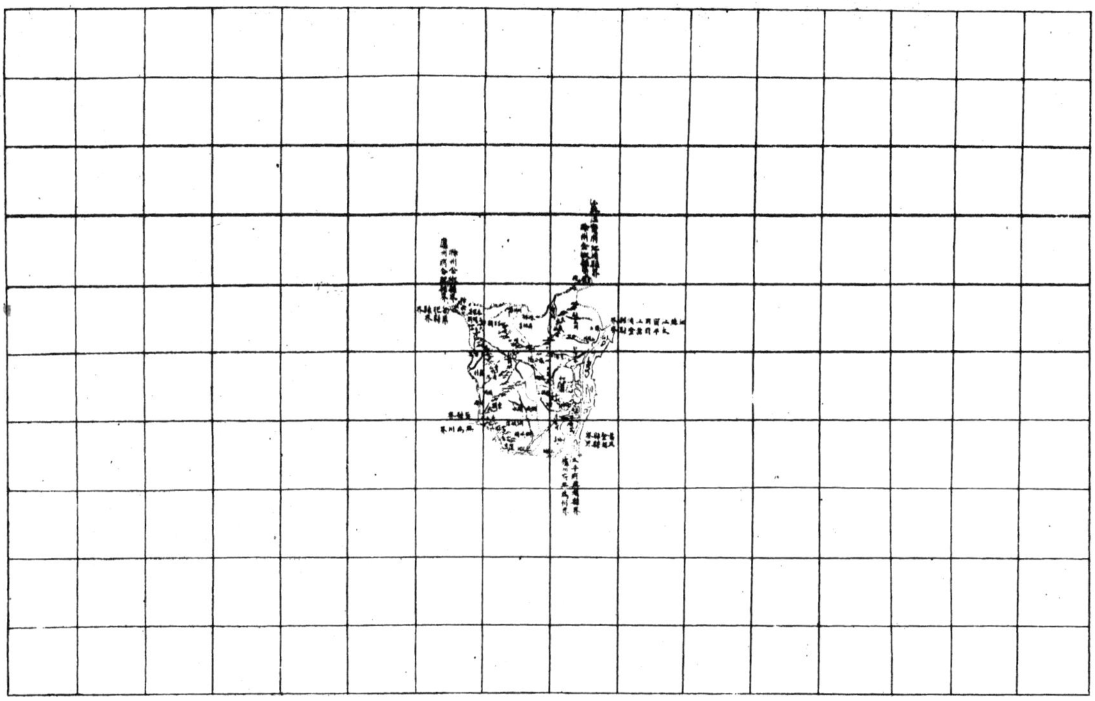

和州在省治東北四百六十里至
京師二千二百八十里領縣一○西北含山○大江
自廬州府無為州緣界北流○經州東南○其右
岸為太平府蕪湖縣界○又北受裕溪水○水為
濡須水○正渠上源為巢湖○自廬州府巢縣來○
青溪水出含山縣西青山○合黃溪及二小水○
緣巢縣界東南流注之○又緣含山縣界東南流○
經運漕鎮○又經州西南至三汊河○左出支津為
牛屯河○又東經雍家鎮○折北經裕溪鎮注于江○
大江又北○其右岸為當塗縣界○又經西梁山營
北受牛屯河○河上承濡須水支津自三汊河東
北流○經銅城閘○合銅城閘水○又東北經州西南
為牛屯河○亦曰運河○又東左出支渠○絕五港○經
州東而北注太陽河○其正渠東經牛屯汎注于
江○大江又北○受麻湖諸支津水○湖在州西北上
為含山縣河○出縣西北大方山○東南流經縣治
南○合數小水○又東南○經張家橋○豬為麻湖○又東
出歧為太陽河○為歷湖○為姥下河○諸水至州治
東歧為五港○並絕牛屯支渠而東注于江○大江
又北○黃水湖東流為白洋水○合諸支港注于江○

大江又北。石跋河上承若湖水東流注之。又東北。經烏江鎮左納駐馬河水。又東北入江蘇江甯府江浦縣界。滁河自滁州全椒縣來。經含山縣西北。緣界東流。合一小水。又東經河村埠至州西北右納紅草湖水。又東北經官渡仍入其縣界。州東及東南界太平府。西至南界廬州府。北及西北界滁州。東北界江蘇江甯府。

六安州圖

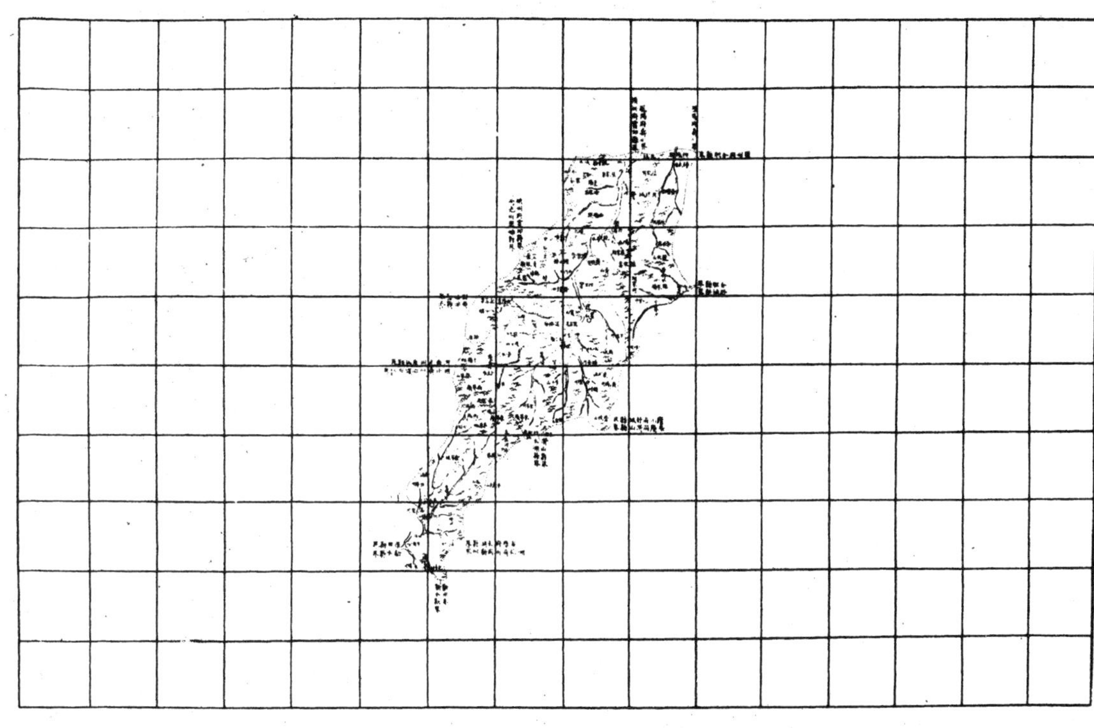

六安州在省治西北四百四十里至
京師二千九百五十里。領縣二。西南霍山英山。淠
河一名沘水。出霍山縣西南碁盤嶺。北流右合
漫水河桃源河水。又東北受中埠河。河出縣東
南界岩拔山。合數小水西北流。甄家山草牛山
諸水注之。又北流太陽河出門檻嶺合數水東
北流注之。又東北右合柳林河注淠水。淠水又
東北經縣治西。一水自州西南境東流注之。又
北右納下店河。折西北經州西南兩河口。壁河
出州西南清風嶺合二水東北流注之。又屈東
北。左右各納一小水。又東北右納陡步水陽家
水。又經州治西而北空籠山水合一小水東北
流注之。又北左納徐家集水右納蔡家河。又北
合一水入鳳陽府壽州界。落里河一曰英山河。
出英山縣東北。二源。西曰西洪河東曰東洪河。
西洪河出西界嶺西南流小陽河出碁盤嶺西
南流注之。又西南左右各合數小水。又經縣治
西。右納西陽河為落里河。折南會東陽河。河上
源為東洪河。出東界嶺合數水西南流為東陽
河。經縣西南左納北澗河。又西南會落里河。落

里河又南左納大岅河水。屈西南至皁角樹。雞鳴河自湖北黃州府蘄州來。經縣東南氐寺前。緣界西北流注之。折西入蘄水縣界。柳槐澗出州東南龍穴山。北流。左右各合數小水。入壽州界。小界河出州東南楮皮嶺。東北流。其右岸為廬州府舒城縣界。又東北右納陶家河。又東北苦竹水一曰大界河來會。又東北入舒城縣界。黃楊河出霍山縣東南。東北流。亦入舒城縣界。淠水一名窮水亦名豊水。出州南窮谷。東北流。入潁州府霍邱縣界。小河水自霍邱縣來。緣州界東北流。仍入其縣界。州東及東南界廬州府。西至北界潁州府。南及東南界安慶府。東北界鳳陽府。西南界河南光州湖北黃州府。

泗州圖

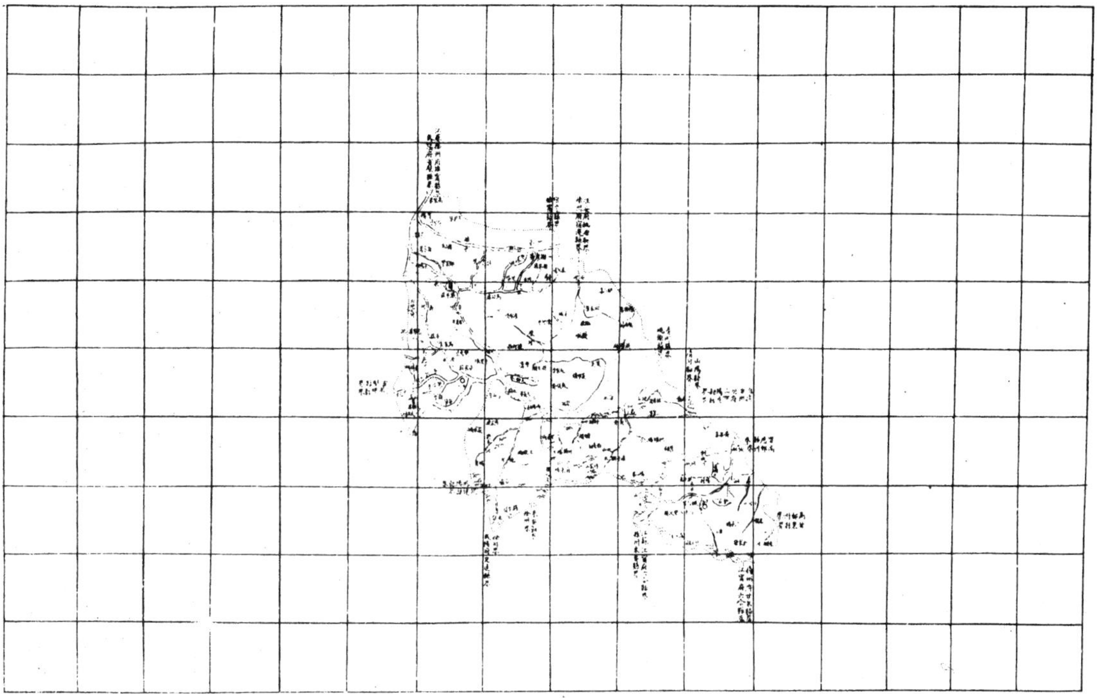

泗州在省治東北八百八十里。至
京師二千二百里。領縣三。東南五河。盱眙天長。淮
水自鳳陽府鳳陽縣來。緣界東北流。經五河縣
西南。又經縣治東受岳河水。水自鳳陽府靈壁
縣東南流合長直溝水入界。經州西南合其縣
之北沱河沱水馬路溝水。又經五河縣北。澮水
亦自其縣來合香澗湖水赤龍澗水。又東北流
來會。又東南注淮水。淮水又東。受潼河。河上自
長直溝分為荀家溝水。東南流。洋城湖亦分長
直溝水東流注之。又東南。環州治絕汴水故渠
而南為潼河。左合一水瀦為天井湖。又南流注
淮水。淮水又東南。左為大柳港。右為桃溪。池河
自鳳陽府定遠縣來。東北流合許家河水分流
注之。澗溪水北流分三港來注之。折東北河梢
橋水磨刀澗水並北流注之。又東北。經縣治北
瀦為洪澤湖。東接江蘇淮安府桃源清河二縣
界。溧河安河自其北匯馬滾子澗合枳頭橋水
與搖蕩溝水並自其南匯馬雙溝水自其西南
匯焉。東南分為蔣家五壩並洩湖水入江蘇揚
州府寶應縣界。睢河分長直溝水。自渭橋東北

流右納搜箭溝水又東豬爲四山湖黑塔湖謝家溝水並北流注之又東入江蘇徐州府宿遷縣界汴河故渠自州治西承長直溝水絶潼河而東左納搜箭溝黑塔湖謝家湖胡家溝秦家溝水東南流注于洪澤湖石梁河出天長縣西三山屈東南白塔河自滁州來安縣東流入界合一小水注之又東經縣治北冶山水出縣南冶山西北流注之又東北至丁口右納感蕩湖水支津東出爲丁溪湖合洋湖水東北流入江蘇揚州府高郵縣界正渠折北流左納沂湖水

銅城河水又北入揚州府寶應縣界小河秦蘭河並出天長縣東南東北流入高郵州界州東及東北界江蘇淮安府西至南界鳳陽府北界江蘇徐州府東南界滁州江蘇揚州府江甯府

欽定大清會典圖卷一百七十八

輿地四十

江西省全圖

南昌府圖

江西省全圖一

中

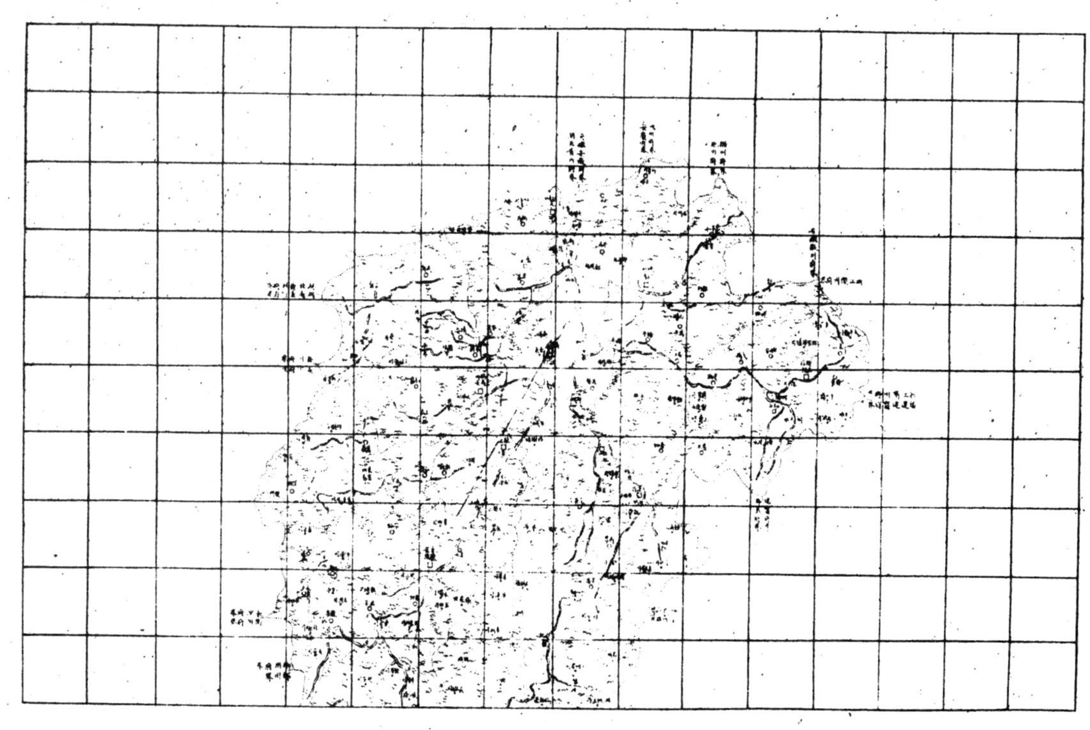

江西省全圖二

南

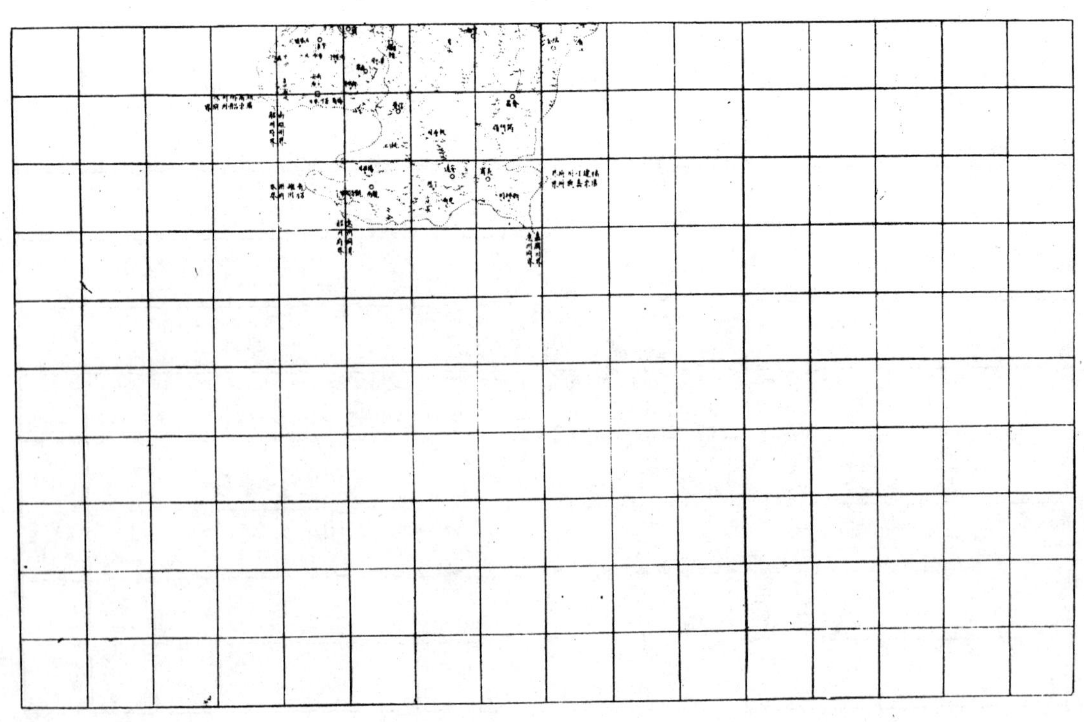

江西省在京師西南南昌府為省治江西巡撫布政司共治馬統府十三州一南昌府東南撫州府建昌府甯都州廣信府西南瑞州府臨江府袁州府吉安府贛州府南安府東北饒州府南康府九江府大江自湖北黃州府緣界東流經九江府北又東入境受鄱陽湖水又東北入安徽安慶府界鄱陽湖在省治東北貢水自福建汀州府東流入境經甯都州南西南流經贛州府東南折西北梅江合琴水西南流注之折西桃江東北流注之又經府治北章水出南安府西南分二渠合東流來會為贛江又西北經吉安府西南遂江自湖南來注之屈東北禾水東流注之又東北經臨江府東袁水東北流注之又東北經南昌府南蜀水東北流注之又經省治西而北滙于鄱陽湖汝水一曰盱江出建昌府南東北流經府治東合黎水折西北經撫州府東南為汝水又經府治北而西合宜黃水又西北經南昌府東南折東北滙于鄱陽湖信江出廣信府東北南流屈西經府治南又西南桐木水合樫花水注之屈西北經饒州府西南南昌府東滙于鄱陽湖鄱江上承婺江自安徽徽州府緣界西流經饒州府東又西入境為鄱江又西北經府治東南昌江上承大北水亦自徽州府西北流來會又經府治南而西滙于鄱陽湖修水出南昌府西北合武甯水東流經南康府西南繚水三源合東北流注之又東北滙于鄱陽湖龍門江出袁州府西屈西流入湖南長沙府界三阬水出贛州府東南屈東流入廣東惠州府界東至浙江界西至湖南界北至湖北界南至廣東界東北至安徽界東南至福建界

南昌府圖

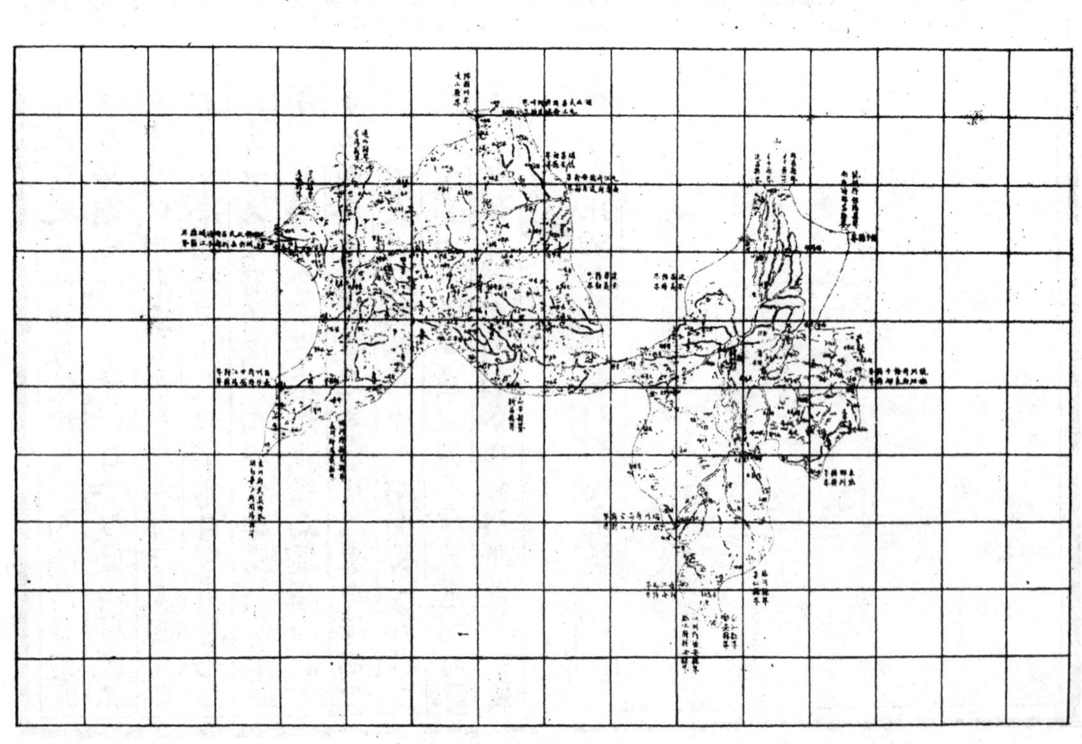

南昌府為江西省治。至
京師三千二百四十五里。領州一縣七。治南昌新
建。西奉新。東南進賢。西南豐城。西北靖安武甯
義甯州。鄱陽湖即古彭蠡湖。在府東北。東接饒
州府餘干縣界。北接南康府都昌縣界。豫章江
上源曰贛江。又名劍江。自臨江府清江縣東北
流入界。經豐城縣西南槎熓東北流。左納曲水
清潭水。又經縣治西東北流至小江口。受豐水。
水出縣南杯山。合界嶺水北流。沈香溪一名西
港二源並自臨江府清江縣來合東流注之。折
東右納富水。又東槎溪出猴嶺。分二支一東合
文江入撫州府臨川縣界。一北流來注之。又東
北注劍江。劍江又東北經大江口右納南街港
支津。又東北經府治南昌縣西新建縣東曲曲
北流至瑞河口。瑞河一名蜀水自瑞州府高安
縣來合料嶺水支津杭溪水東流注之。又北合
南街港支津。又東北經三村受南街港。港上源
曰箭江。自撫州府臨川縣來。合其縣之雩韶水
西北流。左納隱溪。又西北右出支津為西洛水。
正渠又西曰南街港。左出支津注贛江。正渠又

北支港紛錯。右通西洛水。左通贛江。又北經府
治西南三村注贛江。贛江屈東北經府治西曰
豫章江。蚪嶺水亦自高安縣來合潭源香城源
合流之水東北流注之。又經章江渡南歧為二。
並東北流。左納東源水。翠嶺水吳源水。復合又
東北支渠交錯俱東流匯於鄱陽湖。正渠又北。
馬融河水細港水並自南康府來東流注之。又
北屈而東經吳城鎮匯於鄱陽湖。三陽水在進
賢縣東北三陽集。上源三。曰南陽水。曰洞陽水。
曰武陽水。武陽水即汝水一名盱江。自撫州府
臨川縣北流入界。經進賢縣西。南昌縣東南左
合西洛水東北流左出支津會瑤湖及楊家灘
水匯於鄱陽湖。正渠東北分流復合。經進賢縣
西北潴為武陽湖。北出支津注鄱陽湖。正渠又
東流至三陽集會為三陽水。洞陽水上源為羅
溪及託固水並出進賢縣西。合九曲水西支及
日月湖支津潴為羅溪湖。又西北潴為洞陽湖。
東北流經三陽集亦會三陽水。南陽水上源為
院澤水及長樂港水。並出進賢縣南。北流通濟
水出縣東合優游水西南流注之。又屈曲北流

爲九曲水。分流復合。經縣東北分支津注羅溪湖。正渠東北流瀦爲日月湖。池溪水自撫州府東鄉縣西北流注之。又北合鍾陵水瀦爲南陽湖。至三陽集並會三陽水。三陽水北流瀦爲金溪湖匯於鄱陽湖。信江自餘干縣來合潤溪水西北流匯於鄱陽湖。修水出義甯州西南黃龍幕阜二山。合桃樹港水杏花水磜口水渣田水百萬水曲東流。東津水二源合東北流注之。杭口水出太陽山南流注之。又東經梁塘口。武甯水出州西南大圍山。東經銅鼓營合石橋水黃岡水。折北合帶水金鷄洞水大源水及東鄉麻洞合流之水屈曲北流注之。又東經州治城南。安坪水出州東南茅竹山合秀水獮王山水西北流注之。折而北經治東。屈東北流右納梁口水。又經武甯縣西南左納斜石水。折東洋湖水出義甯州合清江水北流注之。曲東流右納牛皮洞白石港水。左納下絰水西渡水東溪水。經縣治南右納楊蒲水鳳口水。又東巾口水二源合南流注之。又東右納中潢水。左納箬溪水。復右納三硔水。東流錯入南康府建昌縣界。復經

吴城鎮西北匯於鄱陽湖。潦水三源。一曰北河。一曰南河。一曰馮水。馮水爲潦水南源。出奉新縣百丈山。東南流。側潭水二源合南流注之。金港源水自瑞州府新昌縣東北流來注之。又曲東流左納龍頭水。右納白水。復左納羅坊水會埠水龍溪水。復右納藏溪水龍珠水。至縣治南。鳴水自瑞州府高安縣東北流來注之。又東北左納三溪水。經來埠入南康府安義縣界。南河爲潦水中源。二水並出靖安縣西白沙坪及龍頭坳。合東流右納委源水。左納黃茅水九洞水。復右納廻溪水。經縣治南。又東南右納石馬水。左納塔里水。東流亦入安義縣界。北河爲潦水北源。二水並出靖安縣西北大坳崙及峡洞合東流經縣北。折東南左納大梓水。亦入安義縣界。李源水出新建縣西北羅漢嶺。東北流折西北亦入安義縣界。文江水出豐城縣東南堯山。北流折東入撫州府臨川縣界。桃花嶺水杏花水俱出武甯縣東南。東流入建昌縣界。中村水出武甯縣西北石艮山。東北流入湖北武昌府界。焦洞水及其南汨水俱出義甯州西南山西

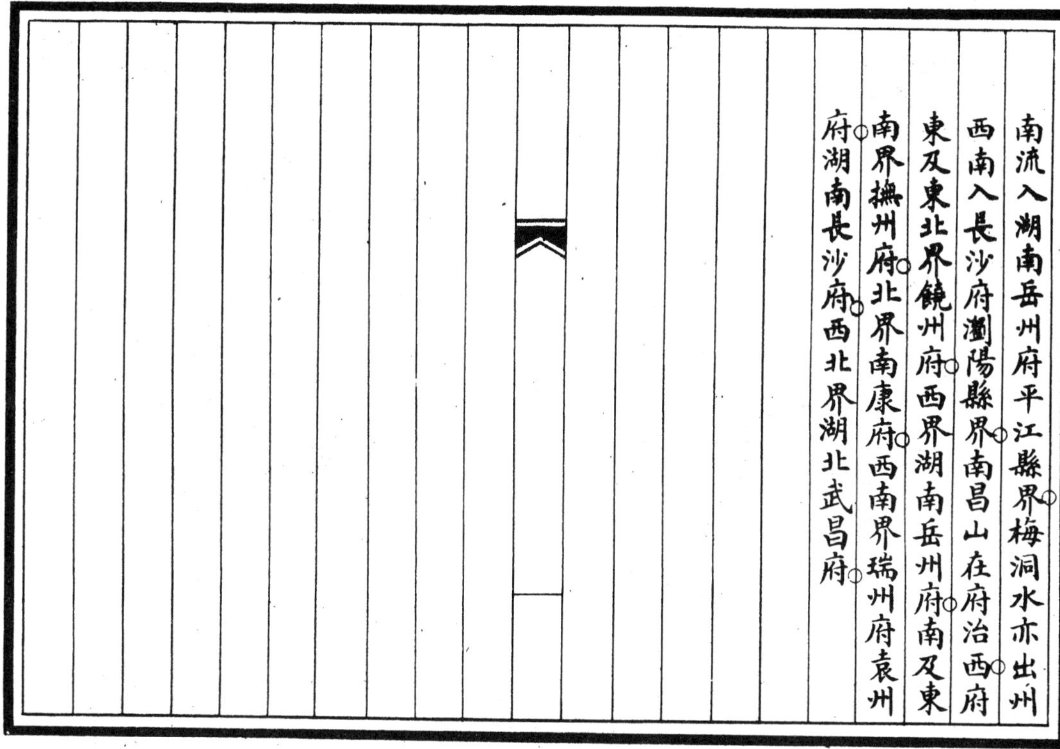
南流入湖南岳州府平江縣界○梅洞水亦出州西南入長沙府瀏陽縣界○南昌山在府治西○府東及東北界饒州府○西界湖南岳州府○南及東南界撫州府○北界南康府○西南界瑞州府袁州府○湖南長沙府○西北界湖北武昌府○

欽定大清會典圖卷一百七十九

輿地四十一

饒州府圖

廣信府圖

饒州府圖

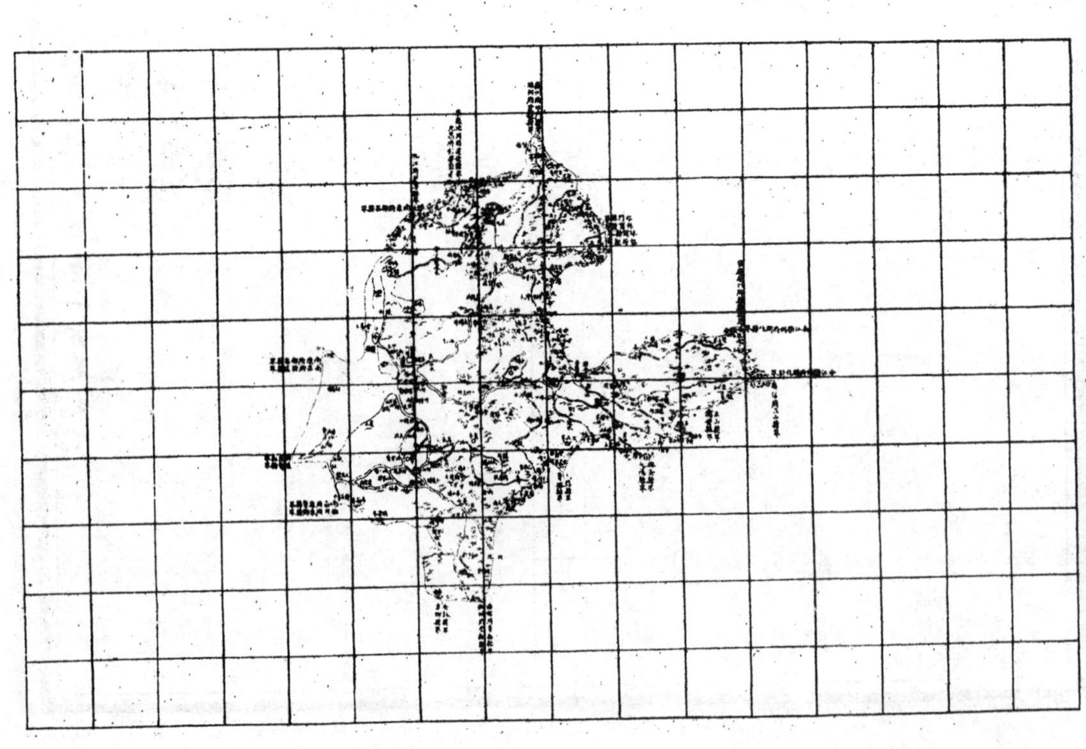

饒州府在省治東北三百六十里。至京師三千三百五里。領縣七。治鄱陽。南餘干。東南萬年。安仁。樂平。德興。東北浮梁。鄱陽湖在府西。南接南昌府新建、進賢二縣界。北接南康府都昌縣界。信江一名錦江。又名安仁江。自廣信府貴谿縣西北流入界。經安仁縣東南岡上周西北流經縣治南。白塔河二源。一自貴谿縣來。一自撫州府金谿縣來。至鄧埠鎮合。西北流。左納烏石澗水。又北流注之。又西北經餘干縣東南桐口灘歧為二。南派西流經李林鋪。右出一支津。又西經詹家渡。會北派。北派自桐口灘西北流經小蔡鋪。右出一支津。又西北經縣治南。又西經西津渡。復右出一支津。又西經江家埠。合南派支津。又西經三塘。折西南。與南派會。又西經王馬塹。亦曰瑞洪。河潤溪自東鄉縣來北流注之。折西北經瑞洪西。匯於鄱陽湖。竹屯河出安仁縣東北百丈嶺。西流經萬年縣南牧羊鋪。折而北。右納鞭嶺水。又北經縣治南。折西經遯湖鋪歧為二。北派西流至卦口。南派西南流合信江支津。折北來會。又西北經淦港東。信江支津自洪家嘴分二支來注之。又西北經石頭口。又西北。北出一支津通樂安江。正渠又西北經表恩山北。匯於鄱陽湖。鄱江上承安徽徽州府婺江。西南流經德興縣東北界。曰大溪。西南流經灣頭市。銀港出縣東三清山。屈西北流注之。又西南經烏石。泊水出縣東泊山。西流經縣治南。屈西北注之。又西南入界。經樂平縣東北黃柏渡。曰樂安江。又西南經洺口市。潭溪自廣信府興安縣來。西北流注之。又曲折西流經烏頭嶺。受儴源水。水自興安縣來。經德興縣東南篁村西北流。至雙港。建節水出縣東南霧山。西北流注之。又西經樂平縣東南銅山港口。銅山港自廣信府弋陽縣來。西北流注之。又西經烏頭嶺。注樂安江。樂安江又西北流經上田嘴。丈溪上源曰濬源水。亦自婺源縣來。合樂居山水。南流注之。又西南殷河水出萬年縣東南百丈嶺西北流注之。又西北經小溪。內河水出縣北鎾山。東南分流。復合注之。折西南經魁保東。天分水南流注之。又西經萬年縣北府治東南至樂安河汛。左納竹屯河支津水。又東北會昌江。江一名北河上承安徽徽州府祁門縣大北水西流入界經浮梁縣東北倒湖鎮屈曲西南流至流口小北水亦自其縣來西南流注之又西南經縣治東昌江口鄱源水一名東河出縣東率山合天寶水南風嶺水西流注之經縣治南又西南至三閭廟大演水一名西河自安徽池州府建德縣來合洗馬橋水南流注之又南經景德鎮西長溪水自婺源縣來合柳家灣水西流注之又經府治東北屈曲西南流經角山北與樂安江會是為鄱江西流經府治南又西經祝君埒北支津西南注鄱陽湖正渠西北流經十八埒會饒水水一名石門港亦自建德縣來經府治北煙沖嶺西石門司東西南流經青林北樹長港自池州府建德縣來南流注之又西北禪山港亦自其縣來西南流注之又西經泥灣市西折而南經章田渡西豬為烏埒湖又西南經獨山西童子渡港出縣東北交椅山合千秋河水西南流注之又南左匯為珠湖又南與鄱江同匯於鄱陽湖府東界浙江衢州府西界南昌府南及西南界撫州府北界安徽池州府東南界廣信府東北界安徽徽州府西北界九江府南康府

廣信府圖

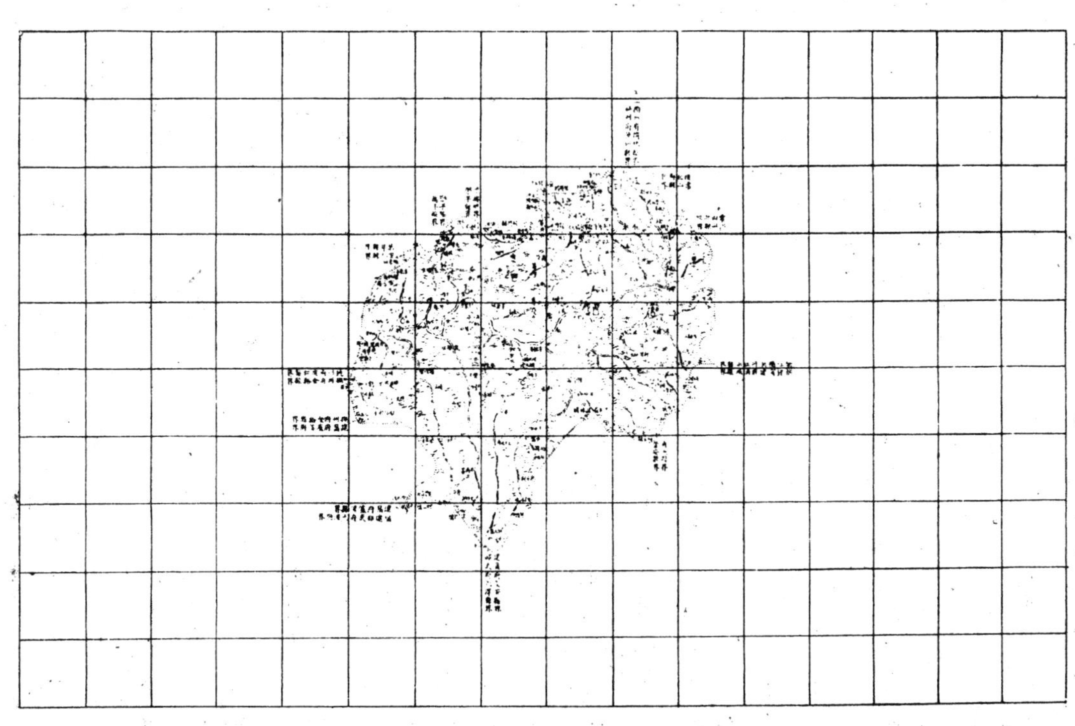

廣信府在省治東南五百六十里至
京師三千八百五里領縣七治上饒東廣豐西貴
谿東北玉山西南鉛山西北興安弋陽信江二
源曰上干溪下干溪上干溪一名玉山溪俗名
金沙溪出玉山縣北懷玉山東南流經縣東北
合太平橋水折西南經縣治南曰玉溪河崙溪
一名玉琊溪亦出懷玉山西麓東南流注之南
流至灣村鎮北下干溪一名下鎮溪出縣東大
隴山西南流來會折西南經沙溪汛右納沙溪
水又西經府治東靈溪出玉山縣西北天門峰
東南流注之是為上饒江經府治南又西至白
鶴渡受永豐水水自福建建甯府浦城縣西北
流入界經廣豐縣東南二渡關曰二渡關水西
北流經縣治南杉溪一名永平溪出縣東威峯
山南流折西注之又西流右納永豐溪水又西
南經上饒縣東南封禁山水出上饒縣東南封
禁山西北流注之又西北注信江信江又西經
龍潭鋪南楮溪出府治北三十六折嶺南流注
之又西經焦石汛南又西南經鉛山縣東北洋
林港合港一名石溪二源並出上饒縣東南岑

陽關及梅溪關合西北流注之又經河口鎮北
西流至汭口市受桐木水水出鉛山縣南桐木
關屈曲東北流經下水口車盤水出縣南分水
關北流注之又東北經下渠右納溫林水折西
北經下阪檉花水出縣南盤肩嶺曲北流注之
又西北注信江信江折西北流經興安縣南鉛
山縣西北左納港東水右納黃沙嶺水又西北
經弋陽縣東南曰弋陽江至蕭公廟葛溪一名
西溪出上饒縣西北靈山屈曲西南流經興安
縣治南合岑港水來注之又西經縣治南西南
流至舒家港烈橋水出興安縣東北霧山西南
流注之又西南經流口雲際水出鉛山縣西南
曲北流注之折西北經貴谿縣東曰薌溪至山
口渡毛塘水出弋陽縣西北文山南流注之又
曲西流經縣治南又西北至金沙渡河橋水出
縣北百丈嶺西南流注之又至羊角渡須溪俗
名羅塘港出縣南昂山曲西北流注之又西經
鳳山渡塔橋水自縣西北鳴山南流注之折西
南經石鼓渡橫石港出縣南應天山曲西北流
注之又西經岡上周入饒州府安仁縣界為安

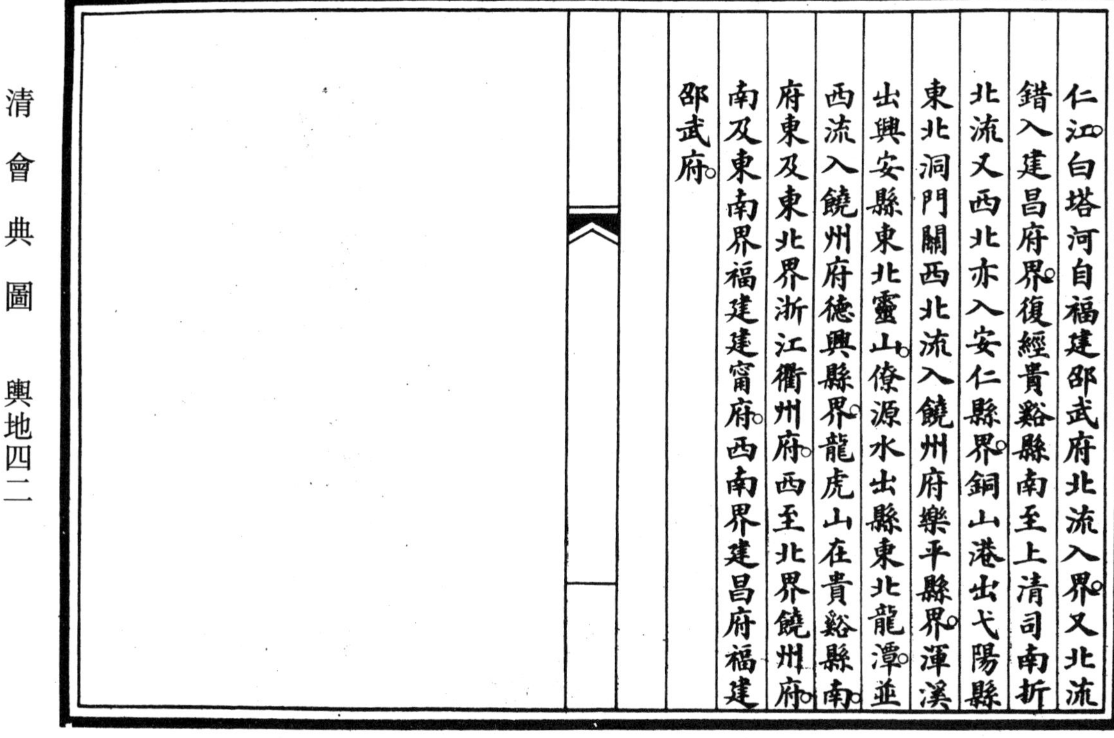

仁江。白塔河自福建邵武府北流入界。又北流錯入建昌府界。復經貴谿縣南至上清司南折北流又西北亦入安仁縣界。銅山港出弋陽縣東北洞門關西北流入饒州府樂平縣界。渾溪出興安縣東北靈山。僚源水出縣東北龍潭並西流入饒州府德興縣界。龍虎山在貴谿縣南。府東及東北界浙江衢州府。西至北界饒州府。南及東南界福建建甯府。西南界建昌府福建邵武府。

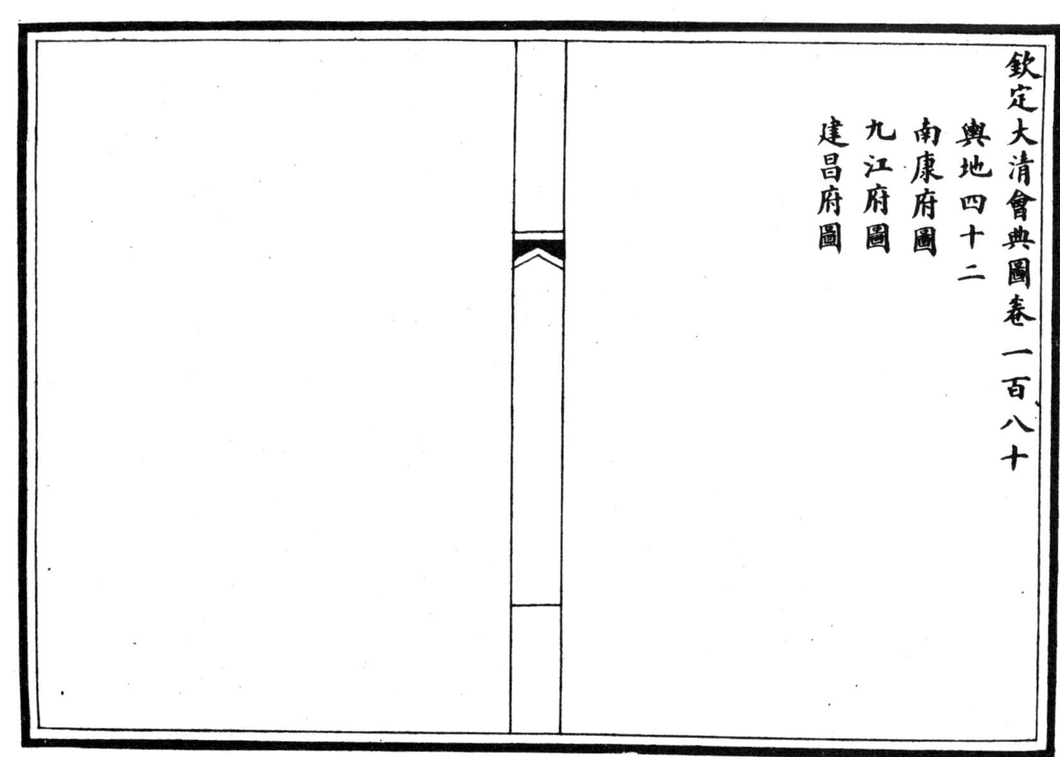

欽定大清會典圖卷一百八十

輿地四十二

南康府圖

九江府圖

建昌府圖

南康府圖

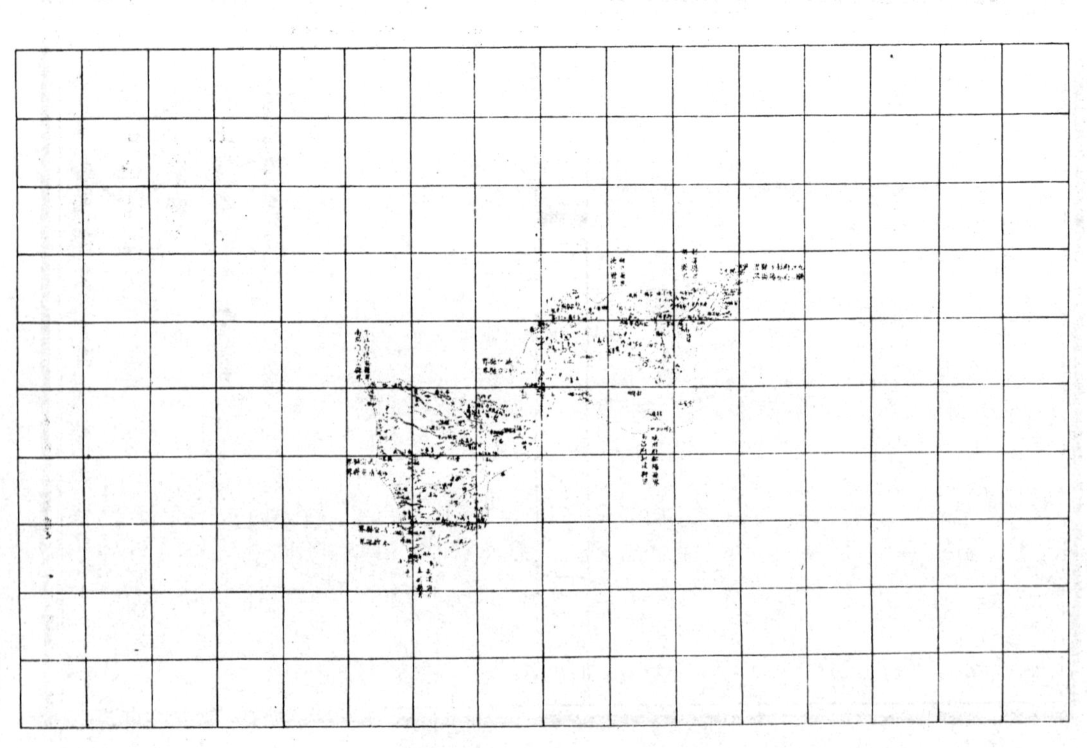

南康府在省治北二百四十里。至京師三千三十五里。領縣四。治星子。西南建昌安義。東都昌。鄱陽湖在府治東南。東接饒州府界。南接南昌府界。北入九江府界。修水一名建昌江。自南昌府武甯縣東流入界。經建昌縣西三硔灘東南流至張公渡。桃花水亦自其縣來東流注之。又東北流經醴阬山南。右納雲居山水。左納白楊港水。水西水。經縣南又東至楊柳津。杏花水一名赤石水。亦自武甯縣來東流合繚水支津北流注之。又東經涂家埠會繚水。水一名義興三合水。三源並自南昌府來。曰馮水。曰北河。曰南河。馮水自奉新縣合三溪水入界。東流經安義縣南至石鼻街。折而北至義興口。北河南河並自靖安縣來。經縣西南桐城街合東流來會。曰義興三合水。東北流。李源水自南昌府新建縣來東北流折西注之。又東北經萬家埠。珠絡水出縣西。東流注之。又東北經閔坊歧為二。並東北流至六溪復合。右納洪源水。又東北經建昌縣東南長溪口。左出支津注杏花水。又東北與修水會。修水又東南至花尖嘴。右出支津為馬融河。入南昌府新建縣界正渠。又東北經周坊。博陽水支津一名周坊水。自九江府德安縣來合鄭士橋水。東流注之。又東北經白京。右出支津為細港。東流亦入新建縣界正渠。又東北經府治南牛欄口。受博陽水。水一名木頭港。自九江府德安縣東流入界。經府治西南蘇家壋。龍溪出縣東黃龍山南。流注之。又至新池口。蓼花池上承康王谷石鏡峯紫霄峯三水南流注之。又東注修水。修水又東匯於鄱陽湖。西洋水一名後港。自九江府湖口縣南流入界經都昌縣北。西南流。左納華頭水。右納彭橋水。又南折西。右納龔家湖水。又西南匯於鄱陽湖。大沙湖出分水嶺。三汊港出侯家山。源頭港出呂公嶺。橫塘水出洗馬澗。玉溪水出飄水巖。俱在都昌縣東南流匯於鄱陽湖。汪家澗出星子縣北灑金岩。積餘水亦出縣北觀羊山。俱東南流匯於鄱陽湖。匡廬山在府治北。府東及東南界饒州府。西至東北界九江府。南至西界南昌府

九江府圖

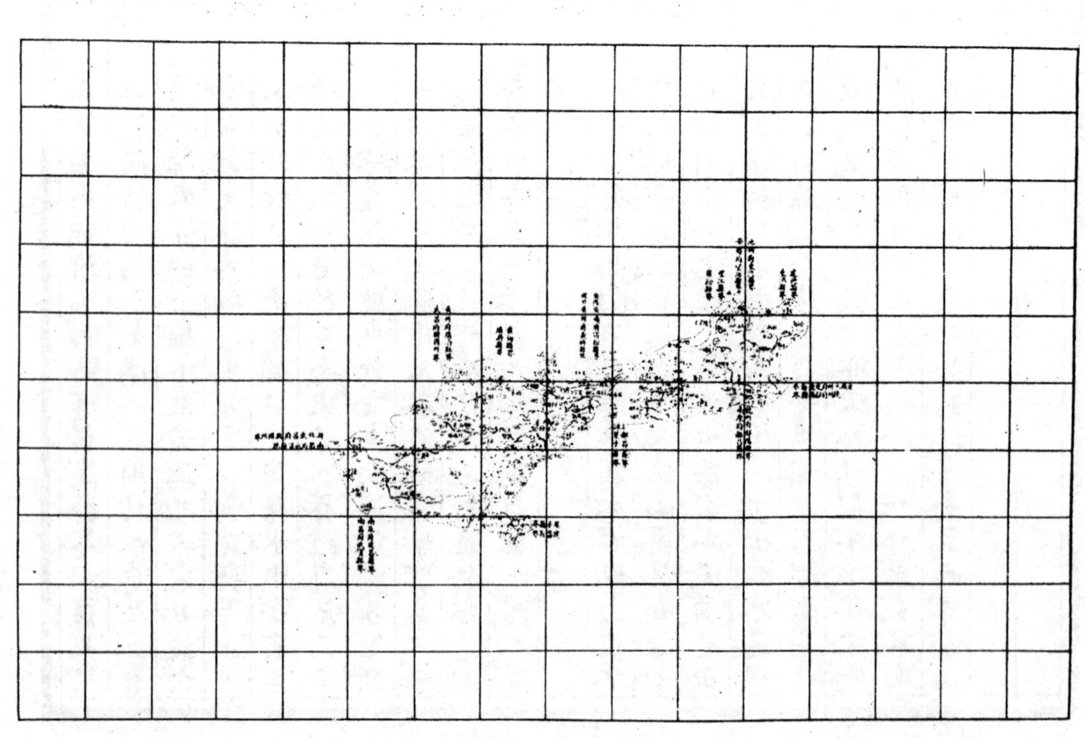

九江府在省治北三百里至
京師二千九百四十五里領縣五治德化西南瑞昌德安東北湖口彭澤大江自湖北黃州府緣界東流經瑞昌縣西北馬扶嶺北北岸為黃州府廣濟縣界又東經沙嘴北赤湖二源一出縣西北兀元山一出縣西金雞嶺會於港北市又東北豬為湖又北流注之又東經德化縣西曰潯陽江又名九江北岸為黃州府黃梅縣界又東北入界經二套口沙池水自黃梅縣來左分一支仍入黃梅縣界正渠南流合沙池湖水分數支來注之又經府治西北龍開河汎受湓浦水水一名龍開河出瑞昌縣西南青盆山東北流經桂林橋左納瀼溪水經縣治南又東豬為楊林湖又東北經德化縣西南豬為城門湖又東北為木湖金雞湖銅瓦湖鶴問湖沙河一名瀼溪港三源一出匡廬山一出白鶴洞一出五老峯會於沙河市東北流注之新橋水出天花井西北流注之又東北為菱角湖八里湖又東為甘棠湖北流注於江大江又東經府治北又東夾秦謝家洲永和洲而東經湖口縣北八里口受鄱陽湖湖在府東南自南康府北流經德化縣東南湖口縣西南右納阜湖南北港江家橋水蘇渡水左納女兒港周家嶺水又經湖口縣治西而北會於江大江又東經羅家渡清水港自安徽安慶府宿松縣西來注之又東北黃茅潭二源並出縣南椒樹阪及大嶺合流豬為潭北流注之又東北經彭澤縣西南漏罐口受母鯉湖湖上源曰馬埠水出湖口縣東南明脈山北流豬為方湖筲箕港出縣西南武山北流注之黃土港出縣東南蕭家嶺合安樂港北流折西注之又北為母鯉湖右納六口水又北注於江大江北流經縣治西又北過小孤山經馬當鎮北入安徽安慶府望江縣界雙溪一名瀼子港出彭澤縣東南浩山北流經汪家渡豬為青草湖又北為天井湖又北別出二支津並北流入安徽池州府東流縣界又西為大泊湖又西北為場上湖瀼溪出縣東南望梅嶺合橫港水北流注之又西北經走馬鋪亦入東流縣界博陽水古名數淺水出瑞昌縣西南小坳南流經德安縣櫻桃山南折東流經烏石門鎮北黃

埔河一名北河。出德化縣西南高梁山南流注之。又東南經三港口潘溪一名廬山河一名東河。出德化縣南株嶺桃花尖諸山合西南流注之。又東南全帶河出縣西豹子巖北流折而東曰箬山河來注之。又東南經博陽山古名敷淺源。又東南經黃灣堡歧為二。一東南流。瀦為大塘湖石山湖東流入南康府星子縣界。一南流瀦為敬思湖曲湖漿潭湖北湖下坦湖擔水湖。東南流入南康府建昌縣界。黃土巖水出瑞昌縣西南黃土巖合北雜阪水西流入湖北武昌府興國州界。匡廬山在德化縣西南。府東界安徽池州府。西界湖北武昌府。南界南康府。北及西北界湖北黃州府。東北界安徽安慶府。東南界饒州府。西南界南昌府。

建昌府圖

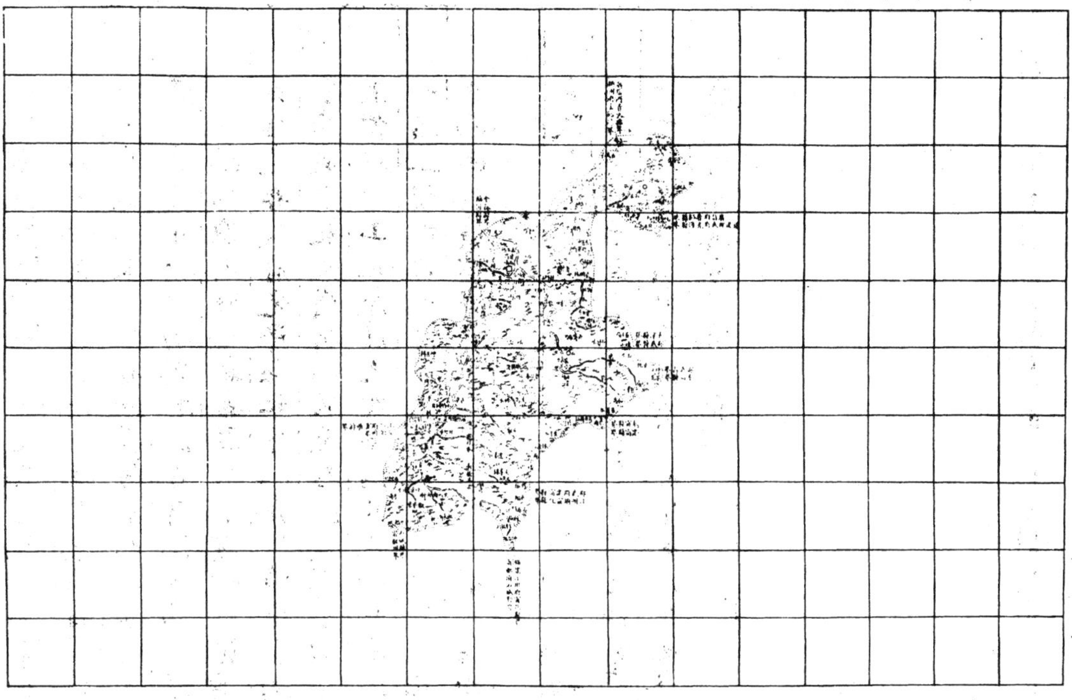

建昌府在省治東南三百六十里。至京師三千六百五里。領縣五。治南城。東南新城。西南南豐。廣昌。東北瀘溪。盱江為汝水南源。一名建昌江。出廣昌縣東南血木嶺。西北流至吹風嶺。唐坊港出縣東南牙梳山西北流注之。又西北至巴口橋。石梁港出縣南甑感嵊東北流注之。又西北。大淩港出縣西南秀嶺西北流注之。又東北經縣治東。長橋港出縣東南白馬山西北流注之。又東北。右納學溪水。右納南村港水。又西北經南豐縣西南羅坊鎮西。左納

封石堡水鈞鐘巖水。右納密港水。又東北至磨刀渡。洗馬橋水出縣東南黃家隘西北流注之。又至縣治南。軍港水合布溪西北流注之。經縣治東又北。右納滄浪水。又經南城縣西南。左納厚平嵊水鹽堆嶺水。又經新豐司東。左納瓷龜堡水芙蓉山水。至縣治南。茅排水自臨川縣來東南流注之。經府治東。又東北至萬年橋鎮東會黎水。水一名赤溪。一名中川水。二源並出新城縣東南紅水嶺及七寶峯。西北流會於十里橋。折北經縣西。又西北至港口。西川水即龍安

水出縣西南會仙峯北流來會。又西北經府東南硝石汎。賫溪洵溪並出新城縣東北自飛猨嶺合北流爲東川水右納嶺村水西流來會。又西北至萬年橋東南與盱江會。盱江又西北經下港南入撫州府金谿縣界。白塔河一名瀘溪。自福建邵武府光澤縣北流入界。經瀘溪縣南東北流至長阬嶺折西又至石陂渡。瀘水出縣南黄石口山北流注之。經縣治北又西北。南港一名三溪亦自光澤縣來東北流注之。又東北。折而西入廣信府貴溪縣界。清江出瀘溪縣西高陂山。合彭田港水西南流亦入金谿縣界。麻姑山在府治西南。府東及東南界福建邵武府。北至西界撫州府。南及西南界甯都州。東南界福建汀州府。東北界廣信府。

欽定大清會典圖卷一百八十一

輿地四十三

撫州府圖

臨江府圖

撫州府圖

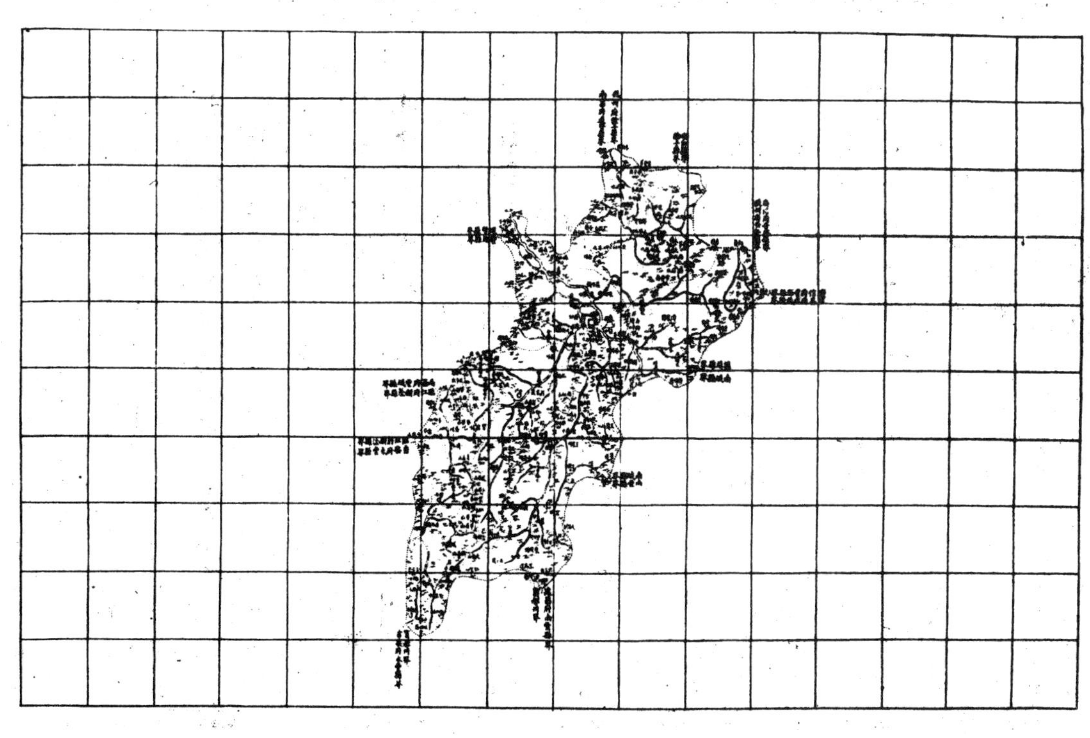

撫州府在省治南二百十里。至京師三千四百五十五里。領縣六。治臨川。東金谿。西南宜黃崇仁樂安。東北東鄉。盱江自建昌府南城縣西北流入界。經金谿縣西南。清江亦自其縣來西北分流注之。又西北左納彭橋水。又北至獅子山南。金谿二源出縣東皇尖嶺及上幕嶺。合西南流。又合工塘水苦竹水西流注之。又北折西經臨川縣東南。為汝水。又西至下馬山南。夢港三源出縣東南白楊嶺戚姑山界山。合硃嶺水北流注之。又西北右出為戴湖。又西北經千金陂歧為二。西北流經府治北。東支右通東鄉水。西支左納連樊水。又西北至黃江口受臨水。水一曰寶唐水。出樂安縣西北大盤山。合殷坊水東南流。十洞水合書堂水北流注之。又曲東北經崇仁縣西南。一水自相山來北流注之。羅山西源水東南流注之。又東北至恭華山。西甯水二源出縣南華蓋山金雞嶺合東北流注之。又東左納流苔水。經縣治南。又東北左納羅山東源水。又東北至孫坊。孤嶺水出縣東南合梅山水東北流注之。又東北經臨川縣西南曰臨水。合港水二源合東流注之。宜水出縣東南軍峯山。合漳水北流。黃水出縣西南黃土嶺。合仙源水藍水拱北橋水陟華橋水曹水東北流。會於汀家洲。曰宜黃水。右納黎水曲北流來會。又東北注汝水。西支汝水又西北經下渡合流。又西北。文江一名攬溪。自南昌府豐城縣來東北流注之。又西北經崇埠汎。受東鄉水。水一名三港口水。二源。一出東鄉縣東北竹山峽。一出縣西北雄嵐峯。會於港口。經縣治北西南流至三港口。黃塘水亦出雄嵐峯。合將軍嶺水東南流注之。大嶺水出縣東合花尖嶺水西北流注之。曰三港水。又西南經舍橋東折東南經湧湖渡。延橋水二源。一出金谿縣北晉科峯及金窟山。合梧溪水西北流注之。又西南經萬年橋。左納汝水支津。又西北注汝水。汝水又東至悅口店。復歧為二。左納樠山水。並西北流。左出支津曰雩韶水。又北合流。復左出一支津曰箭江。與雩韶水並西北流入南康府豐城縣界。正渠北流經温川渡入南康府進賢縣界。潤溪水三源俱出東鄉縣西北贊揚嶺。合西北流亦入進賢縣界。池溪出東鄉縣西北盧岡嶺西北流亦入進賢縣界。烏石澗水出東鄉縣東北螺首山東北流入饒州府安仁縣界。白塔河一名青田水。出金谿縣東北雲林峯。合三港水東北流亦入安仁縣界。茅排水出府治南。北流折東入建昌府南豐縣界。鼇溪水出樂安縣東北芙蓉山。西南流經縣治南又西折南經黃泥隴大溪出縣東南華蓋山。前圖水出縣南雞籠山。合西流注之。又南經車里渡徐莊水出縣南大梅嶺合遠溪水嚴塘水湖坪水北流注之。又西北入吉安府永豐縣界。府東至南界建昌府。北至西界南昌府。東北界廣信府饒州府。西南界臨江府吉安府甯都州。

臨江府圖

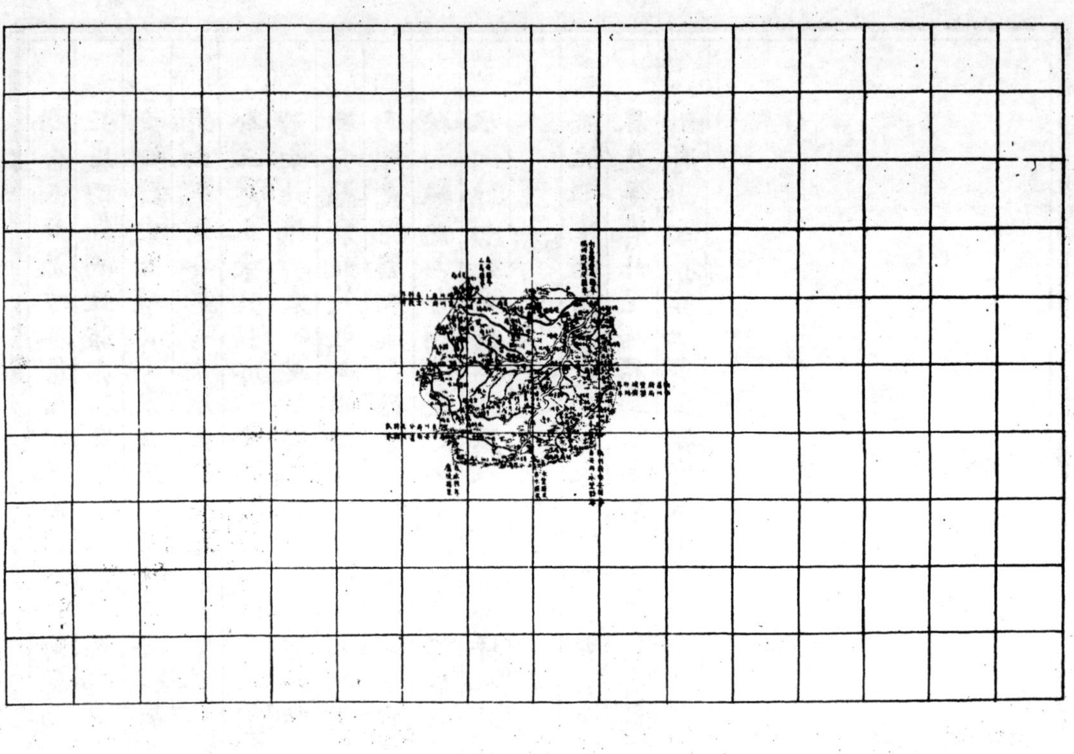

臨江府在省治西南二百十里至
京師三千四百十五里。領縣四。治清江。南新淦。西南新喻。峽江。贛江自吉安府吉水縣北流入界。經峽江縣南曰峽江。東北流至黃金口。黃金水出縣西苦竹嶺東流注之。又東北經縣城東。而北。右納玉澗水。又東北至烏口渡。湄水出縣西北界頭嶺曲東北流注之。又曲東流經新淦縣西南至沂江口受沂江。江出縣東杯山。西南流經峽江縣東。折西北至馬埠墟桐嶺枯樹嶺二水合東北流注之。又曲西北經新淦縣南注贛江。贛江又東北右納湄湘水。經縣治西。又北。左納阮口水。右納東阜水。又東北左通上橫河水。又經府治南左通下橫河水。又東北至汊口渡。會袁江。江舊名新喻江。一名秀江。自袁州府分宜縣東流入界。經新喻縣西曰渝川。東流至水口渡。水口江亦自其縣來合。臨川江西北流注之。又東北至江口渡。板陂江亦自其縣來東南流注之。又東北經縣治南。又東睦官江出縣南鼎山。又北分流注之。又東至黃富麻田水七里山水俱自分宜縣來合東南流又合龍塘水為

孔目江注之又曲東流至淮泥右納玉龍水又東北至羅坊鎮長宣江出縣東北橫嵊嶺歧為三並東南流注之又東至灣里天井江一名騶唐水出縣東北大斜嶺東南流注之又東經清江縣西南至江口顥江一名太平江出新喻縣北蒙山東南流注之又東至蠡湖渡阜江二源出新喻縣東南石梅峯及周山合東北流注之折東北流經府治南新淦縣西北東出支津二為上下橫河並注贛江正渠又東北亦會於贛江贛江又東北經樟樹鎮西淦水二源出縣東南盧嶺及閣阜山合東北流注之又東北經槎熩入南昌府豐城縣界沈香溪出清江縣東南峽山合梘溪東北流分二支並入豐城縣界曲水出新喻縣北蒙山東北流錯入瑞州府高安縣界復經清江縣北東南流蕭水出縣北員嶺合湖灣水東北流注之又東經槎熩亦入豐城縣界澌江出新喻縣北東北流入瑞州府上高縣界玉笥山在峽江縣東府東及東北界南昌府西界袁州府南及西南界吉安府北及西北界瑞州府東南界撫州府

欽定大清會典圖卷一百八十二

輿地四十四

瑞州府圖

袁州府圖

吉安府圖

瑞州府圖

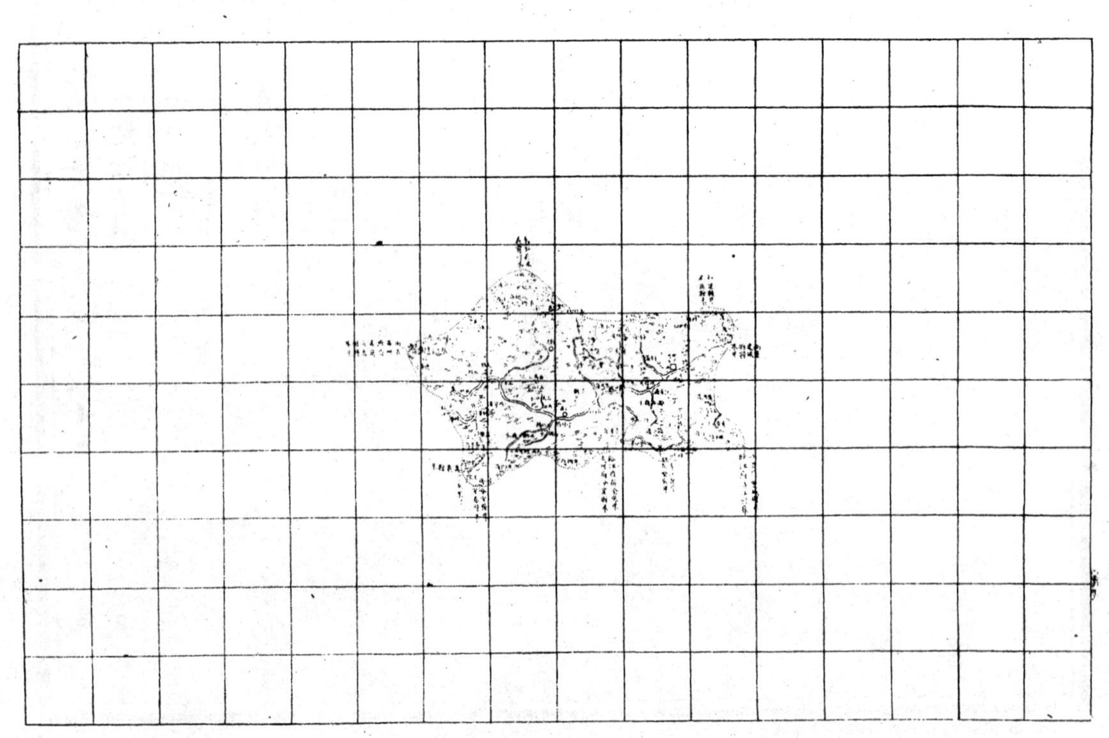

瑞州府在省治西南一百二十里至
京師三千三百二十五里領縣三治高安西南上
高西北新昌錦江即蜀水自袁州府萬載縣東
流入界經上高縣西東南流至斜溪益樂水自
袁州府宜春縣來西北流注之又折西北至石
坑盧江亦自萬載縣來屈東流注之又東北經
新昌縣西南至石坪長塍江出縣西黃蘗山合
土地坳水東南流注之又東南至上田藤江出
縣東北白雲山合找橋嶺水曲西南注之又東
南復經上高縣西北六口上夫山水一名六口
水南流注之又東南至深村橋石獅嶺水一名
斜口水合馬湖水東北流注之又經縣城南屈
東北流至界埠口漸江一名華陽水自臨江府
新喻縣東北來折西北流注之又東北至河腦
棠浦水出新昌縣東北數竹坳東南流注之又
東經府治西南至潛口靈源溪出新昌縣東靈
源山合蘇溪水南流注之又東北至太尉廟雞
公嶺水北流注之又東北斜溪水東南流注之
又東北經府治南又東北至蟻口渡入南昌府
新建縣界曲水自臨江府新喻縣東北流入界
經府治西南曲東流左納鈞山水經竹園南錯
入臨江府清江縣界復經府治東南王成觀東
流入南昌府豐城縣界清潭水自豐城縣來西
北流經府治東南折東北仍入其縣界蚪嶺水
出高安縣北東流入新建縣界鳴水出高安縣
西北華林山金港源出新昌縣北古陽寨俱東
流入南昌府奉新縣界府東至北界南昌府西
北至西南界袁州府南及東南界臨江府

袁州府圖

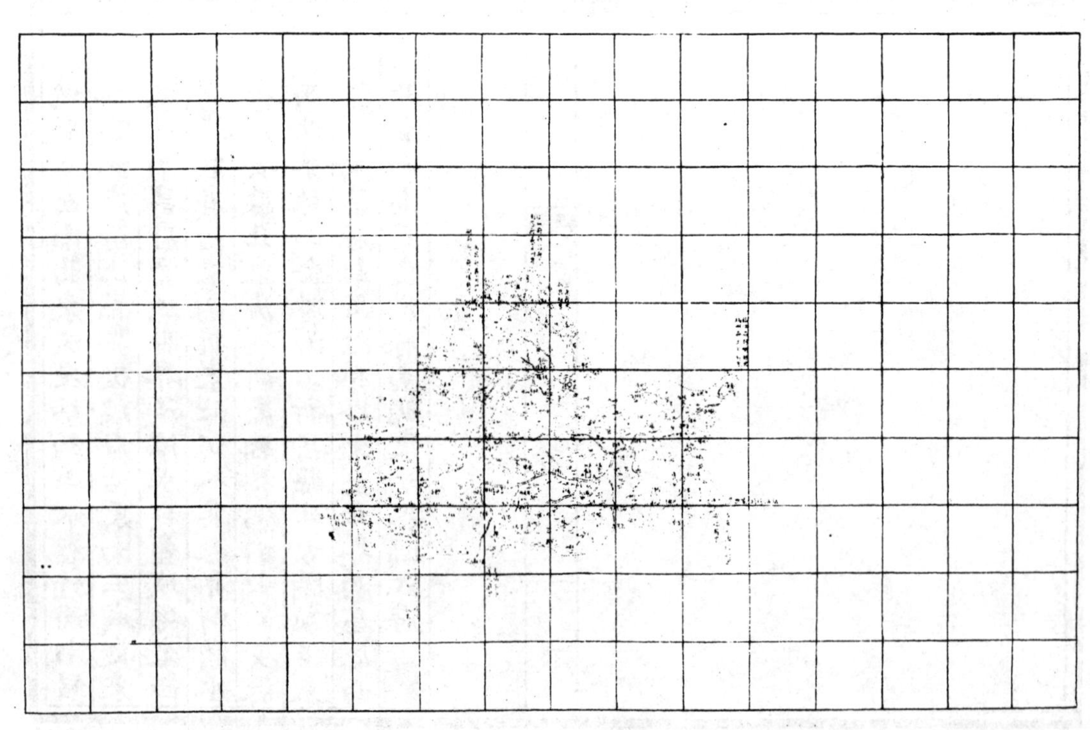

袁州府在省治西四百八十里○至
京師三千六百八十五里○領縣四○治宜春○西北
萬載東北分宜西南萍鄉○袁江一名東江○出
萍鄉縣東南羅霄山○西北流至高阬合黄沙
嶺水○屈西北經蘆溪鎮○折東流右納宣風水○
又東北經府治西西邨○江東水二源出縣西
北張家山及獅子嶺合東南流注之○又東至
稠江○稠江出縣西北峯頂山東南流注之○又東
至楓江渡○飛瀑泉水出萍鄉縣東南瀑布山東
北流注之○經府治南○又東北流至羅家山○大龍
山水二源出縣南此字巖及玉京山合東北流
注之○又東北右納蕑富嶺水○左納三陽橋水良
灌橋水○又東北經分宜縣西胡家坊○陽江水出
縣西北梘頭嶺○合江東水弓江水岐嶺水界石
水西南流注之○又東南右納田南水○又南流折
而東北經昌山鎮○屈而東至野江渡○壁源水出
縣西南大岡山東北流注之○又東經縣治南○又
東北至劉家坊○禮冠水出縣西南鐵碪山○合銀
山水東北流注之○又東北左納虓江水○又東經
南北鍾山入臨江府新喻縣界○錦江一曰龍江○

古名蜀水○出宜春縣西北桐木嶺○東北流經萬
載縣西○左納朱蘭尖水○右納花山水○又東北至
池下○全鍾湖西陽湖匯縣西北諸山水東南流○
合鐵山界水軍屯領水來會○又東右納荷陂嶺
水南源頭水○又東北左納卓筆峯水青山頭水○
曲東南流經縣治北○公嶺水合石笏里水貫縣
城北流注之○又北折東北經九子石鎮○又東北
入瑞州府上高縣界○盧江一名秦溪○出萬載縣
西北鄧公嶺合議事亭水鼇花座水東流○又東
南至萬歲橋○太陽山水東南流注之○屈東北亦
入上高縣界○七里山水出分宜縣東北○麻田山
水出分宜縣西北繁堂山○板陂江水出縣北石
嶺○水口江一名嚴塘水二源出縣東南○並入臨
江府新喻縣界○竹篙嶺水出縣西南竹篙嶺○塘
溪水出宜春縣東南蟠龍山○並入吉安府安福
縣界○龍門江舊名萍川江○出宜春縣西北山楚
山○西南流經萍鄉縣東北○右納蜂子嶺水○經縣
治南○又西南水雲洞水自吉安府蓮花廳來西
北流注之○又西北右納西平水○經插嶺關南入
湖南長沙府醴陵縣界○草市水出萍鄉縣南長

坑山。西流南出支津入湖南長沙府攸縣界。正
渠又西北合寶山水亦入其府醴陵縣界。嚴壺
嶺水出萍鄉縣南。西南流入攸縣界。益樂水出
宜春縣東北入瑞州府上高縣界。府東界臨江
府。西北至西南界湖南長沙府。南及東南界吉
安府。北及東北界瑞州府。西北界南昌府。

吉安府圖

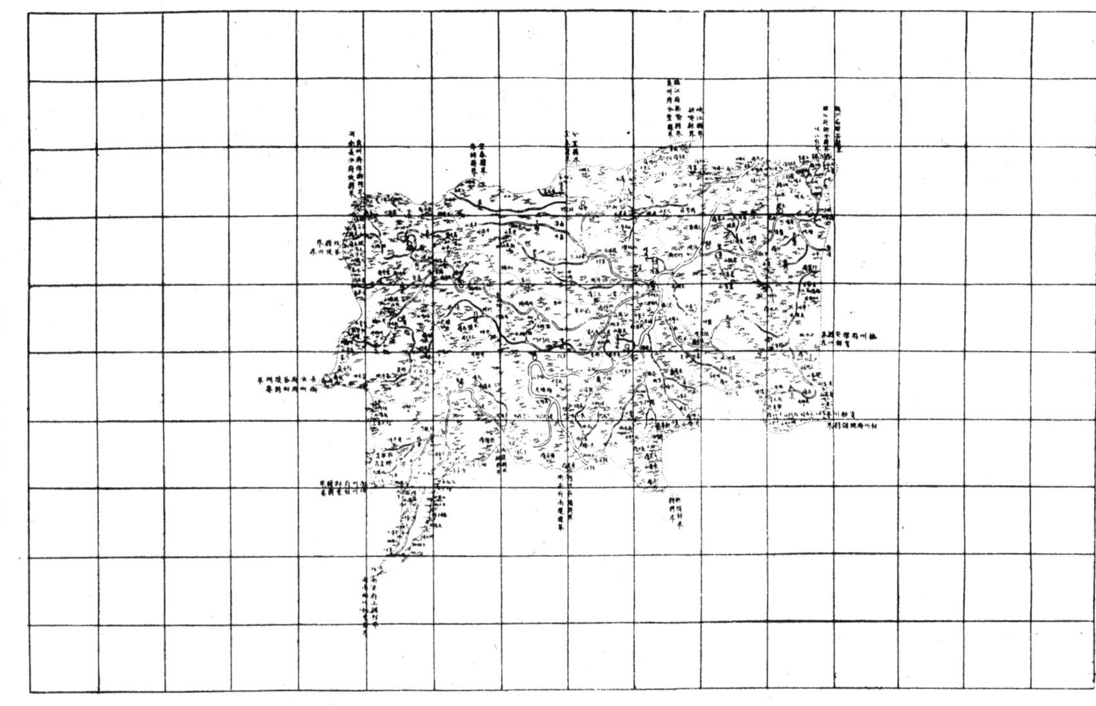

吉安府在省治西南四百八十里至京師三千六百八十五里領廳一縣九治廬陵東北吉水永豐西南泰和萬安龍泉永新永甯西北安福蓮花廳贛江自贛州府贛縣北流入界經萬安縣東南至良口鎭良口水二源出縣東南梓桐及龍頭二山合南流注之又西北至窑頭汎受遂江江一名龍泉河上承湖南郴州之太平水東北流入界經龍泉縣西南東北流至石街坳合其州之左溪又東北至合江右溪亦自其州來合積龍水東流注之又東北經縣治南折東南左納長嶺水又經三阬南折北流注贛江贛江又西折北至縣治南折東南經武索司北又東經泰和縣西南曰澄江又名泰和江左納武山水經縣南又東北左納清溪水又東北至後塘逢源水出萬安縣東南贛溪嶺合羅阬水北流注之又東北沙橋水一名仙槎江出縣東南小遥嶺合自贛州府來之仁善江水西北流注之又東北經府治南至太廟前汎受孤江江自興國縣東流入界經永豐縣南赤嶺折西北流義昌水出縣東南竹篙嶺西南流注之

又折西北經吉水縣南。又西南經府治東南。富川水亦自興國縣來分二支並西北流注之。又折西北流入贛江。贛江又北受禾水。水二源一為永新江一為勝業水。永新江出蓮花廳東北高天巖曰文匯江合石湖水東南流為溶江。至榕村南。勝業水出永新縣西拔鐵山。合永甯縣之拐湖水東阬水漿山水東北流來會。又東南經錢市橋東。左納袍陂水。又經縣治南。東北流經石輝橋。又東南經萬安縣北。折東北經泰和縣西北至津洞。湹水出永新縣西南摶虎山合斜陂水灘頭水曲折東北流注之。又東北經府治西南左出一支津注瀘水。正渠又東北注贛江。贛江折西北流經府治城南受盧水。水出安福縣西北。東流經楊家村。塘溪自宜春縣來東南流注之。經縣城北又東至楓橋。竹篙嶺水亦自分宜縣來西南流注之。又西南洋溪水一名王江出縣西洋溪山東南流注之。又南更生水東南流注之。又經府治西北井岡水出安福縣西南赤谷山東北流注之。又東納禾水支津注贛江。贛江又東北左納螺岡水。經吉水縣西南

右納王岡水。又東北至汪陂受龍溪。溪一曰恩江。自撫州府樂安縣西北流入界。經永豐縣東南左納龍門水。沙嶺水。又西北至杏塘。曾坊水出縣東北裏山。合梘田嶽峯合流之水及楊家水西流注之。屈而西經縣治南。右納界山水。折西南經吉水縣東。烏江水二源合東南流注之。白水西北流注之。又西北。葛溪水西北流注之。又西南注贛江。贛江又東北至桐江汛。小江五源並出廬陵縣西北諸山合東北流注之。又東北經分界嶺西入臨江府峽江縣界。水雲洞水出蓮花廳東北水雲洞。西北流入袁州府萍鄉縣界。茶水出廳西南書堂嶺。西南流入湖南長沙府茶陵州界。府東界撫州府。西界湖南長沙府。南界贛州府。北及西北界袁州府。西南界南安府湖南郴州衡州府。東南界甯都州。

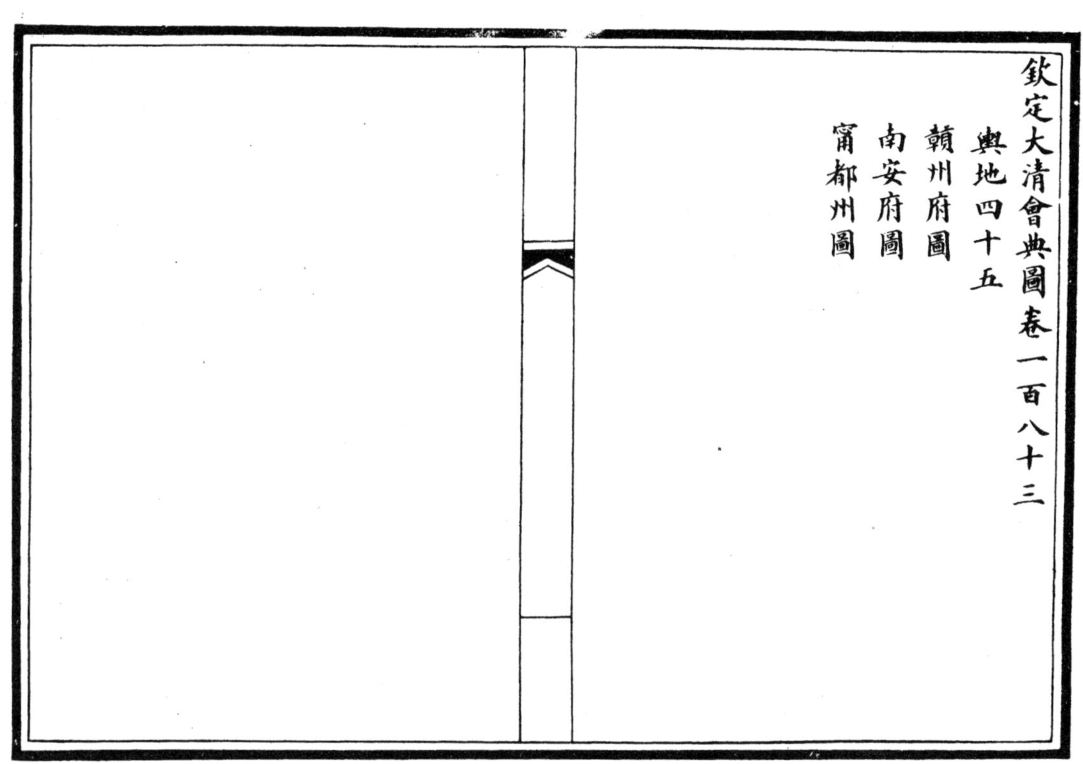
欽定大清會典圖卷一百八十三

輿地四十五

贛州府圖

南安府圖

甯都州圖

贛州府圖

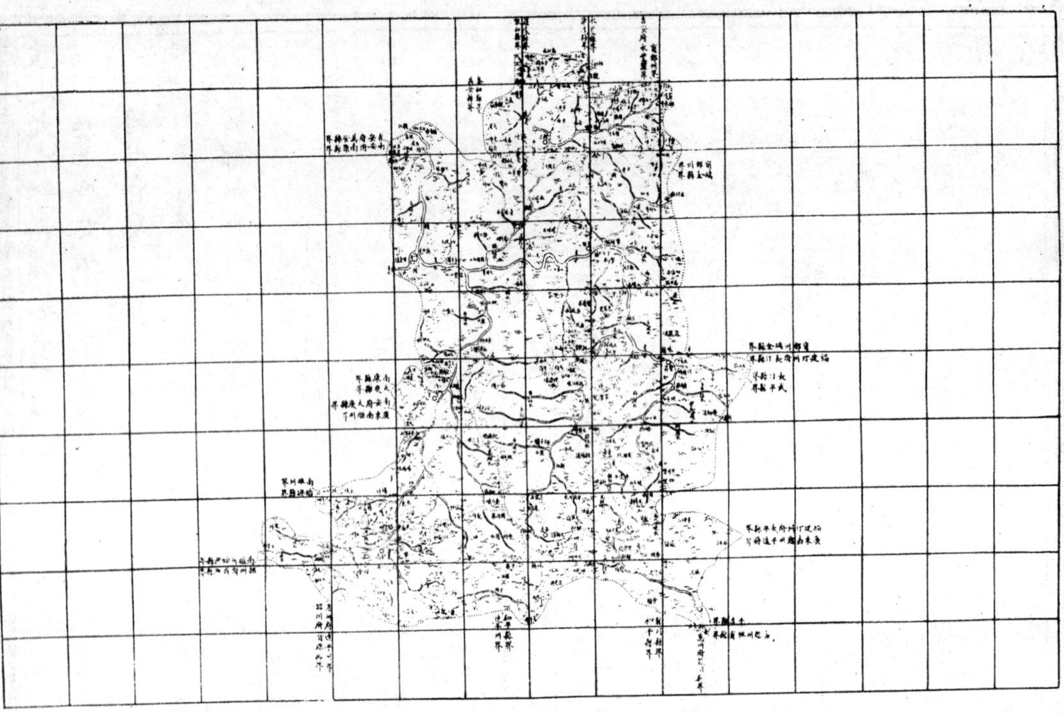

贛州府在省治西南九百三十里。至京師四千一百三十五里。領廳一縣八。治贛縣。東雩都。南信豐。龍南。東南會昌。安遠。長甯。定南廳。東北興國。贛江上源二。曰章江。曰貢江。章江自南安府南康縣東流入界。經贛縣西南。東北流。又經府治西。又東北至龜角尾會貢江。貢江自甯都州瑞金縣西南流入界。經會昌縣東水南渡。西南流經縣治北。受湘水。水出長甯縣東馬戰崠。東北流經羊角營曰羊角水。又東北經會昌縣南筠門嶺司。西北流。右納銅頭水。左納磜下水。又東北經河子口。右納龍師嶺水。又東北經唐角灘。羊石隘水自福建汀州府來。西北流注之。屈北流。左納麻洲水。右納大泉水。又北注貢江。貢江又曲西流。折而北。左納大汊水。右納古城水。至小化口。受濂水。水一名安遠江。出安遠縣東天師腦。西流經縣治南。西北至片雲石。折東北。右納老大河。又東北。左納重石水。右納雞林水。又東北至河口。大長河出縣北合頭崠。東流注之。又北唐村水出安遠縣北蔡公隴。東流注之。又東北經會昌縣西北。左納水頭水東

阬水錫阬水右納著阬水又東北注貢江貢江又北經雩都縣東南齊茅汎灞水自甯都州來西北流注之又北至南田嶂坳堖水二源合西北流注之又西至潭頭墟黎水一名流陂水二源合北流注之又西南至白口鎮受梅江水水自甯都州瑞金縣西流入界經雩都縣東北坎田水出縣東北寶華山南流注之佛瀘水出縣北腳嶺南流注之折西南濯口水出縣東石含山西北流注之長樂水出縣北牛軛嶺東南流注之又西南雩水二源出縣西北雩山分山坳合東南流注之又南入貢江貢江又西經縣治南又西小溪水合桑阬水西北流注之又曲西流經府治東又西至興國江口受瀲江江一名平川水七源並出興國縣東北出賽峰嶂者曰瀲江出桐林徑者曰楊阬水出熾壘嶂上落嶺者曰杉園水出蓮花山者曰大源水出三峯朱嶺者曰梅窖水出蜈蚣山虎形山者曰蓮塘水出福山者曰城岡水合西南流左納赤墈水至竹壩口瀸水出縣北復笥山合方太水藍田水秀溪西南流來會折南經縣治東右納荷嶺水

及永豐江西江合流之水又經贛縣東北長興司西至道塘左納東韶水又西南至翰林橋右納清溪水又西南左納建節水右納澄江水又西南注貢江貢江又西至信豐江口受桃江水水一名信豐江出龍南縣西南冬桃嶺合大莊水趙阬水龍洲水程龍水東北流經縣治北渥水出縣南雪山嶂合歸美山天釣嶺合流之水北流注之珏瀟水出定南廳西北合程嶺水西流注之曰三江口折而北左納灑源水又北經信豐縣西南水東橫田江水出縣西南猴子堖合長壩水九嶺水東流注之又東北至水口油阬水出定南廳西北上寨山合小江水西北流注之又北左納小河水經縣治東又東北左納西河水又至龍湖口渡龍頭嶺水出定南廳北大帽嶂合安息水東鄉水北流注之又東左納山溪水又經府治南左納大田水右納長演壩水曲北流左納原田水右納日川壩水又北注貢江貢江又西左納西阬水又西經府治東折西北至黿角尾與章江會始曰贛江東北流至水口鎮左納長埠水又北至大湖鎮大湖水二

源出縣東北前山及瑞峯山○合西北流注之○又西北至攸鎮○攸水一名桂源水○出縣西北黃家山及分水坳合東流注之○又西北經分水坳入吉安府萬安縣界○尋鄔江出長甯縣北新寨路山○東南流合半徑水○又東南至藍背○馬伏崠水自福建汀州府來西南流注之○屈曲西流至縣治東南○馬蹄江出縣西北鷄籠嶂東南流注之○經縣治南又西南○右納梨阬水○又東南右納小龍歸水○又東南入廣東惠州府龍川縣界○三伯阬水出安遠縣東觀音嶂○合符山水西南流經

定南廳北○右納樟田水○又南經高圳○三阬水二源出廳西歸美山及龍子嶺合西流注之○折東北經月光渡入廣東惠州府和平縣界○孤江水出興國縣北福山○東北流入吉安府永豐縣界○富川水出密石寨○西北流入吉安府廬陵縣界○仁善水出復笥山北麓○西北流入吉安府泰和縣界○府東及東北界甯都州○西界南安府○南界廣東惠州府北及西北界吉安府東南界福建汀州府廣東嘉應州○西南界廣東韶州府南雄州○

南安府圖

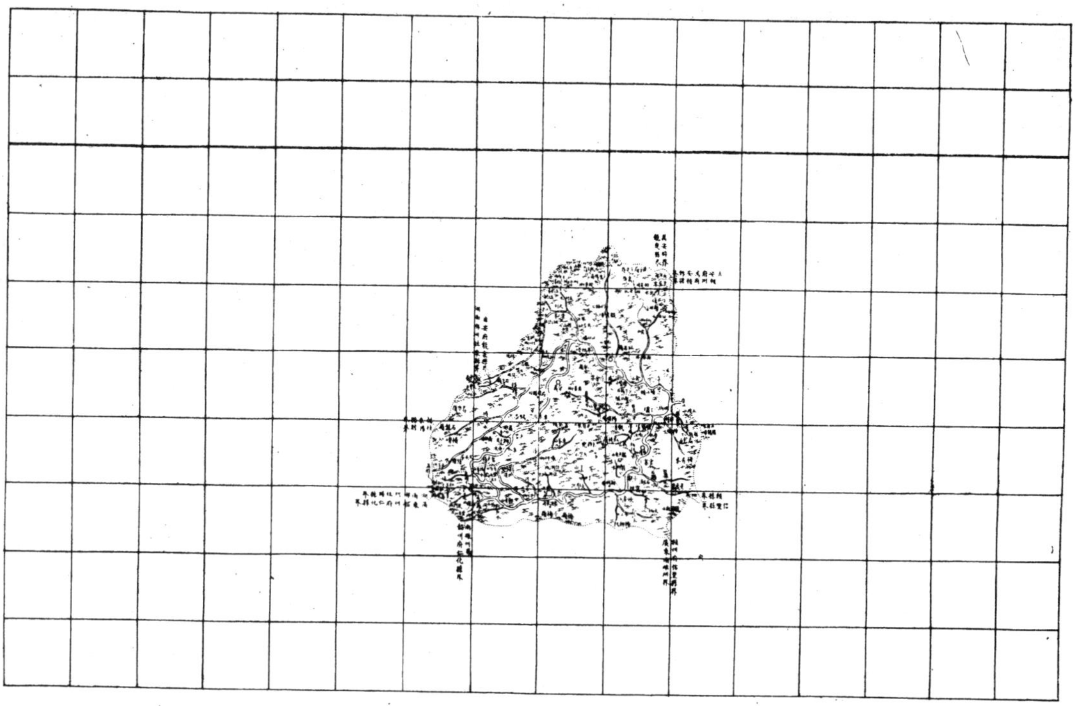

南安府在省治西南一千一百三十里○至
京師四千三百三十五里○領縣四○治大庾○北崇義○
東北南康上猶○章江舊名池江○出崇義縣西南
聶都山○東南流經獅子巖歧為二○南派西南流
經大庾縣西北陡峯山○折東南右納李洞水○左
納碧赤嶺水○又東南扛木水合海螺水雲臺水
黃羅水東流注之○又東南至觀音山○右納釣魚
洞水○又東北至分水坳○浮江二源出崇義縣東
南刀背嵊及雷公陡○合西南流經浮竹山歧為
二○並東南流注之○經府治南○又東左納亞洞阬

水子山水○又東合江二源合東北流注之○又東
折北經南康縣西南○右納龍潭水○左納蘭井水○
折而東至石灘○石灘水二源合西北流注之又
北經縣治東○又北曰芙蓉江○曲北流至鏡壩墟○
蓮塘水二源合東流注之○又東北至洋口江汎○
黃雀水出崇義縣東合寶山水東流注之○折東
南樟橋水二源合西北流注之○又東羅龍水合
上黃水西北流注之○又北至三江口汎與北派
會○北派自獅子巖分支東北流經縣城西○又東
北受積龍水○水舊名益將溪○一名上猶江○自湖

南郴州東流入界。經縣西南鱗潭汛。左納橫嶂水過埠水。又東北經貴人峯注章江北派。北派折東至江口墟受琴江。江出上猶縣西猴子嶺。合大坳水東北流。右納分水坳水。又東左納隘前水大郝水。折南流注章江北派。北派又東南流經縣治東南方山。觀音嶂水舊名九十九曲水。出崇義縣東北觀音嶂南流注之。又東南至西雲山。右納感阬水。又東南經南康縣西北禽山。相安水出縣北裏山合芙蓉水白石水南流注之。又東南經三江口汛會南派。又東流入贛州府贛縣界。大庾山一名梅嶺。在府治南。府東及東北界贛州府。西界湖南郴州。南及東南界廣東南雄州。北及西北界吉安府。西南界廣東韶州府。

甯都州圖

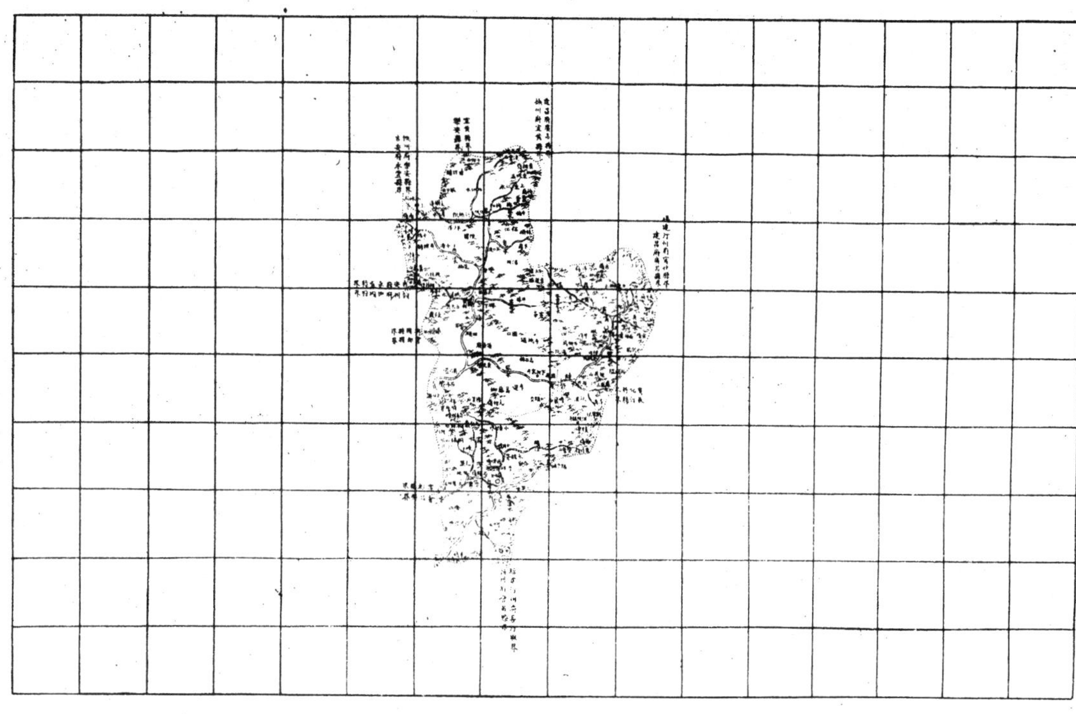

甯都州在省治南七百二十里○至
京師三千九百六十五里○領縣二○東南石城瑞金○
貢江自福建汀州府長汀縣西流入界○經瑞金
縣東臨嶺鋪○西南流至縣治東南受綿江○江出
縣東北黃竹嶺○西流至壬田鎮○小溪出縣東北
船形嵊東南流注之○折而南經通濟橋右瀦為
水緣湖○又經縣治東○南流注貢江○貢江又西南○
右納角埠橋水○左納羅溪水○曲西南流至武陽
圖○左納浮圖水○又西南至水南渡入贛州府會
昌縣界○梅江水舊名甯都水○出州治東北梅嶺○

西流至梅口○上東江出州東北東坡隘西南流
注之○折而南至洛口○汎上西江水出州北淩雲
山合漢水東流注之○又南至吳口渡○左納蠶溪
水○又南至雙源下○西江水出州西北南嶺合蔡
江水東南流注之○曲南流○桃溪二源出州西桃
林山及太平巖合東流注之○經州治東○虔化水
出州東登雲峯西流注之○又屈曲西南流至黃
石灘受琴水○水出石城縣東北牙梳山○合大牛
嶺水池家坳水○西南流至柘口○左納黃柏水○又
西南至壩口○壩水出縣西北分水隘合登雲峯

水過嶺水東南流注之。經縣治東。又西南右納蝦公磜水。左納楓樹坳水。又西南至李家莊。蓮花水二源出縣南蓮花山及漆嶺。合西北流注之。折西經州東固鎮南。又經黃光壩北。西南流注梅江。梅江又西南經瑞金縣西北石子壩。折東南經瑞林鎮。又折而西經吉祥灘。入贛州府雩都縣界。灢水出瑞金縣西北九仙巖銅鉢山。水西南流注之。又經承口入贛州府會昌縣界。金精山在州治西北。州東及東南界福建汀州府。西南界贛州府。北界撫州府。東北界建昌府。西北界吉安府。

欽定大清會典圖卷一百八十四
輿地四十六
福建省全圖
福州府圖
泉州府圖

福建省全圖

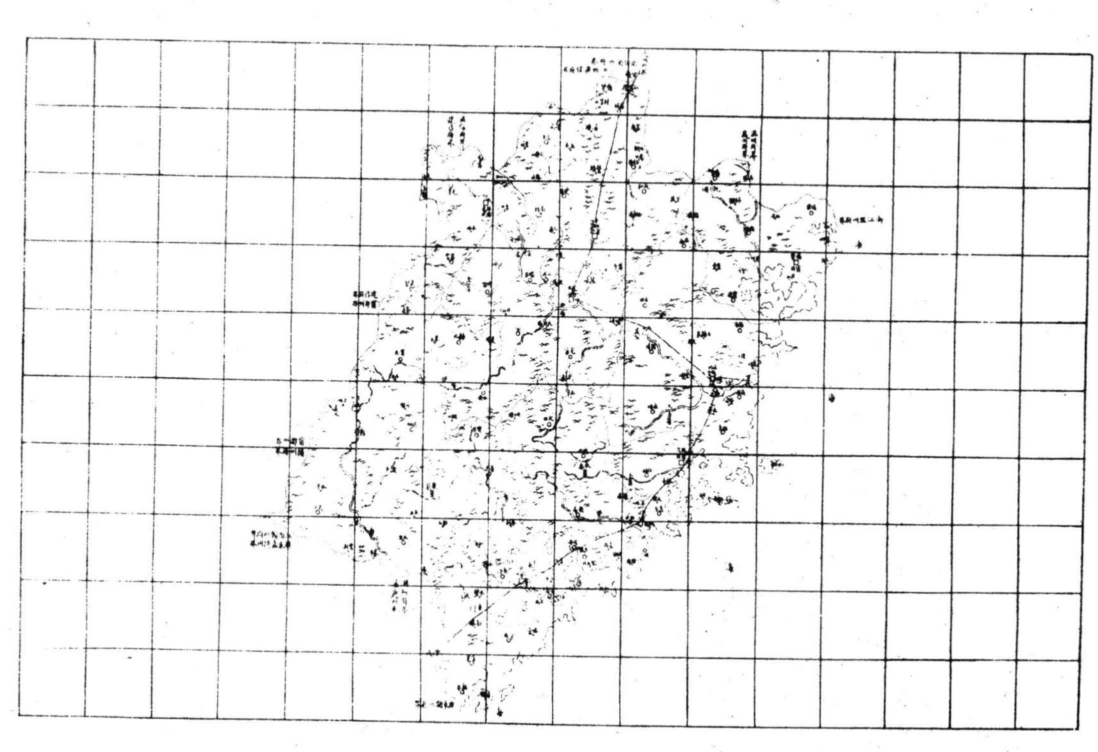

福建省在

京師東南。閩浙總督福建布政司共治焉。統府九州二。福州府西南興化府永春州泉州府漳州府龍巖州汀州府。東北福寧府。西北延平府建寧府邵武府。海在省東及南。東北接浙江温州府界。西南接廣東潮州府界。閩江二源。東曰東溪。西曰西溪。東溪東源曰松溪。自浙江處州府西南流入界。經建寧府南。西源曰崇溪。出府西北來會。是為東溪。又經延平府東會西溪。溪上承江西廣信府北溪及建昌府大溪水。合東南經邵武府為富屯溪。合金溪太史溪為西溪。又東與東溪會。又東南合尤溪。經福州府西南為建江。合大樟溪入於海。木蘭溪出永春州西。東流經興化府南而東入於海。晉江出龍巖州東。屈東流經永春州西泉州府南而東入於海。九龍江出龍巖州。二源合南流經漳州府東南。與府南大溪小溪並入於海。鄞江出汀州府北。屈東南流合連水入廣東潮州府界。黄崎河上流為交溪。合託溪后溪南流入於海。貢水出汀州府西。西流入江西寧都州界東及南至海。西至江西界。北至浙江界。西南至廣東界。

福州府圖

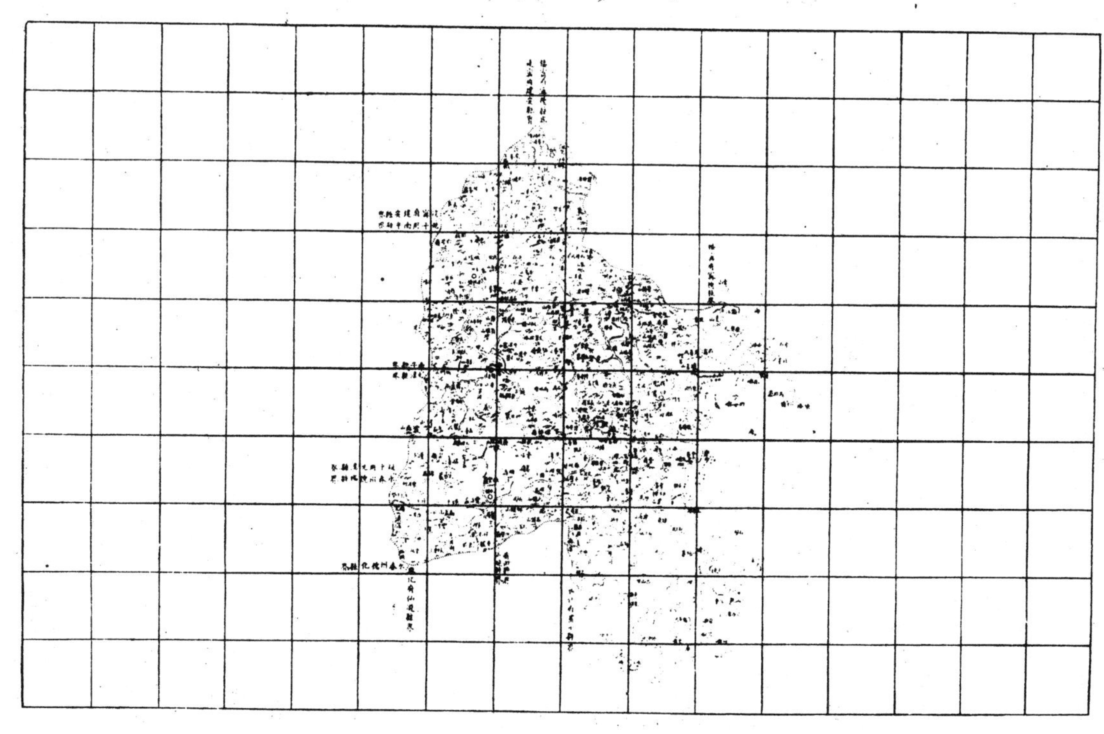

福州府為福建省治。至
京師四千八百四十五里。領縣十。治閩縣侯官。東南長樂福清。西南永福。西北閩清古田屏南。東北連江羅源。海在府東南。北接福寧府寧德縣界。迤南為羅源縣東境。又南迤西為連江縣東境。又為閩縣東境。又為長樂縣東境。又西南為福清縣東南境。又西南接興化府莆田縣界。閩江上游曰劍江。自延平府南平縣東北流入界。經古田縣西南為建江。折東南至谷口。左納赤淩溪。右納一小水。折東北至水口。受東溪。溪出縣東北黃居嶺。合天平山水。西南流。甘棠溪自屏南縣漈下南流來注之。又西南左納石馬山水。經翠屏山南。富洋溪自屏南縣西東峯山合牛溪坪溪平湖溪來會。又南為東溪。至縣南。西溪出縣西北白漈嶺。東南流注之。折南合石步阬水。又南注建江。建江又東南經閩清縣西北。右納大雄溪。又東南經府治西北。陳溪自閩清縣東北豬姆山合二小水西南流來注之。復經閩清縣東受梅溪。溪上游為瞿曇溪。自縣南合土坡寨倚崙山水。北流。右納白巖山水。折西北左納峯洋溪及一小水。折東北演水溪出縣西寶峯山合二小水東流注之。始為梅溪。經治北而東。又東南注建江。建江又東南經府治西北右納竈溪。左納大穆溪。至白沙驛西南。黃石溪自陳塘溪分支西南流合一小水注之。又東南陳塘溪出西山合昭溪。青阬水。東濛溪南流經傅老峯西右出支渠為黃石溪。又南流注之。又東南經府西懷安洲歧為二。北派東流合五峯山水。經洪山橋曰洪山江。經府治南又東經閩縣東曰南臺江。又東南經鼓山南曰馬頭江至羅星塔會南派。南派自懷安洲南流合樓梯嶺水。又受大樟溪。溪上游為滻溪。自永春州德化縣東流入界。經永福縣西南洑溪合大格頭水北流注之。為洑口溪。東洋村水合上下漈水東南流注之。又東游洋溪自興化府仙游縣北來折西北合半月湖水注之。又東北左納竈洋溪漈溪。經縣治南游洋溪支津亦自其縣北來合杉溪山水北流注之。又東左納梧嶺水。右納十八溪水。始為大樟溪。又東北經侯官縣西南注閩江南派。閩江南派又東右納澤苗港水為澤苗江又東經閩縣南為洵江至螺洲東義溪合榕溪苦竹溪東北流注之為烏龍江亦曰西峽江又東北與北派會又東北太平港水自其南環營前司分流注之至洋嶼左右各納一小水又東至琅崎島亦曰琅崎江歧為二並東流入於海連江一曰鼇江上源曰蘇洋溪出古田縣東細湖頂合白溪卓洋水東南流經羅源縣西合霍口溪又東南斌溪一曰章溪自古田縣東老人山屈西南流來注之又東南左納古漈水經連江縣西北是為連江密溪即官溪自侯官縣北蓮花山合長箕嶺雪溪諸水屈東北流注之又東南經縣治西折東北鳳板溪長潭溪合南流注之又東南至羅崙渡亦曰寶溪經縣治南復折東北合財溪經東岱司北為岱江入於海赳步溪出羅源縣西北展旗山東南流會九龍溪又南合羅川又東南入於海龍首河出福清縣西百丈嶺東流合龍潭山水無患溪澗溪過縣治南合東臯山水又東南至龍江浦入於海梅花港一曰陳塘港出長樂縣東金峰山瀦為湖東北流入於海漁溪出福清縣西黃蘗山東南流右納興化府莆田縣之蘇溪又東南為迳江入於海雙溪二源一出屏南縣東南水竹洋一出縣西北天台頂山合南流為龜溪又合白溪折東南入福甯府甯德縣界龍漈溪黛溪並在屏南縣南亦入甯德縣界鼓山在閩縣東府東及東南界海西界延平府南界興化府北及東北界福甯府西南界永春州西北界建甯府

泉州府圖

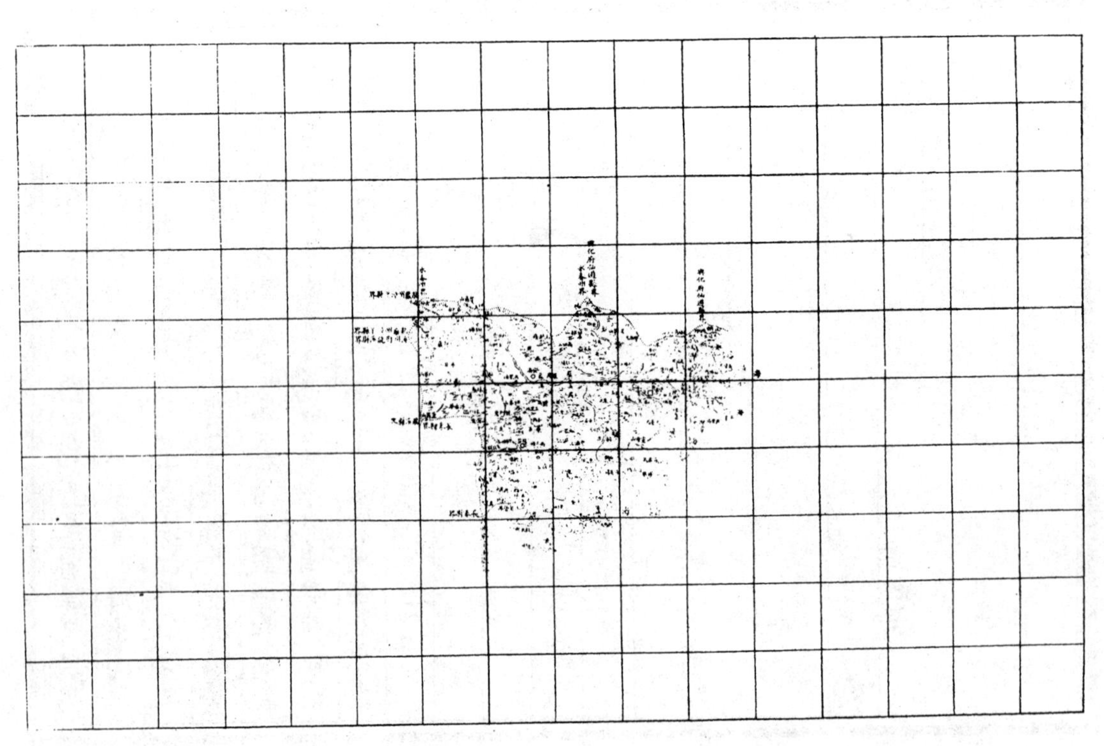

泉州府在省治西南四百十里至京師五千二百五十五里領縣五治晉江東北惠安西北南安安溪西南同安海在府東南北接興化府仙遊縣界迤南為惠安縣東境又南為晉江縣東南境又西南為同安縣南境又西南接漳州府海澄縣界晉江二源一曰桃溪一曰藍溪桃溪自永春州東南流入界經南安縣西北至使口右納其州之小姑溪又東南歧為二並南流右納高田山水復合西南至雙溪口會藍溪藍溪一曰清溪亦二源西北源為古格嶺水自龍巖州漳平縣東南流入界經安西縣西北至桃州隘右納梯子嶺水又東北錯入永春州界復經安溪縣西北東南流熊田溪自永春州南流來注之又東南經縣治西曰吳埔溪會西源西源出安溪縣西南北岸山合白葉山留山益溪諸水東北流折南右納龍門嶺水又東曰澳江與西北源合過縣治南又東曰藍溪又東曰羅渡溪又東經南安縣西珠淵汛南左納洞后埔水又東經湖塘汛北支津南出復歧為二一東流為瓷竈溪注蚶江一南流合柏峯山水為安海港至晉江縣西南合靈源山沿山塘水經潯美場西入於海其正渠又東至雙溪口與桃溪會東南流經金雞山北曰金溪又東至府治南曰晉江又東曰溜石江又東經法石汛南又東南為蚶江入於海洛陽港水出惠安縣西北三髻山合嶺東水南流為洛陽港經府治東南長溪合諸小水南流注之馬山埭水亦注之自晉江口入於海峯琦港在惠安縣東匯馬埭龍津南阬驛坂芟溪諸水東入於海添琦港並在惠安縣東北入於海大溪內水出惠安縣西北石二嶺北流入興化府仙遊縣界東溪出同安縣東北大羅山西南流右合曾溪及一小水又經縣治東而南會西溪西溪出安溪縣西南龍門嶺東南流經同安縣西北合赤嶺水至縣治西合蓮花山水又東南與東溪會南流右合一小水至白嶼入於海苎溪出同安縣西南深青溪出縣西南夕陽山並東南流入於海蓮溪出縣東南合鵲山水南流入於海清源山在府治北府東至南界海西及西南界漳州府北及東北界興化府西北界永春州

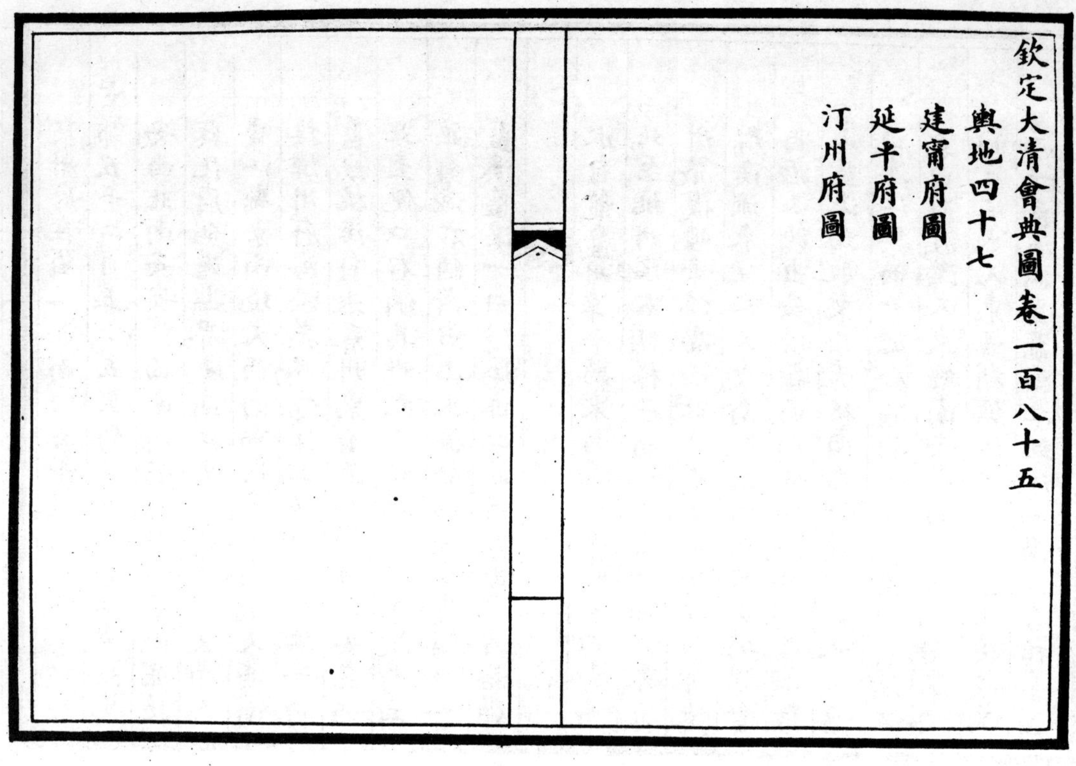
欽定大清會典圖卷一百八十五
輿地四十七
建甯府圖
延平府圖
汀州府圖

建甯府圖

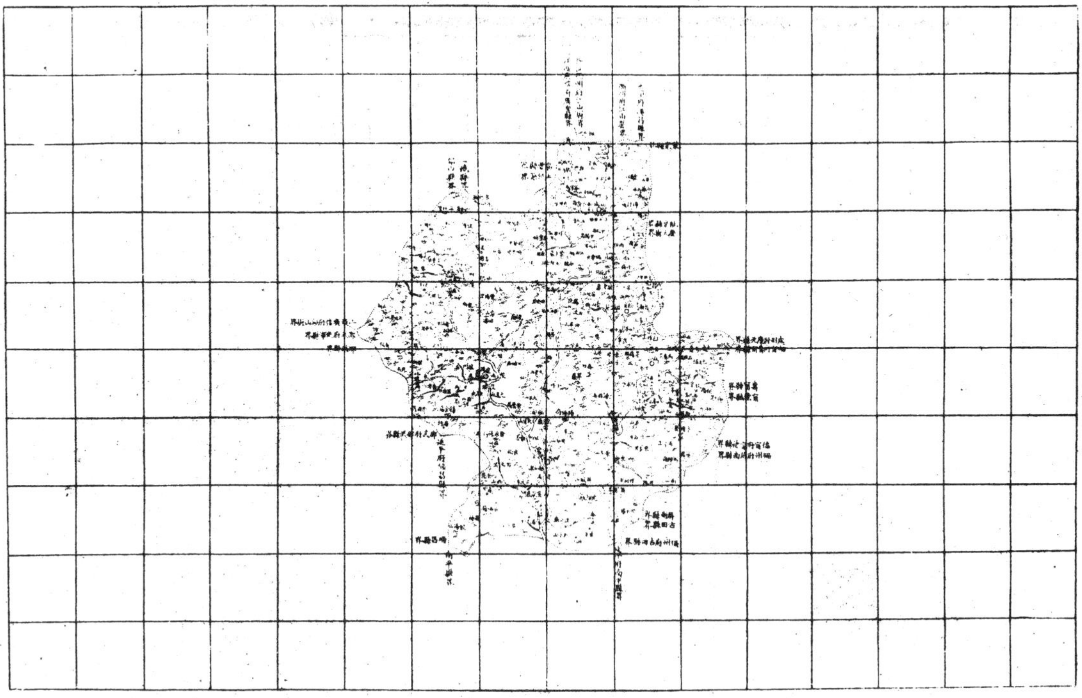

建甯府在省治西北四百九十里至
京師三千四百五十五里領縣七治建安甌甯東北政和松溪浦城西北建陽崇安建溪二源一曰東溪一曰西溪東溪自浙江處州府慶元縣西南流入界經松溪縣東北曰松溪西南流經舊縣南七峯山北清泉溪合直源溪南流注之又西南經縣治南右納西溪水折南流經政和縣西又東南七星溪合石龜溪胡屯溪茶溪西流注之又西南經建安縣東北右納東游溪又屈曲西流可阬水合東長溪西北流注之又西南左右各納一小水至府治南會西溪西溪上游曰崇溪出崇安縣東北石臼里西南流至林溪渡合分水嶺水又南流至赤石渡合漿溪又南左納梅溪右納九曲溪又曲折東南經建陽縣北曰建溪左納芹溪錦溪經縣東折西南至縣治南西溪化龍溪莒口溪龍門溪馬伏溪諸水合東流來會曰交溪又東南右納徐屯溪又東南經府治甌甯縣西北柘溪上流為南浦溪出浦城縣東北柘嶺合漁梁溪獅山水新溪郊陽水駐嶺水屈西南來會又東南左納宜均溪

又東南與東溪會。是為建溪。屈南流經太平驛東。左納屏風山水。泰溪水。又西南百丈溪出甌甯縣石山。合登仙里水。東南流注之。又南右合房村溪。入延平府南平縣界。武彝山在崇安縣西南。府東及東南界福甯府。西至南界延平府。北及西北界江西廣信府。東北界浙江處州府衢州府。

延平府圖

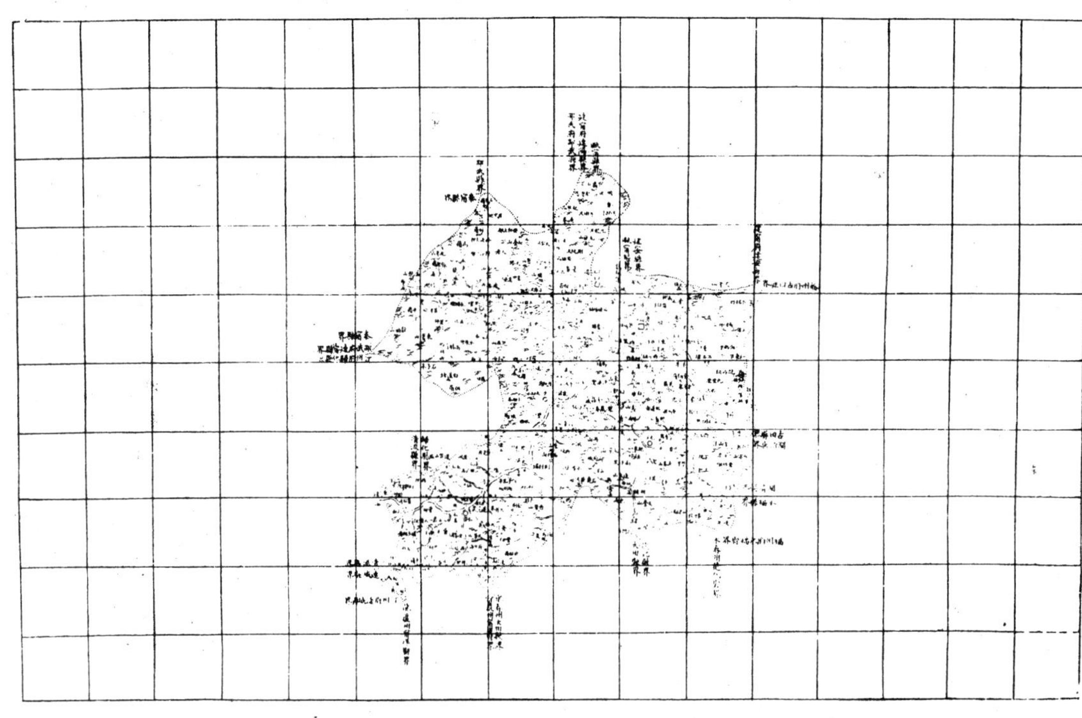

延平府在省治西北三百六十里至
京師四千四百七十五里領縣六治南平南尤溪西南沙縣永安西北順昌將樂大溪自邵武府邵武縣東南流入界經順昌縣西北富屯驛為富屯溪至口前順溪自建甯府甌甯縣來西南流注之經縣治西南會金溪溪上承邵武府泰甯縣布溪東南來經將樂縣西合常口水竹洲都水又東南逕黃潭圖屈東南至蛟湖池湖溪自汀州府歸化縣東北來合南勝都水注之又東右納三溪都水折東北經縣治東龍池溪出縣西北張原嶺東南流合沙溪注之又東安福溪出縣東北七臺山合婁杉村水南流注之又東北合富谷都高灘都水經順昌縣西折東南與富屯溪會富屯溪又東右納帽子山水經縣治南又東經府治西北是為劍溪亦曰西溪左納鷓鴣溪折南逕王臺鋪東至雙溪口會沙溪溪上游為清溪自汀州府清流縣東流入界經永安縣西北合其縣之羅峯溪東南流為燕水溪左納將樂坑水右納香櫞嶺水大橫阬水迆東北左納溪源水復折東南吉溪上承汀州府

連城縣曲溪東北來合其縣之瀨溪屈東北合均嶺磜溪熱水注之又東經縣治西北南溪出縣南馬山合浮流溪水林田水桂溪西北流注之折東北左納益溪右納大梅溪大坂水又東北胡防水大吉溪並自汀州府歸化縣來東南流注之又東北右納青溪又經沙縣西南為太史溪至荆村鋪黃田嶺水自永安縣東南合烏阬豐田洋西溪普賢山棗嶺諸水東北流為西霞坂水折西北來注之折北至尾歷鋪明溪自汀州府歸化縣來東流注之又東北右納蔣阬

水經縣治南又東北東溪出縣西北天柱山合枯藤嶺水茂溪幼溪南流注之始為沙溪又東北經馬鋪北至府治西南與西溪會西溪又東大芹溪上承白塔水長沙阬水北流注之經府治南又東北會東溪溪上承建甯府建安縣之建溪水屈西南注之又東南左納吉溪岳溪水右納金鋼嶺水至尤溪口會尤溪溪上流為湖頭溪自永春州大田縣東北流入界經尤溪縣西南高才司西漈頭溪自永春州德化縣來合汶水西北流注之又北左納新橋溪右納茗洋水寶溪至縣治南青印溪出縣西北羅巖峯合麻溪小溪水東南流注之是為尤溪又東北左納雙髻山水至下洋華南溪出縣東南白巖山合王阬諸水東北流注之又東北左納源湖水塔兜水右納資壽溪納金鷄巖南又東北至尤溪口與西溪會西溪又東北經嵢峽驛左納武步水又東北至三都口入福州府古田縣界瓜溪出將樂縣西北入邵武府泰甯縣界府東及東南界福州府西及西北界邵武府南界永春州北及東北界建甯府西南界汀州府龍巖州

汀州府圖

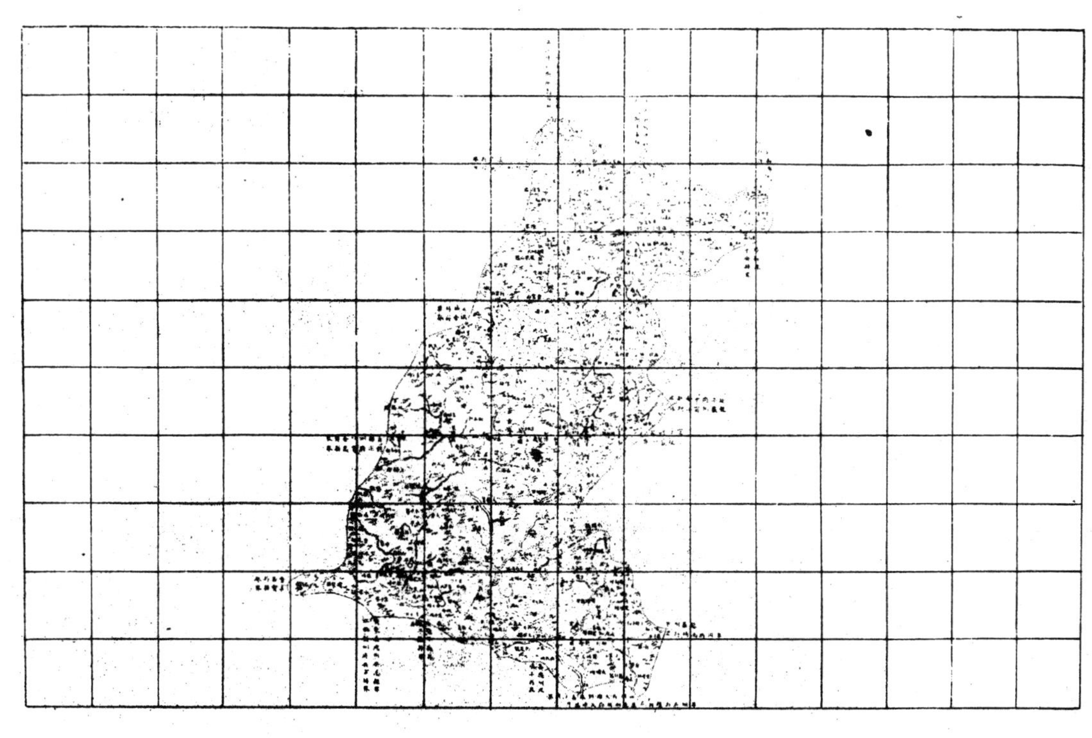

汀州府在省治西南九百七十五里。至京師五千一百二十六里。領縣八。治長汀。東連城。東南上杭永定。西南武平。東北寧化清流歸化。鄞江一名正溪。出寧化縣西南亂蘿山。西南流經長汀縣東北。合將軍山天井山及二小水。經龍門峽。左納梓步溪小湘溪。折西北。右納天華山水。又西南。右納篁竹嶺水。經府治南。右納溜崠山水。又南。左納陳坊水策田水鍾家阬水。又南。黃風溪合榭坊水及八仙巖諸山水西流注之。屈西南受濯田溪。溪出府治西朱紫崠東流為城溪。折南合陂溪。又南。桃楊隘水合墨石崠水東流注之。又南。臘溪合赤土面上歸洋二水東北流注之。折東。左右各納一小水。又東南注鄞江。鄞江又西南。左納洋角溪。西南流。小瀾溪出武平縣北。合石子嶺大順溪諸水東流注之。折東南。經上杭縣西北。左納金山溪。右納九華溪檀溪水。又東南。經縣治東北。會連水。水出連城縣南郎村隘。西南流。曰豐頭溪。岡上水合席湖隔水。自其北來會。又西南。牛尾嶺南水自長汀縣合吳家墩水為朋口溪。東南流注之。又西南。茜溪出縣東南高地山。西流合隔口溪。里岡溪西北流注之。又西南。芷園溪出縣南赤嶺。合芷溪注之。又西南。右納新泉溪。又經上杭縣東北。右納長汀縣之機頭市水。又西南。左納九曲溪苦竹溪水。又西南。與鄞江會。鄞江又東南。經縣治東南。瀨溪上承武平縣之象洞水。東北流注之。又東南。安鄉水合蜈公嶺水西南流注之。又南。大洋壩水出縣東北分水嶺。合永定縣之豐稔溪諸水西南流注之。又東南。受永定溪。溪自龍巖州來。合文溪。西南流。武溪合東阬東安龍窟諸水西北流注之。又西南。右納涼繖寨水。左納五指峯水。西南流注鄞江。鄞江又東南入廣東潮州府大埔縣界。武平溪二源。東北源出武平縣東北。曰大豐溪。西南流。左會當風嶺水。經縣治東。合漁溪。下黃溪為化龍溪。又西南。右納黃沙溪。西北源自江西贛州府會昌縣東南來。合石徑嶺水。溪頭水來會。是為武平溪。西南流。巖前水出縣東南。自蛟潭合公壠湖及石灰州水西北流注之。又西南入廣東嘉應州鎮平縣界。金豐溪出永定縣東南巖背山。西南流。右會岐嶺水又南合南溪新村水亦入大埔縣界清溪上游為大溪出甯化縣北三都隘合曾畬水彭高水罕阬水苦竹嶺水南流至縣治東南西溪出縣西南狐棲嶺東南流匯為蛟湖折北合陳家坑覺溪水來會是為大溪右納官家坊水經清流縣西北始為清溪左納二小水右納安樂水經縣治北而南嵩溪合數水南流注之至羅口會文川溪溪出連城縣西南五漈嶺東北流合金鷄嶺水張坊水李坊水楮嶺水磜頭水又西北至北團東南虎忙嶺水自長汀縣東合數小水及牛尾嶺水曲東北流注之復東北經清流縣治南羅溪自甯化縣東流合李坊溪注之又東北右納官坊溪注清溪清溪又東入延平府永安縣界為燕水溪明溪一曰沙洋溪出歸化縣西五通城東北流過縣北又東合臨門瀚溪諸水為沙溪南北合三小水又東合夏陽溪折東南合紫雲台水入延平府沙縣界大吉溪在歸化縣東南胡坊溪合福西洋水在歸化縣南竝入延平府永安縣界夢溪合芹溪在清流縣東亦南入永安縣界曲溪出連城縣東南合楮嶺諸水東北流入永安縣界賴源水合三東水亦東北出界注之大東溪在連城縣東南入龍巖州界甯溪出甯化縣西北窰嶺合二水東北入邵武府建甯縣界貢水在府治西北合二水經古城司南西北流入江西甯都州瑞金縣界張阬水在武平縣西北入贛州府會昌縣界馬戰崠水亦在縣西南入贛州府長甯縣界府東界延平府西及西北界江西甯都州南界廣東嘉應州北界江西建昌府東北界邵武府東南界龍巖州漳州府廣東潮州府西南界江西贛州府

欽定大清會典圖卷一百八十六

輿地四十八

興化府圖

邵武府圖

漳州府圖

興化府圖

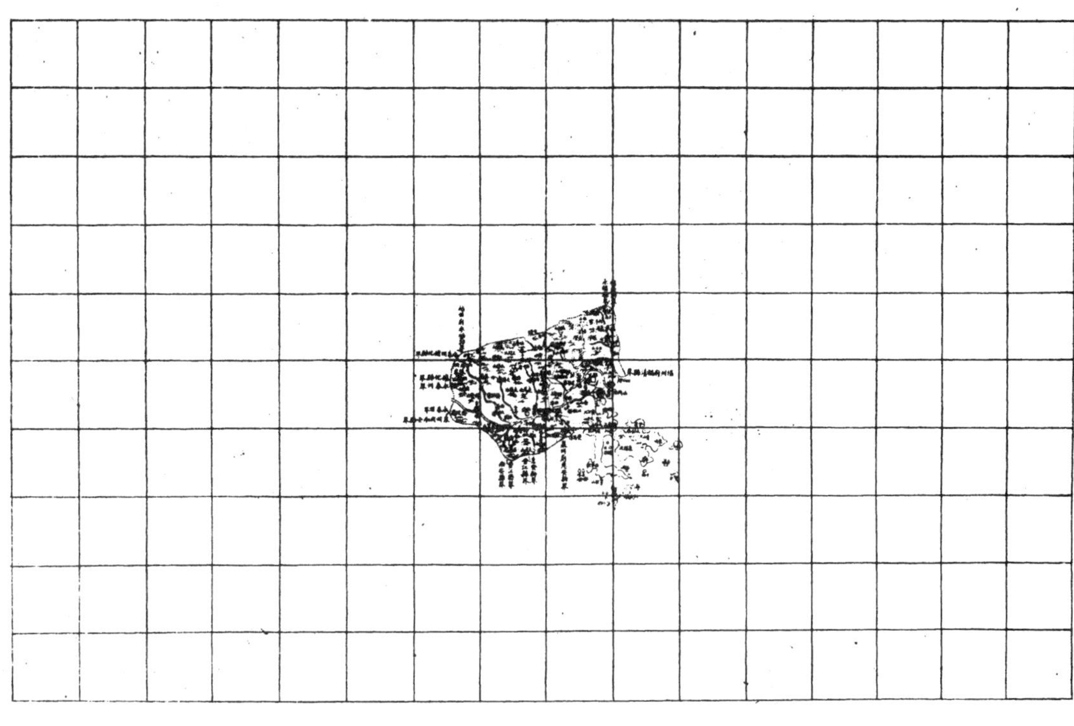

興化府在省治南二百六十里至
京師五千一百五里領縣二治莆田西南仙遊海在府東南北接福州府福清縣界迤南為莆田縣東境又南為仙遊縣東南境又南接泉州府惠安縣界仙溪一曰南溪自永春州德化縣東南流入界經仙遊縣西九雲山南至西臺西曰大目溪又東南至上湖右會永春州之古瀨溪又東金沙溪自泉州府南安縣東北來合石寨嶺六竺山水注之又東大濟溪亦至縣北來會曰三會溪又東右納神堂溪經縣治南又東大溪內水一曰南溪自泉州府惠安縣來北流注之安吉溪合赤石溪南流注之又東經府治西南曰木蘭溪左納九鯉湖支水又東北經府治南木蘭山分流左納二小水折東南至三江口為白湖港入於海九鯉湖自仙遊縣東北匯銀頂峯水東南流經莆田縣西南支津南出注木蘭溪正渠又東經九華山南曰延壽溪又東北折南達涵頭港入於海荻蘆溪出莆田縣東北廣業里合張洋水南流赤溪一曰杉溪出縣西北祁山南流合澳溪御史嶺水折東合楓

溪來注之。又東南爲迎仙溪。達迎仙港入於海

楓亭溪出仙遊縣東南合石鏡山水東流匯爲

赤湖。又東合沙溪爲雙溪港入於海。游洋溪出

仙遊縣北上院山。東流歧爲二。夾潼關而北入

福州府永福縣界注大樟溪。壺公山在府治南。

府東至南界海。西及西北界永春州。北及東北

界福州府。西南界泉州府。

邵武府圖

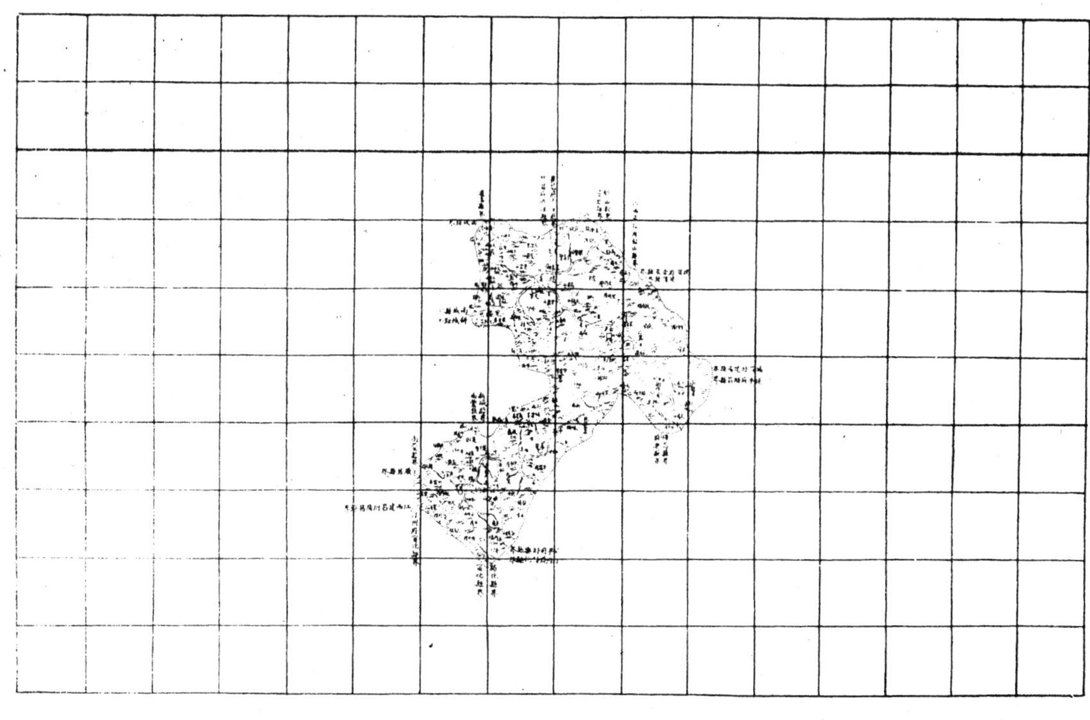

邵武府在省治西北六百七十里至
京師四千九百五十七里領縣四治邵武西南建甯泰甯西北光澤大溪上游為西溪自江西建昌府新城縣東北流入界經光澤縣西大寺寨司西南左納小禾山水朱溪水至水口右納陳溪折北又納大嶺水經縣治北會北溪北溪亦自江西廣信府鉛山縣西南來經光澤縣東北雲漈關南又西南合馬鈴隘黃阬阬口諸水至縣東北漢溪上承江西貴谿縣之冷水阬水南流注之折南右納峰坳水與西溪會是為交溪亦名杭川東南流經府治西北始為大溪合田塅西溪諸小水經治北又東南碎石嶺水自縣西合古山水雙溪東北流注之又東南右納銅青溪左納深溪石壁溪經赤岸又東折南右納窑溪至下灑口屈南流左納衞閩溪右納謝坊溪桃溪又東南經水口司北入延平府順昌縣界灘江上游曰甯溪自汀州府甯化縣東北流入界經建甯縣南雲蓋山水合白雲峰水東南流注之又北金鏡山水合黃嶺水西北流注之經縣治東又北左納朝天嶺水是為灘江又東

北右納李家山水馮家漈溪折東經泰甯縣西合一水至雙溪口會東溪東溪亦曰大溪上游曰官坊溪出邵武縣南合延平府將樂縣之爪溪即黃溪及數小水西南流經縣治東南折西與灘江會灘江折南右納善溪龍安溪水又東南為布溪入將樂縣界黃土嶺水出建甯縣東南入汀州府歸化縣界注楓溪大禾山水出光澤縣西北大禾山西北流入江西建昌府瀘溪縣界府東及東北界建甯府西及西北界江西建昌府南及東南界延平府西南界汀州府

漳州府圖

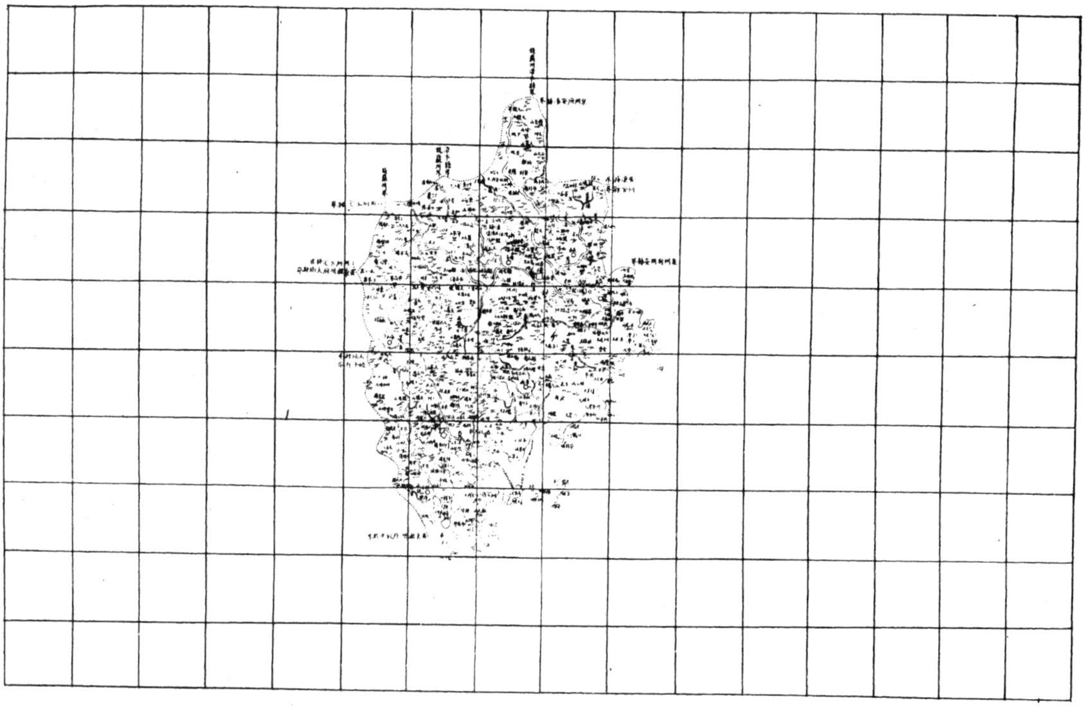

漳州府在省治西南六百八十里至
京師五千五百二十五里領廳一縣七治龍溪南漳浦東南海澄西南雲霄廳平和詔安東北長泰西北南靖海在府東南北接泉州府同安縣界迆南為海澄縣東南境又西南為漳浦縣東南境又西南為雲霄廳東南境又南為詔安縣南境又南接廣東潮州府饒平縣界九龍江一曰柳營江自龍巖州漳平縣東南流入界經龍溪縣西北華封司西左納石几山水又東南受高層溪水折西南三腳竈水亦自其縣東南流來注之又東南至香洲渡會龍津溪溪出長泰縣北林口隘曰林口溪東南流合芹果溪白桐山水又南支津西北出為高層溪正渠屈南流合馬洋溪可壠溪折西流經縣治南曰龍津溪又西至府治東香洲渡與九龍江會九龍江又南折東為郭溪又東為柳營江又南會南門溪溪一曰龍江一曰港口江上流為大溪即西溪出平和縣東北雙髻孃山東北流經南靖縣西南曰高港折西北經長窖墟西又東北博平嶺水自龍巖州南流來注之又東南為鯉魚溪為

船塲溪琯溪上承平和縣之高山溪小坪山水南滕溪及高磜水東北流注之又東北經旗尾渡小溪自龍巖州來合涵溪苦竹水東南流來會又東經縣治南至府治西又東南流為南門溪又東南與九龍江會為福河又為錦江分流經海澄縣東入於海南溪舊曰馬口江出平和縣東東流經南靖縣南又東經漳浦縣北為巖前溪右納小溪嶺水又經海澄縣西南倒港歧為二並東北流達浮宮港入於海李澳川舊曰南溪出平和縣東南九牙山東流經漳浦縣西石榴阪折東南右納温源溪又東北長林溪合擲石徑水東南流注之經縣治南又東南左納上蔡溪水尾巖溪右納芠津口溪達六鰲港入於海黃如江象運溪並出漳浦縣東北合東流入於海西林溪出平和縣東南大峯山曰河上溪東南流經雲霄廳北左納嶺腳水又南龍頭水自平和縣東流合上河水注之又東南經廳治北將軍山水合后坑水東北流注之又東南右納御史嶺水又東南杜潯港自漳浦縣南流來會曰漳江又東南入於海陳溪出平和縣東南大峰山西麓曰徐阬溪合天馬山水南流左納下陂溪經詔安縣北左納馬堂水又西南白葉洞水出縣西北霞葛嶺東南流注之折東南左納八仙山水右納赤溪經縣治東歧為二並南流右納窑溪復合為牛母礁入於海大陂溪相見嶺水並出詔安縣東北合南流入於海河頭溪亦出大峰山西麓西北流經縣東合溪出琯寮山自其北來會又西經縣治南又西北大蘆溪小蘆溪合五鳳山水西南流注之又西南入廣東潮州府大埔縣界天寶山在府治西北

府東至北界泉州府西及西南界廣東潮州府南及東南界海西北界龍巖州汀州府

欽定大清會典圖卷一百八十七

輿地四十九

福甯府圖

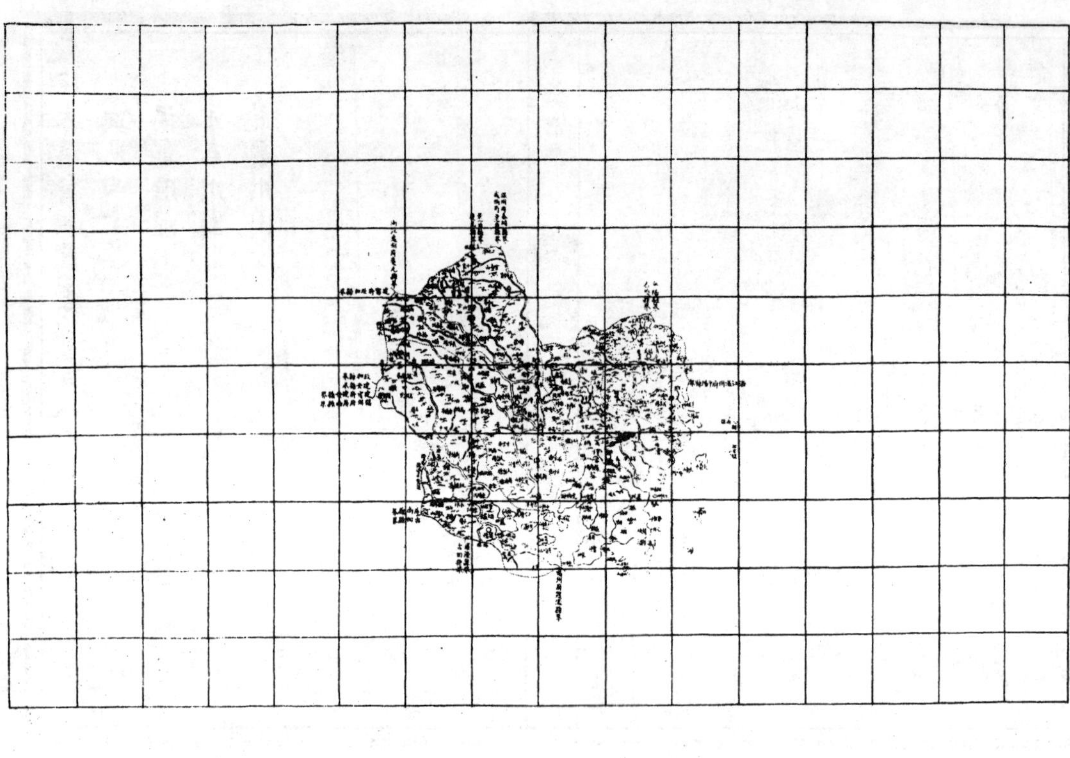

福寧府在省治東北五百四十五里至京師五千四百里領縣五治霞浦西南寧德西北福安壽寧東北福鼎海在府東南北接浙江溫州府平陽縣界迤南為福鼎縣東南境又南為府治霞浦縣東南境又南接福州府羅源縣界交溪一名長溪自浙江處州府景寧縣東南流入界經壽寧縣北曰后溪合小東水曲折東南流為百步溪右納西溪水經福安縣東北富溪出府治西北青嵐面合洋邊柳洋諸水屈西北流注之曰東溪亦曰長溪又南蟾溪亦自壽寧縣西北合茗溪屈曲東南流注之折西南託溪上承慶元縣之橫嶺水尤溪亦上承其縣之西溪水平溪自建寧府政和縣來並經壽寧縣東南合東南流來會是為交溪又南經縣治西南左納泰溪水又東南大梅溪上承永灃溪合二小水南流折西北注之又西康溪上承建寧府政和縣之稠阬水經壽寧縣南為松洋溪東南流合穆溪潘溪注之亦曰三江口又南右納薛坂水經白石司東又東南為黃崎江達官井洋入於海外渺溪上游為松洋溪上承建寧府政

和縣之稠阬水經壽甯縣西南泗州橋塘歧為二一東流為廉溪一西南流經甯德縣西北合政和縣之黎洋峽水經周敦堡南曰南門溪又東南左合馬阬水又東南至外溆顯聖溪出縣西北顯聖巖合雙溪來注之為外溆溪又東南左納赤洋溪閩阬水至金垂港入於海北溪上源為龍滁溪自屏南縣東南流入界經甯德縣西北石堂山西黛溪亦自其縣來會又東南右合一小水左合桃花諸溪水為金溪折東南支津東出入於海正渠又南右納鍾洋溪及福州府羅源縣之楊溪經縣治北曰藍田溪歷塔山東南納飛鸞江焦溪諸水又東南入於海桐山溪出福鼎縣西北金尖山東南流合金釵溪芝溪南溪諸水東流折南合龍山溪經縣東至郭洋坪匯縣東南諸溪港東南流入於海王柄溪峽門溪並在福鼎縣東南入於海楊家溪出府治西北合玉山水東南流烏杯溪自福鼎縣南流注之曰赤溪又東南曰雉溪合諸溪入於海赤岸溪亦出府西北望海嶺合倒流溪雲露洋水東南流與長溪河並入於海杯溪亦出府治西北合九龍阬諸水南流入於海暗溪出府治北東流經福鼎縣西南合二水西北流折西入浙江温州府泰順縣界注后溪府東至南界海西及西南界福州府北及東北界浙江温州府西北界建甯府浙江處州府

永春州圖

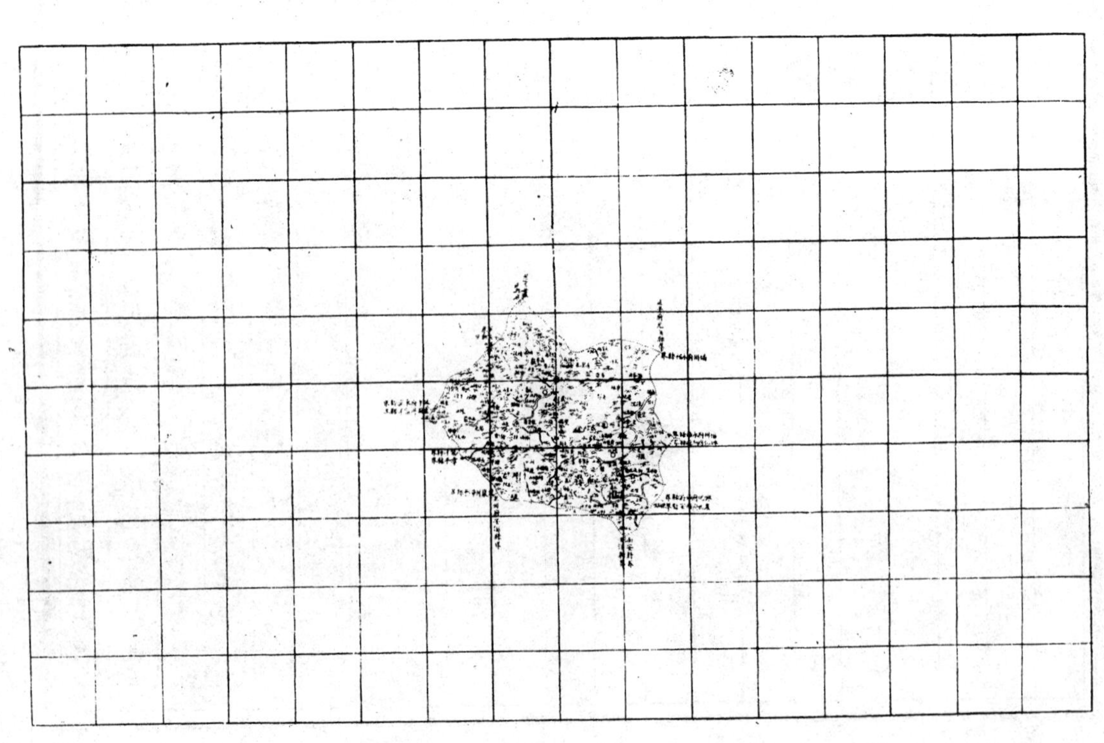

永春州在省治西南四百十里。至京師五千二百五十五里。領縣二。北德化。西北大田。滻溪出德化縣西北戴雲山。南流曰白泉溪。會黃洋溪東流。右納龍潭水。經縣治南。折東北。右納碧潭水。左納龍潭水。屈東北。盧溪出縣北涼纖山東北流注之。又東北入福州府永福縣界。梓溪出德化縣西北曰小尤溪。合一小水西流。經大田縣西南合龍背嶺水。始為梓溪。折西北合小阬水。復東北。虎鼻山水合太素山水東南流注之。又東北經縣南。又北。左納后華水。又東北。英果溪出縣西北太寶山。合鐵山水渡頭溪曲東流注之。又東北入延平府尤溪縣界。桃溪出州西北雪山。東流經陳巖山曰陳巖溪。屈曲東流。左納錦溪。又東南。冷水阬水南流注之。經州治南又東。新溪出縣西北天馬山。東流歧為二。一東入興化府仙遊縣界。一西南流來注之。又東南入泉州府南安縣界。小姑溪亦出州東南出界注之。熊田溪出德化縣西南。西南流經州西為碧溪。又東南合上窯水南洋水。折西南入泉州府安溪縣界。洞口溪出州西北。合南山水東南流歧為二。並南流入安溪縣界。沈口溪出大田縣西南入龍巖州甯洋縣界。武陵垵水亦出縣西南入龍巖州漳平縣界。湯嶺水在德化縣西北入延平府尤溪縣界。石牛洞水在德化縣東南入仙遊縣界。州東界興化府。西界龍巖州。東南至西南界泉州府。北及西北界延平府。東北界福州府。

龍巖州圖

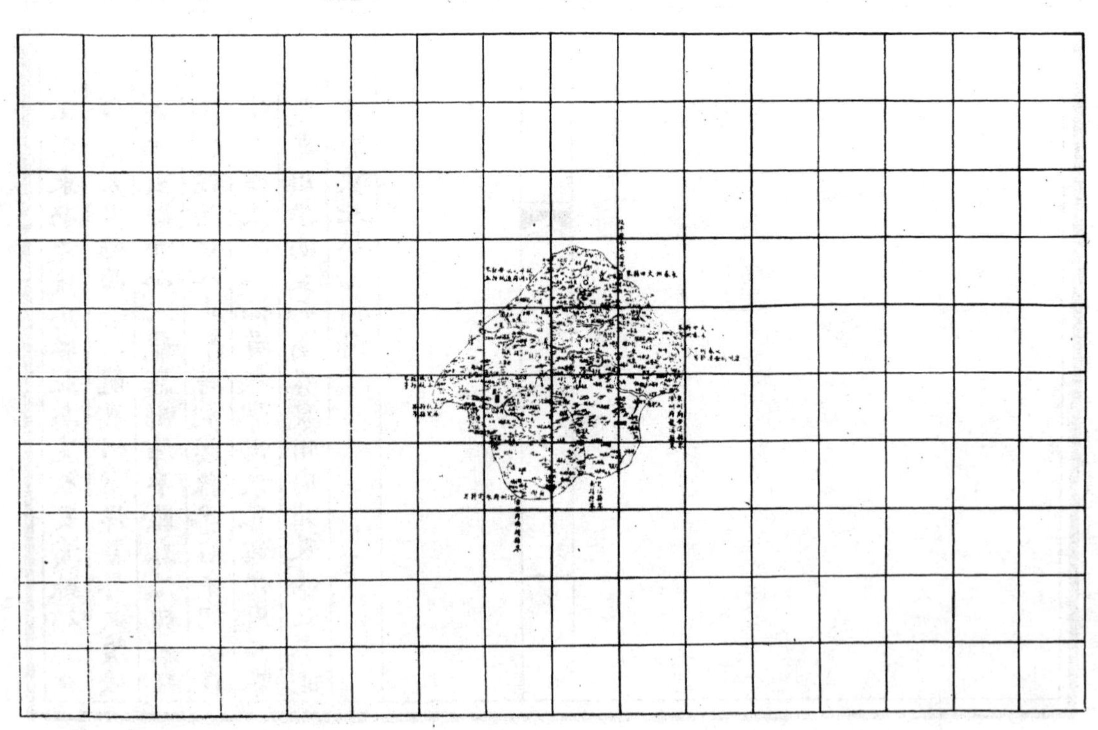

龍巖州在省治西南九百里。至
京師五千七百四十里。領縣二。東北漳平甯洋九
龍溪一名漳平上溪二源。西北源曰九鵬溪。出
甯洋縣西北黎子嶺曰北溪。合百種畬洞水西
溪水南流南溪合蓋竹洋水西南流來會曰大
溪。又東南左納徐溪水。曲南流至縣南嶺頭隘
折東經漳平縣西北。始為九鵬溪。萬安溪上承
汀州府連城縣大東溪東南來為藿溪。合其縣
之隔溪小東溪及大埔崙水東溪水東北流來
會。又東北西阬水自永春州大田縣西南來經
甯洋縣東南合新橋溪來會。又南經漳平縣西
會西源西源曰雁石溪一曰龍川。出州西九曲
嶺。東南流合陳陂溪。過州治南右納馬阬社水。
折東北經觀音座山東至雁石嶺南始為雁石
溪。北流折東與九鵬溪會是為九龍溪。又東右
納吳地溪經縣治南又東南至華口。感化溪自
大田縣南來合象湖山水注之。下折溪亦北流
注之。又東南入漳州府龍溪縣界。九車塘水博
平嶺水並出州東南入漳州府南靖縣界。州東
界泉州府。北至南界汀州府。東北界延平府永
春州。東南界漳州府。

欽定大清會典圖卷一百八十八

輿地五十

臺灣省全圖

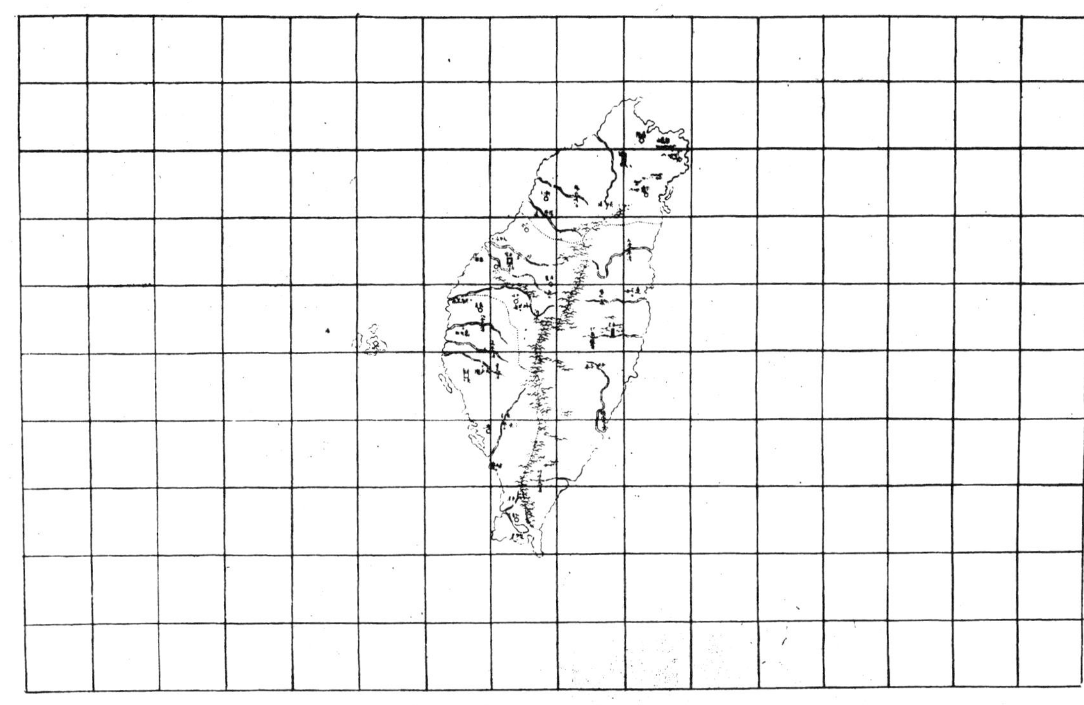

臺灣省在

京師東南。臺灣府為省治。臺灣巡撫布政司共治。

臺灣府西南臺南府。東北臺北府。東南臺東州。海環省四面。濁水合水大甲溪並出臺灣府境西流入於海。八掌溪急水溪曾文溪東港四重溪龍鑾潭並出臺南府境西流入於海。磺溪鳳山崎溪隙仔溪並出臺北府境西北流入於海。大清水溪花蓮港打馬欄溪新武洛溪虷子崙溪並出臺東州境東流入於海。四面俱至海。

臺灣府圖

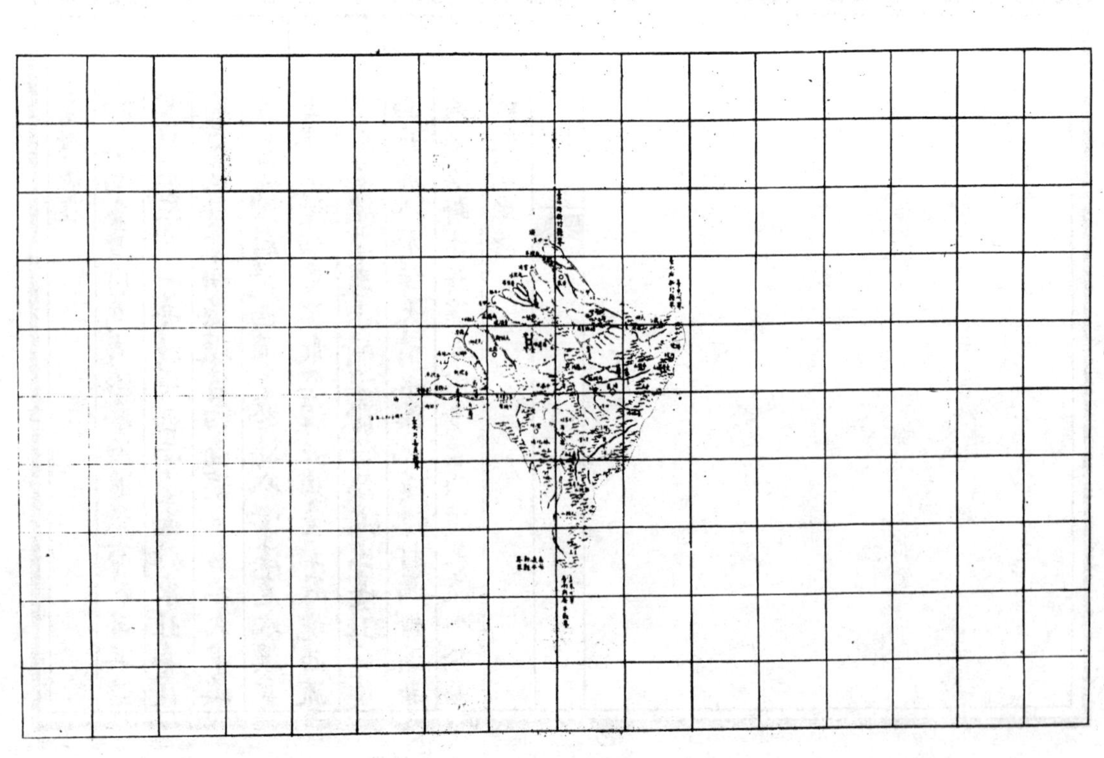

臺灣府為臺灣省治。至
京師六千二百二十六里。領廳一縣四。治臺灣。南雲林。西彰化。北苗栗。東南埔裏廳。海在府西北。北接臺北府新竹縣界。為苗栗縣西北境。又南為府治西北境。又南為彰化縣雲林縣西北境。又南接臺南府嘉義縣界。濁水出埔裏廳東南山。西南流。左合二水。經雲林縣東北。一水自南來注之。曲北。右納一水。經縣北。又西北。一水自嘉義縣來北流注之。又西經牛埔厝。歧為三支。一支曰石龜溪。西為牛椆溪。一支曰虎尾溪。經汕頭厝。為麥寮港。並經縣西入於海。一支為東螺溪。又歧為三。曰刺桐港。即番空港。曰鹿港。曰二林港。並經彰化縣西入於海。大肚溪上源曰合水溪。出埔裏廳東南魚池仔。西北流。合南硿溪。經廳西北。北港溪北硿溪並西流注之。又西珠子山二水合西北流注之。經府治南。左右各納一水。經大肚街為大肚溪。又西北入於海。大甲溪出苗栗縣東南。合數小水西南流。右出支津。注於呑霄溪。正渠南流。左納一水。折西北。經鐵砧山南。又西北入於海。呑霄溪出苗栗縣東

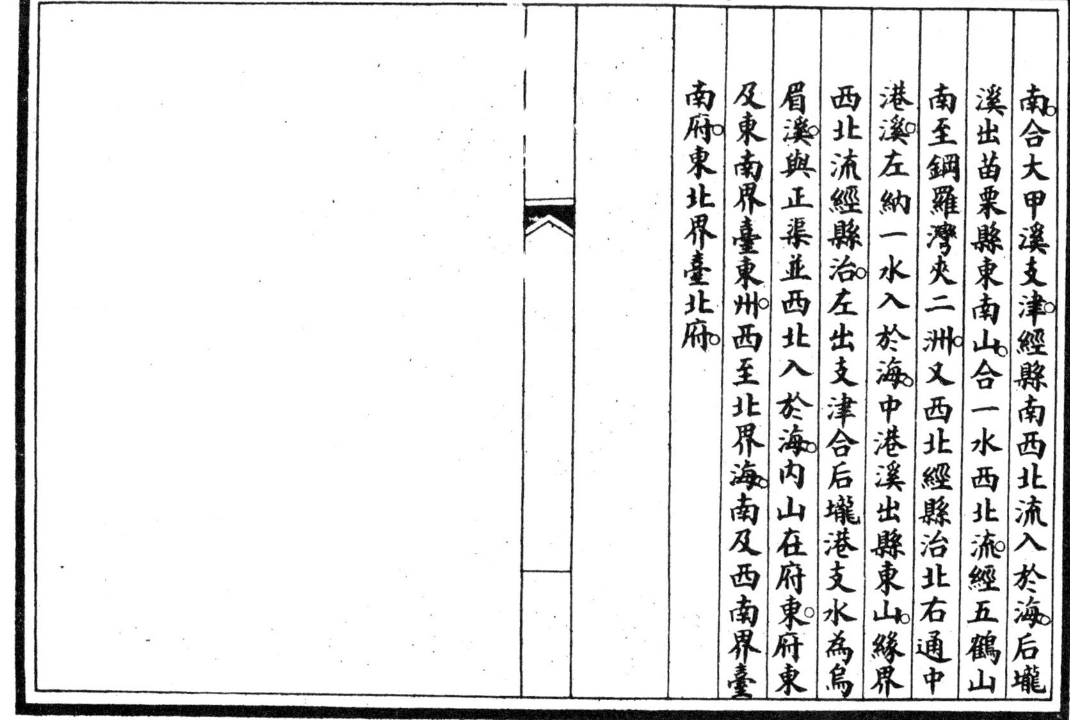

南。合大甲溪支津。經縣南西北流入於海。后壠溪出苗栗縣東南山。合一水西北流。經五鶴山南。至銅羅灣。夾二洲。又西北經縣治北。右通中港溪。左納一水入於海。中港溪出縣東山。緣界西北流經縣治。左出支津。合后壠港支水為烏眉溪。與正渠並西北入於海。內山在府東。府東及東南界臺東州。西至北界海。南及西南界臺南。府東北界臺北府。

臺北府圖

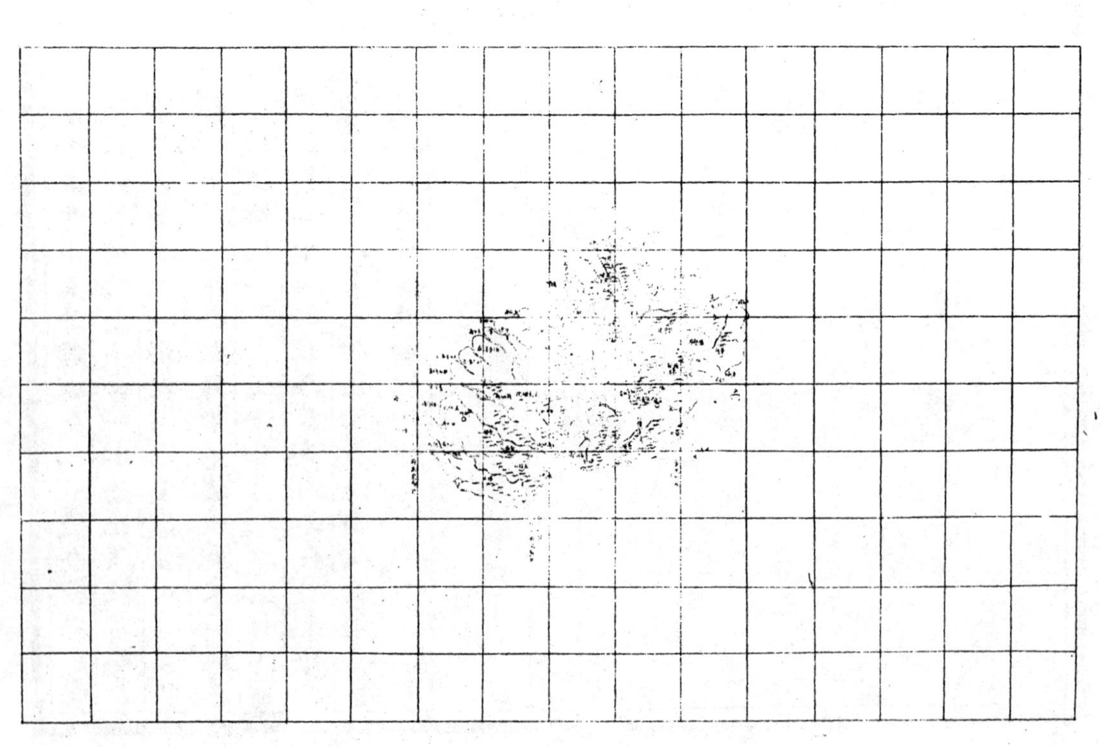

臺北府在省治東北二百五十里。至
京師五千九百七十六里。領廳一。縣三。治淡水。東
北基隆廳。東南宜蘭。西南新竹。海環府東北西
三面。東接臺東州界。西接臺灣府界。基隆口在
基隆廳東北。滬尾口在府治西北。磺溪出府治
南山。合石頭溪。東北流。左右各納一小水。至枋
橋街。紅仙水合擺接溪諸水西流注之。又北經
府治西艋舺。十八重溪水北流折東注之。至大
稻埕。大隆洞溪出基隆廳東雞籠山。合一水西
流注之。又西北分流復合。經扈尾港入於海。南
崁港上流爲大過溪。在府治西北。中壢溪。土牛
溝。紅毛港。鳳山崎溪。舊港。油車港。香山港並在
新竹縣西北。俱入於海。三貂溪在基隆廳東南。
草嶺大溪。加禮遠港。蘇澳門並在宜蘭縣南。俱
入於海。雞籠山在基隆廳東。府東北西三面界
海。南界臺東州。西南界臺灣府。

臺南府圖

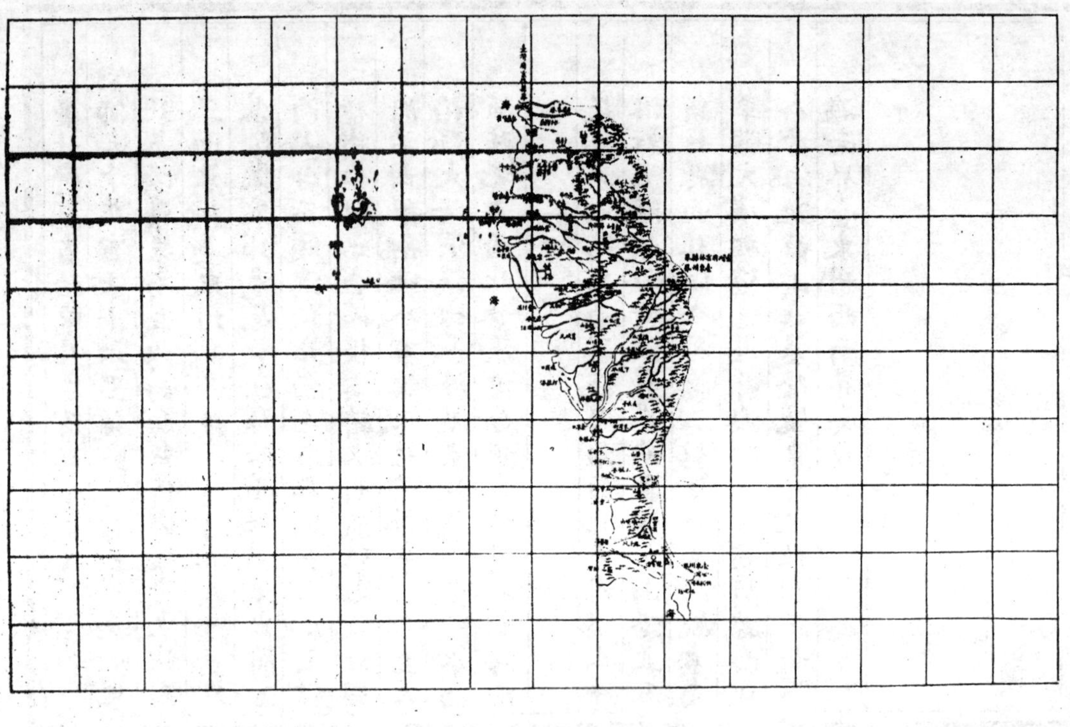

臺南府在省治西南二百里。至京師六千四百二十六里。領廳一縣四。治安平。東南鳳山恆春。東北嘉義。西北澎湖廳。海在府西南。北接臺灣府雲林縣界。南接臺東州界。澎湖廳懸居海中。牛稠溪出嘉義縣東。西北流經治北。與布袋嘴港並西流入於海。八掌溪出雲林縣界。西北流經平鼻山北半月山南。合瀵箕湖及一小水西流至鹽水港入於海。急水溪二源。並出雲林縣西界。經嘉義縣東南合西流。又經急水鋪南左納十八重溪。又經鐵綫橋街北。又西入於海。曾文溪出府治東北。西北流經大武隴北右納茄拔溪左納一小水。經府治北。又西經倒風港入於海。柴頭港出府治東北山。西北流經治北。又西合德慶港為安平港入於海。二層行溪出府治東。茄定港出雁門關嶺。阿公店溪出鳳山縣東北。並西流入於海。淡水溪出府治東六張犂。西南流右納一水左納二水。經下淡水西。鳳山縣治東。至潮州厝汎北。西冷水溝水出縣東芋匏山合二水西南流注之。又西南匯為東港入於海。茄藤港在鳳山縣南西流入

於海。牽芒溪出恆春縣北武吉山。合一水西流入於海。剌桐港楓港五重溪三重溪射寮溪並在恆春縣北西流入於海。龍鑾潭在恆春縣南西北流入於海。猪𤝞東港在恆春縣東東流入於海。傀儡山俗曰加禮山在鳳山縣東。府東及東南界臺東州。西至南界海。北及東北界臺灣府。

臺東州圖

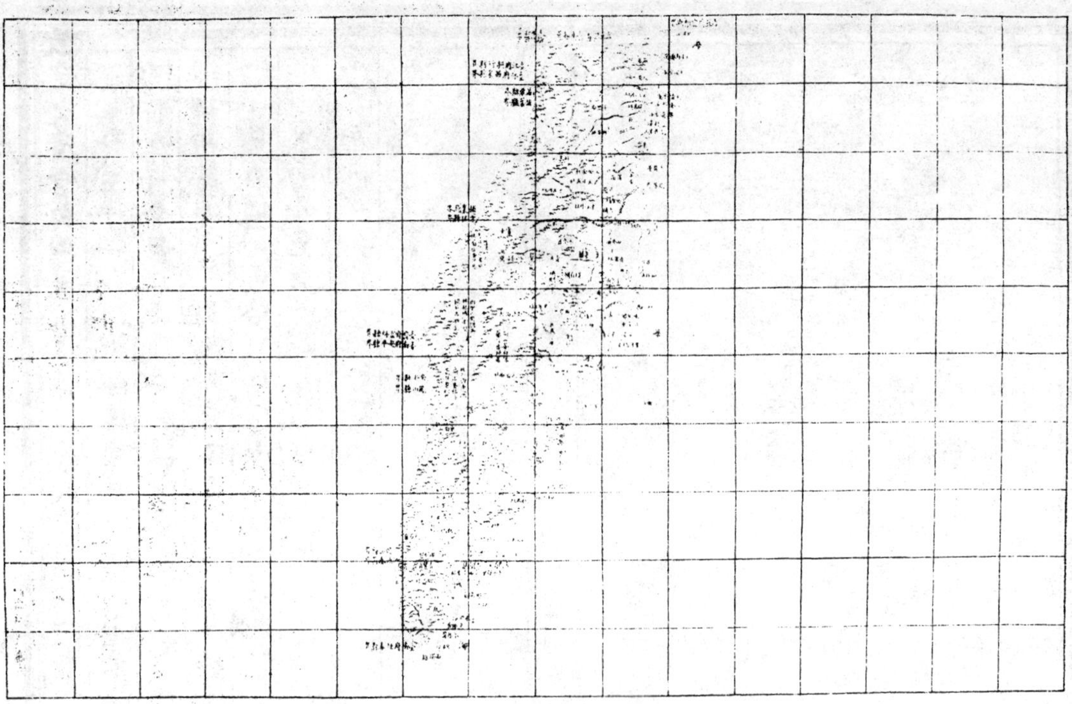

臺東州在省治東南五百里。至
京師六千二百二十六里。海在州東。北接臺北府
宜蘭縣界。南接臺南府恆春縣界。大港上源曰
打馬欄溪。出秀姑巒山。東流經治北。右合網網
溪。左合一水。經奇密社北。入於海。卑南大溪出
州西南。新武洛社合三水東南流。入於海。花蓮
港二源。並出州西。北合數小水。經太平廠南。入
於海。東澳南澳大濁水溪大清水溪小清水溪
得其黎溪三棧溪九丹溪米崙港。並在州東北。
入於海。紅蝦港黎仔阬溪郎阿郎溪馬武窟溪
八里芒溪呂家望溪知本溪大苗里溪虷子崙
溪大足高溪千子壁溪大烏萬溪巴塱衞溪魯
木鹿溪牡丹灣八磘灣。並在州東南。入於海。州
東至南界海。西及西北界臺灣府。北界臺北府。
西南界臺南府。

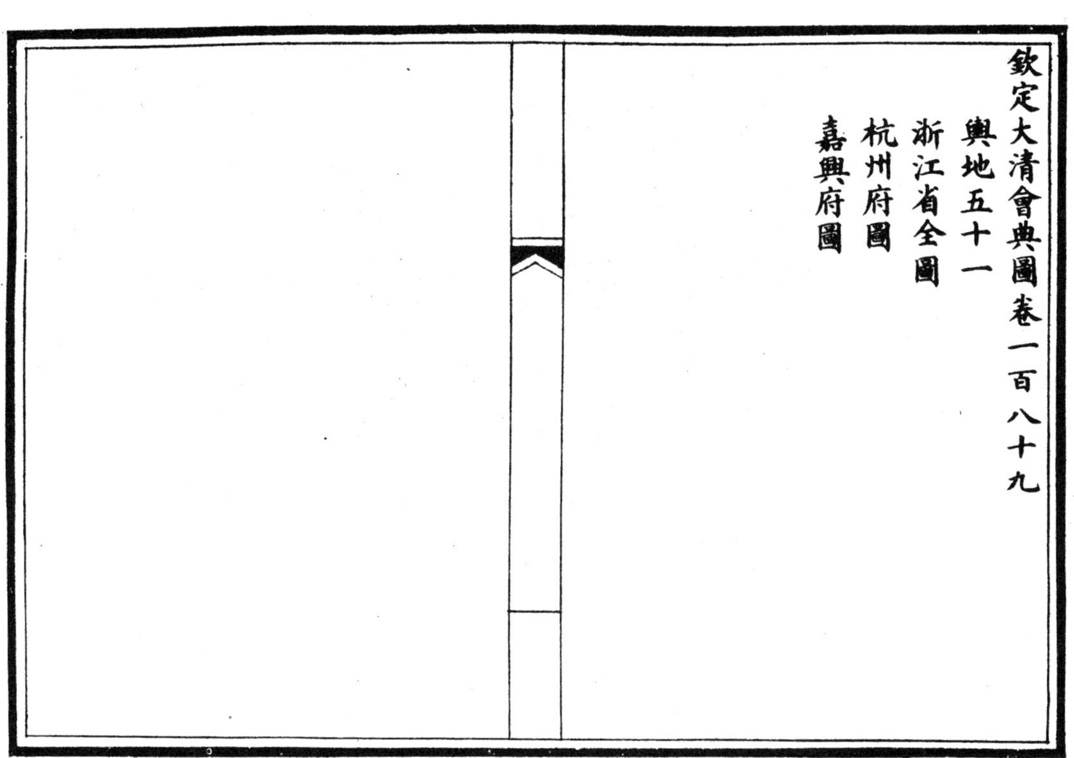
欽定大清會典圖卷一百八十九
輿地五十一
浙江省全圖
杭州府圖
嘉興府圖

浙江省全圖

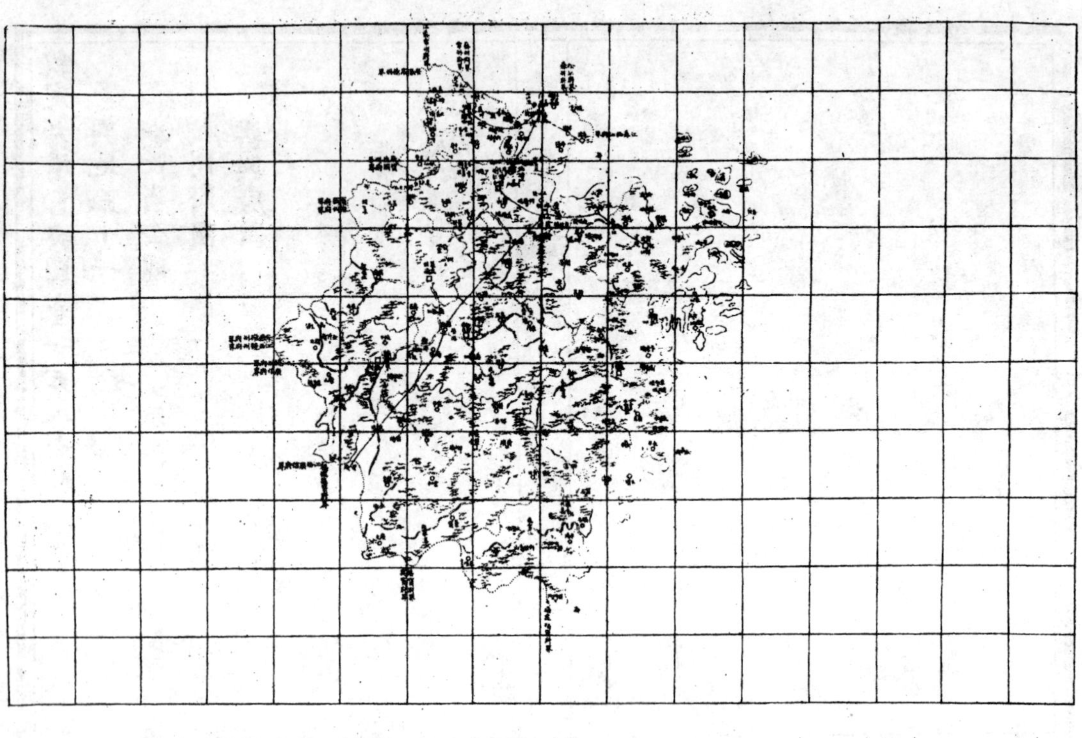

浙江省在

京師東南杭州府為省治浙江巡撫布政司共治焉統府十一廳一杭州府東南紹興府甯波府定海廳台州府温州府西南嚴州府金華府衢州府處州府東北嘉興府西北湖州府海在省東北與江蘇松江府接界南與福建福甯府接界錢塘江上承新安江自安徽徽州府東南流入境經嚴州府西南合迴溪東北流經府治南婺港二源出金華府東合武義港水西流衢港二源出衢州府西合東溪水東流合為蘭谿江來會為桐江又合頰口溪東北流為富春江又東北經杭州府西南為錢塘江合浦陽江東北流入於海曹娥江上游曰剡溪出紹興府南北流經府東折西北入於海甬江出紹興府東經甯波府治北東流入於海椒江上游為永安江出台州府西南東北流合始豐溪又經府治南為椒江又東南合永甯溪又東入於海甌江上源為大溪二源出處州府西南合東北流又經府治南而東合好溪南洋溪又東南經温州府西北為甌江又合楠溪入於海飛雲江出温州

府西南經府南屈東流入於海西湖在省治西北出為下塘河又東北為運河又經湖州府東南又東北經嘉興府治西而北入江蘇蘇州府界太湖在湖州府北與蘇州府接界東苕溪出杭州府西屈東北經湖州府南西苕溪出府西南北流折東貫府治來會左出支津注太湖又東為運河入蘇州府界東至海西至安徽界北至江蘇界南至福建界西南至江西界

杭州府圖

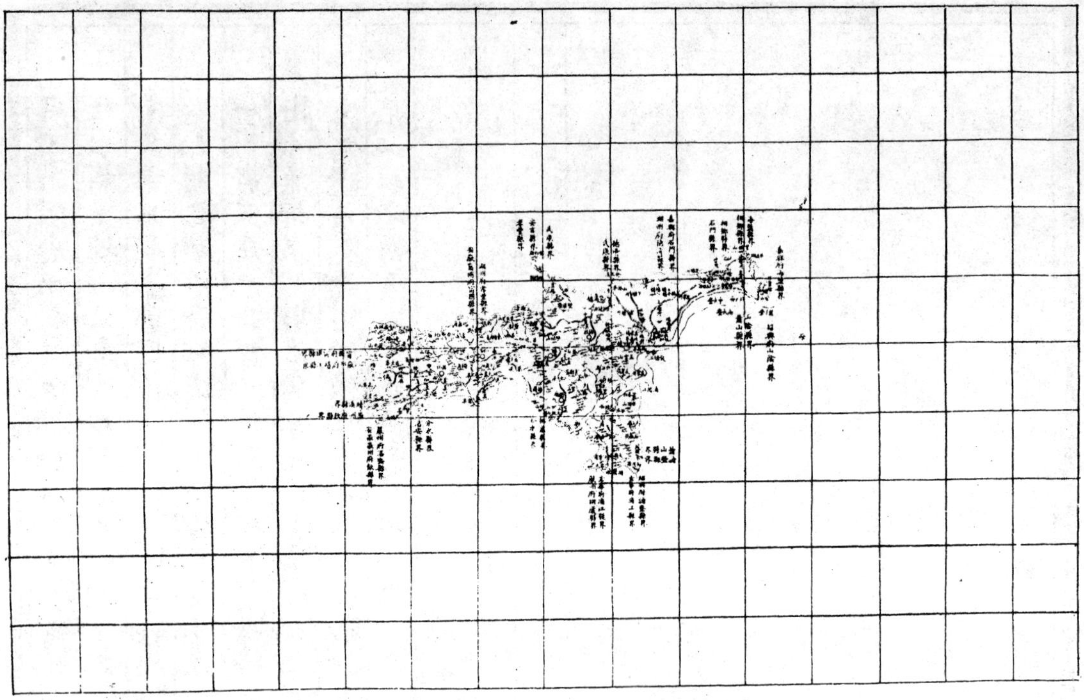

杭州府為浙江省治至
京師三千二百里領州一縣八治錢塘仁和西餘杭西南富陽臨安新城於潛昌化東北海寧州海在海寧州東南北接嘉興府海鹽縣界南接紹興府山陰縣界其海口曰鼈子亹錢塘江上承桐江自嚴州府桐廬縣合釐江北流入界經富陽縣西南湖濮水自金華府浦江縣東北來為壺源江注之又東北右納剡浦水經縣治西南莧浦上流為私水合白洋溪横銀溪步橋水南流注之又經縣治南為富春江右納安吳川水又經府治西南為錢塘江其南岸為紹興府蕭山縣界會浦陽江北岸經袁家浦折北流又東北經府治南龍口閘納府治城內諸水又東北經海寧州南又東由鼈子亹入於海釐江上源為松溪出臨安縣南流經新城縣治南葛溪出縣西北來會為釐江又南入桐廬縣界注桐江苕溪出臨安縣西北天目山合董溪及馬跑泉水東南流經縣治北又東流右納錦溪及靈溪又東北經餘杭縣匯為南湖東出支津為餘杭塘河其正渠折北經縣治東又北中苕溪即

仇溪出臨安縣西北穆公山合猷溪東流來會又東北苕溪出餘杭縣西北獨松關東南流來會又東北經府治錢塘縣西北又經府治仁和縣西北受官塘河又北流入湖州府德清武康二縣界官塘河即下塘河上承西湖水自府治西西北流餘杭塘河自餘杭縣分苕溪水東流來注之又北出左家橋分二支一西北流為官塘河會苕溪一北流經府治仁和縣西北為下塘河即運河北流折東入德清縣界上塘河亦上承西湖水環府治分支南流注於江正渠北流經府治仁和縣北頭橋支津東出為備塘河東南流經海甯州治西合二十五里塘河又東南至尖山北通袁化塘河正渠自頭橋北流折東經海甯州西北長安壩分二支一東南流為二十五里塘河注備塘河一北流為運塘河入嘉興府石門縣界其支津東流復分二支南支為周王廟塘河東南流至郭店鎮為郭店塘河左出支津為斜橋塘河合北支郭店塘河又東南流至袁花鎮為袁花塘河合備塘河東出為招寶塘河入嘉興府海鹽縣界又北流匯於黃道湖亦入海鹽縣界北至為許公塘河東北流右合斜橋塘河又東北為洛塘河亦匯於黃道湖又北出為長水塘河入嘉興府海鹽桐鄉二縣界頰口溪自安徽甯國府績溪縣東流入界經昌化縣西受雲溪支津為無他溪又東左納桃花溪即巨溪為西晚溪又東經縣治西折東南為雙溪經治南為三溪受橫溪水溪上源為雲溪出縣西南昱嶺東北流過橫溪橋支津北出注頰口溪正渠東流橫溪東北流為蒲溪又東北為伽溪右合塘溪即覽溪又名上下博溪東北流注三溪三溪折東流為紫溪經於潛縣南會於浮溪溪上源為虞溪出縣北福壽嶺東南流左納豐淩溪水及東關溪是為零口溪經縣治西又南左納藻溪右納柳源溪又南為浮溪與紫溪會浮溪又南左納大源溪又南為天目溪入嚴州府分水縣界天目山東西二嶺在於潛縣北臨安縣西北府東及東北界嘉興府西界安徽徽州府南及東南界紹興府北及西北界湖州府西南界嚴州府

嘉興府圖

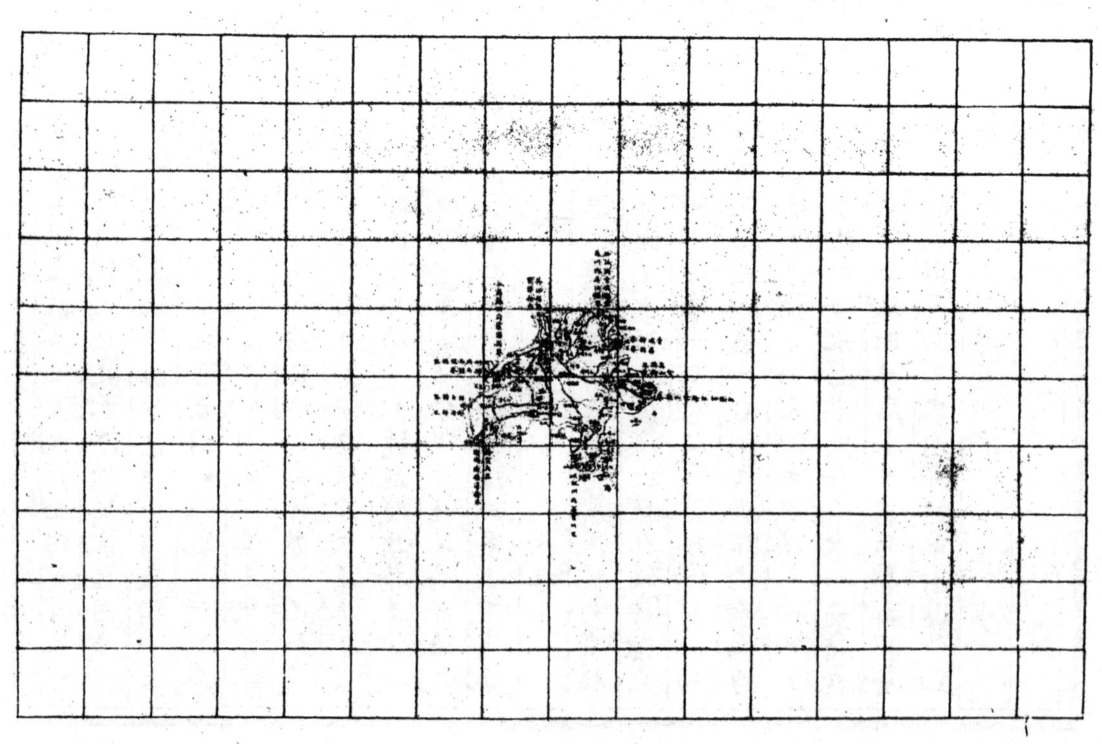

嘉興府在省治東北一百八十里至
京師三千二十里領縣七治嘉興秀水東嘉善東
南平湖海鹽西南桐鄉石門海在府東北接江
蘇松江府金山縣界迆南為平湖縣東南境濱
海有乍浦城又西南為海鹽縣東南境濱海有
澉浦城又西南與杭州府海甯州接界運河即
下塘河自湖州府德清縣東北流入界經石門
縣西南支津北出為南界涇復分二支一東北
流為斟門涇注正渠一北流為含山塘仍入德
清縣界其正渠東北流又東經縣治南運塘河
自海甯州北流注之又北經縣東北左受斟門
涇右出一支津為石人涇至桐鄉縣東南注長
水塘其正渠又北至羔羊橋復右出一支津為
沙木涇至桐鄉縣東南復岐為二一注正渠一
注長水塘其正渠自羔羊橋東北流長濠涇分
含山塘水東流來注之又東北經桐鄉縣西左
出一支津西北流為白馬塘河合湖州府歸安
縣之吳興塘水東北流經秀水縣西為瀾溪塘
入江蘇蘇州府震澤縣界其正渠又東北經桐
鄉縣治北又東北右受永新港水又左出支津

為五往涇西北流復折東南為分鄉港仍入正
渠自分鄉港溢而東北流者為烏鎮港即新塍
塘仍注正渠正渠又東北環府治南受長水塘
河河自杭州府海甯州上承許公塘水北流入
界經桐鄉縣東南左合石人涇及沙木涇水北
流注運河運河又經府治東南受海鹽塘河河
即嘉興塘河上流為招寶塘河自海甯州東流
入界經海鹽縣西南東北流至慶豐橋右分一
支津為烏邱塘河環縣治而東北流為平湖塘
河又為海鹽塘河經平湖縣南合乍浦塘匯於
東湖其西北流者為嘉興塘河合正渠正渠自
慶豐橋北流經縣西合支津又西北許公塘河
袁化塘河並自海甯州來匯為黃道湖及馬腰
湖東流注之又西北經府治嘉興縣南瀦為南
湖注於運河運河又經府治東北支津東出為
冬瓜湖塘即東郭湖塘注魏塘河其正渠又西
北右通諸蕩水又北過王涇鎮入江蘇蘇州府
吳縣界南湖在府治嘉興縣治南匯運河及長
水塘河海鹽塘河諸水溢而東南出為六里塘
河至東柵口岐為二一為漢塘河一為魏塘河

魏塘河自東栅口東北流經嘉善縣西受冬瓜湖塘塘上承運河水東流其支津為運涇港為蘆魁塘並北流入蘇州府吴江縣界其正渠東流注魏塘河魏塘河又東環縣治北出一支為六斜塘過西塘鎮匯於木斜湖接江蘇松江府青浦縣界東出一支為華亭塘復分支北出為上十二港通茜涇塘及横楓涇塘匯諸蕩水亦接青浦縣界其正渠又東右納油車港水又東北為楓涇塘入青浦縣界其支津為茜涇塘為横楓涇塘漢塘河自東栅口東南流支津北出為油車港注於華亭港其正渠又東南至平湖縣匯於東湖東湖在平湖縣治東南匯漢塘及海鹽塘水北溢為魚圻塘東溢為廣陳塘及廣陳支塘黄姑塘並入松江府金山縣界府東及東北界江蘇松江府西至北界江蘇蘇州府南界杭州府東南界海西南界湖州府

欽定大清會典圖卷一百九十

輿地五十二

湖州府圖

甯波府圖

紹興府圖

湖州府圖

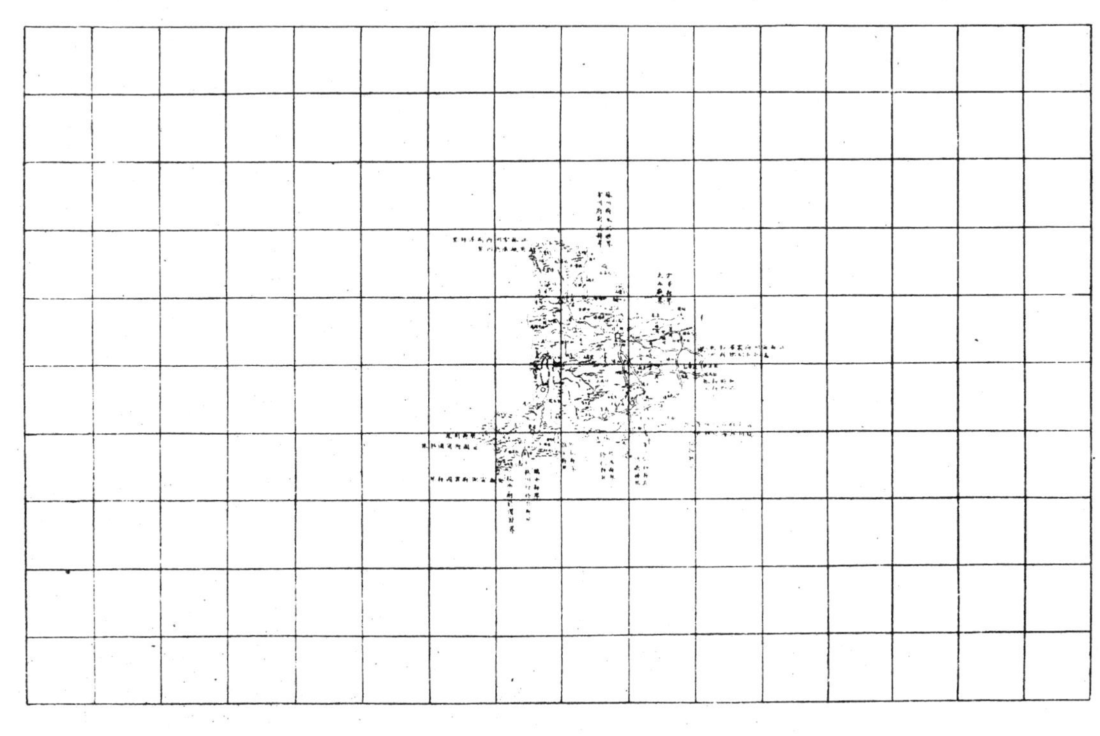

湖州府在省治北一百八十里至
京師三千二十里領縣七治烏程歸安東南德清
西南武康安吉孝豐西北長興太湖在府治烏
程縣北長興縣東北接江蘇震澤縣界東苕溪
自杭州府錢塘縣北流入界經武康縣東南左
合禺溪北經武康縣東德清縣西為餘不溪受
後溪溪自縣西分前溪水東流過縣治北合流
復分又東湘溪出縣西南東北流為上渚河來
注之又東注餘不溪餘不溪又東北過德興縣
治東流折北曰雪溪支津東出為東塘河東流
入嘉興府石門縣界注含山塘其正渠屈東北
經歸安縣東南埭溪出縣西南橫嶺合金山溪
屈東流過西塘河來注之又北至菱湖鎮支津
東出為吳興塘東過含山塘入嘉興府桐鄉縣
界注白馬塘其正渠又西北右出二支津曰思
溪曰長超港合東南流注吳興塘正渠又西北
受西塘河河上源為前溪出武康縣西北銅峴
山屈東南流經縣治西歧為二夾治東流復合
右出一支津為後溪合上渚河東注餘不溪正
渠又東北經長安市為長安溪經德清縣境西

北為沙溪過埭溪而北至歸安縣南為西塘河
又北注東苕溪東苕溪又北經府治南錢山漾
左納妙喜港水又北流貫治城東出支津為運
河西受西苕溪水北出支津為小梅溪匯於太
湖其正渠貫城而東右出支津為北塘河東北
流接江蘇震澤縣界亦匯於湖正渠屈東北至
大錢口匯於湖運河自府城首受東苕溪水東
南流經歸安縣東浦前漾支津東南出為中塘
河東南流合嘉興府石門縣北來之含山塘折
東北注白米塘運河又自浦前漾東北流白米
塘河分嘉興府桐鄉縣北來之瀾溪塘水西北
流合中塘河注之又東北入震澤縣界西苕溪
一名龍溪出孝豐縣西南廣苕山合安徽寧國
府寧國縣來之石門水東北流深溪景溪合北
流注之過縣治南折北流橫溪合諸山水東流
注之又經安吉縣東南受東溪溪上承杭州府
餘杭縣之北落溪北流豐食溪即大溪吳渚溪
即東浜溪並出孝豐縣南北流注之又北注西
苕溪西苕溪經縣治東又北西畝溪梅家山溪
並出孝豐縣西北合東北流注之又北杜家溪

自安徽廣德州東流來注之○四公溪北流折西注之○至小溪口折東經長興縣南○右納和平港水○又東經烏程縣西○四安溪出長興縣西南朱灣嶺屈東流注之○又東受呂山塘河○河自長興縣南○分箬溪水東南流○左出二支津○曰中橫塘○曰南橫塘○合東流注太湖正渠○又東南注西苕溪○西苕溪又東貫府治城○與東苕溪會○箬溪出長興縣西北苕嶺○屈南流折東經縣西○亦曰上箬溪○貫城東出無胥港○自長興縣東北橫玉山西南流○過顧渚溪○西南合東渚溪及北溪注之○又東南支津南出為呂山塘○正渠東流過北橫塘匯於湖○顧渚溪出長興縣北○東南流經顧渚山○東過無胥港○折東北○支津南出為北橫塘○亂箬溪而東匯於湖○正渠又東北至夾浦港匯於湖○下塘河即運河○自杭州府仁和縣東北流經德清縣東南○又東入石門縣界○其支津北出東苕溪○經德清縣東注東塘河○府東及東北界江蘇蘇州府○西界安徽廣德州○南界杭州府○東南界嘉興府○西南界安徽甯國府○西北界江蘇常州府○

甯波府圖

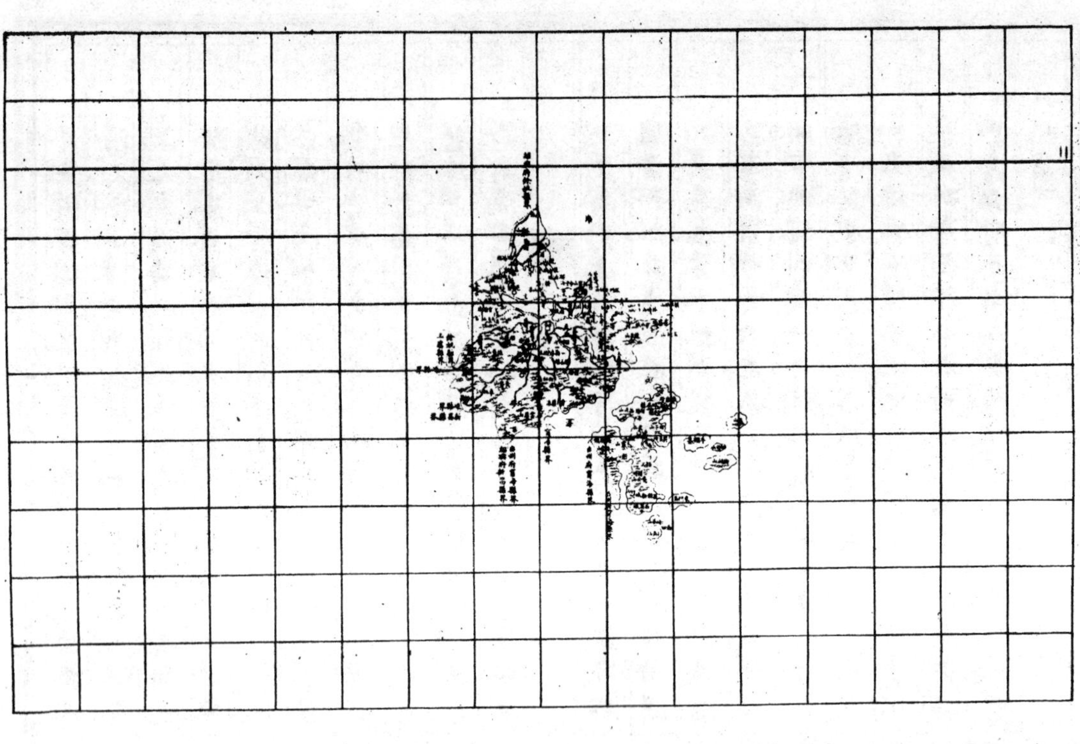

甯波府在省治東南四百四十里。至
京師三千六百四十里。領縣五。治鄞縣。東南象山。西南奉化。西北慈谿。東北鎮海。海環府北東南三面。北自紹興府餘姚縣界南為慈谿縣東北境。又南為鎮海縣西北及慈谿縣東境。折西為鎮海北境。又東南環霏衢城。復折東南為縣東南境。又西南為府治鄞縣及奉化縣東南境。又南接台州府甯海縣界。象山縣在海甯縣東。海環其北東南三面。丈亭江自紹興府餘姚縣合慈谿縣西南之官船浦水東南流入界。經慈谿縣西。左納漁溪水。又東至丈亭鎮。會後江。江上源曰橫溪。出縣東北小桃花嶺。東南流為香山港。中大河出鎮海縣北巾子山。西流注之。折西為東大河。經縣南為後江。又西北右納長溪及白龍溪水。又西與丈亭江會。丈亭江復折東南為前江。右納大隱溪。又東南為甬江。經慈谿縣南鄞縣北。前大河西大河並自鎮海縣分中大河水合南流注之。又東南南塘河出鄞縣西南四明山東北分流會西塘河來注之。又至府治東北會鄞江。江上游為奉化江。出奉化縣西南

六詔嶺東北流。北溪自紹興府餘姚縣來屈東南注之。又東北經鄞縣南始為鄞江。又至三江口縣溪合奉化橋水北流注之。又東北。金溪出奉化縣東南分水岡。南流者為黃蘗溪入於海。北流者為金溪。右歧為鄞奉橋水。又北流注之。又東北。前塘河出縣東南道陳嶺。西北流會東錢湖及東中塘河水。又北至府治東與甬江會。甬江又東北。後塘河水出府治東太白山。西北流右出支津為小峽江入於海。正渠又西流注之。又東北為大浹江入於海。東錢湖在鄞縣東南。西溢為東中塘河。會於前塘河。東南出為大嵩所河。經大嵩所南入於海。上河出鎮海縣東南育王嶺。東北流歧為中河。又東為下河。並入於海。白洋湖在慈谿縣北。北出為洋浦。杜湖亦在縣北。東北出為淹浦。東南出為松浦。合鎮海縣之山北大河並東北流入於海。東大河出象山縣治西北。環城東南流。歧為西大河。並東南流入於海。四明山在府治西。府北至東南界海。西北至西南界紹興府。南界台州府。

紹興府圖

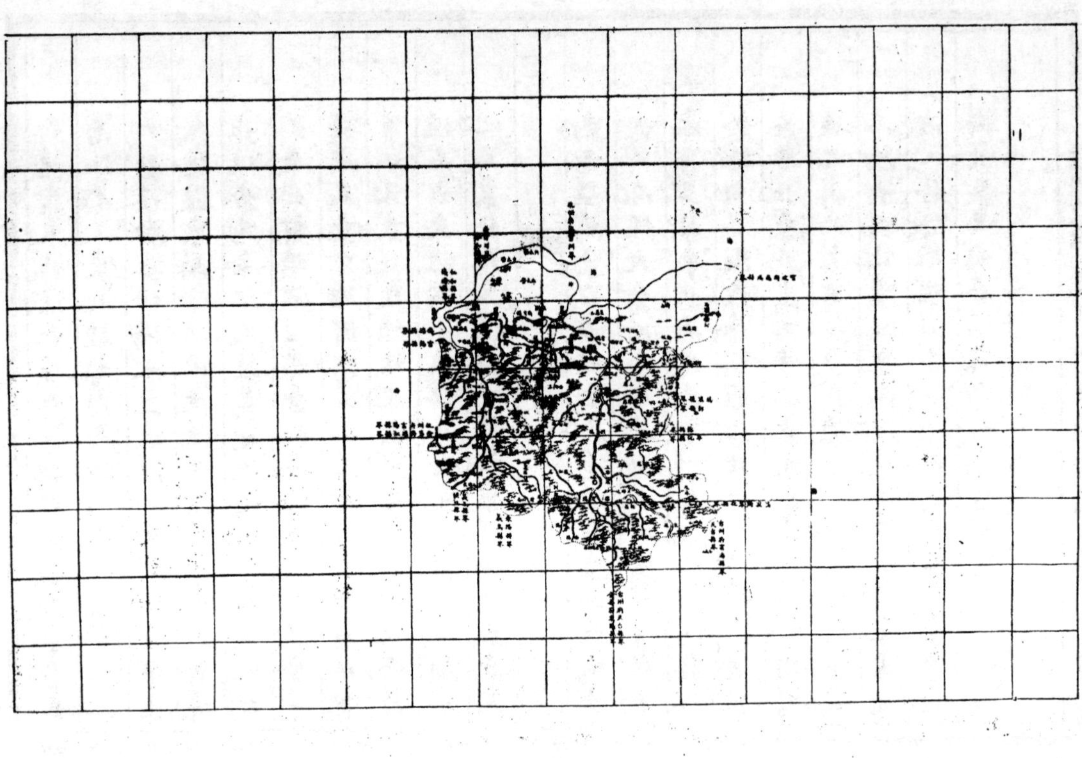

紹興府在省治東南一百四十里至京師三千三百四十里領縣八治會稽山陰東餘姚東南上虞嵊縣新昌西南諸暨西北蕭山海在府東北北接杭州府海甯州界迤南為府治山陰縣北境迤東為上虞縣西北境又東為餘姚縣北境又東接甯波府慈谿縣界錢塘江南岸自杭州府富陽縣東流經蕭山縣西南界至義橋鎮西北受浦陽江江自金華府浦江縣東北流入界經諸暨縣南至金雞山西橫山港水自金華府東陽縣西北來合裏浦港水注之又東北過縣治東至茅渚埠歧為二支東曰下東江北流楓橋港出縣東北袁家嶺西北流合蒲溪嶺水注之西曰下西江五洩溪自杭州府富陽縣來東北流注之二支俱北流至三江村口復合又西北經蕭山縣南鳳桐港自富陽縣東來經諸暨縣西北折東北來注之又西北州口溪上承富陽縣之蔡家溪東北流注之又西北注錢塘江錢塘江又折西北流經西興驛復折東北流經縣北循赭山龕山出南大亹至山陰縣北入於海曹娥江上源曰剡溪出嵊縣西南

太白小白諸山。東流。西溪珠溪並自金華府東陽縣北來。經太平市合流。注之。又東北左納羅松溪。又東過縣治南。受譚過溪。溪上源為福溪。自台州府天台縣北流入界。折西北經新昌縣東南為東港。左納枝溪。又西過縣治北。又西左納潛溪。折西北經嵊縣東南。始為潭過溪。有西港溪上承東陽縣夾溪水。合石道地溪西北來為寶溪。來會。又東北注剡溪。剡溪又折北過縣治東。後港水出新昌縣東分水邱。合北莊溪為王澤溪注之。又北經上虞縣西南。始為曹娥江。

又北白龍潭溪出嵊縣東北大茅陽嶺。西北流合黑龍潭溪注之。又北至會稽縣小江口。苦竹溪出嵊縣西北。合雙溪水為打石溪。又為雙江溪。東北流。又為小舜江。注之。又至上虞縣西北。梁湖壩梁湖水自縣東北通明壩西北流注之。正渠又西北至會稽縣東。受運河。河自蕭山縣西興驛東流過治城。又東折南過錢清[illegible]而南。經府治山陰縣西北。又東南過府城。鑑湖自縣西南分西溪水東流。合漓渚溪婁公河注之。支津北出為桶盤湖。合狭猺湖水。注錢清江。正渠又東經府治會稽縣東。若耶溪出縣西南西化山。北流為划船港。注之。又東右納欑宮河。至拖船壩東注曹娥江。曹娥江又東北至百官壩。折西北經會稽山陰二縣北會錢清江。江上流為西小江。自蕭山縣南臨浦市北流。經縣東南山陰縣西北。折東南合西溪。又東過運河而東。經山陰縣西北。運河支津合狭猺湖北流注之。經三江閘。又東與曹娥江會。是為宣港。入於海。通明江一曰姚江。自通明壩東北流。經餘姚縣西。馬渚橫河自百官壩東流來會。又東經縣治南。

又東南橫溪蘭墅港北流注之。是為丈亭江。又東南官船浦自甯波府慈谿縣來。合分水岡水北流注之。又東入慈谿縣界。石堰橫河一曰東橫河。出餘姚縣東北。合燭溪湖水東北流。亦入慈谿縣界。北溪出餘姚縣南大蘭山。南流入甯波府奉化縣界。會稽山在府治南。府東界甯波府。西至北界杭州府。南及西南界金華府。東南界台州府。東北界海。

欽定大清會典圖卷一百九十一

輿地五十三

台州府圖

金華府圖

衢州府圖

台州府圖

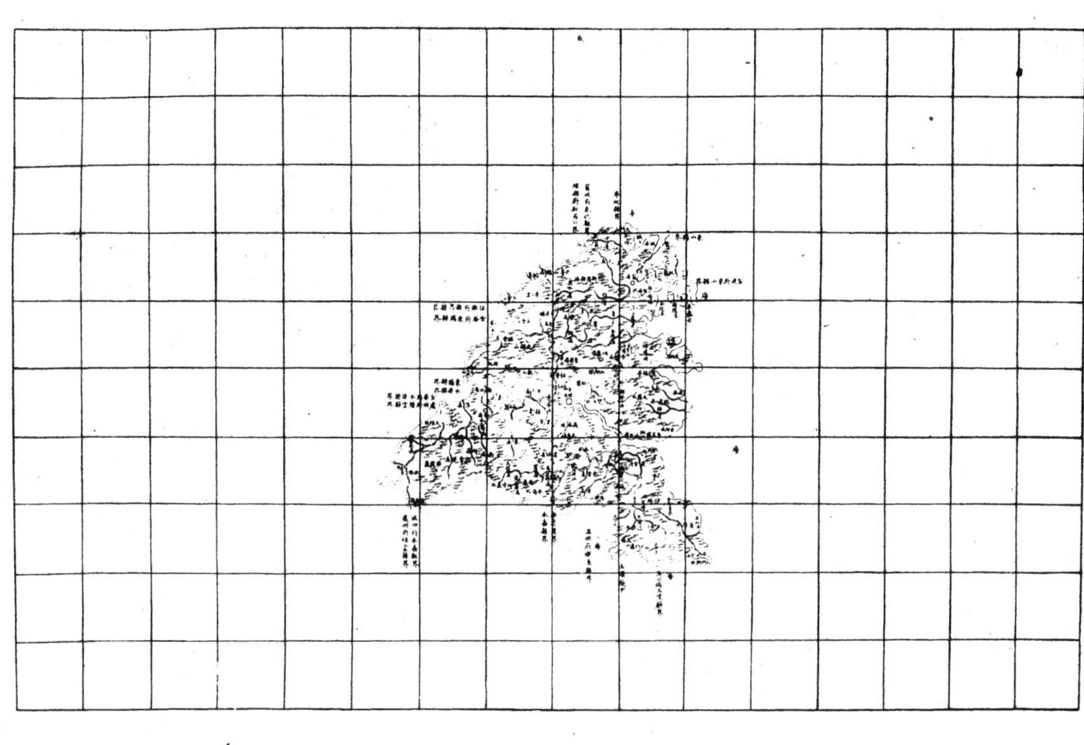

台州府在省治東南五百九十里至
京師三千八百七十里領縣六治臨海西仙居東南黃巖太平西北天台東北寗海海環府東北至東南三面北接寗波府奉化縣界迤東南為寗海縣北境又東接寗波府象山縣界又南為寗海縣東境又南為府治臨海及黃巖太平三縣東境折西為太平縣東南境又南接溫州府玉環廳界又為太平縣西南境又西接溫州府樂清縣界椒江一曰靈江上源曰永安溪出仙居縣西南界烏嶺北流金坑水上承處州府縉雲

縣之龍溪東流來注之又東北左納岭裏溪及大陳坑水至田頭鎮西右納韋羌溪及西溪又東北萍溪上承金華府永康縣之櫸溪東南來注之折東南右納南溪復東北至縣治東南左納白溪水及彭溪又東右納朱溪又經臨海縣西左納黃沙溪右納芳溪至府治西北三江村會始豐溪溪出天台縣西南大盆山東北流右納周坑水左納咨溪折東經縣治西清溪鎮南左納清溪經縣治南迤東南左納螺溪折南倒溪出縣東寶花山合歡溪屈西流注之又南經

臨海縣北左納大石溪曲南流。與永安溪會是為靈江。靈江又東南經府治南。右納義成溪。復折東北至雙江口。大田港出府治東北桐巖嶺合潮漈溪西南流注之。折東南至江口渚會永甯江。江上源為大横溪。出黃巖縣西南大寺基岡屈東流合黃巖溪為甯溪又東合半嶺水為烏巖溪。又東經烏巖鎮左納柔極溪右納小坑溪為永甯江。屈東北右納茅畲溪左納上岙水。經縣治西北沙埠溪出縣西南沙埠山東北流。右出支津注南官河正渠折北為西江注之。又東北至三江口與靈江會。靈江又東南流始為椒江。經章安鎮南海門城北入於海。南官河出黃巖縣治東南印山。分三支。一北流貫治城。一東北流折南為東官河。一南流折東為南官河合沙埠溪支津與東官河會南流。右納鑑洋湖水。經太平縣北為官塘河。右納大溪水。折東消溪出縣南谷岙門嶺。東北流折西北為月河。又合溫嶺河西北流注之。又東運糧河出縣東南松門山東北流支津為石柱浦入於海。其正渠西北流注之。又屈東北為金清港入於海。花橋港洞港並出臨海縣東北長大山。桃渚港出縣東大羅山。合雉溪並東南流入於海。横渡溪出甯海縣南湫水山。東流為健跳江。海游溪出天台縣東南。合亭旁溪。泳溪出天台縣東北山為清溪。又為沙婁港。混水溪出天台縣東北天台山為白溪。又合大溪為白嶠港。並經甯海縣東南東流入於海。白渚溪出甯海縣東白嶠嶺西流折東北為北河。又東北為黃墩港。浮溪出甯海縣西北第一尖山東流為鐵江。並東北流經甯海縣東北入於海。福溪出天台縣天台山北流入紹興府新昌縣界為東港。天台山在天台縣北。府東界海。南及西南界溫州府。西界金華府。北及西北界紹興府。東北界海及甯波府。東南界海及玉環廳。

金華府圖

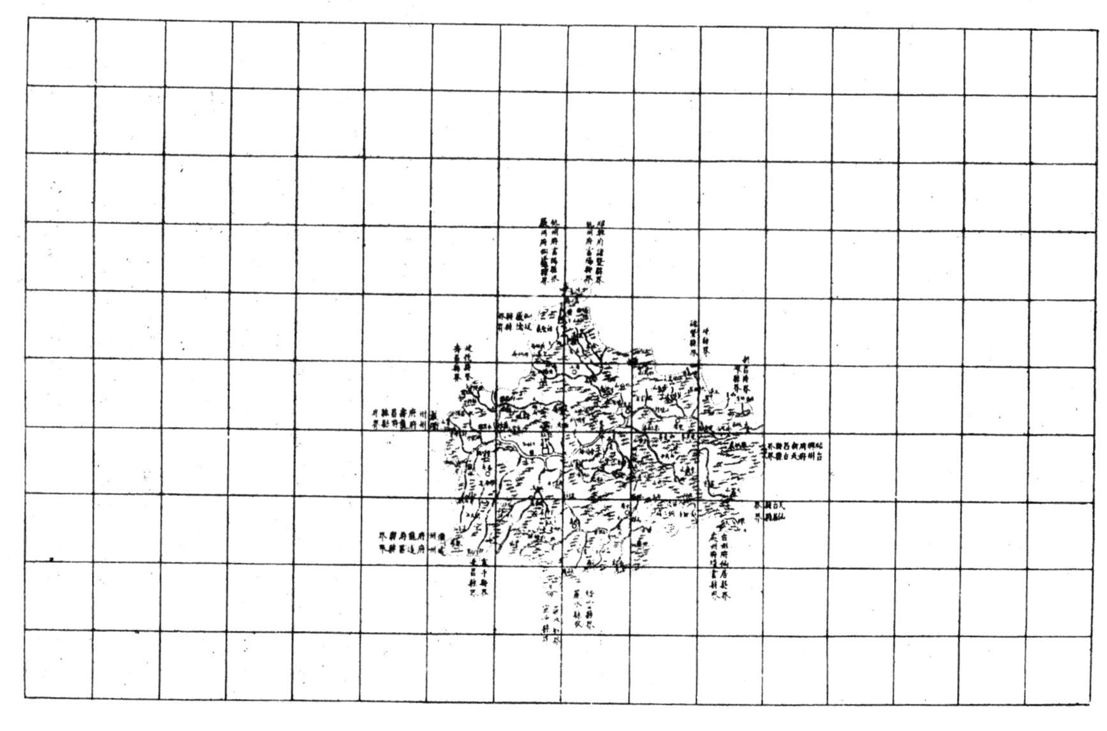

金華府在省治西南四百里至
京師三千六百五十里領縣八治金華南武義永康西南陽溪東北浦江義烏東陽西北蘭溪婺港一曰東陽江二源一曰太白溪出東陽縣東北東白山合定安溪西流是為東陽江又西合覓竹溪過縣治北又經義烏縣南右納瑞雲溪繡湖水又西南畫溪一曰南馬江出縣東南大盆山合椌溪西北流來會亦曰義烏港又西南吴溪出縣西南金山合丹溪青溪北流注之又經金華縣東右納孝順溪鄭溪赤松溪經府治南會武義港港一曰南港上游為華溪出永康縣東北密浦山合酥溪西南流至縣治南南溪自處州府縉雲縣來合李溪水北流注之為永康港又西南左納高坑溪經武義縣東始為武義港左納清溪至縣治東南熟溪自處州府宣平縣來東北流注之折西北左納桃溪至府治東南右納松溪又西北梅溪亦自宣平縣東北來合上干溪下干溪注之又北與東陽江會是為婺港婺港又西北左納白沙溪又西北經蘭溪縣南會衢港港一曰瀔江自衢州府龍游縣東流入界經湯溪縣西北莘坂溪出縣西南清涼山北流為小龍溪注之游埠溪出蘭谿縣西北東南流注之又東北右納羅埠溪又經蘭谿縣西南左納永昌溪又東北與婺港會是為蘭谿江蘭谿江折北過縣治西又北乾溪出縣西北會嚴州府建德縣之芝溪東南流注之大梅溪自浦江縣南西流注之又北入建德縣界浦陽江出浦江縣西北井硎嶺合襃溪水東南流又東經縣治南又東右納澄溪水折東北左納左溪深溪松溪水又東北入紹興府諸暨縣界湖溪出浦江縣西北藏栢嶺北流錯入嚴州府桐廬縣界復經縣北為湖濮水入杭州府富陽縣界橫山港出東陽縣北北流入諸暨縣界深溪西溪石道地溪亦出縣東北北流入紹興府嵊縣界夹溪出縣東尖山市東流入紹興府新昌縣界為西港櫸溪出永康縣東南大嶺東南流入台州府仙居縣界為上源溪雙牌溪出縣東南八盆嶺西南流入縉雲縣界為靈溪府東界台州府西及西南界衢州府南及東南界處州府北界杭州府東北界紹興府西北界嚴州府

衢州府圖

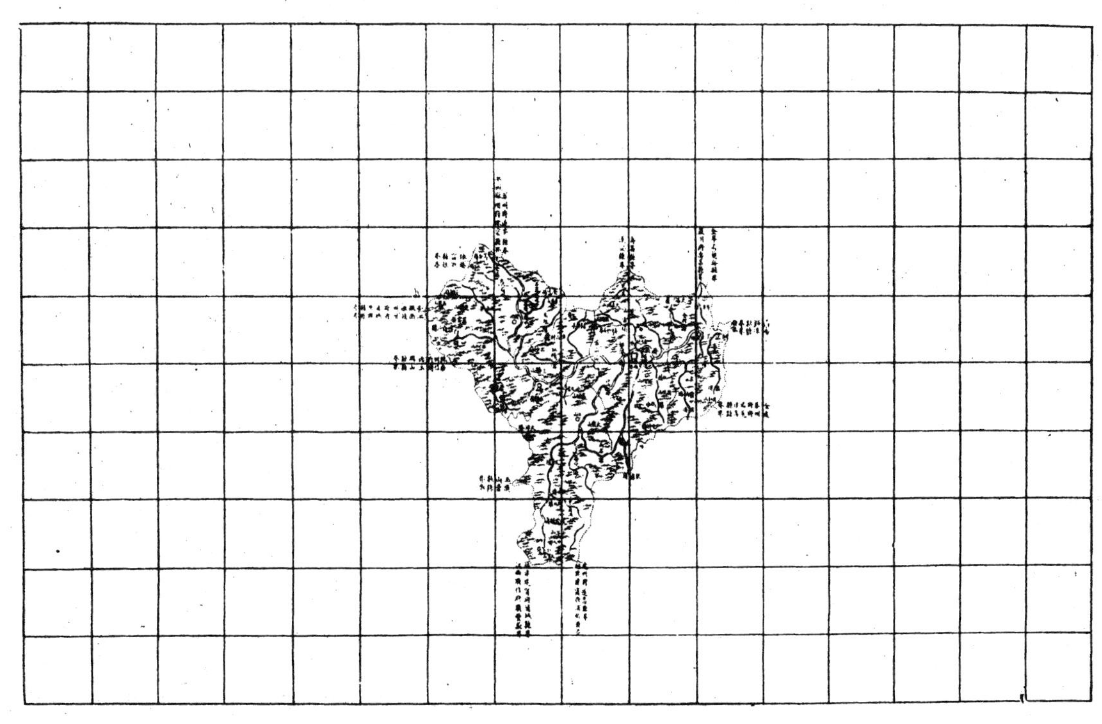

衢州府在省治西南五百四十里至
京師三千七百四十里領縣五治西安東北龍游西北開化西南江山常山衢港一曰信安江上源二一曰馬金溪一曰江山港馬金溪出開化縣東北馬金嶺合際嶺水東南流左納石厓界阬及全竹嶺水經縣南又西南池淮溪出縣西北大鏞鎮東南流合白沙關水注之又東南經常山縣西北左納開化縣之馬尫溪曲東南至縣治西北右合儻溪又東右納江山縣之大寨山水又東北左納虹橋溪及芳邨溪水為常山港又東至府治西南雙港口會江山港上游為大溪一曰文溪出江山縣西南仙霞嶺北流經仙霞關至硤口鎮右會東角源水又北折東右納箬阬源水又東北過縣治東南白石源水自西安縣分東溪水西來注之為江山港又東北過府治北與常山港會是為衢港衢港又東北至府治西南東溪自處州府遂昌縣北來經西安縣南支津西出為白石源正渠又北流注之屈東流左納銀阬水右納羅張水又東經龍游縣西左納芝溪又東北經縣治北靈山港上承遂昌縣官溪水東北流來注之金村源及斗潭溪水並西南流注之又東錯入金華府界復入境右納築溪水又東入金華府湯溪縣界府東界金華府西界江西饒州府南及東南界處州府北及東北界嚴州府西南界江西廣信府及福建建甯府西北界安徽徽州府

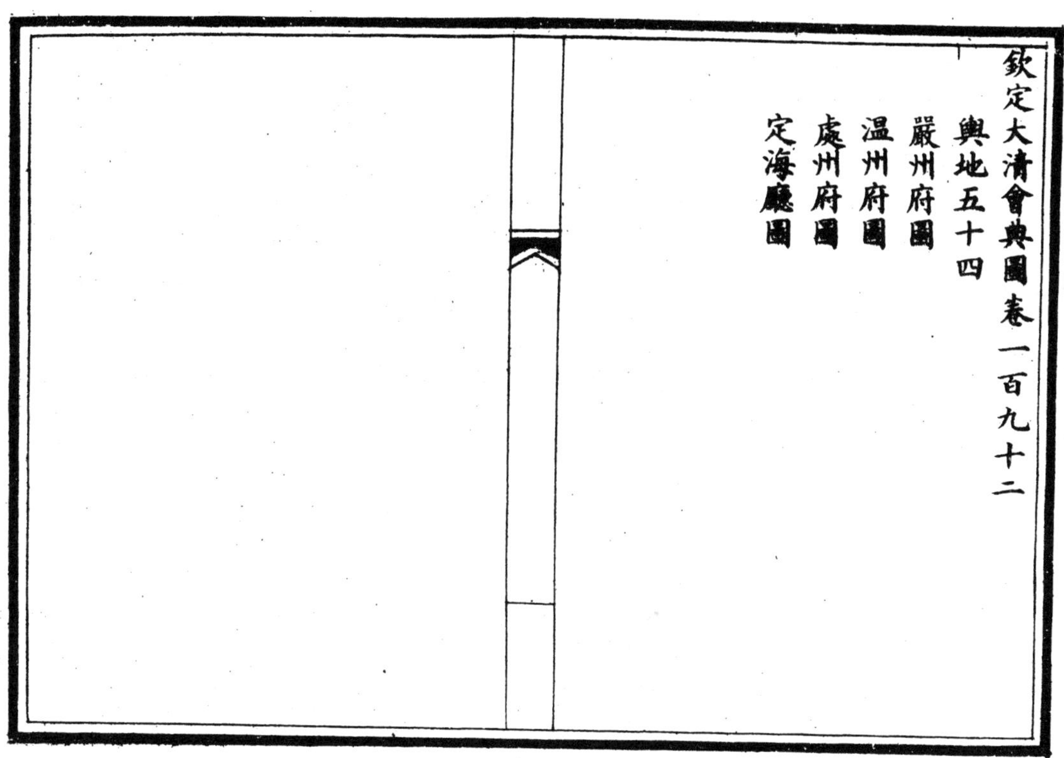

欽定大清會典圖卷一百九十二
輿地五十四
嚴州府圖
溫州府圖
處州府圖
定海廳圖

嚴州府圖

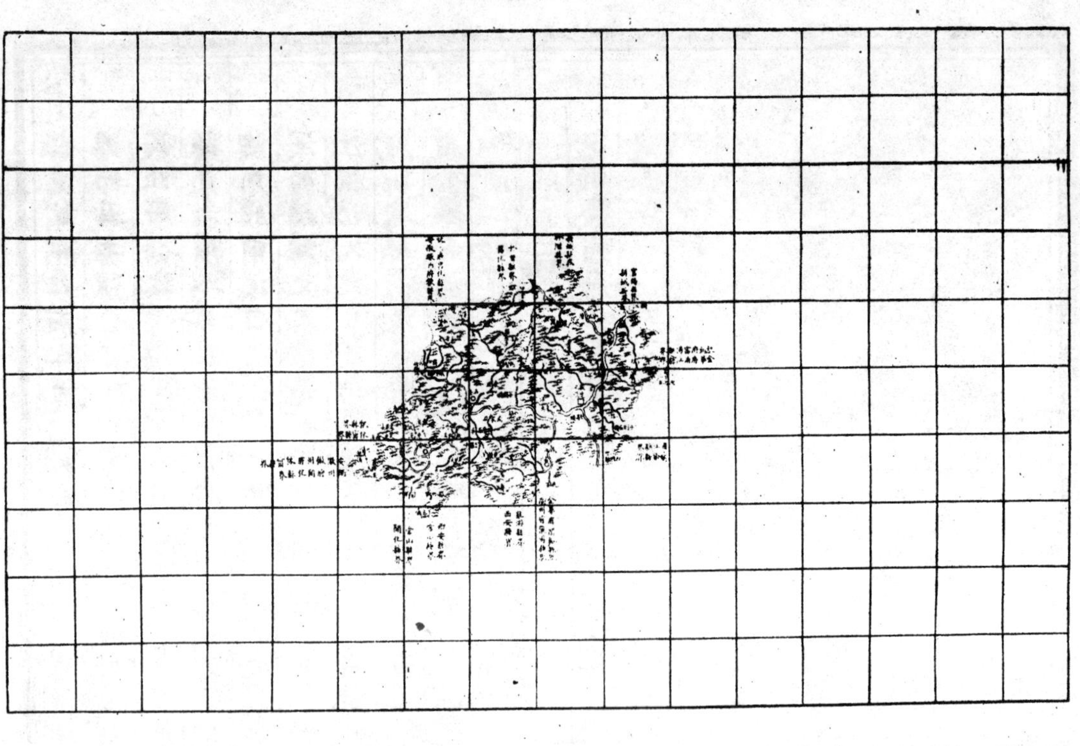

嚴州府在省治西南二百九十里。至
京師三千五百里。領縣六。治建德。西淳安。西南壽
昌。遂安。西北分水。東桐廬。新安江即浙江。自安
徽徽州府歙縣東南流入界。經淳安縣西北威
坪鎮南。蜀口溪三源合南流注之。又東南。左納
雲源溪。右納梓桐溪。又南流。折東經縣治南。臨
溪出縣西北山。東南流為進賢溪。又為東溪。折
西南注之。又南至港口鎮。會武強溪。溪一曰遂
安溪。上源為週溪。亦自歙縣東南流入界。經遂
安縣西。合安徽休甯縣之雙溪。始為武強溪。又

東。左納大連嶺溪。右納前溪。折東北。左納連溪。
經縣治東。又東北。左納淳安縣之龍溪。又東北。
右納鳳林港。左納東亭溪。又經淳安縣南。右納
遂源溪。又東北與新安江會。新安江折東北。右
納商家源水。至茶園鎮。左納錦溪。又東經建德
縣西南。艾溪上游為壽昌溪。出壽昌縣西南。合
交溪。西溪。曹溪。周溪。爽溪東流。折北注之。又東
北。左納洋溪。下涯溪。過府治南。東北流。蘭谿江
自金華府蘭谿縣北流來會。又東北。苔溪二源
合西北流注之。為七里瀧。左納胥溪。又經桐廬

縣南為桐江右納建德縣之蘆茨溪又北清渚港即歌舞溪自分水縣東南流注之過縣治東而北受分水港港上承天目溪自杭州府於潛縣東南流入界經分水縣北合印渚溪又過縣治東北前溪自湻安縣東北流合其縣之羅伍溪羅溪注之又東南右納夏塘溪又東南注桐江桐江又東北右納窄溪又東北鼉江自杭州府新城縣南流來會又東入新城縣界湖源溪自金華府浦江縣入界經桐廬縣東南北流復入浦江縣界府東至南界金華府西及西北界安徽徽州府北及東北界杭州府西南界衢州府

温州府圖

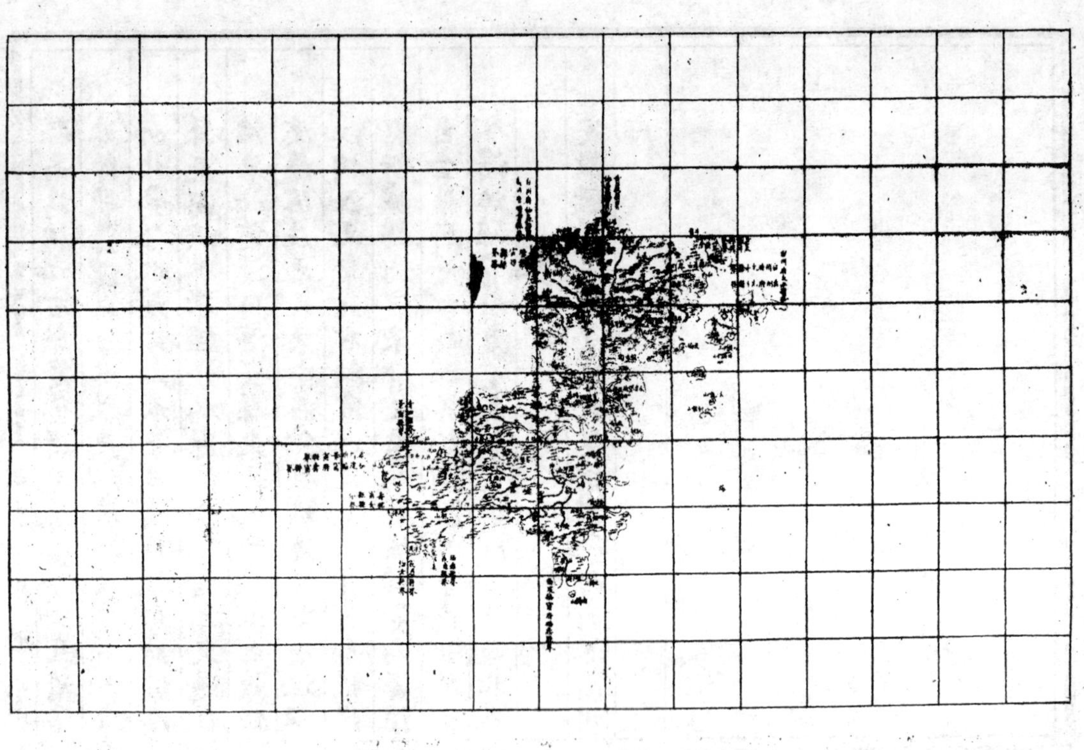

温州府在省治東南八百九十里至○京師四千九十里○領廳一縣五○治永嘉○南平陽○東南瑞安○西南泰順○東北樂清玉環廳○海在府東○北接台州府太平縣界○迤南為樂清縣東境○又西南為府治永嘉縣東境○又南為瑞安縣東境○又南為平陽縣東南境○其南有北關山南關山諸島○又西南接福建福寧府福鼎縣界○甌江即大溪水○自處州府青田縣東北流入界○經府治西北東南流○左納韓埠港○右納上戌港水○屈東○右納仙門河○過府治北○又東○左受枏溪港○港出

府治西北界烏嶺東南流○南溪港合張溪蓬溪來會○又南流注甌江○甌江右受塘河○河出瑞安縣北集雲山○南流過縣治城○又東南○支津東南出為九里浦入於海○正渠折西北經府治東南○支津東北出為癸溪○與正渠並注甌江○甌江又東入於海○飛雲江上源為仙居溪○出泰順縣西北北坑山○南流折東過縣治北○折南又東至洪口市為洪口溪○又北過百丈口市為百丈口溪○下窄口溪自處州府青田縣南來注之○又東南經瑞安縣西為大溪○東北流○右納桂溪○左納泗

溪滃門溪又東南至平陽阬市始為飛雲江又屈曲東流南溪出縣西北花甲嶺合陶溪為小港水東南流注之又屈東南經縣治西南運塘河出平陽縣西南九凰山東北流為南岸塘河注之又東南入於海橫陽江二源並出平陽縣西南山南源曰南港即莒溪合平水溪燥溪靈溪東北流北源曰北港合順溪東流會於縣西南名鼇江左納梅溪又經縣南為橫陽江又東入於海雙港溪自福建福甯府壽甯縣南流其左岸經泰順縣南界又東南流至交溪渡泗溪出縣東西南流合福甯府福鼎縣之占嶺下溪水西流來會又西南入福甯府福安霞浦二縣界沿浦赤溪南塘河並在平陽縣南入於海官塘河出樂清縣西北風門嶺過縣治西南流西出支津為上河合白石河與正渠並南入於海白龍河石埭河並出樂清縣北合東南流蒲溪白溪清江即芙蓉溪並出縣北俱東南流入於海北雁蕩山在樂清縣東北南雁蕩山在平陽縣西府東至南界海西及西北界處州府北及東北界台州府西南界福建福甯府

處州府圖

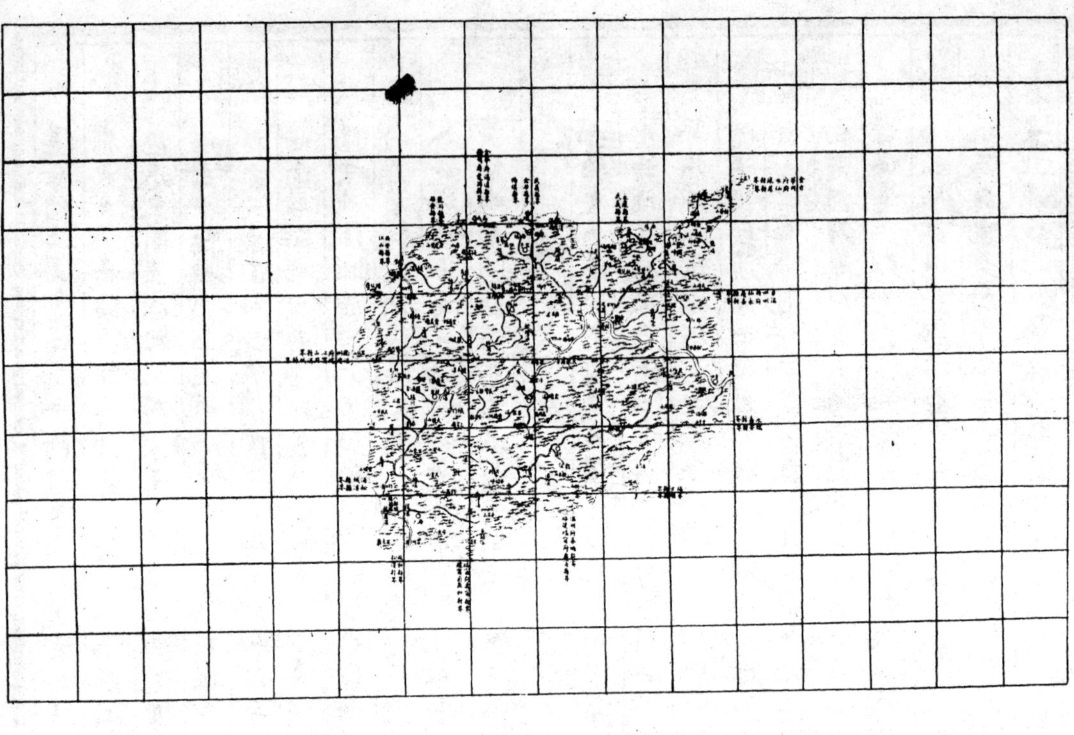

處州府在省治南七百一十里。至京師三千九百里。領縣十。治麗水。西松陽。東南青田。西南雲和景甯龍泉慶元。西北宣平遂昌。東北縉雲。甌江二源。南源曰大溪。上游為秦溪。出慶元縣西北鑾頭山。東北流經龍泉縣西南。合小梅溪。又東北。漿溪桑溪並出縣西南合東流注之。又東北過縣治南。錦川獨源溪並出縣西北合東南流注之。是為大溪。又東左納大貴溪。右納鐵杓溪。又東北。左納道太溪。右納安仁溪。又經雲和縣北。浮雲溪出縣西南黃棧阬山。東北流合霧溪黃溪雲礶溪折北注之。又東北經府治西南大港頭市會北源。北源曰松陰溪。上游為呂川。出遂昌縣西南貴義嶺。東北流經縣治南。折東南經松陽縣西北。始為松陰溪。右納大竹溪。左納竹阬水。又東南經縣治南。右納蛤湖水。左納循居溪。又東南與大溪會。大溪又東北經府治西受畎濼溪。上游為上坦溪。出宣平縣東北青風嶺。西南流經縣治東南。交溪出西北寨峯屈東南為東溪來注之。又東南為午溪。日溪出麗水縣北離陽屏山。西流錯經金華府

武義縣界復西流為甌淵來注之又東南注大溪大溪又東左納安溪又東南經府治南又東受好溪溪上游為九曲溪出縉雲縣東北高雲山西南流靈溪上承金華府永康縣之雙牌溪注之又西南至壺鎮西為壺溪又西南左納訪溪又西南至獨峯西為練溪經縣治東為好溪又西南左納盤溪又西南至下河市注大溪大溪折東南經青田縣西北左納黃壇阬水右納金寮阬水至船寮市西南左納周阬水至縣治西北受小溪溪上游為南洋溪出慶元縣東北鈴高山東北流經景寗縣西南為山溪英川即一溪出龍泉縣南九漈山東南流注之又東北右納漂溪及鶴溪經縣治北又東北左合小順坑水又東北注大溪大溪又東南經縣治南折東北右納顧溪又東北入溫州府永嘉縣界住溪自福建建寗府浦城縣東流入界經龍泉縣西住溪鎮折東北經遂昌縣西南右納王溪水為鍾溪又北為蔡溪又經縣西東川出縣西南界阬山東北流注之又北柘溪一曰梭溪出縣西北唐山屈西北流注之又北經龍鼻頭入衢州府西安縣界為東溪官溪出遂昌縣北侵雲嶺北流入衢州府龍游縣界梅溪熟溪並出宣平縣北北流入金華府武義縣界浣花溪建洋溪並出縉雲縣西北合東北流為南溪入金華府永康縣界龍溪亦出縉雲縣東分水仰東南流入台州府仙居縣界浯溪出青田縣西南南流入溫州府泰順縣界魚頭溪出慶元縣東南雞冠山東流入福建福寗府壽寗縣界槎溪出慶元縣東光石山西流經縣治北又西芸洲溪自福建建寗府政和縣來北流注之又西過棘蘭隘為棘蘭溪入建寗府松溪縣界括蒼山在縉雲縣東北府東至南界溫州府西及西北界衢州府北界金華府西南界福建福寗建寗二府東北界台州府

定海廳圖

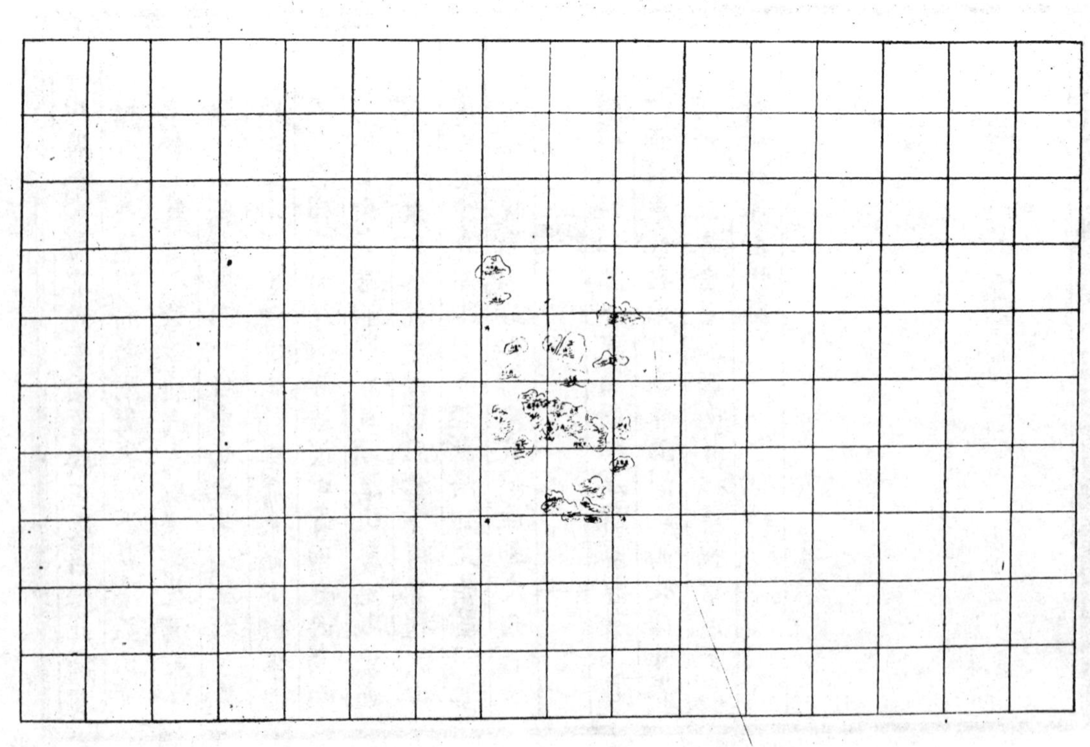

定海廳在省治東南六百二十里。至
京師三千六百五十里。懸居於海。島嶼星羅。其大
者曰舟山。普陀山在治東。六橫山。桃花山在治
南。金塘大榭在治西。岱山蘭秀在治北。衢山長
塗在治東北。大小漁山馬目山册子山在西北。
廳四面均界海。

欽定大清會典圖卷一百九十三
輿地五十五
湖北省全圖
武昌府圖

湖北省全圖

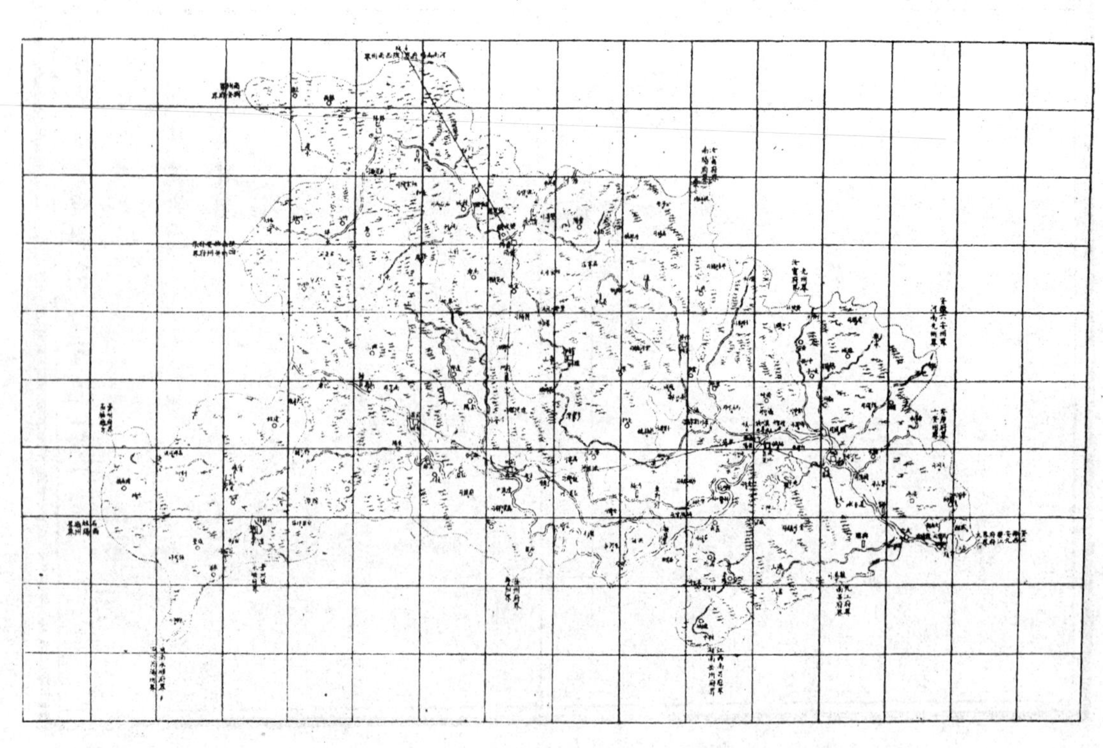

湖北省在

京師西南武昌府為省治湖廣總督湖北巡撫布政司共治焉統府十州一武昌府東南黃州府西南荊州府施南府西北漢陽府德安府安陸府荊門州宜昌府襄陽府鄖陽府大江自四川夔州府東南流入境經宜昌府南至荊州府西清江出施南府東流注之沮水出鄖陽府漳水出襄陽府合東南流注之屈東與湖南岳州府分界折東北經武昌漢陽二府西南長夏河出荊州府西合洪湖水東南注之右納黃蓋湖陸水又東北沔水自安陸府東南分漢水南流為東荊河折東匯為鄧老湖又東北注之又經省治北漢陽府治東會漢水水自陝西興安府東流入境經鄖陽府治西南堵水亦自興安府來屈北流注之又經襄陽府西北均水自河南南陽府來西南流注之南河出鄖陽府西南東北流注之又經府治北淯水自南陽府來合唐河白水西南流注之又經府治東而南至安陸府東南右出為東荊河又經漢陽府西溳水出德安府西北澴水自河南汝甯府來合南流注之又經府治北而東會大江大江又東倒水自河南光州來舉水出黃州府東北合南流注之折南經黃州府治西梁子湖在省治東南東流注之又經府治南而東巴河出府東北浠水自安徽六安州來經府東北並西南流注之又東北富水出武昌府東南東流注之又東北入江西九江府界太白湖在黃州府東南東出合黃梅縣河復瀦為感湖又東接安徽安慶府界澧水白溪河俱出宜昌府西南並南流入湖南澧州界白水河即酉水北源在施南府東南入湖南永順府界東至安徽界西至四川界北至河南界南至江西界西北至陝西界西南至湖南界

武昌府圖

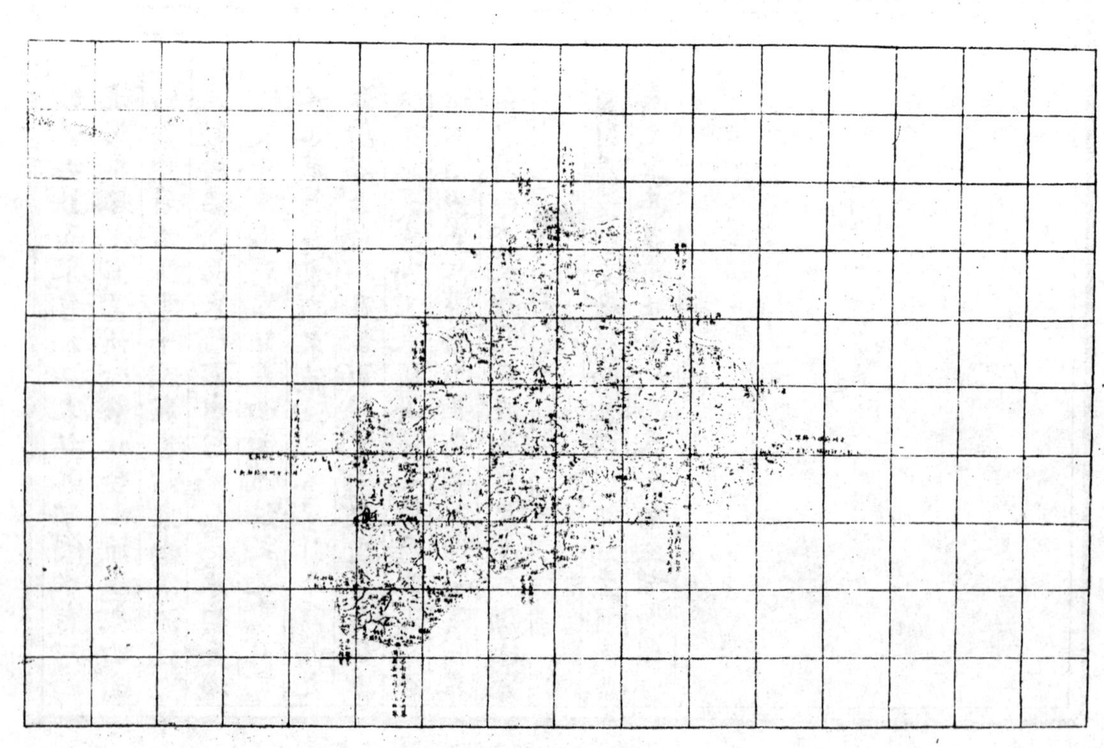

武昌府爲湖北省治在

京師西南三千一百五十五里領州一縣九治江
夏西南咸甯嘉魚蒲圻崇陽通城東南武昌大
冶通山興國州大江自湖南岳州府臨湘縣緣
界東北流經嘉魚縣西南北岸爲漢陽府沔陽
州界又東北經茂洲受新店水水即大嶓水源
出蒲圻縣西南北流經港口司左納馬家洞羊
樓峝皇華橋七寶橋諸水至新店鎮左納白石
巖水又北流納東港水豬爲黃蓋湖北流經嘉
魚縣西南東通柳山湖北流至烏口注於江大
江又東北經赤壁山至新口受陸水水上源曰
雋水出通城縣幕阜山北麓西北流合丁沖鋪
壷官市水折東北流左納石角鋪長堤圖水經
縣治北上雋鄉右納秀水又東北新安港即菖
蒲港自縣東南合南樓嶺水虛空港水鯉港水
太平港水西北流注之黃沙港合北港龍藏港
左港梅港鐵東港諸水東流注之又東北經崇
陽縣西南左納湛家港伍港水又東北黃岦港
自通城縣東合永王村水西北流注之又北左
納城下港二小水又東北桂口港合二小水東
南流注之梓木港水西北流注之肥田港自蒲
圻縣水桐嶺合雙港陽秋港水東南流注之又
東北吳城港即高視水自通城縣東南合避原
港太原港寒泉港金港細港東流港諸水西北
流注之又北折東右納白泉港水又經縣治南
受白石港水水上流曰大東港出義甯州北境
三界尖合小東港坑水中保港西北流羊港自
咸甯縣蓮荷嶺合白羊山水白巖水來會又西
北流合浮溪水注陸水陸水又北流左納鹿門
鋪水右納蘆泉港水又西北黃沙港合東泉諸
水西流注之又經洪上汎左納崇陽港水又經
蒲圻縣東南壺頭山右納三眼橋水折西左納
荊港水白石砦水又北經縣治東赤馬港合諸
小水西流注之又西北流左右各納數小水東
北豬爲郎當湖折西南流小羅湖水北流注之
又西北流大羅湖水北流注之又西北經嘉魚
縣西南西出爲大節港南通松柏湖北通嘉魚
縣柳山湖至烏口注於江正渠東北流別出爲
梅湖又西北流至界石別出爲小港又北流至
陸水新口注於江大江又東北經陸溪口至石

磯頭。小港自界石東北流瀦為大雅湖密泉湖北湖七星湖經縣治西注之。又東北經縣治北。其西為漢川縣界。右出為荷花湶。折西流經簰洲司。又東北至上沙洑。經江夏縣西南至下沙洑。經赤磯山受塗水。水即金水一曰咸河。源出咸甯縣南浚水嶺。合數小水北流。白楊港即東源合濯港水來會。西北流左右各納二小水。北流經縣治西。官埠港合赤土港諸小水西北流注之。又北流瀦為斧頭諸湖。東納桃花港諸小水。西為西良湖。汀泗水合梅子嶺水三汊港水

廟台河北流注之。任家橋水合永豐橋諸水東北流注之。西南納大橋諸水。其北別出為嘉魚港斧頭湖。又北過斧頭山西。北出與嘉魚港會。又西北會魯湖水南淩湖水。北經金口司注於江。大江又東北經省治西。南巡司河上承黃家湖清甯湖湯孫湖八分湖南湖賽湖諸水經鮎魚司北流注之。又東北。其北為黃陂縣界。南受郭鄭諸湖水。又折東南其北為黃州府黃岡縣界。經白滸山。西港承嚴西湖北湖東港承嚴東湖諸水合流注之。又經武昌縣西北。南通張家湖新港湖張白湖磧磯湖上塘湖。又東分流至三江口復合。湯湖港承崗山渼湯諸湖水東北流注之。又至樊口。樊口港一曰長港。上承梁子湖烏翎湖保安湖諸水東流注之。梁子湖在江夏縣東南。張橋湖仙人湖前湖後湖吳塘湖諸水匯焉。烏翎湖在武昌縣西南。高橋河一曰東河。自咸甯縣東南桃花尖。合張家橋水大基山水大頭坳水鹿過橋水大田山水西龍港水樊詩橋水小港水北流匯焉。保安湖北為三山湖。在大冶縣西北。大洪山犢山鐵山諸水匯焉。大江

折東南。通南湖黃山湖華家諸湖。又南至趙家洲。其東為蘄水縣界。分流復合。至黃石港市受華家諸湖水。又南流。西通張家諸湖。又東南流經西塞山北。其東為蘄州界。西通油榨諸湖。至漳源口。漳源湖一曰金湖。一曰南湖。其西曰下袁湖曰新橋湖曰六鍾湖。匯鴻賓橋水棲儒橋水石龍山水馬家湖水西北流注之。又東南經興國州東北。海口湖受費海橋諸水注之。經黃顙口又東南。其東為廣濟縣界。西通郝賽諸湖水。又至富池口受富水。水一名長河。出通山縣

南白羊尖即青溢山合二小水西北流其別源自北山合虎阬山水東北流來會折東北流右納聶家隴水左納湄港水經縣治南縣河合白虎山水寺下鋪水山口鋪水東流注之又東北左納鄭家坪水經興國州西南寶石河自通山縣合崇福會水小源河水桐港橋東港西港水北流來注之折東左納長灘橋水又東北慈水合小港水石馬鋪水東南流注之又東南左納二小水經陽新市南寶塘河合大平山水宣教里水東北流注之又東流左納二小水又東龍港自江西九江府瑞昌縣北羊腸山合茶寮水依山水經龍港司北流注之又東流左納三小水折北西通長塘湖又東北港口水自大墓山合寶佛山水白沙橋水及諸小水東流注之又東流北通沫賽諸湖南通東春湖水經州治南又東北通歐家湖明湖網湖諸水南通西湖戎湖舒婆湖夹節湖諸水又東流經富池口司注於江大江又南流入江西九江府瑞昌縣界府南界江西南昌府東及東北界黃州府北至西界漢陽府東南界江西九江府西南界湖南岳

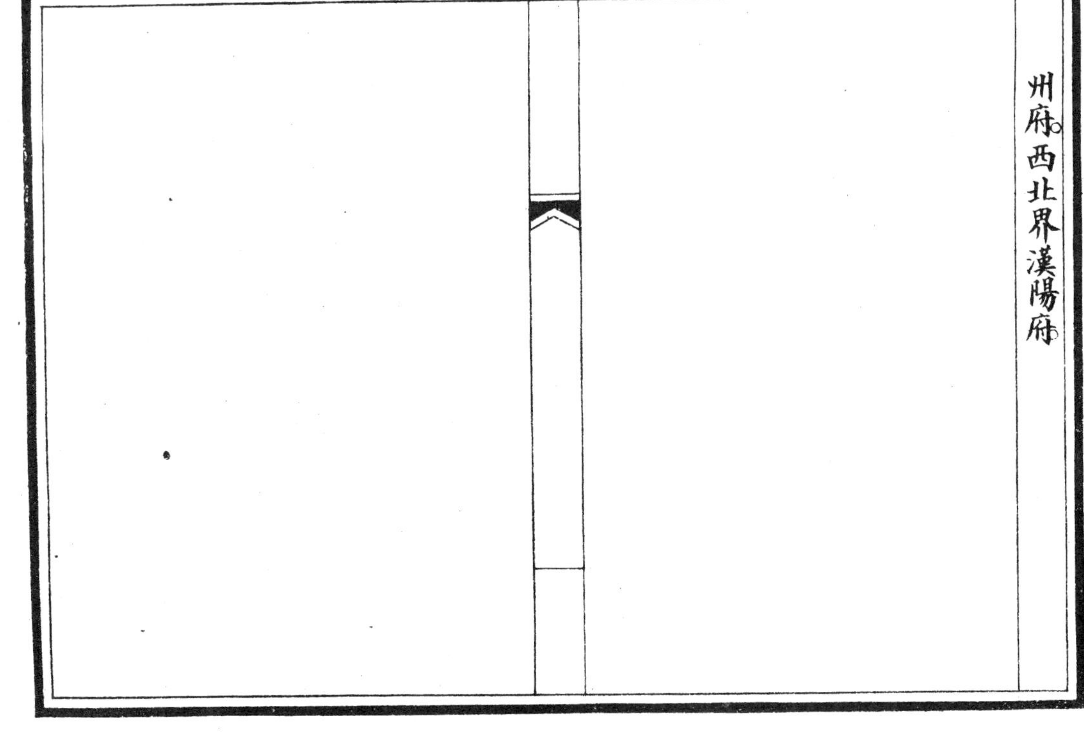
州府西北界漢陽府

欽定大清會典圖卷一百九十四

輿地五十六

漢陽府圖

安陸府圖

漢陽府圖一

中

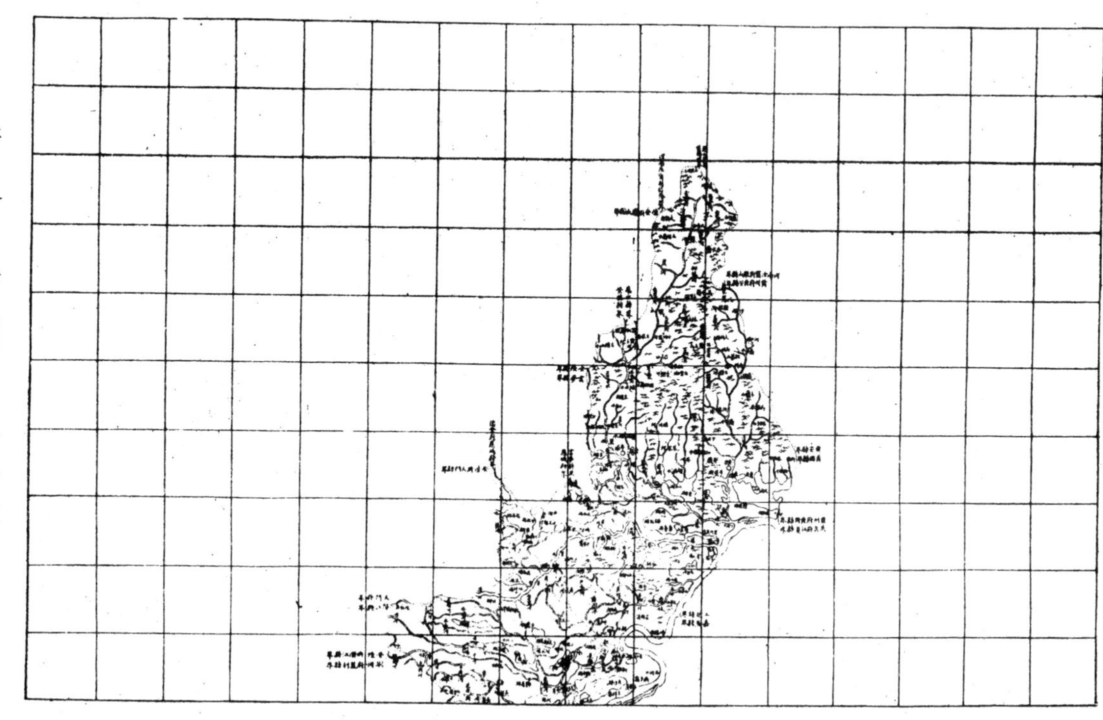

漢陽府圖二

南

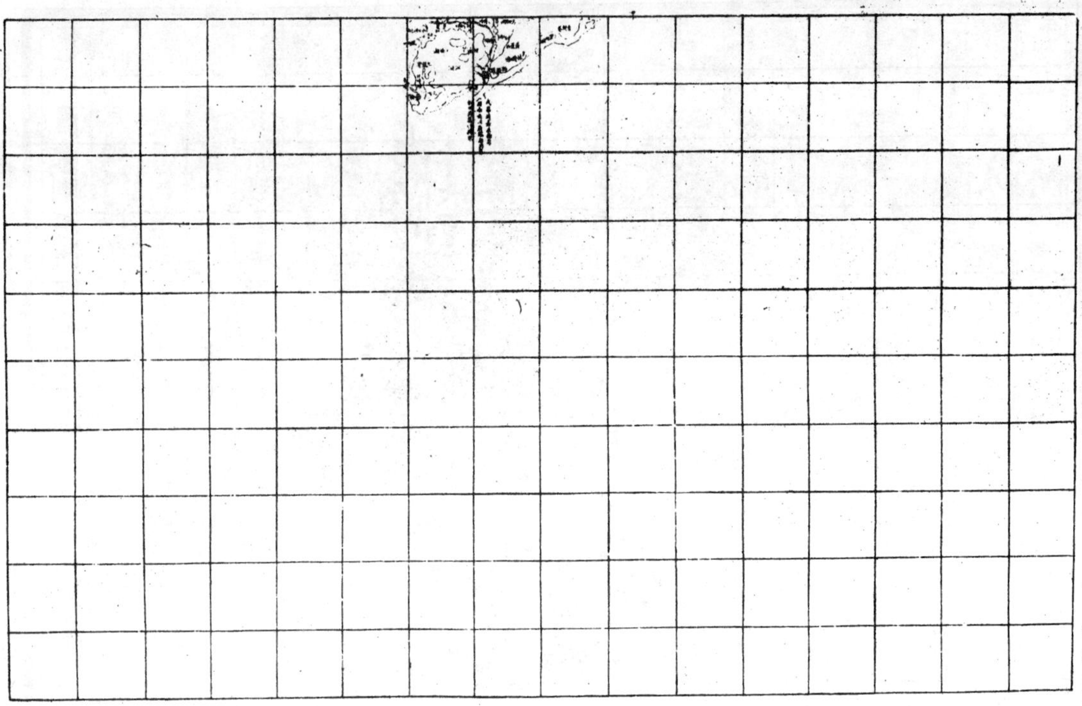

漢陽府在省治西北十里。至
京師三千一百五十里。領州一縣四。治漢陽。西北
漢川孝感。東北黃陂。西南沔陽州。大江自荆州
府監利縣緣界東北流。經沔陽州南。南岸為武
昌府嘉魚縣界。受洪湖水。湖在州南。東為鯉魚
湖。北為土地湖。西為梓潼湖。匯境内及荆州府
監利縣子貝淵諸水南流注於江。大江又東北
經新關南。受長夏河。河自監利縣東北流入界。
經州西南。南通洪湖。東出為馮姓河。又東北流。
柴林河上承監利縣龍潭河北合李家河來注
之。又東經峯口市。後河中府河並分東荆河水
合為玉帶河來注之。折東南流經老溝。西左通
烏柳湖。又南為天祥河。左通洋圻湖。右納馮姓
河。又南為傅家河。又南注於江。大江又東南岸
為武昌府嘉魚縣界。經烏林南。又東有寶塔洲。
又東經吉祥菴前。又東經漢陽縣南。又東過燕
子窩至北河口。折北流。又折西。古江湖水北流
注之。至新灘口。新灘水上承鄧老湖水。經平坊
東北流注之。鄧老湖在沔陽州東境。南通大沙
湖。北通鷺鷥湖。西南通大同湖烏柳湖洋圻湖

匯東荆河州河諸水東荆河自監利縣東流入界經沔陽州西右出支津曰後河曰中府河並入長夏河正渠東北流合潛江縣來之班灣水又東經州南一名沖河又東過馬鞍市經鄭道湖北新河上承州河水東南流注之又東右通大同湖水又東會州河河自潛江縣來經州西北東流左合刁河右出新河南通礫子湖過三江口洛江河亦自潛江縣來右出二支津為刁河為永長河左通通順河右合排湖復合永長河及沙嘴河來注之折東南左通大興垸湖又南東北出一支津曰北河又南右通鱘魚湖又南折東左通隔壋湖復東北出一支津曰南河又西南會東荆河折東流過鍋底灣刁又東北流瀦於鄧老湖大江又北折東過東河腦又東北經大軍山東岸為江夏縣界至沌口司受沌水水上流為長河亦自鄧老湖東北流經縣西南南河一名響水河北河一名柳溝水並上承州河水東北流注之又東北葉家河首受漢水東北流歧為數支曰三汊河曰尹承河曰產芝河並經府治西南合流為黃絲河來注之又東道諸湖水注於江大江又東北經府治東北漢口鎮受漢水水自安陸府天門縣東流入界經沔陽州北東流經仙桃鎮通順河自天門縣東流分支來注之又東右出支津曰沙觜河曰葉家河又東北左受沈湖水又東北至漢川縣脈旺鎮受城隍港支流水又東北右出為南河注產芝河又東北經縣治西南受城隍港水港上流為田二河承天門縣牛蹏支河水東流入界經縣西南央河即城隍臺河會天門縣華嚴松石兩湖水南流注之經田二河驛為田二河又東南歧為二北為喬梓港注中柱湖南為城隍港東南流右分一支注漢水又東北分一支注汈汊湖又東北北通諸湖水折東南經城隍港口注漢水漢水又東經縣南曲折東北流經縣東溢港上承濫泥諸湖水東南流注之又東北至新溝西受溳水水自德安府雲夢縣東南流入界經縣西北左通牛洛湖又西南至府河口受大松湖諸水又東右通小松諸湖左受牛洛湖水又東左通淪水折南右通溢港水又東南注漢水漢水經漢陽縣西北東南流金牛港上承

白湖黃連諸湖水東北流注之。又東南經林鄣山北受石湖水。又東左出為襄河故道。又東官湖會墨水湖南湖諸水北流注之。又東經府治大別山北漢口鎮南東流注於江。大江又東北至黃陂縣南由家磯受淪水。水上流為澴河。自河南汝甯府羅山縣南流入界。經孝感縣北左納耿家河右納雷公姥清風澗土地嶺水。又南余家河合蓋頂山水西南流注之。右納黑河。又南柳林河合一水西流注之。又南左納細河右納朱家河。又南大麥河合株木嶺水滾子河及小觀山水並西流注之。又南經花園市西。其別源曰黃沙河自應城縣來。合廣水河鐵石港支子港及安陸縣吉陽山諸水東南流來會。又南黃家河一曰淮水。合官納溝棗園河胡家堰朋興店諸水為晏家河西南流注之。又南左納教子山水右納三山寺水。又南水月港合王家河吳家河水西南流注之。又東南經縣治西。李家湖匯陡岡埠河及應山縣境水東出為蔡家河來注之。又東南八埠口水合曲港及十洋湖朱湖諸水東北流注之。折東左納董湖水。又南歧二支。一支西南流為淪水。右通朱湖諸水注於涓水。一支東南流。楊馬湖南流注之。蒲湖匯漄川河朱家河水南流注之。白水湖匯黃土塘水界河水和尚橋水東南為童家湖。又南流注之。經黃陂縣北府治西北。西湖貓兒湖桀臺湖諸水東流注之。又東至小河口會灄水。灄水東源自黃州府黃安縣西南流合陶家河入界。經黃陂縣東北。西源自河南汝甯府羅山縣來合嚴家河謝官河左家河經兩河口來會。右納柏葉山水。又南流。南門港上承彭城河汪家河東南流注之。又南經平港。義倉河上承石盤河謝家河東南流注之。又西南右納泊沫港水。折東南王家河即馬家港合二小水西南流注之。又西南右納下石港水。經縣治東別出為東河匯於鵞湖。又西南右納洋漫諸湖水。經灄口鎮右納後湖水。又東南會淪水注於江。大江又東至沙口。武湖匯新橋徐家河蔡家河及鵞湖諸水南流注之。折東南入黃州府黃岡縣界。大松湖在漢川縣西北。其東曰小松湖南曰濫泥湖西曰曲湖曰汈汊湖北曰慈湖西北通應城縣之三

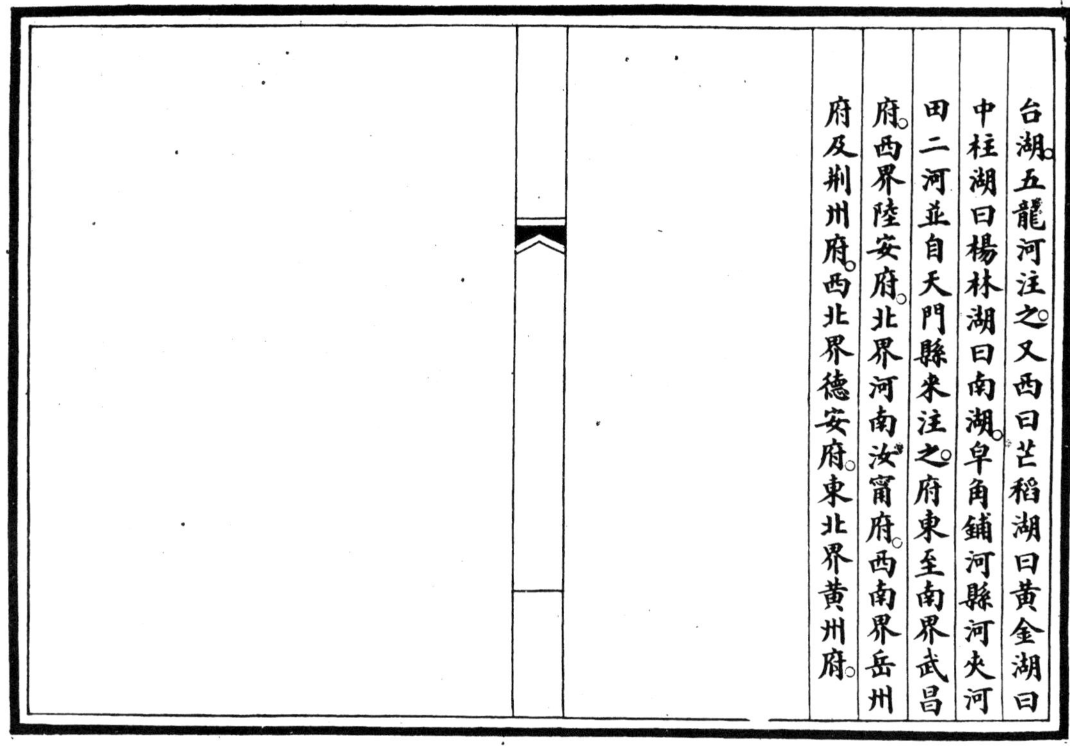

台湖。五龍河注之。又西曰芒稻湖曰黃金湖曰中柱湖曰楊林湖曰南湖。阜角鋪河縣河夬河田二河並自天門縣來注之。府東至南界武昌府。西界陸安府。北界河南汝甯府。西南界岳州府及荆州府。西北界德安府。東北界黃州府。

安陸府圖

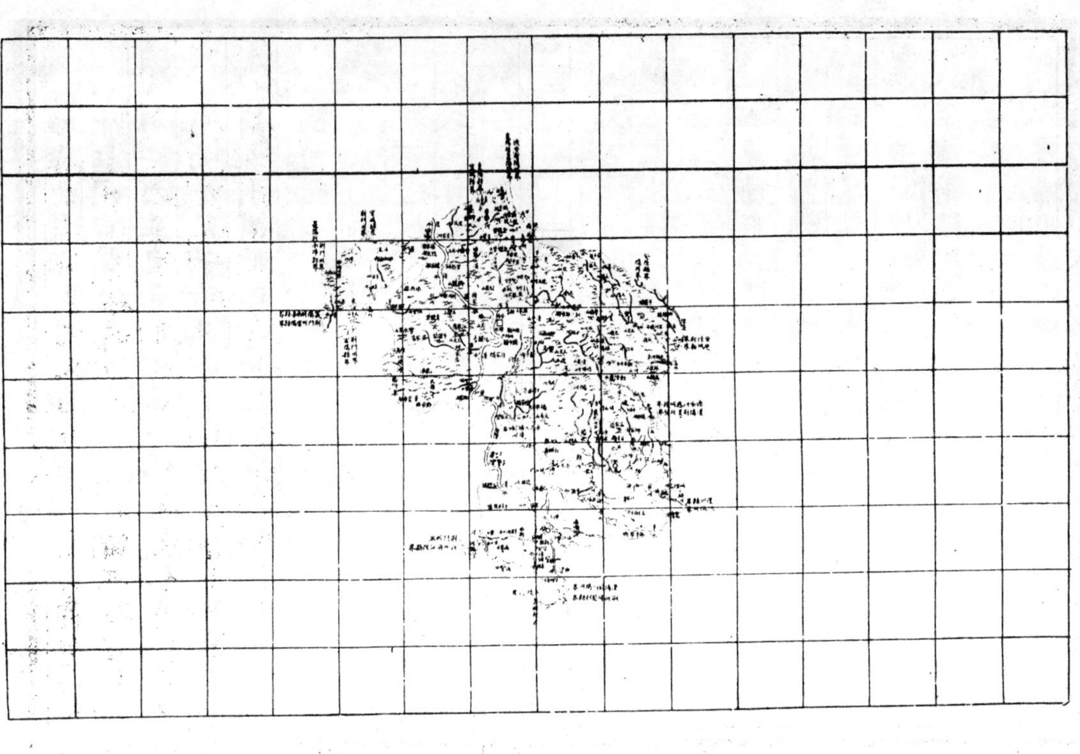

安陸府在省治西北五百三十五里。至京師三千二百里。領縣四。治鍾祥。東南京山天門潛江。漢水自襄陽府宜城縣南流入界。經府治西北。蠻水亦自其縣東南來注之。至豐樂河司汛。豐樂河出縣北娀皇洞。西南流經窄山砦南。右合宜都縣之黑汊河注之。又西經官橋鋪西左納碾盤山溪水。又南受樂鄉河。河自荆門州東流入界。曰長板河。經府治西北。折東南仍入州界。合石橋河。復經府治西合樂鄉關河。又東經仙女山北為利河。注漢水。漢水又東南為蔣家灘。又東至直河鋪受敖水。水一曰直河。出縣東北黄仙洞。南流折西左合京山縣之大河劉家冲水。又東至温峽口分流。右納龍角砦昇平砦水。至洋梓鎮復合。又西枝水即上中下三沙河出縣北横嶺合五龍砦水二泉水金龍砦水及二小水西南流為殷家河來注之。又南曰直河注於漢水。漢水又經府治西南流至獅子口。折而西。塘港上承何家店水冷水港水東流注之。又南經石牌鎮東。王家港上承荆門州當陽縣之竹陂河瓦灘河上承荆門州之楊枝港水

並東流注之又南經楚堤西右納王子港及鄧家湖水又東折南其西岸為荊門州界又經王家營至京山縣西南丁口潭折而東至多寶灣又東南經潛江縣西北至吳家改口南播為夜汊河西南流至新灘口歧為二東南出者曰東荊河錯入荊州府江陵縣界曰直路河復經縣南東南流入荊州府監利縣界其西出者曰西荊河過荊河口市南至腰口曰三汊河復歧為二一南流匯於返灣湖入江陵縣界一西流會馬仙港水緣界西南流合其州長湖諸水復經縣西南分流入江陵縣界漢水又東北至策口又東北播為蘆洑河南流至縣治東排沙渡東出二支津為通順河洛江河並經天門縣西南入漢陽府沔陽州界其正渠南流為縣河又南至班灣鋪為班灣河至六合垸南入荊州府監利縣界漢水又東北經天門縣西南又東南至牛蹏口塘北播為牛蹏河復分支東流為古獅子河牛蹏河東流為乾河經乾灘鎮南又東城隍臺河合華嚴湖松石湖水南流注之又東南入漢陽府漢川縣界漢水又東南至麻洋潭塘

北入漢川縣界縣河上流為白河出京山縣西北聊屈山南流合雙泉觀虎爪山諸水折西合賽子河又南溠水出縣西潼泉山西流為司馬河來會又西南至南河集右合鍾祥縣之小河水為南河折東南經永隆河鎮為永隆河又至天門縣西南港口右納一小水又東至三岔口楊河出京山縣西南山南流合其縣之馬溪河注之又東巾水河出京山縣南湖山寺南流來注之又東南至縣治南為義河沙河上承石家湖水西南流注之又東右納小板港水又東師家河出京山縣南南流為柳家河匯於石家湖東通張家湖水又南流為黃龍河來注之又東北至白湖口受溾水水出京山縣北池河山西南流合余家河折東南左納數小水至縣南左納沙河觀音巖水又東南左納老道山水至縣東北匯為白湖分流注縣河縣河又東入漢川縣界大富水自德安府隨州大洪山東南流入界經京山縣西北左納太陽山水右納白馬泉水又東南至雙河口小富水出縣北晏子嶺東南流來會又東南為宋家河又東南經故縣北

又東南○石板河出縣北牛頭嶺屈東南流注之○又東入德安府應城縣界○漳水二○一自隨州東南流入○界經京山縣東○北入德安府安陸縣界○一自襄陽府南漳縣○西流入界經鍾祥縣○西折西南入荊門州當陽縣界○府東及東北界德安府○西至北界○襄陽府○南界荊州府東南界漢陽府○西南界荊門州○

欽定大清會典圖卷一百九十五

輿地五十七

襄陽府圖

鄖陽府圖

襄陽府圖

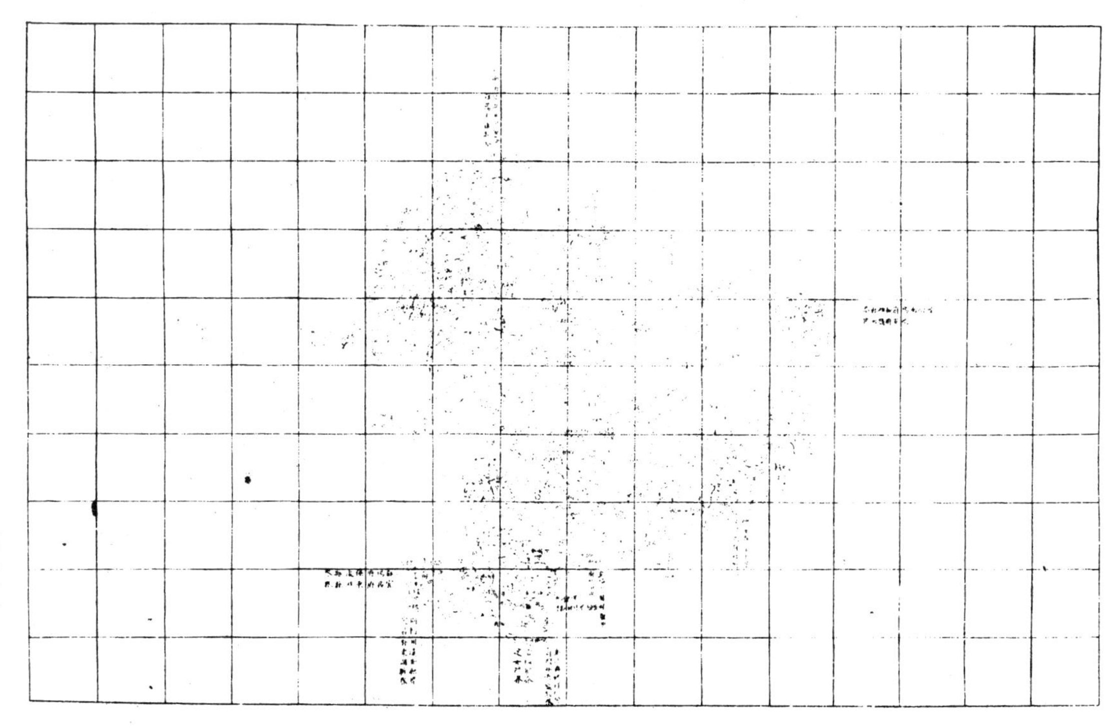

襄陽府在省治西北六百八十里至
京師三千六百二十里領州一縣六治襄陽東南
宜城西南南漳東北棗陽西北光化穀城均州
漢水自鄖陽府鄖縣東流入界經均州西北仇
家河出州北冷水山合二小水西南流注之又
東右納黃峯河至州治西北響河出州東北胡
家山西南流為板橋河合青塘河注之又東南
經州治北而東受曾水水出州西南界賽武當
山南流錯入鄖陽府房縣界為梁家河折東北
仍入境日官山河九道河出州南武當山合茅
坪河西流來會又東北右納澗河淄河左納何
家埡水小芝河水又東北草店河上承瓦房河
水磨河水西北流注之又北左納黃沙河又北
注漢水漢水又東南至浪河塘浪河出州南界
毛家山合蕭河殷家河北流注之又東右納青
潭溝水又東受均水水自河南南陽府淅川廳
西南流經州東北界河上承白石河石鼓關河
東南流注之又東經光化縣西北安樂河出均
州東南大界山合龍家河東北流注之又東左
納六股泉河青龍溝水右納石門埭水又東南

黃龍泉水出縣北界茅草埡南流合瓦城溝鐵
佛寺水注之又東南右納木牌港水至縣治西
縣河即古洛溪上游曰小橋河自縣北二劈山
合孟橋川老虎寺水杜草河南流注之又南歧
為中東西三支右合界牌溝冷家溝水並東南
流復合經穀城縣東北復歧為二支東支合光
化縣南之陡溝水西支經縣治東筑口受南河
北河合流水南河自鄖陽府保康縣東流入界
經縣西南三汊河合涼水泉梅溪水東南流注
之又東北西河東河合東北流來會又東北溫
坪水東北流注之黃土河白石河合西北流注
之至縣治東會北河北河上承張家河自鄖陽
府房縣東流入界左納汪家河右納白峪溝至
花石街南左納臥佛川又東流與南河會又東
至筑口注漢水西支漢水又東南復合又東南
支津東南出為姚家河右納南川水柳樹溝水
又東南經府治西復合姚家河水又東經黃家
河市北牛首塘南右納石牌港水又東經府治
西北樊城鎮南受清河河上游曰黑水河出光
化縣東北合連三橋水南流經穀城縣東右納

温家岡蓮花堰水又東南經襄陽縣西排子河自河南南陽府鄧州来經光化縣東至襄陽縣西北合其州之蒿堰河大梁河經石橋鎮西又南來會始曰清河又東南木柴河亦自鄧州南來合鄧桃湖水注之又東南合七里河注漢水漢水又東受淯白合流之水淯水自河南南陽府新野縣合其縣之黃渠河泥河南流入界經府治東北至兩河口唐河即比水亦自其縣來合棗陽縣之紅河南長河鎮化河西南流注之又西南右納港河水又西南會白水水出棗陽縣東北大阜山合華陽河金雞河南流分水嶺水五城鎮水金子山水合西南流注之又西南柳林河清潭河合北流注之又西折北優梁河西南流注之昆水合雲臺山水牧馬嶺水平頂山水西北流注之折北滚水即滾河出德安府隨州西北石門洞西流經縣西北合二小水及邢家川石佛寺諸水西南流注之又西與清水會西南流注漢水漢水又南經東津灣西又南左納醽河右納沙河又西南經宜城縣北潼河自南漳縣北東南流注之折東南踈水亦自南

漳縣東南流支津南出為木渠其正渠又東流注之又東南歧為二左納朱家港水至縣治東復合又東南左納兩乳山朱旗岡水又東南長渠自南漳縣東武安鎮首受蠻水東流經縣西又東南匯為赤湖左合木渠水東北流注之又東南瀴水出棗陽縣西南瀴源山合浉泉水沙河板橋河嚴家河西南流注之又南左納練港水又東南入安陸府鍾祥縣界受蠻水蠻水自鄖陽府保康縣東流入界經南漳縣西南右納莊司河白峪河白駱河經縣南折東南右納仙女洞水八都河至武安鎮清涼河二源合東流又合四都河東南流注之又東支津東北出為長渠折東南經宜城縣西右納廖家河又至縣南黑河自南漳縣西南合太平街水東流注之又東經破河腦鎮南又東左通赤湖又東南入鍾祥縣界注漢水沮水南北二源並自保康縣東南流入界經南漳縣西南亦曰通城河又東左納嘉魚河折西南右納二水入荊門州建安縣界漳水出南漳縣蓬萊洞山合湖水河東南流經雞頭關右會小漳河又東入荊門州鍾祥

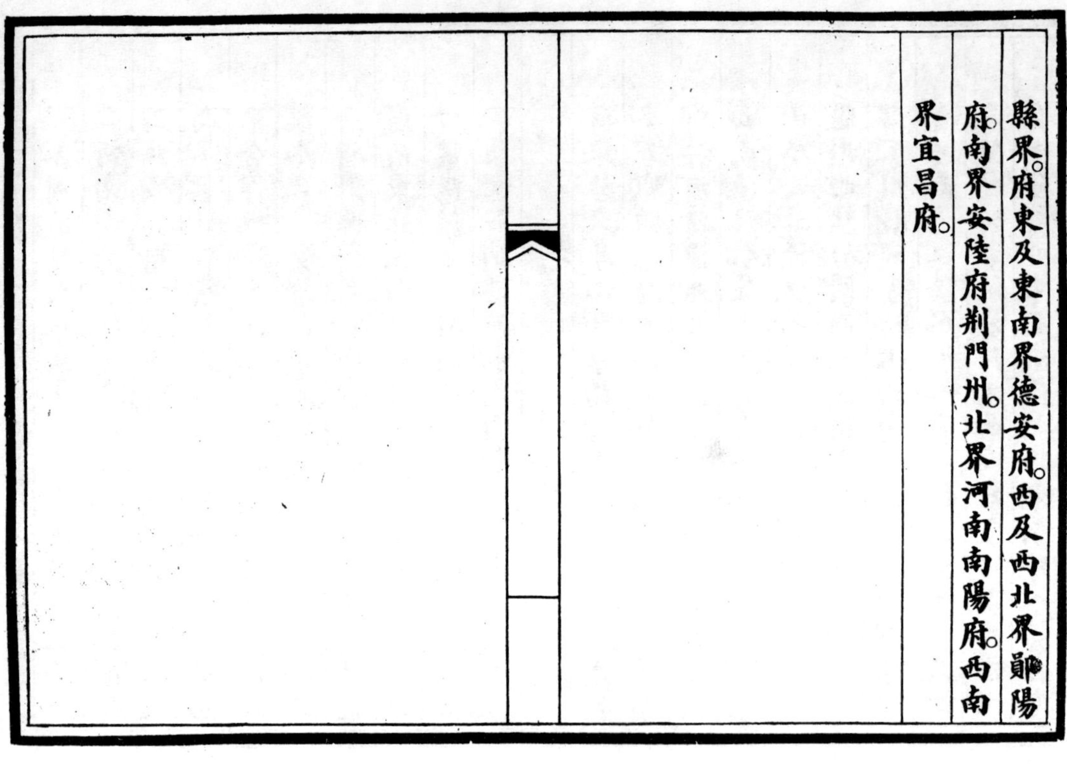

縣界。府東及東南界德安府。西及西北界鄖陽府。南界安陸府荆門州。北界河南南陽府。西南界宜昌府。

鄖陽府圖一

中

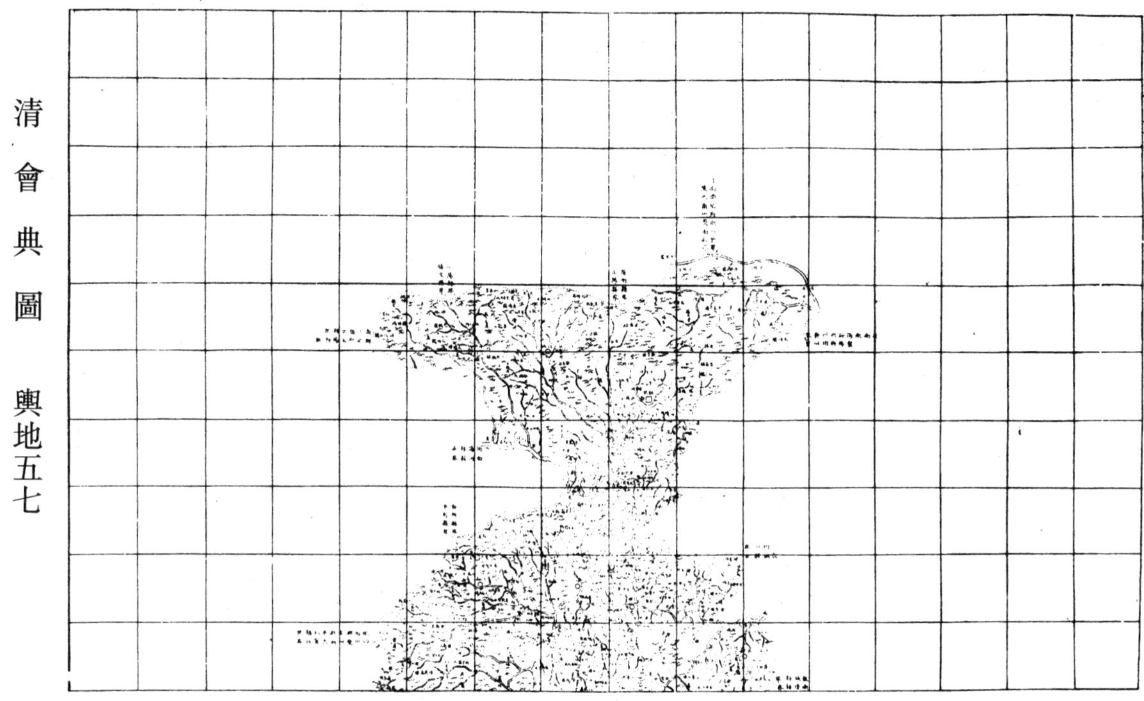

鄖陽府圖二

南

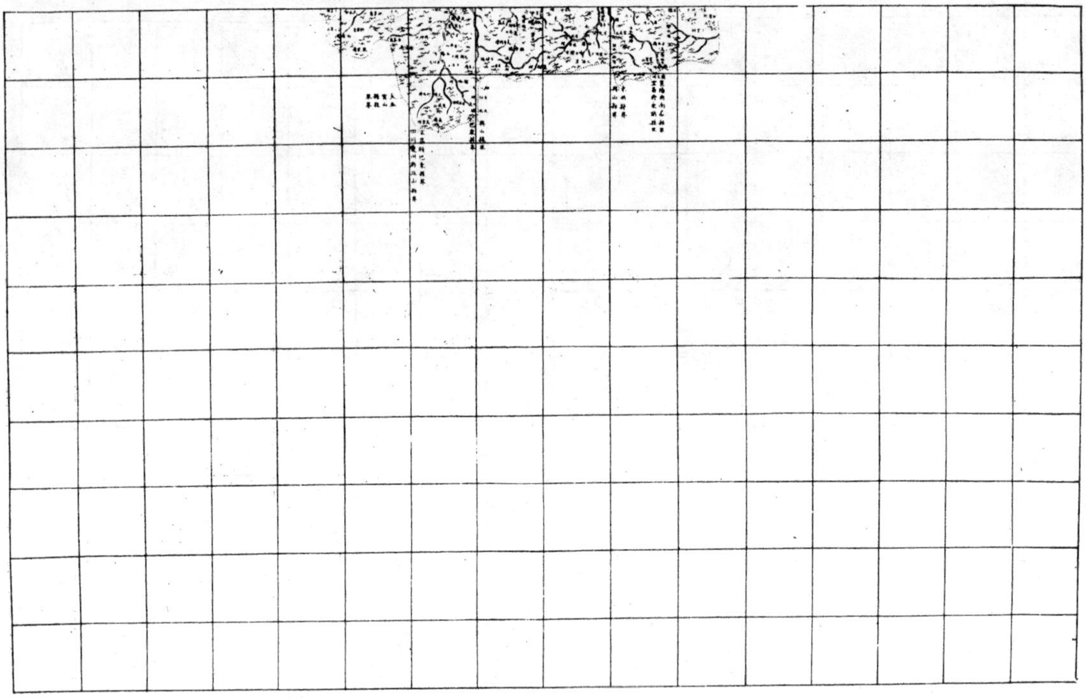

鄖陽府在省治西北一千三百五十里至京師二千五百里領縣六治鄖縣南房縣東南保康西南竹山竹谿西北鄖西漢水自陝西興安府洵陽縣緣界東流經鄖西縣西南仙河上承歐家川九槐關水東南流注之又西經藍灘汛左納藍河水其南為興安府白河縣界又西左納藍草溝大泥溝小泥溝水至甲河關汛受甲河河自縣西北境南流至上津堡五峪河合馬家溝水西流注之四峪河合一小水東流注之又南左納箭河右納大壩河小壩河又南冷水河合兩岔河西南流注之又西注漢水漢水又東左納一水又東南紅石河出府治西南左吉關北流出界注之又東右納木瓜溝左納上溝下溝朱家溝水又東南將軍河上承東河西河分水嶺龍山熊家嶺葛藤埡諸水北流注之又東右納青洞溝左納董家溝水又東泥河出鄖西縣西南天心山合小泥河東南流注之豐里河亦曰花瓶河三源合北流注之又東受天河河自山陽縣南流入界經九龍山西右納滄河至鄖西縣治南級浪河出鄖西縣東北黑

龍洞合蒿坪河蔡家河五里河廖家河西南流注之又東南右合七里河又南馬鞏河合徐洞河黃沙河水東河麥峪河西南流注之又東南注漢水漢水曲東北流左納石人河秋木溝水右納安城溝小石溝水又東歸仙河自鄖西縣東南流注之又東左納塔峪溝水又東曲遠河上承黑水河葛條埡水箭流河南流注之又東南至堵河口受堵水水上源曰柿河自陝西興安府平利縣東流入界經竹谿縣南左納王家河至縣東南秦坪河出竹葉關合石板溪瓦房溝水東北流注之又東縣河出縣西合秋溝黑龍溝竹谿河大峪河進峪河漫夜河黃龍砦水藍家河鄒家河東南流尖山河出竹山縣西北合七里溝大丈峪河東南流二水合流注之始曰堵水又東潛河出縣西南合洞賓口水西面河疊溪石板河邊江河四條溝水西北流注之又東右納樊定河經竹山縣西南兩河口竹山河一名洛陽河即官渡河上流為九道梁水二源並出房縣西南合馬鞏頭水官坪水余家溝笆笄溝洪洋坪河向家壩河查峪河太平河構園河瓦沙河鐵峪河孟峪河峪口水北流注之苦桃河出竹山縣西北合管家河檀溪河益水折峪河東南流注之又東北流經縣治西南深河上承房縣西南獐洛河清溪溝五池水李成溝龍駒溝小生河西北流注之又經治東南霍河上承房縣西南秦口河葉家河東河扁担溝高唐河長峪河青龍觀水中溝西北流注之又東北經治東北北星河出縣西北合劉家河水坪河琅峪河東南流注之嶔峪河合當峪河亦東南流注之經化口市又東北化峪河合梅花河西北流注之左納對峙河又經房縣西北大木廠河合羊山水孔家溝水百福水板橋鋪水西北流注之又北經府治西南左納甑峪河右納戴三溝水又北左納門樓溝余河水右納石花溝及一小水至黃龍灘司西流河二源並出府治南合西流注之大峽河合分水嶺水鮮魚溝水東流注之左納小峽溝水又北流注漢水漢水又東折西北流左納清水河東流左納沙溝水堰河上承先生河洞子河南流注之折南經府治西右納茅窩河又東流經治南右納金

魚河又東左納趙河卜家河楊溪河右納神定河即百二河又東左納細峪河及龍門川諸小水折西南右納羅家河經遠河汎東南流遠河上承茅塔河田戶堰水茅箭河東北流注之又東南入襄陽府均州界南河一曰粉青河二源北源曰苦水河出房縣南紅花朵合五塘口水黃龍堰水鷄子河盤水河南流會南源南源曰溫水河出房縣西南牛硋埡合魏家溝裏潮河宋洛河東北流與北源會東流右納大洛溪水折東北經保康縣西南始曰南河右納羊皃灣橫溪水左納白碞河岭峪河至上台口塘台口河上承唐二河七汊河金斗河西北流注之又東北受北門河河二源一出房縣西北曰長望川合上達河湯峪河指北河盤峪河一出房縣東南曰西門河合三教堂水二源合東流經縣治西北左納唐溪溝經治北又東高梘河合黃泥溝西浪河與包家河並南流注之又東右納湯池水爲峪河廖家河左納樊家河七里溝水曲東流劉家河合雙坪河馬家河南流注之折南流椰峪河合樹桐溝水西南流注之又南爲馬欄河注於南河南河又東北右納葉家河蔣峪河永興鋪水又東北板倉河出縣東南司空山合羊門洞水田窩水豆沙河化魚溝三岐溝銀溪溝諸水注之又東右合三汊河又東北入襄陽府穀城縣界沮水北源曰歇馬河南源曰壩王河並出保康縣西南東南流入襄陽府南漳縣界深溪河即蠻水亦出縣西南合數水入南漳縣界八道河出房縣東北合存峪河二小水北流折東經百步梯北亦曰張家河入穀城縣界為北河滔水自陝西商州商南縣東流入界經鄖縣北趙河合楊家灣河青碞河北流注之又東東溪河合黃栟河亦北流注之又東左右各納一小水又東右納白竹溝東梁河西寺溝趙家溝諸水至官亭鋪北丹水亦自商南縣東南流緣河南南陽府淅川廳界右納韓城溝白浪坪水來會又東入淅川廳界曾水上承均州梁家河水南流入界經房縣北折北仍入其州界府東及東南界襄陽府西界陝西興安府南界宜昌府北及西北界陝西商州東北界河南南陽府西南界四川夔州府

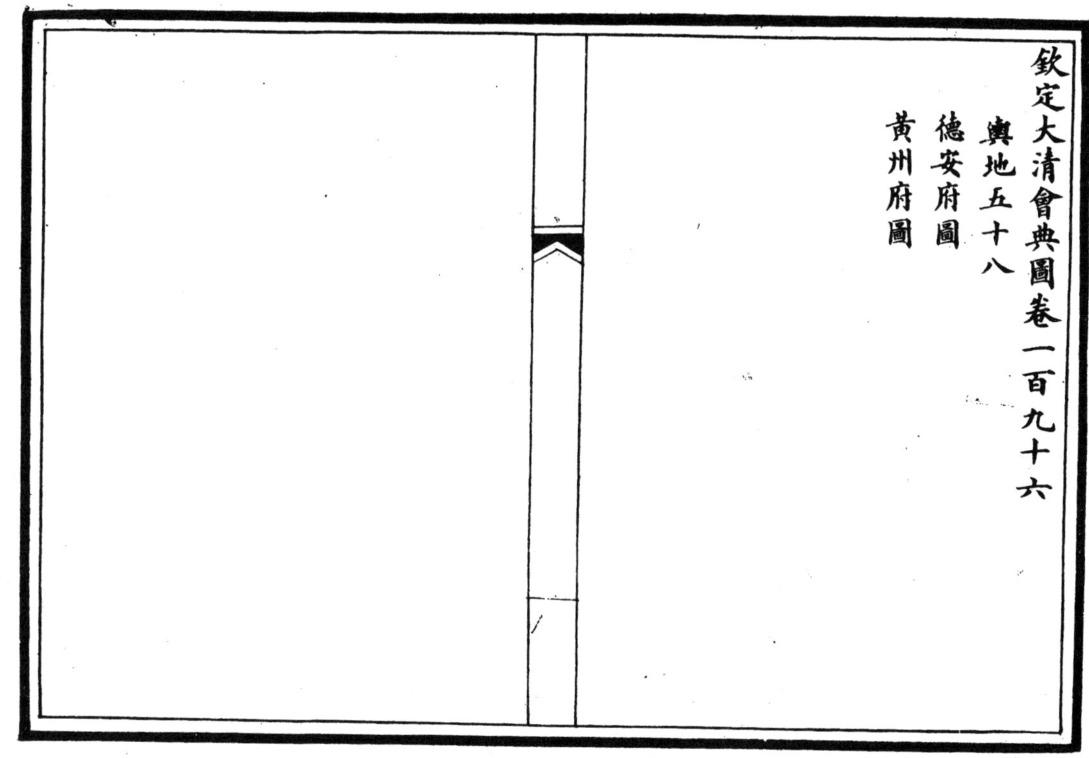

欽定大清會典圖卷一百九十六

輿地五十八

德安府圖

黃州府圖

德安府圖

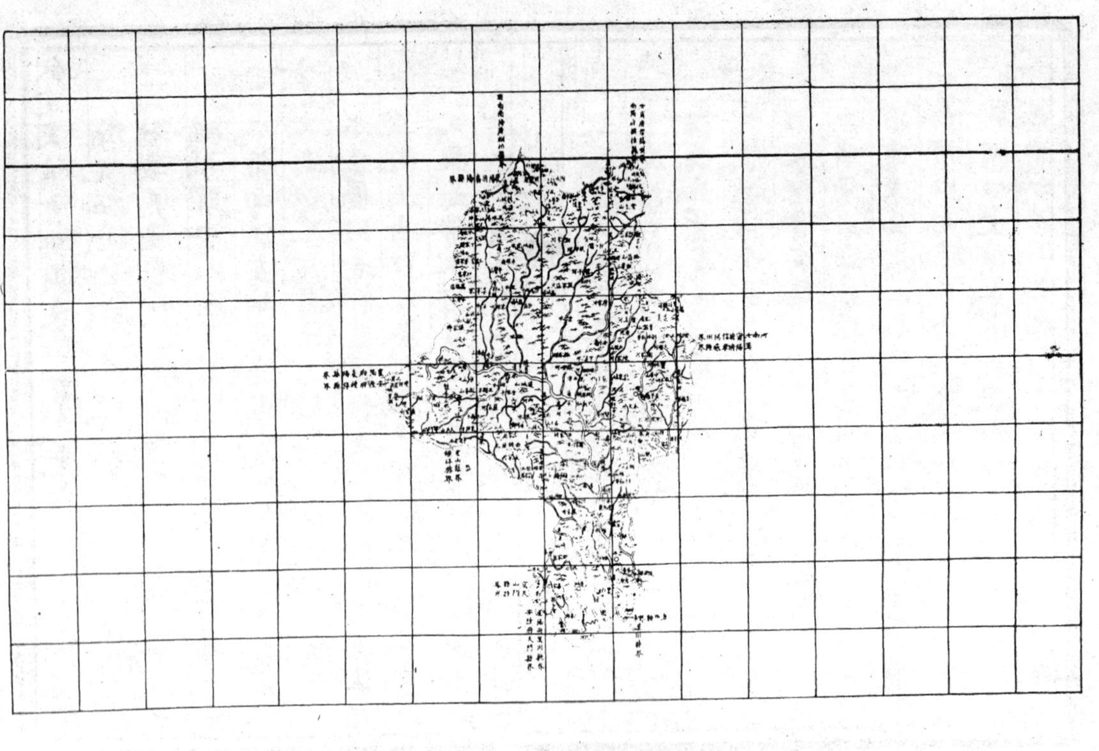

德安府在省治西北三百二十五里。至
京師二千四百八十里。領州一縣四。治安陸。東南
雲夢。西南應城。東北應山。西北隨州。溳水出隨
州西南大洪山北麓。北流至穿洞。西源出雙門
洞來會。右納魁峯山水。西北流。石水自娥皇洞
經雙河店汛。合灄水暖水東流注之。又東北經
環潭鎮。折東南流。右納支水藥山水。又東溠水
亦曰洑恭河出州北鷄鳴山。合聖水馬吼嶺水
南流注之。又東經安居店。左納朱家河。又東至
均河口。均水自大洪山東北流。合牛角尖水分

水嶺水靈泉山水嚴家河水東北流注之。又東
南流受瀫水。水自州北固城山經合河司南流。
右納石板河。左納顏家河。又南右納七尖峯水
土門水倒峽流水。又東南劉家河自分水嶺合
風子河為江家河西南流注之。經厲山鎮東瓦
撮河即泥河自赤樸嶺東南流注之。經州治西
為浮纓河注溳水。溳水經隨城山北。又東會漂
水。水即賜水。出州東北螺螄山。西南流。樓子河
合忤水關水南流注之。又南漻水自應城縣分
水嶺。合劉家河甑蓬山水祖師頂水西南流注

之。又南經鮑家鋪注澴水。澴水折南流。浪水自州南大猨山合三河水東北流注之。又東南長安河即守溪水自應山縣西南流注之。又東右納七里沖水。經應山縣馬平港鎮左納馬平港水。折南流左納洞庭山水。右納隨州紫石鋪水。又南陳家河自花山經龍泉鎮合泥河祖師沖水至雙河寺合槳溪河為徐家河西南流注之。又南左納白竹港水右納閻家河即任家河水。又東南清水河自隨州合安陸縣李家河落月嶺水東流注之。又南經府治北左納三陂港水

洑水槎山水。又經府治西右納灌水吳家河水。至史河口歧為二。正渠曰老河。東南流經雲夢縣西北。貨囊港即應山縣鉢盂港水南流注之。又經縣治西至白河口。東出為縣河即洺陽河鄭家河會安陸縣女兒港水南流注之。又東南匯漢陽府孝感縣之陡岡埠水為李家湖。又南右通東陽湖白水湖。又東入孝感縣界。正渠自白河口南流會西支。西支自史河口西南流至兩河口受漳水。水自隨州西南大洪山之東泉興寺。合二小水東南流錯入安陸府京山縣界。

合隨州之袁家河及府治西北之蜜峯砦水。復經府治西左納沙子河柳林河袁家河水。又東南注澴水西支。西支經雲夢縣西至土門鋪與正渠合。又東南東出為小龍河匯於白水湖。又東南流經應城縣長江埠司東。又東南入漢陽府漢川縣界。其東通東臺西臺諸湖。湖在雲夢縣東南與北湖並東北流入孝感縣界。富水出隨州大洪山南錯入安陸府京山縣界。復經應城縣西北田家集納一小水。至縣治西曰西河。又東南左納省港水。又東南左合梁湖水。南流

岐為二。東支匯於金盆湖。西支匯於三臺湖。三臺湖在應城縣西南。其北曰賽湖納毛家河石子河水。其西曰白羊湖納京山縣來之五龍河水。金盆湖在應城縣東南。其東曰草湖。又東曰東湖。並南接漢陽府漢川縣界。淮水自河南南陽府桐柏縣南流經隨州東北淮河店。折東九渡水合龍潭水北流注之。又東北經下河口北。右納太乙山水。又東南經銅錢坡北入河南汝甯府信陽州界。澴水別源出應山縣營盤山合一小水東南流為周家河。左納寶林寺水黃茅

嶺水○又東南為劉家河○不磯港水自黑石山合秦家河十三里河東流注之○又為孫家河○又東南為左家河○廣水河即木匠河○自縣東北東南流○合黃沙河大堰河牛心山水李家河亂石河京橋港細河諸水西南流來會○又南入孝感縣界○界河出應山縣北境經花山西合數小水北流入河南汝寗府信陽州界○小河出縣北高貴山○經平靖關南西北流○亦入信陽州界注於淮水○澴水出隨州西北石門洞○西流入襄陽府棗陽縣界○解家河出州西北○北流入桐柏縣界○仙河水出州東北太乙山○合西南來一小水○東入信陽州界○義水出州東北五水山○合游水鼓臺山水紫金山水郭家岩水東北流○亦入信陽州界○支子港在應山縣東南入孝感縣界○府東至南界漢陽府○西及西北界安陸府○北界河南南陽府○東北界河南汝寗府○西北界襄陽府○

黃州府圖

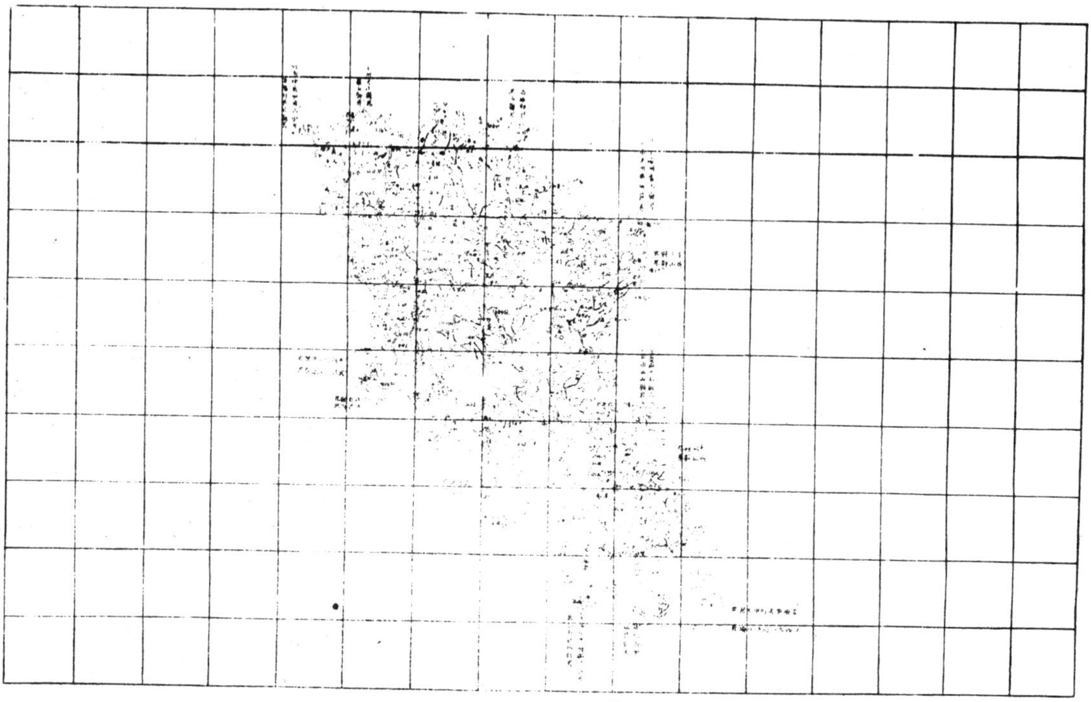

黃州府在省治東北一百八十里○至
京師三千二百六十里○領州一縣七○治黃岡○東蘄水○東南蘄州濟黃梅○東北羅田麻城○西北黃安○大江自漢陽府黃陂縣緣界東流經府治西北○其南岸為武昌府江夏縣界○又東北○武湖匯黃陂縣境諸水南流注之○又南流○左納紫泊湖水○經陽邏司西○又南○左受樟松湖水○又東○其南為武昌縣界○又東分流有洲二○曰羅霍洲○曰鴨蛋洲○其北支繞州北東南流○舉水會倒水南流注之○舉水四源○一曰小界嶺水○一曰上馬河○一曰閻家河○一曰汝陰河○小界嶺河出麻城縣東北小界嶺○合雙關廟河西南流經虎頭司○右納下廟版水○左納張店河滴水砦水○西南流至縣北雷打石○上馬河自縣西北五應山合諸水及黃石水○東南來會為白塔河○曲南流經治北○右納七星橋水○經治東又南○右納道觀山水○又西南○閻家河即戚家河○自縣東北石門山○合張關石河響水潭林家沖河鳳坡山水李家河水西南流來會○又曲西南經汝陰市西○汝陰河為舉水南源○自縣東南合八疊山水鹽田河水麻溪河

西北流來會。舉水又西流。浮橋河自縣西北分水嶺合林家山水南流注之。又西南經鷰籠司東。松溪河自縣西北夕陽寺山合葉方河熊家河南流注之。又南經府治北夾洲頭。支津西南出匯於白湖。正渠又南至新洲北左納三店水。又南至姚二渡歧為三。南流復合。又南左納草場湖水。又東南會倒水。倒水即西歸水。自河南光州光山縣西南流入界。經黃安縣北為西界河。右納顏店河。又南至雙河口。袁英河自雙山疊西南流曰箭廠河合閔家河黃石砦水西南流來會。又經縣治西南流。全場河合五里橋水東南流注之。陡埠河自竹葉犬合二水西南流注之。又南左納項家河。又南魚目港上承灄水分流合余通河東南流注之。又南經中和司西。又南右納四里鋪水。又經府治西北支津東南出為陶家河匯於張渡湖。正渠南流洪溪溝瀦為米篩湖南流注之。又南右納陶樹湖。又南瀦為張渡湖。湖在府治西北。其西為樟松鶩頸諸湖北為毛湖為白湖。又東南出與舉水會。舉水又東折南注於江。大江繞洲南流經府治西。左

通諸湖水。又東經治東南巴河口受長河。河上流為龍潭河出府治東北圍臘。合張家河段家河土流河沙河山廟河陳家河西南流。至治北瀦為草場湖。本子河上承姜家河易家河打石河南流亦瀦焉。孔子河夏家河西流亦瀦焉。又南為詹大湖為黃家湖。東南出為長河。何家湖匯盧家河諸水西南流注之。又東南鷄子湖匯白洋山水西南流注之。右出支津。經團風司南注於江。長河又東南左出支津會趙家潭水東南流匯於赤野湖。長河又南經路口鎮西匯於古渡湖。湖在府治東。其東為赤野湖。南為後湖。東南為魚兒湖。又自湖東南出注於江。巴水出羅田縣東北三省臘。西南流至多雲司左納九資河黃石河。經獨尊山南又西。右納獨株河至夾河嵛市受東義洲河。河出縣北。西南流至滕家市龍潭河合八兒河西北流注之。又西南木稗河上承麻城縣北洗馬河長嶺關水喻家河來注之。又南注巴河。巴河南流左納柳林河。經縣西至尤河嵛受尤河。河一曰長河。亦出縣東北石柱山。合漕河西南流。右納祝家店水。左納湯

河横河。折西流左納北峯河。又西南經縣治南左納一水。又西南左納朱家河。又西北右納石源河。又西注巴河。巴河又西南右納五桂河。左納倒流河。又南小河上承龍門河高家河西北流注之。又西牛車河合二小水東南流注之。又西南左納一小湖右納朱大夫河。又經西陽河市南右通赤野湖。左納一小湖。又南至巴河口注於江。大江又東南經蘄水縣西有洲曰戴家洲。連湖望天湖蔡家湖魯家湖匯縣西清水港諸水南流注之。又東經金沙灘受浠水。水自安徽英山縣西南流入界。經羅田縣東南合其縣之樂利河。又西南右納王家河水。至蘄水縣東北雞兒河合朱楊河西北流注之。又西南沈家河二源合南流注之。又曲西南經蔡家河市北右納柴家河左納倒流河。又經關口南右納二小水。經縣治東沙魚河二源合西流注之。又西南左納六泥港右納易家河。又南至雙港口。馬橋港水合四眼橋水西流注之。又西南至金沙灘左出支津匯於圻湖。正渠西流注於江。大江又東南經蘄州東北。茅山湖圻湖水南流注之。

又東南經州治西北掛口受蘄水。水出州東北四流山。南流左納棠林河倒橋河。西南流至大同司。右納六溪河。經巴茅街又西南白水畈水合數小水西流注之。又西過青石市。左納童子河。右納白茅河至蓮花庵市左納響水河。右納劉公河。又西蘄陽坪河合小河諸水南流注之。又西過西河汎。泥河自蘄水縣東南南流注之。又自五里壩分二支。西曰長港東曰白家河。長港西南流白池湖上承泥河水西流折南注之。又西南合灘兆河水匯於赤西湖及長海白家河自五里壩西南流經治東北相見灣。官沙河自廣濟縣合諸水匯為白家袁家赤東洪塘諸湖。又西北出來會白家河。又西北長港自赤西湖南流來會。又西南至掛口注於江。大江又東南經廣濟縣西南折東至龍坪司南有江家洲。又東南經黃梅縣西南支津左出復合東流錯入江西九江府德化縣界。又東復經縣東南。又東仍入德化縣界。武山湖在廣濟縣南西港匯江北諸小水西流折北。瀦為黃泥湖。又東北流來會焉。梅川出廣濟縣北横岡山西南流合二小水與周篤橋水小河諸水並南來匯焉。又自湖東南出為株林長港。復豬為連城湖又豬為膝塘湖。又東北匯於太白湖。湖在縣東南。接黃梅縣西南境。圜山河亦出縣東北合荆竹水南流歧為二並南流及燕樓水匯焉。湖東北為長安湖。四祖河出黃梅縣西北南流匯焉。湖之東為楊柳湖大河出縣西北白雲洞合諸小水南流分支匯焉。自湖而東南出者為稻場湖為七里湖。東北出為大港。至黃連港會西河。河上流為擢港。自楊柳湖東北出。天河合楊樹橋水東南流注之。又東為西河與大港會。大港又東會縣河。河上流為小溪河。出縣西北老祖山東南流經縣治東。折西南為縣河。沙河渠水並南流注之。泥河出縣東北古角山合龍坪河悠悠河西南流注之。又南與大港會。又東南匯於張家湖。湖匯縣東南諸水。其東為感湖為風湖為桶湖為沈家湖為張池湖。其北為陳池湖為太源湖為涉湖。東接安徽安慶府宿松縣界。府東界安徽安慶府。西至南界武昌府。北界河南信陽州。東北界安徽六安州河南光州。東南界江西

九江府。西北界漢陽府。

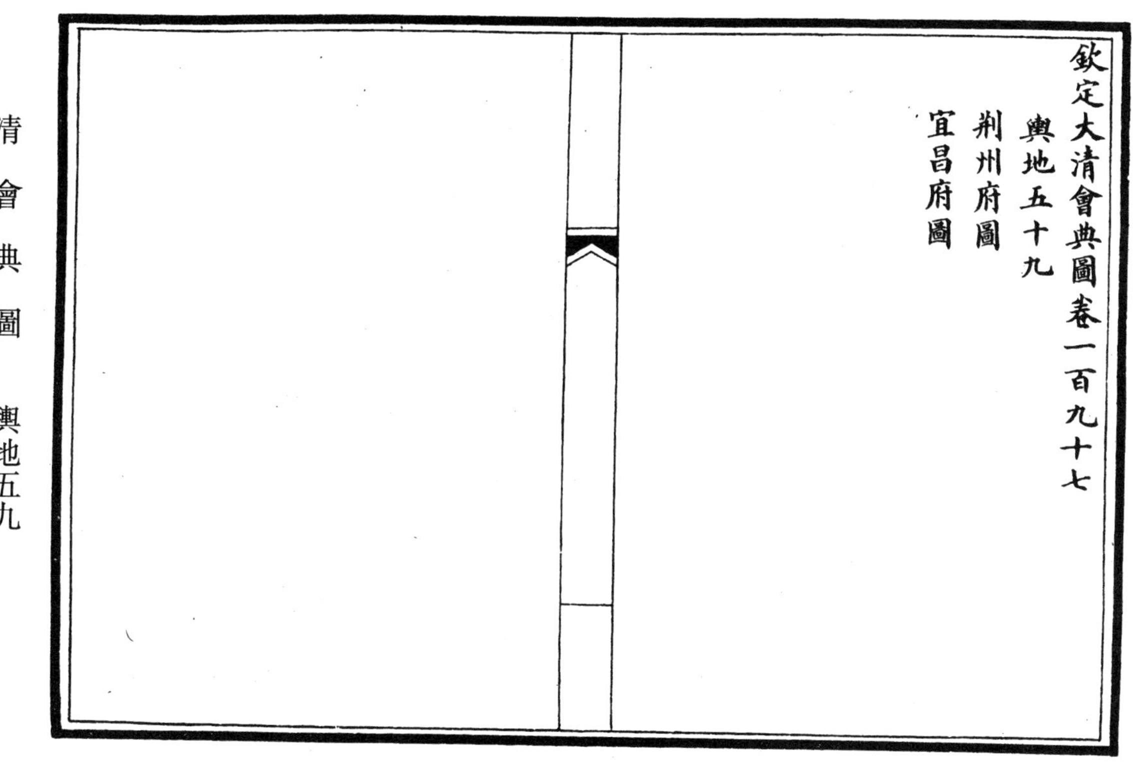

荆州府圖

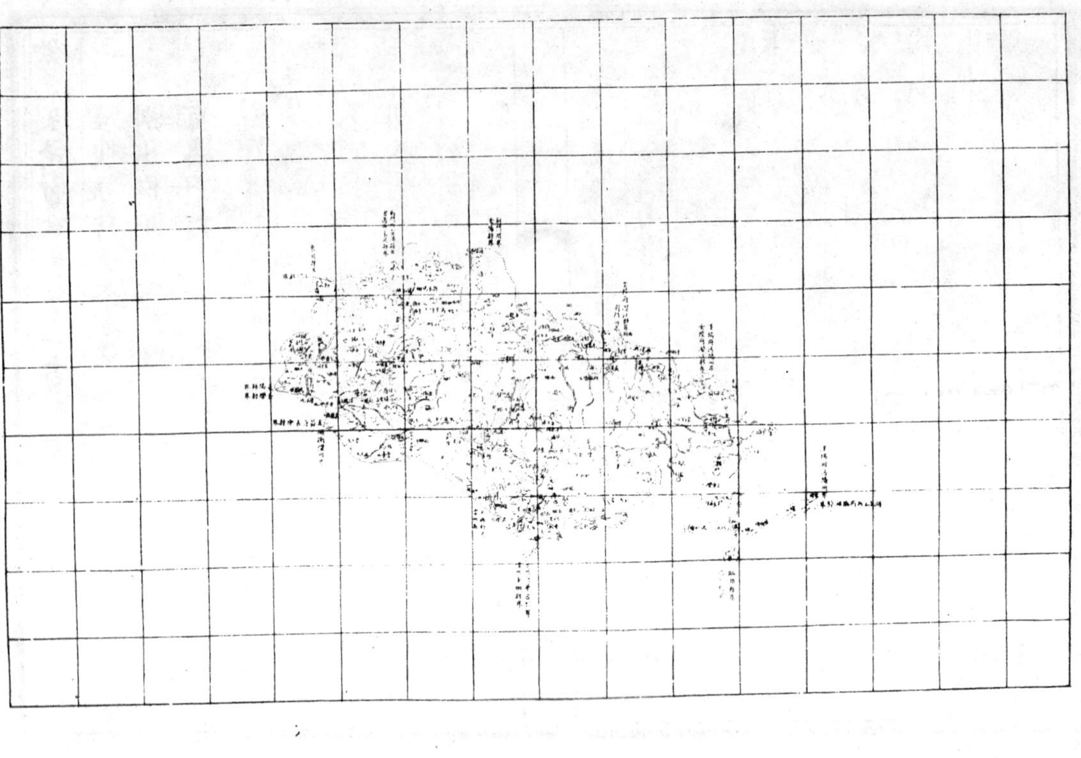

荊州府在省治西八百里至
京師三千三百八十里領縣七治江陵西松滋枝
江西北宜都西南公安東南石首監利大江自
宜昌府東湖縣東南流入界經宜都縣西北荊
門山東又東南經縣治北受清江江即夷水自
宜昌府長陽縣東流入界經縣西北左納白嵒
鋪水又東折南富金溪自東湖縣來東南流注
之南流折東漢洋河自宜昌府長樂縣來合劉
家村水石羊河水銀家溪水東北流注之又東
至清江口注於江大江經縣治北又東折南經
枝江縣治北芭芒河即白水港溪自縣西南合
宜都縣之車灣河東北流注之又東南經松滋
縣西折東北瑪腦河上承荊門州當陽縣三汊
河南來合雅石溪爲滄茫溪東南流注之又東
北岐爲二派經百里洲北者爲內江東北流右
納董市河經江口司南折東南流會外江經洲
南者爲外江東南流受石溪河河出縣西南棲
雲山東南流經軏橋市西北右出支津注沲水
正渠折東北流合小南海經磨盤司東鄒老湖
諸水自其東注之又北竺園河自天阬嶺東北

流合馬峪溪東流注之。又北流右納天鵞湖水。注外江。外江又東。張伯湖合楊林湖自其東注之。又東折而北與內江會。又東南經下百里洲受沮水支津。又東經江陵縣涴市驛北。又東支津南出經公安縣北為土橋港。南流。涴水出松滋縣東北山西流折東合偏沙河雲臺山水木天河匯為癸己湖東南流注之。又南匯為大扁湖。又南流會於虎渡河。大江又東流至虎渡口司別出為虎渡河。南流至公安縣東北𠝣口。左分一支曰薦子溪。東流左通蛾子港。折南流為

吳達河。合白花港水又南。東合西河分支。又西南入湖南澧州安鄉縣界。虎渡河自𠝣口西南流經公安縣治東北。左出支津為白花港水。又西南右受大扁湖水。又南經縣東南歧為二。並南流。淤泥湖自其東注之。陳家湖上承涴水支津及石子河水自其西北注之。右通牛浪湖水。又南合流復分並入澧州界。大江又東經府治南受沮水。水自荊門州當陽縣合鍾家港砦子河柳港水南流入界。經府治西北。東南流注於江。其支津西流亦注於江。大江又東流至沙市

司。折東南至公安縣東北古油口。又南至阧湖隄。南出為蛾子港。右通薦子溪。又東南瀦為陸遜湖西流注吳達河。大江又東南經江陵縣東南。有洲曰白沙洲。曰沅陵洲。至石首縣北東出為菱茨港即車湖港。大江折西南有洲曰天心洲。至藕池口南出支津曰南河曰西河。南河及其支津南流入湖南岳州府華容縣界。西河南流入澧州安鄉縣界。其分支西會薦子溪。大江自藕池口東流左納蝦子溝水。又東折北繞沙子嶺北。又南至調絃口右出支津曰焦山河。合

彭田港水西南流入華容縣界。大江折北左納劉家溝水。又東北經烏宿洲北。折南經監利縣西。又東經縣南。緣界東南流至上車灣。折西南至尺八口塘。又東。其南為岳州府巴陵縣界。又東南至荊河腦。南受洞庭湖水。東北流經白螺司南。又東北入漢陽府沔陽州界。長夏河上流為大暉港。自江陵縣西北。南流折東。分流夾縣治。復合東南流至沙市司南出為沙市河。折北匯為藕塘湖。又西北為海子湖。北納楊水港水。東為馬子湖為太白湖為瓦湖。北接安陸府潛

江縣長湖。又東南出為了角廟河。經了角司南流至王坡口。象湖自太師淵匯五種湖鼓湖及城河水東北流來會。又東南匯為三湖。胡家橋水北流注之。湖之北為塞子湖。管家河上承潛江縣三汊河水南流注之。至徐家鋪南。東出為長夏河。宋家河上承西荊河水西南流注之。又南右納鐔長剅河。又東南匯為白鷺湖。西荊河自潛江縣來東南流匯為返灣湖。又南出為么河為黃家橋港並南注白鷺湖。長夏河復自湖東南出經監利縣西北古井口。東出支津曰東港。正渠曲東南受車湖港。港上流為菱茨港。首受大江水東流經石首縣北。南出為蝦子溝。為劉家溝。右納孟蘭淵水。東北流注長夏河。長夏河又東南右納大馬市河。又東為習家河右通白鱉湖水。又東至汊河口。東港合羅塘河分鹽河水來會。又東至于貝淵。南出支津注於後河口。又東至小沙口入漢陽府沔陽州界。東荊河自潛江縣南流入界為直路河。經江陵縣東至監利縣北老新口。右出支津為羅塘河。合荻港水注東港。又東南左出為沙長河。又東南經華容故城東右出支津。復歧為二。一為分鹽河注東港。一為龍潭河東入沔陽州界。正渠又曲東經北口市亦入沔陽州界。聶家河在監利縣南亦北流入沔陽州界。府東及東北界安陸府。西北界宜昌府。南及西南界湖南澧州。北界荊門州。東南界漢陽府及湖南岳州府。

宜昌府圖

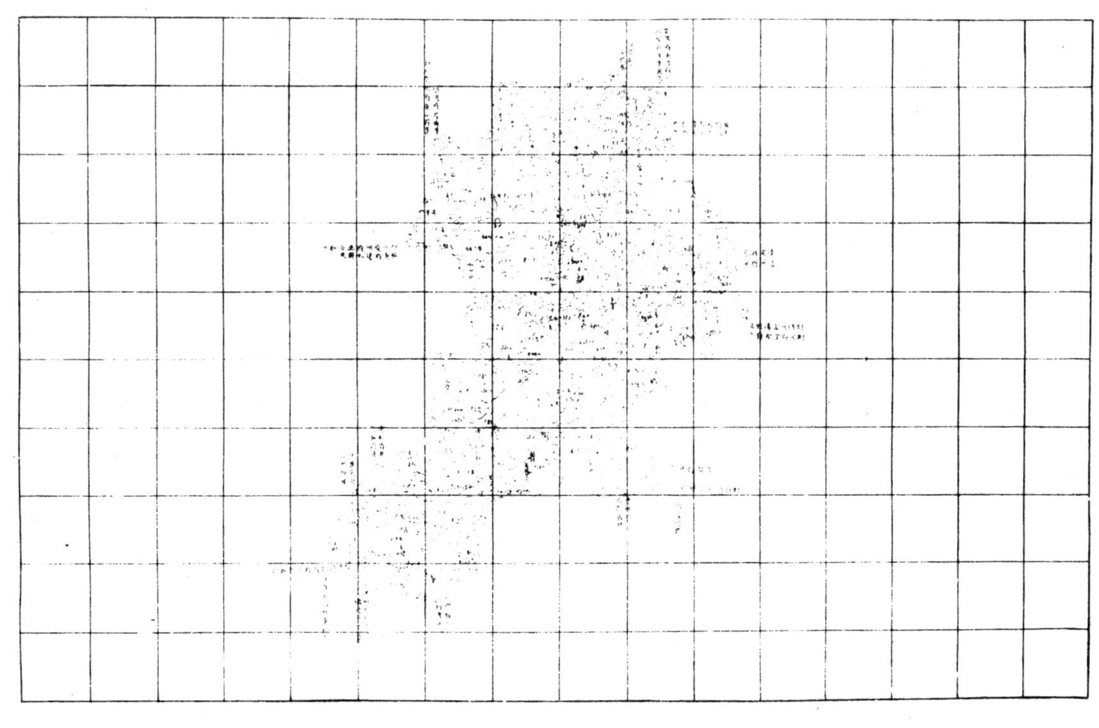

宜昌府在省治西一千八十里。至
京師三千五百四十里。領州二縣五。治東湖。西南
長陽長樂鶴峯州。西北歸州興山巴東。大江自
四川夔州府巫山縣東南流入界。經巴東縣西
萬流驛南左納鯿魚溪青溪水。右納萬石河。又
東為西瀼口。三壩河亦曰淡子溪出縣北界山
南流合元渡河羅坪河平陽河注之。又東左納
下古坪水東瀼溪水。經縣治北。又東南經巴山
驛南又東經歸州西石門鋪南受沙鎮溪水。水
上游曰思陽河亦曰何家水。出巴東縣南石井
砦。北流經香子嶺東合五木溝水。至州西南昇
平河出天寶山屈北流經小龍城鄉西亦曰紅
巖河來會。又北注於江。大江又東經州治西叱
灘汛。南桑頭河出州西北仙女山東南流經將
軍山西注之。又經州治南東南流右納窰灣溪
水。至新灘南受香溪。溪二源。西源曰白沙河出
興山縣西北老君山。東南流合李兒溝水磨河
水曰當陽河。又東南合潮水河龍門河珍珠河
曰三堆河。又東合人字河蘿蔔河糖坊溝水與
東源會。東源曰深渡水出興山縣北鳳凰井。西
南流合晏家河蘇家河竹園河諸水曰馬家河。
又南合三溪河寒溪水。至縣治西南與白沙河
會。又南流左納小里溪右納大里溪紙坊河竹
溪水。又南。水磨河上承門家河南流亦曰孔子
河又曰高嵐河合夏陽河注之。又南至州東北
譚家鋪東新灘汛西注於江。大江又東南左納
龍馬溪右納九畹溪南林溪水。又東南經府治
西北左納白水溪坦坪溪淨江溪水。又東羅佃
河上承孫家河古城河南流注之。又東至南沱
司左納南沱溪。折而南右納石牌溪水。又東右
納松門溪左納大洪溪水。又東左納長橋溪水。
折南至府治北受黃柏河。河出府治北宅斷山。
南流右納蕭家河。折而東錯入荆門州遠安縣
界。復經縣北左納洊繖溪牌樓河石板溝對馬
山水。又南夏家河亦曰攮蕩河合霧渡河符家
河小峯溪來會。又南左納五槐溪鄢家河沙河
注於江。大江經府治西。又東南姜詩溪一曰車
溪。出縣西南東都砦東流合三澗溪及數小水
注之。又東南右納五龍溪水。又東南臨江溪合
法官泉水石橋河梘潭河西南流注之。又東南

經荊門山東右納仙人溪左納磨盤溪水又東南經虎牙山西入荊州府宜都縣界清江自施南府建始縣合野三河東流入界經巴東縣西南左納班良河馬房溪水又東迆北至桃符口長潭河上承建始縣茶寮河水東北流至金雞口合威盈河折北合龍窠河注之又東左納龍潭溪故縣溪水又經長陽縣西招徠河一曰葉家河上承縣北界山之鄭家河咸池河青岩溝水南流注之又東右納四楊溪沙河左納小峯埡水又東受縣河河出長樂縣西南關門山合二小水北流長茅河合尤溪來會為天池河屈東北流注清江清江又東右納確窠溪左納楊木溪珣溪水芮溪合成五溪曰重溪北流注之又東左納馬連溪右納長楊溪經州衙坪南又東左納沿頭溪右納莊溪平樂河又東經縣治西南丹水出縣西北百里荒合火麻河木坵溪為津洋溪東流折南注之又東右納花橋水馬家溪左納白石溪水又東入荊州府宜都縣界漊水出鶴峯州西北東南流合巴子山澗水乾溪坪水經州治東清水湄水出州東北牛鹿頭山合二小水西南流伏流復出注之折西南經州治南三岔口水合小乾溪東南流注之復東南奇峯關水青龍山水同長灣水龍潭坪水並自州西伏流復出注之又東南經黑龍洞南南渡江出長樂縣西南合橫岡水黑沙溪深溪河黃土坡刀槍河諸水西南伏流復出來注之又東南經剛平河南水流溪上承上陽河下陽河水南流注之又東南經山羊隘塘南至江口市受大典河河出州東北南流為後溪迆西南至大典河口白果坪溪合所坪溪花牆溪井子坪溪水南流注之又西南枯樹塔溪合千金坪楸木坑官倉坪諸溪水南流注之又西南右納芭蕉河至江市口注漊水漊水又東南入湖南澧州慈利縣界白溪河出長樂縣南合黃陽山水屈南流入澧州石門縣界為渫水漢洋河出長樂縣東合菜白溪西流洞河水伏東流復出注之又至漁洋關汛右納唐家河折西北右納一小水入荊州府宜都縣界府東界荊門州西界施南府南及東南界荊州府北界鄖陽府西南界湖南永順府澧州東北界襄陽府西北界四

川夔州府

欽定大清會典圖卷一百九十八

輿地六十

施南府圖

荆門州圖

施南府圖

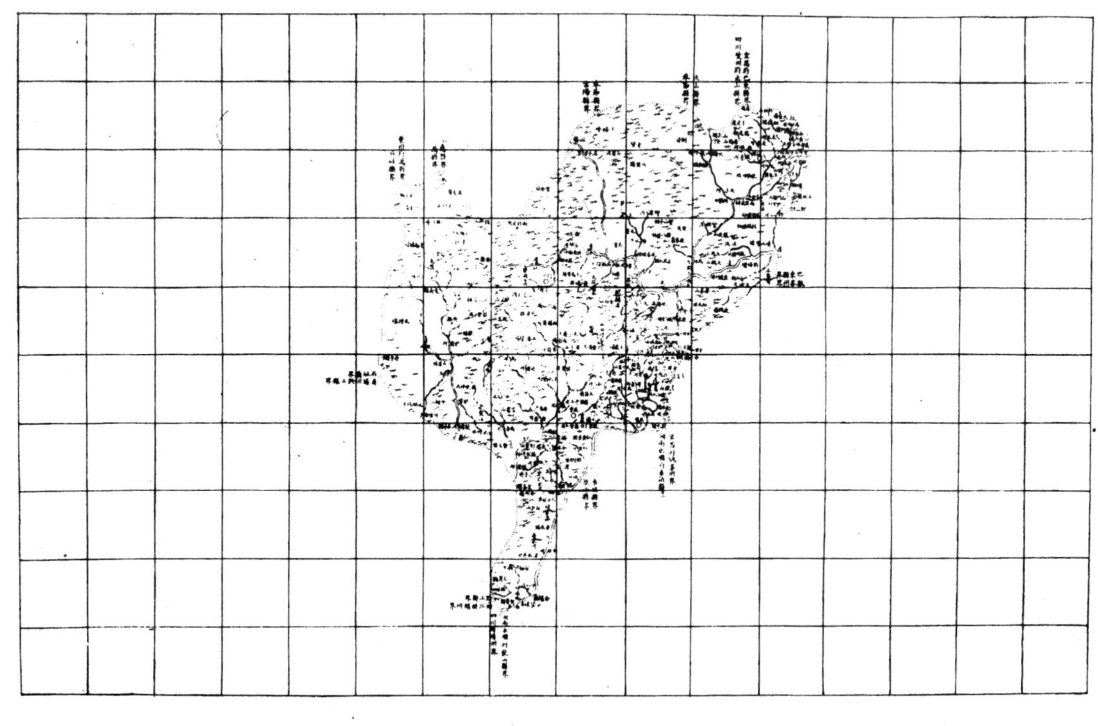

施南府在省治西南一千九百八十里至
京師三千七百八十六里領縣六治恩施南宣恩
來鳳西利川西南咸豐東北建始清江即夷水
出利川縣西北山西北流折東北為大跳敦河
又東經插旗山南伏流至齊嶽山東麓復出又
東至縣東北小河溝水出縣西南龍泉山合龍
洞溝水東流折北注之又東北至落水洞又伏
流至觀彩峽南復出東為雪照河右納黃連溪
水又東至府治西北流料溪東南流注之又東
右納天鵞塘水又經府治北帶水河上承龍馬
溪灣潭河水南流注之折東南經府治東左納
沙河又南右納麒麟溪巴公溪又東右納大水
溝水又東紙房溪出縣南香花嶺西流合九道
溝水折而北注之又東為長沙河受忠建河河
出咸豐縣西朝陽山東北流經宣恩縣南左納
貢水又東流至花粟堡南新司河上承長潭河
洪家河水西北流注之折而北右納冷水河又
北注清江清江又東受馬水河河出建始縣東
北大砦嶺南流為蒲潭溪折西南右納桐木溪
木瓜河至縣東南廣潤河出縣西北鳳尾觀南

合交養河支養河東流注之又東南經恩施縣
東北東洛河亦出建始縣東西南伏流復出合
七渡溪注之又西大沙河出建始縣西石乳關
東南流為太陽河合茨竹溝水注之又南右納
響板溪熊家砦水注清江清江又東經東遶郜
塘北又東經建始縣東南戰場壩北左納一水
又東右納五家河水又東野三河出縣北龍潭
坪為支津河又南合羊芋河注之入巴東縣界
酉水一日白水河出宣恩縣東南將軍山西南
流經忠洞汛北左納太白溪水又西南經高羅
汛東高羅河合李溪南流注之東南流經忠建
里西又西流李家河上承穿箭河冉大河水南
流注之又南經來鳳縣治東又南折西南岸為
湖南永順府龍山縣界客砦水合老鴉關水東
南流注之又西折南經紅砦鋪右納紅砦河又
南至峽口老虎灘河合郴溪羅三溪水東南流
注之又南右納紡車溪漫水河又西南至香爐
砦西伏流至卯洞司東復出右納安撫司場水
又西南恬道河出縣西南仁育關合一水東流
注之又南經智勇關東入龍山縣界龍潭河出

利川縣西南乾溪山○東南流經紅椿溝場西○又東南經黑洞卡東至咸豐縣北○瑪瑙河出利川縣東南○東南流經府治西南合箭桿堡水折西南來注之○又西南右納清水塘水○至舊龍潭土司西左納一小水○又西南經縣治西○唐嵒河合馬河中塘水東南流注之○又西南天成橋水出縣西南平陽里○合分水嶺水西北伏流復出注之○又西小南海水合蛇盤溪東南流注之○又南入四川酉陽州黔江縣界○龍觜河出利川縣西建南鎮○東南流左納大沙溪小谷溪水○至忠路汛南左納孫家泉水南河水○右納後江沙溪水○又南經咸豐縣西北活龍坪汛西左納佘水洞水○至石牙關東亦入黔江縣界○府東及東北界宜昌府○西至北界四川夔州府○南及東南界湖南永順府○西南界四川酉陽州及石柱廳○

荆門州圖

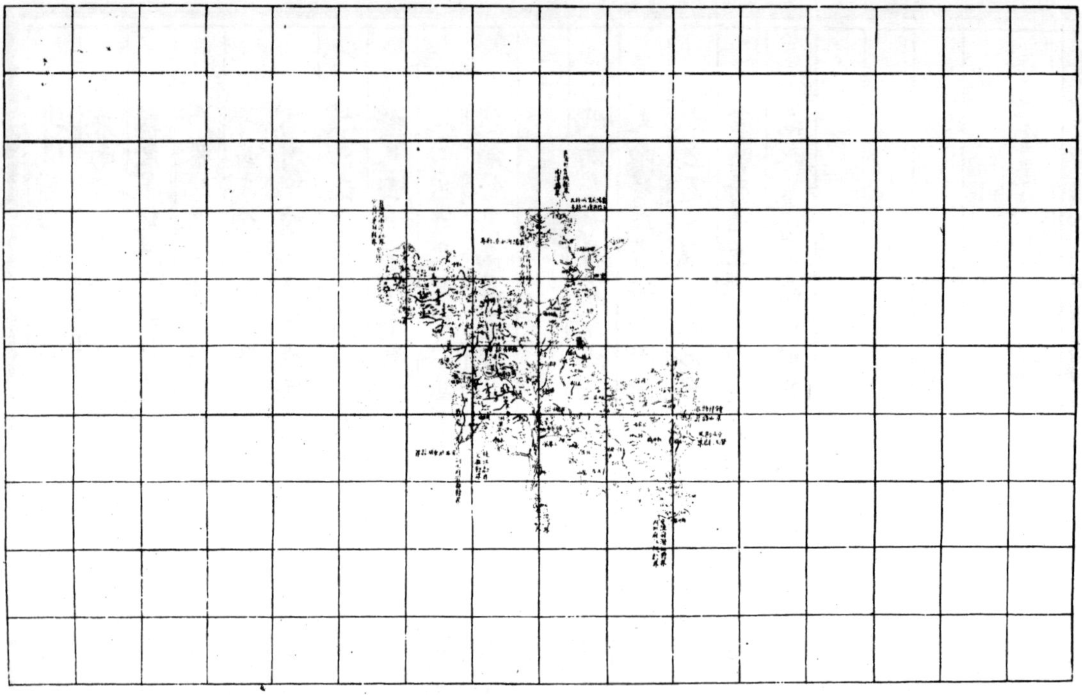

荆門州在省治西北六百二十五里至京師三千二百九十里領縣二○西遠安西南當陽○漢水自安陸府鍾祥縣南流經州東南界鄧家湖匯王子港水東北流注之○折而東經内方山北南流東岸為安陸府京山縣界小江湖匯夾港水東南流注之○又南經沙洋鎮東○又南折東入京山縣界○沮水自襄陽府南漳縣東南流入界○經遠安縣西北撞兒溝合一水東北流注之○又東南左納五里河○右納瀘溪水○又南左納紅砦溪○右納滾子溪○又曲東南經黃泥岡右納青砦水○又南鹿溪水出縣西汪家砦合數小水經兩河口東流注之○至縣治北左納九子溪○又南石洋河自宜昌府東湖縣東來注之○又東南龍洞河亦自東湖縣東來合二小水注之○又東南經當陽縣西北左納大觀山水○又南磨坪河出縣西北山南流為翠河○合大陽沖馬甲砦諸水西南流注之○又東南右納青溪乾溪鄢家河丹鳳河○左納立溪港水○經縣北○又東南右納三里港紅砦河○又東南經古麥城西至兩河口會漳水○水自安陸府鍾祥縣東南流入界○經縣北合

小漳河又東南左納兩河口水又南右納白石港水又南為朱家河清溪河冷水港水西南流注之至清溪河汎烏雞港水三源合東南流注之又南苦竹溪合蘇家溝皮家河諸水東流注之又南左納州西南之腳東港水又南楊樹港水出縣東合一水西南流注之又南至河溶司西與沮水會沮水又南左納鍾家港水又南至臺家渡砦子河出縣南明月山合鴨兒溪方家河諸水東南流注之又東南左納柳港水又南分流入荊州府枝江縣及江陵縣界建水一曰大漕河出州南虎牙關西南流左納孟子港右納石板河水折而東經建陽驛曰建陽河經十迴橋鎮又南至港口匯於長湖湖在州東南匯伍家河左西磨石橋水及直江水南通江陵縣之太白湖復自湖東南流出治荊河腦北會馬仙港水水出州東南貢家山合轂田白石諸港水南流彭家湖上承傅家河水與借糧湖並東南流注之至三汊口支津東南出為三汊河入潛江縣界正渠又南為西荊河至荊河腦與長湖會南流入潛江縣界樂鄉河自南漳縣東流入界經州西北竹瓦洞北神居塘南又東錯入鍾祥縣境復經州西北常家坪又東復錯入鍾祥縣境復入界經石橋司石橋河上承鍾祥縣之象河水東流注之又東入鍾祥縣界樂鄉關水自宜城縣來東南流出界注之太平街水自南漳縣東流入界經包嶺南又東北右納殷家隄水折而北入襄陽府宜城縣界注黑河黃柏河自宜昌府東湖縣東流入界左納黃堡河折南流右納申帥溪桃王河魚鱗溪左納泉水河諸水仍入東湖縣界沙河出當陽縣西曰泉河合白水河周家河南流入荊州府宜都縣界竹陂河楊樹港在州境並東入鍾祥縣界州東及東南界安陸府西界宜昌府南及西南界荊州府北及西北界襄陽府

欽定大清會典圖卷一百九十九
輿地六十一
湖南省全圖
長沙府圖

湖南省全圖一

中

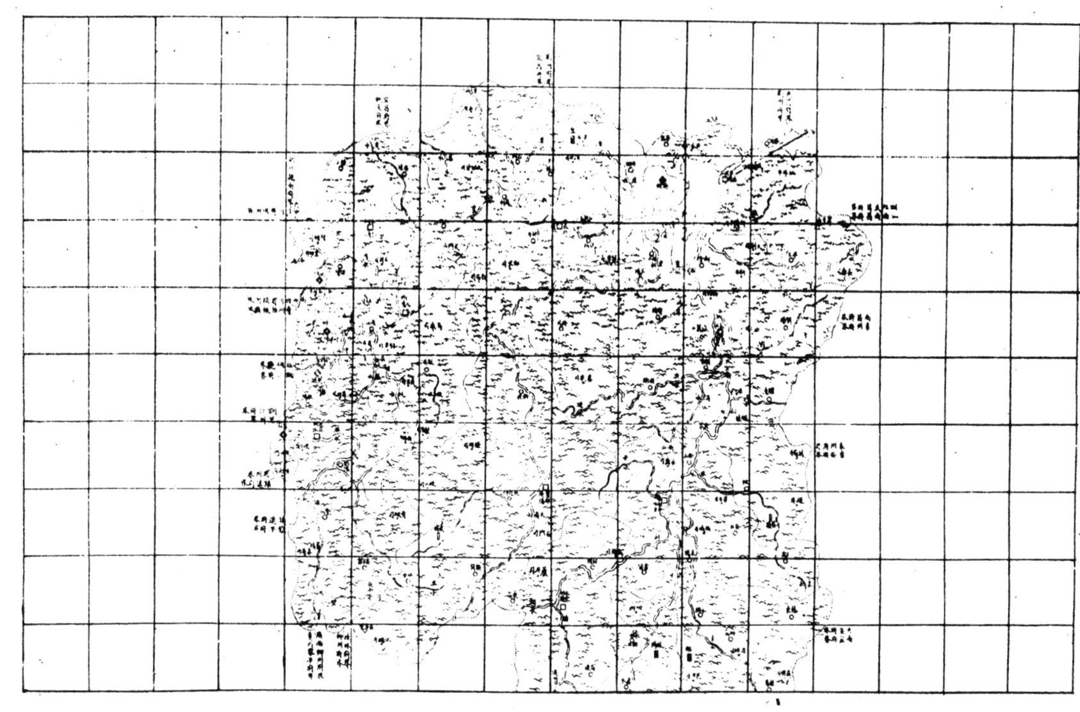

湖南省全圖二

北

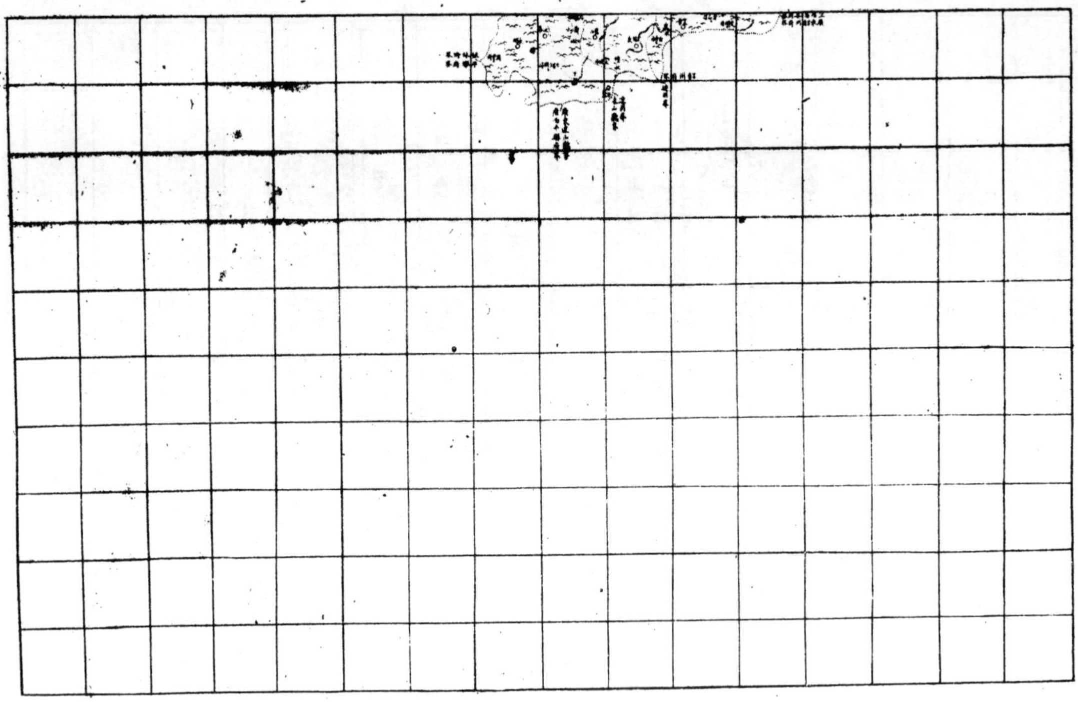

湖南省在
京師西南。長沙府為省治。湖南巡撫布政司共治
焉。統府九。廳五。州四。長沙府西南衡州府。郴州
桂陽州永州府寶慶府靖州沅州府晃州廳鳳
凰廳乾州廳。東北岳州府。西北南洲廳常德府
澧州辰州府永順府永綏廳。大江自湖北荆州
府緣界東流。經岳州府北。屈南受洞庭湖水。又
東北入湖北武昌府界。洞庭湖在省西北。湘水
自廣西桂林府東北流入境。經永州府治西。瀟
水合沱水北流注之。又經衡州府南。舂水合鍾
水北流注之。又北經府治東。左合烝水。右合耒
水洣水而北。經長沙府南合淥水。折西合涓水
漣水。又東北經省西而北合瀏水溈水。又北合
資水支津匯於洞庭湖。資水出寶慶府西南。夫
夷水自桂林府來東北流注之。又經府治北西
北流。折東經長沙府西。又東北經常德府東南
右出支津會湘水。又北折西左會沅水支津。又
北匯於洞庭湖。沅水自貴州鎮遠府東北流入
境。經靖州西北。沅州府南。渠水合長平水北流
注之。又東北合潕水巫水而北。經辰州府南右

合溆水。屈西。辰水自貴州銅仁府來東北流注之。武水合沱水東流注之。又東北酉水之源合東南流注之。又經常德府南而東分流合漸水及諸湖水匯於洞庭湖。澧水出永順府北東南流。折東北經澧州西南。漊水渫水俱自湖北宜昌府來東南流注之。又經南洲廳西南匯於洞庭湖。汨水自江西南昌府來。西流經岳州府東南。又經長沙府北匯於洞庭湖。微水出岳州府東南西流匯於洞庭湖。武水出桂陽州南東流經郴州西南入廣東連州界。貝子溪出寶慶府西南南流入廣西桂林府界。東至江西界。西至貴州界。北至湖北界。南至廣東界。西北至四川界。西南廣西界。

長沙府圖一

中

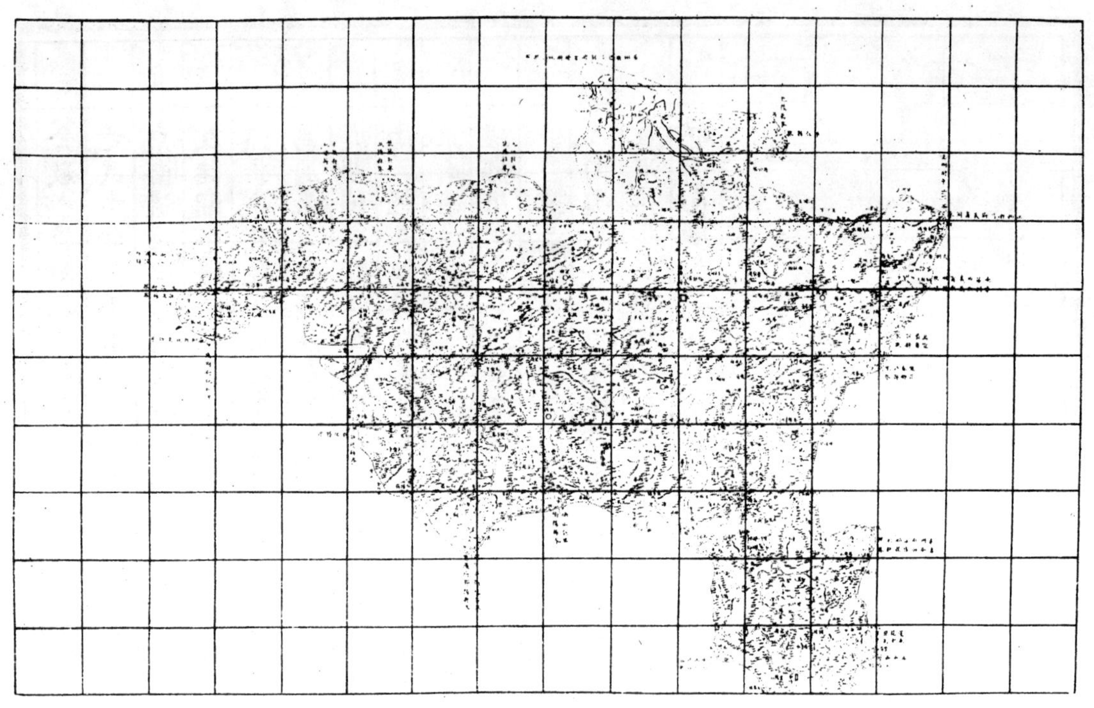

長沙府圖二

南

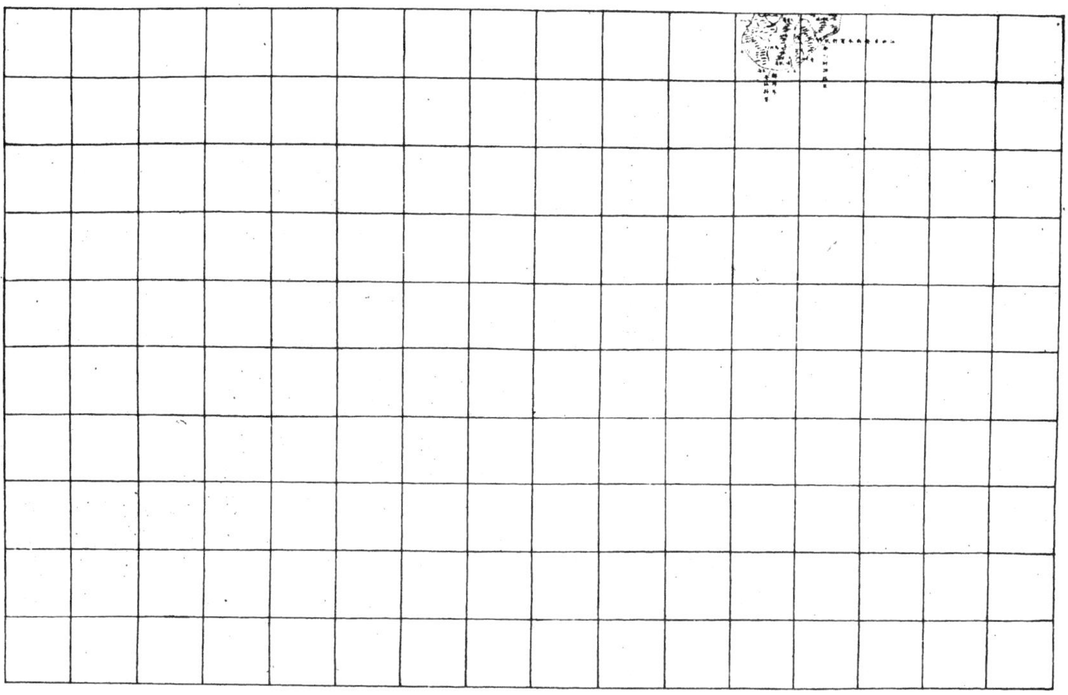

長沙府為湖南省治。至
京師三千五百八十五里。領州一。縣十一。治長沙
善化。東瀏陽。西安化。東南醴陵攸縣茶陵州。西
南湘潭湘鄉。西北湘陰甯鄉益陽。洞庭湖在府
西北。湘水自衡州府衡山縣合樊田港北流入
界。經湘潭縣南。左納譚口港水。折東南經朱亭
司。又折東北。右納朱亭港水。又北折東經醴陵
縣西。右納茅岡水。又北經淥口司受淥水。水二
源。北源自江西袁州府萬載縣西流入界。經瀏
陽縣東南為南川水。合白溪師子橋崇林橋灌
江橋官嶺諸水東南流經醴陵縣東。南源自袁
州府萍鄉縣西流來會。又西流經縣南。右納姜
灣港水。又經鐵河口。泗汾河二源出攸縣北牌
山巖仙二嶺。東流折北為沙江。合明月山水米
谷湖水澤江朋江及萍鄉縣來之清水江承先
橋化龍港龍山港諸水為鐵江西流注之。又西
開河出黃村。合花橋淥安橋諸水南流注之。神
福港石亭港水俱北流注之。泗壋橋水西南流
注之。又西至淥口注湘水。湘水又北經湘潭縣
東。右納株洲港水。又西流左納灣頭港水。又西

受涓水○水一名易俗河○出湘鄉縣九峯山○合黃
山水東南流錯入衡州府衡山縣界爲白果河○
復北流經湘潭縣西南○左納小南港水○又東北
左納瀏陽港水○右納吟江水○又北注湘水○湘水
又北受漣水○水自寶慶府邵陽縣東北流入界○
經湘鄉縣西南○右納金竹水○又東北經婁底司
東南○藍田水自寶慶府新化縣來經安化縣南○
合駱馬江昇平橋水溫江水○又經湘鄉縣西○合
歸水甯溪湄江合流之水○西南流來會○又東○西
洋水壺天水合南流注之○又曲折東南流○測水
亦自邵陽縣來經湘鄉縣西南○合深江會江及
崖源貫溪棠山合流之水○東北流注之○又曲折
東北流○虞塘水合成江水北流注之○青陂水合
東江水南流注之○又東流經湘鄉縣治南○右納
疊溪水○又北經縣東○又東流○左納堯塘水○又東
經湘潭縣西○左納雲湖水○右納占米港合黃草
港水○又東至湘河口注湘水○湘水折東流經湘
潭縣治南○又東北左納竹埠港板石港水○又北
經善化縣南○左納任陂港水○又北靳江即劍江○
出湘鄉縣北○東流經甯鄉縣南○合水口山水李

家壩水青竹港曲潭港水東流注之○又北經府
治西嶽麓山東○中爲水陸洲○又經長沙縣西北○
曹塘河合瀠灣水東流注之○又北受瀏渭河澇
塘河水○瀏渭河二源○俱出瀏陽縣東北大圍山○
一曰大溪○合蘇家江沿溪橋水梓坪港水○一曰
小溪○合烏湖水○俱西至雙江口合西南流○經縣
東南○左納浦梓港大茅港及小河水○又曲折西
北流○經善化縣東南○右納金塘港水○又經府治
東○右納善化港水○左納花橋港水○又西北至駱
駝嘴會澇塘河注湘水○澇塘河一曰潦滸河○出
瀏陽縣石柱峯○合諸小水西南流○經長沙縣東
爲潦滸河○又西北流至赤石河渡○楓林港合麻
林港西南流來會○又西南右納白沙河水○又西
南注湘水○湘水又西北右納下泥港水○又經橋
頭司至新康市東○八曲河合羅陂河及嫣水支
津東北流注之○又至靖港受嫣水○水出甯鄉縣
花馬嶺○東南流右納石板水○又東左納楊柳溪○
右納黃絹水○又東左納長橋水○右納流沙河水○
又東北左納玉堂江水○又東烏江水東北流注
之○又東北經縣南○又東右納平江水○又東北分

流復合。又東北復分流。經長沙縣西北。其支渠經沱市前。東流合八曲河。正渠經沱市後。東北流經靖港入湘水。湘水又至喬口市。爛泥湖上承資水支津。匯泉交河華林港。東出為喬江。水合楓江水東流注之。又經湘陰縣西南。支津西出為濠河。西北流經臨資口受資水分支又東北受西港分支。又東北會正渠。正渠東北流。揚沙湖匯滂溪杉木江魁樓江龍潭江水及百水江水俱西流注之。經縣西又北會濠河。又北西通橫嶺諸湖水。東受汨水。水自岳州府平江縣西流入界。經湘陰縣東。鸞籠江出長沙縣北。合白鶴洞水俗曰湄水。經趙公橋北流注之。又西經歸義驛。又經小江口。羅水自岳州府巴陵縣西流。經縣東北。合三江口水來會。又西至百丈口。復與羅水分流。其支津南出通町湖水注湘水。其正渠與羅水俱西北流。經河泊潭復合西北流。復分。汨水西經沈沙港注湘水。羅水東北通荻麥湖爛柴港。經小河口注湘水。湘水又北匯於洞庭湖。資水自寶慶府新化縣西北流入界。經安化縣西南。渠江水亦自新化縣北流來

會。又曲折東北流。右納採溪水。左納雙溪水。又曲折東北流。右納毘溪水。左納瀼溪水。又東北左納潺溪水對口溪水。右納唐家溪水。又東左納榨溪柳溪槎溪渭溪諸水。右納思賢溪麻溪水。又東北。伊溪水出縣西鑿字巖。東南流經縣南折東北。合大梅溪山彰江老龍溪大溪水滔溪水西北流注之。又東左納善溪水。又經益陽縣西。右納泥溪水。左納六溪水顏家港水。又曲折東流。右納沾溪桃花江淥溪水。又經縣治南。又東支津東南出。至蘭溪市復分。北支東北合正渠。南支東南流。匯為鳳凰湖及爛泥湖。東通喬江。北合毛角子口支津。又北復分二支。一東南流經臨資口注濠河。一至淖金河復分二支。一西北流合篳子江。一北流復分。其右支合西港水蜘蛛江南通諸湖水注濠河。又北匯於湖。其左合篳子江北流。西通分金河。又東北入於湖。其正渠自益陽縣東。折東北流。支津北出入常德府沅江縣界注白泥湖。正渠又折東南合蘭溪北支。又東北亦入沅江縣界。復自毛角子口分一支津。緣界東南流。南通爛泥諸湖。折東

北至八字隘合蘭溪南支洣水即茶陵江自衡州府酃縣北流入界經茶陵州南右納顏江水又北沔水亦自酃縣來西北流注之又北右納漚江水又西流經治南馬伏江出州南朱嶺合數小水北流注之又折東北流經治東茶水出州東景陽山合月江脂水蒲水貝江腰陂水西流注之又西經治北右納清水高水又西北經攸縣東攸水自江西袁州府萍鄉縣武功山來合羅浮江東江太平江銀阬水陽昇江西流注之又曲折西流經治南又西陰山江合金阬水濁江水南流注之又西入衡州府衡山縣界永樂江自衡州府安仁縣入界經攸縣西南西北流入衡州府衡山縣界注洣水府東界江西袁州府西界辰州府南界衡州府北界岳州府東南界江西袁州吉安二府西南界寶慶府東北界岳州府及江西南昌府西北界常德府

欽定大清會典圖卷二百

輿地六十二

岳州府圖

寶慶府圖

岳州府圖

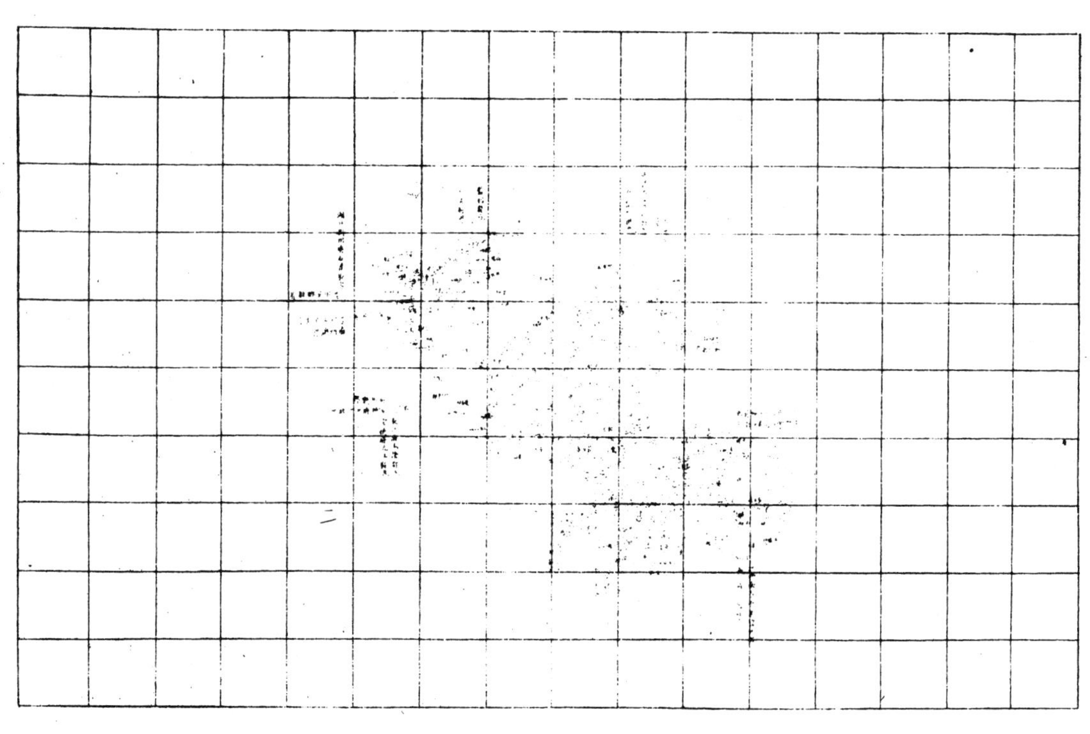

岳州府在省治東北三百里至京師二千二百八十五里領縣四治巴陵東南平江東北臨湘西北華容大江自湖北荆州府監利縣緣界東流經華容縣東北折南流西納陳太湖大鯨湖水又東經巴陵縣北支津南出俱通洞庭湖又東折南至荆河腦南受洞庭湖水又折東北流南納松陽諸湖水又東北經臨湘縣北南納白泥諸湖水又東北經島口南納黄蓋諸湖水又東北入湖北武昌府嘉魚縣界洞庭湖在府治西南境匯湘沅資澧諸水經府治西北東北流過城陵磯至荆河腦注大江其在府治南者為滽湖東納團魚港水再南為南灌口受微水水一名新牆水出臨湘縣東南龍窖山西流折南合馬港水經桃林市合牛家沖水又東南為游港又經巴陵縣東南三港口左合沙港小港茆田港鐃港古江合流之水右合龍灣港楊田塅港柟木沖合流之水又西經新牆市司合團頭港水又西流匯於湖南灌口之南為萬石湖在故鹿角司西再南為白泥湖東納費家河水再南隸長沙府湘陰縣界其

在府治西者為么姑湖為採桑湖北通大江又納蚌湖團湖諸水再西為思成湖為鋸子口華容縣河一名招商河自湖北荆州府石首縣來經華容縣北西南流右通墳西湖又東南經縣東支津東出注紫港匯於採桑湖正渠南流分二支左支為蘿蔔港東南流復分一東南匯思成湖一西南匯西湖右支為麻里泗河南流至縣河口復分一西通涌水一東南匯於牛氏湖涌水亦自石首縣入界經華容縣西北分二支俱南流支津互通其左支至縣河口合麻里泗河支津又南緣南洲廳界東流北通牛氏湖西湖水南岸與南洲廳分界又東流注鋸子口匯於湖鋸子口之南隸南洲廳界游橋水自澧州安鄉縣來經華容縣西東南流入南洲廳界汨水一名潤水自江西南昌府義甯州西南流入界經平江縣東北龍門關西流雞栖水亦自義甯州來東南流注之折南又西大坪水合虹橋水南流注之又西南經長壽司左納西溪水又西南白鉛水合横洞水九嶺水北流注之又曲折西南流鍾洞水即仙人橋水合淡江水西南

流注之。滑石江合高坪水盧水百房洞水北流注之。又曲折西北流。湖佩水即暹江水合團山水下濁水西南流注之。又經縣治南曲折西流至江口。會坑水即東瓜嶺水。二源合北流注之。昌江出縣東北冪阜山。合石漿水昌江洞龍洞萬家洞盤山水西南流注之。瓮江水北流注之。歆江梓江俱南流注之。又西入長沙府湘陰縣界。羅水出巴陵縣東南清水嶺葛藤尖西南流合歆小水。亦入湘陰縣界。冪阜山在平江縣東北。府東及東北界湖北武昌府。西界南洲廳南界長沙府。北及西北界湖北荊州府。東南界長沙府及江西南昌府。西南界常德府。

寶慶府圖一

中

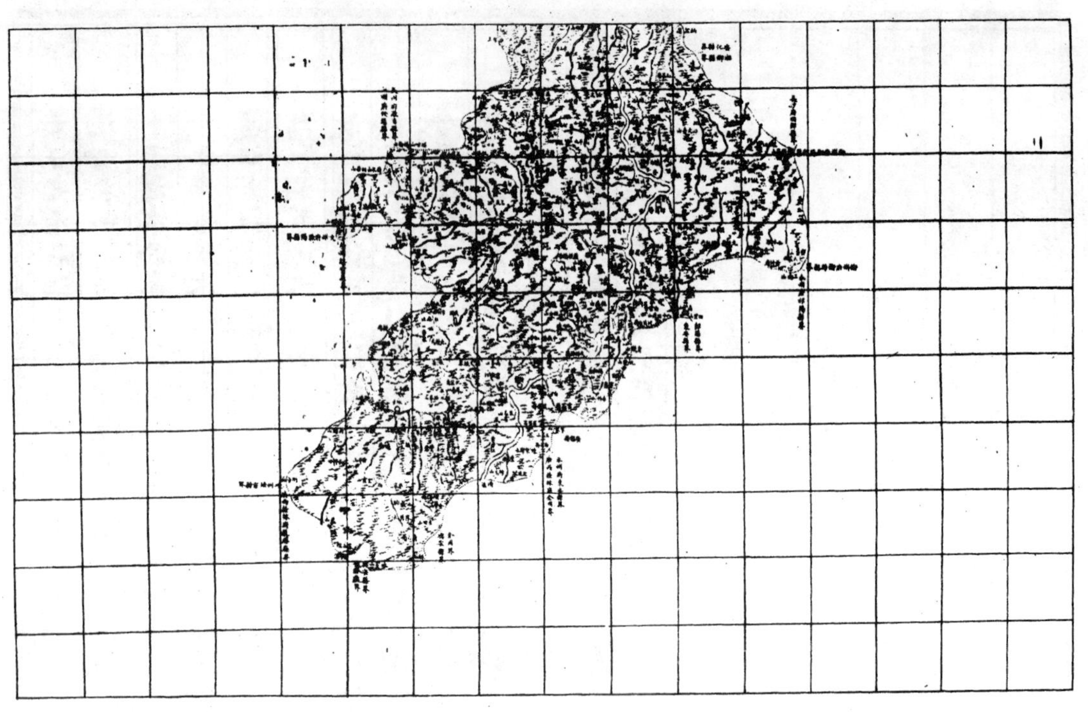

寶慶府圖二

北

寶慶府在省治西南五百里。至京師四千八十五里。領州一縣四。治邵陽。西南武岡州新甯城步。西北新化。資水出城步縣北楓門嶺。西中東三源。合東流經武岡州西南。左納石浦江。又東威溪出新甯縣西北。經城步縣東北。北流注之。又東北經州治南。又東北石門水出新甯縣西北。合赤水西北流注之。黃沙水西流注之。又東北蓼溪自靖州綏甯縣來。經高沙市南。東流合潴溪水來注之。又東北平溪一曰峽口水一曰崗口水。自沅州府黔陽縣來。合小江猫江嶽溪經峽口司合韜溪王泥江西洋江東南流來會。又東北岸經邵陽縣西南。辰溪出縣西北五峯砦。合盧溪長鄄水。東南流注之。其南岸經武岡州東北。龍江水合楊公水北流注之。又東右納富溪水左納伏龍江朱溪合流之水。又東受夫夷水。水一曰羅江。自廣西桂林府全州入界。經新甯縣南。東北流滑溪澧溪俱自全州北流注之。又北左納黃沙江水右納陳家灣水。又北左納深沖水。又北新砦水出縣西桃盆崗花溪山。七渡水八角亭水富新江長湖水東瀘注之折東流經縣南又東北右納白沙水左納高橋水復右納清江水又東北湅江出武岡州合安山諸水俱東南流注之又曲折東北流經武岡州東南左納三心寺水復經新甯縣東北小溪水合赤竹諸水東北流注之又東經石門司折北流右納白倉水又北注資水資水又東北經治西南黃田水出武岡州北流注之又東北流經治北又東受邵水水出邵陽縣東北龍山南流折西合界江南流經雙江口桐江出邵陽縣東南合槎江水西流注之又南折西檀江出永州府東安縣北流來注之又西北入資水資水又折西北流右納漁溪及釀溪水又西北高平水出新化縣南打鳥坳南流合黃信水橫塘水東流又北來注之龍溪亦出新化縣南東流注之又北流經新化縣東南左納球溪水右納麻溪柳溪連溪諸水左納梅溪水復右納朱溪水又經縣治北雲溪出邵陽縣西北上崗牛家店山東北流合沱溪老師水丈瀾溪三塘水洋溪女溪諸水東北流注之又北茶溪一曰石板溪自長沙府安化縣西南來合油溪

水折西北流注之又西北右納山溪水左納蘇溪水復右納橫溪水又西北入長沙府安化縣界渠江出新化縣西南冷溪山北流合墨溪元溪善溪諸水入長沙府安化縣界注資水昇平橋水藍田水駱馬江水俱出新化縣東亦入安化縣界連水出邵陽縣北界江坳金竹水亦出縣東北崖源水自長沙府湘鄉縣來側水亦出縣東北深江水出縣東俱東入長沙府湘鄉縣界烝水亦出縣東南邪薑山合大雲水東北流入衡州府衡陽縣界丞水即洪江古稱運水出城步縣東巫山南流又西長溪水黃山水小言水平水塔溪水俱北流注之又經縣南界背江合邊溪水北流注之又西折北清溪出縣東北合梅溪宋溪諸水南流又西注之又北入靖州綏甯縣界進馬江出邵陽縣西北西南流入辰州府漵浦縣界毛陂江出武岡州西北供溪自靖州綏甯縣來俱入沅州府黔陽縣界貝子溪出城步縣西南與太平溪並入廣西桂林府龍勝廳界府東界衡州府西界沅州府南及東南界永州府北及東北界長沙府西南界靖州及

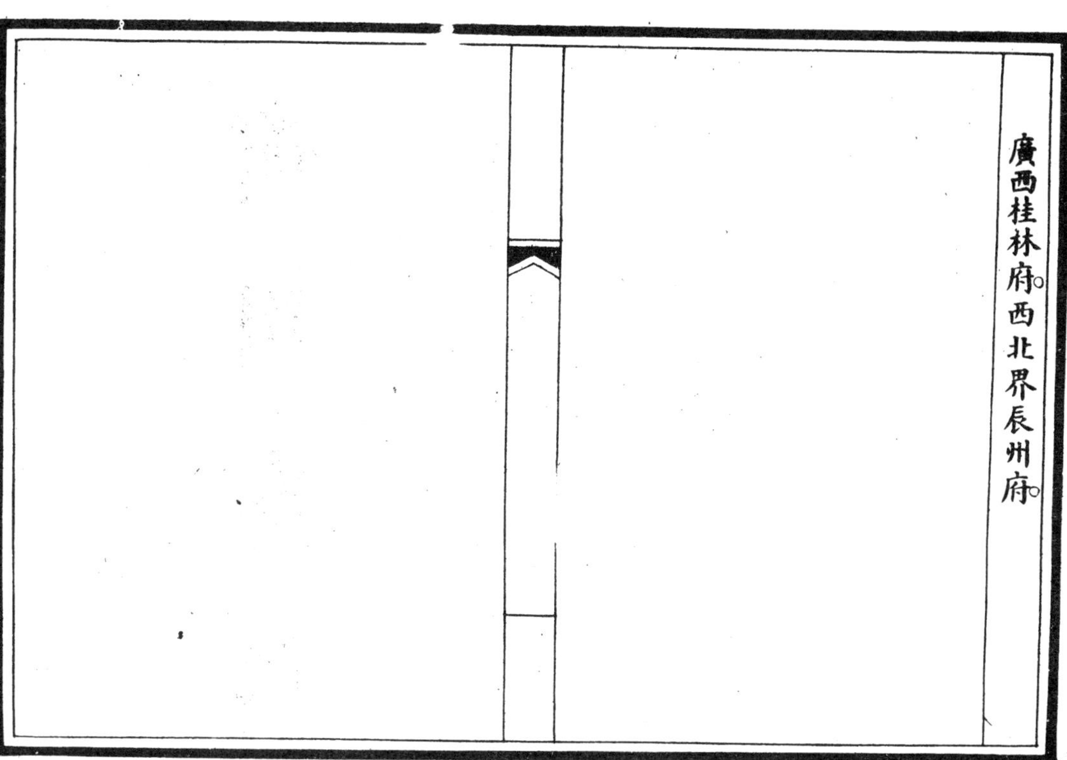

廣西桂林府西北界辰州府

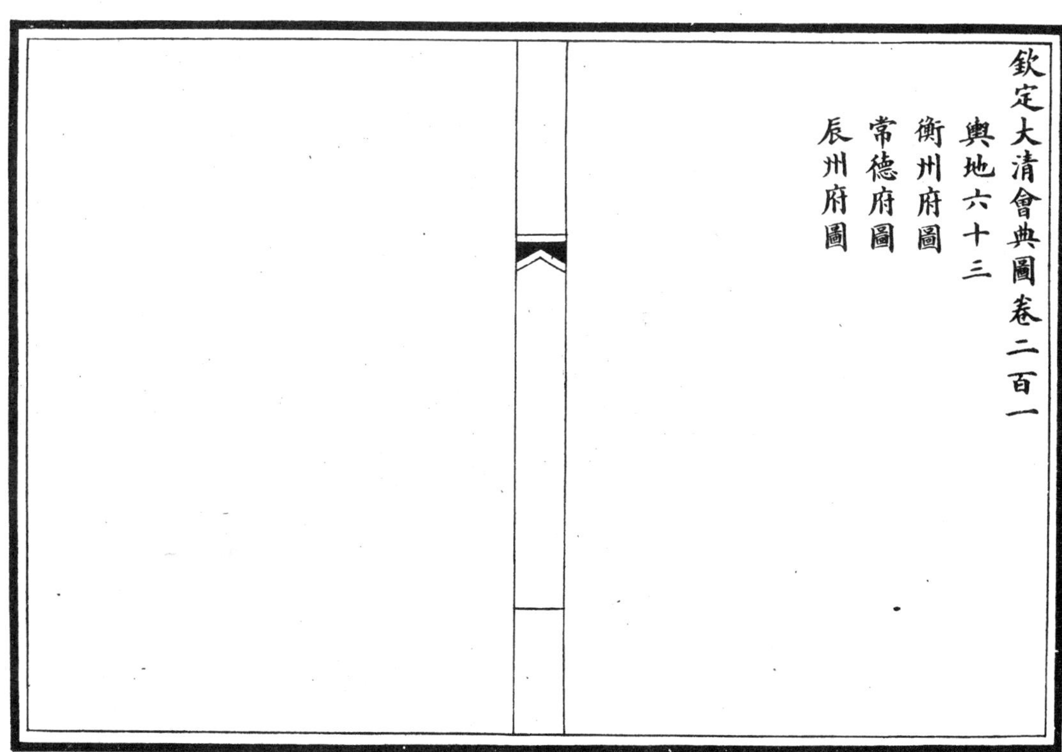

欽定大清會典圖卷二百一

輿地六十三

衡州府圖

常德府圖

辰州府圖

衡州府圖

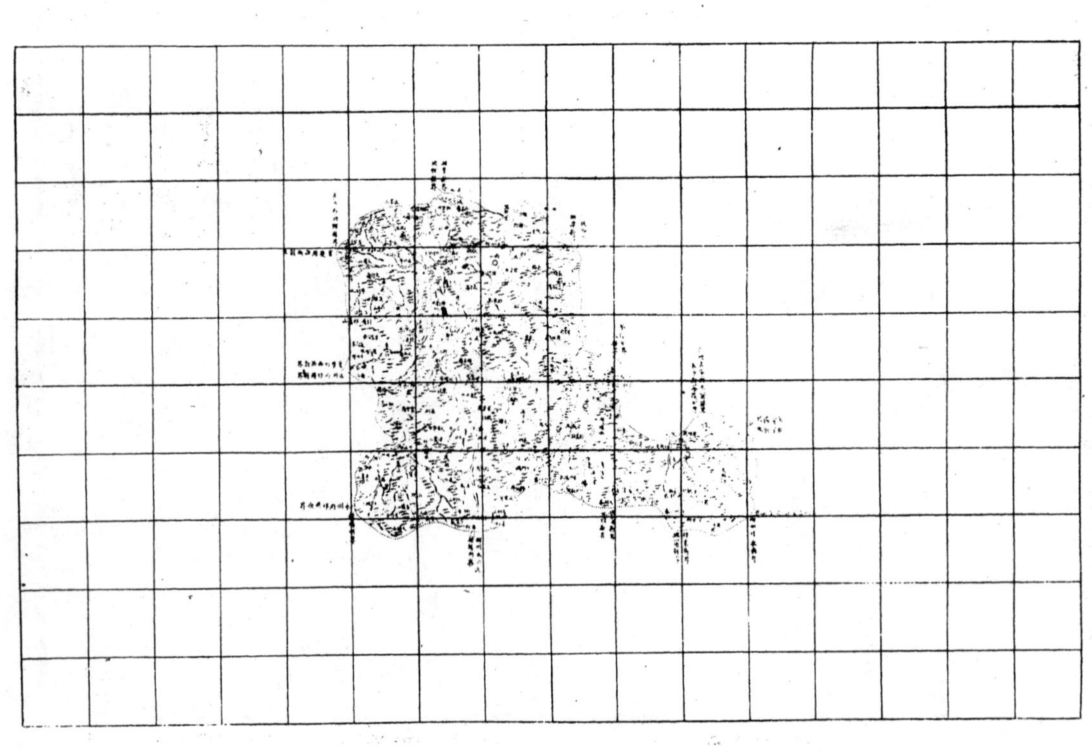

衡州府在省治南三百八十里至京師三千九百六十五里領縣七治衡陽清泉東南安仁酃縣耒陽西南常甯東北衡山湘水自永州府祁陽縣入界東流經常甯縣北吴水三源合北流注之又經清泉縣南至江口宜水出常甯縣南西江山合黃沙江藍江潭水紅泥橋水北流注之折北又東栗江水東南流注之涼水合鹽湖水北流注之又折北經烝源河口舂水一名烝源河自桂陽州來經常甯縣東耒陽縣西合清溪沙江北流折西注之又曲折北流經府治東又北左受烝[illegible]水古作承水自寶慶府邵陽縣來東流經衡陽縣西北右納等江水又北折東左納白馬坳水石阬水又東查江合柿竹水南流注之又南嶽山水出九峯山合磨石橋水苦櫢水白象水南流注之又南演陂水出衡陽縣西斜嶺合小牛水油溪水大牛水興陂水均陂水東南流注之又南武水出衡陽縣西三面山二源合東流又合匯市水梅嶺水摩訶水曲折東北流注之又南逕豆皮灘折東北流右納清化水柿江水又曲折東流石師淵水合泉塘水南流注之又東經治北注湘水湘水又經耒河口耒水自郴州永興縣來經耒陽縣北流合肥江水潯江水又經清泉縣東南合馬水西北流注之又北左納龍泡溪又經衡山縣南右納白衣港左納龍隱港又東北受洣水水即茶陵江一曰泥水出桂東酃縣接界屏水山北流合黃攸潭水又西北至縣西坂溪合數小水西流注之為河漠渡又西舂江自郴州興甯縣來經縣西南合涼傘樹水至雲秋山為雲秋水北流來會又北流經斜瀨渡錯入長沙府茶陵州攸縣界復經衡山縣西流右納陰山港又經草市司永樂江一曰小江自郴州永興縣來經安仁縣南合浦陽港油陂港蓮花港太平港灘頭港排山港北流經縣西北合宜陽港白沙港北流來會又西北經衡山縣南注湘水湘水又經縣治東又東北右納石灣港水又北左納磐田港水折東右納彭陂港水又東北入長沙府湘潭縣界涓水自長沙府湘鄉縣東南流入界經衡山縣西北興樂江二源合北流注之又曲折北流右納登山水又經白果市為白果河

小南港水自湘潭縣來東南流注之。又東北入長沙府湘潭縣界。洏渡水出酃縣東萬洋山。西流。鐙盞窩水孚水俱西北流注之。又西北流。瑞水西流注之。又西北入長沙府茶陵州界。衡山在衡山縣西。府東至西北界長沙府。西界寶慶府。南界桂陽州。東南界郴州及江西吉安府。西南界永州府。

常德府圖

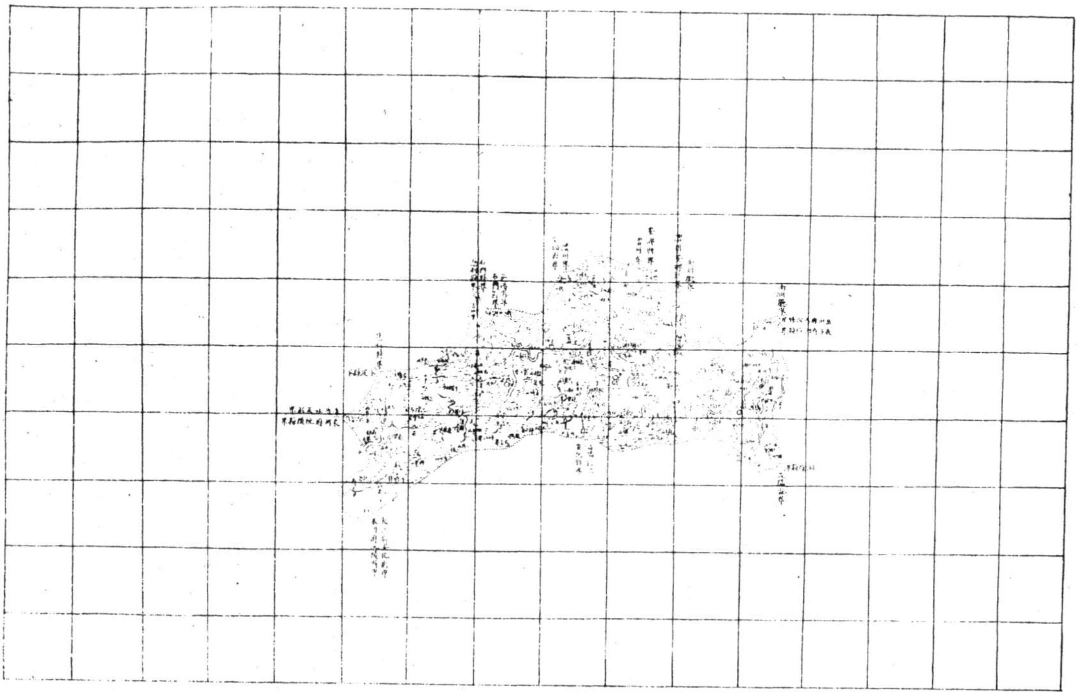

常德府在省治西北四百十五里至京師三千二百六十里領縣四治武陵東南龍陽沅江西南桃源洞庭湖在府東境沅水自辰州府沅陵縣入界東流經桃源縣西南大洑溪自澧州慈利縣來合洞溪麻市溪南流注之夷望溪自辰州府沅陵縣來東流合蘇黃溪古溶溪北流注之小洑溪合桃花溪陳家溪南流注之又東右納夏家溪左納沙蘿溪經鄭家司驛北又東右納沈溪水溪折北流經桃源縣治東又北延溪水出縣西北合牛車磴水龔家溪東流注之白洋河即黃石河自澧州慈利縣來合芭茅洲毛家河蘭溪漆家河諸水東南流注之又北折東左納陬溪又東經武陵縣西其北通漸水又遶夾街市東經府治南支津東出為馬家吉河又東南枉水一曰滄溪二源俱出九龍山合北流注之又東經龍陽縣西北小河口支津東北出經流花口復分二支一合漸水一東南流至三叉港復分二支一東南合正渠一東北通鋸木湖雞湖連山湖合漸水其正渠環大汎洲自小河口南流滄水二源一出武陵縣汪家

坳曰桃花溪○一出龍陽縣南燕子洞曰三合溪○合東北流○復合青泥湖浪水北流注之○又經龍陽縣治北○東北流北合三叉港支津○其南出數支港通南湖雁鵞湖後江諸湖○東南流經沅江縣西○折東北流合資水匯於洞庭湖其正渠東北流經沙夾會澌水○出西河口入洞庭湖○澌水一曰澹水○亦曰興水○又曰鼎水○自澧州東南流入界○經桃源縣北○東流經武陵縣西北分二支○南支復分一西南注沅水○一東流匯於柳葉湖其北支環六橋洲東流○北通新湖○東合柳葉湖又東匯唐家湖牛溪湖出楊家口合馬家吉河○又東北左納山港水○折東南○經韓公渡合沅水支津○又折東北沖天湖合黃石港水注之○又分二支○一支東南流通雞湖連山湖由夾沙注沅水○一支東北流通直山湖官塘湖又東流澧水支渠自澧州安鄉縣麻河口南流來會○又東北注沅水○資水自長沙府益陽縣東北流入界經沅江縣南毛角子口○支津東南出○合大林港水東入長沙府湘陰縣界○正渠東北流○左通黃荆湖○右通大林港○又北流左通白泥湖○右通芷泉河○

其支津東出○北流為簟子江○東入湘陰縣界達分金河匯洞庭湖○其正渠又北折西分一支右通萬子湖○北流由豹腦亦匯於湖○正渠北流左通白泥諸湖○經沅江縣治東○又北至小河口○支津西出注沅水○正渠東北流匯於洞庭湖○府東至南界長沙府○北至西界澧州○西南界長州府○東北界南洲廳及岳州府○

辰州府圖

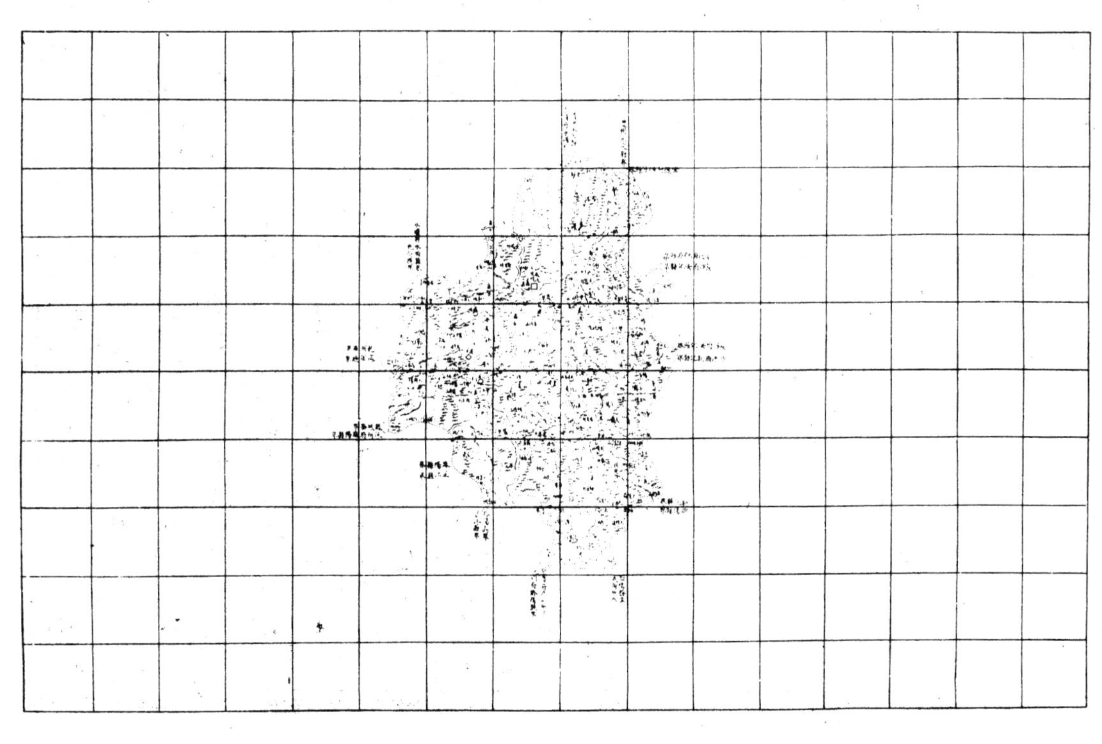

辰州府在省治西八百五里。至京師三千六百五十里。領縣四。治沅陵。東南漵浦。西南瀘溪辰谿。沅水自沅州府黔陽縣入界。經辰谿縣東南。北流經黃溪司。黃溪合麻溪西流注之。又北經漵浦縣西江口。受漵水。水亦作序水。一稱雙龍江。出漵浦縣西南龍潭之金字山。南流合烏峯水。又東合轉溪水。折北進馬江出寶慶府邵陽縣西北流注之。又北貓兒江亦自邵陽縣來西北流注之。又北左納柿江溪。右納高明溪及溪口江。又北宣陽江出漵浦縣東北聖人峯。東流合磯溪黃溪葡萄溪大渭溪青洞溪來溪諸水。西南流注之。又西北右納三都河。又西經縣南。曲折西流。左納蝦溪水。又西注沅水。沅水又西北。復經辰谿縣東南。北流柿溪合梓溪西流注之。又西流經縣南。辰水自沅州府麻陽縣來。合太平溪龍門溪北流注之。又北經縣治西北浦市司左。納浦溪。又北經瀘溪縣治南。武水即瀘溪。自乾州廳來合鳳凰廳之沱江水。又合潭溪水大能水。曲折東流注之。又曲折東北流經府治西南。右納荔溪水。又東北藍溪合溫溪楓溪諸水西北流注之。酉溪自永順府永順縣來經府治西北。合其縣來之大明溪小酉溪東南流注之。又曲折東北流經深溪口。深溪合瀘沽溪南流注之。又曲折東北流朱洪溪合火場水南流注之。怡溪經界亭驛合清捷河來溪馬底河西北流注之。洞庭溪二源合南流注之。又曲折東北流入常德府桃源縣界。冷溪水即夷望溪。出沅陵縣東。東北流亦入桃源縣界。府東界長沙府。西界乾州廳。南界沅州府。北及西北界永順府。東南界寶慶府。西南界鳳凰廳。東北界澧州及常德府。

欽定大清會典圖卷二百二

輿地六十四

沅州府圖

永州府圖

永順府圖

沅州府圖

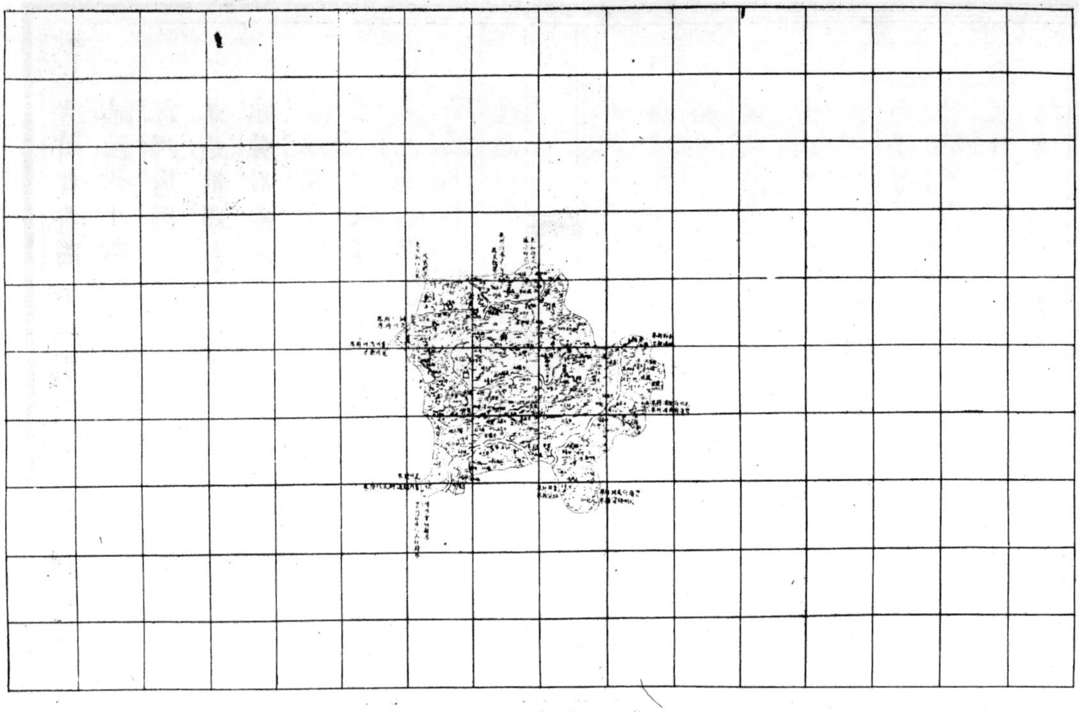

沅州府在省治西南一千一百三十五里至京師三千九百八十里領縣三治芷江東南黔陽西北麻陽沅水自靖州會同縣入界經黔陽縣西南北流羅巖江即桐木江自晃州廳東南流注之又東渠水㯋木溪俱自會同縣北流注之又東受潕水水自晃州廳入界經府治西東流柳林溪蔣家溪東南流注之粟米溪合鰲山水亦東南流注之又東南左納芷溪及漁溪又經府治南楊溪二源俱出府治西南合東流又合小溪諸水東北流注之又東右納巽宮溪泥溪左納五郎溪又經灣市司折南流豐溪合板門溪錦雞溪林開溪西南流注之坪溪東北流注之又南經黔陽縣東北左納瀘會溪又折西南流右納石江溪又經縣西入沅水沅水又經縣治南東南流錯入會同縣界復經縣東東北流右納灘溪供溪又東北毛陂溪出寶慶府武岡州北流注之又東北右納稔禾溪大坪溪毡帽山水又北蒲溪水自辰州府辰谿縣南流折西注之又北入辰谿縣界辰水一名麻陽河自貴州銅仁府入界經麻陽縣西東流密栗溪亦自

施溪司東南流注之。又東左納銅信溪右納石橋溪。經縣治南又東左納蓬溪右納隴田溪。又東北樂濠溪出貴州銅仁府經鳳凰廳來合車頭溪諸水東南流注之又經高村司東流右納麻伊溪。又東北太平溪自辰谿縣南流注之。又東北入辰谿縣界。府東及東北界辰州府。西界晃州廳。南界靖州。北界鳳凰廳。東南界寶慶府。西南界貴州鎮遠府。西北界貴州銅仁府及思州府。

永州府圖一

中

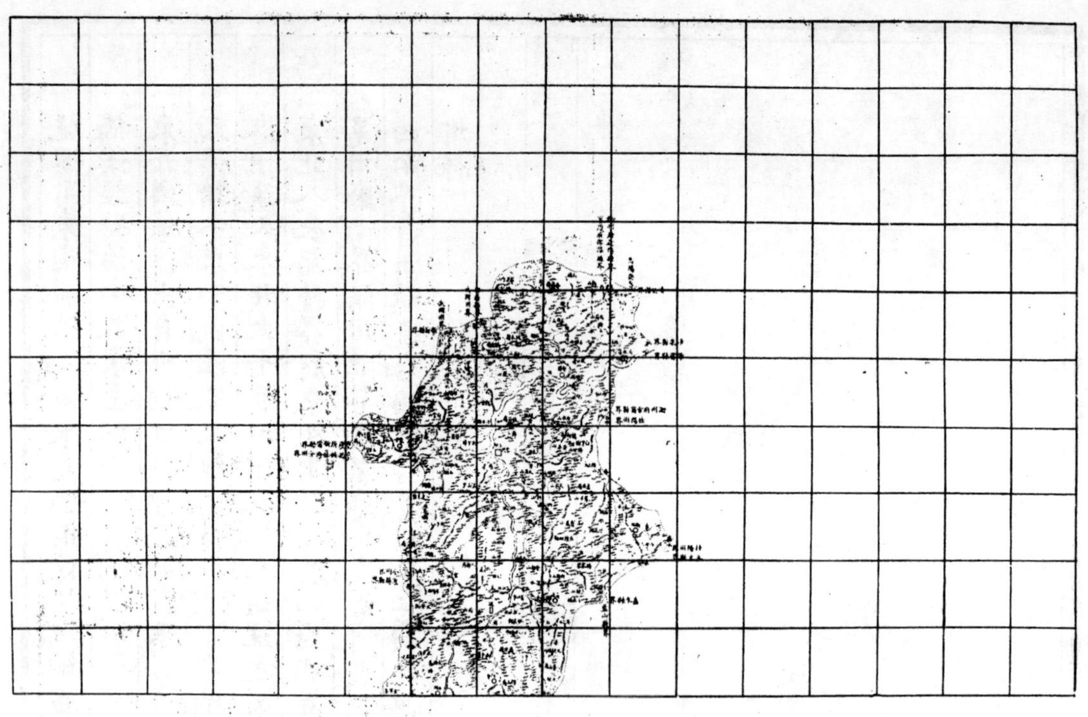

永州府圖二

南

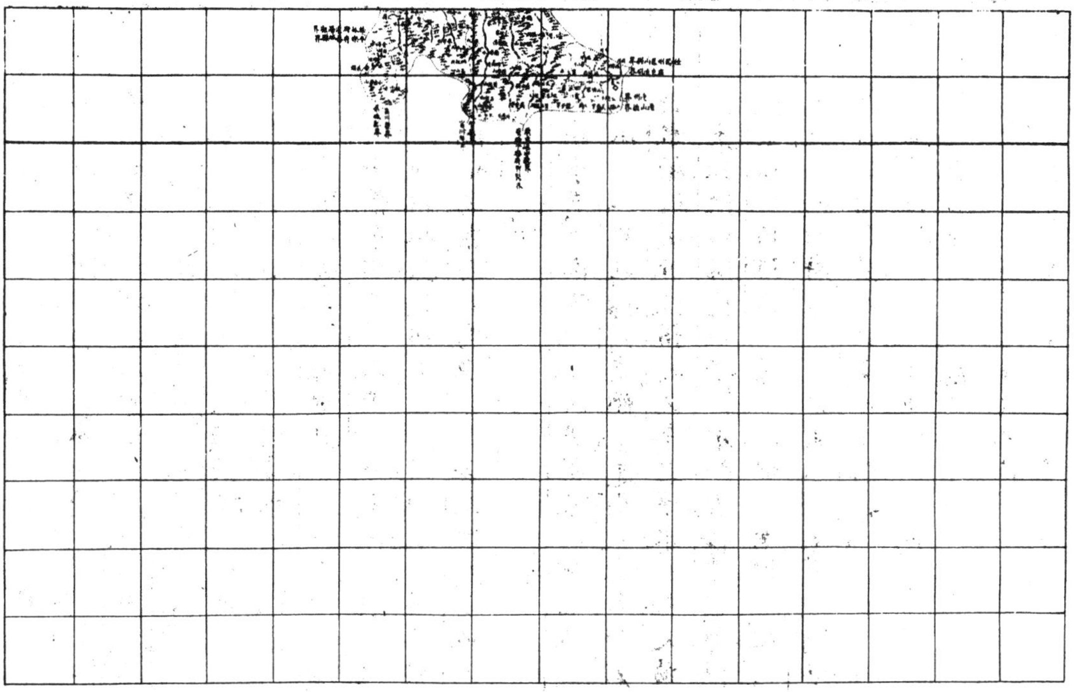

永州府在省治西南六百七十里至京師四千二百五十五里領州一縣七治零陵東南新田甯遠西南道州江華永明東北祁陽西北東安湘水自廣西桂林府全州入界經東安縣東南東北流清溪江出東安縣西北舜峯金字嶺下楊江源玉陛源諸處合東溪夏豐江龍溪宥江東南流注之又東至石期市石期江一名東鄉江出零陵縣西南黃花嶺合石岩頭水北流注之又東經治西北會瀟水水古名營水亦稱泥江出甯遠縣南九疑山三分石北流經道州東北瀑水即古泠水仙政水濟水俱出甯遠縣南合西北流又合都溪水西流注之又東北至菁口市會沱水水上源為前中後三河俱出桂陽州藍山縣南流經江華縣東南錦田所合西流左納宜遷水又西左納上霧江右納靈江水麻江水又西北貝江水練江水並北流注之萌諸水亦北流注之又經江華縣東曲折北流為沱水又經道州南掩水出永明縣大掩峯南流合瀏水古澤水警水東流又合瀑帶水角馬河海會水西北流來會又北經道州治南營

道水又曰小營水出道州西南營山東北流注之又東北至宜江口宜江水出道州西北瀟山合上洑水下洑水坦溪東流注之又東北至菁口市與瀟水正源合瀟水又北流經府治南左納賢水右納大河江復左納愚溪又經府治西北入湘水湘水又折北流經冷水灘東北蘆洪江亦名應水出東安縣東北八十四渡山經蘆洪司合龍合水西江水南江水東南流注之又東北經祁陽縣南祁水古名汑口水一名小東江出祁陽縣西北羅漢寺山合煙江水白池河水騰雲嶺水南流注之又曲折東南流白水又名小三江自桂陽州來經甯遠縣東北合确石洞水楊柳溪北流折西又合黃溪水注之又曲折東北流經歸陽司清江水即古餘溪出祁陽縣東北合白河梅溪及一小水西南流注之又東北入衡州府常甯縣界舂水一名茭源河出新田縣西北舂陵山東南流經縣西又南左納東河右納清水洞水又東流入桂陽州界沐水出永明縣西南流會遨水又經周棠司西南左納扶靈水右納膏澤水又西南入廣西平樂府恭城縣界九疑山在甯遠縣南府東界桂陽州西界廣西桂林府南界廣西平樂府北及西北界寶慶府東南界廣東連州連山廳西南界廣西平樂府東北界衡州府

永順府圖

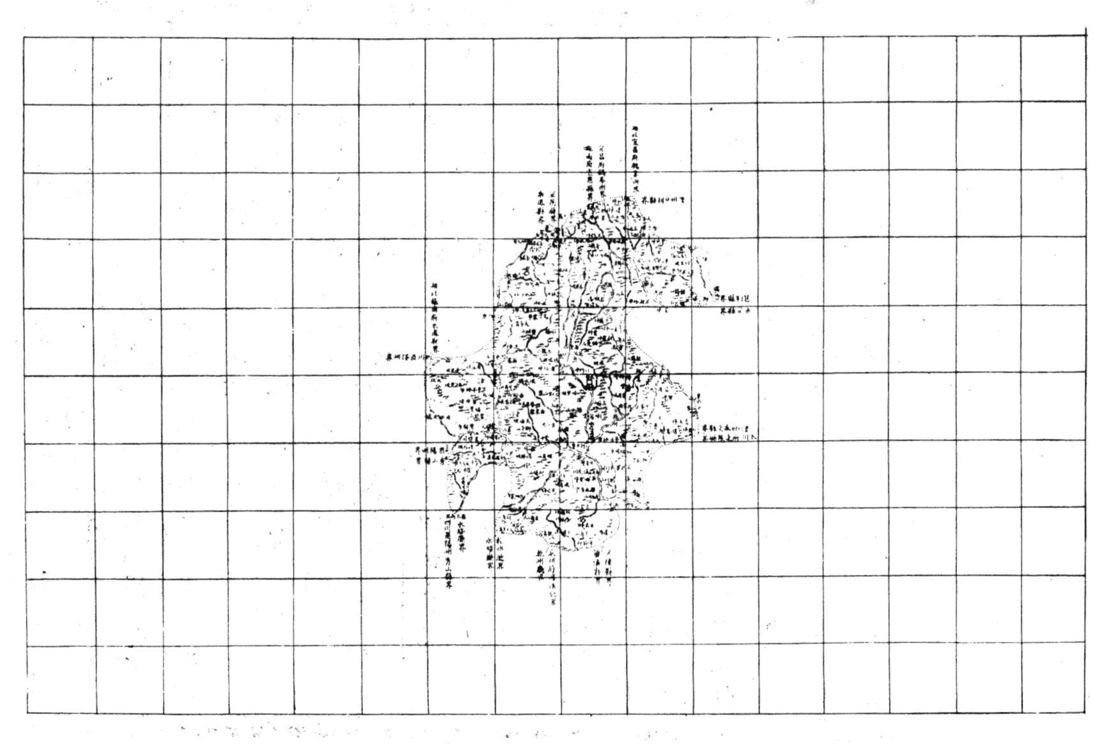

永順府在省治西北一千八十里。至京師四千八十里。領縣四。治永順。西南保靖。東北桑植。西北龍山。澧水三源。中源出桑植縣西北栗山。東南流。烏鴉河出龍山縣東北。東流注之。又東南經新城司市為綠水河。至兩河口。南源出永順縣北萬笏山。經十萬坪北流。又東北為上洞河。合岩板溪西北流來會。又東南北源出桑植縣西北七眼泉合三台山水五道水白龍泉南流來會。又東南泥湖塔市水出永順縣東北北流注之。又經縣治西。長酉水一名東門河。出桑植縣北橙子界南流合前溶溪諸水西流注之。又東南錯入澧州永定縣界復合先者河綠永順縣東界東南流入永定縣界。酉水一曰酉溪今稱北河亦名更始水。三源北源自湖北施南府來鳳縣綠界西南流。經龍山縣西界。利河出縣北紅旗坡合苦竹河三十六灣河經縣南西流注之。又西南仍入其縣界至四川酉陽州中源亦自其州合中溪來會復經龍山縣南保靖縣西北右納一小水。經里耶司比耳場市。又經龍頭司。洗車河水出龍山縣南水沙坪合花橋水瑪瑙湖賈家砦河諸水南流注之。又東南流經保靖縣西北江口南源出貴州銅仁府平頭司。自永綏廳來經保靖縣西南綠界東北流。合寶洞河白雲山水宗溪會溪曲折東北流來會。又東經保靖縣治北。曲折東流左納蒙沖溪逝溪又東南白溪水三源俱出縣南呂洞山合楓香坡水及永綏廳來之水田寨水東北流注之。又經永順縣南受喇集溪。溪出龍山縣境。南流經汝池市為汝池河。上河溪出桑植縣西北西南流來會。又東南經府治南合風洞諸小水。又南經喇集溪。塘牛路河合靈溪椰溪壩溪諸水西南流注之。又南入酉水。酉水又東南右納羅伊溪水。左納施溶溪水。又東南入辰州府沅陵縣界。繩子溪出桑植縣東北入澧州慈利縣界。明溪出府治東南入辰州府沅陵縣界。小酉溪出保靖縣東南入辰州府瀘溪縣界。府東及東北界澧州。西界四川酉陽州。南及東南界辰州府。北界湖北宜昌府。西南界永綏乾州二廳。西北界湖北施南府。

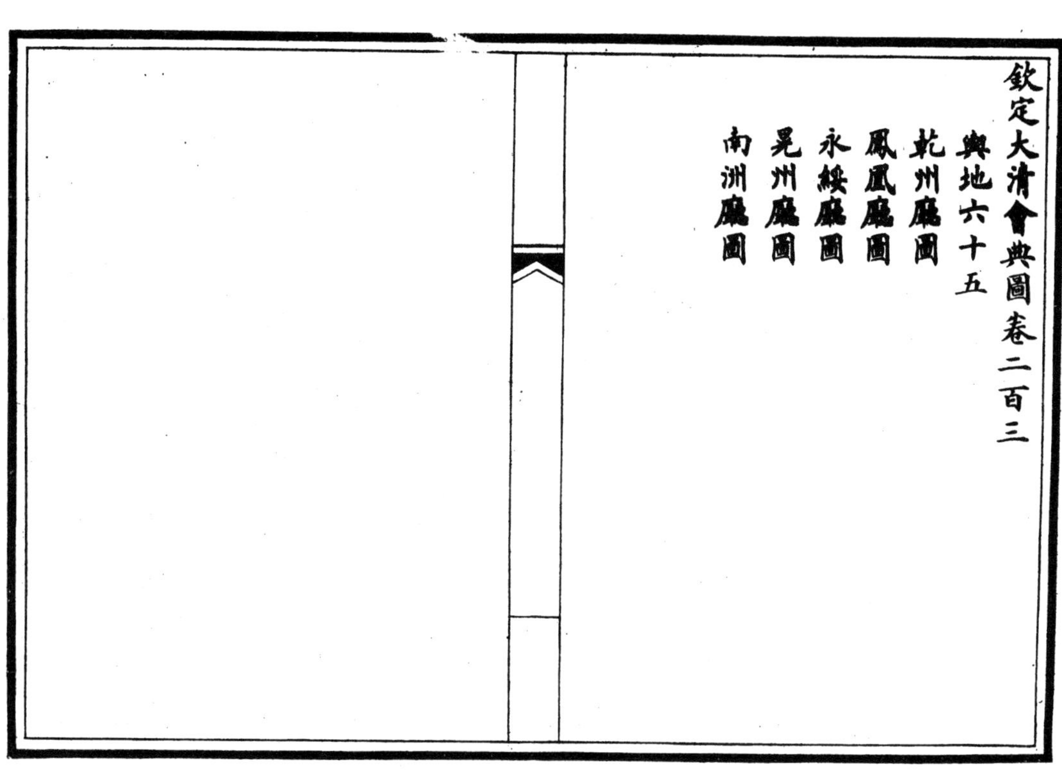
欽定大清會典圖卷二百三
輿地六十五
乾州廳圖
鳳凰廳圖
永綏廳圖
晃州廳圖
南洲廳圖

乾州廳圖

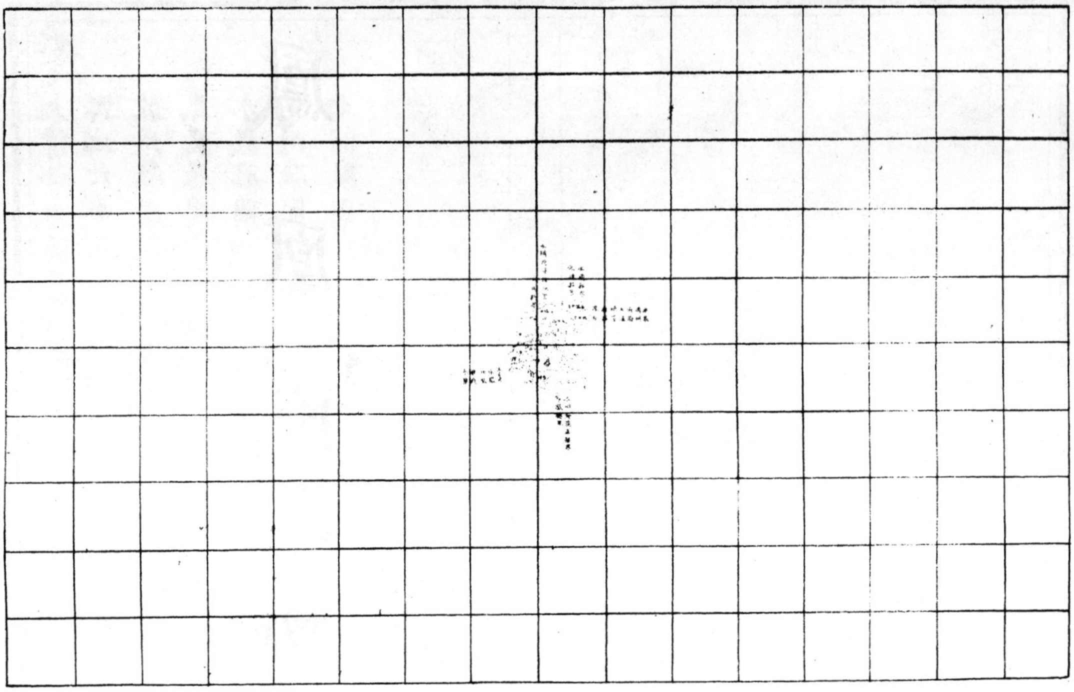

乾州廳在省治西南九百六十五里。至京師三千九百里。武水一曰武溪即瀘溪。出廳西武山課馬洞合貴魚陂水勞神山水東南流南岸與鳳凰廳分界。萬溶江自廳東北流注之。又經治南東流受鎮溪水。水即永綏廳之高岩河緣廳界東北流折東入界。岩門砦水自永綏廳來南流注之。又東左納東鴉溪。又折南經鎮溪鋪南入武水。武水又東南左納司馬溪鴉枝砦水。又東南入辰州府瀘溪縣界。廳東及東南界辰州府。北至西界永綏廳。南及西南界鳳凰廳。東北界永順府。

鳳凰廳圖

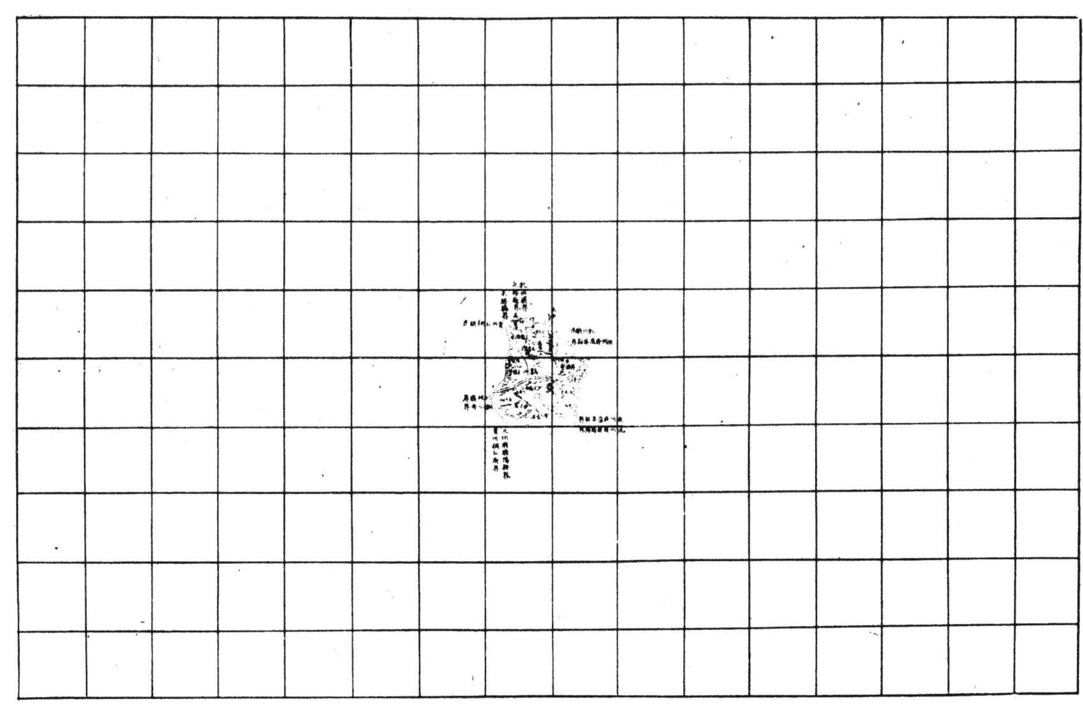

鳳凰廳在省治西南一千五十里。至京師三千九百三十里。沱江自貴州銅仁府銅仁縣入界。經治西北東流烏巢江出廳北小天星山合小坪水龍潭河南流注之。又經治北東南流。又折東北九牙溪冷水溪合北流注之。又東北入辰州府瀘溪縣界武水自乾州廳來緣廳北界東南流受萬溶江入乾州廳界萬溶江出廳西北大星砦東南流。又折東北右納西門江左納筸子溪。折西北又緣界東北流左納灣溪水。又東北入武水。高巖溪自永綏廳入界東南流經治西北。折東流入乾州永綏二廳界。樂濠溪出廳治西南古牛坳東流經樂濠市左納白泥江。又東南入沅州府麻陽縣界。廳東及東北界辰州府。西及西南界貴州銅仁府南及東南界沅州府。北界乾州廳西北界永綏廳。

永綏廳圖

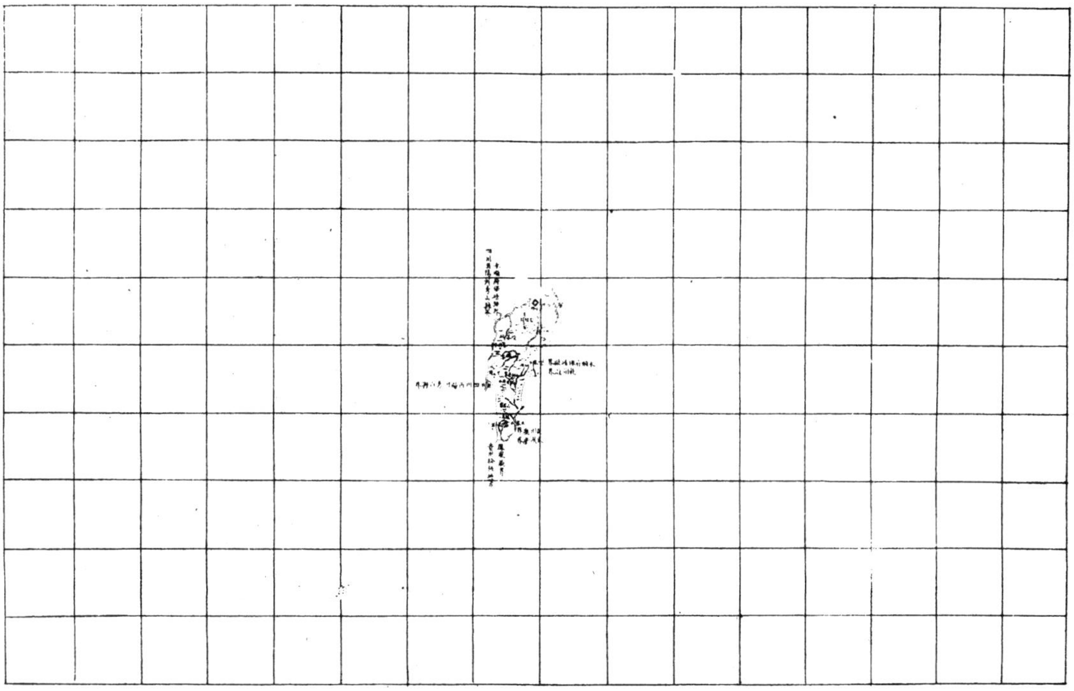

永綏廳在省治西南一千一百五十九里至
京師三千九百五十里。酉水南源自貴州松桃廳緣界北流。又東北經廳治西南西為四川酉陽州界。又東北西為永順府保靖縣界。右納梭落湖。又經治西右納濫塘水。經治北又東臘耳堡河三源俱出治西南一由小排吾砦一由果盒嶺一由磯溶合東北流注之。又東北右納躍馬巖水。又東北入永順府保靖縣界。高巖河即乾州廳之鎮溪水出廳西南臘耳山犀牛潭南流折東右岸與鳳凰廳分界東流。又東北右岸與乾州廳分界。六魚寨水南流注之。又經高岩寨朋湖梅花井諸水合東南流注之。又東北入乾州廳界。岩門砦水出廳南境南流亦入乾州廳界。廳東至西北俱界永順府南界乾州廳西南界鳳凰廳及貴州松桃廳四川酉陽州。

晃州廳圖

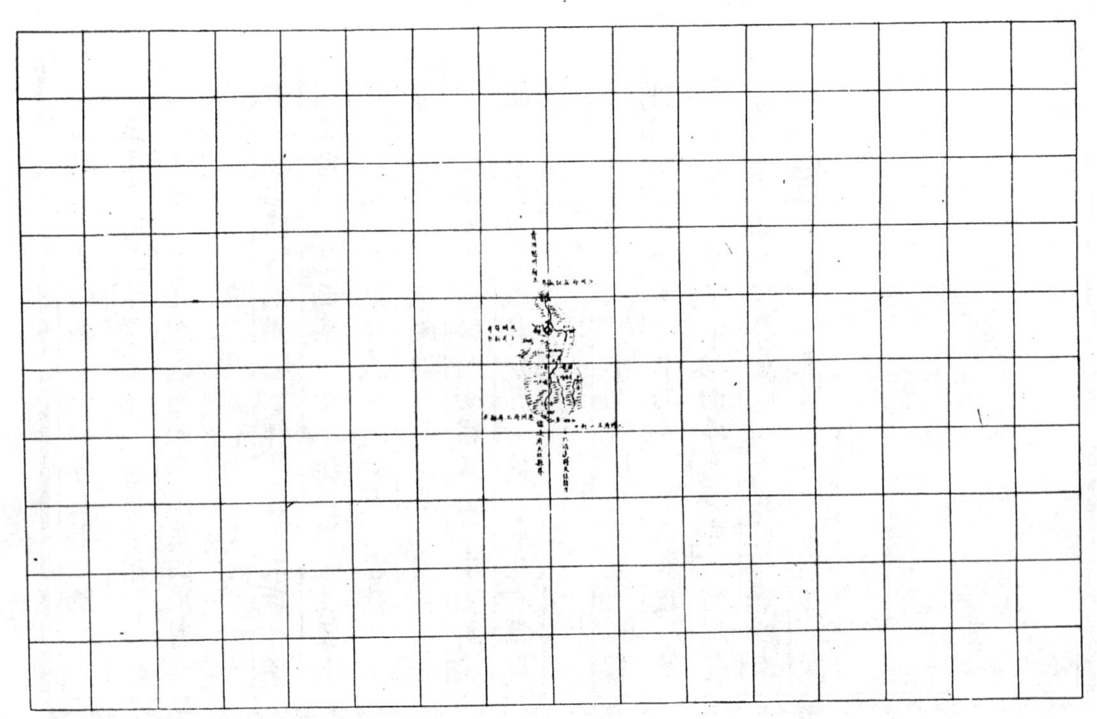

晃州廳在省治西南一千二百四十五里。至京師四千四百九十八里。潕水一作㵲水。自貴州思州府玉屏縣入界。經廳西南挂榜灘東北流。又經龍溪市左納龍溪水。又東經治南。又東木多溪南流注之。又東至江口。平溪二源俱出廳南。合東北流注之。又東入沅州府芷江縣界。中和溪即羅巖江。出廳東南油麻坡。合小竈溪北流。又折東南流。亦入芷江縣界。廳東及東北界沅州府。北至西南界貴州思州府。南及東南界貴州鎮遠府。

南洲廳圖

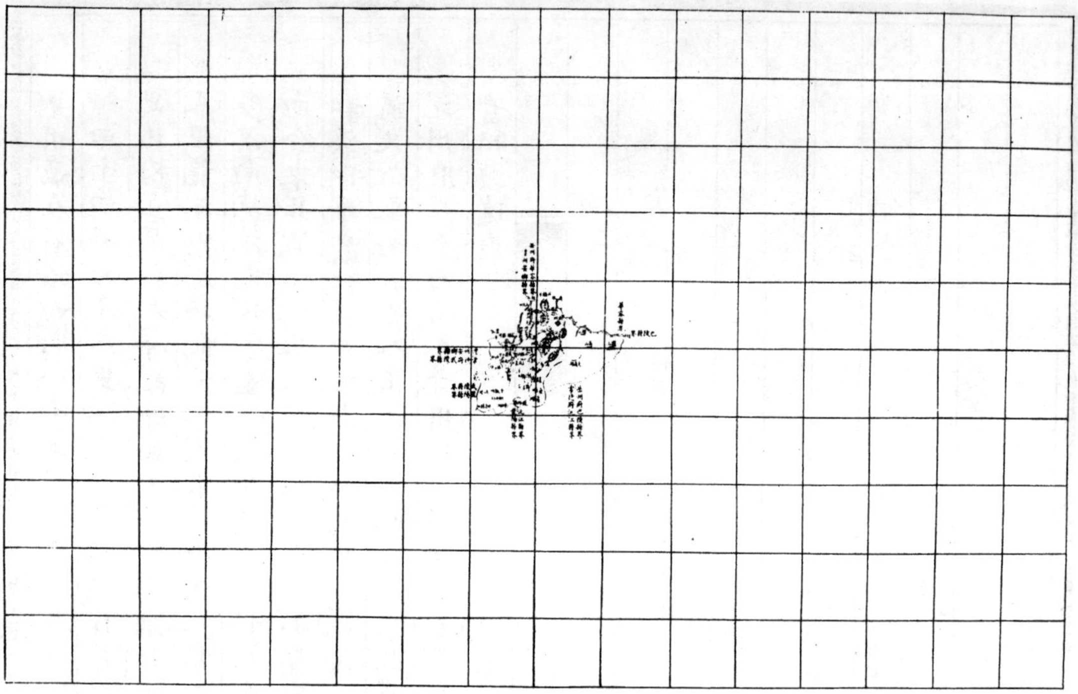

南洲廳在省治西北五百四十里。至京師三千三百一十里。洞庭湖在廳東境。澧水自澧州安鄉縣合長河分左右二支。其左支東流合窰頭廟河經白板口入西南界合後江南流西通右支東合後江支津。又南再通右支又經長形洲匯於倒峽湖。其右支自白板口南流復分二支。東合左支匯於湖。西出柳林口通沅水亦匯於湖。後江自澧州安鄉縣三汊口入界經治西北東出支津南流經陳家渡。至清界復分二支。一支西南流經涂家新港合正渠。一支南流再通游橋水折西至大麻濠口合澧水支津。其正渠西南流至涂家新港東合東支西會澧水支津。游橋水亦即後江自澧州安鄉縣觀音窖分支津。經岳州府華容縣南流入界。遶浪泊淤湖又遶人和垸合南流至荷花嘴市西出支津通後江。其正渠南流東出支津通涌水。西支復遶同康西南流。西通後江東支又南經下流港合涌水西支匯於湖。涌水自岳州府華容縣入界經治北東南流經治東分二支。一支緣界東南流經明山北東出鋸子口匯於湖。一支南

流復分二支。其西支為神童港南流復分。一東合東支。一西合游橋水支津至下流港再合游橋水支津經三星湖西南流匯於湖。其東支南流復分。一東南流匯於大通湖。一合神童港分支西南繞下脫洲出麻濠口匯於湖。廳北至東南界岳州府。西及西北界澧州。南及西南界常德府。

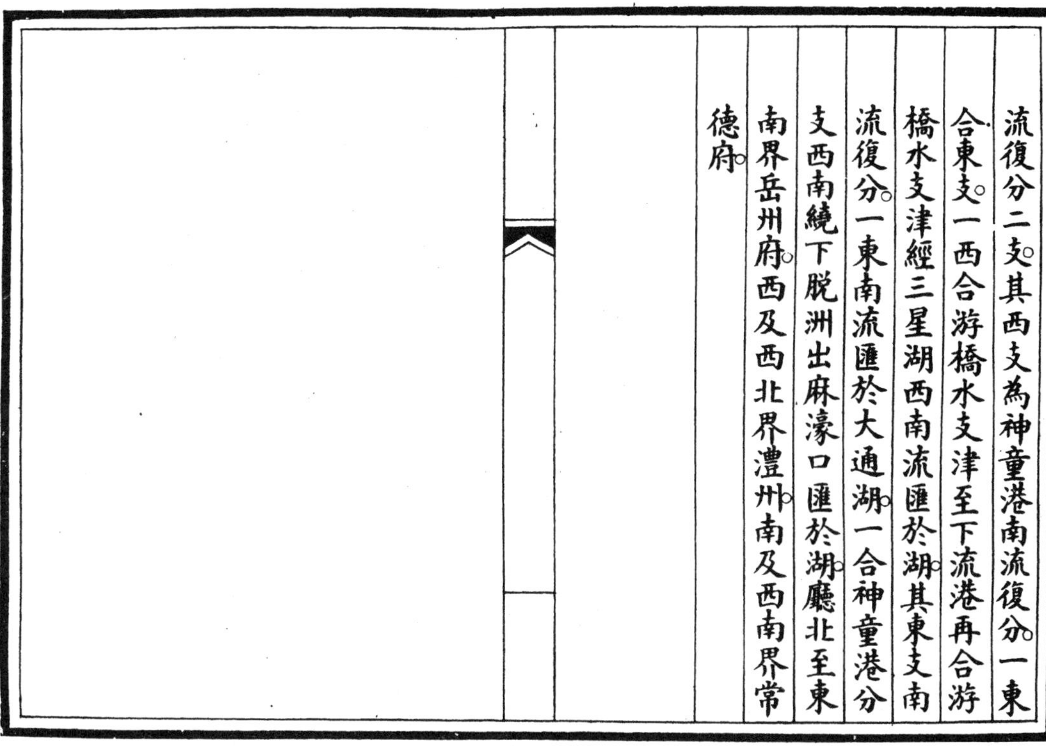

欽定大清會典圖卷二百四

輿地六十六

澧州圖

桂陽州圖

靖州圖

郴州圖

澧州圖

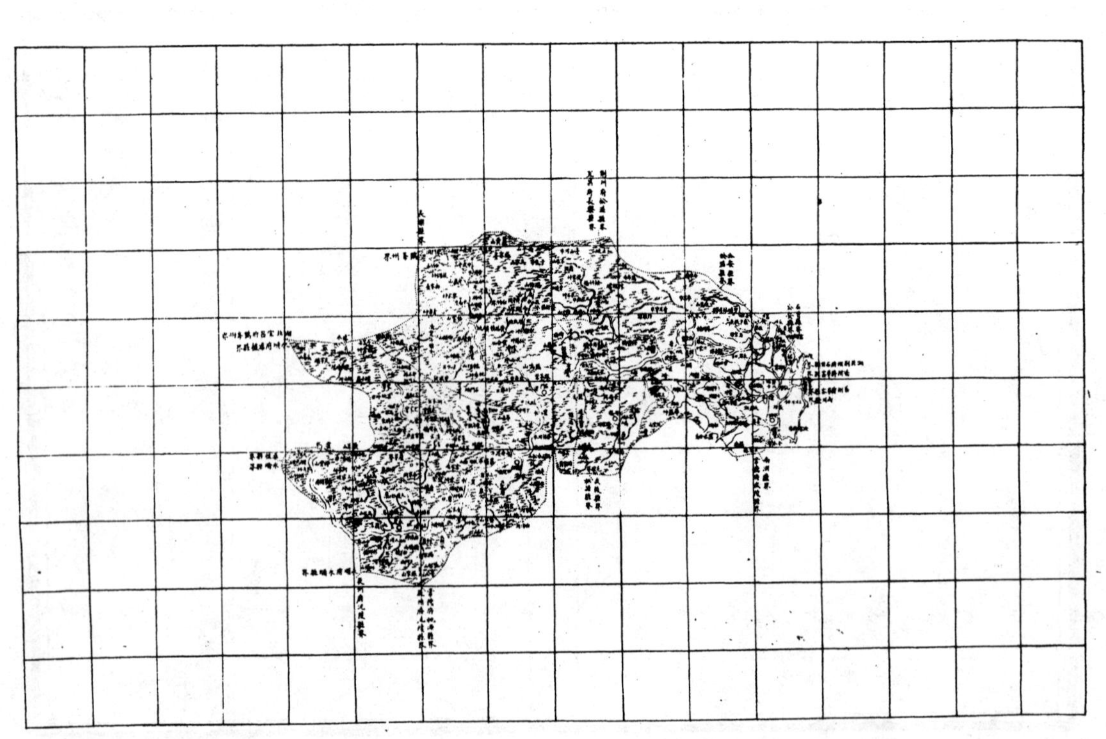

澧州在省治西北六百五里至

京師三千七十里○領縣五○東南安鄉○西南安福石門慈利永定澧水自永順府桑植縣緣界東南流經永定縣西北○其右岸與永順府永順縣界○左納温塘河又東流經縣西南○右納武溪○左納大庸溪及無事溪○又經縣治南右納仙人溪及楊家溪○復左納社溪○又東北經慈利縣○西南右納褚溪即龍窩溪○又東北經縣治北受澧水○水出湖北鶴峯州七眼泉東南流入界○經慈利縣西北○撒珠溪自永順府桑植縣來東北流注之○梧子溪西流注之○魯陽溪亦自桑植縣來○溇溪出永定縣北俱東北流注之○又經九谿司東流仁石溪及張馬溪合輸贏溪和豹溪俱東南流注之○又東南入澧水○澧水又東右納零溪水○又北左納芭茅溪○又北經石門縣西南三江口○渫水出石門縣西北龍門洞東南流合白溪河黃連水清貫斗塘水黃虎港深溪河苦竹溪温水九渡水東南流注之○折東經縣南○又東北左納棠梨溪即雙溪○右納龍溪○復左納朝陽溪水○又經安福縣北左納合溪右納惡蛇溪○

又東北經州治南○支津東北出合澹水○又東南經道口受道水○水二源俱出慈利縣五雷山○東北流經石門縣東南合東流○經安福縣西南左納錦溪及白洋溪○又東北經縣南右納楊明溪及畲溪水○又北折東北經道口注澧水○澧水又東過津市南支津東南出○其正渠東北經六家口北受涔水○水出州西北龍洞峪名龍洞水○東南流至兩河口會龔封隘水東南流經安福縣北○又曲折東北流南受澹水支津○經州治北又東陳胡壋水合石龜山水東南流注之○又東南至涔河鋪西納澹水支津東納東港水○又南澹水出石門縣仙鳳山霞氣洞東流經石門縣北○又經州北合澧水支津又東流來會○又南至六家口合澧水○澧水又東南東受觀音港水○又西南合支津○又東南南通牛頭湖北通皇田湖經匯口市支津西南出合七里湖水○又東南至安鄉縣西羌口復分二支○一西南由麻河口入常德府武陵縣界合漸水○一東流北通大鯨湖又經書臺會正渠○其正渠自匯口市受後小江水東流南通大鯨湖北通郎天湖○又分支津東至

黄戌嘴合長河。其正渠南流經大鯨湖東南鄉縣治西。至書臺合羌口支津。又東流南通大溶湖水。又東至新閘口合長河。又南分二支、俱入南洲廳界。後小江自荆州府公安縣入界。經治東北南流西通淘金諸湖東通新渡口水。又西南支津西出復分二支。一西北流為東港合涔水。一東南流為觀音港。南通曹田湖西注澧水。其正渠東南流新渡口水自公安縣來南流折西注之。又西南經大湖口卡東分支津合長河。正渠又南西通皇田湖。又南至匯口市注澧水。長河亦自公安縣虎渡河分流入界。經安鄉縣北分流復合。又南合後小江支津。又東南受窑頭廟河。又南經黄戌嘴合澧水支津。又南經縣東南會澧水。窑頭廟河自荆州府石首縣藕池口分流入界。經安鄉縣東北支津東南出分流復合復分二支。西合長河東合後江。其正渠西南流經洲百嘴合長河。後江一名景港。亦自藕池口分流入界。經安鄉縣東北南流。經新渡口分支津東北出為觀音窖水入岳州府華容縣界。正渠南流西受窑頭廟水。又南分流入南洲廳界。毛家河白洋河芭茅洲水並出慈利縣西南入常德府桃源縣界。松梁山一名天門山在永定縣南。州東至西北界湖北荆州府。西界永順府。南界常德府。東南界岳州府。西南界辰州府。

桂陽州圖

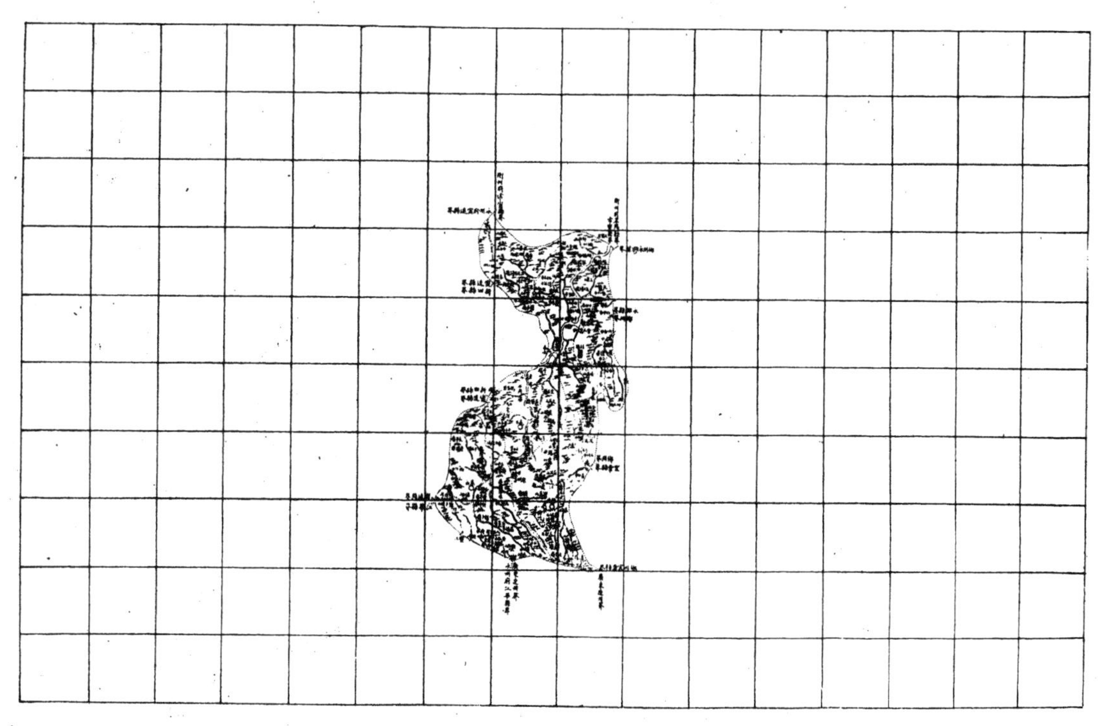

桂陽州在省治西南六百三十里。至
京師四千二百十五里。領縣三。西南嘉禾藍山臨
武。茭源河即舂水自永州府新田縣入界。經治
西東流受淮水。水出州西北扶倉山。合坦家坳
水坦頭水板溪鼠峽水南流注舂水。舂水又東
受鍾水。水一名舜源水。出藍山縣東南南風坳。
合舜水巋水西北流經縣東蒙溪水東南流注
之。毛俊水亦出縣東南。合小牛皮河華荆津水
及一小水東北流注之。又東北左納廖溪藍溪。
經嘉禾縣北左納含溪石燕溪。又東北注舂水。
舂水又東泮溪芹溪俱出臨武縣北。合北流注
之。折北流右納楓江水。又東左納牛矢塘水右
納舍人渡水。經治北又北流右納小田市水左
納野鹿溪水。又東北入衡州府常甯縣界。溱水
出臨武縣南分水坳北流合貝溪水。又北秀溪
合九澤水北流注之。又經臨武縣東北。武水四
源俱出臨武縣西南。合東流經縣南又合石江
水來注之。又東流經水東市赤土水南流注之。
又東入郴州宜章縣界。湖屯水出州東南仰天
湖。西北流麻淪江自郴州北流來會。又西北泉
田水東北流注之。折東北流蓮蓬溪西北流注
之。又東北入郴州界上白水出州西北合下白
水入衡州府甯遠縣界。前河西河後河俱出藍
山縣南入永州府江華縣界。州東北至東南界
郴州。西北至西南界永州府。南界廣東連州。北
界衡州府。

靖州圖

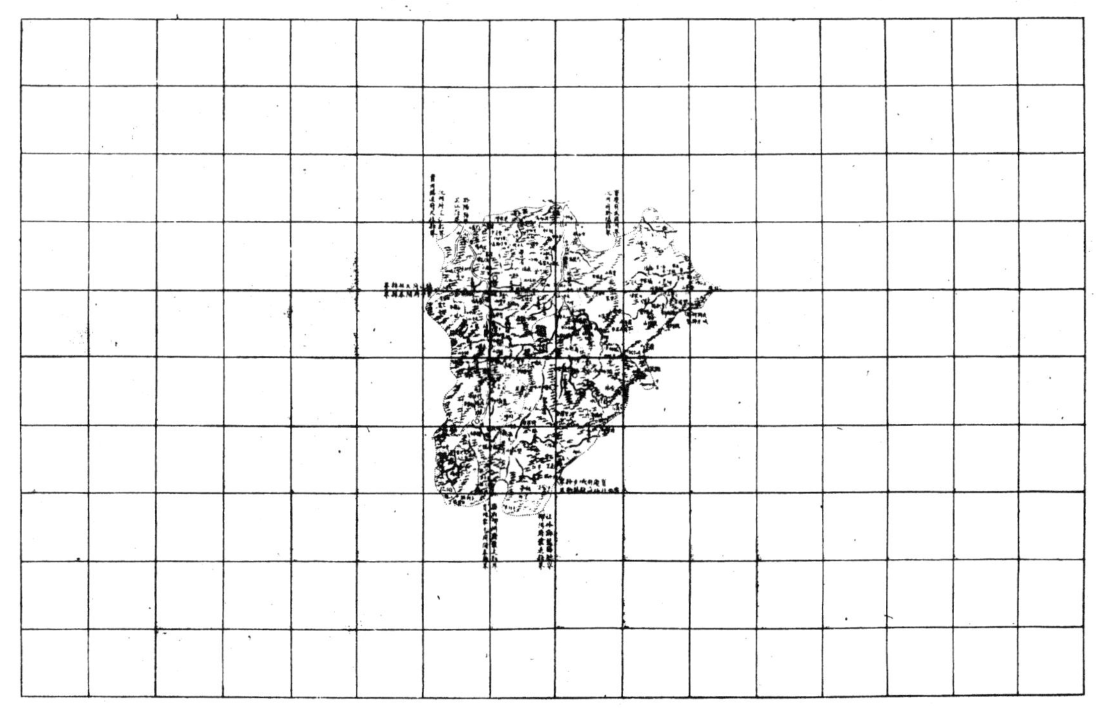

靖州在省治西南一千六十里至京師四千六百四十五里領縣三南通道東南綏甯東北會同沅水自貴州鎮遠府天柱縣入界經會同縣西北錯入沅州府黔陽縣界復經會同縣東北東流右納周家溪水又經洪江司受巫水水即洪江自寶慶府城步縣西流入界經綏甯縣東錯入城步縣界復北流經綏甯縣東北右納平溪及雙溪左納楓鄉水又西北至界溪口蒔竹水出縣東南老龍潭西北流經縣西合監家水北流注之又經會同縣東南左納太平江又西北茉莉溪出州治東北金紫嶺合長溪水東北流注之又北右納麻塘溪水及永安橋水左納若水又北注沅水沅水又東入沅州府黔陽縣界渠水即古敘水出通道縣佛子隘合倉門隘水北流播陽河合恭水曲折東流注之又北四鄉河水亦自開泰縣來東南流注之又經縣治西南臨川河自城步縣來西流經綏甯縣南合雙江水駕馬溪大塘口水西北流注之又東經縣治北左納桿子溪水折東南右納三景橋水又北經州治南橫江溪合文溪水東流注之又北右納老鴉溪左納漂溪水復右納提腳溪及高金溪又經會同縣西右納巖溪又西北流平川水出會同縣東北金龍山合灑口溪經縣北西南流注之又西北吉朗溪二源並出州西南合東北流注之又西北入沅州府黔陽縣界樣木溪出會同縣北亦入黔陽縣界參溪一名高沙溪一名武陽水即蒔竹水出綏甯縣東北雞籠山東北流右納椿樹水又東北岳溪合大背水來會又東入寶慶府武岡州界嶽溪自武岡州錯經綏甯縣東北界州東及東北界寶慶府西及西南界貴州黎平府南界廣西柳州府北界沅州府東南界廣西桂林府西北界貴州鎮遠府

郴州圖

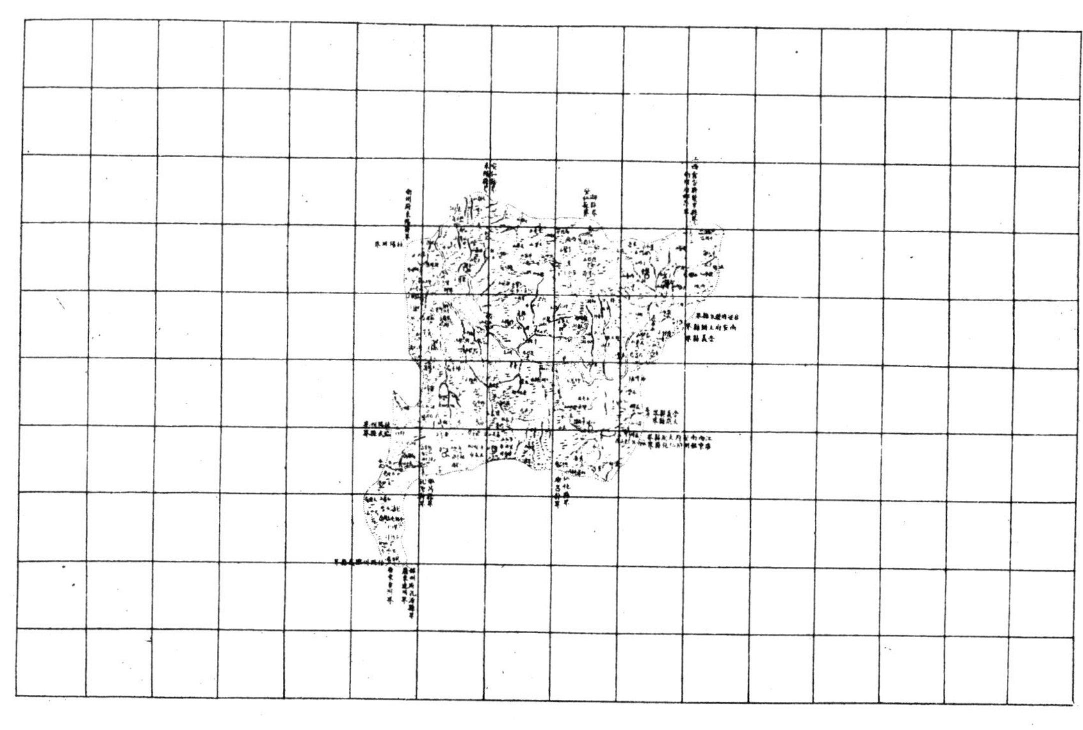

郴州在省治南六百八十里至京師四千二百七十五里領縣五東北永興興甯桂東東南桂陽南宜章耒水出桂陽縣南耒山西流屋嶺水淥水俱出縣南合北流注之又北壽江三源俱出縣東北合西流注之又西北經興甯縣東南受漚江江一名北水一名澄江一名瀘渡江二源並出桂東縣東合南流經縣東南右合桂水左合龍湫水復右合雙坑水左合溪源水又西南經桂陽縣東北西流右合大江水及淇江水折西北流會耒水耒水又西丈明村水出桂陽縣西南經文明司合數小水北流注之又經渡頭司南左納青草水又經縣南資興江一名乙陂江出桂東縣西八面山東流合煙竹坪水平石水新江水囷水西南流注之又西北經州治東北左納鴉溪及梓塘江又西北郴江出州東南黃岑山合沙江琵琶江諸水北流經治東北來注之折東北流經程江口程江水四源俱出興甯縣西北永興縣東南合西流注之又北乾溪合數小水西南流注之又西經永興縣治南右納靈江水又西流湖屯水自桂陽州來東北流經治西北又經永興縣西南合白豹水高亭水真武溪高滄溪水東北流注之又北祝壽溪合八石水西南流注之又東北入衡州府耒陽縣界永樂江一曰小江出興甯縣三岡嶺西北流合潦溪清溪東北流入衡州府安仁縣界春江出桂東縣西北經興甯縣東北入衡州府酃縣界麻倫江出州西南北流入桂陽州界漆水自桂陽州臨武縣入界經宜章縣西南左合洪水江又東南入廣東韶州府乳源縣界屋嶺水出桂陽縣南合藍田水南入廣東韶州府仁化縣界益將河出桂陽縣東經益將司東入江西南安府崇義縣界州東界江西南安府西北至西南界桂陽州南界廣東連州北界衡州府東南界廣東韶州府東北界江西吉安府

欽定大清會典圖卷二百五

輿地六十七

陝西省全圖

西安府圖

陝西省全圖一

中

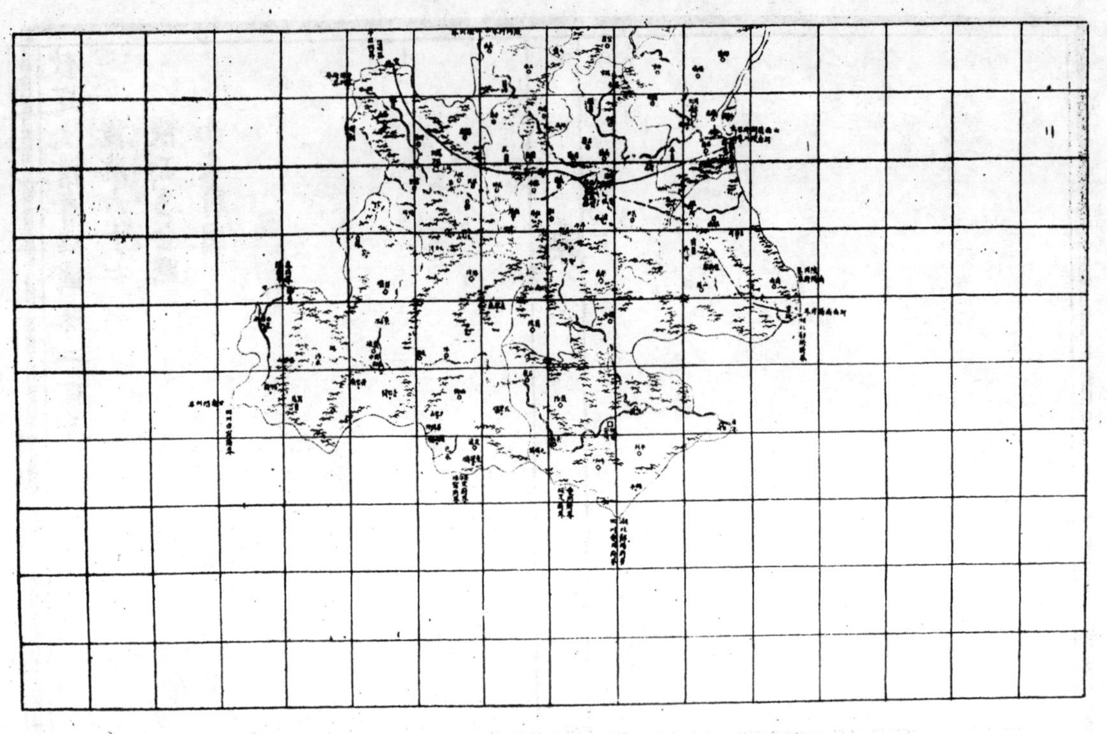

陝西省全圖二

北

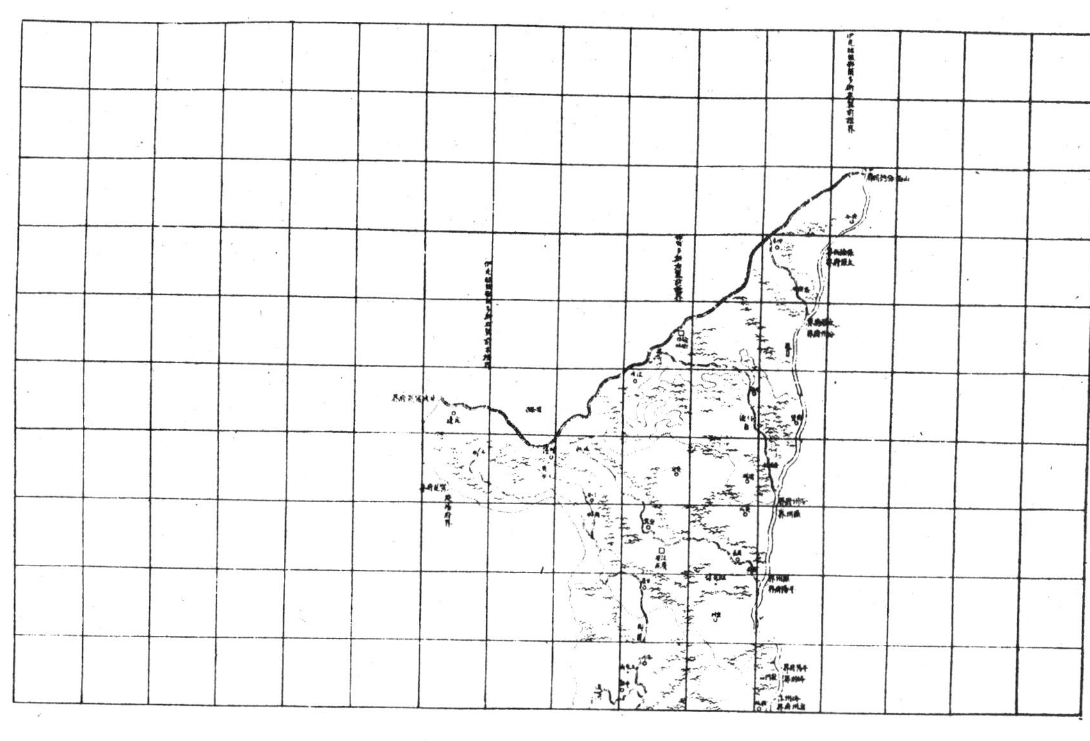

陝西省在
京師西南西安府為省治陝西巡撫布政司共治焉統府七州五西安府東南商州興安府西南漢中府東北同州府鄜州延安府綏德州榆林府西北乾州鳳翔府邠州黃河自鄂爾多斯左翼前旗緣界西南流經榆林府東屈野河自鄂爾多斯部來東南流注之其東為山西保德州太原府汾州府境又西南經綏德州東無定河亦自鄂爾多斯部來注之又西南經延安府東延水出府北東南流注之其東為山西隰州及平陽府境又曲西南經同州府東折東流受渭河又東入山西蒲州府境渭河自甘肅秦州東南流入境經鳳翔府南合汧水雍水東流經西安府南灞滻二水合北流注之涇水自甘肅涇州來東南流注之又東北漆沮二水合南流注之又經同州府東南洛水出延安府西北合周水沮河東南流注之又東流注黃河漢水上流為沔水出漢中府嶓冢山合褒水洵水東流入湖北鄖陽府境嘉陵江上流為西漢水自甘肅階州入境經漢中府西合鳳翔府之故道河南

流入四川保甯府境。巴水菩提河並出漢中府
亦入保甯府境。雒河出商州北入河南陜州境
丹河出商州北入河南南陽府境。東至山西界。
西至甘肅界。北至伊克盟界。南至四川界。東南
至河南湖北界。

西安府圖

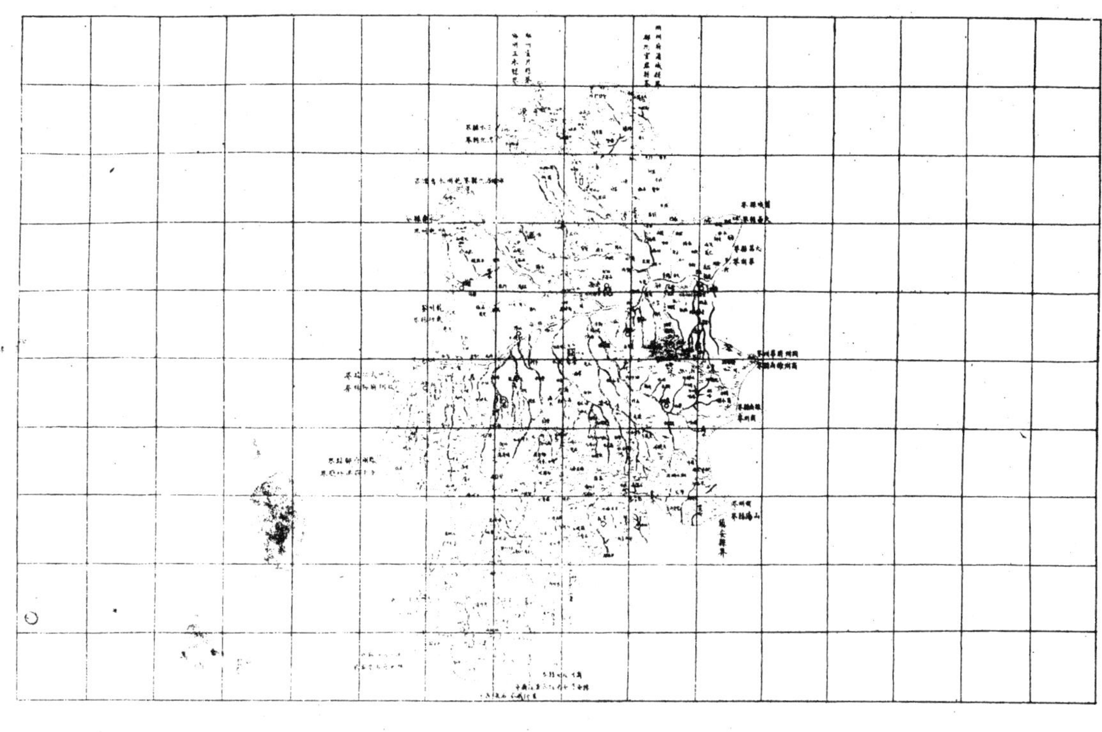

西安府為陝西省治○在
京師西南二千五百三十五里○領廳二州一縣十五○治咸甯長安○西興平○北三原耀州○東南藍田孝義廳○西南鄠縣盩厔甯陝廳東北臨潼高陵渭南富平同官○西北咸陽涇陽醴泉○渭河自乾州武功縣東流入界○經興平縣西南胡洑橋東流至郭公鎮○清水河自盩厔縣西南北流折東北合竹谷水陽化河水注之○又東經義公鎮南○黑水自盩厔縣東南北流合沙河及縣南諸谷水注之○又東夾水遠水自盩厔縣東合東北流

注之○新開河自盩厔縣東南東北流注之○又東經咸陽縣西南受澇河水○水自鄠縣南營盤溝曲西北流○經教場西折東北流○合鄠縣治南諸泉水○又經澇店西折東北流○經咸陽縣西南○蒼龍河合鄠縣東南諸泉水東北流注之○又東北注渭水○渭水又東北經咸陽縣南受灃水○水出甯陝廳東北秦嶺合祥谷水西北流經長安縣西南○太平谷水自鄠縣東北流經秦渡鎮分流來注之○又西北滈水亦出秦嶺北西北流合土門白道諸谷水○又歧為二○一北流為阜水注於

渭。一西南流合滈水及小庫梗梓諸谷水來注之。又西北分流並注渭河。渭河又東經咸甯縣馬神廟渡受阜水。又受灞滻合流水。滻水出藍田縣西南西北流經焦戴鎮為焦戴河。又西北流合陽谷諸水。又經咸甯縣東南左納庫谷水。右納悳谷水。曲折北流經咸甯縣東北會灞水。灞水出藍田縣東倒谷中西南流復折西北經屏峯鎮東銅峪水合沈家河玉山河西南流注之。左納一小水。又西南經縣東南藍水自商州西北流經藍橋鎮來注之。又經縣治南輞水二源合西北流注之。又西北右納猗水注水並一小水。又經咸甯縣西右納沙河水及二小水。又西北過灞橋。又西北與滻水會而北流注於渭河。渭河又東經高陵縣南受涇水。水自乾州永壽縣入界東南流經醴泉縣東北涇陽縣西北。又東南經北屯鎮泔水上流為石底河自乾州來東流左納粟谷安谷合流之水。又東右納乾州之泥水。左納巴谷水。東流注之。又東南經臨涇鎮。又經涇陽縣南修石渡。又經高陵縣南注於渭河。渭河又東經臨潼縣西北北田渡右納

驪山北麓諸小水。又東北經交口鎮。折東受石州河。河上流為漆水。出同官縣東北大神山西南流經縣東銅水雷平川及西來一水合流注之。又南左納一小水。右納富平川水。又經耀州東南沮水一名宜君水。出州北分水嶺至山岔合宜君縣之姚渠川水為沮水。又東南右納摩天嶺諸小水及桃兒堡水。左納梨園及胡思泉諸小水來會為石州河。東南流經富平縣西澗谷水出耀州西北山東南流注之。又東南至臨潼縣北。左納溫泉河。又南流折西清峪水自耀州西北東南流至三原縣北魯橋分支津合濁谷水東至大程鎮散入縣境。其正渠南流合滈化縣之冶谷水東南流來會。又西南至交口注渭河。渭河又東鳳凰山水會馬谷諸水北流注之。又曲折東流經渭南縣西北右納杜化谷水。又東南經縣治北受酒水。水出治南大谷左合石鼓山水右合曹谷水曲折北流經治西注於渭河。渭河又東右納一小水。又東右納赤水屆東北流入同州府華州界紋河出甯陝廳西北合東峪水金雞河南流折西入漢中府佛坪廳

界蒲河自佛坪廳來經廳西北合土地溝水西南流入漢中府洋縣界長安河出廳西北西南流左右各納一小水經治南左納魚洞洞東河折西左納斜谷水右納湯平河又西南經青草關西南入興安府石泉縣界麥湯河亦出廳東境南流入興安府漢陰廳界洵河出廳東北紗羅帳地西南流合兩岔河經江口右納江河冷水溝左納大竹水馬耳溝東南流經孝義廳西南東川河高川河合南流注之又曲折東南流沙溝河合東西洞水西南流注之月河出甯陝廳北北流折東南合大西溝黑溝甘岔河東南流來會又東南右納興隆溝入商州鎮安縣界大峪河一名乾祐河出孝義廳西北大谷嶺南流右納紅廟老林合流之水屈東南經廳治西南左納黑虎廟河祖子川合流之水東南流與杜川河並入商州鎮安縣界北河南河亦並出廳東北合鄧家溝石窰溝東南流為金井河又經藍田縣南左合二小水東南流與菜谷河兩岔河亦俱入鎮安縣界烏泥川出同官縣東北雲夢山南流折東入同州府蒲城縣界龍洞

渠在涇陽縣西北引龍洞泉水東南流經縣北歧為三曰北白渠曰中白渠曰下白渠中白渠復歧為二並東流散入涇陽高陵三原三縣境終南山在府治南府東及東北界同州府西界乾州南及東南界商州北界鄜州西南界漢中府興安府西北界邠州

欽定大清會典圖卷二百六

輿地六十八

同州府圖

鳳翔府圖

漢中府圖

同州府圖

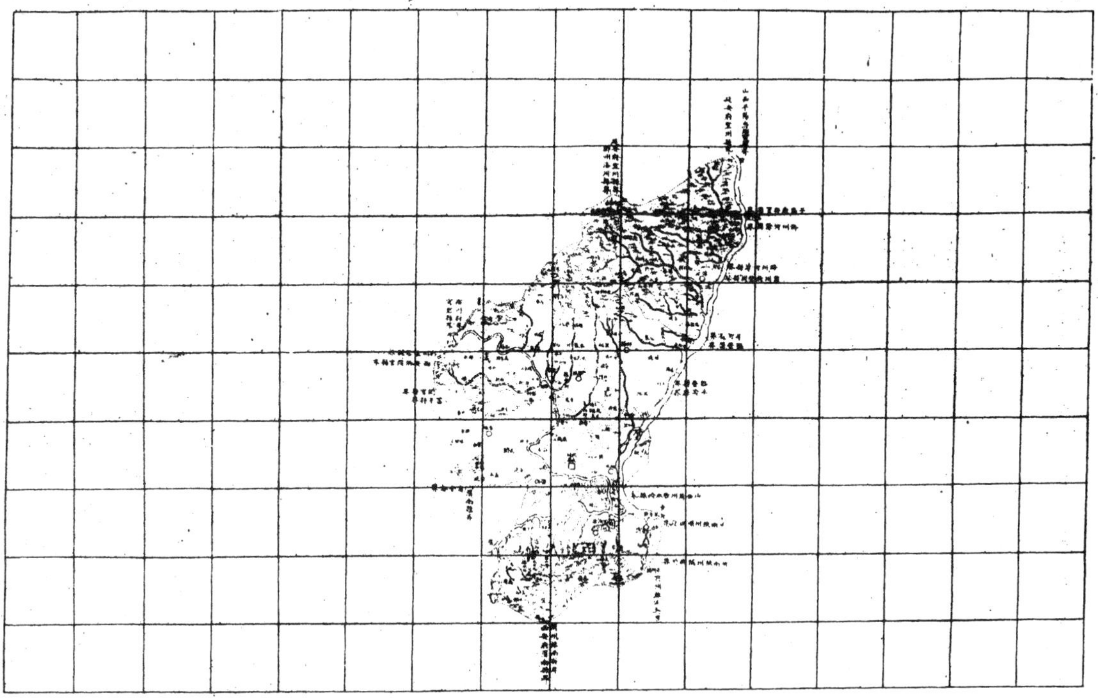

同州府在省治東北二百四十里至○
京師二千三百四十五里○領州一廳一縣八○治大
荔○北澄城○東朝邑○東南華陰潼關廳○西南華州○
西北蒲城白水○東北郃陽韓城○黃河自延安府
宜川縣緣界南流經韓城縣東北○其東為山西
平陽府鄉寧縣界○又南經三郎山東○折東南洽
戶川合北來一水東流注之○又經龍門山西○西
南流○右納鬱水○又西南盤水合溢溝水文水東
南流注之○其東為山西河津縣界○又經縣東南○
其東為山西滎河縣界○右受澽芝二水○澽水出
韓城縣西北麻綫嶺○合樓子水九郎山水東南
流○右納陵河○左納谷水南池山水○經縣南折南
合軌水澽水○又東南芝水合遂水沆水來會○又
東南注黃河○黃河又西南經郃陽縣東○右納百
良水徐水○其東為山西臨晉永濟二縣界○又西
南經朝邑縣東大慶關西○金水三源並出郃陽
縣西北○南流注之○又經縣治東南○折東流至三
河口受渭河○渭河自西安府渭南縣東北流入○
界○經華州西北○右納州南諸谷水○曲折東北流○
經華陰縣北○右納縣南諸谷水○左受洛河○河自

鄜州宜君縣東南流入界。經白水縣西北。右納鐵牛河。左納黄家河。經縣北左納孔走河玉泉水。又東南白水一名鐵王河自同官縣來東流注之。又東左納長甯河糜子河縣西河。又南經蒲城縣東大谷河即玉川河自澄城縣東北曲折西南流注之。又東南注於渭河。渭河又東長澗河合諸谷水北流注之。又東北注於黄河。黄河又東經潼關廳北右納蒿岔谷潼谷合流水。又東入河南陝州閿鄉縣界。太華山在華陰縣南。龍門山在韓城縣東北。府東界山西蒲州府。西及西南界西安府。南界商州。北及西北界鄜州。東北界山西平陽府絳州。東南界河南陝州。

鳳翔府圖

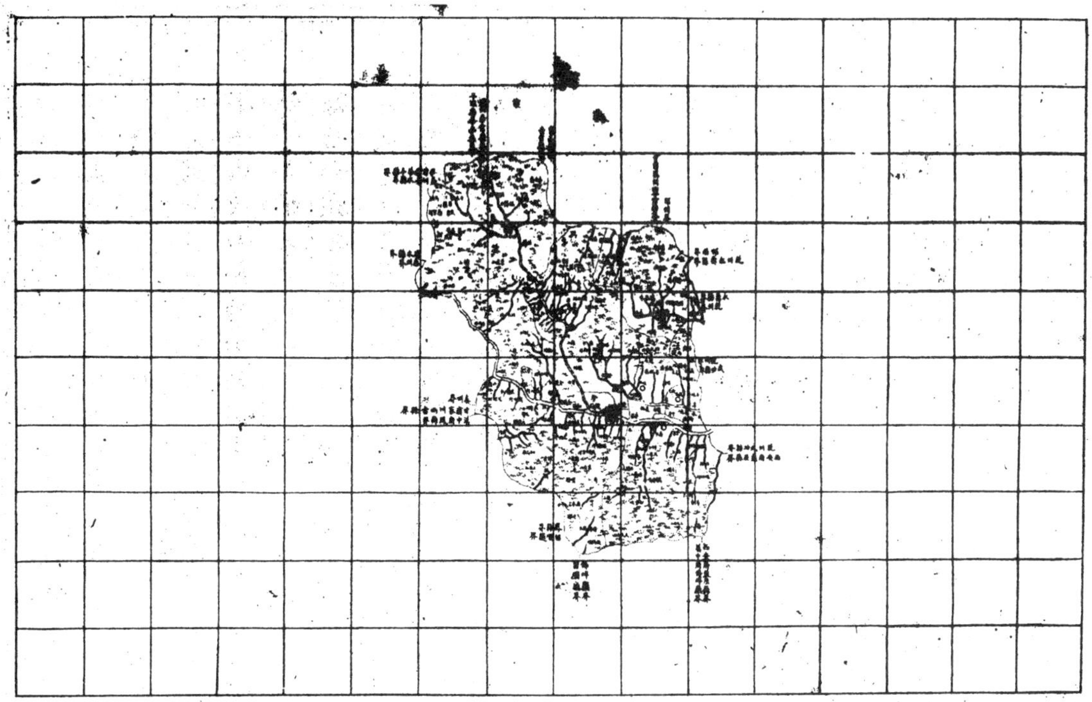

鳳翔府在省治西北三百六十里。至京師二千七百五里。領州一縣七。治鳳翔。東南岐山扶風郿縣西南寶雞東北麟遊西北汧陽隴州。渭河自甘肅秦州緣界東南流經隴州西南。又東入界。經寶雞縣西北。右納仙靈河楊家河焦達水朝峪河水。又東陸川河自隴州牛頭山東南流注之。又東右納大甯河。左納峽石河。又東經縣南。右納姜水及氐峪河。又東金陵水出隴州東南合長蛇水東南流注之。又東右納沙河清水河馬峪河水。又東受汧水。水出隴州西北汧山南麓合龍門水關山水蒲峪水東南流。經州治南。又東北河亦出州西北合楊青谷水温水水峪水東南流注之。又東南。八渡水合汭水東北流注之。又東南經汧陽縣西北。右納一小水。左納草碧谷水。又東南。左右各納數小水。又東南經新興鋪西南。左納黑水潭水。又東南復納數小水。又東南暉川河上承三川河席家河趙家河水西南流注之。又東南經縣治南。左納西江河天地溝水澗口河界止河東南流經鳳翔縣西寶雞縣東注渭河。渭河又東經虢縣

鎮。磻溪合成道宮水北流注之。又東右納代魚河八廟河寬谷河峒峪河。又東經岐山縣南蔡家鎮。又東麥谷河自縣南石樓山北經五丈原。合石頭河東北流注之。又東。經郿縣西受桃川水。水出岐山縣西南鰲山。東北流經白雲峽。右納一小水。又東北右納三才峽水。又東北經郿縣西南鸚哥嘴折北流。經汶家山岐為二。西為石頭河注麥谷河。又東北分流並注渭河。渭河又東經郿縣治北。又東右納干溝河赤谷水。又東右納黑谷水。又東湯谷水合野谷水北流注之。又東右納沙河。又東入乾州武功縣界。雍水出鳳翔縣西北雍山下。南流經縣治東南。澄水即塔寺河。合紙坊河東南流注之。又東南經岐山縣西為漳水。又東南經交河口。橫水合一小水東南流注之。又東左納魯班溝水麻葉溝水。又東經扶風縣西南午井鎮。屈東北流至縣治東南。左納時溝河。一曰蓮花河俗名漆水。又東流左納美水。又曲折東流亦入武功縣界。杜水出麟遊縣西北杜山下。合漫泉水南流。經縣西南良舍鎮。折東北流。左納鐵龍溝右納清水。又

東北經治南。澄水合磨灣溝水南流注之。折東南流為廣川河。右納史家河左納尉遲澗水。又東。右納吳雙山水。又東左納花石溝水。又東入乾州武功縣界。漆水出麟遊縣西青青山之南。合老丹溝水經天堂鎮西。東北流。麻夫川出縣西經花花鎮東北流。雨亭水出縣西北。經天堂鎮東。東北流。西流河出汧陽縣東北。合莊家河北流。並入甘肅涇州靈臺縣界。涑河出寶雞縣西南大散關西。合數小水西南流。虢川河出縣南嘴頭鎮。經天臺山南。西南流。上谷河出縣東南。經滴水巖西流並入漢中府鳳縣界。太白河即磨房溝。出縣東南經縣南境西南流入漢中府留壩廳界。吳山在隴州西南。太白山在郿縣南。岐山在岐山縣西北。府東及東北界乾州。西界甘肅秦州。北界涇州。南及西南界漢中府。東南界西安府。東北界邠州。西北界甘肅平涼府。

漢中府圖

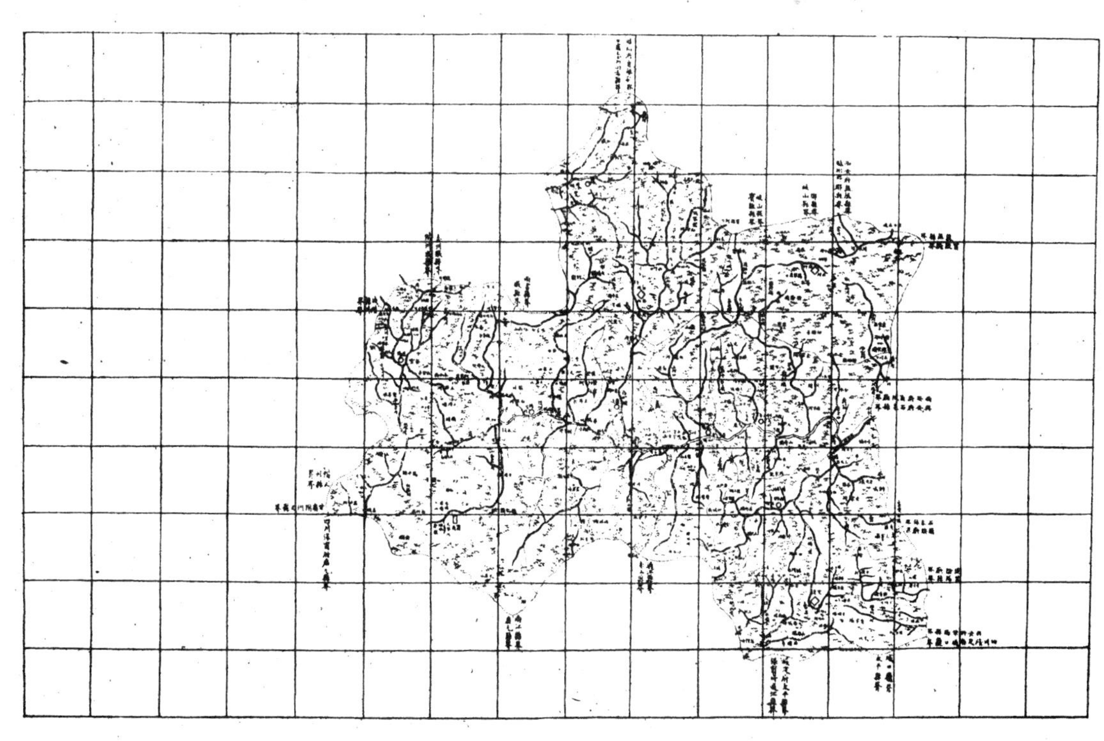

漢中府在省治西南一千六十五里至
京師三千六百里領廳三州一縣八治南鄭北留
壩廳東南西鄉定遠廳西南甯羌州東北城固
洋縣佛坪廳西北褒城沔縣略陽鳳縣漢水初
名漾水出甯羌州北嶓冢山東南流合五丁峽
水折而北黃鋼鋪水東南流注之又東北經沔
縣西南受白巖河河上游為玉帶河出州西南
箭竹嶺東北流經州治北左合滴水鋪水屈東
北流經州東北鐵鎖關折北流為平溪河左合
白巖水為白巖河又北經沔縣西注於漾水漾
水又東經沮水鋪受沮水水出留壩廳西西流
經鳳縣南右合劍鋒埡水折西南流經沔縣北
茅壩集曰茅壩河又西南折而西流為張家河
又西經略陽縣東北為冷谷河又西左納常家
河復西南流經略陽縣東折東南蕭家河兩源
合東南流注之又東南經沔縣西北黑河壩為
黑河左納一水又東南經上沮水鋪始名沮水
又東南經下沮水渡注於漾水是為沔水又東
流左納白馬河經縣南又東經舊州鎮舊州河
曲折南流注之又東右納養家河左納黃沙河

又東經褒城縣西南左納華陽河又東經長林
鎮受褒水水上游為太白河自鳳翔府寶雞縣
西南流入界經留壩廳東北西江口右納范家
溝水又西南紅巖河上承寶雞縣上谷河西南
流注之為紫金河又西南銚川河亦自寶雞縣
來合馬尾溝車到河及萬壩上下河大南溪小
河合流之水南流注之又折南流經廳東南文
川河合南河水西南流注之又南青羊河合一
水東南流注之又南經武關驛右納武關河又
南經褒城縣北為褒水左納一水又經褒姒鋪
東至縣治東南分為三支東二支並東南流經
府治南注漢水西一支屈西南流經褒城縣西
南注沔水沔水又東經南鄭縣西始名漢水漢
水又東經縣東南左受褒水中支右納石梯堰
水又東受廉水水出縣南巴嶺山之鄧家埡西
北流左合一水折而東北經新城縣西南右合
一水復西北流經廉水鎮折東北流注漢水漢
水又經府治南左受褒水東支冷水河出府治
南合法慈院水北流分三支來注之又東經城
固縣西左納文川河右納南沙河小沙河經縣

治南又東經洋縣西受滑水水出佛坪廳西楊
家溝口合正河水北流折西經渡船口馬黃溝
水自鳳翔府寶雞縣來南流注之折南經洋縣
西北又西南經城固縣北右納牛尾河高溪河
水碓河屈東南左納小北河又東南注漢水漢
水又東經洋縣西南沙河口右納小沙河左納
溢水又東經縣治西瀼水一名鐵冶河南流注
之又東左納大龍河右納東谷河大沙河合流
水又東經沙河鋪右納桃溪水又東北西水出
佛坪廳西南興隆嶺合金家灣月兒灣諸水東
南流注之又東北金水河自佛坪廳南流注之
又東折南左納一水又南經西鄉縣東北受子
午河河上流曰椒溪出佛坪廳東東南流蒲河
亦自廳東南出界復西流來注之又合西安府
甯陝廳之紋河南流錯入其廳及興安府石泉
縣界合長安河諸水復經縣東北為子午河西
南流注漢水漢水又東南經三花石受牧馬河
河出城固縣西南涼水井曲折東流經西鄉縣
西南右合舊私河折東北右合左西河又北龍
門河合私渡水邱家河東南流注之折東北流

右納豐渠河左納三里河又經縣治南東西龍
洞水合北流注之又東北左納清涼川水又東
北洋水自西鄉縣南西南流經定遠廳治南合
小洋河七里溝水折東北合碼磺溝白天河東
龍溪來會又東北左納神溪河又東北注漢水
漢水又東南左納帶小河右納白沔峽余家河
水曲折東流入興安府石泉縣界廣平河出甯
羌州西東南流經廣平河汛南入四川保甯府
昭化縣界縣河即故道川自鳳翔府寶雞縣西
南流入界合三岔河安河經鳳縣東北折西經
縣治北又西小峪河合大水溝水西南流注之
又西南左納二水又西流錯入甘肅秦州兩當
縣界野羊河出留壩廳西北紫柏山麓西北流
經鳳縣南右納東溝九天溝水左納馬黃溝麻
峪河水出界會之復經略陽縣東北白水江集
為白水江泥陽河自秦州徽縣來注之右納青
泥河又西南西漢水一曰犀牛江自甘肅階州
成縣合石門江來會又經縣西右納橫現河又
東南八渡河合九股樹河金池院河小渡河玉
帶河來會又南左納南夾門子水右納青白石

河。樂素河經甯羌州西。左納黑板椆河。右納上清河七道水。又西南入保甯府廣元縣界。爲嘉陵江。黑水河出佛坪廳東北。東南流折東北合蟒河八斗河。又東北入西安府盩厔縣界。高川河出西鄉縣東。東流亦入石泉縣界。楮河二源出定遠廳東北。合諸小水南流折東。左納星子河。又東偏溪河東西二源合東南流注之。又東北入興安府紫陽縣界。雙北河出定遠廳東南。合黑水東南流與北河並入紫陽縣界。漁水二源出定遠廳東南。合西流經廳西南兩河口。會清水河西南流入保甯府通江縣界。巴水出定遠廳西北巴山。西南流經涼橋合數水與西鄉縣之菩提河亦並入通江鄉縣界。白巖河出府治南入保甯府南江縣界。府東界興安府。西界甘肅階州。北界鳳翔府。南及西南界四川保甯府。東南界四川綏定府。東北界西安府。西北界甘肅秦州。

欽定大清會典圖卷二百七

輿地六十九

興安府圖

延安府圖

榆林府圖

興安府圖

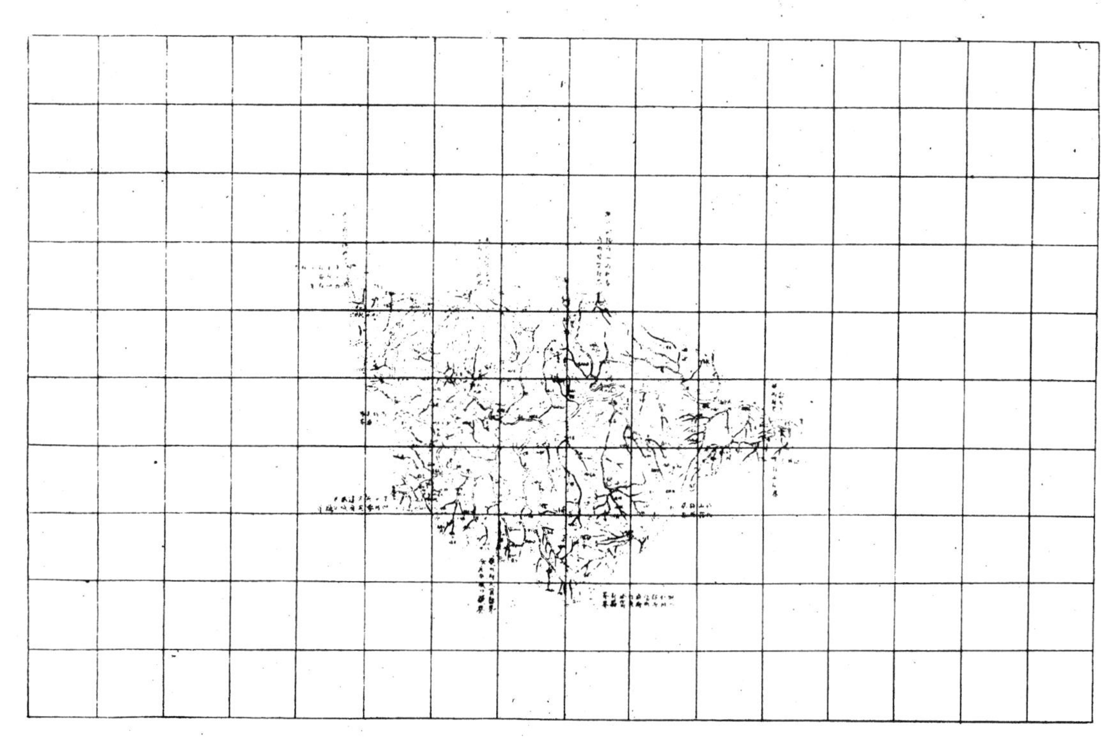

興安府在省治南六百八十里至
京師三千二百十五里領廳二縣六治安康東南平利西南甎平廳紫陽西北漢陰廳石泉東北洵陽白河漢水自漢中府西鄉縣東流入界經石泉縣西左納左溪河右納繒溪河又曲折東流經縣治西南受珍珠河河出縣東北馬皇嶺西南流大壩河合火地嶺水饒風河合太平河蒲溪水合南流注之又南注漢水漢水又東南經縣東南左納紅河又南經蓮花石池河自西安府甯陝廳來合二小水西南流又合沙河蔡家河折西流注之又南油坊坎水合中壩河東流注之又南右納張家河左納楊明溝水又東南經漢陰廳西南富水河自漢中府西鄉縣來東南流注之大張河西流注之又經木梓河口木梓河自漢中府定遠廳來北流折東注之左納一小水又東南經紫陽縣西北漢王城又東南沙坪河上承牛溪河林木河水西流注之又東南右納鰱魚河左納洞峪河又東南經縣治西南任河口受任河河自四川綏定府城口廳入界經縣西南木梅河口北流麻柳壩水自漢中府定遠廳來合紫溪河東流注之曲東北流右納青石板河又東北朱溪河合北河東南流注之又東北右納盤廂河左納漁溪河復右納遠溪河又東北東權河合內權河西北流注之又東北渚河自定遠廳來合小石河東流來會又東北注漢水漢水折東經縣治南曲東南流經縣東汝河上流為六道河自小界嶺合小南河南河西河北流注之又東經洞河口洞河上流為大北河出甎坪廳西南合小北河折西北流合八道河北流注之又東北經府治西南甎坪廳西北大道河出廳西南神田梁左合秀水右合神仙河經麻柳壩汎左納盤河為橫溪河又為大道河左合榨溪右合吳家河沙溝水西北流注之又東北右納小道河又東北經府治西南左納蒿坪河流水河易家河又折東南經嵐河口受嵐河河出平利縣南花池嶺下合讓水北流白沙河合泉河南流注之西北流右納白好河又經甎坪廳東南左右各納數小水又西北滔河出廳東南合西河浪河漳河北流來會又西北流經廳治西北左納四季河又西北經安康

縣西南右納大香河復西北流注漢水漢水曲折東北流經府治西南吉河自平利縣北流注之又東北受越河河出漢陰廳西分水嶺下合沐浴河觀音寺河梨園河墩溪觀音河東南流經廳治南右納板峪河又東南添水河上游為青泥河出廳北合梨樹河中河銀洞河南流來會又東南右納花石河曲折東南流經府治縣西北恆口堡恆水河出治西北燕子嶺合西河水東南流為黑水河又合自商州鎮安縣來之紫溪河折南流右合大河小河來會又東南經

縣西傅家河出洵陽縣西北合柴家河南流注之又東南注於漢水漢水又東北經府治北又東北受黃洋河河出平利縣西南上游為清水河合左洛河綫河湖河北流經安康縣東南縣河合北河西北流來會又西北注於漢水漢水又東北神灘河合琉璃溝水東南流注之又東北經洵陽縣西閭河口受閭河河一名澗水一名閭谷水出平利縣東七里山西北流經洵陽縣東南右合大小金河左河大小神河又西北經縣南受灞河河一名界溪河一曰沖河出平

利縣東關埡合石牛河連仙河西北流太平河出縣南合香河沙家河秋河東北流來會又北流右納平定河注漢水漢水又東北經洵陽縣治東受洵河河自商州鎮安縣東南流入界經縣西北仁河口仁河亦自其縣南流來注之又東南經兩河關乾祐河亦自其縣來合紅巖峽諸水西南流注之又東南經乾溪鋪乾溪河合包家河東南流注之又東南左納冷水河又東南注漢水漢水曲東流右納小棱溪大棱溪水又東經蜀河口受蜀河河即清水自湖北鄖陽

府鄖西縣來東南流經縣東北夾溝山右納茨溝水又東南右納白河又東南經龍家河口左納龍家河又東南流注漢水漢水又東經仙河口仙河水亦自鄖西縣來南流注之又東經白河縣西北其北為鄖西縣界冷水河二源並自縣西南合北流復合漫水河朱家河溝潭河裴家河大滚子溝水北流注之又東經月兒潭右納楊家溝水又東經馬虎溝馬家溝合三岔溝水北流注之經縣治北又東至清風溝受白石河河出竹山縣界嶺東北流右合大西溝水左

合田河水。又東北右合南岔溝水。折而東流。右納小白石河。又東經縣南藩溝口。右納小藩溝水。又東厚子河會諸溝水北流注之。又東折北左右各納數小水。又北紅石河合諸溝水來會。又西折北注漢水。漢水又東入湖北鄖陽府鄖縣界。洪石河出平利縣南化龍山。合諸小水東流經千山東北。受南江河。河上承大榆河出縣西南韓婆垭。合數小水東北流經鎮坪西南合乾州河。又西北澍河合太平溪諸水東流注之。又北左納竹溪河。右納二小水。復左納浪河來會。又東南左納洋溪。又東南入鄖陽府竹谿縣界。長安河自西安府甯陝廳來。西流經石泉縣西北至兩河口。椒西河合紋水自甯陝廳來會。又西南左合一小水屈西南流入漢中府西鄉縣界為子午河。府東北至東南界湖北鄖陽府。西及西北界漢中府。北界商州。南界四川夔州府。西北界西安府。西南界四川綏定府。

延安府圖

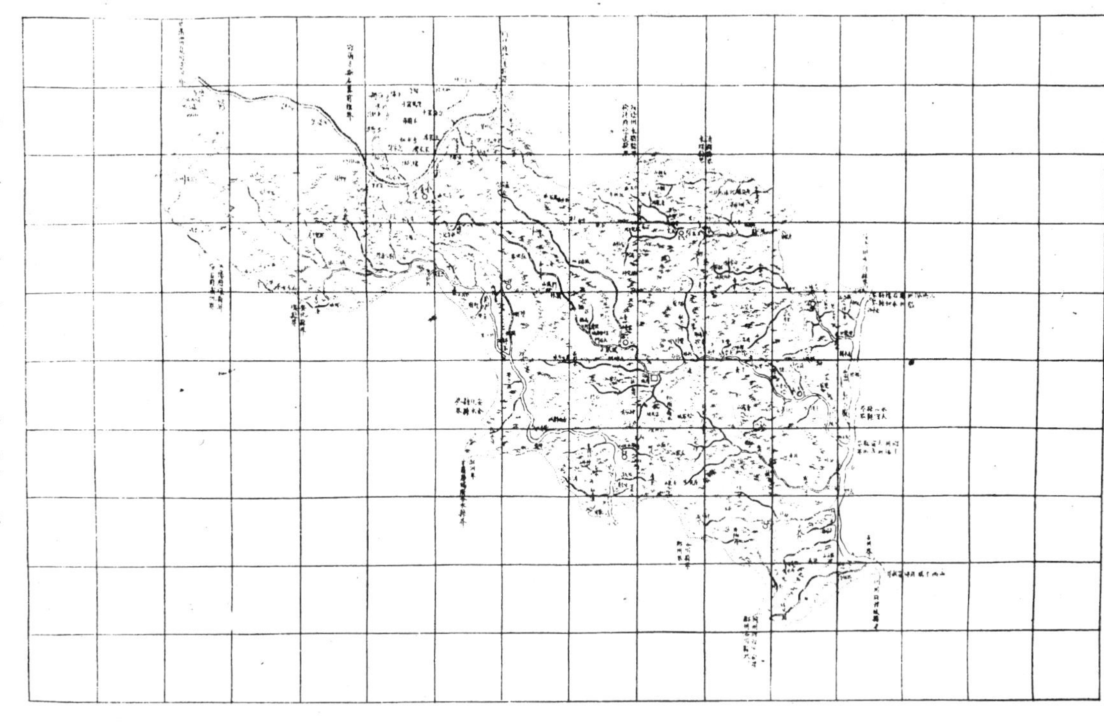

延安府在省治東北七百四十里至
京師二千二百里領縣十治膚施東南延長宜川西南甘泉東北延川安定西北安塞保安靖邊定邊

黃河自綏德州清澗縣緣界南流經延川縣東馬家渡其東為山西汾州府石樓縣界又南經延水關南土埋溝水東流注之其東為山西隰州永和縣界至老龍口西受秀延水水出安定縣西北山合諸山水東南流至唐家川黑牛川合諸山水來會又東南麻兒河合橋兒坪水東北流來會經縣治北又東左右各納一小水至瓦窰堡右納根水左納雨田山水又東經吳家鋪草班川三源東南流注之又東經丹頭城左納胡家溝水又東南錯入綏德州清澗縣界復南流經延川縣北清平川合郝家川白津川合流之水東北流注之又南站川合馬家南溝小水東北流注之經縣治東馬家巖水西南流注之又東南南河東流注之龍家河西流注之華子河合瓦村河東北流注之交口河二源出延長縣北獨戰山東北流注之又東注黃河黃河又南經宜川縣馬頭關其東為山西隰州大甯

縣界右納小清水河又南經禹王坪渡受延水
水即濯筋河出靖邊縣盧關嶺東南流經安塞
縣西北折而南經龍安鎮又南經縣治西杏子
河出靖邊縣南總管山東南流注之又東南經安
安塞縣西合北溝水東南流經保安縣北至
塞治南曲折東南流經府治西北西川水自保
安縣東流注之又經府治東北南河水合松樹
嶺杜甫川諸水北流注之又曲折東北流左納
豐林川水又東北清化水自安定縣南流經膚
施縣東北合牡丹川水來注之又東經延長縣
西左納烏陽川水經干谷驛南又東左納史家
河岳口川水屈東南流右納關子口水左納小
鋪原河經縣治南又東左納蘇家河水折東南
右納安溝水又東南經宜川縣東北注黃河黃
河又南過壺口其東為山西平陽府吉州界屈
西南流經柴家渡受麻洞川水水出甘泉縣左
家山東北流合馬家坪水又東北合趙家圪臺
水東南流經臨真鎮合庫兒川水又東南經宜
川縣雲巖山麓名雲巖河東流注黃河黃河又
南過孟門山至小船窠渡北受銀川水水出宜

川縣西經龍川鎮曲折東流丹陽川合南川東
北流來會又東合仕望川又東注黃河黃河又
南右納鹿兒川水又南經唐家灘右納白水川
水又南經八郎山麓折而東猴兒川自同州府
韓城縣來合其縣一小水東北流注之又東南流
入同州府韓城縣界洛河二源出定邊縣東南白
於山合東南流經鐵鞭城左納郎兒溝水右納
掌兒溝水又東南左納吳倉波水折東北左納
靖邊縣鳳凰寺河復東南白豹川自甘肅慶陽
府安化縣東北流注之又經保安縣西左納靖
邊縣梁家河水右納吳堡川水又東南周水自
靖邊縣飲馬坡合紅柳溝西陽溝水東南流經
保安縣西來注之又東南右納要子川瓦子川水
又東經安塞縣西南甘泉縣西北右納甘泉縣
自修川水折南北河合阿伏斤水西流注之又
南右納美水左納清泉山水又南左納漫漲河水
右納紅土溝水又南入鄜州界三山水一名耿家
河在定邊縣南自甘肅甯夏府靈州界東南流
合劉家畔水又東南黃家泉水合姚家津水東
北流來會又西南流入甘肅慶陽府環縣界紅

柳河把都河並出靖邊縣西合北流入鄂爾多斯旗界。莜麥河出靖邊縣東莜麥城下。合石頭溝水東北流經鎮羅堡。月牙河西北流來會。又東北出邊城折東入榆林府懷遠縣界為圁水。寺灣河大理河並出靖邊縣東北。東流入懷遠縣界。懷寧河即走馬水。出定安縣西北高柏山。合樓岔河鐵家峁河南後溝水。東流入綏德州清澗縣界。東溝亦出縣東北。東入清澗縣界。府東界山西隰州。西及西南界甘肅慶陽府。北及東北界綏德州。南界鄜州。東南界同州府。西北界甘肅寧夏府。

榆林府圖

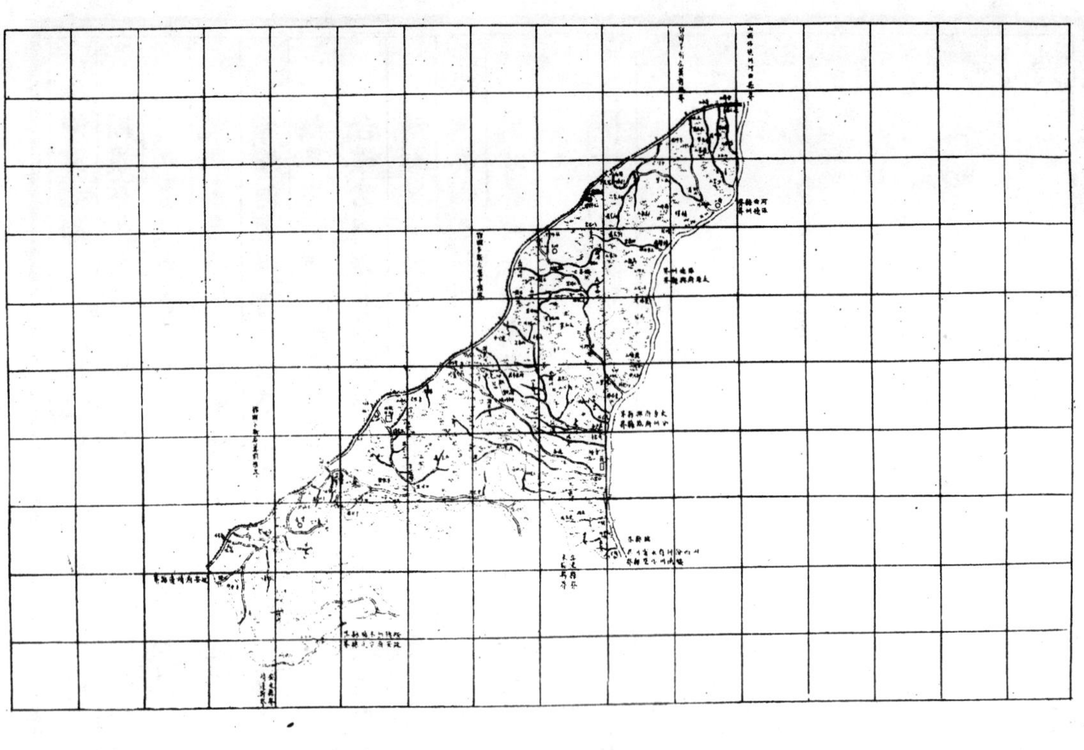

榆林府在省治東北一千三百五十里至京師一千七百五十三里領州一縣四治榆林東南葭州西南懷遠西北神木府谷黃河自鄂爾多斯左翼前旗緣界南流經府谷縣東北其東為山西保德州河曲縣界黃甫川自黃甫口南流注之清水川二源自清水口合南流注之又西南經縣南其東為山西保德州界西受孤山川川自西北邊牆入孤山口西南流經縣西北合鎮羌水麻家溝郝家山合流水折東南經孤山堡東南合木瓜川又東南注黃河黃河又西南石馬川出神木縣響石巖東南流注之又南經神木縣東南紗帽頭其東為山西太原府興縣界右納窟野河河上源曰烏蘭木倫自鄂爾多斯左翼中旗東南流入界經神木縣西芹河東南流注之沺滄河西南流注之又南大柏油河東流注之又東南至小川岔東柏林河合小西河東流注之燕子峪水西流注之又東南注黃河黃河又西南經葭川東北又納西豆谷水彌勒川水其東為山西汾州府臨縣界又南受禿尾河河即吐渾河自邊牆流入經神木縣西南左

納永利河右納一小水又經葭州北左納永興
川右納四字川開花川又東南左納佛堂岔水
右納鹽溝水又東南注黃河黃河又南右納泥
河水又經州治東受葭蘆川川一名沙河自邊
牆流入經府治東北東南流左納寺兒灣水右
納謝家溝水又東南五女川合唐家溝水東流
注之又東注黃河黃河又南烏龍水出州西天
地窪東流注之背干川經店頭鎮東流注之又
東南荷葉川自綏德州米脂縣來東流注之又
南蝦蟆水自綏德州吳堡縣來合康家港水東
流注之又南入綏德州界無定河上流曰額圖
渾河一曰奢延河又名滉忽都河自鄂爾多斯
右翼前旗東流入界經懷遠縣北東流右納子
坊溝水波羅堡水左納硬地梁水折東南右納
黑木頭河柿子河水經府治南魚河堡清水河
一名西河即榆林河自邊牆流入經府治西北
合三岔河芹河經治南合駝山水馮家溝張家
溝小沙河董家灣白家溝水東南流注之又東
合數小水經鎮川堡東南流入米脂縣界圓水
自延安府靖邊縣東流入界經懷遠縣西南合

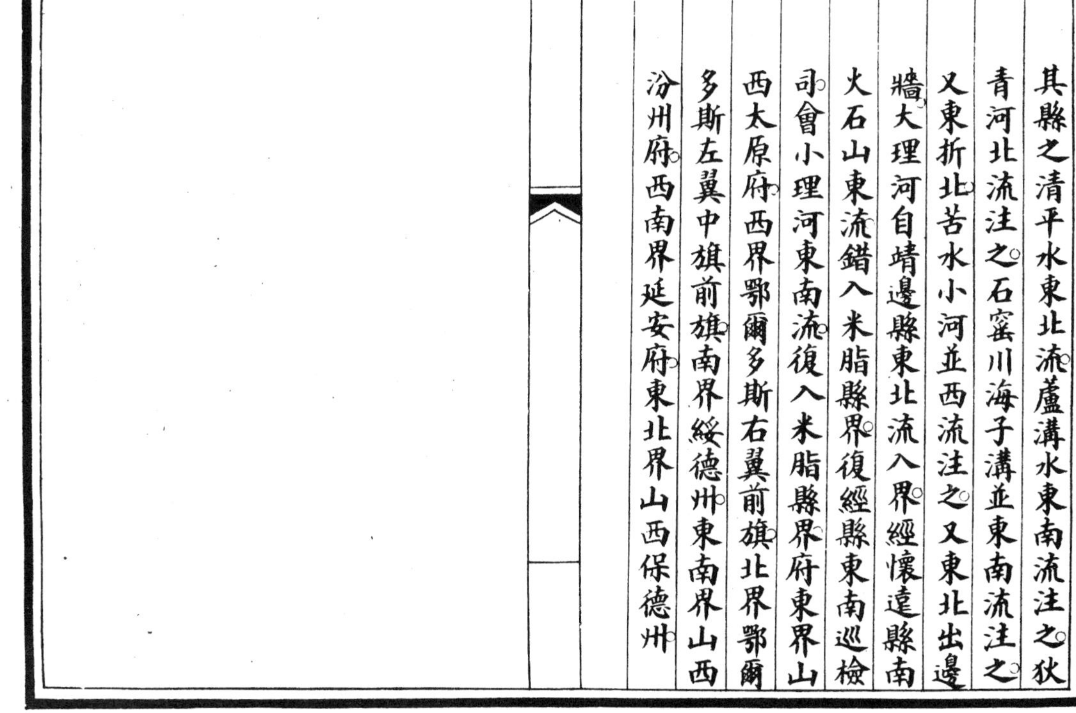

其縣之清平水東北流蘆溝水東南流注之狄
青河北流注之石窑川海子溝並東南流注之
又東折北苦水小河並西流注之又東北出邊
牆大理河自靖邊縣東北流入界經懷遠縣南
火石山東流錯入米脂縣界復經縣東南巡檢
司會小理河東南流復入米脂縣界府東界山
西太原府西界鄂爾多斯右翼前旗北界鄂爾
多斯左翼中旗前旗南界綏德州東南界山西
汾州府西南界延安府東北界山西保德州

欽定大清會典圖卷二百八

輿地七十

商州圖

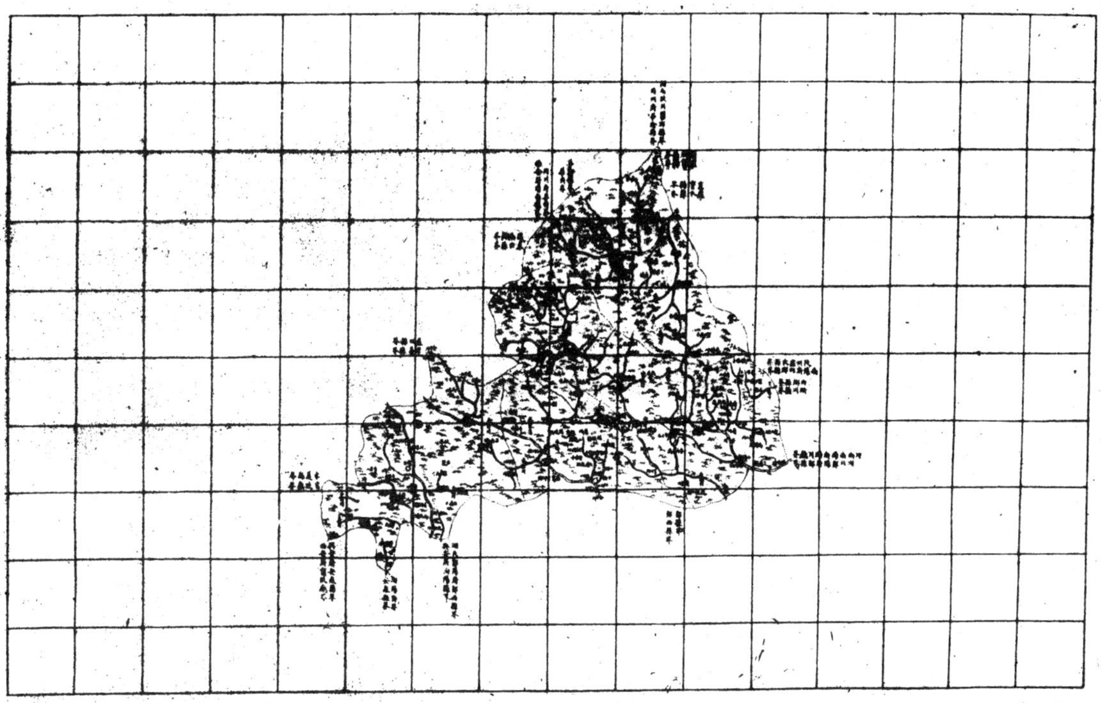

商州在省治東南三百里。至
京師二千六百里。領縣四。東南山陽。商南。西南鎮安。東北雒南。丹河一名丹江。出州西北秦嶺東麓。合老君谷水洪門河泥谷水東南流。經西砭清池水會荆川水泉村水板橋水桃岔河十九河東南流注之。又東南。經州治西南為西河。林岔河自西安府藍田縣來東流經州西。合乳水軍嶺川上秦川五谷川東流注之。又東南楚水二源合東北流注之。又經州治南左納大面河大張河會谷河。曲折東南流。右納大谷河。又東南經商洛鎮。又東南老君谷水自雒南縣西南流經伯牙山麓。又西南流注之。又東南。左納資谷河水。又東南經竹林關。銀花河自山陽縣曲東北流注之。又東南為兩河。又東左納背谷水右納廟臺子水。又經商南縣西南。武關河出雒南縣東南。合巒莊河鐵谷水曲南流注之。又東南經商南縣西南徐家店受清油河。河出雒南縣東南花獐坪。合靳家溝水捉馬溝水南流注之。又東南經縣南。縣河二源並出縣東北。合南流左納赤地街水右納索谷河水。西南流注之。

又東南經湘河街○右納湘河○又東經梳洗樓○入河南淅川廳界○雒水源出雒南縣冢嶺山○東南流合丹水○又經保安衛南元扈山北○左納文谷川又東經縣治北○門水會東西桃坪水東南流注之○縣河出縣西南東北流注之○又東右納沙河○又東爲坪河合乾澗水常水南流注之○又東右納故縣川○東北流左納靈水○又東北要水出雒南縣東南蟒嶺○合大石河蟒嶺水東流折北注之○又東入河南盧氏縣界○金井河自西安府孝義廳東南流○經鎮安縣東北○至馬家臺東○左納菜谷水小河水○折而西南○社川河亦自其廳來東南注之○又經山陽縣西南○左納牛耳川○又東南受色水○水即磭關水○出州治南劉嶺○安武水亦出州治南安武山○合南流爲平陽水○經山陽縣西○縣河合縣東小水西流注之○折西至桐谷街○桐谷水南流注之○折南至色河鋪○蔡家溝水東流注之○又南左納北溝水注金井河○又折西南○花水河上承鎮安縣巖屋河葦園水米糧川東流注之○又折東南○左納箭河漫川河○又南入湖北鄖陽府鄖西縣界○乾祐河亦自孝義廳入界○東南流經鎮安縣北乾祐故城○折而南流○經縣治東南右納縣河○又東南冷水河合攔馬河東流注之○又東南入興安府洵陽縣界○洵河亦自孝義廳來○東流經鎮安縣西南余師鋪○右合小任河○復東南流入洵陽縣界○大任河出鎮安縣西南二源○合東流經鮮魚溝○又曲折東南流出界注之○紫溪河出鎮安縣南紫溪嶺○南流入興安府安康縣界○紅巖河出鎮安縣東南○亦入洵陽縣界○滔河上源曰石柱河○出州東南石槽溝腦○合山陽縣軍川水○東流經商南縣西南○合布文溝水○又東折南入湖北鄖陽府鄖縣界○摩峪水出商南縣東北○西南流經富水關街○折東南爲黑漆河○入河南南陽府淅川廳界○藍水一作牧護關水○即灞水上源○出州西北秦嶺○西流入藍田縣界○商山在州東○州東及東北界河南陝州○西及西北界西安府○南界湖北鄖陽府○北界同州府○東南界河南南陽府○西南界興安府○

乾州圖

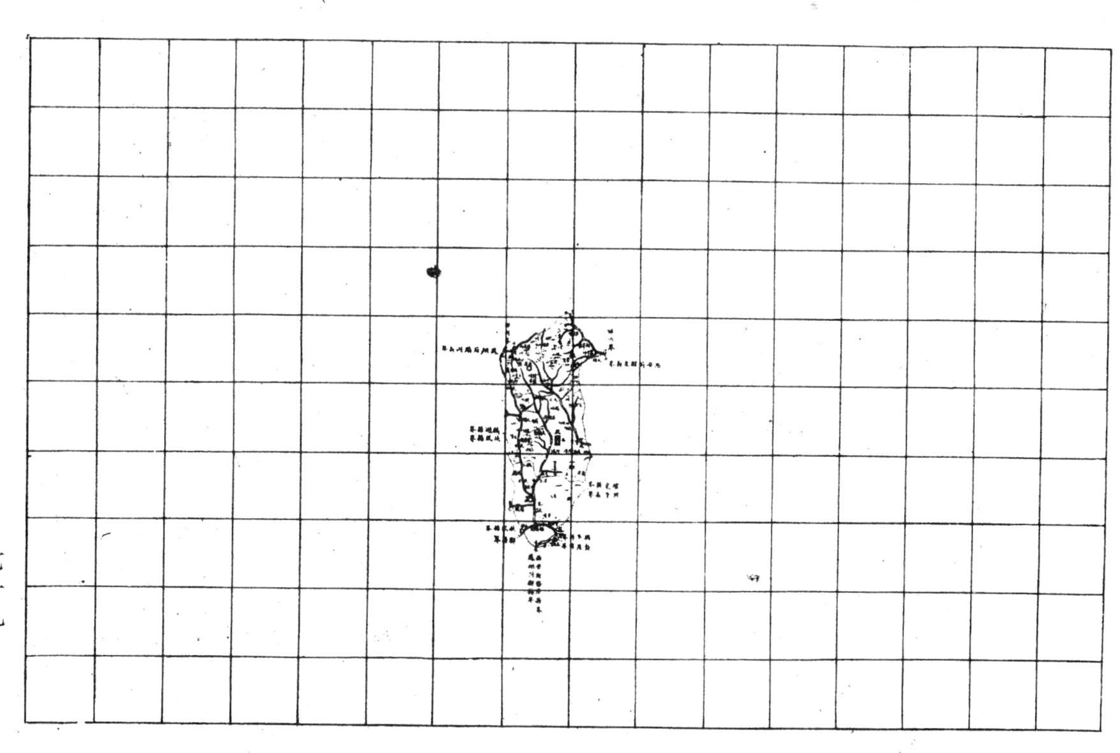

乾州在省治西北一百六十里至
京師二千六百九十五里領縣二西南武功西北
永壽渭河自鳳翔府扶風縣東流至橋頭渡受
武水水即杜水出永壽縣西南石牛山西麓南
流經縣西界又南經州西北其西為鳳翔府麟
遊縣界左右各納一小水復經永壽縣南為大
橫河又南為錦川河又南經州西為武水又南
經武功縣治東北二水寺受漢谷水水出永壽
縣西分水嶺南流經州西左納瓦子岡水吳店
溝水右納大橋溝劉家嶺合流水又南左納寶
泉寺水又南注武水武水又南經武功縣東南
毛家嘴漳水自鳳翔府扶風縣來東流注之又
南經橋頭渡注於渭河渭河又東經渭源村南
又東入西安府興平縣界泔水出永壽縣北分
水嶺東南流經縣治東又東南經九龍嘴左納
三源合流一水右納一小水又東南經州北左
納泔峪河又東南經田家坳左納注泔溝水又
東南經陸伯鎮東屈東流入西安府醴泉縣界
涇水自邠州東南流經永壽縣東北佛爺嘴又
東南經焦家嘴右納焦家河又東南經縣東胡
家嶺右納一小水又東南經窰子坪右納二源
合流一水又東南經大牌入西安府醴泉縣界
拜家河自鳳翔府麟遊縣來東北流經永壽縣
西北右合宿宿溝水又東北經縣北入邠州界
合宗家山水注於太谷水清水自西安府盩厔
縣東北流入界經武功縣東南又東流經陳家
號入興平縣界注於渭河州東至南界西安府
西及西南界鳳翔府東北至西北界邠州

邠州圖

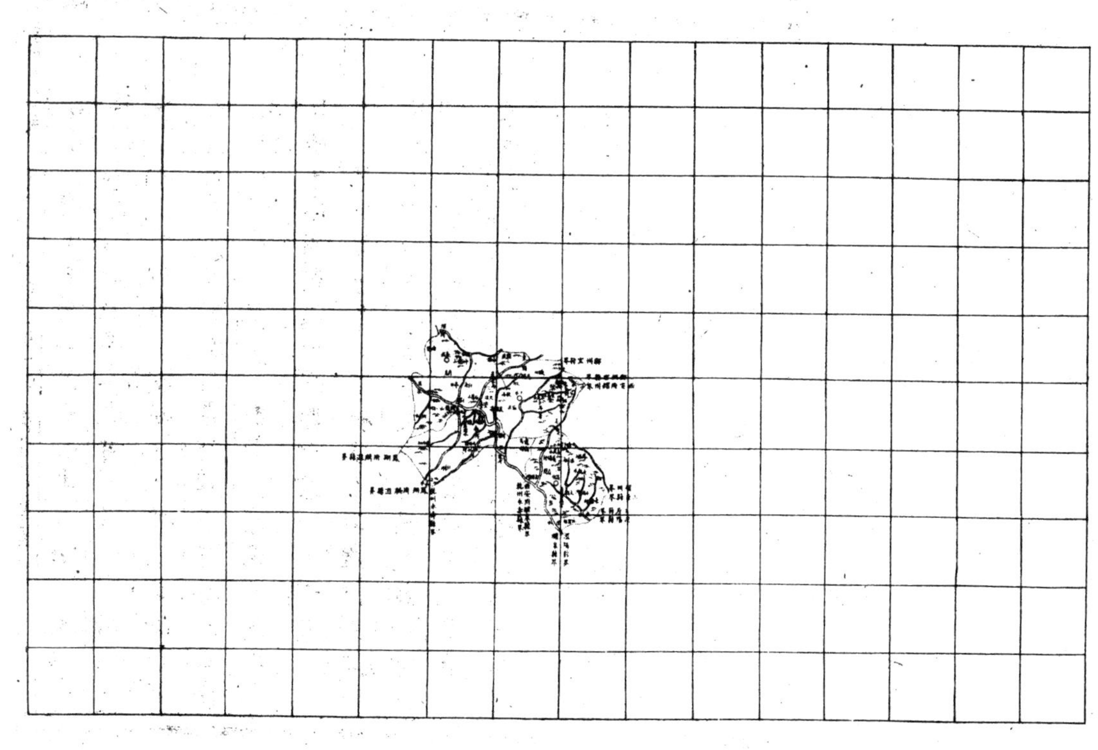

邠州在省治西北三百二十里。至京師二千八百五十里。領縣三。東南湻化。東北三水。西北長武。涇河自甘肅涇州緣界東南流。經長武縣北。又東南。其北為甘肅慶陽府甯州界。合其州之馬蓮河水。又東折南。經州西北彬子渡。折西南流入界。經長武縣東。又經縣南回龍山北。黑水亦自涇州來東南流。至合川口會其州靈臺縣來之汭水東南流注之。折東南經州治西北小莊西南。安化河自州西南黃白坳東北流。與甘肅鳳翔府麟遊縣之水簾洞水即漆水合流。復分。經安化溝來注之。又東南經高渠渡。又東南。蘆子川上流為皇澗水。自慶陽府正甯縣來西南流。經三水縣北。又西南來注之。又東南受水簾洞水。又東南右納洪龍河。又經州治北東南流。至治東南右納南河。又東南經州東茨店溝上游為過澗水。出三水縣北西南流注之。又東南經州東南斷涇渡。大峪河即拜家河。自乾州永壽縣來東北流。經拜家河鎮。又經大峪鎮東北流注之。又東南經程家川。汃水一名縣河。自鄜州宜君縣來。經三水縣東北分水嶺。左納連家河蒼耳溝水。西南流注之。又東南經湻化縣西金源堡。姜嫄河一名七里川。出三水縣東石門山。西南流經湻化縣北姜嫄河村。又西南注之。其右為西安府醴泉縣界。又東南經湻化縣南與甯堡入西安府醴泉涇陽二縣界。治水亦名縣河。一名臨江潭。一名龍潭水。出湻化縣北蝎子掌山石硤中。南流經治東。左納走馬水。右納葫蘆河水。又東南流。左納小泥河及米倉溝水。又西南入涇陽縣界。州東及東南界西安府。西界甘肅涇州。北及西北界甘肅慶陽府。南界乾州。西南界鳳翔府。東北界鄜州。

鄜州圖

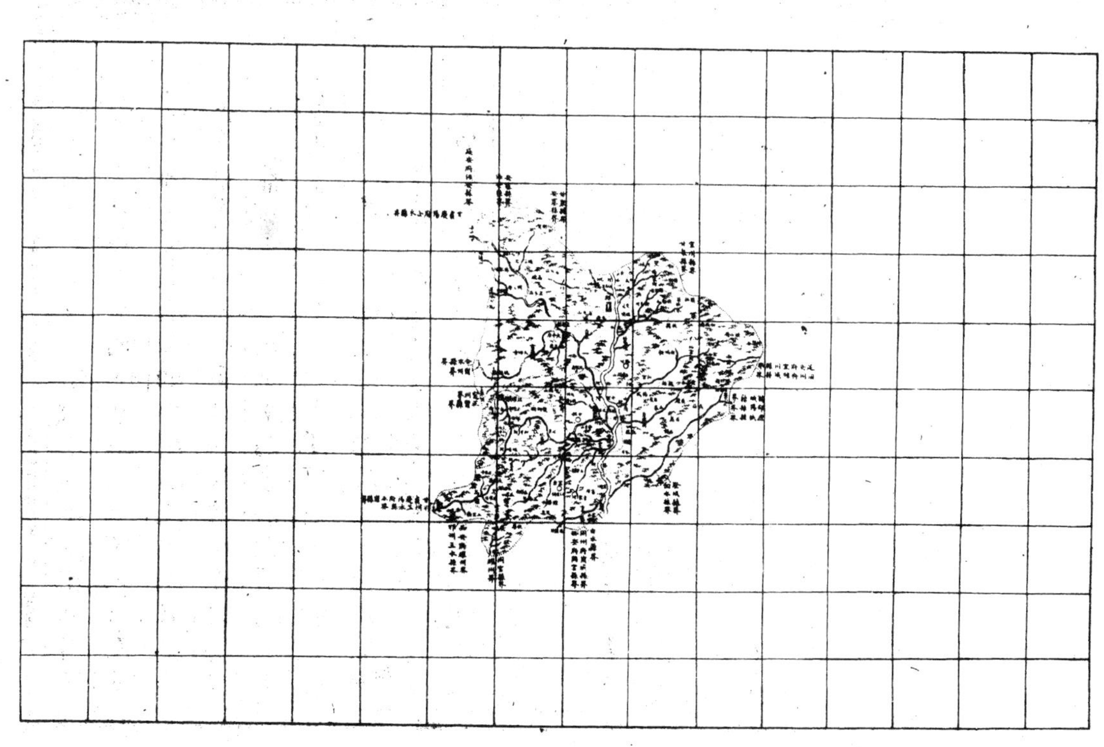

鄜州在省治東北五百五十里。至京師二千五百里。領縣三。東南洛川。西南中部宜君。洛水自延安府甘泉縣南流入界。經州治北。采銅川亦自其縣來合紙坊河。東南流注之。又南牛武川合楊家河西南流注之。經州治東。又南經峪口廟西。水合關撫水西南流會街子河來注之。又經洛川縣西。左納杜家河。經縣西。又曲折南流受華池水。水即清水河。自甘肅慶陽府合水縣東南流入界。經州西。左納碾盤溝水。又東南黑水即葫蘆水合碾溝川水東流注之。屈東南會道河合直羅川東北流注之。又東南經張村驛北。石炭溝水二源合東北流。復分二支來注之。又東南左納三川水。又東南注洛河。洛河又東南受沮水。北支水出中部縣子午嶺北。合諸小水東南流經太白山麓。至宜君縣西北。合碾碢河。俗名長祥河。折東流。右納柳芽莊河及一小水。又曲折東南流。桃渠川合數小水東北流注之。折東北經中部縣南。慈烏河上承玉華水及纏帶峪水東北流注之。經縣治南。又東北左納泥峪河及一小水。又東北經上官村

分為南北二支。並注洛河。洛河受沮水北支。遶老河灣曲南流。左納仙宮河黃連河。又西南受沮水南支。又東南右納香川水。又東南五交河出宜君縣東。二源合東北流注之。又南經宜君縣盤龍村。雷源鎮水上承西安府同官縣之石盤川東北流注之。又南韋津河出洛川縣東硃砂嶺。合屈家河西南流注之。又南入同州府白水縣界。南川水出洛川縣東神泉村。合一小水東流經阿羅谷。入延安府宜川縣界。馬蘭水三源並出宜君縣。一出石底子諸谷。一出大環溝。一出金水溝。合西南流經馬蘭鎮。左納五里橋水。又西南流入邠州三水縣境。姚渠川水出宜君縣西姚渠街東諸谷中。合東南流入西安府耀州界。州東至西北界延安府。西界甘肅慶陽府。南及東南界同州府。西南界西安府邠州。

綏德州圖

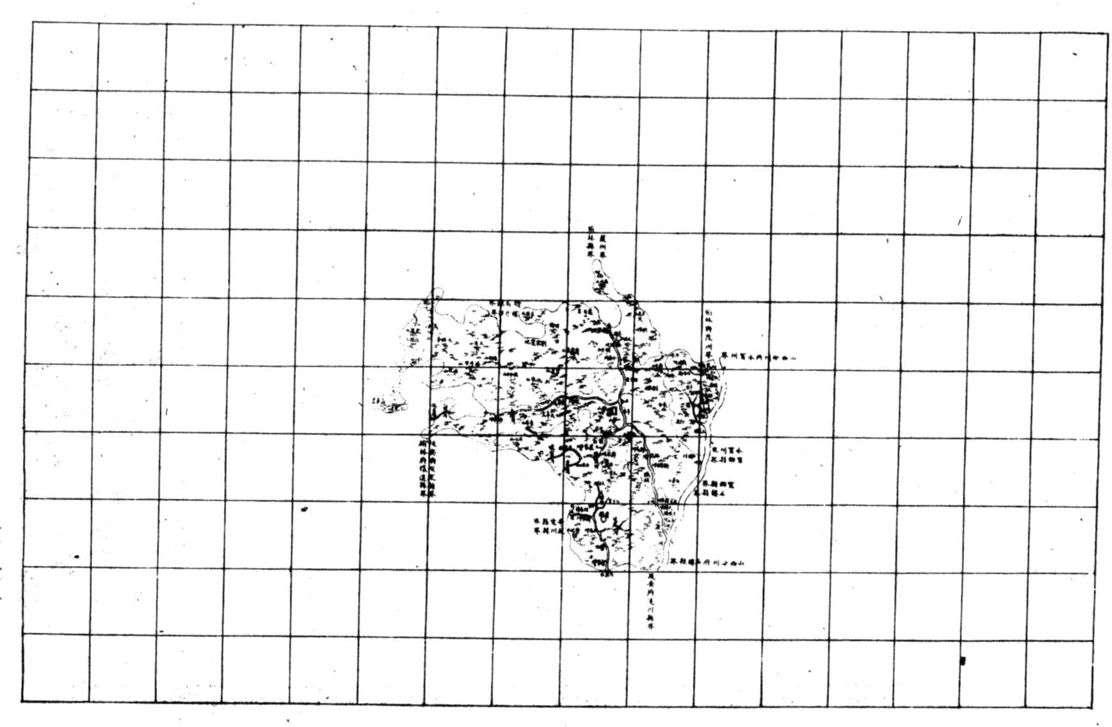

綏德州在省治東北一千一百里至
京師一千八百六十五里領縣三南清澗東吳堡北米脂黄河自榆林府葭州緣界南流經吳堡縣東北盤龍嶺又東南經川口鎮右納戲龜洲水其東為山西汾州府永寧州界又東南經橫溝東又西南經火燒山麓右納柳毫溝水經縣治又西南右納相公泉水又西南經宋家川東南清水溝合馬跑泉東南流注之又東南經州東南石堝村西南流經西河驛其東為汾州府寧鄉縣界又西南經清澗縣界首鎮東其東為汾州府石樓縣界又西南經河口東受無定河河自榆林府榆林縣東南流入界經米脂縣治西又南經州治東北大理河小理河並自榆林府懷遠縣來經米脂縣西南境合東流注之又南流經州治東東南流懷寧河自延安府安定縣來合其縣之東溝水東北流注之又東南經川口鎮又東南注於黄河黄河又西南入延安府延川縣界秀延水即辱水一名清澗水又名吐延水自延安府安定縣東流入界經清澗西三角坪北士子河合一小水南流注之折而東南經縣治西又東南左納坡底河水又南經營田鎮又南復入延川縣界州東及東南界山西汾州府西至東北界榆林府南界延安府

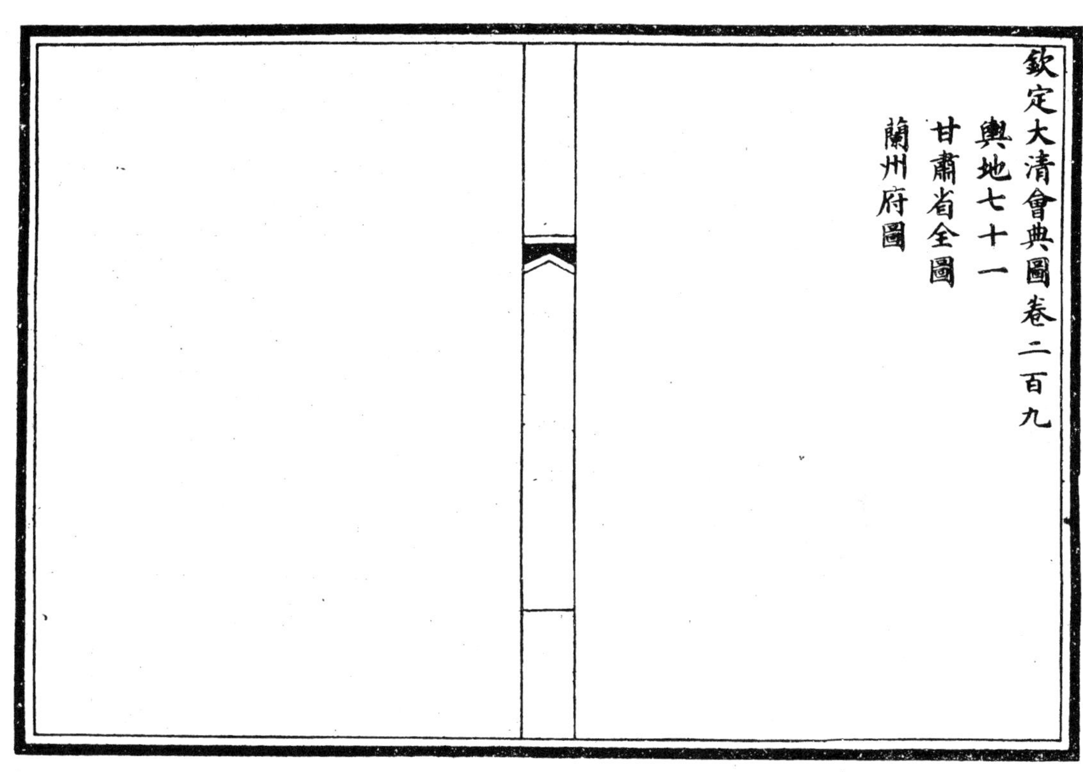

欽定大清會典圖卷二百九
輿地七十一
甘肅省全圖
蘭州府圖

甘肅省全圖一

中

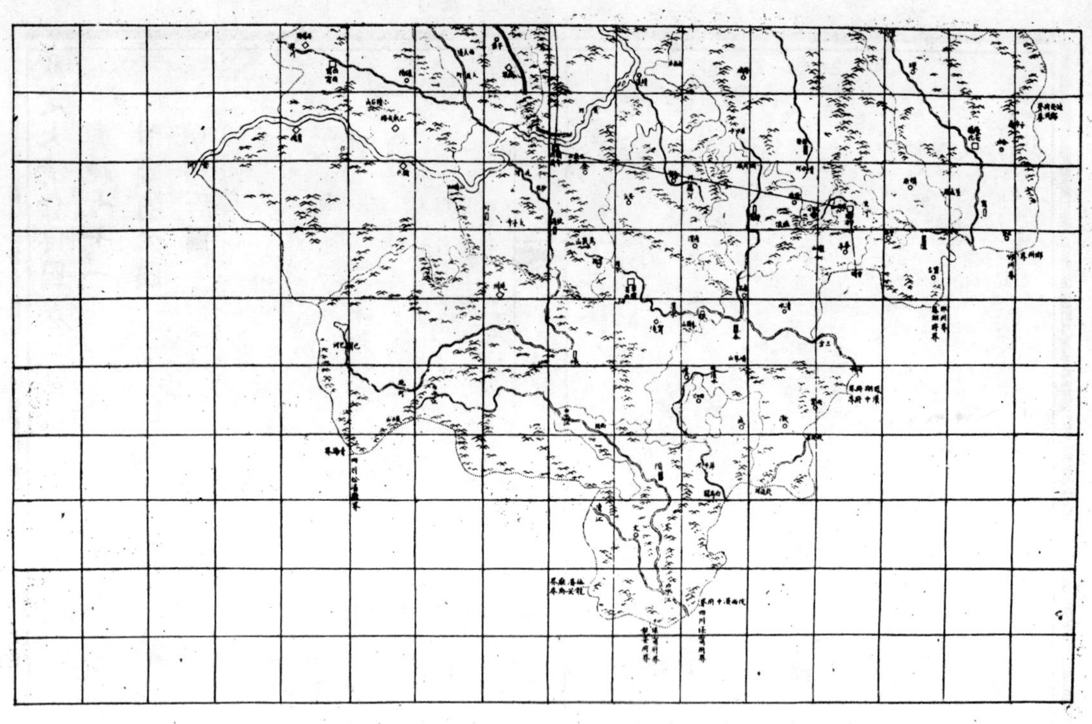

甘肅省全圖二

北中一

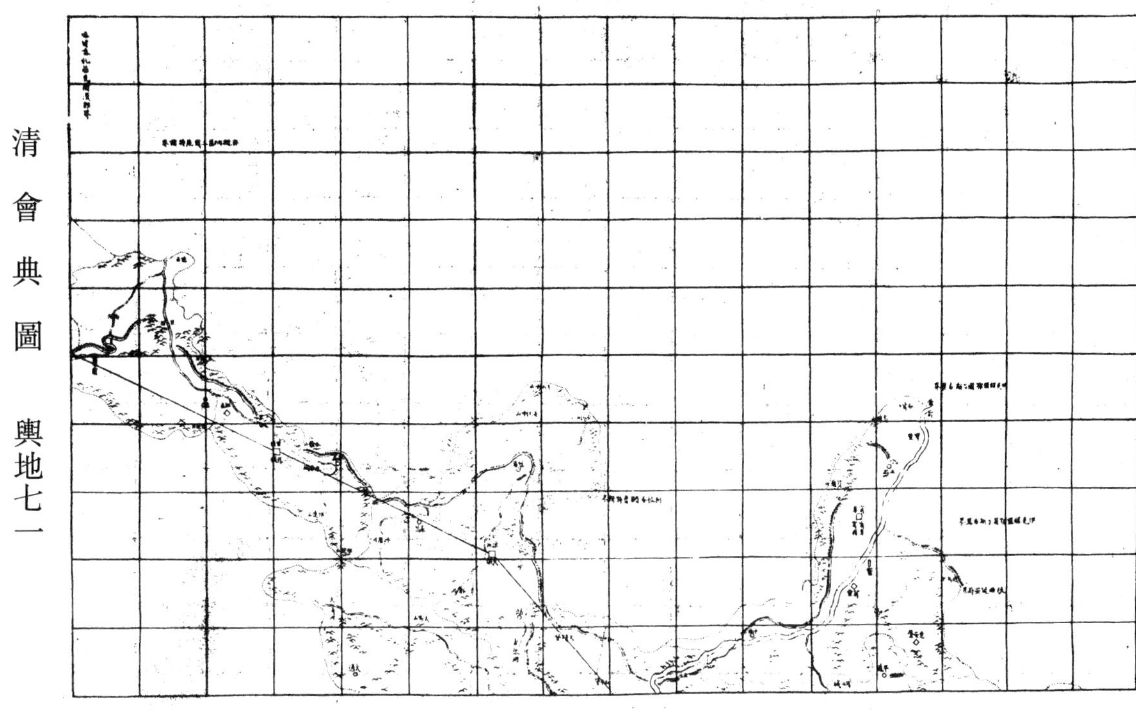

甘肅省全圖三

北一　右一

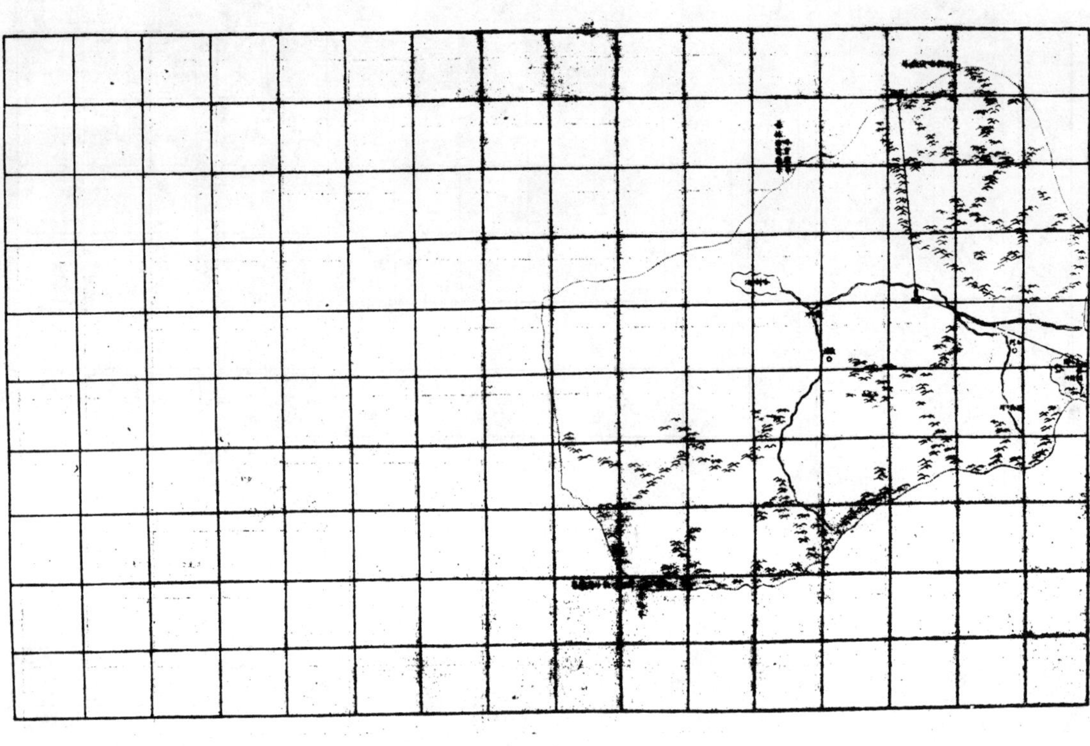

甘肅省在
京師西北蘭州府為省治陝甘總督甘肅布政司共治焉統府八廳一州六蘭州府東固原州慶陽府東南鞏昌府化平川廳平涼府涇州秦州階州東北寧夏府西北西寧府涼州府甘州府肅州安西州黃河自青海東北流經西寧府西南入境又經蘭州府西洮河自洮州廳東流折北注之大通河合湟河東南流注之又東北合祖厲河經寧夏府西南合清水河又東北入內蒙古鄂爾多斯左翼旗界涇水出化平川廳經平涼府及涇州北慶陽府南合環水入陝西邠州界渭水出蘭州府東流經鞏昌府北秦州北合苦水河東流折南入陝西鳳翔府界故道河自陝西漢中府西南流入境經秦州東南西漢水出州南西南流經階州東並入陝西漢中府界白水江出鞏昌府西南東南流經階州南合清江入四川保寧府界古浪河沙河水磨川並出涼州府北流入阿拉善額魯特旗界黑水即額濟納河出甘州府東南經府治北西北流至肅州東北合白河入內蒙古舊土爾扈特部界

疏勒河出安西州東南。西北流經州治北而西會黨河。潴為哈喇泊。東至陝西界。西至青海界。北至内蒙古阿拉善界。南至四川界。東北至内蒙古伊克昭盟界。西北至内蒙古額濟納外蒙古喀爾喀札薩克圖汗部新疆界。

蘭州府圖一

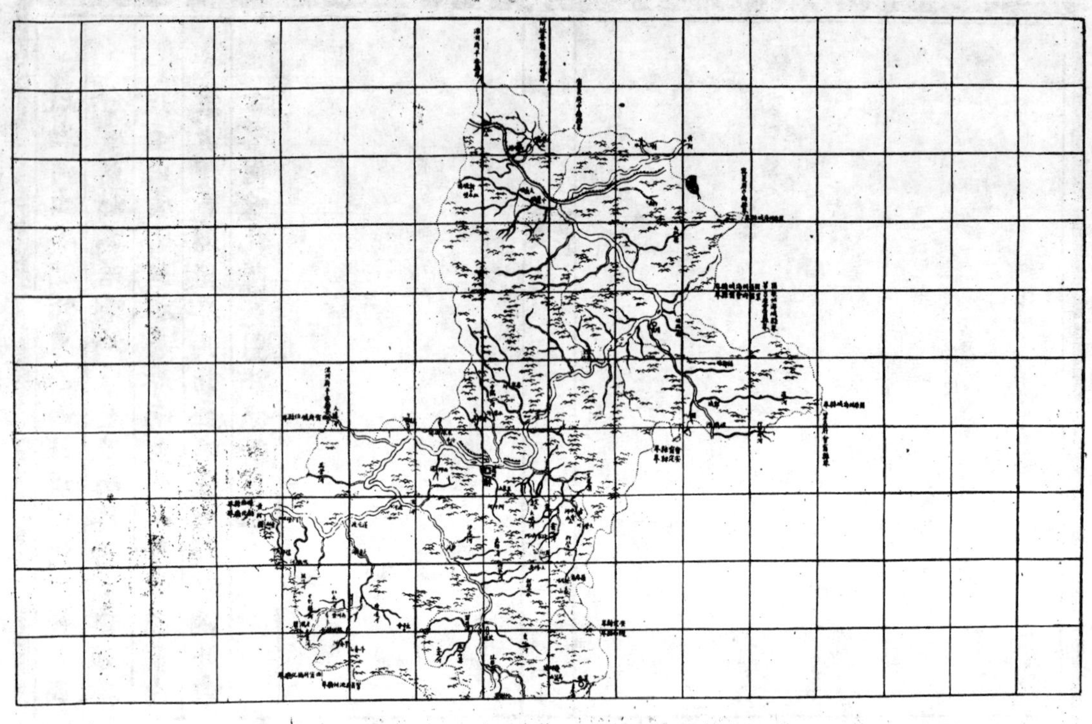

蘭州府圖二

南

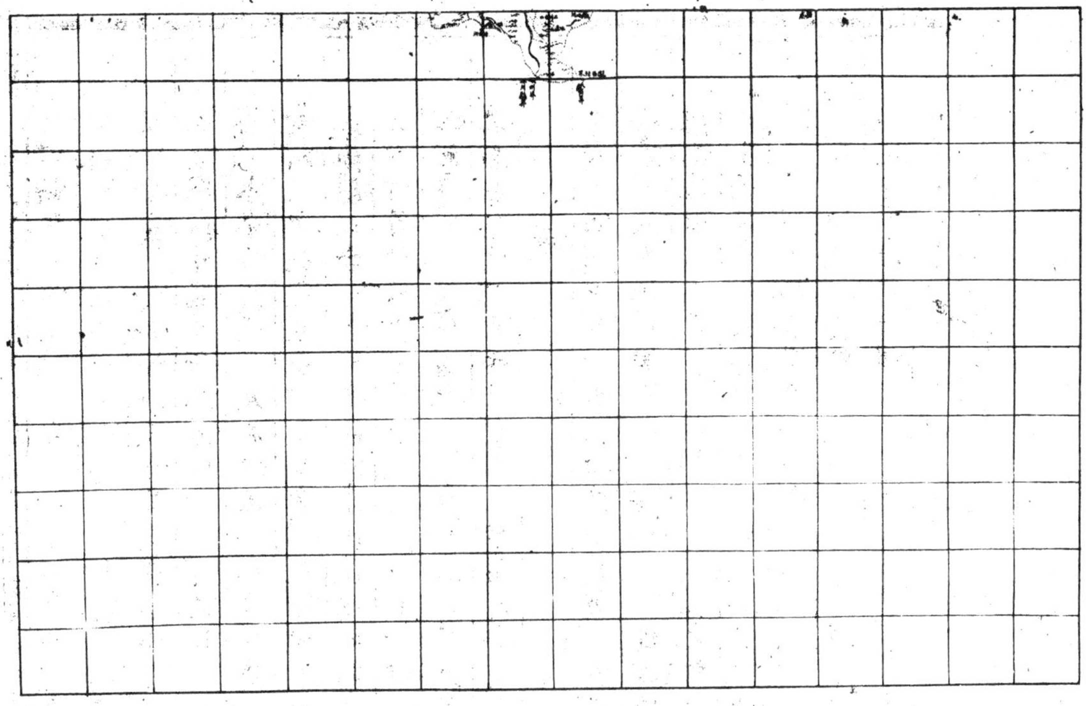

蘭州府為甘肅省治至
京師四千四里○領州二縣四○治臯蘭狄道州
東南金縣渭源東北靖遠○西南河州○黄河自
西甯府循化廳東流入界○經河州西北小積
石山北○右納樣卑河吹麻河銀川河○又東北
至蓮花渡受大夏河○河即古灕水○自西甯府
循化廳番地東北流入界○經州西右納槐樹關
河○左納老鴉關河紅水河○又東經州南○又東右
納牛脊河○折北流右納廣通河注於黄河○黄河
又東北至州東北洮河口受洮河○河自鞏昌府
洮州廳土司合治木河北流入界○經狄道州南
抹邦河合松樹溝水西北流注之○又北經州治
西而北○三岔河合麻山溝留川河東北流注之○
東峪河西北流注之○又北經河州東○西北流右
納打壁水土條溝水○又西北右納祁家河東結
河沙泥河及二小水○又西北注於黄河○黄河又
折西北流左納馬營河○又東北大通河合湟河
自平涼府平番縣來東南流注之○又東北莊浪
河亦自平番縣來南流注之○又曲折東南流右
納西柳溝水○左納米家沙溝水○又東南經府治

北右納阿干河。左納莫家溝水、埠河。折北至金縣西北，受龕峪河。河出金縣南馬銜山，東北流，左納徐家峽河、大峪河。又東北，大營川出縣東南胡麻嶺北流，合新營河，曰清水河。又北合黑炭溝水來會。又西北，左右納五小水，注於黃河。黃河又東北經皋蘭縣東北金縣北，蔡家河出皋蘭縣北，合一水及老鸛河東南流注之。又東北，左右各納數小水，至靖遠縣治西北，受祖厲河。河自鞏昌府會甯縣入界，東北流經靖遠縣東南，右納消河，又西北，關川自鞏昌府安定縣來會。又西北右納一水，又西北注於黃河。黃河又東折北，右納煙洞溝水，折西北，一水自打拉池來西流注之。又西北，右納一小水及大紅溝水，左納皋蘭縣北二小水。又西北，一水自皋蘭縣北境新敦溝合數小水東南流注之。又折東北，右納鉤溝水，左納喇叭水。又東北入甯夏府中衛縣界。渭水出渭源縣西鳥鼠山，東流經縣治南，又東南，清源河出縣西南五竹寺山、鍬峪河出縣西南池溝山，並東流來會。又東入鞏昌府隴西縣界。皋蘭山一曰五泉山，在府治南。鳥鼠山在渭源縣西。小積石山即古唐述山，在河州西北。府東至南界鞏昌府，西界西甯府，北界蒙古阿拉善額魯特旗，西南界洮州廳，東北界甯夏府，西北界涼州府。

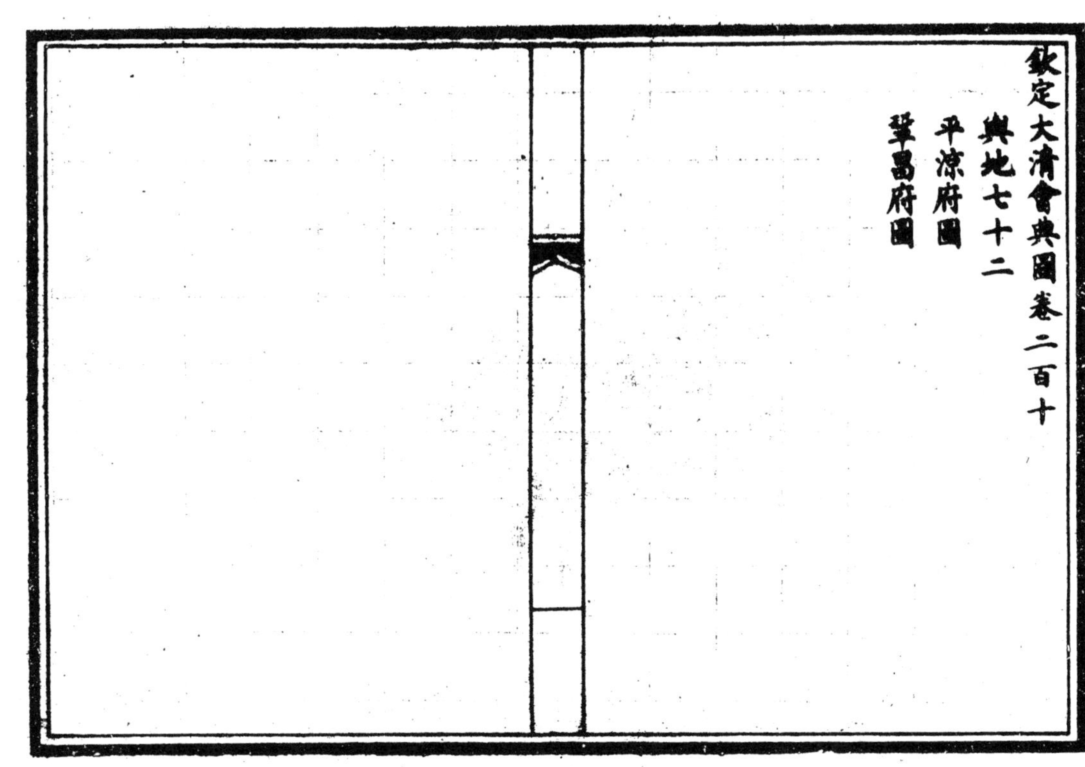

欽定大清會典圖卷二百十
輿地七十二
平涼府圖
鞏昌府圖

平涼府圖

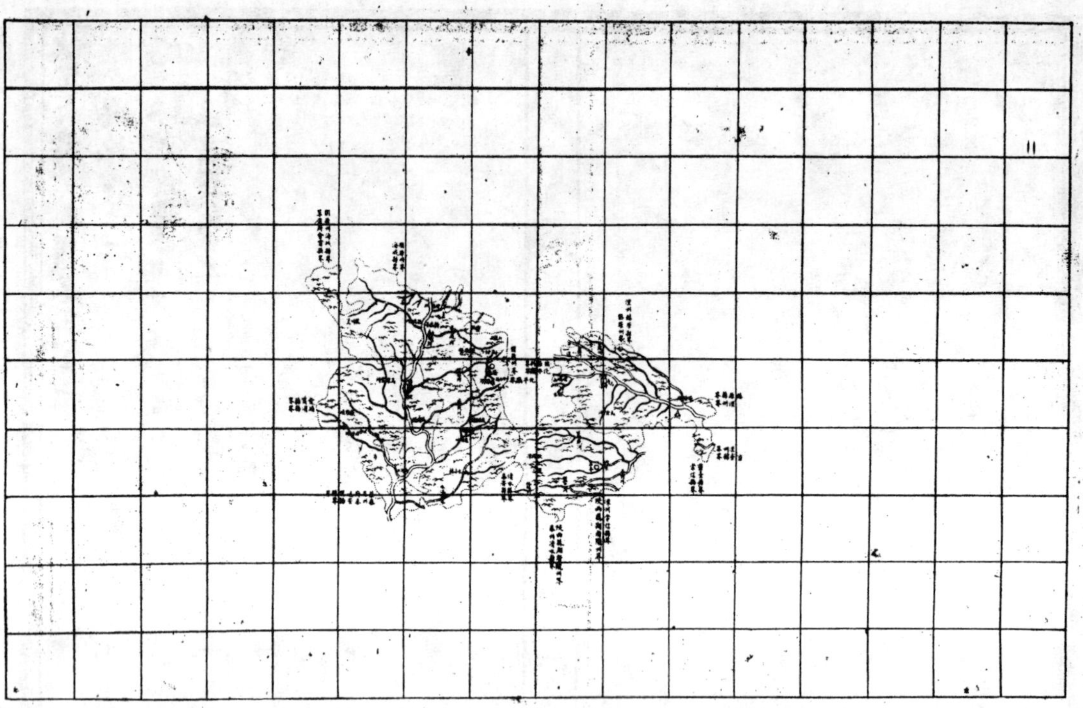

平涼府在省治東南八百一十九里。至京師三千一百八十五里。領州一縣三。治平涼。南華亭。西靜甯州隆德。涇水自固原州入境。東南流經府治北。橫水上承白巖河諸水自化平廳東流來會。經府治北又東南。右納大岔河及三小水。左納小盧河大盧河水。又東南復右納二小水。左納潘陰澗水。又東南入涇州界。汭河二源並出華亭縣西隴山。東流夾縣治相會東北流。策底河出縣西北合二水東流來會。又東南受五村川水。折東北流入涇州崇信縣界。盤口河亦出隴山。東流右出一支津東南流入涇州崇信縣界。左出一支津東北流為五村川。正渠又東南亦入崇信縣界。苦水河一曰長源河。自固原州南流入界。經隆德縣西北。一水自固原州來合。二小水西流注之。又南濫泥河出隆德縣西境龍川堡東流合三水東流來會。又東南紅城河上流曰各道河。出固原州靈湫合單樹堡水西流曰紅城河來注之。又西南右納二小水。經靜甯州治西受甜水河。河上流曰好水川。出隆德縣東北六盤山。合一水西南流底堡河

南源河合北流注之。又西合一水注苦水河。苦水河又東南高家堡川出州西北合二小水東南流注之折東左納威戎川又南底店川出州東。東南流經隆德縣之莊浪左合一水來注之。又西南至合河口。治平川合張家峽水東南流注之。又南受水洛川水。水出州東南山。合二小水西南流。略陽川水自華亭縣西南山錯經秦州清水秦安二縣界。合石峽口諸水西流來會。又西注苦水河。苦水河又南入秦安縣界。崆峒山在府治西。隴山一曰關山。在華亭縣西府東

及東南界涇州。南界陝西鳳翔府。西界鞏昌府。北及西北界固原州。西南界秦州。

鞏昌府圖一

中

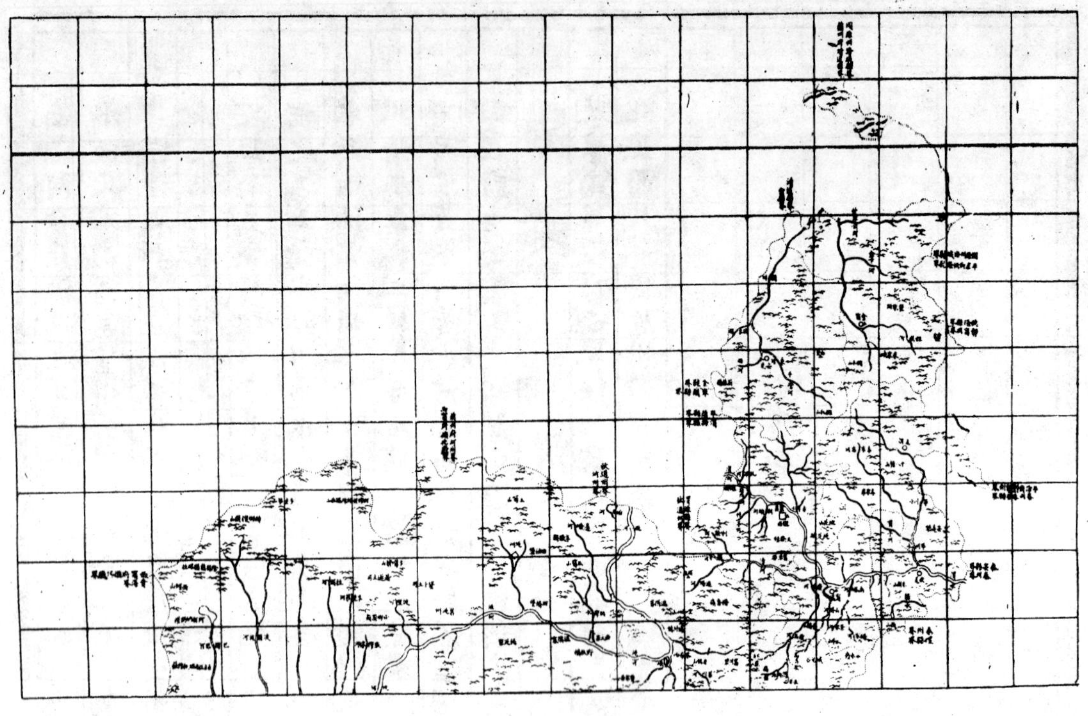

鞏昌府圖二

北

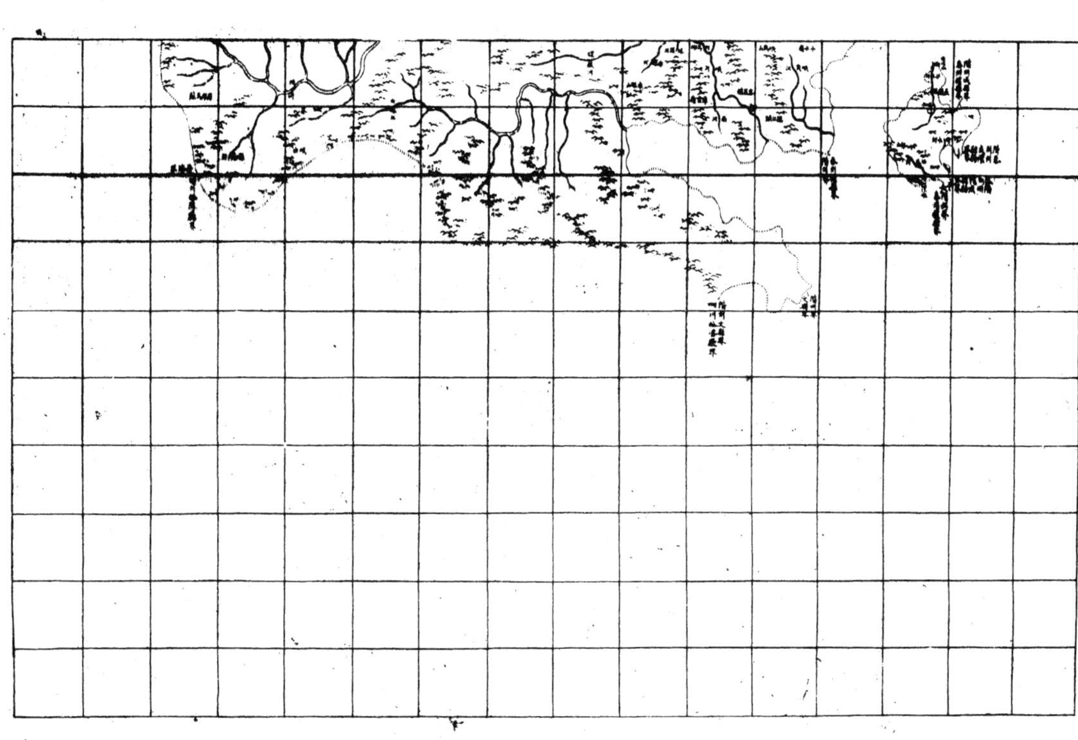

鞏昌府在省治東南四百二十里。至
京師三千九百二十一里。領廳一州一縣七。治隴西。東南甯遠伏羌西和西南岷州洮州廳西北安定。東北通渭會甯。渭水自蘭州府渭源縣東流入界。經府治西北。左納飢羊河。又東南右納廣陽河科羊河荆頭川。經治北。又東南。赤亭水自治東北合數小水注之。又至甯遠縣城西北出桃花峽。受漳河。河上源曰遮湯河。出岷州北崆峒山北麓。東北流合擦寸河喇能河。折東南經故漳縣南。至縣西北。廣吳河亦曰新興川上流曰良恭河。出岷峨山東北。合蕩川會閭井水馬滈水筍溝水紅崖水來會。又東北注渭水。渭水又經縣城北。山丹河出岷州城兒谷。東北流注之。又東。左納桃花山水。又東南。峪河上流為楊家河。合瓜牛山水。北流注之。又經伏羌縣西東流至縣北。華川水出通渭縣西北山。東南流。合李家店河貫川河來注之。又曲折東流入秦州界。籍水一曰洋水。出伏羌縣西南。亦入秦州界。洮河一曰巴爾西河。出洮州廳西北西傾山南流。折東。庫庫烏蘇波爾波河諸水東流多克

第河合拉爾河底穆塘河南流注之。又東北左右納三小水。又東經舊洮州南。又東經洮州廳南。左納玉笥山水。又東經岷州治北。牒藏河合車眼河綠園河東流折北注之。又北流至茶埠峪右合吉拉河。折西北復經洮州廳東。邊牆河東南流注之。又北流與其西冶木河並入蘭州府狄道州界。西漢水一曰鹽官河。自秦州西流入界。經西和縣北。橫水河自縣南北流注之。又西南錯入秦州禮縣界。復經西和縣南東南流。左受江底河雪水河。又東南入階州界。岷峨江出岷州東南岷峨山分水嶺。南流合一水。折東亦入秦州禮縣界。注於西漢水。白水江即墊江。為古桓水。上承四川松潘廳屬番地祥楚河。東北流入界。經洮州廳西南曲折東流。受諸溝水。折東南流入階州界。白龍江上源曰阿塢河。出岷州東南分水嶺。合荔川河南河曰岷江。東南流經臨江鋪亦入階州界。祖厲河出會甯縣東南山。北流折西經縣治南。一水出縣南米家峽北流來會。又北右納倉下河什字川河入蘭州府靖遠縣界。關川二源。一出安定縣東南界禪牧山北麓曰牛營河。西北流經縣城東曰東河。一出縣西南胡麻嶺東北流曰西河。至城北合北流。左納瑞麥澗水。折東北曰關川。經會甯縣西北亦入靖遠縣界。岷山在岷州西南。朱圉山在伏羌縣西南。府東及東南界秦州。南界階州。西界青海。北及西北界蘭州府。西南界四川松潘廳。東北界平涼府。

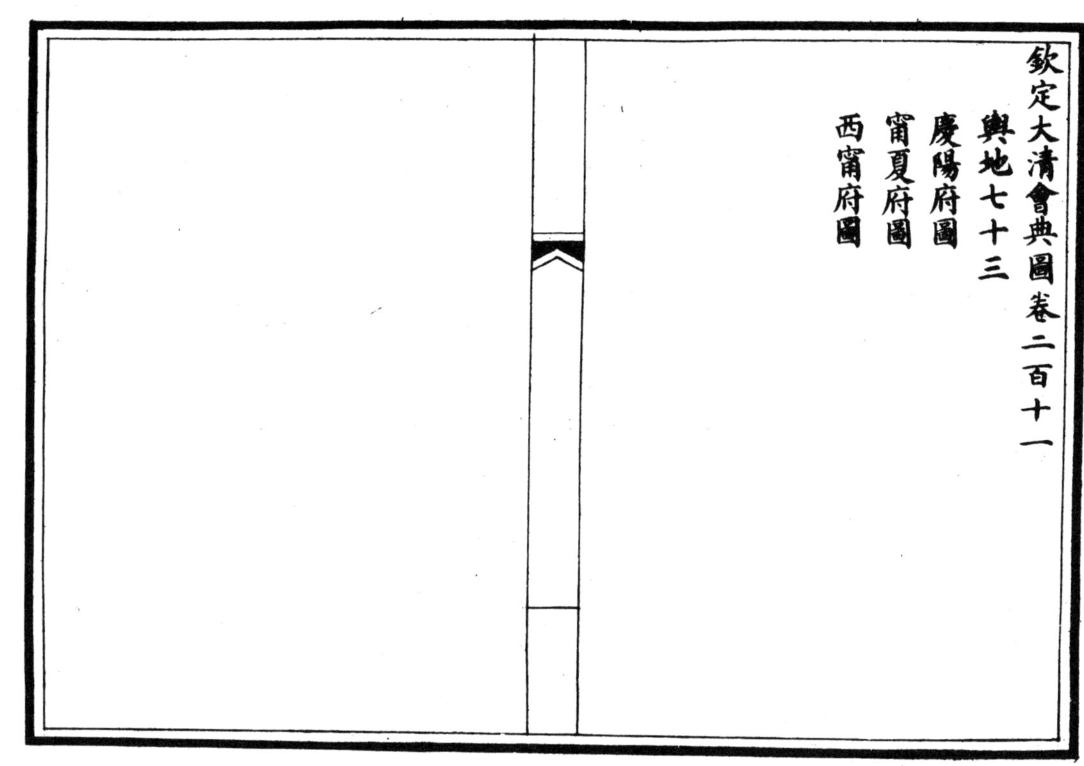

慶陽府圖

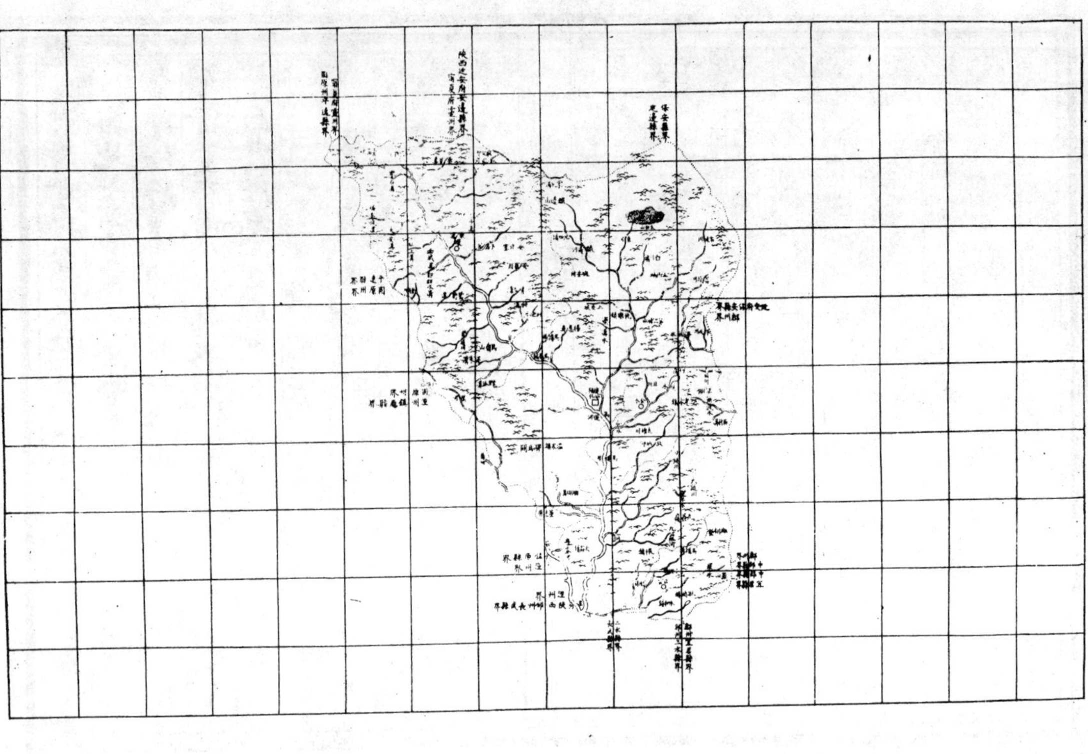

慶陽府在省治東一千八十里。至京師二千五百里。領州一。縣四。治安化。東合水。東南甯州。正甯。西北環縣。涇水自涇州緣界東南流。經甯州西南。茹水河亦自其州來合。冉家河南流注之。南岸為陝西邠州長武縣界。又東經州南會馬蓮河。河二源。並出府西北鐵邊山。合南流為鐵邊河。東河白沙溝西南流來會。至柔遠城西右納一水。左納柔遠川水。又西南。右納靈溝水。及左右各一小水。經府治南會環河。河出環縣西北。合響石溝蘆草溝耿家河大安溝

大中溝紅土溝東溝西城溝子房川鴛鴦溝安寨川青泥溝合道川倒座水野狐溝馬嶺溝楊集溝及一小水來會。又東南經合水縣西南。合水古曰烏雞水。亦曰建水。出縣東北子午嶺。合北川水瓦罐川水西南流注之。又南經甯州西北。故城河出合水縣東南。西南流注之。珊瑚溝合董志原溝水東流注之。又經州治西。大延川合白羊水會小延川西南流經治北來注之。九龍河合一水西流經治南來注之。又南羅水出正甯縣東北雕翎堡山。合馬造溝及一水西南

流注之。又南入陜西邠州界。荔原川出府治東。南流折東經合水縣東。北合平戎川為華池水。入陜西鄜州界。玉梅川出合水縣東北。苗村溝合廝波水出縣東南並東流出界注之。子午山在府治東北。府東至南界陜西鄜州西界固原州北界靈夏府。東北界陜西延安府。西北界固原州。西南界涇州。

甯夏府圖

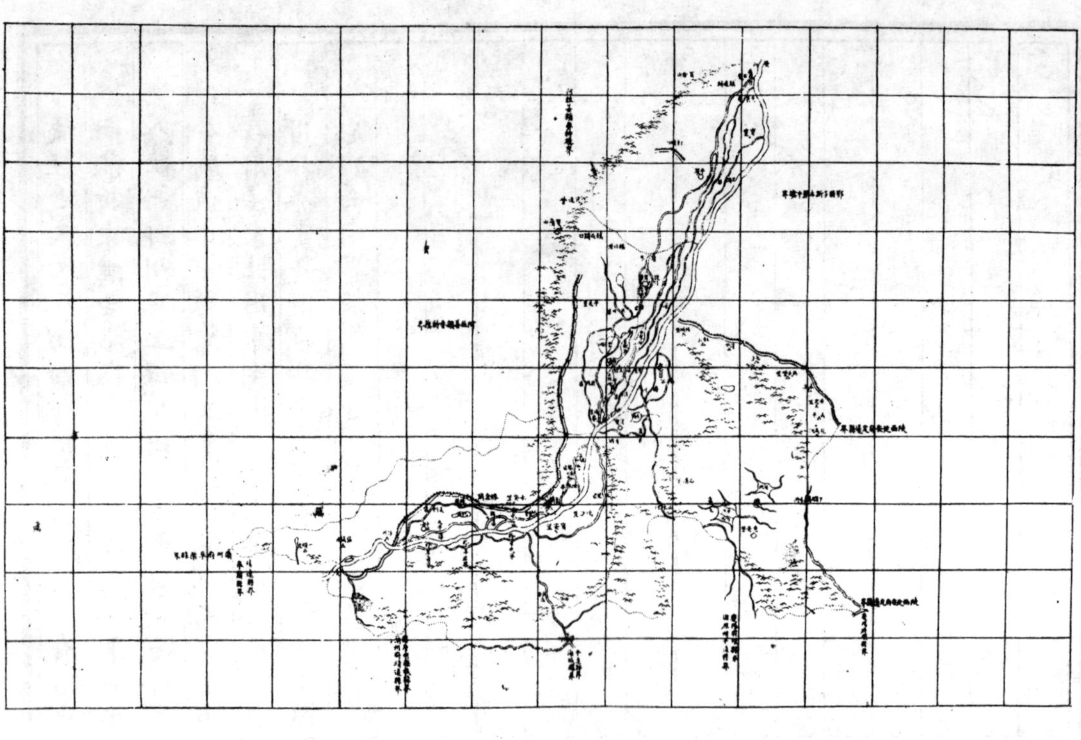

甯夏府在省治東北一千一百四十里至京師四千三十五里領廳一州一縣四治甯夏甯朔東南靈州西南甯靈廳中衛東北平羅黃河自蘭州府清遠縣東流入界經中衛縣西南右納一小水又東北支渠左出為美利渠為太平渠右出為羚羊角渠經縣東南右出為羚羊店渠又東復合諸渠經縣東左出為永興渠為勝水渠右出為羚羊夾渠清水河自固原州來西北流注之又東折北右出為七星渠左出為順水渠為豐樂渠經青銅峽北合諸渠東岸為甯靈廳西境右出為漢渠為秦渠山水河即澇河自靈州東南合一水北流錯經固原州平遠縣界復北流來會復夾州治而北注於河黃河西岸自青銅峽北經府治甯朔縣南左出為唐徠渠為大清渠為漢延渠為惠農渠並東北流合諸湖水經府治甯夏縣東至平羅縣東北與昌潤渠並東北注於河黃河又北入鄂爾多斯右翼中旗界下爛柴溝在甯靈廳東南鹽池在靈州東南有南北中三池諸小水匯焉池之東為鹻池又東北曰茍池賀蘭山在府治西與蒙古

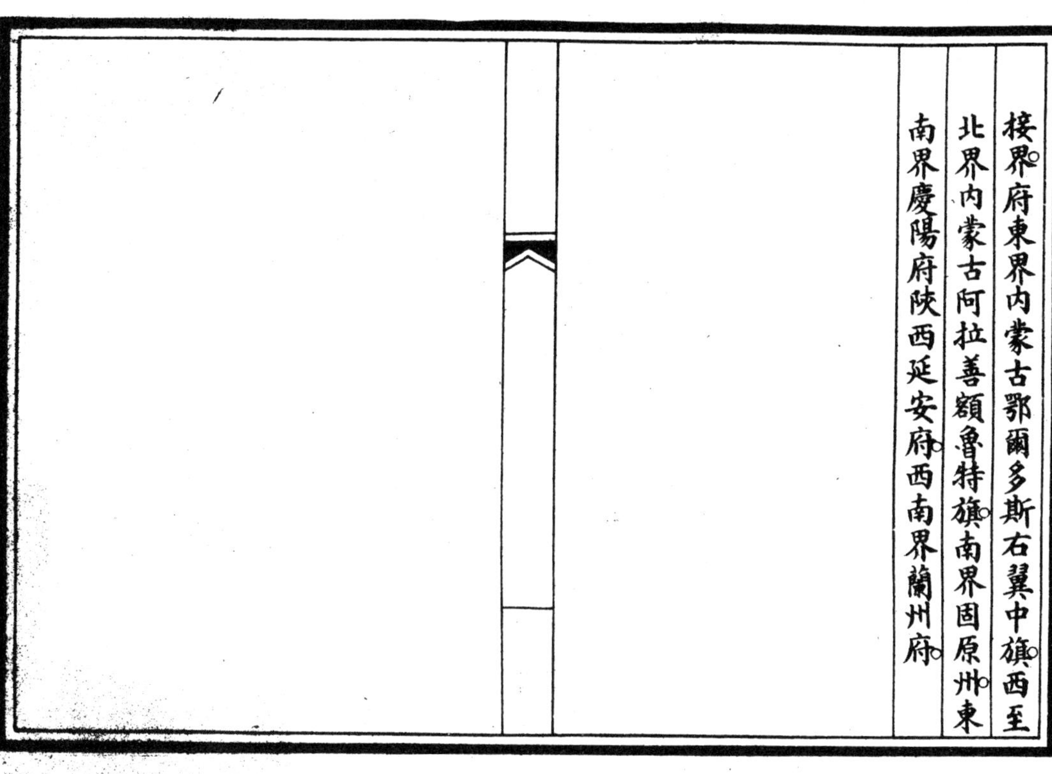

接界。府東界內蒙古鄂爾多斯右翼中旗。西至北界內蒙古阿拉善額魯特旗。南界固原州。東南界慶陽府陝西延安府。西南界蘭州府。

西甯府圖一

中

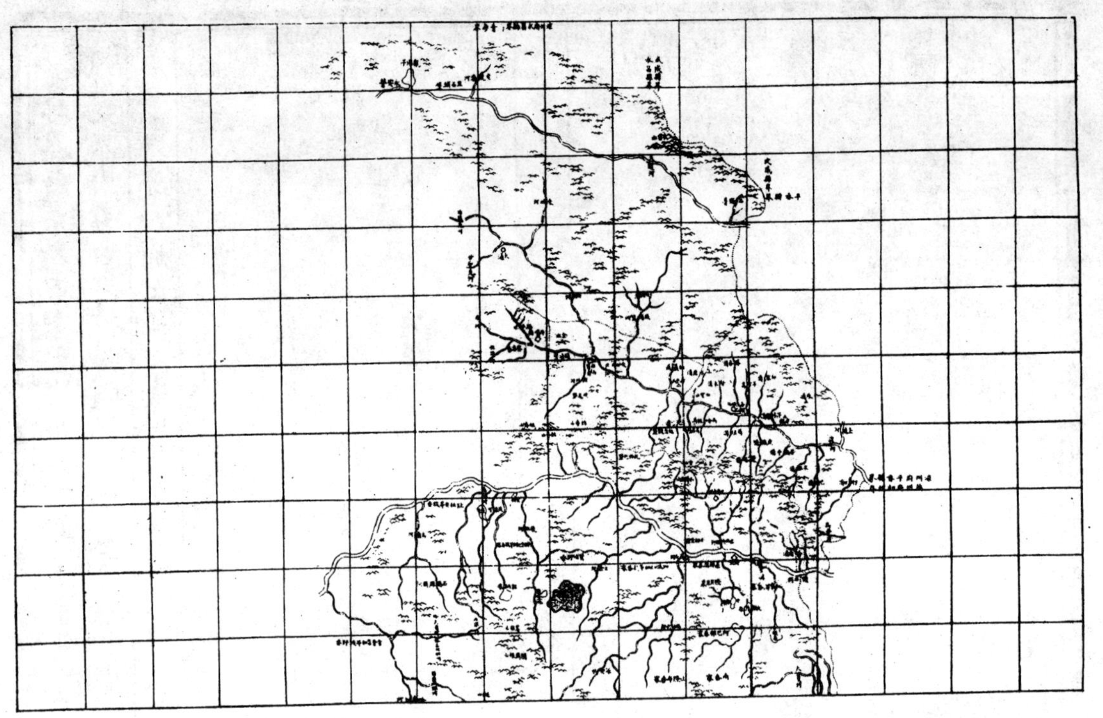

西甯府圖二

南

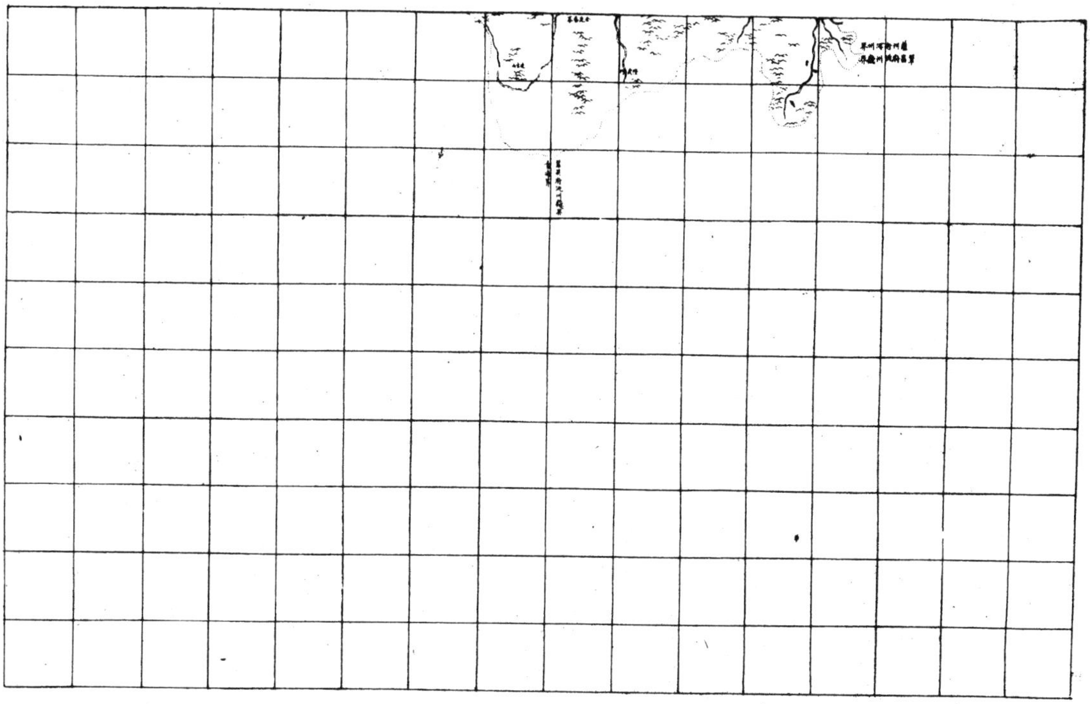

西甯府在省治西北六百二十里至京師四千六百二十四里領廳四縣三治西甯東南碾伯巴燕戎格廳循化廳西南貴德廳西北丹噶爾廳大通黃河自青海西北流經貴德廳西南界受哈克圖河河出貴德廳西南依克圖爾根山北流圖爾根河西流注之又西北石渾河出廳南山左合一水曰忙拉河西流注之又西北注於河黃河又東北石爾廓爾河左合一小水北流注之入界經府治西南及廳西北烏蘭河出廳南山右合二小水北流經廳西來注之又東右納暖泉河郭納泉水又經廳治北而東龍池河出廳東南山合龍王池水及三岔河支津北流注之又東左納一小水折東南經廳東及巴燕戎格廳西左右各納四小水又東南右納三岔河又東南經循化廳西受保安大河河出廳西南山合隆武河東北流思占水河二源出廳西南山合北流來注之又東北清水河出貴德廳南山南流折東北曰古隆河來會又北注於河黃河又東經巴燕戎格廳南循化廳北巴燕戎格河合數小水南流注之中庫泉撒茂

泉隆只里泉合北流注之。又東夕廠泉右合一小水為起台溝。西北流注之。又東左納一小水。又東經碾伯縣東南。左納杏爾溝水。經積石關。入蘭州府河州界。湟河即西甯河。自青海東流入界。經丹噶爾廳西。右納拉拉河樂水河。又東經廳治南。至府城北。南川河即古龍駒川。東北流注之。北川河即古長甯川。自青海來經大通縣北。右合沙庫克河左合東峽河東南流注之。又東左納咸遠堡河。又左右各出數支渠。左為紅巖溝上水磨溝弩木溝。右為巴掌溝。高店子溝馬哈喇溝。經碾伯縣治又東。左為勝番溝羊官溝卯寨溝下水磨溝。右為岡堆溝雙塔溝虎狼溝普化寺溝米拉溝巴州溝。又東大通河來會。河自青海東流入界。經大通縣西北。左納亂海子老虎溝河。又東經縣北。又東南左納玉隆溝水。又東錯入涼州府界。復經碾伯縣東。與湟河會。湟河又東南為下川口溝。又東南入蘭州府皋蘭縣及涼州府平番縣界。大夏河自青海北流入界。經循化廳東南。右納南來二水。折東南流入蘭州府河州界。大雪山在大通縣北。小

積石山在西甯縣東南。府東至北界涼州府。西至南界青海。東南界蘭州府

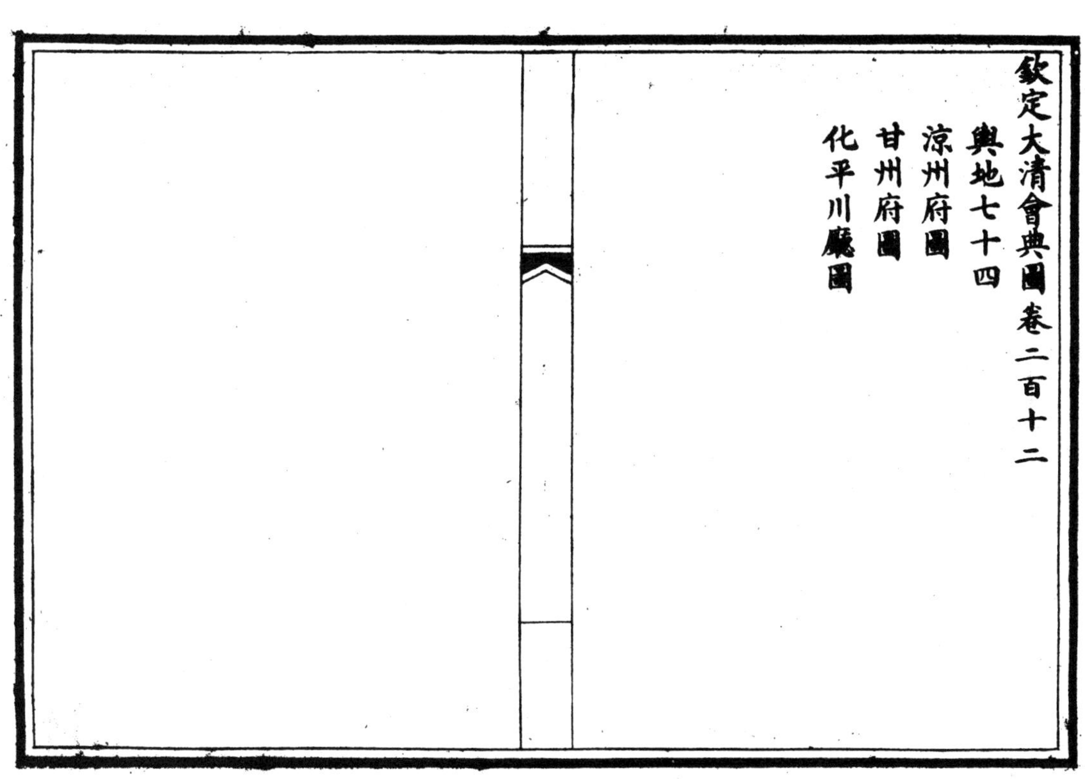

欽定大清會典圖卷二百十二
輿地七十四
涼州府圖
甘州府圖
化平川廳圖

涼州府圖一

中

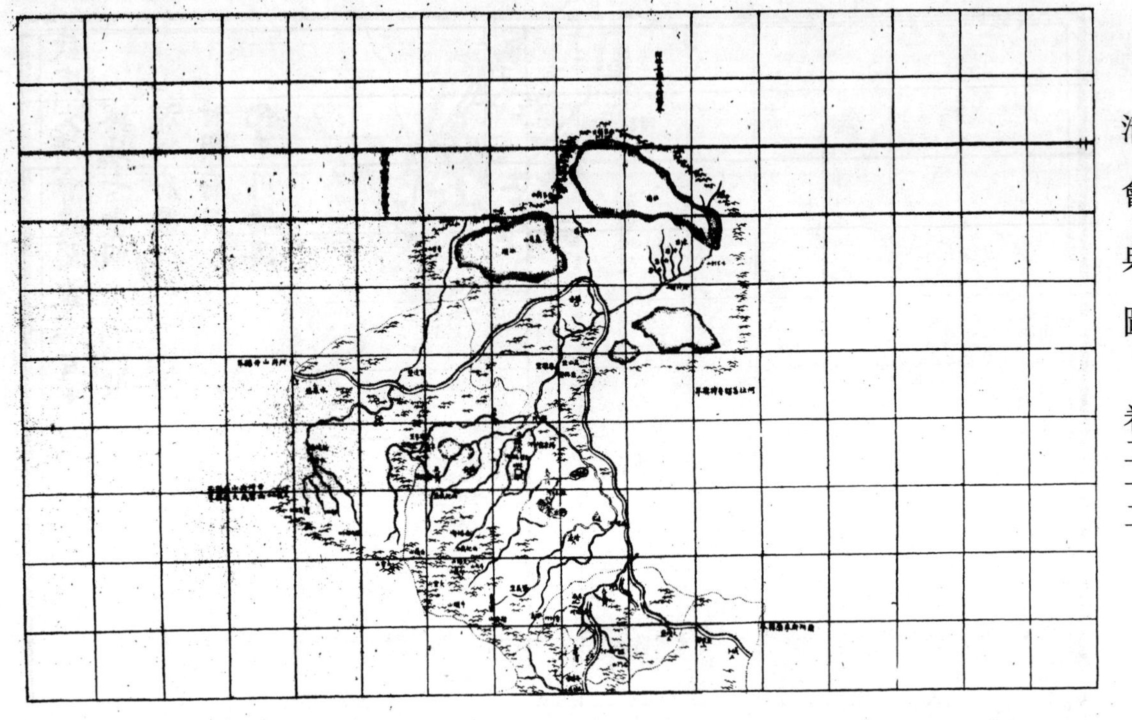

涼州府圖二

南

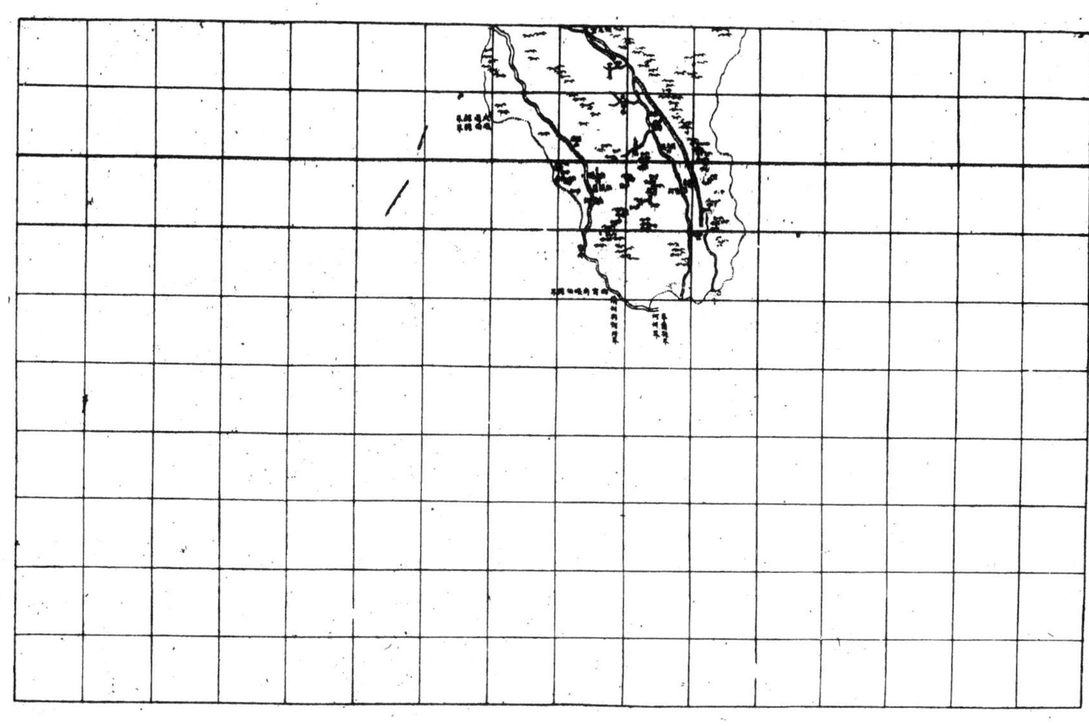

涼州府在省治西北五百六十里。至京師四千五百六十里。領廳一縣五。治武威。東北鎮番。東南古浪。平番。莊浪廳。西北永昌。大通河自西甯府西甯縣東南流入界。經平番縣西。又東南會湟河。湟河又東南入蘭州府河州界。莊浪河出平番縣西北山。二源合東南流經鎮羌營南。又東南右出為岔口渠。武勝堡渠。又南經治西。右納大沙溝水。又南入蘭州府河州界。古浪河出古浪縣南烏梢嶺。東北流合火燒溝。石門峽河響水河古羌河。經縣治東又東北流出界。潴於白海。沙河即郭河匯府南境天山以北諸渠水。東北流經蔡旗堡。至鎮番縣南左納北新溝水。出邊經槍杆嶺北。左分四支渠。又東折北流出界。潴於魚海。金塔寺渠出天梯山。北流經南把截口。至金塔寺堡分流夾府治而北。合北流會於沙河。雜木河出卯藏山。東北流歧為二。右曰雜木渠左曰大七渠經府治東南又東北流潴為黑木林湖。又東北亦會於沙河。沙溝水自沙溝東北流。黃羊渠自張義堡東北流經府治東南雙塔堡東北合流。亦會於沙河。永昌

渠懷安渠同出府治南白嶺山西北流經西把截口歧為二並東北流右支經永昌堡為永昌渠左支經懷安驛為懷安渠合東北流亦會於沙河又一水出永昌縣東南北流至炭山歧為二並東流南支曰炭山河注懷安渠北支東流會於沙河水磨川出縣西南鸞鳥山合三小水西北流經縣西折東北經甯遠堡西又北流出界瀦於昌甯海祁連山即天山在府南境亦不喇山在鎮番縣北境府東至北界内蒙古阿拉善額魯特旗西及西北界甘州府南及西南界西甯府東南界蘭州府

甘州府圖

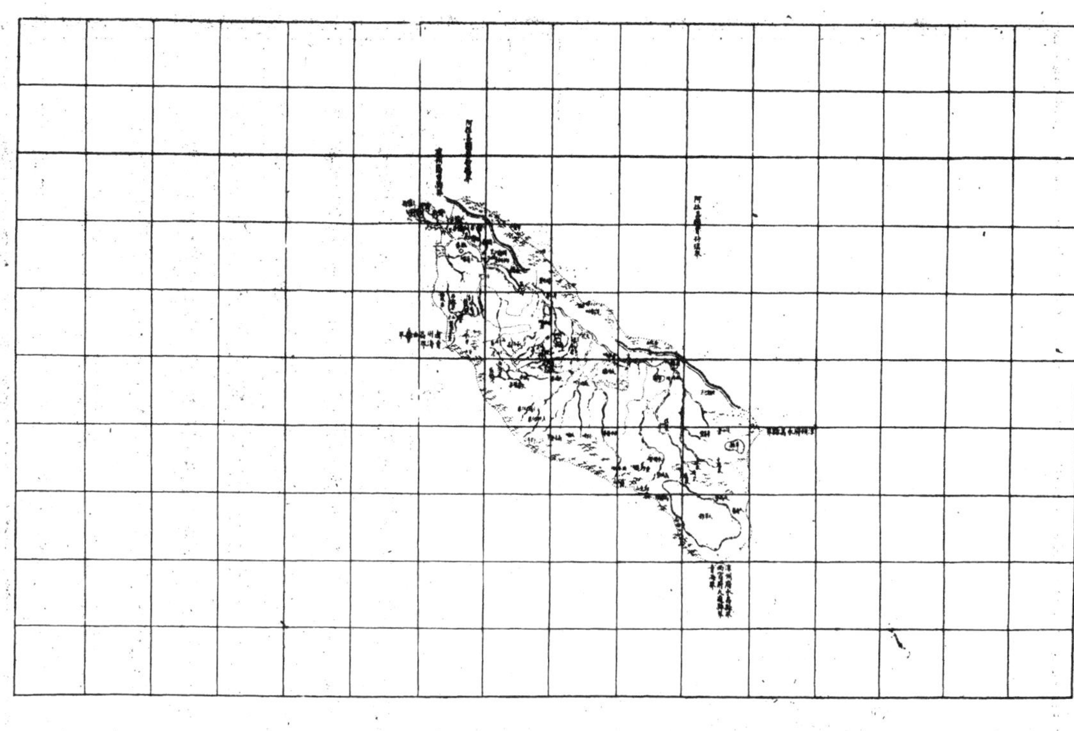

甘州府在省治西北一千四十里至
京師五千四十四里領廳一縣二治張掖東南山丹西北撫彝廳黑河二源一曰山丹河一曰張掖河山丹河出山丹縣西南祁連山北流經永固營折西北左出為童子渠又北五泉出縣西南山合西北流注之又北至縣治南曰山丹河寺溝泉水出縣西南山合二水來注之又西北支津左出西南流豬為湖又西經府治張掖縣東東樂城北又西北受九龍江水水出縣東南山曰洪水河曲折西北流左受一小水又西北蘇油河出縣南山合大都口小都口二水北流注之又北大陽化渠小陽化渠並出縣南野牛山合東北流注之又北左納大滿渠小滿渠水又北曰九龍江注山丹河山丹河又西北經府治北左通張掖河支渠又西北右出為有本渠又西北與張掖河會張掖河出縣西南曲折北流支渠歧出左為西洞渠巴吉渠漚波渠敬依渠右為木龍堪渠馬子渠古浪渠大滿渠小滿渠盈科渠大官渠加官渠城北渠張掖河又曲折而北與山丹河會是為黑河左受二小水右

合有本渠又西北右出一支渠並西北流復合又西受沙河水水出縣西山東北流曰響山河左右各出數支渠又屈北流注黑河黑河又西北經撫彝廳北右出支渠九左受三清渠水水首受沙河水東流經撫彝廳南南出一小渠折北西出五小渠又北注黑河黑河又西北入肅州高臺縣界祁連山在府南合黎山在府西北府東至北界內蒙古阿拉善額魯特旗西至南界青海東南界涼州府

化平川廳圖

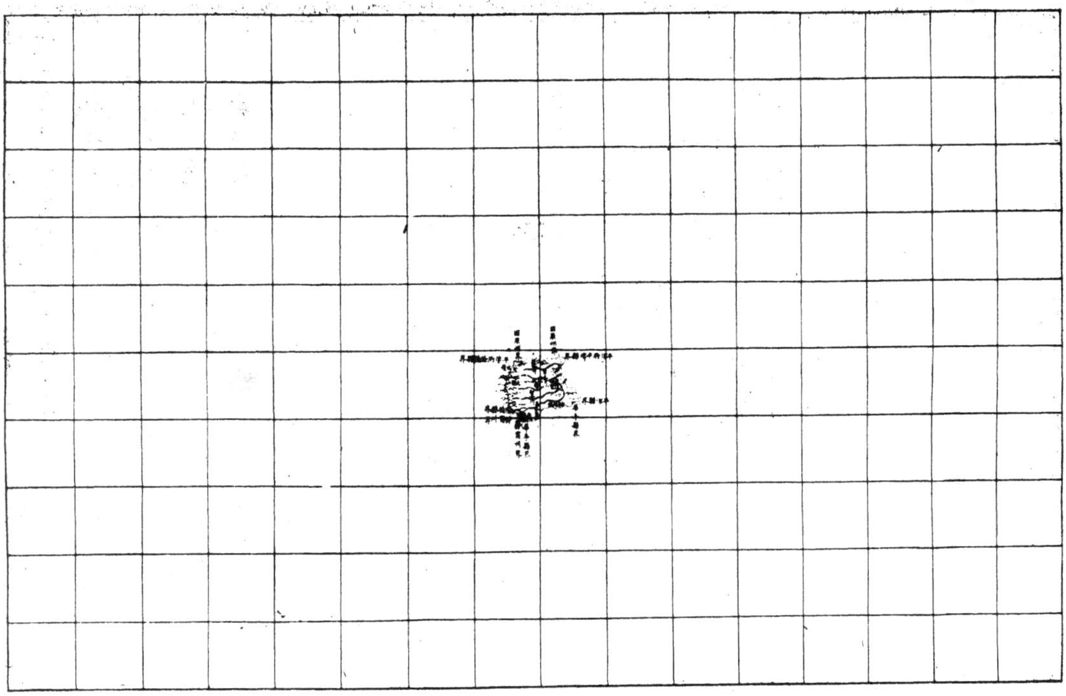

化平川廳在省治東南七百四十九里。至京師三千二百五十五里。涇河南源出廳西南大關山麓老龍潭。東北流經白巖河鎮北。又東折北。聖女川水龍江峽河並出廳西南大關山東麓東流來會。又東北入平涼府平涼縣界。濫泥河出廳西北分水嶺。東流經廳治北。暖水河亦出廳西北曲折東流。並入平涼縣界。大關山即隴山在廳西南。廳東至西南界平涼府北及西北界固原州。

欽定大清會典圖卷二百十三

輿地七十五

涇州圖

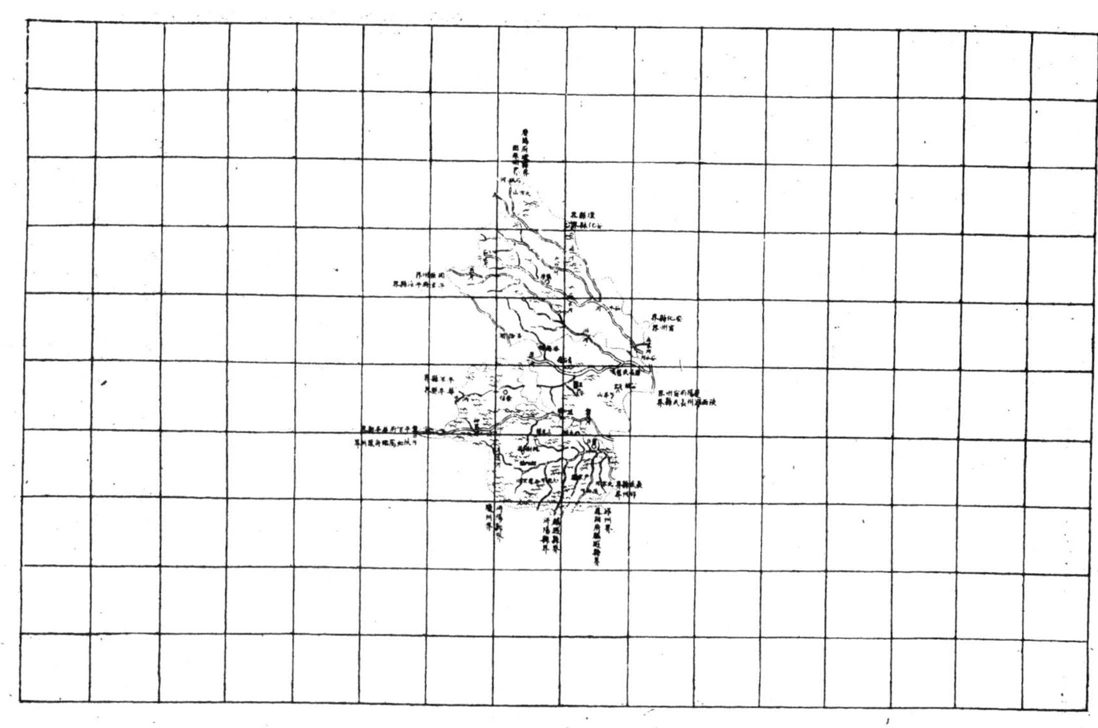

涇州在省治東南九百五十九里。至
京師三千四十五里。領縣三。東南靈臺。西崇信。西北鎮原。涇河自平涼府平涼縣合潘陰澗水入界。經治西北南流。潘陽澗水出鎮原縣西南東南流注之。又東南經治北。汭河自平涼府華亭縣來東北流經崇信縣治北而東合二小水來會。又東流洪河即後川河。自固原州來東南流經鎮原縣南合數小水來注之。又經長武舊城而東會茹水河。河自固原州入界合三小水東南流經鎮原縣治南又東南交口河亦自固原州來。左右合四小水東南流注之。又東南蒲河亦自固原州來。合其州之石版河及慶陽府安化縣之黑河注之。又東南左納冉家河與涇河會。涇河又東南入陝西邠州長武縣界。盤口河一曰黑河自平涼府華亭縣東流入界。經崇信縣西南左納柳家河。又經縣南而東。右納槐樹溝水。又東經州治東南靈臺縣北。亦入長武縣界。達溪河自崇信縣西南東流。經靈臺縣西。又東南右納羅家川姐己河尹家溝及一水。左納小建河及二小水。經縣南東南流。左納一小水

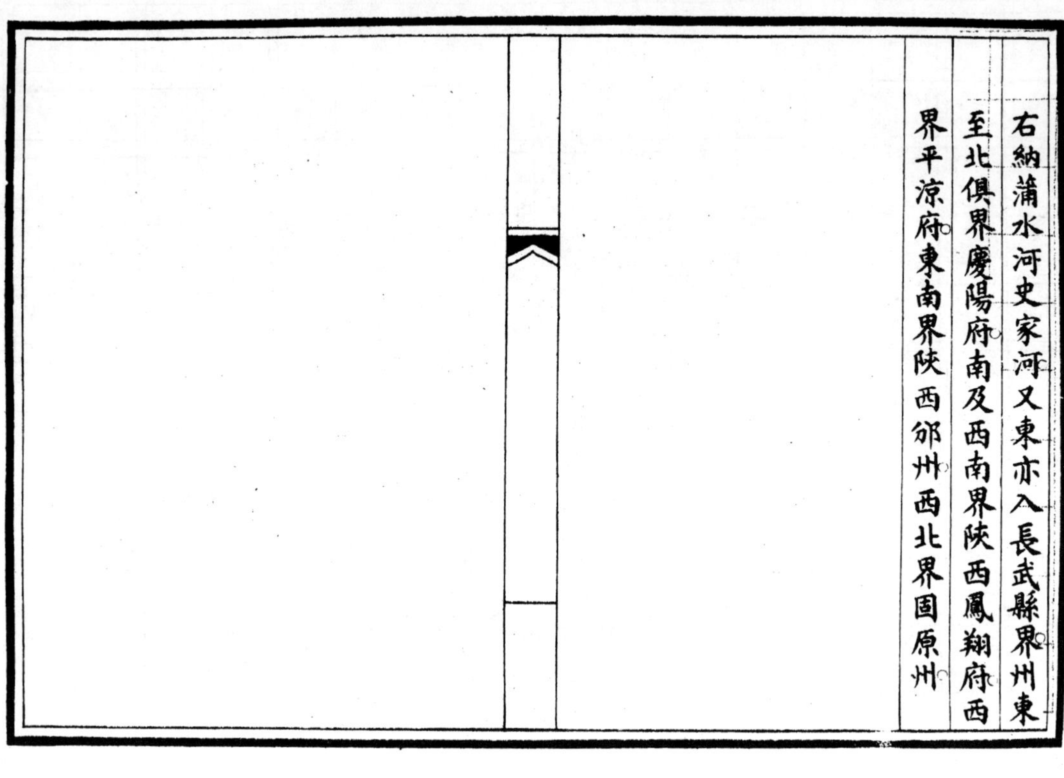

右納蒲水河史家河又東亦入長武縣界。州東至北俱界慶陽府。南及西南界陝西鳳翔府。西界平涼府。東南界陝西邠州。西北界固原州。

階州圖

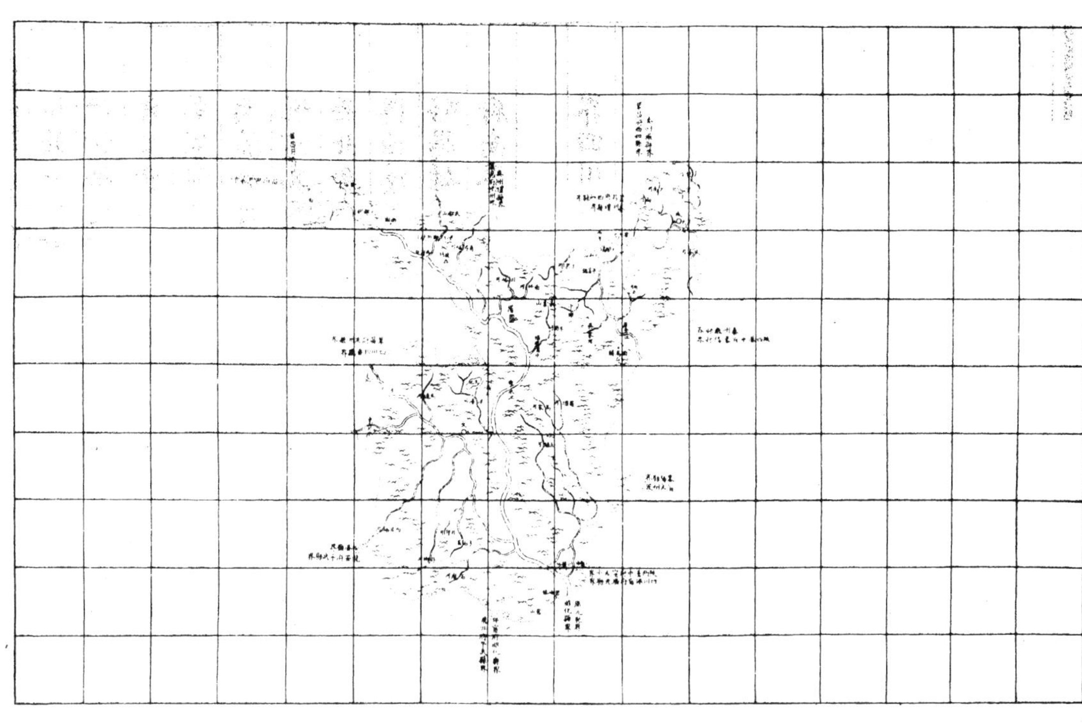

階州在省治東南一千一百五十里。至
京師三千九百四十里。領縣二。東北成縣。西南文
縣。白水江亦曰墊江。水自鞏昌府洮州廳屬番
地東流入界。經州西北。右納一小水。左納自黑
峪寺南流一小水。又東南經西固堡南至兩河
口。岷江即白龍江。自岷州南流來會。又東南左
納角弓峪河及一小水。又東南經州治西南。北
峪河出州北。合南坪溝水曲南流注之。又經州
治南折南流。福津溝水即紫水。出州東南西流
注之。又南至文縣東。洋湯河即五渡水。出縣北
天池合數小水東南流注之。又南流至縣東南
受文縣河。河即清江。上承四川松潘廳察罔公
河。東南流入界。經文縣西。合東川水東南流。左
納馬連河。右納白馬峪河。經縣治南。又東南。右
納上丹鄉河、丹堡河、多石溝合流水。又東南注
白水江。白水江又東南。右納石磨河。又經碧玉
鎮而東。受羅塘河。河出州東南。合馬家河東南
流。五福河合一小水來會。又東南歧為二。曰小
盤峪河大盤峪河。並注白水江。白水江又東入
四川保甯府昭化縣界。西漢水自秦州禮縣合

州北于家河入界。東南流經州東北大船壩。合西和縣之雪水河及一水西南流平樂水出州東米倉山東北流。合二小水注之。又東南右納吴家河。又經成縣西南會黑峪河。河出縣北山南流合自秦州南來之大東河。又南左出曰長峰河。又西經縣南曰大河。大南河小南河出縣西北合南流注之。又西折南經小川驛。又東南與西漢水會。西漢水又東南為犀牛江。入陝西略陽縣界。州東及東北界秦州。北至西界鞏昌府。南界四川保甯府。東南界陝西漢中府。西南界四川龍安府松潘廳。

秦州圖

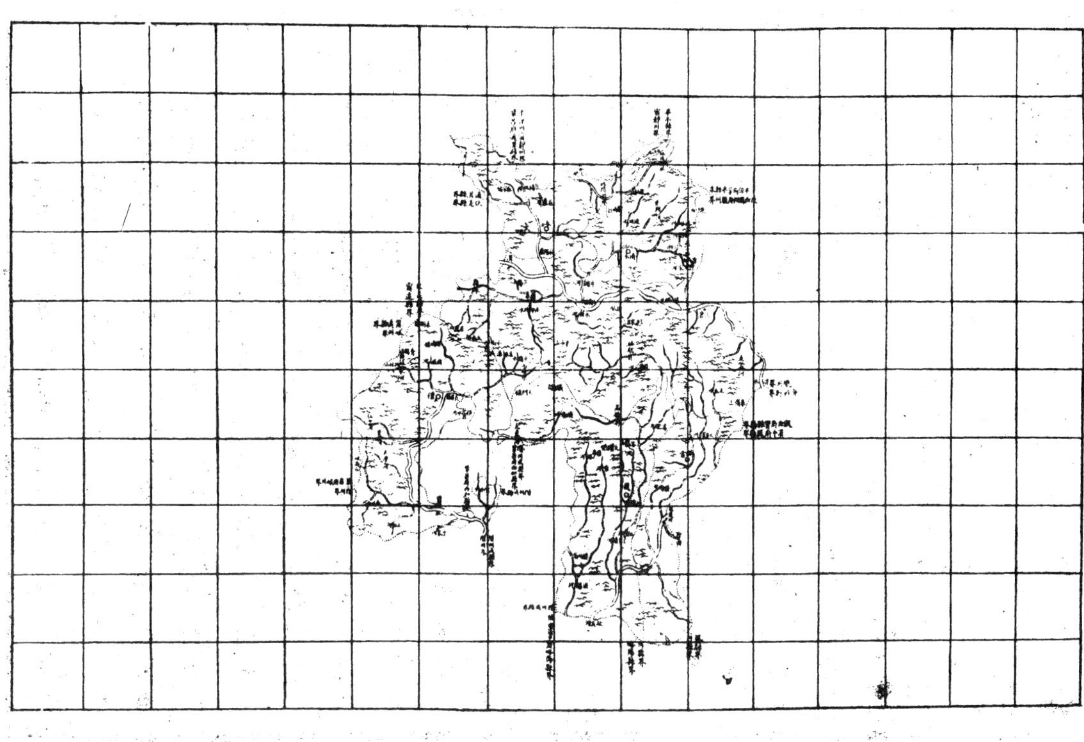

秦州在省治東南七百三十里至
京師三千七百十里領縣五北秦安東北清水東南兩當徽縣西南禮縣渭水自鞏昌府伏羌縣入界東南流經州治北又東受葫蘆河河舊曰羅玉河即古隴水上承平涼府靜甯州苦水河南流入界陽兀川出縣西北合三小水東南流注之又經縣城西而南二水出縣東合西流注之又南注渭水渭水又東南受耤水水自鞏昌府伏羌縣東流入界經州西一水自居鳳山北流注之又東二水出大南峪小南峪合北流注之又東經州治南右納平南川水左納三陽川水又東注渭水渭水又東南經州東杜棠鎮受牛頭河河出清水縣東北湯峪曰湯峪川西南流濛河閻家河濁水白沙河合西北流注之又西右納集翅河左納南道河金水河又西後川河上承長家河貓兒河水西南流注之又東南二水出州東麥積山合西流折北曰永川河來注之又東經三岔北右納數小水又東南右納東岔河入陝西鳳翔府寶雞縣界西漢水出州治南嶓冢山西流右納小嶺水宋家溝水錯入

鞏昌府西和縣界。為鹽官河。復西南經禮縣東。永平水自縣北刑馬山南流注之。又西南。二水自縣西北青陽柏林二山合東南流注之。又西南。江口河出縣西山東南流合碧峪河來注之。又南右納大潭河。又南岷峩江自鞏昌府岷州來東南流左合一水。右合南峪河太石河來注之。又折東南。于家河自階州來東北流注之。又東錯入鞏昌府西和縣界。復經縣東南納雪水河。又東入階州界。略陽川水自平涼府華亭縣入界。西南流經清水縣北秦安縣東北隴城鎮

一水出縣東北石峽口。合二小水西南流來會。折西北左納二小水。又合水洛川水入靜甯州界。注於苦水河。故道河自陝西漢中府鳳縣入界。經兩當縣南合其縣之野羊河。西南流右納紅崖河廣香河。左納一小水。又西經徽縣東南會永甯河。河出州治南合數水東流曰駱駝川右納龍潭河。折南流右納高橋河。又南經洛壩山東。左納湯家河。又南經永甯鎮為永甯河。又南注故道河。故道河又西南。二水出縣北夾縣城而南合於縣南曰下東河注之。又西南入陝

西略陽縣界。栗河出徽縣西北南流至縣西南合一水為泥陽河。又西南亦入略陽縣界。大東河即黑峪河。出禮縣東南東流合鐵嶺河入階州成縣界。嶓冢山在州西南。州東界陝西鳳翔府。南界階州。西北至西南界鞏昌府。北及東北界平涼府。東南界陝西漢中府。

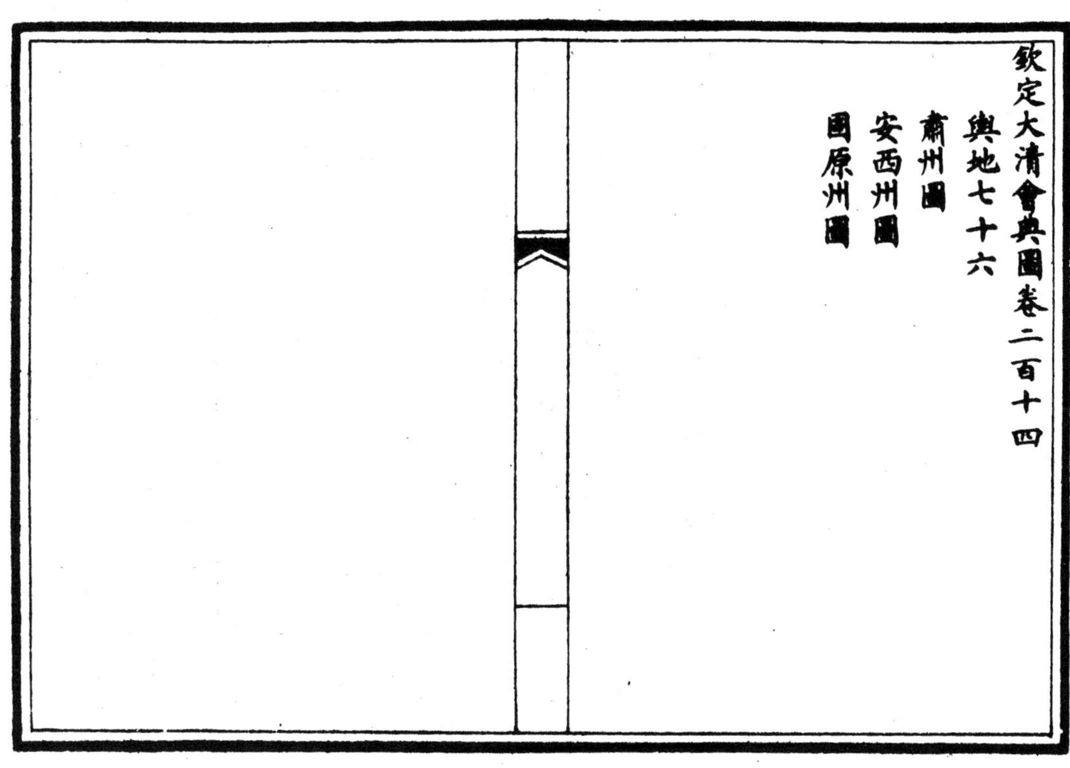

肅州府圖

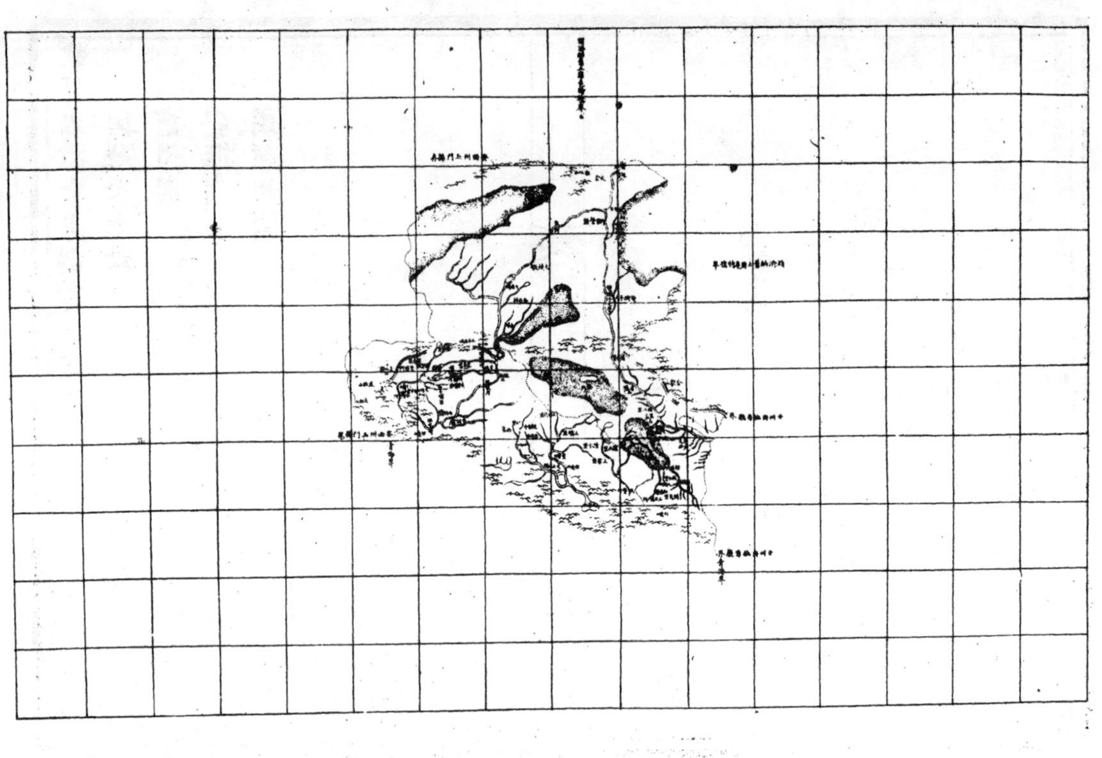

肅州在省治西北一千四百六十里至京師五千四百六十四里領縣一東南高臺黑河自甘州府撫彝廳城西北流入界經高臺縣北右出支渠仍入其廳界左出支渠五至縣西北永豐堡擺浪河出縣東南祁連山西北流經順德堡南鎮羌從仁二堡東播為諸小渠又西北來注之又西北經鎮江堡及深溝驛東復播為諸小渠又北至鎮夷營出邊牆右出為雙樹子屯渠又北至毛目左出為毛目渠又北會白河河二源並出州西南祁連山一曰滔瀨河西北

流經文殊山西折東北支渠左出播為四又東支渠右出三又東曰北大河經州北左出為蒲草溝又東經古城南與洪水河會河亦出祁連山東北流左出為東洞壩渠右出為西洞壩渠又東北至臨水驛為臨水河與滔瀨河會會而北清水河出州西北合諸溝水東流注之又北右出為金塔渠又北復右出支渠又北支渠左出播為四又東北為白河與黑河會黑河又北經天倉東北流入蒙古界豐樂川出州東南祁連山天澇池北流為十數渠馬營河出州東南

山。北流歧爲二。並至高臺縣西瀦爲湖。其東爲明海。石灰關河出縣西南山合九關河西北流亦瀦焉。合黎山在高臺縣北。祁連山在州南。州東至北界蒙古額濟納舊土爾扈特旗。南界青海。西及西北界安西州。東南界甘州府。

安西州圖一

中

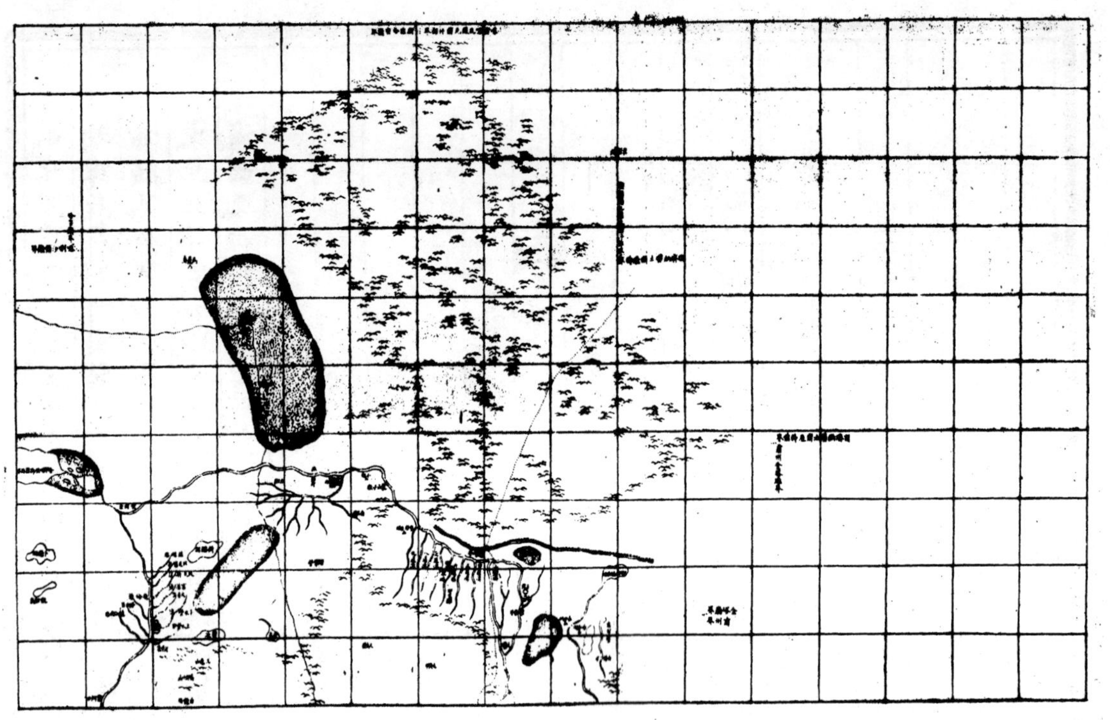

安西州圖二

中右一

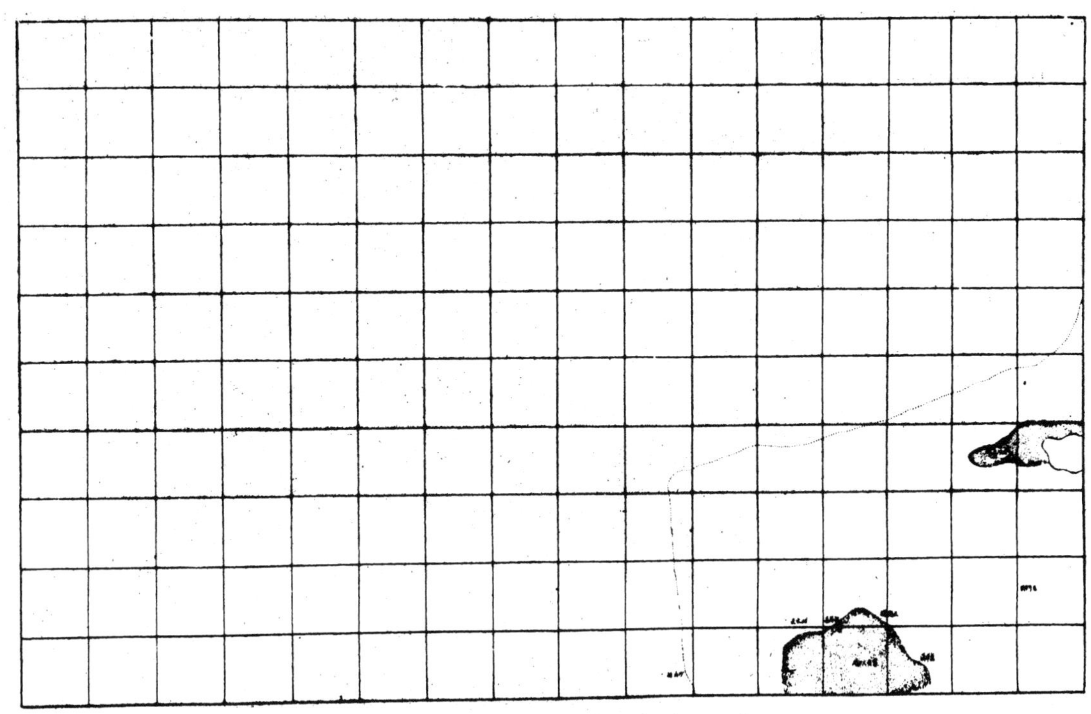

安西州圖三

南一
中

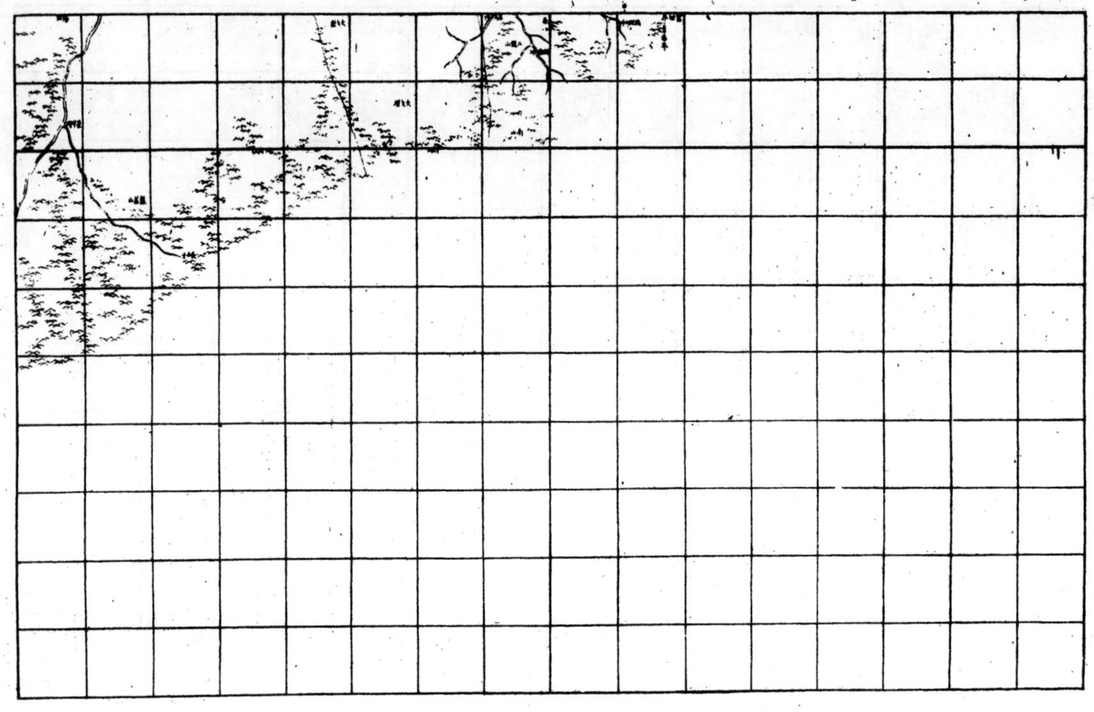

安西州圖四

南一
右一

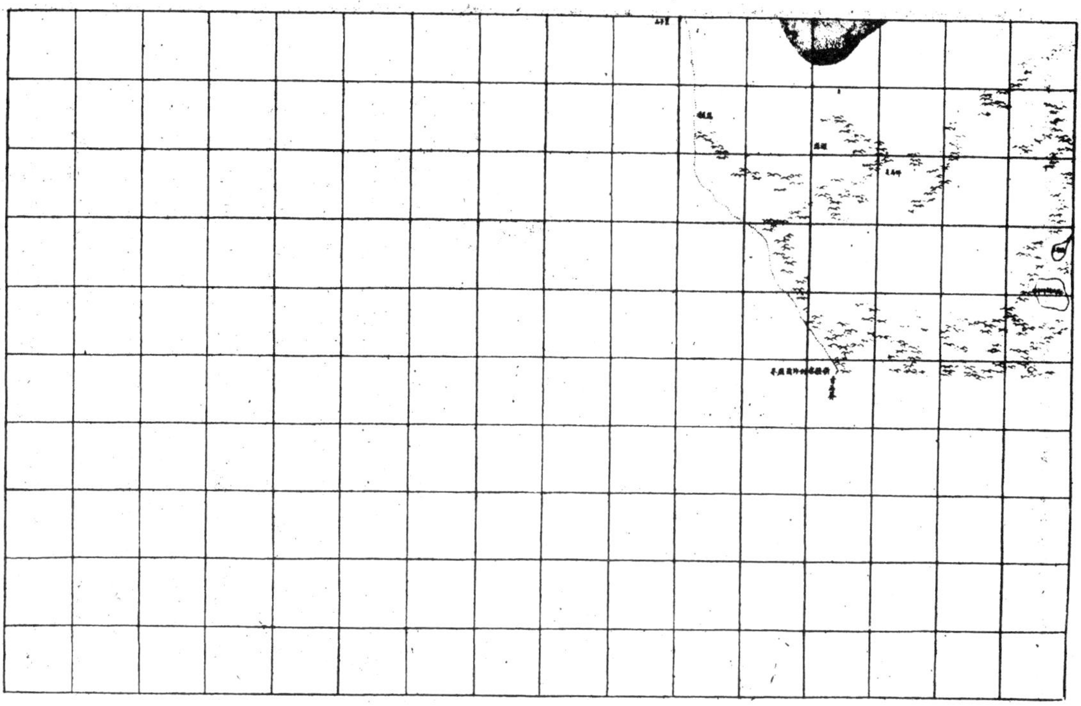

安西州在省治西北二千一百二十里。至
京師六千一百二十四里。領縣二。東南玉門西南
敦煌。疏勒河一曰布隆吉河。出玉門縣南山。兩
源合西北流。左合二龍山水。右納一小水。又北
昌馬河出州治東南山。合二小水東北流來會。
又北至大壩。右出為擘昌河。又北復右出一支
津北播為二小渠。又北至州東。擘昌河自大壩
東北流經縣南。右出一小渠。又北折西流來會。
又折西經州東橋灣營南。左納七小水。又西北
經布隆吉城北。又西北經州治東北。支渠左出

歧為二。其經城南而西者曰北工渠。復播為八
小渠。其經城東而南者曰南工渠。正渠經治北
又西流至敦煌縣北。雙河岔會黨河。河出縣南
長山子。西北流。花海子水出縣西南。東北流注
之。又北經陽關東。又東北經鳴沙山及三危山
西。至縣治西南。左出支渠三。為通裕渠普利渠
慶裕渠。右出支渠二。為上永豐渠下永豐渠。又
經治西而北。右出支渠五。為大有渠窰溝渠伏
羌新渠伏羌舊渠莊浪渠。又西北會於疏勒河。
疏勒河又西北瀦為哈拉泊。色爾騰海俗曰西

海子在敦煌縣西南。阿拉克池在玉門縣東俗曰草湖。上源曰鴉兒河出縣東南。左合一小水。北流經赤金峽驛東。折東北瀦。馬白楊河出玉門縣東南山北流經惠回堡入於沙。懸泉鹽池月牙泉並在敦煌縣東南。折腰湖在縣東北。卜羅湖龍勒泉並在縣西北。玉門關在敦煌縣西南。三危山在敦煌縣東南。州東界肅州。南及西南界青海。西界新疆喀喇沙爾廳。北界新疆哈密廳。東北界外蒙古札薩克圖漢部額濟納舊土爾扈特旗部。

固原州圖

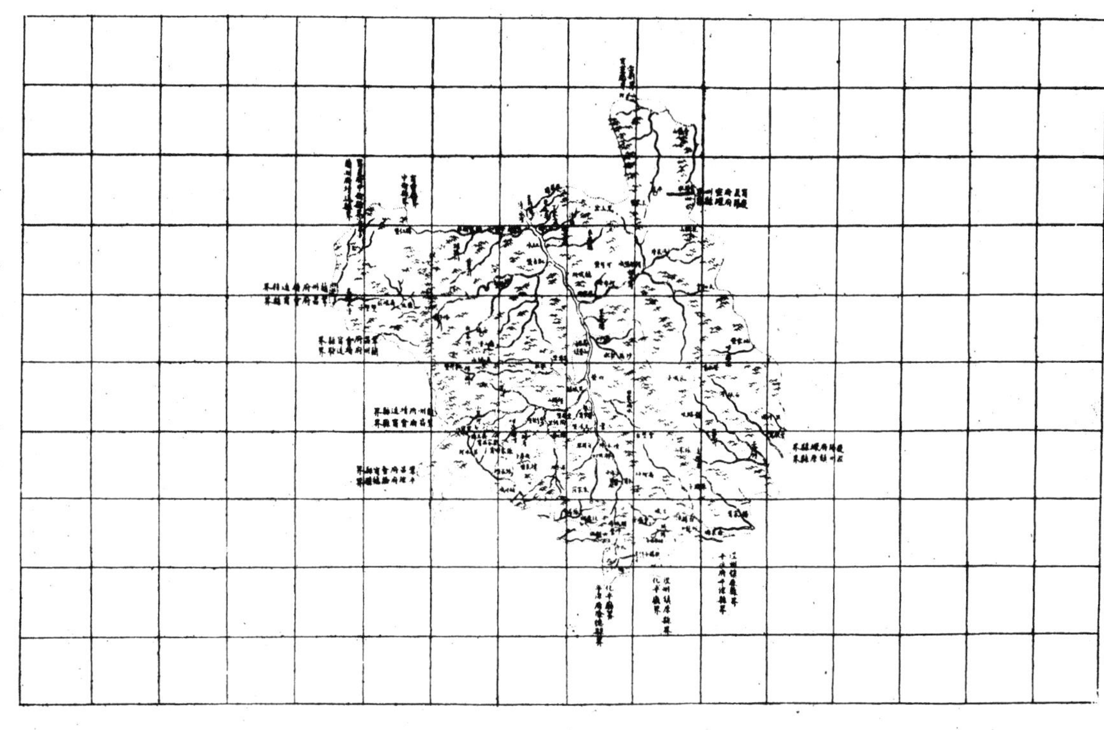

固原州在省治東六百四十九里至
京師三千三百五十五里。領縣二。東北平遠。西北
海城。清水河古高平水。出州治南開城嶺。二源
合北流。經治東。又西北。左納北海子水。又北一
水出州西南山。北流合二水注之。又北左納二
小水。右納白家堝水。又北經黑城鎮東。大黑河
小黑河須滅都河硝河海子河合東流注之。又
北一水出海城縣紅井堡。東流合一水來注之。
又西北一水出沙葱台。合一水西北流注之。又
北經平遠縣西南海城縣東。右納黑家溝水。又
西北經蔡家灘西。平遠縣東南數小水合西南
流注之。又西北條子溝水出海城縣西山東北
流合白家河及南來三小水注之。又西北右納
車路溝桐子溝沙溝丁家二溝水。一水出海城
縣西北興仁堡。合澗溝川黃羊川水東流注之。
又西北右納苦水溝白石頭溝。又西北入甯夏
府甯靈廳界。山水河自甯夏府靈州西流入界。
經平遠縣北。一水出縣西南王家堡。合一小水
北流注之。又西北復入靈州界。哆羅溝水出平
遠縣東南。東流入慶陽府環縣界。黑河上源出

州東北。東南流亦入環縣界。蒲河亦出州東北張家山東流左合安家川三岔河與州東北之石版河並入鎮原縣界。茹水河亦出關城鎮。合東海子水東流。左合三水亦入鎮原縣界。洪河出州治東南陶家海子。東流亦入鎮原縣界。涇水北源出州治南牛營。南流經瓦亭驛。合二小水。折東入平涼府隆德縣界。苦水河出海城縣南七里寶山。東南流英王溝劉家石窪張家源子水韓民堡水並南流注之。折南經硝河城東。左右合數小水。又南亦入隆德縣界。打拉池水出海城縣西北高峯子合二小水南流至打拉池堡。一水出縣西高峴莊西流來會。折西入蘭州府靖遠縣界。鹽池在海城縣西北有數小水匯焉。州東及東北界慶陽府。南界化平廳。西界蘭州府。北及西北界寧夏府。東南界涇州。西南界平涼府。

欽定大清會典圖卷二百十五

輿地七十七

青海全圖

青海全圖一

中

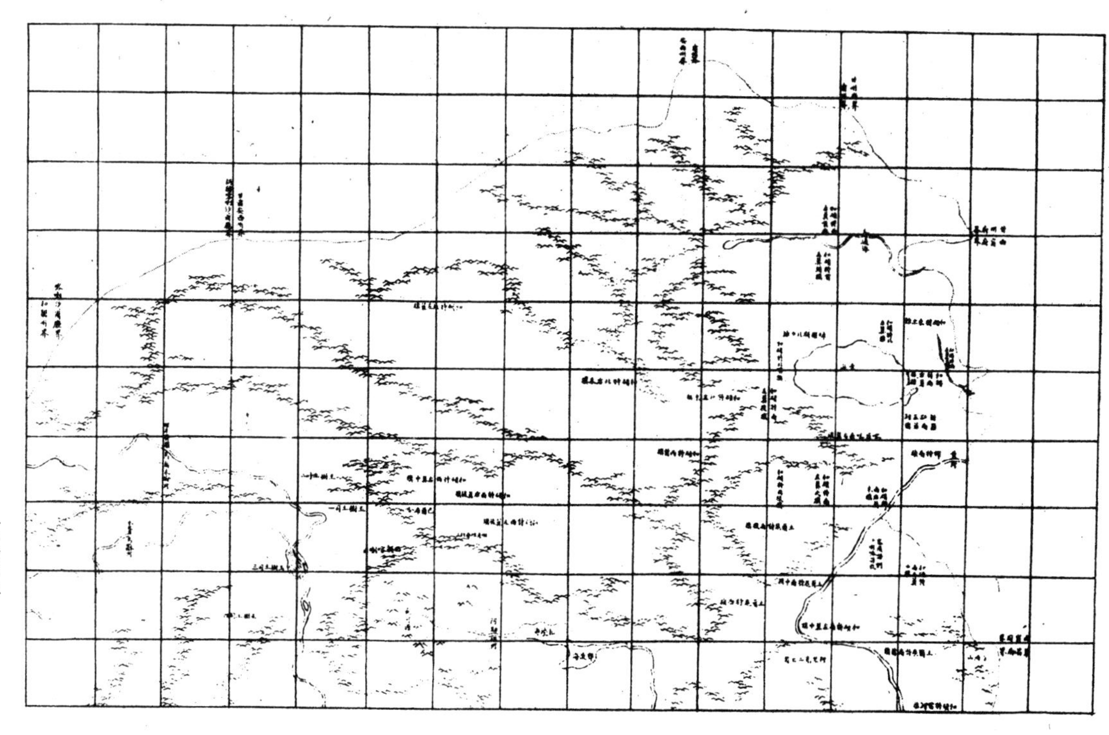

青海全圖二

中右一

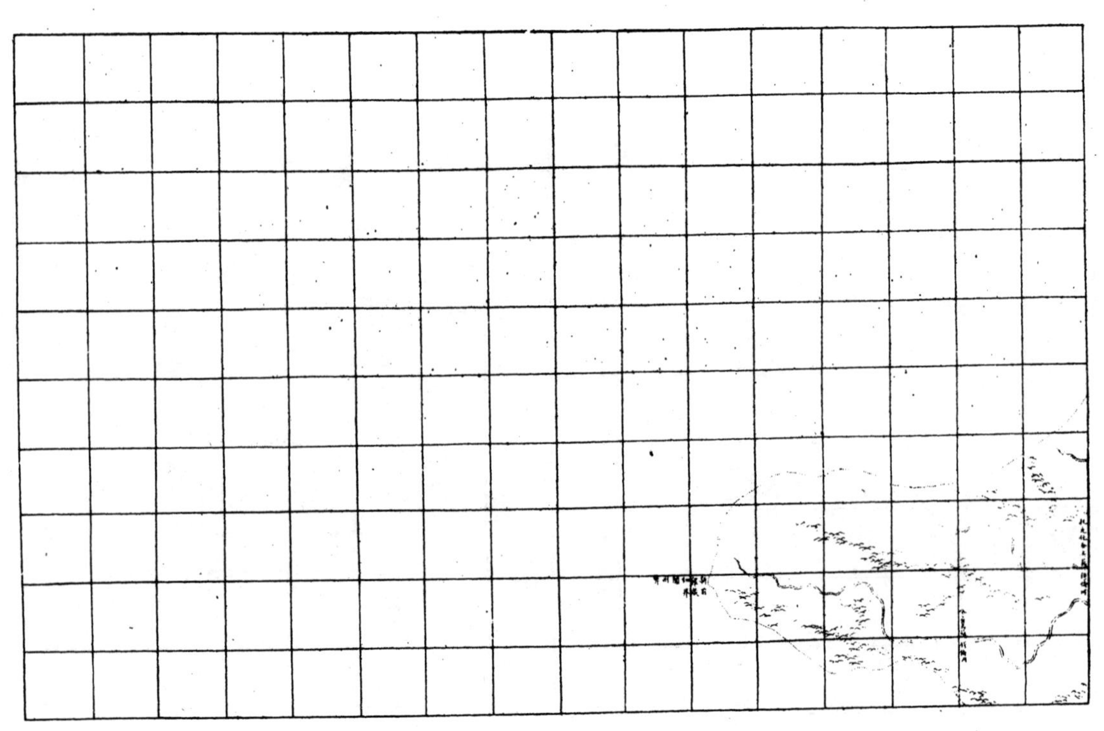

青海全圖三

南一中

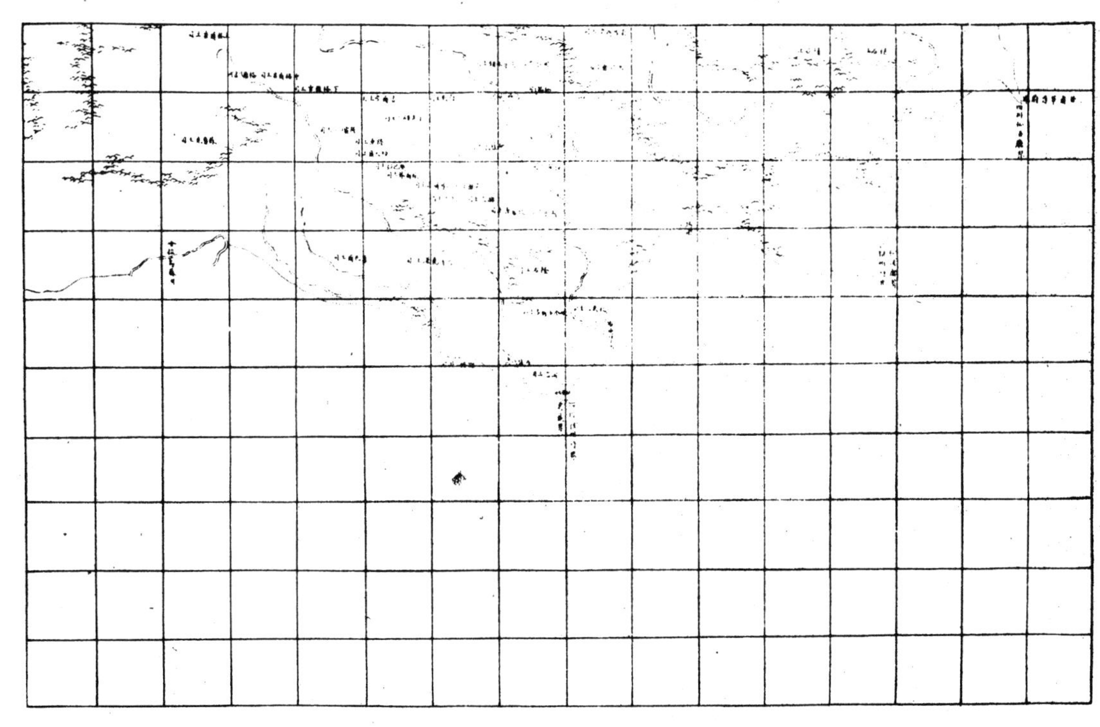

青海全圖四

南一　右一

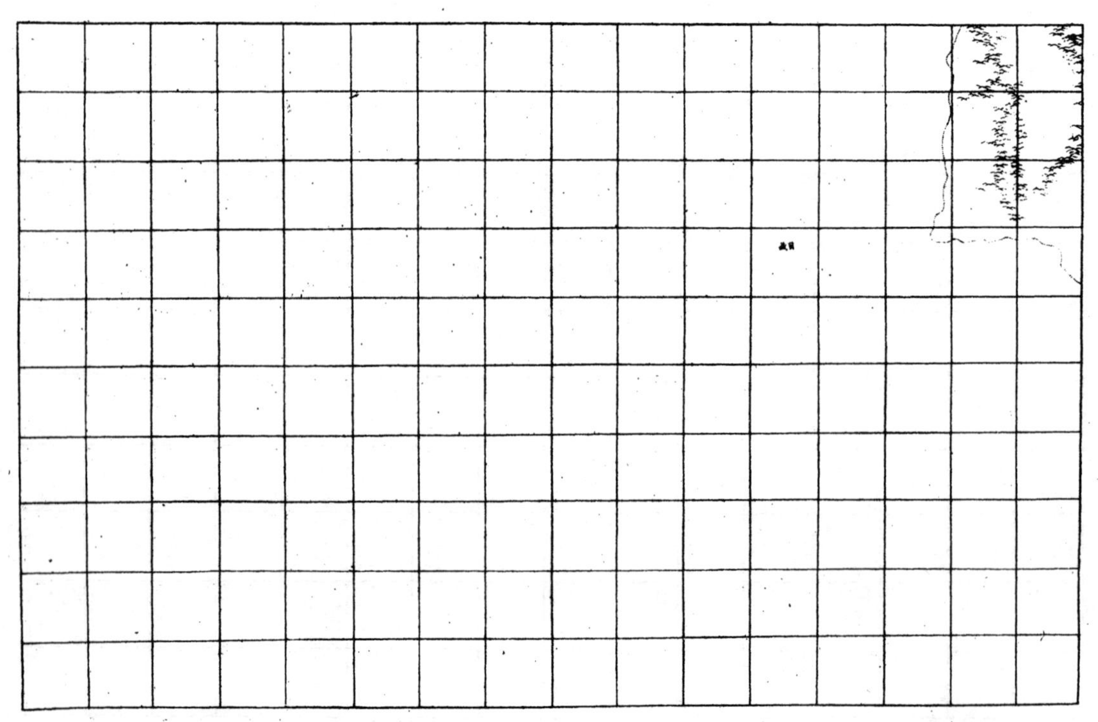

青海在

京師西南西甯辦事大臣駐甘肅西甯府所屬和碩部二十一旗綽羅斯部二旗輝特部一旗土爾扈特部四旗喀爾喀部一旗凡二十九旗環青海而居焉其西南為玉樹等土司凡三十九族黄河自新疆羅布綽爾伏流至青海西南復出曰阿勒坦河東流為扎淩海鄂淩海又屈曲東北流入西甯府界大通河西甯河並出青海屈東流亦入西甯府界木魯烏蘇河出青海西南上源曰托克托奈烏蘭穆倫河合喀齊烏蘭穆倫河為木魯烏蘇河又東流那木齊圖烏蘭穆倫河東流折南注之又東南為布壘楚河與瑪楚河並入四川雅州府界帀楚河上流為格爾吉河出木魯烏蘇河南與鄂穆楚河並西南流入前藏界哈拉烏蘇河自前藏緣界東北流屈西仍入前藏界東及東北至甘肅界西及北至新疆界南及西南至西藏界東南至四川界

欽定大清會典圖卷二百十六

輿地七十八

青海圖

青海圖一

中

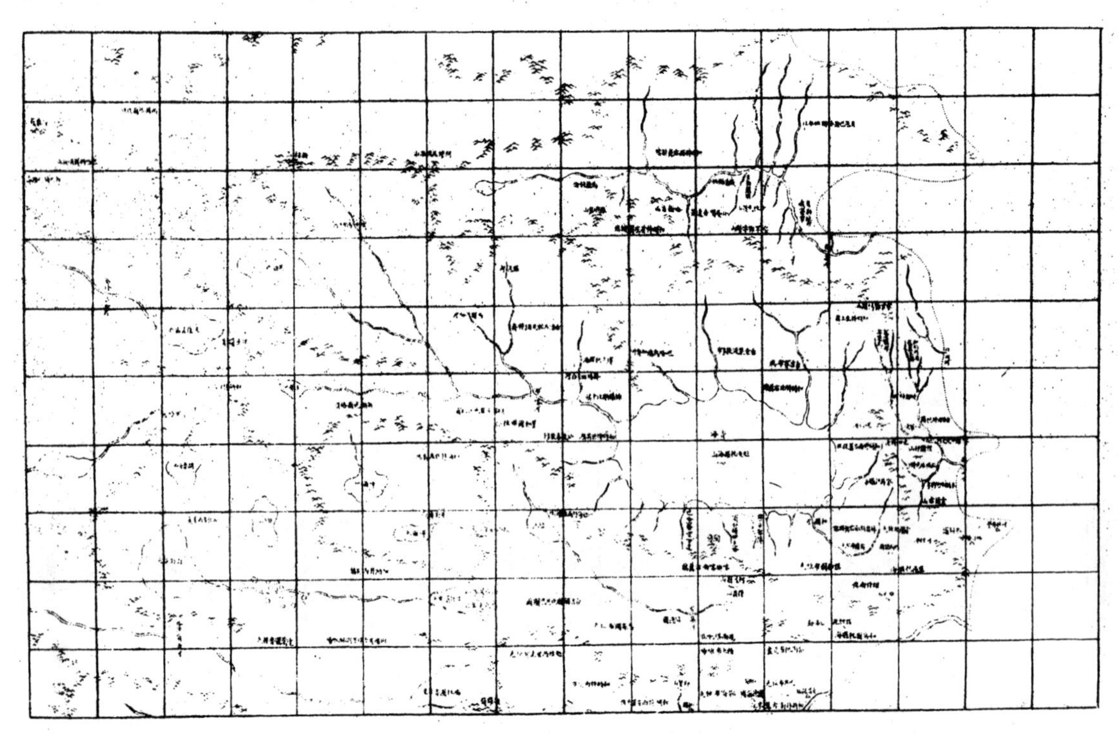

青海圖二

中右一

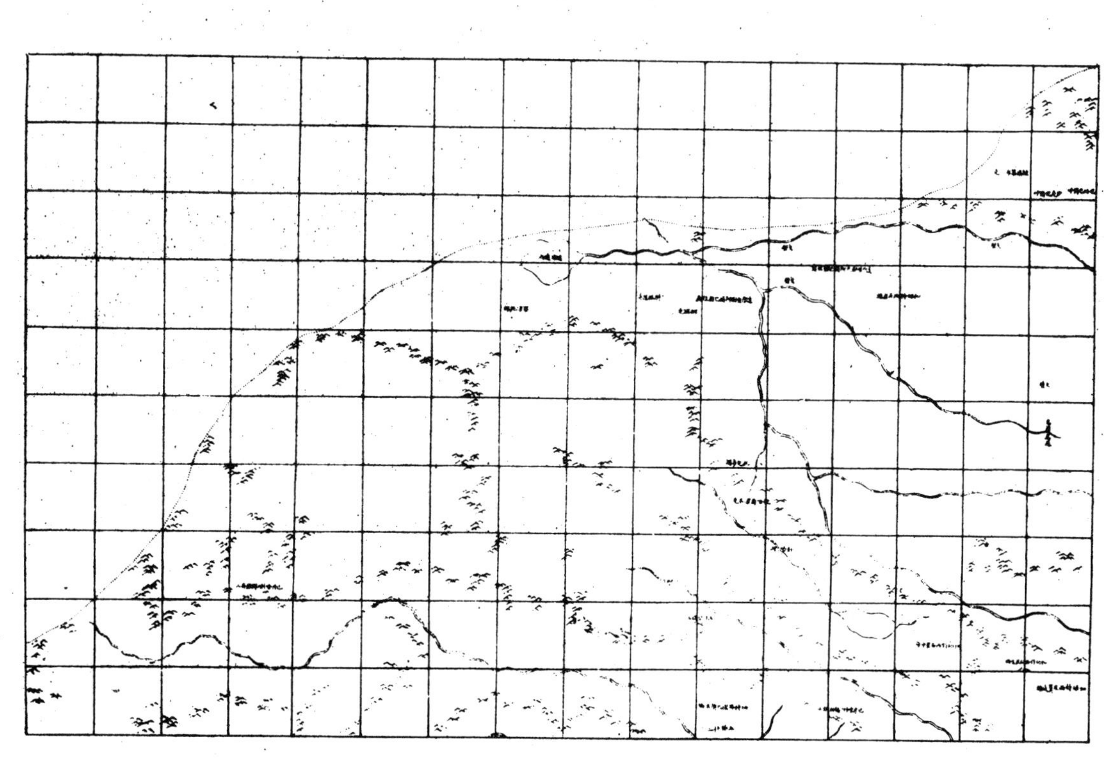

青海圖三

中右二

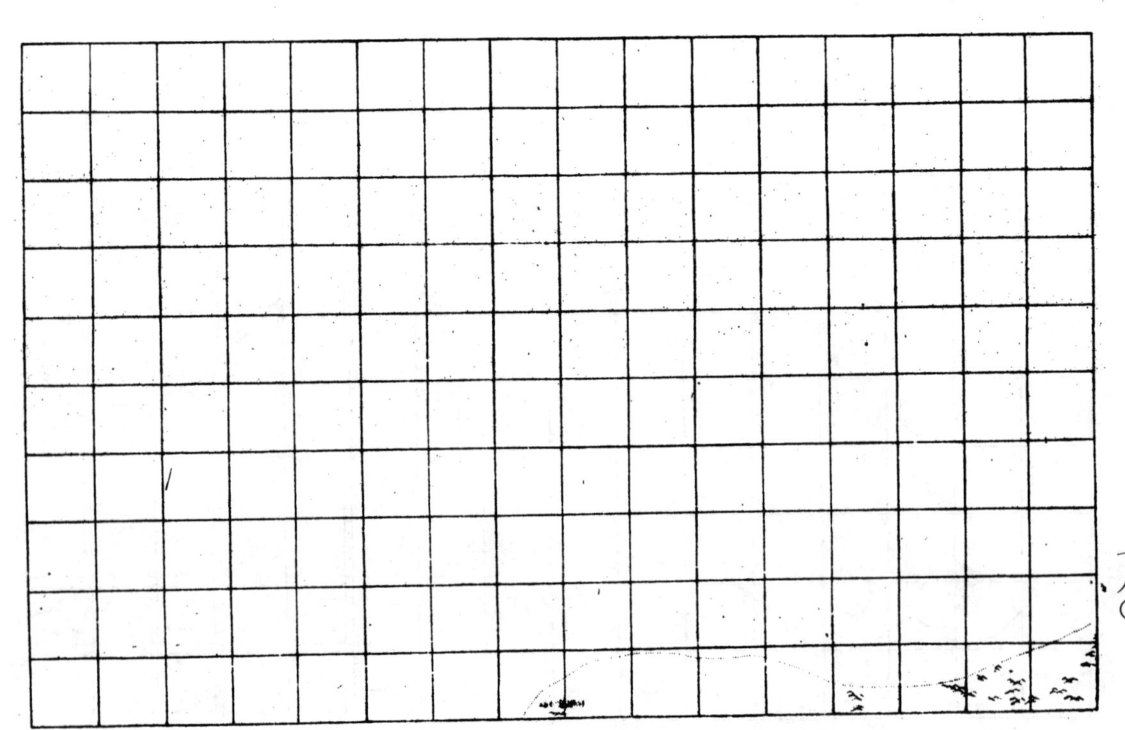

青海圖四

北一
中

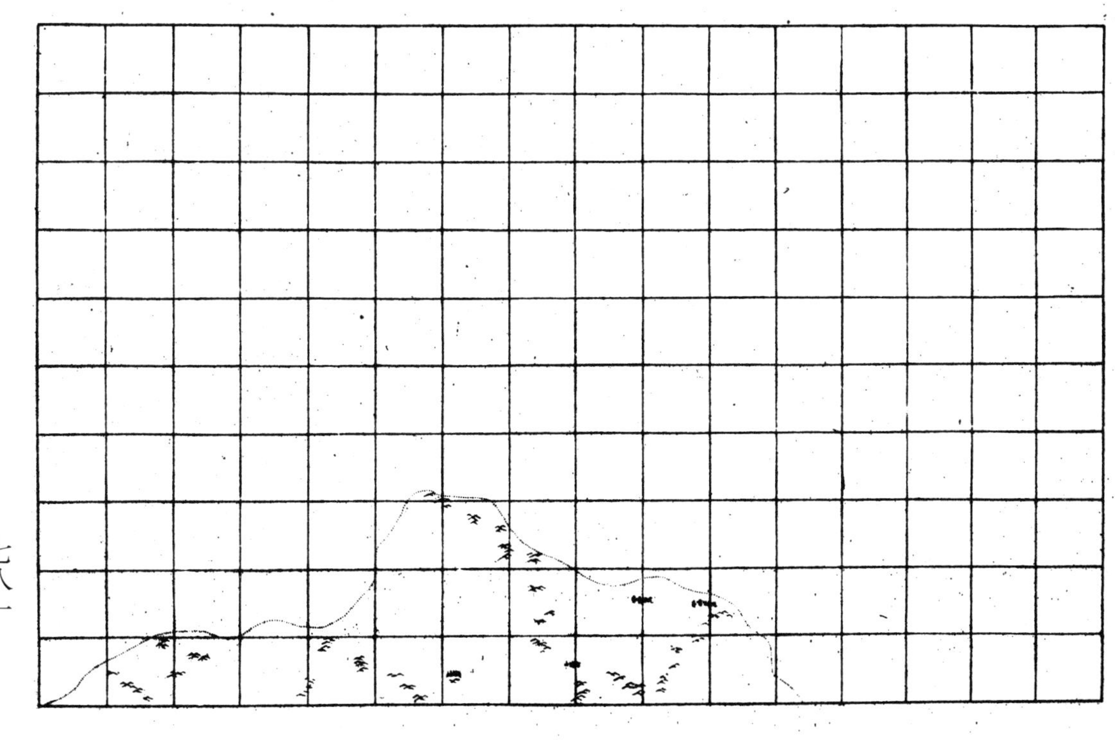

青海圖五

南一
中

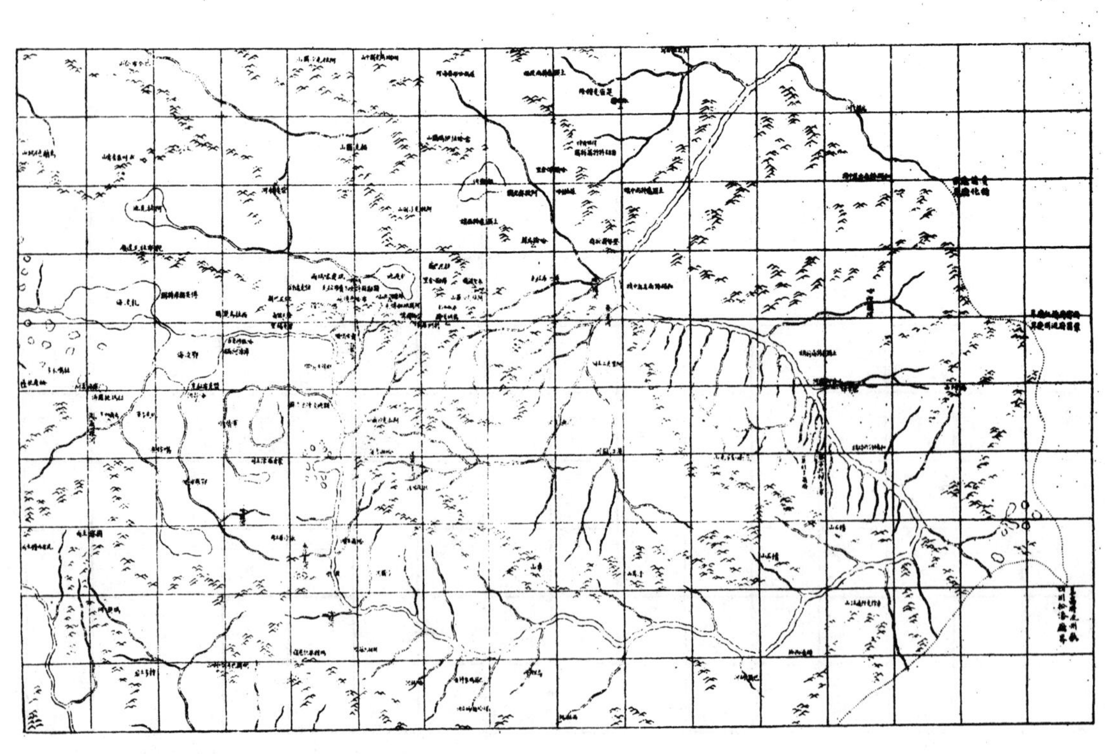

青海圖六

南一 右一

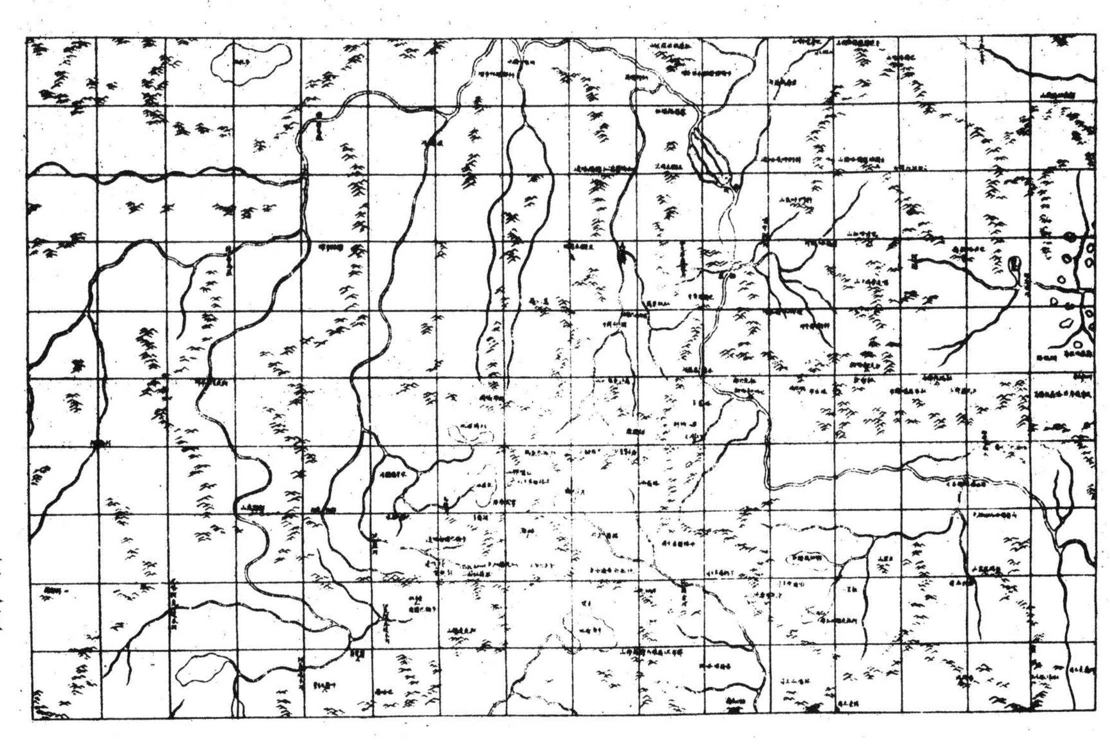

青海圖七

南一
右二

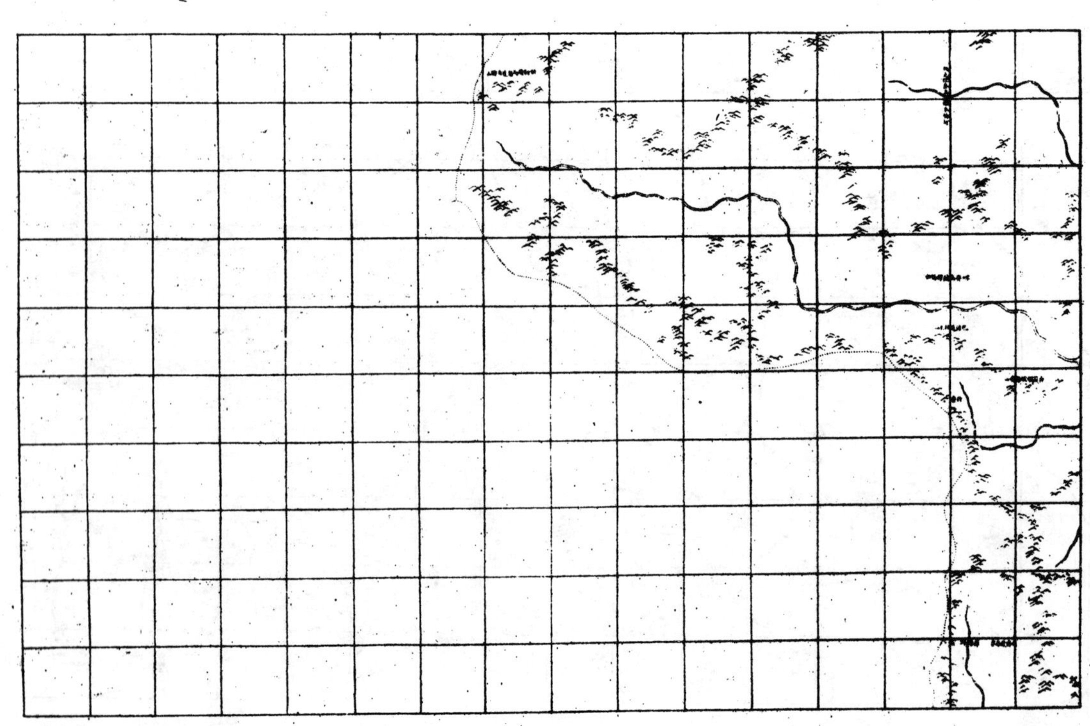

青海圖八

南二
中

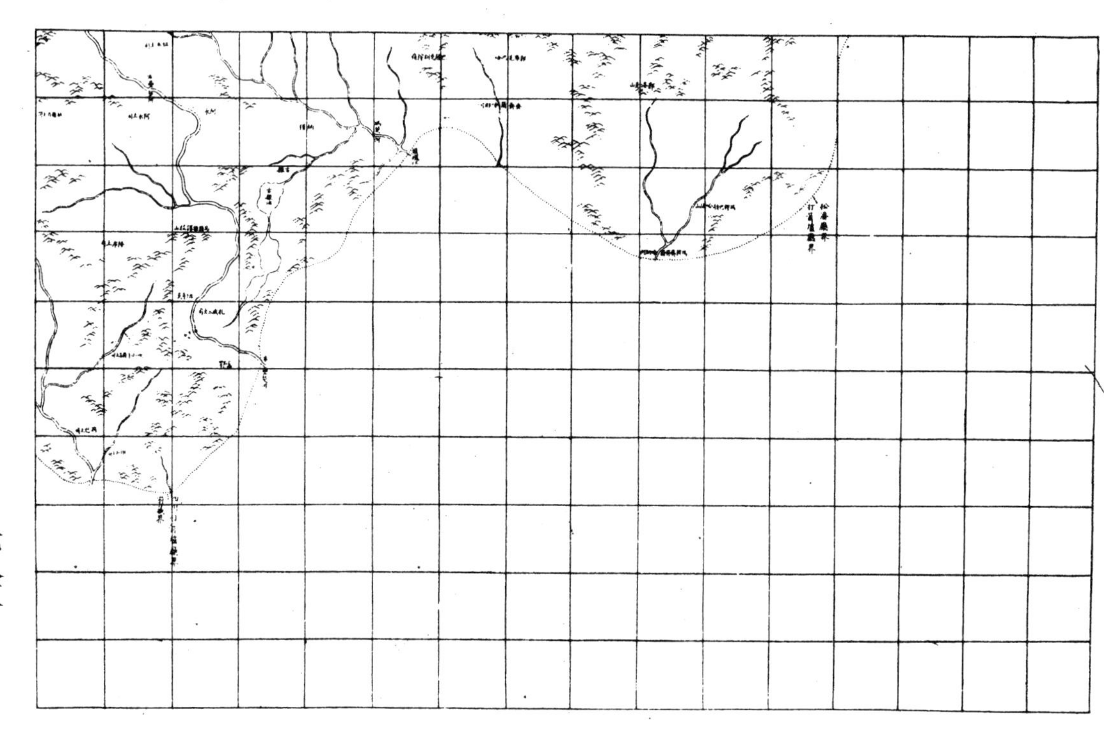

青海圖九

南二
右一

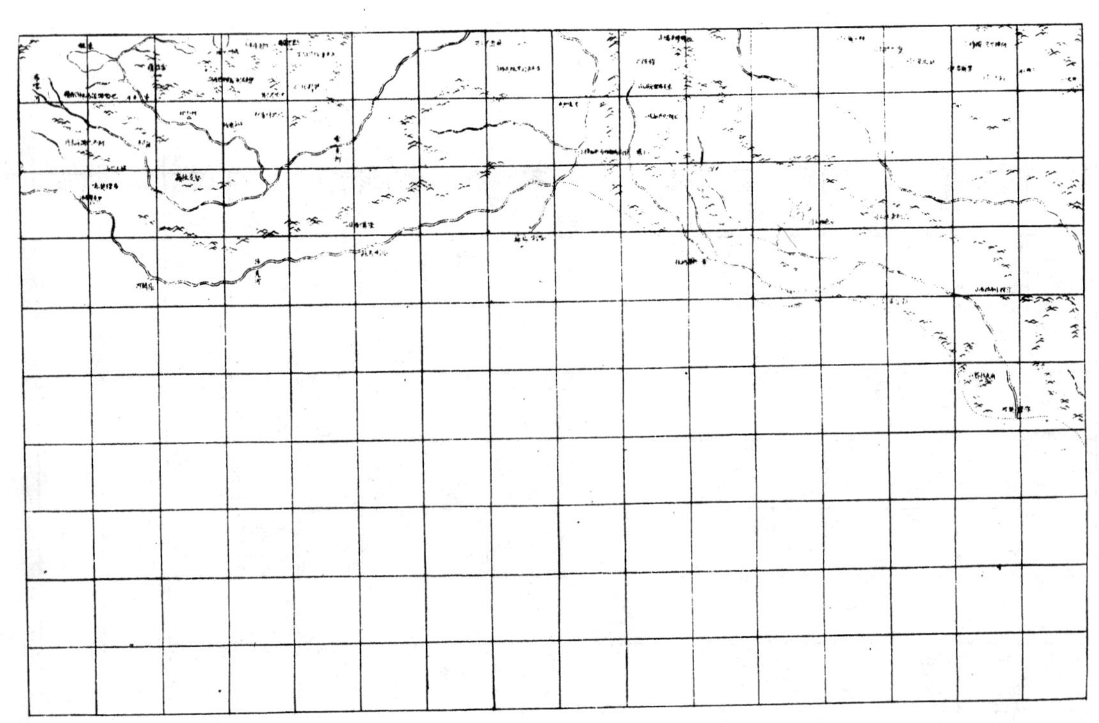

青海圖十

南二
右二

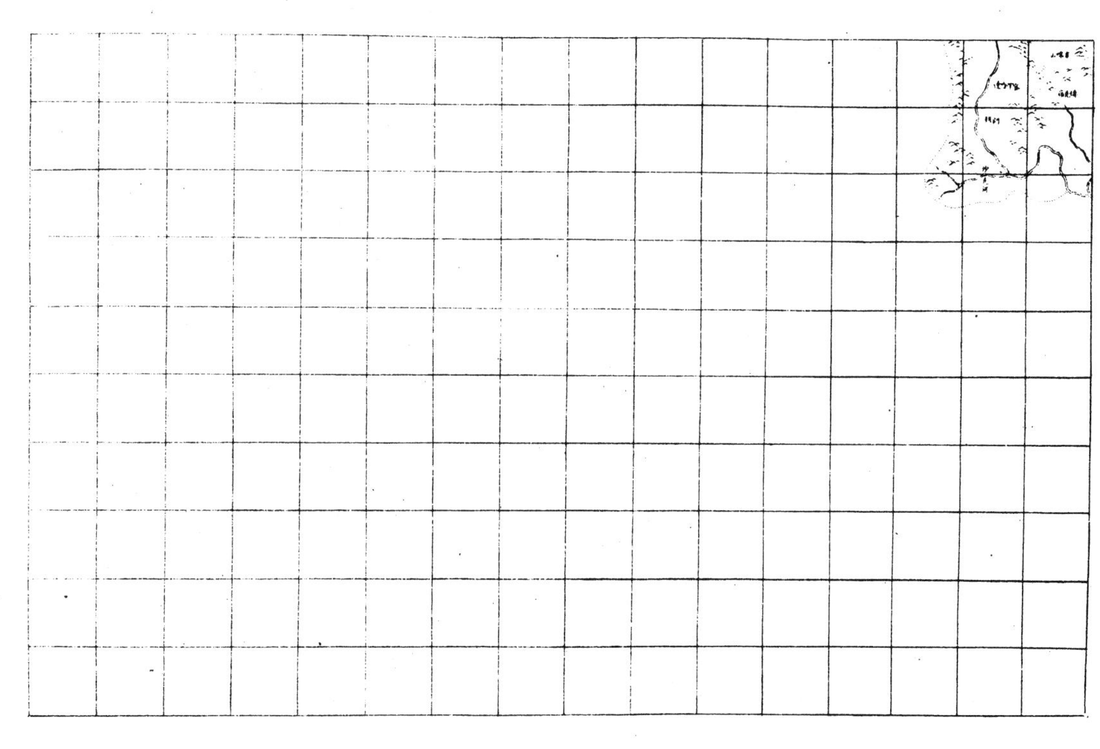

西甯辦事大臣駐西甯城在
京師西南四千六百七十里青海蒙古語曰庫可諾爾其東北岸為和碩特東上旗又東為和碩特南左翼末旗其東岸為和碩特南右翼後旗其北岸為和碩特北右翼旗又北為和碩特前左翼頭旗西右翼前旗其西北為綽羅斯北中旗又西北為和碩特北右末旗北左翼旗其西岸為和碩特北前旗又西為和碩特北左末旗其西南為和碩特左翼後旗又西南為和碩特西後旗西前旗西左翼後旗西右翼後旗西右翼中旗土爾扈特南後旗西旗其南岸為喀爾喀南右翼旗又南為和碩特南右翼末旗南右翼次旗土爾扈特南中旗黃河南岸為和碩特南右翼中旗南左翼中旗前頭旗青海受十餘水其大者曰布喀河上源曰喀喇錫納河出和碩特北右末旗之北額枯山合英額池沙爾池東南流經和碩特北左末旗東北西爾哈河合羅色河東南流注之又東齊馬爾臺河南流注之又東南瀦於海大通河出青海西北阿穆尼尼庫山為烏蘭穆倫東流經和碩特前左翼頭旗北西右翼前旗南左右納十餘水曲東流入甘肅西甯府貴德廳界博羅沖克克河一曰西甯河即湟河出青海東北噶爾藏嶺三泉合南流名崑都崙河合諸水南流折東入西甯府大通縣界黃河自羅卜泊伏流至青海西南噶達素齊老山復出是為黃河重源曰阿勒坦河東流為鄂敦他拉海又東瀦為札淩海為鄂淩海圖爾根河鄂羅庫河並北流匯焉又東折南右納渾蘭河沙克河哈拉河左納哈爾吉河及諸小水又東南左右納十餘小水經積石山南三崑都倫河並自四川雅州府松潘廳來北流注之折西北流經和碩特前頭旗南至土爾扈特南前旗南合大小哈柳圖河及左右十餘小水至和碩特左翼中旗西南受圖生圖河河出滂馬山四水合北流德爾多河出哈爾吉嶺合七水來會又東北合數水為齊普河注黃河黃河折東北結博河合薩爾哈布齊海河東流注之又東北經土爾扈特南中旗南至和碩特南右翼末旗西南袞額爾奇河出即里山合魁滕西里克諸水東南流注之烏蘭河西北流注之又

東北入貴德廳界。雅礱江上源曰瑪楚河。出固察土司南。合諸水東南流及古雜泊水入松潘廳界。瑪穆齊齊爾哈那河及齊齊爾哈那河並南流出境注之。金沙江即古麗水。上源曰木魯烏蘇。出西藏衛地巴薩通拉木山。東南流折而北。喀齊烏蘭穆倫水出斜勒爾烏蘭達布遜山東南流來會。又東北拜都河北流來會。又納一小水東流。阿克達木河出忒們他拉二池東北流合伊克阿克達木河巴哈阿克達木河曲北流注之。又北托克托奈烏蘭木倫河東南流注之。又北折東受烏蘭河。河出察蘇拉圖山。二源合西流。折北烏蘭河出格爾吉帀噶那山合巴圖拉水枯博渾池水西北流來會。又西北合部汝河。又北流注穆魯烏蘇。穆魯烏蘇又東洞布倫水二源合北流注之。又東南圖胡爾河合烏捏河北流注之。又東南納穆齊圖烏蘭穆倫東南流合一小水折西南注之。又南歧為數支復合庫庫烏蘇自巴顏喀喇錫勒依山西南流注之。又南分流復合。圖哈爾圖河自古爾班圖爾哈圖山西南流合科素齊老河毛伸和爾和河

噶布拉河西流注之。右納伊克庫庫色水。又南右納二小水。折東左納你林喀喇水。又東齊齊爾哈那庫庫水上承二池及諸水北流注之。又東南左右納數水及一池水入前藏喀木界。帀楚河即瀾滄江上源出格爾吉土司南為格爾吉河左右合數水東南流亦入喀木界。鄂穆楚河二水合東南流入喀木界。索克河出蘇魯克土司西。東南流合布喀河。又東北左匯為多增爾池。又南右納一水又南沙克河出巴薩通拉木山南流合沙克河庫蘭河哈喇烏蘇來會。又南亦入喀木界。鹽池博爾湖哈拉池胡魯魯池額勒蘇池並在海西。又西為舒哈河庫庫賽河。西北為達布遜池布隆吉爾池烏蘭烏蘇河格德爾古河並瀦焉。都勒泊札遜池阿克達池並在海西南。積石山蒙古語曰木素鄂拉即雪山。在阿里克土司東南。西傾山即魯察布拉在和碩特南右翼中旗東南。庫爾坤三山曰阿克坦齊欽山曰巴爾布哈山曰巴顏喀喇山在玉樹土司之東。其東南一峯蒙古語曰噶達素齊老謂北極星石也。東界甘肅西甯府。西界新疆喀

喇沙爾廳北及西北界新疆哈密廳南界前藏東南界四川雅州府東北界甘肅肅州西南界後藏

欽定大清會典圖卷二百十七

輿地七十九

新疆省全圖

新疆省全圖一

中

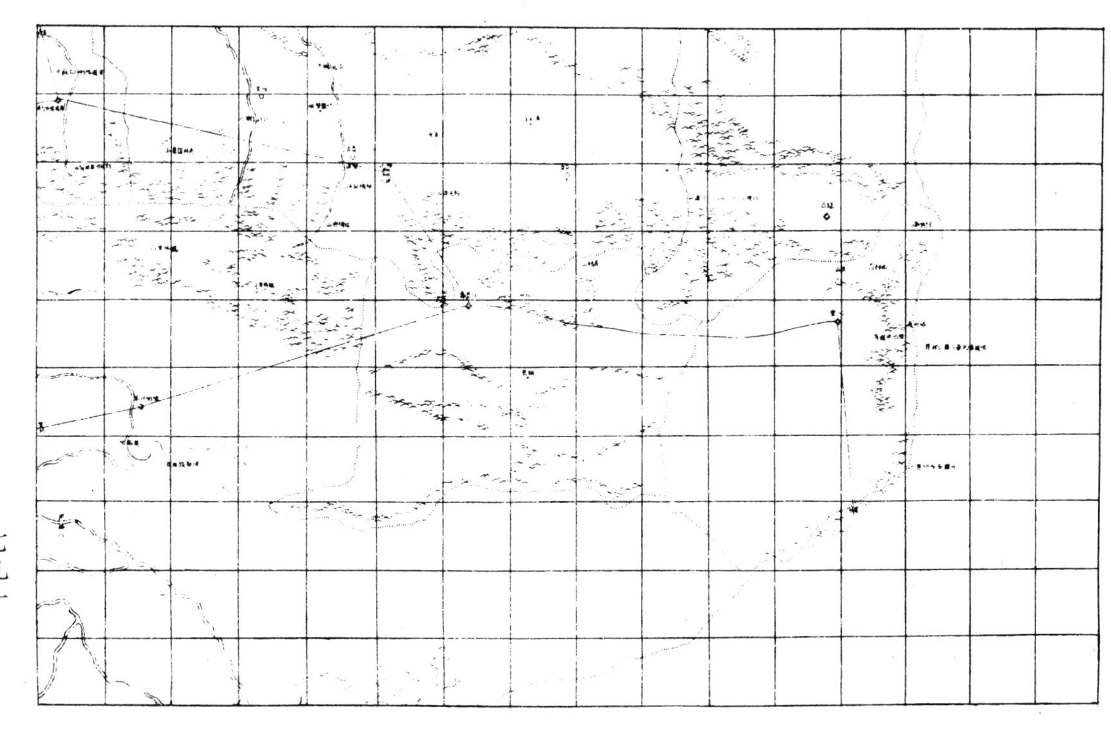

新疆省全圖二

中右一

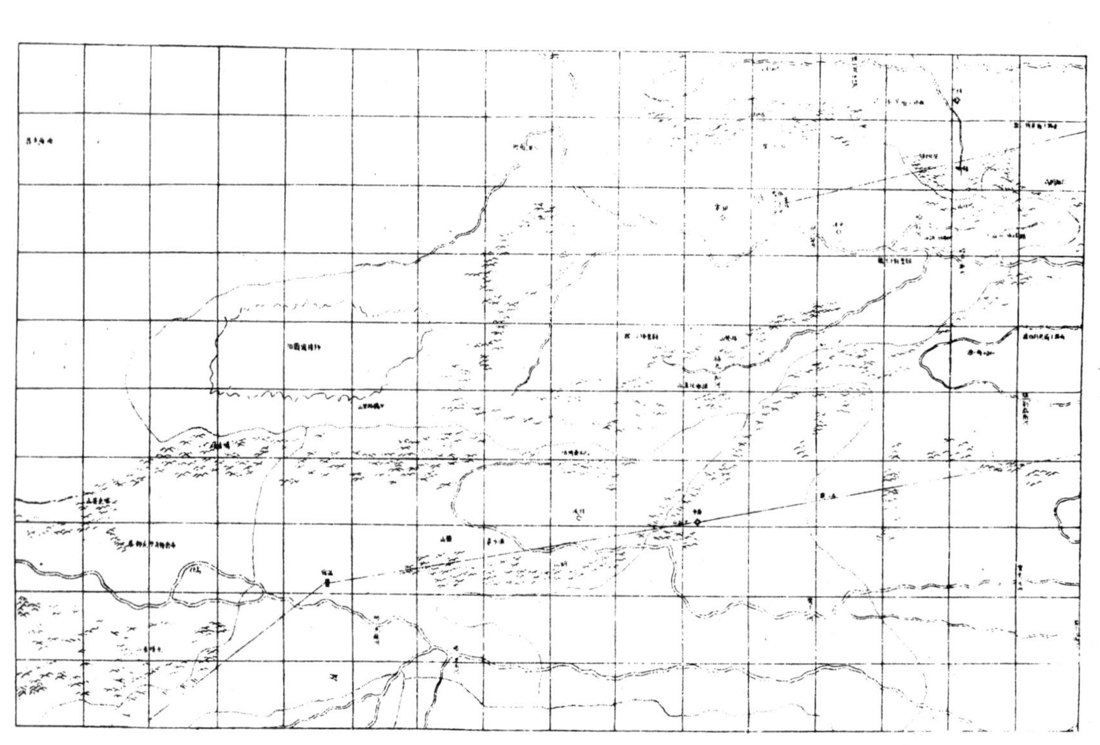

新疆省全圖三

中右二

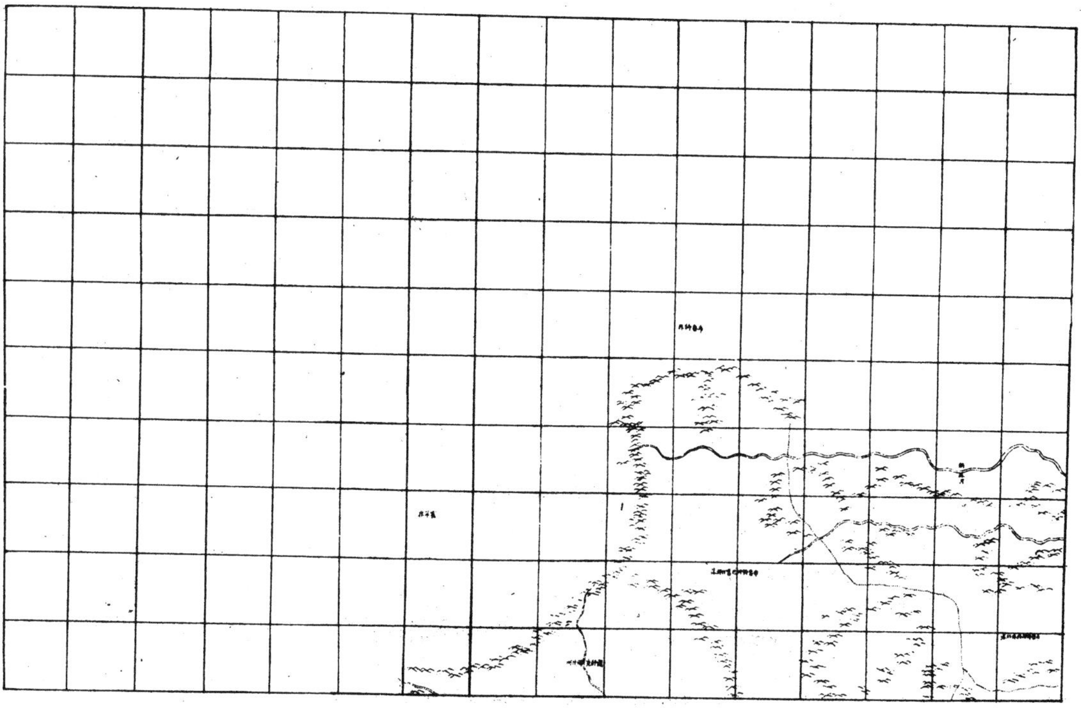

新疆省全圖四

北一
中

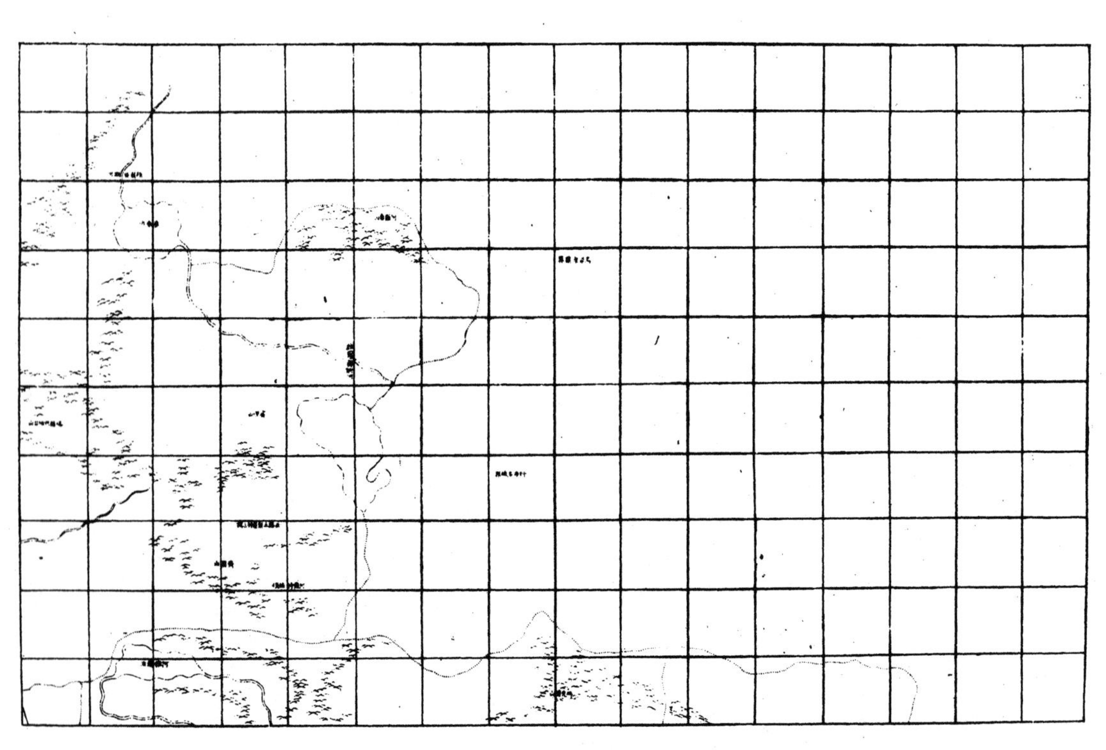

新疆省全圖五

北一
右一

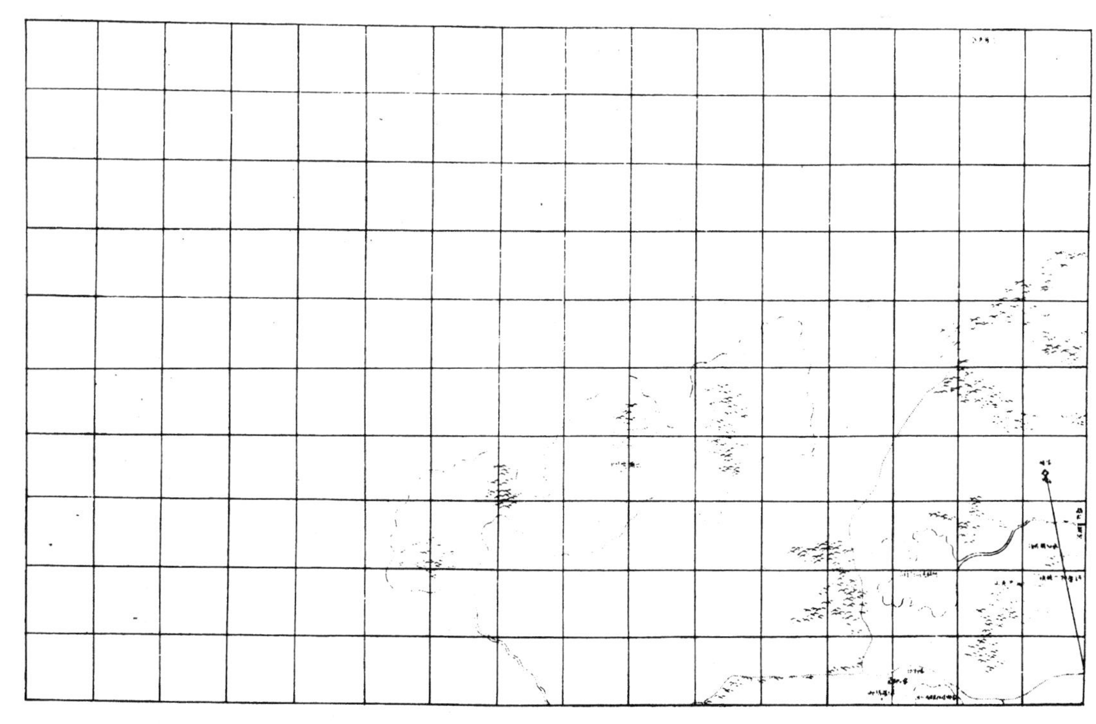

新疆省全圖六

南一中

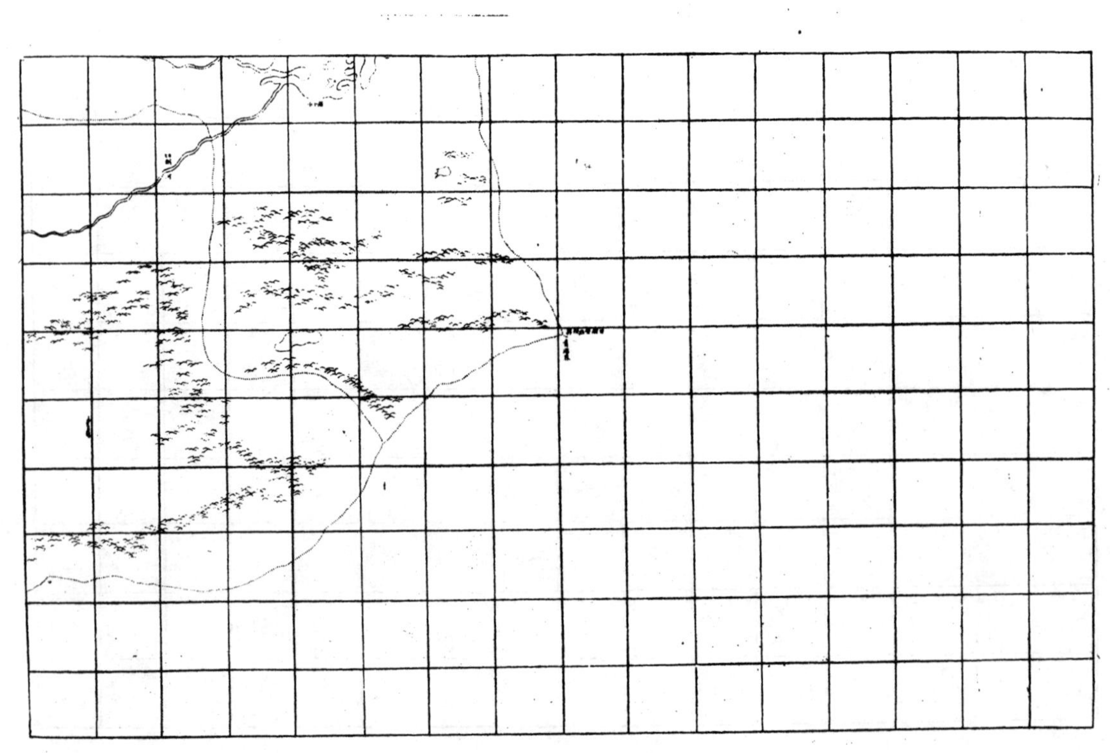

新疆省全圖七

南一 右一

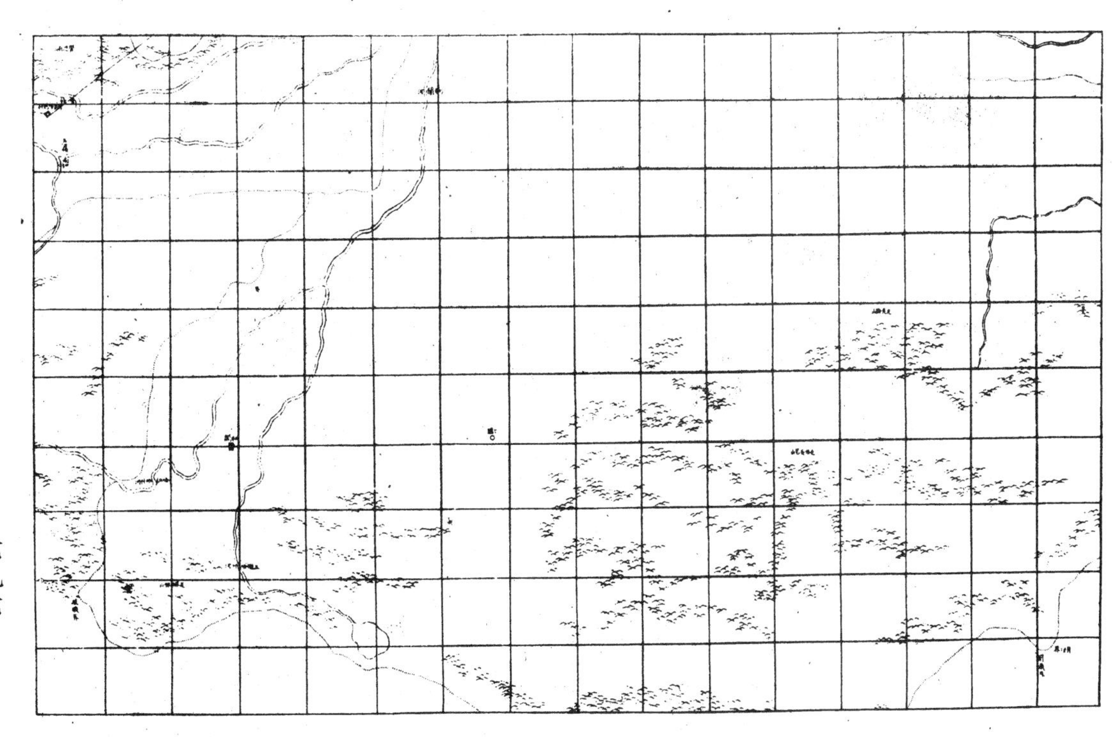

新疆省全圖八

南一
右二

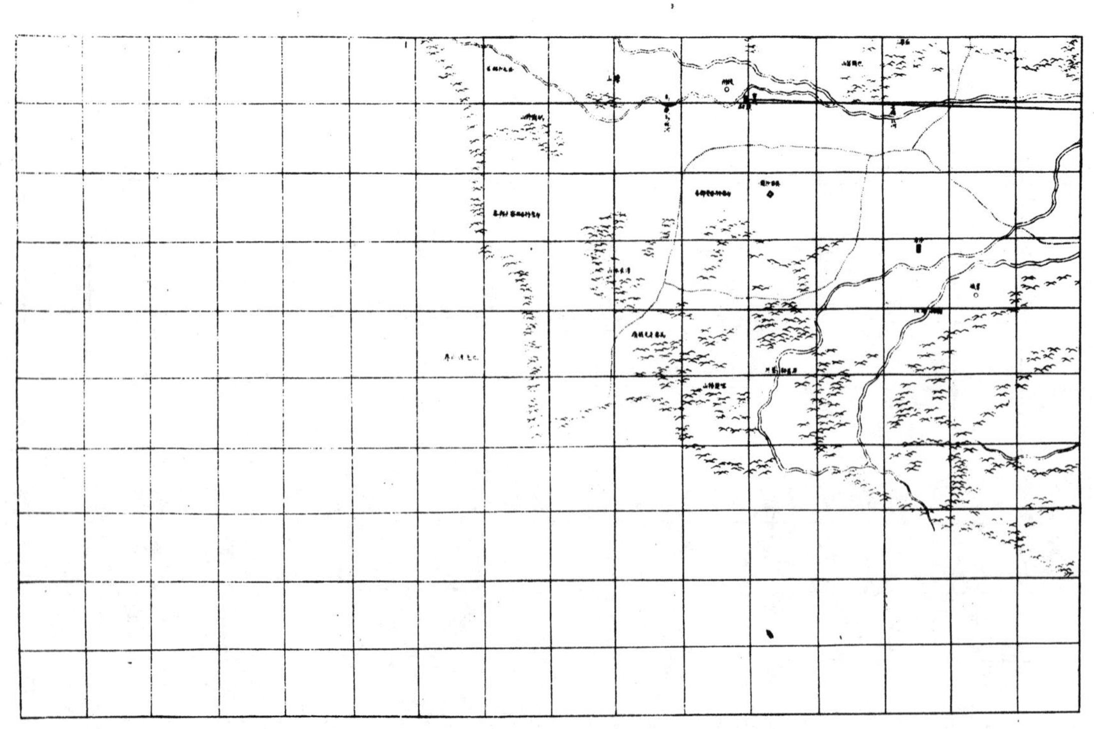

新疆省全圖九

南二
右一

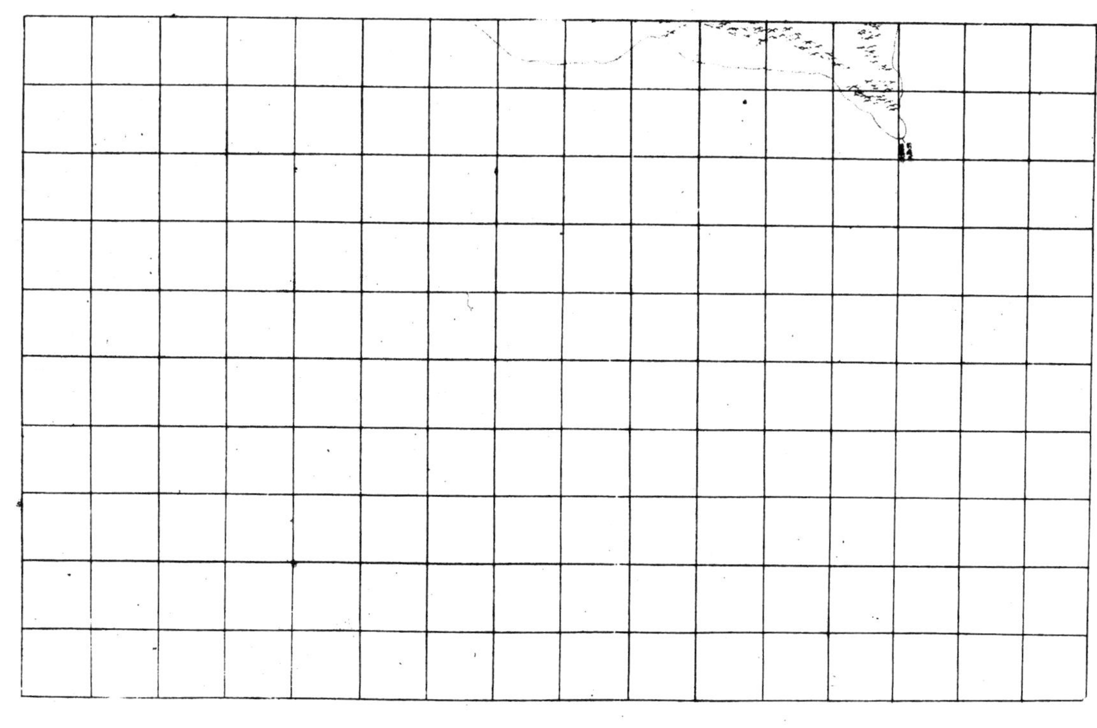

新疆省在京師西北迪化府為省治新疆巡撫布政司共治焉統府二廳九州四迪化府東南吐魯番廳鎮西廳哈密廳西南喀喇沙爾廳庫車廳和闐州温宿州烏什廳瑪喇巴什廳莎車州英吉沙爾廳疏勒州西北庫爾喀喇烏蘇廳精河廳伊犁府塔城廳羅卜泊在喀喇沙爾廳東南塔里木河三源一曰蔥嶺北河一曰蔥嶺南河一曰和闐河北河上游曰烏蘭烏蘇河出疏勒州西經州治北而東圖舒克塔什河注之是為蔥嶺北河又經瑪喇巴什廳北而東會南河河出莎車州南分流左為澤普勒善河右為聽雜布河並東北經瑪喇巴什廳南而合是為蔥嶺南河與北河會又東北合阿克蘇河又東會和闐河河二源西曰哈喇哈什河東曰玉隴哈什河合北流與蔥嶺河會又東為塔里木河又東北經喀喇沙爾廳西南渭干河出温宿州東北西流屈東經庫車廳東南左分支為渭干北河其正渠曰渭干南河東流來會又東開都河上游為珠勒都斯河出喀喇沙爾廳北西流折東經廳治西而南為開都河匯為博斯騰爾泊復西流折東南渭干北河東南流來會又東入於羅布泊切錯河出和闐州東北東流經喀喇沙爾廳東南亦匯於泊伊犁河上源三曰特克斯河曰崆吉斯河曰哈什河合西流經伊犁府南又西合察林河車里克河西北流瀦於巴爾噶什泊喀喇塔拉額西柯泊在精河廳西北精河博羅塔拉河庫爾喀喇烏蘇河並瀦焉阿雅爾泊在迪化府西北瑪納斯河洛克倫河並瀦焉阿拉克圖胡爾泊在塔城廳西南額敏爾河瀦焉齋桑泊在塔城廳北額爾齊斯河自科布多城來西北流瀦於泊復北流入其城界納林河在烏什廳西北特穆爾圖泊在伊犁府西南東至外蒙古喀爾喀札薩克圖汗部界西至霍罕布魯特界北至唐努烏梁海界南至西藏界東南至甘肅青海界東北至科布多城界西北至哈薩克界西南至巴克達山界

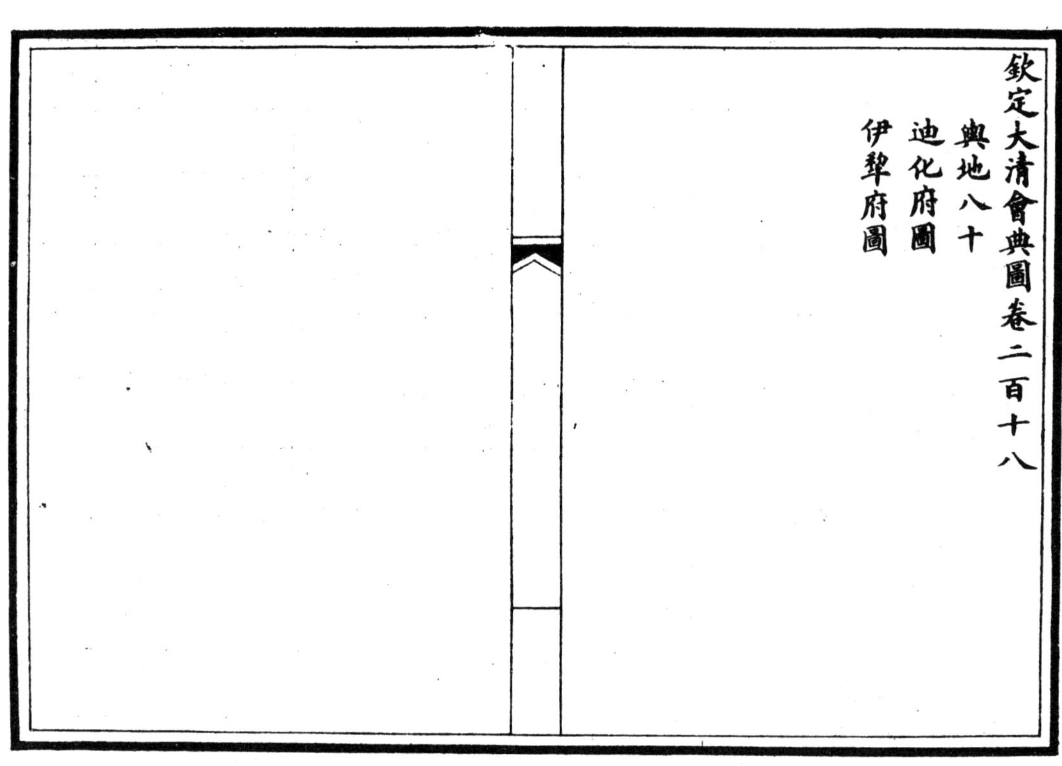

迪化府圖一

中

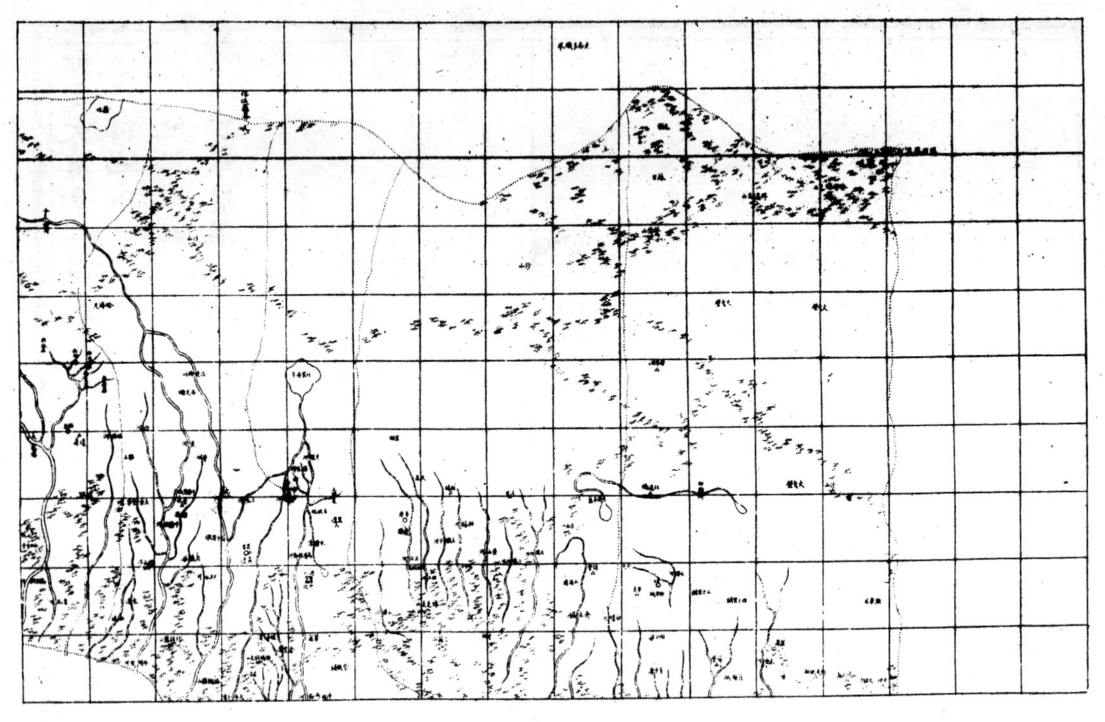

迪化府圖二

中右一

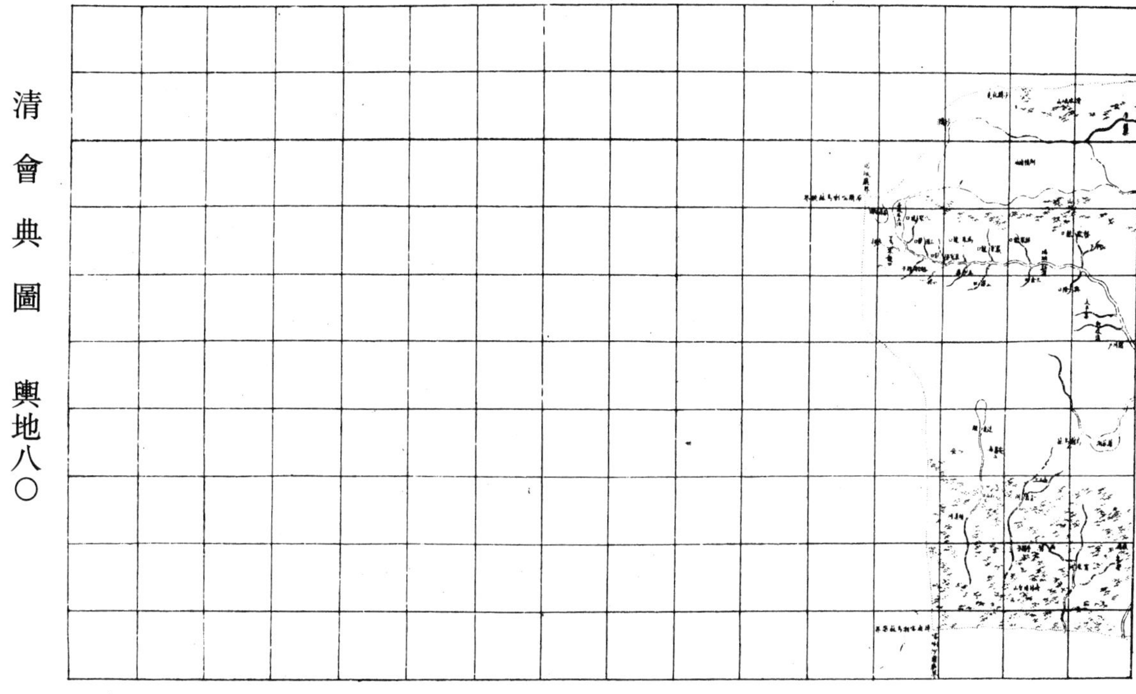

迪化府圖三

南一
中

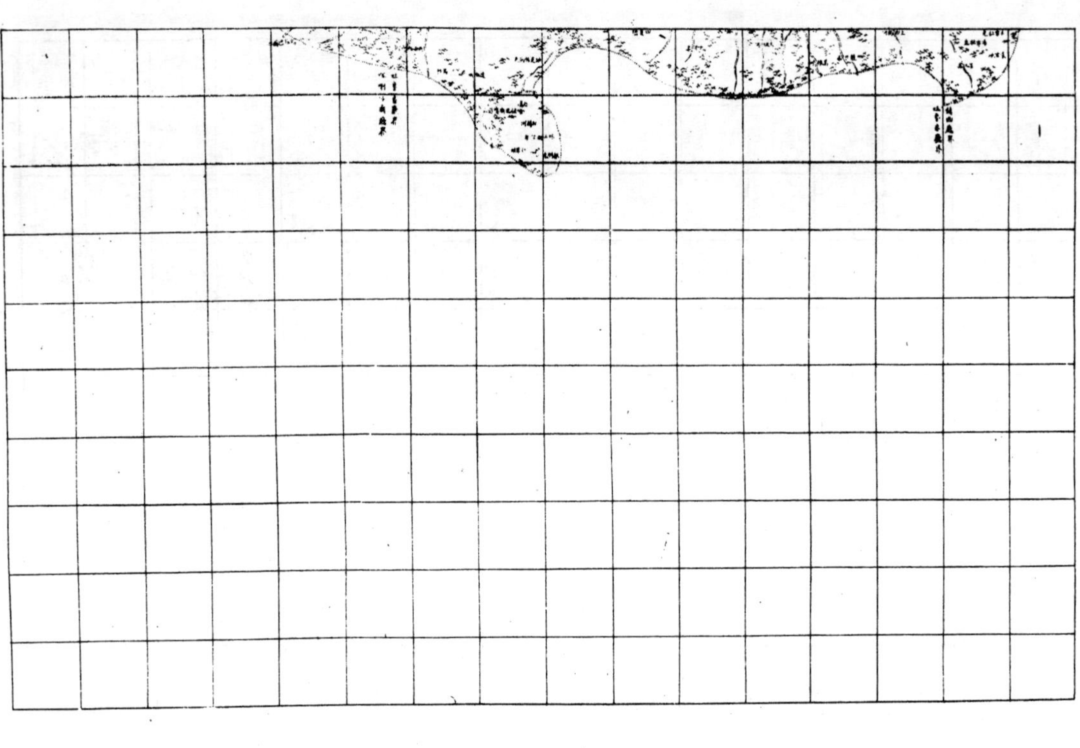

迪化府爲新疆省治。至
京師八千八百四十里。領縣五。治迪化。東北阜康
奇台。西北昌吉綏來。阿雅爾泊在綏來縣西北。
東受洛克倫河。西受瑪納斯河。洛克倫河上源
曰烏拉巴圖水。自喀喇沙爾廳北流入界。東北
流經昌吉縣西南。左出一支渠曰紅水河。北流
入於沙。又東折北經縣治西。右出一支渠曰三
屯河。東北流注於頭屯河。正渠又西北經洛克
倫東。又西北會呼圖壁河。河亦自喀喇沙爾廳
北流入界。經昌吉縣西南。東北流右出支渠二

曰昌盛渠。曰韋湖。並東北流入於沙。又北左出
一支渠曰土古里渠。又北經呼圖壁城西。復左
出一支渠曰西河。並西北流入於沙。其正渠曰
東河。西北流與洛克倫河會。又西北經綏來縣
西北。瀦於阿雅爾泊。瑪納斯河出喀喇沙爾廳
北山。東北流入界。經綏來縣西南。清水河即固
爾班多齊海水。自東南來注之。又北右出一支
渠過縣治東。歧爲五。曰西新渠。曰西東渠。曰西
中渠。曰西四渠。曰西西渠。並入於沙。左出一支
渠西北流曰大泉溝。折而南匯爲蘑菰湖。復溢

而北入於沙。正渠又西北左出支渠二。曰新盛渠曰太平渠。折西右出支渠八。曰沙門子曰龔家龍口曰蔣家龍口曰嚴家龍口曰馬家龍口曰箕窩堡龍口曰三道龍口曰八家龍口。右出支渠七。曰興隆口曰三岔口曰五道口曰五戶渠曰小拐曰駱駝膊子曰下馬家龍口。並入於沙。又西折北匯為各林各土泊。又溢而北出瀦於阿雅爾泊。泊既受二水復東溢為唐朝渠入於沙。甯家河出綏來縣西南山北流合東西灣水入於沙。金溝河亦出縣西南山北流經石山口卡倫東折東北曰烏蘭烏蘇河入於沙。安集海水亦出縣西南山北流過安集海驛瀦為達連湖。烏魯木齊河二源。東曰庫爾齊勒河西曰阿勒塔濟河。阿勒塔濟河自喀喇沙爾廳東北流入界。經迪化縣南左出支渠歧為四。又北左出支渠歧為二曰倉皇溝曰破子溝並入於沙。正渠又東北庫爾齊勒河自吐魯番廳入界西北流來會。又北經府治西曰烏魯木齊河。又北右納水磨溝及三箇泉水。又北左出支渠二。曰甘州工水曰蔣家灣入於沙。又北為老龍河。又西北頭屯河自昌吉縣東北流合三屯河來會。又北流當迪化縣北瀦於白家海子即固爾班托羅海也。柳樹河出奇台縣東北。西北流經縣北北道橋卡倫南。又西經阜康縣東北境折東南入於沙。香几溝木壘河龍口渠葛根河董子溝大阪河白楊河並出奇臺縣南山北流入於沙。濟木薩河即小溝。出阜康縣東南山北流經四道橋卡倫東至濟木薩城南折而南入於沙。太平渠大龍口水小龍口水黃山河白楊河土墩子河四工河三工河並出阜康縣東。水磨河出縣西。並北流入於沙。東西溝在昌吉縣西。塔西河在綏來縣東。並入於沙。博克達山為天山最高峰。在阜康縣南。府東界鎮西廳。西界庫爾喀拉烏蘇廳。北界外蒙古札薩克圖汗旗。南界吐魯番廳。西北界塔城廳。西南界喀喇沙爾廳。

伊犁府圖一

中

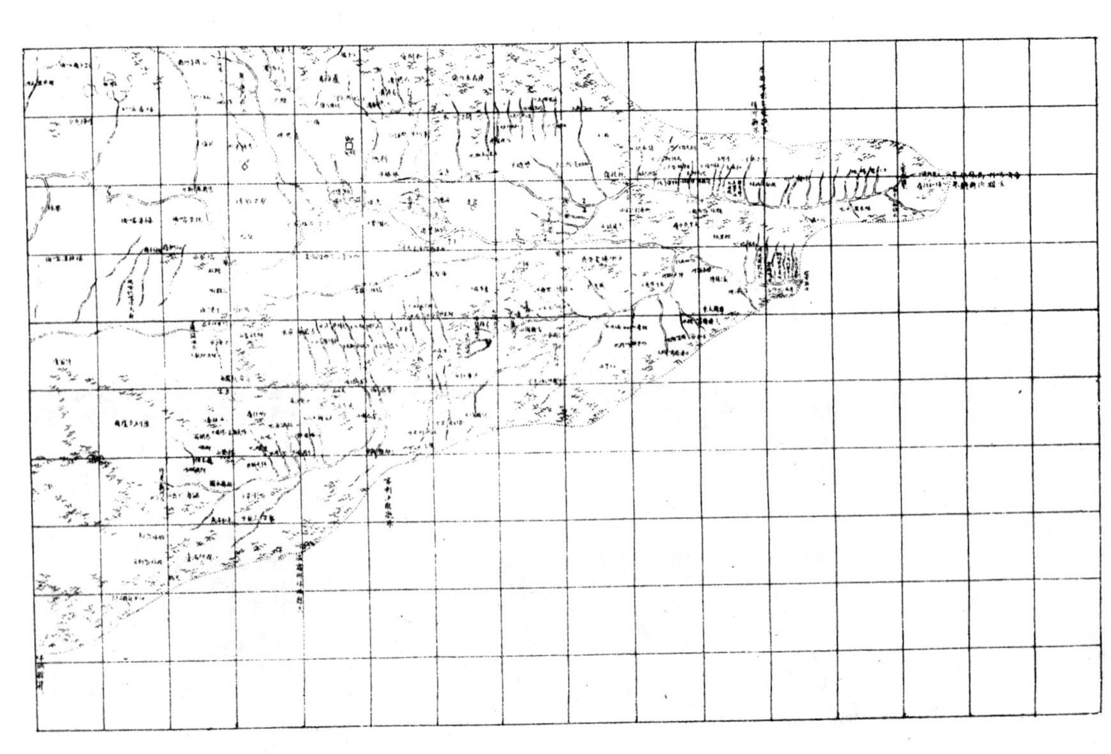

伊犁府圖二

中右一

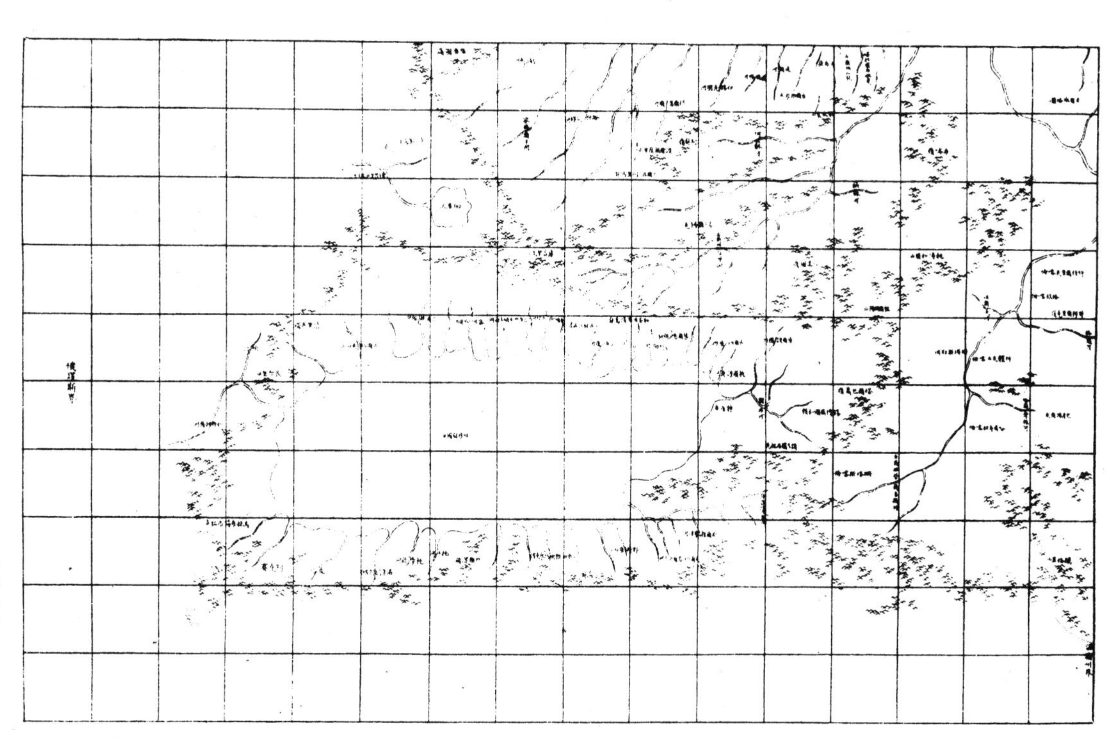

伊犁府圖三

北一中

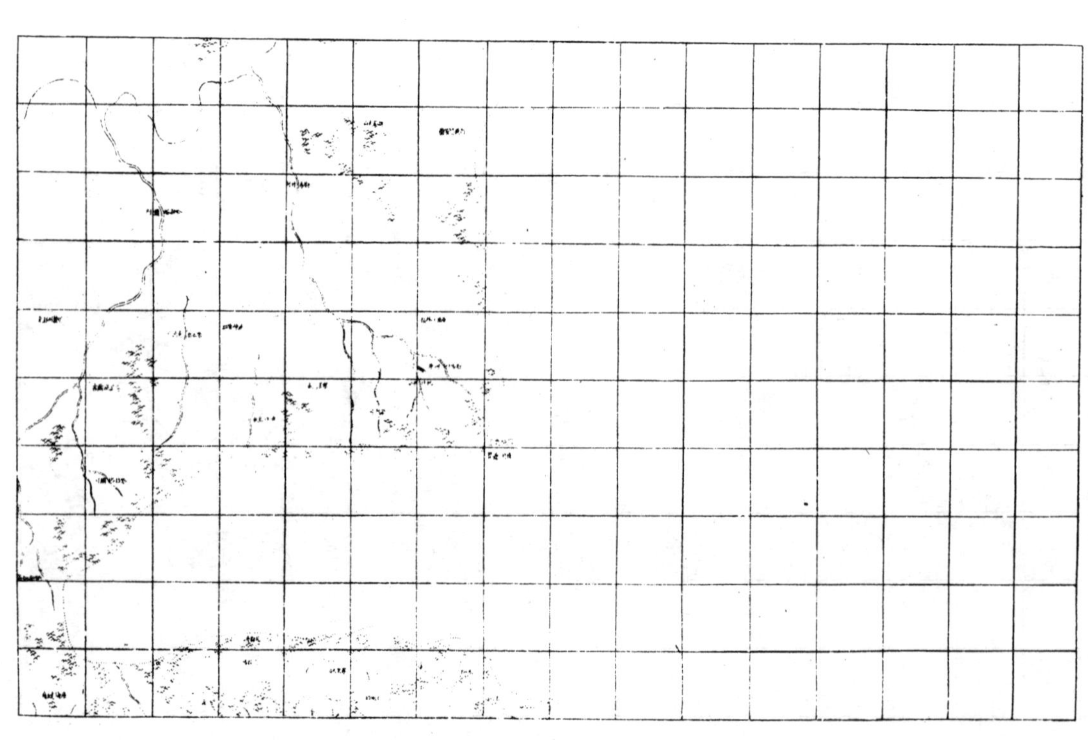

伊犁府圖四

北一
右一

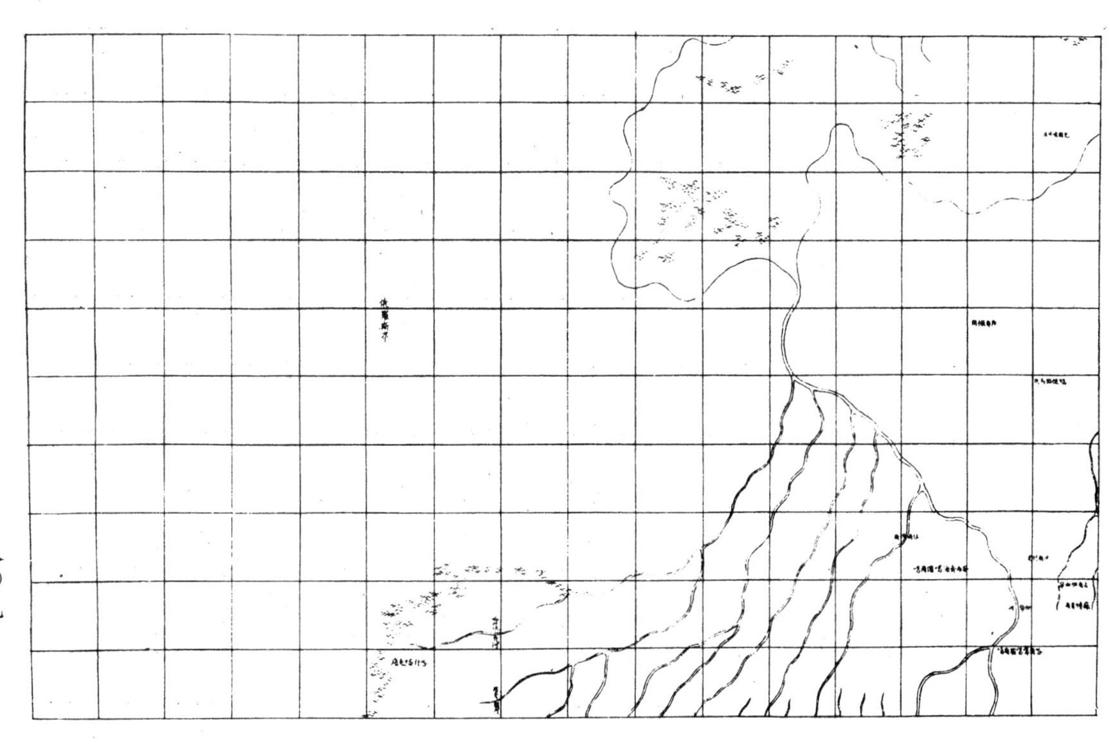

伊犁府圖五

北二中

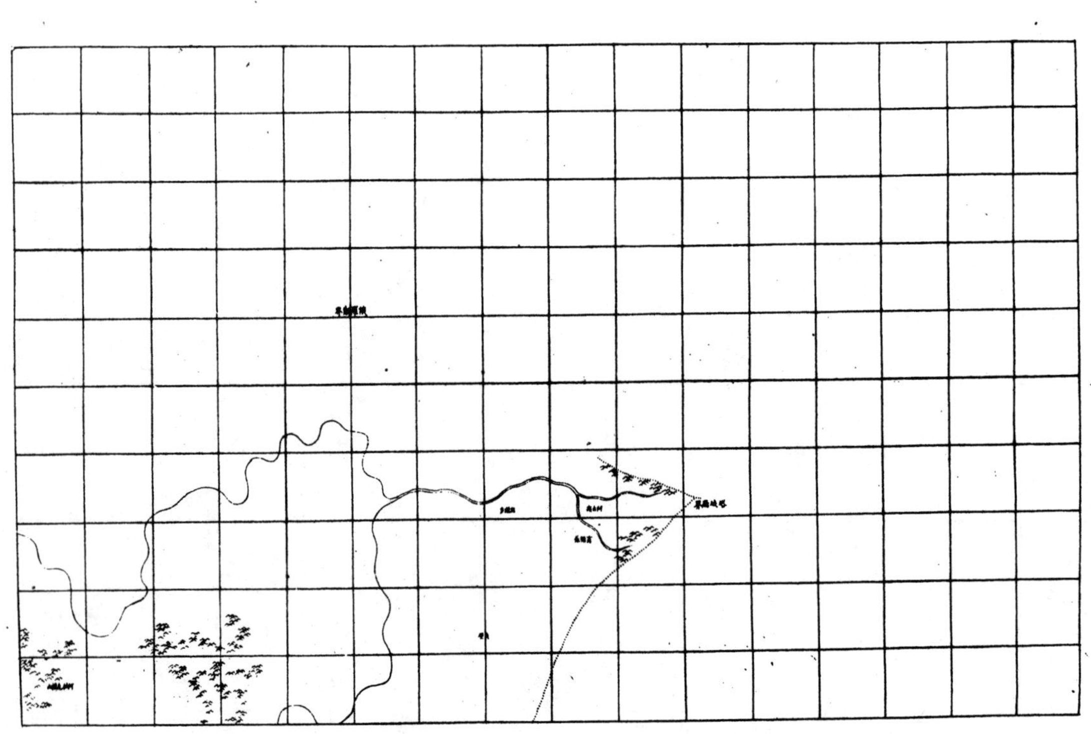

伊犁府圖六

北二　右一

伊犂府在省治西一千六百三十五里至
京師一萬六百一十里領縣二治綏定東南甯遠
伊犂河上源三西南源曰特克斯河東南源曰
崆吉斯河東北源曰哈什河特克斯河出罕騰
格里山東流經甯遠縣西南諾海托蓋山北阿
爾班河自西北來注之又東經格登山南右納
木和洛泉水又東經特克斯臺南哈喇罕山北
左納夏雄水哈升水沙拉諾海水右納察罕烏
蘇水又東左納月爾圖水大小哈爾干圖水又
經霍洛海臺南左納大霍洛海水小霍洛海水
及三小水右納阿古雅斯水大帖列克水合引
吉里水阿爾班水阿爾班則木水又經阿爾泰
山南東北流霍爾圖水自博爾臺南東流合塔
勒得水塔拉布結水布喀台水素水玉季坤水
哈巴拉克水沙喇博霍齊水來注之又東北右
納紅畢立水左納葳莧水又東北經木尼得克
山南右納哈畢斯哈朗水小濟爾噶朗水及大
濟爾噶朗水和濟爾噶朗合流水折北流與東
南源崆吉斯河會崆吉斯河自喀喇沙爾廳西
北流入界經甯遠縣東丹布哈什山北右納於

浣布拉克水浣烏拉斯太水納林吉魯太水霍
爾懷水博克爾羅各水則格格水西流昌曼河
自喀喇沙爾廳西北流來注之又西經額林哈
必爾山南會特克斯河又西至雅瑪圖嶺北與
東北源哈什河會哈什河出甯遠縣東山曰布
干和拉水合大蒙科圖水西流經十二圖場右
納九渠左納帖木里克水胡吉爾太水又西右
納遐勒布拉克水阿克布旱水和吉水察察水
木托圖水又西經哈什山南左納沖吉水右納
尼勒哈水又經額林哈必爾山北右納額林莫
多水又西經克里澤嶺南右納胡吉爾太烏拉
斯台合流水又西經阿布喇拉山北哈什回城
南右納蘇布台水折南經託拔嶺南右納合洛
斯水又西南右出一支津曰皇渠歧為二一北
流為雙橋子水一西流通縣北之闢里沁水及
府治南塔橋子水並入於沙正渠又南右出三
小渠曰塔什烏斯坦渠曰阿魯斯坦渠曰巴衣
托海渠又西南經雅瑪圖嶺北會東南西南二
源是為伊犂河伊犂河既合三水西流左出一
支渠為錫伯八旗渠經府治南入於沙正渠西

北經甯遠縣治南左出一支渠為錫伯營渠正渠又西經惠甯城南釃為通惠三渠又西錫伯營渠復西北流注之又西南經惠遠城南巴圖蒙柯臺北烏拉果克水出府治東北合白楊溝香房溝燒房溝沙拉布克水南流經治東來注之又西南經府治南磨河頭道河南流注之又西南二道河即霍莫圖河自廣仁城西北南流注之又西南大西溝自府治西北合苜蓿溝察罕爾烏蘇水南流歧為二支一為花祥雨水一為三道河來注之又西南霍爾果斯河自西北來注之又西右納一小水又西受察林河河出府西南合古爾班哲爾吉斯河哈爾奇拉河博爾克河東北流右出支渠為格根河即沙爾諾海歧為二入於沙正渠又東北注伊犂河伊犂河又西北右納圖古里克河折北流古爾班薩里河出府西南山合數水及納林河塔爾錫克河阿蘇河東北流注之又西北圖爾根河塔爾噶爾河塔什克鄂河察瑪爾干河虧屯河庫魯圖河哈什塔克河並東北流注之又西北潴為巴爾喀什泊泊在府西北哈拉塔爾河出府北勒布什河亦出府北合巴什干河沙爾干河諸水並北流潴馬賽里木泊在府治東北科河在府治西分二支南流入於沙果子溝大東溝小西溝並在府治西北東阿里瑪圖水在府治東並南流入於沙沙拉孜水合洛斯太水覺洛水黑子布拉克水色色布拉克水喀藏齊水吉里格朗水並在甯遠縣東北南流入於沙石灰窑水出甯遠縣北東流入精河廳界霍洛海莊水大小博羅莊水在府治南上下札胡斯太水烏藍哈太水車濟水而里特水阿里木土水阿里特子水並在甯遠縣南北流入於沙特穆爾圖泊在府西南吹河集勒噶朗河圖布河及天山北數十小水並潴焉挪衮泊在庫克里山西騰格里山即天山在府西南塔勒奇山在府西北

府東界庫爾喀喇烏蘇廳西至北界哈薩克南界庫車廳東南界喀喇沙爾廳西南界温宿州

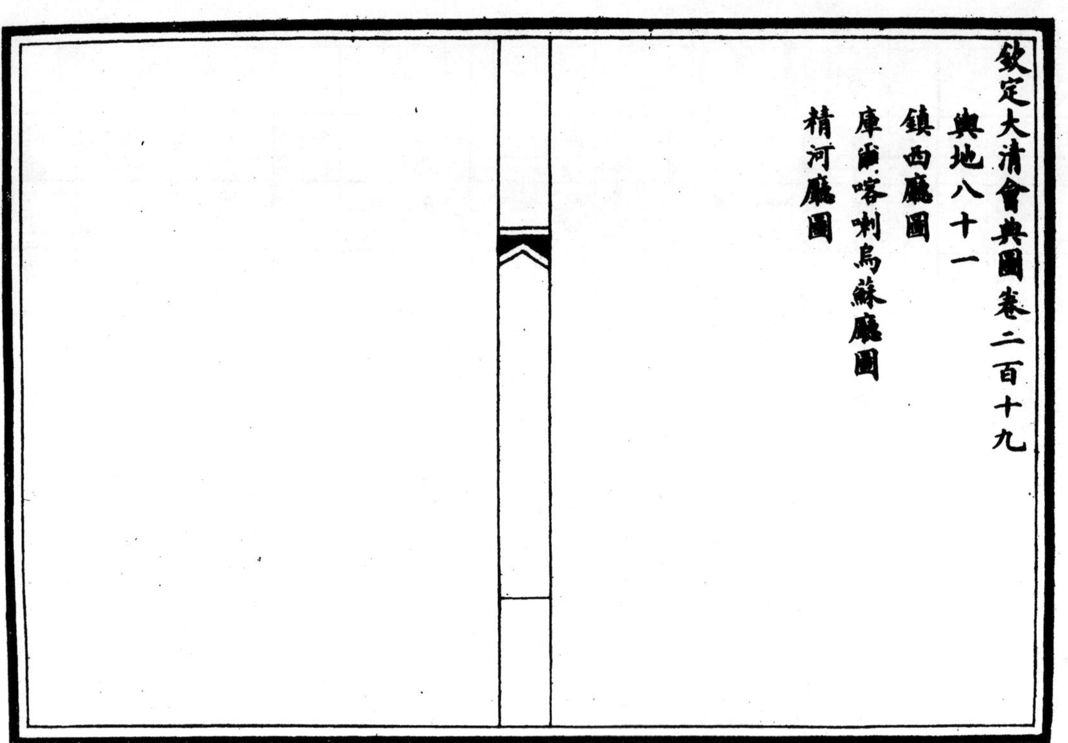

鎮西廳圖一

中

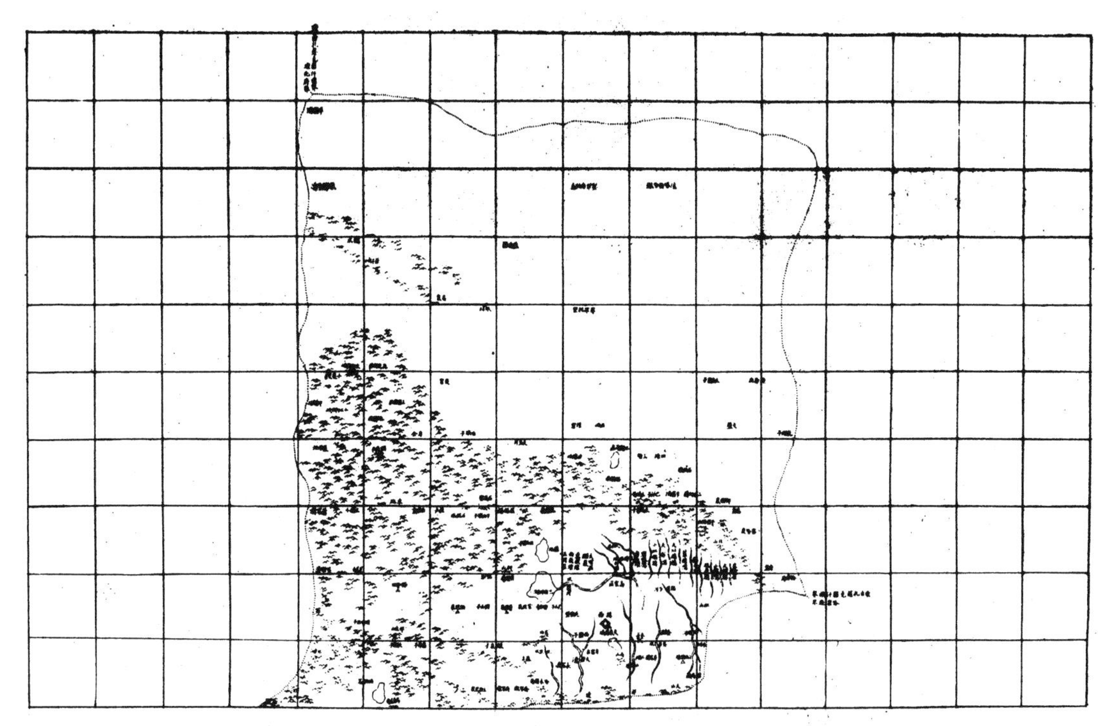

鎮西廳圖二

南

鎮西廳在省治東北一千三百三十里。至
京師七千五百一十里。巴爾庫勒泊即蒲類海。在治西北。受水磨河。河出廳東南。北流折西右出三支渠。一當天時莊東人和莊北。一當地利莊東。一當大有莊東。正渠仍西流經治北。又西瀦於泊。昭莫多河出廳東紅山西流經沙山子北。又西北柳條河二源並出廳東南山。合西北流來會。又西北入於沙。小黑溝水奎素水並在府東南。大黑溝水長家溝水並在治西南。皆入於沙。鹽池二。一在巴爾庫勒泊北。一曰西鹽池在治西南。三塘湖在治北。大柳溝小柳溝板房溝樓房溝藍旗溝大紅旗溝大彩溝小紅旗溝喇嘛溝並出廳東北山南流入於沙。祁連山即天山在廳南。廳東至南界哈密廳。西及西北界迪化府。北及東北界外蒙古札薩克圖汗旗。西南界吐魯番廳。

庫爾喀喇烏蘇廳圖

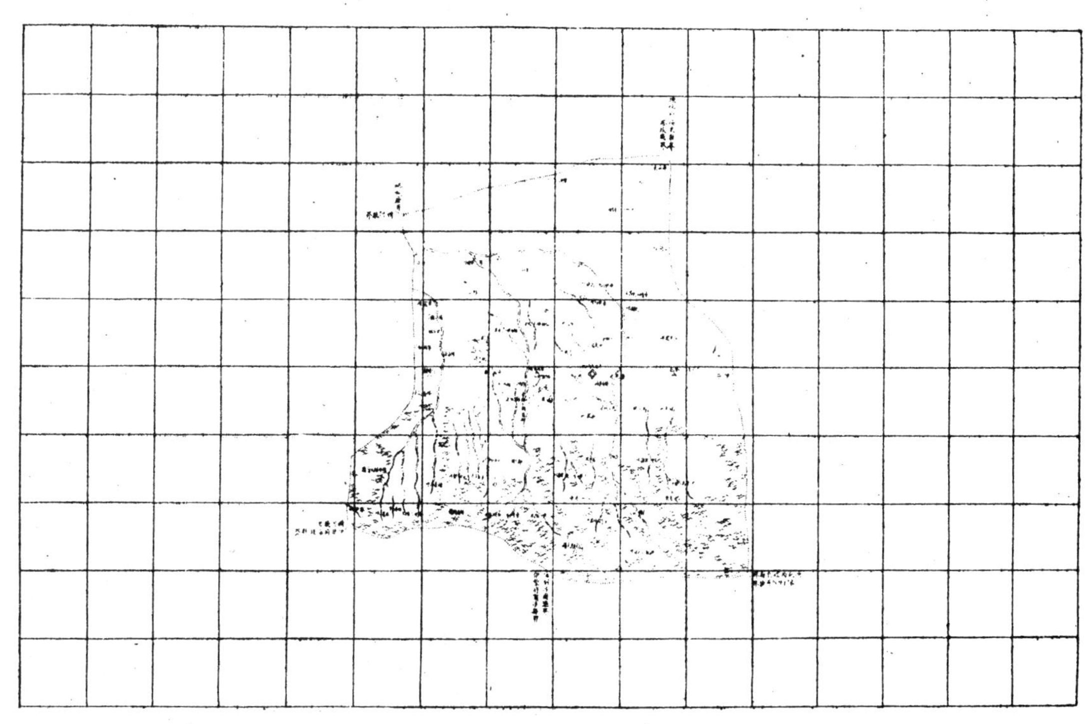

庫爾喀喇烏蘇廳在省治西七百里。至
京師九千五百五十五里。庫爾喀喇烏蘇河出廳東南額林哈畢爾噶山曰托羅滾水。西北流沙格得果水二支合北流注之。又北左釃為流沙坡渠西北流曰千河子入於沙。正渠經廳治東曰奎屯河。又北曰庫爾喀喇烏蘇河。折西會濟爾噶朗河。河出廳西南山曰札哈水。西北流。東斗水哈峽圖水合東北流注之。又北支渠西北出歧為三曰蘇忙渠曰蘇木渠曰庫爾忙渠。正渠又北。左出支渠二曰半截溝曰東井。又北右納布爾噶濟水。又經普爾塔齊臺西而北。左釃為額布度克渠右釃為公格塔拉根渠。又西北為濟爾噶朗河與庫爾喀喇烏蘇河會。庫爾喀喇烏蘇河又西流入精河廳界。固爾圖河出廳西。會頭道水二道水三道水四道水五道水東北流。經固爾圖臺東。折而西北亦入精河廳界。巴五里果勒水伊克烏蘭泉合巴旻泉並在廳東。北流入於沙。苦水將軍河克里器水並在廳南。北流入於沙。大庀阿拉圖水木吉克水三吉水木的圖水並在廳西。北流入於沙。西湖在廳北。東泉中泉西泉在廳西。廳東界迪化府。西界精河廳。北界塔城廳。南界喀喇沙爾廳西南界伊犁府。

精河廳圖

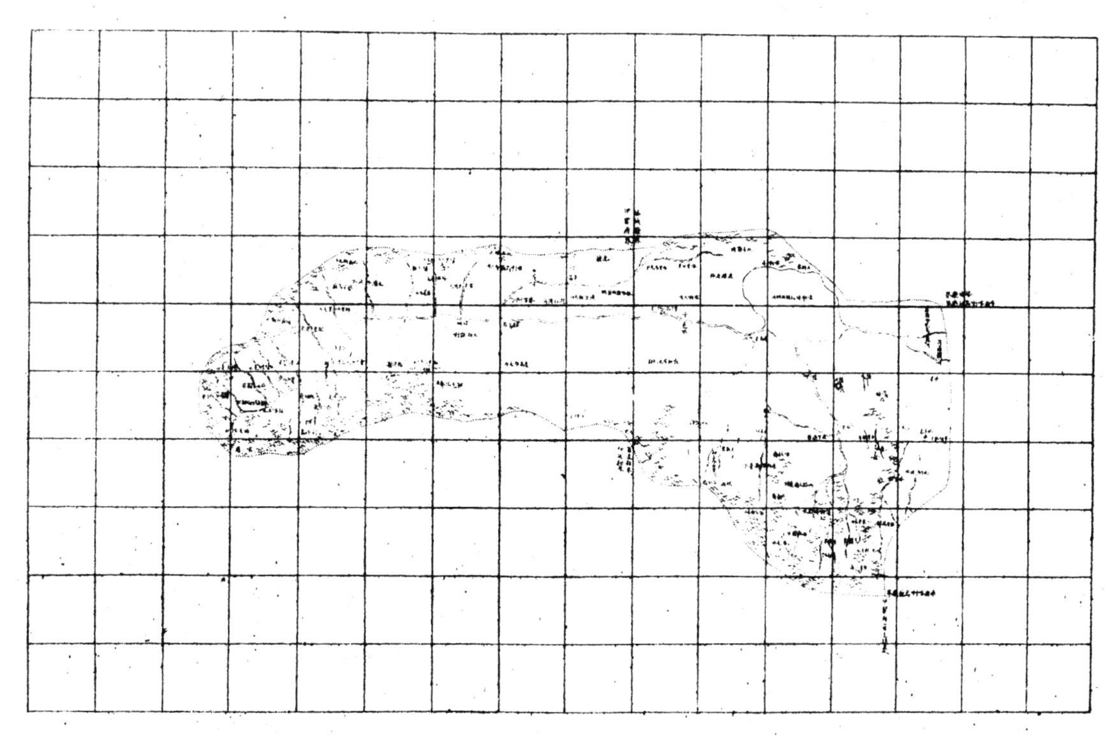

精河廳在省治西一千七十五里至

京師九千九百六十里喀喇塔拉額西柯泊即鹽海子在廳北南受精河西受博羅塔拉河東受庫爾喀喇烏蘇河河自庫爾喀喇烏蘇廳入界合其廳之固爾圖河西流瀦於泊精河一曰晶河出廳南山曰烏圖津合而參津水西北流吉布克水那林果水哈拉得其水阿克布早水東都津水合東北流來會又西北經廳治南左釃為察罕通固渠右釃為屯田渠又經廳治西而北瀦於泊博羅塔拉河即薩爾巴克圖河出廳西山東流右合博可哈拉水左合德木克山水又東北右納枯婁本水麻相泉退拉泉白克進泉水會浪白克忩川水左納覺洛圖泉拜里克泉覺洛泉白克忩泉耶里肯泉水鄂里吐里克水又經察罕烏蘇卡倫南而東左納札圖木散水又東經雅瑪圖卡倫北左右各納一小水又東經雅里阿土山北左納塔勒奇泉水苦克里特水又東布哈水自廳北喀喇嶺西西南流注之又東經察哈爾兩翼城南又東庫森木什河自伊犂府甯遠縣來東北流注之又東瀦於泊雨的尼水自庫爾喀喇烏蘇廳界北流入於沙察罕水亦自其廳入界合耶里滿津水阿里帖克水北流入於沙小果水大果水在廳東南東托各斯台水尼勒黑水在廳西南並北流入於沙廳東界庫爾喀喇烏蘇廳南界伊犂府西及西北界哈薩克

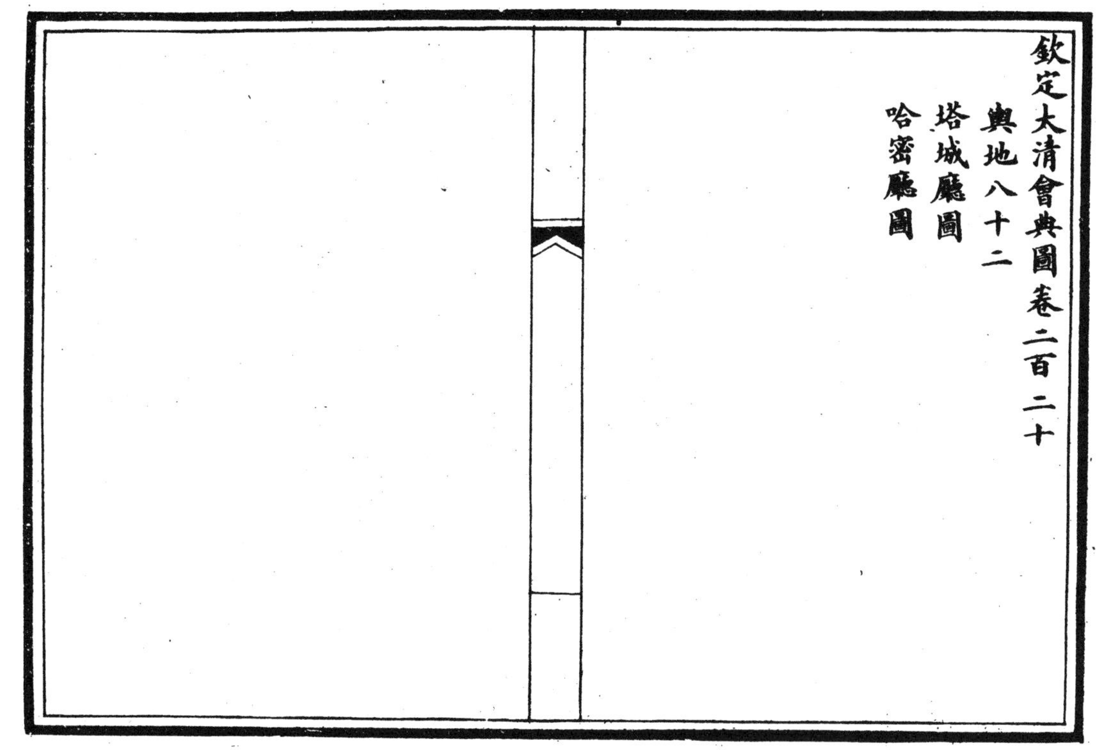

塔城廳圖一

中

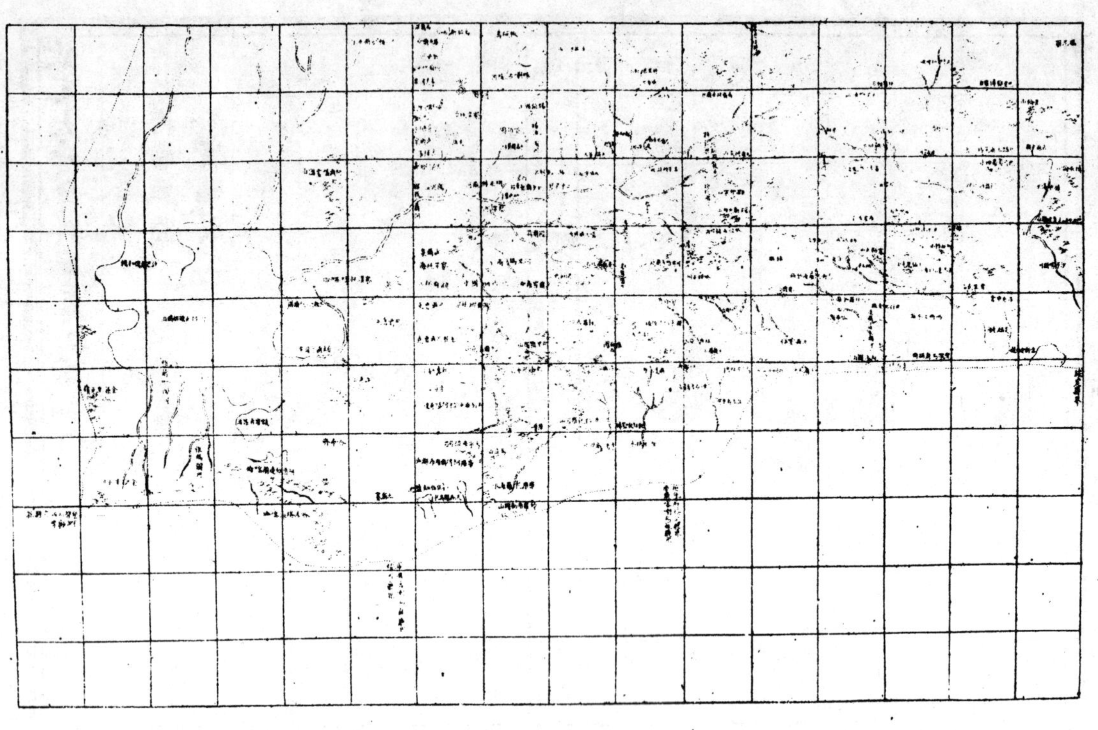

塔城廳圖二

中左一

塔城廳圖三

北一

中

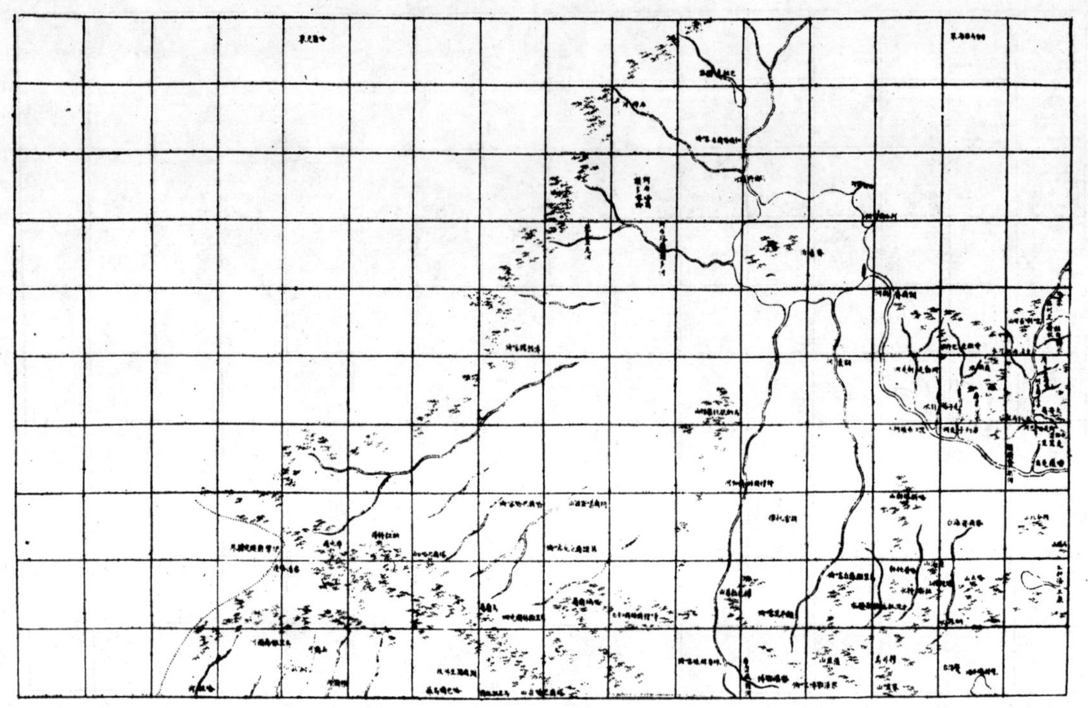

塔城廳圖四

北一
左一

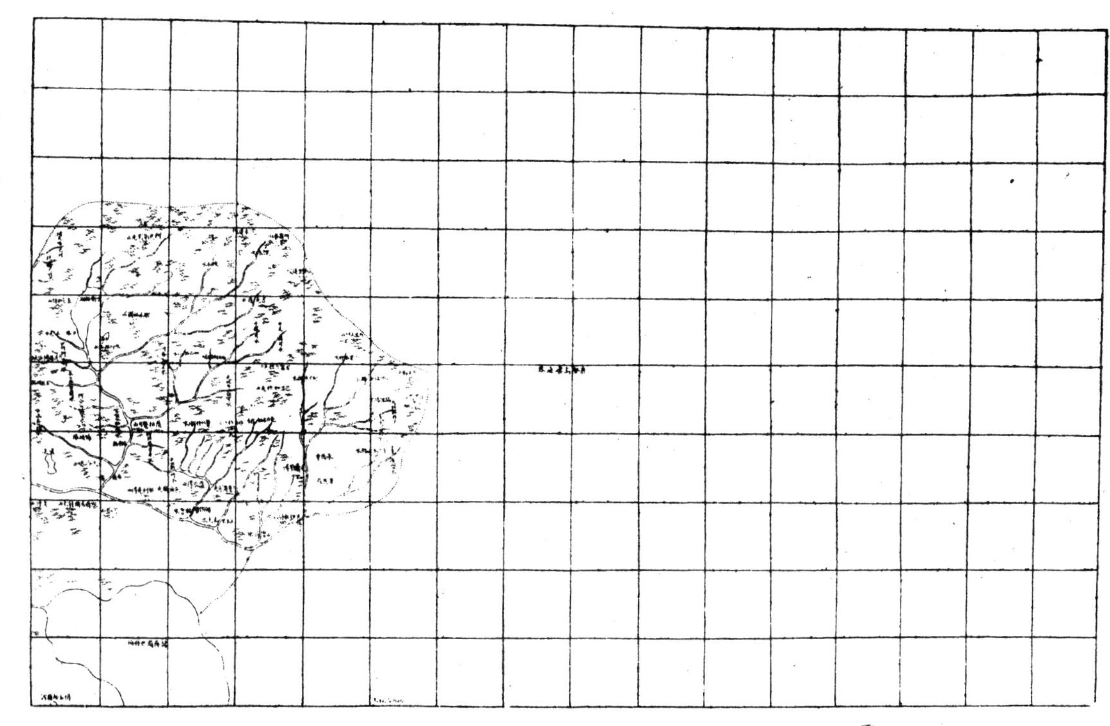

塔城廳圖五

北二
中

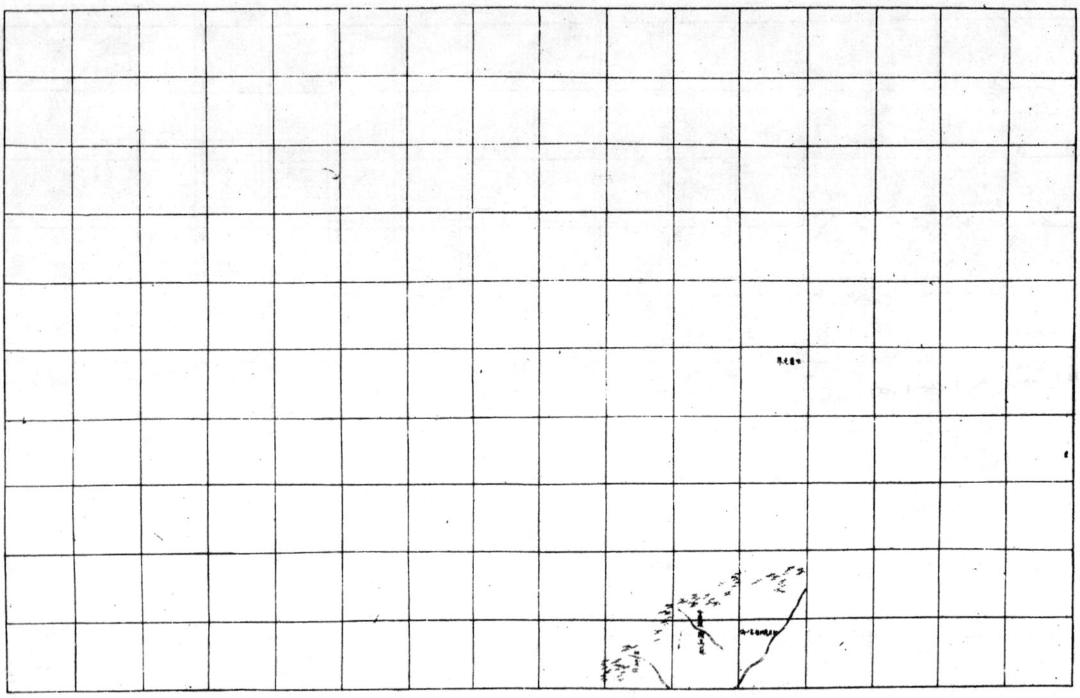

塔城廳在省治西北一千六百二十四里。至京師一萬二百八十里。齊桑泊在廳東北。額爾齊斯河即多邏斯川。自科布多阿爾泰烏梁海旗西北流入界。經廳東北受克林河。河上源出廳東北而里木特山。一曰而里木特水一曰阿黑沙拉水一曰哈拉沙斯水合西南流。烏雀里特水烏拉斯特水求下阿特水合西南流注之。又南特木里特水罕達海圖水合西南流注之。折西為克林河。合杰木里杰克水與額爾齊斯河會。額爾齊斯河又西。古魯特水一名古爾圖河西南流注之。又西阿什魯枯魯水一名庫魯圖河上承乞必斯朗水覺以特海水作哈拉改山南三小水克什布拉可水西南流注之。又西會布爾崇河。河一名博爾集河。出廳東北阿克別列克山。西南流合其北一小水及其南必斗哈拉斯水瀦為喀喇斯湖。又自湖東南出。右納通氣立克水必列阿特水南流。浣木水即和穆河出浣木達坂合梭木水吉克嶺水西流注之。又東南求千沙里特水阿合公改土水喀喇公加特水並東流注之。卡得可水白克得可水哈拉

阿衣列克水克林布拉可水加各斯台水阿各布土水合西流注之又南左納科科齊里克水右納哈洛各坦水又西南與額爾齊斯河會額爾齊斯河又西經乞冷塔山南又西經哈薩克臺南受阿克哈巴河河出廳東北山南流左合托倫木特水納林哈巴水科科木特水哈土水帖列克特水詰白特水磨若里特水胡吉爾圖水又合老海布拉可水西南流左釃為屯田渠右釃為沙拉布拉渠又南與額爾齊斯河會額爾齊斯河又西經哈斯塔勒山北受拉克巴什水會賽斯水布果里水曰畢列子克河南流注之又西右納克子哈引水又西右納阿勒克別克河又西北瀦於齋桑泊額東河特穆爾綽爾河並在廳東北流亦瀦焉阿布塔爾諜多河合楚克里克河東流亦瀦焉額爾齊斯河北出合布坤河納林河入哈薩克界額敉爾河出廳東北左合三小水右合一小水西南流經烏蘭哈達台南左納一水及波改水都倫渠水又西南遐勒額敉爾河喀喇額敉爾河合西北流注之又西經布爾噶蘇台及色莫爾莫多台南又西錫伯圖河

西南流注之察罕河合博爾里河達蘭圖水西北流注之阿布達爾河西南流注之又西經廳治南喀喇古隆河出廳東北烏拉斯台水出廳西北合於城南左納南湖右納安白喀喇水南流來會又經瑪尼土卡倫南西南流瀦為阿拉克圖胡爾泊烏里雅蘇圖河札哈蘇台河玉爾河雅爾河賴鄂爾渾河合南流與哈拉河並瀦焉全集里河必欽河雅爾哈圖河雅瑪圖河並北流瀦焉沙子噶圖河出廳東山曰霍博克薩里河曰額通河曰果勒河曰固爾班水曰塔克勒土河曰克特和博水合為達萌河東流經巴音菊羅坤山南折東南左納博衣倫水又東南入於沙蘇爾圖河納木水並出廳東南合東南流左匯為莪洛素托小海又東南瀦為艾拉克泊赫薩爾巴什泊在廳東境木河洛旦泉水瀦焉納林水拉斯特水干浣拉烏拉斯特水並在廳東北入於沙達爾達木圖河説爾噶其河及廳東南十餘小水並入於沙阿爾泰山在廳東北塔爾巴哈台山在廳治東廳東界外蒙古科布多旗西界伊犂府南界庫爾喀喇烏蘇廳東

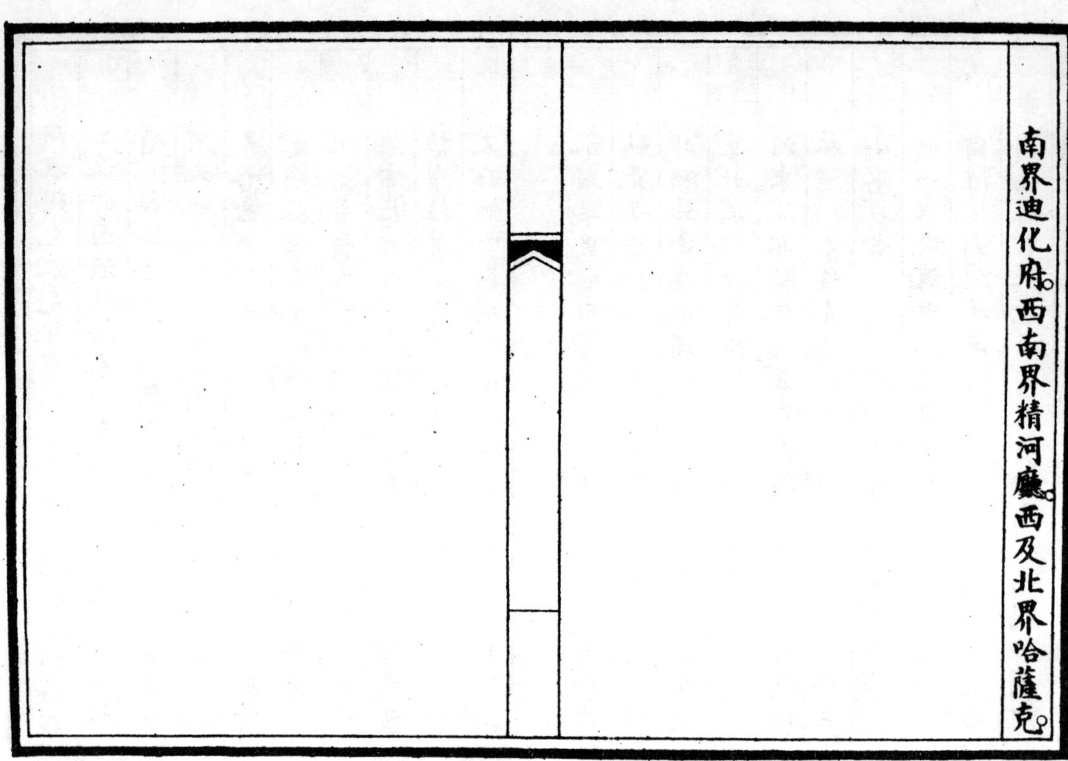

哈密廳圖一

中

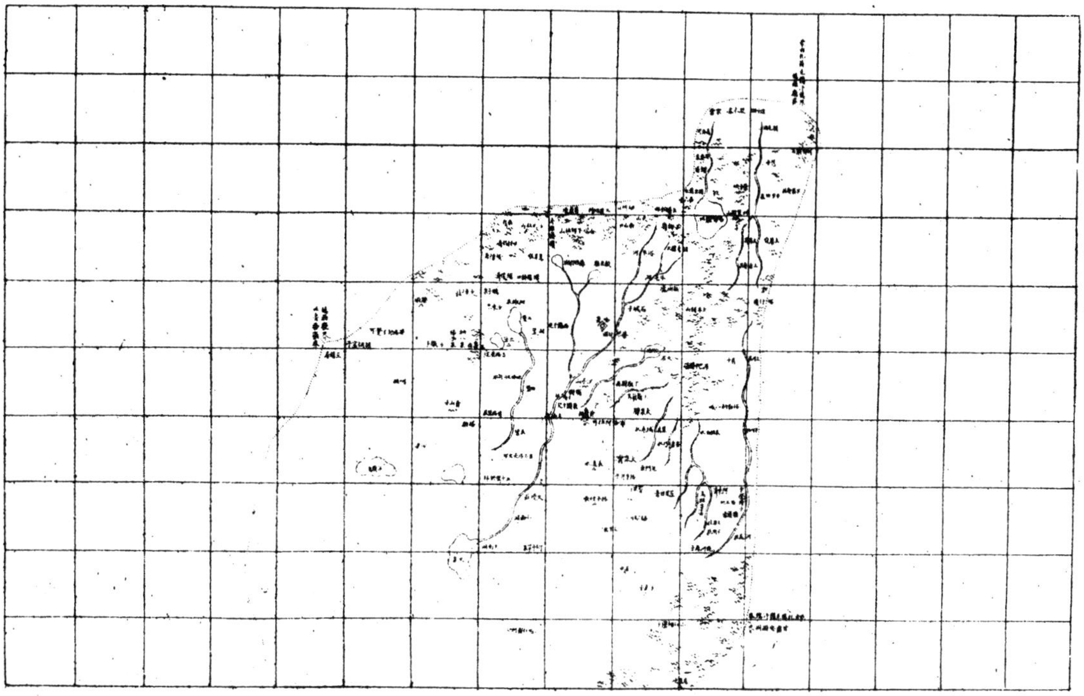

哈密廳圖二

南

哈密廳在省治東南一千六百二十里至京師七千一百八十里。哈密河即喀喇烏蘇。上源曰塔平河。出廳東北山西南流。二水出必柳嶺合西南流來會。又西南曰蔡巴什湖。又西南經治東。又西南見見墩水出廳西北合龍王廟水南流來會。又南曰小南湖。又南曰大南湖。又南折而西豬為大泉海子。閭毛湖二源出治東。經坤望圖山東。合北流經葦子峽東。又北入於沙。廟爾溝水出廳東山曰太陽溝。南流曰上河。又南曰下河。又南經廟爾溝卡倫東曰河尾。又南

折西流曰乾河尾子。入於沙。烏拉泉出廳東山。南流分三支曰芨芨台溝曰烏拉台溝曰阿東溝並入於沙。乞杆泊上下廟爾溝黑其瑪克水安吉乃水並在治東南。他依拉可水在治西。皆入於沙。錫喇鹽池在廳東北。沙爾泊在廳西南。祁連山在廳北。廳東界外蒙古札薩克圖汗旗。西界吐魯番廳。北界鎮西廳。南界甘肅安西州。西南界喀喇沙爾廳。

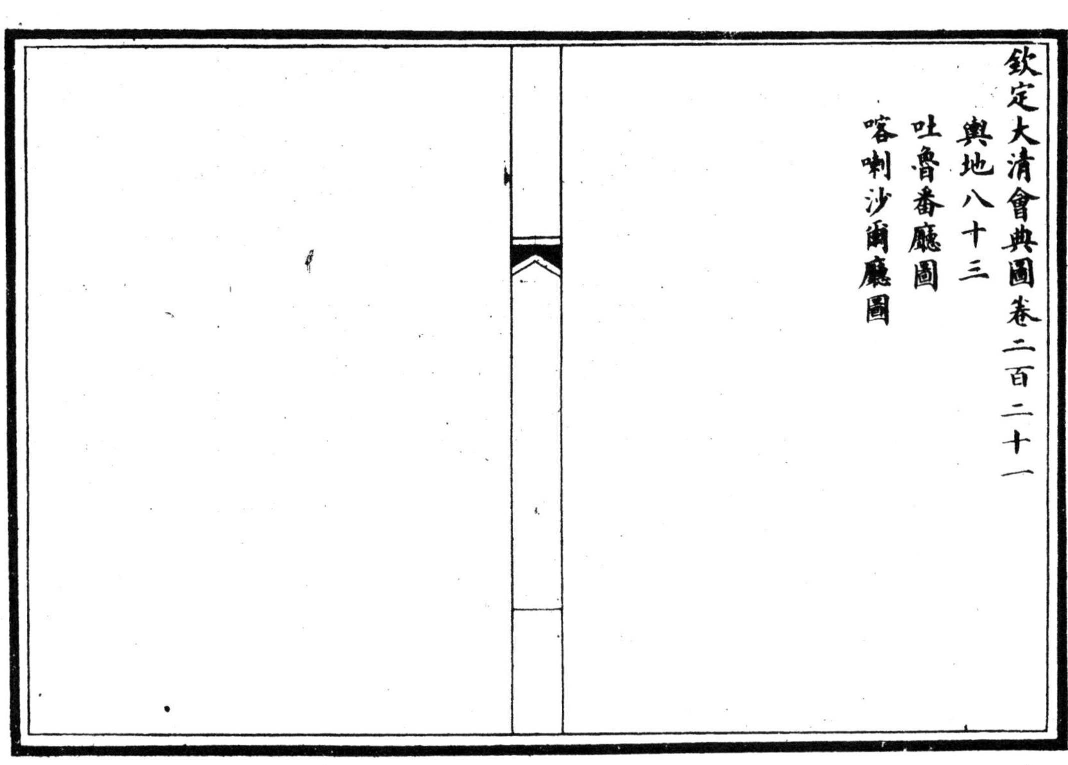

欽定大清會典圖卷二百二十一
輿地八十三
吐魯番廳圖
喀喇沙爾廳圖

吐魯番廳圖

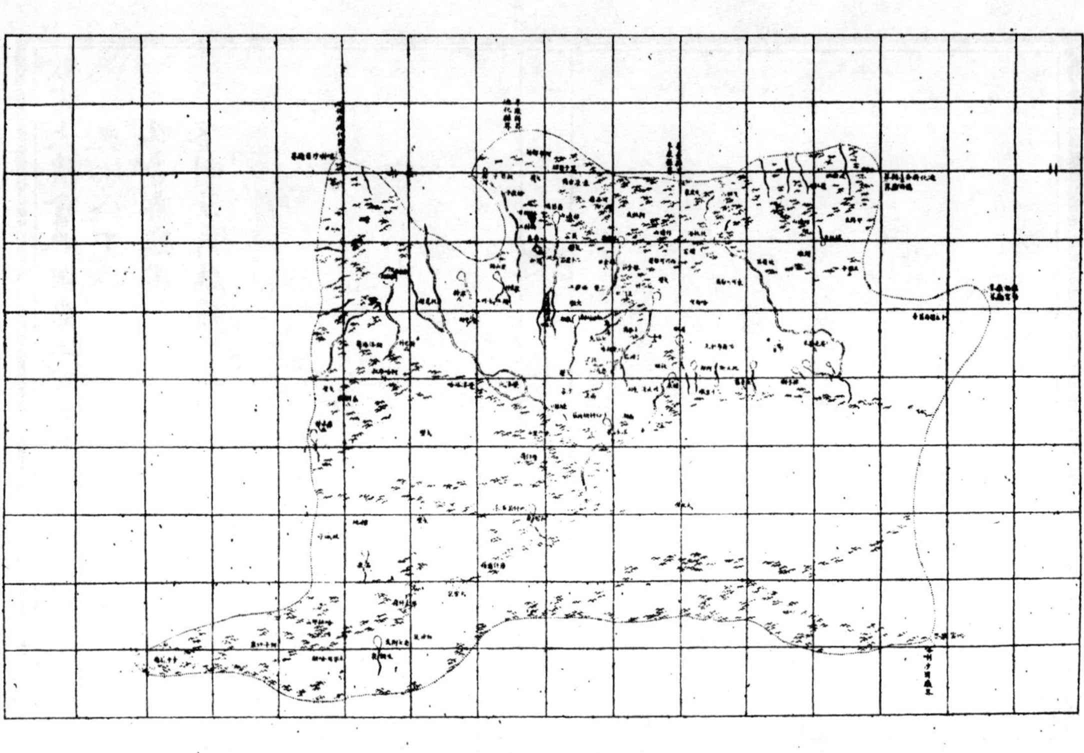

吐魯番廳在省治東南五百里。至
京師七千九百三十里。沙河源出廳北天山南麓。曰蒲萄溝。南流經治東曰沙河子。又南歧為二並入於沙。坎托海水即齊克騰木水出廳東北山。西南流折東南經東可可雅爾卡倫東。又東南經齊克騰木驛東。又東南一小水自西來會。又東南入於沙。了頭溝水出廳東。南流經連木沁驛西。折西南經了頭溝卡倫北分為三。曰東湖曰北渠曰南渠並入於沙。托克遜河自迪化府迪化縣東南流入界。經托克遜城東。又東南右納一小水。經廳西南瀦為覺洛浣。復東南流入於沙。白楊河亦自迪化縣東南流入界。經廳治西入於沙。伊拉湖諸小水在廳西木頭溝諸小水在廳東。並入於沙。祁連山即天山在廳北。廳東界鎮西廳西至南界喀喇沙爾廳。北界迪化府。東南界哈密廳。

喀喇沙爾廳圖一

中

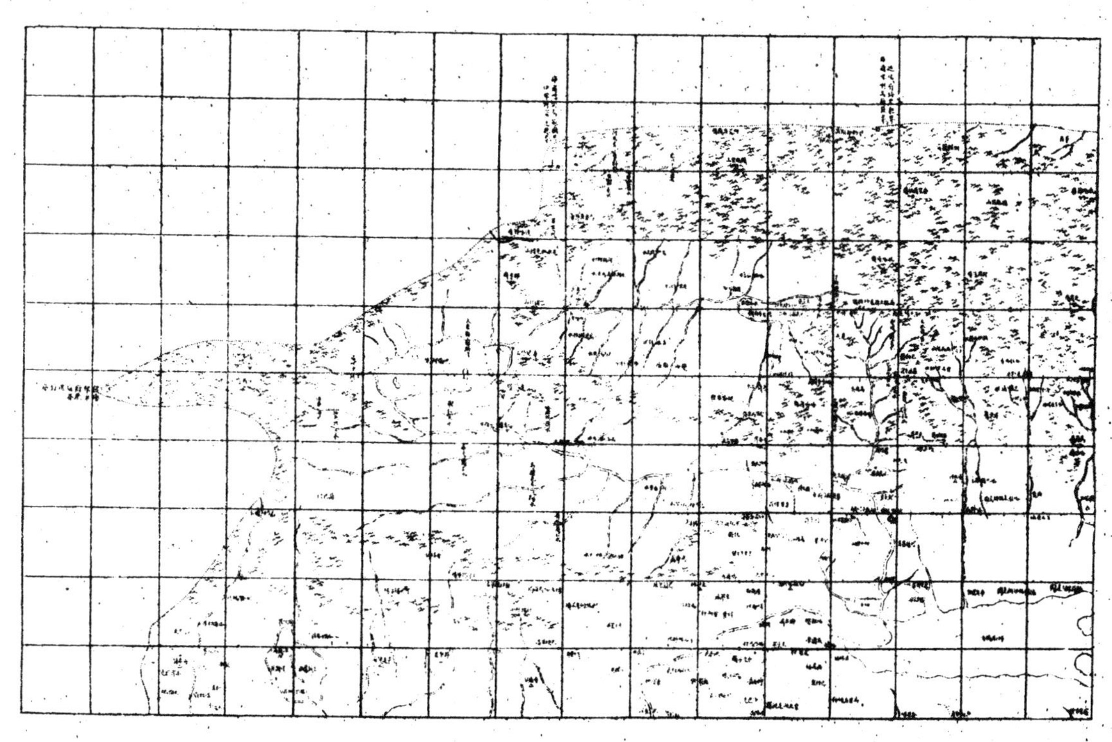

喀喇沙爾廳圖二

中左一

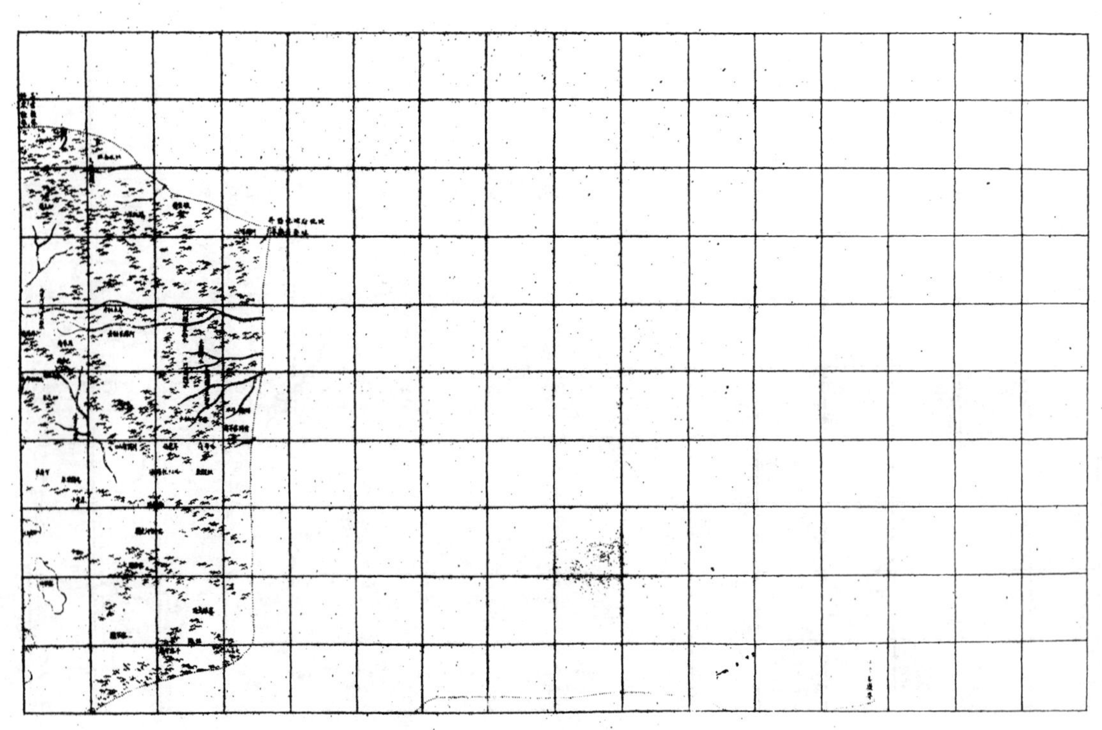

喀喇沙爾廳圖三

南一
中

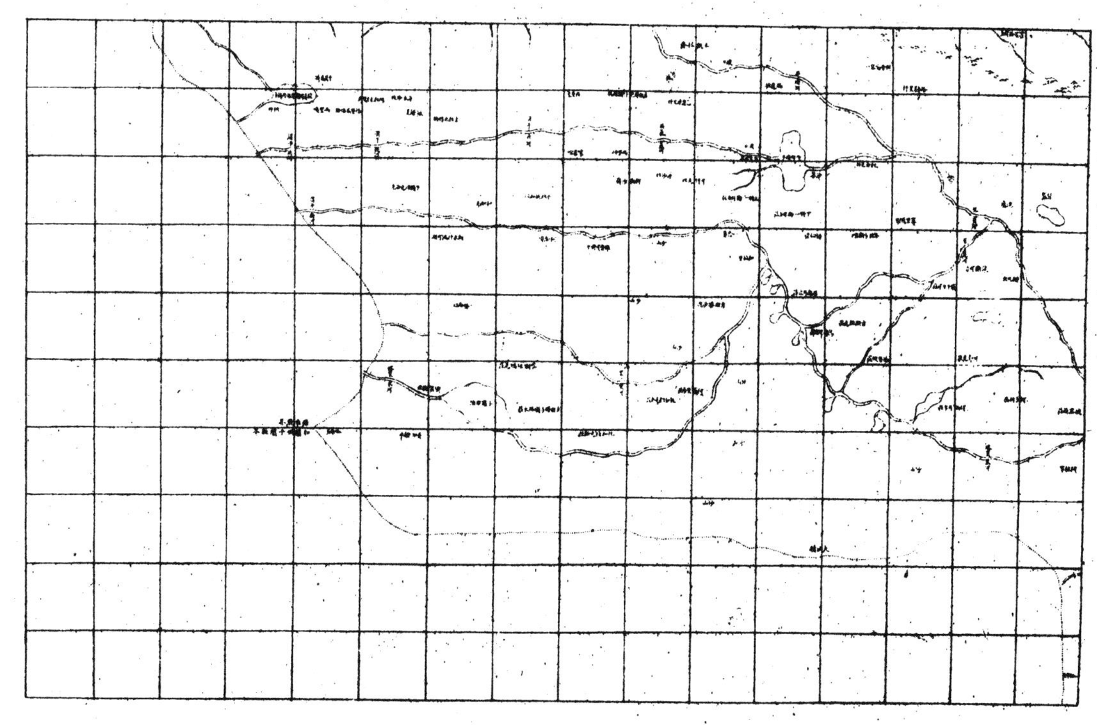

喀喇沙爾廳圖四

南一
左一

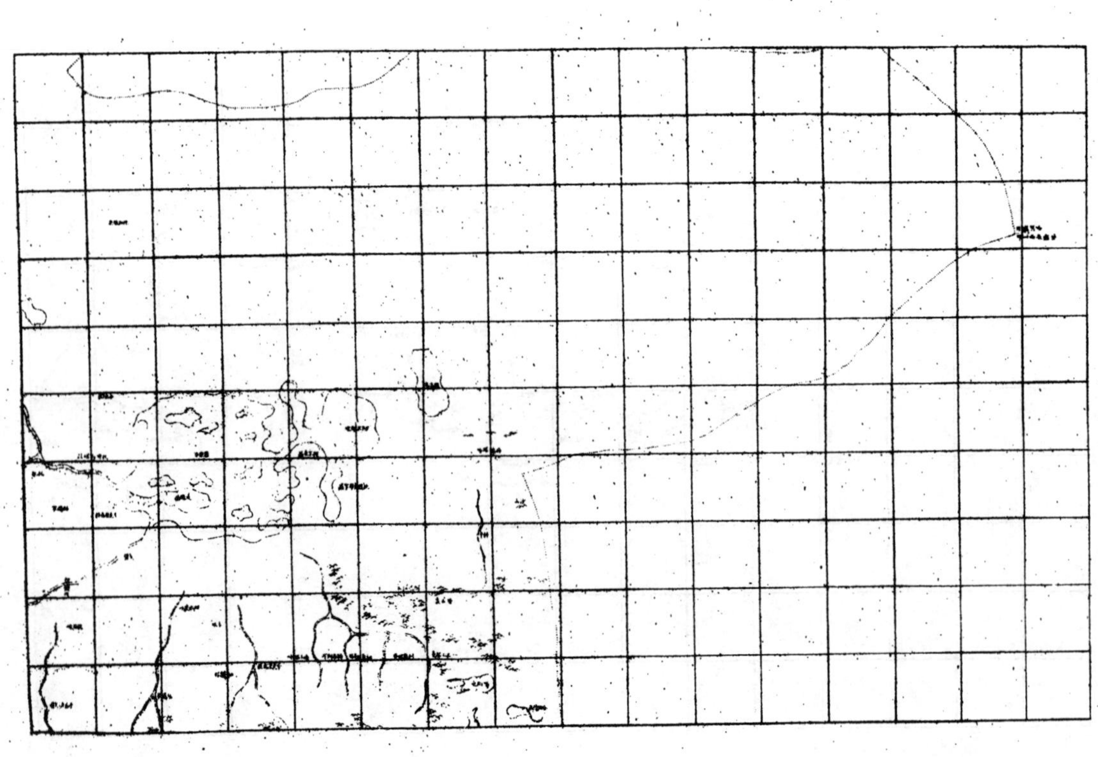

喀喇沙爾廳圖五

中　南二

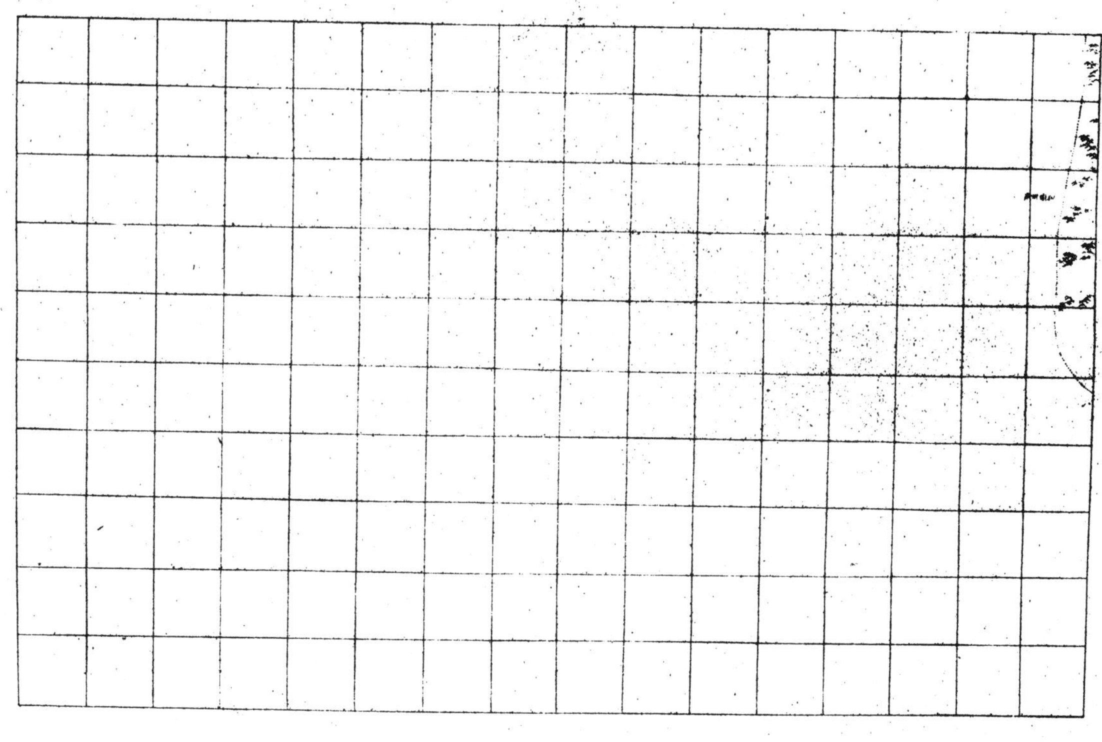

喀喇沙爾廳圖六

南二
左一

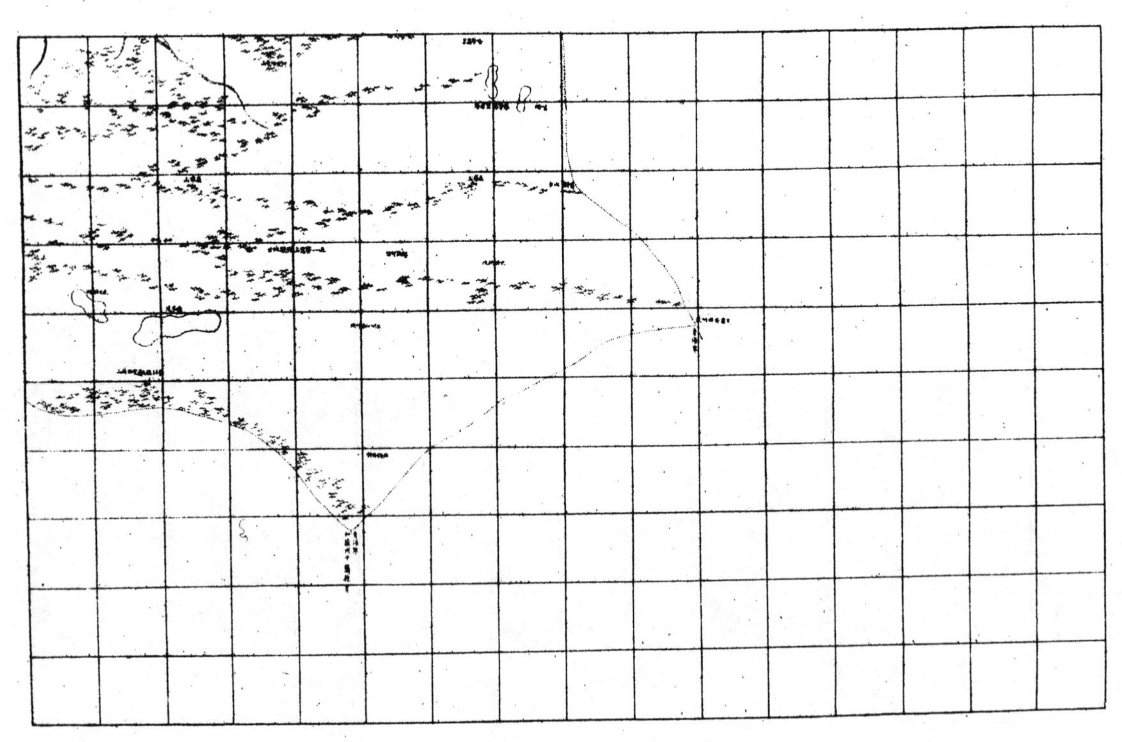

喀喇沙爾廳在省治西南一千九十里至
京師八千九百五十里。朱勒都斯河即裕勒都斯
河出廳北山。西流過土克嶺北。又西哈拉蘇台
水圖爾班水自東北來注之。哈拉水合英泉博
洛各斯太水合拉水雅瑪圖水察罕洛生水色
領木水自東南來會。又西左納覺洛圖水吉木
特水乃吉特水色乃烏生水烏蘭沙拉水哈仁
洛耳水。右納克里的水烏拉斯土水札隆木土
烏生水。又西南右納西北二小水。過巴圖拉山
南支渠西南出經巴倫阿喇南正渠亦西南流
曰大朱勒都斯河。經巴倫阿喇北。右納五小水
及揚河沙拉水。折東南與支渠合。又東南賽仁
木水自東北來注之。伏羅海水合扣克納克水
自西北來注之。又東經達蘭嶺南。左納哈馬爾
金格水哈那挨特水哈哈布齊水烏洛斯台水。
右納廓克鐵克水烏蘭色奉托海水。又東南右
納雀及薩拉水結沁窩拉改水當察罕烏蘇嶺
南左納察罕烏生水右納合林希里水合拉梗
察罕水。又東左納哈拉木登水右出三支渠曰
希格狩渠曰哈爾木同水曰賽更布荷水。並入

於沙。正渠又東南會哈布齊海河。河上源曰託
乃特水。出廳北山。合四小水東南流。和屯博克
水出和屯博克嶺西南流來會。又南右納一小
水。左納烏拉蘇台水。巴勒干台水薩薩克水他
勒唐沙拉水。又出哈布齊海山口西南東出支
津二曰克札渠曰烏古渠。右納丈龍多羅滚水。
又南與朱勒都斯河會。朱勒都斯河又東南支
渠東出曰北大渠。正渠南流經廳治西。又東南
曰開都河。右有廳西南之伊領泊水來注之。東
出一支津復歧為二。曰特里木渠曰賽里特渠
並入於沙。又南瀦為大澤曰博斯騰泊。北受青
水河。河即奇爾歸圖河。上源二曰拉伊而特水
曰霍羅海而起水。出廳東北山。合南流經得浪
嶺西。又經則里敏嶺而南。霍羅果勒水胡松木
生水合東南流來會。又南哈哈爾齊水西北流
來會。又南瀦於泊。泊既受開都河及清水河水。
復西溢而出經哈拉哈阿滿台南庫勒回城北
為孔雀河。折東北曰共琦河。會渭干北河。河自
庫車廳分渭干河水東流入界。經廳西南為英
氣蓋河。又東匯為沖庫海子。復東流與共琦河

會。共琦河又東復名孔雀河。東南流。葉羌河上承塔里木河水東北流注之。又東南會塔里木河。河自庫車廳東流入界。經廳西南匯為小羅布泊。又東折北其支津亦自其廳來曰黑一黑河東流注之。又東北渭干南河亦自其廳東流來注之。折東南經英格可立莊西南。右出數支津並入於沙。左出二支津合東北流為葉羌河注於孔雀河。又東南復左右各出一支津。又東南與孔雀河會。又東南經七克里克莊北。又東瀦為羅布泊。切粼河自和闐州于闐縣東流入界。經七克里克莊南東流亦匯於泊。第納爾水自庫車廳南流入界。經廳西布古爾城東又東南匯為殼達耳薩它洛可海子。而布阿羅果勒水在廳東北合阿羅果勒水東流。木圖特水合干糾爾圖水東流。烏斯圖果勒水合察罕沙拉水輝武乃水東流。並入吐魯番廳界。察罕洛生水出廳西北山。合一小水西流。左納哈布哈羅水宏加扣克水。右納阿兒香尼果勒水固仁班水。又西南入伊犂府甯遠縣境。昌曼河亦出廳西北並西流入甯遠縣界合為崆吉斯河。達里

克土水烏沙塔拉水曲惠水並在廳東。察罕泊察罕哈梗水霍格得克水烏蘇合朵水合里塔水並在廳東南。庫爾楚水乾溝水野雲溝水策達雅爾水洋薩爾水並在廳西南。均入於沙。羅卜泊在廳東南。阿不旦浣碩洛浣在泊東。葛斯池科干水列霸出莽水帕夏勒可水特各立可水庫木塔什水並在泊東南。卡克里克水甜水泉子水在泊南。挖石峽水在泊西南。並入於沙。騰格里山即天山。在廳北。廳東界吐魯番廳。西界庫車廳。北界庫爾喀喇烏蘇廳。南及西南界和闐州。東南界甘肅安西州青海。東北迪化府。西北界伊犁府。

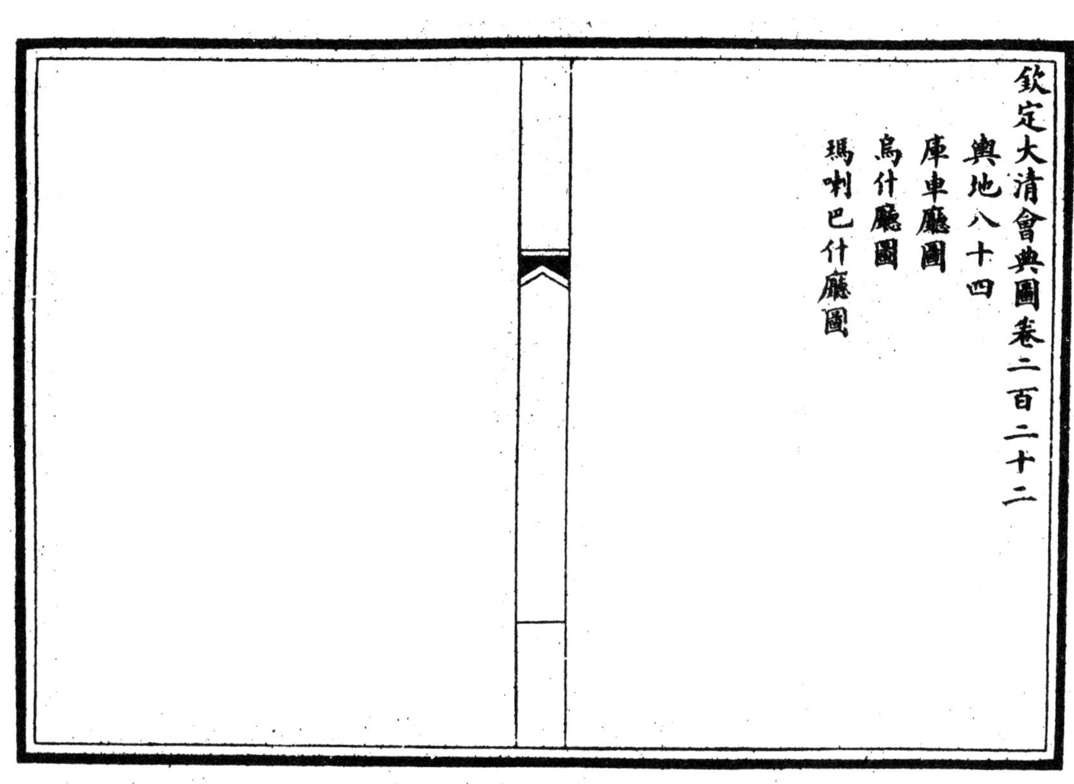

欽定大清會典圖卷二百二十二

輿地八十四

庫車廳圖

烏什廳圖

瑪喇巴什廳圖

庫車廳圖一

中

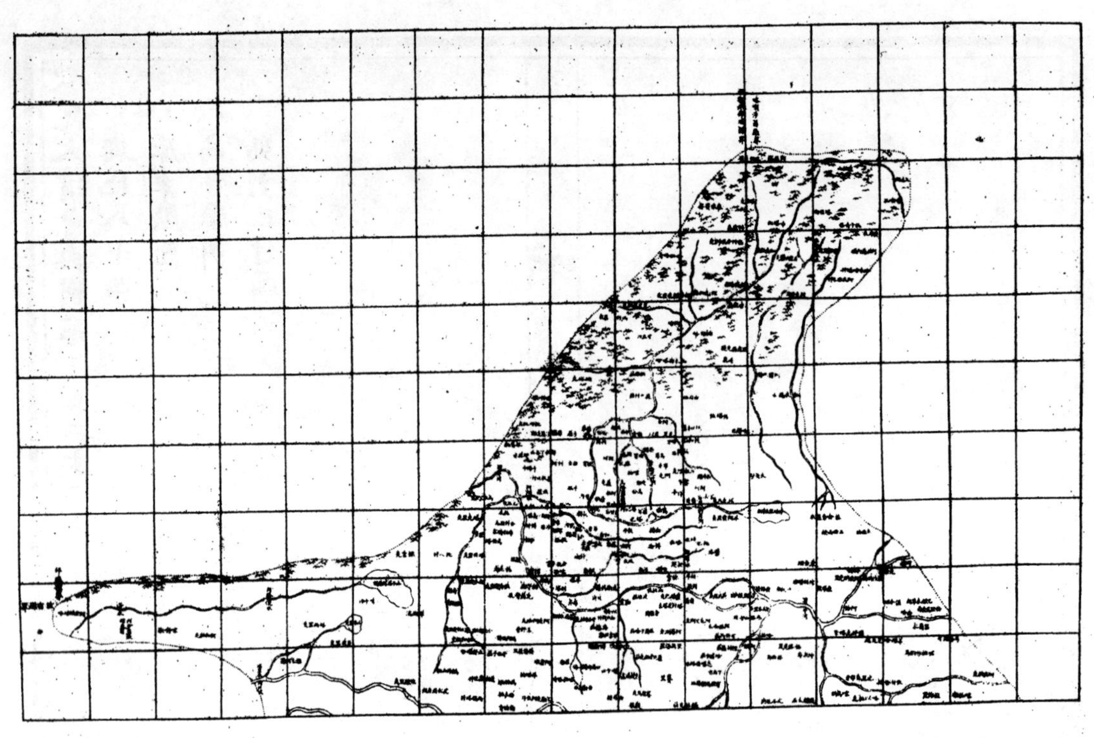

庫車廳圖二

南

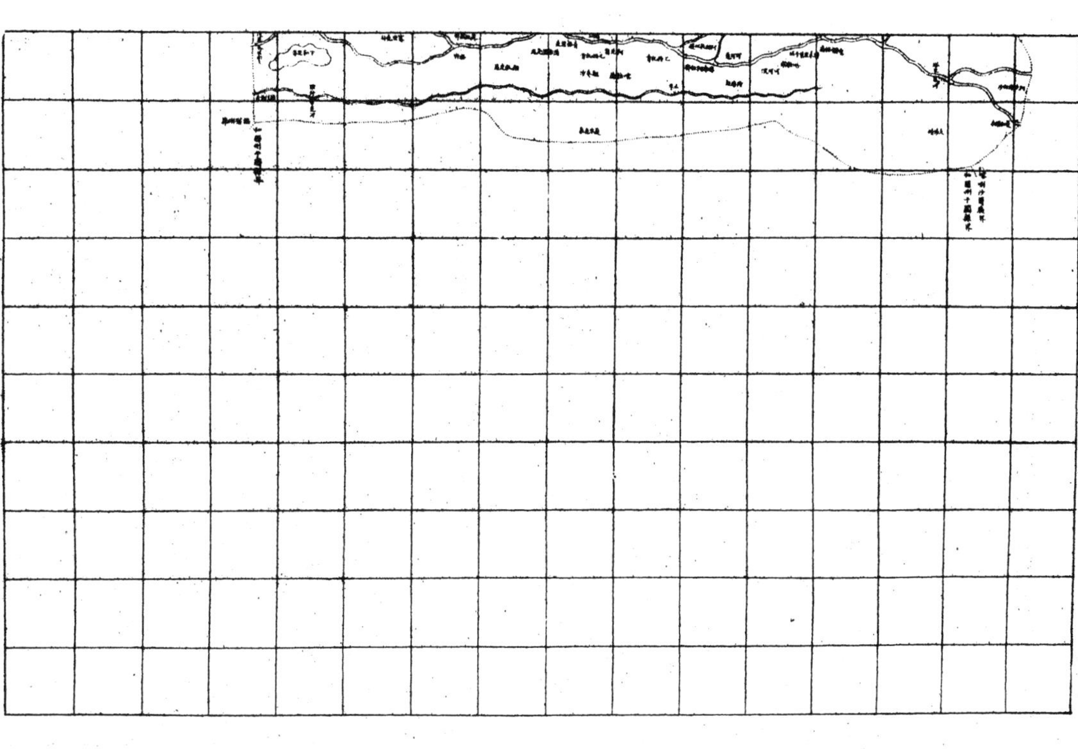

庫車廳在省治西南二千三十里至
京師一萬一十八里。塔里木河自溫宿州分二支東流入界經廳西南。北支左納横木河灘水東南流。南支亦東流來會。又東經魁木沙卡倫北又東分流左納渭干河支津水。復合而東納渭干河支津南流水。又東左出支渠東北會渭干河支津東流水。又東復歧為二支。並入喀喇沙爾廳界。渭干河一曰烏恰特河即銅廠河。自溫宿州拜城縣東流入界經廳西。東流折南左右各出一支津。一東流經廳治南為阿朗水。一西南流為塔克里克水。並入於沙。正渠南流折東復出兩支津。一東北流為胡布水。一南流為苦勒水。並入於沙。正渠又東復出一支津為勒黨水南流入於沙。正渠又東分流復合。又東支津西南出分流復合注塔里木河。正渠又東南支津南出歧為二。一南注塔里木河。一折東會塔里木河支津。入喀喇沙爾廳界。正渠又東歧為南北二支。北支東北分流入喀喇沙爾廳界。一為渭干北河。一入殼達爾薩它洛可海子。南支東流亦入其廳界為渭干南河。密爾特彥河即

庫車河一曰額什克巴什河。出廳東北迭拉山。西南流經扣克訥克卡倫南。塔里克水自北來會。又西托克拉蘇水南流注之。又西經拜吉卡倫南。克牙衣拉克水東南流注之。又西折南朶托水東流注之。又南支津東南出為督干水。經托和鼐驛西而南入於沙。正渠折西。左出一支津歧為二左曰葉斯巴什河右曰烏恰爾薩伊河。皆南流合正渠。正渠又西折南經廳治東。又南復折東流與北東二支津會。又東至廳東南瀦為沙哈里克草湖。土子洛可蘇湖在鐵吉克卡倫南。苦水自其西東流為阿洛浣水瀦焉。下和里海在廳西南境。伯什牙克水自温宿州入界東流經廳南而東入於沙。拉衣蘇水出廳東北山南流歧為三入於沙。其北有一水東南流入喀喇沙爾廳界。其西為巴海蘇水西南流會奚里必體里克水。又西南經阿爾巴特驛西入於沙。廳東界喀喇沙爾廳北至西界温宿州。南界和闐州。

烏什廳圖一

中

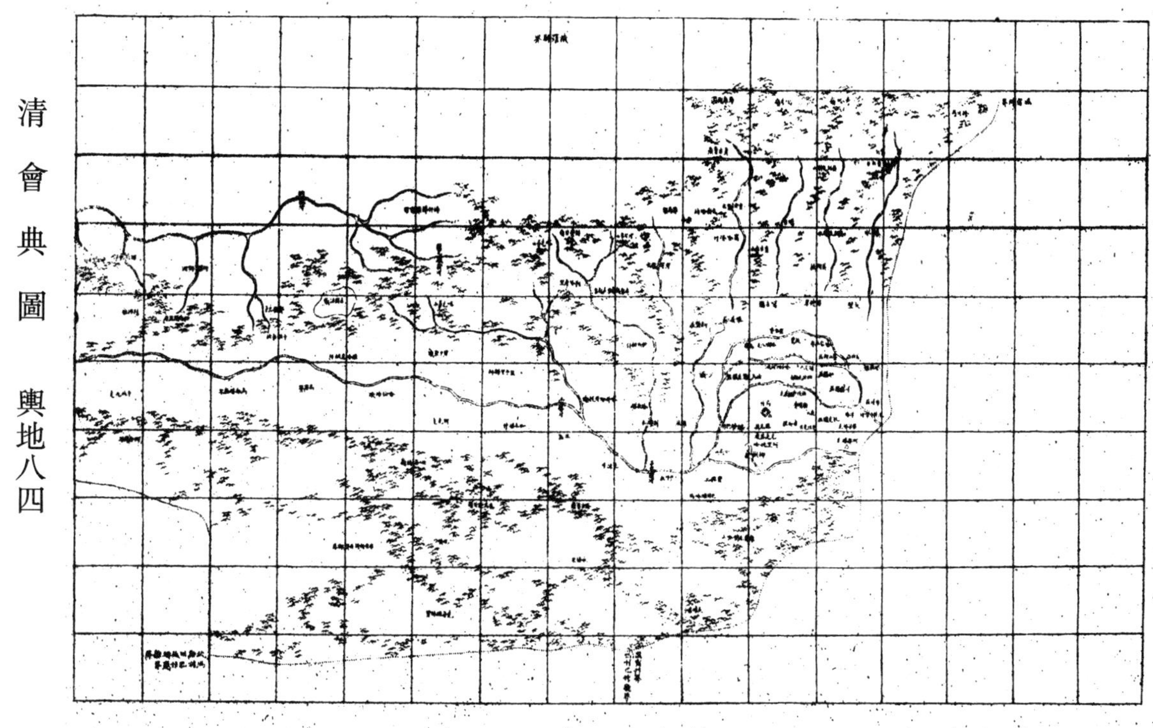

烏什廳圖二

中右一

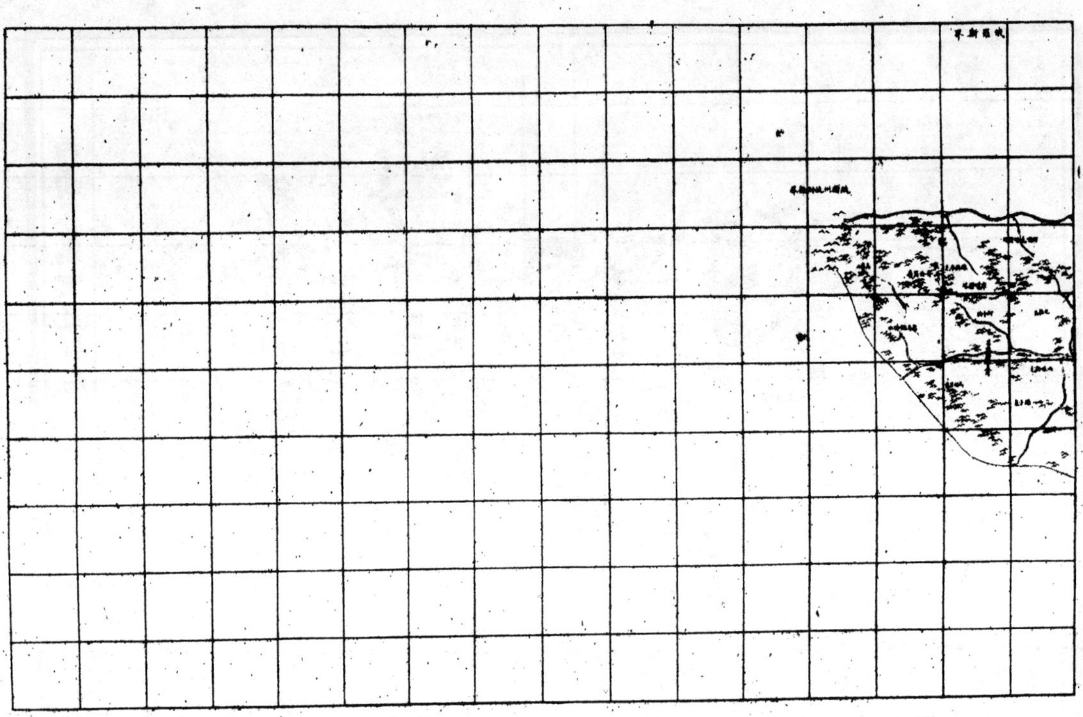

烏什廳在省治西南三千二十里。至

京師一萬一千五十八里。托什罕河二源。一自疏勒州疏附縣東北流入界。一出廳西北齊恰爾嶺曰廓戛爾特水。二水經廳西。合東流曰其希勒孔蓋河。左納柯卡的水。又東經巴拉艮卡倫南。右納一小水左納科科雅西一小水。經卡拉布拉卡倫南。又經喀客善山南。玉替河出州西北戈什山。二源合東南流納北來一小水注之。又東南別疊水二源合南流注之。為畢底爾河。又東支渠左出。東北流為新墾莊水入於沙。又東支渠右出經廳治南合柳樹泉東流入温宿州界。正渠折北經廳治西沙圖卡倫東南支渠左出復歧為二。與正渠並東流經廳治北而東復合而南為托什罕河。入温宿州界。臻水英阿瓦特水噶吉水並在廳東北。南流入於沙。貢古魯水出廳北貢古魯嶺。可可容水出可可容嶺。並南流入於沙。圖克雅爾河合數水西流曰納林河。左納瑪爾什河阿爾拜河都特輝河特勒克河阿喀克塔爾河及一水西流入疏勒州界。廳東至南界温宿州。西界疏勒州。北界哈薩克

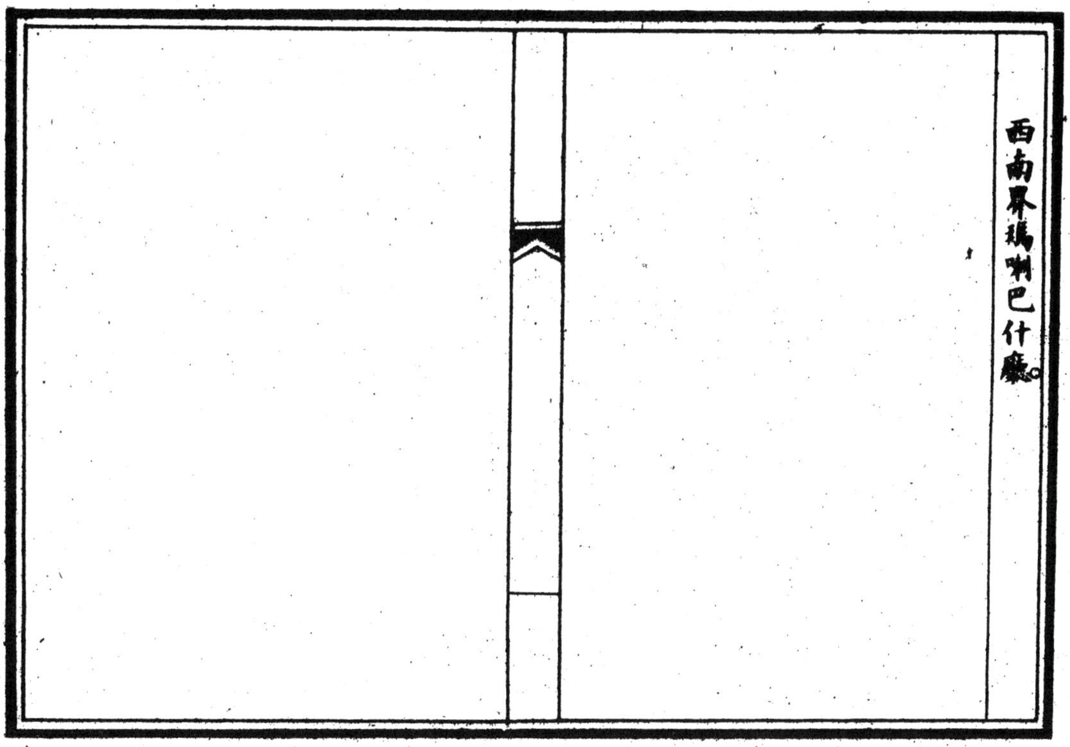

西南界瑪喇巴什廳。

瑪喇巴什廳圖一

中

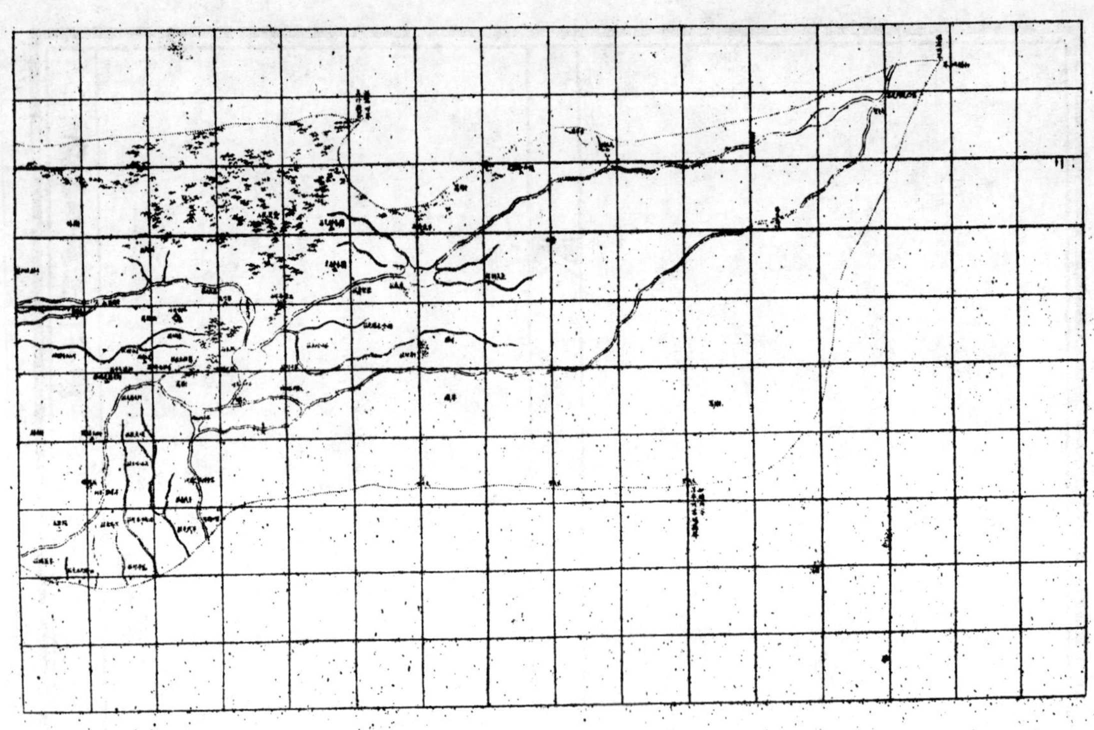

瑪喇巴什廳圖二 中右一

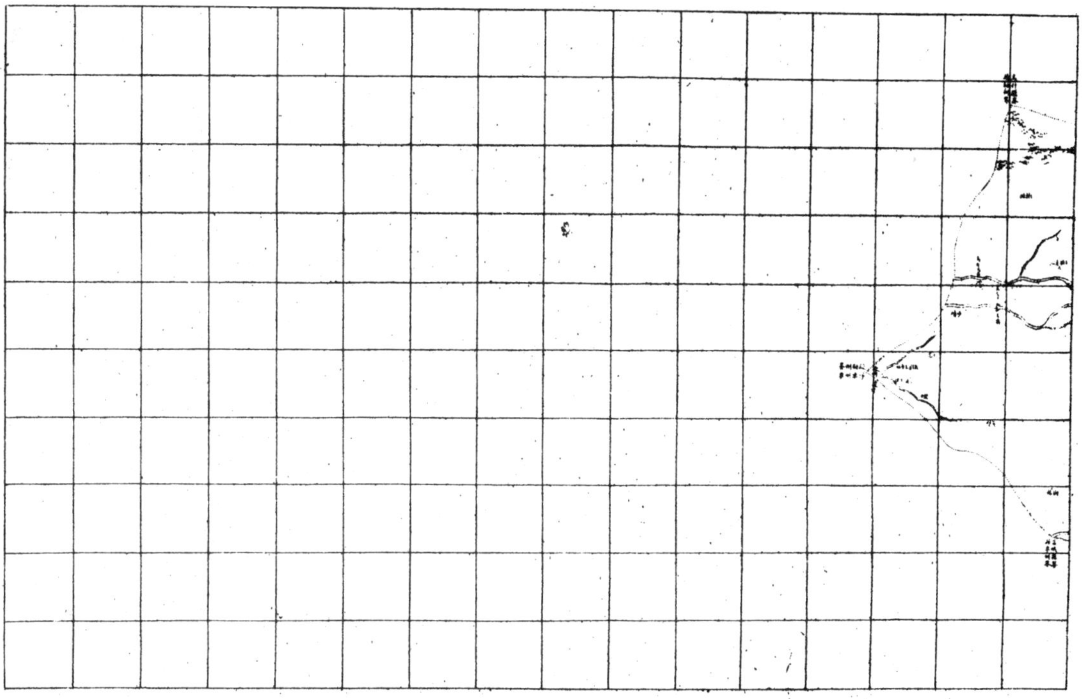

瑪喇巴什廳在省治西南三千五百十四里。至
京師一萬一千五十八里。喀喇烏蘇河與其數支渠並自莎車州葉城縣北流入界。其支渠皆入於沙。正渠經羊代克莊東而北。右出一支渠。又北會澤普勒善河。河自葉城縣分喀喇烏蘇河水北流入界。經賴里克臺東。又北經邁那特臺及阿郎格爾臺東。又折東北經阿克薩克瑪拉臺南。左出一支渠東北流入於沙。正渠又東南當廳南與喀喇烏蘇河會。喀喇烏蘇河又東左出一支渠曰玉河支河。東北流注於湖。又東右受支渠水。又東經新地莊南。又東北為蔥嶺南河。至廳東北境與蔥嶺北河會。蔥嶺北河上游曰烏蘭烏蘇河。自疏勒州東北流入界。經廳西。東流左出一支渠為卡拉克沁渠。右出一支渠為屈爾蓋渠。並入於沙。正渠又東北至屈爾蓋莊與支渠會。烏蘭烏蘇河支渠亦自疏勒州來。經廳西歧為二。一東流至廳治南分流入於沙。一東北流至屈爾蓋莊與正渠會。又東至廳治北。二小渠北出為北陌莊渠。正渠又東經察巴克臺北。折南經廳治東南。烏果洛可山西匯為

烏果洛可湖。又自湖南出再匯為湖。玉河支河水自南來亦瀦焉。又自湖溢而東北流。右出一支渠分為塔哈木莊渠及新地莊渠東流入於沙。正渠又東北匯為湖。湖東偏二小渠東南出。湖西偏二小渠西北出。正流自湖東北出經車底庫勒臺南。又經雅哈庫圖克臺南。又東一小渠北出經色瓦特臺西。入溫宿州界。正渠又東為蔥嶺北河。又東至廳東北境與蔥嶺南河會。又東北入溫宿州界。喀喇蘇河自莎車州東北流入界。又東流歧為二並入於沙。廳東界和闐州。西界疏勒州。北界烏什廳。南界莎車州。東北界溫宿州。

欽定大清會典圖卷二百二十三

輿地八十五

英吉沙爾廳圖

溫宿州圖

英吉沙爾廳圖

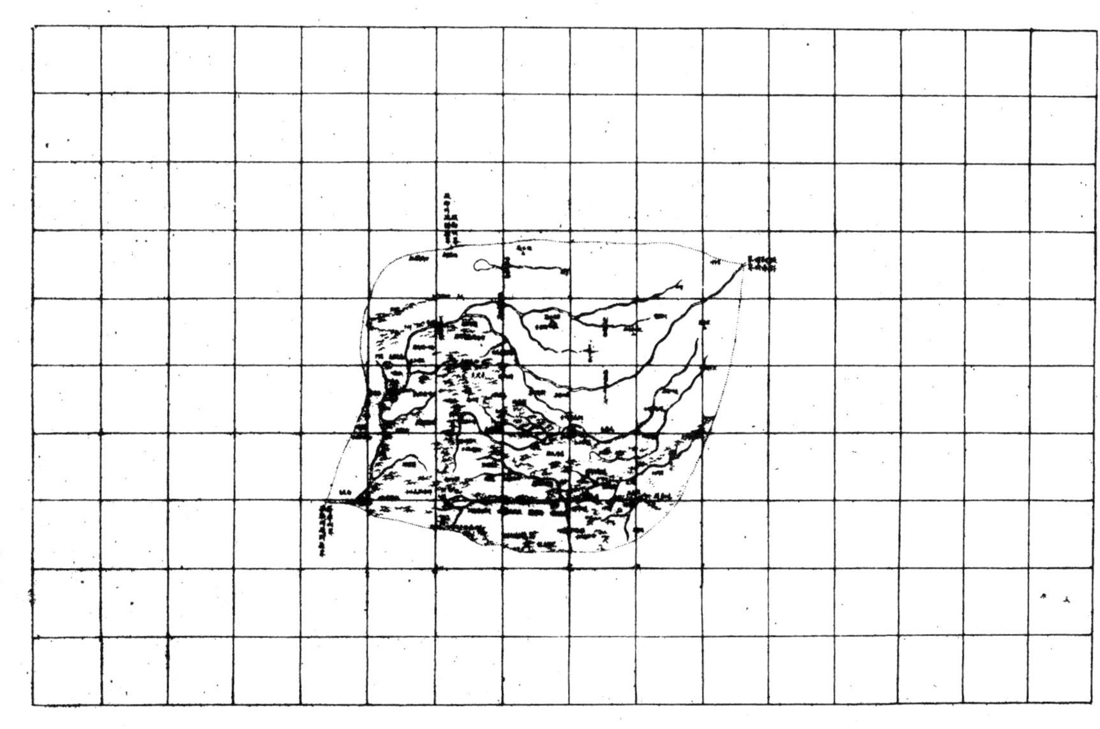

英吉沙爾廳在省治西南四千二百七十四里。至

京師一萬二千五百八十八里。罕依拉克水自莎車州東北流入界。經廳治南東北流。右納置里格水哈引恰底水。左納吉門水。又東北右納必底列克水。又北折東經圖木舒克卡倫北東北出一支津為圖木舒克河東流。右出一支津沙牙利克渠夾廳治而東復歧為二。一為別什幹渠。一為阿拉堡渠。並東流入於沙。罕依拉克水自圖木舒克卡倫東南流。右納一小水。經特爾木奇克卡倫東。又東南右出一支渠曰新開渠東南流入於沙。正渠東南流經廳南為特爾木奇克河。折東北經托和布拉臺南。又東北經黑子爾臺北。又東北入莎車州界。塔思滾水出廳西南鐵列克嶺北麓。北流折東南經素落底莊北。又折東北。左納窮治司水而加克水阿多倫水。又經廳南柯克元卡倫及烏魯克卡倫南。又折東北至黑子爾臺入於沙。黑子爾水出廳南東北流入於沙。鐵列克水亦出廳南。會二小水東北流經鐵列克卡倫南入於沙。排思拉巴特河在廳西南。合數小水。自西而東折南流入莎車州界。帕拉氣渠在廳北。黑子里水在廳南。亦入於沙。廳東至南界莎車州。西至北界疏勒州

温宿州圖一

中

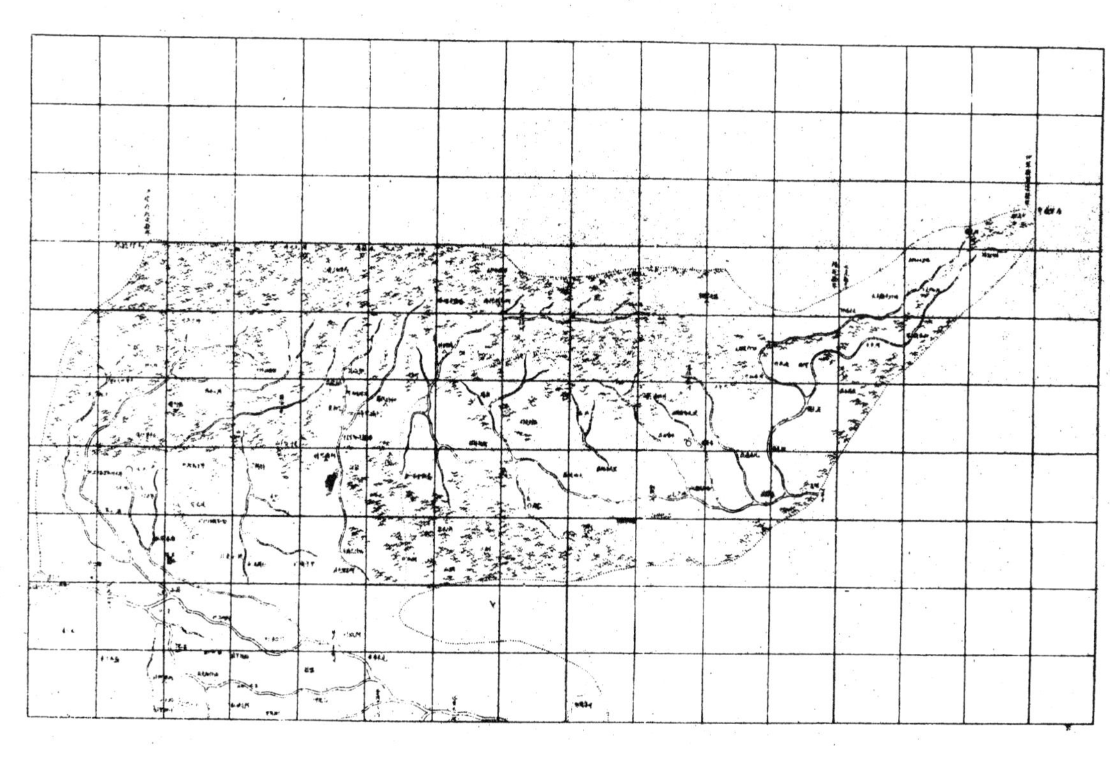

温宿州圖二

中右一

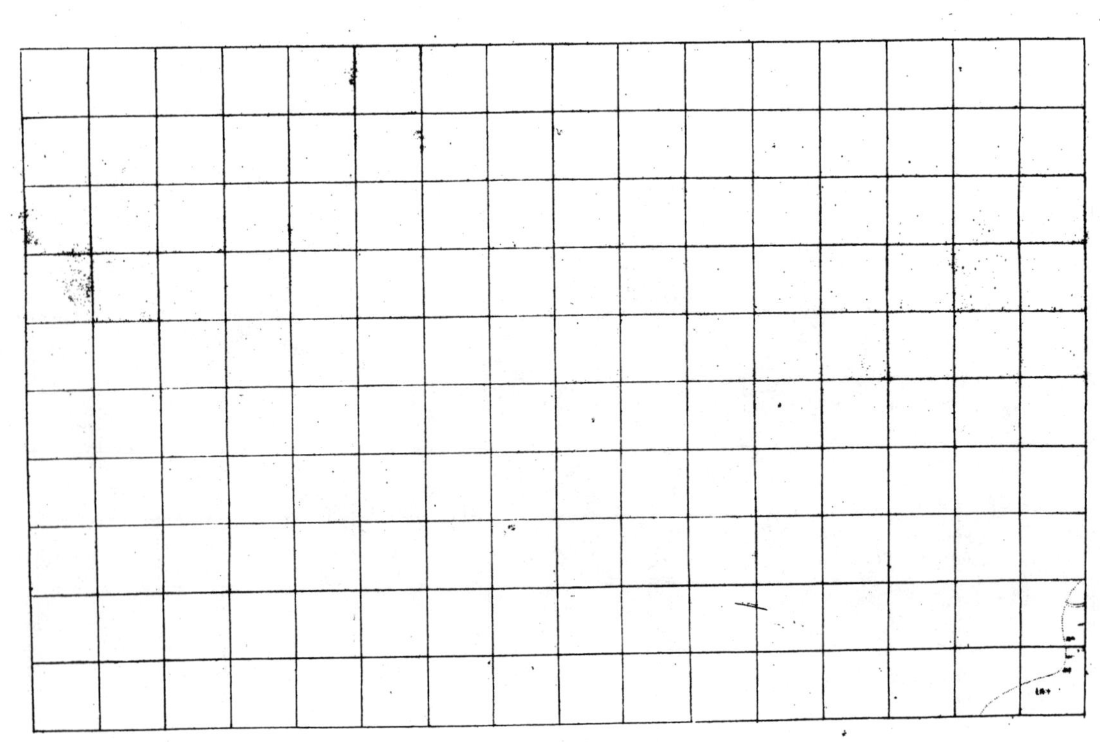

温宿州圖三

南一
中

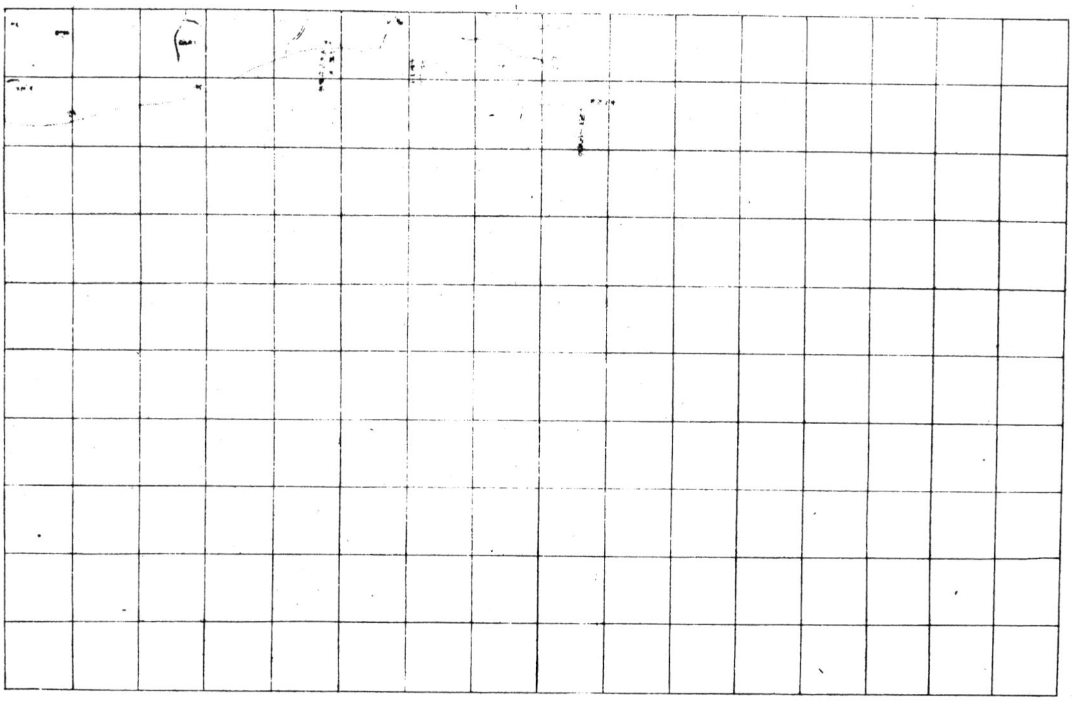

温宿州圖四

南一
右一

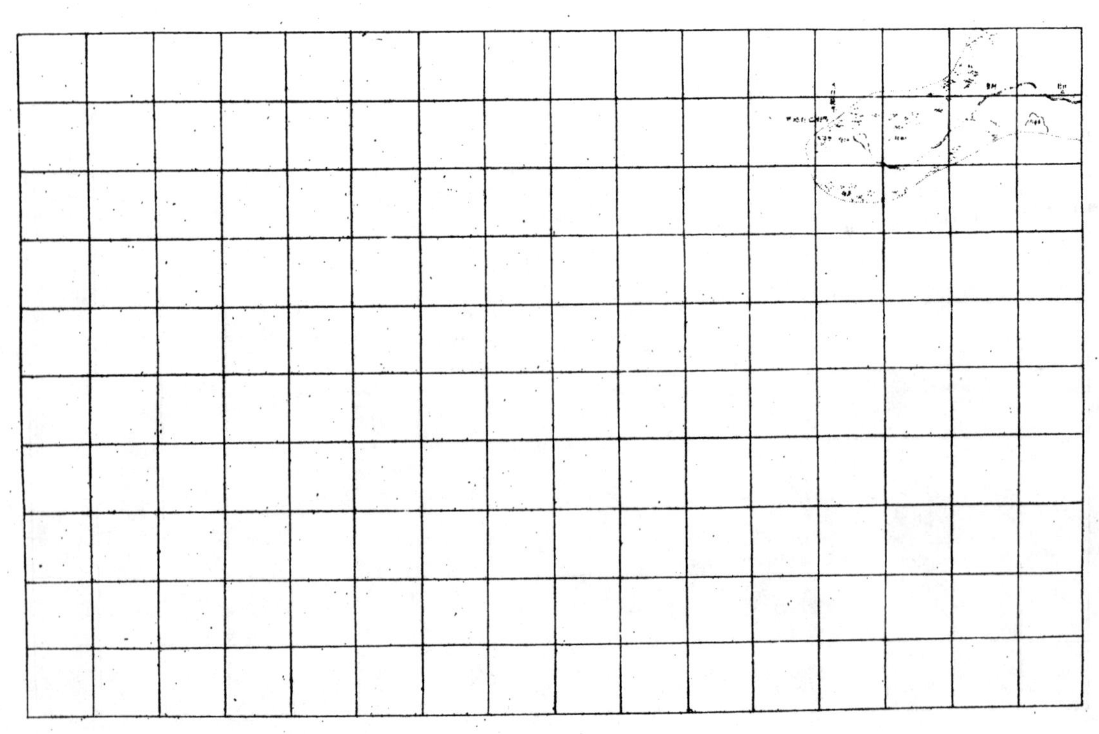

温宿州在省治西南二千七百八十里至京師一萬八百一十八里領縣一東拜城阿克蘇河上源曰托什罕河與支渠並自烏什廳分流入界經州西南阿拉爾莊合東流為阿克蘇河又東經州治南歧為南北二支南支東南流左出支渠一右出支渠三並入於沙又東與北支會北支東流經州治西南受固洛克水水出州東北山西南流經薩瓦布齊卡倫東又經州治北雅爾拉克什水合坤衣洛可水西南流注之折東南經雖雅克臺東瑪喇克河出州西北山東南流注之又東南注阿克蘇河北支阿克蘇河北支又東南湯那哈克河出州西北山合雅賽嶺莊水東南流注之為楚克達爾河又東南與南支會又東南蔥嶺河自瑪喇巴什廳東北流來會又東和闐河自和闐州東北流來會是為塔里木河又東歧為二支並入庫車廳界本札拉提河一曰木素爾河出州東北山西流右納北來四小水經瑚斯圖托海臺南又經圖巴拉特臺南折南流右納北來二小水經可力峡卡倫東又經拜城縣西右納南來二小水又折而東經闌湖特莊北三小水合南流注之察爾齊水西北流注之又東過鄂依斯塘北為銅廠河又東經縣治南鐵敏水出縣西北山東南流注之又東特拉布覺克河亦出縣西北山東南流經縣治東來注之喀喇蘇河出縣北山東南流過賽里木驛來注之又東至河色爾驛南和色爾河出縣東北山西南流合其北伯什克勒克水來注之又東入庫車廳界為渭干河阿爾巴特河一名阿察喀喇河出州東北哈勒克塔哈山西南流至阿爾巴特臺東北哈拉泉水南流來會又南經哈拉玉爾滾臺西入於沙特朗渠水出州東北松山南流歧為三並入於沙伯什牙克水出州東南東流入庫車廳界齊蘭水出州西南空潭山東南流折而東北歧為二南支入瑪喇巴什廳界東北支曰草灘水過齊蘭驛南入於沙黑米子地水在拜城縣西南流入於沙黃草湖在草灘水南罕騰格里山為天山主峯在州北本素爾嶺即雪山在州東北州東界庫車廳西界烏什廳北界伊犂府南界瑪喇巴什廳東南界和闐州

欽定大清會典圖卷二百二十四

輿地八十六

疏勒州圖

疏勒州圖一

中

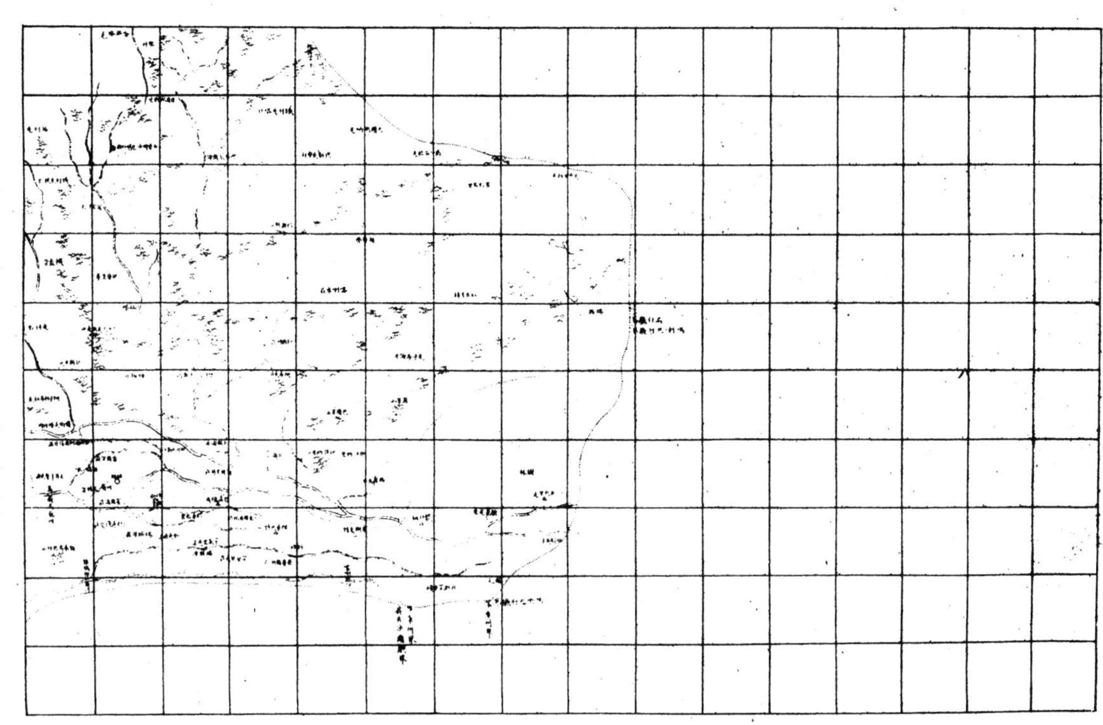

疏勒州圖二

中右一

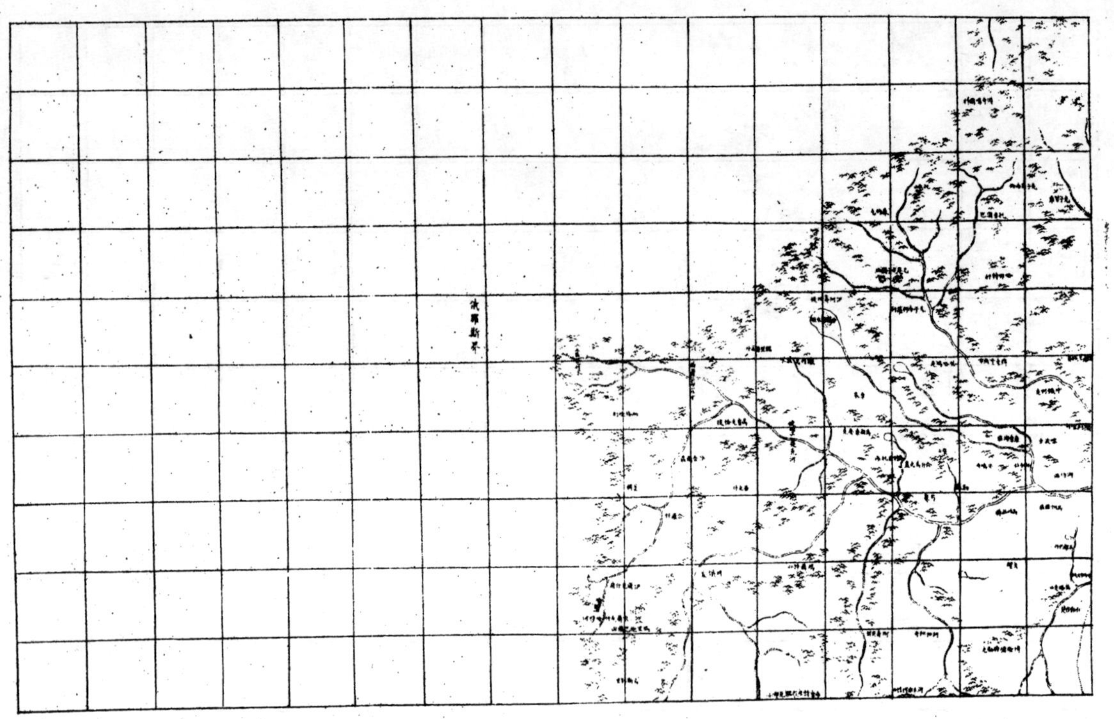

疏勒州圖三

北一
中

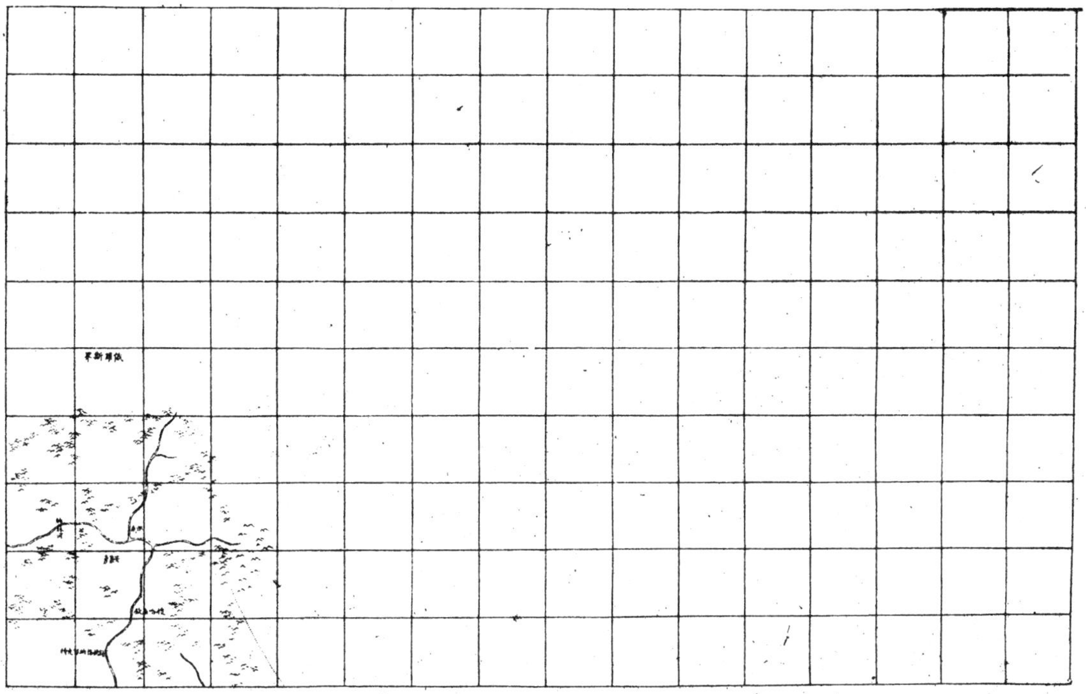

疏勒州圖四

北一
右一

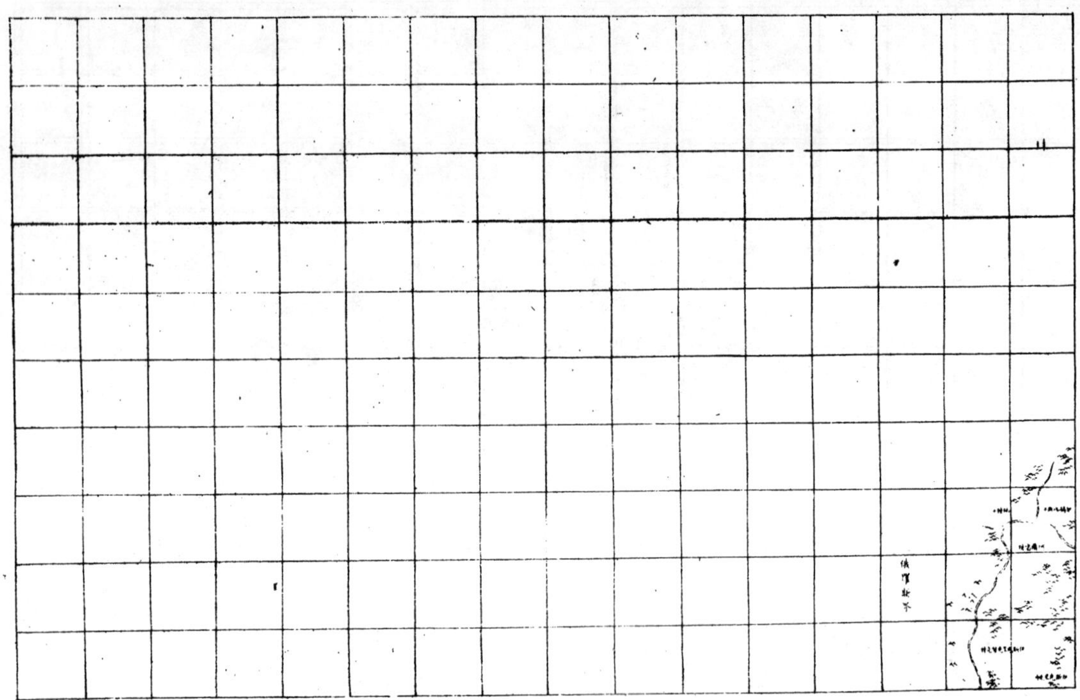

疏勒州圖五

南一
右一

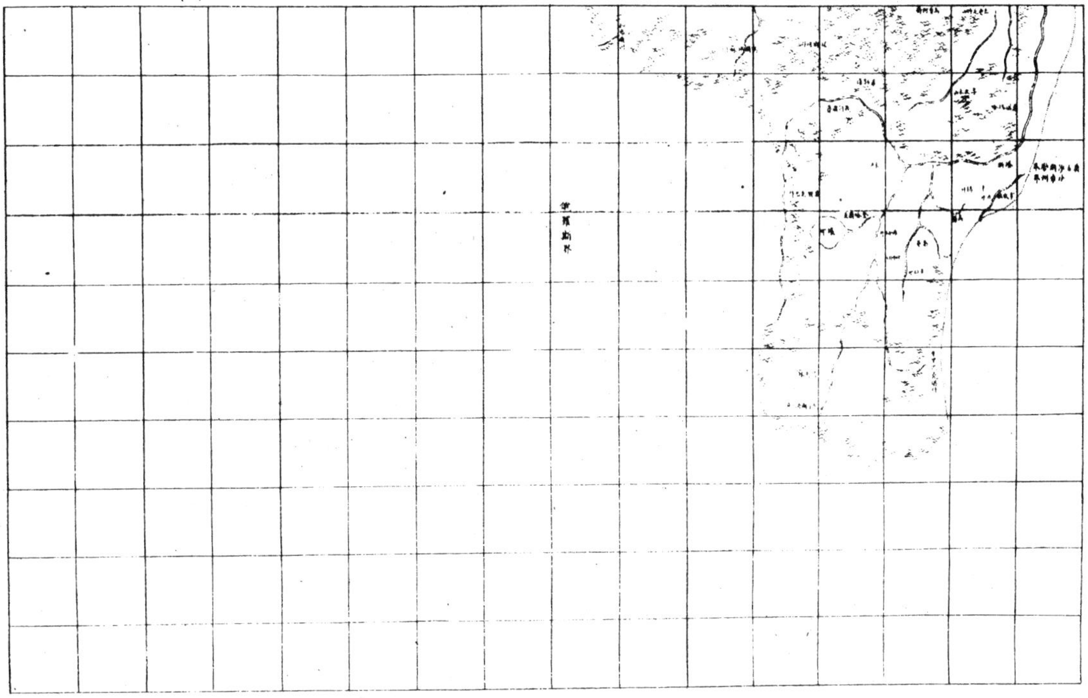

疏勒州在省治西南四千一百二十里至
京師一萬二千七百九十八里領縣一西北疏附
烏蘭烏蘇河即赤河為蔥嶺北河之上游出阿
喇古山東流入界經疏附縣西南瑪里他巴爾
山北衣爾克什哈穆河東北流注之又東北經
合羅桿卡倫西葉耕水合二水東流注之又東
北經烏魯克恰提卡倫北薩烏雅莊水合玉區
巴什水東流注之折東南為德爾必楚克河經
烏胡素魯克卡倫西左納鐵列克莊水右納二
小水又東南和色爾河合瑪爾堪蘇河東北流

過瑪爾幹山北來會又東南左納麻喇里托海
水右納阿奇貝利水又東右納阿伊阿奇水左
納勘蘇水又東經烏帕拉特卡倫北庫斯渾水
合伊阿奇阿提水東南流注之又東為烏蘭烏
蘇河又東左出支津二一為推滿水繞疏附縣
北而東南合正渠一為阿爾瓦特渠入於沙正
渠又東經縣治西南右出一支津歧為二一曰
牌素巴渠一曰和色爾布依渠並入於沙正渠
又東北經疏附縣治南而東合推滿水又東經
縣東南會圖舒克塔什河河出疏附縣西北托

衣山合三小水東南流經克子冷利羅干卡倫東托音圖巴水南流注之又南經恰哈瑪克卡倫東牌素霍爾罕卡倫西折東流經沖鐵列克卡倫北又東南經圖舒克塔什卡倫北又東右出一支津為伯什克勒木莊水入於沙克子努庫水東帖列克水合東流注之又經縣北而東伊蘭烏瓦斯河出縣北山三水合南流左出支渠為巴爾昌水復東南流來注之又東南經伊提納里山南左納格達艮水又東南與烏蘭烏蘇河會烏蘭烏蘇河又東經州東龍口橋臺南又東右出一支渠與正渠並東北流入瑪喇巴什廳界雅瑪雅爾河上源為龍池水即古波謎羅川出哈卜齊克部布魯特和什庫珠克嶺東流入界經疏附縣西南境北流經黑雅克巴什卡倫西東北流又折東南克子爾奇乙克水合牙里巴克塔什水讓可海子水東北流注之又東奈曼水合卡拉可水烏筍水北流注之又東經浮衣木山南塔斯卡倫北折北流經僞塔克山東左納二小水又東北為雅瑪雅爾河又東岐為二支經州城南南支東流為喀喇蘇河又東流入莎車州界北支亦東流經州東南塔斯渾卡倫北為罕愛里克渠又東入於沙罕衣拉克水自莎車州東北流入界經疏附縣西南卡拉塔什卡倫東東北流入英吉沙爾廳界沖布穀爾罕水在疏附縣北合二小水南流入於沙托什罕河上源出疏附縣東北東北流入烏什廳界納林河在疏附縣北塔爾塔什山即蔥嶺

在州西南州東界瑪喇巴什廳南界英吉沙爾廳東南界莎車州東北界烏什廳西北界布魯特霍罕

欽定大清會典圖卷二百二十五
輿地八十七
莎車州圖

莎車州圖一

中

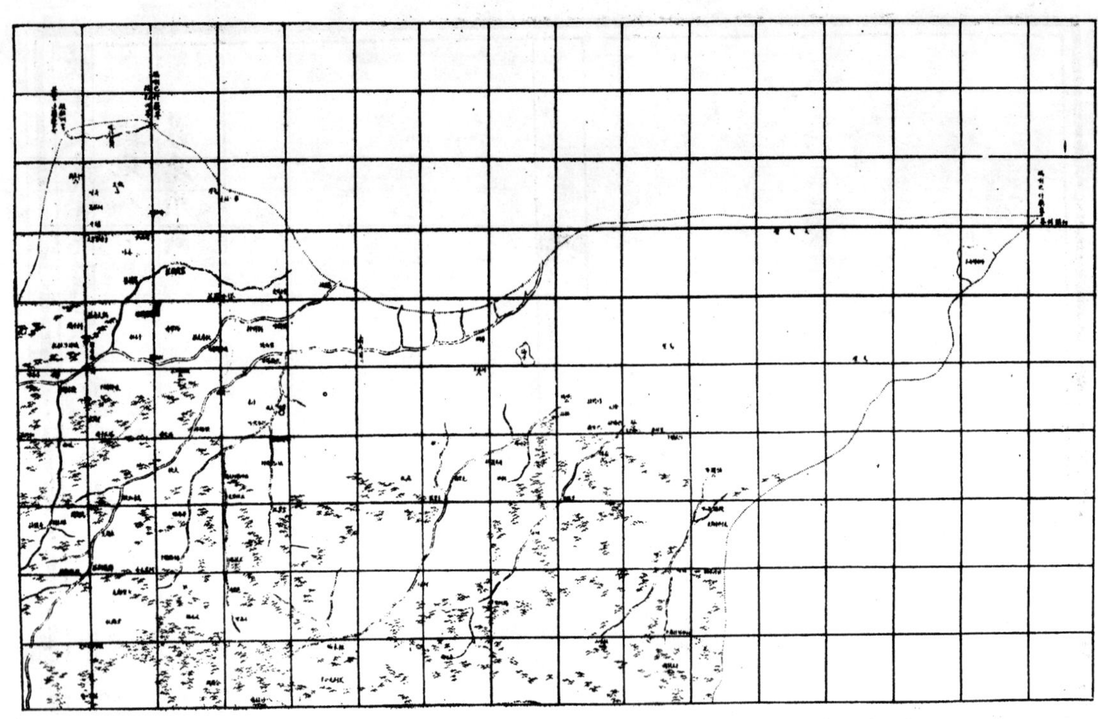

莎車州圖二

中右一

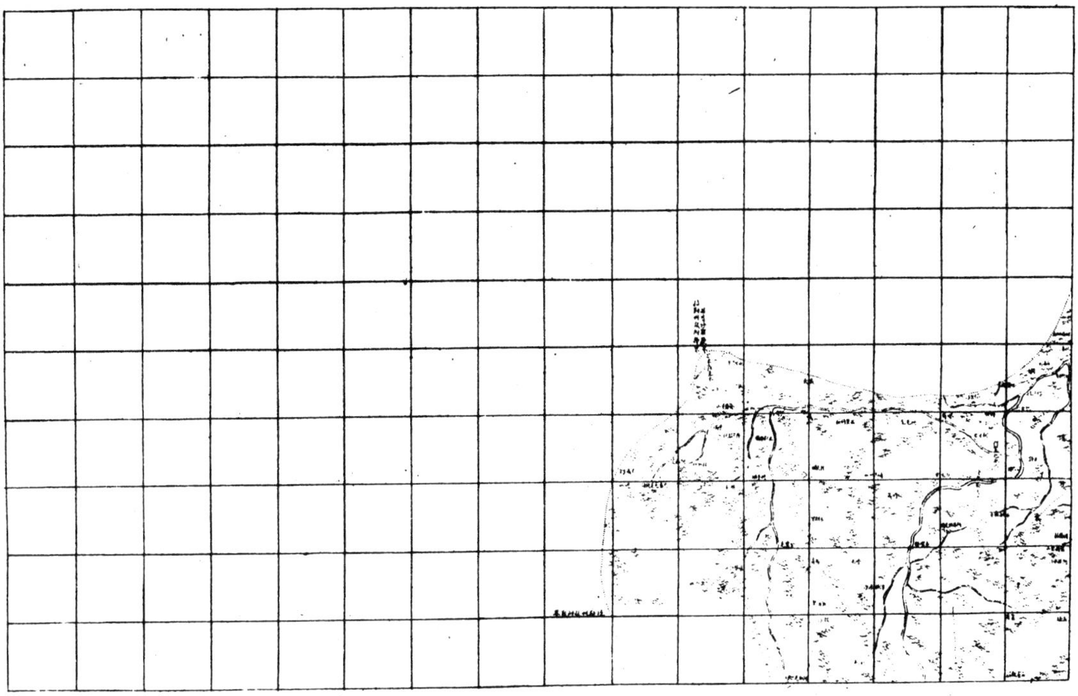

莎車州圖三

南一
中

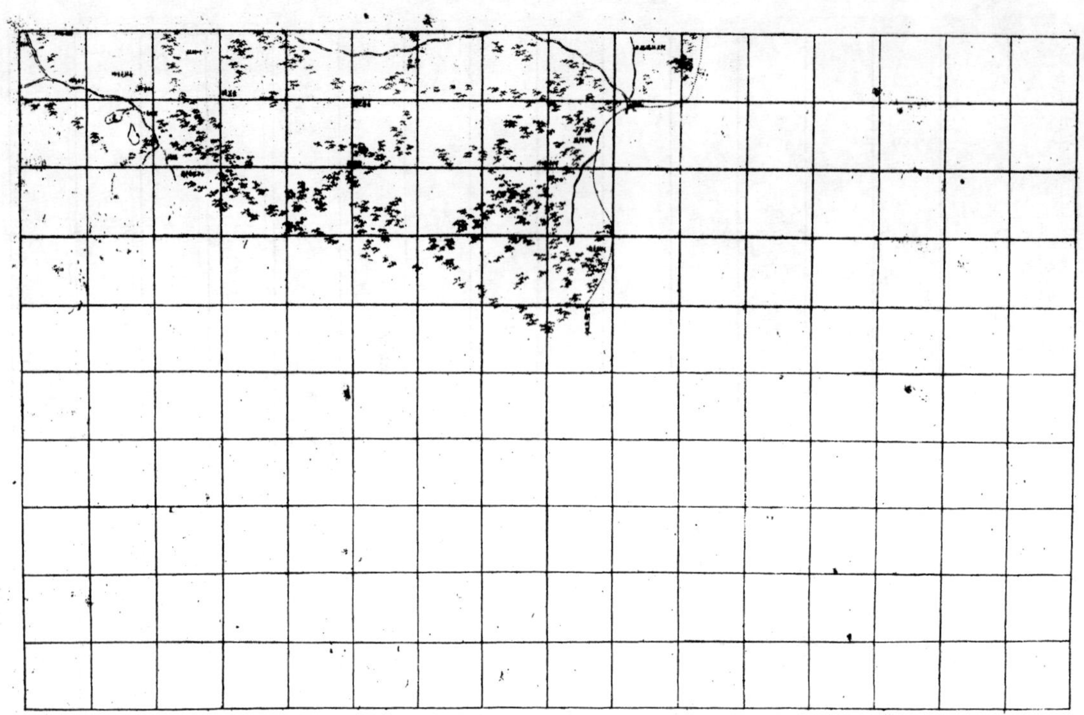

莎車州圖四

南一
右一

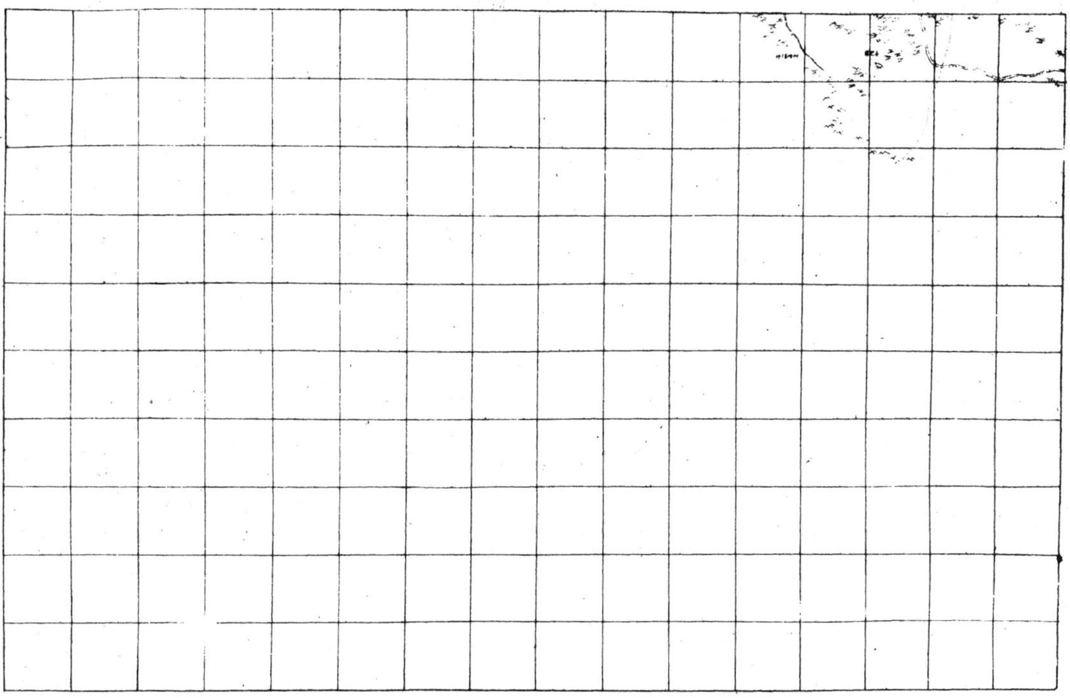

莎車州在省治西南四千七十三里。至
京師一萬二千二百二十八里。領縣一。東南葉城。
澤普勒善河喀喇烏蘇河皆蔥嶺南河之上源
同出葉城縣南卡拉胡魯木嶺西北流左納二
水。又西流經卜合洛的。西歧為二支。其西支西
北流至州西南。折北崔普水出葉城縣西南西
流注之。又北經亮噶爾卡倫西左納浮拉木沙
水。右納阿甫拉克嶺水。又北折東為澤普勒善
河。又折而北受阿加克巴衣水。水出州西南山。
北流經金里克西。左納喀楚特河。又北折東新

安水阿拉克水拜加什水合東流注之。又東注
澤普勒善河。澤普勒善河又北。有一水自英吉
沙爾廳東流來注之。又折而東經塔什拉卡倫
及和什拉普卡倫北。二小水自依格愛勒克卡
倫合東北流注之。經托各沙卡倫南。又東密爾
岱山水出葉城縣西密爾岱山東北流注之。經
通什沙拉衣卡倫南。又東支渠東北出曰窩蒲
渠水繞州治北而東入於沙。正渠又東流經冶
南及葉城縣北入瑪喇巴什廳界。其東支自卜
河洛的北流。折東北經葉城縣廓庚斯莊西。左

納二小水。又東北復左納一小水。東北為聽雜布河。又東經葉城縣治北為喀喇烏蘇河。玉拉里克水出縣西南八沙拉嶺北麓合庫庫雅水烏巴什河水北流經縣西來注之。又東左出五支渠。與正渠並北流入瑪喇巴什廳界。哈拉哈什河出葉城縣南八沙拉嶺南麓。東流經桑株嶺南。又東左納阿其拉滿麻札水。入和闐州界。普下阿孜水亦出縣東南。北流折東入和闐州界。注於哈拉哈什河。披雅滿水出葉城縣東南杜哇山。東北流會阿拉塔什麻札西一小水。又東北歧為二支。並入於沙。葉城縣東南一水出桑株嶺。左右各納一水。東流經陽阿里克山及桑株卡倫北。至縣東木吉臺入於沙。八沙拉嶺東北麓一水曰達斯滾水。東流經拉木倫北。二小水自其北合流注之。又東折北經克里陽卡倫西。歧為二支。一支西流折北入於沙。一支東北流右納弼拉卡倫水。復歧為二。並入於沙。喀拉蘇河自疏勒州東流入界。經州西北。又東入瑪喇巴什廳界。罕依拉克水自疏勒州疏附縣東北流入界。為哈拉蘇河。又東北入瑪喇巴什廳界。州東界和闐州。西至北界疏勒州及英吉沙爾廳。東北界瑪喇巴什廳。南界巴克達山。

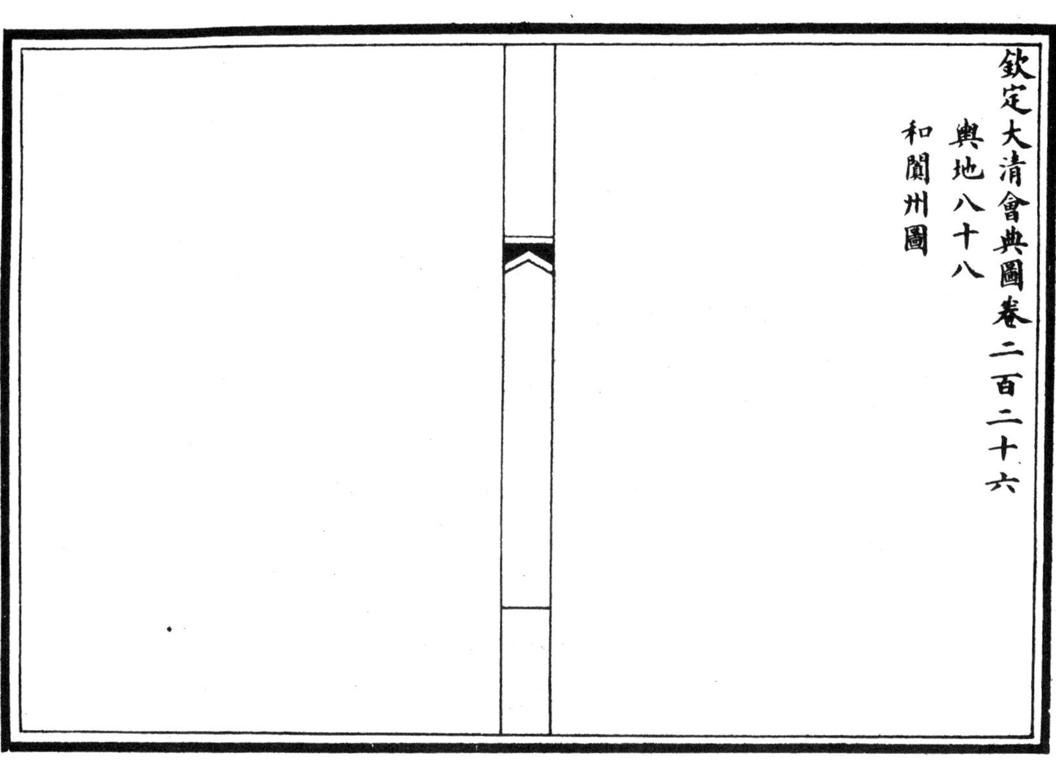

和闐州圖一

中

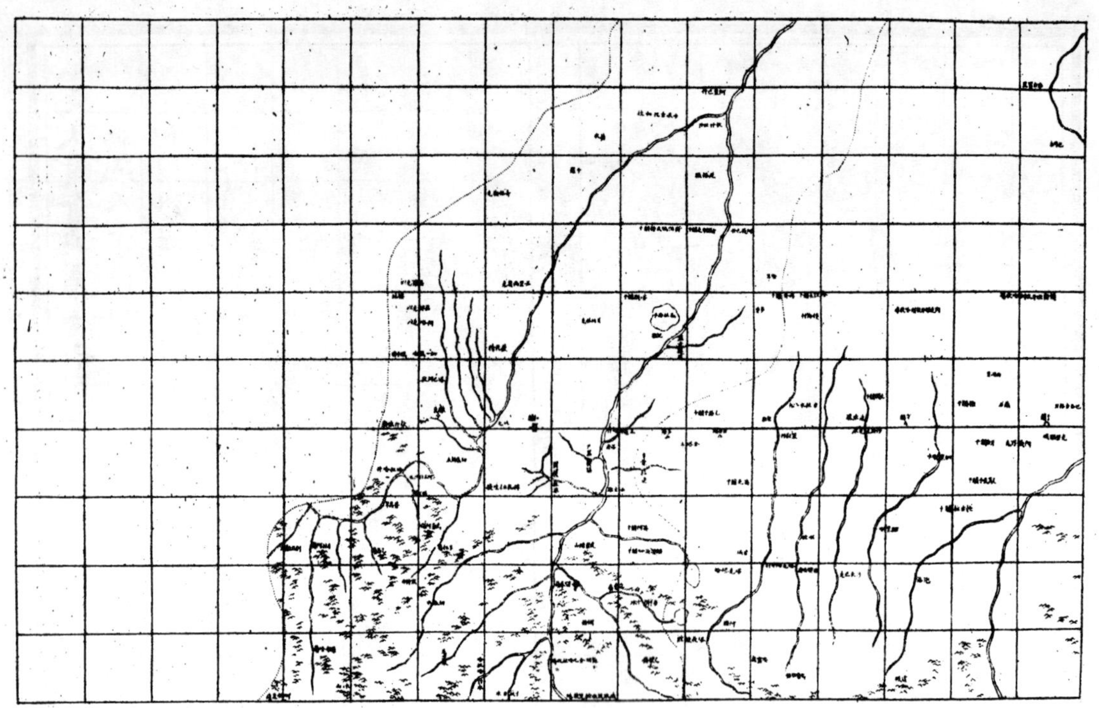

和闐州圖二

中左一

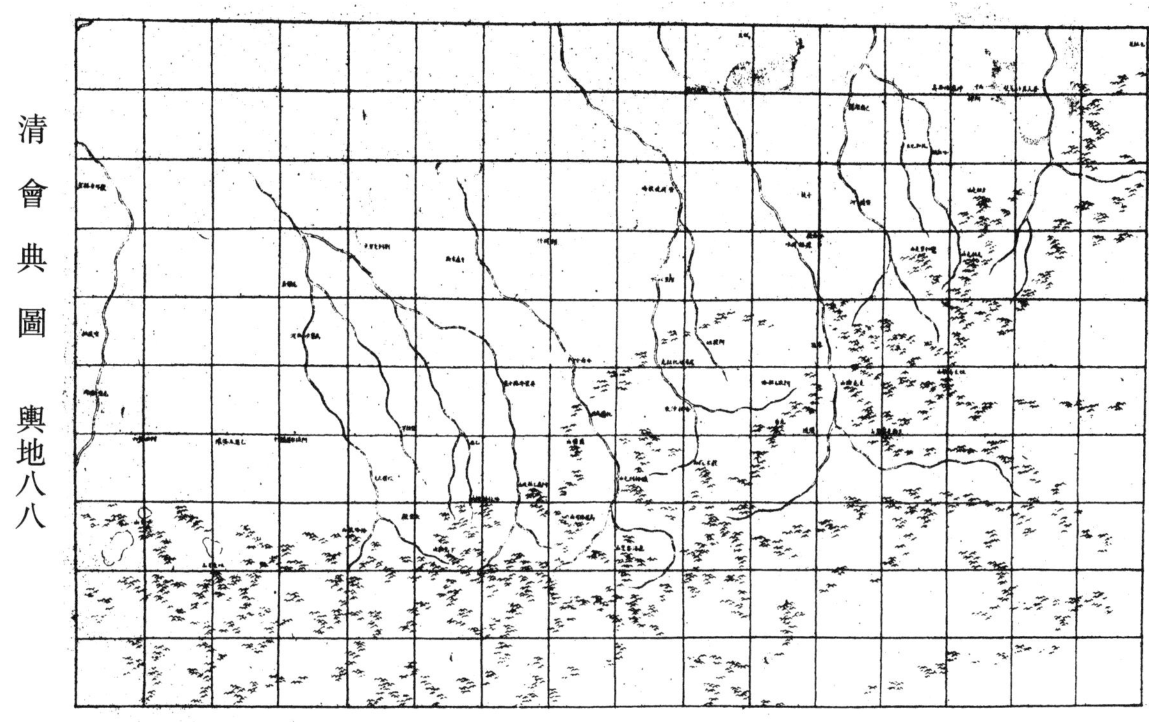

和闐州圖三

中左二

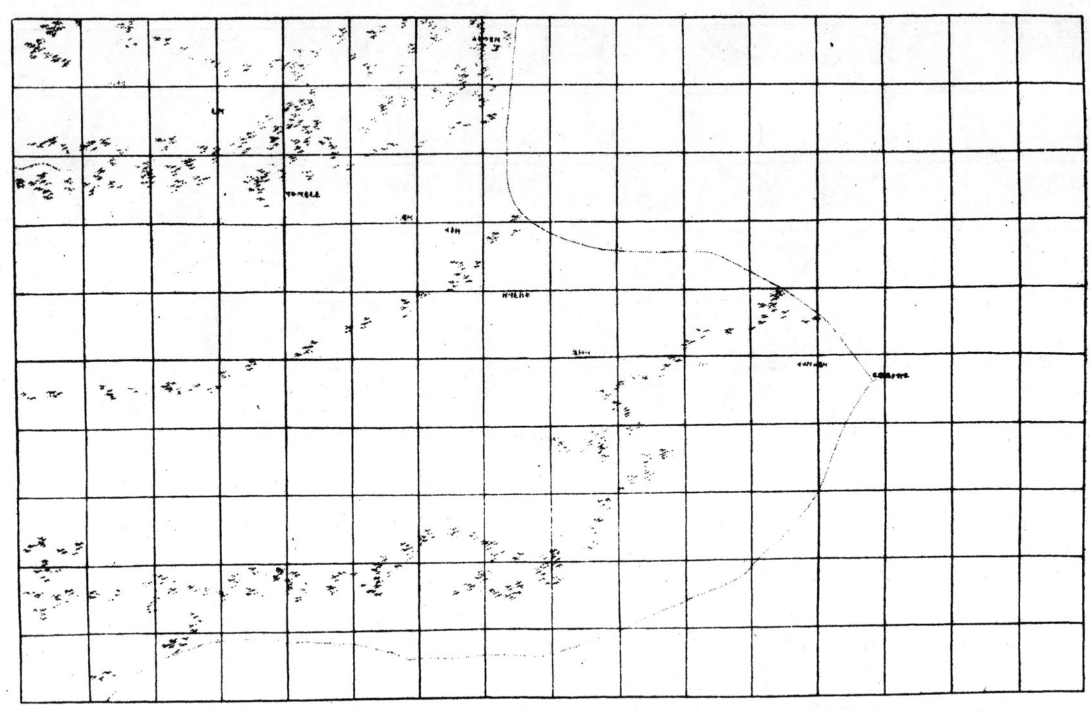

和闐州圖四

北一
中

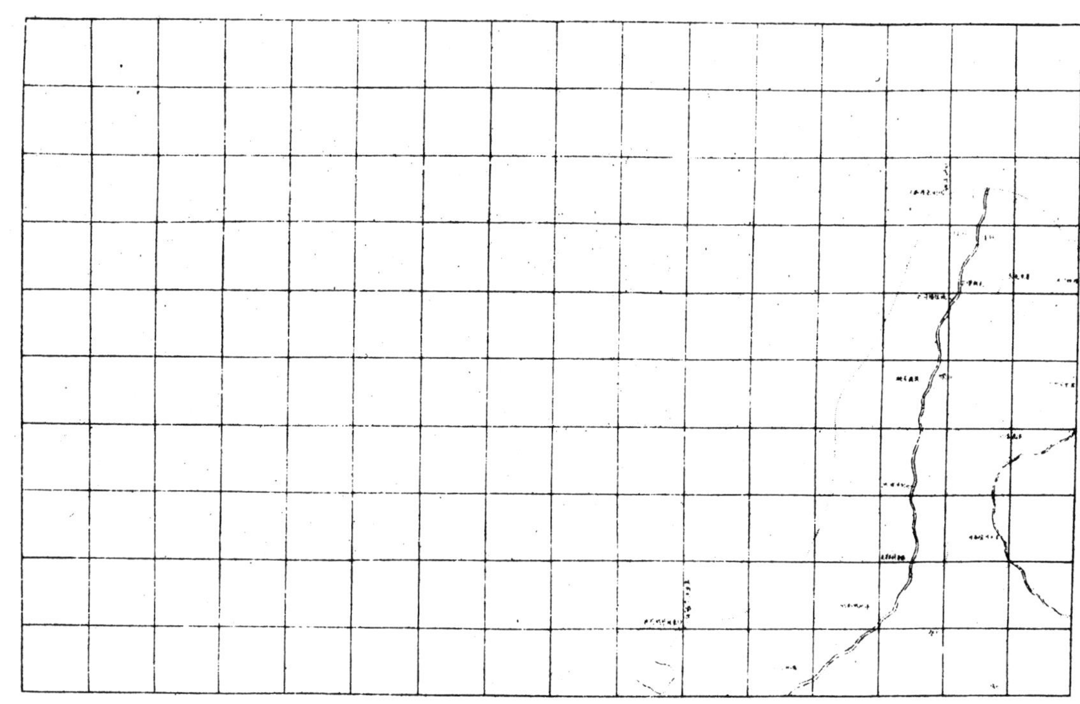

和闐州圖五

北一　左一

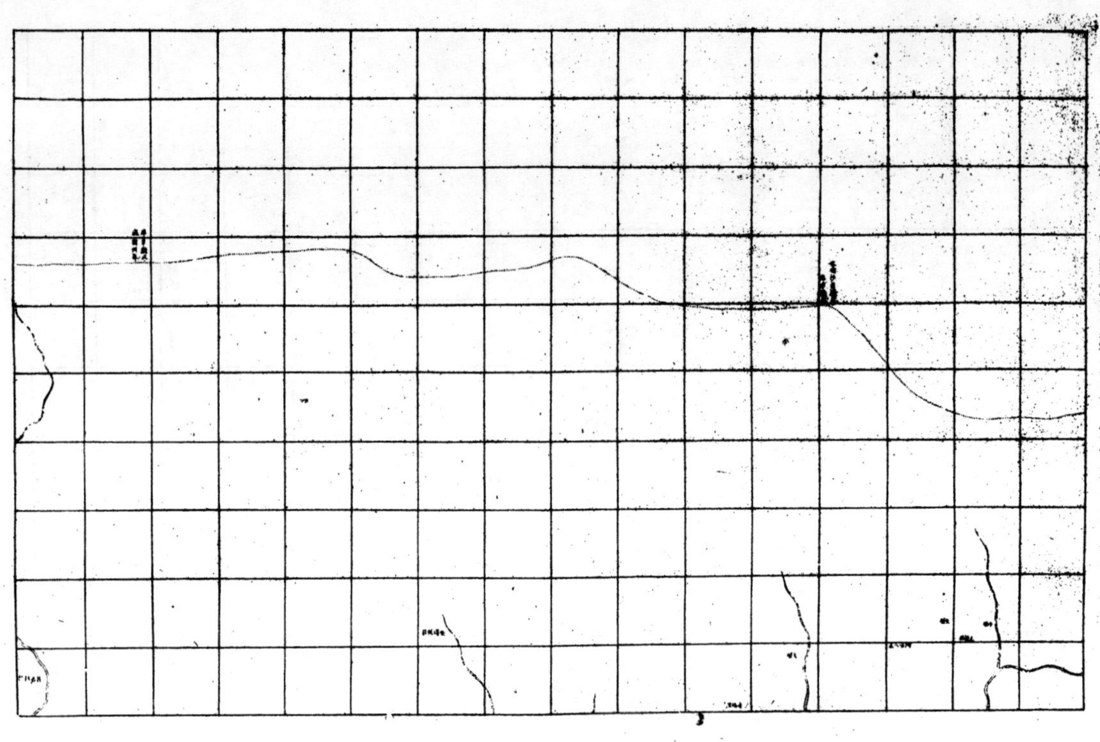

和闐州圖六

北一
左二

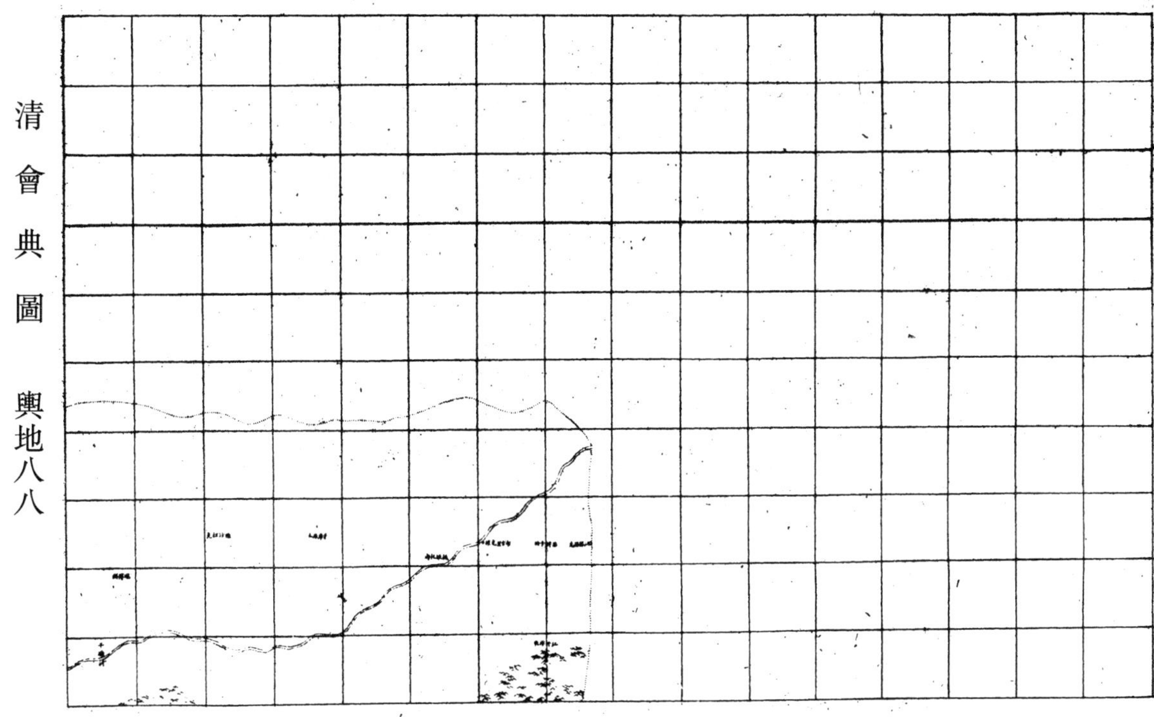

和闐州圖七

南一
中

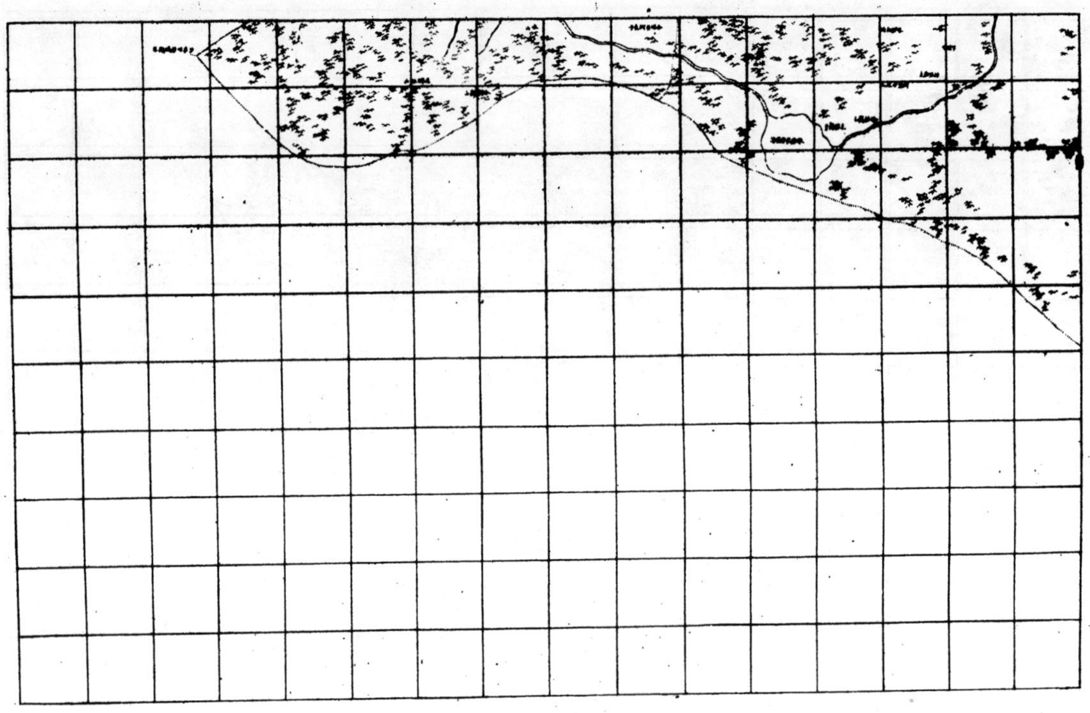

和闐州圖八

南一
左一

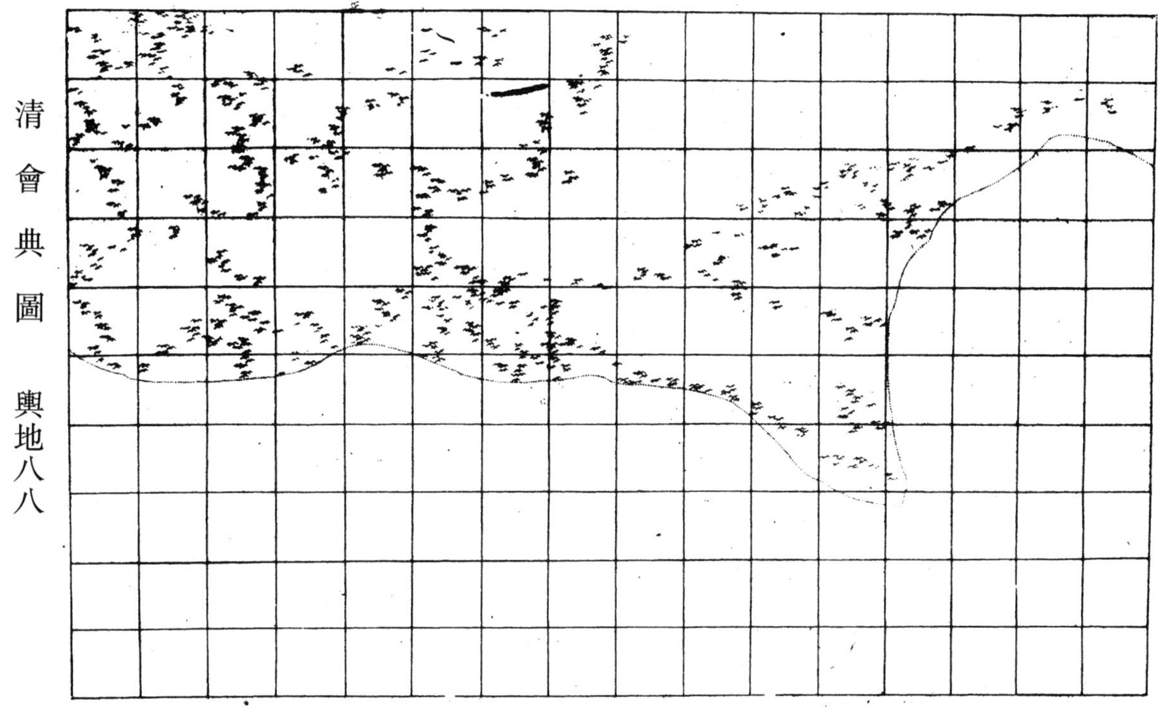

和闐州圖九

南一
左二

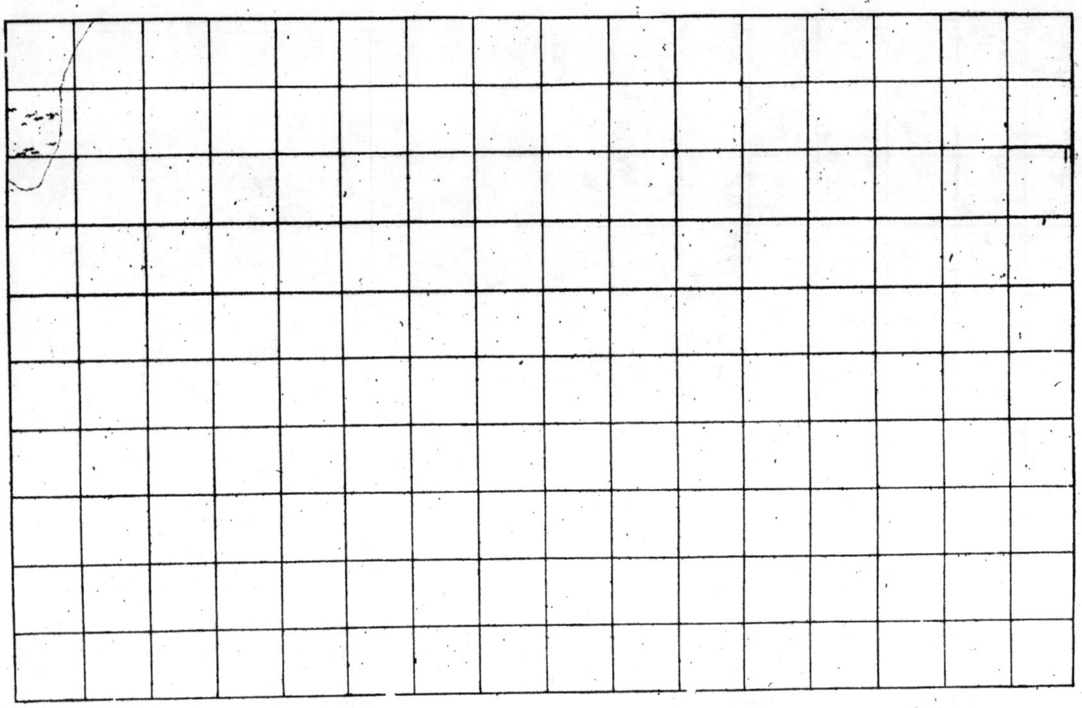

和闐州在省治西南四千九百二十九里。至京師一萬三千三十八里。領縣一。東于闐。和闐河二源。東源曰玉隴哈什河西源曰哈拉哈什河。玉隴哈什河即古樹枝水一名計式水。出于闐縣西南伊西里庫爾泊。西北流經州南冰山東。折北經蘇明介乙哈拉孜場西。又北卡浪古水哈拉哈什水自尼蟒依山東北合流注之。又北尼沙水自西南來注之。布牙闌干水自于闐縣西流合乙梗嶺水注之。又北經皮素絲山西。切取水出州西南冰山北麓東北流注之。又東北鐵領爾哈闌干水自于闐縣西西流注之。左出一支曰圖薩拉渠歧為四並入於沙。又北左右各出支渠。又經州治東玉隴哈什西。右出為蘇老提渠。經紀雅卡倫及毛拉海子東右出為而秀闌干水。並入於沙。又北經牙滿布克闌干東。折西北當伏什拉什北。與哈拉哈什河會。哈拉哈什河即古達利水。自莎車州葉城縣東流入界。經州西南普下阿孜水亦自其縣來東北流注之。又東北右納庫布哈嶺水牙拉阿嶺水乙品嶺水胡下提水。折東南右納默特司水。又折

而北經切底湖木卡倫東。排札拉哇提卡倫西。又北左出支渠五。並入於沙。正渠經治西。又東北與玉隴哈什河會為和闐河。又東北入溫宿州界。克里雅河亦出伊西里庫爾泊。東北流經于闐縣南。泡洛水東北流注之。又東北經縣治南。又北經縣東為克里雅河。又屈曲北流至縣北境入於沙。卡牆河出于闐縣東山。東北流左納一小水。又北右納一小水。又北經吾大其沙戈壁東。又北經卡墻東南。折東北流入喀喇沙爾廳界為切鏘河。烏魯沙衣河出于闐縣東南下馬勒山。合一小水西北流。又西北。他拉竿水西北流注之。阿底乙拉玫山水合哈拉桔梗山水西北流注之。又北入於沙。哈爾哈什水阿里坦水蘇格得水並在于闐縣東。西北流入於沙。密提河在縣東北。北流經小金廠東。合哈拉敏托和巴衣水入於沙。細黑喇水沙衣巴克水達木溝水篆勒村水並在于闐縣西。東北流入於沙。哈朗歸山即深山。在州南州東及東南界青海。西界莎車州。北界瑪喇巴什廳。南界西藏。東北界喀喇沙爾廳庫車廳溫宿州。

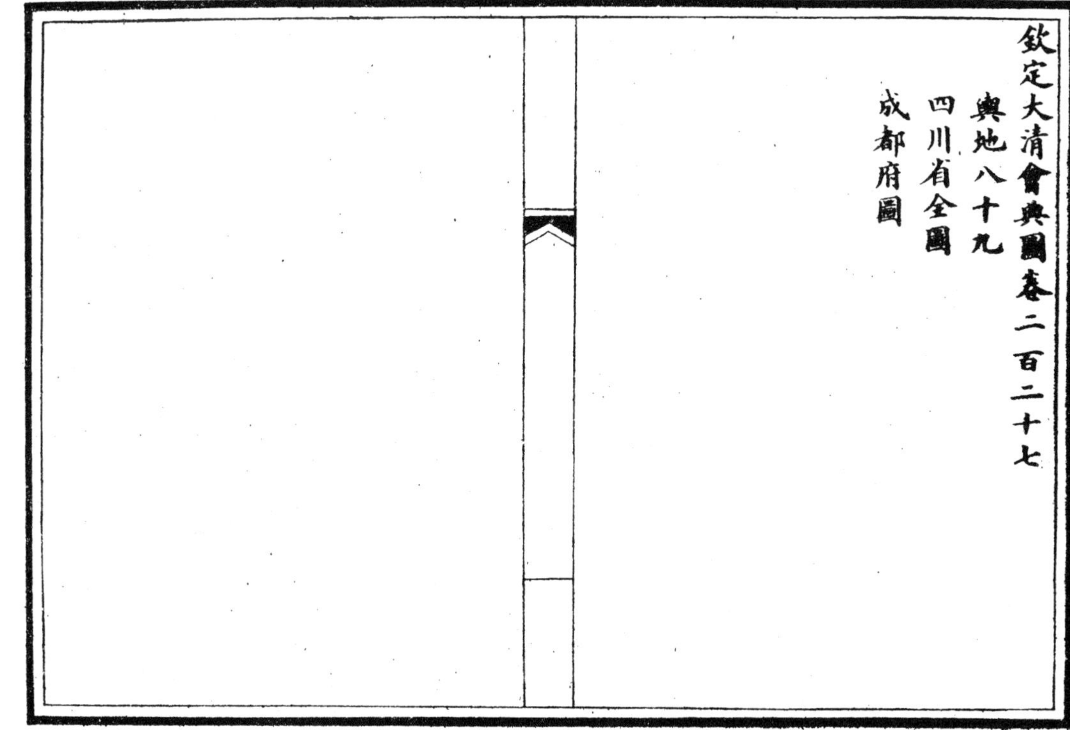
欽定大清會典圖卷二百二十七

輿地八十九

四川省全圖

成都府圖

四川省全圖一

中

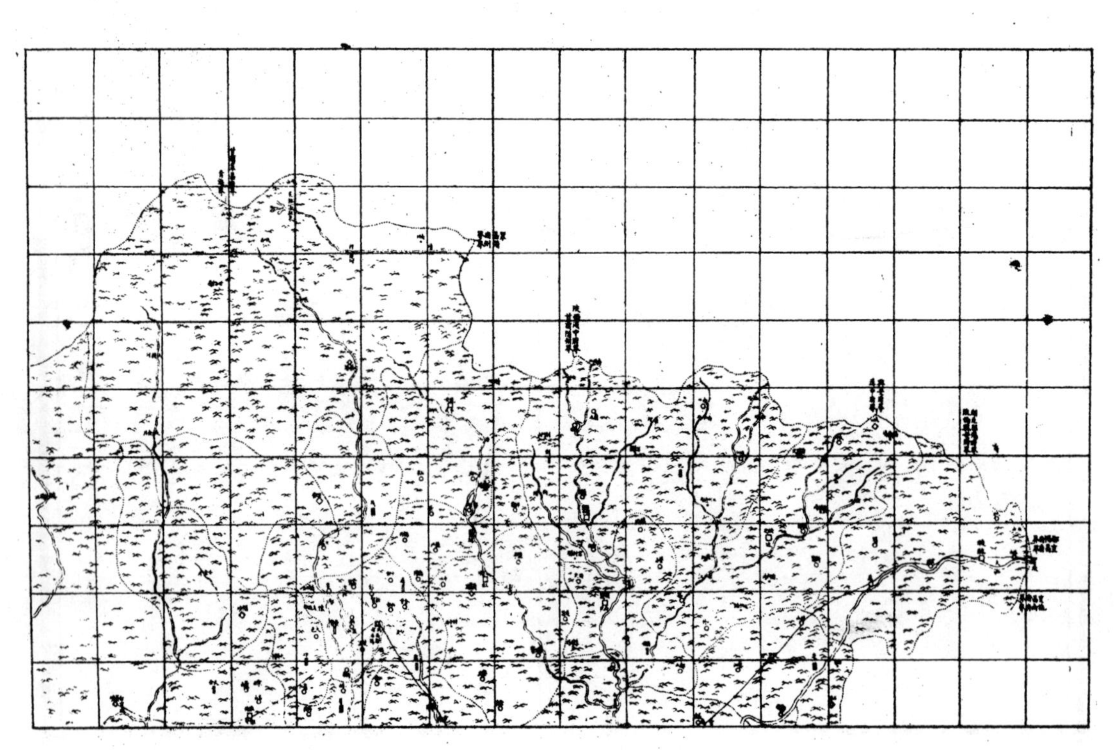

四川省全圖二

中右一

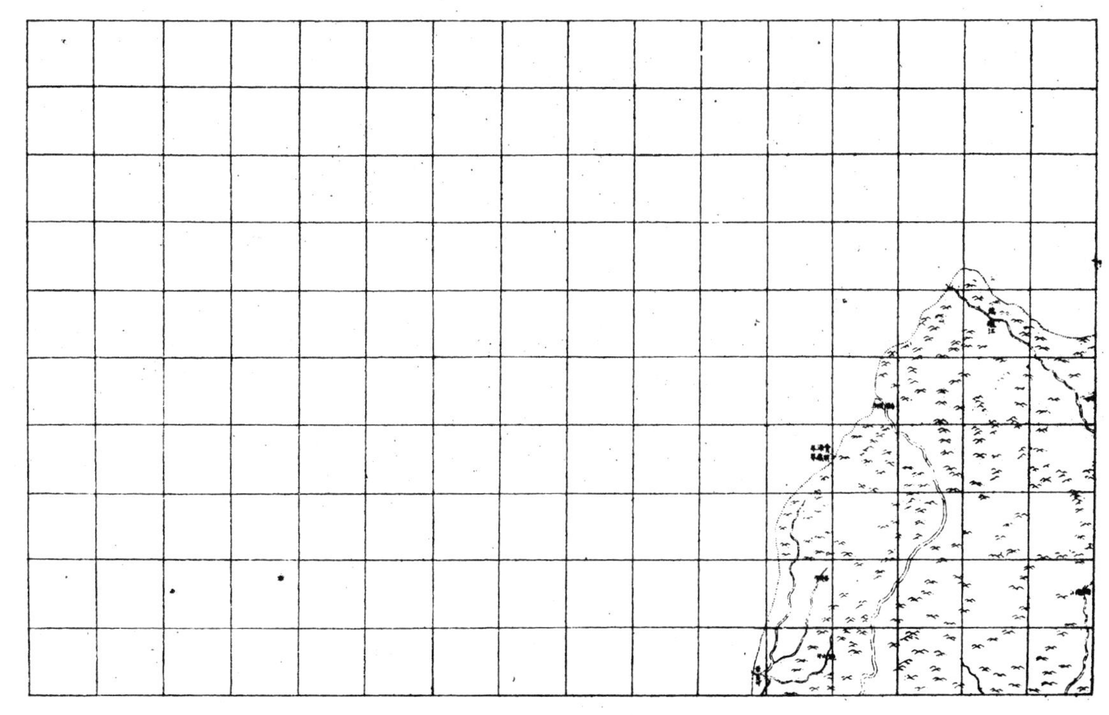

四川省全圖三

南一　右一

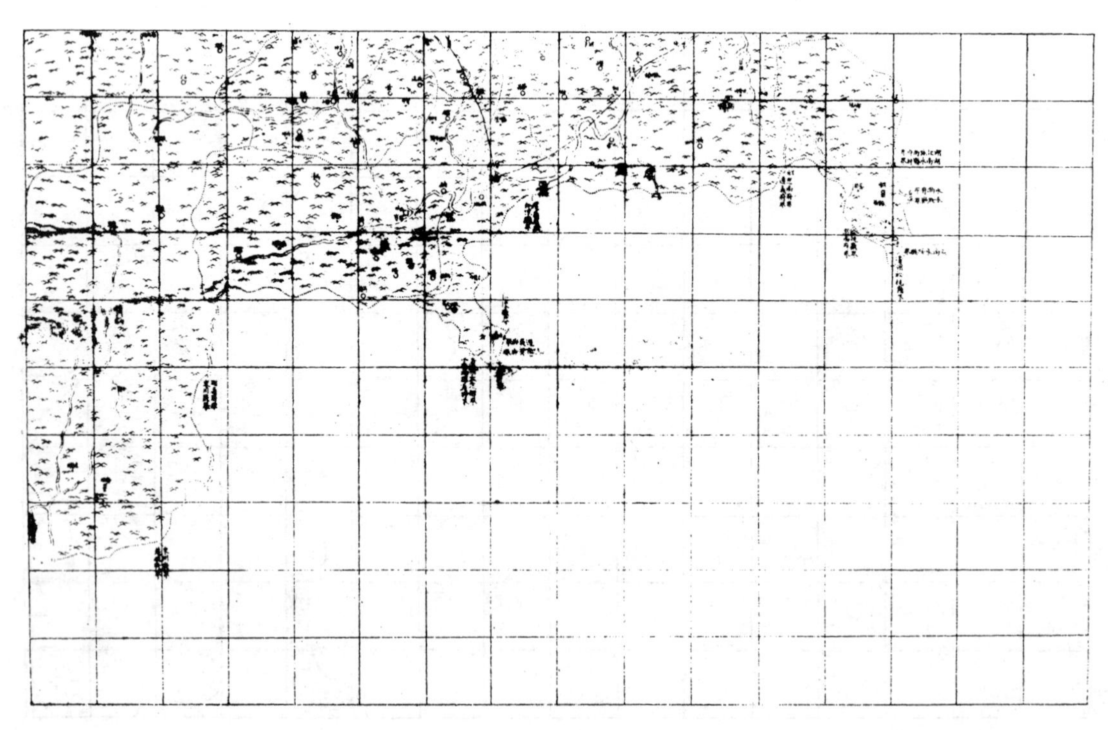

四川省全圖四

南一
右一

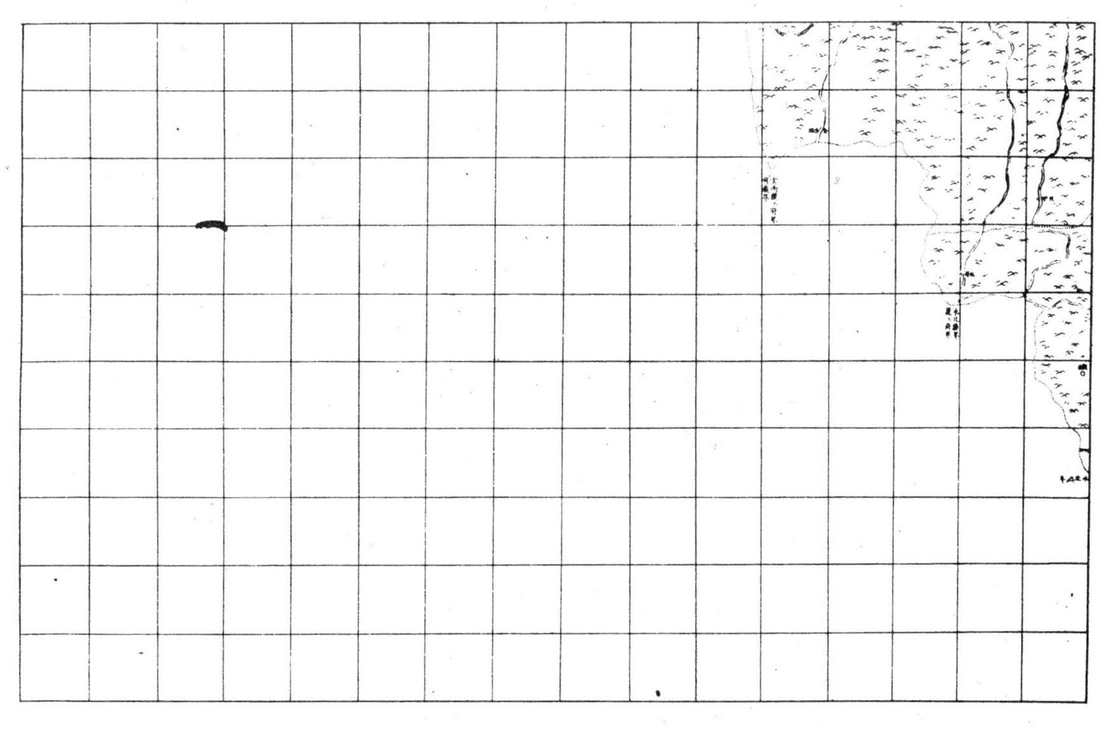

四川省在

京師西南成都府為省治四川總督布政司共治

馬統府十二廳五州八成都府東南資州敘州府瀘州敘永廳重慶府忠州石砫廳酉陽州西南邛州眉州嘉定府雅州府甯遠府東北潼川府緜州龍安府順慶府保甯府綏定府夔州府西北茂州理番廳懋功廳松潘廳岷江出松潘廳東南流經廳治東折南經茂州治西折西經理番廳東南復經茂州西南屈東南至成都府西北右出為郫江左出為沱江為錦江正渠南流郫江錦江來會又南經眉州治東又經嘉定府治東大渡河出松潘廳西北曰大金川南流經理番廳及懋功廳西合小金川經雅州西合打箭爐河又經甯遠府北來會又東南經敘州府東會金沙江江上源曰布壘楚河自青海東南流入境經雅州府西屈西南錯入雲南麗江府界無量河出雅州府西南流經甯遠府出界注之金沙江復入境經甯遠府西南鴉礱江亦自青海來經雅州府西甯遠府西南合安甯江來會復錯入雲南武定州界又經甯遠府北流折東經敘州府治東南與岷江會為大江大江屈東北經瀘州東南受沱江大江又東赤水河自貴州境北來注之又東經重慶府南綦江亦自貴州境北來注之又東北經重慶府治東會嘉陵江江自陝西鳳翔府南流入境經保甯府北會白水江南流左合東河經順甯府北右合西河又經重慶府西北渠江前後中三源巴江東西南三源合西南流來會涪江東南流來會又南與大江會大江又屈曲東北流烏江自貴州思南府來合芙蓉江注之又東北經忠州南石砫廳北又經夔州府南又東入湖北宜昌府界酉水上承白河自湖北施南府西南流入境經酉陽州東邑梅河為酉水中源北流來會又東入湖南永順府界榮楚河出雅州府西北合數水西流入西藏界東至湖北界西至西藏界北至甘肅界南至雲南界東南至湖南及貴州界北至青海縣

成都府圖

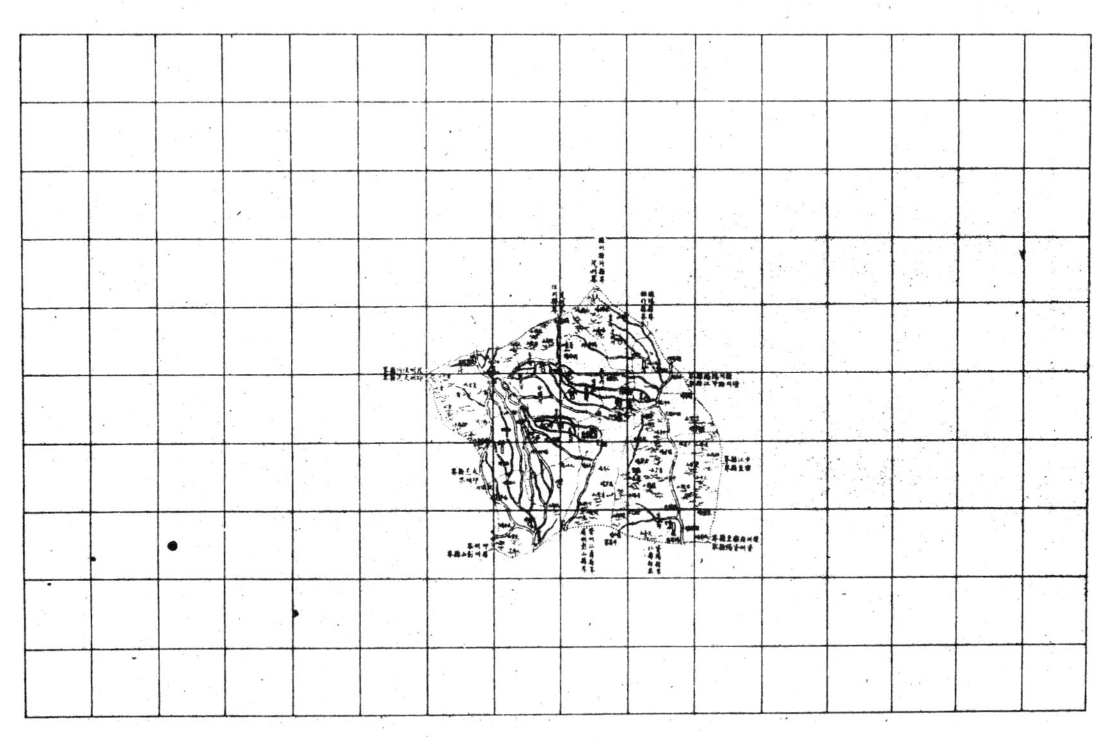

成都府為四川省治至
京師四千七百十五里領州三縣十三治成都華
陽西溫江東南簡州東北新都金堂漢州什邡
西南雙流崇慶州新津西北新繁彭縣郫縣崇
甯灌縣岷江自茂州汶川縣南流入界經灌縣
西北獠澤關東三江河亦自其縣來東南流注
之尤溪白沙河並自其縣來西南流注之又經
西灌口曰湔江亦曰都江歧為三南出者為郫
江俗曰南江東出者為沱江俗曰外江其正渠
俗曰內江內江又東南分流復合再分再合左
出支津三一為徐偃河東流經崇甯縣南注錦
水河一經郫縣西北歧為三曰曲子河曰走馬
河夾縣治府治合南流曰錦江右納新開河西
南流入眉州彭山縣界一為新開河經溫縣北
雙流縣東北注錦江岷江南流經崇慶州東北
為金馬河左出支津為楊柳河並南流經溫江
縣西至雙流縣西南合西南流至新津縣東羊
馬河西河合流來會羊馬河上流即郫江自灌
口分江水南流歧為二左為羊馬河一名龍安
河即黑石河右為沙溝河南流復分一經崇慶
州東為白馬河一經州西為西河合小海溝夾
州治而南合為白西河經新津縣北東南流羊
馬河自北來會又東南與岷江會岷江又南受
南河河自邛州東流入界經新津縣西南乾溪
河溪水河上承西河水合南流注之又東注岷
江岷江又南左納一水入眉州彭山縣界沱江
自灌口東流復歧為數支南支曰柏木河經崇
甯縣西左通太平河右納徐偃河東南流經新
繁縣南為錦水河又經新都縣南會大小毘橋
河水至金堂縣南龍泉水北流來注之又東北
至焦沙尾會彌牟水及馬木河水馬木河上承
沱江北支東北流歧為二曰太平二河經崇甯
縣西北右通柏木河經縣北合東流為渡船河
彌濛水南流注之復分數支一為馬木河一為
清白江及彌牟河一為督橋河一為毘橋河及
小毘橋河並東流經彭縣新繁新都各縣境至
金堂縣焦沙尾會馬北受綿陽河水河自綿州
德陽縣南流入界經漢州東南雒水出什邡縣
西北洛通山合鴨子河白魚河石亭江來會又
東南注沱江江過金堂峽南流是為中江又東

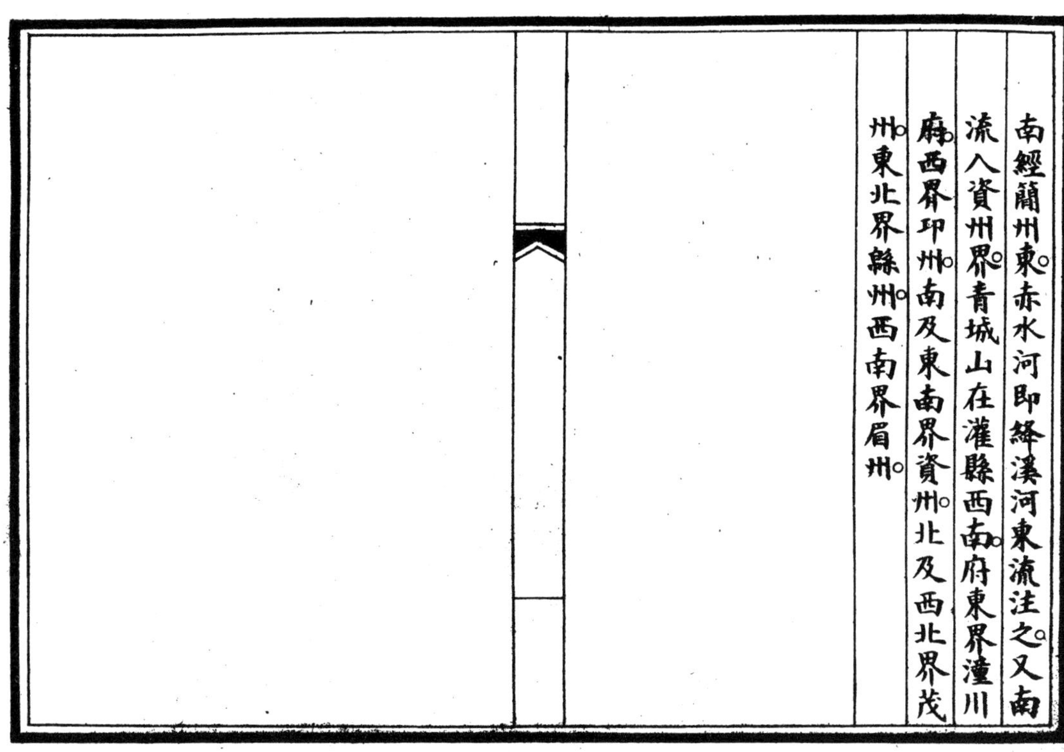

南經簡州東。赤水河即絳溪河東流注之。又南流入資州界。青城山在灌縣西南。府東界潼川府。西界邛州。南及東南界資州。北及西北界茂州。東北界綿州。西南界眉州。

欽定大清會典圖卷二百二十八

輿地九十

寧遠府圖

保寧府圖

順慶府圖

甯遠府圖一

中

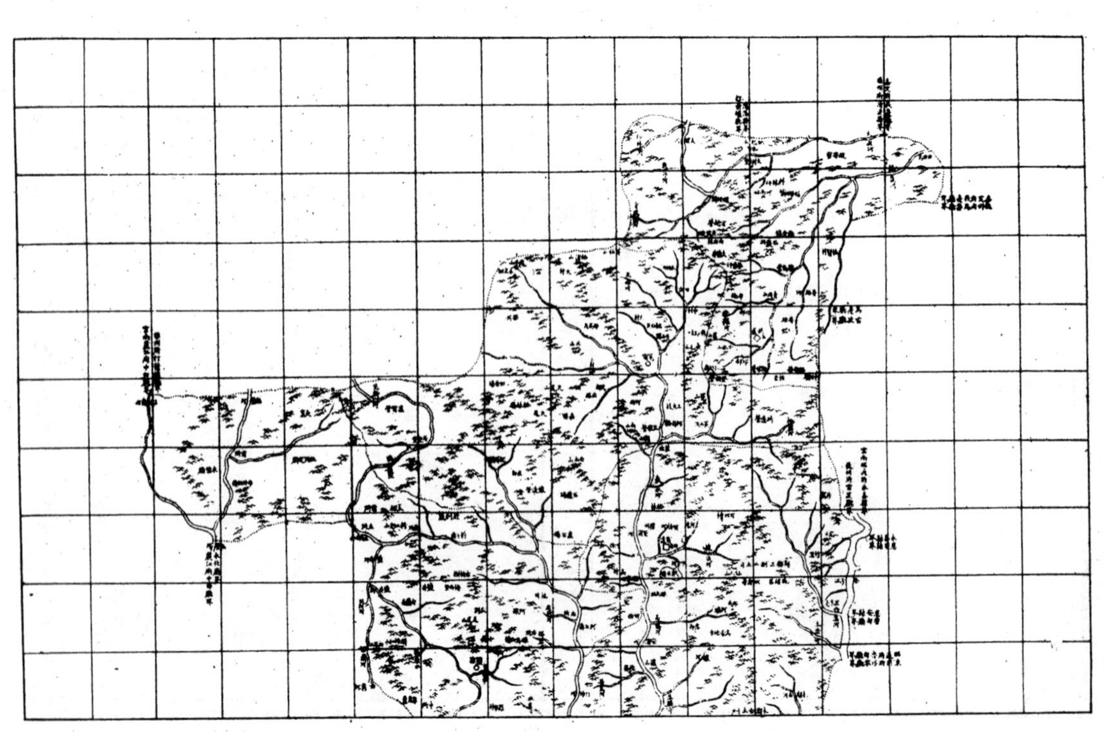

甯遠府圖二

北

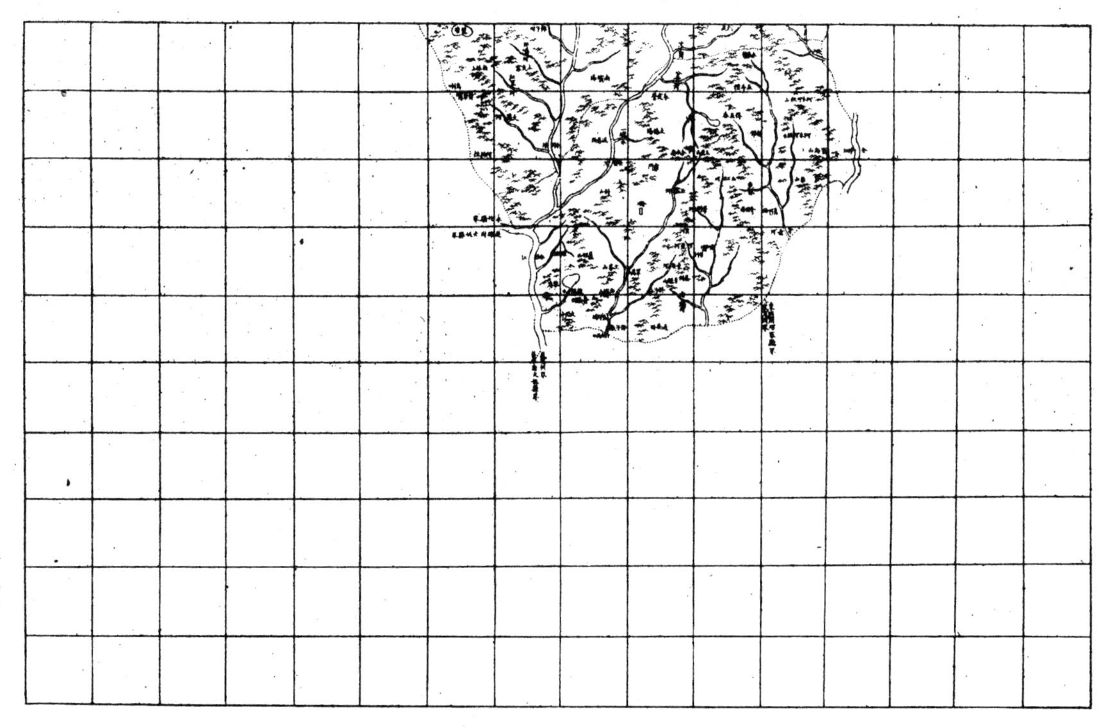

甯遠府在省治西南一千二百三十里。至京師五千九百四十五里。領廳一州一縣三。治西昌。北冕甯西南鹽源會理州。東北越巂廳。金沙江上源即布壘楚河自雲南楚雄府大姚縣東流入界。經會理州西會打沖河。河上流曰鴉礱江。自雅州府打箭爐廳東南流入界。經冕甯縣西七兒堡北曰兒斯河。折西南右納一小水。經前所西。又東南右納左所河。又東南鹽井河出鹽源縣南龍塘。合雙橋浪渠及一小水與別列河挖開河麥架河合北流來會。又東經後所及

豹子溝南左納二小水。又東流瓦尾山諸水合南流注之。又東南經杭州汛北左右納數小水。至阿七溝西。右納右所河得石河。又南為打沖河。右納椒崖河那噶河紅果河大羅河。左納一小水又東南至會理州西會安甯河。河一曰孫水一曰白沙江。上源三並出冕甯縣境。北源曰蘇州小河。自蘇州土司合數水又合瓦那河西南流經縣東南與西源會。西源三水合為小村河東北流與北源會。又南經王家營東。東源出靖遠營東曰松溪河。合二小水及小相嶺水西

北流曰瀘沽來會。又南流。一小水自河西土司南東南流注之。熱水河西流注之。又經禮州所西曰安甯河。右納一小水。經府治西又南。懷遠河二源合邛河甯遠河西南流注之。又南右納一小水。經河西所東祿馬站西。高橋河合三水西流注之。又南。右納一小水。又經德昌所東。苦馬河並一小水東流注之。又東南。左納瀘河落腰河涼山河。經會理州北永定營東。公母河合南來三小水西流注之。西南流。左納一碗水。經迷易所東。又西南與打沖河會。又西南流注金沙

江。金沙江又南。左納二小水及黎溪水入雲南武定州界。玉虛河出會理州東北分水嶺。二源合西南流經州東南。一小水自州西來注之。又南。東安河自姜州堡西南流來會。經白馬口出界注金沙江。玉虹河亦出州東北。合葉別河經苦竹壩東南。會可惡河魯魁水及東北來一小水。又南出界注金沙江。會通河二源。一出水底龍。一出得五合。合東南流。魚水東流注之。又經舊會理州會理郡東北。阿木可租水南流注之。又南出界注金沙江。金沙江折東北流復經州

寨又北流錯入雲南東川府巧家廳界經木期古二十一寨東木期古河自西昌縣東南合三小水出界注之又東北復經府治東三岔河出府東鄉都土司西溪河出府東北沙罵土司並東南流注之又西北左納三小水入敘州府雷波廳界大渡河自雅州府打箭爐廳南流入界經越嶲廳西北右納松林河鹿子河折東北流老鴉漩河亦自其廳來合二小水東北流注之又東北經曬經關南及大樹堡北河南站水西北流注之又東北緣雅州府清溪縣南入嘉定府峩邊廳界越嶲河出越嶲廳西南山二水合東流至陶家營折北經廳東右納一小水又北倮儸河黴梅營水並東流注之又北普雄河北流注之又東北甯越營水合一水東北流注之又一水經桂賢村東北流注之為越嶲河又東北流出界注大渡河無量河自打箭爐廳南流入界經鹽源縣西北前所西一水自拉岡定廟北二源合西南流注之又西南經布什拉嶺西多克楚河東南流來會又南流入雲南永甯土府界府東界雲南昭通府西界雲南永北廳北界雅州府南界雲南武定州東南界雲南東川府西南界雲南楚雄府東北界嘉定府敘州府西北界雲南麗江府

保甯府圖

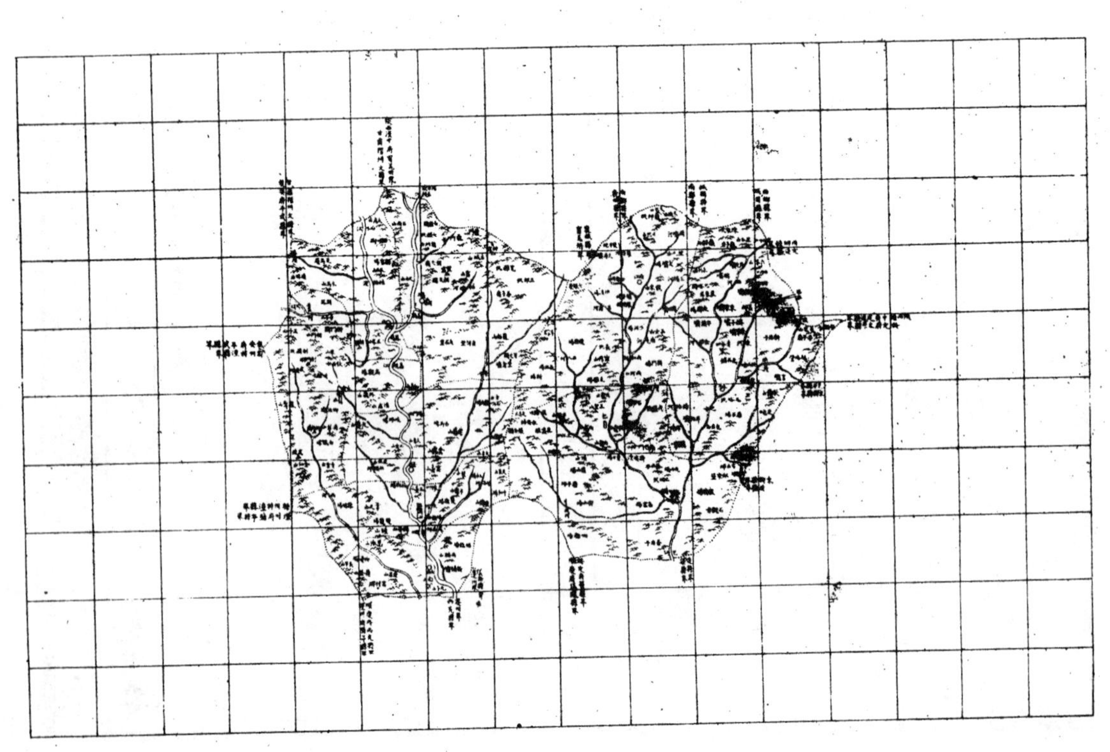

保寧府在省治東北六百二十里至
京師四千三百二十五里。領州二縣七。治閬中。南
南部。北蒼溪廣元。東北巴州南江通江。西北劍
州昭化。嘉陵江自陝西漢中府寧羌州南流入
界。經廣元縣北。合其州之廣平河南流經朝天
嶺西。潛水一名龍門水。出縣東北龍門山。經神
宣驛西南流注之。又南流經縣西南稽墒河西
南流注之。又西南經昭化縣東南受白水江。江
上承松潘廳清江水。自甘肅階州文縣東南流
入界。經昭化縣西北。南流右納蒱溪河。又南經
桔柏渡至縣西北。黃沙江自龍安府平武縣來。
合一小水及劍門關水東流注之。又東南注嘉
陵江。嘉陵江又曲折南流經蒼溪縣北。大劍水
出劍州西北山經州北。合小劍水東南流注之。
又南經縣治西。又南經府治西。右納北溪河。又
經治南。東河亦自寧羌州來經廣元縣蒼溪縣
東。左右合二小水西南流注之。又南苟溪河合
塘溪河東北來注之。又曲東南經南部縣東南。
左納爲迹山水。又東南入順慶府蓬州界。西河
上源曰武連河。出劍州北五子山。東南流經武

連驛合柳池溝水。又東南經府治及南部縣西
入順慶府西充縣界。巴水東西二源。東源曰東
河。自陝西定遠廳西南流入界。經通江縣東北
至縣治東。洪口河亦自其廳來。合官墒水西南
流注之。又西南會西河。西源曰西河。自陝西城
固縣西南流入界。經縣北。一水自巴峪關合一
小水東北流注之。又南右納金雞河。又東南與
東河會。是爲巴水。又西南流。楊柏河東南流注
之。馬渡河自綏定府達縣來。合三小水西流注
之。又南至江口鎮東會巴江。江一曰南江水。出
縣北大巴山南。關墒河西南流注之。經縣治東
南。羅溪河菖蒲澗水並東南注之。又南。南屯河
即難水。自縣東關田墒合三溪河及關田墒水
西南流注之。又南經巴州治東南。青趕渡河西
南流注之。恩陽河合北來之石人河長池水南
流注之。又東南。升渡河合花叢埡水東流注之。
至江口鎮西與巴江會。巴江又南入綏定府渠
縣界。劍門山在劍州西北。府東界綏定府。西及
西南界潼川府。南及東南界順慶府。北及東北
界漢中府。西北界緜州龍安府甘肅階州。

順慶府圖

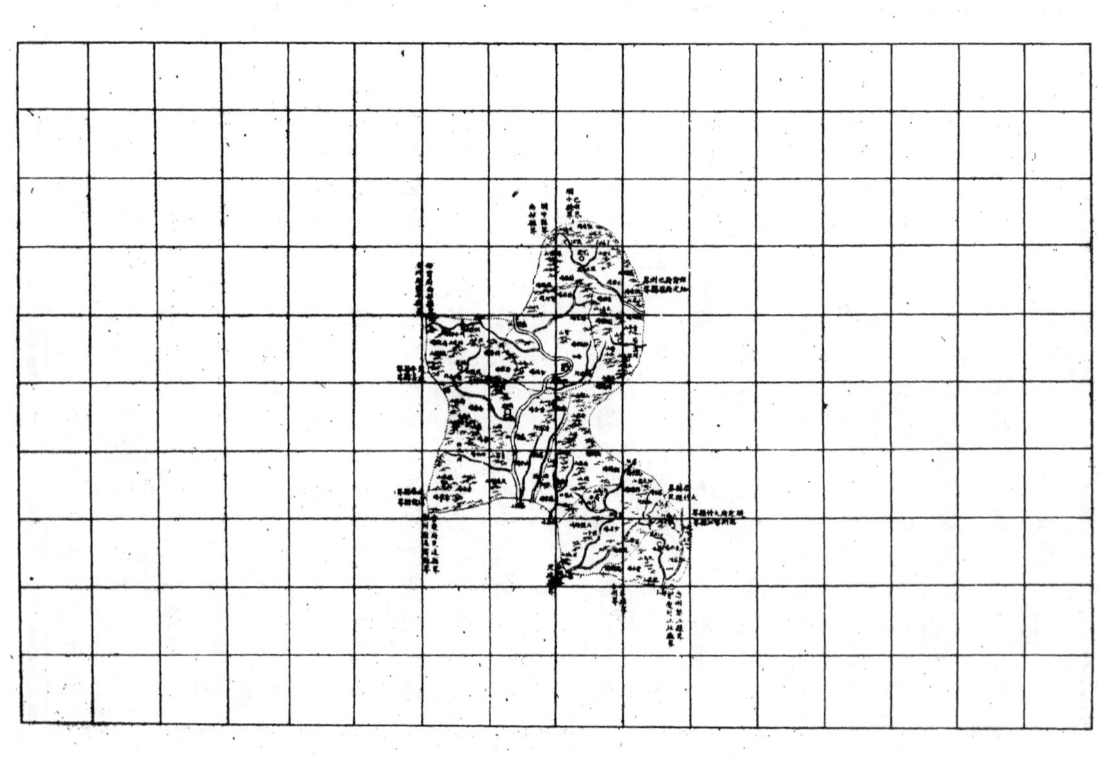

順慶府在省治東六百二十里。至京師五千三百三十五里。領州二縣六。治南充。東南岳池廣安州鄰水東北蓬州營山儀隴西北西充嘉陵江自保甯府南部縣東南流入界經蓬州西北安居場二水合西南流注之。又東南西河亦自其縣來合袁家河水東南流注之。又東環州治而南折西南流。經州西南左納清溪河。又經府治東而南。蠻子河出西充縣東北曲折東南流注之。又南右納曲水河。左納清溪河。入重慶府定遠縣界。西溪出府治東。岳池水出岳池縣東北岳安山。合一水並南流出界注之。渠江自綏定府渠縣西南流入界經廣安州東北曰篆江亦名洄水曲折經州治東南西河即環水東南流注之。又曲折西南流。仙成河自潘家場西南合天池河及一小水西南流注之。又西南入重慶府合州界。流江河出儀隴縣西北大儀山。東南流經縣治南。平溪水出縣東北允家山西南流來會。又東南入綏定府渠縣界。合營山縣之蘭溪河注渠江。鄰水出鄰水縣北仰天窩。經縣治東曲南流。芭蕉河自綏定府大竹

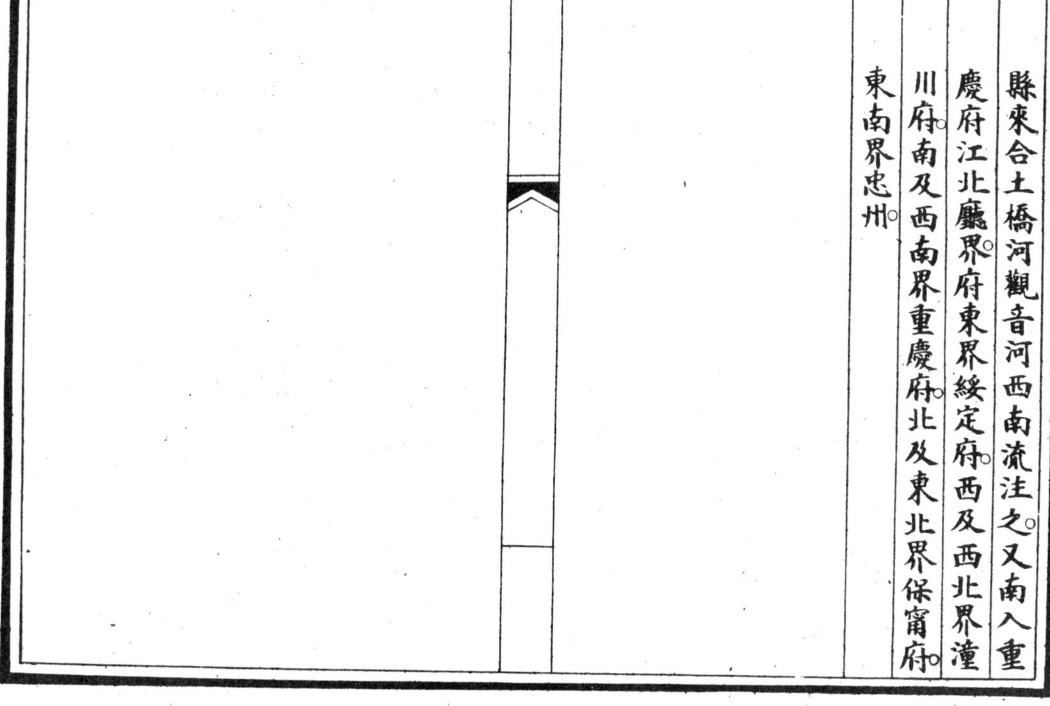
縣來合。土橋河觀音河西南流注之。又南入重慶府江北廳界。府東界綏定府。西及西北界潼川府。南及西南界重慶府。北及東北界保甯府。東南界忠州

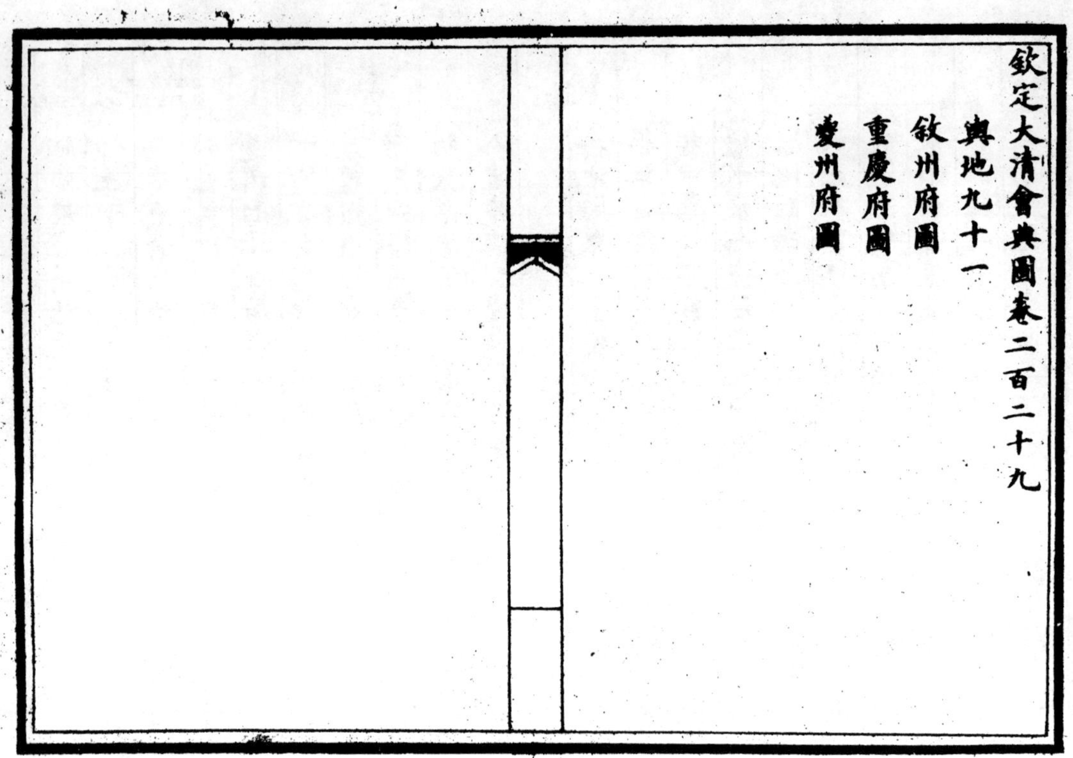
欽定大清會典圖卷二百二十九
輿地九十一
欽州府圖
重慶府圖
夔州府圖

欽州府圖

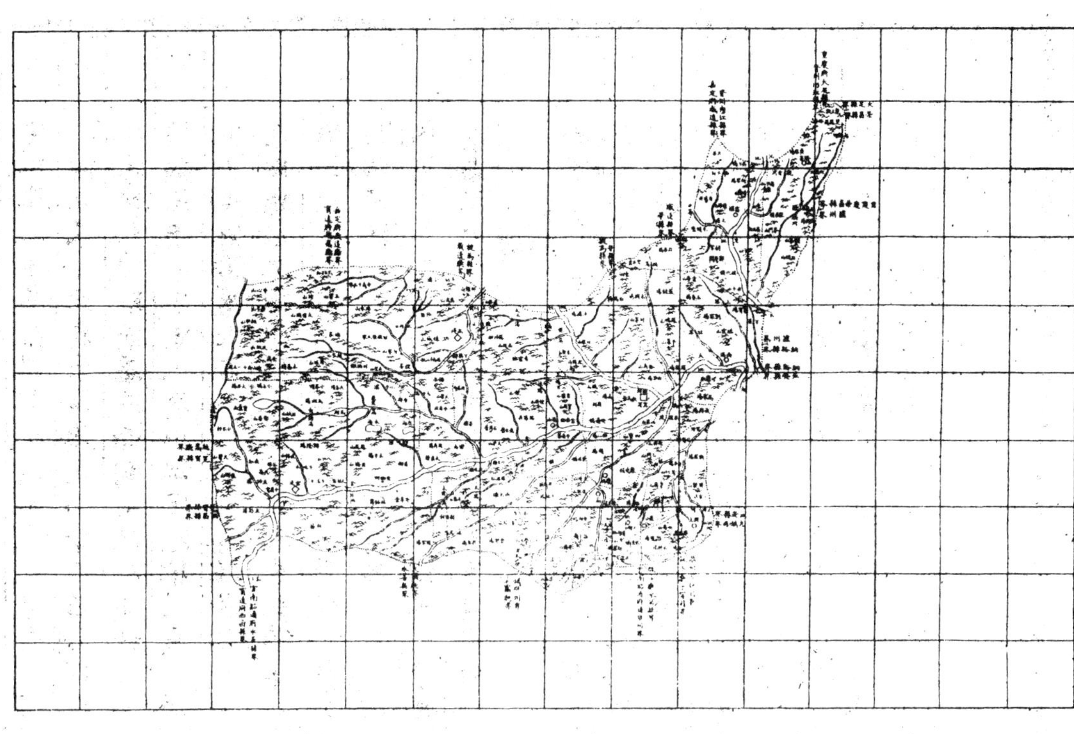

敘州府在省治南六百五十里。至
京師五千三百六十五里。領廳二縣十一。治宜賓。南
珙縣長甯東南興文。西南屏山慶符高縣筠連雷
波廳。東北南溪富順隆昌西北馬邊廳。岷江自嘉
定府犍為縣東南流入界。經府治西北右納大木
溪龍溪真溪水。左納三小水。經府治北又東南
會金沙江。江自雲南昭通府永善縣東北流入
界。經雷波廳西南東北流折西北。左納豆沙溪
及一小水。又折東流經廳治南。又東左納牛喫
水。經黃螂所南又東左納鄧溪。又經馬邊廳南

蠻夷司東南。馬湖水出雷波廳西北雷番山。合
黃鍾溪瀦為湖。又合芭蕉溪小干溪大干溪及
一小水東流折南注之。經屏山縣西南。大鹿溪
合一水東北流注之。又經泥溪司南。左納一小
水。右納三渡水。經縣治南。又東左納延溪二小
水。右納一小水。經府治西安邊鋪南。橫江上承
大文溪小文溪水東北流注之。經府治南又東
迤北與岷江會。遂為大江。又東北受宋江。江一
曰來復渡。自雲南昭通府鎮雄州北流入界。經
高縣南。左納二水。右納符黑水。又經高縣東北

定州溪上承羊落溝黑桃灣水東北來會經慶符縣北又東北為來復渡至南廣西注於江大江又東北流經南溪縣西南左納福溪桂溪水經縣治南折南流入瀘州江安縣界上溪下溪並出南溪縣東北亦入江安縣界注於江安甯河即綿水上源曰珙溪出珙縣西東北流經長甯縣北之安甯鎮南長甯興文二縣境小水合西北流注之又東北亦入江安縣界注於江清水河出馬邊廳西北涼山合廳西諸水東流經廳南折北又經沐川司西北流入嘉定府犍為縣界注岷江涼山東北三小水亦合流入犍為縣界注岷江沱江自資州内江縣南流入界經富順縣北西南流左納觀音河經縣治東又西南之溪河自嘉定府威遠縣來合西牛河胡家河東南流注之又東南隆橋河合石燕河西南流注之又東入瀘州界府東界瀘州西界甯遠府北及西北界嘉定府南界雲南昭通府東北界重慶府資州東南界敘永廳

重慶府圖

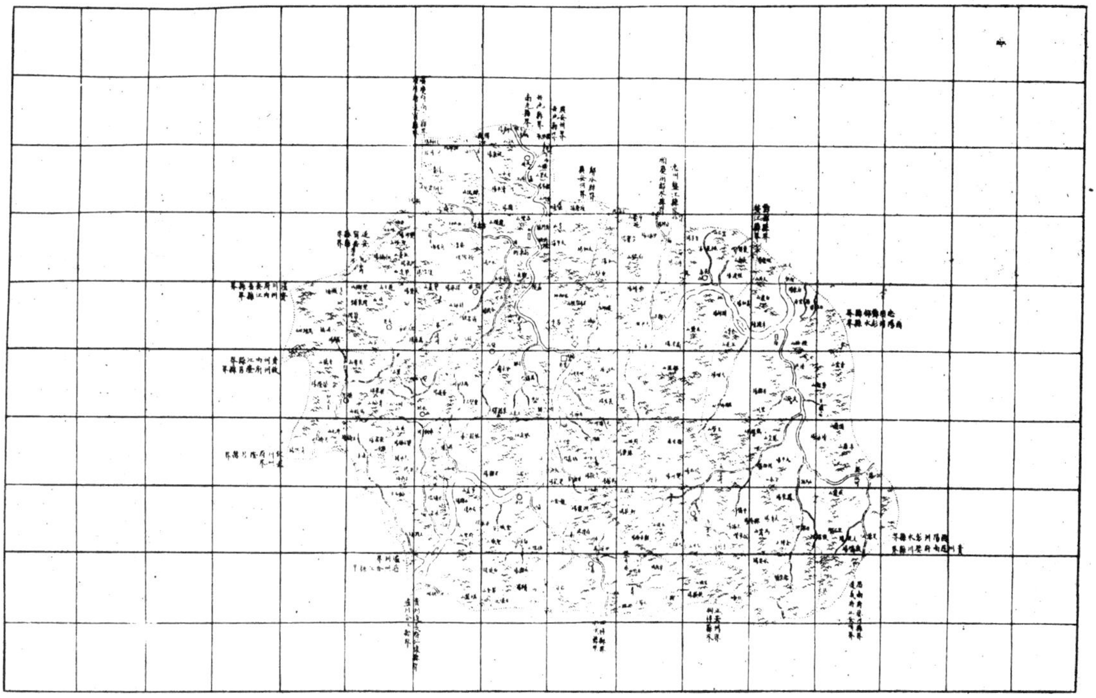

重慶府在省治東南九百里。至京師四千六百四十里。領廳一州二縣十一。治巴縣。西璧山東南南川綦江西南江津永川榮昌。北江北廳東北長壽涪州西北銅梁大足合州定遠。大江自瀘州合江縣東北流入界經江津縣西北。坪坦河自貴州遵義府仁懷縣西北流注之。大鹿溪自榮昌縣東南流注之。又東北洣溶溪即車對河二源合南流注之。右納對溪左納五洞溪北流折東游溪出璧山縣治北合馬坊河南流注之。又東南右納樂城溪經縣治北

又東受綦江。江上流為松坎河自貴州遵義府桐梓縣北流入界。經綦江縣南三溪河西流注之。又北經縣治東右納龍角溪沙溝溪。又西北左納清溪河右納一小水。又西孫溪河合綦盤山水東北流注之。為綦江河注大江。大江又東北經府治南右納甘蔗河魚洞溪毛溪河左納一小水。經明月峽折東北經府治東。嘉陵江合涪江渠河來會。嘉陵江自順慶府南充縣南流入界。經定遠縣北合其縣之西溪南流岳池水自其府岳池縣來合華石溪注之。經縣東又南

左納苦竹溪經合州東北渠河自順慶府廣安州來會又南涪江自潼川府遂甯縣東南流入界經銅梁縣西北魚海河亦自其縣來合灌子河白水河為關箭溪東流注之又東流至合州治西立石河出永川縣西北山合雙石河宴渡河東北流注之又東經州治東南來會嘉陵江又東南流經府治西北右納虎耳河萬壽河經府治北江北廳南與大江會大江東北流左右各納一小水又經長壽縣西南梅溪河上游曰芭蕉河即鄰水自順慶府鄰水縣來寶石河自忠州墊江縣來合南流注之又東北流經縣治南桃花溪龍溪河並自忠州墊江縣來南流注之又東南經涪州西梨河俗作離鄉河東北流注之又東經州治東北受黔江江即涪陵江自酉陽州彭水縣西流入界經涪州東南江口鎮北為黔江芙蓉江自貴州思南府婺川縣來合大花溪北流注之又西折北經白馬鎮北石梁河合都家壩水後溪河北流注之又北大溪河出南川縣南大山合流全水石牛河坪壩河東北流來會又北右納百灘溪左納一小水又北流為涪陵江注大江大江又折北流經南沱西北入忠州酆都縣界羅雲溪白水溪並在州東北出界注之化龍溪出大足縣東經縣治南合西北來一水西南流為瀨波溪又經榮昌縣北合北來一水為思濟河又西南入瀘州界為沱水河府東界酉陽州西界敘州府南界貴州遵義府北界順慶府東北界忠州西北界潼川府西南界瀘州東南界貴州思南府

夔州府圖

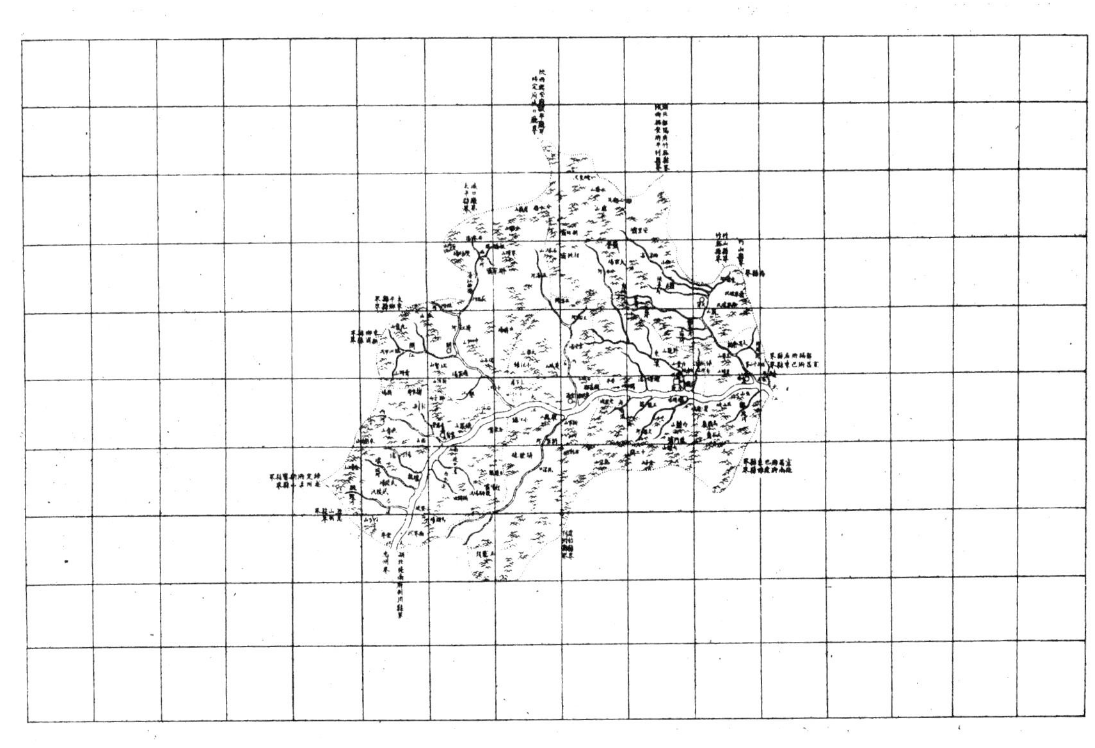

夔州府在省治東一千七百五十里。至京師三千七百九十里。領縣六。治奉節。東巫山。西雲陽。西南萬縣。東北大甯。西北開縣。大江自忠州東北流入界。經萬縣南。西界沱西。左納合溪壤渡溪楊溪河。右納白水溪渡口溪。經縣治東南。西河即苎溪合彭溪東南流注之。又東北經鐵鳳山南。至小江口受小江。江二源。一出開縣東北山曰板橋溪。合謝家壩水為燕子河。又合石家溪西南流。北源自綏定府太平縣東流來會。又東南右納跳蹬河。又經縣治東南開江合二水自西來會。又東南左納墊江水曰小江。亦曰清水江。又東南注大江。大江又東流經雲陽縣治南。新軍河二源合東北流注之。又東。西瀼河上源為五溪河。合土石河南流注之。又東經關刀峽。右納老馬溪五龍溪。左納頭塘溪水。經府治南為瞿唐峽。峽之上曰灩澦堆。東瀼河出大甯縣西北分水嶺。左右各納一小水。東南流注之。又東經白帝城南。鐵柱溪南流注之。大溪河二水合西北流注之。又東經巫山縣治南。受大甯河。河自湖北竹山縣西南流入界。經大甯縣東北。曰東溪河。右納西溪河後溪河及一水。經縣治東。又南。白楊河合水浪河小溪河東南流注之。龍溪河上田河並東流注之。又東南經大昌廢縣南。楊溪河合北來北水。西南流注之。又東經巫山十二峯南。曰巫峽。觀渡河東北流注之。邊魚溪南流注之。又東南入湖北宜昌府巴東縣界。巫山在巫山縣東。府東界湖北宜昌府。西及西北界綏定府。北界陝西興安府。南及東南界湖北施南府。西南界忠州。東北界湖北鄖陽府。

欽定大清會典圖卷二百三十

輿地九十二

綏定府圖

龍安府圖

潼川府圖

綏定府圖

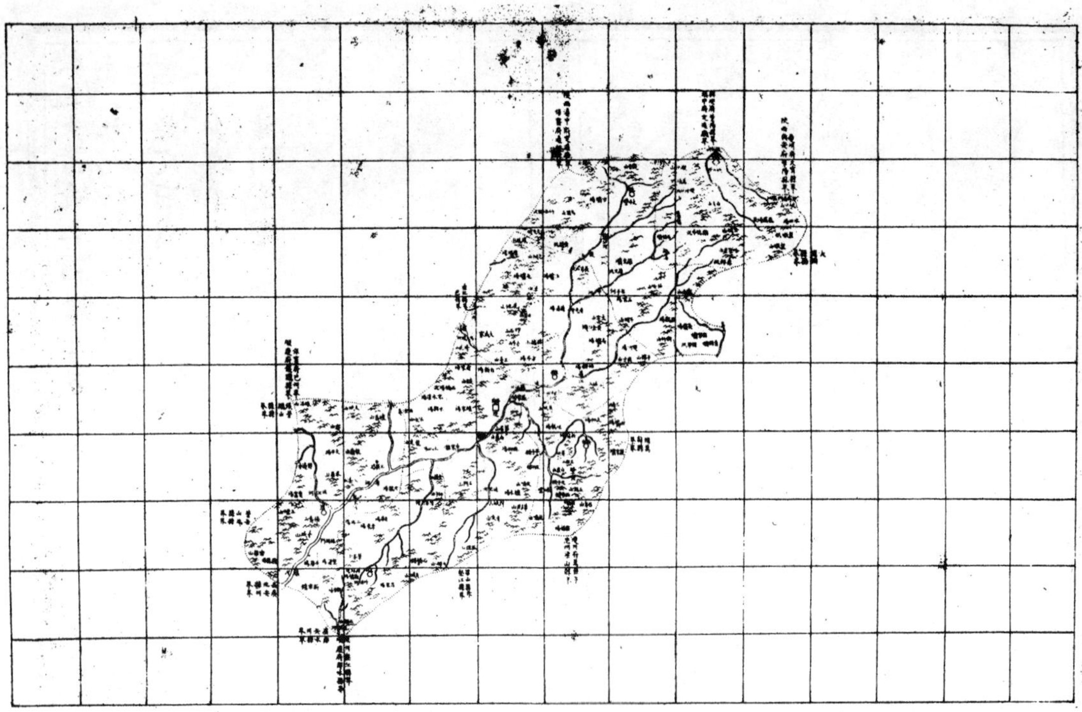

綏定府在省治東一千二百里。至
京師四千六百七十里。領廳一縣六。治達縣。東南
新甯東北東鄉太平城口廳西南大竹渠縣。渠
河三源。曰後江曰中江曰前江。後江二源。一出
太平縣北大横山。二水合東南流經縣西南。一
曰白沙河。出縣北華嶽頂之萬頃池。二水合西
南流來會。為後江。又西南經東鄉縣北普光寺
西。中江出城口廳西白支山。合石塘溪廠溪西
南流來會。又南經東鄉縣治東。前江出城口廳
金城山。二源合西南流來會。折西流經縣治南
為通川江。又經府治東張家埠北。折南流受蹬
子河。河出新甯縣東南。西北流經天子殿北。左
納自任市鋪北流一小水。西北流經縣西。新甯
河合二水北流。折西南來會。又西北流經風洞
鋪東北。左納二小水。北流折西注渠河。渠河一
名東關水。又西南通巴河。二源。一出月口山。一
出狐狸山。合東北流注之。又西南清溪河出大
竹縣東南月城山。合竹溪河及二小水東北流
注之。又西南經渠縣東北。巴江自巴州南流經
營鹽場東來會。又西南左納白水河。又西南流

江河自順慶府營山縣來，合其縣之蘭溪河，東南流注之。又西南入順慶府廣安州界，大竹河出城口廳東南篁墩山，西北流經廳治西北，右合一水北流入陝西興安府紫陽縣界，合渚河、小江。北源出太平縣東觀面山，東南流入夔州府開縣界。芭蕉河上源出大竹縣西南，合二小水南流入順慶府鄰水縣界。府東及東南界夔州府，西及西南界順慶府，南界忠州，北及西北界保寧府，東北界陝西漢中府、興安府。

龍安府圖

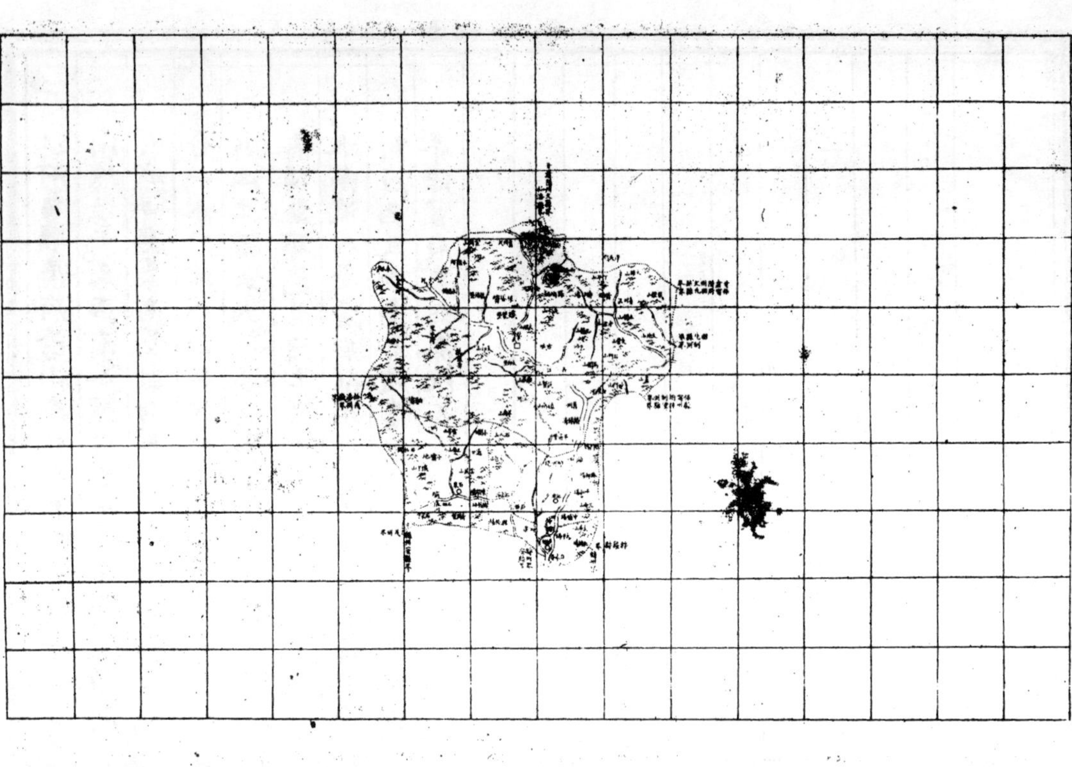

龍安府在省治北六百五十里。至京師四千八百七十里。領縣四。治平武。東南江油。彰明。西南石泉。涪江上流為小河自松潘廳東南流入界。經府治西北。右納木瓜河黑水河乾坡溝河。左納水進河仙女山水。東南流至府治西北白馬河二源一自松潘廳來一出摩天嶺合西南流注之。又東南經府治南。又東南左納一水始名曰涪江。又東南經舊州東左納白支河。又折西南經煸鐵溝。東至江油縣治東南中壩分流復合。又南分流環彰明縣治而南。小江河即青犄江一名平通河。二源出府治南藥叢山及大印堡東南經江油縣西北合一小水來注之。又南復合入緜州界。石板河即石窑水。二源。一出茂州界沈公嶺。合壩底水東流入界。經石泉縣治西南。一出呷竹番合縣北小水東南流來會。又東都壩河合二水南流注之。折南流入緜州安縣界注涪江。東河出彰明縣東南亦入緜州界注涪江。青川溪在府治東北合南來一小水東流。又一水自青川所來會。又東南入保甯府劍州界納左右二小水為黃沙江。游溪

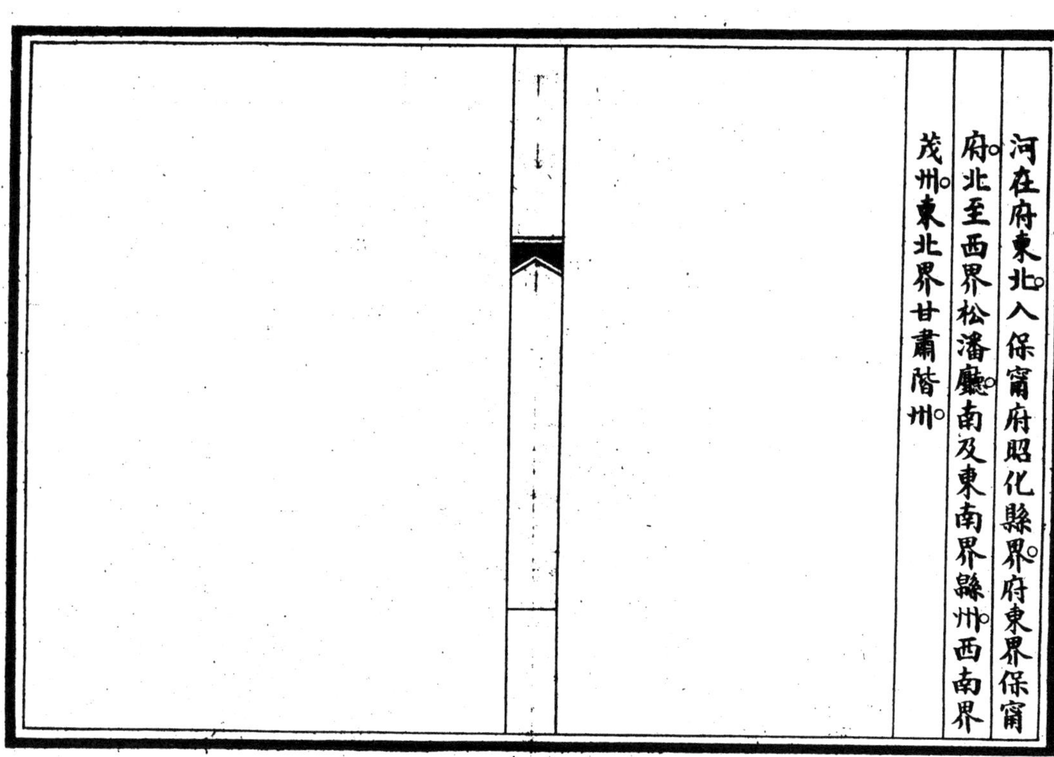
河在府東北。入保甯府昭化縣界。府東界保甯府。北至西界松潘廳。南及東南界緜州。西南界茂州。東北界甘肅階州。

潼川府圖

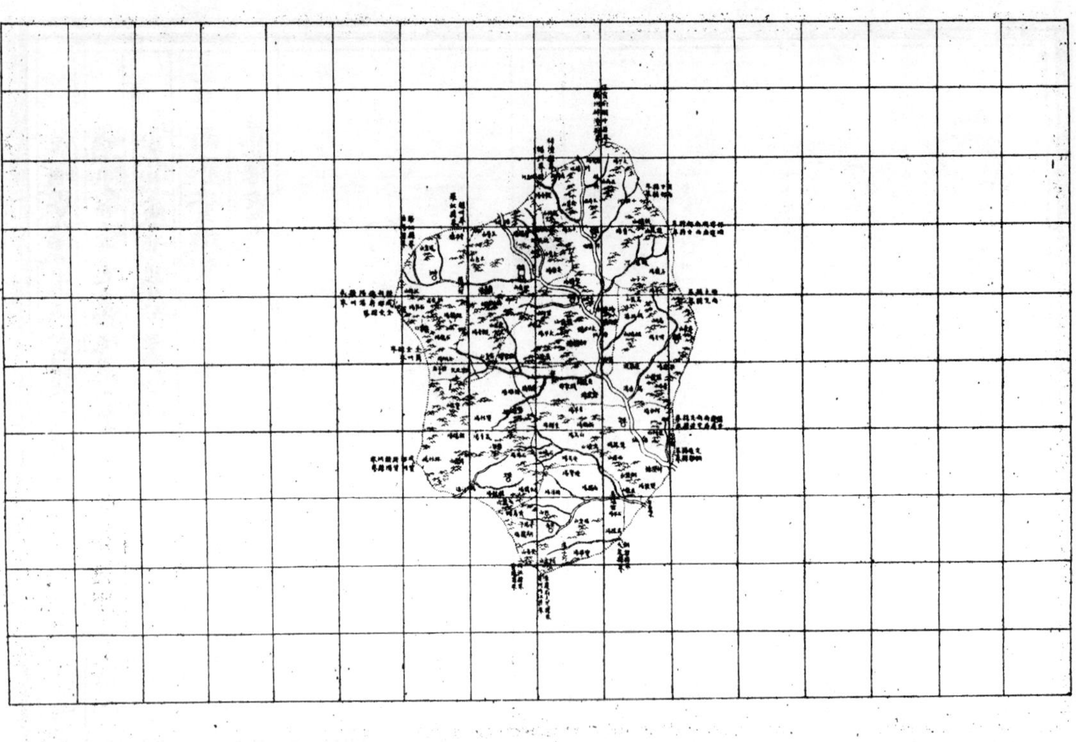

潼川府在省治東北三百二十里至
京師四千五百七十里領縣八治三臺西中江南樂至東南射洪蓬溪遂甯安岳東北鹽亭涪江自綿州東南流入界經府治北東南流經治東南中江水自綿州羅江縣來經中江縣西南流折東合二小水為羅江河來注之又折東流桃花河二源合南流注之又東南經射洪縣治北折南右納唐橋溪水又東南受梓潼水水自綿州梓潼縣南流入界經鹽亭縣北左納鵝溪南流經縣西北石牛河亦自其縣來合魏城驛水東南流注之又經縣西南左納小沙河經射洪縣東瑰溪河三源合東南流注之又西南入涪江涪江又東南經太和鎮東南流左納楊桃溪又經清隄渡南流鄭江三源一出潼川縣南一出中江縣東南一出樂至縣北合東流又合埸邊河注之又東南左納馬桑溪又東南經遂甯縣治東至梓潼鎮左納兜溪又東南入重慶府銅梁縣界安居場水出樂至縣東三源合東北流經安居場北折東南魚海河出安岳縣西三源合東北流左納一水來注之又東南入重慶

府。銅梁縣界。濰子河出安岳縣南。東流亦入銅
梁縣界。楊花溪在樂至縣西。二源合西南流入
資州資陽縣界。府東界順慶府。北至西界綿州。
南界資州。東南界重慶府。西南界成都府。東北
界保寧府。

欽定大清會典圖卷二百三十一

輿地九十三

嘉定府圖

雅州府圖

嘉定府圖

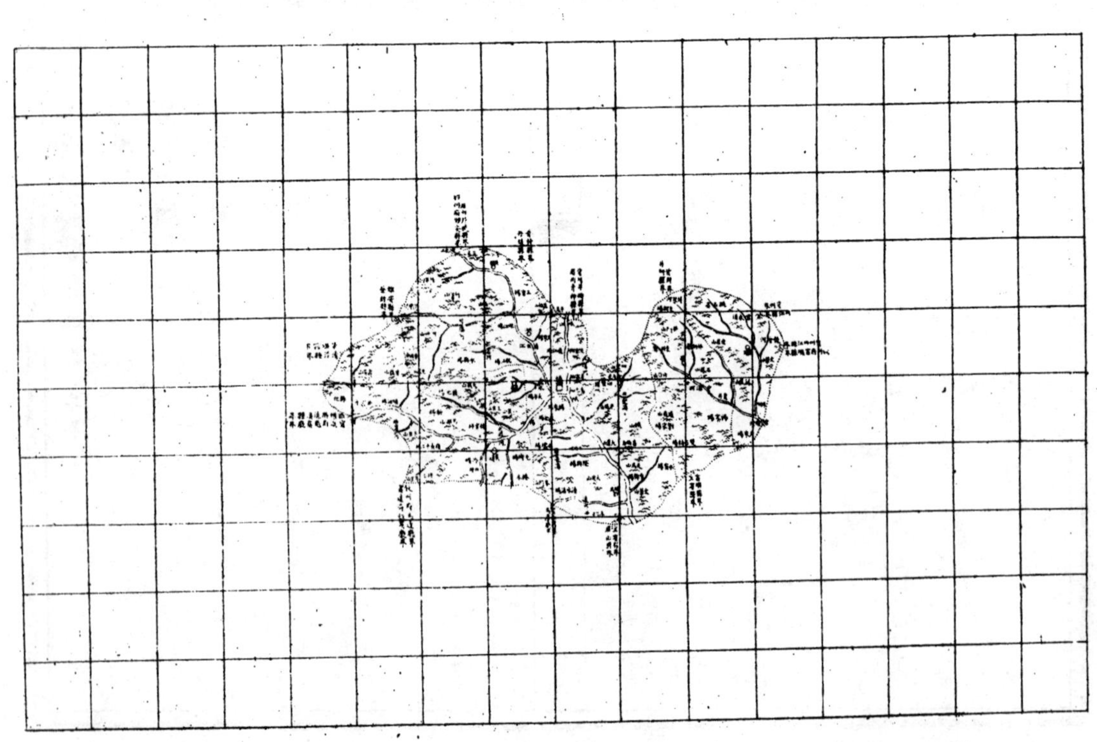

嘉定府在省治南三百九十里至
京師五千一百五十里領廳一縣七治樂山西峩眉東南犍為西南峩邊廳東北榮縣威遠西北夾江洪雅岷江自眉州青神縣南流入界經府治北南流泥溪河自資州井研縣來西南流注之經府治東又南受大渡河河即涐水自甯遠府越巂廳東流入界經峩邊廳西北金石河自雅州府青溪縣來合一水東南流注之經順江場南左納一小水又東南越巂河亦自越巂廳來東北流注之右納一小水東北流經廳治西北一水自馬邊廳來北流注之經廳北又東左右各納一小水至府治西南曰陽江青衣江自雅州府雅安縣來東南流合川溪河粗石河三峩水及一小水來會又東注岷江岷江又東南經犍為縣西北四望溪西南流注之右納羅菜溪及一小水經縣東北左納一小水又南清水溪自馬邊廳來東流注之又東南入敘州府宜賓縣界榮河出榮縣西北為東川溝東南流經縣治南梧桐溝水自縣治東北來會曰中溪河又東經貢井南傅家河自威遠縣北東南流合跳

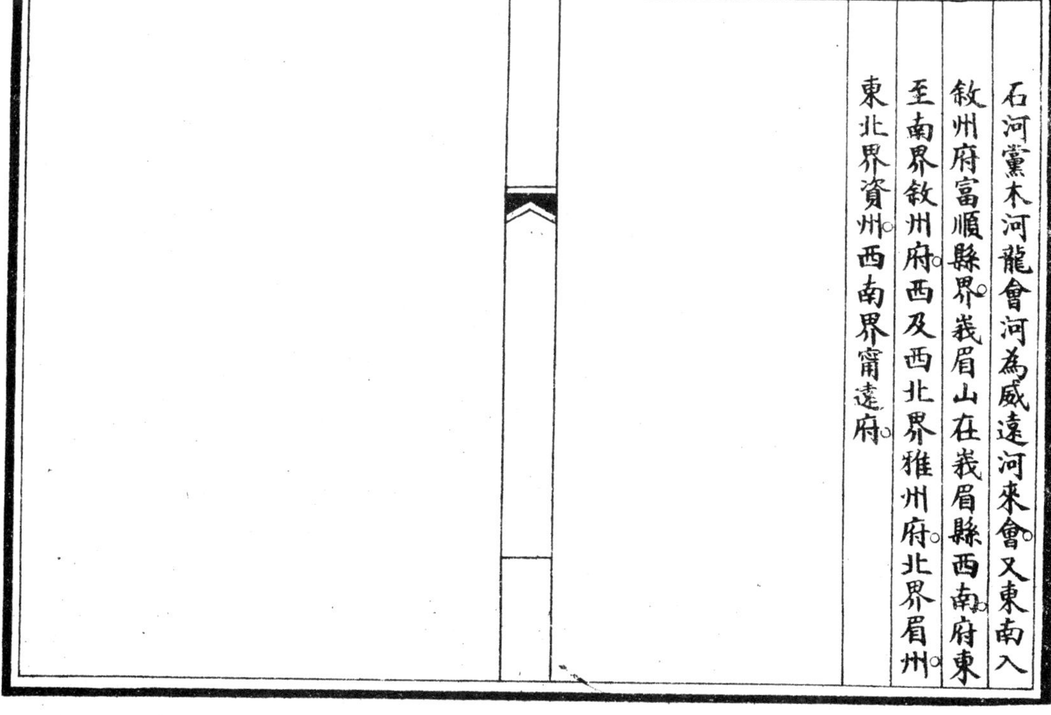
石河藁木河龍會河為威遠河來會又東南入敘州府富順縣界峩眉山在峩眉縣西南府東至南界敘州府西及西北界雅州府北界眉州東北界資州西南界甯遠府

雅州府圖一

中

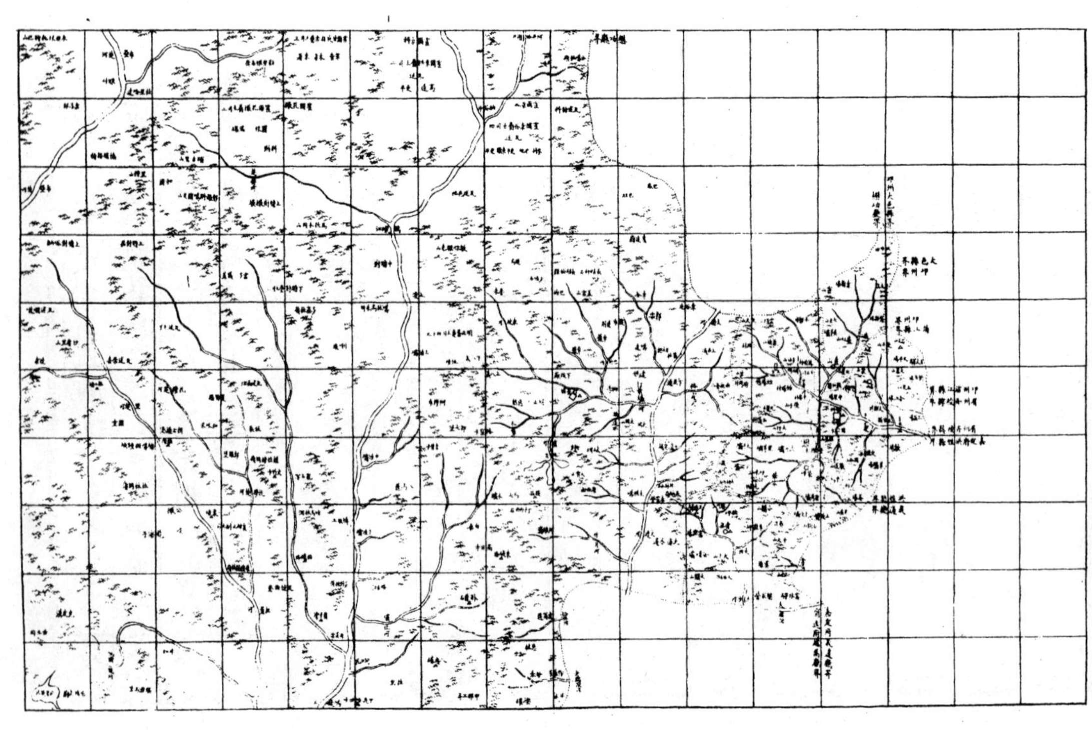

雅州府圖二

中右一

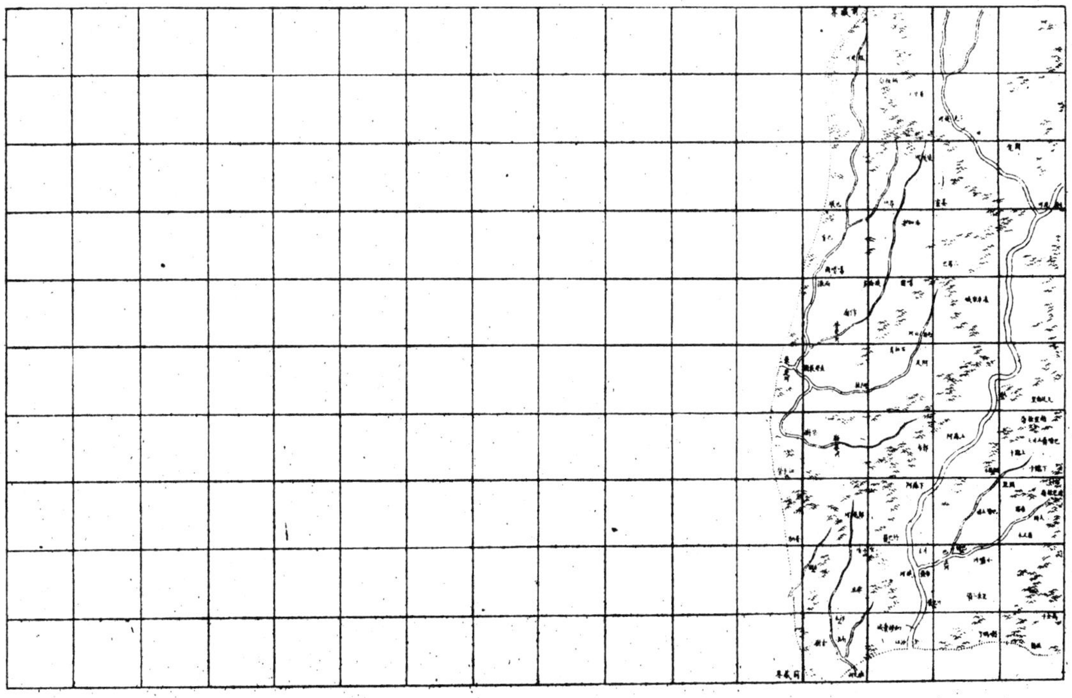

雅州府圖三

北一
中

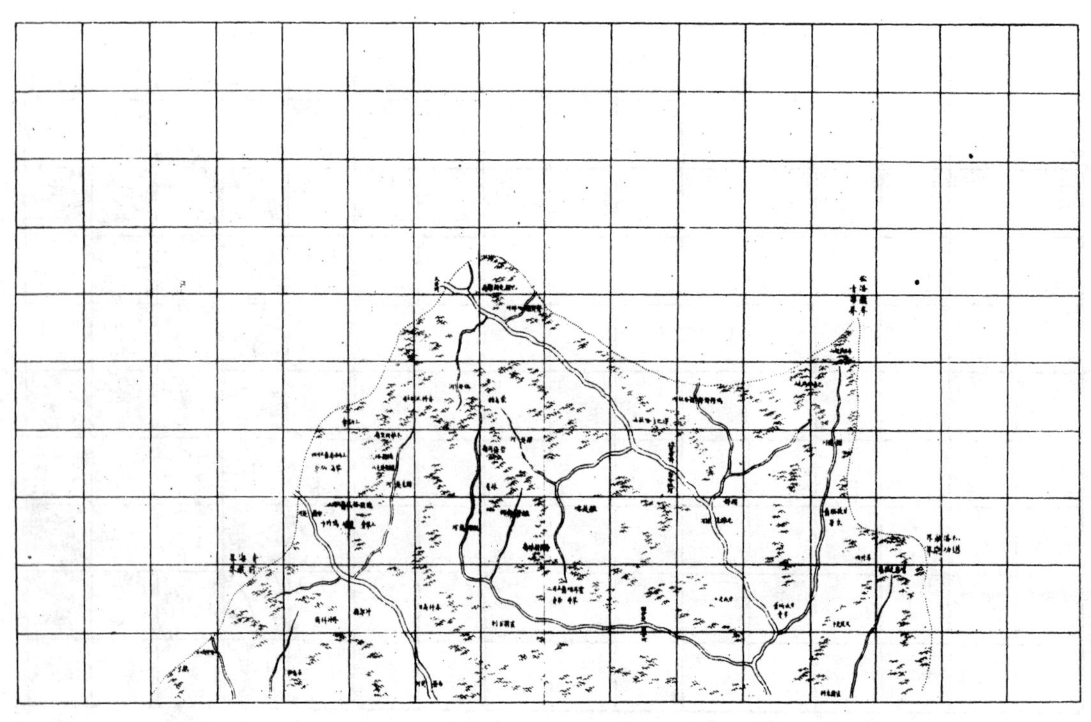

雅州府圖四

南一
中

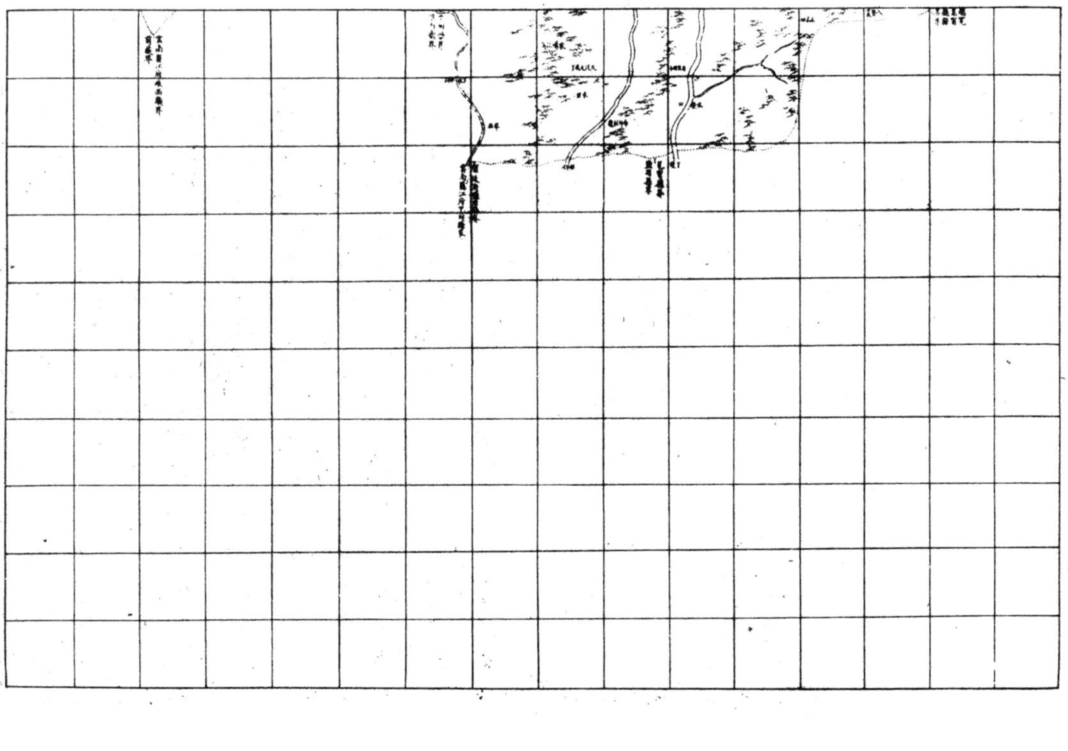

雅州府在省治西南三百三十里。至京師五千四十五里。領廳一州一縣五。治雅安。北蘆山。西打箭爐廳。東北名山。西北天全州。西南滎經。清溪。青衣江上源二。即沫水。西源出懋功廳南。四水會流入界。經天全州北木坪司西。東南流經蘆山縣南。與東源會。東源出蘆山縣東北伏牛山西。三水合西南流。經縣東南。會西源西南流。魚喜河上承天全州西北諸山水東南流來會。又東南會滎經水。滎水出黎州土司北東北流。三小水合北流注之。二小水合東流注之。經縣北。又東。經水出縣南瓦屋山。合一水西北流來會。又北經府治西。三小水自天全州南合東流注之。又北與沫水會。沫水又東南經府治北。又東南。周公水出周公山南。三源合東北流注之。又南。白崖山水南流注之。經平羌渡。又東南。夾佳溪二水合北流注之。蒙山水自名山縣東北二水合東南流注之。又南流為青衣江。入嘉定府洪雅縣界。大渡河上流為大金川河。自懋功廳西南流入界。經章谷屯東。西南流。始名大渡河。又西南。二小水合東南流注之。格霍河二源合西流注之。又南。受打箭爐河。河出廳南大雪山三池泉。東北流經廳南。木雅河二源合東流來會。又東北。東坡河二源合東南流來會。又東北經柳楊南。巴的河左右各合一小水南流注之。又東。左納頭道河。注大渡河。大渡河又南流經瀘定橋。左右各納一小水。又經化林坪西。左納二小水。右納一小水。又南。什月河二源合東南流注之。又南。錯入甯遠府越嶲廳界。松林河老鴉漩河並在打箭爐廳南。東流出界注之。復東流經清溪縣南。流沙河上源二。一自飛越嶺南。合二小水。一自黎州土司南。合一小水。並經清溪縣西。合東流經縣南。左納一水來注之。又東入嘉定府峩邊廳界。金口河二源出清溪縣東。合東流亦入峩邊廳界注之。鴉礲江即古若水。一名瀘水。自青海東南流入界。曰雜楚河。一曰仄楚河。又東南流。一小水西南流注之。折東南流。瑪母河東北流注之。齊齊爾哈那河出巴顏禿胡穆嶺東西南流注之。又東南經澤巴彥哈拉山南。雜楚河經特悶胡珠嶺北。合一水東北流注之。又東南為雜楚齊齊爾哈拉河合一水西南流注之又東南為尼雅克措河經甘孜渡口東謝楚河出牟尼茫起山南流注之又西南鄂伊楚爾古河上承托母楚河雜母都河水東南流注之又東南阿牙哈圖河出噶察克拉嶺南合公噶拉嶺水西南流注之又西南楚穆河東南流注之是為鴉礱江又南流經噶拉烏朱所東上渡西及上中下渣壩西左納四小水又南壩拉河出打箭爐廳西南境大山合數水西南流注之又南流一水自瞻對南二源合南流注之左納一小水經中渡西又西南一小水二源合西南流注之又南至下渡入甯遠府冕甯縣界無量河上源曰札穆楚河出打箭爐廳西裏塘界二水合南流里楚河自西北山來注之又南瑪爾楚河東南流注之又南入甯遠府鹽源縣界與多克楚河會河自沙魯楚泊南流經彥定袞城西又南亦入鹽源縣界布壘楚河為金沙江上源即古麗水自青海東南流入界經打箭爐廳西北又東南流經沖郭廟北左納朗楚河右納一小水又東南一水自勒里雅布嶺西南流注之又西南經里穆山西多克楚河出宗噶布山合一水曲東南流注之又曲折西南流經瓦述咽嚨界西袞卓宗城上下阿蘇東一水自巴塘土司所屬境裕里拉嶺南經巴塘城西南合一水為巴楚河東南流注之又南入雲南麗江府界郭楚河在廳西南經南墩合一水為總丈河亦入麗江府界楚楚河出打箭爐廳西北山西南流猛楚河南流注之勒楚河合色爾恭河西北流注之又西入西藏界注匝楚河蒙山在名山縣北府東界眉州西界西藏南及東南界嘉定府北界懋功廳東北界邛州西北界青海西南界甯遠府

欽定大清會典圖卷二百三十二

輿地九十四

敍永廳圖

石砫廳圖

松潘廳圖

理番廳圖

懋功廳圖

敍永廳圖

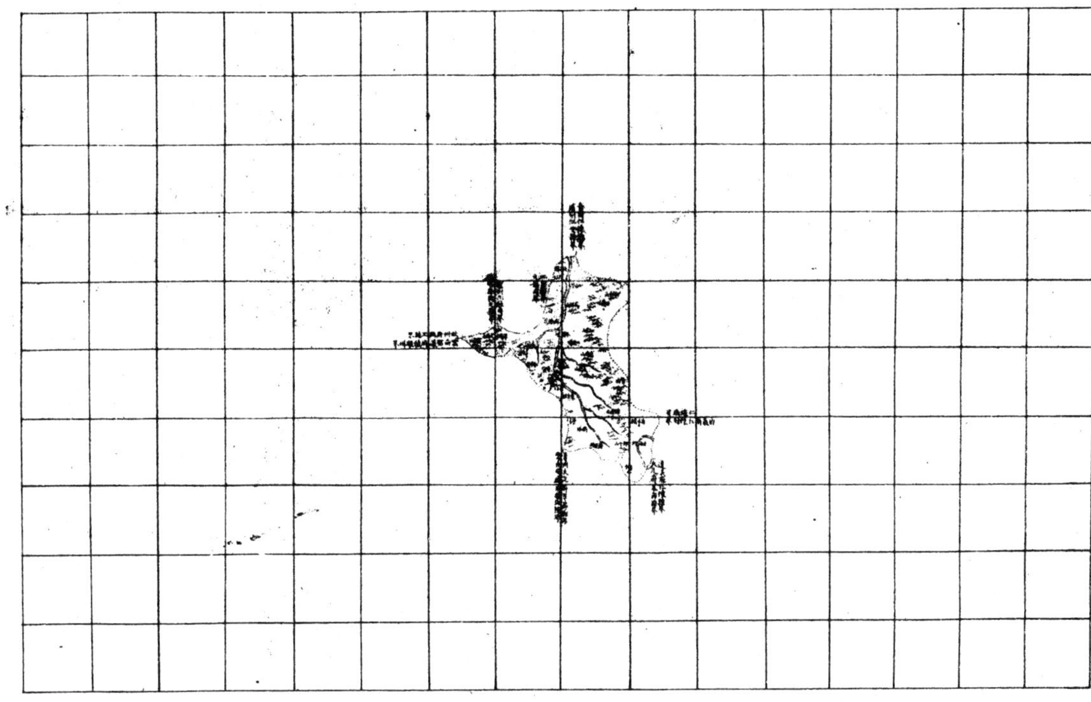

敘永廳在省治東九百九十里。至
京師五千七百五里。領縣一。西城永甯。清水河出
廳東南摩尼站東。合一小水西北流。道場溪出
永甯縣西南雪山。合唐家灣水來會。為永甯河。
又經廳治西而北。右納二小水。又北經興隆場
東。落巖河出分水嶺。經大壩營。東合二水東北
流來會。又北入瀘州江安縣界。為清水河。赤水
河自貴州大定府畢節縣西北流入界。經廳東
南赤水鎮。又折東南流入貴州遵義府仁懷縣
界。廳東及東北界貴州遵義府。西至南界雲南
昭通府。東南界貴州大定府。西北界敘州府。

石砫廳圖

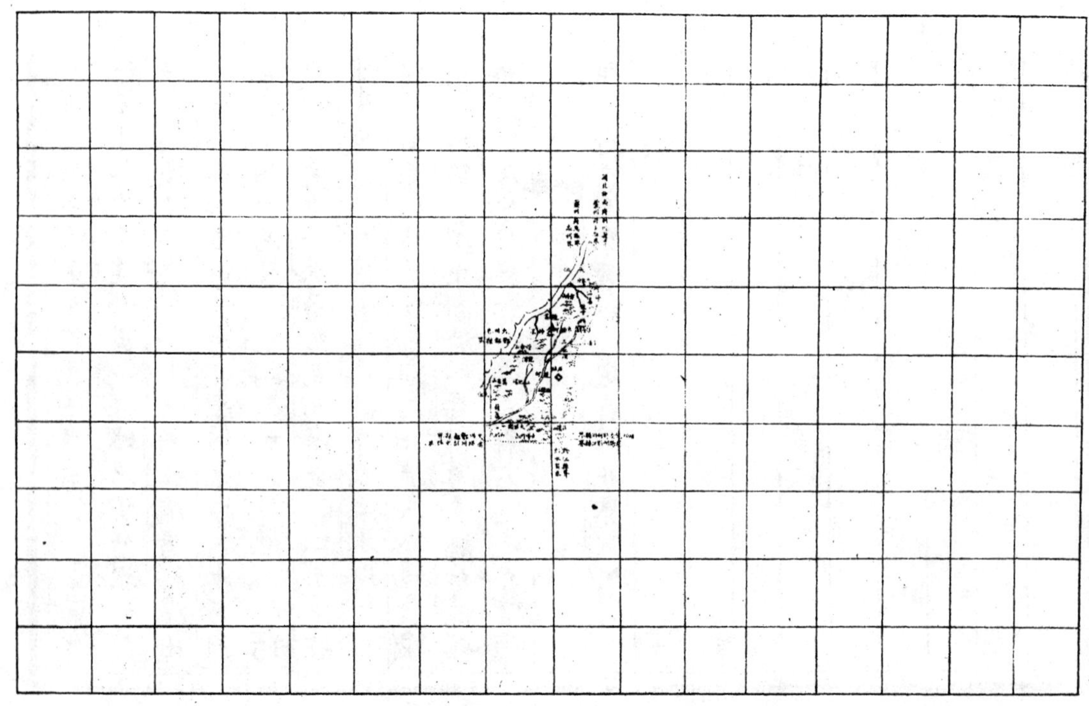

石砫廳在省治東一千六百四十里。至京師四千八百里。大江自忠州酆都縣緣界東北流。石納神溪鍾溪沿溪。又東北入夔州府萬縣界。葫蘆溪一曰南賓河。上源二並自湖北施南府利川縣入界。北源曰龍嘴溪。二水合西南流。南源曰冷青溪。亦二水合西南流。經沙子關合流爲三江溪。又折西南流曰後河。經廳治北漆園水一名大鳳溪南流注之。又西南江池溪出廳北龍潭南流注之。又西南爲葫蘆溪。折西北入忠州酆都縣界注於江。廳東及東南界湖北施南府。西界忠州。北及西北界夔州府。南及西南界酉陽州。

松潘廳圖

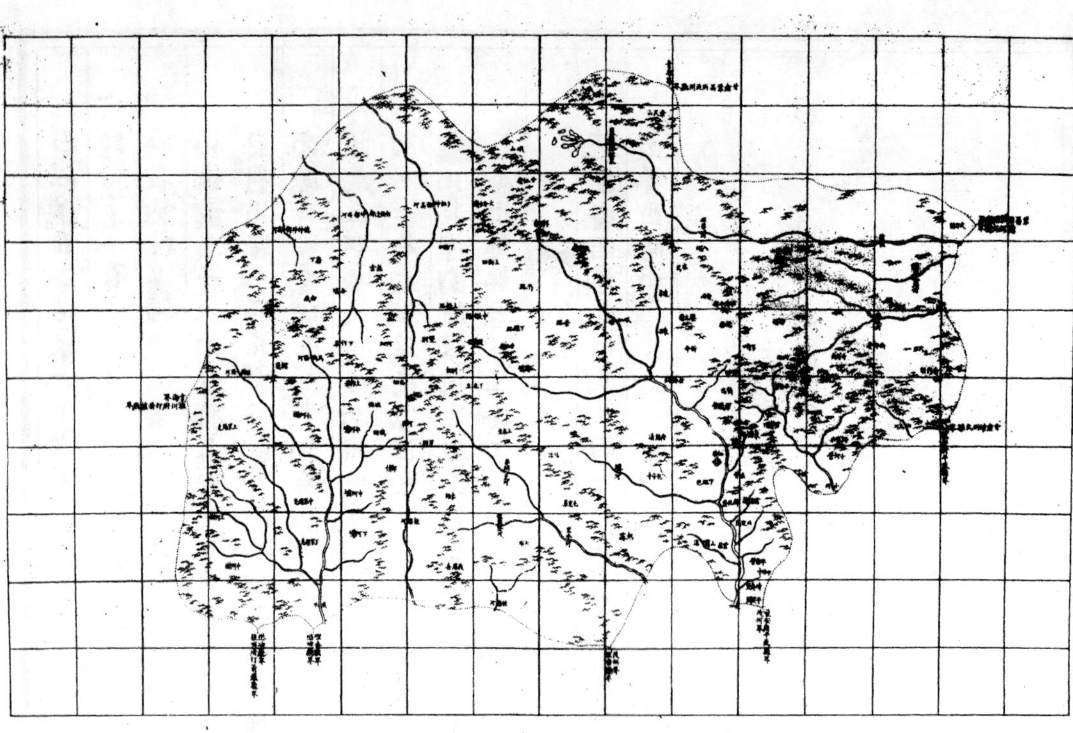

松潘廳在省治北七百二十里。至
京師五千四百三十五里。岷江即汶江。出廳西北岷山之羊膊嶺。二源合南流。一水自殺鹿塘來注之。經黃勝關又南。一水自廳東北弓槓口來注之。經廳治東又南。左納東勝河。右納窩河。又南經歸化堡西。左納雲昌溝及三小水。右納山壩溪。又南經靖夷堡及平定關西入茂州界。黑水河二源並出廳西北。曰楚納克河。南曰雅爾隆河。經毛兒革土司西南。合東南流為黑水河入茂州界。多拉崑都崙河。都爾達都坤都崙河。德特坤都崙河並出廳西北。西北流出廳界入黃河。涐水二源出廳西北。北曰馬爾隆河。南曰雅爾隆河。經小阿樹土司南合南流。二小水合西南流注之。又南。左納二水。又南。一水自上果羅克合三小水經下果羅克西東南流注之。又南入理番廳界。為大金川河。清江一曰白水江。即古桓水。亦曰墊江。出廳北岷山數源。曰裴雜塔拉泉。經章仄山南。東南流曰祥楚河。又東北流經武都關南曰清江。又東流入甘肅階州界。察岡公湯河出廳東北境。亦入階州界。白水河

出廳東北境。二源合東南流入階州文縣界。涪江出廳東北雪欄山。三水會於三舍堡東南流。一水自羊崗口東北來注之。又南經小河營西曰小河。入龍安府平武縣界。白馬河出廳東下羊崗南。亦入平武縣界。梭磨河二源並出廳西南。入理番廳界。岷山甘松嶺並在廳東北。廳東及東南界龍安府。西界雅州府。北界甘肅鞏昌府。南界茂州。西南界理番懋功二廳。東北界甘肅階州。西北界青海。

理番廳圖

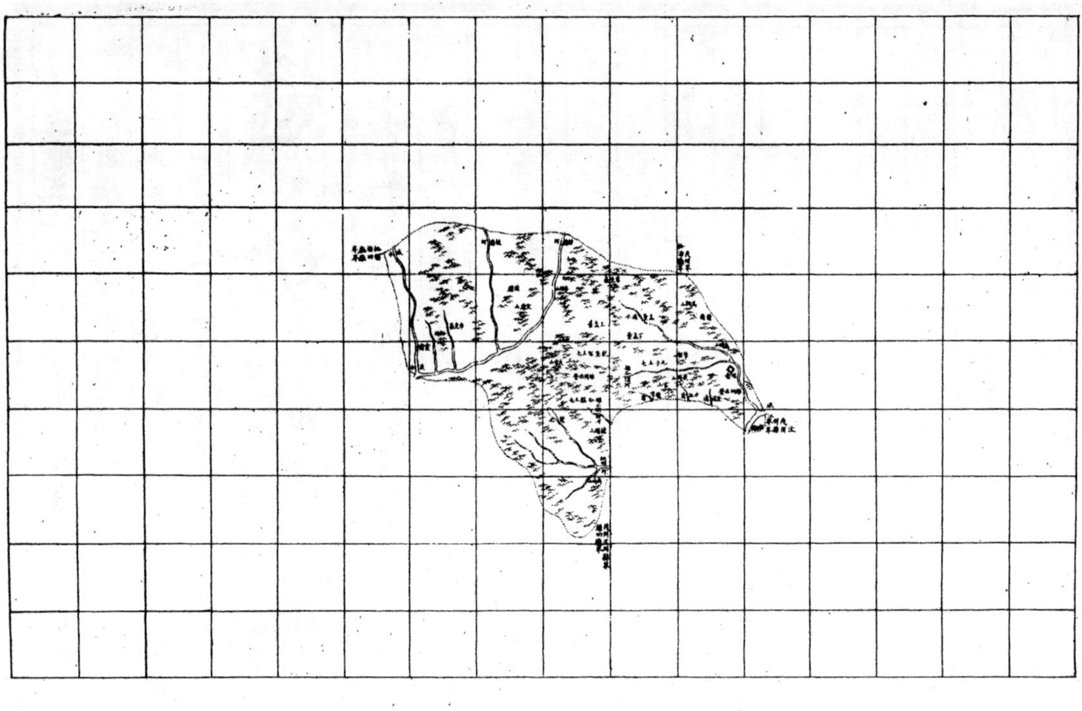

理番廳在省治西北五百三十里。至
京師五千二百四十五里。岷江自茂州西南流入界。經廳東南新保關西。雜谷鬧河即沱江上源。出廳西北山東流經廳北。折南合孟董溝水。又南注之。又西南流入茂州汶川縣界。登溪溝沙派溝龍潭溝小納凹河並出廳西南大雪山入汶川縣界。納凹河出廳西雜谷腦土屯南龍池合三小水東南流入汶川縣界注岷江。淢水自松潘廳南流入界。經廳西。梭磨河二源並自松潘廳來合西流右納松岡黨壩二水注之。又南

入懋功廳界為大金川河。廳北至南界茂州。西及西南界懋功廳。西北界松潘廳。

懋功廳圖

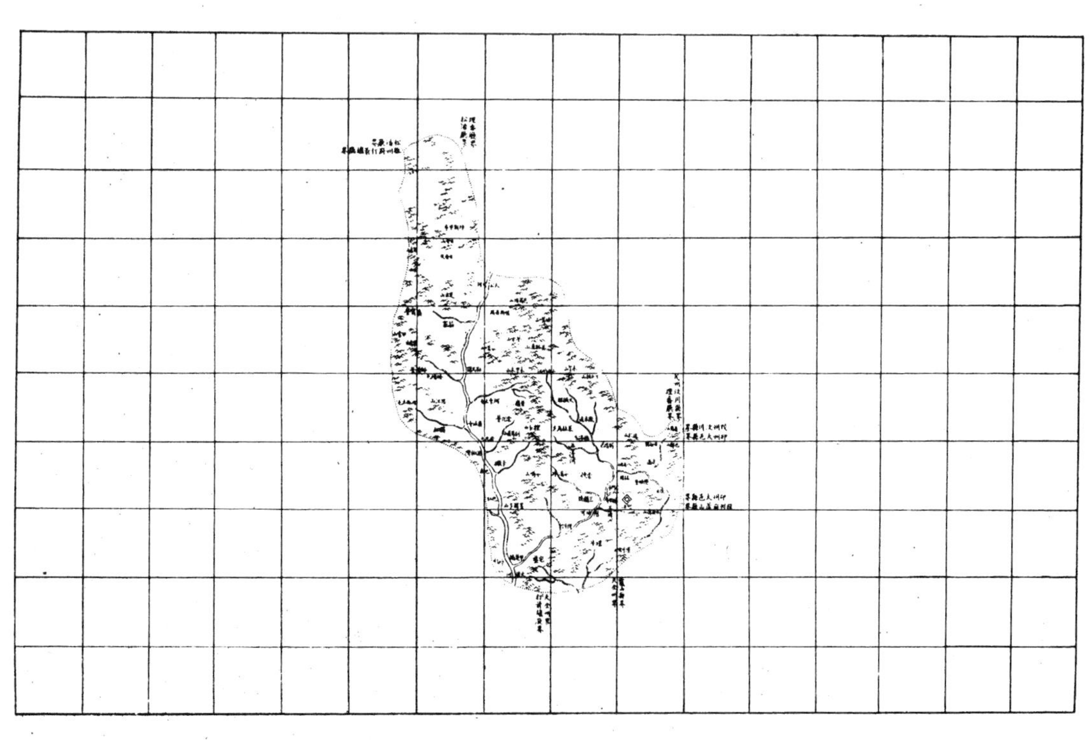

懋功廳在省治西八百六十里至京師五千七百里。小金川河出廳北孟拜山亦曰夢筆山。東南流經大板昭南。一小水自北來注之。又南流經底木達南。一小水自北來注之。又經撫邊屯北。撫邊河自西來注之。又經猛固寨北。一水自廳南來合一小水西北流注之。折西南流。石門卡水西流注之。小溪河東南流注之。又西南經三關橋。左納美濟河為懋功河。又經僧克宗南。右納一小水。又南經甲楚橋為甲楚河。至章谷屯東與大金川河會。大金川河上源為濊水。即古沫水。自松潘廳南流入界。為大金川河。東南流經茹寨東。一小水自廣甯營來注之。又東南經綏靖屯東。一水自綏靖營來注之。又東南經河東土屯西。三小水合西南流注之。又折東南流經廣法寺西。一水自河西土屯來注之。又經崇化屯西。左納二水。又東南。一水自巴旺來注之。又經章谷屯東會小金川河。又西南入雅州府打箭爐廳界為大渡河。廳南一水自漢牛土屯西南流。又一水自宅壠土司東南流來會。入雅州府天全州界。廳東界邛州西至南界雅州府。北界理番廳。東北界茂州。西北界松潘廳。

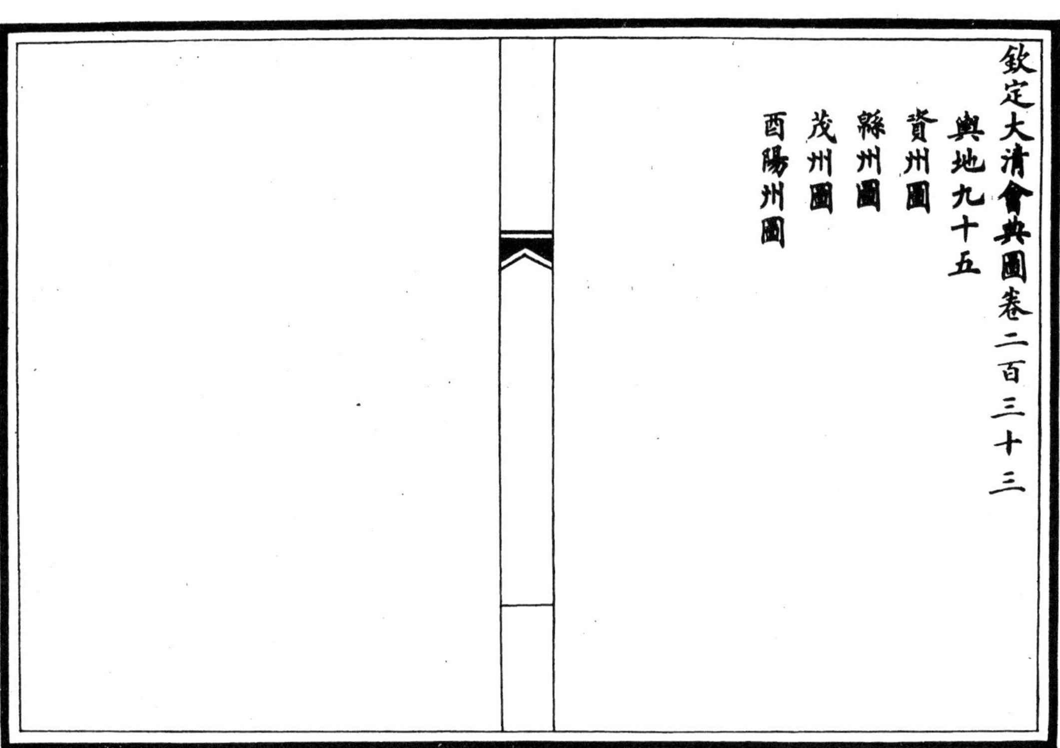

欽定大清會典圖卷二百三十三

輿地九十五

資州圖

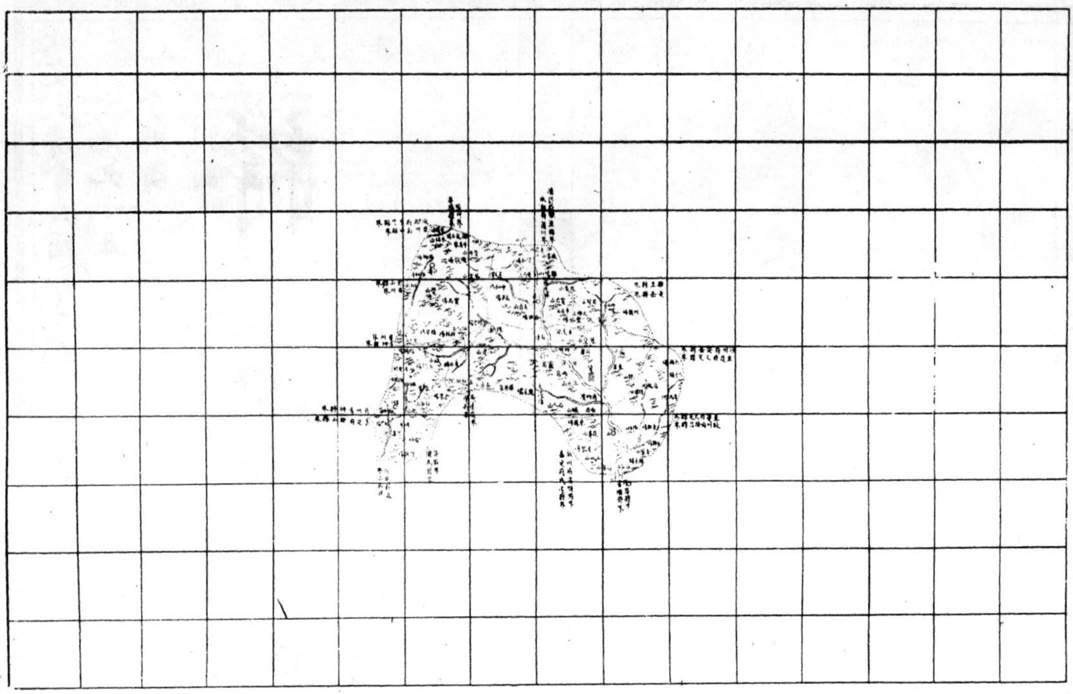

資州在省治東南三百四十里。至
京師五千五十五里。領縣四。東南內江。西南井研。
西北資陽仁壽。沱江自成都府簡州東南流入
界。經資陽縣北。楊花溪自潼川府樂至縣來西
流注之。經縣東又南。資溪二源合東南流注之。
又曲折東南流經州西北。珠溪出仁壽縣東南
流合龍水及一小水注之。又東南經州治南唐
明渡北。小溪合二小水南流注之。大濛溪東流
注之。又曲折東南流經內江縣治東而南。高橋
河合清流河西南流注之。又南入敘州府富順
縣界。黃龍溪自簡州西南流入界。經仁壽縣西
北。西南流入眉州彭山縣界。魚蛇水出仁壽縣
北木梓山。西南流入眉州界。泥溪河上承井研
縣東北芙蓉溪麻坪水及縣西北張公溪水。西
南流入嘉定府樂山縣界。周家坡水亦在縣西
入眉州青神縣界。州東界重慶府。西及西北界
眉州。南及東南界敘州府。北及東北界潼川府。
西北界成都府。西南界嘉定府。

綿州圖

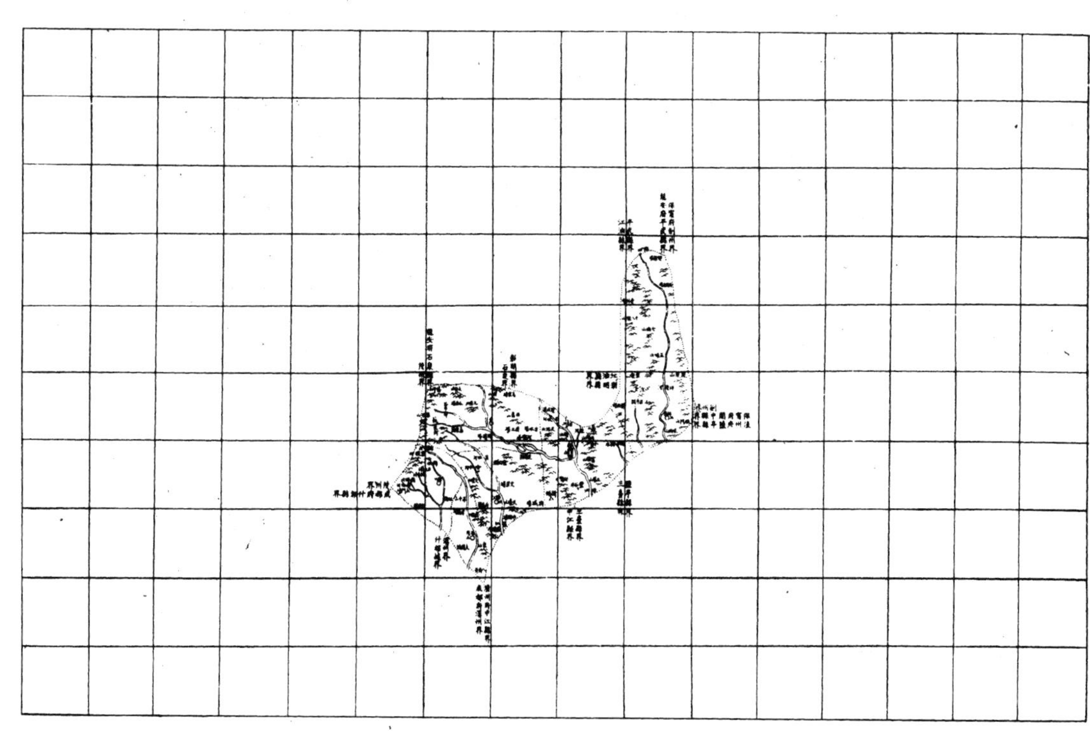

緜州在省治東北二百七十里。至
京師四千九百八十五里。領縣五。西南羅江德陽
緜竹。東北梓潼。西北安縣。涪江自龍安府彰明
縣南流入界。經州北。石板河自其縣來東南流
注之。東河亦自其縣來西南流注之。經州治東
又南。茶坪河出安縣西北茶坪山。合蘇包河及
一小水東南流注之。又東南入潼川府三台縣
界。梓潼水出龍安府平武縣東南山。南流經梓
潼縣北七曲山五婦山東。始名梓潼水。經縣治
西曲南流入潼川府鹽亭縣界。石牛鋪水出縣
西。魏城驛水出州東。俱南流入鹽亭縣界。羅江
水一曰中江。二源並出安縣西。北曰黑水河。南
曰冷水河。經羅江縣北合南流入潼川府中江
縣界。緜陽河出茂州牛心山東南流入界。經緜
竹縣北。又東南經德陽縣東。折西南入成都府
漢州界。緜水出緜竹縣北紫微山。東南流經縣
東。又西南。白水河陡子河龍蟒河射水河合東
南流來會。又西南亦入漢州界。州東至南界潼
川府。西及西北界茂州。北界龍安府。東北界保
甯府。西南界成都府。

茂州圖

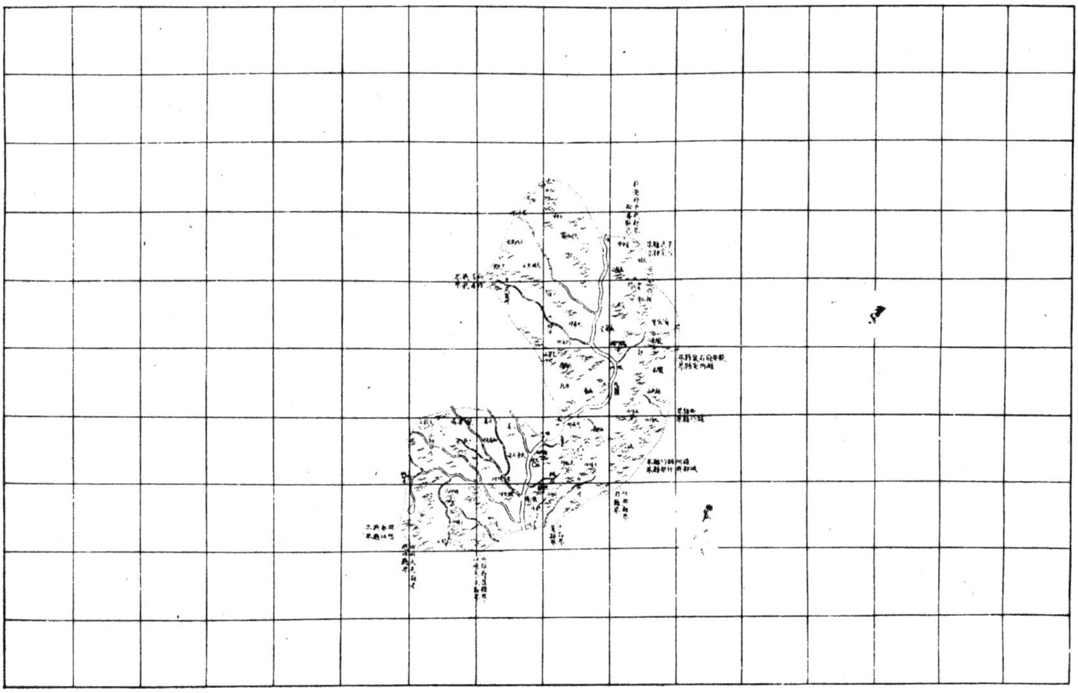

茂州在省治北四百十里。至
京師五千一百二十五里。領縣一。西南汶川。岷江
自松潘廳南流入界。經川西北普安堡疊溪營
長甯堡西。黑水河即翼水亦名疊溪。亦自其廳
來東南流注之。又南。北松溪河一名黑虎寨河
東南流注之。又經州北。有小水西南流經魏門
關南來注之。又經州治西折西南流。左納白水
河。又西南流舊威州城西北錯入理番廳界。復
經汶川縣北。左納大溪口水。右納登溪溝水。經
縣治西又南。左納桃川水。草坡河上承理番廳
龍潭溝沙派溝及天赦山水東南流注之。又東
南經娘子嶺西。納凹河自理番廳來。合巴朗山
水臥龍關水小納凹河東南流注之。又南入成
都府灌縣界。三江口河出大雪山之龍潭。三源
合東南流亦入灌縣界。白沙河及西一水並出
汶川縣東南入灌縣界。州東及東南界緜州。西
界理番廳。南界成都府。北及西北界松番廳。東
北界龍安府。西南界懋功廳。

酉陽州圖

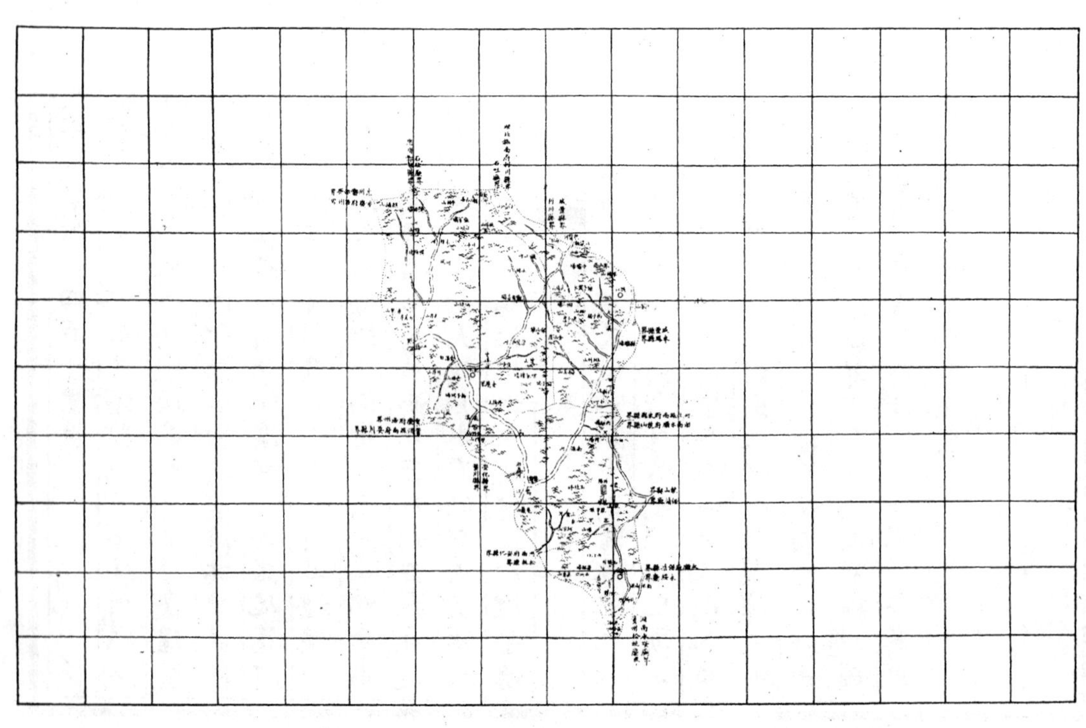

酉陽州在省治東南一千七百四十里。至京師四千八百二十里。領縣三。東南秀山。東北黔江。西北彭水。烏江自貴州思南府安化縣東北流入界。經州西龔灘受南溪河。河上流爲唐崖河。自湖北施南府咸豐縣西流入界。經黔江縣東西南流。右納大木溪及二小水。又經石牙關西。左納二小水。又西南注烏江。烏江又西北。洪渡河亦自安化縣來東北流注之。又經彭水縣西南。左納長溪。又經縣治西而北。中清河上源即龍嘴河自湖北施南府咸豐縣東南流入界。經黔江縣北合後江河水洞河及數小水西南流注之。又西北左納合溪河折西南。木棱河合射香溪及一小水南流注之。又西南經江口鎮北日黔江。入重慶府涪州界。北河自湖北施南府西南流入界。經州東北折東南流會邑梅河。河出秀山縣邑梅司東。合一小水東北流經縣北。紅沙溪合嘉塘河東北流注之。又北容溪後溪合東南流注之。又東北與北河會。北河折東入湖南永順府保靖縣界爲西水。三岔河出州西南。二水合西南流入安化縣界。龍潭在州治西南。州東界湖南永順府。西及西南界貴州思南府。南界貴州松桃廳。北及東北界湖北施南府。東南界湖南永綏廳。西北界重慶府忠州石砫廳。

欽定大清會典圖卷二百三十四

輿地九十六

忠州圖

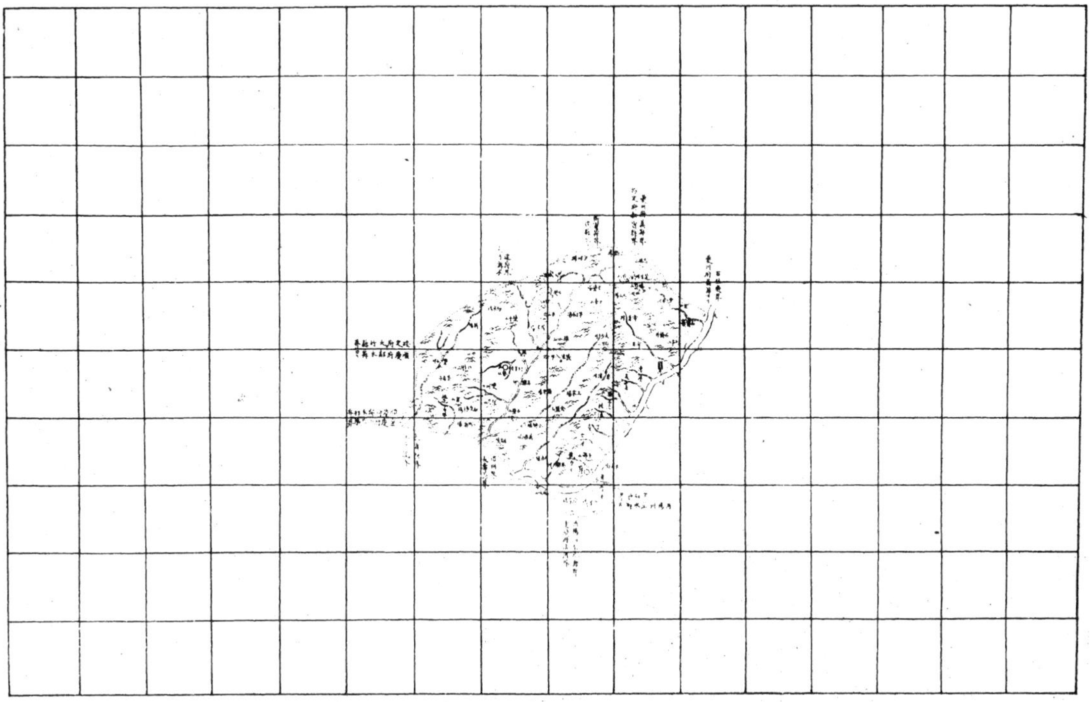

忠州在省治東一千五百里至
京師四千六百六十里領縣三西墊江西南酆都
西北梁山大江自重慶府涪州北流入界經酆
都縣西折東南流渠溪河出州北山西南流注
之馬灘河西南流注之羅雲溪白水溪並自重
慶府涪州東北流注之經縣南又東北流葫蘆
溪自石砫廳來西流注之又東北左納龍停溪
赤溪丁溪挫溪灘子沱臭水溪漕溪水經州治
南又東北左納洊溪河塗井河水又東北入夔
州府萬縣界龍溪河上源出梁山縣東南山西
北流經縣北一水出縣治南貫縣城西北來會
又西北左合一水折西南右納沙河七淵河經
州西又南狐狸山二水合南流注之羅千河出
墊江縣合三小水東流注之為高灘河又西南
二水合東流注之又西南大沙河出梁山縣西
南山西南流注之又南入重慶府長壽縣界桃
花溪出墊江縣西東南流亦入長壽縣界寶石
河出墊江縣北月城山合西來二水西南流入
重慶府江北廳界州東至南界石砫廳西界順
慶府北及東北界夔州府西南界酉陽州重慶

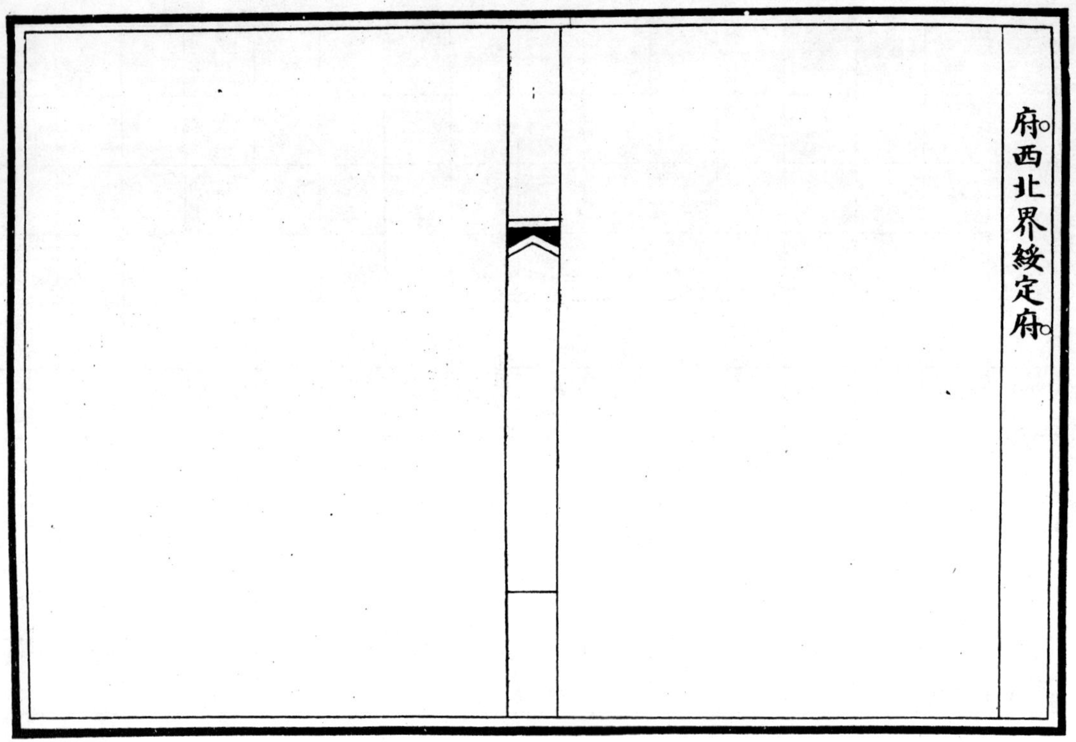

眉州圖

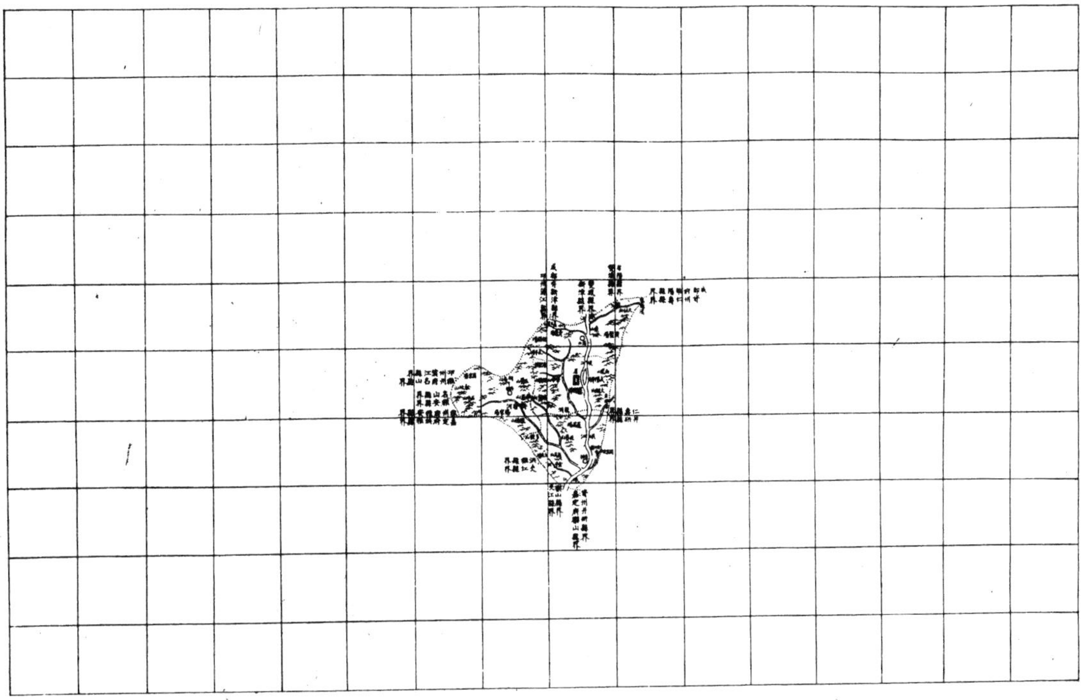

眉州在省治南一百八十里。至
京師四千八百九十五里。領縣三。南青神。北彭山。西丹稜。岷江自成都府新津縣南流入界。經彭山縣北。錦江亦自其縣來合。資州仁壽縣之黃龍溪來會。右納龍蟠山水。經縣治東。又南經州治東武陽驛分流復合。又南經青神縣北。有三小水出州北山合東南流注之。又南。魚蛇水自仁壽縣來西南流注之。又南經縣治東南左納周家山水。折西南新磨河出丹稜縣西南山合赤崖山水東南流注之。又南右納金牛河。又西南入嘉定府樂山縣界。州東及東南界資州。西及西北界邛州。南及西南界嘉定府。北及東北界成都府。

邛州圖

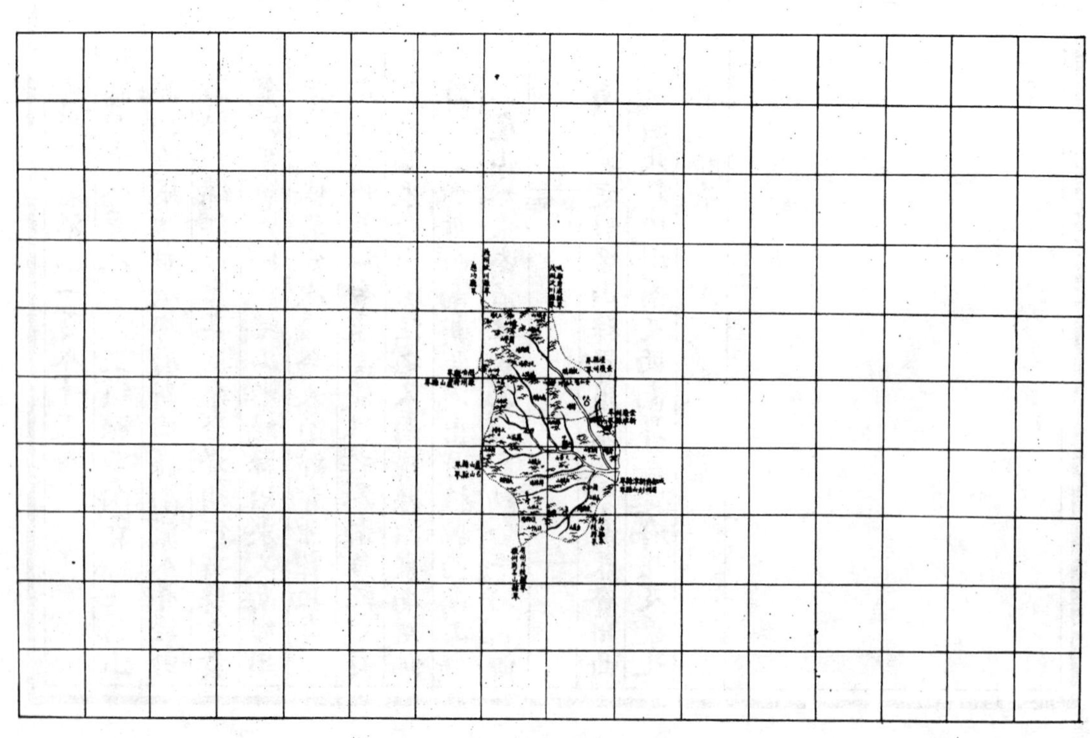

邛州在省治西南一百八十里。至京師四千八百九十五里。領縣二。東北大邑。東南蒲江。南河源三。一出圖覺山。一出牛心山。一出伏牛山。東南合流。一水自火井槽東流注之。經州治南。又東南。左右各受一小水。爲南河。又東南。蒲江水二源合。百丈河東北流注之。又東北。大邑水出大邑縣北霧沖山。東南流注之。又東入成都府新津縣界。乾溪河自成都府崇慶州分西河水南流入界。經州東南流入新津縣界。州東亞北界成都府。西及西南界雅州府。南及東南界眉州。西北界茂州懋功廳。

瀘州圖

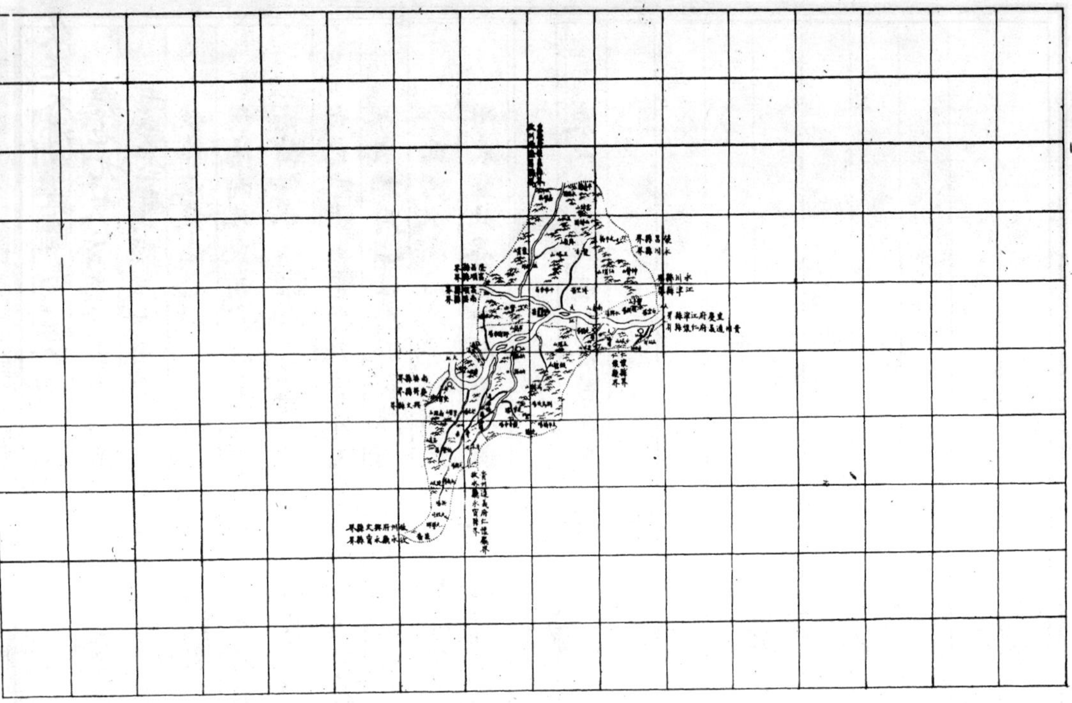

瀘州在省治東南七百五十里至
京師五千七十里領縣三東南合江西南納谿江安大江自敘州府南溪縣南流入界經江安縣西北安甯河自敘州府興文縣來東北流注之經縣北又東南怡樂溪北流注之又東北流經納谿縣西上溪下溪並自南溪縣來東南流注之又東北左納小水溪右納清溪至縣治北納溪一曰清水河自敘永廳來經縣西南合羅幹溪花背溪通津橋水北流注之又東北右納一小水經治南又東受沱江江自敘州府富順縣東南流入界經州西洱水河自重慶府榮昌縣來合一小水西南流注之又經州治北而東注大江大江又東流左納龍溪又東南經合江縣西右納大河溪大橋溪經縣治北又東赤水河高洞河並自貴州仁懷縣來北流注之又折東北入重慶府江津縣界州東至北界重慶府西及西北界敘州府南及東南界貴州遵義府西南界敘永廳

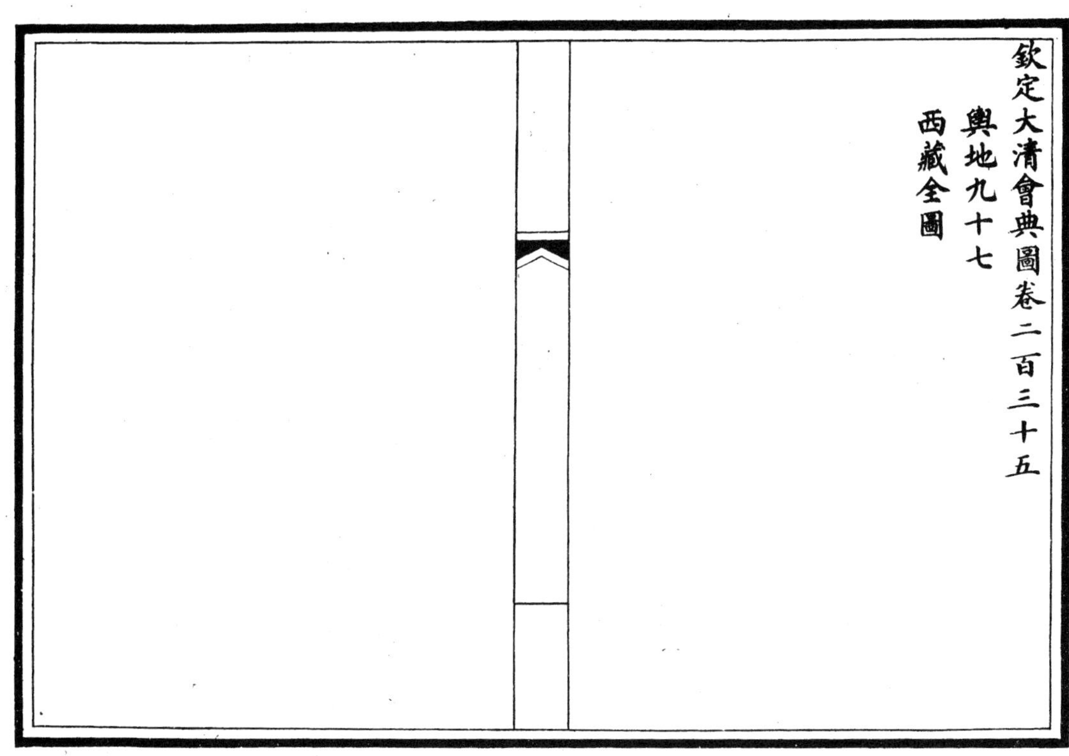

欽定大清會典圖卷二百三十五

輿地九十七

西藏全圖

西藏全圖一

中

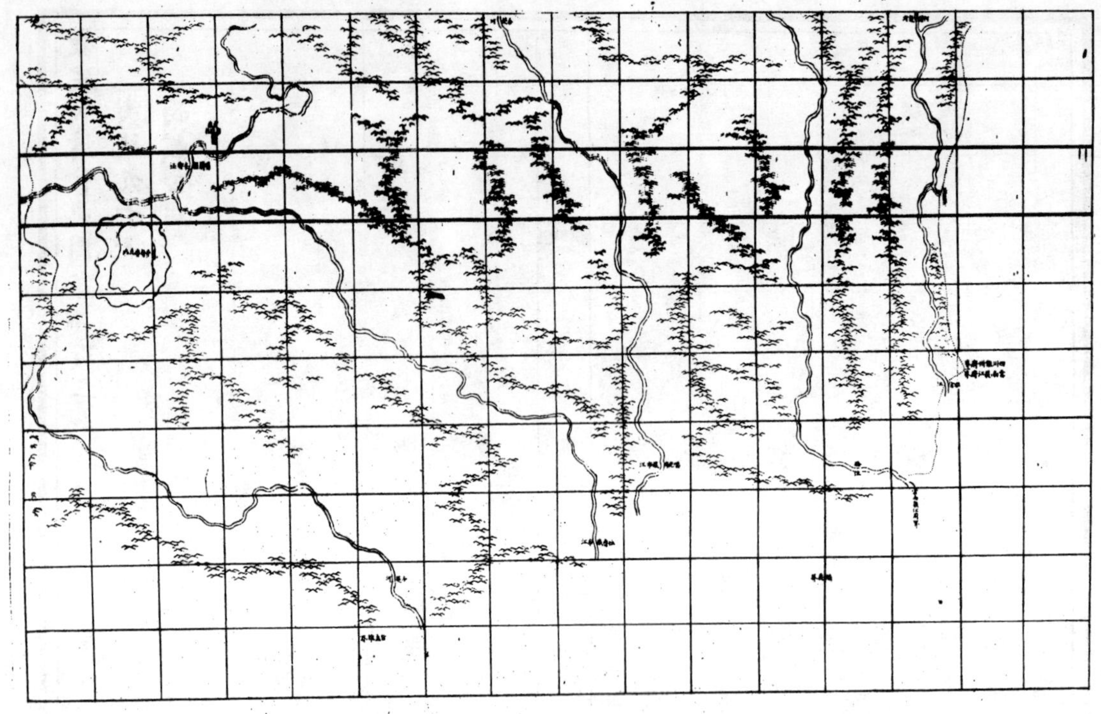

西藏全圖二

中
右一

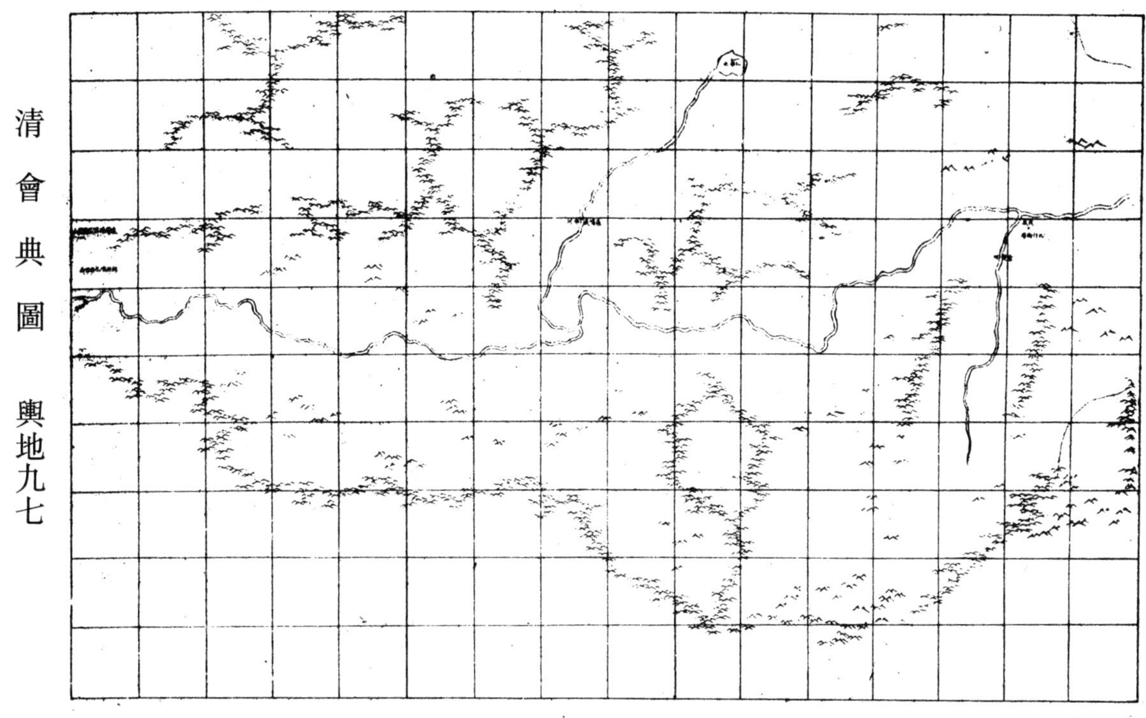

西藏全圖三

中右二

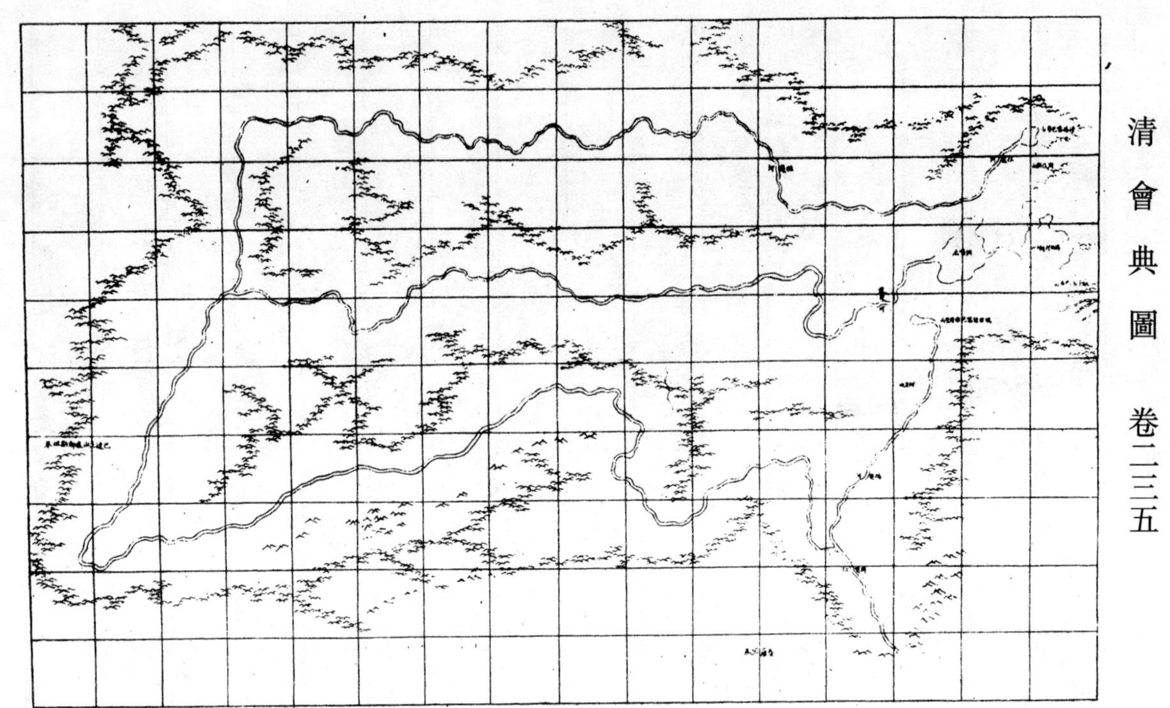

西藏全圖四

北一中

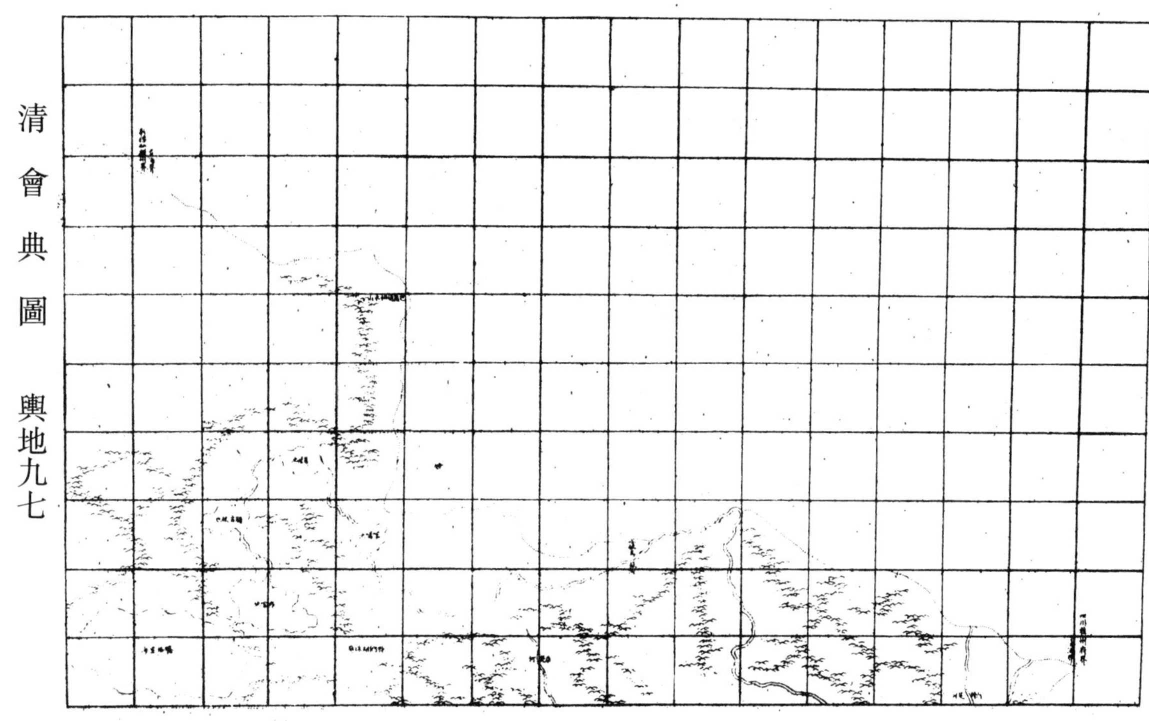

西藏全圖五

北一
右一

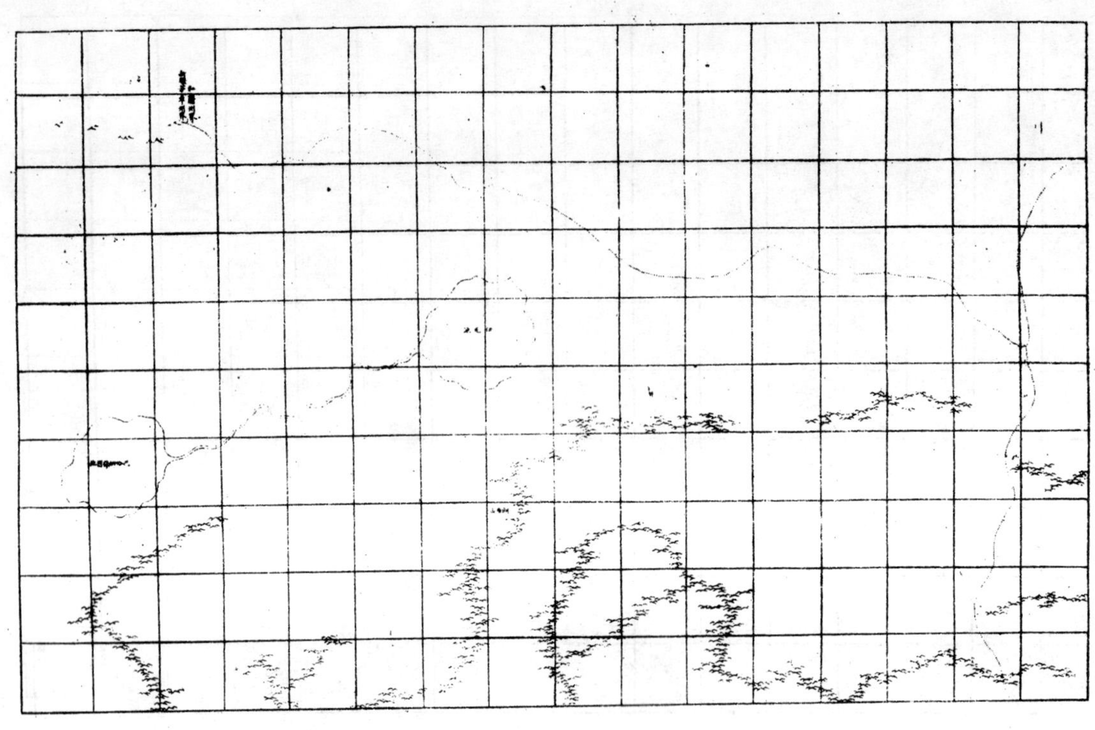

西藏全圖六

北一

右二

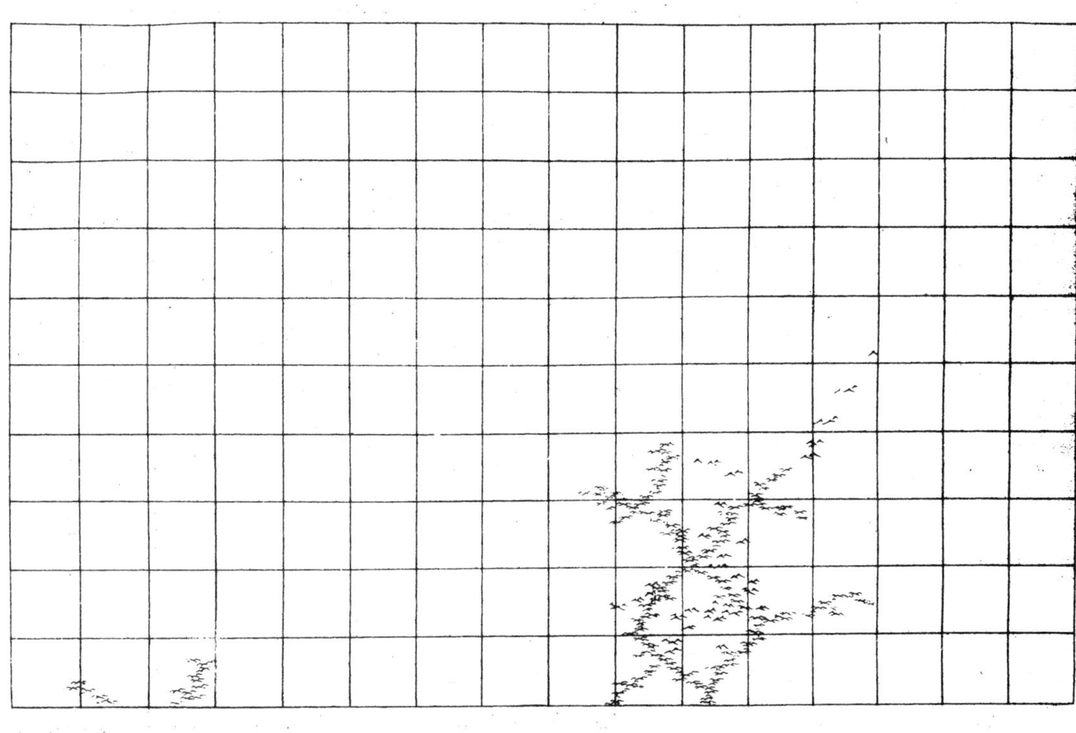

西藏在
京師西南。駐藏大臣駐前藏布達拉城。其西南為後藏札什倫布城。又西為阿里城。阿穆楚河自青海南流入境。經前藏東北。匯楚河亦自青海來西南流注之。又南合榮楚河。入雲南麗江府界為瀾滄江。喀喇烏蘇河出前藏北曰布喀池額吉根池集達池喀噶池。東流折南經前藏東入麗江府界為潞江。桑楚河出前藏東北屈南流為噶克布藏布河又南入怒夷界至雲南為龍川江。雅魯藏布江出阿里城東。東流薩噶藏布河西南流注之。又東北尚楚河北流注之。又經札什倫布城北而東。經前藏西。噶爾招木倫江屈西南經布達拉城東而南注之。又東南入怒夷界。奈楚河出前藏西南。東南流入哲孟雄部落界。岡噶江上源為瑪珀穆達賴池。在阿里城東北。西流復匯為朗噶池。又西流為狼楚河。又西拉楚河出其北亦西流折南來會。又西南折東復經阿里城南。瑪楚河西南流注之。又東南入外夷界。騰格里泊在前藏西北。牙母魯克池在前藏西南。伊克池巴哈那穆爾也並在後藏

西北。東至四川界。西至巴達克山痕都斯坦界。北至新疆界。南至怒夷哲孟雄廓爾喀界。東北至青海界。

欽定大清會典圖卷二百三十六

輿地九十八

前藏圖

前藏圖一

中

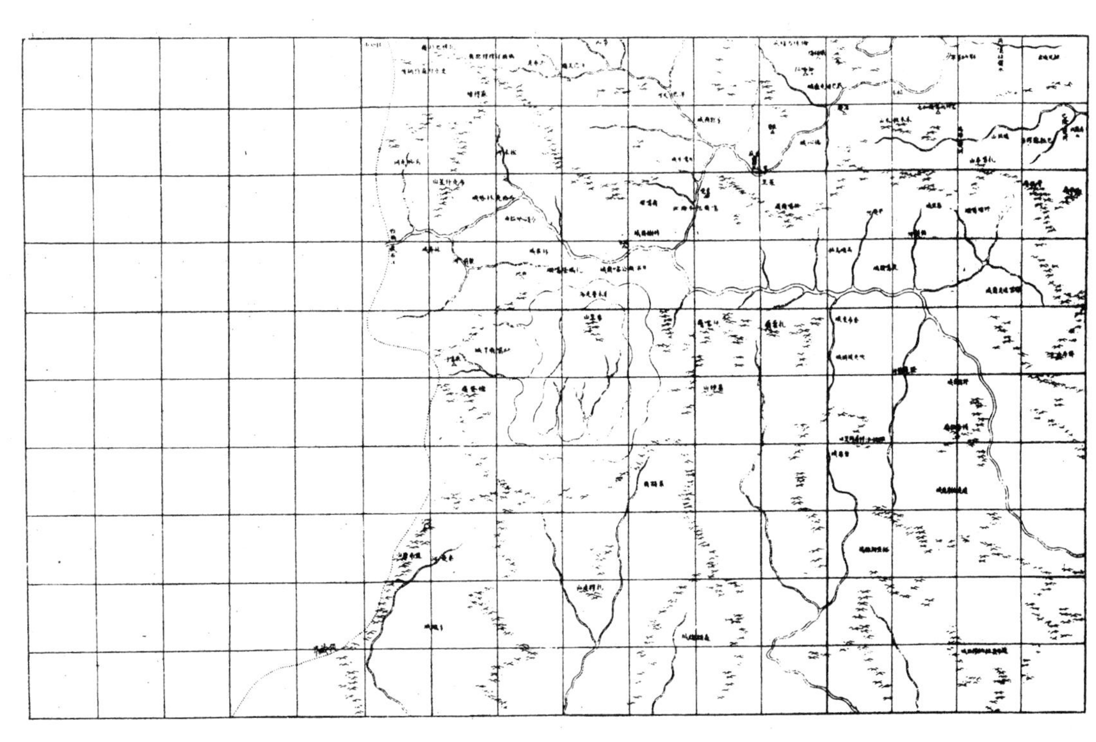

前藏圖二

中　左一

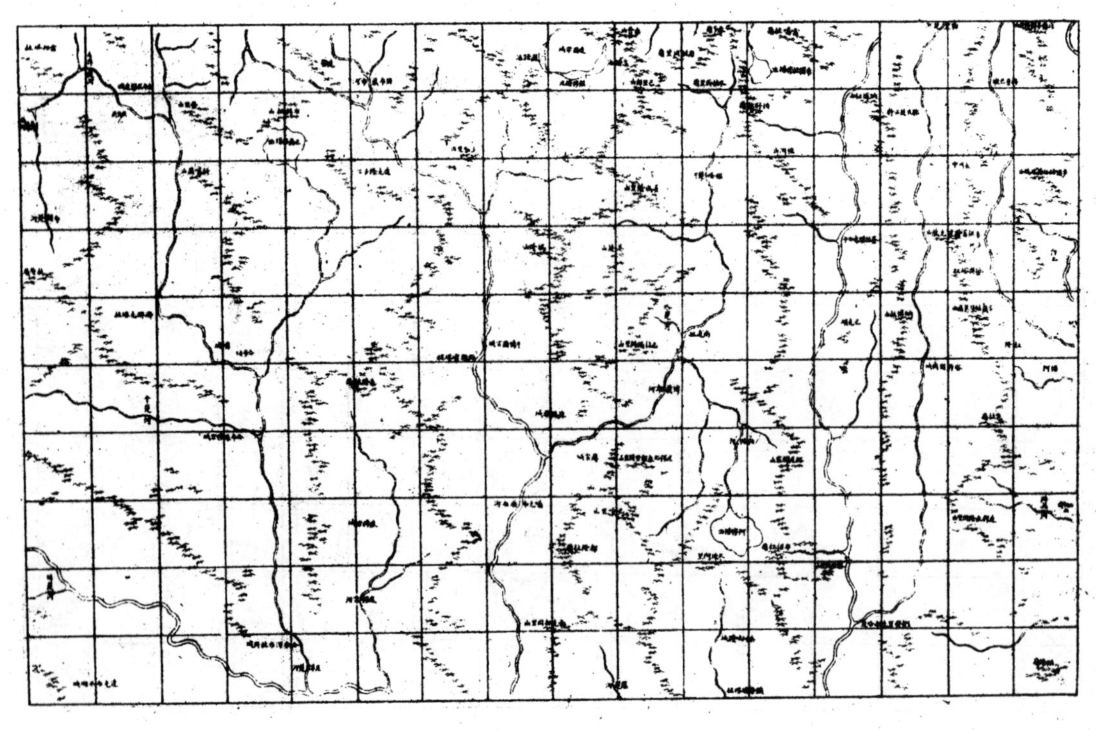

前藏圖三

中左二

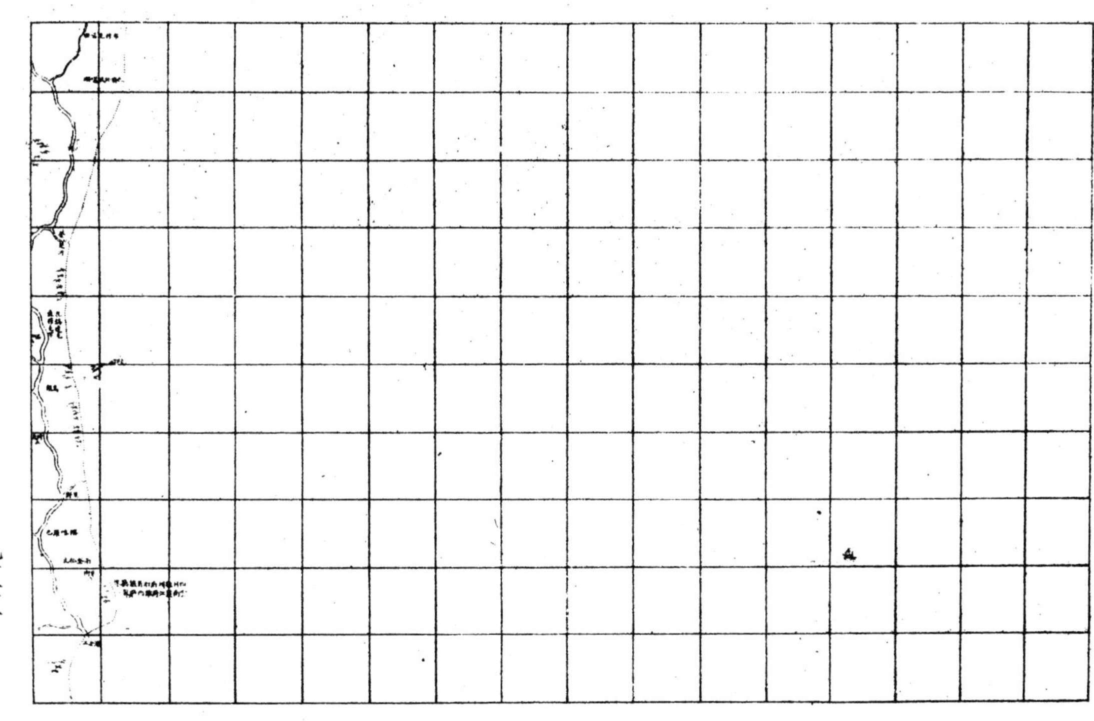

前藏圖四

北一中

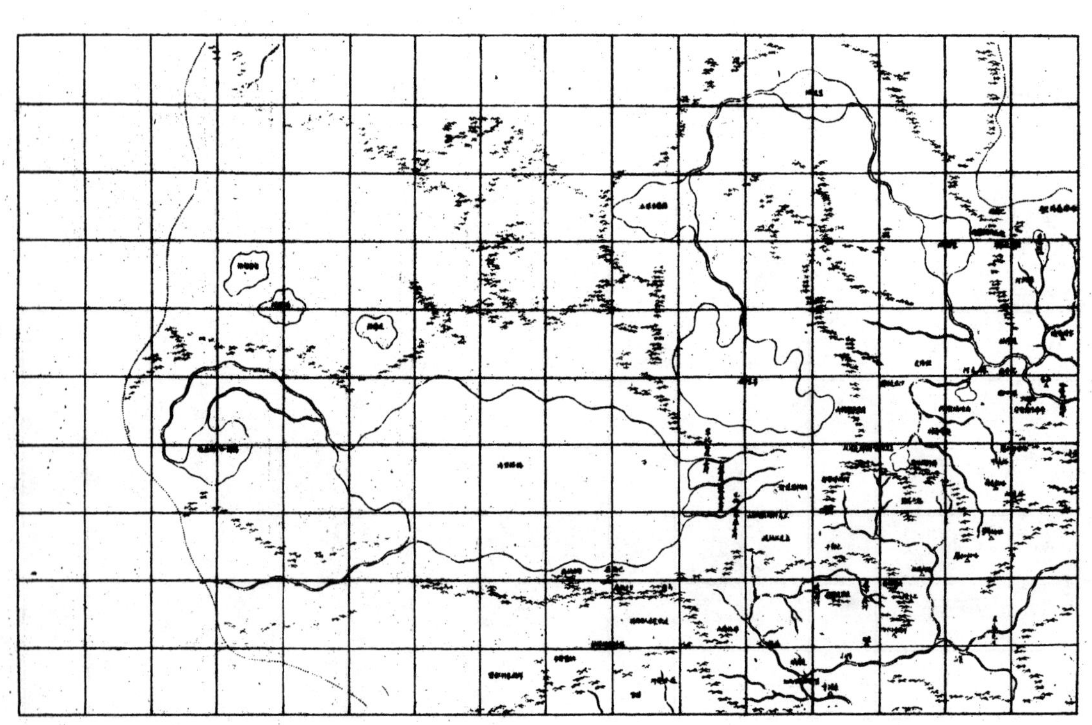

前藏圖五

北一
左一

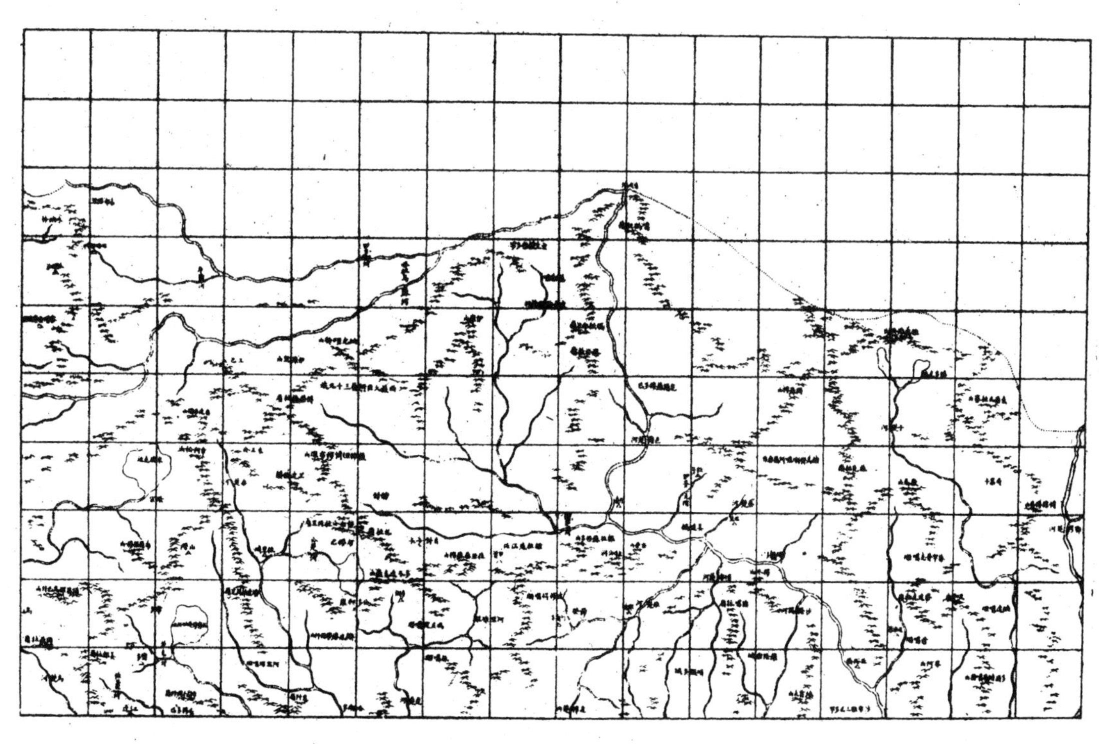

前藏圖六

北一　左二

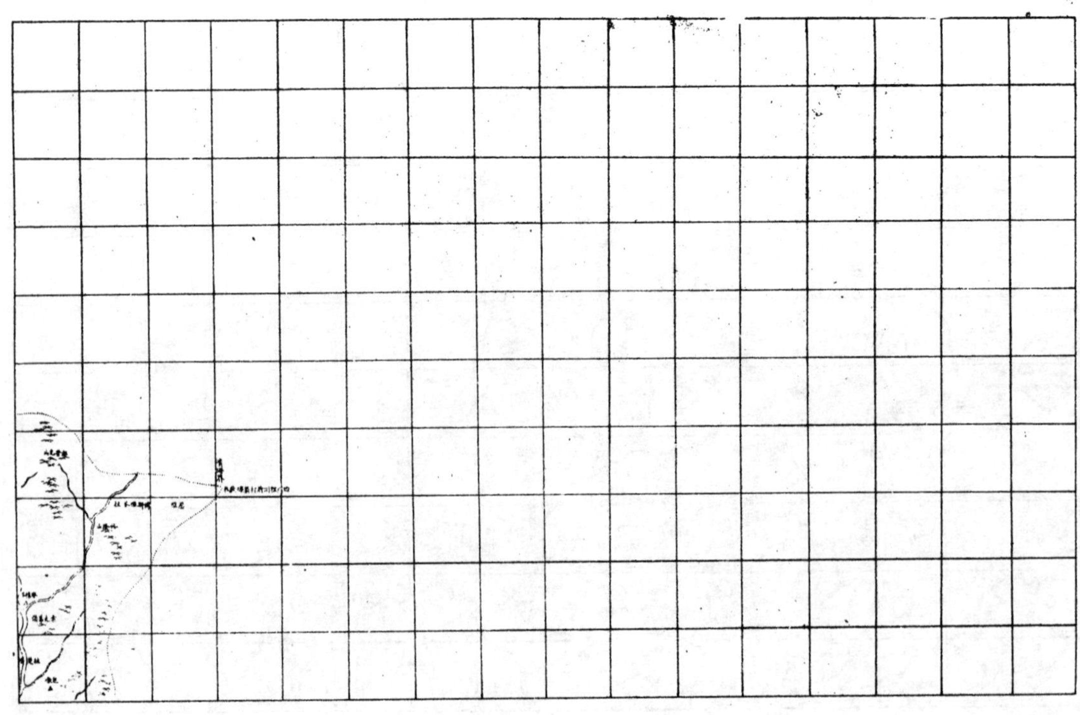

前藏圖七

北二
中

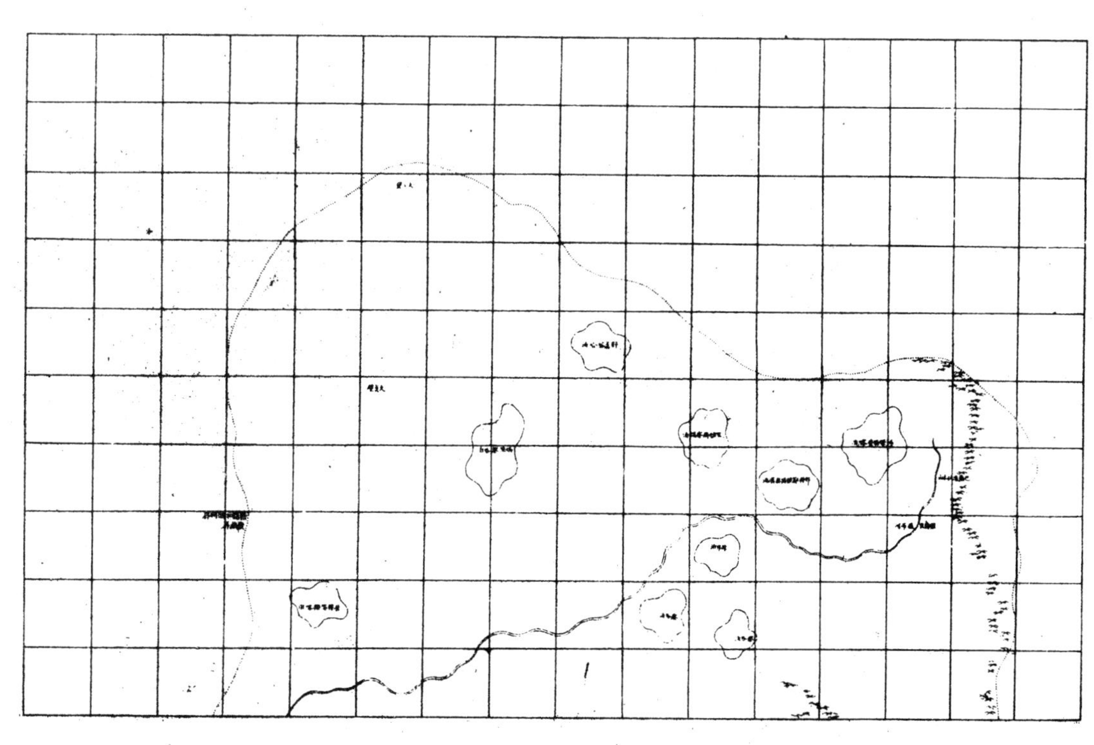

前藏圖八

南一
中

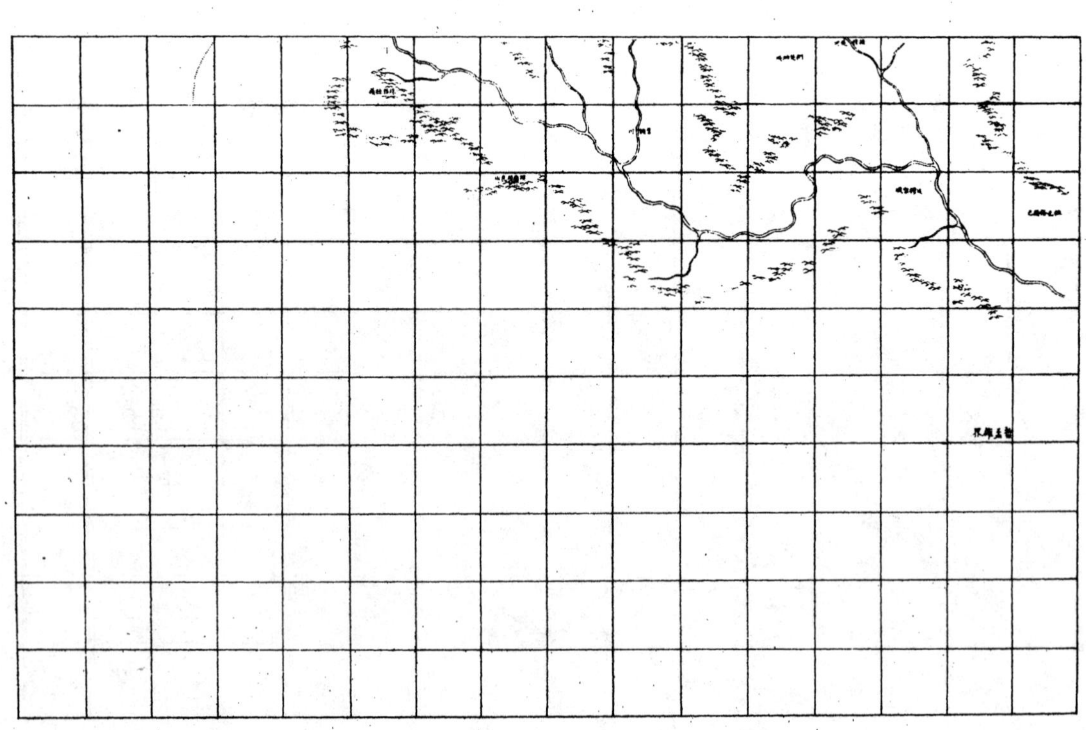

清會典圖　輿地九八

前藏圖九

南一
左一

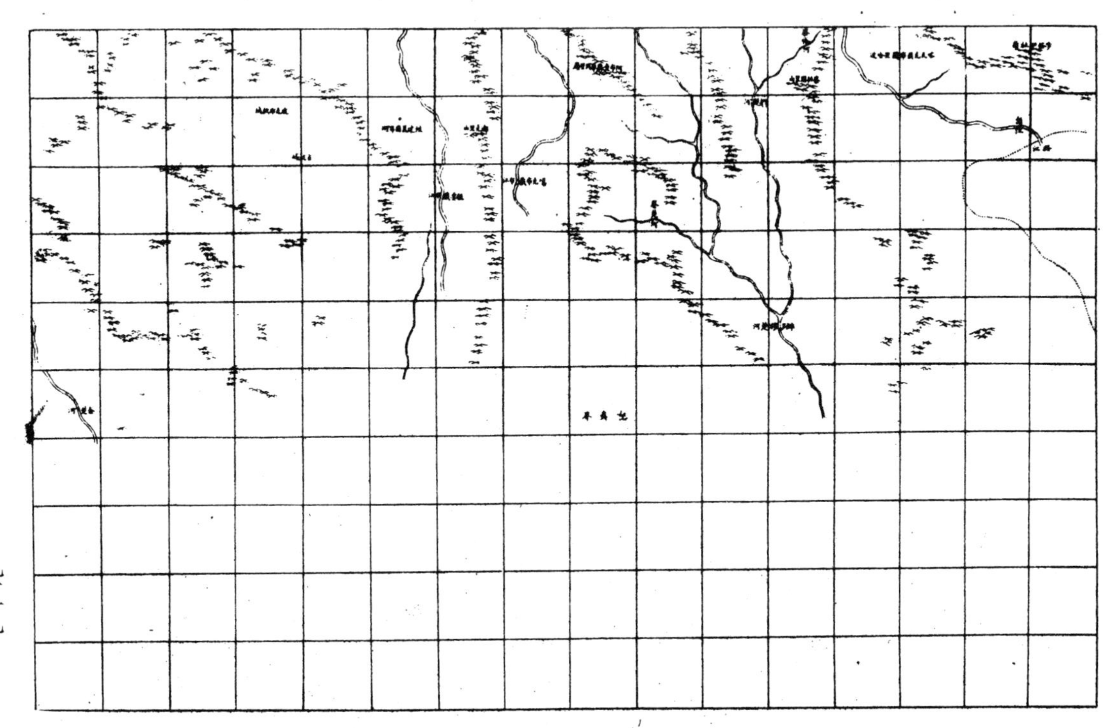

前藏圖十

南一　左二

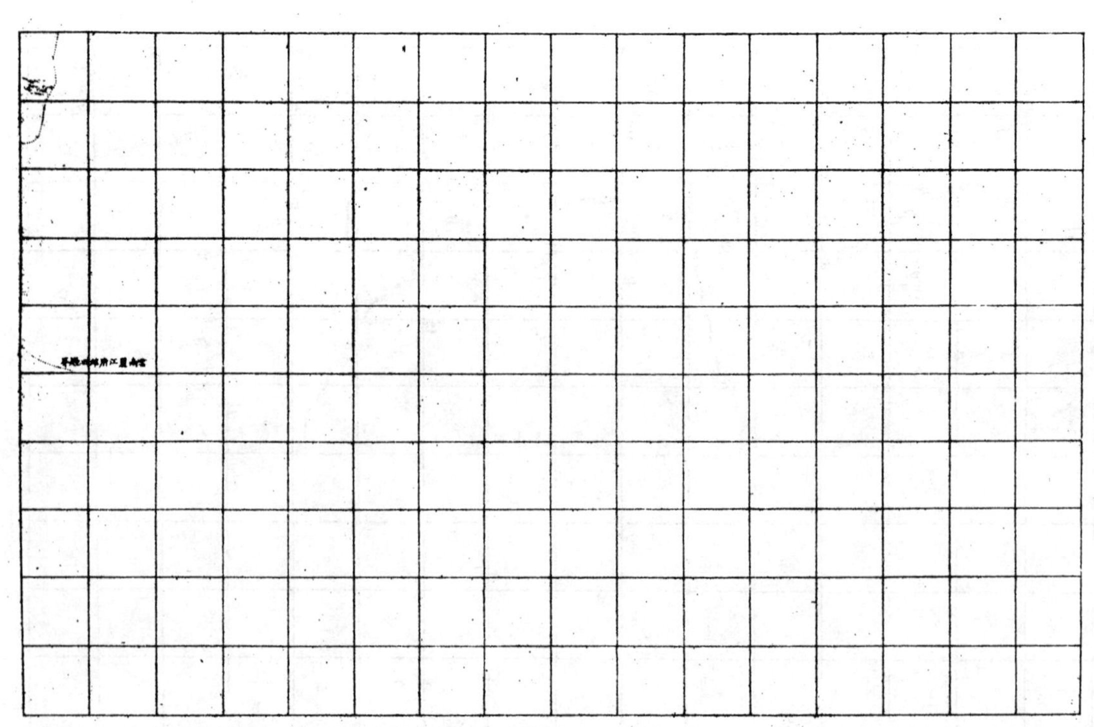

前藏在

京師西南一萬八百八十五里駐藏大臣駐布達拉城其西為後藏札什倫布城前藏之東察穆多城碩般多城薄宗城拉里城江達城西綽樹爾城帀楚河鄂穆楚河並自四川雅州府南流入界各合一水經察穆多城南合南流左納二水又南桑楚河亦自雅州府來會又南右納一水博多克二池合南流為子楚河又東南注之又南左納綽典河及三水是為瀾滄江入雲南麗江府界喀喇烏蘇河出布達拉城北布喀池西北流為顒爾吉根池又東北為集達池折東南為喀喝池又東南右納布倫河又東南裕克河出裕克山合二小池水東北流注之又東流綽納河合楚瑪拉嶺諸水南流注之又合數小水曲東北流經伊庫里山納克碩特山北又東北沙克河上承布克沙布河自青海東南流合庫蘭河來會又東索克河亦自青海南流來會折南流經噶瑪拉嶺西又南左右各納一水又西南衛楚河合索克衛楚河及伊庫山數水東流注之又東左納伊普克河奈楚河又東南雄楚

河出達爾宗城南怎錯池西流為推穆錯池羅錯池又東北合數水注之又東南流碩布楚河二水自碩般多城合東北流注之又東經穆冬山北左納一小水右納沙隆錫河又東南左納自歇馬山來一小水又南經納博拉山西雅洞山東納數小水又經捫覺里克布哈達西鄂宜楚河南流經察作爾岡城西來注之又東南入雲南麗江府界為潞江噶克布藏布河二源西曰桑楚河東曰雅隆楚河桑楚河出拉里城西北桑建桑鐘山東南流經拉里城西而南公楚河合一水來會又東南經阿里繹左右各納一水又東南危楚河上承四水西南流來會曰岡布藏布河札穆穆楚納裕池合楚克河東南流注之又東南經達雅里山西南左納二小水又經牛博爾宗城西至薄宗城北會雅隆楚河河出春多嶺合二水西南流經尚達拉右納冬楚河又西南阿穆錯泊合二水西北流為帕隆河注之曰薄藏河又西南與岡布藏布河會是為噶克布藏布河又曲折南流經阿布查蘇庫岡里嶺東都克里山西又南流入怒夷界

至雲南為龍川江。綽多穆楚河上源曰羅楚河。出溥宗城東南山東南流西納察楚河。北納們楚河。又東南亦入怒夷界雅魯藏布河自後藏東流入界。經烏裕克林哈城西。左納烏裕克河又經林奔城北。龍泉河二水合西北流注之。又東左納捏木河及一小水。經拜底城北。又經綽樹城南。至布達拉城西南。受噶爾招木倫江。江出蓬多城東北查里克圖山。為達穆河。合拔布隆河諸山水。西流折南遶蓬多城西。又東南經城南。米底克河出墨竺噶爾城東北米底克池。合諸山水西南流來會。是為噶爾招木倫江。又曲折東南流。左納岡噶喇嶺水。又折西南遶底巴達克薩城南德沁城北。左右各納一小水。又經布達拉城南西北流。左納一水。又經郭董城南羊巴尖河出城西北合五小水及麻木楚河楚普河東南流注之。又西南經日噶牛城東。右納二小水。又西南注雅魯藏布江。雅魯藏布江又東左右納數小水。至奈布城及哈噶城北。翁楚河怕楚河南流注之。一池自桑里城東合二水西南流注之。又東南右納隆色楚河。經野爾

古城及達克拉布蘇城東。達布袞拉納穆佳城東北右納明楚河。又經達布冬順城東北。受尺揚楚河。即年楚河。河出朱木拉木山。為馬母楚河。東流合巴隆楚河布賴楚河烏楚河。經公布札穆達城。佳曩河合二水南流來會。又南經公碩噶城南。巴蘇穆措池合一水西南流注之。又南經公珠穆宗城東。右納牛楚河。又南經公布澤布拉岡城東。又南注雅魯藏布江。雅魯藏布江又東。底穆宗河出底穆宗城北色隆拉嶺。經城東合一水南流注之。又南經達克布拉城東。又南流入怒夷界。奈楚河出札什南山。西南流經多總城西。折東南合一水。經謨蘭岡充山北葉額河二水合南流來會。又東南一水自森額總城南流注之。又東南合一小水。折東北至達穆宗城南。謨穆楚河二源出哲庫城西山中。合南流又合一水來會。又經城東。東南流右納一小水。又東南入哲孟雄部落界。騰格里泊在布達拉城西北。其東有三水曰凖托哈蘇台。曰都穆達拉哈蘇台。曰巴倫札哈蘇台。並西流瀦焉錫爾哈羅色池及一水亦瀦焉。牙穆魯克池一

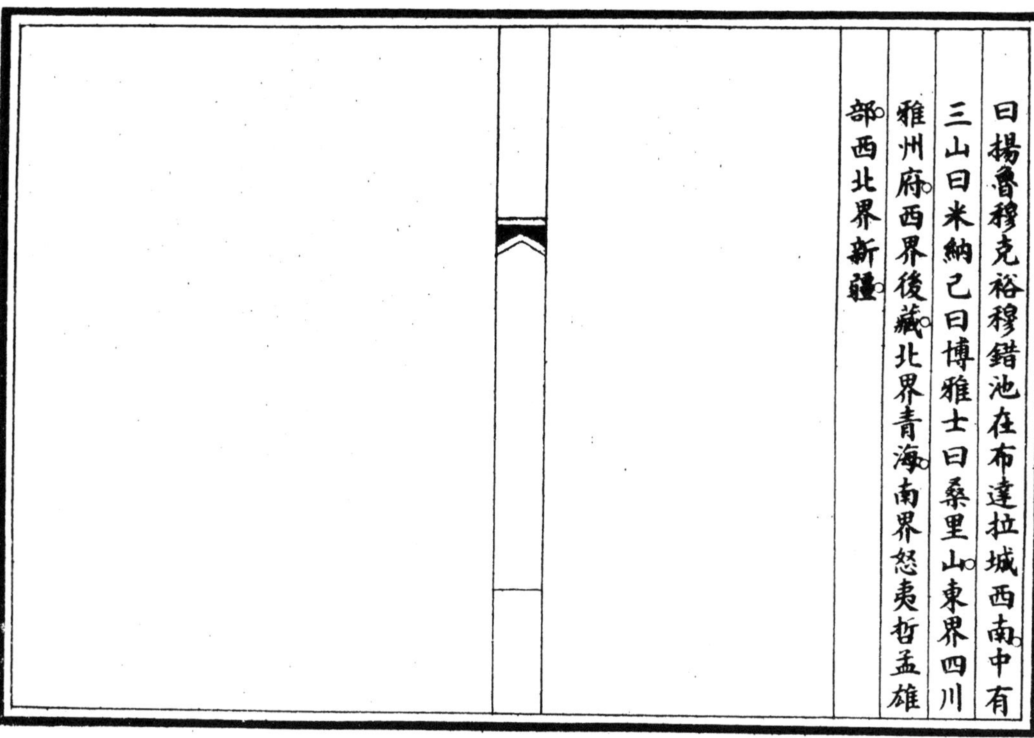

曰揚魯穆克裕穆錯池。在布達拉城西南。中有三山。曰米納己。曰博雅士。曰桑里山。東界四川雅州府。西界後藏。北界青海。南界怒夷哲孟雄部。西北界新疆。

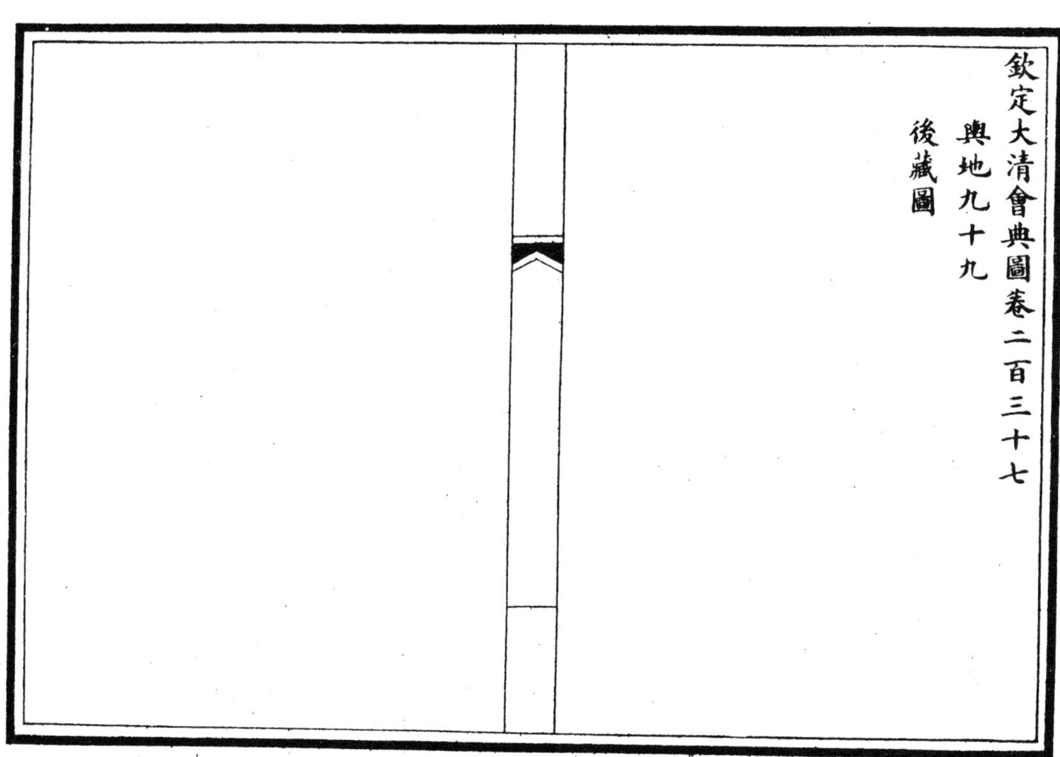

欽定大清會典圖卷二百三十七

輿地九十九

後藏圖

後藏圖一

中

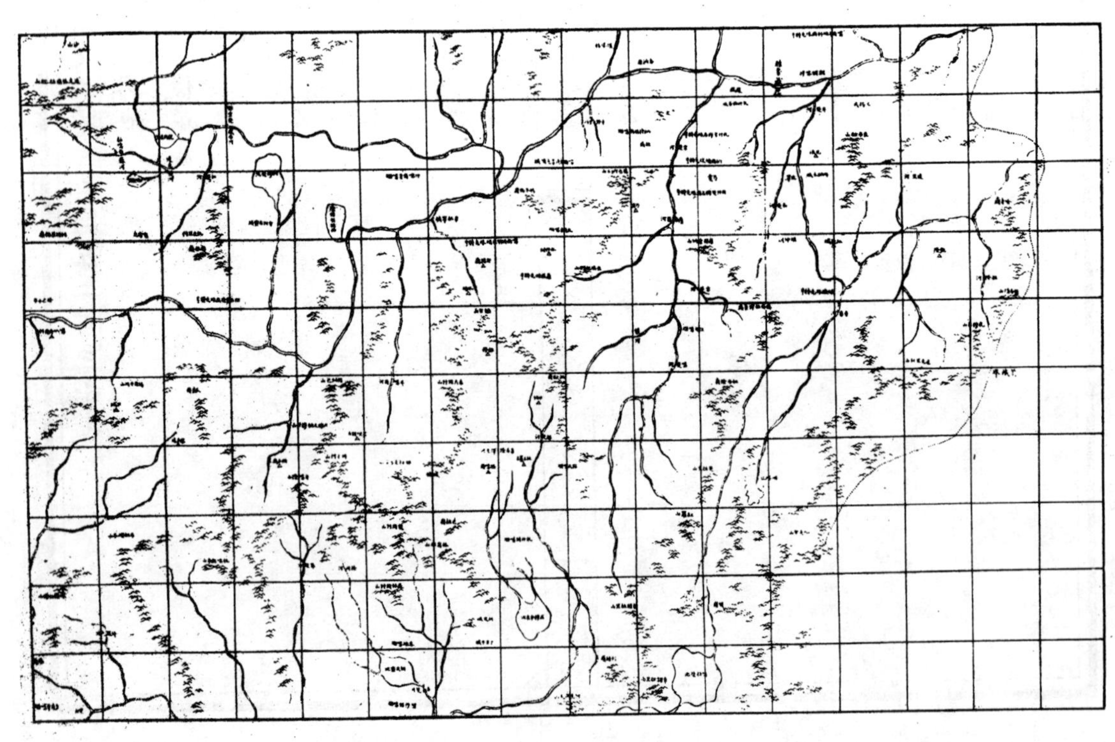

後藏圖二

中右一

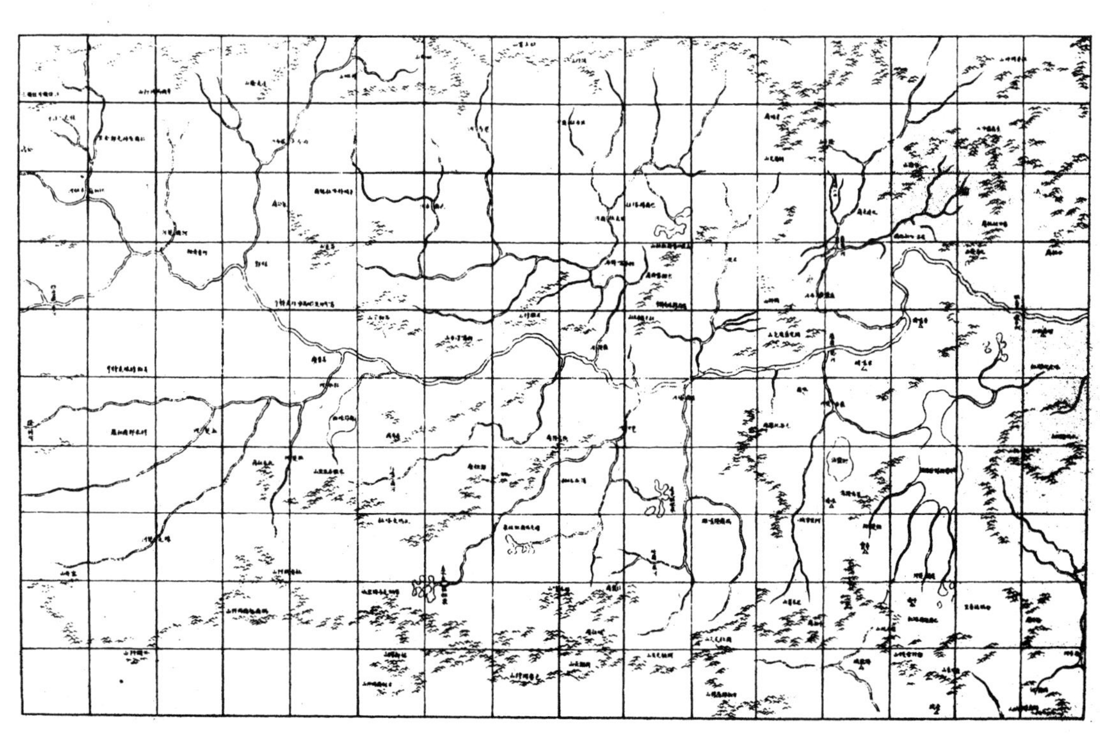

後藏圖三

中右二

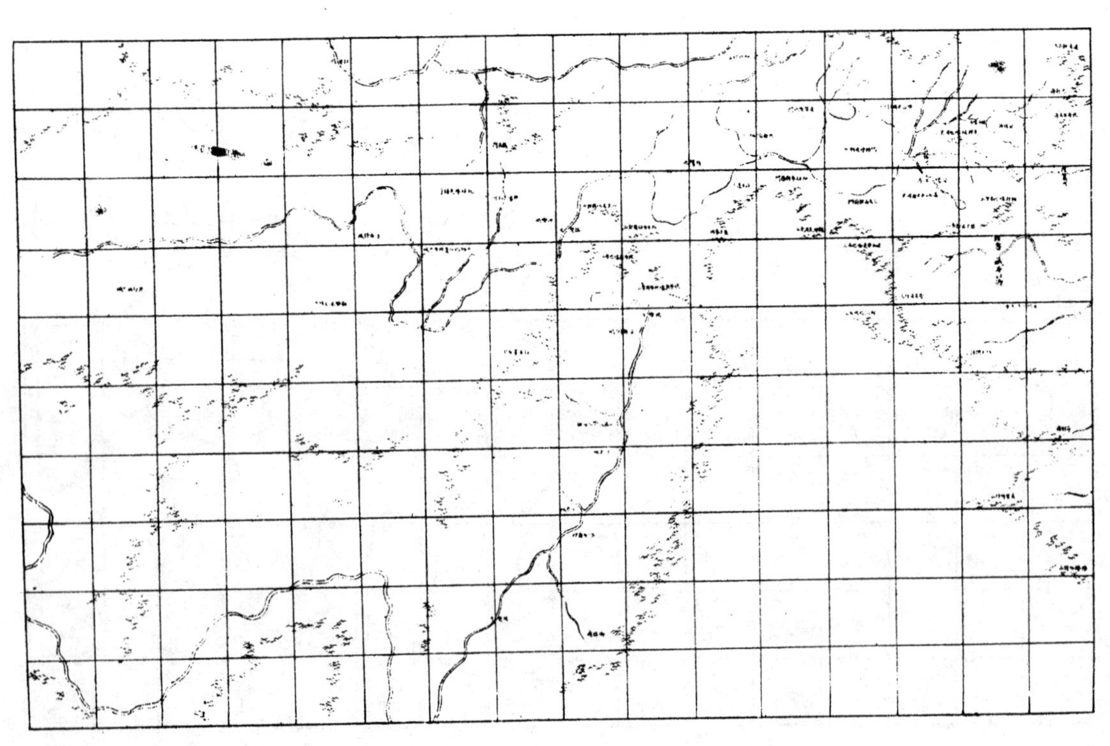

後藏圖四

中右三

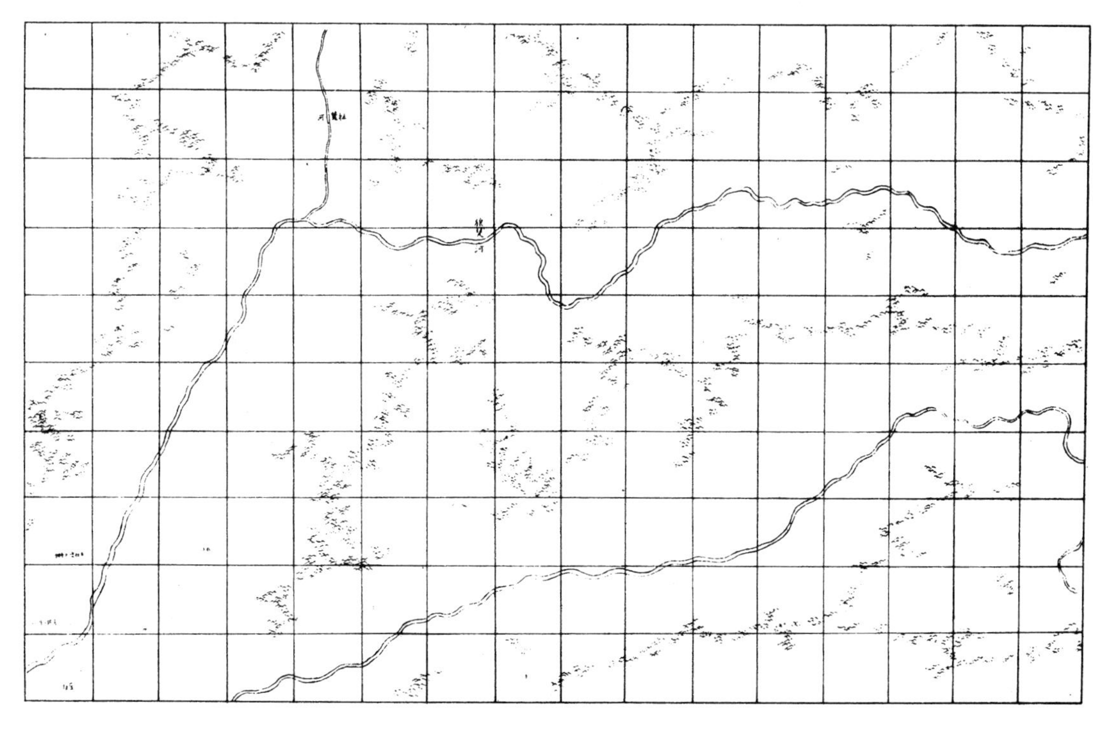

後藏圖五

中右四

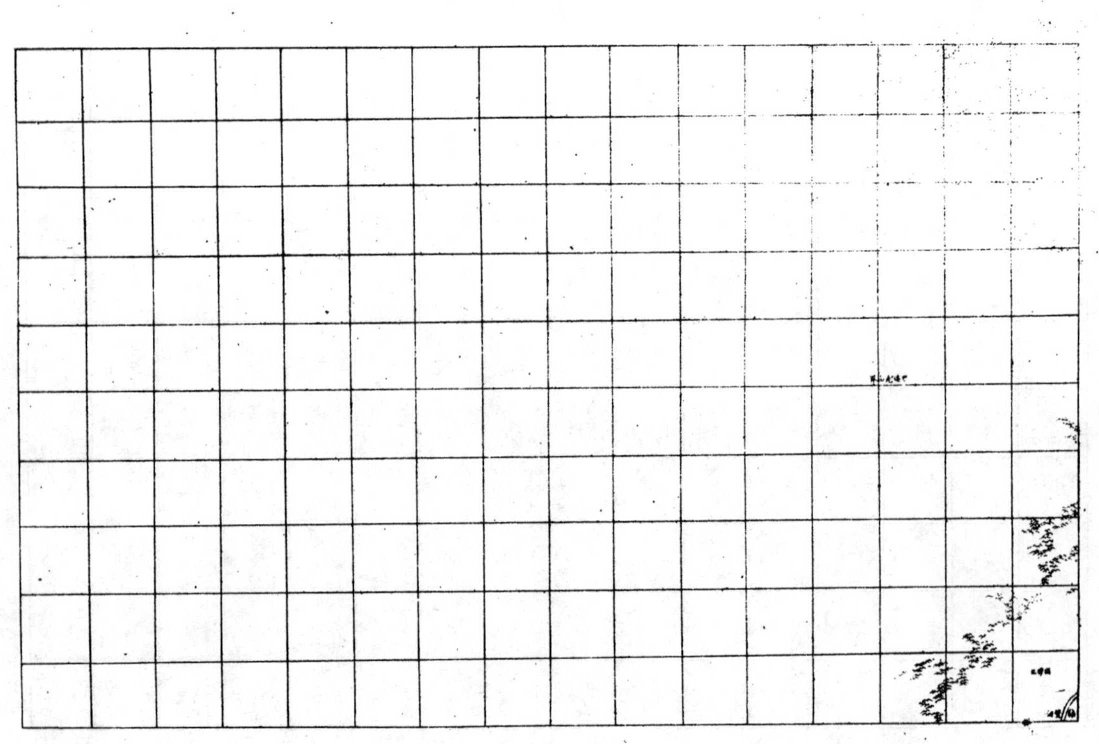

後藏圖六

北一中

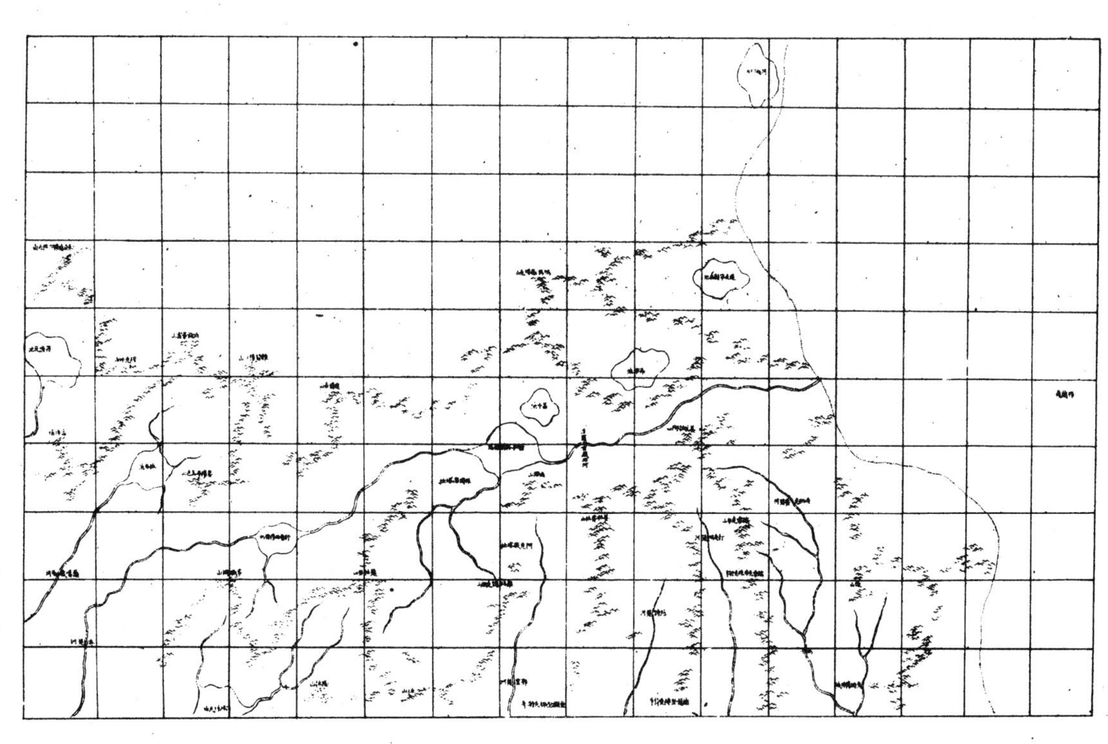

後藏圖七

北一

右一

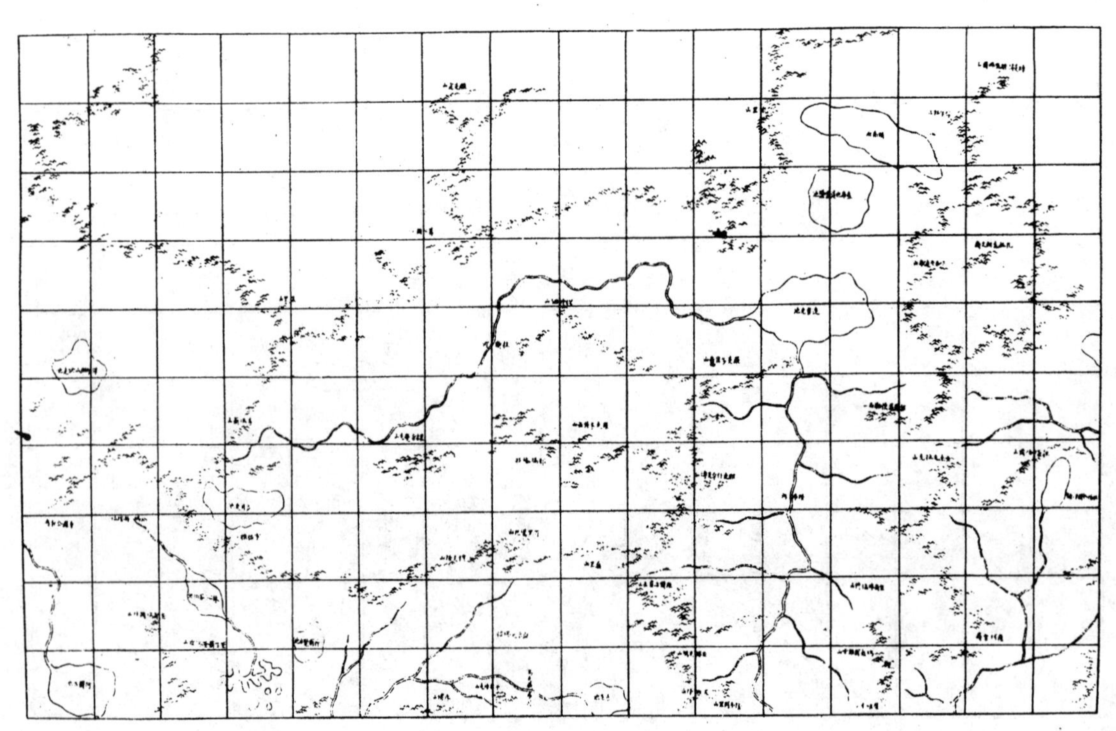

後藏圖八

北一
右二

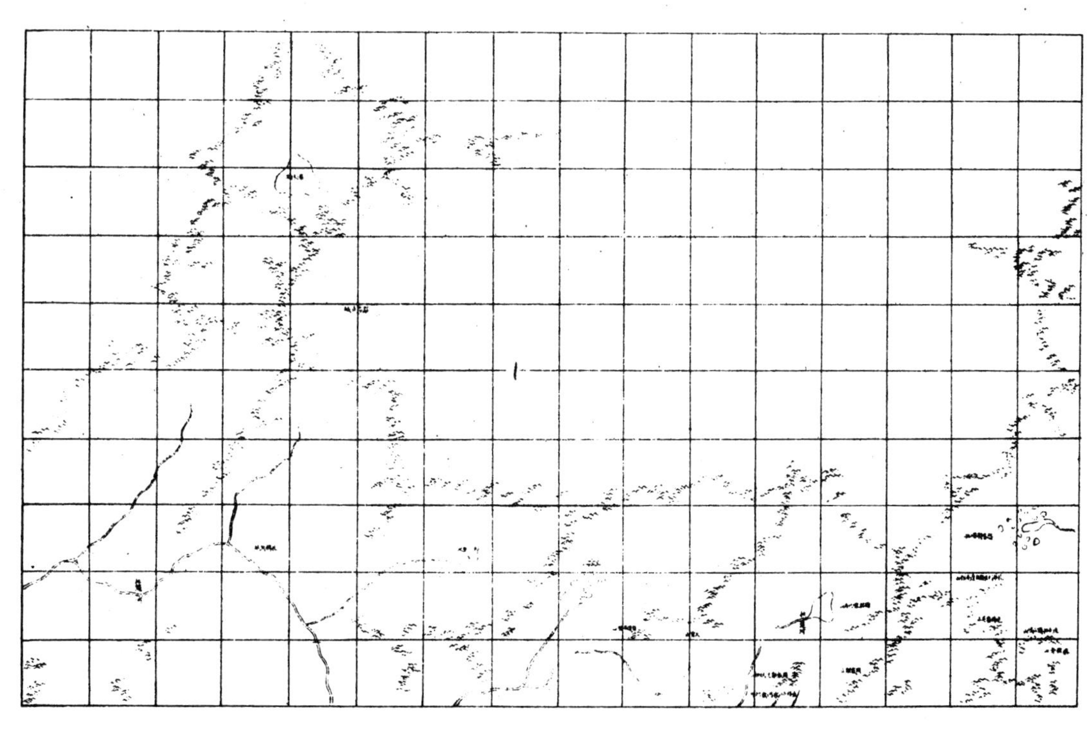

後藏圖九

北一 右三

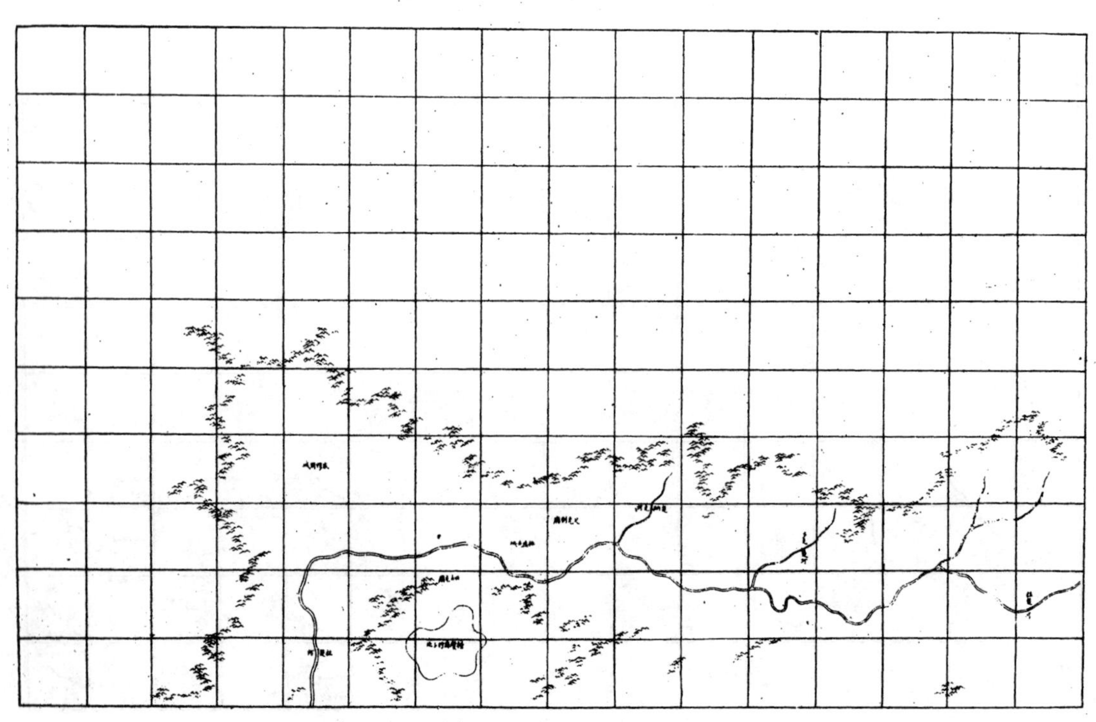

後藏圖十

北二

中

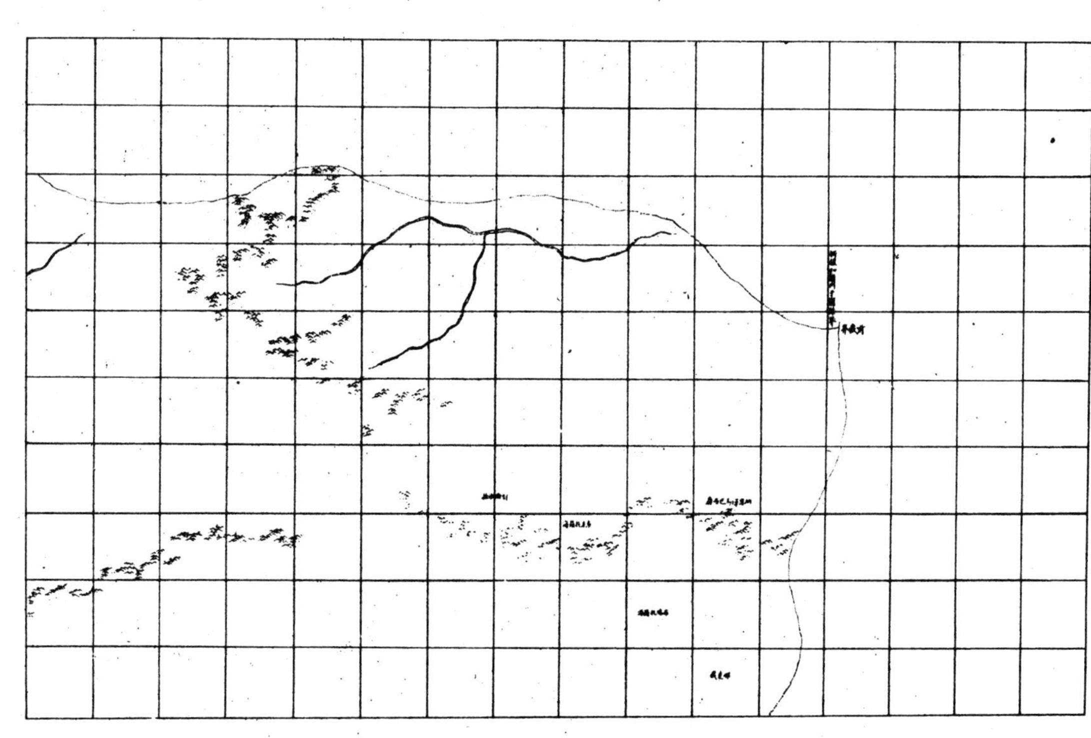

後藏圖十一

北二　右一

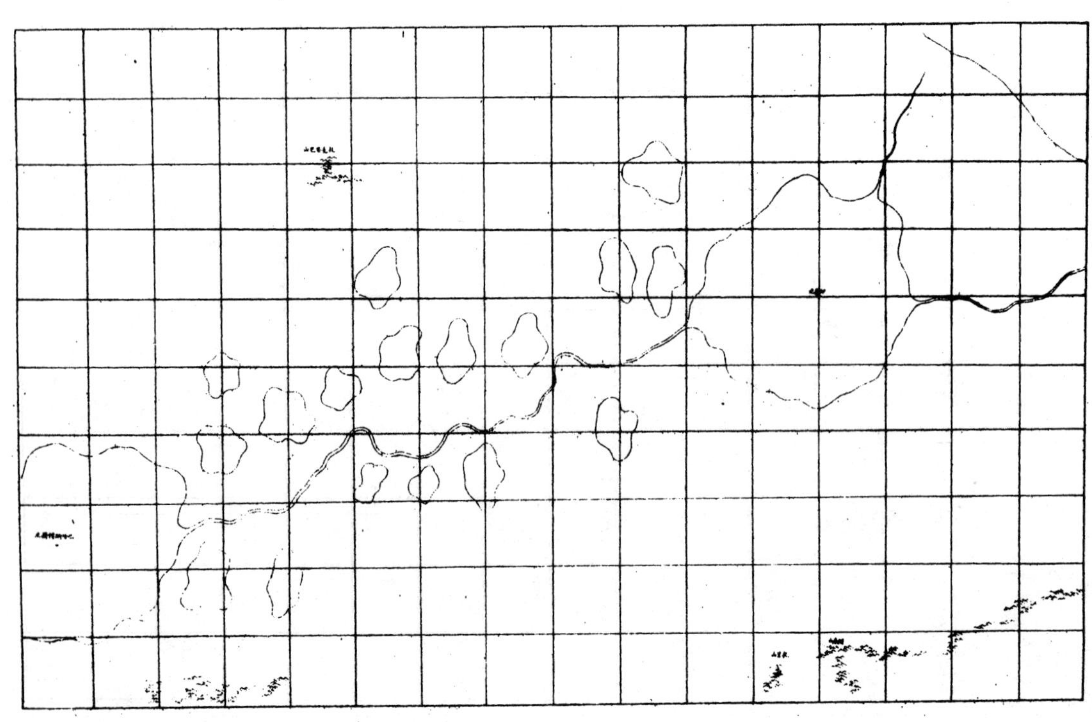

後藏圖十二

北二
右二

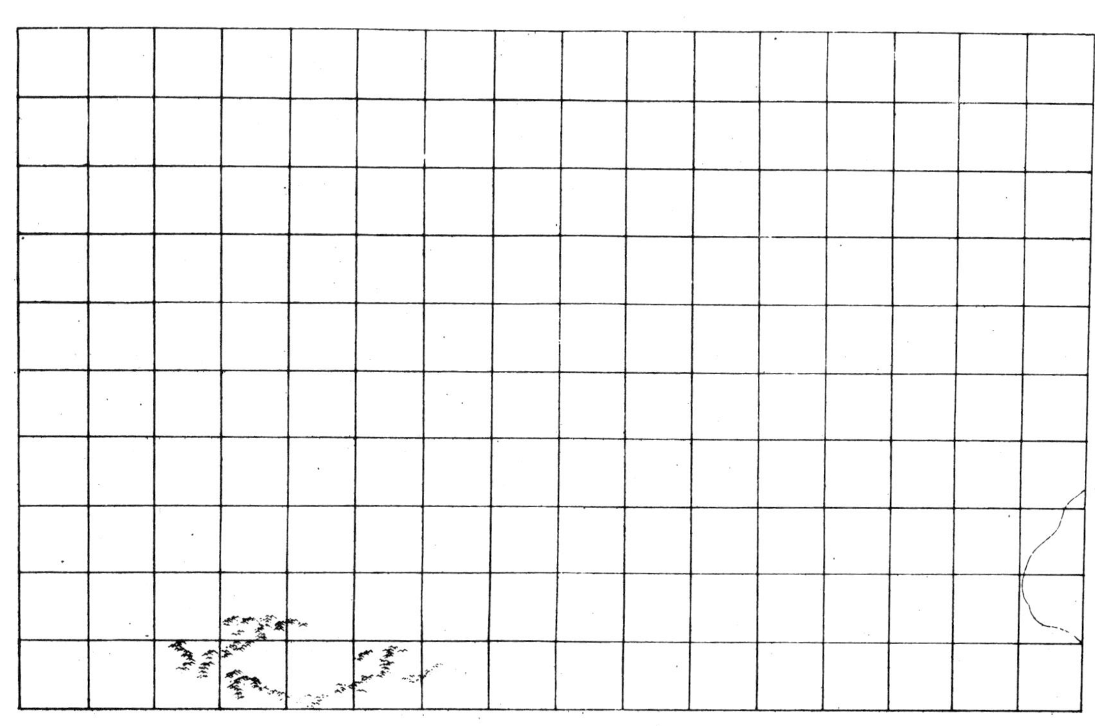

後藏圖十三

北三
右一

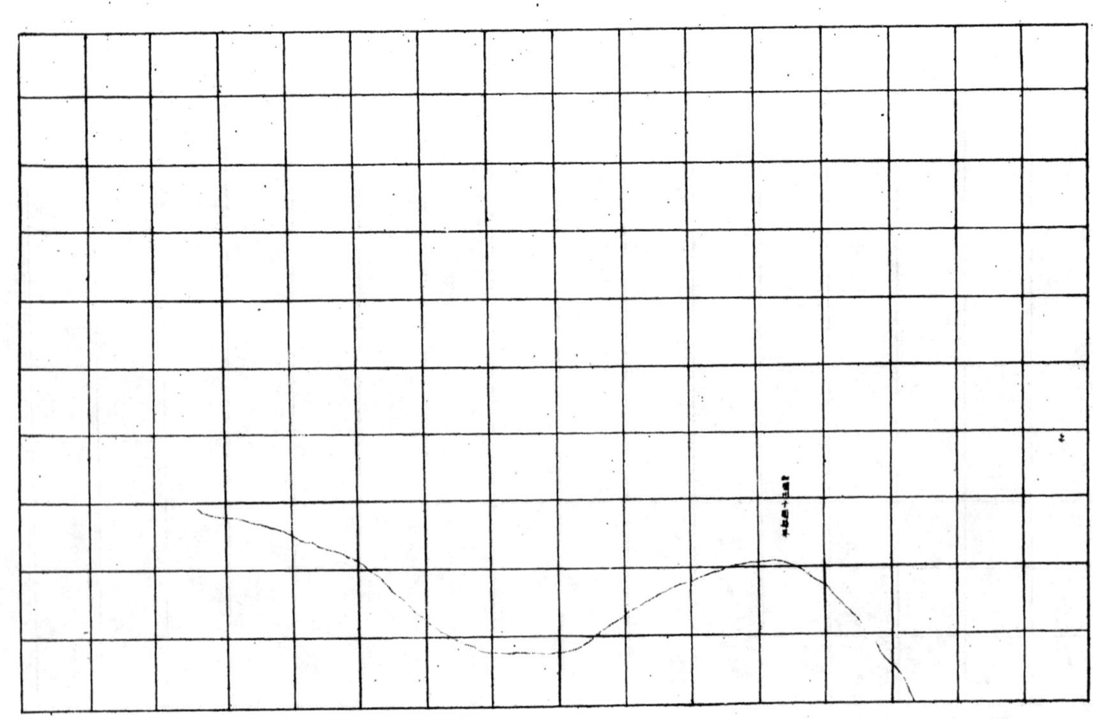

後藏圖十四

南一
中

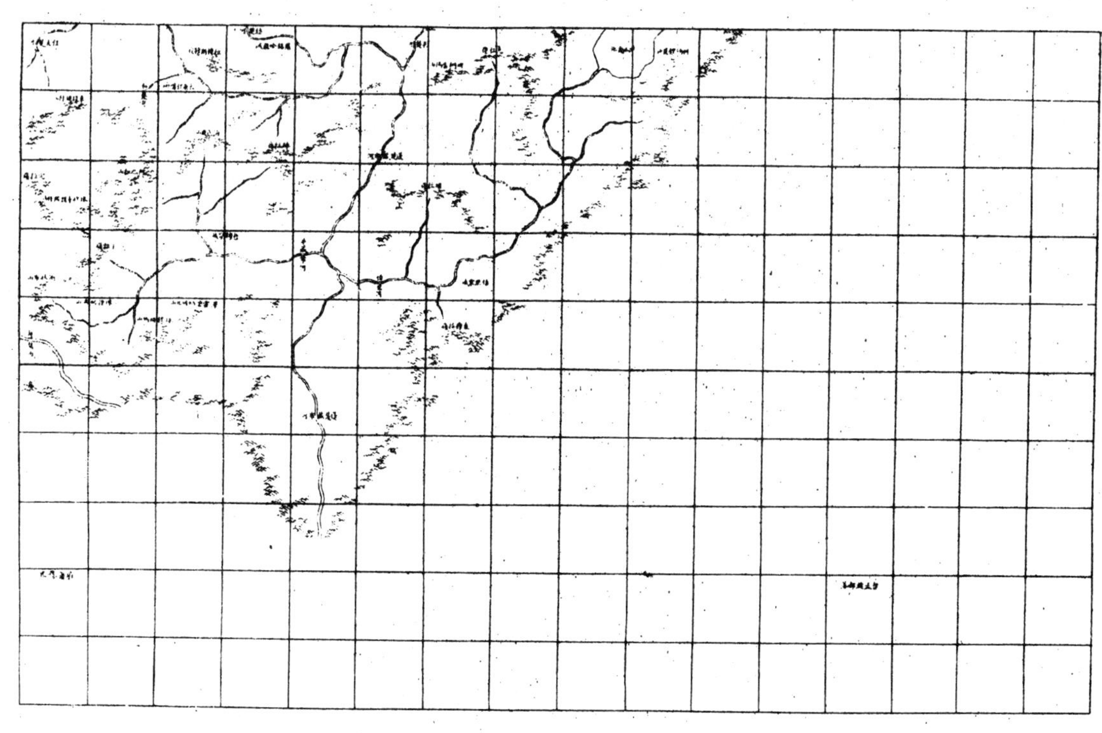

後藏圖十五

南一
右一

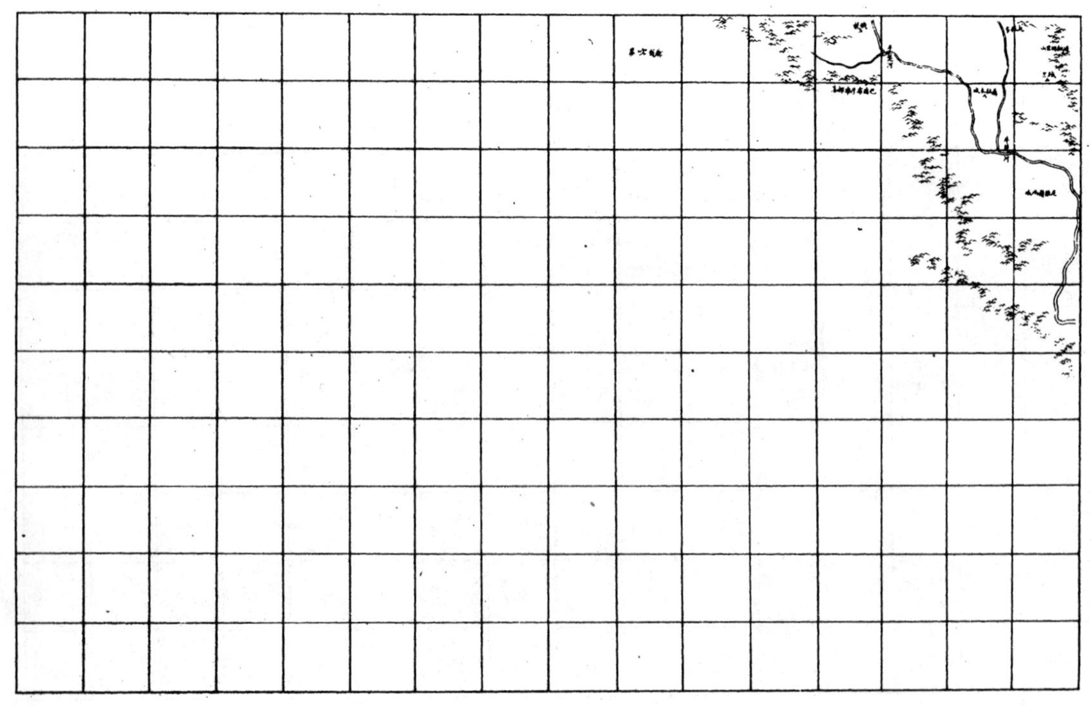

後藏圖十六

南一
右二

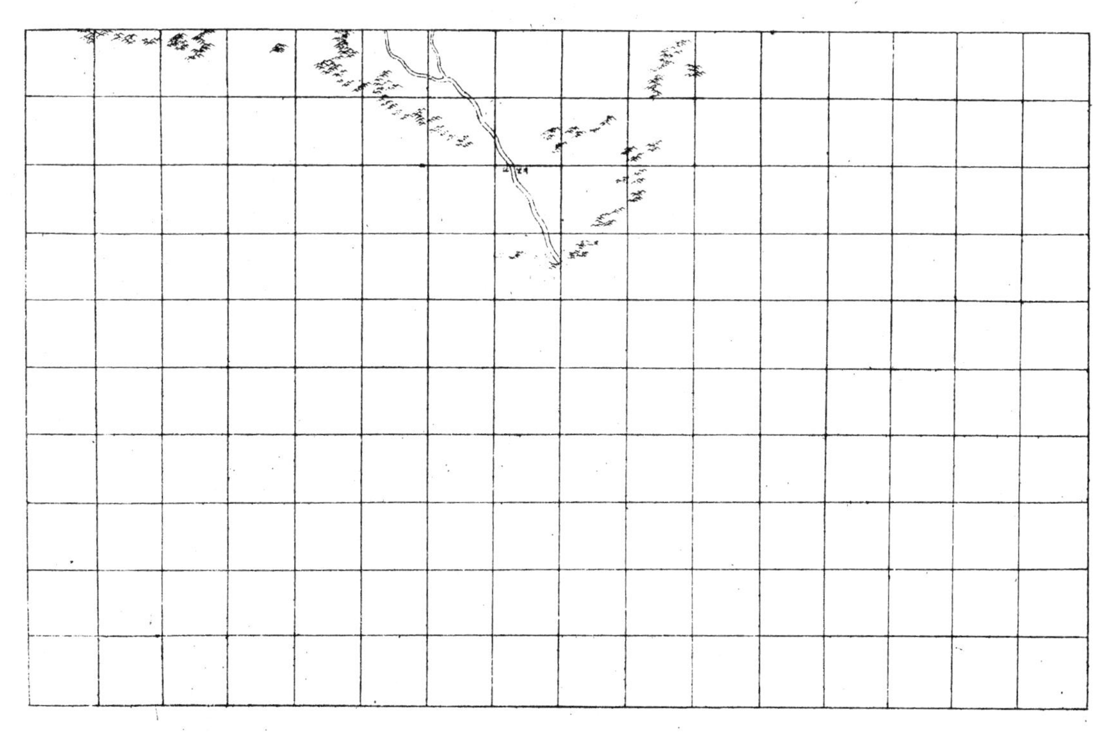

後藏圖十七

南一
右三

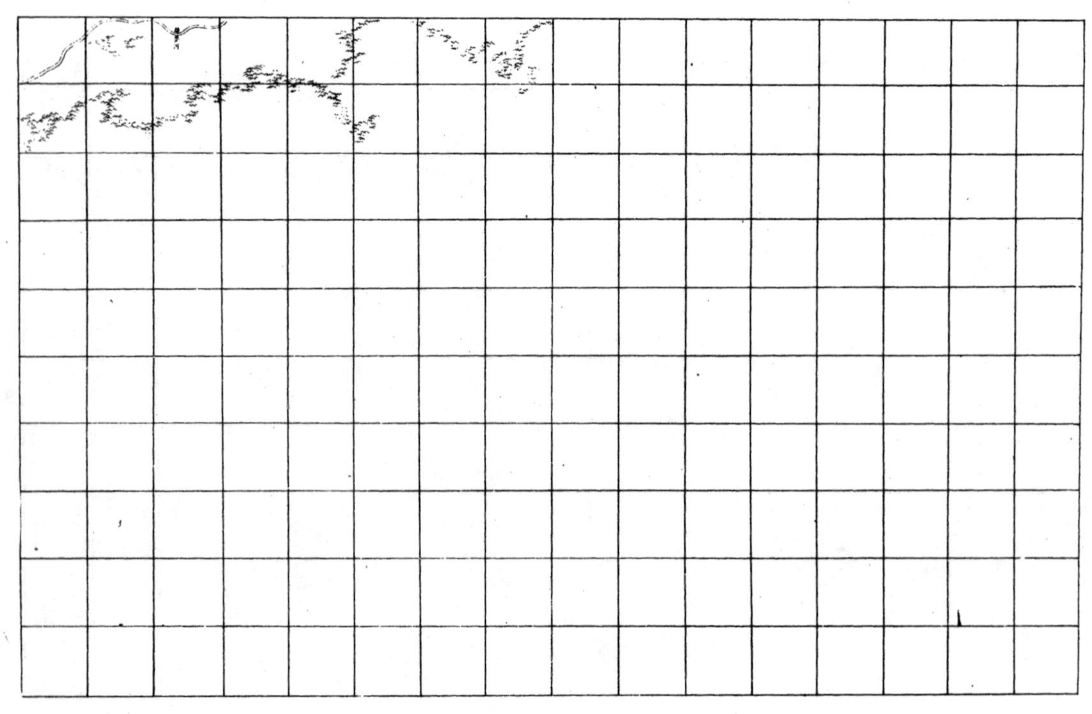

後藏圖十八

南一
右四

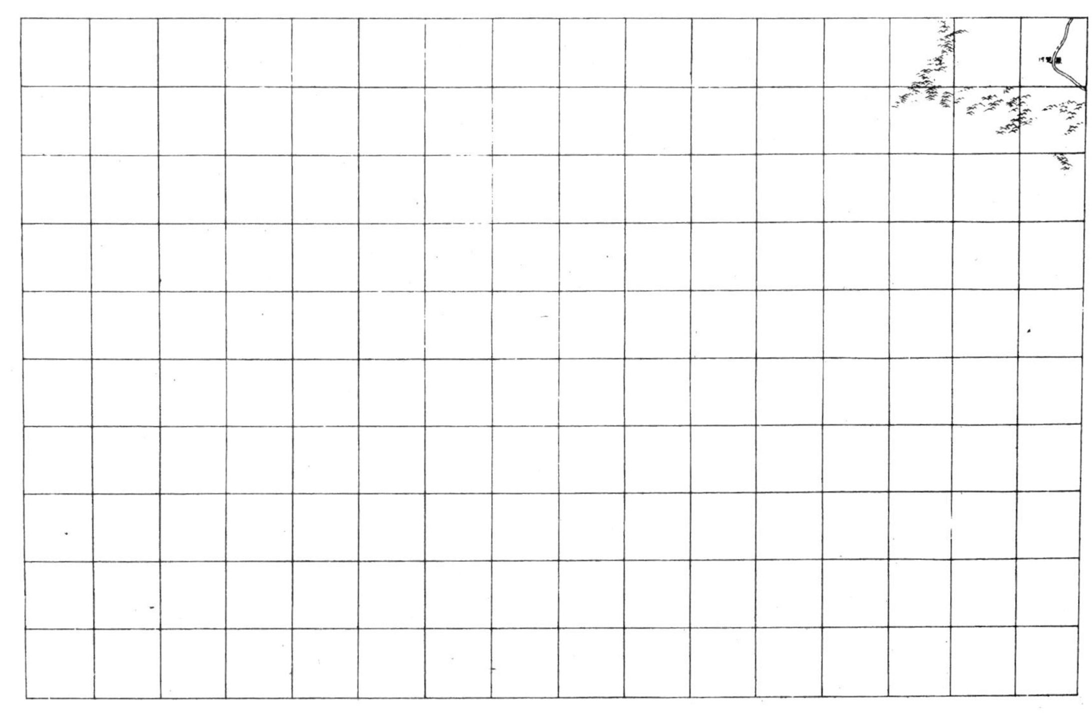

後藏札什倫布城在前藏西九百里至京師一萬一千七百八十五里其東江孜城其西丁吉牙城絨轄城聶拉木城濟嚨城宗喀城阿里城雅魯藏布江即大金沙江出阿里城東達穆楚克哈巴布山三源合東流右納枯木岡阡山水又東北江加蘇木拉河出沙苦牙拉麻拉山合數水及擦爾河東南流注之又東左納阿爾楚河又東經卓碩特西南納烏克藏布河自桑里池西流合拉立客山水商里巴噶山水祖倫山水穆克隆山水達克隆山水又西南注之東南流經噶丹南郭永河四源一出昂則嶺為隆列河一出蓋楚岡阡山為蓋楚河一出塞丹山為珠克楚河一出拉魯岡阡山為拉楚河合東北流注之又東右納蘇穆珠池及作噶爾河水又東受薩楚河河上源曰佳克拉爾河出薩噶部落西北岡阡諸山六水合南流察烏河出拉主客山色爾古河出祖倫羊巴木二山及昂色山水昂勒宗山水合東流注之又曲折南流左右各納數小水注雅魯藏布江雅魯藏布江又東左納一小水又東甕楚河四源一出圖克

馬爾他拉泉一出那木噶山一出達克他拉泉一出查穆東他拉泉合東北流注之又東碩爾底河三源一出沙盤嶺一出碩拉嶺一出岡拉氏尖山合北流注之滿楚河合斜爾充山撒龍山二水岡充查達克山三水拉克藏卓立山水南流注之又東右納一水至宗喀城西北受薩布楚河河二源一出岡拉氏尖山東麓一出牛拉嶺經阿里宗城西合流拉穆措錫穆措泊合南來之達爾楚河拉楚河四小水北來一水東流注之又北經宗喀城西注雅魯藏布江雅魯藏布江經宗喀城北又東折北受薩噶藏布河河自拉布池西南流必普塔克拉克山水合拉隆哈爾山水南流來會又左納拉普岡沖山水右納諸山水經薩噶西右納魯河左納薩楚河又南折東注雅魯藏布江雅魯藏布江又曲北折東南流經珠克定北又東右納二水又東阿穆楚池南流注之又東二水合北流注之折北左納隆措朗措泊又東莽噶爾河出那拉古董察山北流注之又東經章拉澤城西鐘里山水北流注之又經城北而東受鄂宜楚藏布河河

出章阿布靈城北楚拉里山合一水西南流匯於阿穆珠克池多藏岡山水亦南流匯焉又西南出折而東南復匯為龍岡普池又東出拉噶章蘇河合伯堅泊水東北流為達克楚河來會又東右納江楚河經章阿布靈城北又東左納拉山水又東鄂宜楚河出納藍嶺東南流來會又折南注雅魯藏布江雅魯藏布江又東北右納卓隆河二水左納結特楚河經札什倫布城西北打克朋楚河南流注之薩布楚河三源一出拉楚米山一出紅羅山一出卓謨山合為噶楚河左納桀河右納當楚河來注之經城北又東受年楚河河二源一出卓謨拉里山東一出順塔拉嶺合北流為章魯河又北經娘娘廟東拉隆河達里河八小水合西流來會又北經江孜城拜納木城西忝楚河二水並東北流注之又東北經札什倫布城東注雅魯藏布江雅魯藏布江又東尚河出尚納穆林城西北安札拉阿山及緇索克布山佐山諸水合南流注之又東流入前藏界岡噶河出阿里城東境狼千喀巴布山北麓有泉湧出匯為池西北流有二水

合西北流來會又西受公珠泊水泊二源一出達克拉公馬山西南流一出麻爾岳穆嶺西麓西流瀦為泊伏流復西出為池又西流右納自北來三水西南流與岡噶河會岡噶河又西匯於瑪珀穆達賴池北來二水亦匯焉又西出復瀦為朗噶池孟格插素阿爾坦河出岡底斯山南麓三源合西南流亦匯焉又西南出為狼楚河經沖隆城南至古格札什魯穆布札城西南楚噶拉河出藏文嶺西南流注之又西折東北流經澤布隆城東西北流經城北屈西流經楚穆爾底城北又屈西流至西境桑納蘇木多地受爾拉楚河河出岡底斯山北僧格喀巴布山麓有池匯諸泉水西南流又西藏文嶺水北流注之又西北一水自大雪山西流會彭册水西南流來會又屈西北流野公泉水西南流注之又西北經札錫岡城西右合一水又西復右合一水又屈西流有二水合西南流注之又屈西多克楚河西南流注之又西楚納克河亦自東北山西南流注之又屈西經拉達克城南又西折南又屈曲南流與狼楚河會狼楚河又西南

經畢底城西南又曲折東北流復經楚穆爾底城西南境南流至那克蘇拉穆多北境會瑪楚河河出阿里城北麻木佳喀巴布山東南麓有池東南流經噶爾多穆城北折西南流經其城東又西南經阿里城東右合一水又經日底城東右合一水又西南一水自街拉嶺北流注之又西南與狼楚河會始名岡噶江又東南入外夷界蓬楚藏布河出薩喀部落東南上源三一出舒爾穆藏拉山一出錫爾中瑪山一出瓜查嶺合南流又東南右納瞞楚河佳克楚河左納綽羅克河又東南右納勒楚池及二小水經羅錫哈爾城南東流折北結楚河出拉喀拉布山羅楚河出牙噶隆山及岡木阿山合南流折東北注之又東南長楚河三源一出林窩拉山一出龍岡阡山一出蘇枯岡阡山合南流右合吉楚河左合郭楚河來會又西南注蓬楚藏布河又西南經哲穆宗城東北綽拉嶺水訥色爾山水阿巴拉山水珠穆朗瑪山水測林布山水丁拉嶺水合流為牛藏布河東流注之又東南經怕里宗城西怕里河出城東北噶爾楚池西南流入札木楚池又西南合四小水經城北來注之又西南鈕楚河二源一出喜拉岡參山一出岡布紇山經濟嚨城合東南流左右各納一水經雅爾瑪城北又東南注之又東南入廓爾喀界達魯克池在者巴部落西北隆布河合諸山水北流瀦焉其西為拉鞠河在多角克池之北查布也薩噶鹽池在達魯克池北朗布泊又在查布也薩噶鹽池北達爾古藏布河上源為搏楚河北流折東匯為舒魯穆裕措池二小水合北流亦匯焉又東北為當拉裕穆措池楚拉里山羅拜謨克布山二水合東北流匯焉又東北流入前藏界左穆車東池在丁吉牙城東集布隆渾氏河合一水南流匯焉其東北二小水亦合流匯焉阿爾古池在阿里東北林沁蘇伯池在阿爾古池東伊克池巴哈那穆爾池並在北境岡底斯山在阿里城東東界前藏西界巴達克山北界新疆南界廓爾喀

欽定大清會典圖卷二百三十八

輿地一百

廣東省全圖

廣州府圖

廣東省全圖一

中

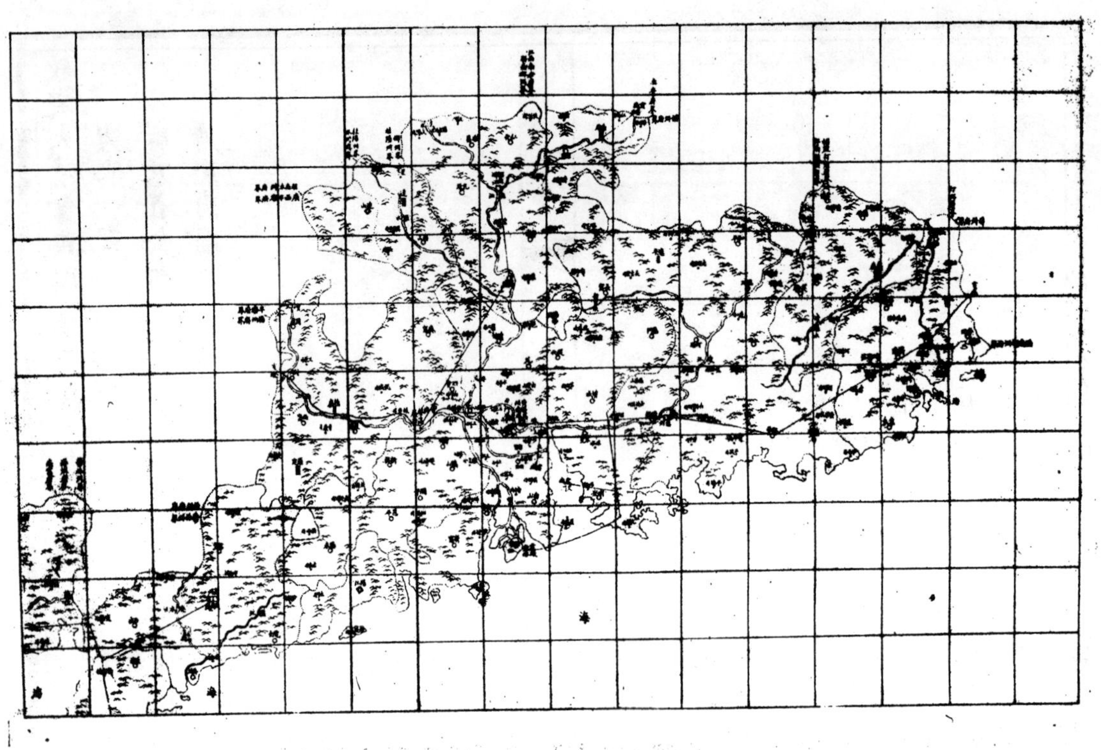

廣東省全圖二

中右一

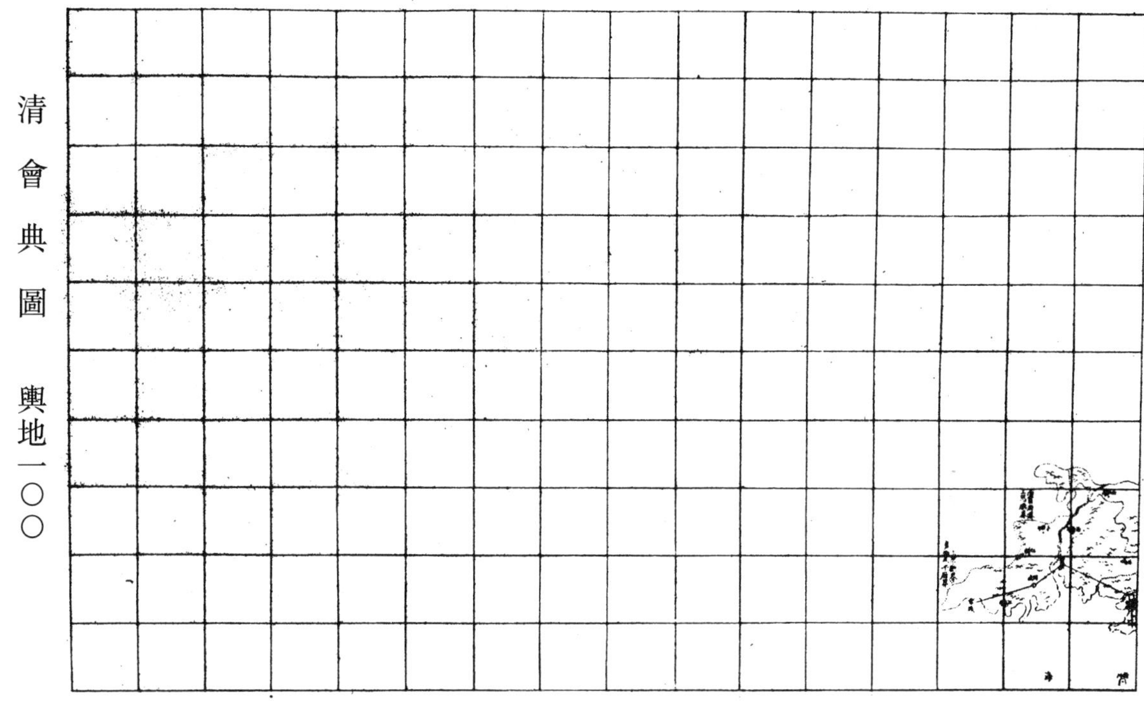

廣東省全圖三

南一中

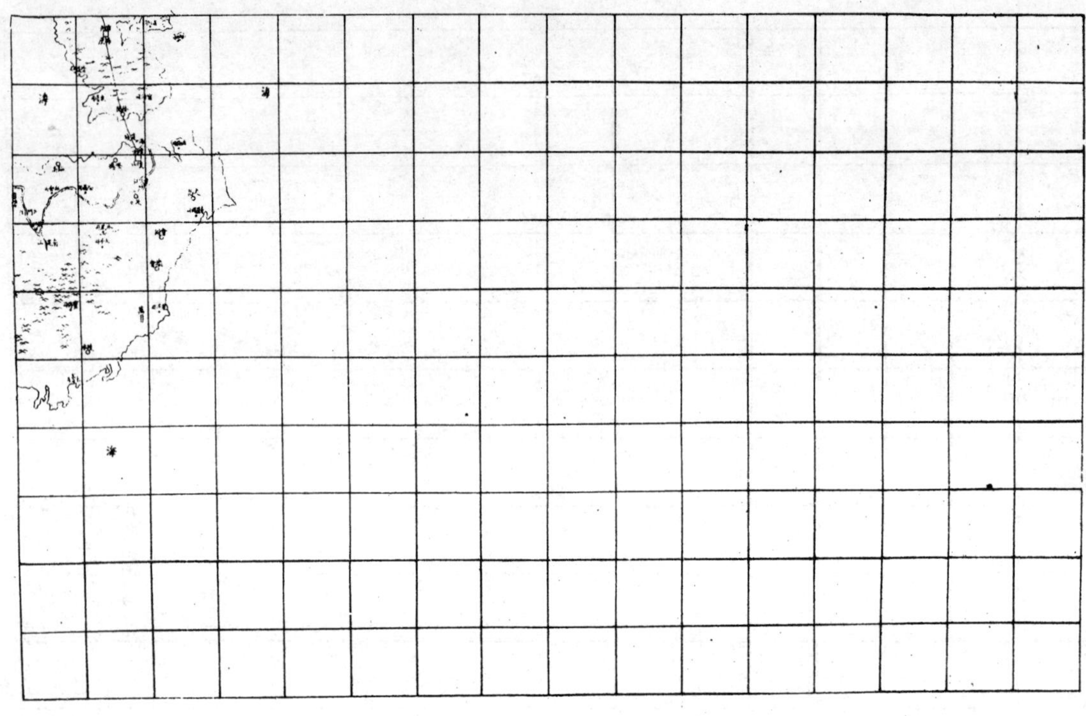

廣東省全圖四

南一
右一

廣東省在

京師西南廣州府為省治兩廣總督廣東巡撫布政司共治焉統府九廳四州五廣州府東惠州府西肇慶府西南赤溪廳陽江廳羅定州高州府雷州府瓊州府廉州府欽州東北佛岡廳潮州府嘉應州南雄州西北韶州府連州連山廳海在省南東與福建漳州府接界西與越南接界北江上流曰湞水出南雄州東北西南流經韶州府治南武水自湖南郴州東南流來會為北江又南湟水東南流注之又東南經廣州府北又西南經肇慶府東北復經廣州府西分流支渠為石門水過省治西而南又東為珠江與正渠並東南流入於海東江自江西贛州府東南流入界經惠州府東北折西南合新豐水又經府治北而西會珠江入於海西江上承潯江自廣西梧州府東流入境經肇慶府西北賀江自平樂府來注之又經府治南而東至廣州府西南歧為二並入於海陵水自廣西鬱林州南流入境經高州府北西南流合鑑江水又西南入於海廉江自廣西鬱林州西流入境經廉州

府治北。又西南入於海。欽江出廉州府西北。西南流經欽州治西。又西南入於海。建江出瓊州府西南。分流。一西北為北門江入於海。一東流為建江經府治東西北入於海。大河水上承福建汀州府鄞江南流入境。經潮州府北合清溪水。又東南入於海。東至福建界。西至廣西界。北至江西界。南至海。西北至湖南界。

廣州府圖一

中

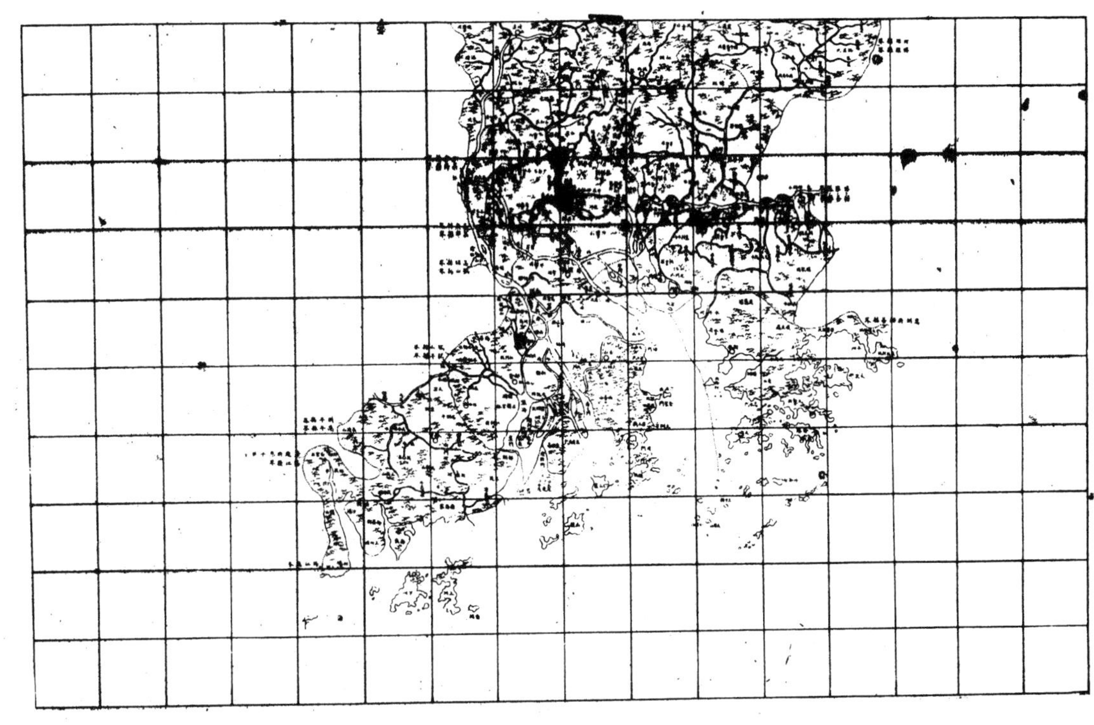

廣州府圖二

北

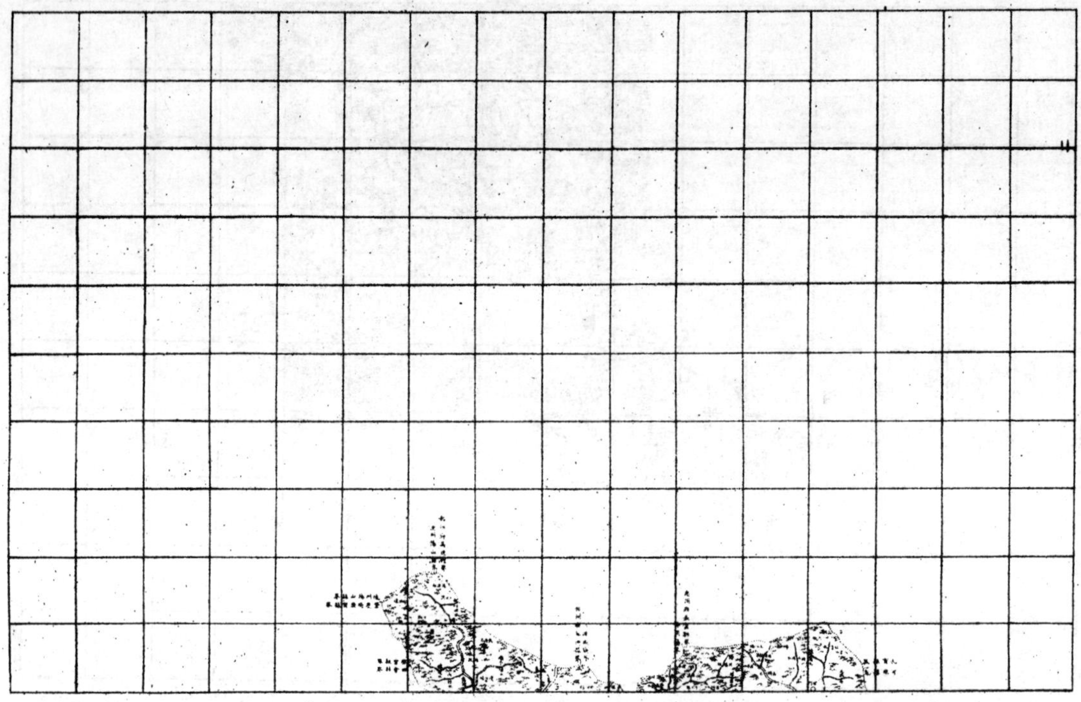

廣州府為廣東省治至
京師五千四百九十四里領廳一縣十四治南海
番禺南順德北花縣東南東莞新安香山西南
佛山廳新會新甯東北從化增城龍門西北三
水清遠海在府南東接惠州府歸善縣界為新
安縣南境又西為香山新會二縣南境又西接
赤溪廳界又西為新甯縣南境又西接陽江廳
界西江自肇慶府高要縣緣界東南流經三水
縣西南左受思賢滘水又東南經南海縣西南
右受滄江又東南經九江墟又經順德縣西南
支津東南出為甘竹灘水注板沙海西江又東
南支津東南出為仰船水歧為二一為木頭海
亦注板沙海一經香山縣東橫門入於海西江
又東南過三瀝沙歧為二東支經香山縣西為
古鎮海合荷塘水支津東南分流夾大鰲沙左
合石歧水由磨刀門入於海西支為天河海經
新會縣東北復分支為荷塘水為分江水復合
西南流中樂都水上承鶴山縣之清溪稚瑤水
又合川水桐水東南流注之又西南注熊海又
南流入於海北江一曰湞江自韶州府英德縣

西南流入界經清遠縣東北右納黃洞水又西南受滙江江自佛岡廳西南流入界經縣東黃華水合穩洞水西北流注之經滙江司南左納橫江又西南源潭水出縣東南分流來注之又西北注北江北江折西龍潭水上承源潭水大燕水各支津北流注之又西經縣南三角海上承大燕水分流自其左注之又西受濱江江一作溙水出縣西北溙源山東南流左納新洲墟水右納鐵坑水丙村水石門阬水又經濱江司西左納壩子墟水又東南注北江北江折南山塘水上承迴歧水溢塘水自其右注之經三水縣北胥江司西又南東出支津為蘆包水蘆包水首受北江水東北流白泥水自清遠縣南來分流注之又東南為馬頭海經三江司西北會三江水折東岐為二橫潭水上承花縣之正徑水屋源水黃洞水羅洞水及白泥水支津東南流注之復合南流流溪出從化縣東北合陳尚水溪頭水王溪秋尚水清溪尚水曲江黎塘水站邊水西南流注之又為石門水經南海縣西北分流復合過柳魚浦經府治西南折

東為珠江疊滘水上承紫洞水經佛山廳北東北分流注之又經府治番禺縣南岐為二經黃埔過茭塘司東北復合東流會東江夾長洲過獅子洋出虎門入於海北江又西南錯入肇慶府四會縣界受綏江復經三水縣西南支津西南出為思賢滘水注西江又東南支津東北出為三江水又東南經南海縣西支津南出為橫江水又東支津東出為紫洞水又南會橫江水支津東出為大岸水折東經順德縣西江村司北又東經番禺縣南紫洞司北魚塘海上承紫洞水大岸水東南流來會為疊石海支津東南出為板沙海甘竹灘木頭海並東流注之又東南流入於海疊石海又東支津東出入於海其正渠分三支為沙灣水合東南流入於海東江自惠州府博羅縣西流經東莞縣東北瀝林水自惠州府歸善縣來西流支津北出匯為曈湖水溢而北來注之又西右納神湖水又西南瀝林水西流折北來注之又西分流環赤碪汎復合左納黃屋水又西分流環黃家山汎復合受九江水水出縣東南合清溪水西北流分一支

為永平河西流折南經新安縣西北入於海。正渠北流注東江。東江又西支津西南出。青鶴灣水上承烏泥阬水神山水左納黃沙水佛嶺水屈北流注之。經縣北受癸水為到涌水。至篁村水口南浦水上承東江來會。又西南入於海。東江又西經增城縣東南新溪水碧江並上承增江水東南流注之。又西南支津西南出為南浦水。又西經增城縣受增江。江出龍門縣東北。二源。東為白沙水合陳崗水大阬水南流經縣東南。西為高明水合英公崗水蛟子阬水西林水西南流來會。又南左納三崗水。折西南路溪自路溪汛西流來會。因名路溪。又西南右納研村水牛井逕水高沙水。左納蓼溪白花滘水。至鰲溪汛。鰲溪西北流來會。又名鰲溪。南流左納大陂水。折西經廟子角司南。永清水合觀音坳水石峽水油田水東南流注之。又西南經增城縣北為增江。右納派潭水澄溪山水。經縣東又南。右納百花林水。又南左出支津二。一為新溪水。一為碧江水。與正渠並南流注東江。東江又西流左出支津二。一為凰涌水。一為到塭涌水。合

西南流入於海。東江又西綏福水出增城縣西花山合大浦墟水雲馬山水南流注之。又西分流環紫泥汎復合。左出支津二。一為中堂滘水一為清水滘水並南流注凰涌水。又西分流復合。右納東洲水西洲水。左出支津二。一為私鹽滘水一為麻涌水合南流入於海。東江折西南流會北江支津由獅子洋南流入於海。雙橋水自肇慶府開平縣東流。經新甯縣西北。南門河出縣東南北峯山。合蠻坡水桂水三合墟水西北流注之。又東北經新會縣西北蜐蜞水北流注之。潭江水亦自開平縣南來注之。又東長阬水自深水湖東北流注之。又東分流。鶴山縣之老女橋水梅亭水並南來注之。又東再分。經縣南復合東南流入熊海。牛角河出新甯縣西南。東流合泥涌河。折南左通潭滘水。又南由三夾海口入於海。那扶水亦在新甯縣西南。南流入於海。西樵山在南海縣西。白雲山在番禺縣北。府東及東北界惠州府。西界肇慶府。北界韶州府。南及東南界海。西北界連州。西南界陽江廳。

欽定大清會典圖卷二百三十九

輿地一百一

韶州府圖

惠州府圖

潮州府圖

韶州府圖

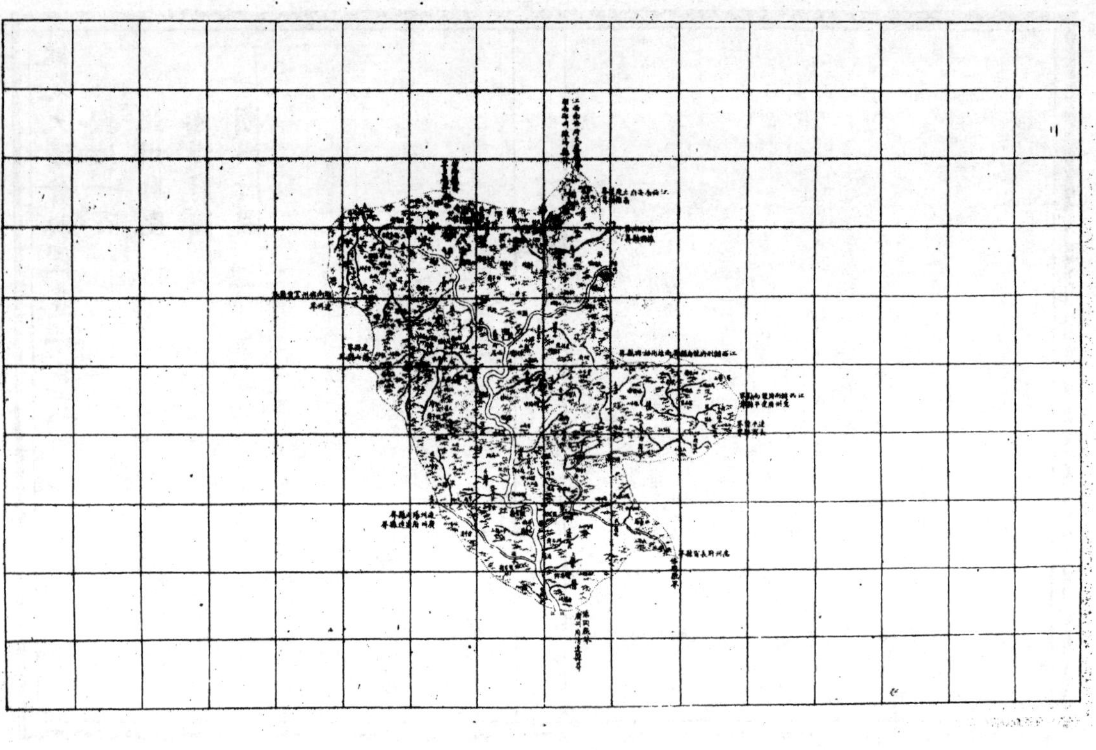

韶州府在省治北八百七十里。至
京師四千六百二十四里。領縣六。治曲江。西乳源。
南英德。東南翁源。東北仁化。西北樂昌。湞水自
南雄州始興縣西流入界。折西南經府治東北
江村汎。錦江出仁化縣東北。合扶溪恩溪康溪
漸溪南流注之。又西折南。靈溪合雷瑤山水西
北流注之。又西南經府治南。受武水。水自湖南
郴州宜章縣南流入界。經樂昌縣西北小河口
汎。武陽水自乳源縣經武陽司合遼水穀溪東
北流注之。又東南左納羅渡水。九峰水。經縣南

又東南長埒水合錫阬水文書嵛水屈西南流
注之。折西南右納里田水。又西南楊溪出乳源
縣西北合雙江水屈東北流注之。又東南經府
治西北。桂水重陽水並西北流注之。又東南注
湞水。是為北江。曲折西南流。瀧水出乳源縣西
南合員子山水湯盤水大布水龍歸墟水東南
流注之。曹溪合沙溪湞溪西北流注之。又南右
納宣溪。左納石角水牛渡水。又南右納牛牯潭
水觀音阬水。經英德縣北觀音巖。折東左納朗
姑塘水。又南經縣東受翁江。江上游曰江鎮水

俗曰太平水。出翁源縣東北山。合油溪南流。左合新橋水。折西經縣北。又折南經縣西。左納時魚阬水周村水。經英德縣東北。羅江水亦出翁源縣東北山。合南浦水芙蓉水橫江龍仙水周陂水馬子灘水西流來會。是為翁江。又南。曲潭水西南流注之。又南。羅紋水自惠州府長甯縣又西南水自佛岡廳來。納姚田水合西流注之。又西南注北江。北江又南。右納大滑石山水。左納波羅阬水。過湞陽峽。受洭水。水自連州陽山縣東流入界。經縣西。波羅水合桂水五溪南流注之。又東南。左納陶江。又東南注北江。北江又南。左納大樟水鐵溪。右納黎洞水。過香爐峽入廣州府清遠縣界。府東界南雄州。西及西南界連州。北及西北界湖南郴州。南界廣州府。東南界佛岡廳惠州府。江西贛州府。東北界江西南安府。

惠州府圖一

中

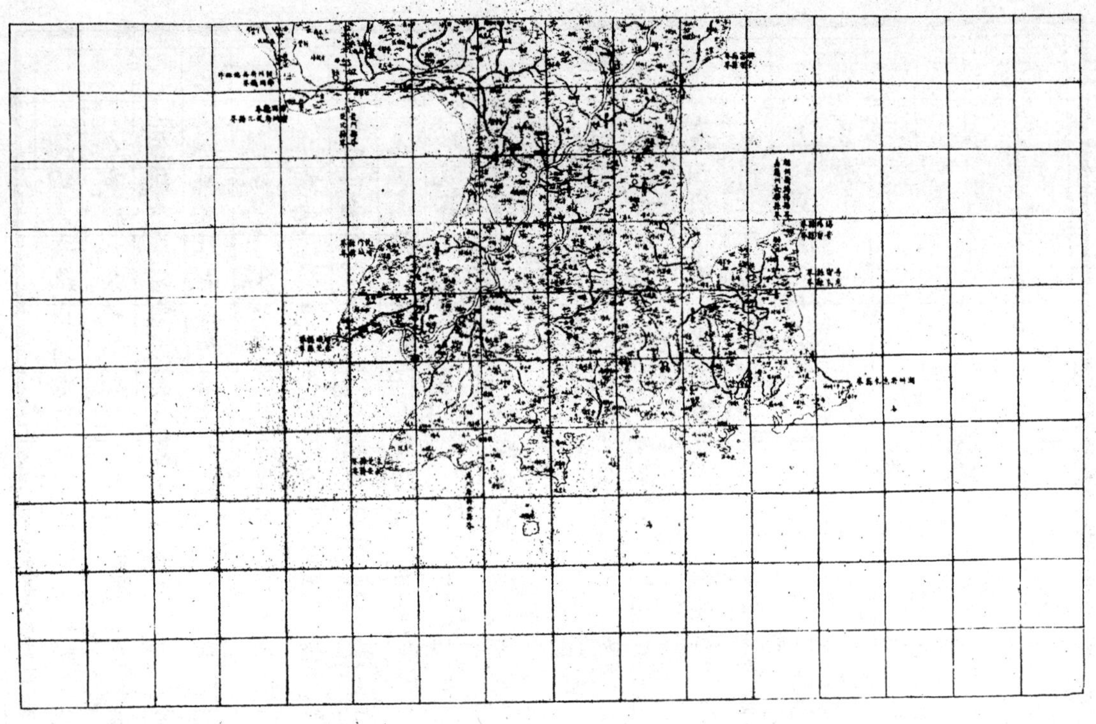

惠州府圖二

北

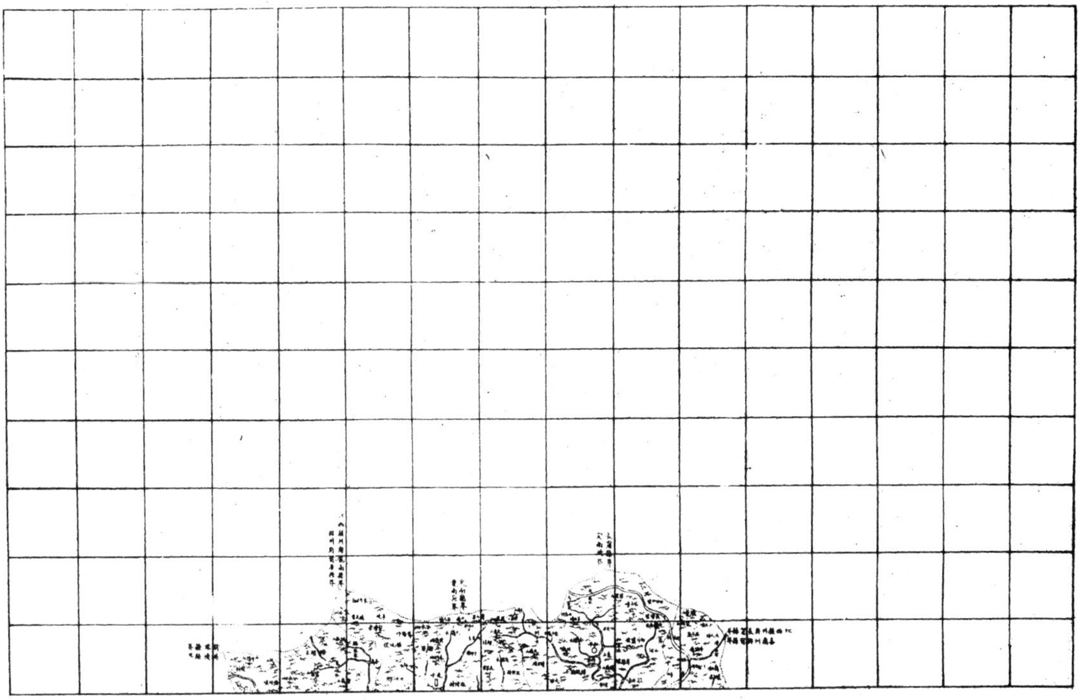

惠州府在省治東三百九十里。至

京師五千八百八十四里。領州一縣九。治歸善。東南海豐陸豐。西南博羅。東北河源永安龍川和平。西北連平州長甯。海在府東南。東接潮州府惠來縣界。為陸豐海豐二縣南境。又西為府治歸善縣東南境。又西接廣州府新安縣界。東江源為定南水。自江西贛州府定南廳東南流入界。經和平縣北。右納烏虎水。又東南經龍川縣東北為龍川水。經合河口。渡田河上承贛州府長甯縣鄢鄔水西流注之。折西南受㳻溪水。水出和平縣西北羊角山。合九連山水龍子嶺水東南流。至縣南湯坊水合和平水合棟水南流注之。又東南。左納九龍合水注龍川水。龍川水又名合河。經縣治南又西南。右納雷江及合溪。又經河源縣東北為東江。至藍口司。能溪合藍溪西北流注之。曾田水東南流注之。又西南。康禾水自永安縣西北流注之。右納雙渡水黃沙水。左納禾溪。經縣東受新豐水。水出長甯縣西北。合梅阬水沙羅水東流經縣南。又東嶽城水南流注之。又東羌阬水合鍋底山水南流注之。又東南。窑溪合楊梅坪水内莞水九嶺水自連平州屈南流注之。大席水亦自連平州西南流注之。又東南忠信水自連平州南流合河源縣二龍岡水西南流注之。又南右納錫場水。又經河源縣西北。左納鯉魚約水。右納石龍頭水。復左納德行屯水。又東南注東江。東江又西南合洞水石公神水並自永安縣西流注之。又西南秋鄉江出永安縣東合青溪下嵐水南山水西流注之。又西南田水合公莊水蘇公水金雞瀝水東南流注之。又經府治東北左納横瀝水。又至府治東北受西江江出府治東北。合三江水明溪長塘水西南流。折西北米塘水合李溪北流注之。又西北注東江。東江又西南横塘水北流匯為西湖又北流注之。又經博羅縣南。又西玳瑁水南流注之。又西瀝林水出縣西南錯入廣州府東莞縣北匯為嶐湖溢而北來注之。又西龍江水西南流注之。又西入廣州府東莞縣界。上沙墟水在陸豐縣東北。東流入潮州府普甯縣界草洋水鹹水溪並在陸豐縣東。南流入於海。内河水出陸豐縣北葵頭嶂合深渡水后溪吉石溪石陂水南流分二支夾縣治並南流入於海。熱水在海豐縣東北合長橋水竹苞水東南流入於海。黃羌水出海豐縣東北合長沙港水經縣南入於海。大液水小漠港並在海豐縣西南流入於海。練溪出龍川縣東北。西南流合通衢司水入嘉應州長樂縣界北琴江南琴江並出永安縣東南東流入長樂縣界。羅紋水出長甯縣西北。北流折西入韶州府英德縣界。磜頭水出長甯縣北西北流入韶州府翁源縣界。羅浮山在博羅縣西北。府東界潮州府。西至南界廣州府。北界江西贛州府。東南界海。東北界嘉應州。西北界韶州府佛岡廳。

潮州府圖

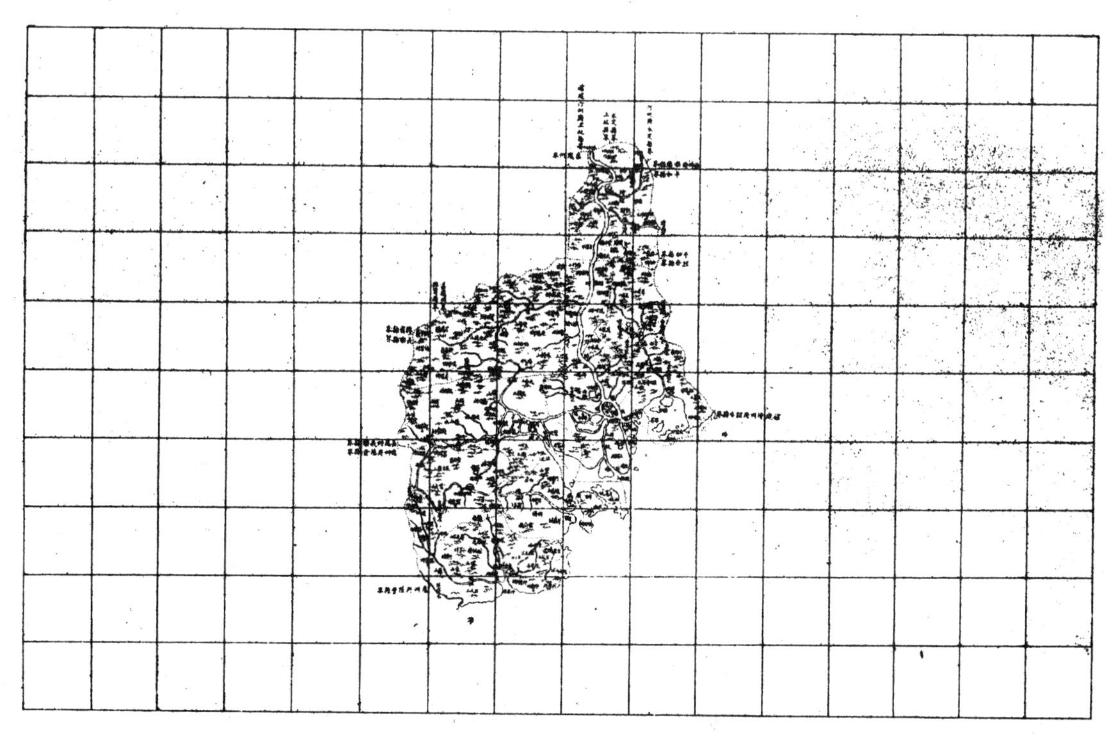

潮州府在省治東一千一百八十五里。至京師六千六百七十九里。領縣九。治海陽。東南登海。西南潮陽揭揚普甯惠來。東北饒平大埔。西北豐順。海在府東南。東接福建漳州府詔安縣界。為饒平縣南境。又西南為澄海縣東境。又南為潮陽惠來二縣東南境。又西南接惠州府陸豐縣界。大河水上承鄞江自福建汀州府上杭縣南流入界。經大埔縣北。東南流。左納龍骨坪水。漳溪自汀州府永定縣來西流注之。又南小河水上承清溪自嘉應州東流來注之。又南。清遠河上承福建漳州府平和縣之河頭溪東來合塘頭墟水西流注之。又西南經豐順縣東北為留隍河。受豐溪。溪三源竝出豐順縣。中出言嶺關。南出伯公坳。北出北山嶂。合東流注留隍河。留隍河經留隍司。又南。右納九河水。至府治北為韓江。右納松溪。左納登榮都水。又東南。九郎山水上承饒平縣鳳水西南流注之。經治東又南分三支。東為涸溪即浚溪。白雲坊水秋溪西南流注之。中支為東溪。西支為西溪。白芒洲水合二山水東流注之。又南會北溪。溪上流為

湯阬水。出豐順縣西南。二源合東流經湯阬市司折南。左納一小水。又西南經揭陽縣西北。右納透內水。折東南經縣北。支津右出為德橋水為東村水為太行渡水為玉滘水為鷺坡水。竝南注南溪。正渠又東經府治南分流注西溪。西溪。又東南會東溪。又東南經澄海縣北為橫隴溪。支津西南出為新港分流入於海。正渠東會浚溪。復分數支入於海。南溪出揭陽縣西明山。東南流經普甯縣西北分二支。一支東流經揭陽縣西。合西山水坡頭水普甯溪德橋水東村水大行渡水玉滘水鷺坡水東南流入於海。一支西南流經普甯縣西南。上沙墟水自惠州府陸豐縣東流注之。又東南饒望夫山為寒婆徑水。折東北經雲落司。又東。右納流沙墟水。東匯為白阬湖。又東經潮陽縣西為練江。左右各納數小水。又東經縣南入於海。黃岡溪出饒平縣東北。北流折西。左右各納一小水。折南至縣東。桃源水出縣西北。東南流注之。又南。右納飛龍徑水為大石溪。左納白花洋水為湯溪。右納待詔山水。又東南。左納小榕水。右納大榕溪。為黃

岡溪。又左納容河水。又東南分二支。並南流經黃岡廳西入於海。古產陂溪出惠來縣東。南流折東經靖海所入於海。東福溪出惠來縣東北。南流分二支。一為光華溪。一為石馬溪。復合西南流。祿昌溪亦出縣西北。分三支復合東南流並入神泉港。港上流為龍江溪。亦出縣西北。東南流。菱潭水二源合南流注之。梅林水西南流注之。又東南林招溪東南流來會。是為神泉港。東南流入於海。草洋水出惠來縣西東南流經縣西南。又折西南入陸豐縣界。府東及東北界福建漳州府。西及西北界嘉應州。北界福建汀州府。南及東南界海。西南界惠州府。

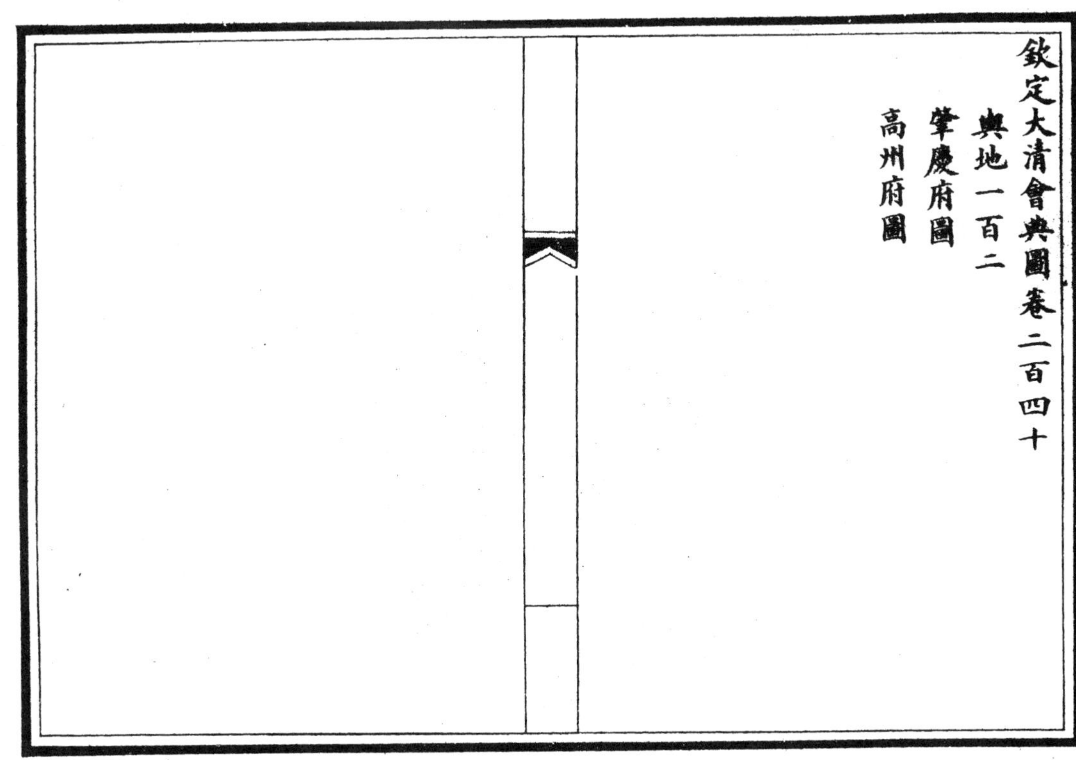

欽定大清會典圖卷二百四十

輿地一百二

肇慶府圖

高州府圖

肇慶府圖一

中

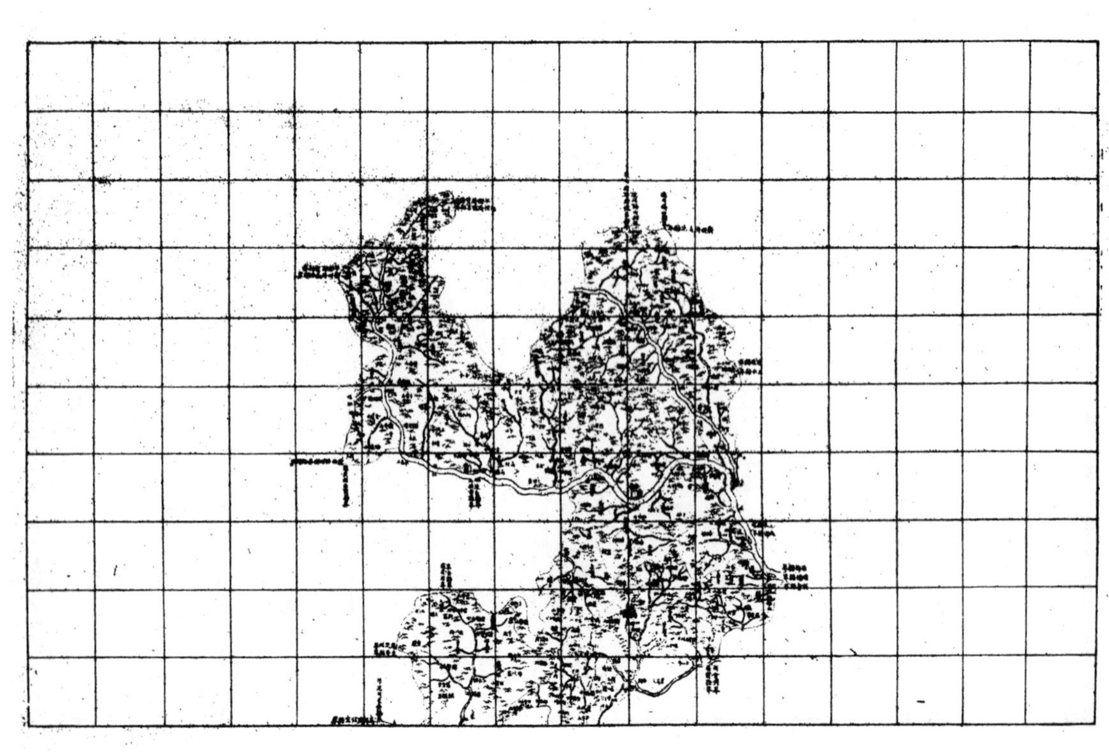

肇慶府圖二

南

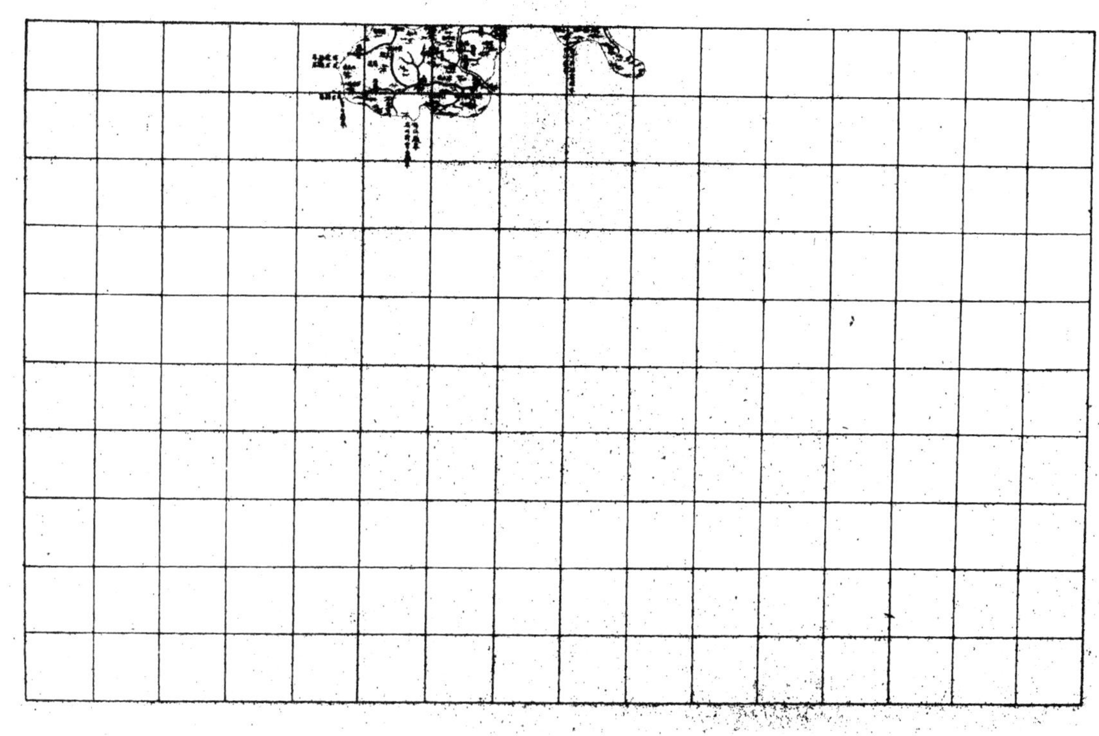

肇慶府在省治西二百九十里至
京師五千四百四十四里。領州一、縣十一。治高要。南開平，東南高明、鶴山，西南新興、恩平、陽春，東北四會，北廣甯，西北德慶州、封川、開建。西江，龔江自廣西梧州府蒼梧縣東流入界，經封川縣西，折東南，受賀江。江上流曰開江，自廣西平樂府賀縣東南流入界，經開建縣北，忠讜信水、⿰礻每村水、昭埇水合東南流注之。又南，右納蓮塘水，經縣西。又南，金纏水合似龍水、黎水，合狼嶺水並西流注之。又西南，右納小玉水、大玉水、都羅埇水、都平街水。又東南，經封川縣北，甯洞水合雲塘水、孔生河西南流注之。又南，文德水上承黃岡河、古龍水、石巖河、清水、玉洞河諸水，經文德司西流注之，為賀江。又南，右納上律水，又西南注西江。西江折南，經封川縣西南，蟠龍水自羅定州西甯縣來，東北流注之。又南，折東，經德慶州西，其南為西甯縣界。左納淥水，經州南。又東，端水合留漲水東南流注之。其南為羅定州東安縣界，會南江。又東，石河合羅陽水，沙河合八仙洞水、都舊水，會流為馬墟水，又南流注之。

又東，右納大絳水。又東，悅城水合靈陵水、東牛水、大田水、南田水、武壟水、棠下水南流注之。又東北，經府治西北，大榕水合小榕水南流注之。又東，都偃水合羅帶水、幌纖頂水、河社水、青黃水、九阬山水西南流注之。折東南，右納隘洞水，左納笱洞水、大湘水，經府治南，受新江水。水上源為唐窩水，出新興縣南，西南流，合一小水，折西北，錯入羅定州東安縣界，復東北流，經縣西北，為錦水。蘆溪、青溪、思龍水合北流注之。又北，通利水合洑水西北流注之。又西北，復錯入東安縣界，為新興江。折東，復經府治西南，右納示洞水。東北分二支，左納孔洞水，右納新宅水，復合東北流注西江。西江折東北，金雞水、宋崇水合北流注之。又東北，左納後瀝水、甯塘水、長利水。又東流，右納典水。折東南，錯入廣州府三水縣界，北納青岐水，東會北江支津之思賢滘水。折南，復經府治東南，金利墟古壩水分二支東注注之。又南西南出支津二：一曰北滘水，一曰蘆滘水，並南注滄江。又東，經高明縣東南，受滄江。江出高要縣西南，為鴨徑水，合雲宿水屏山水東流經高明縣南又東沙水合石水東北流注之合北港水滙滘水又東南注西江西江又東南經鶴山縣東右納古勞小河又東南入廣州府順德縣界北江自廣州府三水縣西南流入界經四會縣東南受綏江江一曰懷溪自廣西梧州府懷集縣東南流入界經廣甯縣西北南鄉水合沈建水烏水及南來一小水東流折北注之顧水上流為黃洞水合扶溪水下洞水禾倉水阬洞水蒙阬水西流注之又東南左納溢洞水又東南金場水合馬蘭阬水鹽洞水青水桂水東北流注之右納大良水經縣南東鄉水合扶留水黃岡水金濁水西南流注之又東南右納黎洞水又東南新招水合數小水東北流注之復左納扶羅水及諸小水右納白花水及諸小水又東南經四會縣治南折東受龍江水水出廣甯縣東北合數小水東南流梅崗水亦出縣東北合數小水來會又東南注綏江綏江又東南東阬水合西阬水南流注之又東南支津西南出為青岐水注西江正渠東南流注北江北江折東南仍入廣州府三水縣

界漠陽江上流為雲浮水出陽春縣西北雲浮山合大塘水東南流左納雲霖小水大水折南左納那烏水右納青山水又南左納羅鳳水右納博學水經縣治北左納高遼水北朧河經縣西又南左納冠溪白鳩河右納石萊水又東南受麻陳水水出縣西南合羅水東北流雙滘水自東安縣南來雙龍水自高州府信宜縣東來合南流來會又東龐洞水合二小水南流注之又東經縣南潤水河黃麖涌水並北流注之又東北注漠陽江漠陽江北受輪水河東南流入陽江廳界那吉水出恩平縣西南南流入陽江廳界雙橋水出鶴山縣西北合一小水南流經開平縣東北北坪江上承雲益水及蠻橋三合諸小水西南流來會又西南經縣南獨鶴水合上下灣水西南流注之折東南左納二小水右納一小水為尖石水又西南受赤勘汎水水上流為錦水一曰恩平江出恩平縣西北曰岑洞水合君子河西南流半亭水滁頭水橫槎水並北流注之經縣南折東北流金雞水北流注之潭流水牛岡渡水並東南流注之又折東南流

經開平縣南。長塘河東北流注之。又東南分流右納護沖水注尖石水。尖石水又東南緣廣州府新寧縣界。又東北左納一小水。又東北牛欄阬水上承赤水口水泥沖滘水東南流注之。潭江上承鶴山縣諸小水屈南流注之。又東入廣州府新會縣界。崑洞水官田水並出鶴山縣東合南流入廣州府新會縣界老橋水滘江雅瑶水亦並出縣東入新會縣界。府東北至南界廣州府。西界羅定州。北界連州。西北界廣西梧州府平樂府。西南界高州府陽江廳。

高州府圖

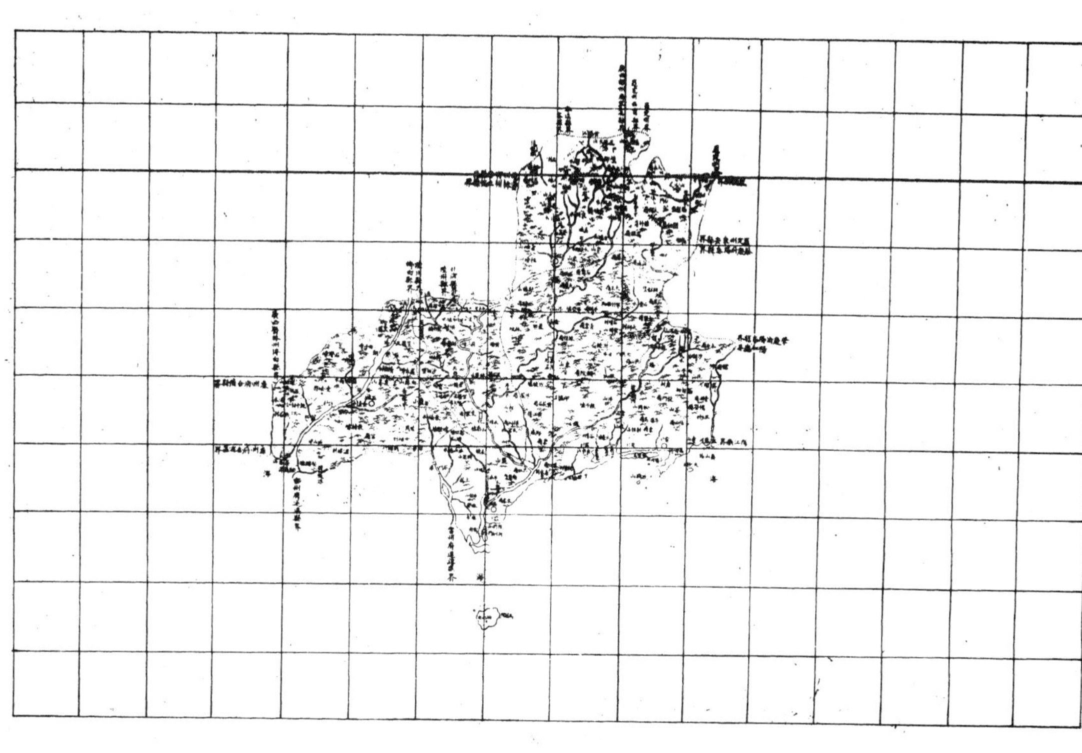

高州府在省治西南一千六十里。至京師六千五百五十四里。領州一縣五。治茂名。東南電白。西南化州石城吳川。東北信宜。海在府南。東接肇慶府陽江廳界。為電白縣南境。又西為府治南境。又西為吳川縣東南境。又西接雷州府遂溪縣界。又西為石城縣西南境。又西接廉州府合浦縣界。陵水自廣西鬱林州北流縣西南流入界。經化州東北。左納石坡水。右納梅林水天堂嶂水江背水寶樹墟水。至州西北受羅水。水二源。一自鬱林州陸川縣來合馬瀝水

東南流。一自北流縣合一小水西南流來會。右納羅裙窩水。又東南注陵水。陵水折東南。左納交枝水。右納石西江官橋墟水文家涌水。至州東北受浮山水。水上流為寶江。二源。東曰東川水。西曰西川水。並出信宜縣北。合諸小水經縣南合南流。經府治北為寶江。又東南雙柘水出信宜縣東北西南流注之。又西南為浮山水。又東南石骨水出府東北。南流折西注之。又經府治北。屈西南流至化州東北。右納冷山水。又西南注陵水。陵水又經州東。東南流至吳川縣東

北。瓦窰水自化州東南流注之。又東南受鑑江。江上流為望夫水。出電白縣北。西南流合龍珠河水為潭儒河。經府治南牛蔟水東南流注之。又西南注陵水。陵水折西南支津西北出為木棉江。又西南支津西南出為那蒙水。又西北右合木棉江水。折西南右納平城江水。又南流左合那蒙水。經縣西又南入於海。石門港在吳川縣西。與雷州府遂溪縣分界。上承石城縣東橋水東南流。左合山角諸水。又南入於海。石角水一名南濂水。自廣西鬱林州陸川縣西南流入界。經石城縣北曰溫湯。又南曰龍湖。左納單竹水。又西南曰合江。右納羅繖嶺水。經縣西左納青榕水。右納賀江。又西南入於海。洗米河在石城縣西。接廉州府合浦縣界。官寨港亦在縣西。並南流入於海。暗浦港在縣西南接雷州府遂溪縣界。西流入於海。儒洞河出電白縣東北。合界頭河南流為五藍河入於海。大橋河口官橋河口石塔河口東壚水口沙院壚水口並在電白縣西。雙龍水在信宜縣東。屈東南流入肇慶府陽春縣界。吐珠江出信宜縣東北合洺水東流為雙牀水。折北為石印水。入羅定州界。懷鄉水出信宜縣東北。北流白石堡水合石阬水西北流注之。石人江西流注之。又西北響水合燕水東北流注之。又北為黃華江入廣西梧州府岑溪縣界。渭龍江出信宜縣北。西北流入廣西梧州府容縣界。府東界陽江廳。西及西北界廣西鬱林州。北界廣西梧州府。南及東南界海。東北界羅定州。肇慶府。西南界雷州府。

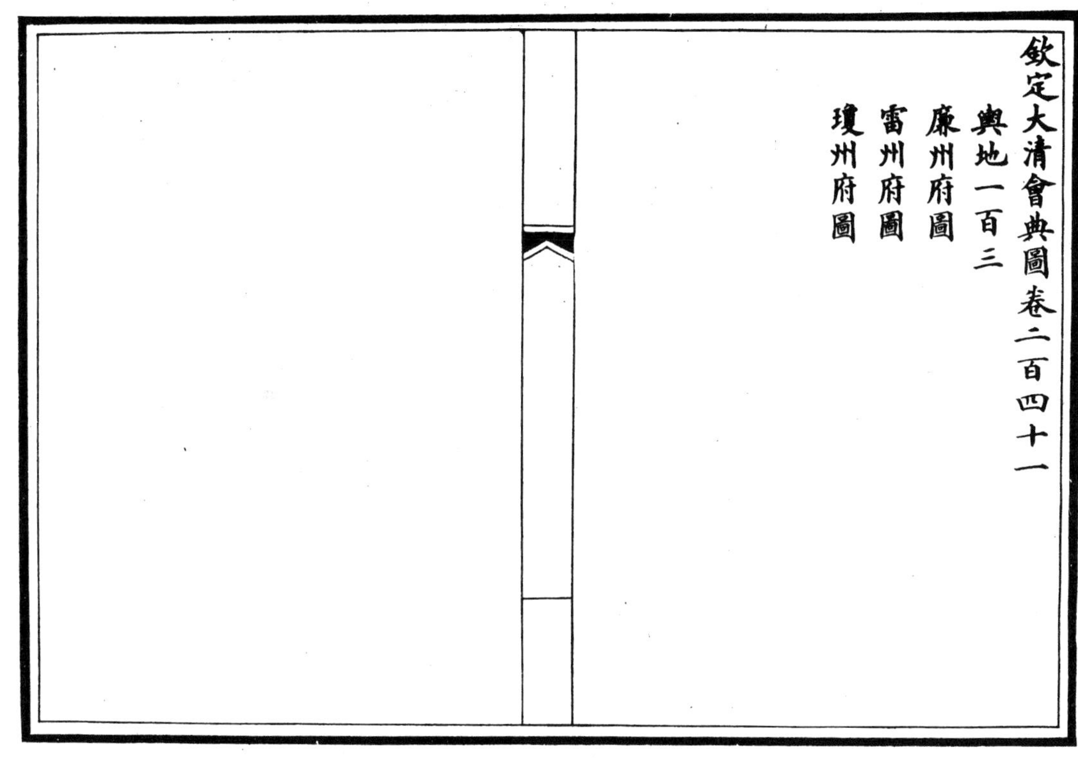

廉州府圖

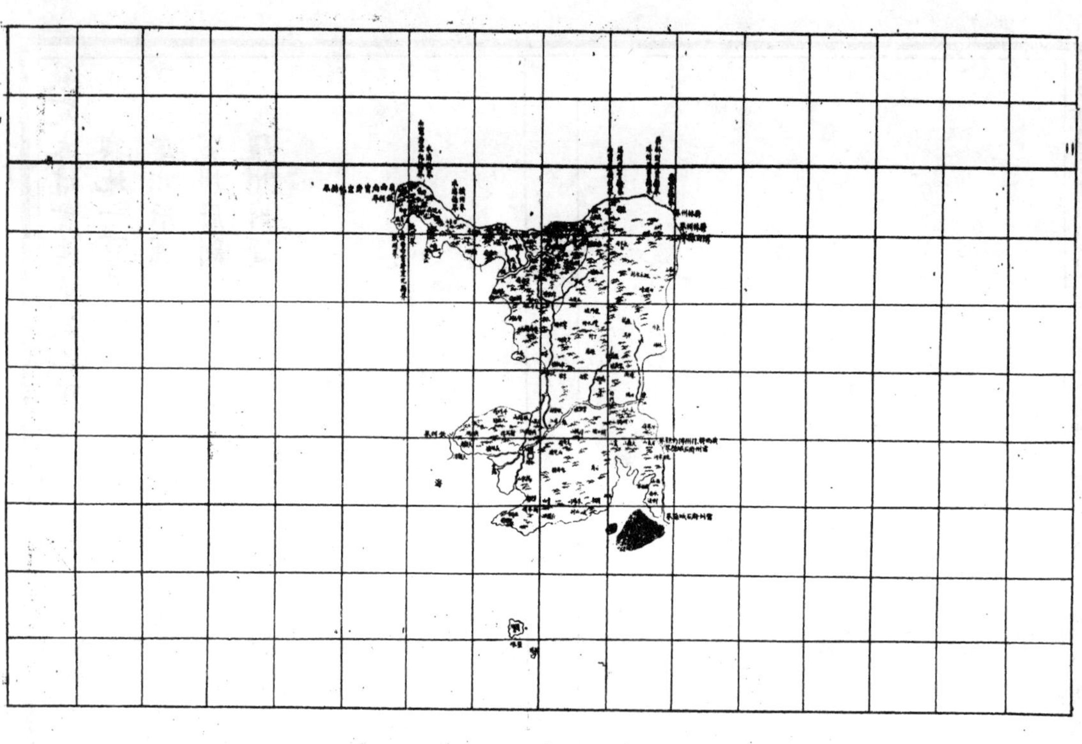

廉州府在省治西南一千八百里。至
京師七千二百九十四里。領縣二。治合浦。西北靈山。海在府治南境。東接高州府石城縣界。西接欽州界。西門江一曰廉江。自廣西鬱林州博白縣西流入界。經合浦縣東北右納小江。及張黄江水。又西南為羅成江。武利江出府治北合望水南流錯入欽州界復南流來注之。又西南經府治北。洪潮江亦自西北來注之。又分三支入於海。洗米河在府治東南。東與高州府石門縣接界南流入於海。陸屋江出靈山縣東北中秀嶺。合六禾水東墟水經縣南曲折西流。右納高望嶺水龍門江下流江水。又西入欽州界。府東界高州府。西至南界海。北界廣西南甯府。東北界廣西鬱林州。西北界欽州。

雷州府圖

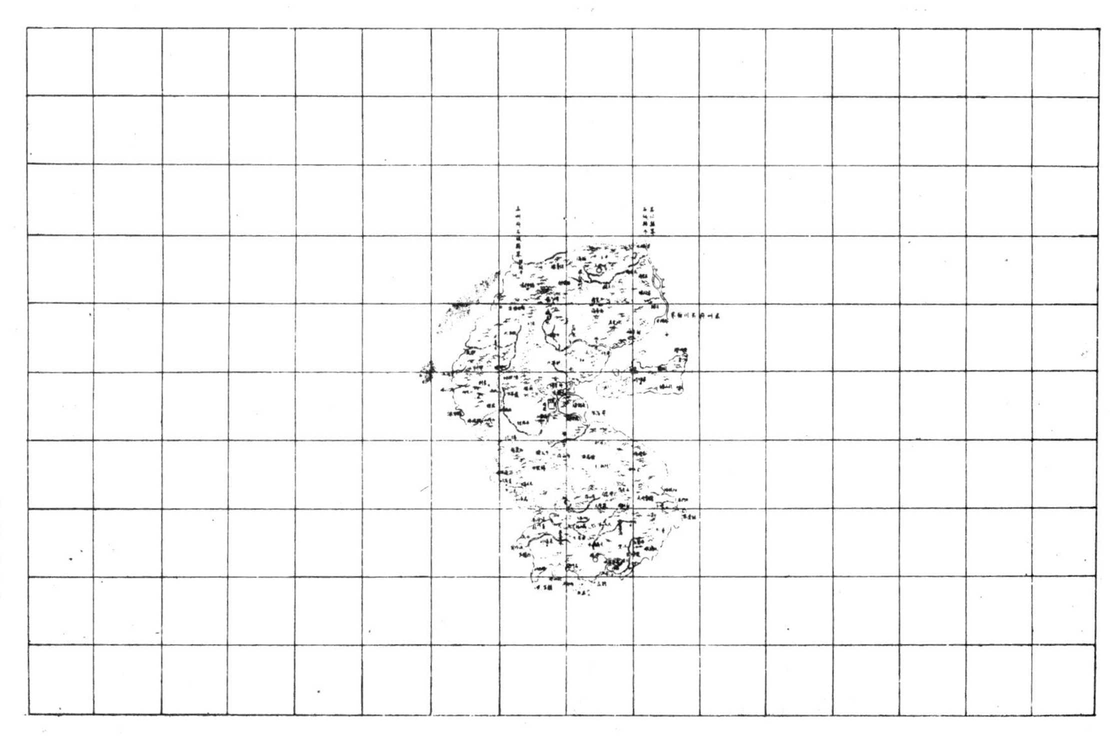

雷州府在省治西南一千五百十里。至京師七千四里。領縣三。治海康。東南徐聞。東北遂溪。海環府東西南三面。東北接高州府吳川縣界。有東山島及廣州灣。西北接高州府石城縣界。石門港在遂溪縣東。與高州府吳川縣分界。上承高州府石城縣東橋水。東南流。東溪出遂溪縣北。西南流。合西溪鳳凰村水。折東北流注之。又東南入於海。城月水出遂溪縣西南螺岡嶺。西南流。復折東南。北京灘水武樂水並南流注之。又東南入於海。南渡水出府治西北博政村。東南流。又折東北。經治南。屈東流。北出支津為大肚河。經遂溪縣南。合特呂塘水。東流入於海。其正渠東流為雙溪港。經麻演渡。屈東流入於海。乾零水出遂溪縣西南。擎雷水出府治西南。並東流入於海。大水溪出徐聞縣東北龍牀嶺。合葫蘆溪。西南流。經縣北高山嶺。折東南流至海安所城。折西南流為海安港。入於海。邁勝溪出徐聞縣東北。西南流為龍潭溪。入於海。遇賢水出徐聞縣東北。合青桐港。西流入於海。頓呑水廉賓水亦出縣北。合西北流入於海。靈壺水亦出縣西北。經東場司。西流入於海。暗鋪港出遂溪縣西北。牛鼻水出遂溪縣西南。並西流入於海。府東西南俱界海。北界高州府。

瓊州府圖

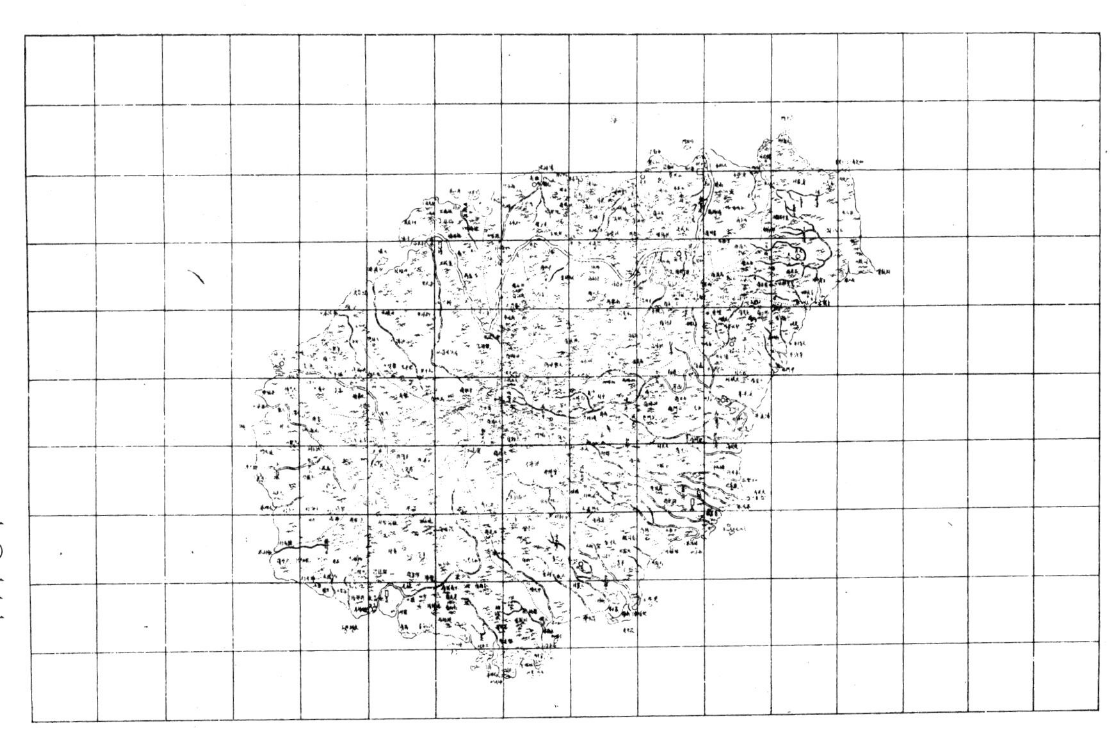

瓊州府在省治西南一千八百一十里至京師七千三百四里。領州三縣十。治瓊山。南萬州。西澄邁。東南文昌會同樂會。西南定安臨高儋州昌化感恩崖州陵水。府懸居於海。建江出儋州東南五指山。西北流歧為二。一西北流為北門江。經州北折西為十硐港。遇新英市匯為新英港。新昌江北流注之。又西南入於海。一東北流為建江。經臨高縣西南。北出支津合迎恩水為文瀾水。經縣東入於海。其正渠東北流經澄邁縣西南。折東南流右納新田溪為新安江。又經府治西南為白石河。折東北經定安縣西北。南遠溪合東洋水北流注之。又東經縣北右納南白溪潭覽溪仙客溪。折北經府治東左納南渭溪南湖水為南渡江。經治北海口所入於海。北洋港在府治東。北流入於海。三江水上承文昌縣北排港溪下圖溪東圖溪西北流入於海。文昌江二源。並出文昌縣西。合東流白石溪自西北來會。白芒溪自西南來會。又東南平昌溪合數小水來會為官宵港。南流入於海。白延溪出文昌縣西南八角山。東南流合

二小水入於海。大橋溪軒村溪合水溪溫洋溪並出會同縣東。東南流入於海。萬全河出定安縣西南大五指山。東流經樂會縣西。合北來一水。屈東北為峻口河。左納太平水為合口河。又曲折東流左納留古溪。又東南受五灣水。水上流為龍角溪。出會同縣西北東南流。黎盜溪合禮曹溪西南流注之。又東南注合口河。合口河又東南分流環縣治復合。又東南九曲河蓮塘溪合流來注之。為博鼇港。又東南入於海。龍滚河出萬州西北。東流。流馬河自樂會縣西東南流注之。又經樂會縣西南分支渠二。一曰九曲河。一曰蓮塘溪。合東北流注博鼇港。正渠東南流經萬州東北入於海。都封水出萬州西。東南流分為四支。曰和樂港。曰港北港。曰石狗瀾。曰金仙河。並東南流入於海。踢容河亦出州西北。歧為二。並東南流。右合石龜河入於海。南洞瀾水大霖水並在陵水縣東入於海。大河水出陵水縣西北。合指崙弓水多眛弓水東南流經州北左納石門水蠻村水。右合筆架山水東南流為桐棲港入於海。青水塘水亦出縣西北東南

流岐為二。一東流合二小水為筆架山水注大河水。一東南流為竈子港入於海。上竈村水合口港水並出陵水縣西東南流入於海。椰瓼水椰根水並出崖州東。合東南流入於海。多銀水亦出州東。合三亞水東南流。與白沙水並東南流入於海。甯遠水出陵水縣西北。屈西南流經崖州東南岐為二。一西北流環州治而南為抱漾水入於海。一南流入於海。石溪水合抱拖水與望樓水並南流入於海。螢村水在崖州西入於海。感恩水出感恩縣東。西南流折西岐為二一為南龍江。一為小南港。並西流入於海。樂安河出陵水縣西北大五指山。西南流經崖州北樂安司南。折西北經感恩縣東。昌化縣東南為昌江。又西北經縣治南分流入於海。安海江出昌化縣東沙溝江出儋州西南。並西北流入於海。榕橋水出儋州東。西北流入於海。稍陽水合沙地水東北流澄江合九曲水西北流並在澄邁縣西入於海。五指山黎母嶺並在府西南。府四面俱界海。

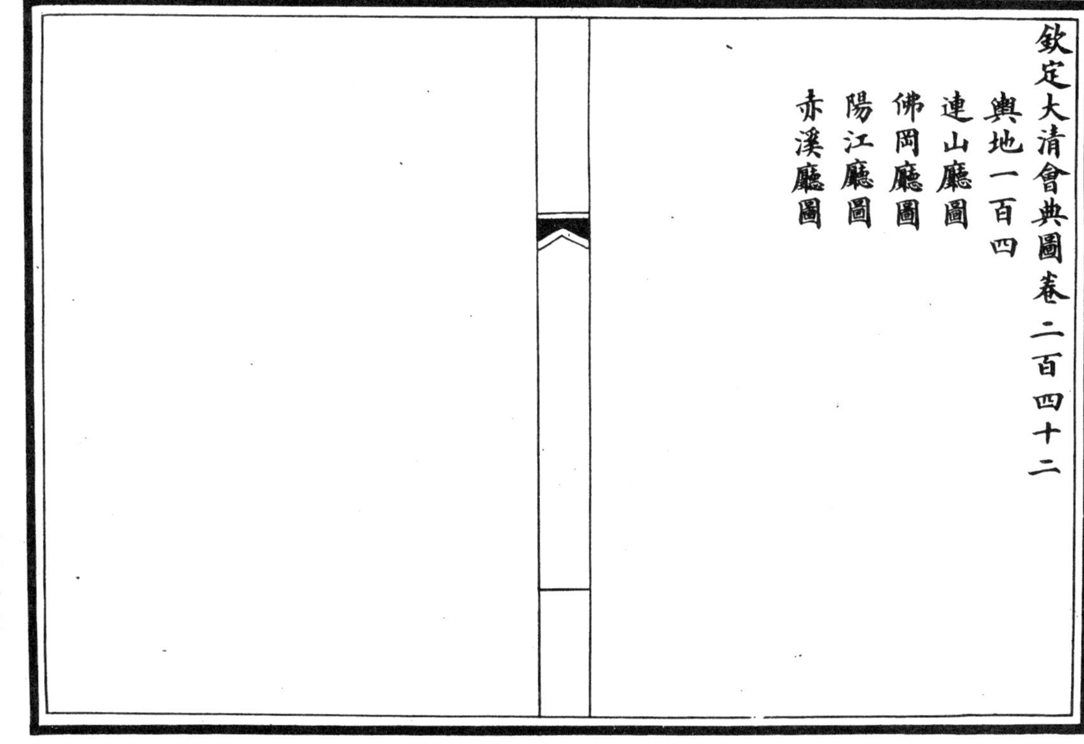

欽定大清會典圖卷二百四十二

輿地一百四

連山廳圖

佛岡廳圖

陽江廳圖

赤溪廳圖

連山廳圖

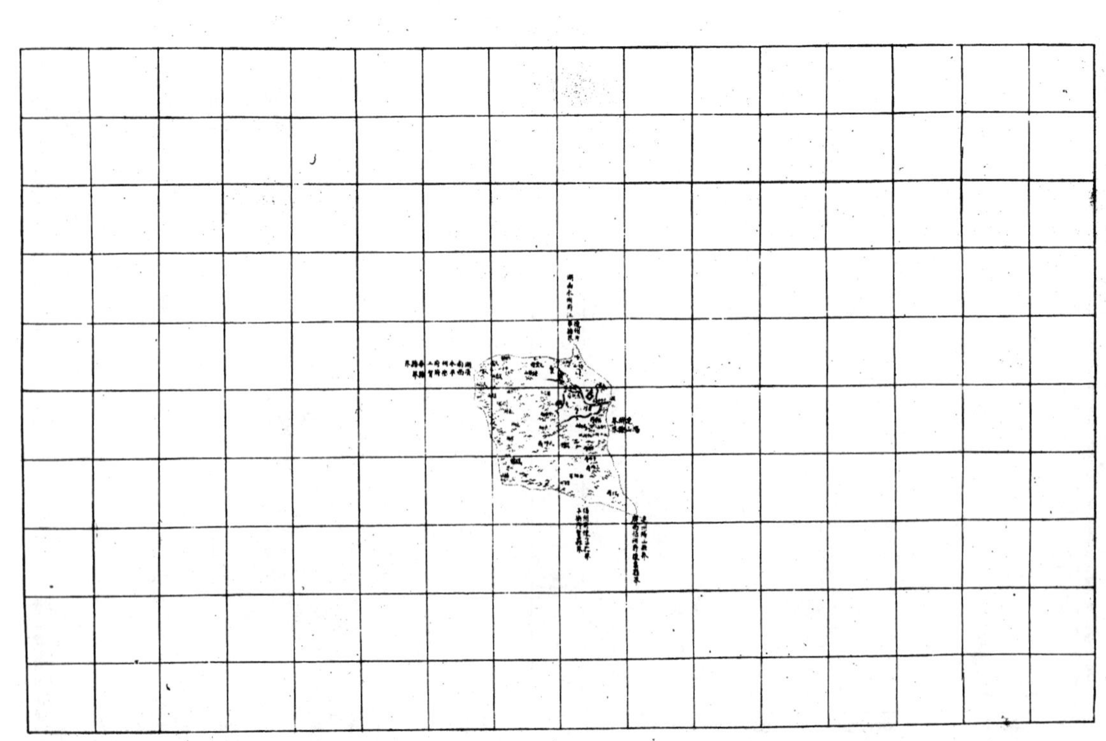

連山廳在省西北一千二百三十二里。至京師四千四百六十四里。橫水出廳西北天堂嶺。合黑山腳水東南流。鷺兒水東北流注之。又南折東經治南。又東小水沖水東南流注之。茂古水東北流注之。又東北入連州界。廳東界連州。西及西南界廣西平樂府。北界福建永州府。南界廣西梧州府。

佛岡廳圖

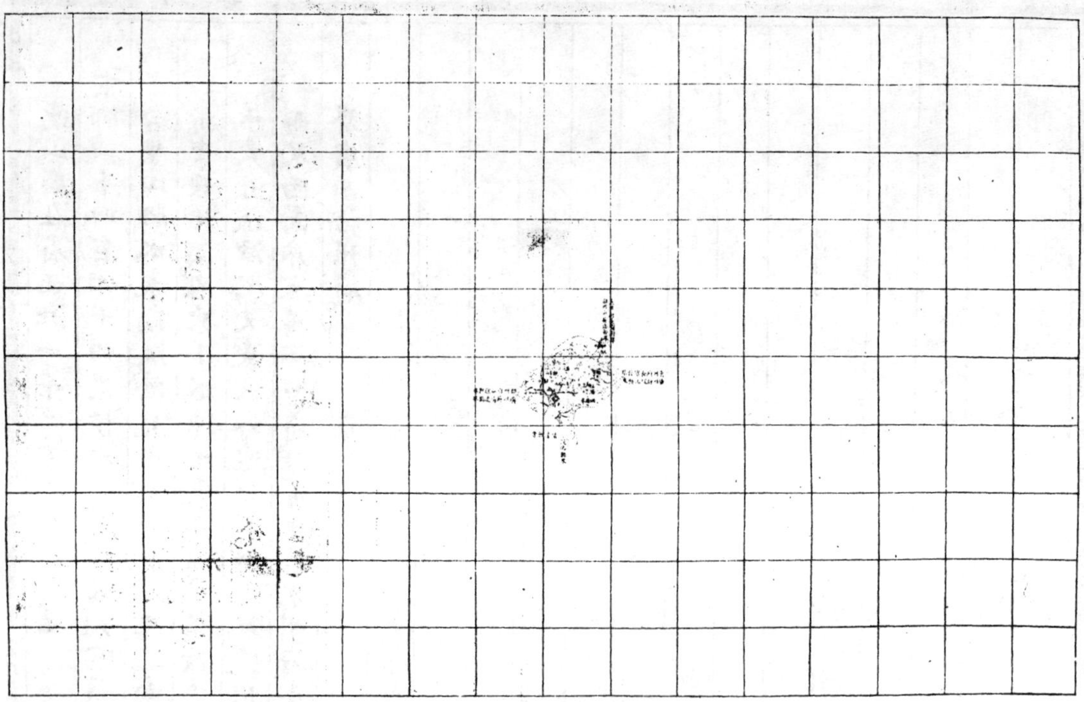

佛岡廳在省治北四百四十里。至
京師五千一百二十四里。吉河水出廳東獨凰山。西流經治北。右合神逕水黃阬尾水三度水。折南黃沙河合長嶺水東南流來會。又南右納一小水。又南入廣州府清遠縣界。黃華水出廳南。西南流亦入清遠縣界。楓逕水出廳東北。西流獨凰山水合黃塘逕水北流注之。折東北楊梅塘水東南流注之。右納一小水曲折東北流入韶州府英德縣界。廳東至南界廣州府。西至北界韶州府。東北界惠州府。

陽江廳圖

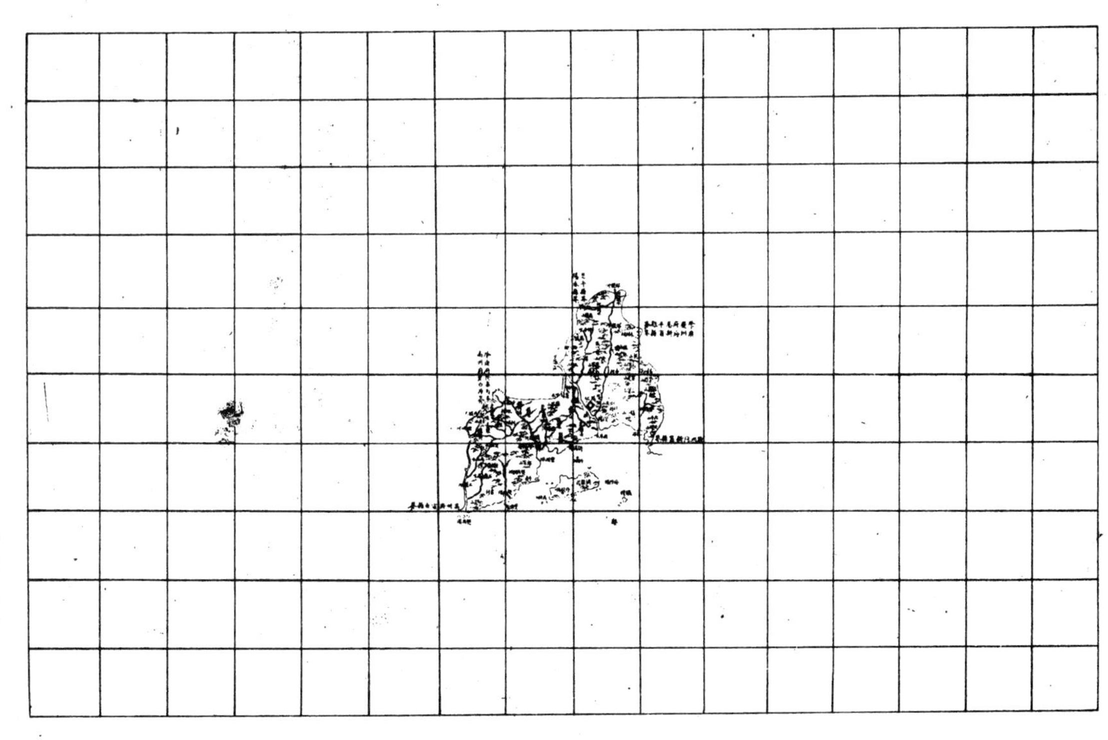

陽江廳在省治西南七百三十里。至京師六千二百二十四里。海在廳南。東接廣州府新寧縣界。西接高州府電白縣界。漠陽江自肇慶府陽春縣東南流入界。經廳西北。左納輪水河。右納鶯埠田涌水。又東南第八河合那令水鳳凰山水西南流注之。歧為二。並南流。支港互通。西支為西河。造性涌合濂水東北流注之。又東南右納石灘涌。左納三洲水。又東南會東支。南流經治南。支津南出為三洲水。又東南那龍河自肇慶府恩平縣來合那爛水河岡水南流注之。又東南會西支。又東南入於海。坡尾河出廳西。合老虎逕水營子河橫河涌水程村水東南流。織簀河合蒲排水大湖水東北流注之。又東南左納龍窩水近河水。入於海。那棉河在廳西南。東南流為新涌港。入於海。雙魚港出廳西南。經雙魚所城南流。入於海。北額港出廳西西南流。又南左合古井水馬山水石龜嶺水為五藍河。又南入於海。廳東界廣州府。西至北界肇慶府。南界海。西南界高州府。

赤溪廳圖

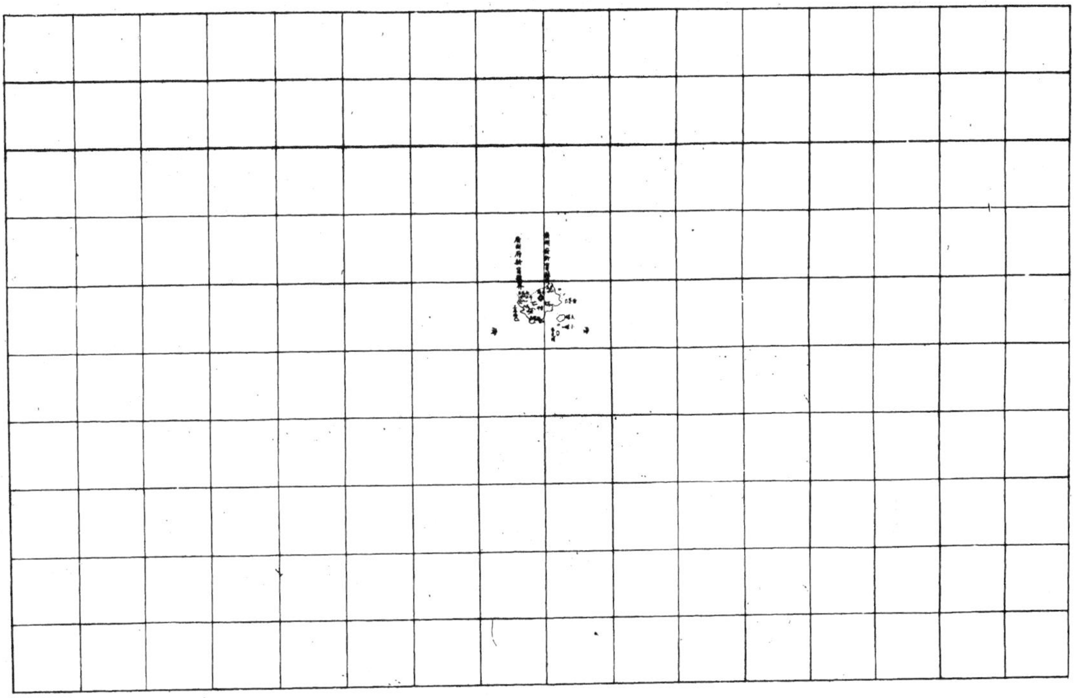

赤溪廳在省治西南四百一十五里。至
京師五千九百九里。海環廳東西南三面。東北接
廣州府香山縣界。西北接廣州府新甯縣界。東
南有大襟小襟諸島。東西南三面界海。北界廣
州府。

欽定大清會典圖卷二百四十三

輿地一百五

連州圖

羅定州圖

南雄州圖

嘉應州圖

欽州圖

連州圖

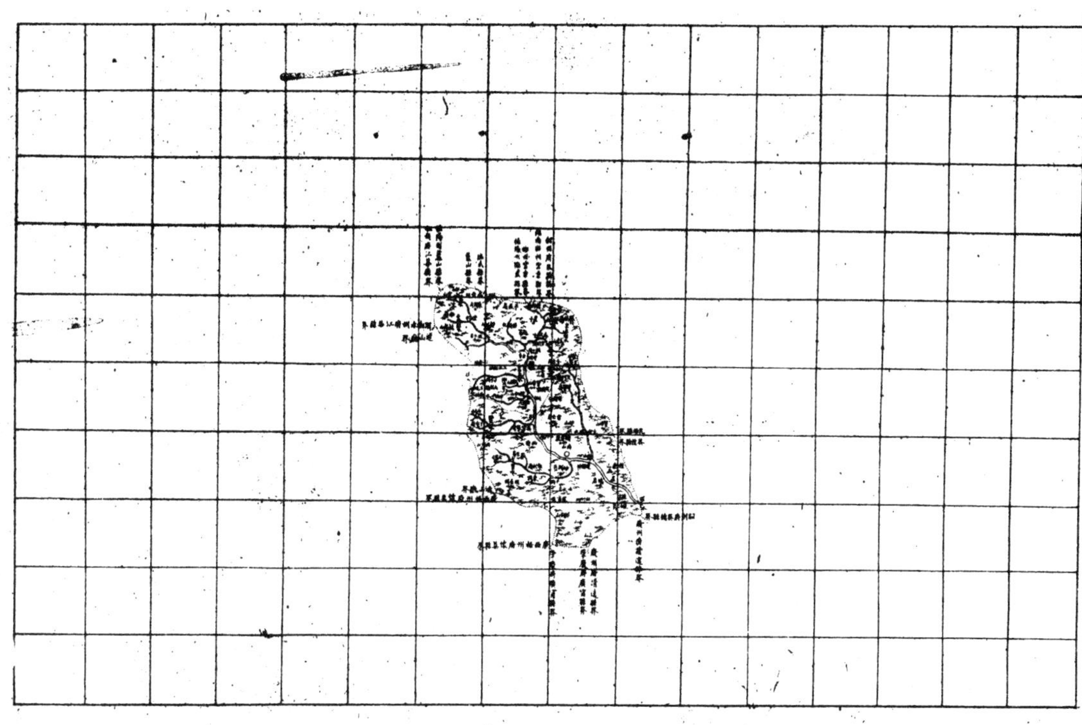

連州在省治西北一千一百七十一里至京師四千五百二十五里領縣一東南陽山匡水一曰湟水出州西北山合欒水石馬瀧水五溪水東南流至州治西北奉化水二源並出州東北合潭源洞水黃嬌水保安水西南流來會折南高良水上承連山廳之橫水東流合沿陂水來注之經州西又南右納倒流水神頭沖水為連州江東南流經陽山縣西北洞冠水出縣西北白石山合三小水東南流注之又南折東經縣治南七輋水出縣西南石龍潭合三小水東流折北注之又東南大陂墟水出縣東北天門嶺合二小水南流注之又東南入韶州府英德縣界州東界韶州府西界連山廳北界湖南郴州南界廣西梧州府東南界廣州府肇慶府西北界湖南桂陽州永州府

羅定州圖

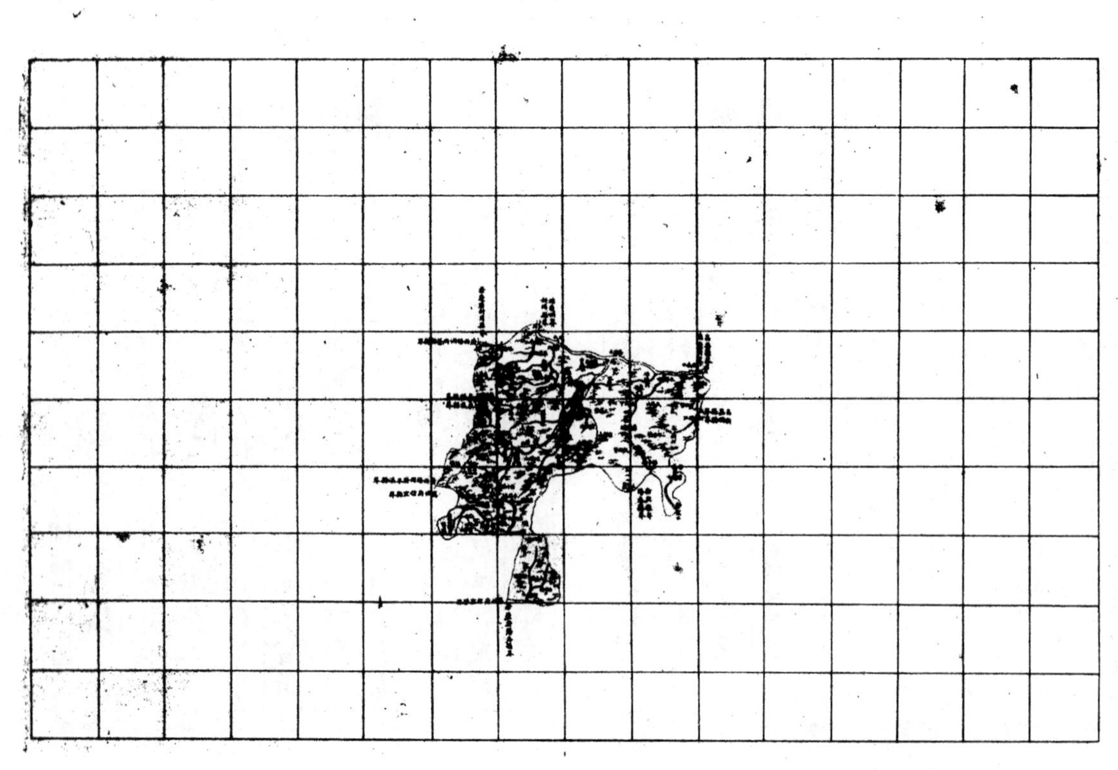

羅定州在省治西南六百八十九里。至京師六千一百八十三里。領縣二。北西甯東北東安西江自肇慶府封川縣入界南流經西甯縣北。折西南其東為肇慶府德慶州界。大燕水東北流注之。又南折東經縣北。桂河出縣西北合文昌水寶珠水東北流注之。其北受德慶州境之滌水。又經東安縣西北受南江。江上流為瀧水。出西甯縣西南山。屈東北流經州西南。石印水自高州府信宜縣來西北流注之。折西左納新榕河雲致水。經州治西三都水上承上瀧水及二小水來注之。折東經州治北。到沙河出西甯縣西南合小崗水新樂水東南流注之。折東南經州治東。又東北經西甯縣東南。濂清水東流注之。東水出州東南合船步水北流注之。又東北圭河水出州東北山西北流注之。宋桂水出東安縣西西北流注之。又東北左納牛墟水古蓬水注西江。西江又東經東安縣西北左受馬墟水。經縣治北。又東右納逢遠河大絳水。左受悅城河。又西入肇慶府高要縣界。蟠龍水出西甯縣西北東流折北入封川縣界。雙滘水出東安縣西南。南流入陽春縣界。唐窩水自肇慶府新興縣北流入東安縣東南境。復錯入新興縣為錦江。復經縣東南為新興江。合客朗水東北流入肇慶府高要縣界。州東南北界肇慶府。西界廣西梧州府。西南界高州府。

南雄州圖

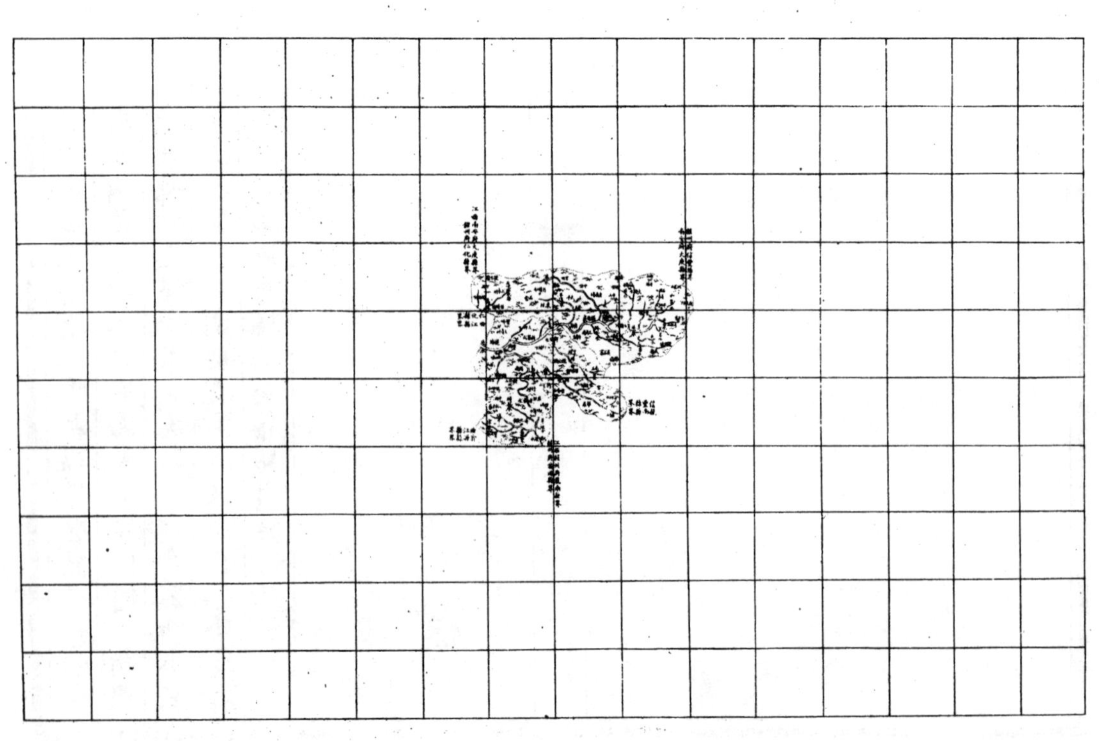

南雄州在省治東北一千一百七十里。至
京師四千三百二十四里。領縣一。西南始興。湞水
出州東北山。南流經洪厓山麓。昌水亦出東北
山。西南流來會。又西南。左合平田水。芙蓉水。夾
水。右合東溪。又西南。大庾河出梅嶺。經紅梅司
合鯉魚河南流來會。經青嶂山北。是為湞水。又
西北。左納長潭水。右納沙水。經州治南。又西北。
漣水東南流合淩水。折西南注之。又屈西流。左
納修仁水。右納半徑水。又經始興縣東北。安水
俗曰都安水。上流為躍溪。合南石巖水西北流
注之。又西。右納平石水。大坪水。經縣北。又受始
興溪。溪上流為清化水。上承縣西南墨江。律水。
暖水。亞桂山水。大黃屋水。黃沙墟水。榜阬水。經
清化巡司東。曲折西北流為大潤水。又為涼纖
水。右納天平架水。經縣治東南。湖水出縣東南
合數小水來會。又西南。官石水合劉田水東北
流注之。又西注湞水。湞水又西北入韶州府曲
江縣界。為北江。石陝水。塘源水並出州西北。西
南流入韶州府仁化縣界。州東至南界江西贛
州府。西及西南界韶州府。北界江西南安府。

嘉應州圖

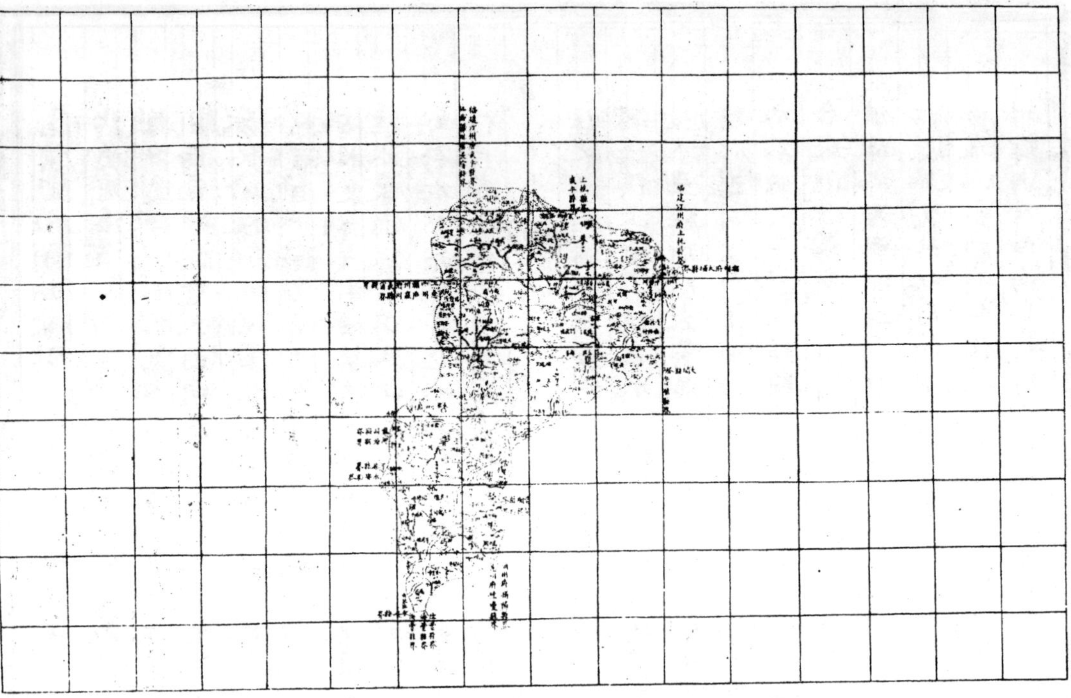

嘉應州在省治東北一千二百八十二里至京師六千七百七十六里領縣四北鎮平西南興甯長樂西北平遠清溪水上承惠州府龍川縣練溪東南流入界經長樂縣西左納鐵場水右納雙頭水又東經縣南左納董源水新河水又東南右納南林溪瓦鼓水又東南會琴江江二源並自惠州府永安縣來北曰北琴江東流入界經長樂縣西南合大小葪水至琴口與南琴江會南曰南琴江東北流入界亦經長樂縣西南合南峒水羊石水會北琴江又東北右納毒水嶂水又至十二都司左納橫江水右納羅經水又東北右納石門水蕉州水左納蓍莨嶂水又東北與清溪水會清溪水折東北流右納竹塘水又東北經興甯縣東南會興甯江江出縣西北楊梅嶂東南流羅岡水合龍歸水西南流注之又南左納潭阬水右納右別溪又南左納石馬溪經縣治西金帶水環縣城西流注之又東南左納洋湖溪又東南與清溪會是為興甯江又東北經州西南為梅江右納南阬水左納大竹堡水及程江水經州治南又東古田水合

龍尾阬水南流注之。又東北。右納酉陽溪。又東北受周溪。溪上流為石窟溪。出平遠縣西北曰縣前溪。合一小水東流錯入福建汀州府武平縣界。折東流復經鎮平縣西北為石窟溪。左納楊子山水。右納桃溪水。經縣西又南。東山水經縣治南分西流注之。又南。河頭水合壩頭水大柘水東南流為橫梁溪。又合同福河為徐溪東流注之。又南。左納牛山水。又東南為周溪注梅江。梅江右納丙市水東北流。北阬水合黃蠟水東南流注之。又東北。松溪出鎮平縣東北。合磜頭溪東流折南注之。又東折南入潮州府大埔縣界。州東至南界潮州府。西及西南界惠州府。北及東北界福建汀州府。西北界江西贛州府。

欽州圖

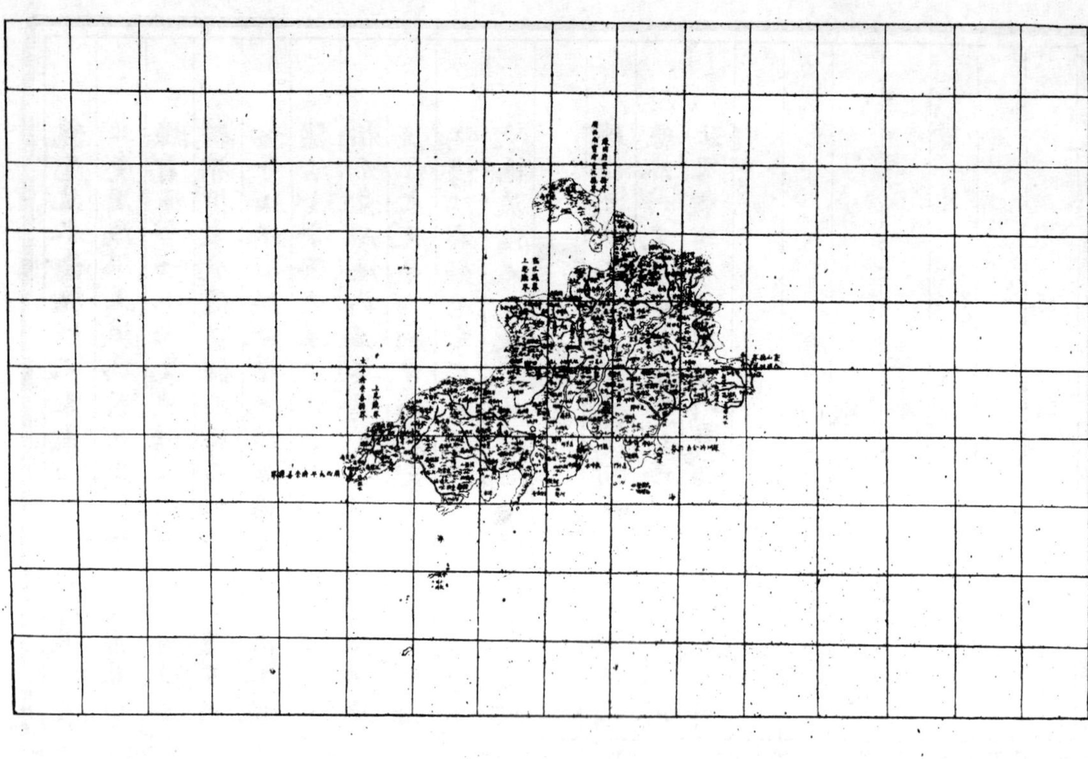

欽州在省治西南一千九百里。至
京師七千四百八十四里。領縣一。西南防城海在州南境。東接廉州府合浦縣界為防城縣南境又西接越南界。欽江上承廉州府靈山縣陸屋源水西南流入界經州東北左納深溝橋水。經林墟司東。西南流左納金雞嶺水蘇屋村水青塘墟水白鶴洞水鯉魚塘水硃砂村水。經州治東而南歧為二。一南流右出支津通橫江折東南入於海一西北流為橫江折西南合東來支津水。又西南二支合流為貓尾海又東南為龍門港。分支津為濠涌水並南入於海。魚洪江上源為那蒙江自廉州府靈山縣西南流入界。經州北左納蝦子塘水。屈西南長灘水出州西北屯江村。北流折西合舊營村水。錯經廣西南甯府宣化縣合那崗水折東南來注之。右納奇靈村水。西南流。大寺江一名團良江合板底村水那淥水。三叉村水貴台墟水長岡鋪水北杭村水東流注之。又折東南右納長灘坪水左納鶯嘴巖水。東南流為魚洪江。折西南流經州西受大直江。江出防城縣西北鹿豹嶺合賣竹江東

南流。那狼江合埇飄江東北流注之。又東南左納板馬村水。右納開元嶂江。又東南注魚洪江。魚洪江又東南入貓尾海。平銀江出州東北開岌嶺。曲折南流。左納一水。右納鳳凰江。為那賓江。又曲折西南流。經州治東。右納分離水。折東南。右納思倫江。又東南。丹竹江出州東那造嶺南流折西合滑石江。青水窩水來注之。又南經九河口為大觀港。入於海。其支津為沙環水。西南流入於海。武利江自合浦縣緣界南流。經州東合嶺子村水。又南。三合水合蓮塘村水。那思墟水梨竹江牛營江東流注之。折東南仍入合浦縣界。防城江出防城縣西北稔賓山。合曉峯水東南流。左納那勤隘水。右納大勒山水。又東南。滑石江合二小水東流。折北注之。又東經治南。又東折南入於海。洪江出防城縣西大勉山東南流。左納舊塘水。右納九曲嶺水。南流經江平司北。又東南入於海。北崙河一曰北市江。二源。一出防城縣西北牛營嶺西南流。一出縣西南拷邦嶺。合歌頭江東北流。二源至北崙汛相會。南流右納嘉隆江。折東左納那良江。又東南分流入於海。板興水出防城縣西南山。合越南來之江華水西流。那含水三源合南流注之。又西南入越南界。州東及東北界廉州府。西界廣西上思廳。北界廣西南甯府。南界海。西南界廣西太平府

欽定大清會典圖卷二百四十四

輿地一百六

廣西省全圖

桂林府圖

柳州府圖

廣西省全圖

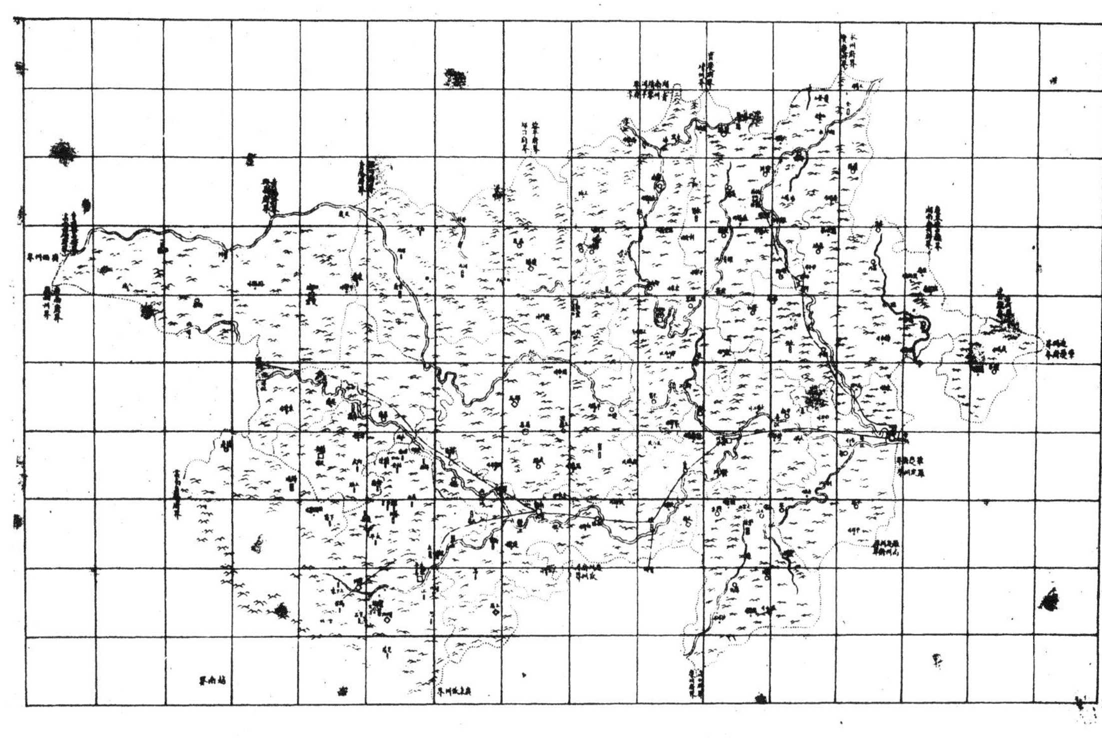

廣西省在

京師西南桂林府為省治。廣西巡撫布政司共治馬。統府十一。廳二。州二。桂林府東南平樂府梧州府。西南柳州府潯州府鬱林州慶遠府思恩府南甯府上思廳太平府泗城府百色廳鎮安府歸順州。八達河即南盤江。自雲南廣西州緣界北流。經泗城府西北。西與雲南曲靖府分界。折東北與貴州興義府貴陽府分界。又經府北屈東南入境。經慶遠府南為紅水江。又東會柳江。江上承溶江自貴州黎平府東南流入境。經柳州府西北。潯江上承貝子溪自湖南寶慶府西南流來會。又南龍江上承劳村江自貴州都匀府東南流來會。屈東南經柳州府治南為柳江。合維青江西南流與紅水江會。紅水江又東南經潯州府治北而東會鬱江。江上承西洋江。自雲南廣南府東南流入境。經泗城府西南百色廳南鎮安府東北思恩府西至南甯府西南。麗江自越南入境東北流來會。為鬱江。經府治南。又東北與紅水江會。是為潯江。潯江又東劍江東北流注之。又東會灕水。灕水湘水同出桂

林府東北。流入湖南永州府界。灕水西南流經
省治東。折東南經平樂府治西。又經梧州府治
西西南與潯江會。潯江經府治西又東入廣東
肇慶府界。臨水出平樂府南流亦入肇慶府界。
廉江出鬱林州西南流入廣東廉州府界。東及
北至湖南界。西至雲南界。南及東南至廣東界。
西北至貴州界。

桂林府圖

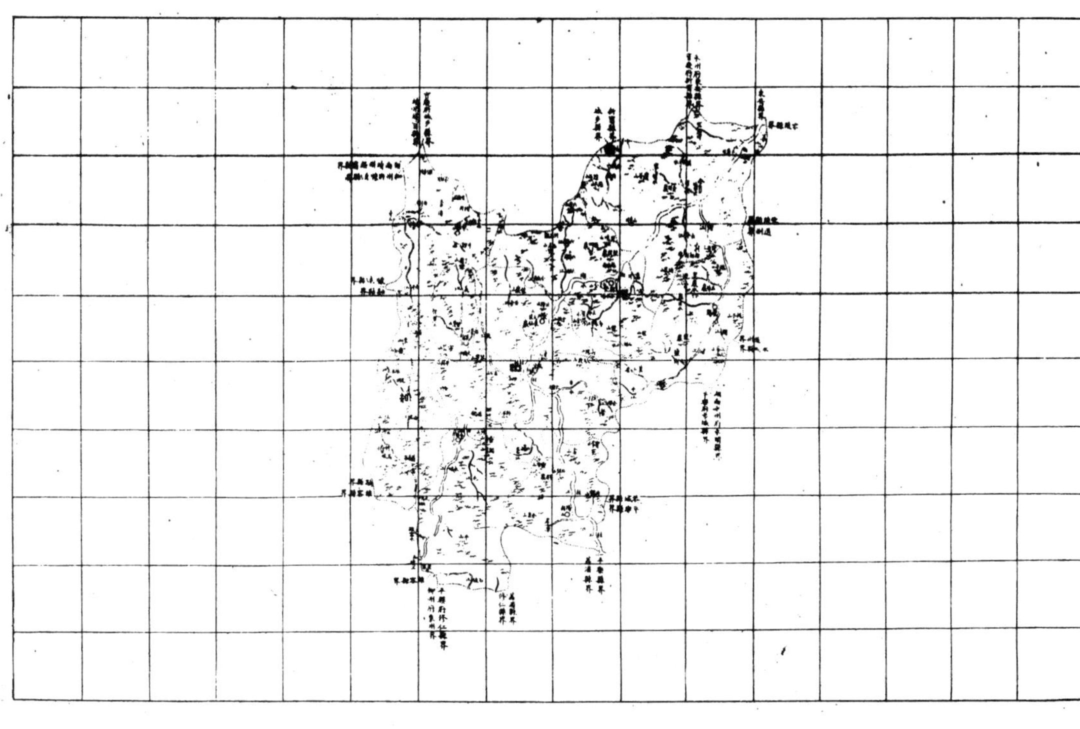

桂林府為廣西省治至
京師四千六百四十九里領廳一州二縣七治
臨桂東南陽朔西永甯州西南永福東北靈
川興安灌陽全州西北義甯龍勝廳湘水灕
水同源出靈川縣東南海陽山北流經興安縣
南右合石梯山水左合太平堡水又東北經治
東分水塘歧而西南流者為灕水東北流者為
湘水湘水自縣治東東北流右納莫川水又東
北經全州西南四溪源大朝源水合北流為長
亭江注之又東北經治南灌江舊名觀水出灌
陽縣西南合牛江鹽川澗江龍川水黑巖水北
流注之寨墟水萬鄉水合東南流為羅水注之
又東北經三角司東左納宜湘河水又東北入
湖南永州府東安縣界灕水亦曰桂江自興安
縣分水塘經縣北西流折南大融江一曰六筒
江即古灕水二源合南流注之西南流經靈川
縣東北右納小融江又西南右納甘棠江又西
南經府治東右納陽江左納馬溪又東南相思
江自卧石山分水東流合浪石江折北流注之
又東南經大墟汛南金帶江勞江水合流為乖

水西北流注之。又南經陽朔縣東右納犀潭水。東流左納白鶴山水。又東南入平樂府平樂縣界。義江出義甯縣北丁嶺山。合一水南流。經治西。右納智慧江。至縣治南左納石豪江。又南經大嶺汎西。東南流經蘇橋司西。相思江自臥石山分水西流注之曰白石江。折西南左納獨秀山水。又經永福縣東而南與東江會。江一名黃源水。出龍勝廳西南境。南流經永甯州北。又東南白馬江出州南北流合花洞江注之。又東南會白石江。白石江又西南左納毛江曰永福江。又西南左納一水。又西南受雒容水。水上源曰富河江。出永甯州西南古河山。東南流經喇嵛司東至高坡伏流。又東南至蒲台寨西復出。又南錯入柳州府雒容縣界曰雒容水。復東南流經永福縣西南注永福江。永福江又經鹿寨司北折而西入柳州府雒容縣界為洛清江。石流江上源曰四牌溪。自平樂府修仁縣東北流入界。經永福縣東南折而西亦入雒容縣界。潯江上源曰貝子溪。自湖南寶慶府城步縣南流入界。經龍勝廳東北貝子汎東南西南流經龍句汎北。又西南經廳北左納牛脛溪水。折西北經廣南司北左納南平江水。又西北太平溪自城步縣西南來經廳東北至石村汎南注之。又西入柳州府懷遠縣界為潯江。西延水出全州西境合數水東南流。折東北經西延司西。又東北經太梅汎東。又東北入湖南寶府新甯縣界。浪溪江出永甯州西北境。東北流折西北入柳州府融縣界。海陽山在興安縣南覆釜山在全州西。府東及東北界湖南永州府。西及西南界柳州府。北界湖南寶慶府。南及東南界平樂府。西北界湖南靖州。

柳州府圖一

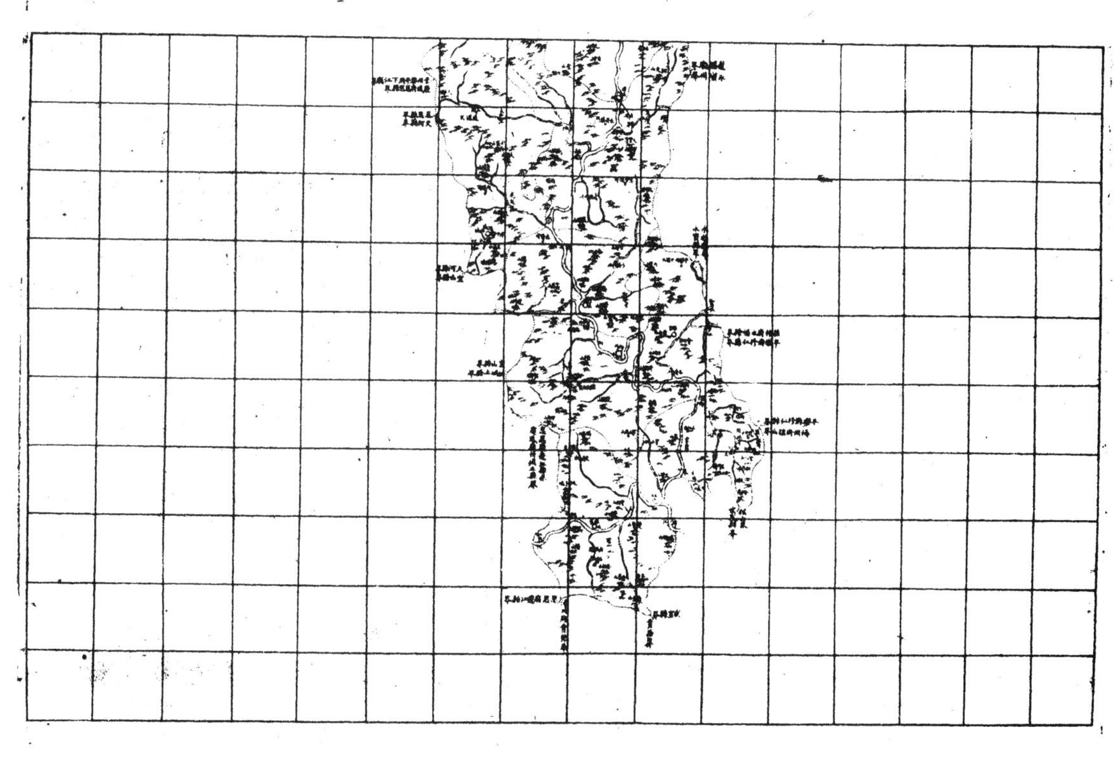

柳州府圖二

北

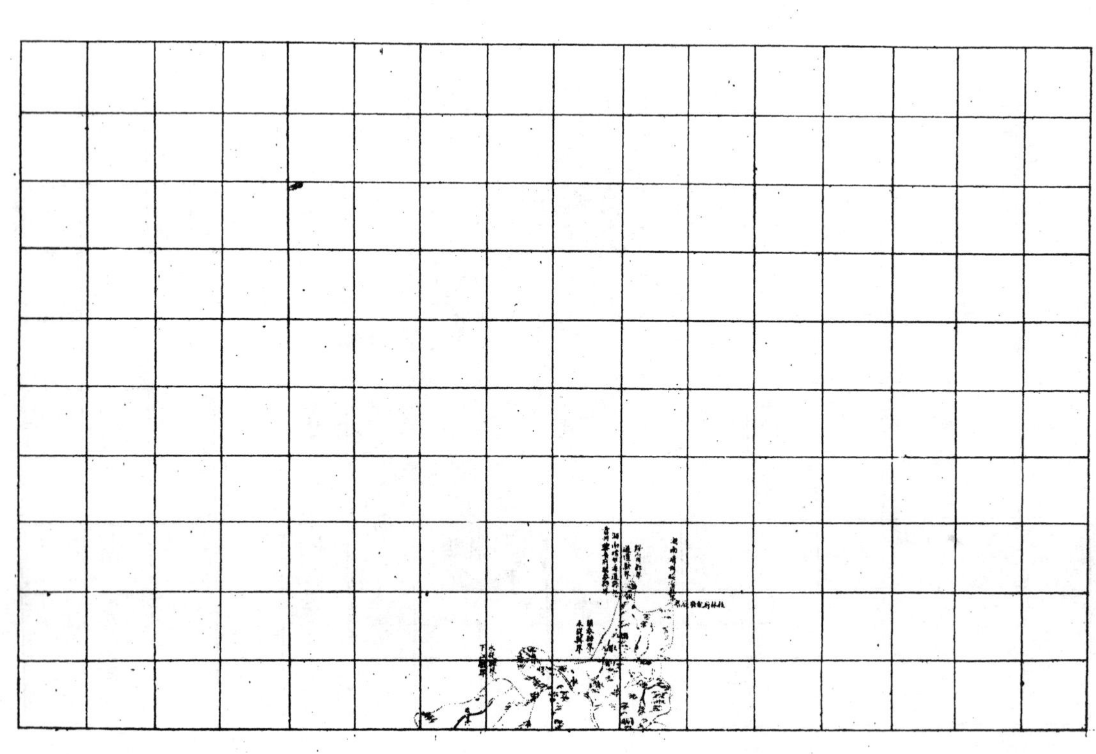

柳州府在省治西南三百六十里。至京師五千九里。領州一。縣七。治馬平。西南來賓。東南象州。東北雒容。懷遠。西北柳城。融縣。羅城。榕江上源曰黔江。自貴州黎平府永從縣東南流入界。經懷遠縣西北曰福祿江。又東南古江亦自永從縣東南來。經石牌汛南合雍里河。折東北注之。又東北經梅寨司東北沈口汛北至南江。[illegible]南江自永從縣南流來注之。又東南左納孟團江。又東南受潯江。江自桂林府龍勝廳西流入界。經縣東北斗江塘。左納斗江。右納石眼江水。又經古宜司南西南流來會。折南流經縣林峰高二環縣治而南復合。經融江東北左納晶河水曰融江。又南經長安鎮司東。浪溪江自桂林府永甯州來合一水西南流折西北注之。又南背江出羅城縣西北境二源合東南流經三防司北左納二小水注之。又西南經縣治東。又南左納清流江。又西南經羅城縣東武陽江舊名歸順水出縣北合數小水東南流注之。又東南曰柳江。經柳城縣北左納沙鋪水洛淦河。又西經縣治西。龍江自慶遠府宜山縣東流合一水來會。又曲東南經府治西右納三都水。又東經治南折東北流經橫賴山麓後西南。三江出縣西境經三都司汛伏流至雞公山北復東北出右合一水注之。又屈曲東流經白沙汛北。永福江自桂林府永福縣西南來曰洛清江。合其縣之石流江經雒容縣南曲西南注之。又東左納一水。折南受運江。江上承仁義江。出州東南境經大樟墟北流合都落江至白丈墟為白丈江。又北羅脈河合香草江西流來會。又北合樂才河為仁義江。又西北下里江上承羅脈河水右納東來一水東北流折西來會為運江。又西北流注柳江。柳江又南經州治西。又南古城江自潯州府武宣縣來西流注之。又西南右納穿山水。又南會紅水江。江自思恩府遷江縣東北流入界。經來賓縣西南左合其縣之北三江。折東南經縣治南右納白馬溪水。復折東北右納觀音山水。又北左納定清水。又北折而東南與象江會是為潭江。潭江又南折東入潯州府武宣縣界。西江出羅城縣西北東南流左合犀牛潭南流入慶遠府宜山縣界。府東界平樂府。西及南界思恩府。北及西北界貴州黎平府。南及東南界潯州府。東北界桂林府湖南靖州。

欽定大清會典圖卷二百四十五

輿地一百七

慶遠府圖

思恩府圖

泗城府圖

平樂府圖

慶遠府圖

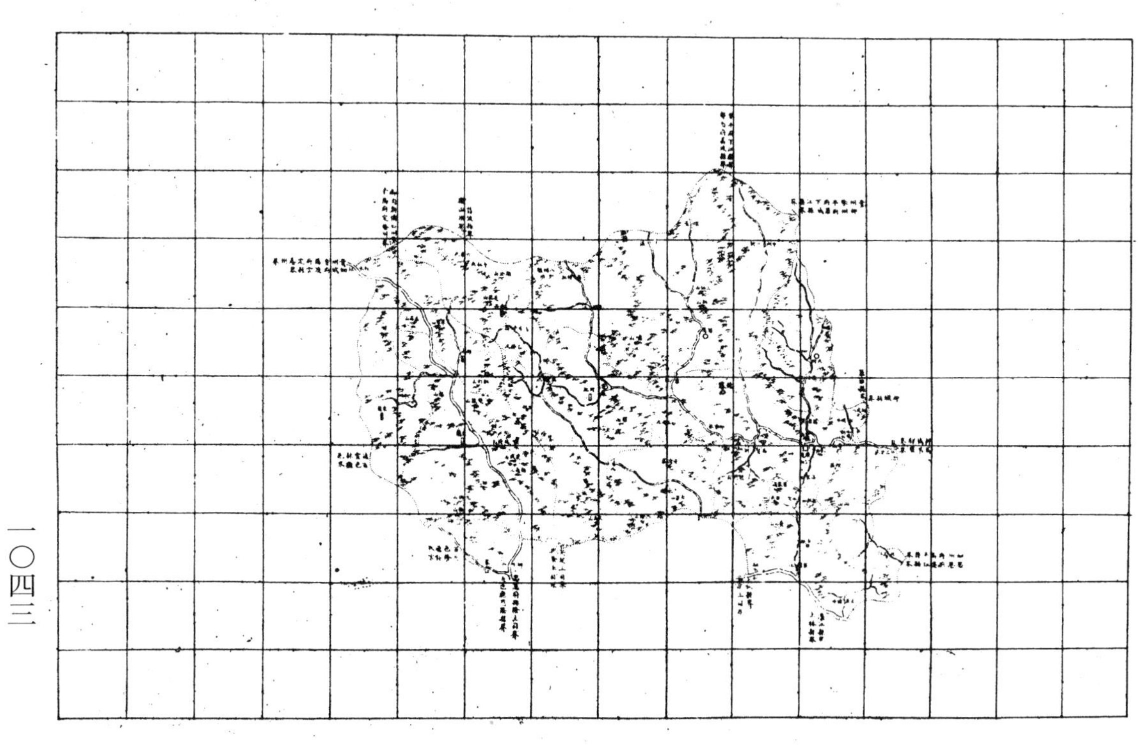

慶遠府在省治西南五百八十里至京師五千二百二十九里。領州二縣三。治宜山。北天河。西東蘭州。西北思恩河池州。紅水江自泗城府凌雲縣東南流入界。經那地土州西北。又經東蘭州北。左右各納一水。又納州東南右納一水。又東南篆江自百色廳東南流來注之。又東南錯入思恩府都陽安定二土司界。復經忻城土縣西南。東南流。龍塘江出永定土司東西二水合南流注之。又東南左納古蓬墟水。又東南入思恩府遷江縣界。洪龍江出南丹土州北為中平溪。合一水東南流經河池州西。曰洪龍江。右納坡旺水。又東南經永順土司西北。曰刁江。又東南經永順土司北。又南流入思恩府安定土司界。龍江上源曰勞村江。自貴州都匀府荔波縣東南流入界。經南丹土州東北。右納一小水曰金城江。又東南經河池州東北。右納秀水。又東南經府治西北。會東江。江上源曰環江。自荔波縣南來。經思恩縣北。合東北來一水。又南帶溪亦自荔波縣來東南流注之。又東南經縣西。又西南經府治西北曰東江。與勞村江會

曰龍江。東南流經印索汎南。又東南右納馬鬃河。左納中洲小河。又南經府治北。又東右納洛蒙江。又東東小江自柳州府羅城縣來。經天河縣東北。合數小水南流注之。又東經永順副司南。永順水上源曰西江。亦自羅城縣南來注之。又東經三岔汎北。又東入柳州府柳城縣界。北三江出忻城土縣東南。東北流折而南入遷江縣界。府東及東北界柳州府。西界泗城府。北界貴州黎平府。南及東南界思恩府。西南界百色廳。西北界貴州都匀府貴陽府。

思恩府圖

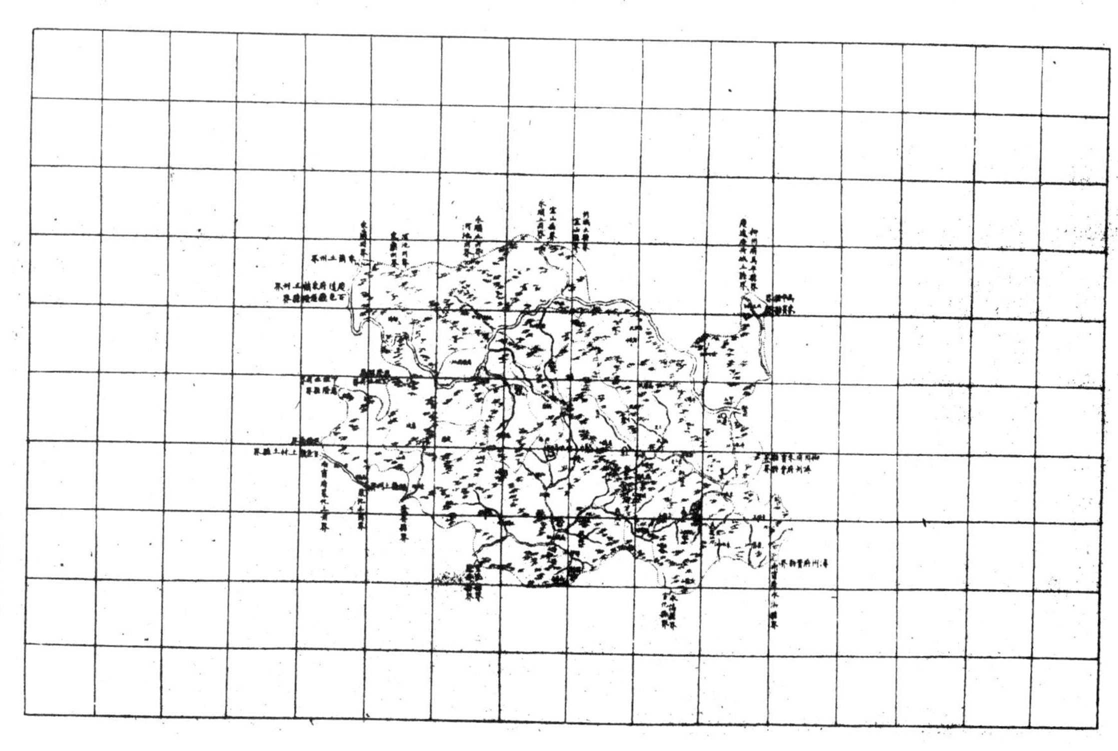

思恩府在省治西南九百四十里。至京師五千五百八十九里。領廳一。州一。縣三。東上林。南武緣。西北那馬廳。東北遷江。東南賓州。紅水江自慶遠府東蘭州緣界南流經興隆土司西北。其西為百色廳恩隆縣界。曲東南流經都陽土司南舊城土司東北。折東北流經興隆土司西北。合東南來二水。又東北經安定土司東南。左納九鄧墟水。又經白山土司西北。右納姑娘江。又東北經安定土司東。刁江自慶遠府永順土司東南流注之。又東流經思吉汛東北緣慶遠府忻城土縣南界。又東南經平陽土司北。左納儉排水。又東南經遷江縣北會清水江。江上源曰北江。出上林縣西北。東南流經縣北。而東。右納南江水曰鼓江。又東匯水自縣東北二源合南流注之。又東流經鄒墟汛南。右納獅螺江。又東南經賓州東北。武陵江一曰李依江。出州南合龍龔江丁橋江北流注之。又折而北經遷江縣南。左納賀水曰清水江。又北與紅水江會。紅水江又東入柳州府來賓縣界。右江自百色廳恩隆縣緣界東南流。其南為南甯府果化土州界。經丹良汛西南。入南甯府歸德土州界。塘河出舊城土司東南境。南流經武緣縣西北。折而南入隆安縣界注右江。南流江出賓州西南境西北流經思隴司南。又西北經武緣縣東北。右納二小水。折西南。馱湲江出縣東南。二源合西北流注之。又經縣治南會府江。江二源。一曰東溪。一曰西溪。並出府治北。夾城而南合南流。右納一小水。又南左納大欖江。右納仙湖江。又南與南流江會。南流江又屈西南。那楞江出武緣縣東南西北流注之。又西右納三湖水。又西南入隆安縣界。東班江出賓州東南境。南流入南甯府永滈縣界。北三江自忻城土縣入界東南流入柳州府來賓縣界。府東及東北界柳州府。西及西北界百色廳。北及西北界慶遠府。南及西南界南甯府。東南界潯州府。西南界百色廳。

泗城府圖

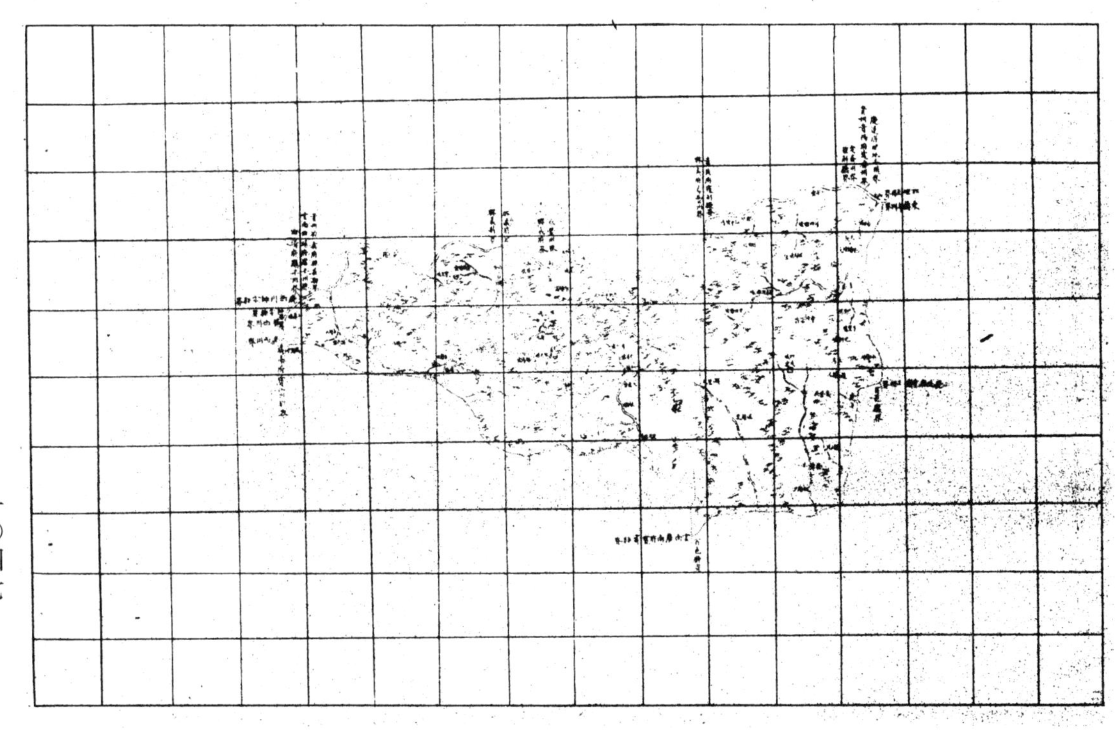

泗城府在省治西南一千七百八十里。至京師六千四百二十九里。領州一縣二。治淩雲。西林。西北西隆州。南盤江一曰紅水江即八達河自雲南廣南府寶甯縣緣界北流。經西隆州西南。西為雲南廣西州及師宗縣界。折東北北為曲靖府羅平州界。又東北北為貴州興義府興義縣界。杠墟水會羊街水北流注之。又東北蒙里水西北流注之。又東北北為興義府界。經州北又東南至北樓冷水河合州西各水東北流注之。又東北經尾達北。北為興義府貞豐州界會北盤江。復折東南經舊州北。右納一水。又東南經府治西北雅亭東右納白朗塘水。又東經羅西北右納一水。又經天峩司東北。佈柳水上承鞋里甘田傘里巴更各墟水東北流注之。又東南入慶遠府那地土州界。西洋江自雲南廣南府寶甯縣東北流入界。經西林縣西南。又經八盤汛南。東北流會駛娘江。江自寶甯縣北來經西隆州西南為清水河折東北流經八達司南。又東經西林縣西北界亭山南。折東南流右納馱門江水。至縣東南有丈那陽界亭諸小水合東南流注之。又東至八達汛。右納二小水。折南與西洋江會。西洋江又東南經周馬汛西。又東南入雲南廣南府寶甯縣界。澄碧水舊名泗河。二源。一出府治東北。一出西北。夾府治而南。合南流經皈樂汛東。又南流入百色廳界。磺桑河隆溪並出府治東南境。東南流入百色廳界。府東及東北界慶遠府。西及西南界雲南廣南府。北界貴州貴陽府。南及東南界百色廳。西北界貴州興義府雲南曲靖府。

平樂府圖

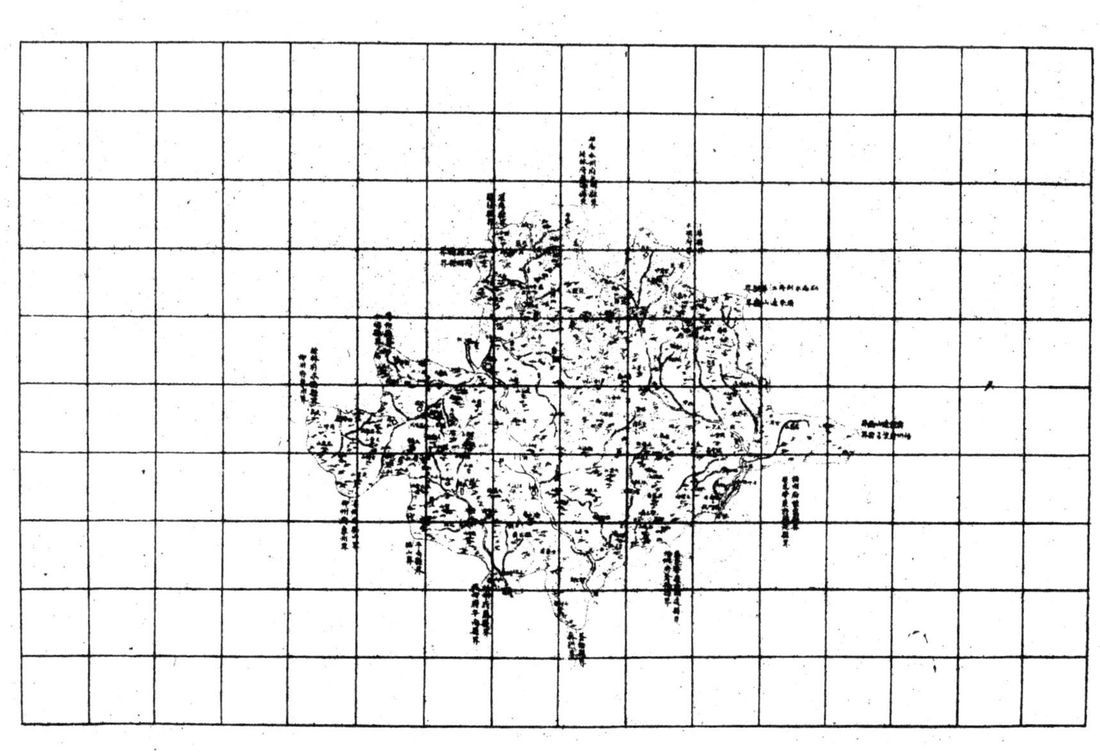

平樂府在省治東南二百十六里至京師四千八百六十五里。領州一縣七。治平樂。東南昭平賀縣。西南荔浦修仁永安州。東北恭城富川。桂江亦曰府江。自桂林府陽朔縣南流入界。經府治西會修江。江出修仁縣西南。東北流經荔浦縣南蓮塘汛北。合西北來一水。又東北經縣南。荔水出永安州北。西北流注之。又東北丹竹江水亦西北流注之。至三奇山西。綠水河上承縣西北栗江龍坪河水東流注之。又東北注桂江。桂江又東經府治西南會平樂江。江上源曰東江。自湖南永州府永明縣西南流入界。經恭城縣東北。又西南經龍虎汛北至鎮峽寨司南。平川江一曰上平江。出縣北。合平源猺小河南流注之。折南流經縣東。右納南江。左納下山源水。北洞源水。折西西經治南。又西經府治北。曰平樂江。島坪江自恭城縣西北境屈東南流注之。又東南。勢江自恭城縣東南合數水西北流注之。又南折西。誕山江出平樂縣東南誕山。合南平江西北流注之。又西南經沙子司東。又南與桂江會。桂江經府治南。東南流經昭平縣北。右納歸化江。左納思勤江。經縣治東。又南右納一水。又東南至馬江司西南。富郡江出縣東。合招賢水西南流注之。又經欖水汛東。又東南入梧州府蒼梧縣界。臨水即富江。出富川縣西北石鼓山。東南流合神源大源諸水。又東南左納麥嶺水。又經縣東南。龍窩水合白源水西南流注之。又西南至鍾山汛。折東南。左納白沙汛水。又東南經西灣至賀縣西北。里松墟水南流注之。又經縣治北。東南流。右納大桂山水。又東南。賀江合桂嶺諸山水南流來會。又東南經虎步西。左納里墟水。又南經石牛東。右納臨水。又南。左納深沖水。又南入廣東肇慶府開建縣界。濛江上源曰眉江。出永安州西北。東南流經新墟東至峽口塘南。右合濁川水。西江水。曲東又南經治南。左合銀江河。又東南六樟水東流注之。又東南至陳村東。榕木嶺水西南流注之。又南入梧州府藤縣界。四牌溪出修仁縣西南文筆山。西北流合東北一水。又西合南來一水。又西北入桂林府永福縣界。瑞雲山在賀縣西。臨賀嶺在賀縣北。府東界廣東連山廳北至西

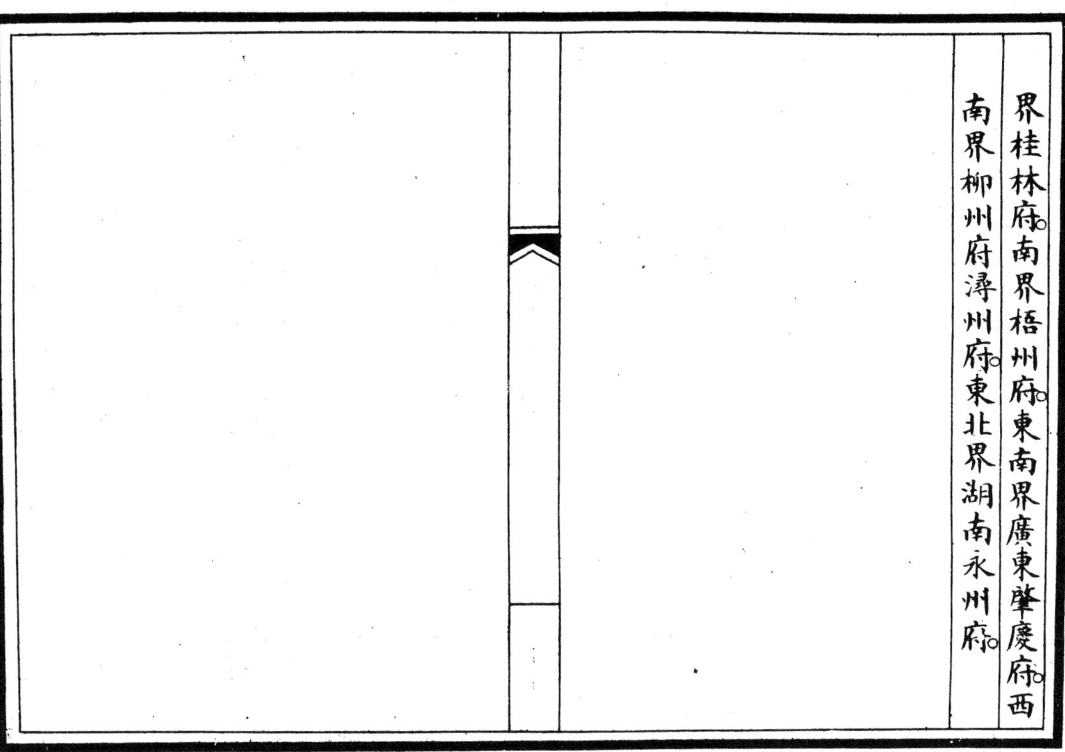

界桂林府。南界梧州府。東南界廣東肇慶府。西
南界柳州府潯州府。東北界湖南永州府。

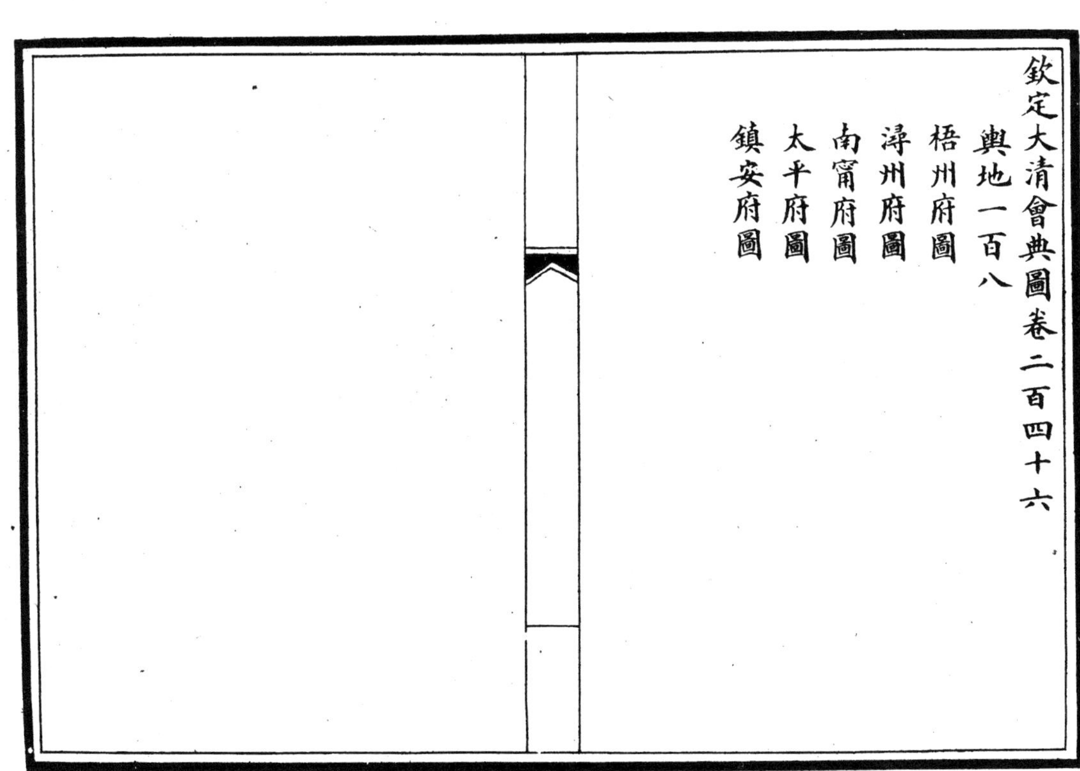

欽定大清會典圖卷二百四十六

輿地一百八

梧州府圖

潯州府圖

南甯府圖

太平府圖

鎮安府圖

梧州府圖

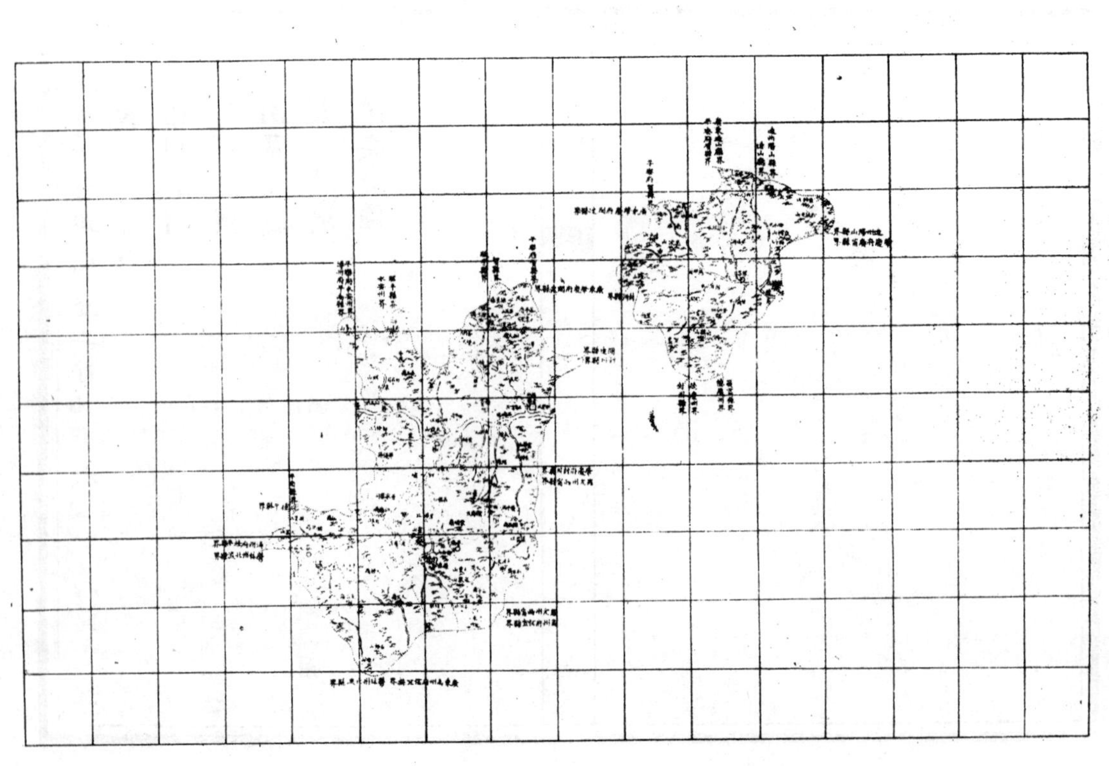

梧州府在省治東南九百三十五里至
京師五千五百八十四里領縣五治蒼梧西南藤
縣岑溪容縣東北懷集潯江自潯州府平南縣
東流入界經藤縣西北白馬汛南為藤江右納
都榜江又東濛江自平樂府永安州南來合牛
皮江水經白石司西折東南注之曰龔江又屈
曲東南流經縣治西右納慕寮江折東經縣治
北又東會劍江江上承鬱林州北流縣之圭江
東北流入界經容縣南渭龍江自廣東高州府
信宜縣來合一水西北流注之又北經縣東折
東流左納思登江水曰容江東流又折西北右
納波羅江至自良司東東北流經藤縣南皇華
江亦自信宜縣來合南來一水及羅末水北流
注之曰繡江又東義昌江一曰瀧底江自岑溪
縣合二小水西北流注之曰劍江又東北經藤
縣東與龔江會龔江又東左納四培江右納黃
桶江白石江又東經府治西南戎墟北分流右
納須羅江長行江至石磯塘復合為一又東受
桂江江自平樂府昭平縣東南流入界經府治
西北勒竹汛西東南流左納龍江右納石澗河

至治西北思良江峽山水並出治北南流注之
又東南注龔江龔江又東經治南入廣東肇慶
府封川縣界曰西江綏江上源曰懷溪一曰南
溪自懷集縣西北合古城水赤水東南流經慈
[illegible]納宿泊水左納冷坑水白沙水經縣南
又[illegible]右納甘崗水左納桃花水又東南曰綏江
入廣東肇慶府廣甯縣界府東界廣東肇慶府
西界潯州府北界平樂府南界廣東高州府東
南界廣東羅定州西南界鬱林州東北界廣東
連山廳連州

潯州府圖

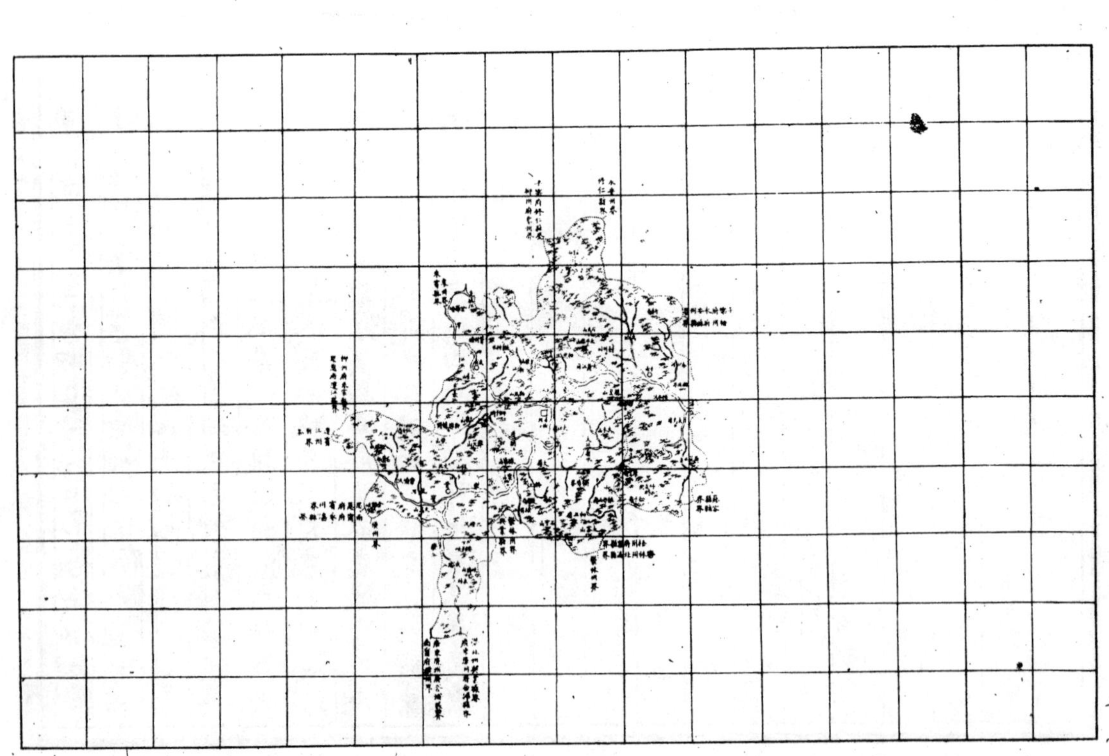

潯州府在省治西南八百七十里至
京師五千四百五十六里領縣四治桂平西南貴縣西北武宣東北平南鬱江自南甯府橫州東北流入界經貴縣西南武思江自廣東合浦縣來北流注之折北流左納天馬山水又北賓江自思恩府賓州來左合一水及乾河東流注之又東北流經縣治南左納沙江屈東流經桂平縣西南右納橫眉江繡江水折北左納蓮蓬江經府治東又東北會潯江江即柳江一曰潭江自柳州府象州南流經武宣縣西北金雞塘西合縣東北古城江曲南流至縣治西三台山折東經治南右納古豪江又東南左納桂村水新江水又經府治西北左出支津曰南淥江又東與鬱江會曰潯江東北流大江嶺水出治東南合數小水西北流注之又東北南淥江合相思江及一小水東流注之又東北經大黃江司南曲東南經平南縣西烏江合數小水南流注之又東南經樟木汛北左納泰川河又東南白沙江出桂平縣東南境屈曲東北流合一水經大烏司東來注之又東入梧州府藤縣界府東及東南界梧州府西界思恩府北及東北界平樂府南界鬱林州西南界南甯府廣東廉州府西北界柳州府

南甯府圖

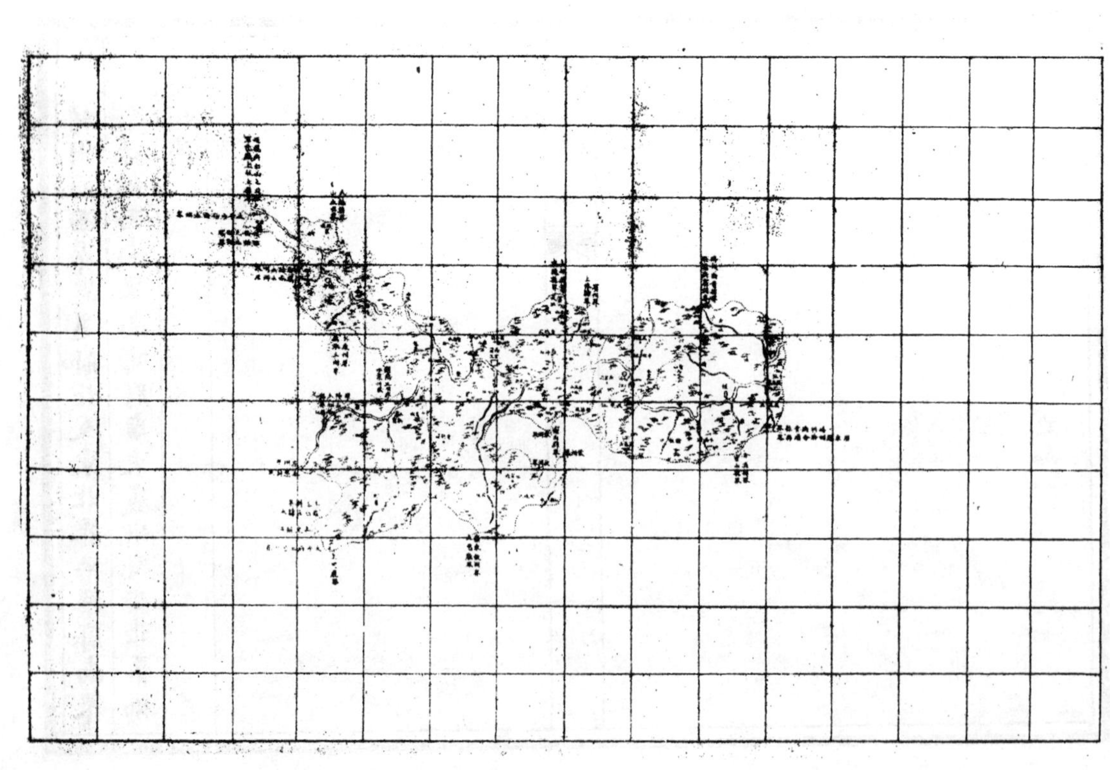

南甯府在省治西南一千十里。至京師五千六里五十九里。領州二縣三。治宣化。西南新甯州。西北隆安。東南永湻橫州。右江自百色廳上林土縣東南流入界。經果化土州北歸德土州南。塘河水自思恩府武緣縣來西南流注之。南流經隆安縣北右納佛子溪水。又東南綠鋒水自太平府萬承土州來東北流注之。又曲折東南流。南流江亦自武緣縣南流來會。折東南經墰落司西南又東南右納龍牀江。又東南經三江汎左江來會。江上游曰麗江。自太平府江州土州東北流入界。經新甯州西合旺莊河。又東北左納其州之橋龍江來會。是為鬱江。歷折東流左納星盈江。經府治南右納烏江水。又東至八尺司右納八尺江水。又東左納大沖江伶俐江水。又經永湻縣北東班江西南流注之。又經縣東南秋風江自廣東廉州府靈山縣來東北流注之。又東經橫州西右納橫槎江平南江鹿江。經州南屈東北流左納清江右納武流江。折而北至大灘司。古江出永湻縣東北境東南流注之。又折東北入潯州府貴縣界。長灘水自廣東欽州西南流經宣化縣東南復入欽州界。府東及東北界潯州府。西界太平府。北及西北界思恩府。南界廣東欽州。東南界廣東廉州府。西南界上思廳。

太平府圖

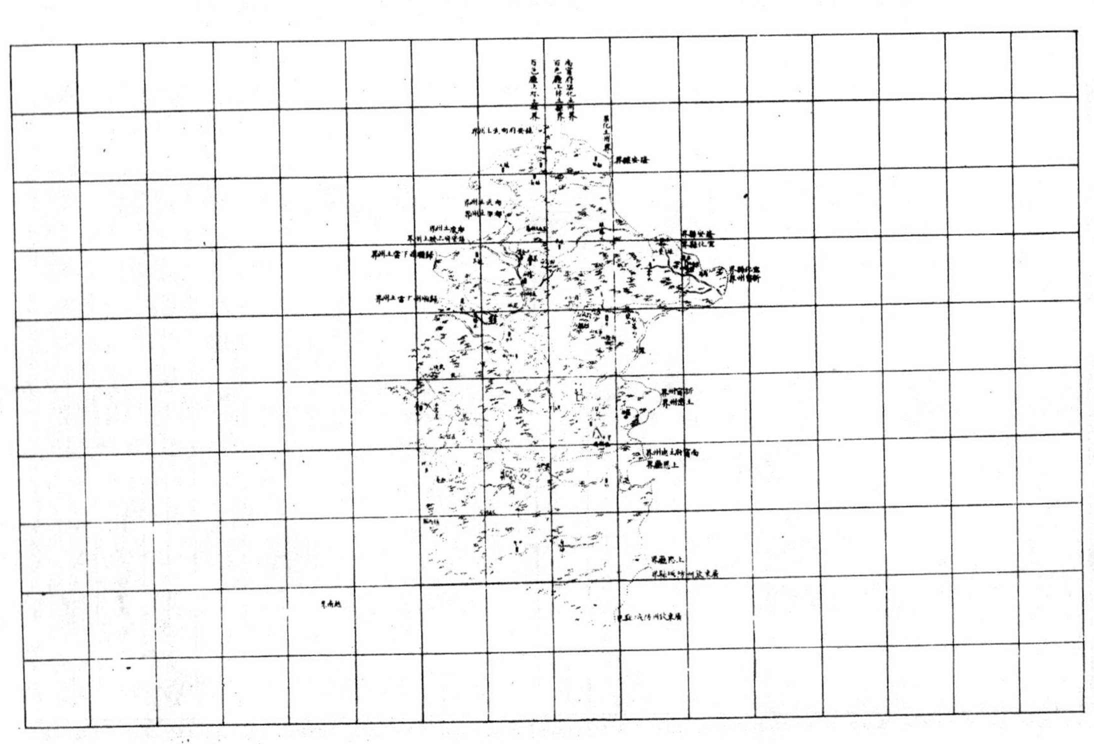

太平府在省治西南一千二百八十里。至京師五千九百二十九里。領廳二。州四。縣一。治崇善。西龍州廳。西南明江廳。甯明州。西北養利州。東北左州。永康州。麗江南北二源。北源曰平定溪。自越南東南來。經上下凍土州東南流。又經龍州廳西至治西南。會南源。南源曰豈宜溪。自越南東南流入界。經廳西南憑祥土州北。折東北至廳治西南。與北源合。東流曰龍江。又東會明江。江自上思廳遷隆峒土司西流入界。經思州土州北。屈曲西流至明江廳西南。交趾河舊名板栗溪。自越南東北來。左合一小水注之。折北流經甯明州北。又北流與龍江會。是為麗江。又東經府治西。受邏水。水舊名歸順河。自歸順州下雷土州東南流入界。經安平土州西北。又東南。通利江自鎮安府都康土州東南來。經龍英土州東北。全茗土州西南。合西北一水。至養利州西。合瀾水。折西南流注之。又東南經太平土州西北。右納五橋水。又南經府治西。右納越南之多烈水。又南注麗江。麗江經府治南。又折東北至左州馱盧司東南。左納橋龍江。又東北入南甯府新甯州界。角硬水出思陵土州南境。東流折而北。又經州南曲折西南流入越南界。淥甕江出永康州西北。合淥零水及一小水東南流入南甯府新甯州界。綠絳水出萬承土司南。東流入南甯府隆安縣界。府東及東北界南甯府。西至南界越南。北界百色廳。西北界鎮安府。東南界上思廳。廣東欽州。

鎮安府圖

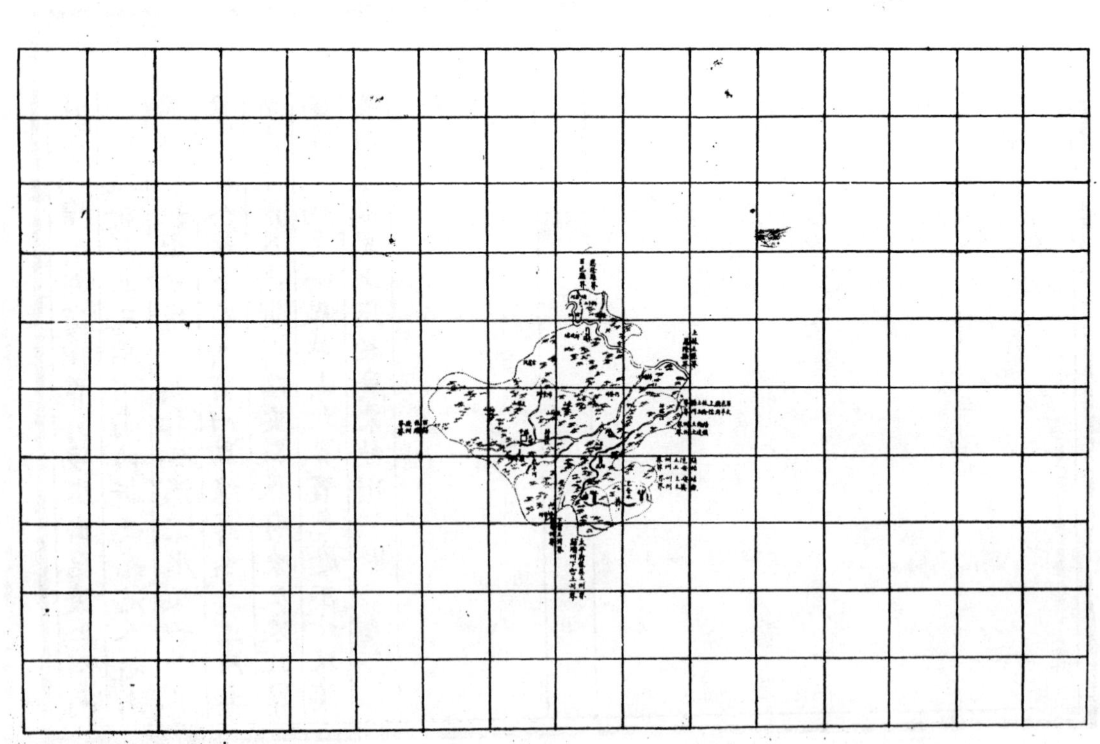

鎮安府在省治西南一千六百八十六里。至京師六千三百三十五里。領州一縣一。治天保東北奉議州。右江自百色廳南流入界。經奉議州西北並那坡墟北。折而東磺桑河亦自其廳南來注之。又經獅子山南至州東北。隆溪舊名砦毆溪自其廳恩隆縣南來注之。屈曲東南流右受歸順江。江舊名滾滲江。自歸順州東北流入界。經府治西伏流。復出東流經府治南右納馱命江。又東左納啼來河。右納歸順州之武平河東北流經奉議州東南作登司東北注右江。右江又屈東南流入百色廳上林土縣界。枯榕江出上映土州西境東北流經向武土州西北。又東北亦入上林土縣界。通利江舊名雲門溪出上映土州西境南流折而東經州南。又東經都康土州南。又東入太平府龍英土州界。府東及東南界太平府。西至南界歸順州。北及西北界百色廳。

欽定大清會典圖卷二百四十七

輿地一百九

百色廳圖

上思廳圖

鬱林州圖

歸順州圖

百色廳圖

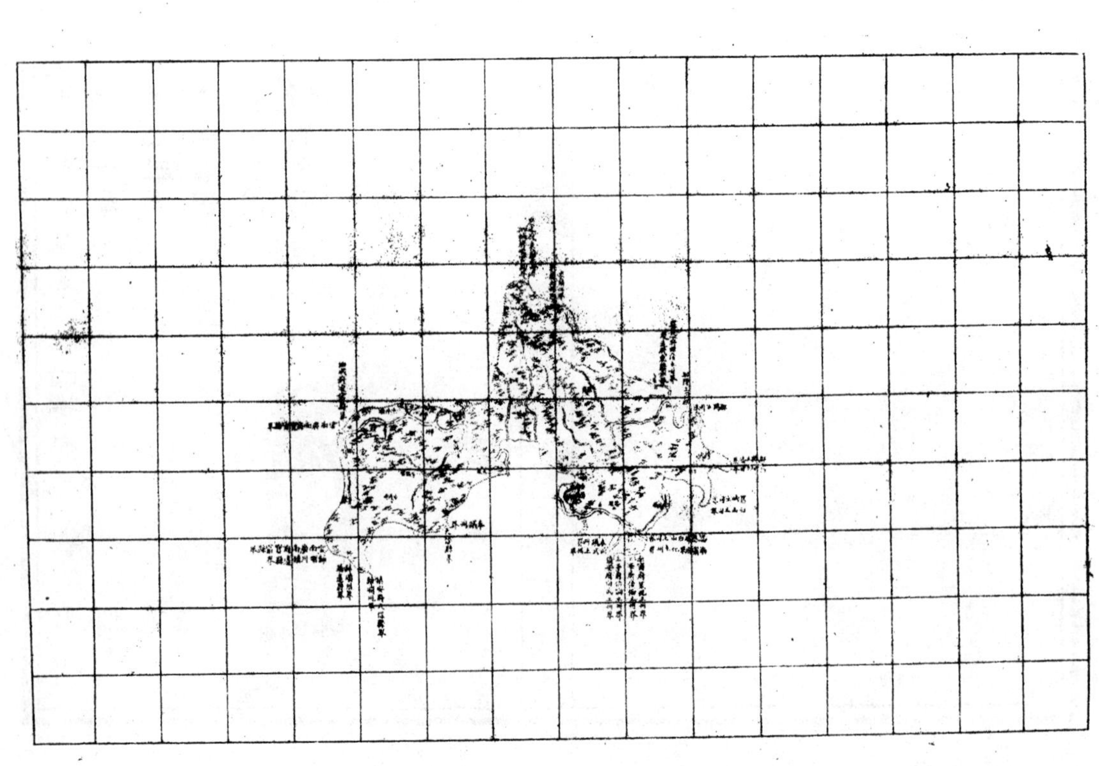

百色廳在省治西南一千七百八十五里。至京師六千四百三十里。領縣一。東南恩隆。西洋江一曰右江。自雲南廣安府土富州東流入界。經廳西者郎河出恩陽西南境北流注之。又東經淥沖塘。右納一小水。左納二小水。又經廳治南。又東。澄碧水自泗城府淩雲縣南流注之。折而南。紫甌溪出廳西紫甌墟。二源合東北流注之。又東流經恩陽北。屈曲東流錯入鎮安府奉議州界。復經恩隆縣西緣界東南流。右納紫桑水。經縣南。其南岸為奉議州界。又東南經上林土縣北。又東南入南甯府果化土州界。磺桑河自淩雲縣東南流入界。經治東南流。隆溪亦自淩雲縣南來。經治東及恩隆縣西北南流。並入鎮安府奉議州界。紅水江自慶遠府東蘭州南流緣恩隆縣東北界。與思恩府興隆土司分岸。篆江出廳東北。東南流注之。又南流一水合二源自其西來注之。又曲東南流入思恩府都陽土司界。廳東界思恩府。西界雲南廣安府。北及西北界泗城府。南界鎮安府。東南界南甯府太平府。西南界歸順州。東北界慶遠府。

上思廳圖

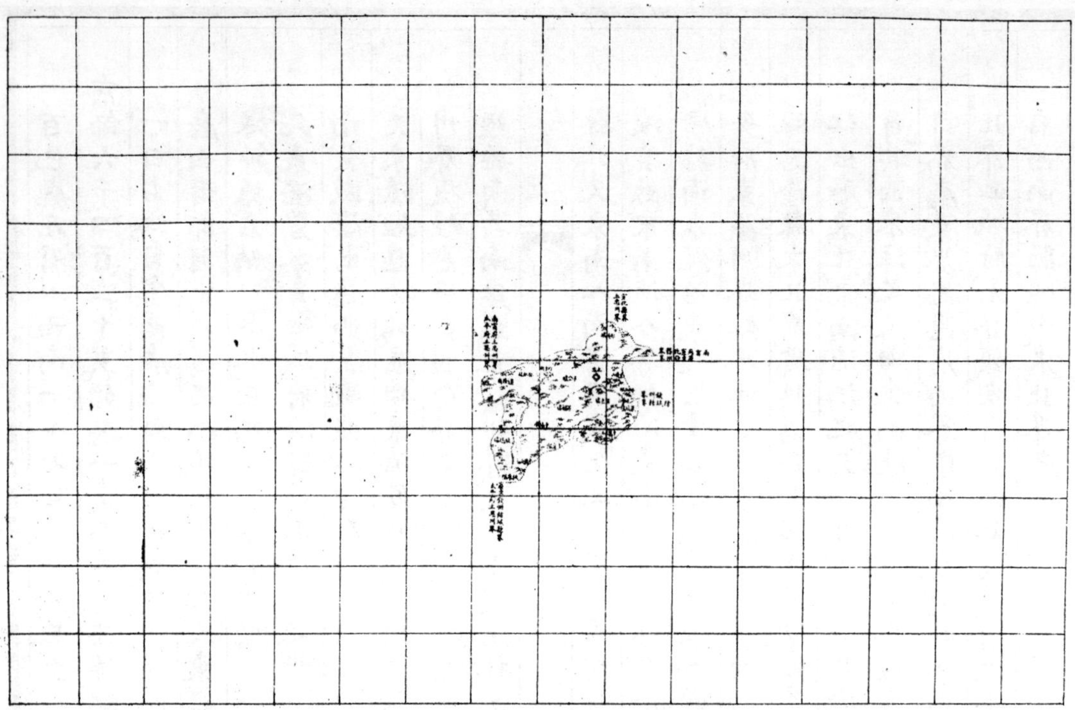

上思廳在省治西南一千二百八十里。至
京師五千九百二十九里。明江出廳西南境。東北流折而西經治南。又西南流。左納一水。復折西北至遷隆峒土司南。又西南入太平府土思州界。廳東至南界廣東欽州。西界太平府。北界南甯府。

鬱林州圖

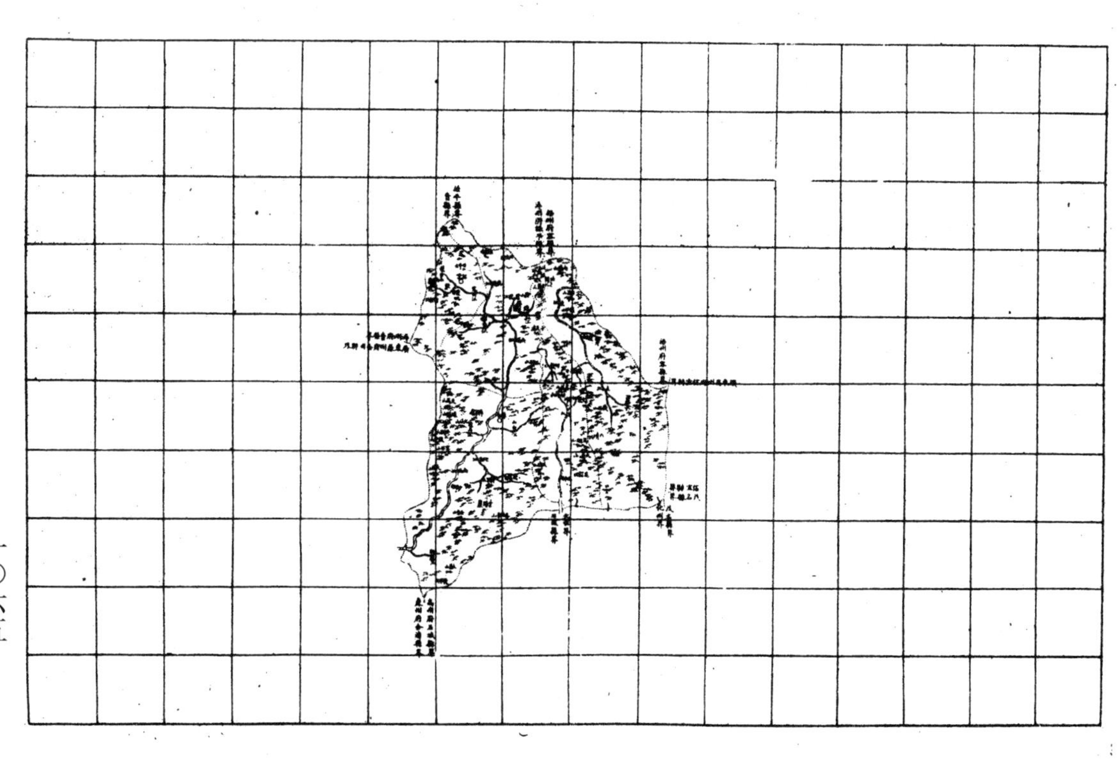

鬱林州在省治西南一千五百二十五里至
京師六千一百七十四里領縣四東南陸川東北北流西南博白西北興業南流江即廉江上源曰羅望江出州北境大容山西麓西南流經治西又南綠藍江出北流縣西南綠藍山西南流來會又西南定川江二源南源曰鑒江出興業縣西南北源曰龍穿江出興業縣西北合東南流左納鴉橋江右納都黃江來會曰南流江又西南回龍江自陸川縣西北北流折西注之又南右納六司水又南經博白縣西北又南左納山白江右納浪馬江又南陀角江合數小水西北流注之又南經沙河司西曲西南左納旺勝江又西南入廣東廉州府合浦縣界烏江舊名泗江二源並出陸川縣北境東源曰文龍江西源曰妙洞水至城南合而南流經溫水司西又南入廣東高州府石城縣界圭江出北流縣東南境合石梯水西北流思賀水自陸川縣北流折東注之又西北經雙威司西右納蟠蜍河又西北經縣治東南折東流入梧州府容縣界曰容江句漏山在北流縣東北大容山在北流縣西北州東及東北界梧州府北至西界潯州府南及東南界廣東高州府西南界廣東廉州府

歸順州圖

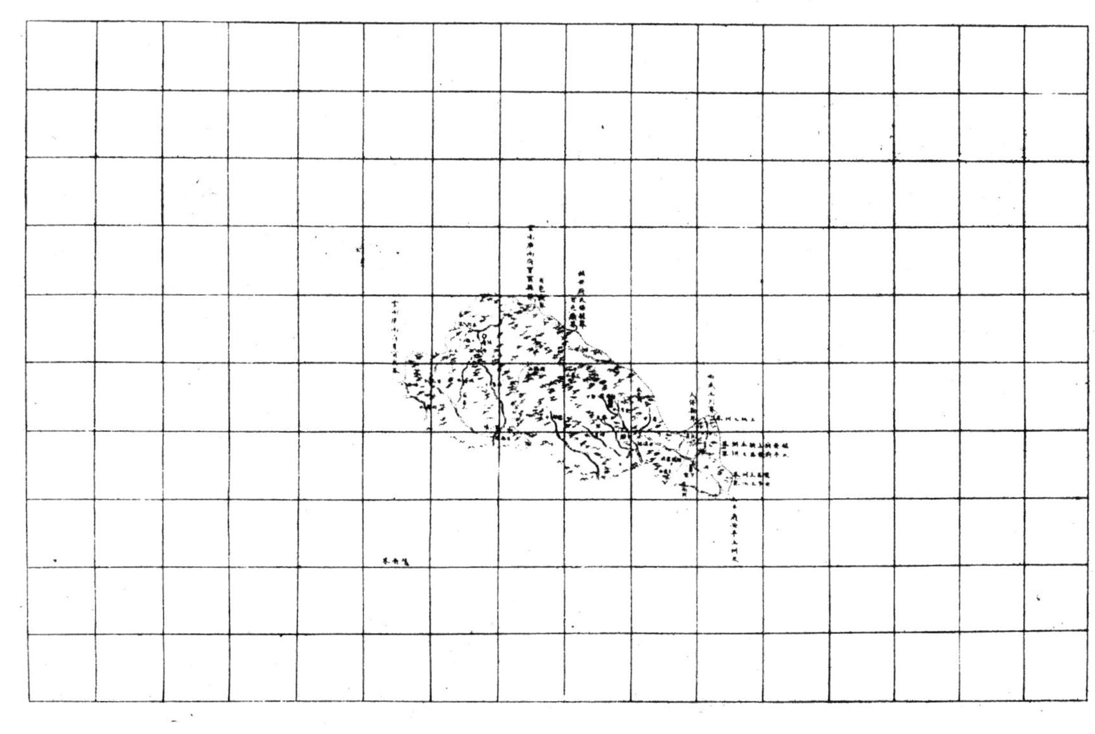

歸順州在省治西南一千八百六十里。至京師六千四百五十五里。領縣一。西北鎮邊邏水出州東山。西南流折而東南經胡潤寨司東北。立㠑水自鎮安府天保縣南來注之。又東南經下雷土州東北。北河自鎮安府向武土州來伏流復出西南流注之。又東南西南河自越南緣界東流注之。又東流入太平府安平土州界。龍潭水出州東北。南流經州治東。又南穠黎水出州西北東南流注之。又東南至個讓墟鷲泉水出州西合坡豆水東南流注之。又東南入越南界。穠那水出州西。亦東南入越南界。德窩水出鎮邊縣南。東南流經百合墟折西南至百南墟北。苜華水坡芽水百都水並出鎮邊縣南。合南流入越南界。勞水出鎮邊縣南勞山西北流。經縣治西合大魁水弄内水。折而東北伏流復東北出。入雲南土富州界。那摩水合坡酬水在鎮邊縣西南。與越南接界。歸順江出州西北。武平河出州東北。並東流入鎮安府天保縣界。州東至北界鎮安府。西界雲南廣南府。南界越南。西北界百色廳。

欽定大清會典圖卷二百四十八

輿地一百十

雲南省全圖

雲南府圖

雲南省全圖一

中

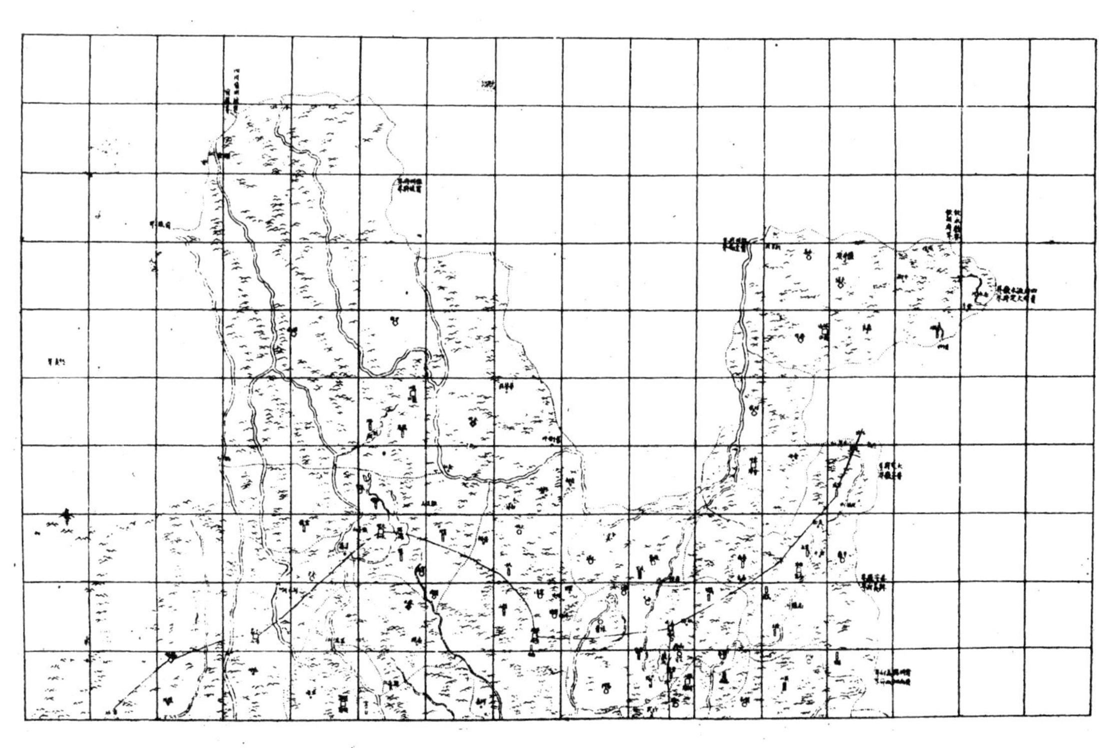

雲南省全圖二

南

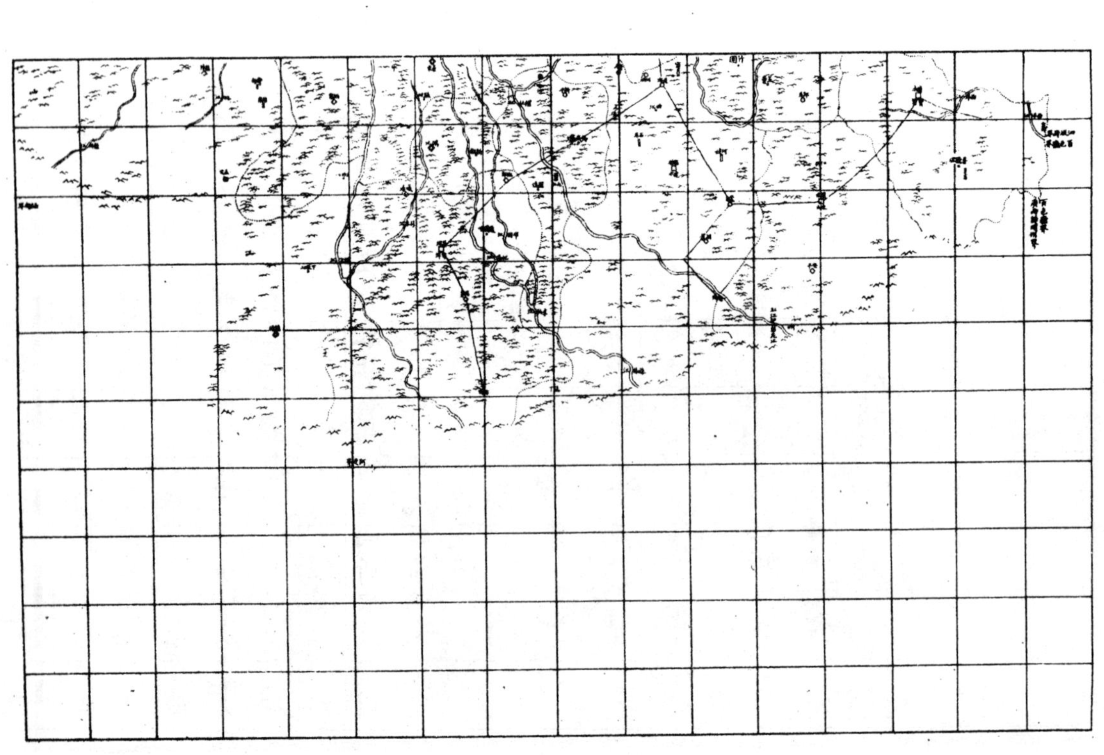

雲南省在

京師西南雲南府為省治雲貴總督雲南巡撫布政司共治焉統府十四廳五州三雲南府東南澂江府廣西州臨安府開化府廣南府西南楚雄府元江州景東廳鎮沅廳普洱府永昌府順甯府鎮邊廳東北曲靖府東川府昭通府西北武定州永北廳蒙化廳大理府麗江府金沙江自四川雅州府南流入境經麗江府西北東流折南經府東永北廳西無量河自四川甯遠府來東南流注之折東經大理府楚雄府武定州北又東北至東川府西滇池在省治南東北流為普渡河注之又北經昭通府西又東北入四川敘州府境瀾滄江自西藏南流入境經麗江府西右出支津為黑惠江又東南經大理府西永昌府東順甯府北黑惠江合劍湖水洱海水來會又南經順甯府東景東廳西至普洱府合杉木江又東南入南掌界李仙江上流為把邊江出蒙化廳南東南流經景東廳鎮沅廳普洱府東會布固江為李仙江又經臨安府西南為藤條江入越南界元江上流為禮社江出大理府東南經蒙化廳東楚雄府西南元江州西北會麻哈江為禮社江又為元江又經臨安府南開化府西南為紅江入越南界西洋江出廣南府西南東流錯入廣西泗城府界復經府東又東流入廣西百色廳界南盤江出曲靖府北經治東而南折西經雲南府東南又經澂江府東而南經臨安府東北廣西州西南折東北經州南而東亦入泗城府界北盤江自貴州大定府東南流入境經曲靖府東北合宛溫水折北仍入大定府界赤水河苴蚪河俱出昭通府東北南流入大定府界潞江自西藏南流入境經麗江府大理府永昌府西又南入緬甸界龍川江自西藏南流入境經永昌府西而南入緬甸界東至貴州界西至怒夷界北至四川界南至越南南掌緬甸界西北至西藏界東南至廣西界

雲南府圖

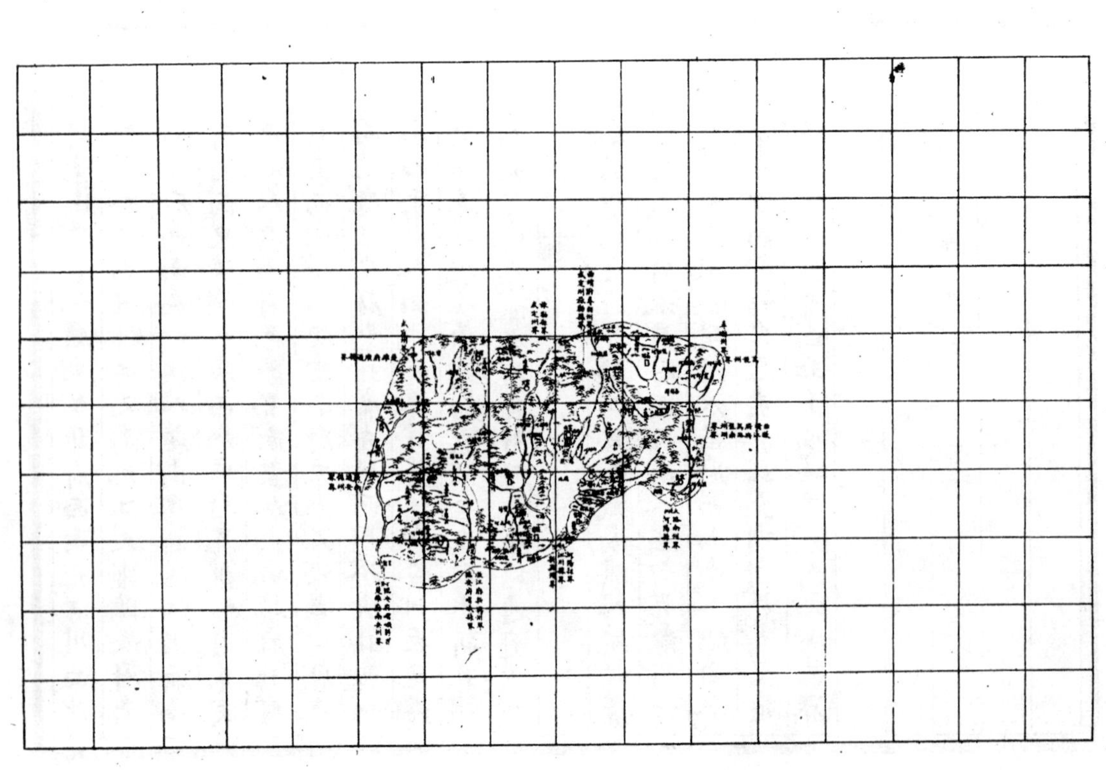

雲南府為雲南省治。至
京師五千八百九十五里。領州四縣七。治昆明。東
南呈貢宜良。西南安寧州昆陽州易門。
東北嵩明州。西北富民羅次祿豐。滇池在府治
南。盤龍江出嵩明州西北梁王山。南流為牧養
河。左合邵甸河水為盤龍江。又南迤西歧為數
支出羅公閘至府治昆明縣南。瀦焉。海源河沙
河諸水自其西北瀦焉。白沙河寶象河馬料河
諸水自其東北瀦焉。落龍河撈魚河梁王壩淤
泥河諸水自其東瀦焉。盤龍河大壩河大堡河
諸水自其南瀦焉。至昆陽州北為海口。西洩為
海口大河。西北流。鳴矣河合望洋河利資河北
流折東注之。為螳螂川。北流經安寧州東南。右
納利澤河。又北至富民縣東北。清水河出羅次
縣東南分水嶺東流來注之。又北入武定州祿
勸縣界為普渡河。注金沙江。嘉利澤在嵩明州
南。一曰楊林海子。上流為果馬溪。自曲靖府尋
甸州南流為龍巨河。又南右納福祜河。又南至
嵩明州南瀦為澤。左匯羅錦河馬廠河寬郎河。
右匯對龍河玉龍河。其南匯宜良縣北境之邑

市河。東北流為尋川河。仍入尋甸州界。大池江
即八達河。一曰鐵池河。為南盤江上流。自澂江
府路南州西流入界。經宜良縣東北。折西南。合
大赤江。又南左納黑泥河。西受大城江。江出縣
西南明湖。東流為大城江。經縣南支津東出注
大池江。正渠又西南一曰文公河。亦注大池江。
又西仍入路南州界。星宿江一曰木奔江。出羅
次縣南九湧山。合一水北流至縣西。右合碧城
水。為東河。亦曰金水河。右納東渠。折西南至祿
豐縣治北。右納響水河及楚雄府來之北河。始
曰星宿江。又西南左納南河。右納廣通縣來之
九盤山水九渡河沙甸河水。又南經易門縣西
北。左納太和川水及大小綠汁河水。屈西南受
易江。江二源。東源出安寧州西北祿脿山。西源
為易門川。出易門縣北老黑山。合南流曰易江。
右納上渠江水及下渠江水。又南左納廟兒山
水。折而西至縣南。右納龍泉諸水。又西右納沙
文河及逑末水。又西入星宿江。星宿江又南入
楚雄府界為丁癸江。府東及南界澂江府。西界
楚雄府。北界武定州。西南界臨安府。東北界曲

靖府。

欽定大清會典圖卷二百四十九

輿地一百十一

大理府圖

臨安府圖

大理府圖

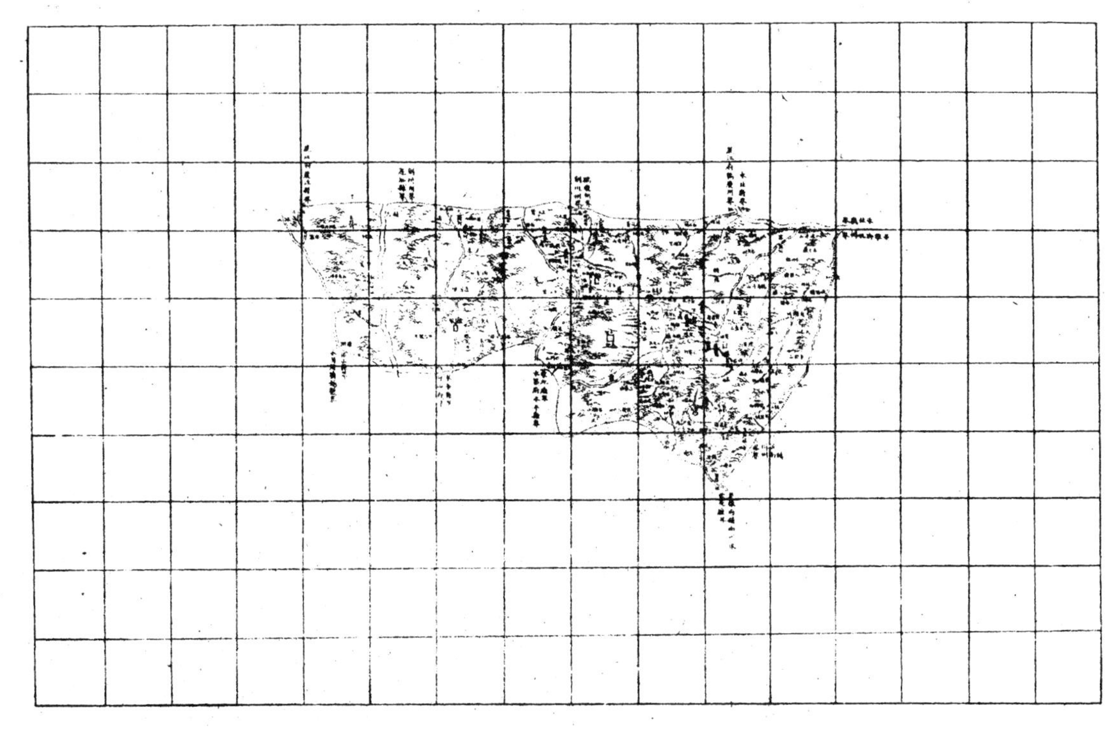

大理府在省治西北八百四十里。至京師六千七百三十五里。領州四縣三。治太和。東賓川州。西雲龍州。東南趙州雲南。西北鄧川州浪穹。金沙江自麗江府東南流經府治東北。枯木河自鄧川州上承羅栖河高澗河東北流注之。又經虎踞山北東流受答旦河。河一曰六溪河六源並出賓川州境。出州東南蕎甸者曰鍾良溪出州西賓居者曰通洱溪出三官村者曰赤龍溪出官坡者曰銀溪出炎涼嶺者曰石寶溪出州西北瀦為上滄湖下滄湖又屈曲東流者曰寒玉溪六溪合北流。至州西北。左納豐樂溪水。右納竹溪水。又北左納橫溪水。又經答旦村東北曰答旦河。又東北注金沙江。金沙江又東經波泮山北。又東受一泡江。江出雲南縣北梁王山。南流至九鼎山歧為三支。一南流曰萬花溪。下流為白崖江。一東南流瀦為青龍海。一東北流瀦為品甸海。匯周官岁海水與青龍海合東流經雲南驛。又東折而北為一泡江。東北至臙脂壩。徐甸河出雲南縣東禾甸曰萊蘿江合龍泉兵摩山七喬山水為楚場河又東北為赤城江。又東北至人投關為徐甸河來會。金沙江又折東北入永北廳界。白崖江即禮社江。東源上流為萬花溪經白岩驛。菖蒲灘水出縣南水目山西南流注之。又東南赤水江出趙州東南水磨坪東南流合毘雄毘雌二水經古城南來會。又東至彌渡。鼻悤廠水出雲南縣東南水盆鋪東流錯入楚雄府界。復經縣東南注之。又東南入楚雄府鎮南州界。漾濞江自麗江府劍川州東南流入界。一曰白石江。經浪穹縣西北右納山溪水曰上江觜。又東南左右各納一溪水。又南經鄧川州西右納一小水曰下江觜又南經太和縣西北曰漾備江。又南入永昌府永平縣界。納點蒼西山水是為濞水。始曰漾濞江。西洱江出麗江府鶴慶州南境。經浪穹縣東北南流左納九龍池水右納茈碧湖水羅鳳溪水。經縣東又南鳳羽河出浪穹縣西南清源洞合罔江東北流注之。又南經鄧川州東為彌苴佉江與罔地羅時二江並入洱海瀦馬洱海至州東玉亮山南匯十八溪水。至趙州北左納波羅江水。復西南流出界注漾濞江。勝備江出雲龍州東大羅山東南流亦入永平縣界。沘江自劍川州南流入界。經雲龍州北。左納大朗河水。右納一小水。復左納清水河水。又南左右各納二溪水。又南至州北左納東北二水。貫城復出。左納小雞馬河水。復左納東北二水。至乾海子西入永平縣界。注瀾滄江。瀾滄江自麗江縣南流入界。經雲龍州西北。至表村北右納表村河水。又南右納西溪水松牧溪水。左納西北水。又南右納崇山溪水。又東南入永昌府保山縣界。潞江亦曰怒江。亦自麗江縣南流入界。經雲龍州西北合狨江水東南流。經三崇山西。又東南至漕澗入保山縣界。雞足山在賓川州西北。點蒼山在府治西。府東界楚雄府。西界怒夷。南界蒙化廳。北界麗江府。東北界永北廳。西南界永昌府。

臨安府圖一

中

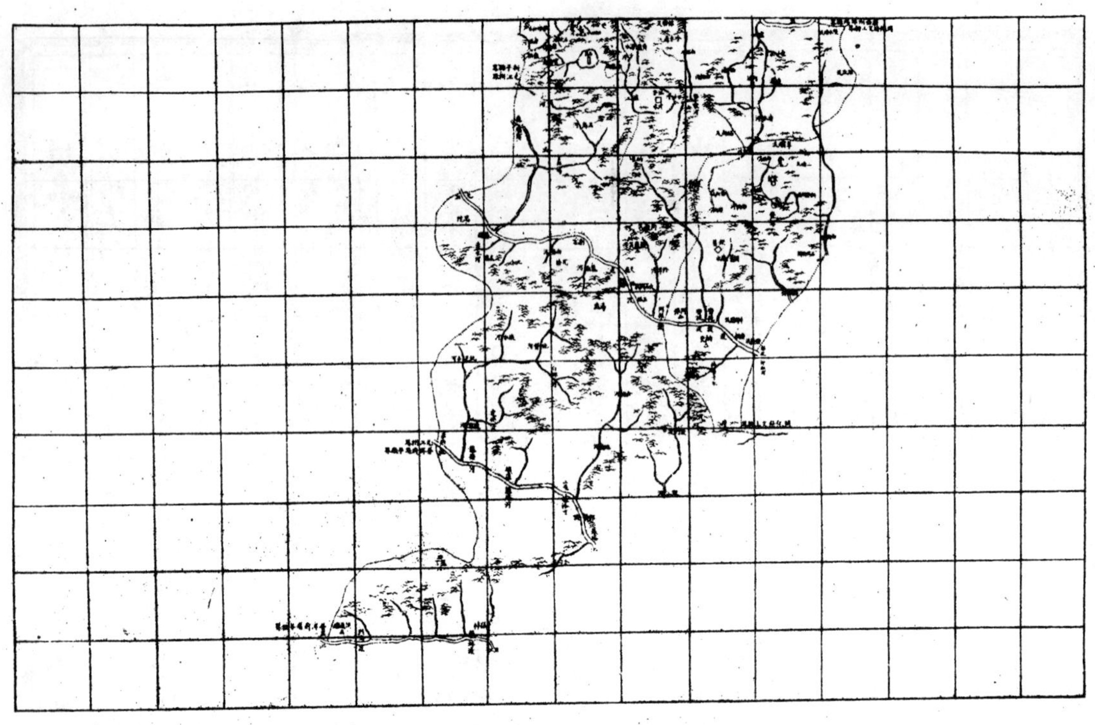

臨安府圖二

北

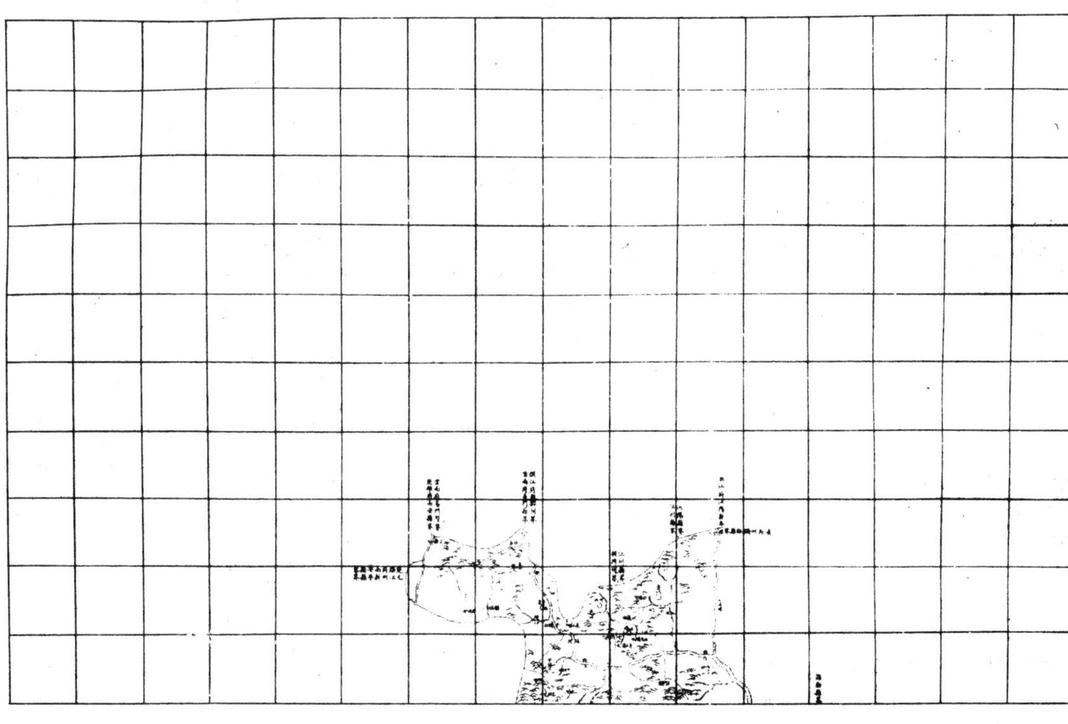

臨安府在省治東南三百九十里。至
京師六千二百四十五里。領州三縣五。治建水。北甯州通海東北阿迷州。東南蒙自。西北石屏州河西嶍峩。盤江上源曰婆兮江。自澂江府河陽縣南流入界。經甯州東北。左納七星潭水。又東南會曲江。江一曰小曲江。即大溪。自澂江府新興縣來。經嶍峩縣西北為梲江。至縣南右納練江水為合流江。又東南經河西縣西。左納東山河為碌河。又東南合郎河合六村河自其西注之。始為曲江。折東北經甯州南。瓜水自其北合諸小水注之。又東與婆兮江會。曰盤江。盤江又東南右納二小水。又東會瀘江。江上承石屏州西寶秀湖水。合二小水夾州治而東。瀦為異龍湖。折而南。左納沙河水。黃龍潭水。經府治南而東。左納白沙河水。又東合南來一水。又東左納南主河水。又東伏流至阿迷州西南。復出為樂蒙河。又東歧為二。曰東溝。曰西溝。東溝經州南清水河上承蒙自縣雞街河儻甸河水。伏流至州南復出注之。又折而北。右納東山水。至州北與西溝合。又北入盤江。盤江又折東北入廣西

州彌勒縣界。元江即禮社江一曰河底江。自元江州東南流入界。經石屏州西南受龜樞河。河上流為亞泥河出嶍峩縣西北。錯入元江州新平縣界。復經石屏州西。迆絡河合牛期旦水石坎水新河三岔河昌明里水雞母白水磨石河為白花龍河來注之。復出界為龜樞河。又經州西南合五朗河水溫湯河水西南流來會。又東南右納清水河及一小水。又東南至瓦渣北右納南鼎河龍孟河水。經天蓬渡至阿邦渡。左納羚羊河水。又東至蠻謎渡合北來一水。又東至蠻提渡左納個舊廠水。又東至蠻板汛。右納槁吾卡水。又東南為梨花江入開化府治文山縣界。藤條江上流為李仙江。亦自元江州東流入界。經府治建水縣西南臘窑河上承他嘴河浪水河白那河他泥弄河虎街河注之。又東為頭道藤條江。納北來一水。又東為二道藤條江。又東經那黃渡䠶魚河合金廠河南流注之。折西南右納金子河。又東南入越南界注黑江。黑江自普洱府思茅廳緣界東流經府西南。左納五小水。經猛蚌南入越南界。賽江河出建水縣南。

合慢門渡口水亦入越南界。丁揆江自雲南府易門縣南流入界。經嶍峩縣西入沅江州界。臘猛河出嶍峩縣西。小河出石屏州西南並出界巨龜樞河。白期河出阿迷州東南境。合蒙自縣諸海水東南流與新現河並入開化府文山縣界。杷麓湖在通海縣北境。長河秀山溝諸水瀦焉。府東界開化府。西界元江州。北界澂江府。南界越南。西南界普洱府。

欽定大清會典圖卷二百五十

輿地一百十二

楚雄府圖
澂江府圖
廣南府圖

楚雄府圖

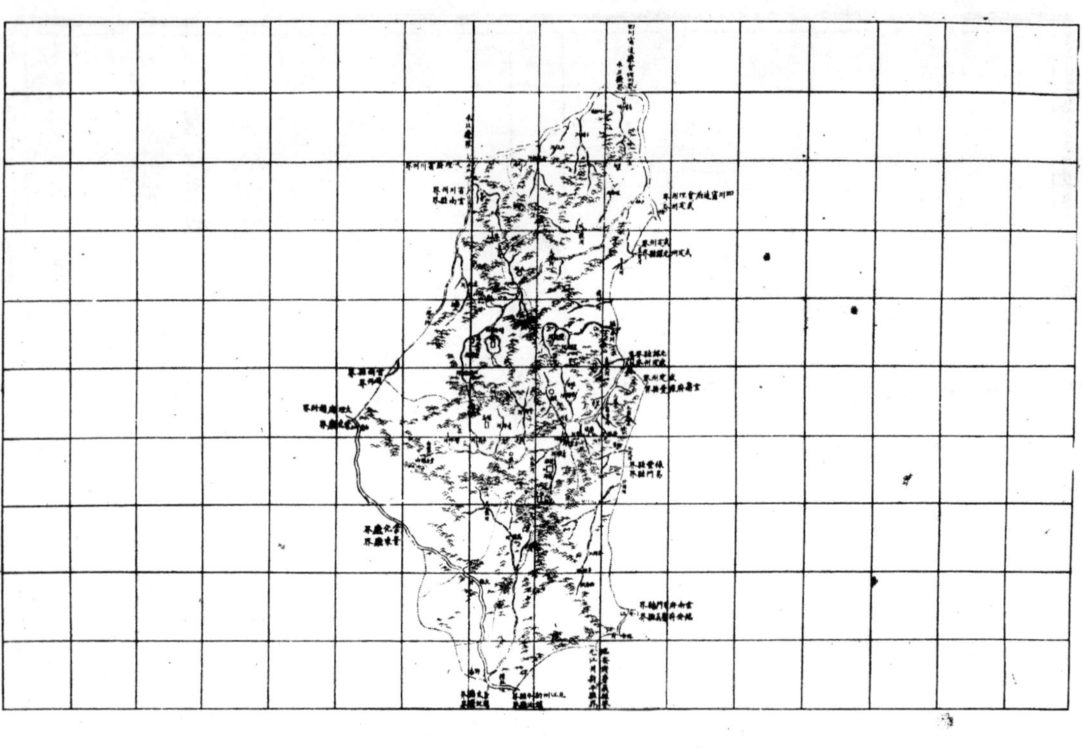

楚雄府在省治西南四百二十里。至京師六千三百十五里。領州三縣四。治楚雄。西南南安州。北定遠。西北鎮南州姚州大姚。東北廣通。金沙江自大理府賓川州東流經姚州北。其北為永北廳界。一泡江亦自大理府北流合連廠河一字水來會。又東北經大姚縣北。右納卧馬刺河。又經白馬汛。右納白馬河水。又東北。右納羊蹏江水。又東北。右納矣資河水。其東北為四川會理州界。折而南受大姚河。河出鎮南州北十八盤山。西北流經姚州西南為回龍廠河。又北。陽脈河匯為豐樂湖北流注之。折東北至州北。蜻蛉河自州南夾治城北流注之。又東北。左納長壽湖水。又東北。左右各納一小水。又北至大姚縣南為大姚河。香水河出縣西北黎武山東南流注之。又東北。右納一小水。又東北。蛟龍江合苴卻河自其西注之。又東北入金沙江。金沙江又東南入武定州界。龍川江一曰苴水一名虹江。出鎮南州西苴力鋪山。東流為白龍江。又東。左納響水河平夷川水。經州南又東。左納青水河。又經府治西。左納紫電河水。右納大

石河水。經府治北又東。右納青龍河水。始為龍
川。江折而北。左納零川。右納方家河水。又東北
經廣通縣西。左納琅溪河。右納立龍河水。又東
至縣北。右納清鳳河羅申河三道水。左納直苴
河水。又東入武定州界。禮社江上源為白崖江。
自大理府東流入界。經鎮南州南。其南為景東
廳界。折東南經府治西南。至南安州南為大廠
河。經鄂嘉北。馬龍河自鎮南州東南流注之。為
禮社江。折南流入沅江州新平縣界。麻哈江上
流曰丁癸江。自雲南府易門縣緣界南流。經南
安州東南入臨安府嶍峩縣界。九盤山水出廣
通縣東。九渡河出縣南。並東流入雲南府祿豐
縣界。妥甸河出南安州東南。合妥稍河東流為
沙甸河。入雲南府易門縣界。苴甯河出大姚縣
東北山。合多克河東流。爐頭河出縣東南。猛令
河出定遠縣北。合雙尾河苴貓河東流。並入武
定州元謀縣界注龍川江。府東界武定州雲南
府。西界大理府。南界沅江州。北界永北廳。東北
界四川甯遠府。西南界蒙化景東二廳。

澂江府圖

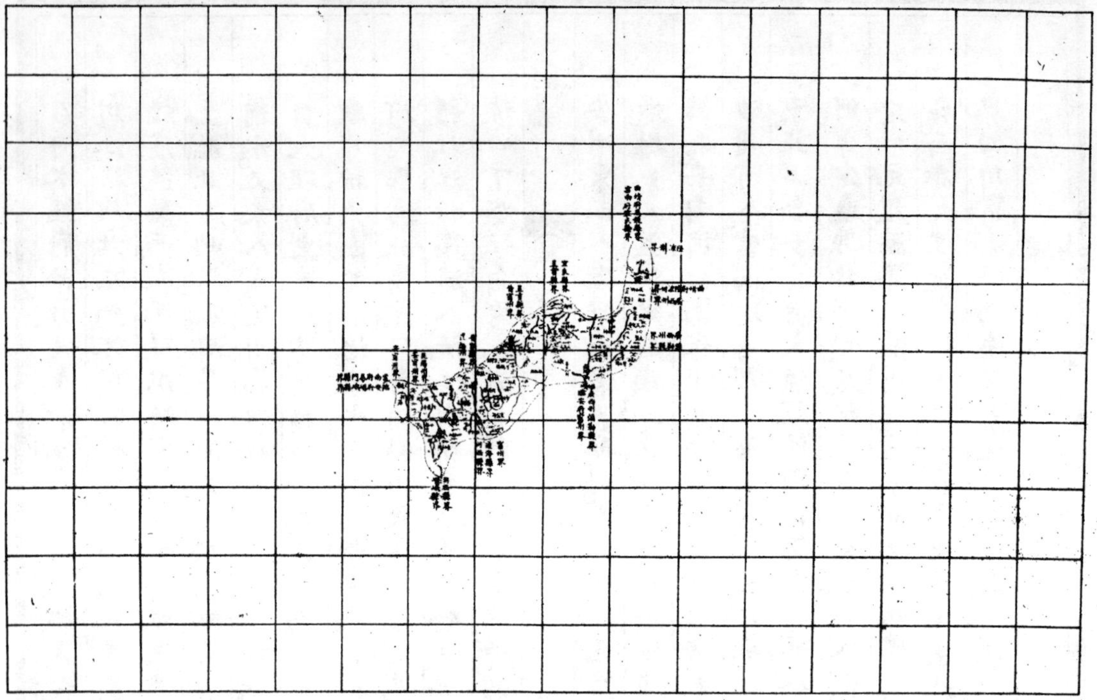

澂江府在省治東南二百里至京師六千一十五里領州二縣二治河陽西南江川新興州東北路南州鐵池河上源曰大池江自曲靖府陸涼州西流入界經路南州北右納小河水折西北錯入雲南府宜良縣界復南流經州西右納七江溪水經竹子山西天馬山東又南始曰鐵池河巴盤江出路南州東北白龍潭西南流左合黑龍潭水來會又南左納休柔溪水右受撫仙湖星雲湖水撫仙湖在府治河陽縣南一曰羅伽湖匯縣境東大河即玗札溪西大河即羅藏溪及五馬溪關索嶺諸小水星雲湖在江川縣南匯縣境東西河諸小水東流為海口河入鐵池河是為婆兮江又南入臨安府甯州界大溪一曰小曲江出江川縣西獸頭山南流折西北經新興州東右納香柏河左納撒喇河哨河水又西北右納羅磨溪水至州治北右納羅木箐水折西南西河自其北合奇梨溪水注之又西左納寨溝水又西牟溪水合奴喇河西北流注之又西右納黑龍潭水左納甸苴水復右納良江河清水河水又西入臨安府嶍

峩縣界。明湖一曰玉湖，即陽宗海子。匯府治東北諸山水，北流入雲南府宜良縣界。府東界廣西州，西及北界雲南府，南界臨安府，東北界曲靖府。

廣南府圖

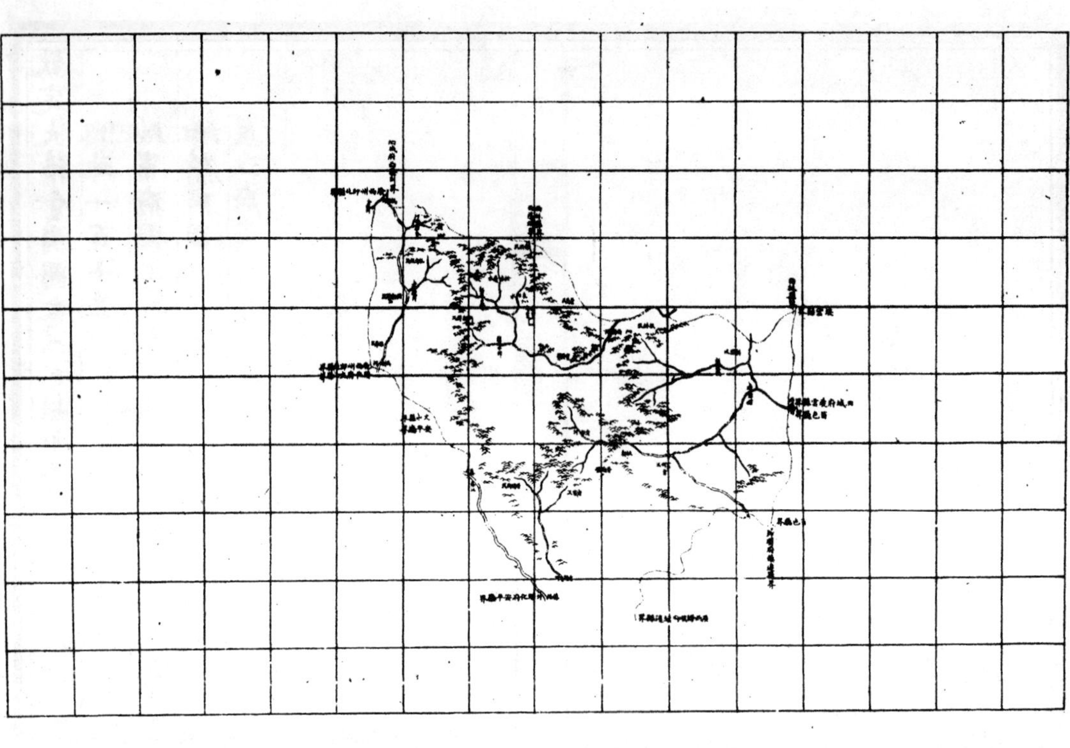

廣南府在省治東南九百九十五里至
京師六千六百里領縣一治寶甯西洋江出府西
北境合紅石岩水松木嶺水東北水東南流經
府治西南右納響水河水又東經縣東南寶月
關折東北經板蚌汛錯入泗城府西林縣界復
經剝溢汛右納剝江水又東南者郎河合南江
溪及數水東北流注之又東入廣西百色廳界
普梅河自開化府東流入界為籐條江折東南
入越南境者輔河出府南境南流入越南界八
達河自廣西州緣界東北流經治西北馬別河
自開化府治文山縣來合者種河下安排水折
西北注之又北仍入廣西州界府東至北界廣
西泗城府西界廣西州南及西南界開化府越
南東南界廣西歸順州

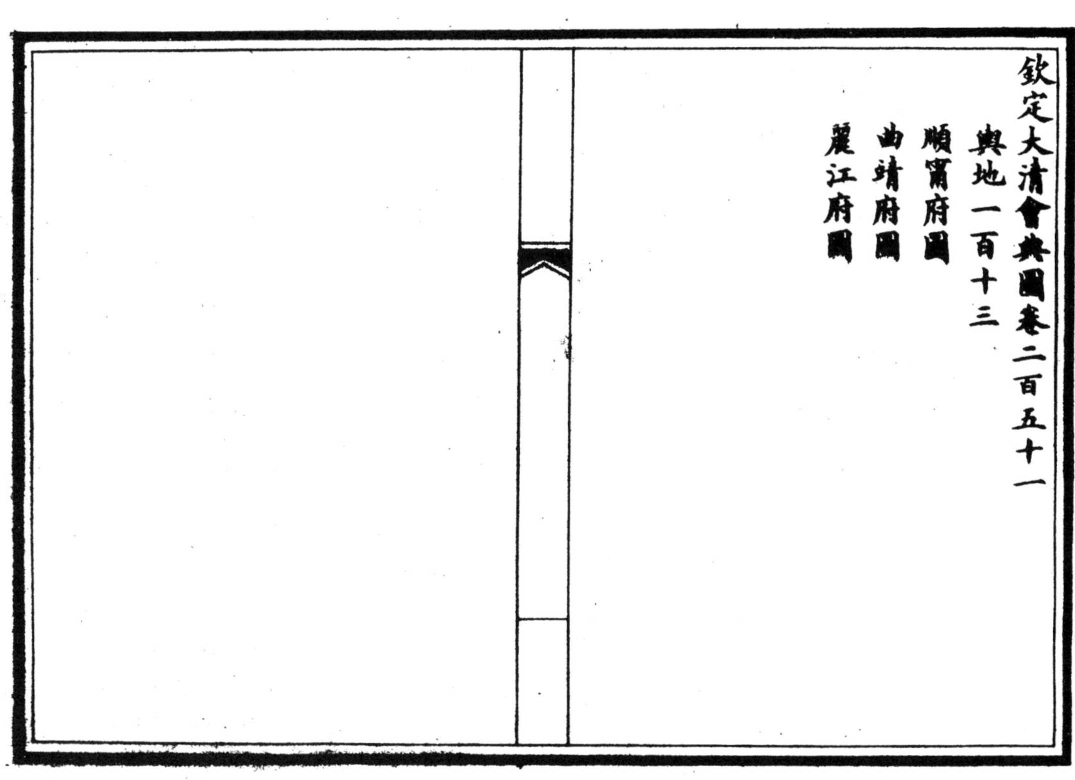
欽定大清會典圖卷二百五十一
輿地一百十三
順甯府圖
曲靖府圖
麗江府圖

順甯府圖

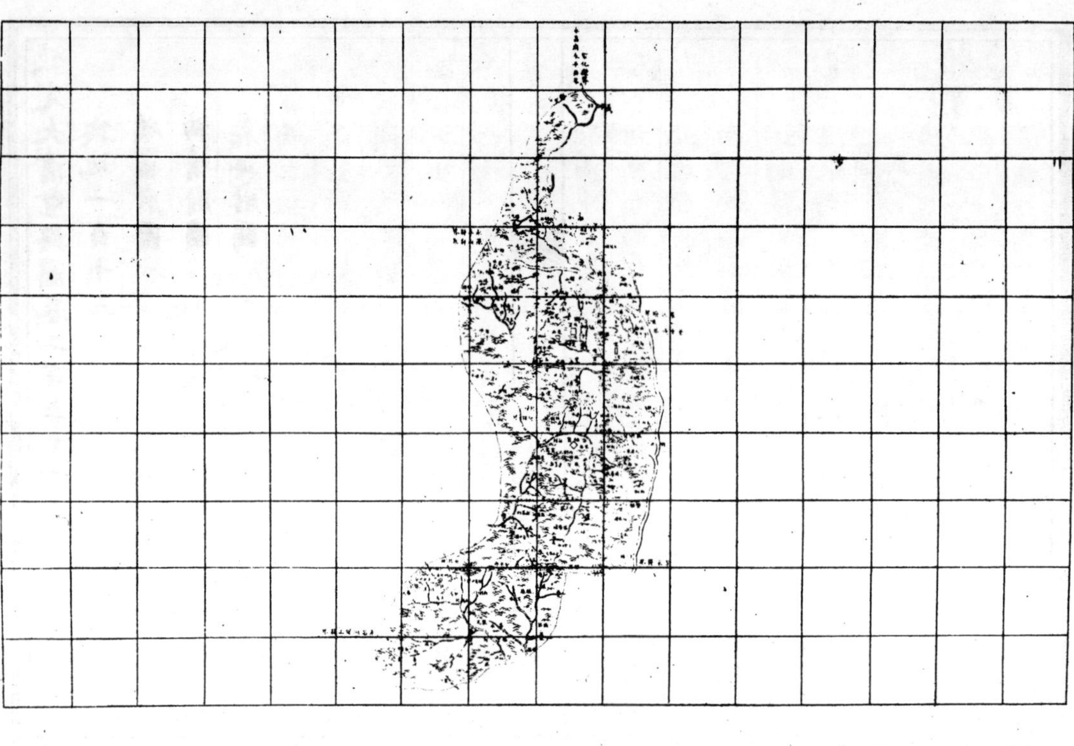

順甯府在省治西南一千二百里至
京師七千九十五里。領廳一州一縣一。治順甯南
緬甯廳東南雲州。瀾滄江自永昌府治保山縣
東南流入界。經俠山北。右納高梘槽河。左納三
台箐水。又東南受碧雞江。江一曰黑惠江。自蒙
化廳東南來。勝備江自永昌府永年縣東南流
來會。又西南錯入蒙化廳界。復經府治北牛街。
諸溪水合東流注之。折東南。諸始河亦自蒙化
廳南流注之。又東南入瀾滄江。瀾滄江又東左
納蒙化廳之公郎河。折南流。其東為景東廳界。

又南受順甸河。河出府西北董甕山東南流為
右甸河。折西南。右納水塘哨水。復折東南。左納
小橋水錫鉛溪水。又東南左納孟祐西溪合流
水為孟祐河。又東南右納南橋河水為順甸河。
又東。永鎮關小河合北橋河自其南注之。又東。
順甯河出府治西北。又為儛亨河。合桃源河董
永河甕礫河溫沙河洛甸河水注之。又東。猛郎
河出雲州北境東南流。合猛淵河馬四河注之。
又東入瀾滄江。瀾滄江又南。右納猛麻河水。又
南經雪山東入鎮邊廳界。南丁河上流為猛緬

河出緬甯廳南猛準分水嶺北流左納西南溪水又東北蠻布河合內邦河西流注之又北至猛緬右納蠻篳溪是為猛緬河又北左納西南溪右納營堡河孛歪河又北折西西北水合永鎮關小河南流注之又西右納四十八道水又西至猛賴南為猛賴河右納猛賴西溪水折西南右納阿鋒河水又西南邦怕河合二溪水西南流注之猛勇河北流折西注之又西南虎口河出緬甯廳西南境合諸溪水東北流注之又西南入永昌府保山縣界耿馬河出耿馬土司北山中右合西北二溪水又南左合南別河水折東南南董河一曰猛董河出猛董土司界東北流合西北溪南溪水注之是為猛滲河又東南右納西南溪水又東南入鎮邊廳界為棘蒜江南猛河出緬甯廳猛庫土司北分水嶺合諸溪水南流至猛猛南左右各納一小水又南入鎮邊廳界小黑江出耿馬土司界南流亦入鎮邊廳界南路河南們河並在廳西南入保山縣界府東界景東廳西及西北界永昌府南界鎮邊廳北界蒙化廳

曲靖府圖

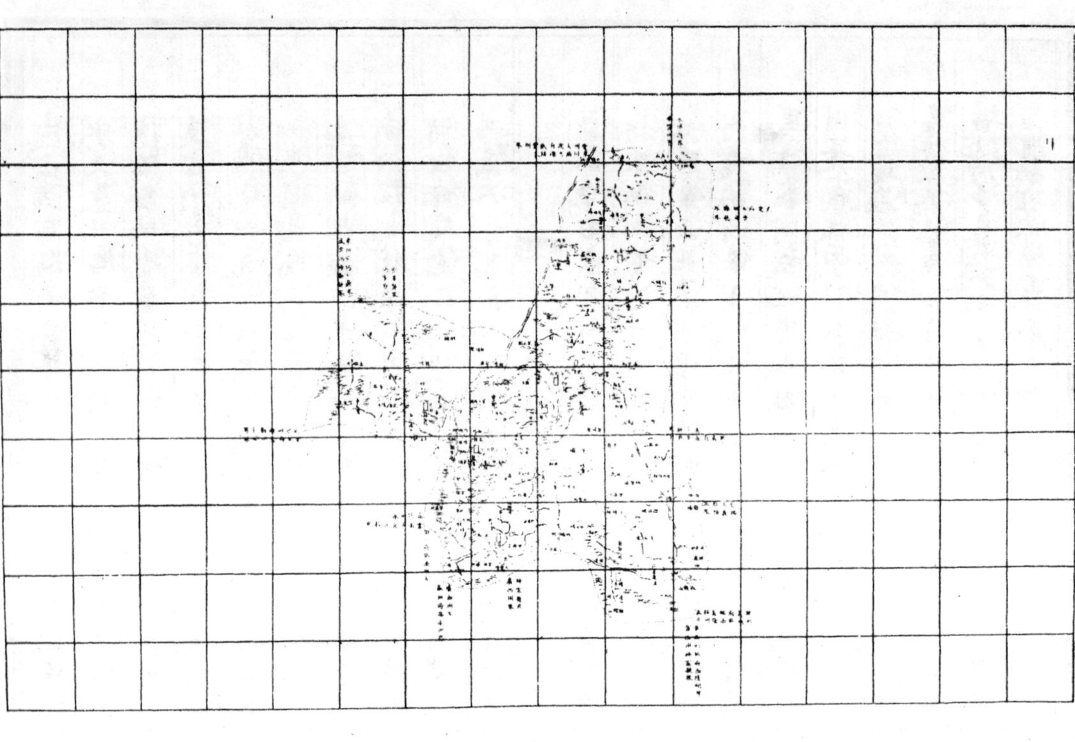

曲靖府在省治東北二百九十五里。至京師五千六百十里。領州六縣二。治南甯。東南羅平州。西南馬龍州陸涼州。東北霑益州。平彝宣威州。西北尋甸州。車洪江上流曰尋川河。自雲南府嵩明州東北流入界。經尋甸州東南。又北。左納南谷溫泉水歸龍河玉帶河洗馬河螳螂河水。至州東會白蟒河。河上流為龍潭河。二源。一出馬龍州西北曰西河。一出州東南曰東河。合西南流為龍潭河。折西北經闗索嶺東。又北為白蟒河。又西北與尋州河會。是為阿交合溪。又東北經黎山西。左納赤水河水。始曰車洪江。又東北。西澤河合後海子水自其東注之。又東北入東川府巧家廳界為牛欄江。北盤江上源曰瓦岔河。自貴州大定府威甯州南流入界。經宣威州北。得吉河合斷山口水北流來會。東經可渡司南為可渡河。會宛溫水。水出威宣州南。合溫泉水歸沙河東北流。遙坡水合老浦沖水東流注之。至州東。左納平川水朱屯水何屯水龍洞水。是為革香河。又北。右納勺納水。又北與可渡河會。可渡河又東北入貴州威甯州界。南

盤江二源。東源曰塊澤河。西源曰交河。交河出霑益州西花山洞。合玉光溪東南流。經府治東而南。左納龍潭河沙河水。右納阿幢河臘溪水。迤西南經府治東北。白石江水合響水河札海子水自其西注之。是為北河。又南右納南河水。左納龍潭水。又南左納小哨河。右納瀟湘河水。又南右納板橋河。關上河乾沖河水。至陸涼州東北。東南流瀦為中埏澤。北通陸涼湖。復折西南。左納大龍潭水。至州西南。右納洗馬河。又西三門江上流為西山大河。自馬龍州南合水箐河關門箐水東南流注之。復左納雲南橋河鋪上河水。為赤江河。又西南入澂江府路南州界為大池江。塊澤河一曰響水河。出霑益州東分水嶺東流。經白水關。又東南至平彝縣西為十里河。又東南經舊亦佐縣西北。明月所水自貴州普安廳西南流來注之。又東南經塊澤坡始曰塊澤河。左納黃泥河。又東南至羅平州東北。恩勒河合清水溝水自其西注之。又東南受蛇場河。河出平彝縣西南境。西流折東南錯入廣西州界。復經羅平州西為棲革江。至州治西南納魯沂河水。經州北東南流注塊澤河。塊澤河又東南入貴州興義府界。倉溪出尋甸州西北境。合車湖五里箐水與至祖河並北流入東川府巧家廳界。果馬溪出尋甸州西南果馬山。合花箐哨水南流入雲南府嵩明州界。府東界貴州普安廳。西界武定州。南界廣西州。北及西北界東川府。東北界貴州大定府。東南界興義府廣西泗城府。西南界雲南府澂江府。

麗江府圖一

中

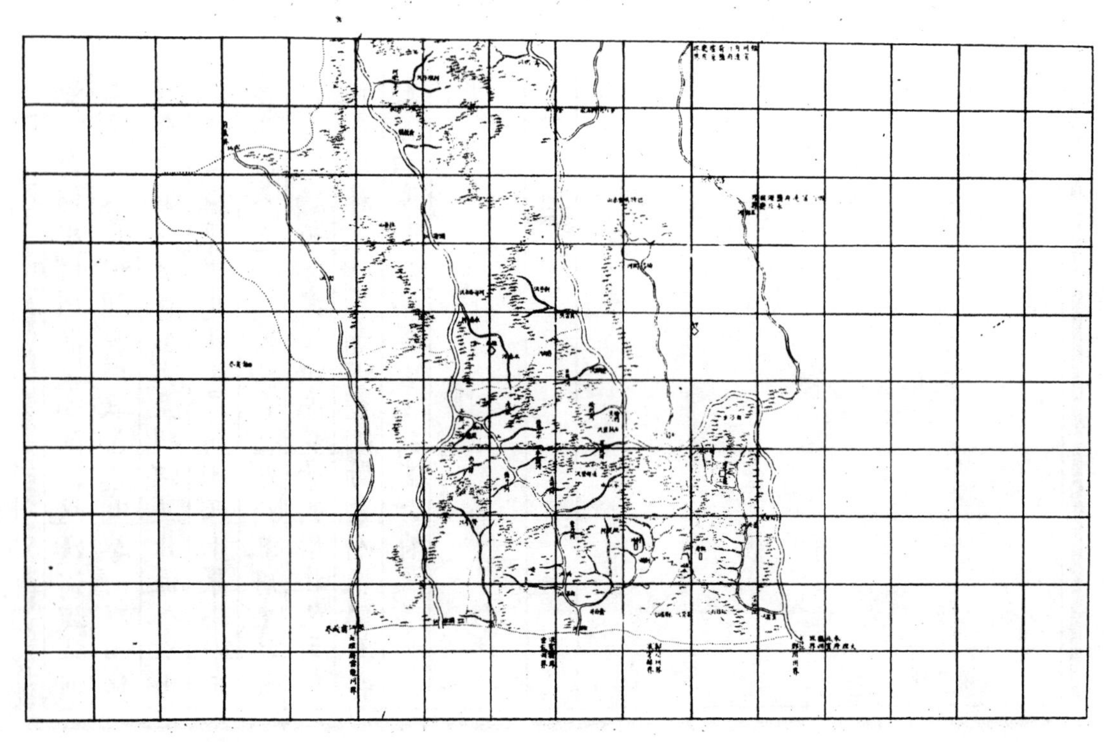

麗江府圖二

北

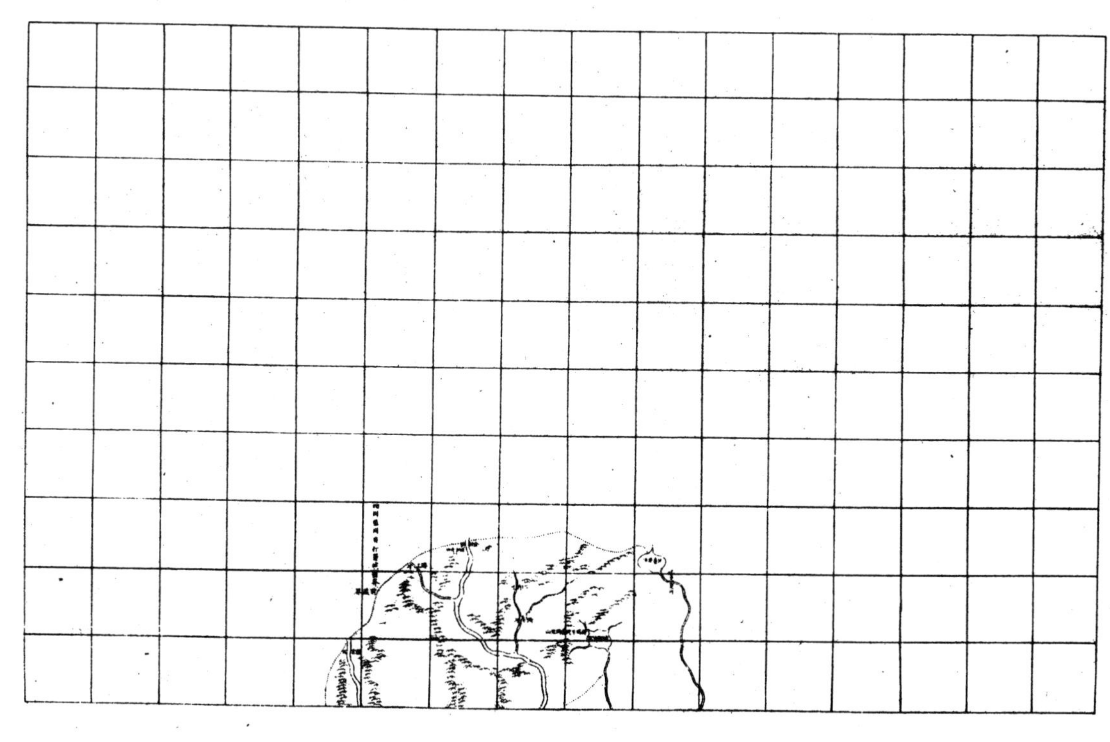

麗江府在省治西北一千二百四十里至
京師七千一百三十五里領廳二州二縣一治麗
江西南鶴慶州劍川州西北維西廳中甸廳金
沙江即麗江上流曰布壘楚河自四川雅州府
打箭爐廳東南流入界經維西廳北合其廳總
文河水東南流所楚河出廳北合二郎河南流
注之又東南經奔子欄汛右納一小水又東南
安什巴納泊水自中甸廳北西南流注之又東
南經巴特瑪郭赤山西至其宗汛右納一小水
又東南經府治麗江縣西北右納巨甸河橋頭
河石鼓河水折東經阿喜里汛北中甸廳南碩
多岡河出廳西北山南流經廳西注之折東北
復折而南至府治東南受漾共江江出麗江縣
北境為白沙河匯府治城外數小水南流經鶴
慶州東右受數小水又南右納三莊河水折而
東注金沙江金沙江又東南入永北廳界多克
楚河出維西廳北沙魯楚泊東南流經中甸廳
東又南為五郎河又東南至府東北入永北廳
界瀾滄江自西藏東南流入界經維西廳西北
左納阿墩子河又東南經黃龍關左納一小水
又東南經阿海洛古汛永春河出麗江縣西北
境西北流經廳北來注之又南經廳西又南流
東岐一支曰工江其正流屈曲而南入大理府
雲龍州界工江亦曰漾備江自瀾滄江分派東
南流右納風羅山水又東至工江汛西北左納
上江河水為工江折南流左納拉巴山水右納
西二溪水又東南左納麥雜河通甸河分江諸
水右納鹽井河又東南經劍川州西左納磨刀
河水右納玉石河水又東南曰白石江劍湖匯
木干河九河桃羌河諸水西南流注之又南入
大理府浪穹縣界怒江一曰潞江自西藏東南
流經維西廳及府西界東南流入雲龍州界弩
弓江出府西合大郎河水東南為沘江入大理
府界剌是里海在府治西府東及東南界永北
廳西界怒夷南界大理府北界四川雅州府西
北界西藏西南界大理府東北界四川甯遠府

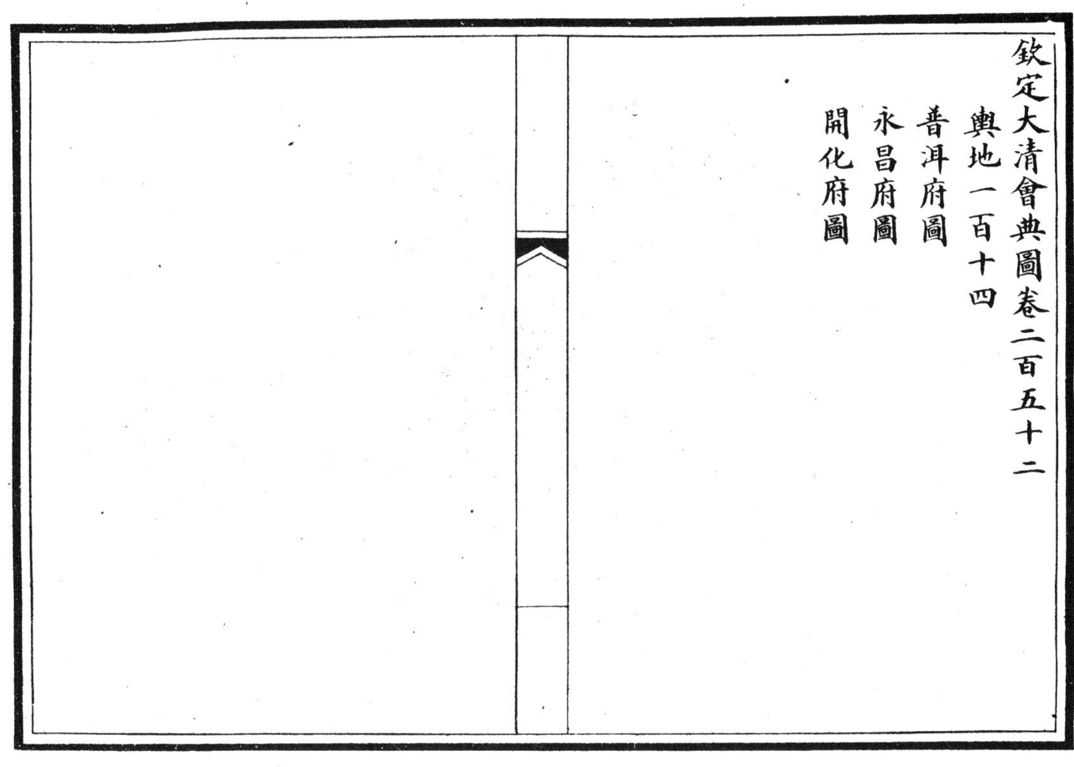
欽定大清會典圖卷二百五十二
輿地一百十四
普洱府圖
永昌府圖
開化府圖

普洱府圖

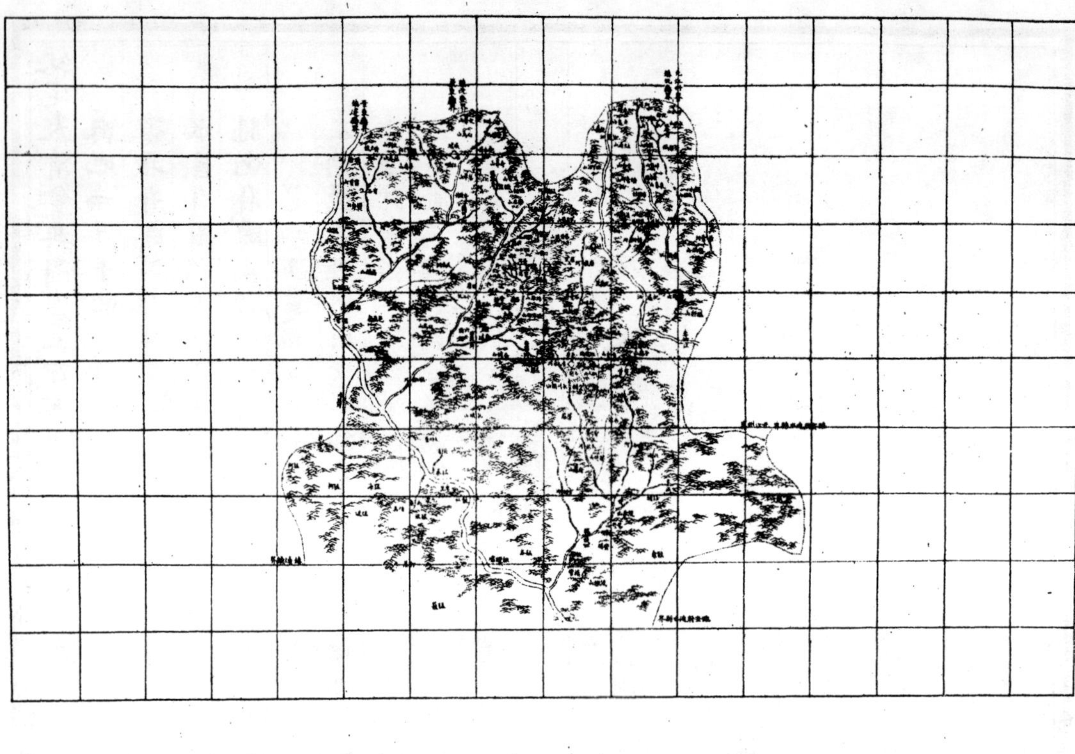

普洱府在省治西南九百四十里。至
京師六千八百五十里。領廳三縣一。治甯洱。東南思茅廳。東北他郎廳。西北威遠廳。瀾滄江自景東廳南流。經威遠廳西北。其西為鎮邊廳界。又南至猛往受杉木江。江自鎮沅廳西南來。經威遠廳東亦曰威遠江。又西南至香鹽井。右納寶東廳之景谷河。左納難可河水。又西南右納寶谷江水。又西南注瀾滄江。瀾滄江又東南入界。經思茅廳西受猛賴河。河自鎮沅廳西南流入界。經威遠廳東暖里河。東南流注之。鐵廠河合西瀧河

西南流注之。又經府治西小江汎。至思茅廳西白馬山東南。普洱河一曰三岔河。在府治南。上承金龍河西河東河水西南流合南蘊河追栗河南瀾河來會。是為猛撒江。又西南注瀾滄江。瀾滄江又東南。南底河乾河並自鎮邊廳來東流注之。又東南至猛養。右納南溪。左納北溪。又東南至車里。經九龍山東。是為九龍江。屈東南經橄欖壩。又東受獵梭江。江出思茅廳西北山為清水河。迤東南流經永靖關至府治東南普藤為大開河。左納龍谷河及北溪東溪合流水

折而西至革登山北始為羅梭江。右納官鋪河又西南注九龍江。九龍江又東折而南入暹羅界。把邊江自鎮沅廳南流入界。經他郎廳西。迤西南至府治東北。下把邊。右納磨黑河。左納慢岡河。屈東南復經廳東南入元江州界。為李仙江。阿墨江亦自鎮沅廳南流入界。經他郎廳西左納慢會河水。屈東南經象鼻山東南。他郎河出廳治西合水癸河小河及元江州之甸索河西南流注之。是為布固江。又東亦入元江州界。府東及東北界元江州。西界鎮邊廳。南界暹羅

北界鎮沅廳。東南界臨安府。西北界景東廳。

永昌府圖一

中

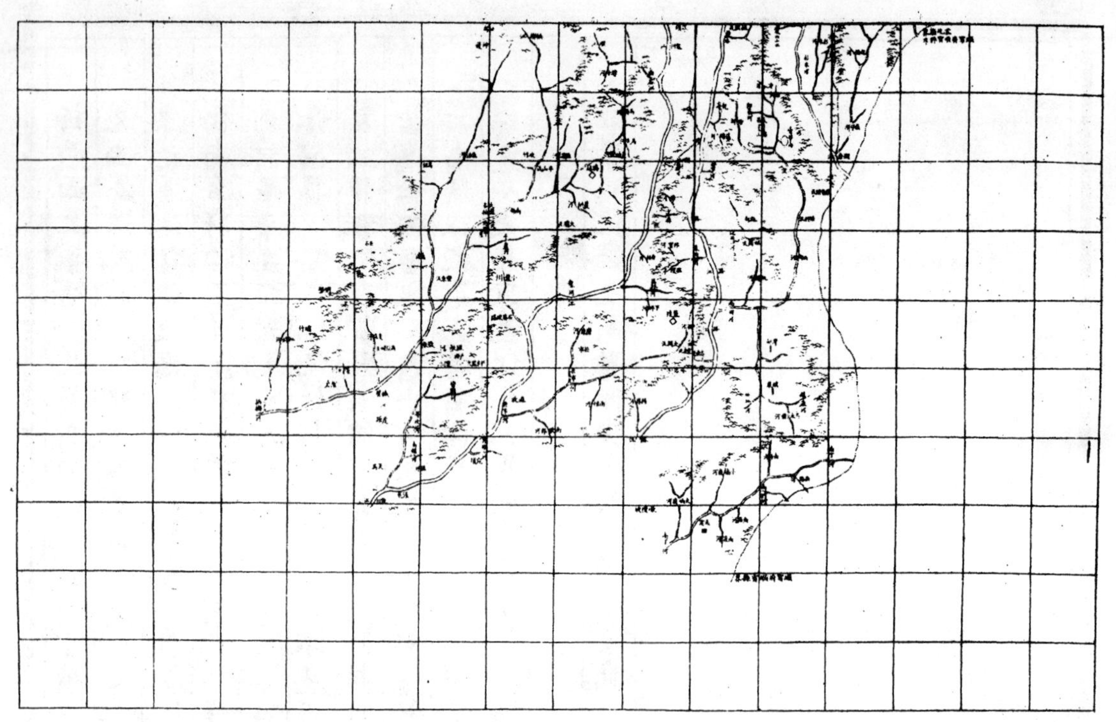

永昌府圖二

北

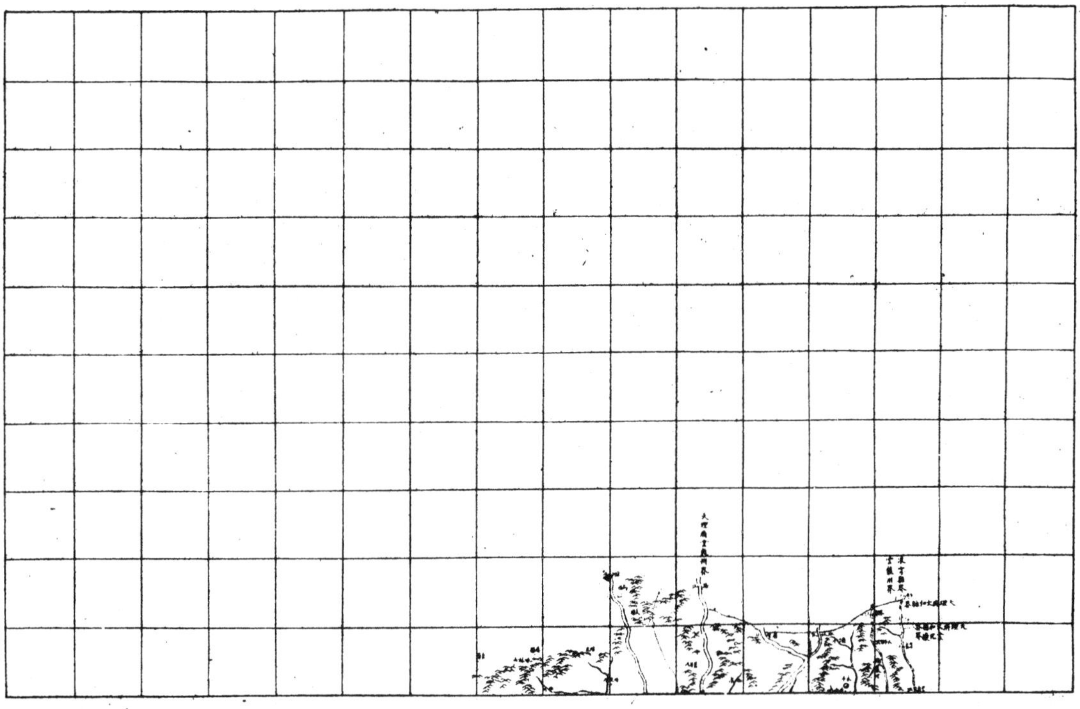

永昌府在省治西南一千三百四十五里。至京師七千二百四十里。領廳二縣二。治保山東北永平。西南騰越廳龍陵廳。龍川江自緬甸猓夷東南流入界。經騰越廳北馬面關大塘關西。至廳東北界頭南。曲石江即西河出廳西北姊妹山。合明光河及響水河順江合流水東流注之。又折而南。香柏河及猛淋河下坪河合流水並西流注之。折西又南至廳南。小龍川水東南流注之。又西南芒市河上承龍陵廳東之戶撳河西流至廳西南合南牲河磨康河南歌郎河西南流注之。又西南左納宛頂河水。又西南龍川水合蠻膽河景坎河南欄河南流注之。又西南入緬甸界。潞江自大理府雲龍州南流入界。經府治西北猛賴汎。左納西溪。又至府治西。乾海合蒲縹河西流注之。又南左納府治南之坪市河施甸河水。又南右納雙樹河獨樹河合流之水一帶河沙溝河合流之水邦買河迴環河合流之蘇帕河水。又東南受南甸河。河出府北境為清水河。東南流合西河郎義河青華海沙河諸水伏流。復南出為南甸河。鎮康河自府東南

合爲木龍河怕紅河及二小水來會折西左納姚關河又西流注潞江潞江又西南右納大海子小海子隔界河水又西南入緬甸界瀾滄江自大理府雲龍州東南流入界經府治東北沘江亦自其州來經永平縣西北西南流注之又南左納杉木河右納羅岷北山水又至府治東南燕子河自永平縣北河曲洞河花橋河諸水南流注之又東南入順甯府順甯縣界大盈江一曰大車江出騰越廳東境西南流合馬場河馬邑河黄坡鹽河分流夾廳治左右各納一小水復合西南流左納曩拱河水右納猛送河水又西南檳榔江自其北來會曰檳榔江又西南左納干崖河右納盞達河又西南左納隴撒河右納曩送河經鐵壁關北折西右納蠻允河又西右納紅蚌河亦入緬甸界勝備江自雲龍州來經永平縣東北迤東南經太平鋪汛西右納錫廠河又東南入順甯縣界黑惠江即漾鼻江自大理府雲龍州南流入界經永平縣東北又東南入蒙化廳界南丁河自順甯府西流入界經府治東南左納南路河南們河南底河南浪河右納南卡河小南崩河大南崩河水又西南入緬甸界府東界順甯府北及東北界大理府西至南界緬甸

開化府圖

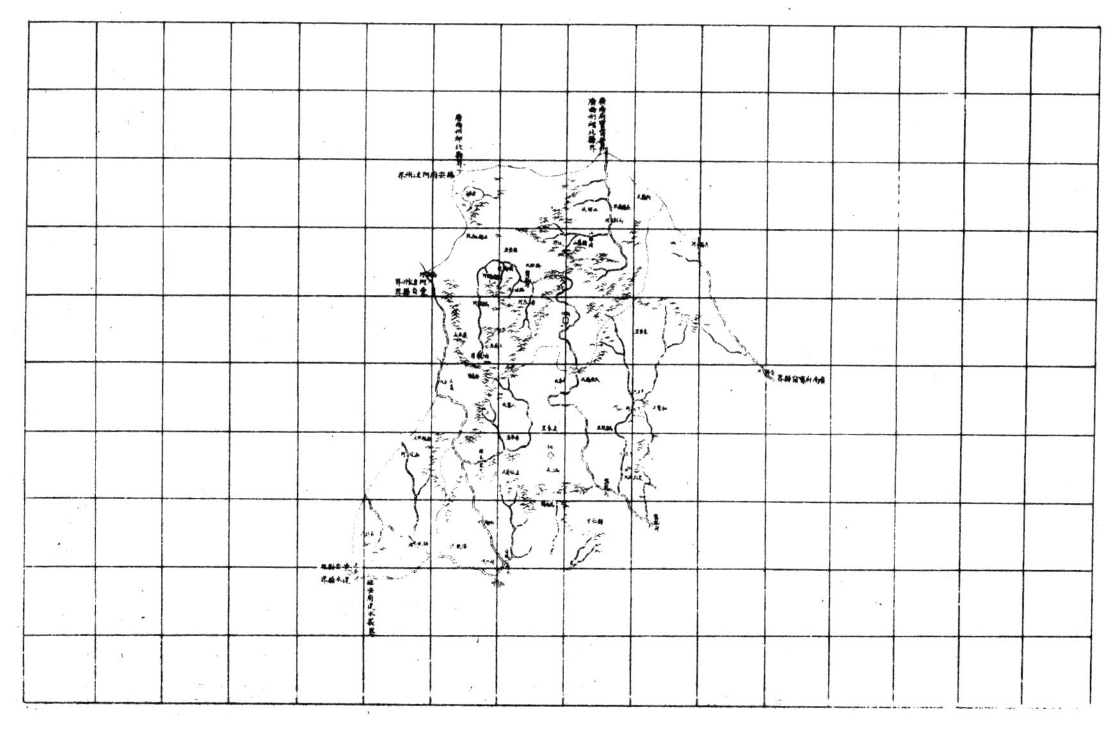

開化府在省治東南七百五十里。至
京師六千三百六十里。領縣一廳一。治文山。西南
安平廳。盤龍河一名開化府大河。上源為烏期
河。出府西南蓑衣山麓白龍潭。北流至烏期石
洞為烏期河。折東北右納彌勒河順甸河。又東
迤南右納路梯河水為盤龍河。右納磨底河水。
伏流至府東北復出。經府東而南至天生橋汛
又伏流至安平廳北復出。折而東牛羊河一曰
同車河。出府治文山縣東境。西南流經牛羊汛
合東北來一水又南經麻栗坡汛注之。又東左
納一小水入越南界。紅河即藜花江。自臨安府
蒙自縣東流入界。經府治西南合一水東流。新
現河亦自其縣來合一水注之。又東經河口汛
白期河自臨安府阿迷州東南來經安平廳西
曲東南合那木果河古林箐汛水注之。又南入
越南界。馬別河出府北山。北流經諸葛山西左
納江那水。又北經江那汛左納二小水。又北入
廣南府寶甯縣界。普梅河在府東境一曰那樓
江一曰漫江河。東南流入寶甯縣界為籐條河。
馬白關南一水歸仁里南二小水並在安平廳
南入越南界。府東界廣南府北界廣西州。西界
臨安府南及東南界越南。

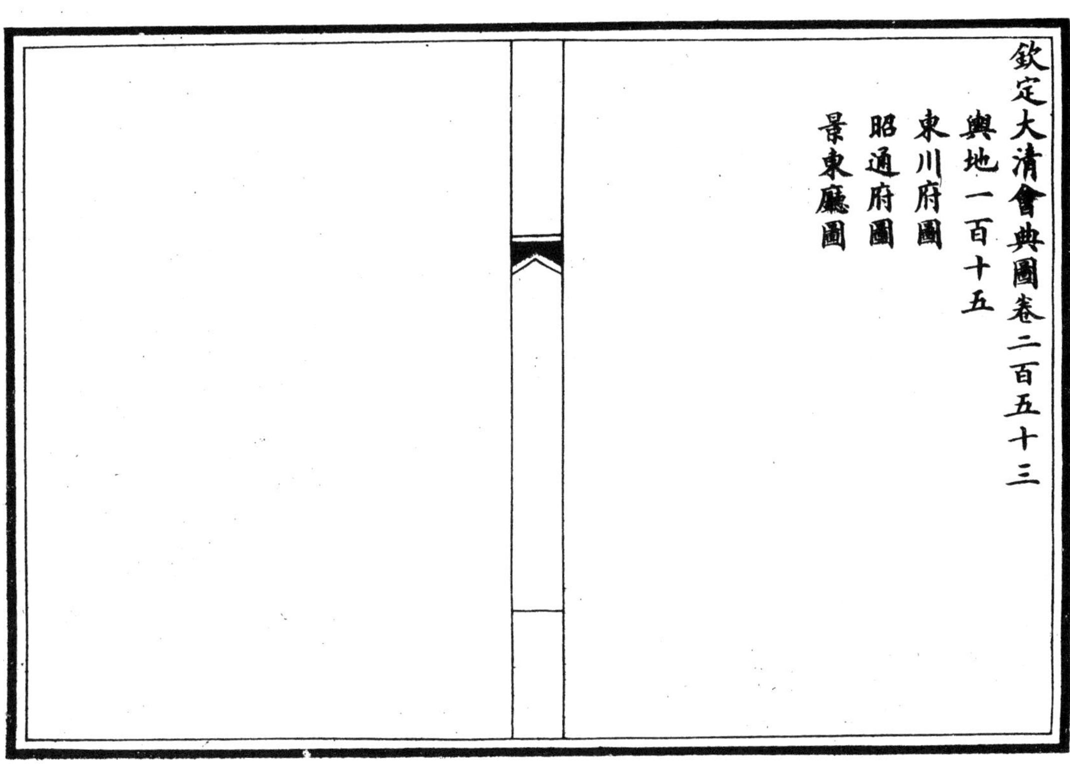
欽定大清會典圖卷二百五十三
輿地一百十五
東川府圖
昭通府圖
景東廳圖

東川府圖

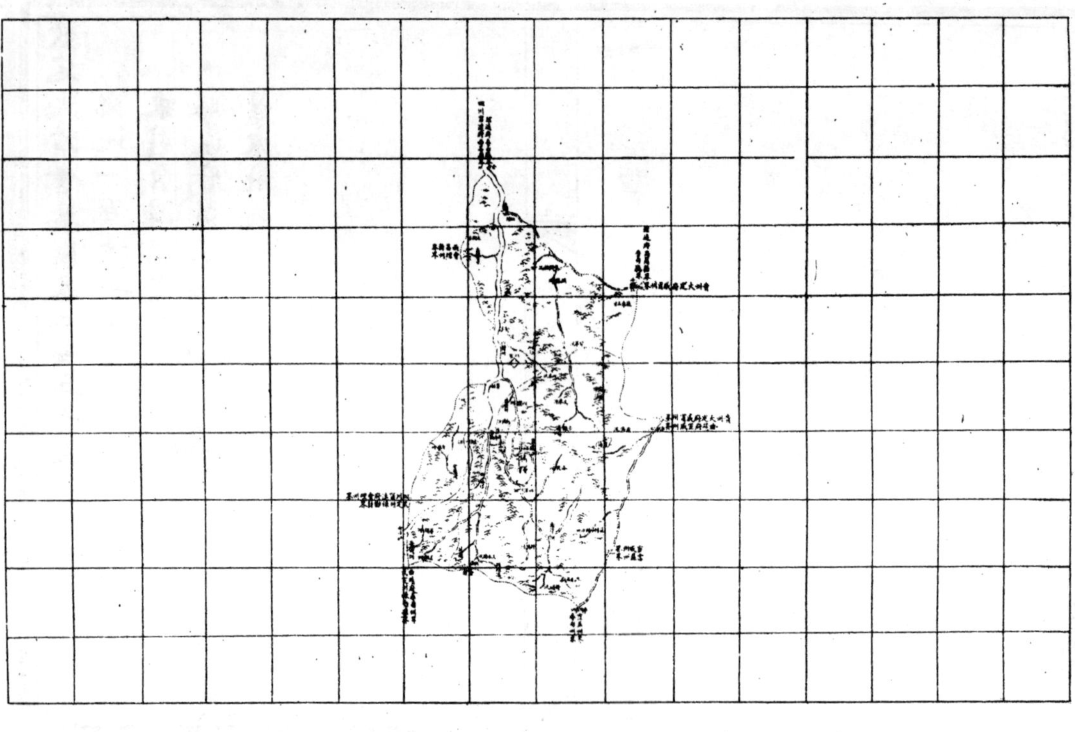

東川府在省治東北五百九十五里至京師五千九百二十里。領廳一縣一。治會澤。西北巧家廳。金沙江自武定州祿勸縣東北流入界。經巧家廳西。會通河自四川甯遠府會理州東南流來。左合一小水注之。折東北受小江。江上游曰普渡河。亦自其縣來東北流。左納普翅河。右納曲靖府尋甸州之至祖河。又東倉溪亦自尋甸州來。合阿汪溪花溝水來會。為小江。折北左納倘俸溪。右納尖山河水。又北至壁谷壩亦壁谷江。注金沙江。金沙江又東北至廳治西受

以禮河。河出府治會澤縣南曰野馬川。東北流麥則夷溪合惠沙河洛泥河諸水西北流注之。為以濯河。又環府治歧數支北流為以禮河。右納蔓海。左納則補河。西北流注金沙江。金沙江又經廳北。右納以博河水。又北左納木期古水及一小水。又北會牛欄江。牛欄江上流為車洪江。自尋甸州緣界東北流經府東南。東為曲靖府霑益州界。又東北右納蘇車河及一小水。東為曲靖府宣威州界。又東北錯入貴州威甯州界。復經巧家廳東北。西北流。北為昭通府魯甸

廳界。硝廠河出府東北合卡狼溝大麥沖水注之。又西北合一小水與金沙江會。金沙江又北入四川甯遠府西昌縣界。府東及南界曲靖府。西及西北界四川甯遠府。北界昭通府。西南界武定州。

昭通府圖

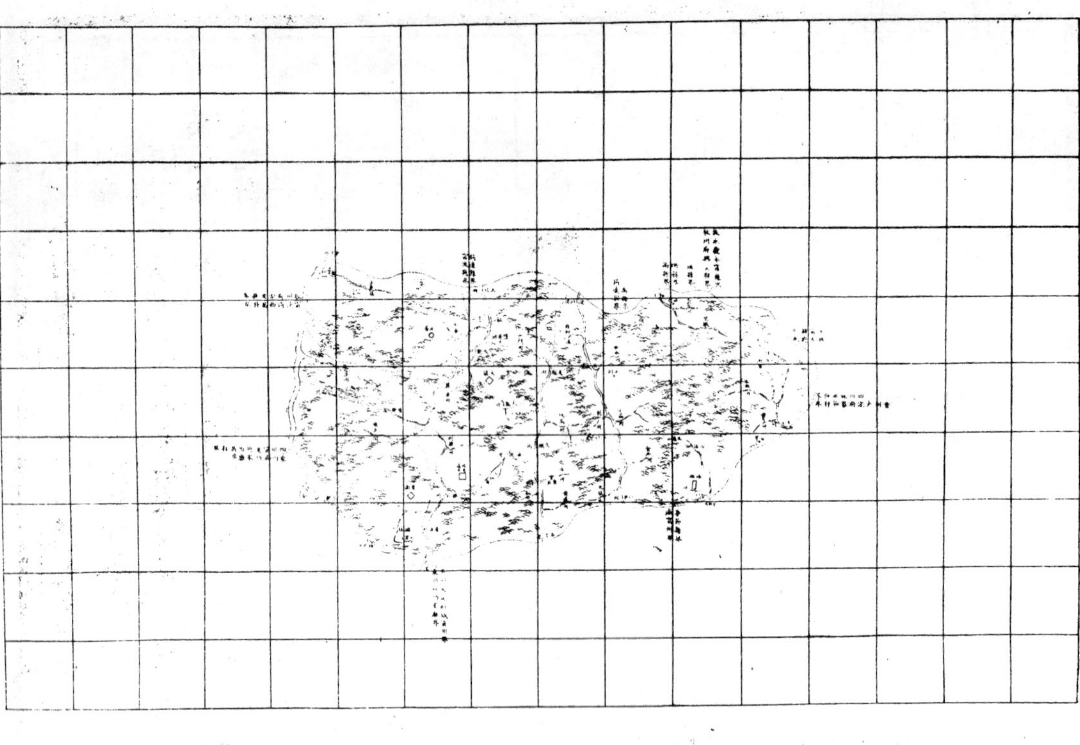

昭通府在省治東北九百二十五里至
京師五千七百二十里領廳二州一縣二治恩安西北永善東南鎮雄州東北大關廳西南魯甸廳金沙江自東川府巧家廳合牛欄江緣界北流經魯甸廳西其西為四川甯遠府西昌縣界經府治西北右納拖溪河又北經永善縣西其西為四川雷波廳界右納大鹿溪水又東北入四川敘州府屏山縣界洛澤河自貴州威甯州北流入界經府治恩安縣東南又北右納龍藏河經彝良西右納威洛河為戈魁河又北右納伐烏河又北折而西經大關廳北受擦拉河河出魯甸廳南境合普五河北流淄泥河匯八仙海水西流注之又北右納利濟河折而西北合灑魚河居樂河復折東北合大關河又北經鹽井渡西注戈魁河戈魁河折北永善河出永善縣北境東流合二小水注之又北為大紋河入四川敘州府筠連縣界八匡河亦自威甯州來經鎮雄州西左納九股水右納黃水河折西北左納一小水右納小溪河又西北左納乾河水經牛街西右納白水河為白水江又西北左納

一小水及麻柳溪為定川溪。入四川敘州府高縣界。沱洛河出鎮雄州北烏通山。南流經州東。又南右納沱沿河水。又南為苴蚪河。入貴州大定府畢節縣界。廠丈河出鎮雄州東北山。東流折而南。洛甸河自其西合雨洒河注之。又東南右納毋享河水。又東為赤水河。亦入畢節縣界。黑墩河出鎮雄州北山。西北流右合玉貴河水。又西北為宋江。入四川敘州府高縣界。府東至南界貴州大定府。西及西南界東川府。北及東北界四川敘州府。西北界四川甯遠府。

景東廳圖

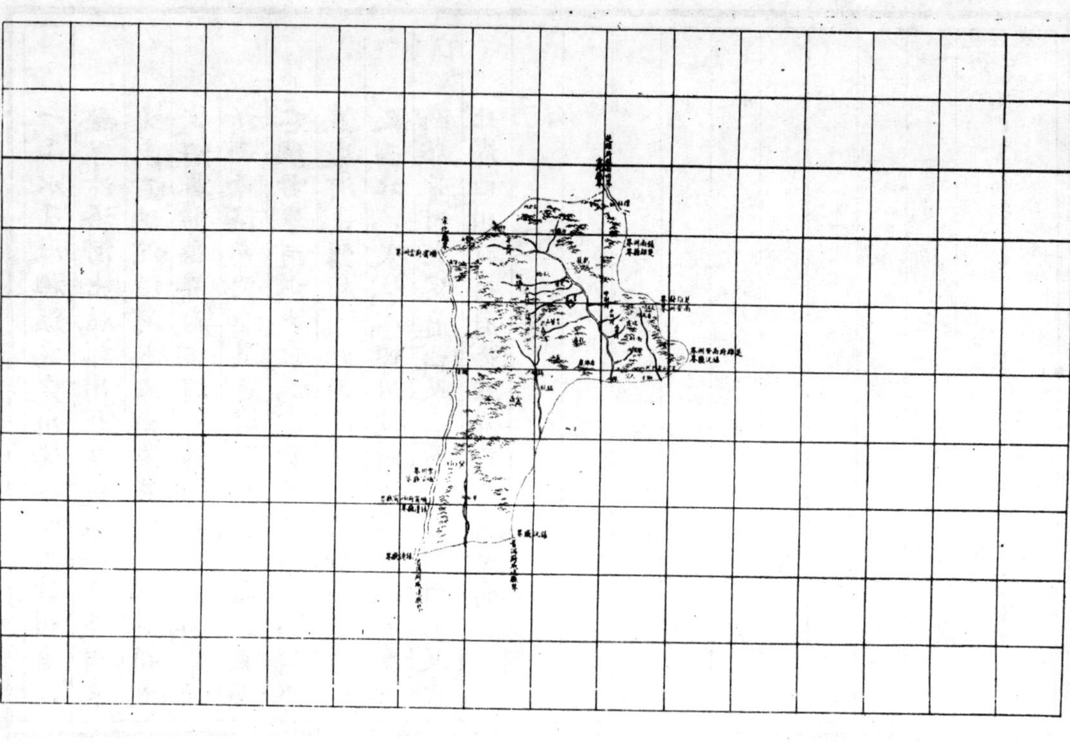

景東廳在省治西南一千一百七十五里。至京師七千七十五里。瀾滄江自順甯府雲州緣界南流經廳西。迤西南。其西為順甯府緬甯廳界。又南入普洱府威遠廳界。禮社江自蒙化廳緣界東南流經廳東北。又東南入楚雄府鎮南州界。中川河一曰銀江。又曰把邊江。自蒙化廳東南流入界。老倉河出廳西無量山北麓東流注之。又東南左納沙羅河右納板橋河灰窰河大壩河經廳東。又南。左納鑾謝河。右納孔雀河。又東南左納中所河品秀河鑾罵河。又南入鎮沅廳界。魯馬河出廳東火石哨山。南流經者干村亦曰者干河。又南入鎮沅廳界為谷麻江。猛統河出廳西無量山。南流入鎮沅廳界。景谷河出廳西南入普洱府威遠縣界。廳東界鎮遠廳。西界順甯府。南界普洱府。北界蒙化廳。東北界楚雄府。

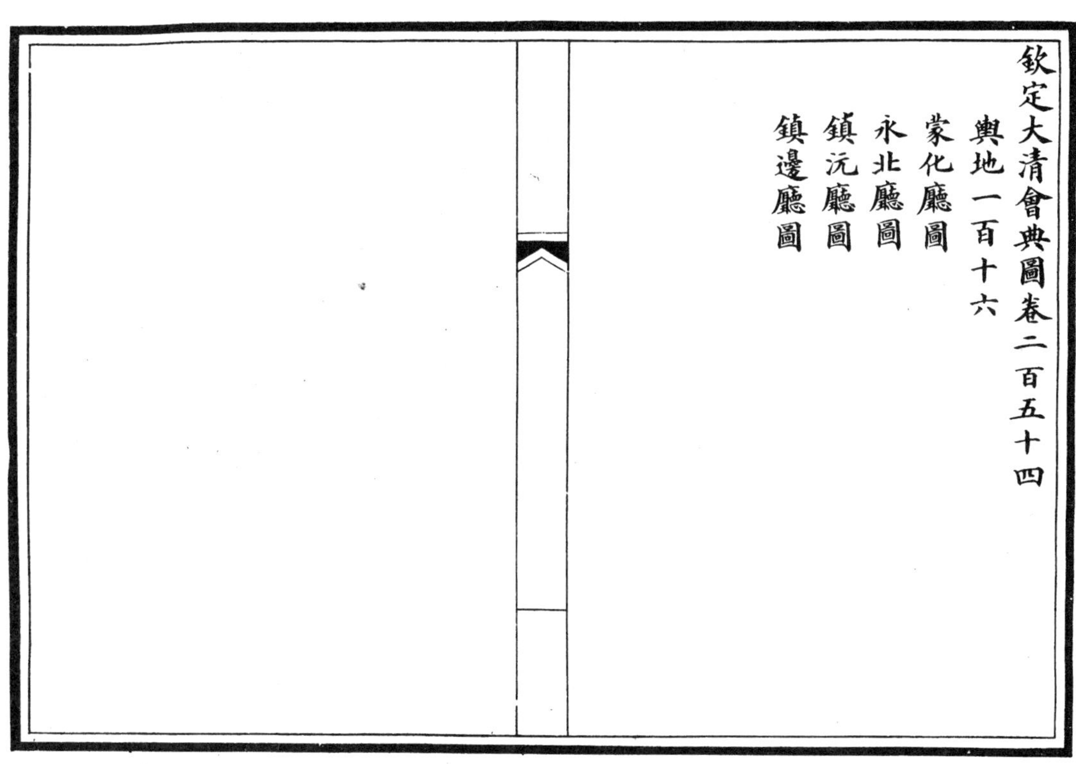

欽定大清會典圖卷二百五十四
輿地一百十六
蒙化廳圖
永北廳圖
鎮沅廳圖
鎮邊廳圖

蒙化廳圖

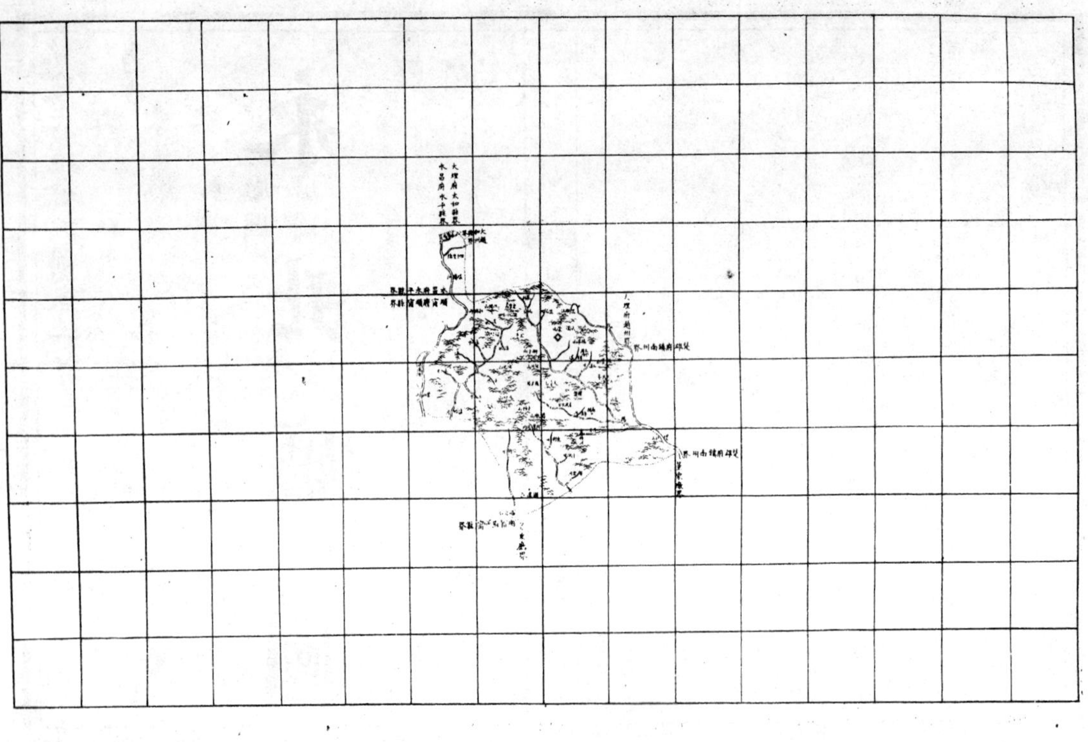

蒙化廳在省治西北八百二十里。至京師六千七百一十五里。漾鼻江即黑惠江。自永昌府永平縣南流入界。經廳西北至漾鼻司。左納二小水。屈曲西南流。西為順甯府順甯縣界。折西南入界為碧雞江。又南入順甯縣界。諸始河出廳西山西南流。左右納溪水七。又西南入順甯縣界注碧雞江。陽江為禮社江西源。出廳西北花判山南流。合兩溪水。折東南左納盟石河。經廳西又東南左納教場河。錦溪五道河。又東南至蒼山南定邊河出廳西南羅求場東南流合牟苴河注之。又東南右納窩接河。會白崖江。江一曰白崖瞼江。為禮社江東源。自大理府趙州南流入界。毘雌江出廳東北武衛山東流注之。折東南與陽江會。是為禮社江。又東南入景東廳界。阿集左河出廳南鳳凰山南麓。亦曰鳳凰河。東南流。左納虎牙河牛街河安定河。又東南入景東廳界為中川河。公朗河出鳳凰山西麓南流。亦入順甯縣界注瀾滄江。廳東界楚雄府。西及西南界順甯府。北界大理府。南及東南界景東廳。西北界永昌府。

永北廳圖

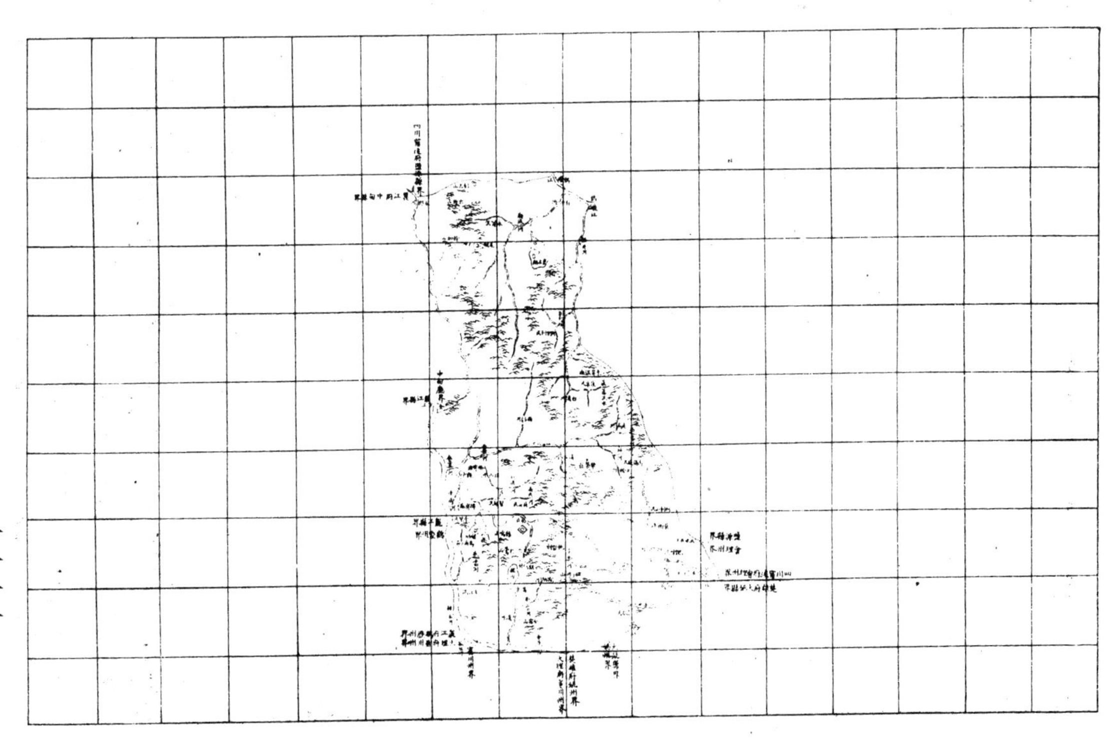

永北廳在省治西北一千四百里。至京師六千九百六十五里。金沙江自麗江府麗江縣緣界南流經廳西北受無量河。河上流曰五郎河。亦自其縣南來經廳西北曰無量河屈曲南流經幹如山西左納一小水。又南左右各納一小水。又南經裕寶廠西。西番河自廳東北合走馬河跕河大松河清水河西卜河西流注之。觀音河自廳北西流合丙草海又會南汎河北泥河板山河合流之水及陳廣河西北流注之。折西南入金沙江。金沙江又南流西為大理府鶴慶州界。又南烏浦海合底當河西流注之。又南右受枯木河荅旦河。折而東程海自廳南南流為滿官河左會期納河劉官河合流水為三道河屈西南注之。南為賓川州界又東經金宿山南。又東流南為楚雄府姚州及大姚縣界。至魚乍江汎他留河出廳東山合矣察河比那河諸水注之。又東入大姚縣界。鴉礱江自四川甯遠府鹽源縣緣界東南流經廳東北。勒汲河即打沖河自廳北合永甯汎瀘沽湖諸水東北流注之。又東受鹽井河。河亦自其縣西北流經廳東北。渂蕖汎河合白角河別列河水注之。又西北注鴉礱江。仍入其縣界。廳東至北界四川甯遠府西界麗江府。西南界大理府東南界楚雄府。

鎮沅廳圖

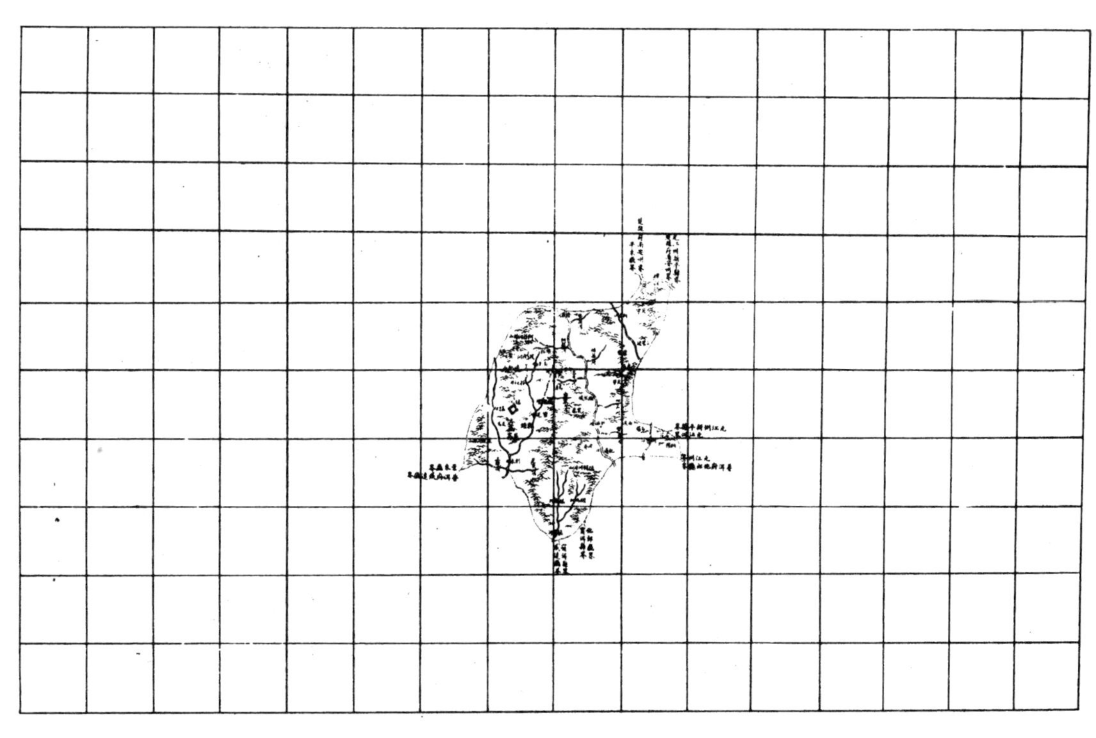

鎮沅廳在省治西南九百十里。至京師六千八百五里。景來河即把邊江上流為中川江。自景東廳南流入界。經廳東北曰景來河。左納蠻岡河。右納阿薩河。迤東南左納怕莫河。右納大弄河。經樹根坡東。又南左納凹必河。至新撫司東為新撫河。左納蠻莫河。始為把邊江。又南入普洱府他郎廳界。阿墨江一曰谷麻江。上流為魯馬河。亦自景東廳南流入界。經廳東北蒙樂山東。又東南錯入元江州新平縣界。復經廳東南折南流。亦入他郎廳界。猛統河自景東廳南流入界。經廳西北按板井西。又南流。經治西。又東南受蠻況河。河四源並出廳東北境。日南祝河茂度河蠻貴河由里河合為蠻況河西南流注猛統河。是為杉木江。又南左納恩更河。右納正統河。又西南入普洱府威遠廳界。猛賴河出廳東南境。二源合南流。攔馬江自其東來會。又西南亦入威遠廳界。禮社江自楚雄府南安州緣界東南流入新平縣界。廳東界元江直隸州。西至北界景東廳。南界普洱府。

鎮邊廳圖

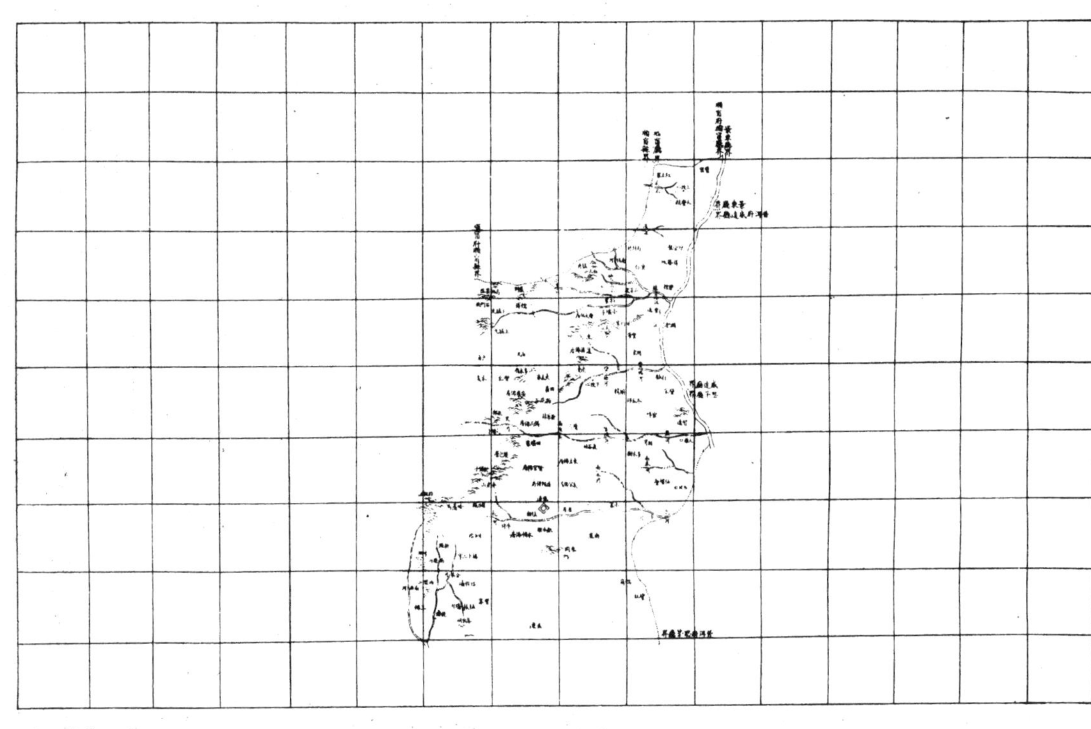

鎮邊廳在省治西南一千八百三十里至京師七千七百一十里。瀾滄江自順甯府緣界南流經廳東北。其東為景東廳界。迤西南經雙營盤東。又西南經圈控東。受棘蒜江。江上流為小黑江。自順甯府耿馬土司東南來經廳北。合上下猛允水東流為賽罕渡。經仙人山麓。合猛滲河南猛河仙人山水。東南流為棘蒜江注瀾滄江。瀾滄江又南。蠻怕河合東河水東流注之。又東南經習達山麓。其東為普洱府思茅廳界。又東南至大雅口。黑河出廳西狆狏界。東流迤南經雜花谷南為南堆河。亦曰南對河。又東流左受一小水為蠻連河。又東為黑河來注之。亦曰札糯江。又東南入思茅廳界。南底河出廳東南合一小水東流亦入思茅廳界。乾河出廳西磨刀廠東流老炭山水自其北注之。又東經廳南。又東經小寨南。又東左納南水河。又東入思茅廳車里土司界。南康河出廳西狆狏山南流。合英河亦出狆狏山。合猛梭壩水注之。又西南入蠻冷夷界。南西河一曰金河。亦出狆狏山東南流。南康河合合英河猛梭壩河來會。又南入蠻冷夷界。廳東界普洱府。西界野狆

秪山。南界蟒冷夷。北界順甯府。東北界景東廳。東南界緬甸。

欽定大清會典圖卷二百五十五

輿地一百十七

廣西州圖

武定州圖

元江州圖

廣西州圖

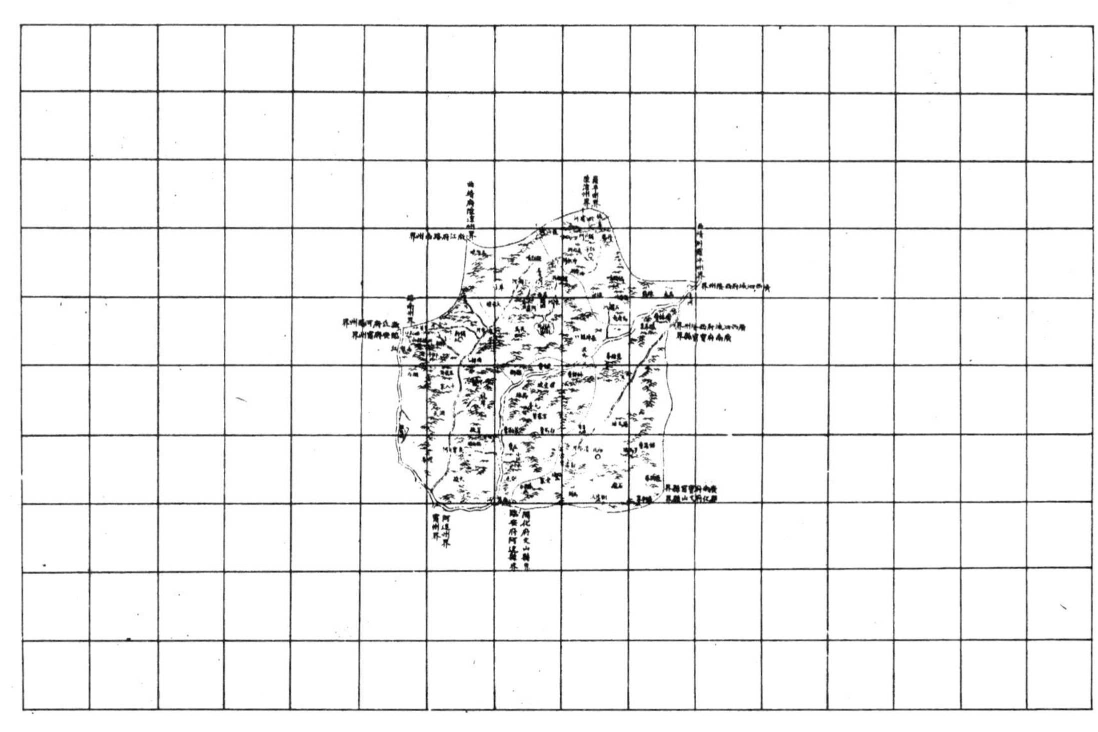

廣西州在省治東南四百里。至
京師五千八百七十里。領縣三。東北師宗。西南彌勒。東南邱北。南盤江自臨安府甯州緣界南流。經州西受巴甸河。河亦曰八盤江。出州北額勒哨南。西南流經彌勒縣東為瀑布河右納白馬河山金河水。至縣南阿欲泉水出縣西阿欲部山河二水東流注之。又南左納竹園村龍潭水。又南為息宰河。又西南入臨安府甯州界。注南盤江。南盤江復東北流經州南。又東北至小江口。小江水出五嘗南西流注之。又北左納一小水。又北經猴街東。折東北經飛土嘗南。又東北為混水江。又東北五羅河水出師宗縣東南難當坡自其北注之。又東北清水河出邱北縣西龍潭。東北流經舊維摩州東至壩林嘗東注之。又東折北為八達河入廣西泗城府西隆州界。蛇湯河自曲靖府陸涼州東南流入界。經師宗縣北。落龍洞水出師宗縣南東北流左合通元洞水經縣東注之。又東為樓革河仍入羅平州界。矣邦池在州南。二源。一出州西北為矣戈河。南流經阿盧洞伏流至州南。一出州東北為東河西流來會。匯為矣邦池。又東南匯為支醐塘一曰知府塘。州東界廣西泗城府。西界臨安府南界開化府。北界曲靖府。東南界廣南府。西北界澂江府。

武定州圖

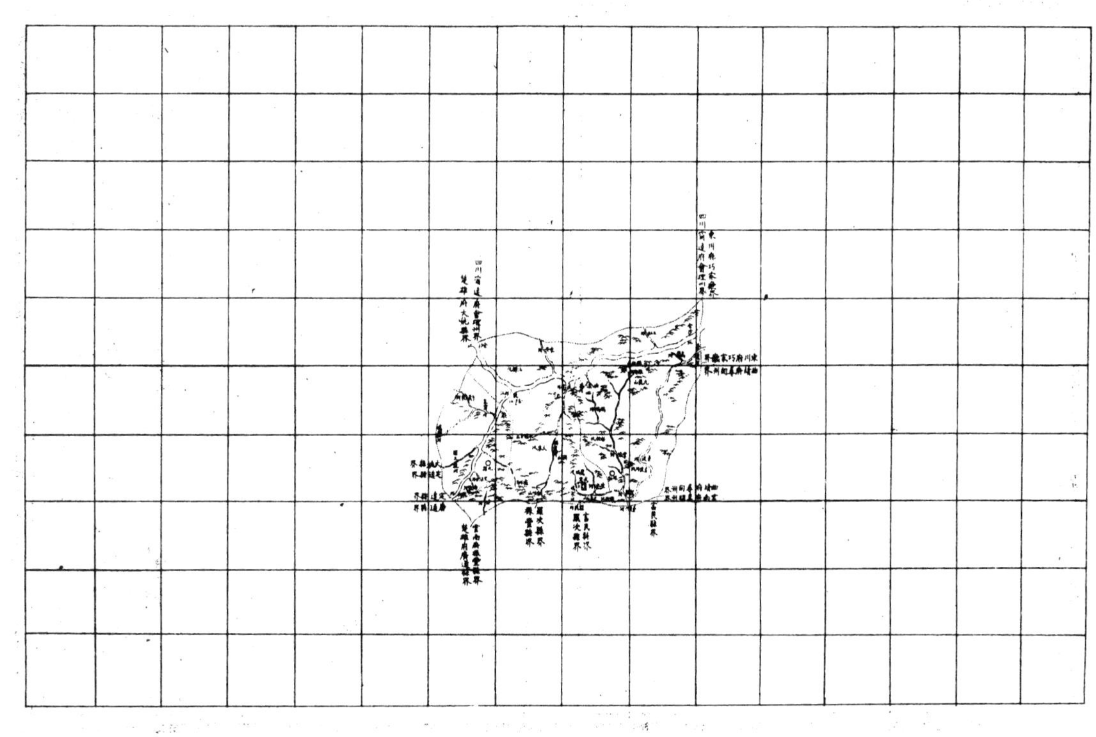

武定州在省治西北一百八十里。至
京師六千一百一十五里。領縣二。西北元謀。東北
祿勸。金沙江自楚雄府大姚縣東南流入界。至
江驛汛南會龍川江。江自楚雄府定遠縣來。東
北流。經元謀縣西南。右納南號河黑占乾河水。
至縣北。右納虛仁驛來一水。又北羅乂乾河上
承定遠縣之猛令河。東北流注之。又屈東北爐
頭河自楚雄府大姚縣來。合午茂乾河爲苴甯
河。東流注之。又北與金沙江會。金沙江又東。東
安河自四川甯遠府會理州來。南流注之。又東
大環川出州西南鋪哇山。北流。合插甸河水及
二小水北流注之。又東雨溪合溇水北流注之。
又東玉虹河亦自其州來南流注之。又東入東
川府巧家廳界。普渡河上流爲螳蜋川。水自雲
南府富民縣北流入界。經州東南。受盤龍河。河
出州南天馬山北。鷹鶵河出州西北徛朶山。合
鳩水河東南流注之。又東左納清水河。又東掌
鳩河出祿勸縣北撒甸汛南流。合撒甸河鸝鴣
河諸小水經縣治東注之。又東注普渡河。普渡
河又北經祿勸縣東。折而西。至普渡汛。復折西
北經九龍山東。又北左納烏龍河水。又東北入
會理州界。府東至南界雲南府。西及西南界楚
雄府。北界四川甯遠府。東北界東川府。

元江州圖

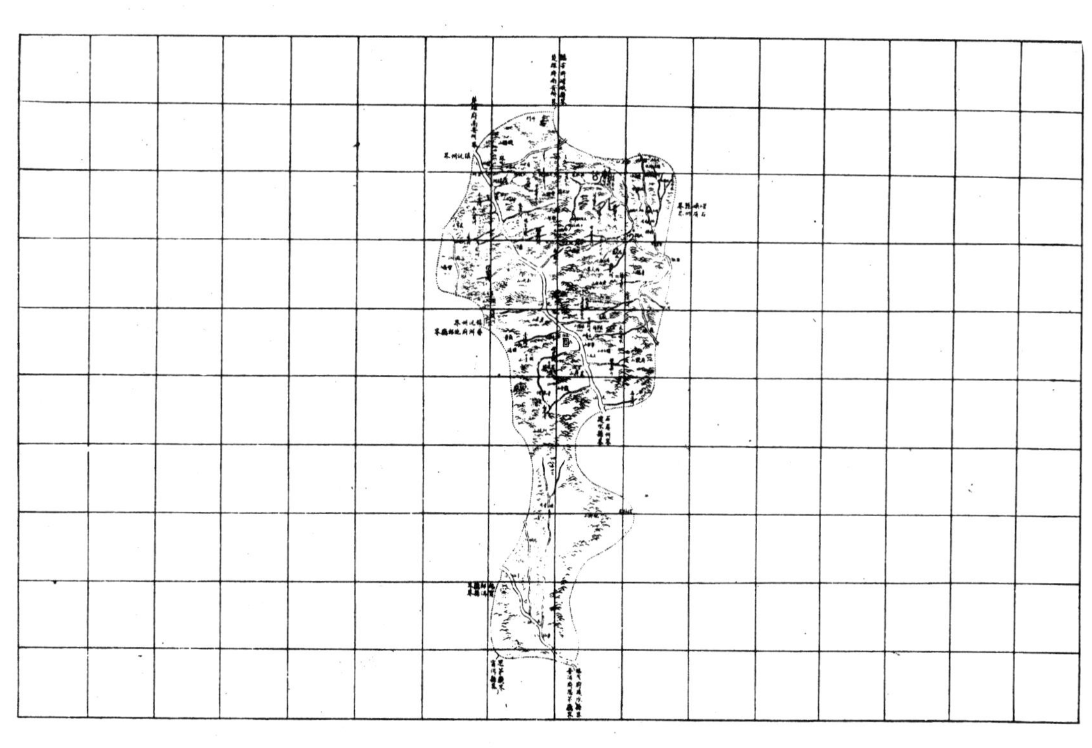

元江州在省治西南五百二十里。至京師六千三百七十五里。領縣一。東北新平。元江上流曰禮社江。自楚雄府南安州南流入界。經新平縣西。麻哈江一曰小江上流為丁癸江。自臨安府嶍峨縣西南來。合七曲河注之。為三岔河亦曰三江口。又東南化龍河水出新平縣西北山西南流合六乃河漫干箐水賓橘河注之。為戞賽江又東南右納南倉河南茂龍河。又東南左納鵞得河。右納了味河馬龍河。又東南為磨沙河。左納楊家沖樹木拉河。又東南右納窀窖河。左納南麻河。又東南經州治西北。始為元江。右納漫綫河。左納甘莊河。又東南右納南淇河。經州治北又東南。峩崀河上源曰清水河。出州南境北流折而東注之。又東南左納雙渠溝水。又東南右納南俒河。又東南左納矣落河。又東南入臨安府建水縣納樓土司界。為小河。黿樞河在州東北二源。東源曰臘猛河。西源曰亞泥河。亞泥河自臨安府嶍峩縣東南來。經新平縣東北。右納清水河。又東南。平甸河水合上下中他拉水青龍水洪本泉太和宫水馬家箐窑房箐水頭道箐水二道箐水大箐水得勒箐水西南流注之。又東南。高梁沖水合母苴魯河東南流注之。又東南經大開門為大開門河。鍋廠河合揚武河東北流注之。又東南。至魯魁山東與東源臘猛河會。臘猛河亦自嶍峩縣東南來。經新平縣北。又南經怕念鄉東北為怕念河。右納怕念鄉水及北麓水。左納西山水。又南至甘棠為甘棠河。羅呂鄉水合牛尾沖水西潤河羊毛沖水來會。又東南與西源亞泥河會。兩河既會是為黿樞河。錯經臨安府界。折西復經魯魁山南。納藤子箐水。復折東南經州東北。小河亦其縣來西流注之。廠溝河合相見溝馬鹿塘南箐水東流注之。又東南右納大小哨水。又東南入臨安府石屏州界。注禮社江。李仙江自普洱府治甯洱縣東南來。經州西南受阿墨江。江自鎮沅廳東南來曰谷麻江。錯入普洱府他郎廳界。復經州西曰布固江。南流來與李仙江會。李仙江又東南。薩普河自其北來會。是為三江口。又東南仍入普洱府思茅廳界。州東至北界臨安府。西至南界普洱府。西北界楚雄府鎮沅廳。

欽定大清會典圖卷二百五十六
輿地一百十八

貴州省全圖

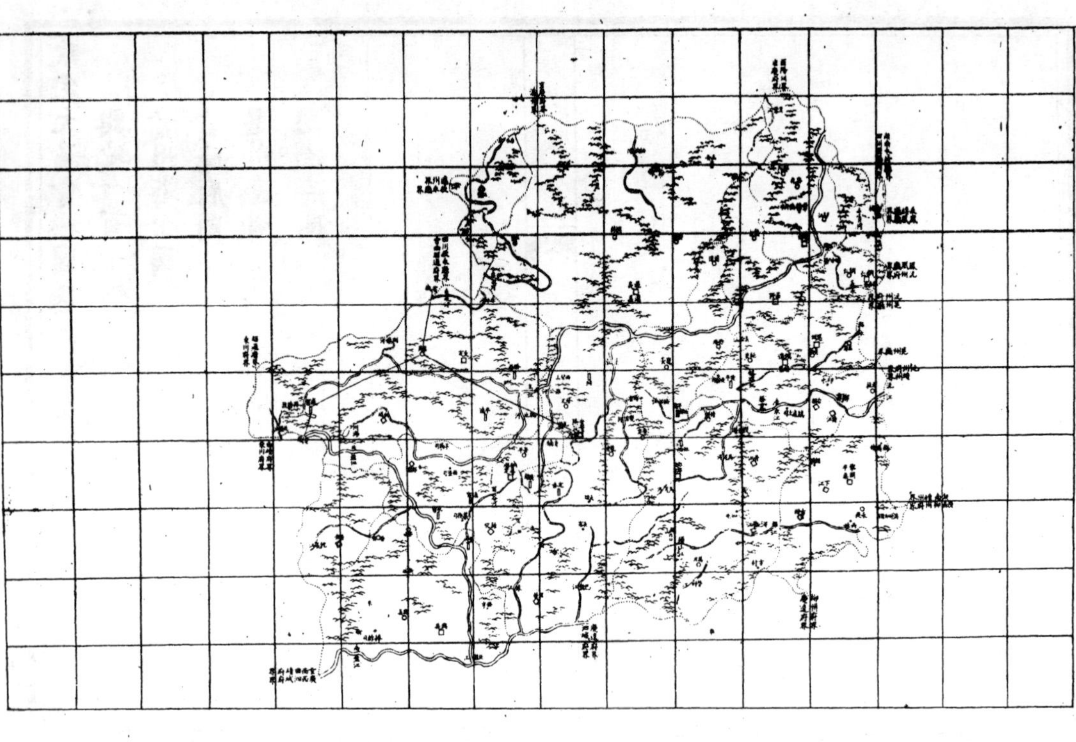

貴州省在

京師西南。貴陽府為省治。貴州巡撫布政司共治馬。統府十二廳三州一。貴陽府東南都勻府黎平府西南安順府興義府普安廳。東南平越州遵義府鎮遠府石阡府思州府銅仁府思南府松桃廳西北大定府仁懷廳烏江上源曰七星河。出大定府西南。東北流則底河自雲南南來注之。又經府南而東會鴨池河為烏江。又經貴陽府西北會雞公河又北折東經貴陽府北遵義府南。甕首河合明河為清江來會。又東經平越州及石阡府北思南府東。又北入四川酉陽州界。酉水南源為牛角河出松桃廳東北流亦入酉陽州界。洈江亦出廳南入湖南鳳凰廳界。芙蓉江出思南府。松坎河出遵義府。俱北流入四川重慶府界。赤水河自雲南昭通府東流入境。經大定府西南折西錯入四川敘永廳界。復入境經遵義府西北又經仁懷廳南。曲北流復經遵義府西北入四川瀘州界。沅江上源二。一為馬尾河出都勻府。一為赭梁江出平越州。合東流為清水江。又東為沅江入湖南靖州界。潕水出鎮遠府。東流經思州府南入湖南晃州廳界。辰水出銅仁府。東流入湖南沅州府界。都江出都勻府南。東流入廣西柳州府界。北盤江出大定府西南南流錯入雲南曲靖府界。復東北流入境。經府及安順府西南。挖長江出普安廳東北流注之。又經興義府東北合甯谷河。又南南盤江上源曰八達河自雲南廣西州緣界東北流來會。又東緣廣西泗城府界。濛江出貴陽府南南流注之。又東巴盤江南流注之。折南入廣西慶遠府界。勞村江出都勻府東南南流亦入慶遠府界。東至湖南界。西至雲南界。北至四川界。南至廣西界。

貴陽府圖

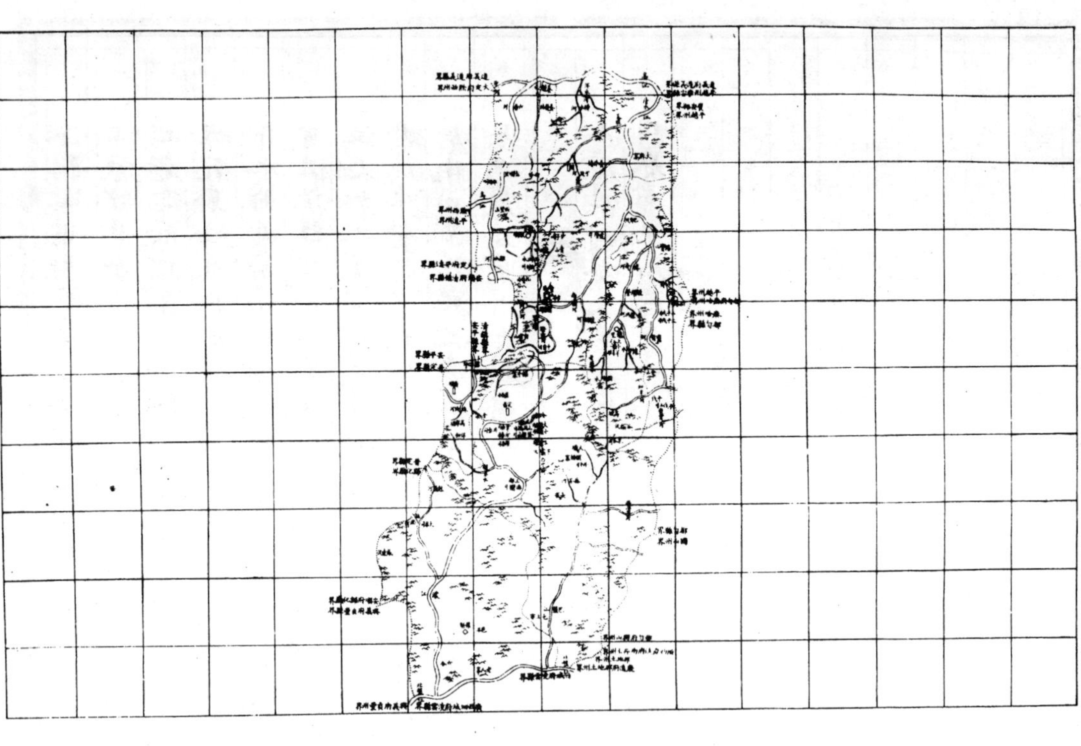

貴陽府為貴州省治。至
京師四千七百四十里。領廳一州三縣四。治貴筑。
東貴定。東南龍里。西南定番州。廣順州。羅斛廳。
東北開州。西北修文。烏江自大定府黔西州西
流入界。經修文縣西北。受雞公河。河自安順府
普定縣東流入界。經廣順州南。合一水。折北出
界。復經修文縣西。石洞水合孟沖諸水西流注
之。又北注烏江。烏江折北流為六廣河。又北沙
溪亦自黔西州來東流注之。又緣界東流。右納
養龍水。經開州北。洋水河橫水河合北流注之。

又東南會清水江。江上源曰甕首河。出平伐土
司。南東北流。錯入都勻府界。復經貴定縣南。合
加牙河。北流經縣西。又北八字河西北流注之。
又北博奇河上承新安水老羅水東門水東龍
洞河諸水東北流注之。又西北至府治東北巴
香汎。南明河一曰三水江。出廣順州東北境。合
濟番河四方河阿江河。折東經府治南。合二水
及龍洞河東北流注之。又北經開州東。洗泥河
自州南東北流注之。可渡河自州東東北伏流
復出為落旺河注之。又東與烏江會。烏江又東

入平越州甕安縣界。北盤江自興義府合南盤江。即紅水江。緣界東流。經羅斛廳南。受濛江。江出定番州西北。東北流。經廣順州東。合一水。折而南。復經州東。左納一水。又西南右納崇水。潮井水。曲東南左納白水河及一水。又西南尅孟河。猛渡河合。東南注之。又南流注北盤江。北盤江又東。巴盤江上流曰豐甯河。自都匀府都匀縣來。合藤茶河諸水西流。折南注之。又東南入廣西泗城府界。仍為紅水江。陽寶山在貴定縣北。西望山在修文縣北。府東及東北界平越州。

西界安順府。南界廣西泗城府。北界遵義府。東南界都匀府。西南界興義府。西北界大定府。

思州府圖

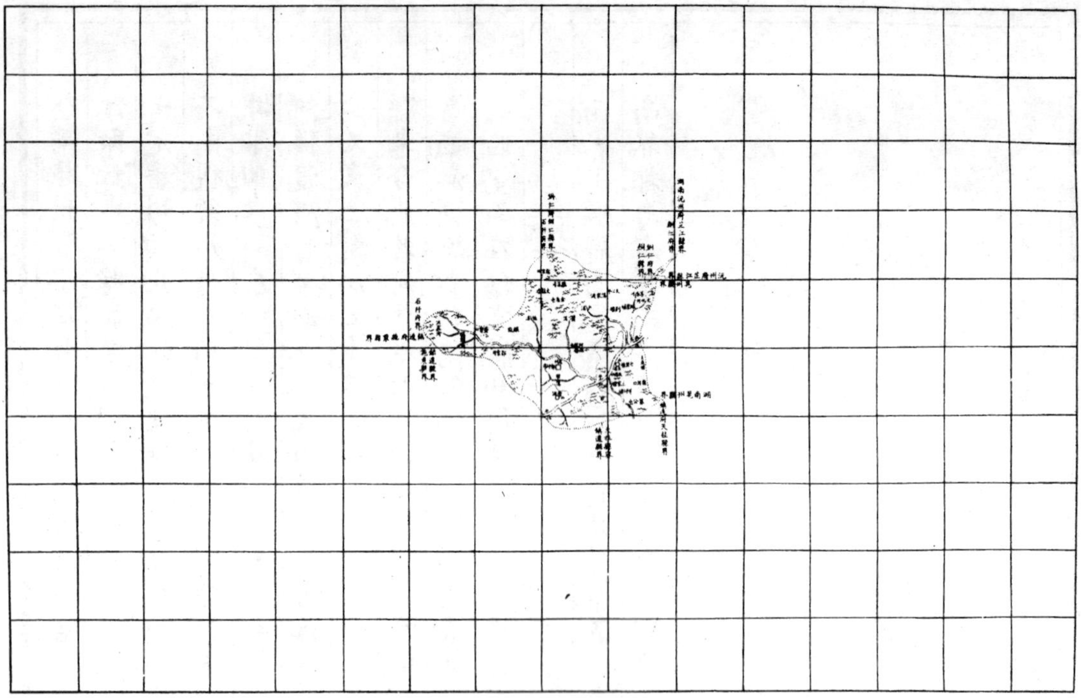

思州府在省治東北六百二十里。至京師四千二百十里。領縣二。東玉屏。南清溪。平江自鎮遠府治東北流入界。經清溪縣南。右納一水。經府治東南。潞灘河出府治西北山。合洪寨河施溪灑溪架溪東南流來會。又東北經玉屏縣西。一水自鎮遠府天柱縣來。西北流注之。又東北。戶溪東南流注之。易家河合文水河南流注之。又東北入湖南晃州廳界為𣸣水。府東界湖南晃州廳。西至東南界鎮遠府。北界銅仁府。西北界石阡府。東北界湖南沅州府。

思南府圖

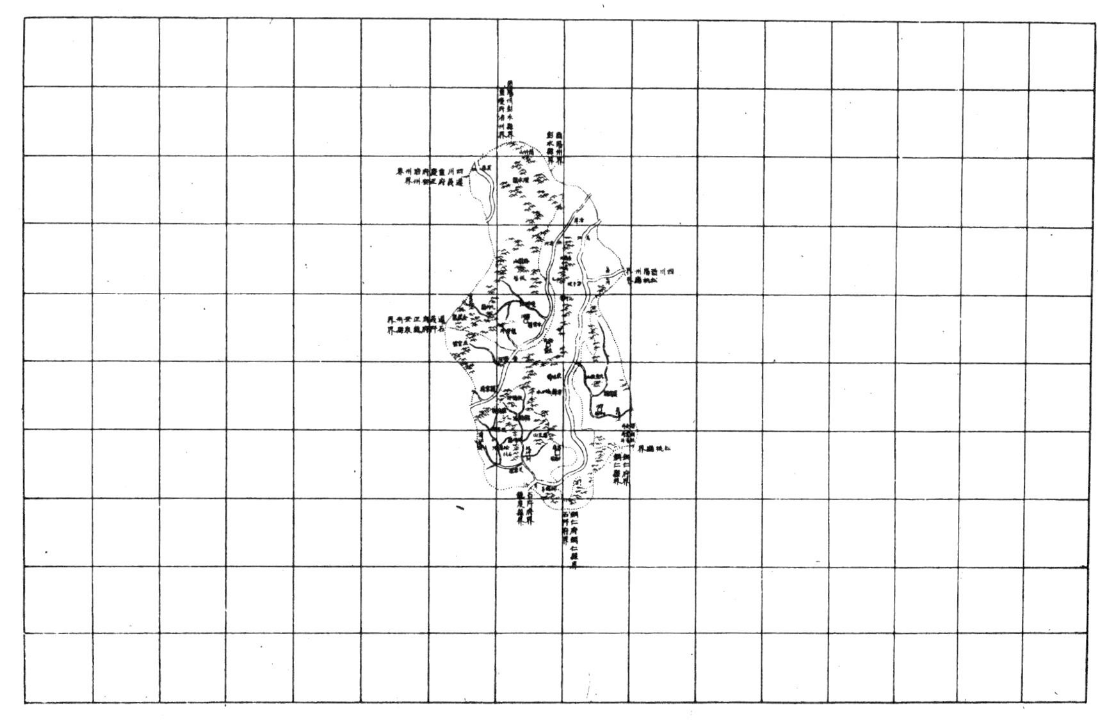

思南府在省治東北六百四十五里。至
京師四千一百七十里。領縣三。北安化東北印江
西北婺川。烏江自石阡府東北流入界經府治
西南受清江溪。溪自其府龍泉縣來。合松溪河
東流鸎鵡溪合板坪河南流注之。又東注烏江。
烏江又東。折北思印江自松桃廳來西北流合
一水注之。又北三岔小河自四川酉陽州來西
流注之。又東北入酉陽州界。洪渡河上流為豐
樂河自石阡府龍泉縣東北流入界經府治西
北。合一水。經簡家溝又東北左納一水。經婺川
縣南左納龍登河經縣東會曉洋江又東北亦
入酉陽州界。芙蓉江出婺川縣西。西北流錯入
遵義府正安州界。復經縣西北北流入四川重
慶府涪州界。府東界松桃廳。西至南界石阡府。
北及東北界四川酉陽州。東南界銅仁府。西北
界遵義府四川重慶府。

欽定大清會典圖卷二百五十七

輿地一百十九

鎮遠府圖

銅仁府圖

黎平府圖

安順府圖

興義府圖

鎮遠府圖

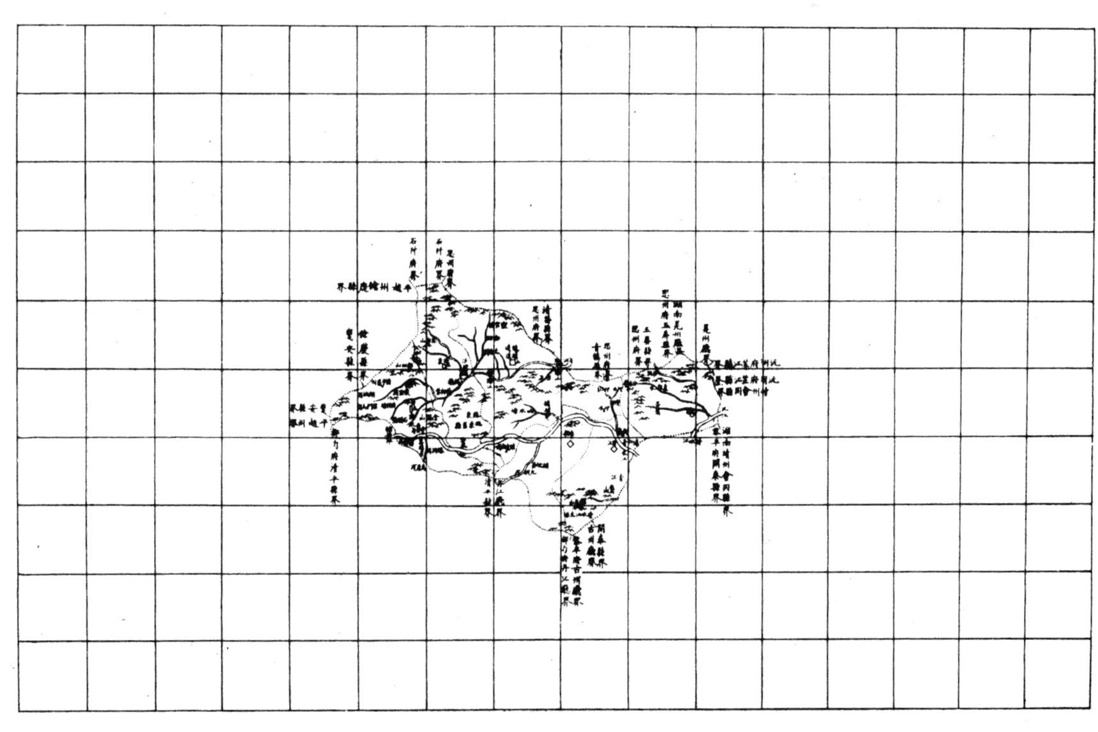

鎮遠府在省治東北四百五十里至
京師四千二百九十里領廳二州一縣三治鎮遠西
施秉東南台拱廳清江廳天柱西南黄平州平江
一曰鎮陽江即㵲陽江出黄平州南金鳳山北流
合西來一水又經飛雲洞東又合西來一水又東
北經施秉縣楊柳營南及偏橋南又東至沙坪鋪
二水自縣西北經鋪西來注之二水自府西北
合南流經鋪東來注之始曰鎮陽江經府治西
右納二水又東右納焦溪又東入思州府清溪
縣界清水江上源二一曰豬梁江一曰馬尾河
並自都匀府清平縣入界經黄平州南合東流
爲清水江經施秉縣及府治南至台拱廳西九
股河自都匀府丹江廳來東北流注之又東北
德明河東南流注之又東南經清江廳北卭水
二源合南流注之又東南錯入黎平府開泰縣
界復經天柱縣東南直銀水自縣西北合等溪
東南流注之又東北入湖南靖州會同縣界爲
沅江雲台山在施秉縣西北府東至北界思州
府西界平越州南及西南界都匀府東南界黎
平府湖南晃州廳沅州府靖州西北界石阡府

銅仁府圖

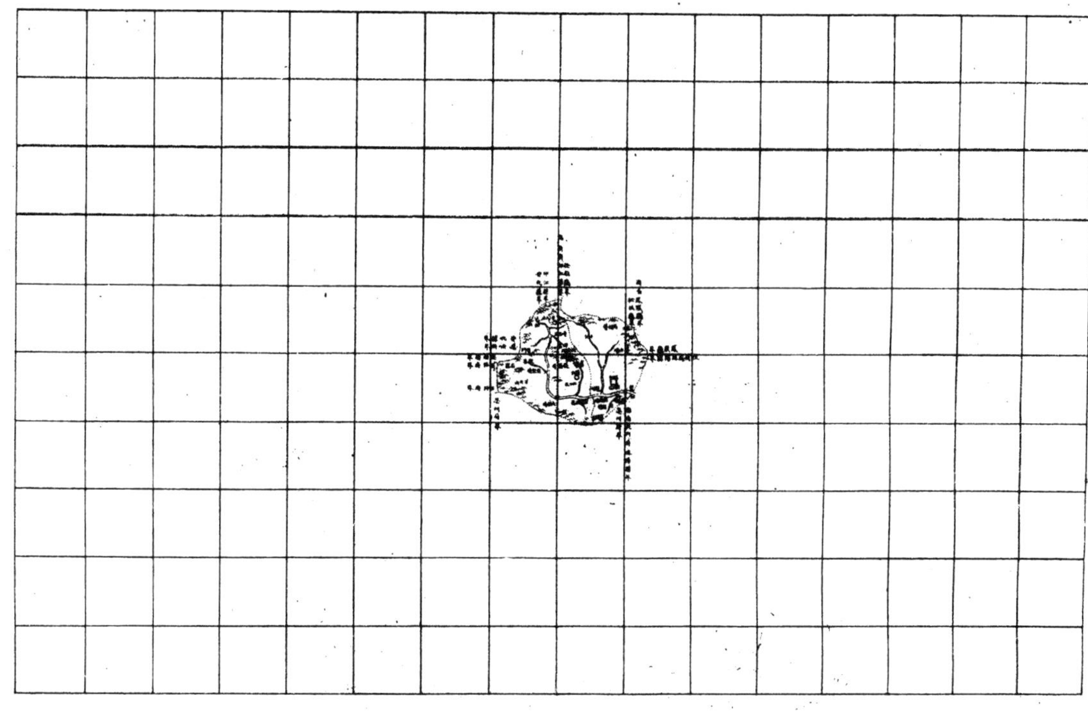

銅仁府在省治東北六百九十里。至京師四千五百四十五里。領縣一。西銅仁。大江即辰水。出縣西北梵淨山。合數水南流經提溪司西。合提溪。又南折東經縣南。省溪南流注之。凱洪溪北流注之。又經府治西。小江亦出梵淨山。合一水南流來會。又東經府治南。司前溪東北流注之。又東入湖南沅州府麻陽縣界。為辰水。府東界湖南沅州府。西界石阡府。南及西南界思州府。北界松桃廳。東北界湖南鳳凰廳。西北界思南府。

黎平府圖

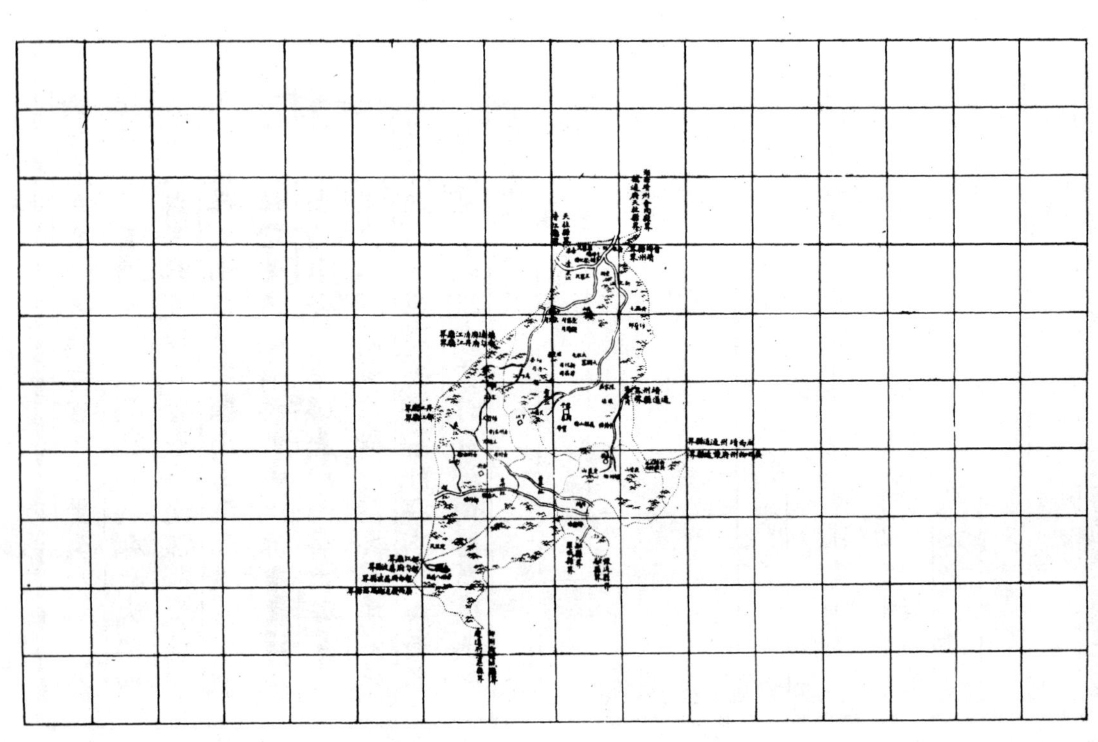

黎平府在省治東南八百七十五里。至京師四千七百一里。領廳二縣二。治開泰。東南永從。西南下江廳。古州廳。清水江自鎮遠府東南流入界。經府治北。烏下江出府治西。合二水東北流注之。又東北新化江亦出治西。二源合東北流注之。又東北入鎮遠府天柱縣界。都江一曰古州江。自都勻府東流入界。經古州廳南。左納彩江。又經下江廳南至永從縣西南丙妹南入廣西柳州府懷遠縣界。曹平江上源為溶江。與車江並出古州廳北。合東南流經下江廳南。亦至永從縣西南丙妹北入懷遠縣界。為福祿江。雍里河自羅城縣來。亦入其縣界注之。潘允河即渠水。西源出永從縣南。東流合一水。折北入湖南靖州界。府東及東北界湖南靖州。西及西南界都勻府。南及東南界廣西柳州府。北及西北界鎮遠府。西南界廣西慶遠府。

安順府圖

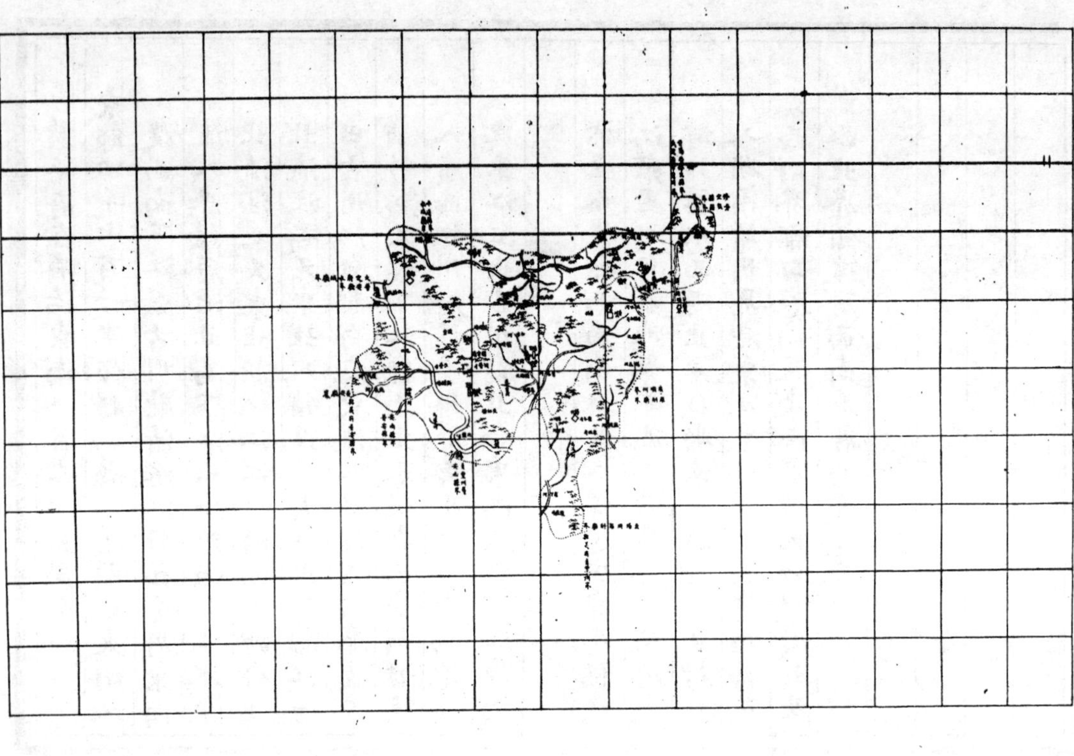

安順府在省治西南一百九十五里。至京師四千九百四十里。領廳二。州二。縣三。治普定。東北安平清鎮。西南歸化廳鎮甯州永甯州。西北郎岱廳。北盤江自普安廳東南流入界。經郎岱廳西。一水自大定府水城廳南流注之。又東南經永甯州西毛口北。左納一水。又東南拖長江自興義府普安縣來。合普安廳之庚戌河東北流注之。又東南西坡河自興義府安南縣來東北流注之。經州西又南右納馬涼河馬畢河。亦自安南縣來北流注之。折東入興義府貞豐州界。甯谷河一曰九溪河。出府治東山。合數水西南流。經鎮甯州南。白水河出州西。北合穿城河壩陵河落葉河南流來會。又經永甯州東。亦入貞豐州界。注北盤江。巖下河出歸化廳西南流錯入貞豐州界。復經廳西南烏泥江西南流來會。又西南復入貞豐州界。亦注北盤江。猛渡河剋孟河並出府治東南入貴陽府羅斛廳界。簸渡河自水城廳南流入界。經郎岱廳北。合一水折東流。經鎮甯州北。墮極河自大定府平遠州來南流注之。谷龍河合二小水爲三岔河北流注之。

又東北經府治北安平縣西北入平遠州界。雞公河上源為大水河。出府東北合一水東南流錯入貴陽府界。復北流經安平縣東羊腸河東流注之。又北經清遠縣北。右納一水。又北入貴陽府修文縣界。府東及東南界貴陽府。西界普安廳。南及西南界興義府。北及西北界大定府。

興義府圖

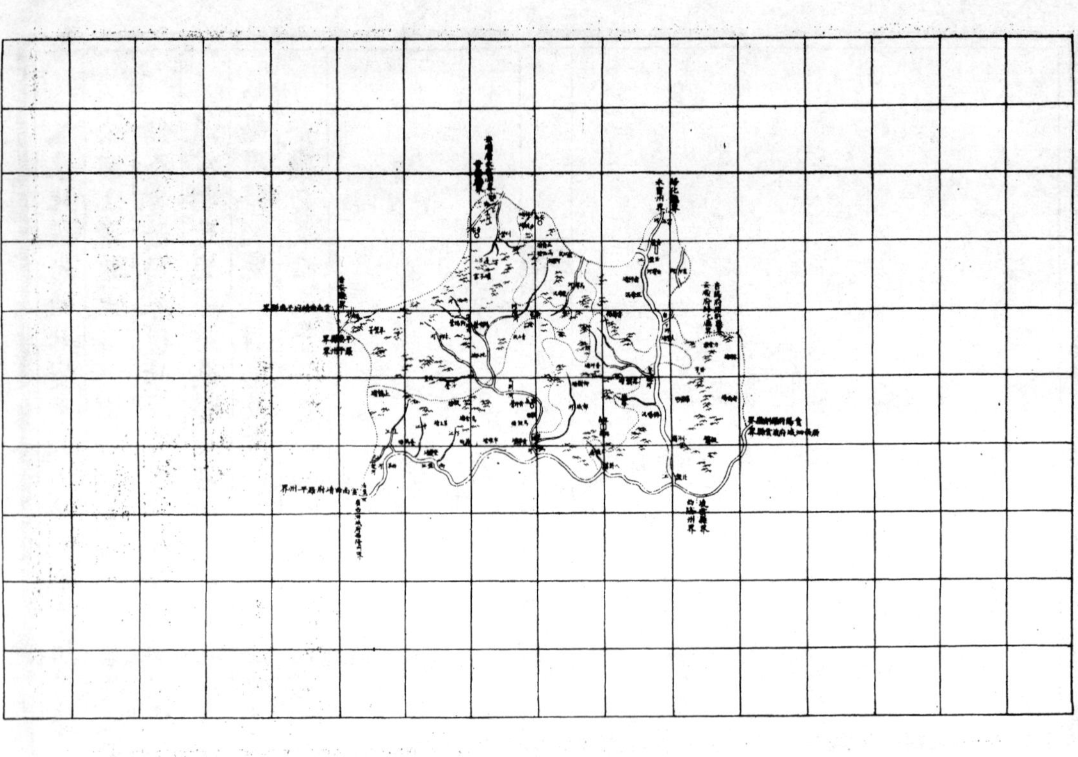

興義府在省治西南六百二十七里至京師五千三百六十七里領州一縣三西北興義安南普安東北貞豐州南盤江上源曰八達河自雲南曲靖府羅平州來經興義縣西南廣西泗城府北緣界東北流九龍河亦自其州來合上江水注之經養馬塘南東流左納中江水經安廈塘南左納下江水又曲東流經縣南馬別河上源曰深溪河二源東曰阿希河西曰木郎河各會一水合東南流經府治西南合都威河注之又東左納三道溝水經貞豐州南界會北盤江北盤江自安順府永甯州東南流入界經貞豐州西甯谷河亦自其州來注之又南巖下河自安順府歸化廳來注之又南魯溝河二水合東流注之又南右納綠海水又南與南盤江會又東北入貴陽府羅斛廳南界拖長江自普安廳東北流入界經普安縣西北三小水合北流注之又東北與西坡河馬畢河並入永甯州界注北盤江抹角河自普安廳來合一水西南流入曲靖府平彝縣界府東界貴陽府西及西南界雲南曲靖府南及東南界廣西泗城府北

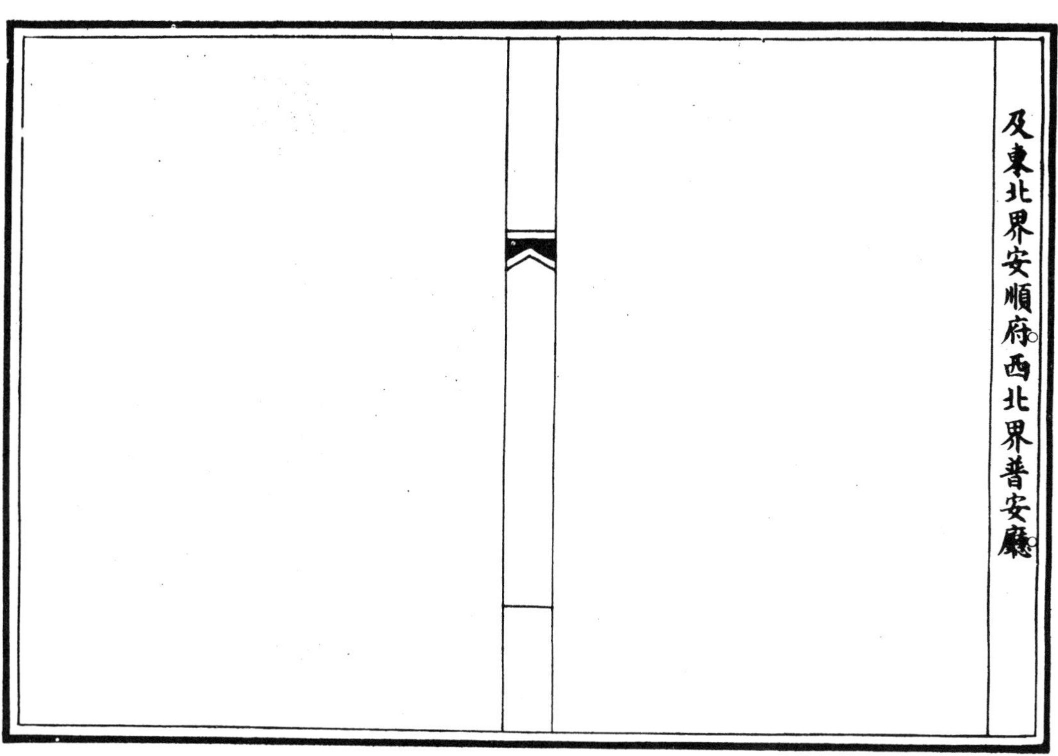
及東北界安順府。西北界普安廳。

欽定大清會典圖卷二百五十八

輿地一百二十

都匀府圖

石阡府圖

大定府圖

遵義府圖

都勻府圖

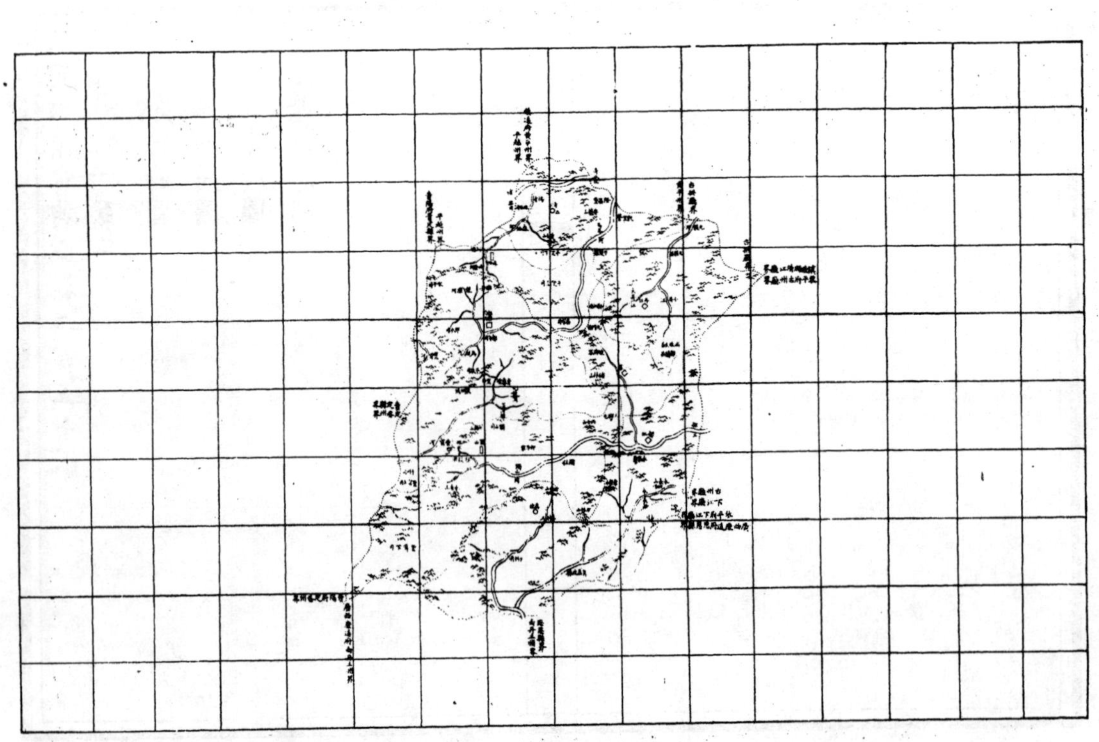

都匀府在省治東南二百四十里至京師四千九百八十里領廳三州二縣三治都匀南獨山州北麻哈州東北丹江廳清平東南八寨廳都江廳荔波豬梁江為清水江北源自平越州東流入界經清平縣北麻哈河上流為兩岔河自州南合數水北流來會又東入鎮遠府黃平州界馬尾河即劍江為清水江南源出府西南合一水東北流邦水河合龍潭河諸水東南流來會又東北經府治南又東右納一水經吳家司折北經麻哈州及清平縣東亦入黃平州界會豬梁河大丹江出丹江廳西南小丹江出廳東南合東北流為九股河又東北入鎮遠府台拱廳界注清水江都江一曰獨山江出獨山州西曰邦水河合二水東北流經州南東流經都江廳西南一水自八寨廳南流注之又東入黎平府古州廳界勞村江出荔波縣東北西南流經縣西南右納一水又東南永長溪自古州廳來經都江廳永長山南左右合數水經舊荔波縣城北西南流來會又南入慶遠府南丹土州界豊甯河出府治南合數水西南流入貴陽府定番州界注巴盤江甕首河自貴陽府貴定縣東北流入界經府治西合一水西北流仍入其縣界府東及東南界黎平府西及西北界貴陽府南及西南界慶遠府北界平越州東北界鎮遠府

石阡府圖

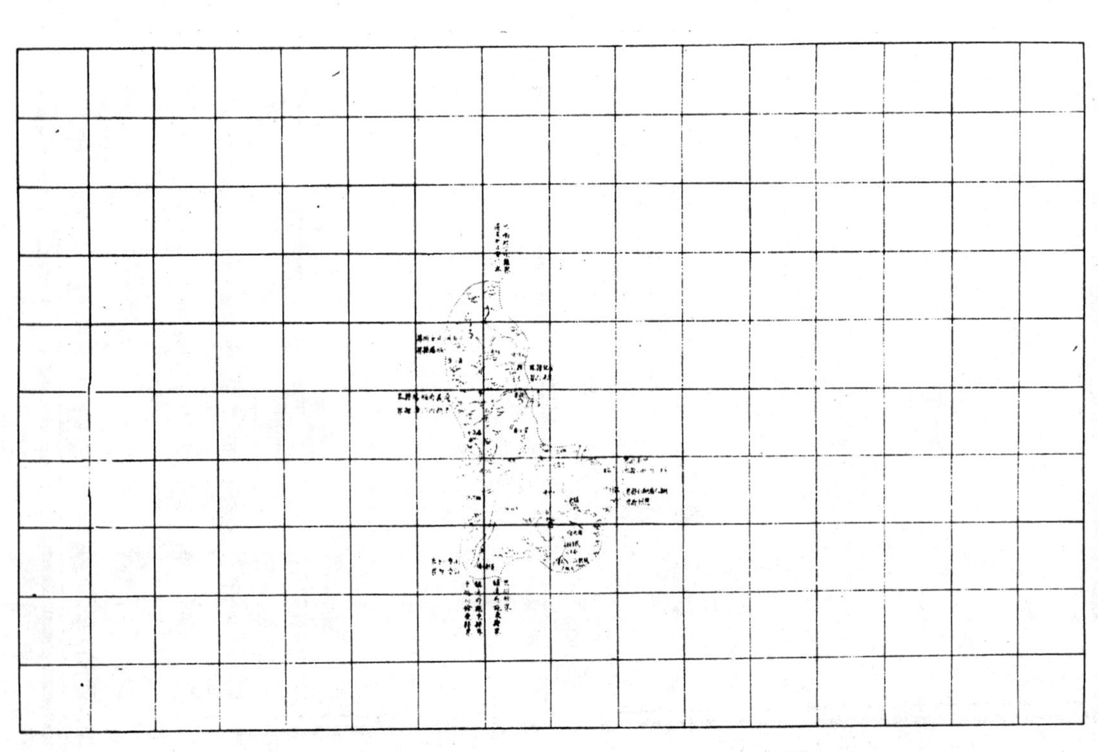

石阡府在省治東北五百三十五里。至京師四千四百五十里。領縣一。西北龍泉烏江自平越州餘慶縣東北流入界。經府西落花屯水東南流注之。又東經治北。白岩河一曰龍底河二源環府治西而北。右納一水注之。又東北入思南府界。羊子河石貫河並出龍泉縣西。合東流。經縣北義陽山南為義陽江。右合一水東流為清江溪。亦入思南府界。注烏江。洪渡河出龍泉縣西北山。東流經縣北綏陽場入思南府安化縣界。大水河亦出縣西北。合小水河出界注之。府東至南界思州府。西界平越州。北界思南府。東北界銅仁府。西北界遵義府。西南界鎮遠府。

大定府圖

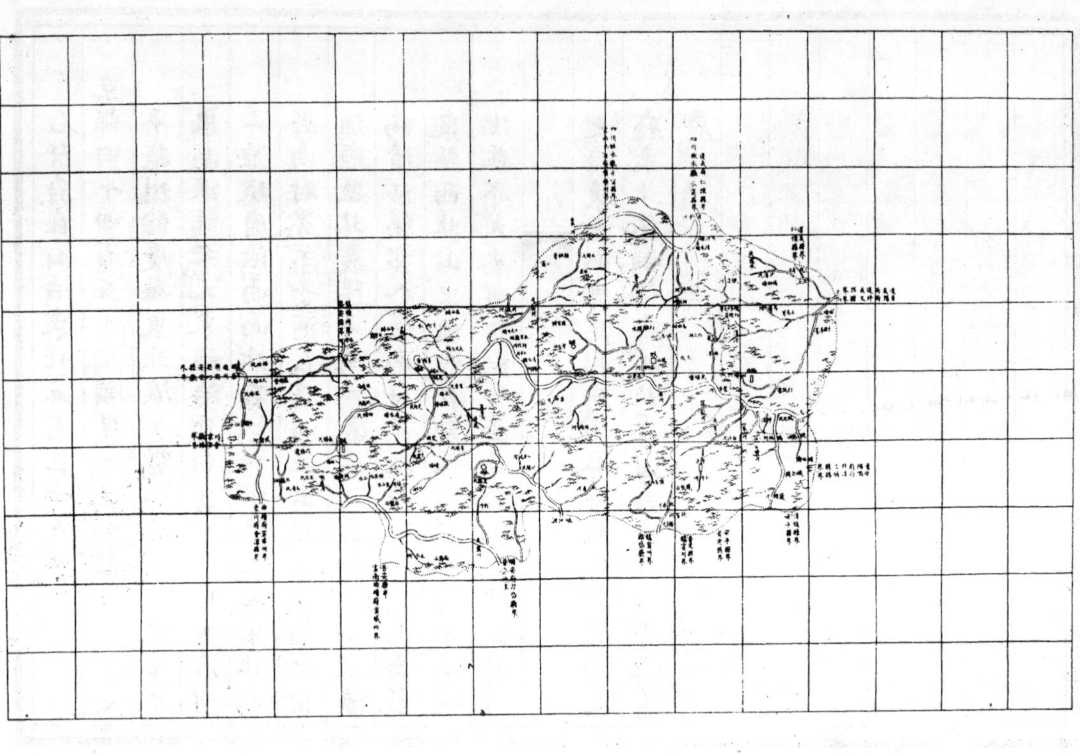

大定府在省治西北三百四十里。至京師五千八十五里。領廳一州三縣一。東南黔西州。平遠州。西北畢節。西南水城廳。威甯州。烏江一曰黔江。上源曰七星河。出威甯州南。合八仙海泚處海菩薩海諸水。東北流。一水三源合。東北流經歇涼亭來注之。又經黑章汛。黑章河北流注之。又東北左納三道水及羊街水。又東北經畢節縣西。則底河自四川鎮雄土府來合。後所河曲折南流注之。又東南右納二水。又經府治西右納暑仲河通德河水。經府治西南落腳河會畢節縣境諸水及府西數小水來會。為六廣河。又東烏西河合石溪水南流注之。又東西溪合二水南流注之。又經黔西州西。猓龍河高家河並東北流注之。經州南卜牛河出平遠州南。合數水東北流注之。又東右納以麥河平溪水。又東受巖渡河。河一曰鴨池河。出水城廳西以且海。合一水東北流經廳北。折東南水城河東北流來會。又東南左納扒瓦汛以固汛武著河諸水。錯入安順府界。北古河合墮極河出境注之。復經平遠州東合二小水北流注烏江。烏

江又東。跳蹬河自鎮西衛北流注之。又東入貴陽府修文縣界。以濟河出黔西州西北。西南流經治南。折東北合打鼓寨水。又東北渭河出州西北合烏箐河東流來會。又東北沙河合鼓樓水三現身水東南流來會。亦曰沙河。又東北入修文縣界。北盤江即宛溫水出威甯州西山。二源合南流經瓦渣汛西為瓦渣河。又南錯入雲南宣威州界經可渡司為可渡河。復經水城廳南。桃花溪結里汛各水並南流注之。折東南右納木冬河。又東左納黑勝汛水。又東南入普安廳界。牛欄江上流曰車洪江。自雲南東川府會澤縣北流入界。經威甯州西合賦書河。又北流入昭通府恩安縣界。洛澤河出威甯州合數水北流入雲南昭通府恩安縣界。赤水河自昭通府鎮雄州東流入界。經畢節縣北。右納一水。至府治北。永岸小河合數水東北流注之。卧牛河合油杉河及數小水並北流注之。又北入敘永廳。永甯縣界。府東界貴陽府。西界雲南東川府。南及東南界安順府。西南界普安廳雲南曲靖府。東北界遵義府。西北界雲南昭通府敘永廳。

遵義府圖

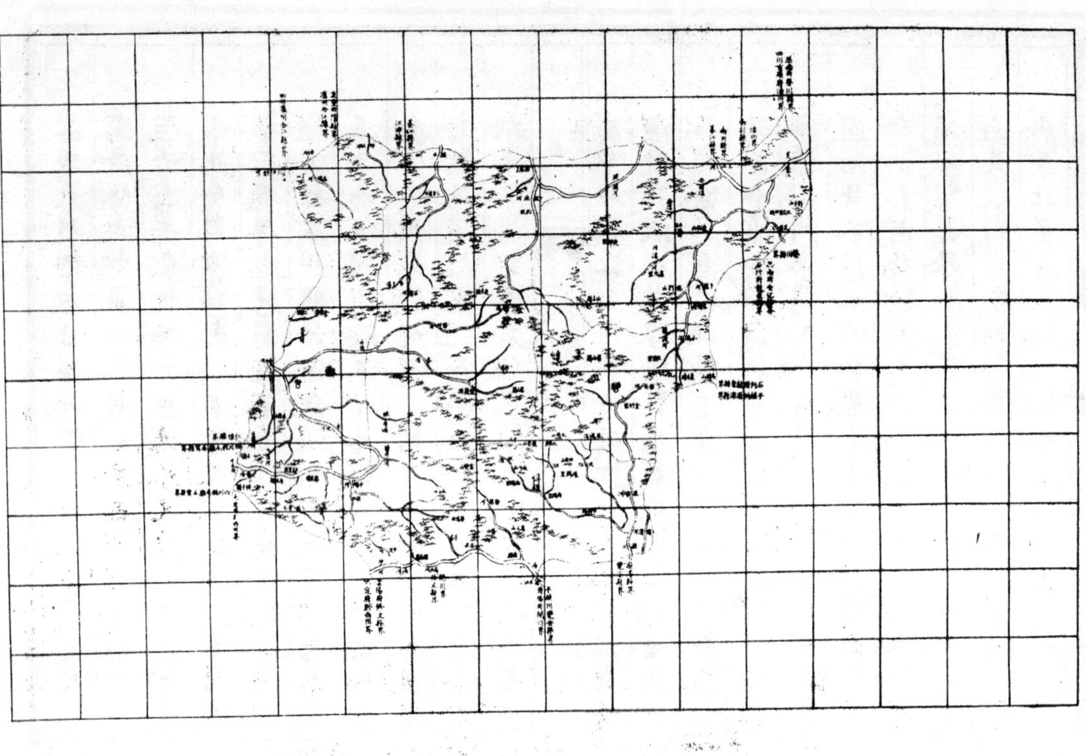

遵義府在省治東北二百八十里至
京師五千四百六十里領州一縣四治遵義東北綏陽正安州西北桐梓仁懷烏江自貴陽府來合沙河緣界東流經府治烏江城北鎮南關南左納中渡河樂閩河及二小水又東南南會清水江入平越州界湘江出府西北龍巖山二源合南流經府治東南桃溪出府西北東南流注之又東南洪江出婁山關南合鳳凰溪東南流來會又東南鹿塘河一曰樂安河二源並出綏陽縣北合南流來會折南入平越州界注烏江湄潭河自平越州湄潭縣南流經府東南仍入其縣界注烏江赤水河自四川敘永廳永甯縣東流入界經仁懷縣南龍場營北猂子關一水東南流注之又東經鄢家渡至黎民鎮一水自清水塘東北流注之又東經府西沙壩河合數水北流注之又東北折西左納鹽井河又西北經仁懷縣東南右納楓香壩河左納九溪河經縣治西右納一小水又西北齊郎河出桐梓縣北合溱溪水西流注之右納古藺河水又西北錯入仁懷廳界水思河金沙溪並出界注之復

經縣西北右納高洞河。又東北入四川瀘州合江縣界。平坦河亦在縣北入四川重慶府江津縣界綦江上源曰松坎河。出桐梓縣東北二源合西北流左納一小水又北坡頭河自重慶府綦江縣來西流注之。左納一小水又北入綦江縣界小烏江一曰渡頭河出綏陽縣北婁山關東合桑木塘水關渡河北流曰米糧渡。左納一水。又東北右納牛渡河。經州東左納清溪河橋溪河又東北芙蓉江合一水北流注之。又東北三江河自綦江縣來合安四溪東南流來會。又東北入思南府婺川縣界亦曰芙蓉江。府東及東南界平越州。西界四川敘永廳南界貴陽府。北界四川重慶府。東北界思南府。西北界四川瀘州。西南界大定府。

欽定大清會典圖卷二百五十九

輿地一百二十一

松桃廳圖

普安廳圖

仁懷廳圖

平越州圖

松桃廳圖

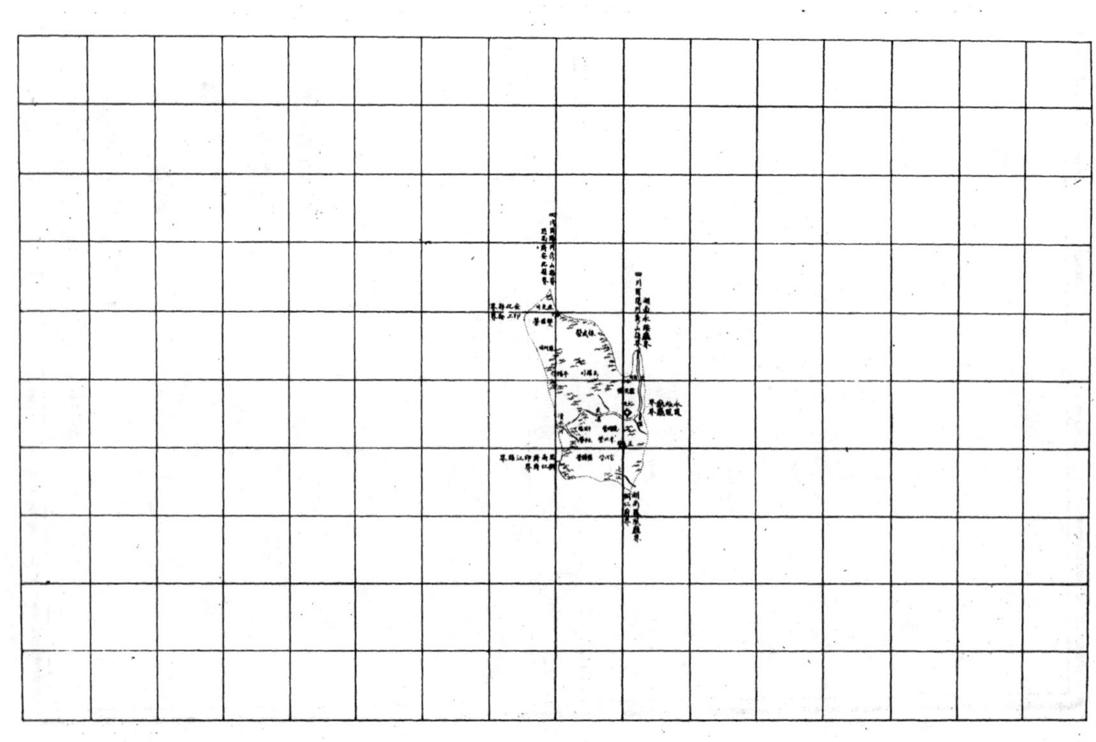

松桃廳在省治東北八百二十里。至京師五千一百二十里。武溪爲酉水西南源。俗稱牛角河。出廳西。合二水東流折北入四川酉陽州秀山縣界。沱江出廳南東流入湖南鳳凰廳界。思印江一曰清水河。出廳西二水合西流入思南府印江縣界。廳東及東南界湖南鳳凰廳。西及西北界思南府。南及西南界銅仁府。北界四川酉陽州。東北界湖南永綏廳。

普安廳圖

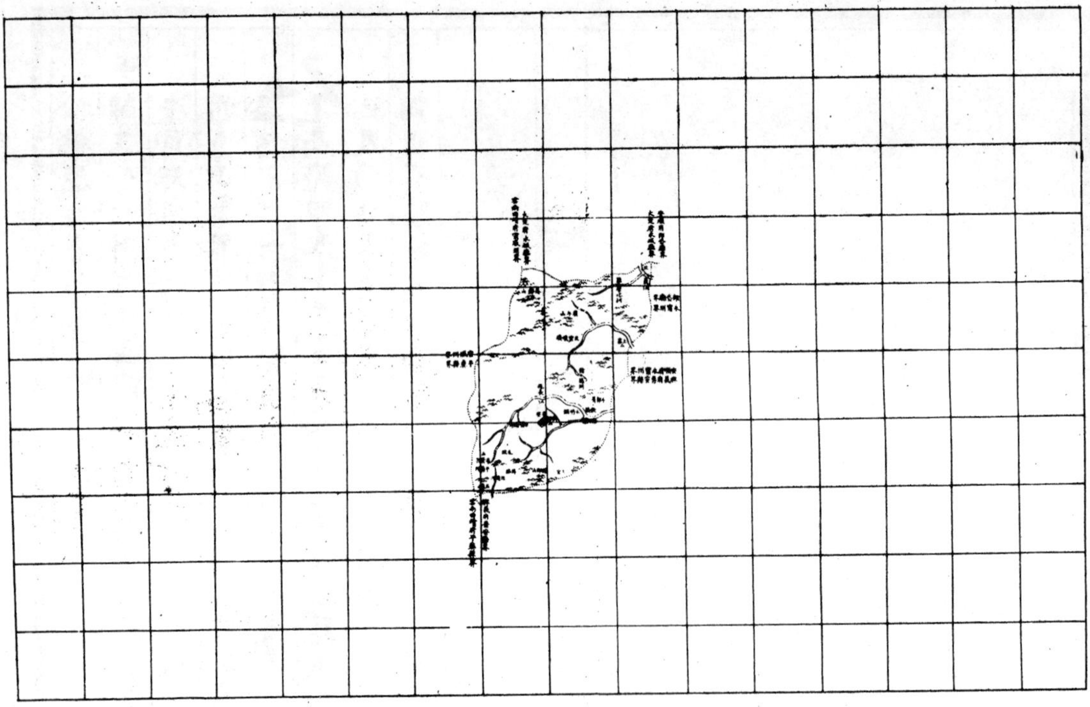

普安廳在省治西南一千三里。至京師五千七百四十三里。北盤江自大定府水城廳東南流入界。經廳東北右納羅摩塔河。又東南入安順府郎岱廳界。拖長江出廳西南平彝所。經亦資孔北流左合一水。東北流一水自海子鋪東北流來會。經廳北東南流至軟橋驛。有數水合東流來會。又東北入興義府普安縣界。豬場河出廳北。北流折東合二水。又東南亦入普安縣界注拖長江。抹角河出廳西南入興義府普安縣界。廳東至南界興義府。西及西南界曲靖府。北及西北界大定府。東北界安順府。

仁懷廳圖

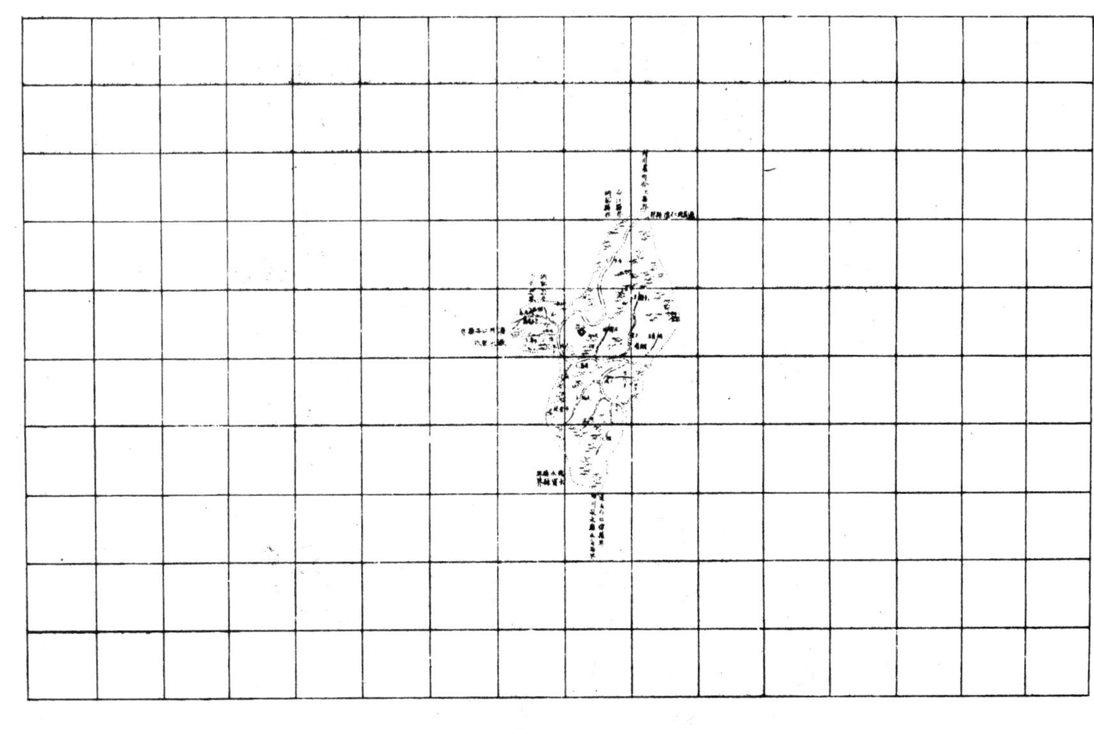

仁懷廳在省治西北九百七十里。至
京師五千七百里。赤水河自遵義府仁懷縣西北流入界。經廳東南。水思河亦自其縣來西南流注之。又西北儒溪泥溪猿猴溪並東北流注之。盤橋溪西流注之。折東北金沙溪亦自其縣來合胡蘆溪西南流注之。又西北堯壩溪沙壩溪並西南流注之又經治南。後溪北流注之。折北經廳西。風水溪及二水並自廳西東流注之。經廳北曲折東北流仍入仁懷縣界。廳東及東南界遵義府。西至南界敘永廳。北及西北界四川瀘州。

平越州圖

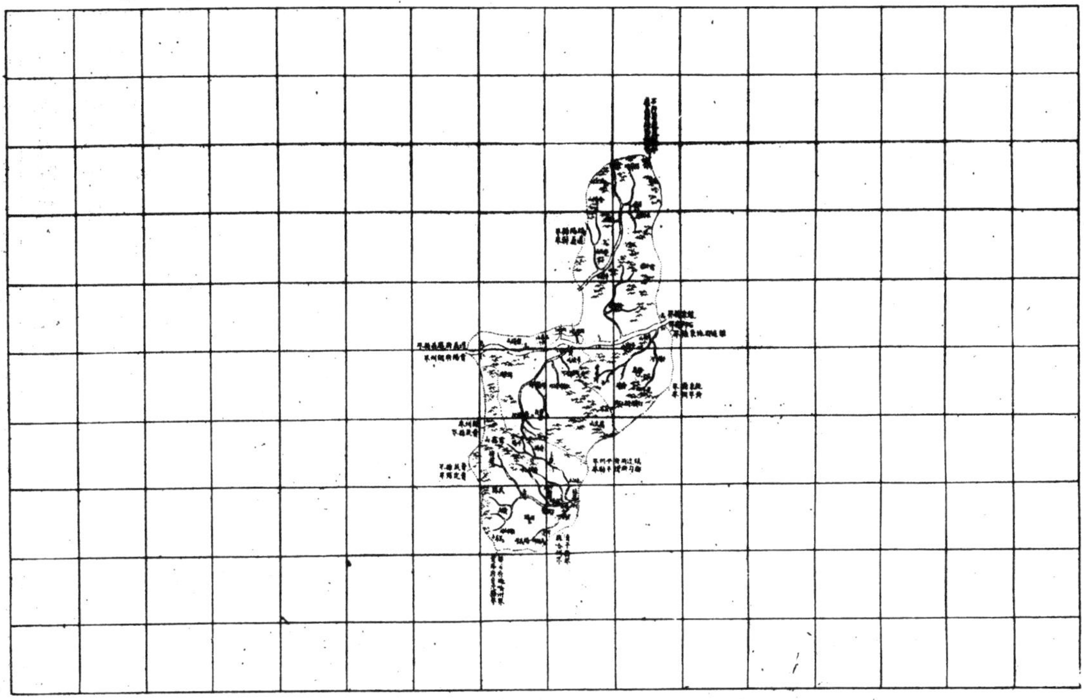

平越州在省治東北一百九十里。至
京師四千五百十里。領縣三。東北餘慶湄潭。西北甕安。烏江自貴陽府開州東流入界。經甕安縣北。玉華山南。又東湘江自遵義府治南流來注之。甕安河出甕安縣南。北流為乾溪河。經縣西又北合坪橋河紅頭鋪河草塘司河東北流注之。又東湄潭河出湄潭縣北。合數小水錯經遵義府界南流來注之。又經湄潭縣南。餘慶司水南流注之。又經餘慶縣北。小江清水洞水並出縣西。牛場河出縣東。合東北流注之。又東北入石阡府界。豬梁河一曰地松河。出州西北山。東南流。一水出州西南。合數水經黃絲驛東北流來會。又東南經州治南。府城水出州西北東南流岐為二。夾州治來注之。又東卡龍河出州西北山。經牛場合二水東南流注之。羊腸河東北流注之。又東入都勻府清平縣界。福泉山在州南。州東至南界都勻府。西及西南界貴陽府。北及西北界遵義府。東北界鎮遠府石阡府。

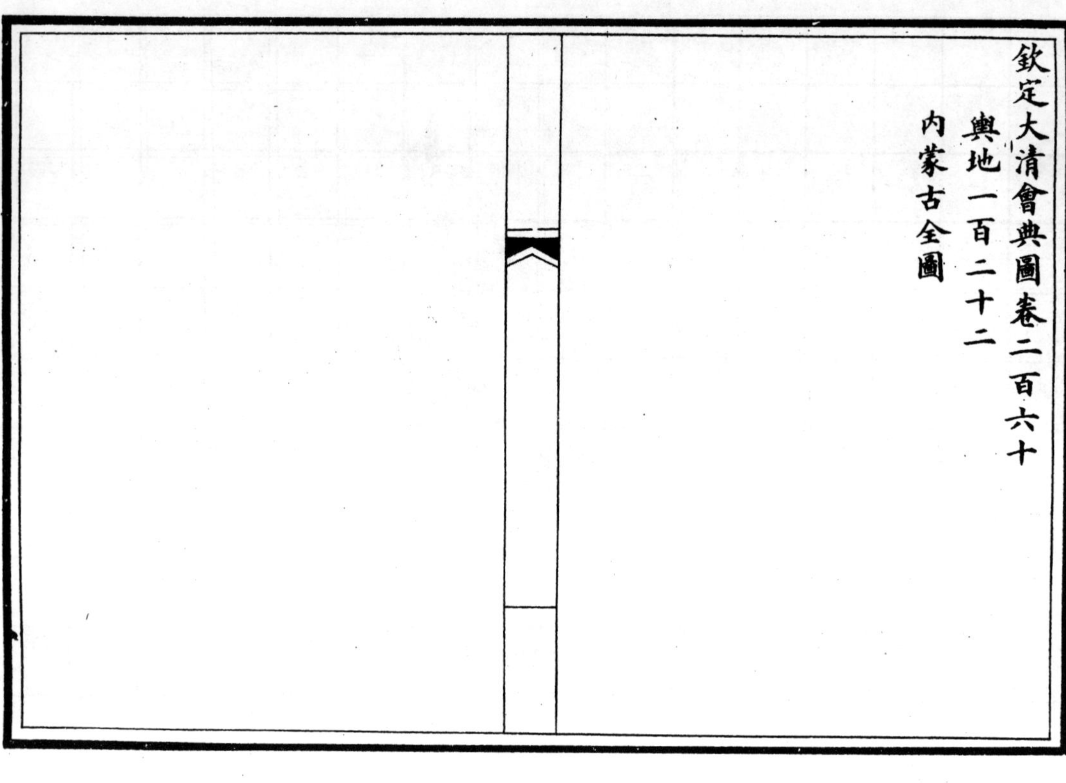

内蒙古全圖一

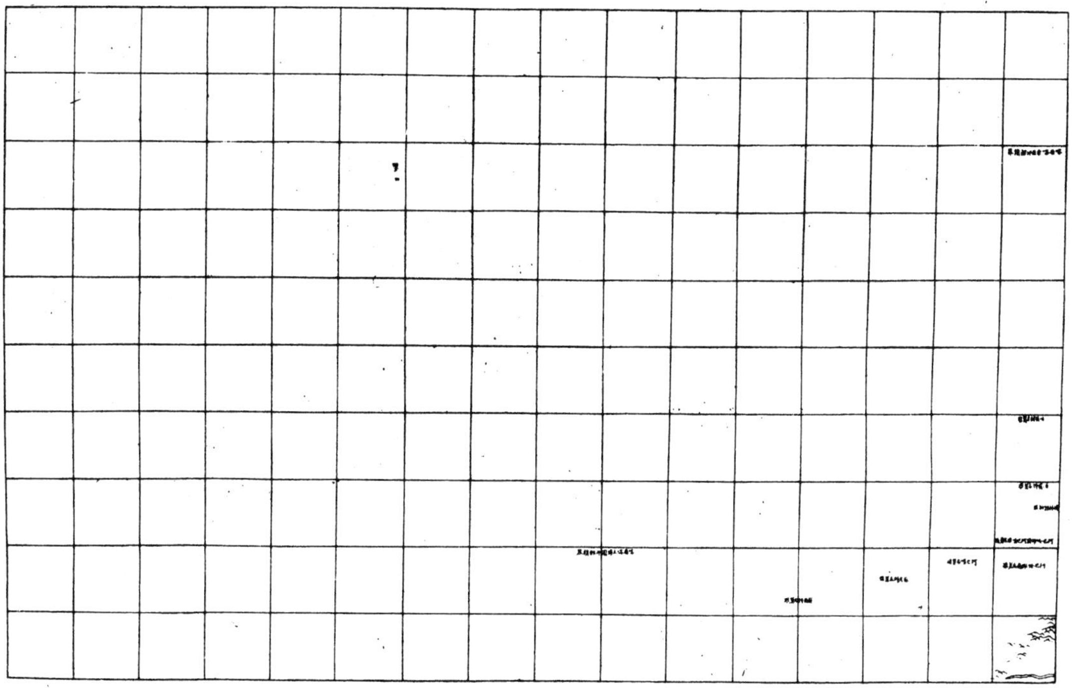

內蒙古全圖二

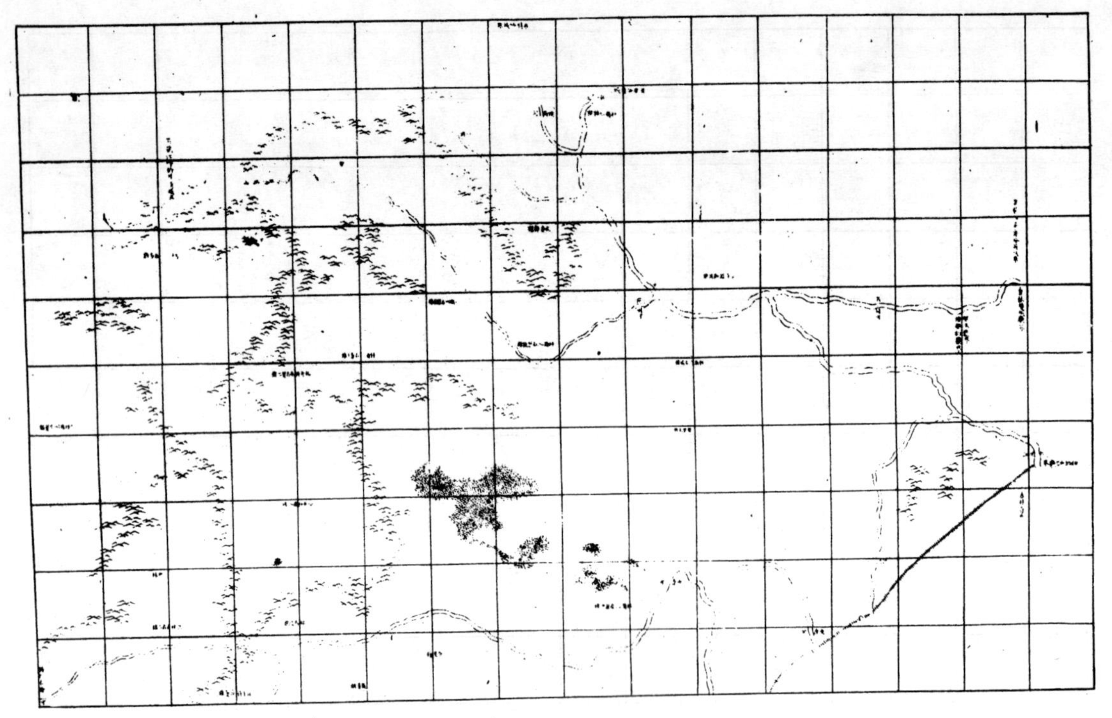

内蒙古全圖三

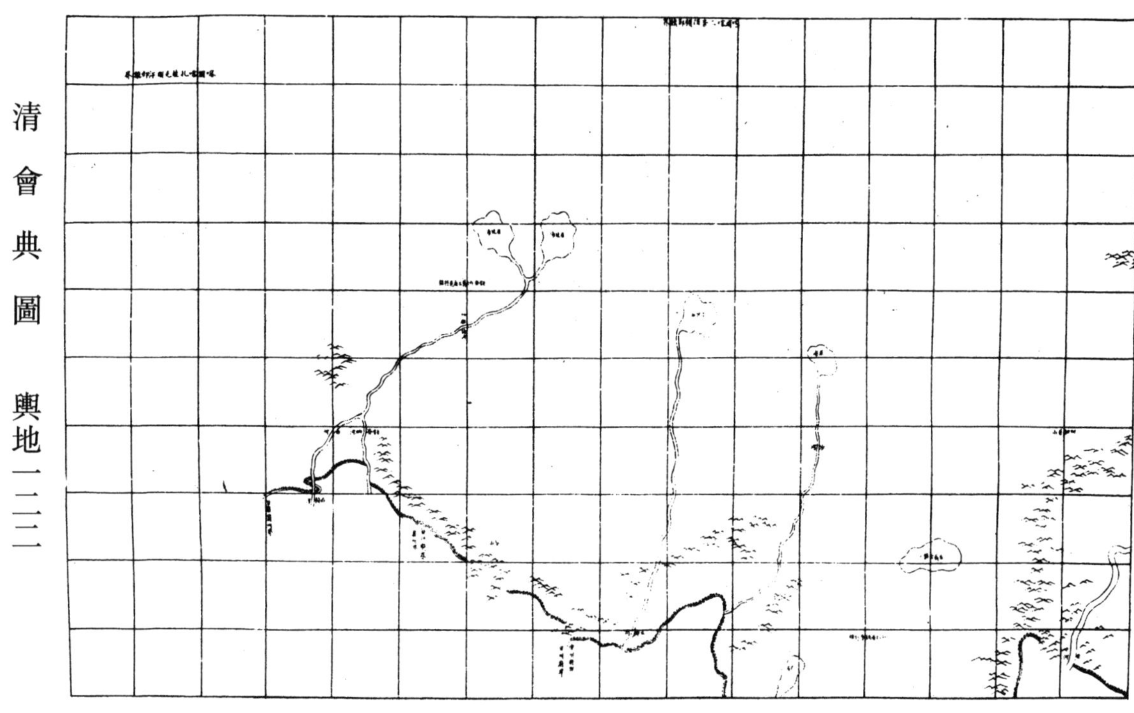

内蒙古全圖四

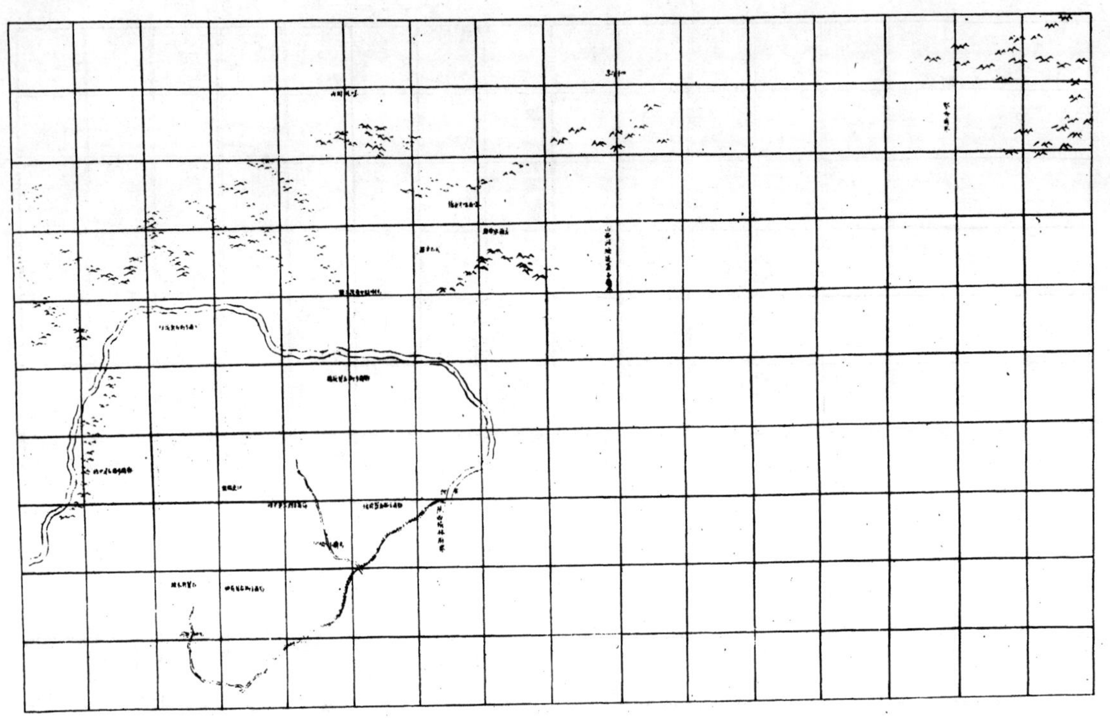

内蒙古全圖五

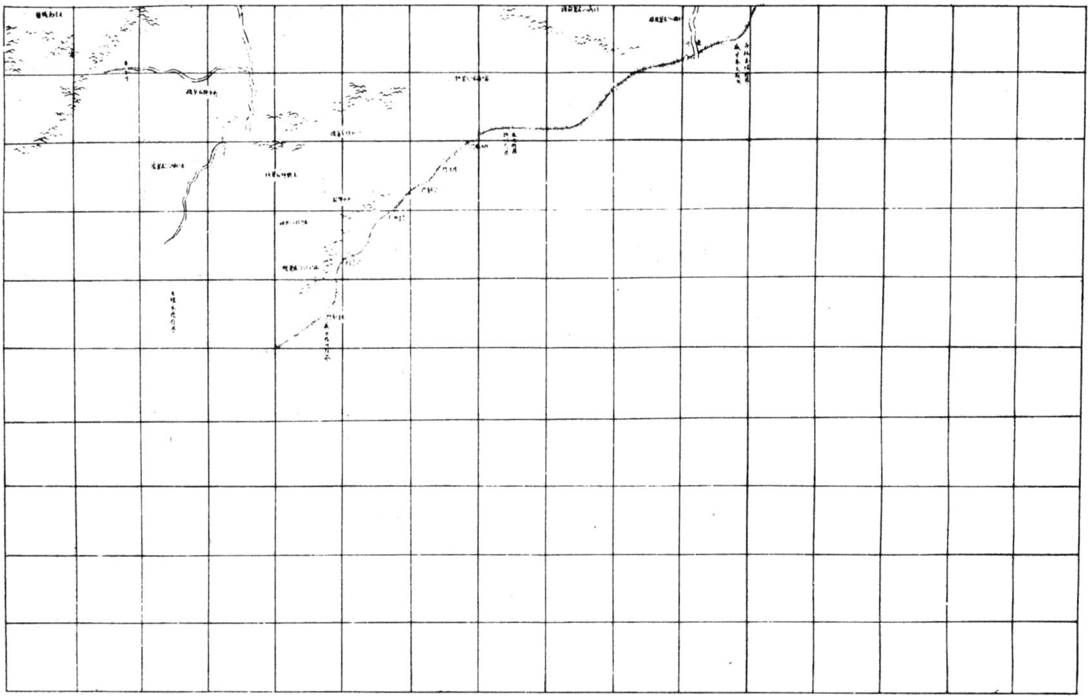

内蒙古全圖六

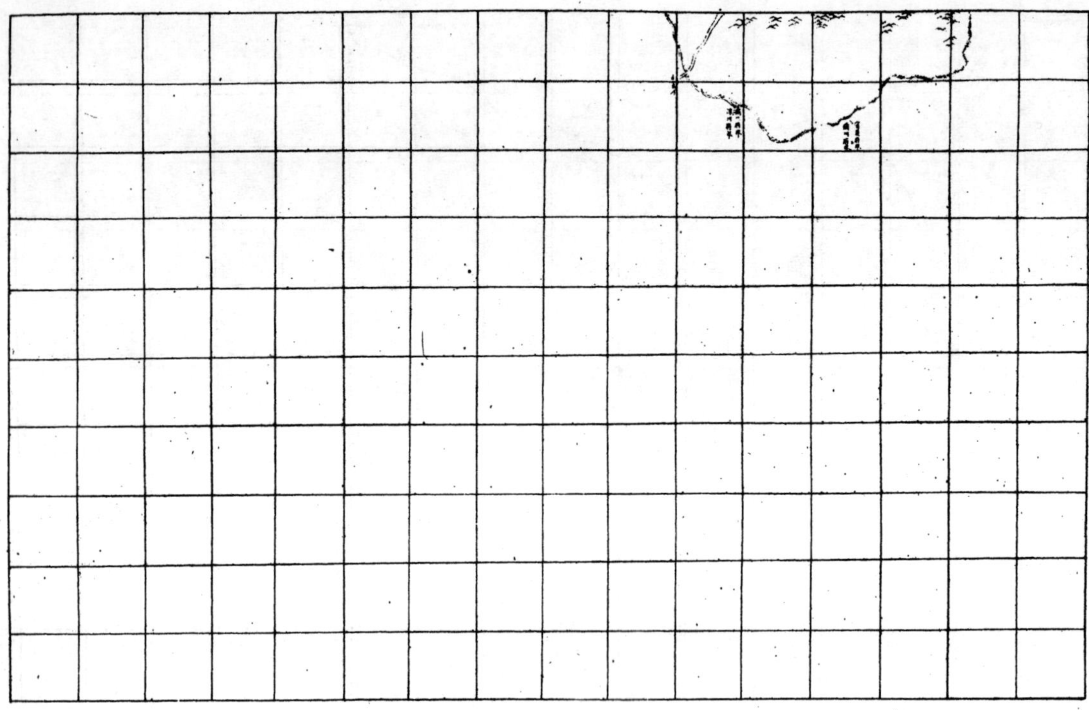

内蒙古全圖七

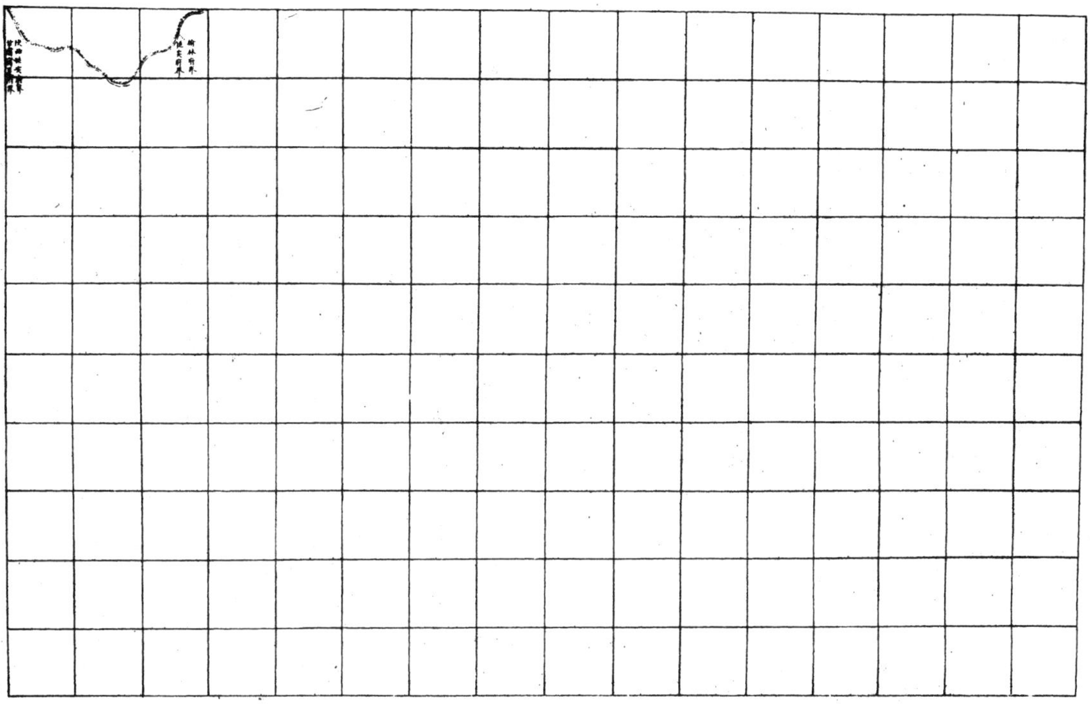

內蒙古游牧在

京師北。凡六盟。二十四部。東北起哲里木盟四部。曰科爾沁曰札賚特曰杜爾伯特曰郭爾羅斯。其西迤南為卓索圖盟二部。曰喀喇沁曰土默特。迤北為昭烏達盟八部。曰敖漢曰柰曼曰巴林曰札嚕特曰阿嚕科爾沁曰翁牛特曰克什克騰曰喀爾喀左翼。又西北為錫林郭勒盟五部。曰烏珠穆沁曰浩齊特曰蘇尼特曰阿巴噶曰阿巴哈納爾。是為東四盟。錫林郭勒之西為烏蘭察布盟四部。曰四子部落曰茂明安曰烏喇特曰喀爾喀右翼。迤南為伊克昭盟一部。曰鄂爾多斯。是為西二盟。西二盟之西為西套二部。曰阿拉善額魯特曰額濟納土爾扈特。混同江上游為嫩江。自黑龍江齊齊哈爾城西南流入境。經哲里木盟杜爾伯特部西札賚特部東。雅爾河綽爾河並自布特哈城來東南流注之。又東南咜喇河出科爾沁部東南流注之。又東南折而東北經郭爾羅斯部會松花江。江自吉林吉林府西北來。經科爾沁部合伊通河。又西北與嫩江會是為混同江。又東入黑龍江呼蘭城界。錫拉木倫河出昭烏達盟克什克騰部。東流經部北。又東經巴林部南。翁牛特部北。老哈河出卓索圖盟喀喇沁部。合英金河東北來注之。又東經敖漢部及柰曼部北。又東經喀爾喀左翼部北。曲東流經科爾沁部。是名西遼河。又東南東遼河自奉天府西北來會。又南入奉天府界。黃河自甘肅寧夏府北流入界。經伊克昭盟鄂爾多斯部西。西套阿拉善額魯特東。又北折東流經鄂爾多斯部北。烏蘭察布盟烏喇特部西南。折西南流經山西北邊外。又西南入陝西榆林府界。烏蘭木倫河出鄂爾多斯部東境。哈柳圖河出鄂爾多斯南境。並東南流入榆林府界。居延海在額濟納舊土爾扈特部東北。額濟納河自甘肅肅州來合滔賴河東北流瀦焉。昌寧海上流為水磨川自甘肅涼州府來北流瀦焉。魚海上流為沙河亦自涼州府來北流瀦焉。白海上流為古浪河自涼州府來北流瀦焉。吉蘭太鹽池在阿拉善額魯特部東。東至吉林界。西至甘肅界。北至黑龍江外蒙古喀爾喀車臣汗土謝圖汗三音諾顏札薩克圖汗界。南至

盛京直隸察哈爾山西陝西界。

欽定大清會典圖卷二百六十一
輿地一百二十三
哲里木盟游牧圖
卓索圖盟游牧圖
昭烏達盟游牧圖

哲里木盟游牧圖一

中

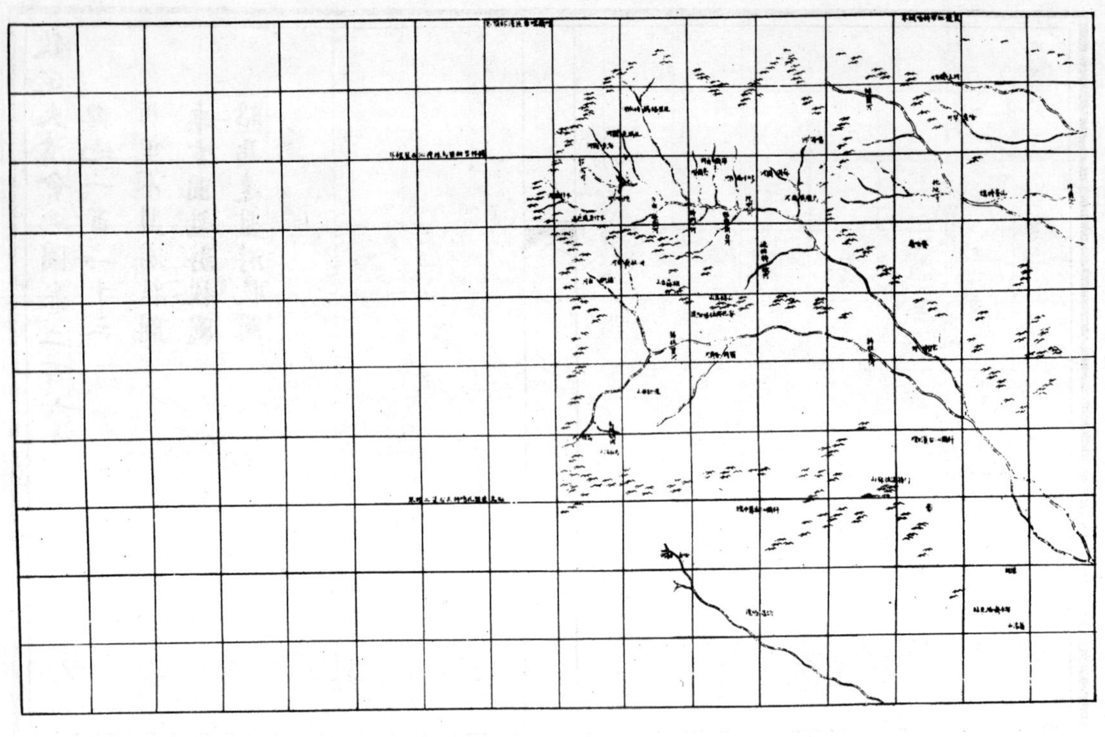

哲里木盟游牧圖二

中左一

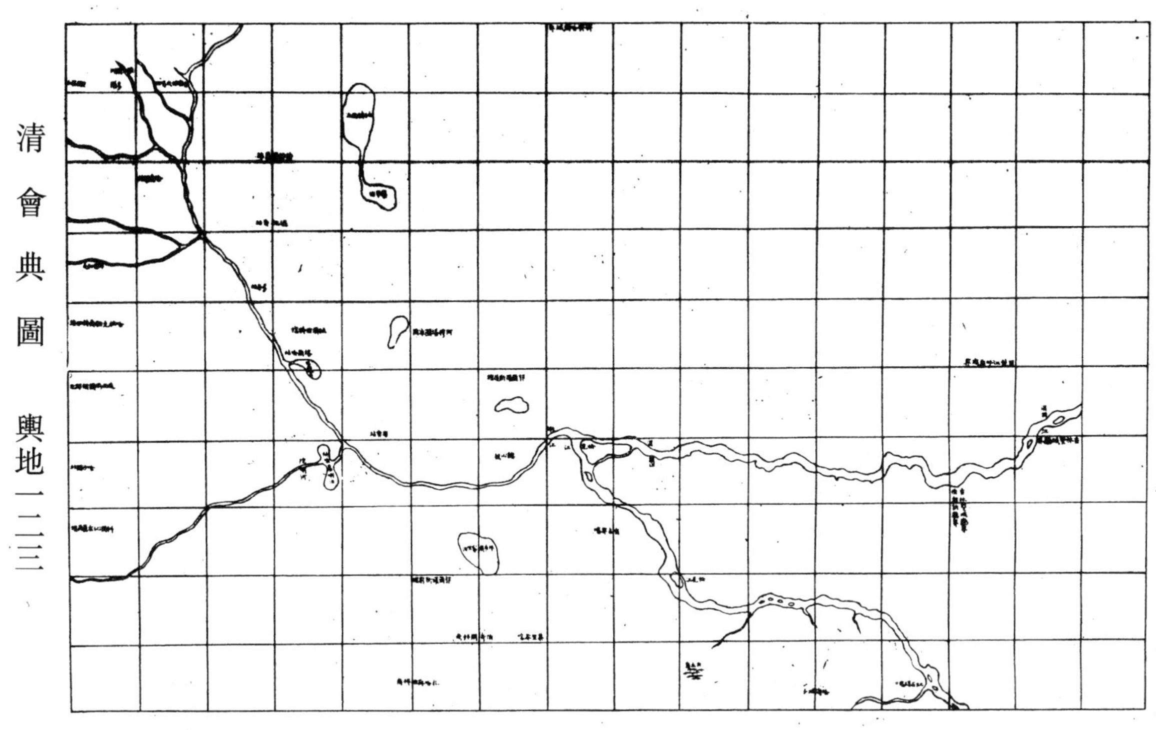

哲里木盟游牧圖三

中南一

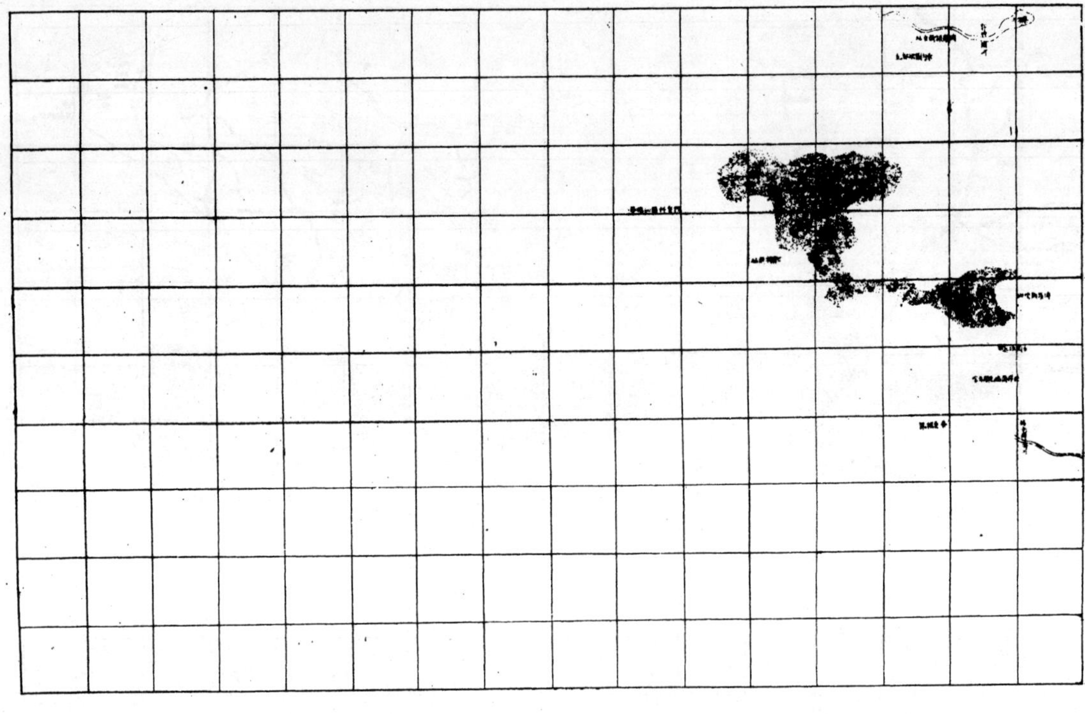

哲里木盟游牧圖四

南一
左一

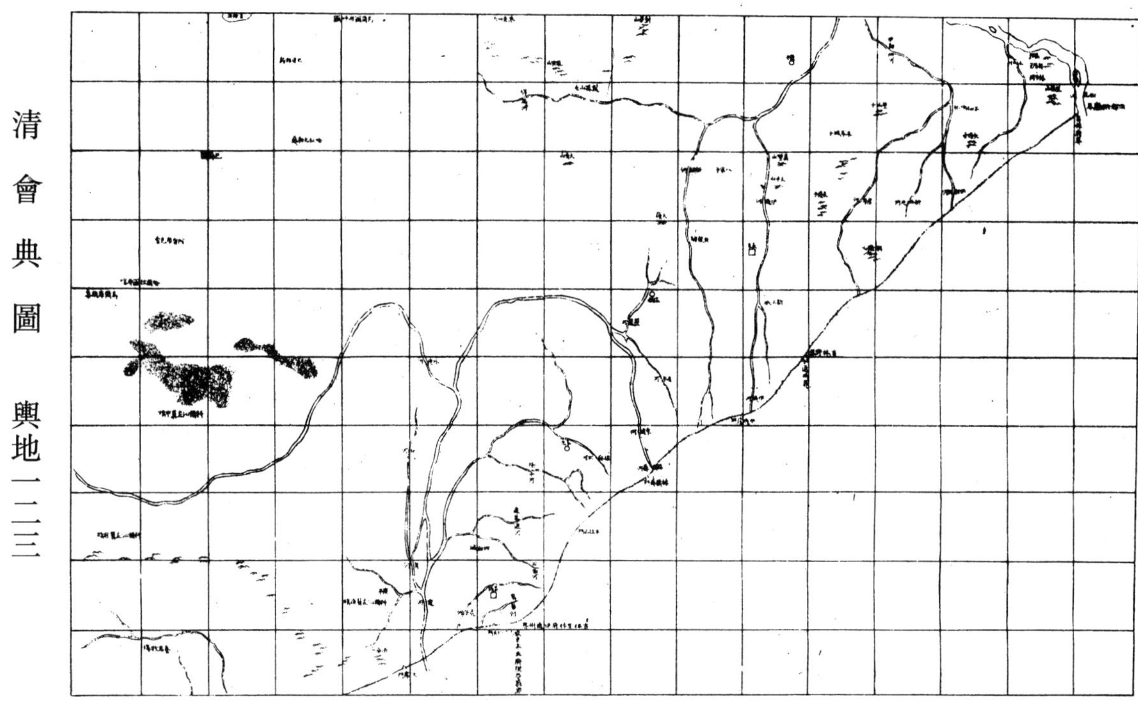

哲里木盟游牧圖五

南二　左一

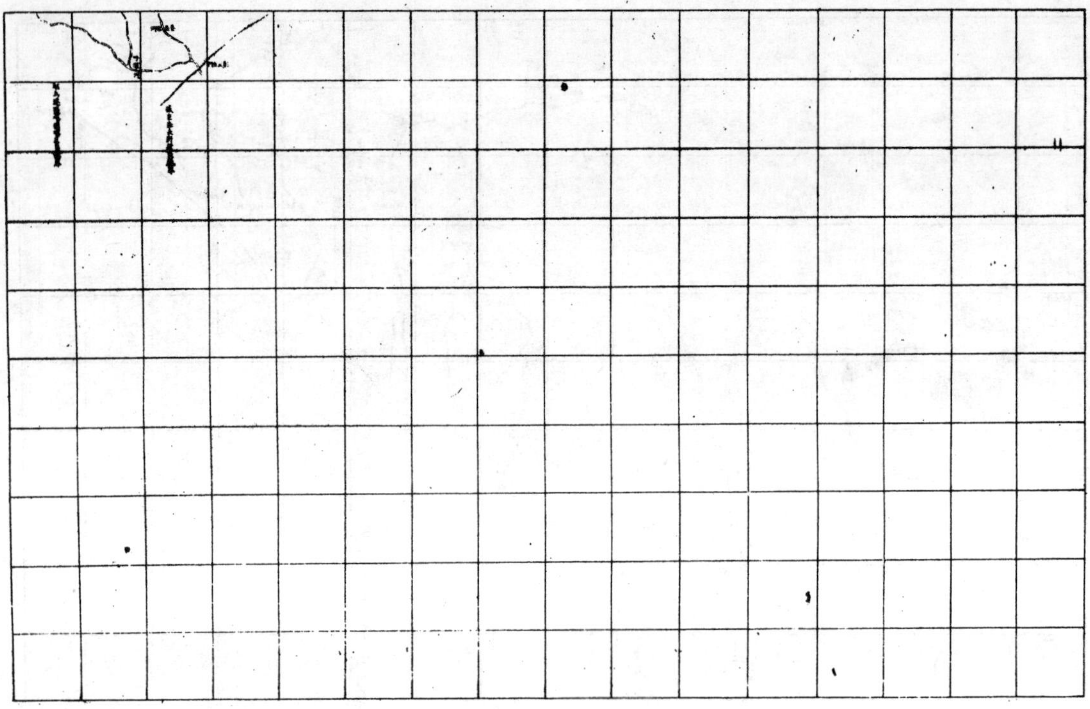

内蒙古哲里木盟游牧在

京師東北。凡四部。曰科爾沁曰札賚特曰杜爾伯特曰郭爾羅斯。共十旗。東北起杜爾伯特旗。其南為郭爾羅斯後旗。又南為郭爾羅斯前旗。杜爾伯特旗之西為札賚特旗。又西為科爾沁右翼後旗。又西為科爾沁右翼前旗。又西為科爾沁右翼中旗。遼河之北為科爾沁左翼中旗。其南為科爾沁左翼前旗。東南為科爾沁左翼後旗。混同江上游為嫩江。自黑龍江齊齊哈爾城南流入界。經杜爾伯特旗西札賚特旗東。雅爾河亦自齊齊哈爾城分流東南來注之。又東南。胡玉爾庫河自布特哈城東南來合哈代罕河注之。又東南綽爾河亦自布特哈城東南來合托欣河諸水左出一支津曰穆爾河並東流復合注之。又東南左納塔爾哈泊水。又東南經庫魯站西南會陀喇河。河一名洮兒河亦曰拖羅河。即古達魯河。出科爾沁右翼前旗西北索岳爾濟山。三源北曰努克圖河南曰郭圖河又南曰木什匣河。合而東流。又合札馬克圖河吉布格圖河厄黑格錫特依河套爾河特們河庫齊台河多和倫台河雅爾胡台河。是為陀喇河。又東烏龍楚爾河合蘇海圖河噶海河南流注之。德伯特依河東北流注之。又東南經沙漠歸拉里河上承烏拉納河烏拉桂河諾捫台河海拉蘇台河圖爾哈爾河東南流注之。又東南經科爾沁右翼後旗西歧為二。並東南流經哈沙圖站南復合。折而東北經郭爾羅斯前旗北匯為納喇薩喇泊。又東出與嫩江會。嫩江又東南經郭爾羅斯後旗西南屈東北流經謨心站東南會松花江。江自吉林吉林府西北流入界經科爾沁左翼中旗及長春府東。又西北沐石河舊名穆舒河亦自吉林府來屈曲西北流注之。又西北經農安縣東北。伊通河亦自吉林府北來合驛馬河新開河折東北合伊勒們河霧海河新民屯河注之。又西北與嫩江會。是為混同江又東流入黑龍江呼蘭城界。郭特爾河上承哈爾古勒河自昭烏達盟札魯特旗東南流入界經科爾沁右翼中旗西南。阿魯坤都倫河鄂布爾坤都倫河並自札魯特旗東來合流注之。是為郭特爾河。又東南經科爾沁右翼中旗南左翼中旗北。屈曲流至翁衮山東南匯為察罕泊。豬於沙錫喇穆倫河又名西遼河自昭烏達盟奈曼旗東流入界經科爾沁左翼中旗南屈東北流經旗東。折南東遼河即赫爾蘇河自吉林府伊通州北流合香水河雙龍河屈曲西南流來會。又南經科爾沁左翼後旗東北歧為二。並南流復合。右納公河。又經康平縣東招蘇太河出奉化縣東右合一小水左合條子河蓮花泡河四面城河西南流注之。又南經昌圖府西南法庫邊門東入奉天府開原縣界。養息牧河自昭烏達盟喀爾喀左翼旗東流入界經科爾沁左翼前旗西南養息牧場胡渾河合一水東流注之。折南經彰武台門西入奉天府新民廳界

東界吉林伯都訥廳雙城廳黑龍江呼蘭城西界錫林果勒盟昭烏達盟諸旗。南界

盛京奉天府吉林吉林府。北界黑龍江齊齊哈爾城布特哈城。

卓索圖盟游牧圖

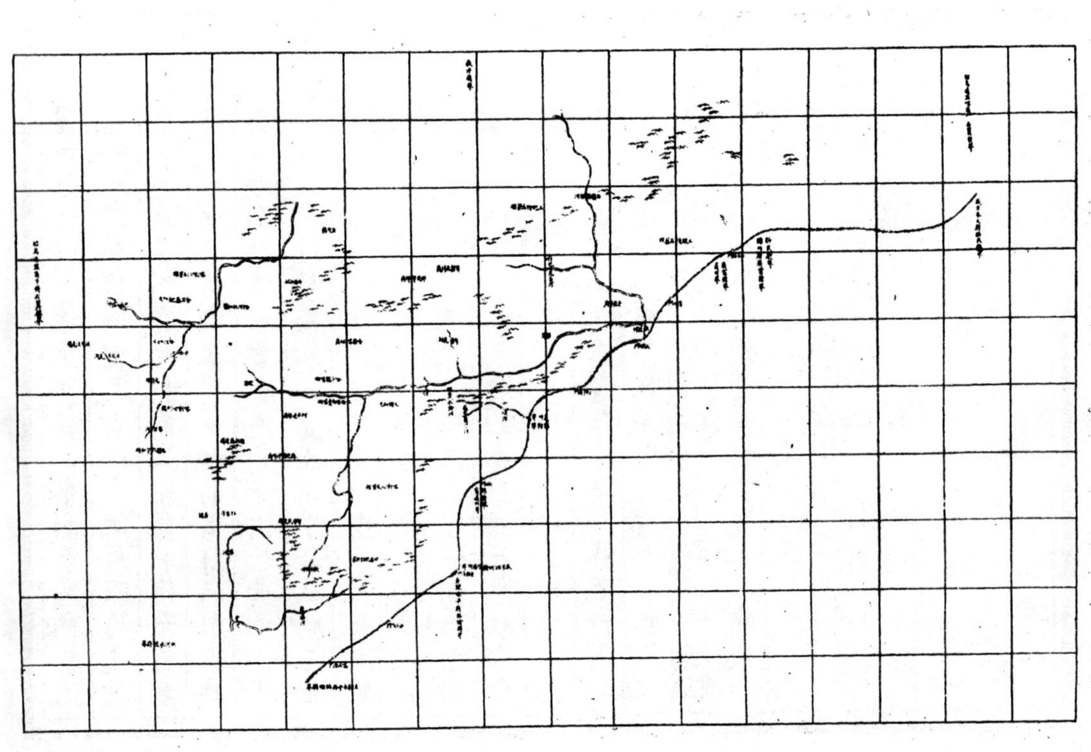

內蒙古卓索圖盟游牧在
京師東北。凡二部。曰喀喇沁曰土默特。共五旗東
起土默特左翼旗。其西南為土默特右翼旗。又
南為喀喇沁左翼旗。又西為喀喇沁中旗。又西
北為喀喇沁右翼旗。老哈河一曰老母花林又
名土河。出喀喇沁右翼旗南源曰察罕河。西北
流霍兒霍克河出旗西霍兒霍克嶺東流注之。
又東北經喀喇和屯東。巴兒喀河出旗西境東
流注之。又東北經建昌縣西。又經察罕蘇巴兒
漢和屯南折北經哈喇托和圖驛東北。折東流。
又折北入昭烏達盟敖漢旗界。大淩河上游曰
敖木倫河。出喀喇沁左翼旗。西北流經旗西北。
二小水合東流注之。又東北經土默特右翼西
南木頭城北。又東卑魯克河南流注之。又東經
朝陽縣東南北圖爾根河上承卓索河南來合
什巴克台河注之。又東北經九關臺門東。折東
南流入奉天錦州府錦縣界。小淩河上游曰明
安木倫河。出土默特右翼旗西南明安喀喇山。
合蘇巴爾罕河東南流亦入錦縣界。青龍河上
游曰漆河一名固沁河。出喀喇沁右翼旗南昌
吉爾代山。南流經喀喇沁左翼旗西。右合乾溝
河。又南入直隸永平府遷安縣界東界
盛京奉天府錦州府西界昭烏達盟翁牛特旗。北
界昭烏達盟喀爾喀左翼旗奈曼旗敖漢旗。南
界直隸承德府永平府。

昭烏達盟游牧圖一

中

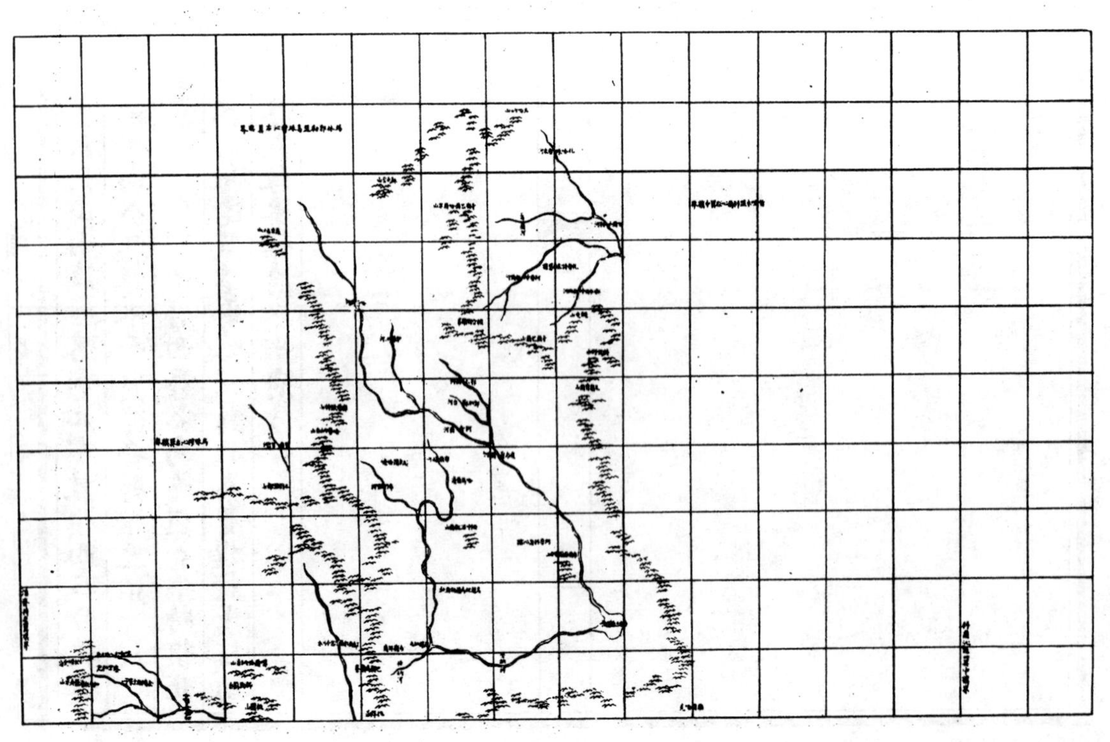

昭烏達盟游牧圖二

南一 中

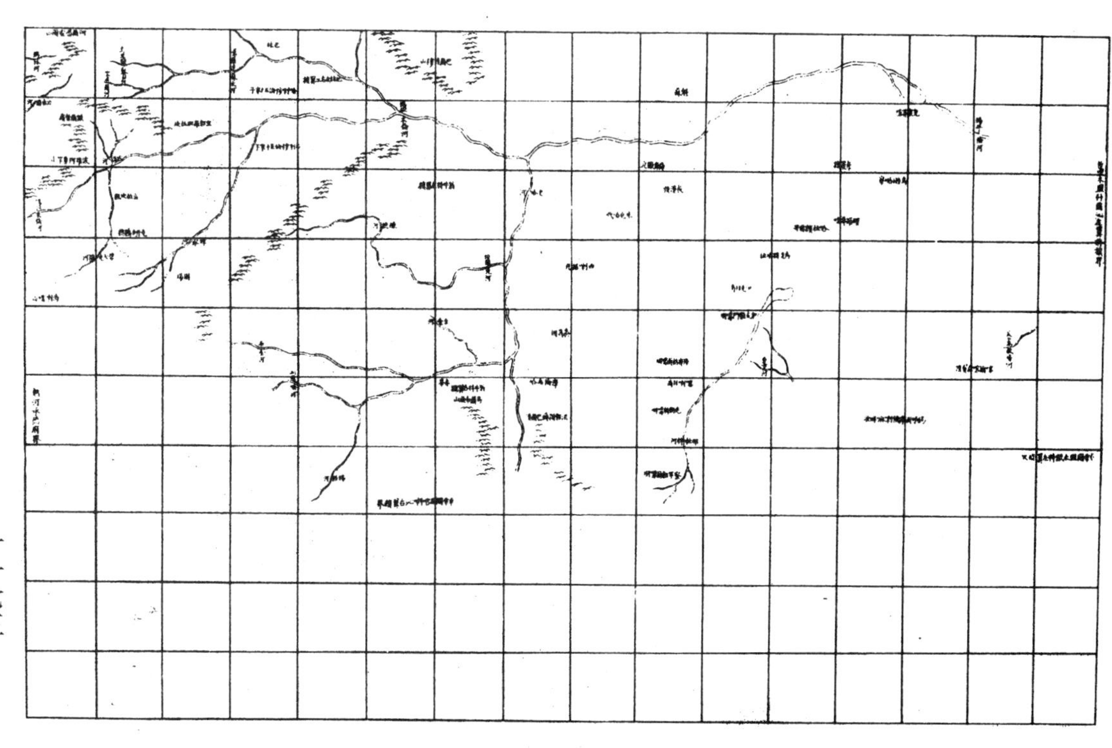

昭烏達盟游牧圖三

南一
右一

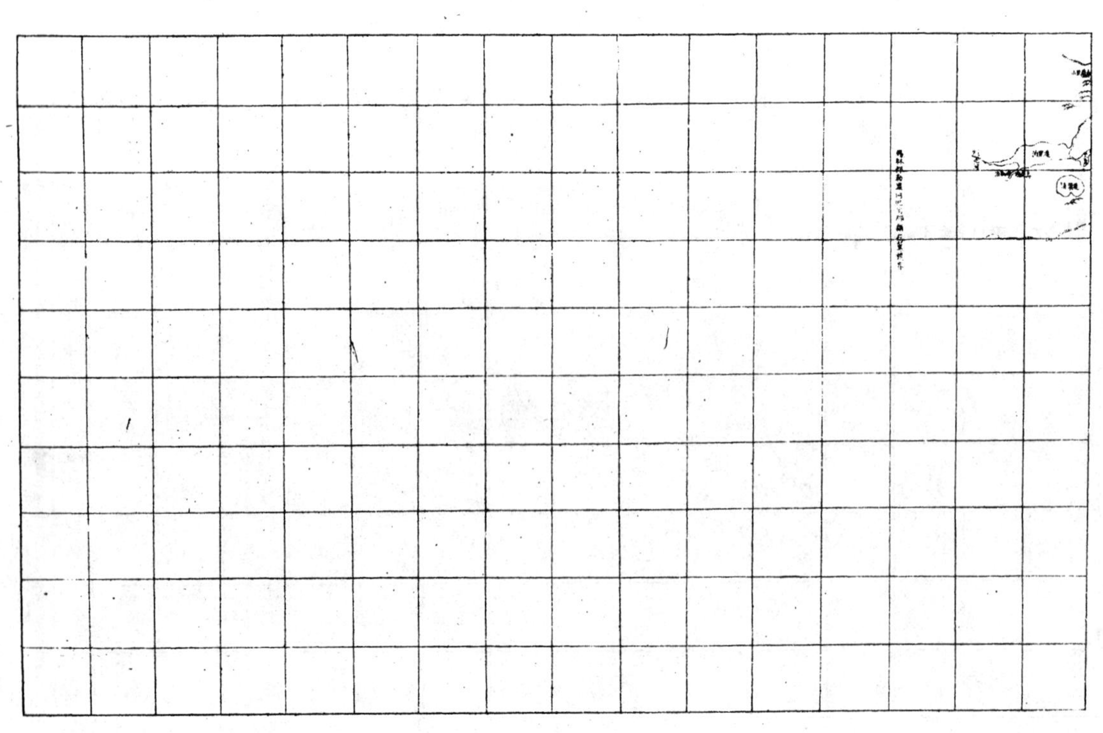

内蒙古昭烏達盟游牧在京師東北。凡八部。曰敖漢。曰奈曼。曰巴林。曰札嚕特。曰阿嚕科爾沁。曰翁牛特。曰克什克騰。曰喀爾喀左翼。共十一旗。北起札嚕特左翼右翼二旗同游牧。其西南為阿嚕科爾沁旗。又西南為巴林左翼右翼二旗同游牧。又西南為克什克騰旗。阿嚕科爾沁旗之東南為奈曼旗。又東南為喀爾喀左翼旗。奈曼旗之西為敖漢旗。又西為翁牛特左翼旗。又南為翁牛特右翼旗。哈爾古勒河舊名哈吉勒河。又曰合河。上游為蒿爾河。出札嚕特旗北奇勒巴爾哈爾罕山東麓。東流札哈珠魯木河出旗北烏哈納山東南麓南流注之。是為哈爾古勒河。東南流入哲里木盟科爾沁左翼中旗界。阿嚕坤都倫河出札嚕特旗西北模會朔羅峯。二源合東北流。鄂布爾坤都倫河出其南。並東流入哲里木盟科爾沁右翼中旗界。達布蘇圖河上游為哈奇爾河。出阿嚕科爾沁旗西北薩碧爾漢山東南流經庫魯默特山東。伊集漢河南流注之。又東南郭和蘇台河出拉馬伊瑪拉哈嶺南麓。合鄂木倫河南流注之。是為達布蘇圖河。又東南經旗東南。循布爾各蘇特伊山而南。會倬納河。河舊名綽納河。又名烏爾圖綽農河。出巴林旗東北巴顏烏蘭哈達。東流經博羅和屯東南。枯爾圖河出旗西北屈曲西南流。合布乃雅河南流注之。又東與達布蘇圖河會。豬為泊。錫拉木倫河即潢河遼水西源也。出克什克騰旗西百爾赫賀爾轟東北流。碧七克圖河合一小水北流注之。碧落河合四小水南流注之。又東北經旗北。又東經巴林旗西南。拜察河出圍場北合二水東北來注之。又東經旗東南會哈喇木倫河。河出旗西北宋吉納山東南流經察罕城北。又東南和布托山水合一水東北流注之。又東南噶爾達蘇太河出旗西合空吉爾河烏里雅蘇台河東流注之。又東南經旗東北。郭爾郭台喀喇烏蘇南流注之。又東南與錫拉木倫河會。錫拉木倫河又東經阿嚕科爾沁旗南翁牛特左翼旗北。又東流經沙漠會老哈河。河自卓索圖盟喀喇沁右翼旗北來經翁牛特右翼旗東。英金河出圍場合西伯河西爾哈河卓索河東流注之。又北

伯爾克河東南流注之。經旗東南敖漢旗西北
與錫拉木倫河會。錫拉木倫河又東北經札嚕
特旗南奈曼旗北。折而東南分流復合。又東南
經喀爾喀左翼旗北。又東入哲里木盟科爾沁
左翼旗界。那拉特河在敖漢旗東南北流入於
沙。卓索河亦出旗東南境合一水東南流入卓
索圖盟土默特旗界。養息牧河出喀爾喀左翼
旗東北境東南流入哲里木盟科爾沁旗界。達
里泊即捕魚兒海在克什克騰旗西。奎屯河自
其西注之。空古爾河自其北注之。東與岡愛泊
通東界哲里木盟科爾沁旗。北至西界錫林郭
勒盟烏珠穆沁浩齊特阿巴哈那爾旗。南界卓
索圖盟土默特喀喇沁旗直隸承德府。

欽定大清會典圖卷二百六十二

輿地一百二十四
錫林郭勒盟游牧圖
烏蘭察布盟游牧圖
伊克昭盟游牧圖

錫林郭勒盟游牧圖一

中

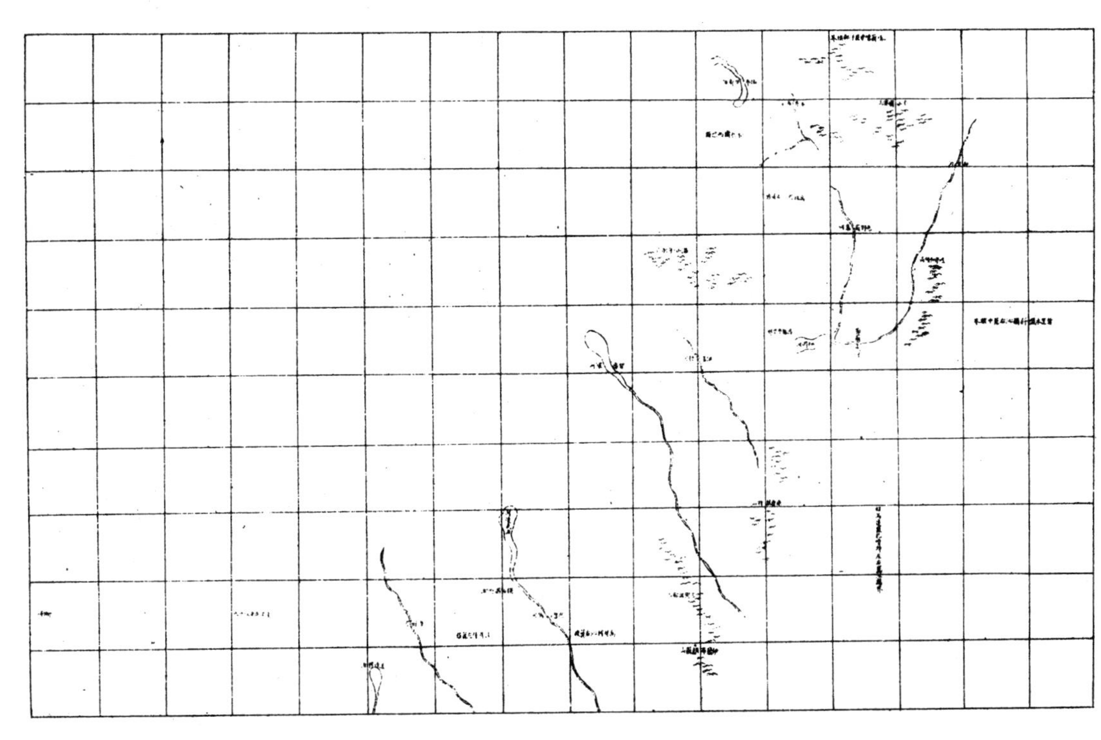

錫林郭勒盟游牧圖二

南一
中

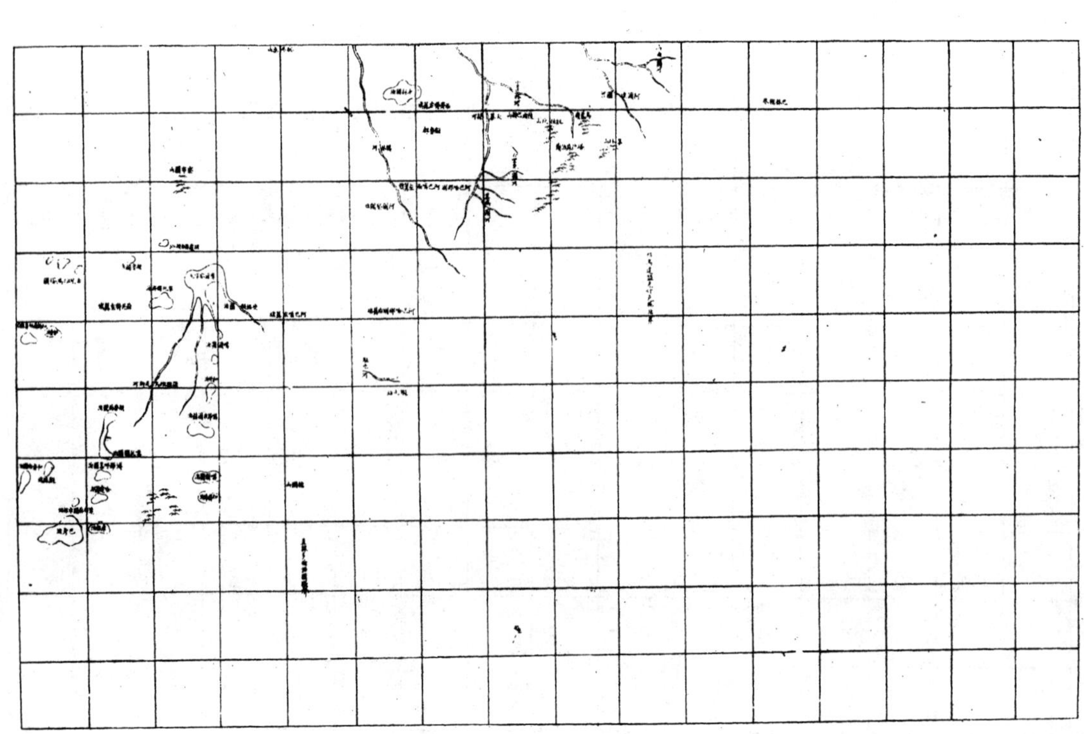

錫林郭勒盟游牧圖三

南一
右一

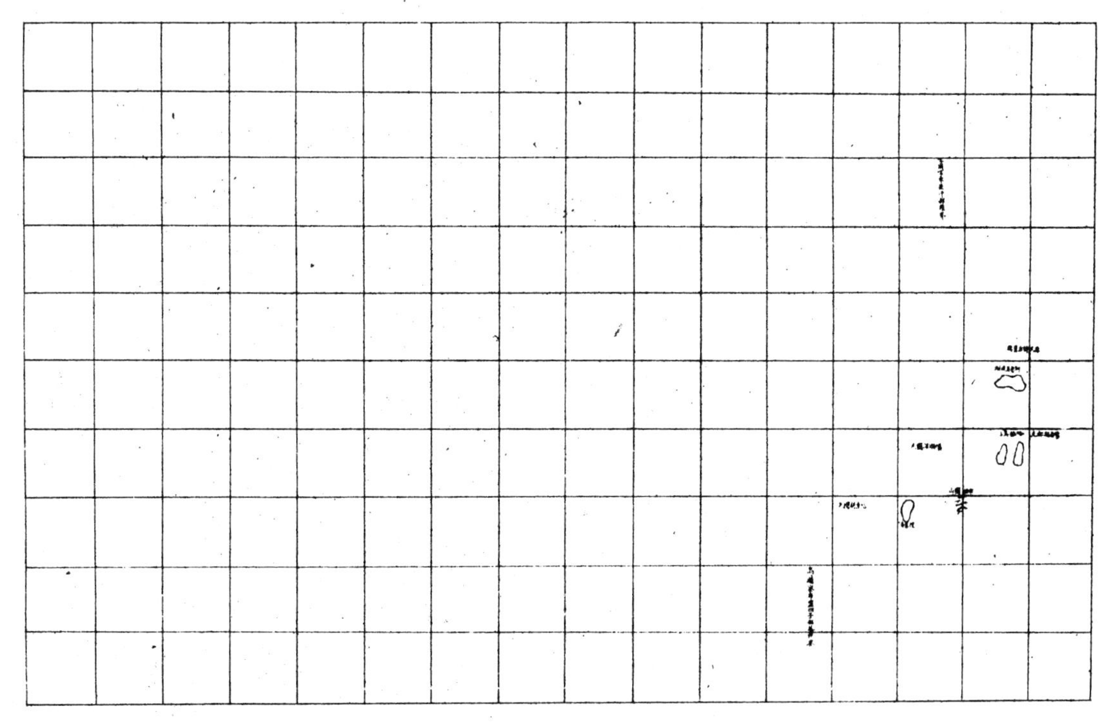

內蒙古錫林郭勒盟游牧在

京師北。凡五部。曰烏珠穆沁曰浩齊特曰蘇尼特曰阿巴噶曰阿巴哈納爾。共十旗。東北起烏珠穆沁左翼旗。其西南為烏珠穆沁右翼旗。又西為浩齊特左翼旗。又南為浩齊特右翼旗。又南為阿巴哈納爾左翼旗阿巴噶左翼旗同游牧。又南為阿巴哈納爾右翼旗。又西為阿巴噶右翼旗。又西為蘇尼特左翼旗。又西南為蘇尼特右翼旗。鄂爾虎河上游舊曰和里河一名蘆河。出烏珠穆沁左翼旗東北索岳爾濟山。南流折

西經旗東。色爾野集河出旗北合布丹泉西南流注之。又西潴為和圖泊。伊集杆河一曰因即漢河又名音札哈河。出庫爾默特山北麓。賀魯渾河自昭烏達盟阿嚕科爾沁旗來。並西北流入於沙巴魯古爾河一曰赫蘆古爾河。又名禿河。上游為烏爾圖河。出烏珠穆沁右翼旗東南伊蘭布胡圖山。合一小水西流。阿爾達圖河自昭烏達盟克什克騰旗西北來注之。折西北經旗西。又西北潴為阿達克泊。集林河出阿巴哈納爾左翼旗東。合集爾瑪河西北流經浩齊特

右翼旗東南合必里克圖河及二小水。北流經薩爾把爾山西麓。又北小集林河出旗東塔拉蘇伯嶺西北流注之。折西北經旗北潴於沙錫林河自克什克騰旗西北流入界經阿巴噶左翼旗南右翼旗北。又西北經阿爾察圖站東。折北經左翼旗西北沖科爾淖爾西。又北潴為差達穆泊。奎屯河即古陰涼川出阿巴哈納爾右翼旗南。東流入克什克騰旗界古爾班烏克斯河出阿巴噶右翼旗西南三水北流匯為庫爾察罕泊。德格類圖泊水北流潴焉。其南有和什

泊噶昂依爾圖諸泊。東界哲里木盟科爾沁旗。西至北界烏蘭察布盟眾部落外蒙古喀爾喀車臣汗旗。南界直隸多倫諾爾廳。東南界昭烏達盟札嚕特巴林克什克騰三旗。

烏蘭察布盟游牧圖一

中

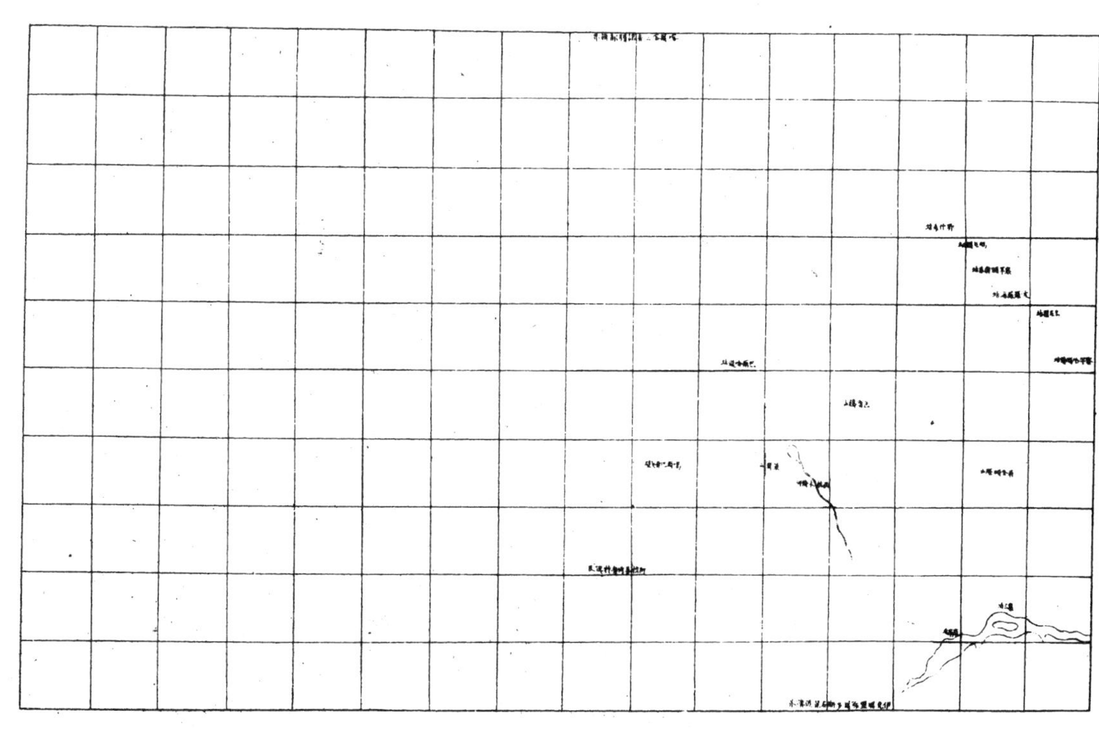

烏蘭察布盟游牧圖二

中左一

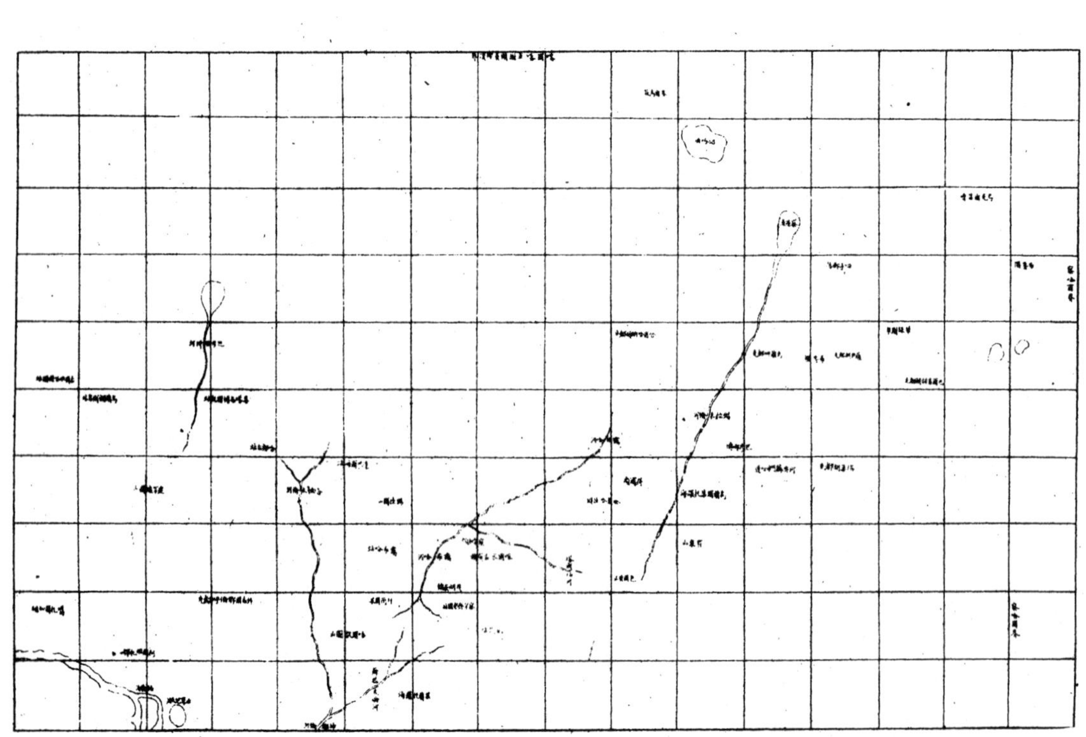

烏蘭察布盟游牧圖三

南一
左一

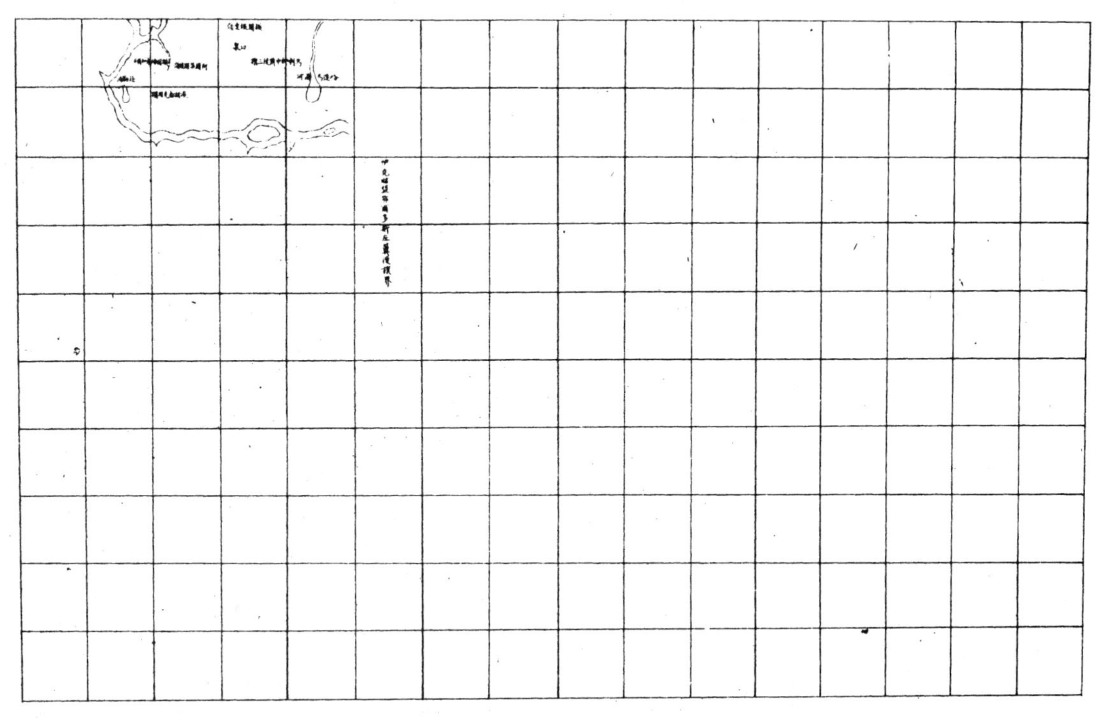

內蒙古烏蘭察布盟游牧在
京師西北。凡四部曰四子部落曰茂明安曰烏喇特曰喀爾喀右翼。共六旗。東北起四子部落旗。西南為喀爾喀右翼旗。又西為茂明安旗。又西南為烏喇特前中後三旗同游牧。黃河自伊克昭盟鄂爾多斯右翼後旗東流入界經烏拉特旗西南謨爾綽克和碩西北。其支流故道曰阿爾坦河。循噶札和碩之南東來。折南曰阿爾坦托輝。其左有水曰活育爾大泊。又南與正流會。正流折東南。其左有小水曰杜勒泊。復折東流經阿集爾圖嶺南。又東經巴爾朱和屯南。其南岸為鄂爾多斯左翼後旗地。又東經謨爾根嶺東南。又東入山西薩拉齊廳界。錫拉木倫河出四子部落旗西南翁袞山東。北流經得爾嶺東。又東北瀦為錫拉察罕泊。其北為昭哈泊。靄布哈河出茂明安旗西南察哈齊老圖。二源合東北流經喀爾喀右翼旗西北察罕和碩北。塔爾渾河出旗東。西北流注之。又東北經旗東北瀦為阿勒坦托輝泊。坤都倫河上游為哈喇木倫河。出茂明安旗西北。二源合南流。經哈爾凱圖山西。又南經烏拉特旗南。蘇拉木倫河合集蘭托羅海山水西南來注之。是為坤都倫河。又西南流近黃河北岸為哈達馬爾河。入於沙巴彥鄂博河出烏拉特旗北境善塔布博爾托站西南。屈曲北流入於沙。西拉木倫河出河套西北北流折西經策爾山東北瀦為鄂布吉虎泊。噶札爾和碩山即古陰山。在烏拉特旗北。東界察哈爾。西界外蒙古喀爾喀三音諾顏旗阿拉善額魯特旗。南界伊克昭盟鄂爾多斯旗。北界外蒙古喀爾喀土謝圖汗部。東南界山西歸化廳薩拉齊廳。東北界錫林果勒盟蘇尼特旗。

伊克昭盟游牧圖一

中

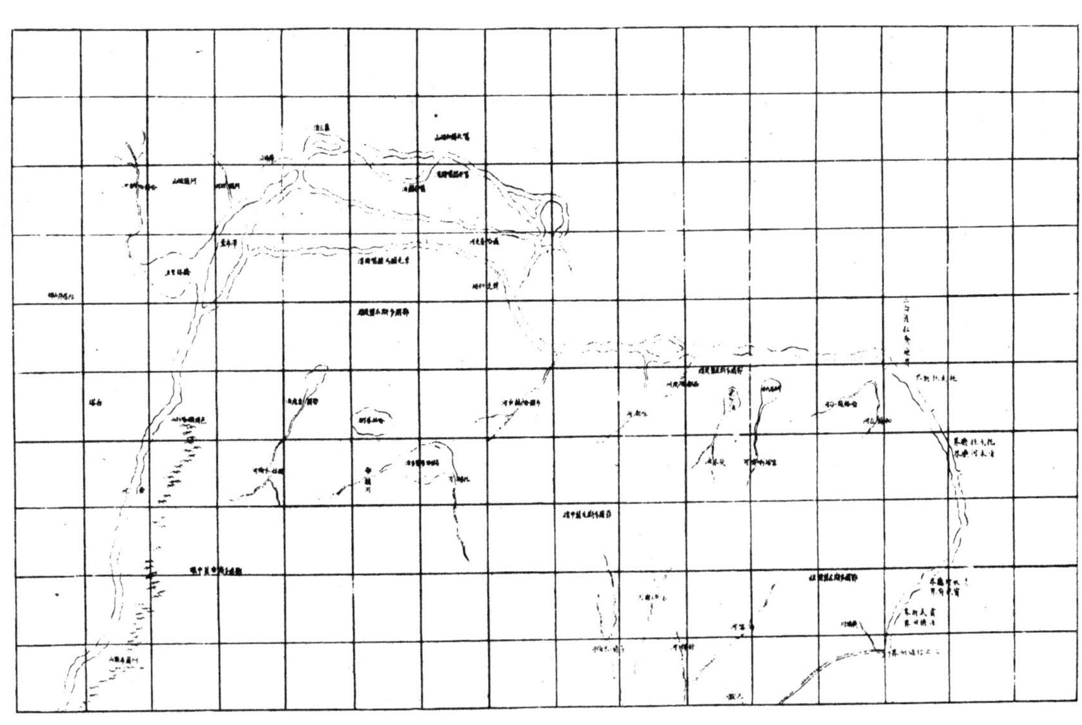

伊克昭盟游牧圖二

南一
中

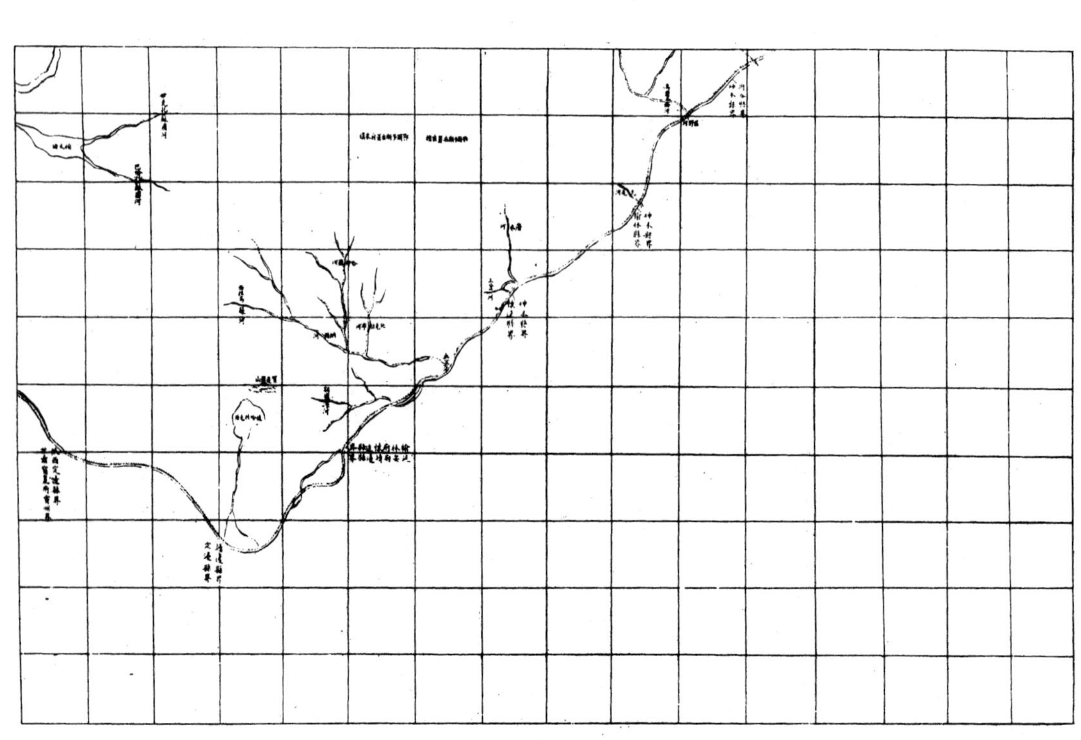

伊克昭盟游牧圖三

南一
右一

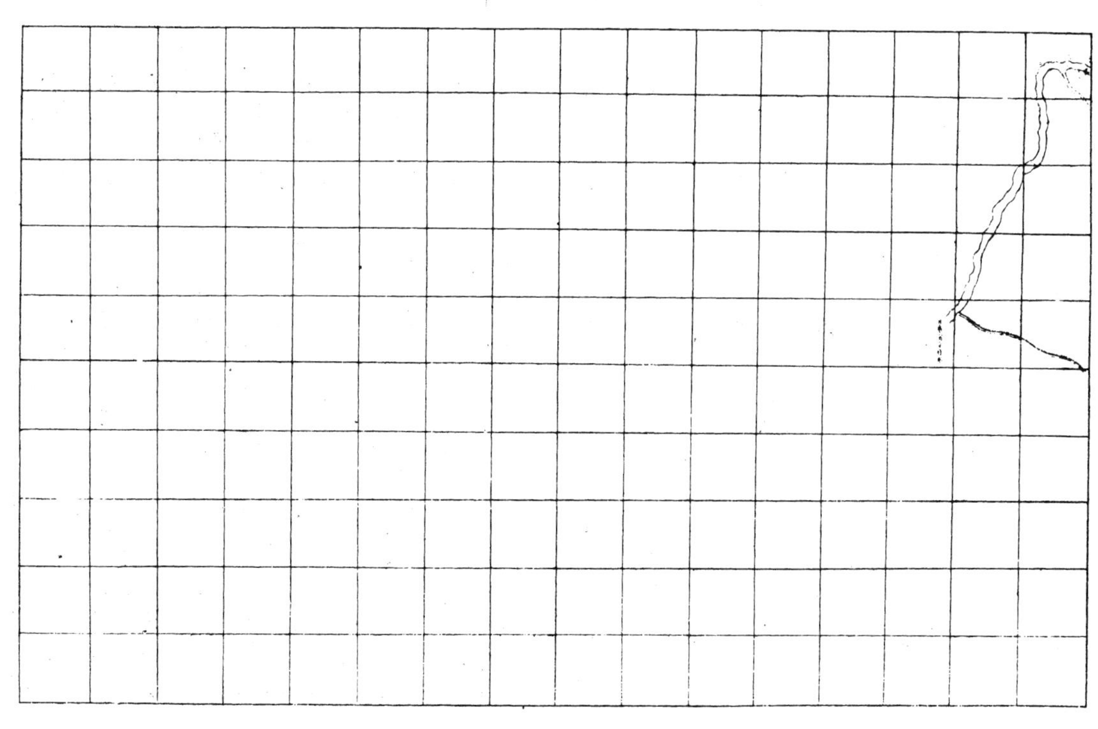

內蒙古伊克昭盟游牧在

京師西北。鄂爾多斯部共七旗。東南起左翼前旗。北為左翼後旗。西為左翼中旗。右翼中旗。西南為右翼前旗。右翼前末旗。西北為右翼後旗。黃河自甘肅甯夏府東北來。經右翼中旗西南。伊克托蘇圖河。巴哈托蘇圖河並出旗南西流匯為栢木泊。又西北流注之。又東北經旗西。循阿爾布斯山。色爾繃哈拉山之西至白塔東。又北。左出為騰格里泊。古居中澤也。哈爾哈納河出其西北。合三水南流。折東注之。又東北經阿爾坦山東南。阿爾坦河俗名哈屯河南流注之。又東北為庫庫泊。折而東流。有支津自西南注之。又東為阿爾坦托輝。折南與正流會。其正流東北經右翼後旗西北。復出支津。為薩哈賚克河。其正流又東經噶札爾和碩山南。至穆克和碩東。阿爾坦托輝。薩哈賚克河合南流來會。又南折東。布哈爾蘇台河合一小水東北流注之。喀賴河西。都爾虎河並北流注之。又東經左翼後旗北。其北岸為山西薩拉齊廳界。又東折東南。其東北岸為山西托克托廳界。哲格蘇台河和

蘇台河合東北流注之。又屈曲西南經左翼前旗。東其東岸為山西清水河廳甯武府偏關縣界。又西南其東岸為山西保德州河曲縣界。折南入陝西榆林府府谷縣界。黃甫川出左翼前旗南境。東南流亦入府谷縣界。九股河出左翼前旗西南境。東南流入榆林府神木縣界。烏蘭木倫河出左翼中旗東境。合一水南流。又南。喀楚爾河合一水西南流注之。又南折東。布喀河合舒輝河西南流注之。又東南亦入神木縣界。為屈野河。禿尾河出右翼前旗東南境。東南流亦入神木縣界。清水河亦出右翼前旗東南境。南流合三岔河入榆林府榆林縣界。哈柳圖河一名吃那河。即古黑水。出右翼前旗東。合三小水東南流。錫拉烏蘇河合納林河東南流注之。他克拉布拉河合二水南流注之。又東南經邊城外。額圖渾河即奢延水出旗西南。賀通圖山合二小水東北流注之。是為無定河。又東南入榆林府懷遠縣界。通哈拉克泊在右翼前旗西南。通哈拉克河自陝西靖邊縣北來。豬馬鄂爾吉虎泊在右翼後旗西南。拉木倫河二源合東

北流瀦馬。其東南爲哈拉莽乃泊。又東南爲錫拉布里多泊。托賴河、鄂蘭河並瀦馬。納馬代泊在左翼後旗西南喀錫喇喀河北流瀦馬。巴爾哈泊在其西坎泰河合一水東北流瀦馬。東界山西保德州朔平府清水河廳托克托廳。北界山西薩拉齊廳烏蘭察布盟烏喇特旗。西界阿拉善額魯特旗。南界陜西榆林府延安府甘肅甯夏府。

欽定大清會典圖卷二百六十三

輿地一百二十五

西套阿拉善額濟納二旗游牧圖

西套阿拉善額濟納二旗游牧圖一

中

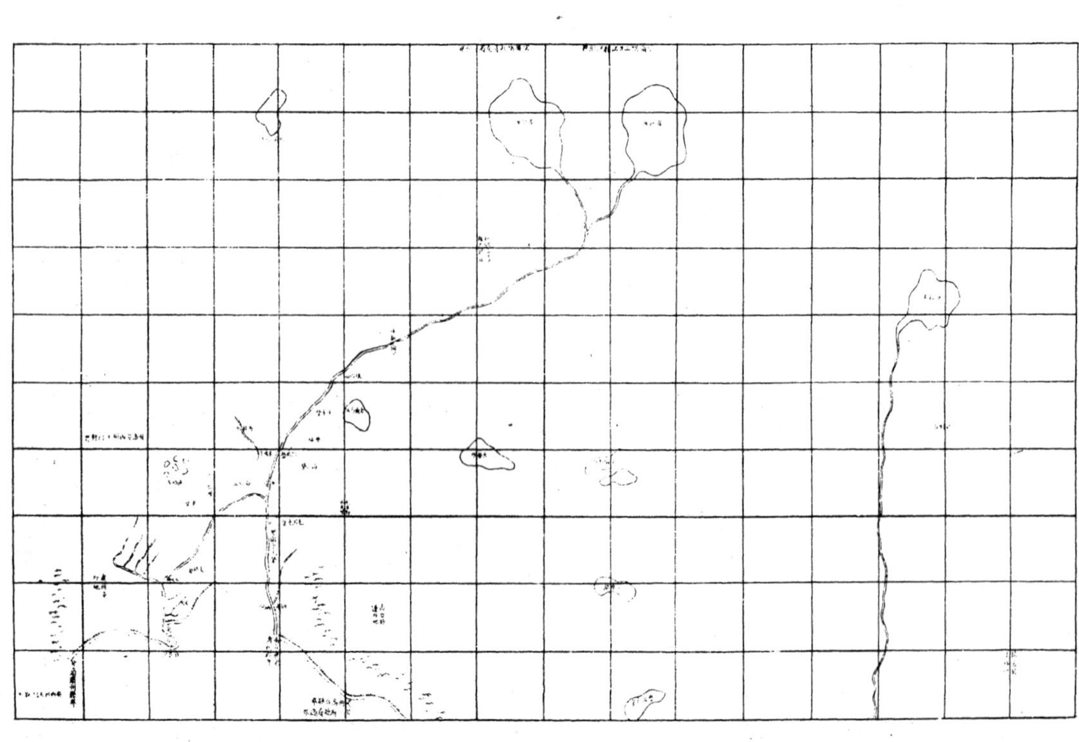

西套阿拉善額濟納二旗游牧圖二 中左一

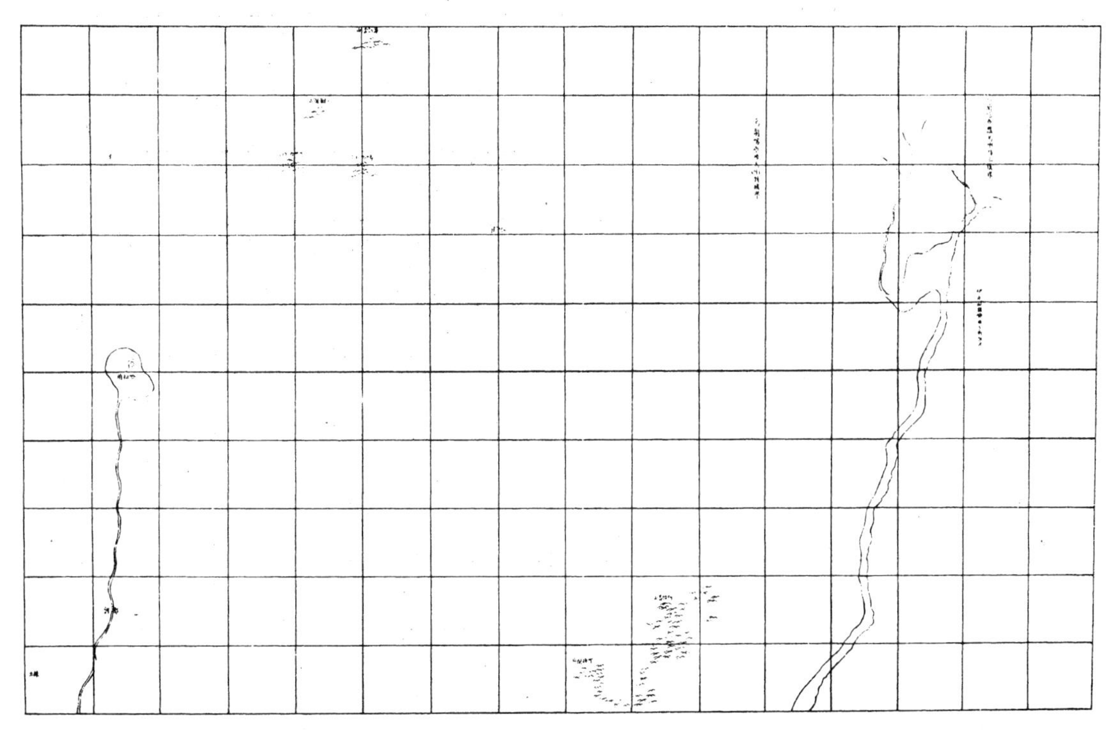

西套阿拉善額濟納二旗游牧圖三 南一中

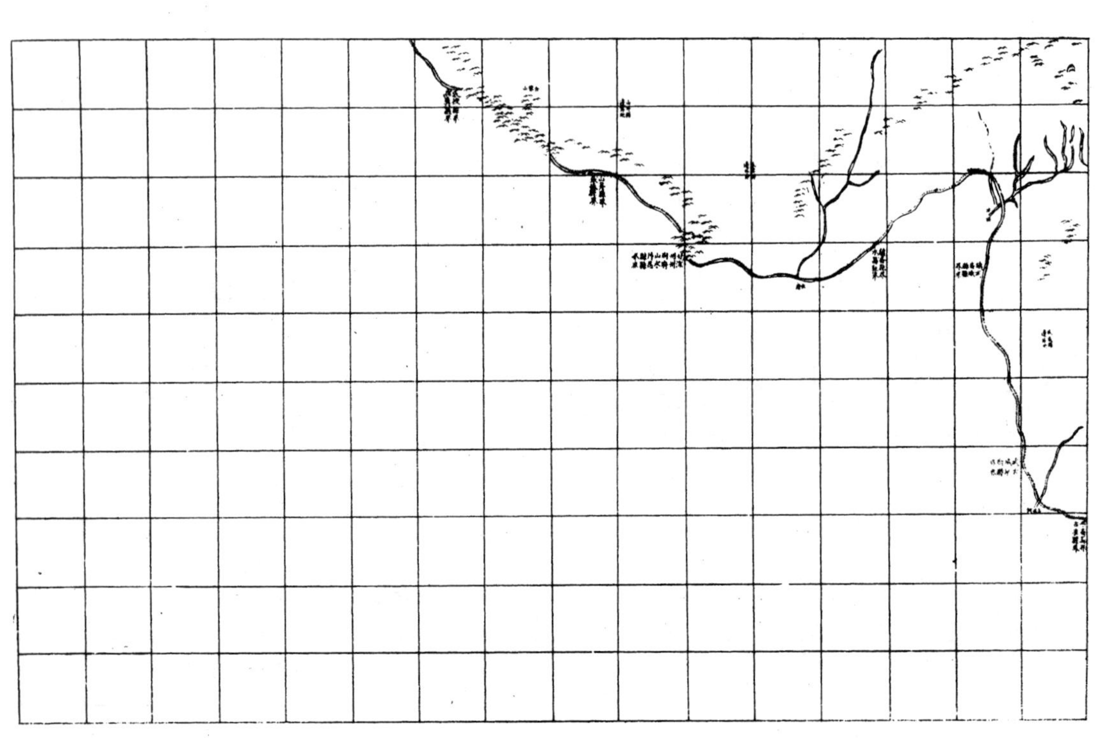

西套阿拉善額濟納二旗游牧圖四

南一
左一

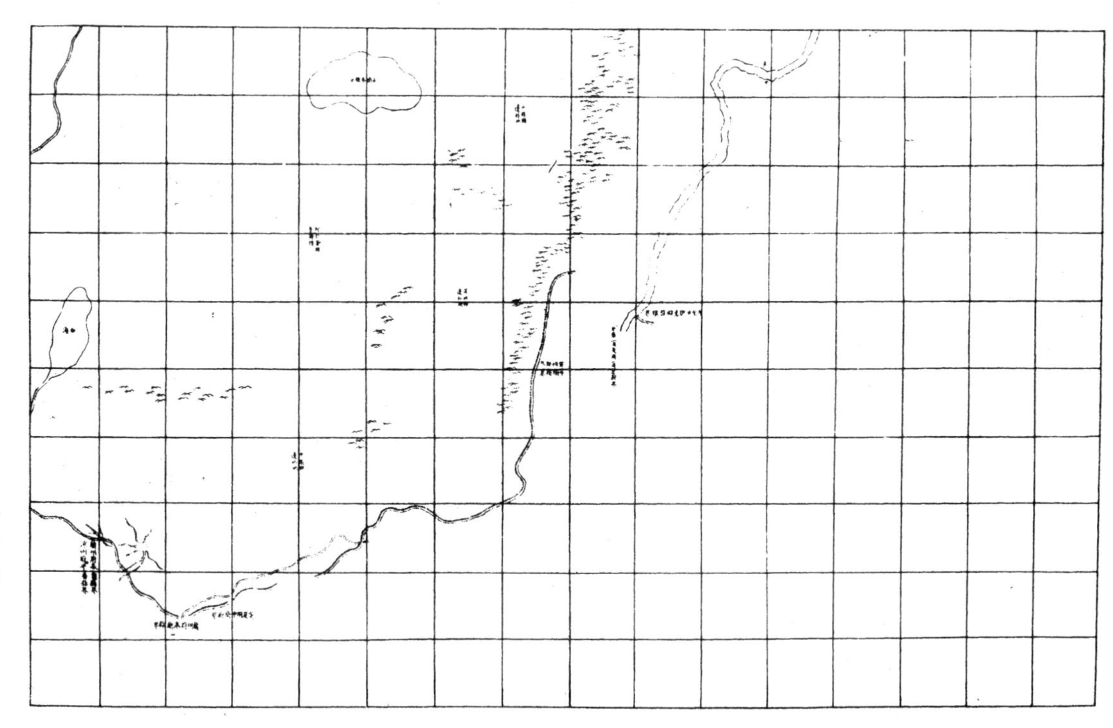

西套蒙古游牧在

京師西。凡二部。曰阿拉善額魯特。曰額濟納舊土爾扈特。共二旗。東為阿拉善額魯特旗。西為額濟納舊土爾扈特旗。黃河自甘肅甯夏府平羅縣北來。經額魯特旗東北。阿拉善山東。其東岸為伊克昭盟鄂爾多斯右翼中旗界。又東北經白塔東。又北歧出為騰格里泊。又東北入烏蘭察布盟烏拉特旗界。吉蘭泰鹽池在額魯特旗北。白海在旗西南。古浪河自甘肅涼州府古浪縣東北來瀦馬。哈拉泊一名魚海。在旗西北。郭河上承沙河自甘肅涼州武威縣東北來。合數山水折北經抹山北。又北流瀦馬。沙拉泊一名昌甯湖。亦在旗西北。水磨川自甘肅涼州府永昌縣北來。合小水屈曲北流。經亦不喇山西。又北流瀦馬。豐盈大泉沙棗湖騙馬湖大苦水湖並在旗西境。坤都倫河一名黑河。上游為額濟納河。自甘肅肅州高臺縣北來。經舊土爾扈特旗東南衛公營西。又北經部馬營西北。滔賴河自甘肅肅州北來。經衛魯南。折東北注之。是為坤都倫河。又北經平索營西。折東北經旗東衛源東北歧為二。一東北流瀦為朔博泊。一西北流瀦為朔博克泊。皆古居延海也。古爾乃泊在舊土爾扈特旗東南。西拉烏蘇二。一在旗西南羊頭北。一在旗西古洪山北。齊格景在旗西南。烏諾格特在旗西北。邁拉泉亦在旗西北。阿拉善山在額魯特旗東。合黎山在旗西。東界伊克昭盟鄂爾多斯旗。西界甘肅安西州。東北界內蒙古烏蘭察布盟烏拉特旗。北界外蒙古喀爾喀三音諾顏部札薩克圖汗部。南界甘肅甯夏府蘭州府涼州府甘州府肅州。

欽定大清會典圖卷二百六十四
輿地一百二十六
外蒙古全圖

外蒙古全圖一

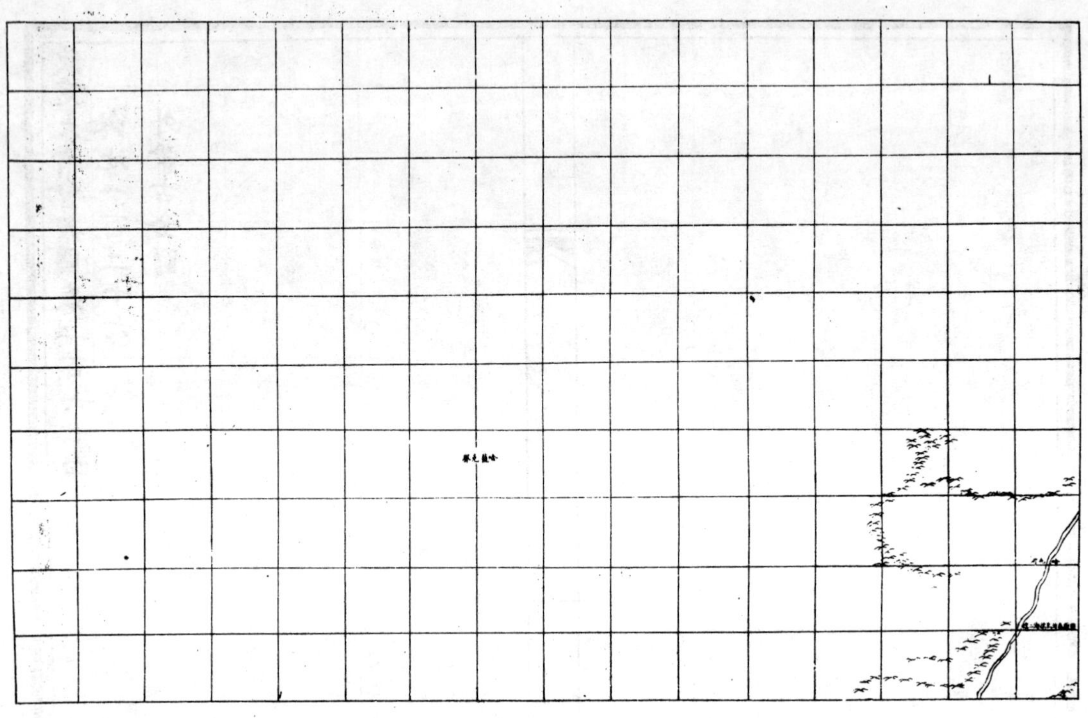

外蒙古全圖二

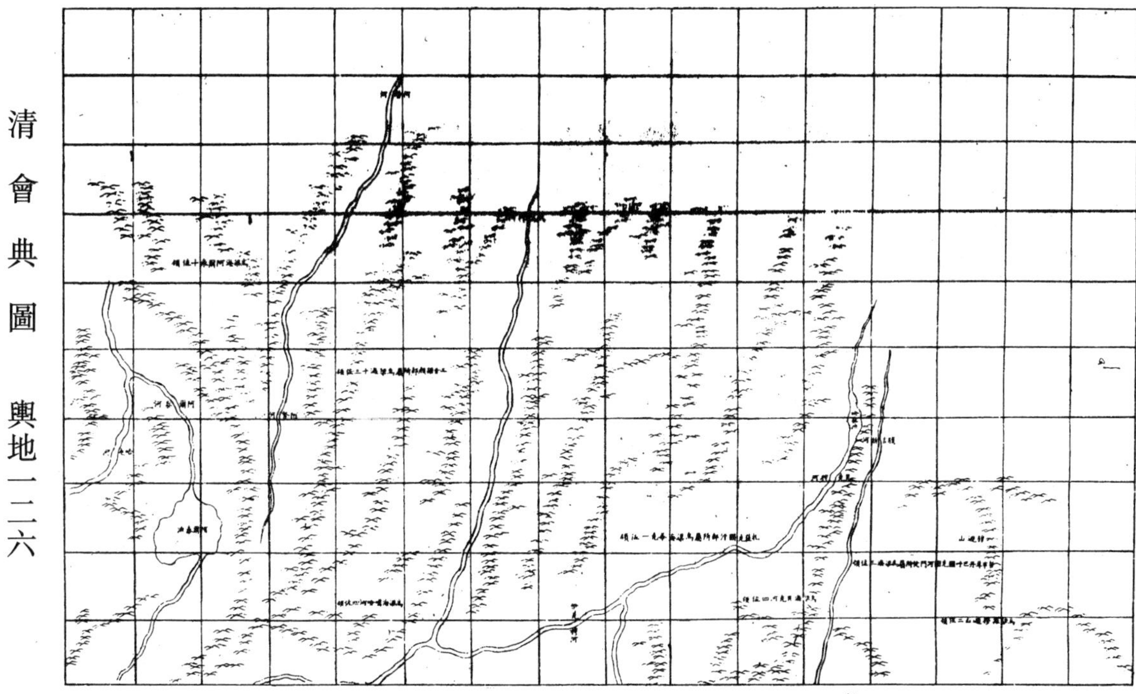

外蒙古全圖三

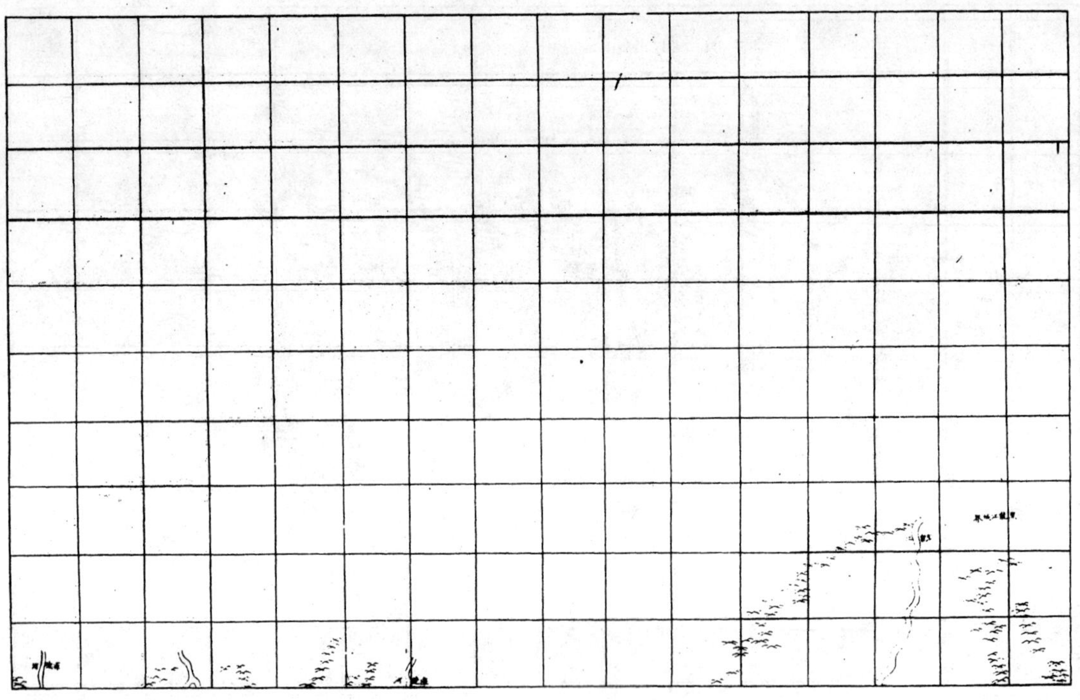

外蒙古全圖四

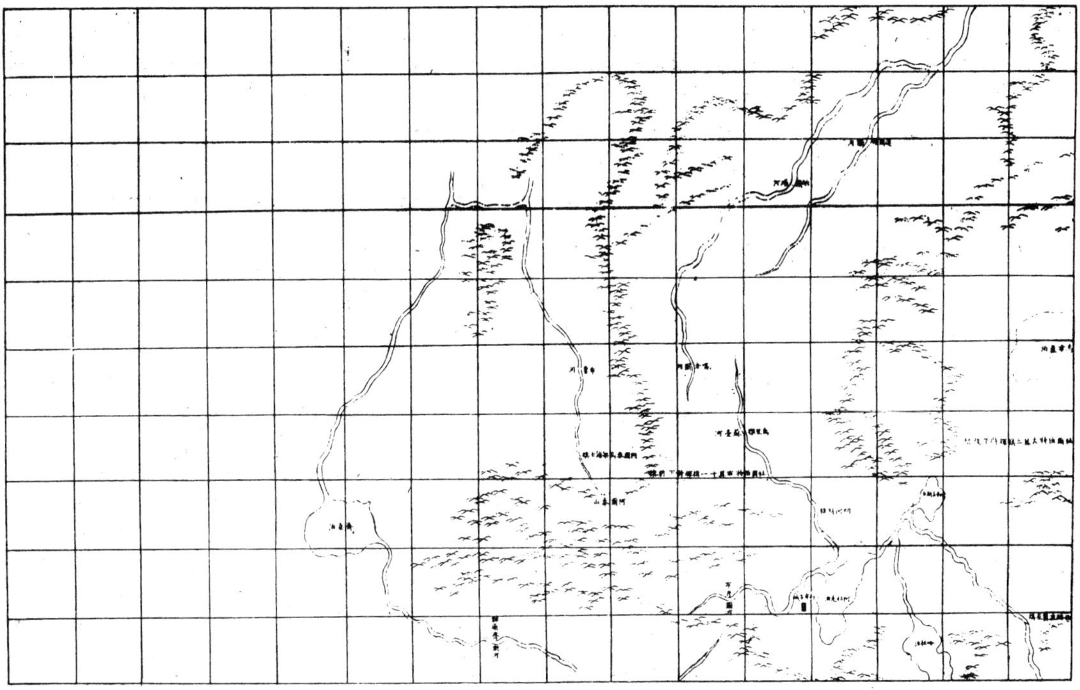

外蒙古全圖五

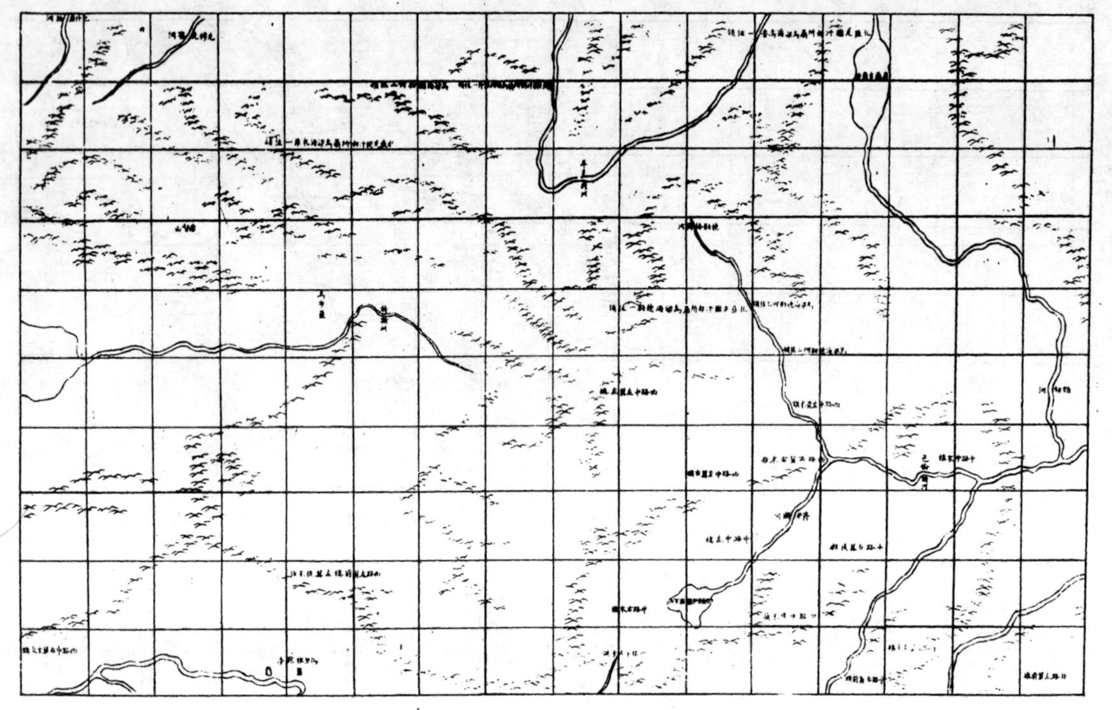

外蒙古全圖六

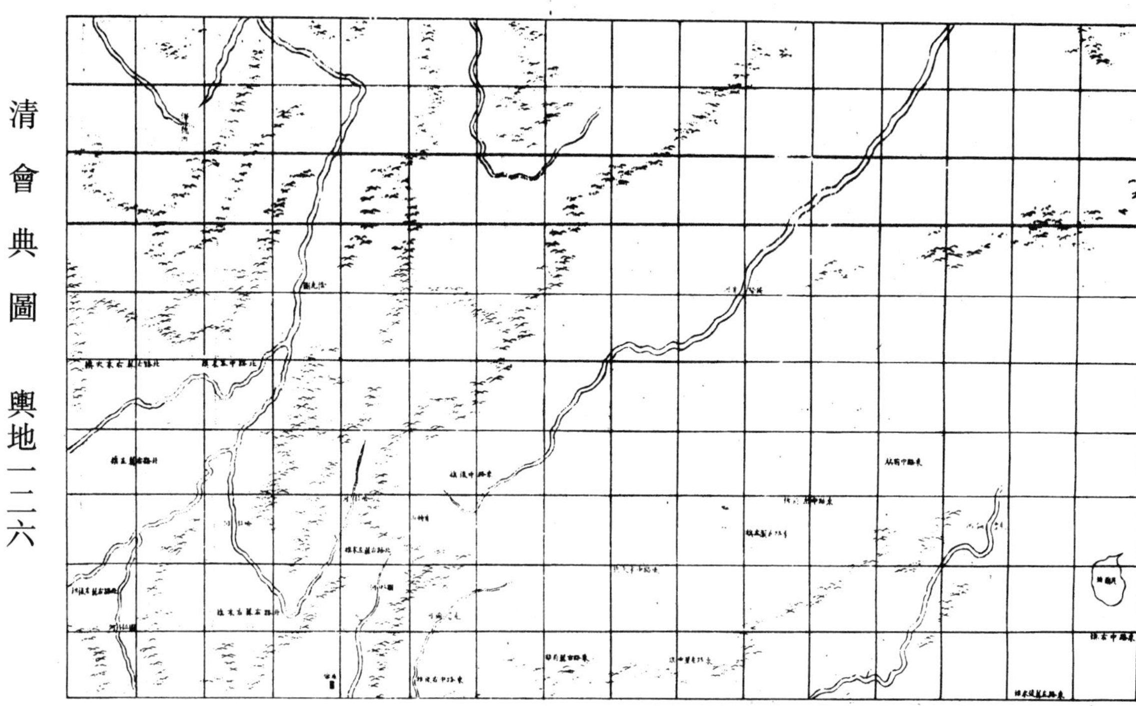

外蒙古全圖七

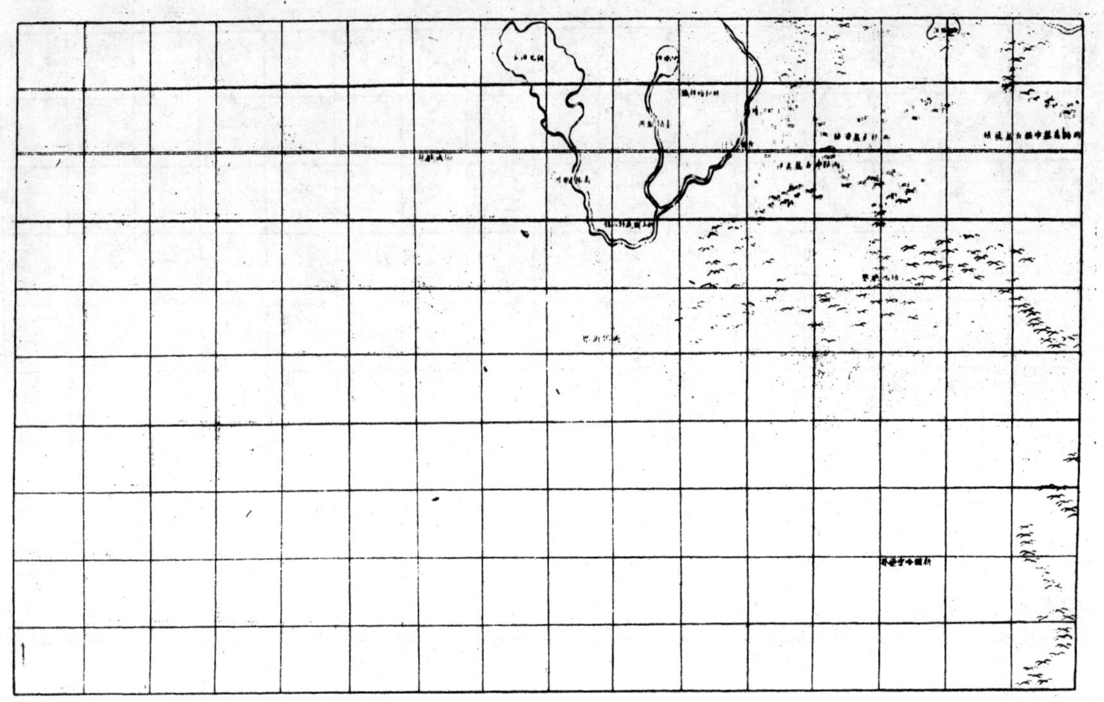

外蒙古全圖八

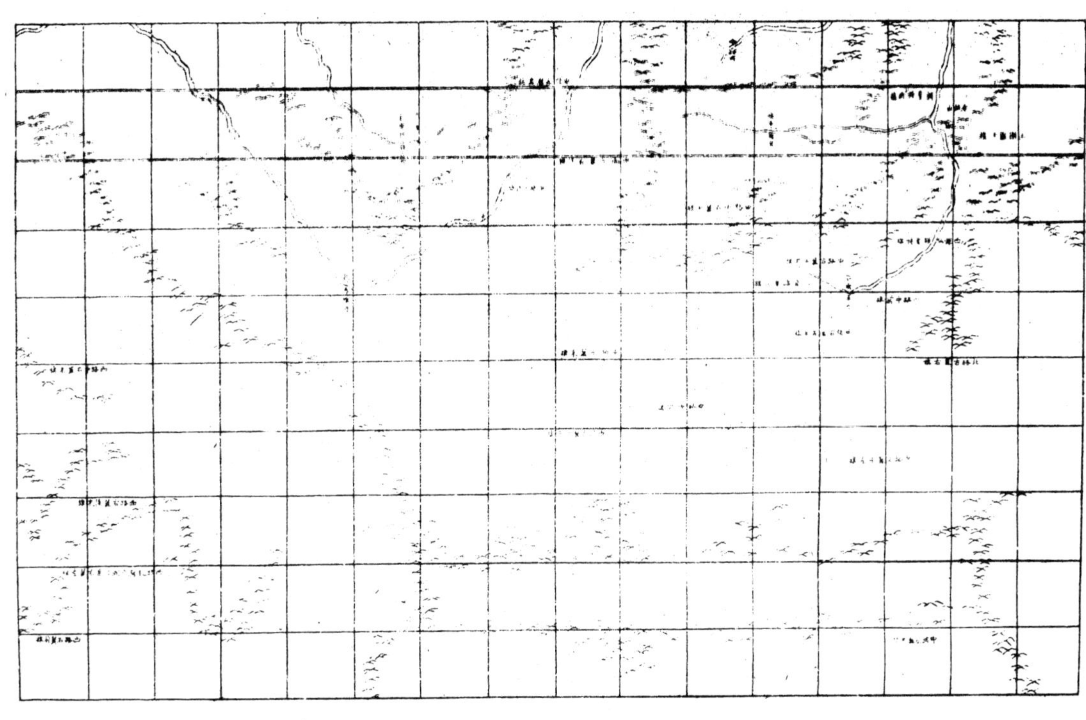

外蒙古全圖九

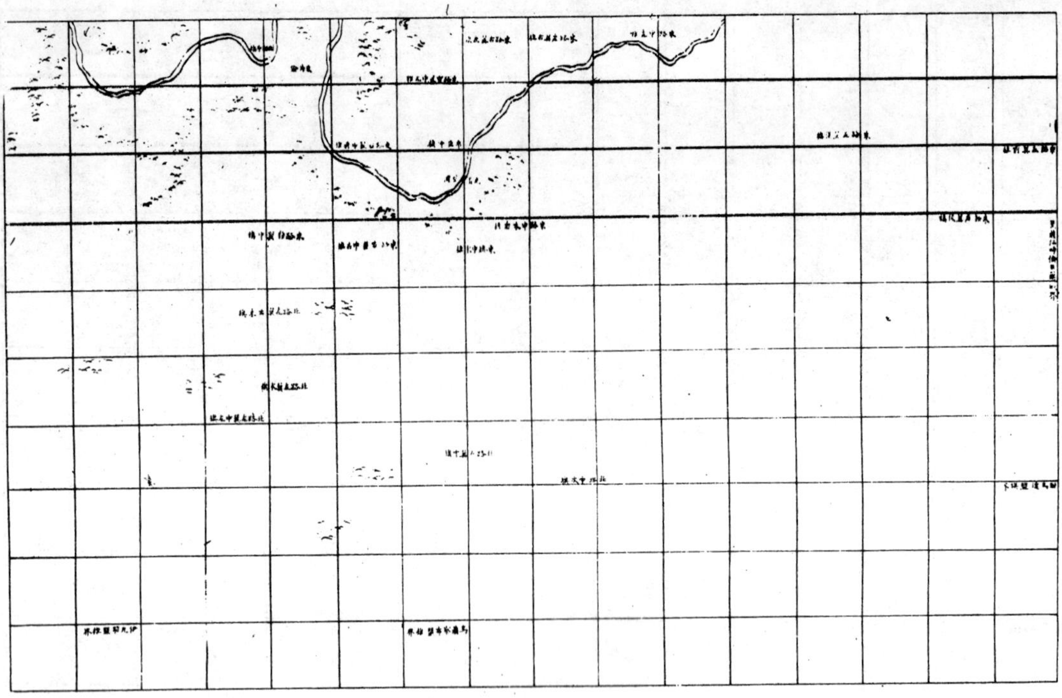

外蒙古全圖十

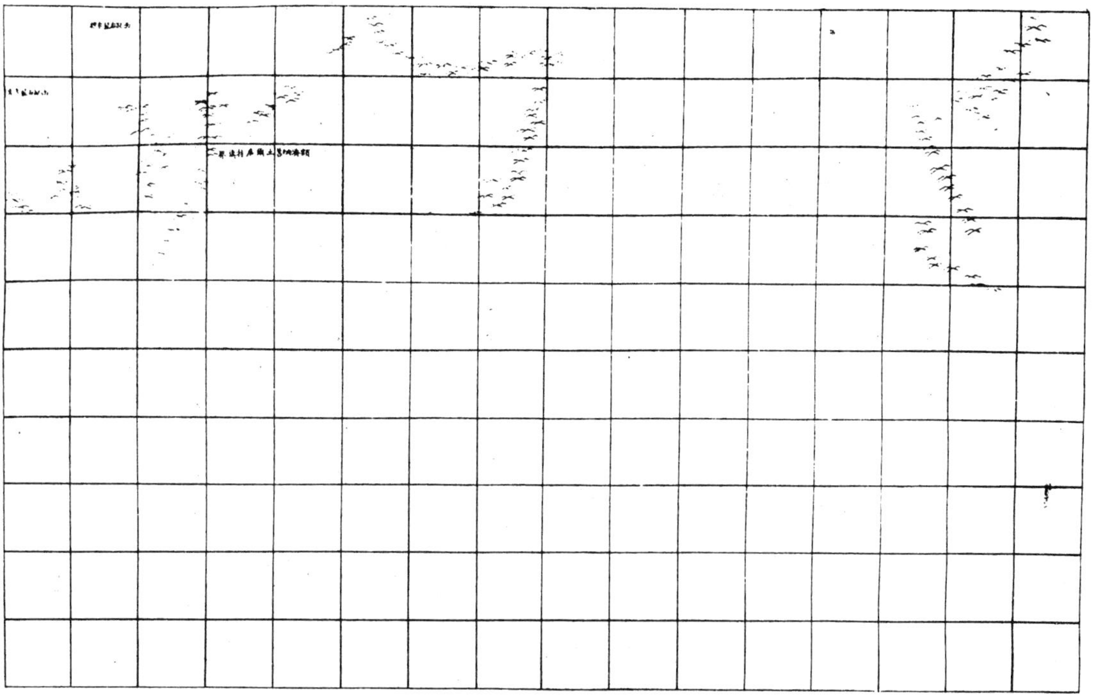

外蒙古游牧在
京師西北。喀爾喀四盟四部。北路曰汗阿林盟土謝圖汗部中路曰齊齊爾里克盟三音諾顏部。東路曰克魯倫巴爾和屯盟車臣汗部。西路曰札克必拉色欽畢都里雅諾爾盟札薩克圖汗部。又西為科布多所屬七部。曰杜爾伯特部曰輝特部曰明阿特部曰札哈沁部曰新和碩特部曰新土爾扈特部曰烏梁海部。迤北為烏里雅蘇台所屬唐努烏梁海部。色倫額河上源為齊老圖河。出喀爾喀三音諾顏部西北境。合德

勒格爾河哈綏河東流經土謝圖汗部北。額赫河上承庫蘇古爾泊水東南來注之。又東鄂爾渾河出三音諾顏部東境合塔米爾河圖拉河哈拉河來會。折北經恰克圖西北。澤德河自俄羅斯東南流來會。又東北入俄羅斯界。楚庫河自俄羅斯東南流入界。經土謝圖汗部東北。折西北復入俄羅斯界。克魯倫河出喀爾喀車臣汗部西北肯特山。西南流折東北入黑龍江。呼倫貝爾城界。倭努肯河即黑龍江出車臣汗部肯特山。東北流經部東北卡倫外入黑龍江城

界。伊克穆河上源二。曰華克穆河曰貝克穆河。並出唐努烏梁海部。合西流。克穆克齊河東流來會。折北曰大穆克河。入俄羅斯界。阿努河出唐努烏梁海部西北亦入俄羅斯界。巴什庫斯河出科布多阿爾泰淖爾烏梁海部東南。北流瀦為阿爾泰泊。復自泊西北出為阿爾泰河。哈屯河上源曰納爾噶河合達爾欽圖河東北流來會。又北入俄羅斯界。烏布薩泊跨科布多杜爾伯特及唐努烏梁海各部。特斯河瀦焉。札布噶河出三音諾顏部西西南流。折西北合烏里雅蘇台河。又西北左通奇勒吉斯泊。右通哈拉都爾根諸泊。又西瀦於阿拉克泊。烏里雅蘇台河布彥圖河合東流亦瀦焉。額爾齊斯河出阿勒坦烏梁海旗東西流瀦為齋桑泊。又北出合布魯爾河入哈薩克界。其東南為赫薩爾巴什泊。布爾干河青吉斯河合為烏隴古河瀦焉。貝爾泊在車臣汗部東。東至黑龍江界。西至新疆界。北至俄羅斯界。南至內蒙古烏蘭察布伊克昭阿拉善額濟納盟界。東南至內蒙古昭烏達錫林郭勒盟界。西北至哈薩克界。

欽定大清會典圖卷二百六十五

輿地一百二十七

喀爾喀汗阿林盟游牧圖

喀爾喀汗阿林盟游牧圖一

中

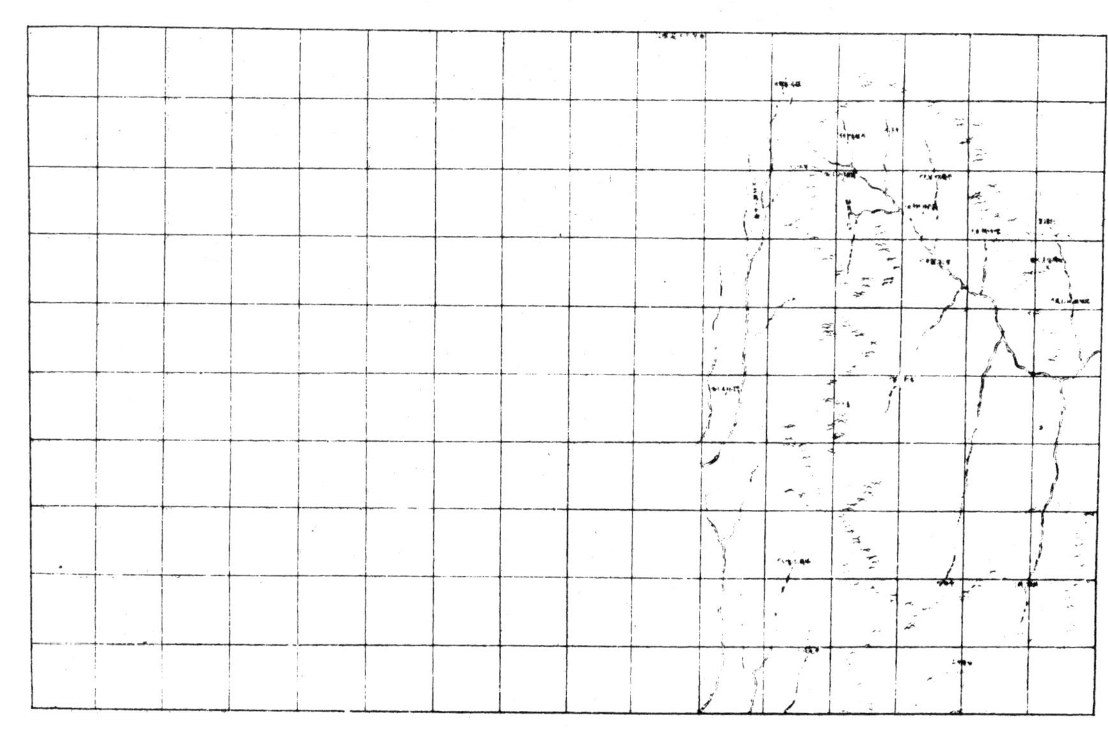

喀爾喀汗阿林盟游牧圖二

中左一

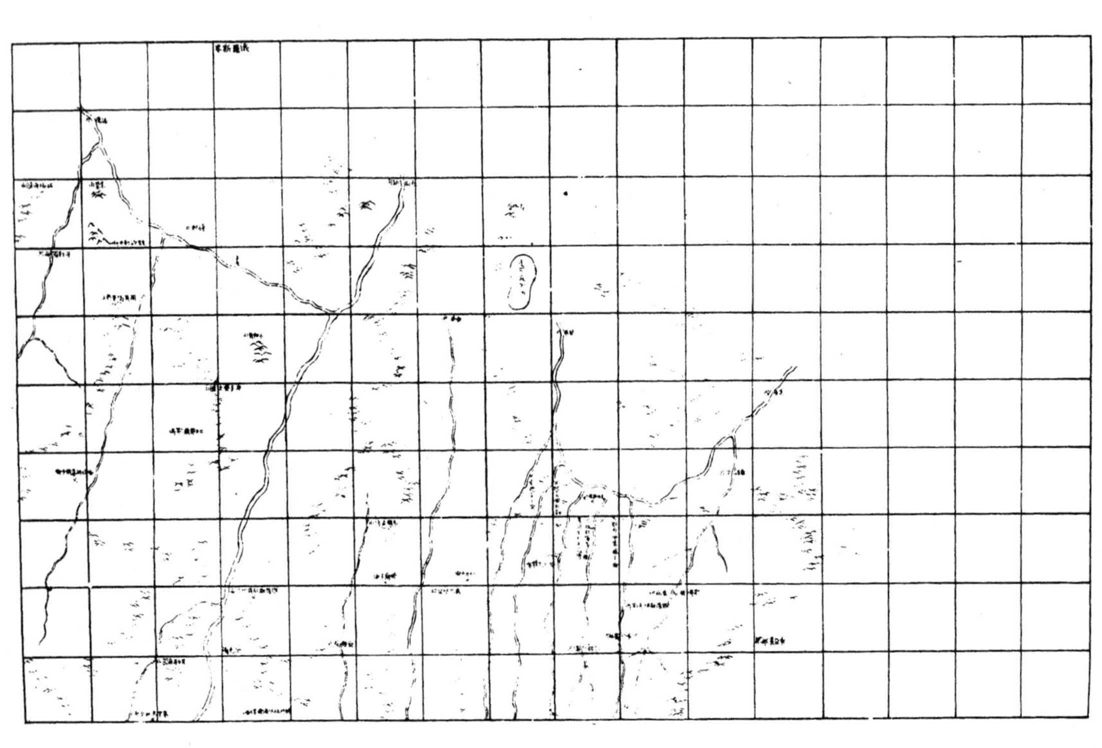

喀爾喀汗阿林盟游牧圖三

南一中

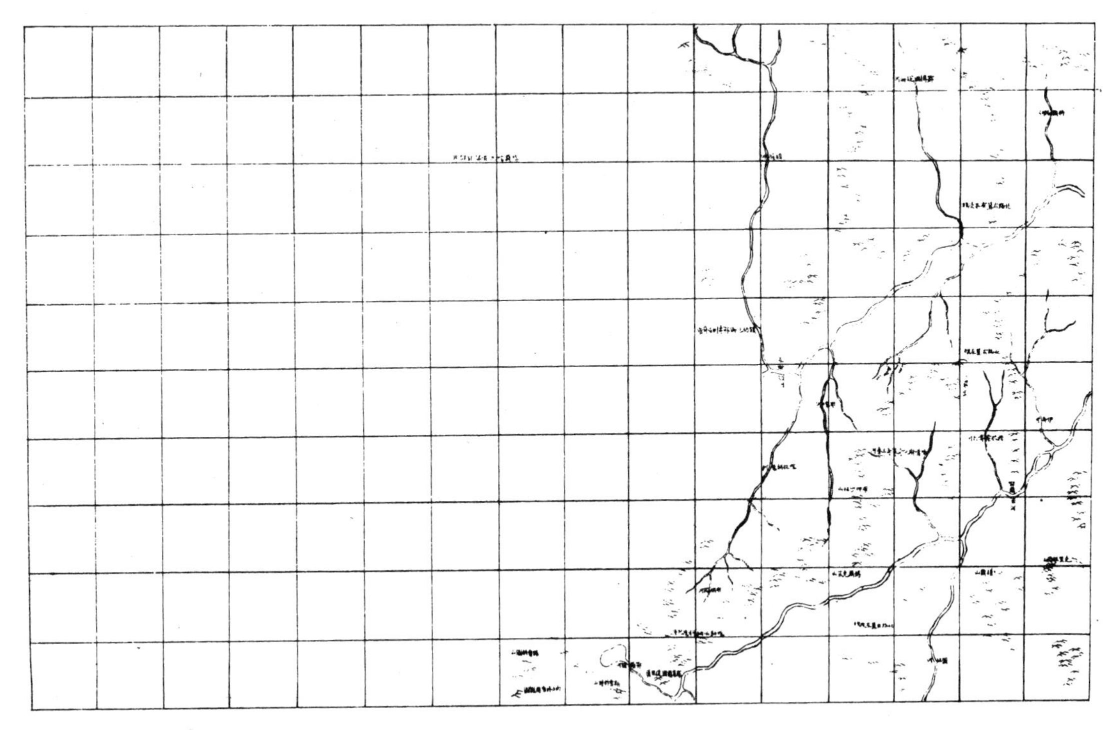

喀爾喀汗阿林盟游牧圖四

南一
左一

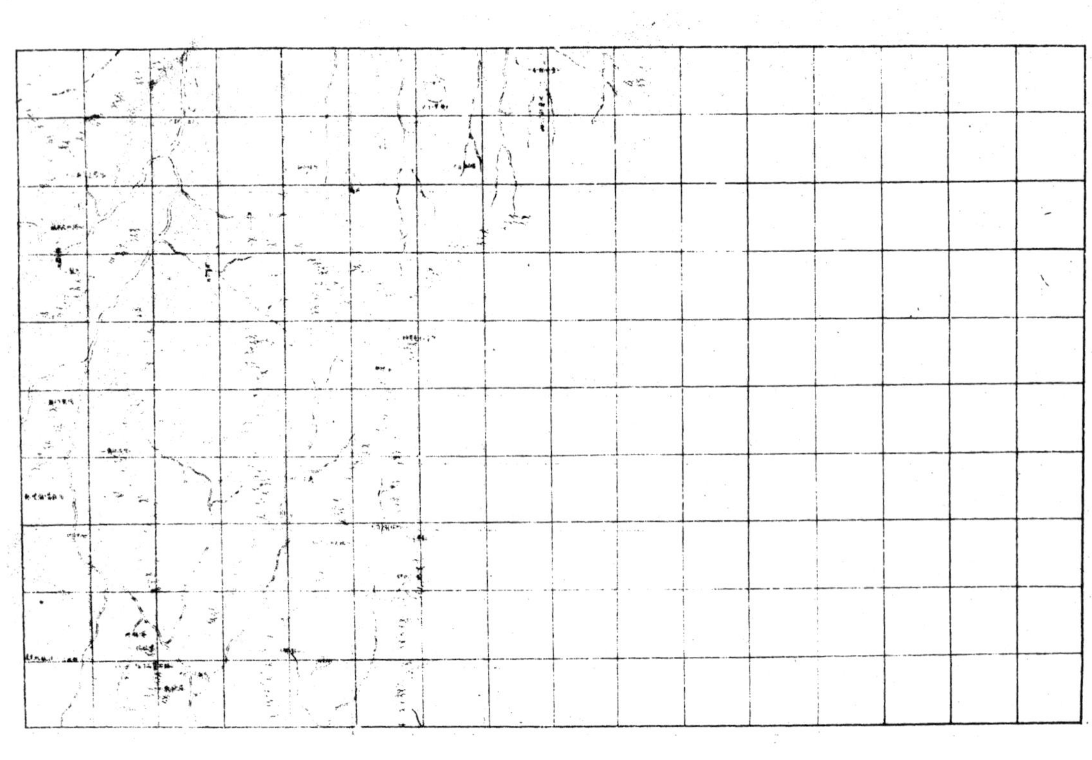

喀爾喀汗阿林盟游牧圖五

中南二

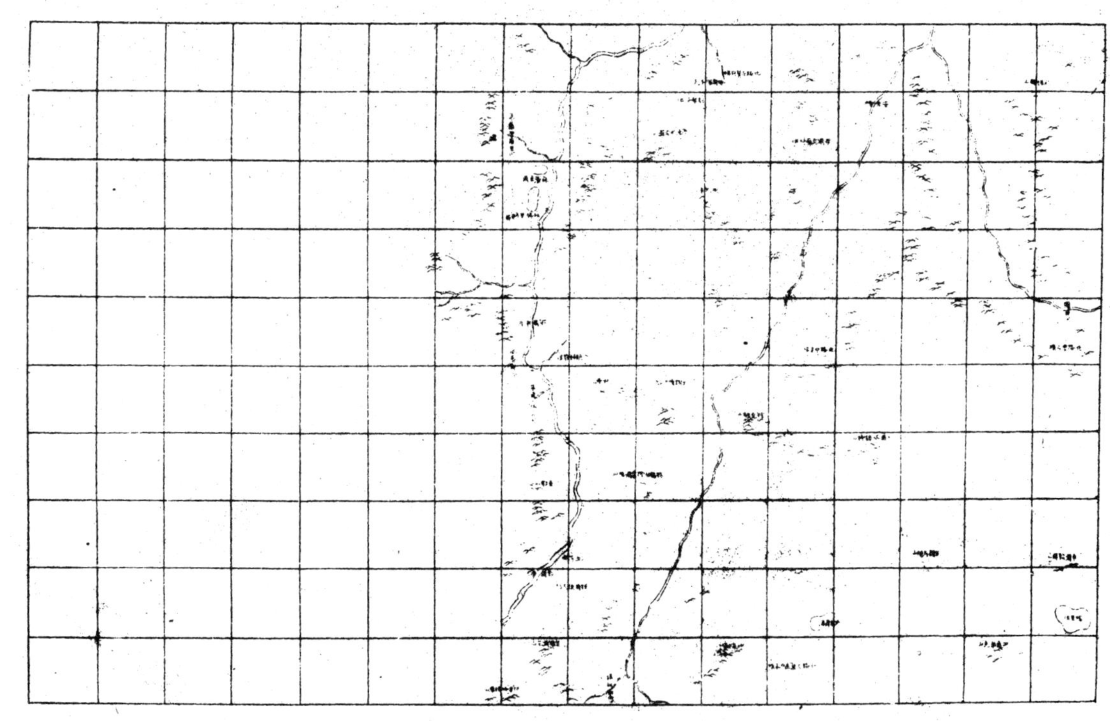

喀爾喀汗阿林盟游牧圖六

南二左一

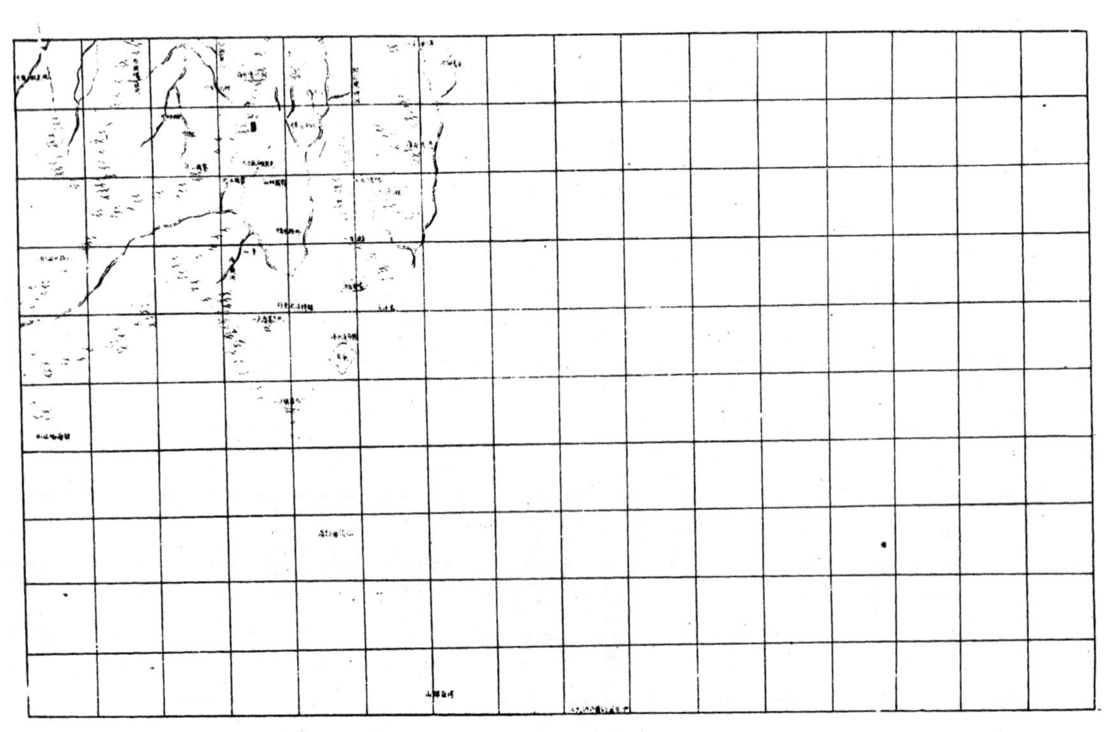

喀爾喀汗阿林盟游牧圖七

南三
中

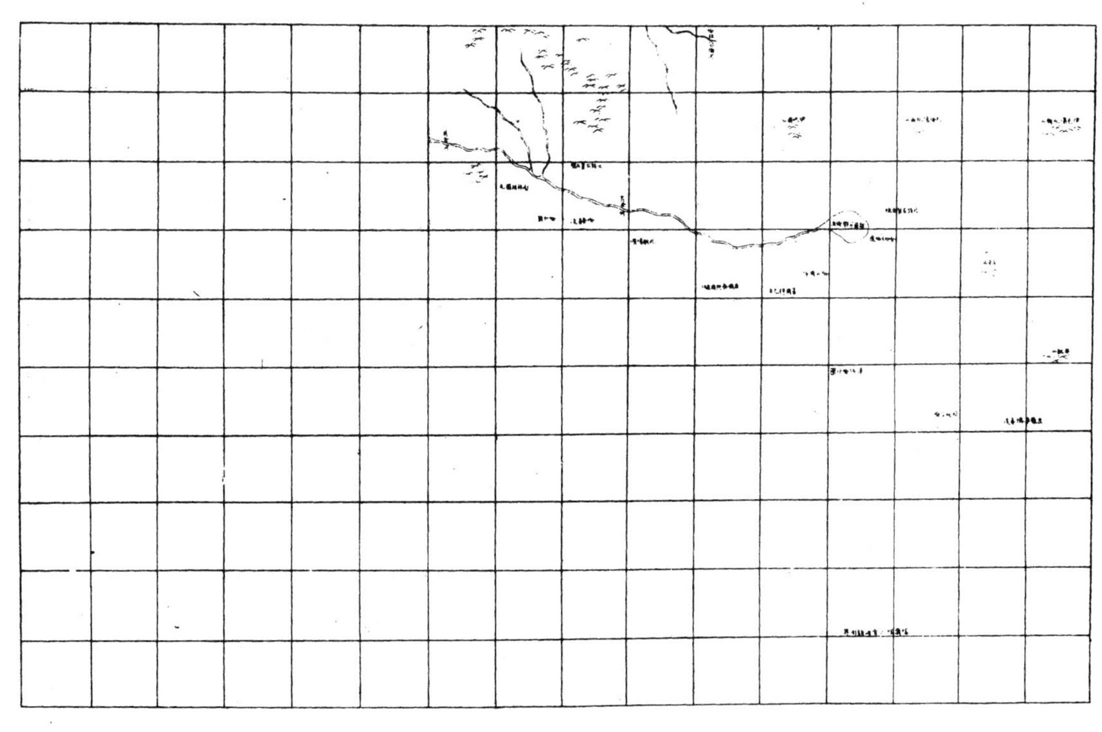

喀爾喀汗阿林盟游牧圖八

南三左一

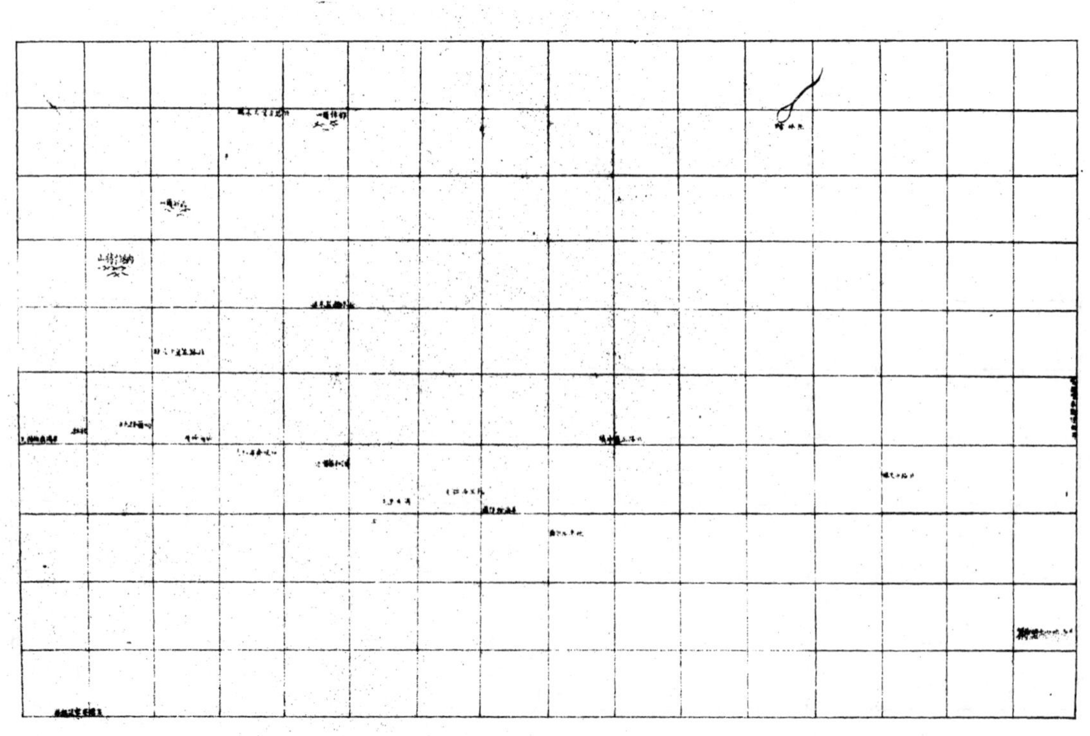

外蒙古喀爾喀汗阿林盟游牧在
京師西北土謝圖汗部稱北路凡二十旗汗旗偏西南在杭靄山東跨鄂爾渾塔老哈二河南為右翼右旗北為左翼前旗東南為左翼左中末旗左翼後旗左翼中左旗左翼右末旗左翼末旗左翼中旗中次旗東北為中左旗中右旗中右末旗中旗右翼左後旗右翼左旗右翼右末旗右翼左末旗右翼右末次旗右翼中左末旗中旗之北為庫倫辦事大臣及幫辦大臣共治焉中左末旗東北為恰克圖鄂爾渾河自三音諾顏部東北流入界經汗旗西南西庫倫西屈曲北流循章鄂山東麓集爾瑪台河東北來注之折西北右納額歸鄂諜水折北塔米爾河自三音諾顏部東北來會又北左納一水又北左納集蘭沖庫里河又北左納一水折東經左翼前旗西北左納鄂羅諜河右納哈爾渾木克河折東北經右翼左後旗北循錫爾克袞山南又東北哈噶斯厄奇賽奇土魯河合一水南流注之折東會圖拉河河出右翼右末旗東特爾集嶺西南流合哈拉圖魯河又西南紅郭爾河合哈喇泊水東南流注之折南左納阿拉克坦河右納友羅河占河忒拉爾集河諸水又南經中旗南折西經昭穆多札克丹北又西北經汗山北右納庫爾河又西北烏里蘇台河塞爾必河並出庫倫城南南流注之折西南經中右末旗南中右旗北又西北塔老哈河合錫拉鄂倫河哈拉鄂倫河屈曲東北來注之又東北與鄂爾渾河會鄂爾渾河又東北左納西拉索博太河伊奔河又東北經喀里雅爾山北會哈拉河河上游曰通克拉河出右翼右末旗北阿集格克奇特山西麓三源合西南流經左翼左旗東魁河出庫倫西塞爾必嶺合納林河布爾噶台河阿塔該河松納爾河北流注之折西北經旗北三水合東南流注之又西北博羅河札克都爾河並北流注之折北經都爾遜納拉蘇札克達東又北與鄂爾渾河會鄂爾渾河又東北伊羅勒河合三水西北流注之布拉河上承奇雅圖河合一水南流折西注之又西北會色倫額河河自三音諾顏部東流入界經右翼左旗西額赫河自唐努烏梁海東南來合巴圖爾河努拉

河塔爾巴噶台河布克綏河南流與會。又東喀拉胡集河上承布胡圖河合數水東北流注之。又布喀河出布昆沙拉山。合一小水北流注之。又東北經右翼右末次旗南。鄂博爾說倫河南流注之。又東三小水合東北流注之。又東北左納特爾格河。折東南經中左末旗南布龍山北屈東北左納哈爾集蘇台河。又東北與鄂爾渾河會。二河既會。北流經恰克圖西。又北左納一水。又北出卡倫循庫克齊老圖山永和爾山東北麓。會澤德河。河自俄羅斯東南流入界。澤勒圖

海河上源曰車集河。出集爾格特卡倫北。合布爾噶台河額爾多和河布爾明努克河倭倫圖河喀錦爾台河索倫河特謨爾河倭伯爾胡拉達河屈曲東流注之。又東北一水北流注之又東南與色倫額河會又東北入俄羅斯界庫蘇河自俄羅斯西南流入界。鄂博爾哈當蘇河出明几卡倫北合四小水東北流注之。又西南折西。阿魯哈當蘇河合二水北流注之。又西烏雅勒喀河合一水北流注之。又西阿魯齊都勒河合二水北流注之。折西北哈札河合一水北流

經庫德里卡倫北注之。又西北齊科台河合一水北流注之。折北經達布蘇圖泊東。循烏林圖山入俄羅斯界。齊蘭河出阿集格克奇特山北。二源合北流。經齊蘭泊滾泊東柴達木泊西。又經卡倫東。又北入俄羅斯界。翁金河自三音諾顏部東南流入界。經右翼右旗西南。二水並東南流注之。又東南至左翼後旗西。瀦為胡爾罕鄂倫泊。杭愛山在汗旗西。汗山在中旗南。東界車臣汗部。西界唐努烏梁海三音諾顏部。北界俄羅斯。南界內蒙古烏蘭察布盟。

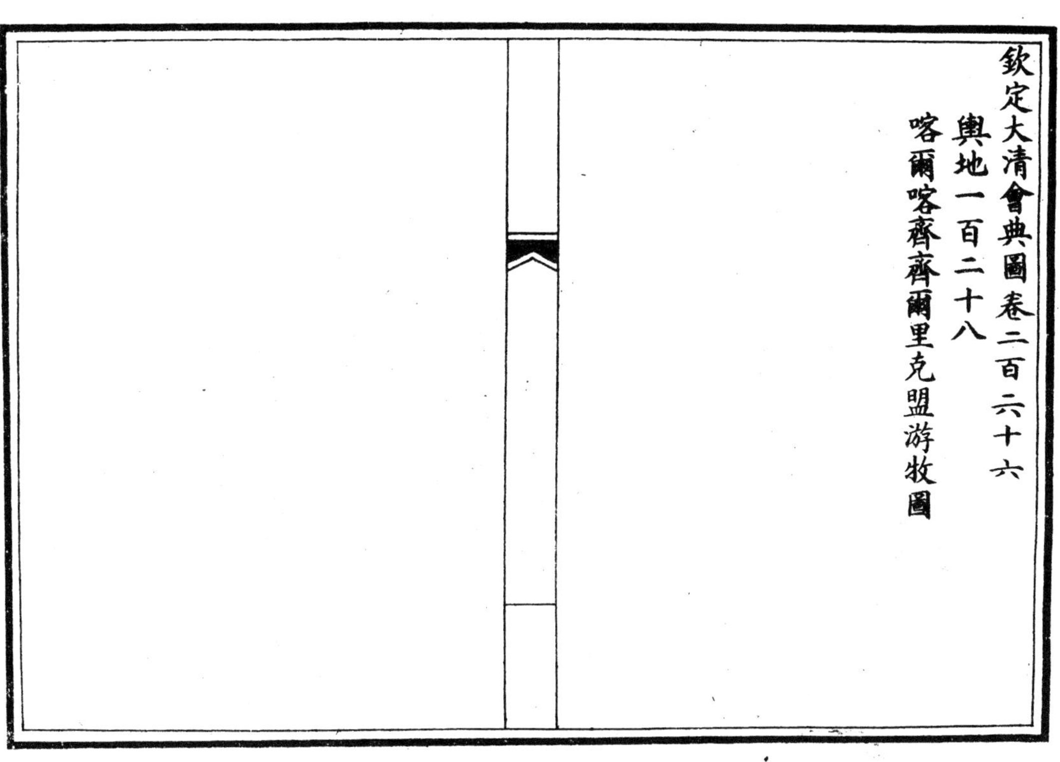

欽定大清會典圖卷二百六十六
輿地一百二十八
喀爾喀齊齊爾里克盟游牧圖

喀爾喀齊齊爾里克盟游牧圖一

中

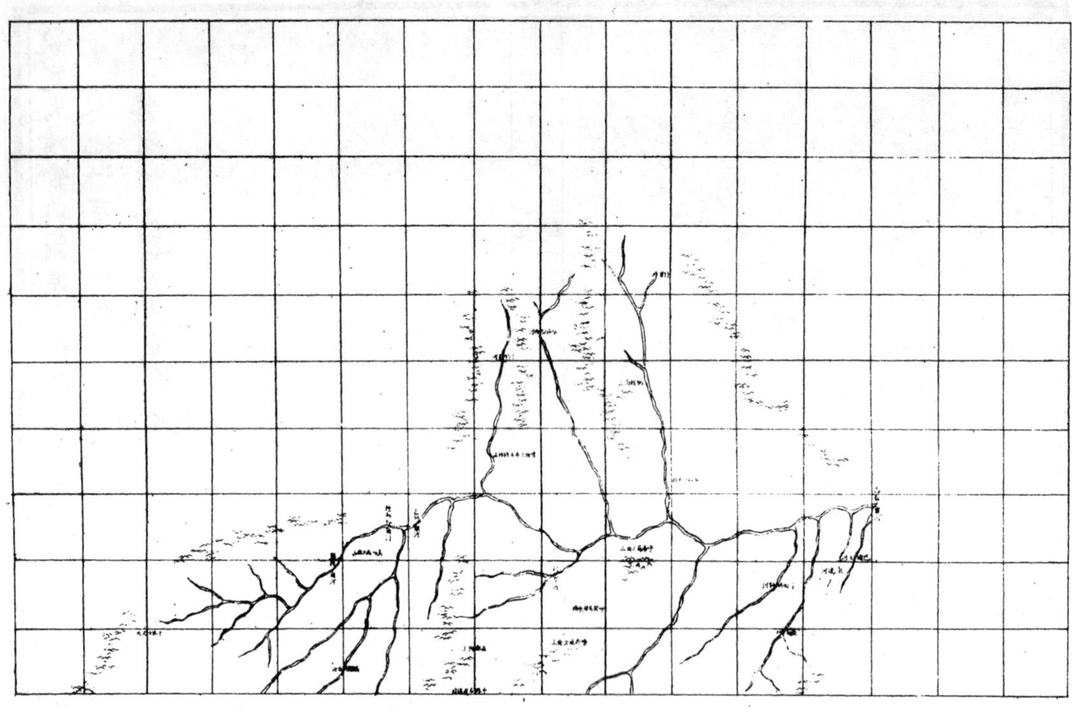

喀爾喀齊齊爾里克盟游牧圖二 南一中

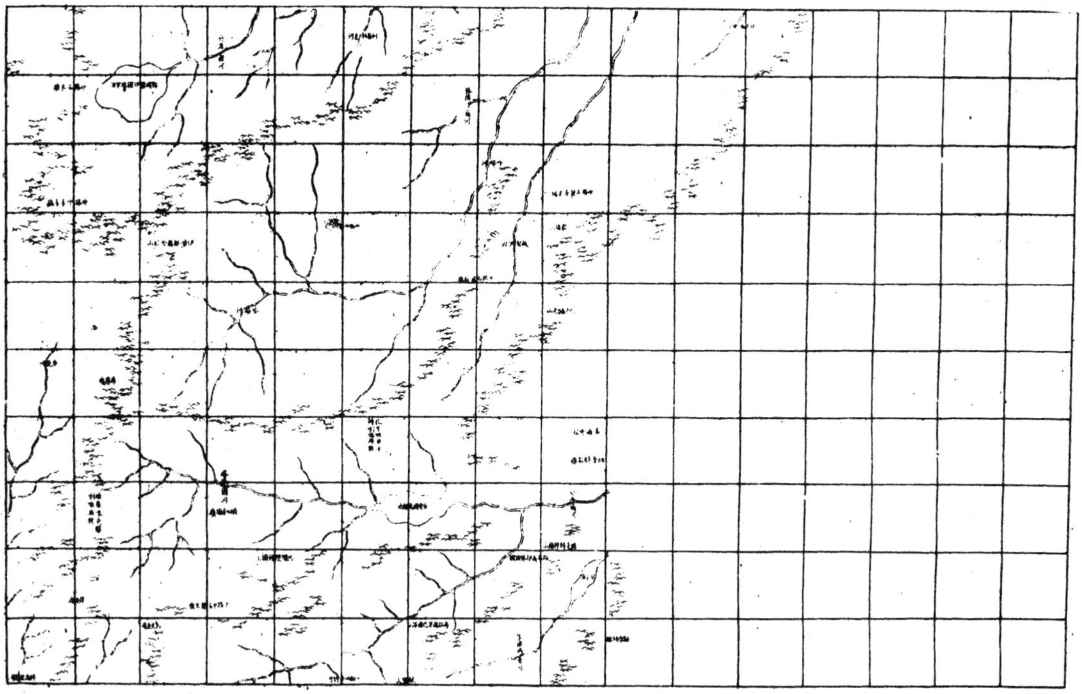

喀爾喀齊齊爾里克盟游牧圖三

南一
右一

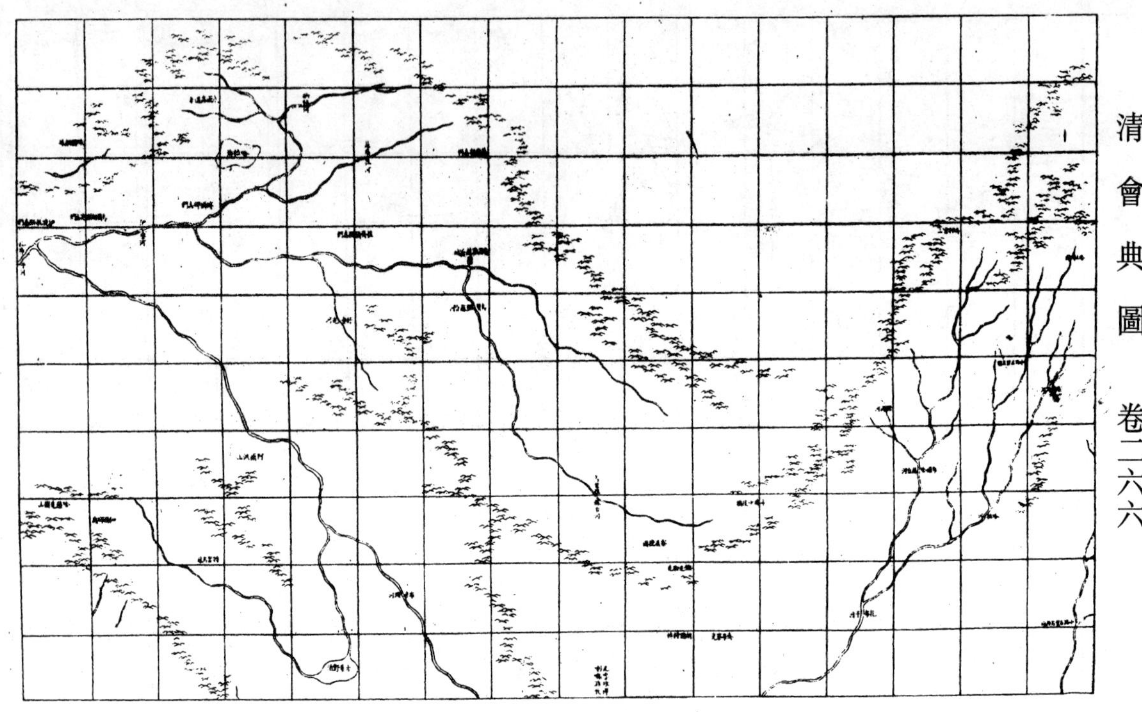

喀爾喀齊齊爾里克盟游牧圖四

南一
右二

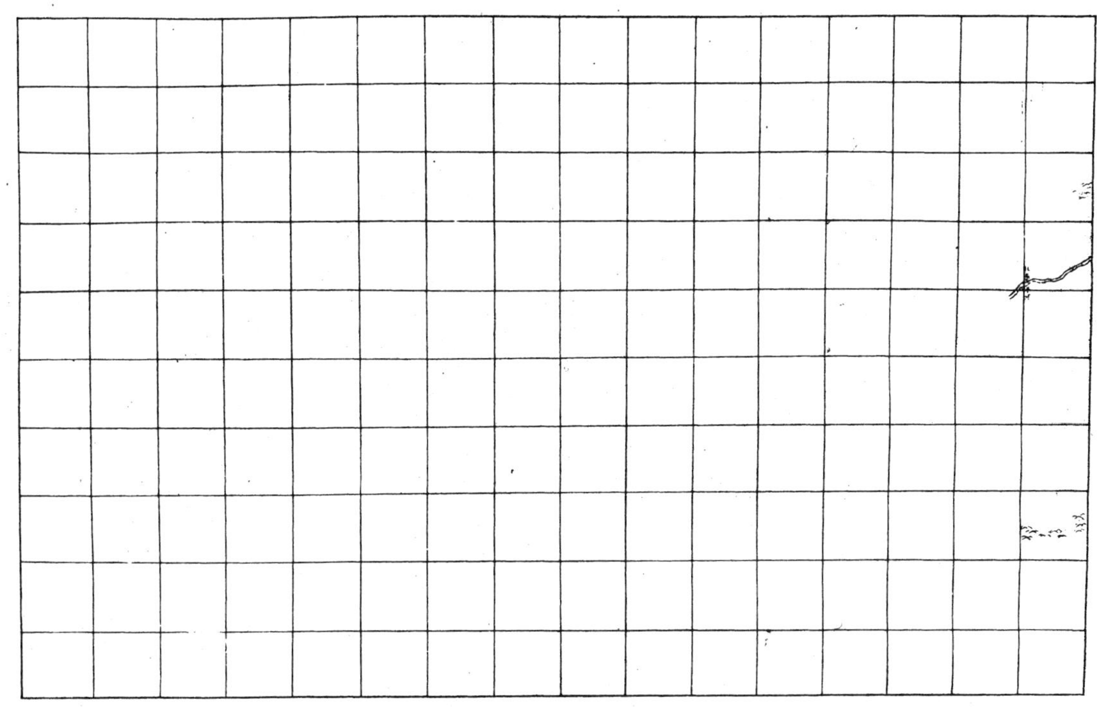

喀爾喀齊齊爾里克盟游牧圖五

南二
中

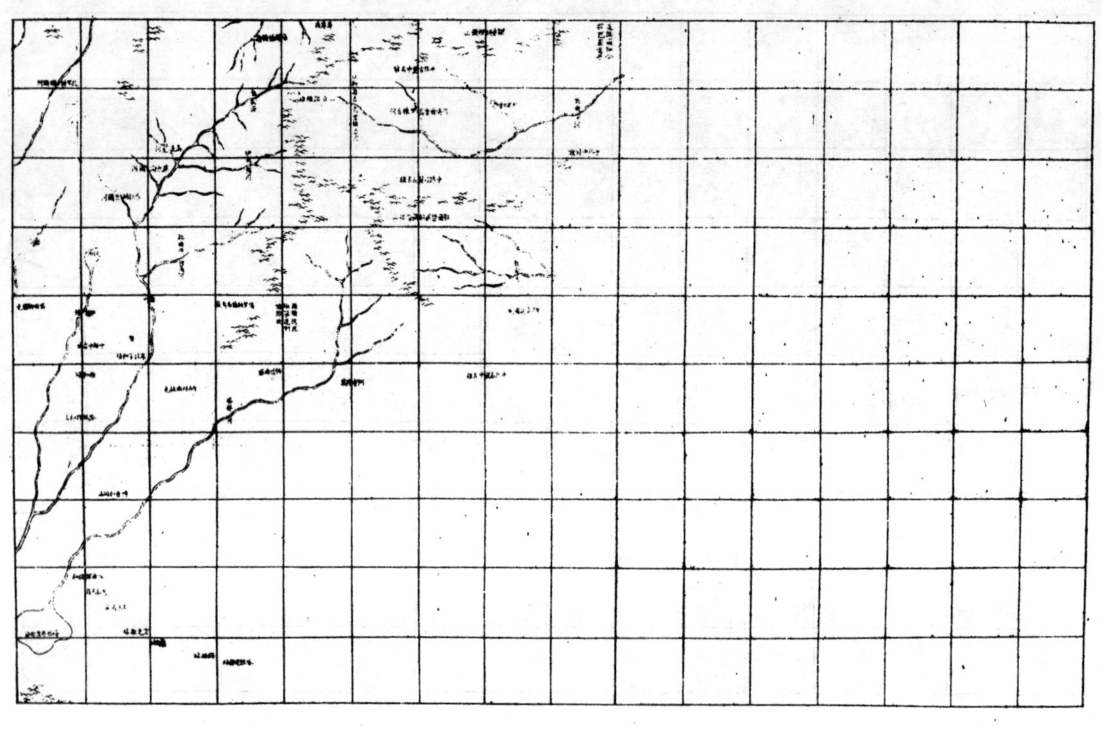

喀爾喀齊齊爾里克盟游牧圖六

南二
右一

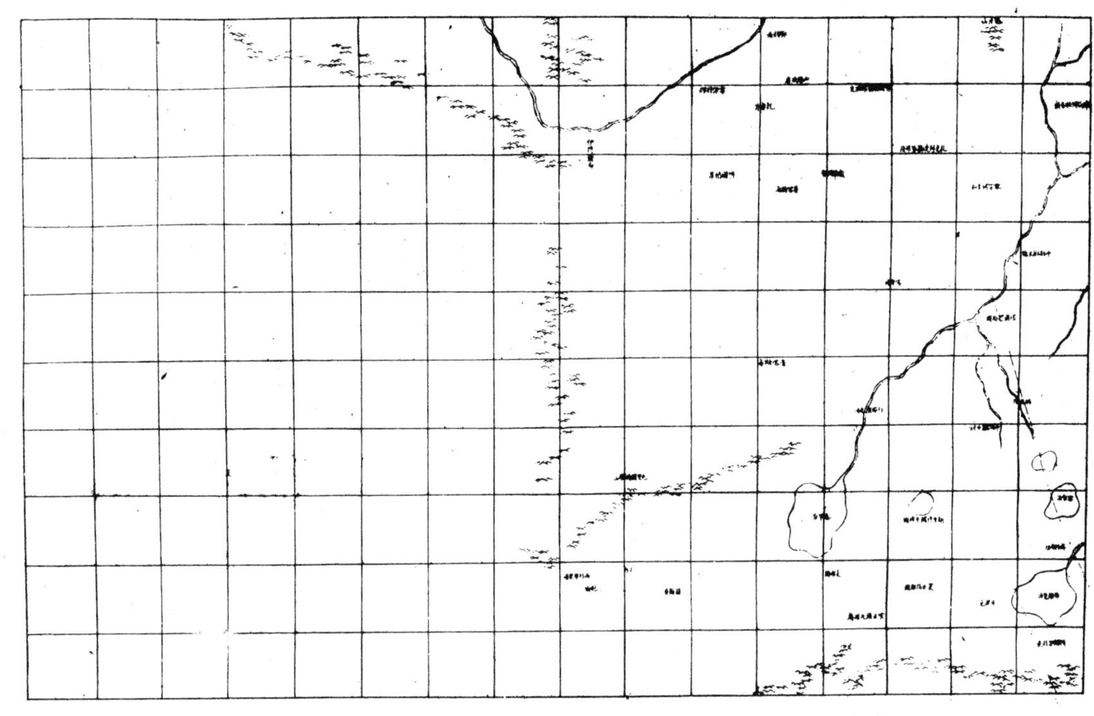

喀爾喀齊齊爾里克盟游牧圖七

南三 中

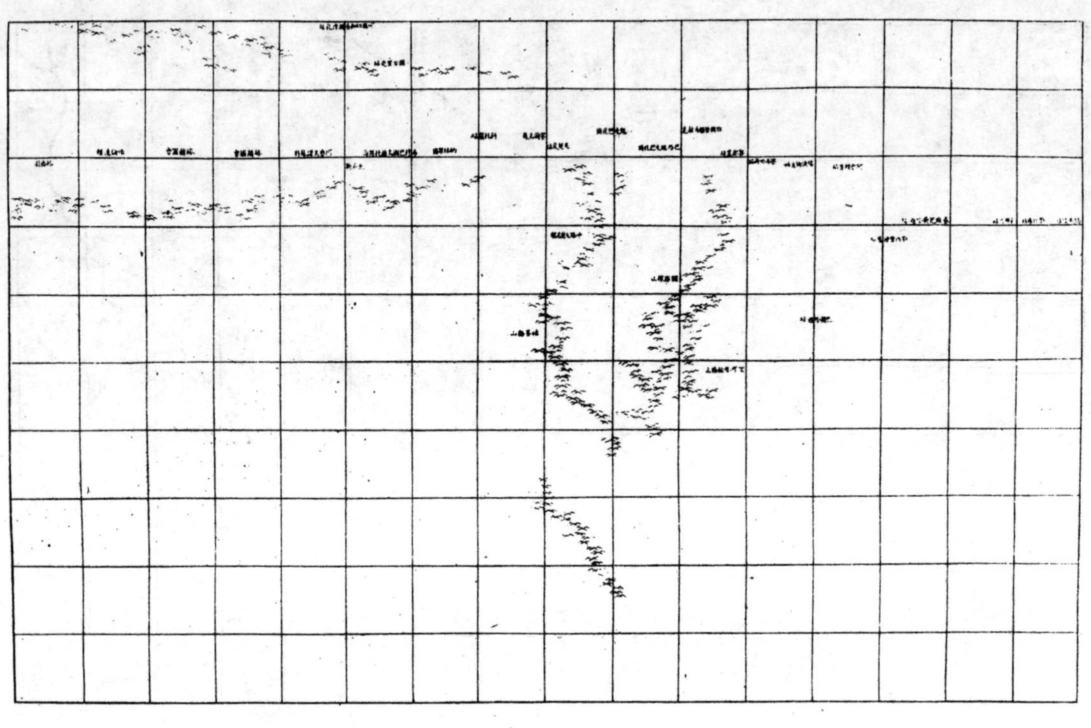

喀爾喀齊齊爾里克盟游牧圖八

南三
右一

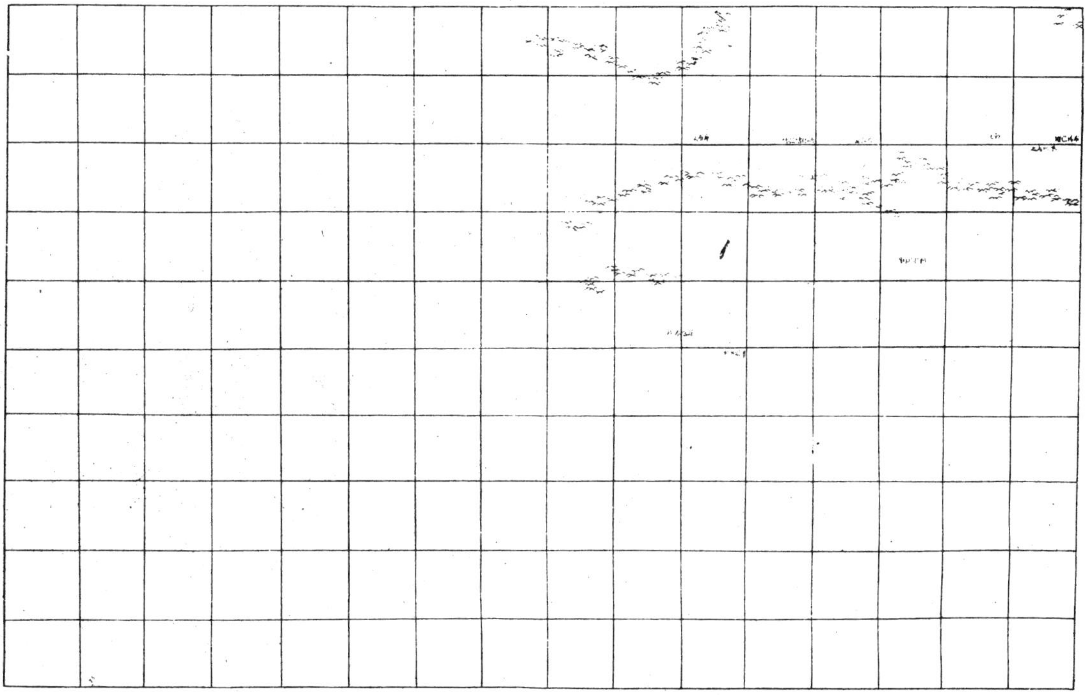

外蒙古喀爾喀齊齊爾里克盟游牧在
京師西北。三音諾顏部稱中路。凡二十二旗。附額
魯特二旗。汗旗在杭靄山陽。當鄂爾渾河源。東
南為右翼左末旗中前旗右翼中左旗左翼右
旗。東北為右翼中右旗額魯特旗額魯特前旗
右翼前旗中後末旗左翼左末旗右翼後旗左
翼中旗中末旗。西南為中右旗右翼末旗右翼
中末旗。西北為中右翼末旗右翼右後旗中後
旗左翼左旗中左末旗右末旗中左旗共二十
四旗。中後旗之西為烏里雅蘇台城。定邊左副
將軍與參贊大臣二共治焉。汗旗之南為額爾
德尼班第達喇嘛游牧。右翼前旗之西南為札
牙班第喇嘛游牧。中右翼末旗之西為青蘇珠
克圖喇嘛游牧。中後旗之西南為尼魯班禪喇
嘛游牧。色倫額河上源曰齊老圖河。出中左末
旗東北鄂爾哲伊圖察罕泊。合數小水東北流。
經中左旗東。烏里雅台河阿集拉克河各合數
小水並東北流注之。又東北會德勒格爾河。河
自札薩克圖汗部東南來。額德爾河出旗西北
合六水循界東北流注之。又東北與齊老圖河

會。是為色倫額河。又東經右翼後旗北。右納一水。左納北特里河。折東南經右翼中旗北。阿察河合一水東北流注之。哈拉鄂倫河合二小水南流注之。又東經中末旗南。特里河合三小水南流注之。折東南會哈綏河。河出中左末旗東南四源合東北流。左合一小水。經中後末旗南。一水南流合伊遜都蘭哈拉山二水注之。又東經右翼前旗西。右合一水。折東北經右翼後旗東南。珠薩蘭河二源合流東注之。又東北經右翼前旗北。胡努伊河東北流注之。又東北與色倫額河會。色倫額河又東。阿爾塔特河東北流注之。又東歐爾河上承塔奇爾圖河及二小水東北流注之。又東右納札達河巴爾土河。又東入土謝圖汗部界。鄂爾渾河二源。一曰郭羅河。出汗旗東杭靄山南麓。東南流經中前旗西北會南源。南源亦出汗旗東鄂爾哲圖都蘭哈拉山。合阿瑪爾吉烏里雅台河朱勒爾吉烏里雅台河二水東南流。折東北與北源會。又東北經旗東。入土謝圖汗部界。塔米爾河二源。北源出中左末旗南庫庫嶺東麓。合諸山水東北流。又

東經碩合堆嶺北。左合一小水。又經中右翼末旗東北。一水出哈瀧恩格爾山。東北流注之。又東。左右各納一水。經札牙班第喇嘛游牧南。瀦為台魯爾烏赫池。一水東南流注之。又東出經額魯特前旗西南。會南源。南源一名和碩和特河。舊名察罕鄂倫河。出右翼中右旗西杭靄山。合諸山水東北流。與北源會。又東流經額魯特前旗東南。入土謝圖汗部界。集爾瑪台河出右翼中右旗東北額克特穆爾山。東流經中前旗北。額魯特旗西。折東北匯為察罕泊。又東北亦入土謝圖汗部界。札布干河上源二。東曰哈拉河。出左翼左旗東北境。合二小水南流。錫拉河合一水西南流注之。又西南。右納一水。又西南經中後旗東巴彥山西北。會西源。西源曰布爾哈蘇台河。出旗西北馬喇噶山南麓。合四水西南流。諾海河合一水東南流注之。又南與東源會。是為札布干河。屈曲西南流經尼魯班禪喇嘛游牧南。折西北。又名布彥圖河。古集野泊上承特里烏蘇水北流注之。又西北經阿爾洪山北。又西經伊克札斯嘉們南。會伊魯河。河上游

為烏里雅蘇台河。出旗西境。西流經察罕摟爾北屈曲西北流經烏里雅蘇台城南。一水西北流注之。折西經薩齊爾圖嘉們西。舒魯河北流注之。又西北蘇布拉河納林河合數小水西南流注之。是為伊魯河。又西與札布干河會。札布干河折西南入札薩克圖汗部界。翁金河出右翼左末旗東鄂爾哲圖都蘭哈拉山東南麓。二源合東流。經右翼中左旗北中前旗南。左右各合一水。又東入土謝圖汗部界。塔楚河出汗旗南鄂爾哲圖都蘭哈拉山西南麓二源合東南流。經額爾德尼班第達喇嘛游牧東。左合三水。經阿魯摟集西。折西南流經博爾和碩站南。又西南潴為錫拉布里圖泊。推河出汗旗西南杭愛山南麓合六小水西南流。烏克克河合一水東南流注之。伊馬圖河合二水西南流注之。又西南左納一水。右納庫色倫圖河。又南右納哈拉胡吉爾河。又南額爾德穆圖河合二水西南流注之。又屈曲南流經中右旗東。又經哈拉托和山南。伊羅河承克庫泊水南流注之。又西南潴為鄂羅克泊。拜塔里克河出右翼右後旗東南庫庫嶺。三源合西南流。查克河出旗北合五水南流注之。又南經庫倫博拉齊爾西。札罕特謨爾河二源合西南流注之。折西南經右翼末旗西。屈曲南流。錫尼河二源合西北流注之。又西南經右翼右末旗西南。潴為察罕泊。墨河在右翼末旗東。西南流入於沙。杭靄山在汗旗北。東界土謝圖汗部。西至北界札薩克圖汗部。南界西套二部。東北界唐努烏梁海。東南界內蒙古烏蘭察布盟。

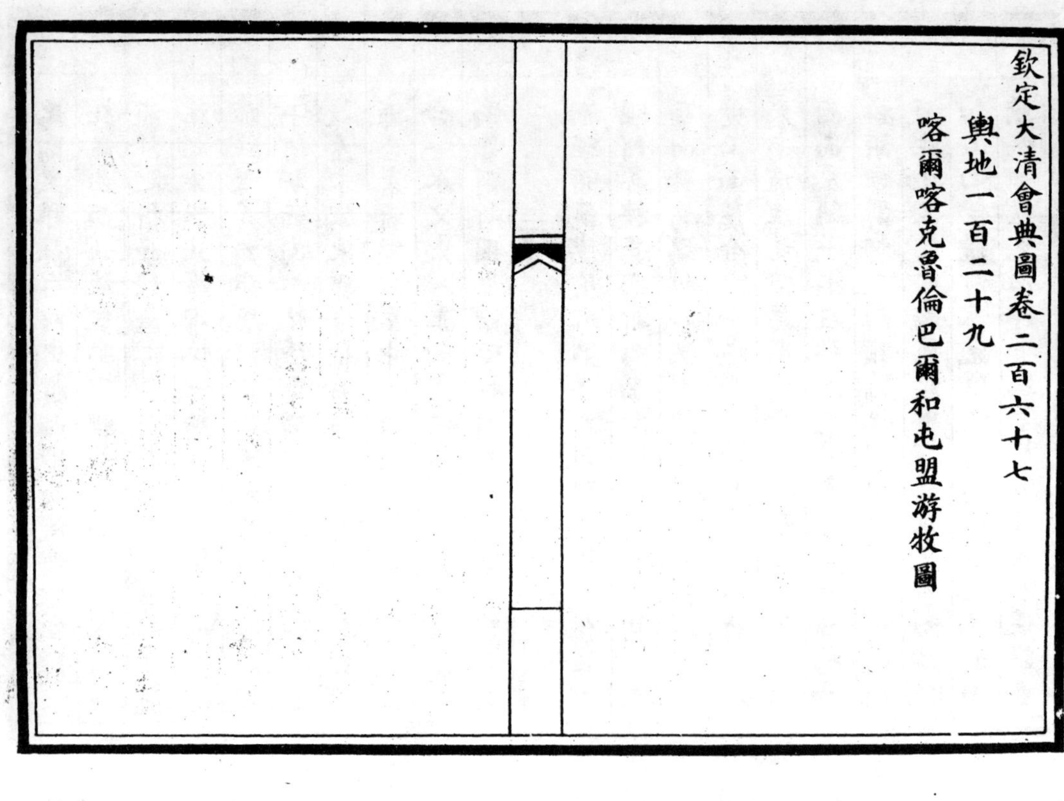
欽定大清會典圖卷二百六十七
輿地一百二十九
喀爾喀克魯倫巴爾和屯盟游牧圖

喀爾喀克魯倫巴爾和屯盟游牧圖一

中

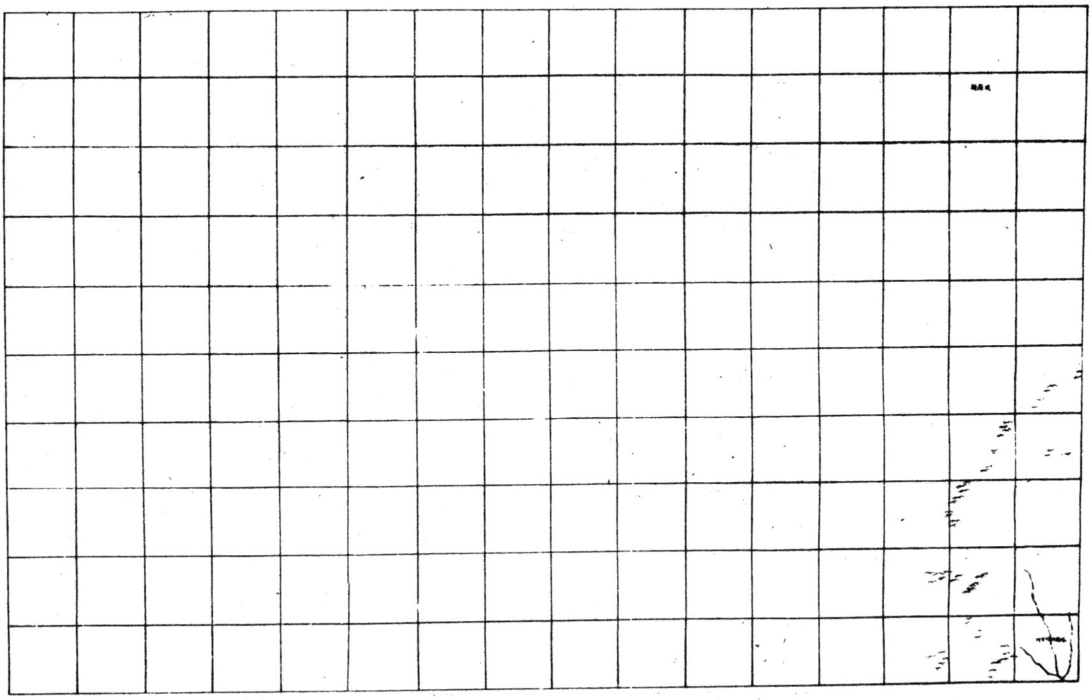

喀爾喀克魯倫巴爾和屯盟游牧圖二

中左一

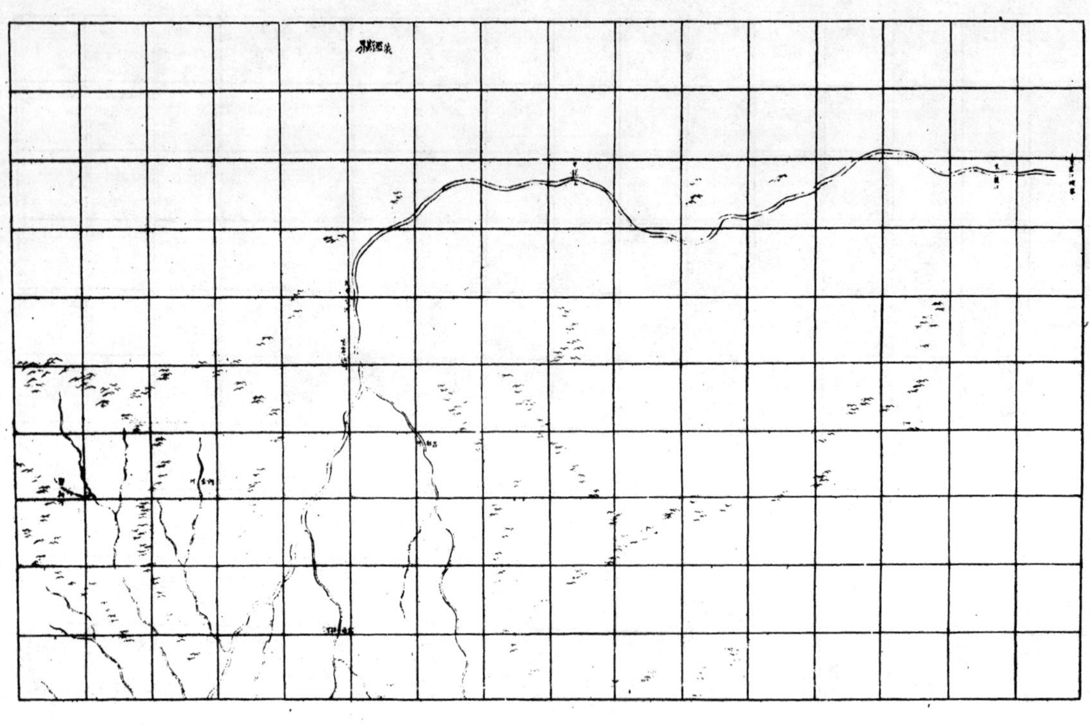

喀爾喀克魯倫巴爾和屯盟游牧圖三

南一中

喀爾喀克魯倫巴爾和屯盟游牧圖四

南一
左一

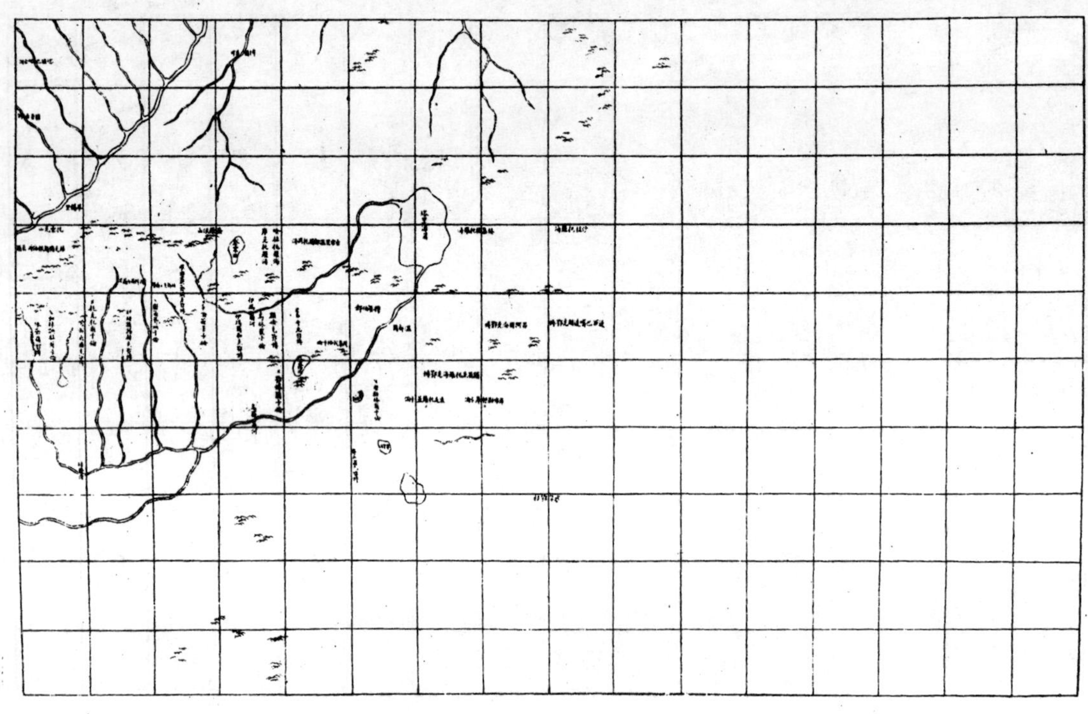

喀爾喀克魯倫巴爾和屯盟游牧圖五

南二
中

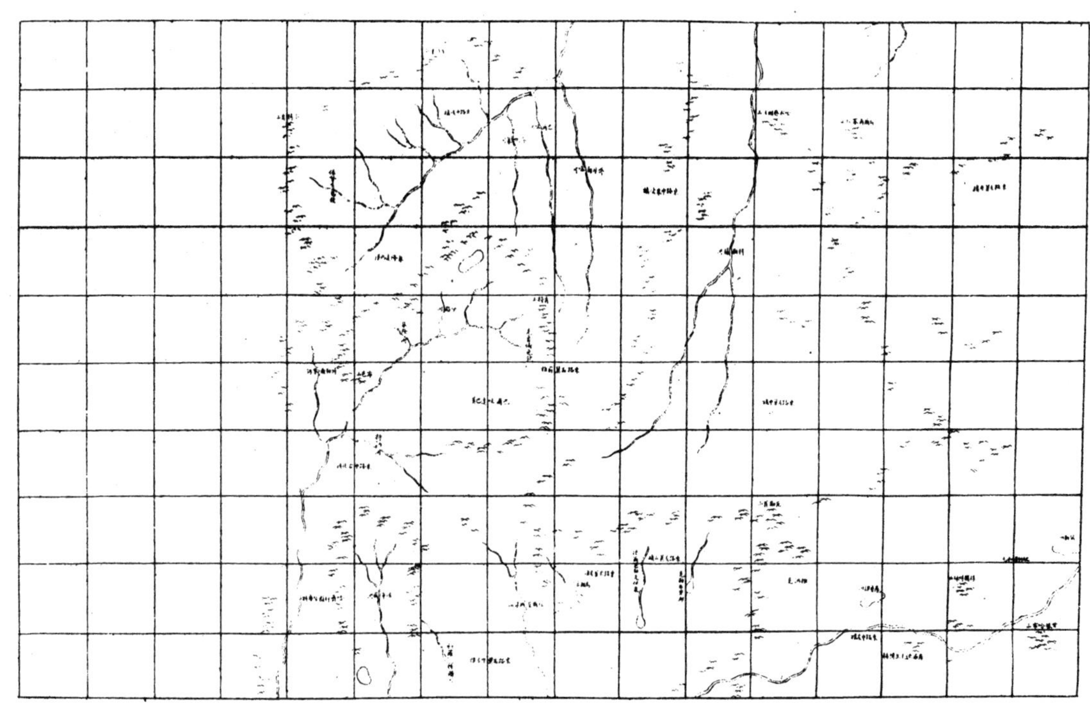

喀爾喀克魯倫巴爾和屯盟游牧圖六

南二左一

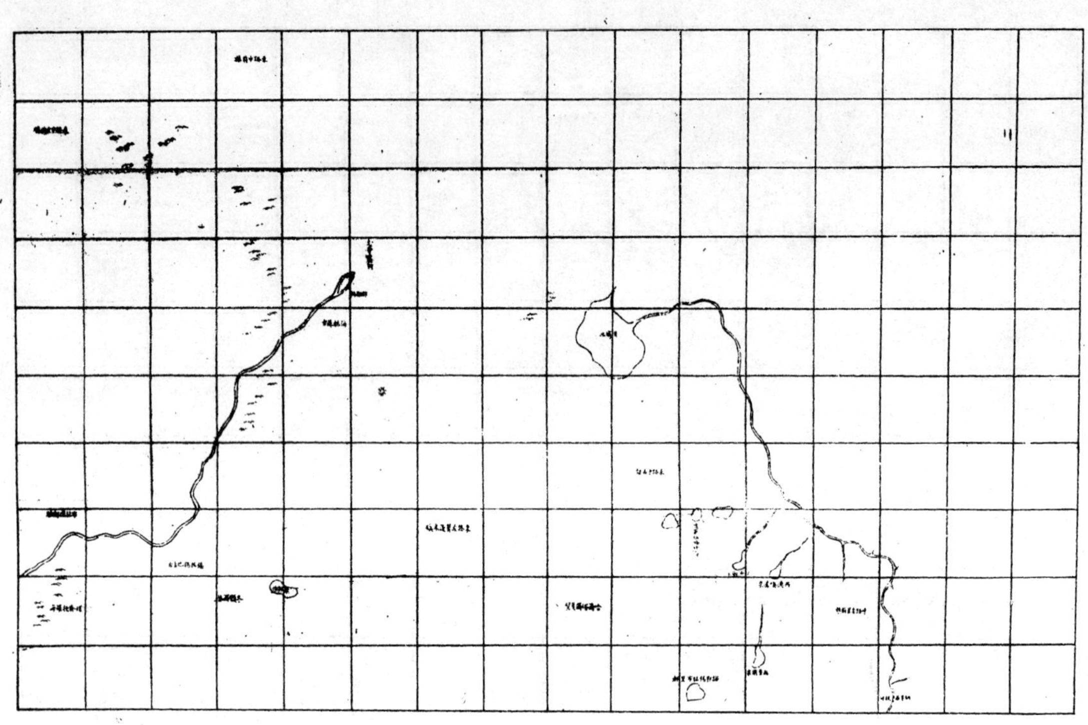

喀爾喀克魯倫巴爾和屯盟游牧圖七

南三
中

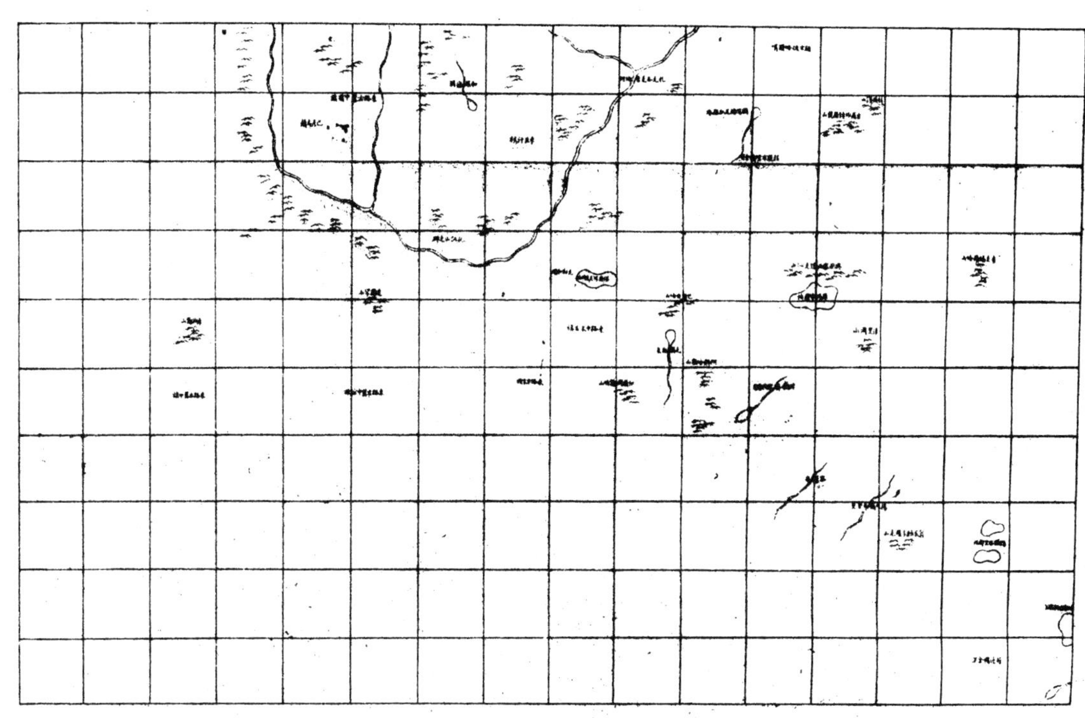

喀爾喀克魯倫巴爾和屯盟游牧圖八

南三 左一

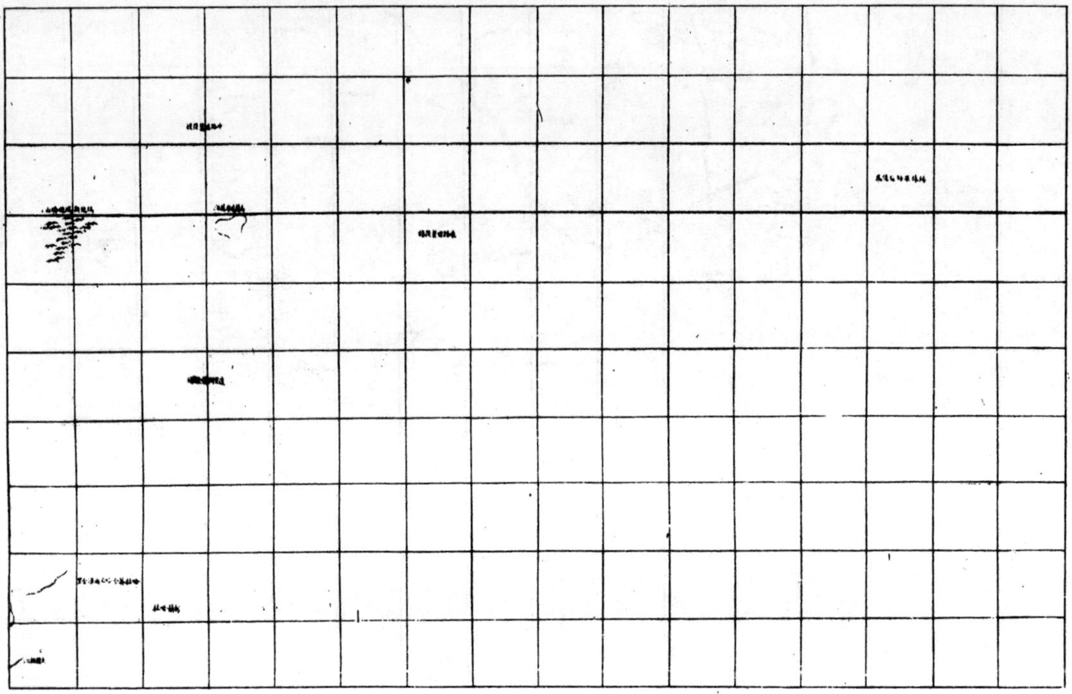

喀爾喀克魯倫巴爾和屯盟游牧圖九　南四中

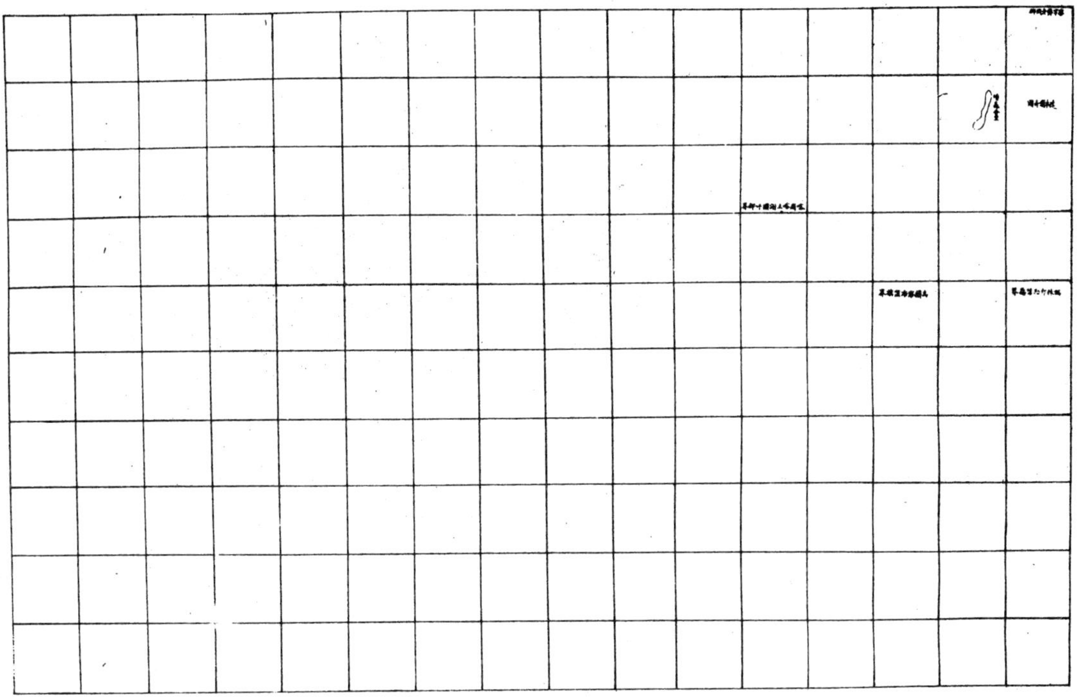

喀爾喀克魯倫巴爾和屯盟游牧圖十

南四
左一

外蒙古喀爾喀克魯倫巴爾和屯盟游牧在
京師西。車臣汗部稱東路。凡二十三旗。汗旗偏西南。
在克魯倫河陽。托訥山北。南為中末旗。北為右翼
中左旗右翼前旗。東為左翼後旗右翼後旗。東
北為右翼左旗右翼右旗中末次旗左中旗左
翼左旗中左前旗中前旗左翼後末旗中右旗
左翼前旗。西南為右翼中右旗右翼中旗。西北
為右翼中前旗中右後旗中後旗。東南為中末
右旗。左翼後旗之南為達里岡愛牧場。克魯倫
河出中右後旗肯特山東南。二源合西流右納

伊羅河集隆河。又西南經布色山東南。特納河
合一水西北流注之。又西南右納特訥爾集河。
又南經哈濟科圖努庫特西。又南經右翼中前
旗巴彥烏蘭西南。折東南流經汗旗西南。僧庫
爾河南流來注之。又經托訥山南。屈東北流經
克勒和碩北。又東北經左翼右旗西南。塔爾集
爾集河二源合東南流注之。又屈曲東北經額
古德哈爾噶北。又東經中左旗庫魯讓鄂讓南。
又經珠爾呼珠山南。東北流經左翼左旗巴拉
斯和屯南。又經篤勒鄂讓南。又東北經中左前

旗東南。又東北入黑龍江呼倫貝爾城界。倭努
肯河舊名敖嫩河。即古斡難河。亦出中右後旗
小肯特山東麓。東南流左右各合一水。折東北
二水合流南注之。又東北二水出肯特漢山合
流南注之。又東北經中後旗南。齊托襄河巴爾
喀河齊母爾哈河並北流注之。折北經安邑興
安東。庫野河合一小水東南注之。又東北公古
爾河合二水南流注之。又東北阿興阿河合二
小水南流注之。又東北鄂博爾哈蘇拉科河合
一小水南流注之。又屈曲東流。科勒蘇河出左
翼中旗境。二源合流北來注之。又東經集爾伯
勒卡倫南。巴爾集河合巴爾齊哈河庫謨里河
哈拉鄂拉河噶拉達台河齊爾渾河布庫庫穆
河東南流注之。又折東北經阿噶楚卡倫南。布
裕克圖河集爾伯圖河合南流注之。又東北經
烏爾湖特卡倫西。左納二小水。又東北克魯河
東南流注之。又東北經伯爾克卡倫北。特倫河
西南流注之。又折北經和爾泰卡倫北。塔爾巴
爾集河南流注之。又東北左納二小水。又東北
圖魯台河塔爾巴哈台河鄂勒河阿古河並南

流注之。博爾集河圖爾格河溫都河並北流注
之。恩吉德河尼布楚河折東入黑龍江城界。塔
里淖爾在中前旗北。上游為烏爾再河。出左翼
左旗西北烏爾再塞坎山北麓。三源合東北流
折東經巴彥東山南。合二水。又東北。珠齊河出
珠齊嶺南流折東合四水注之。又東北經哲格
勒圖卡倫西北。匯為泊。伊瑪爾河出其西。二源
合南流折東北。亦瀦馬貝爾池在中右旗北。上
游為喀爾喀河。自黑龍江呼倫貝爾城西流入
界。經左前旗東。納墨爾根河出旗東南。合博羅
河一名哈爾達蘇台河西北流注之。又西北經
中右旗東。又西北瀦為貝爾池。與呼倫貝爾城
接界。肯特山在中後旗中右後旗西。東界黑龍
江呼倫貝爾城。西界土謝圖汗部。南界內蒙古
錫林郭勒盟烏蘭察布盟諸旗。北界俄羅斯。

欽定大清會典圖卷二百六十八

輿地一百三十

喀爾喀札薩克必拉色欽畢都里雅諾爾盟游牧圖

喀爾喀札薩克必拉色欽畢都里雅諾爾盟游牧圖一

中

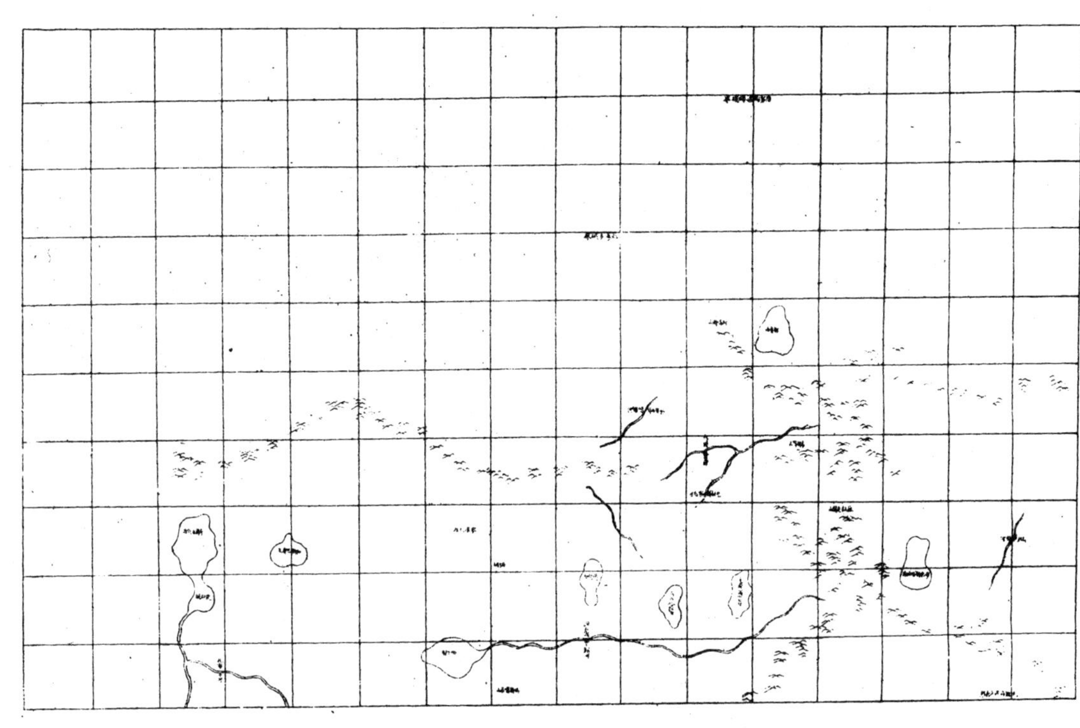

喀爾喀扎薩克必拉色欽畢都里雅諾爾盟游牧圖二 中左一

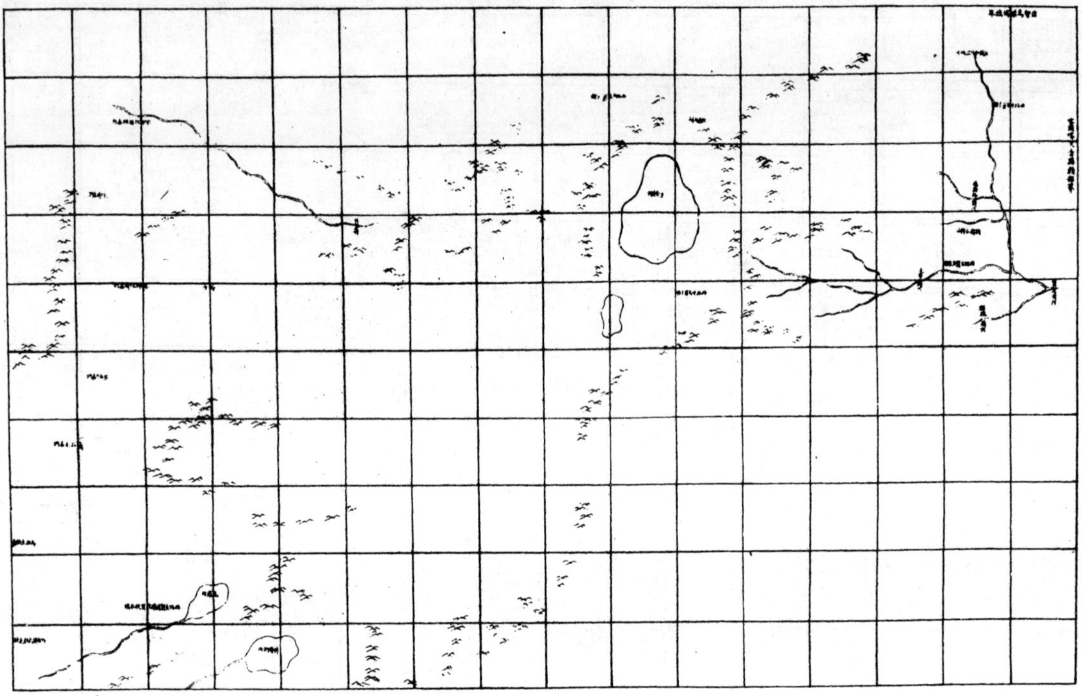

喀爾喀扎薩克必拉色欽畢都里雅諾爾盟游牧圖三 南一右一

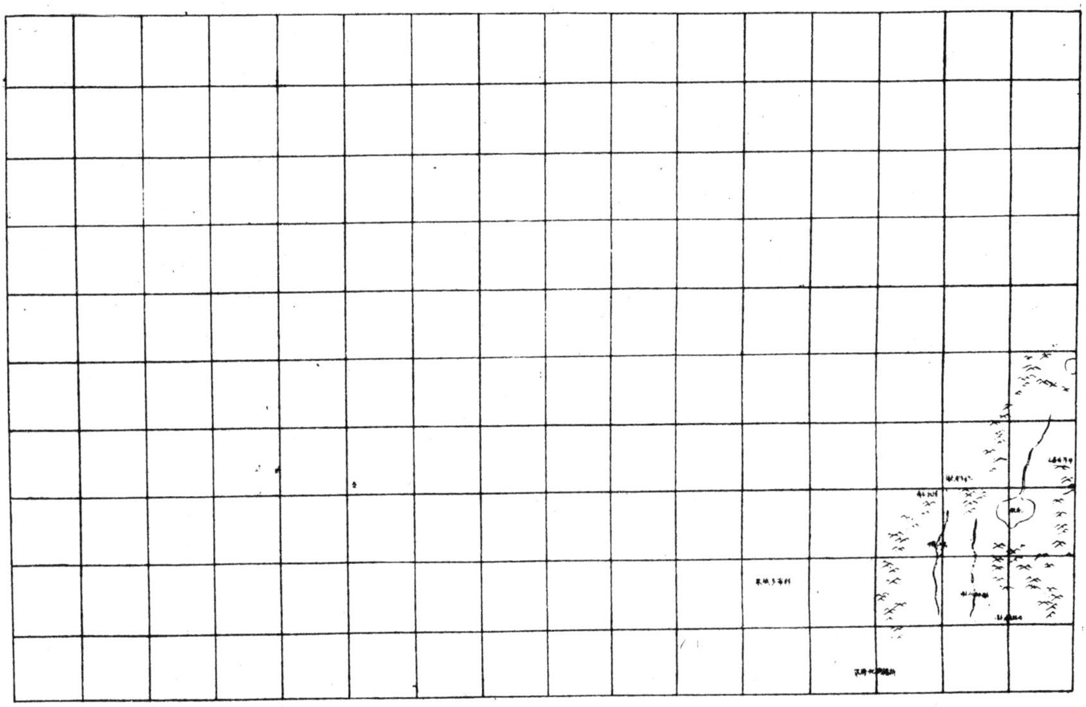

喀爾喀扎薩克必拉色欽畢都里雅諾爾盟游牧圖四 南一中

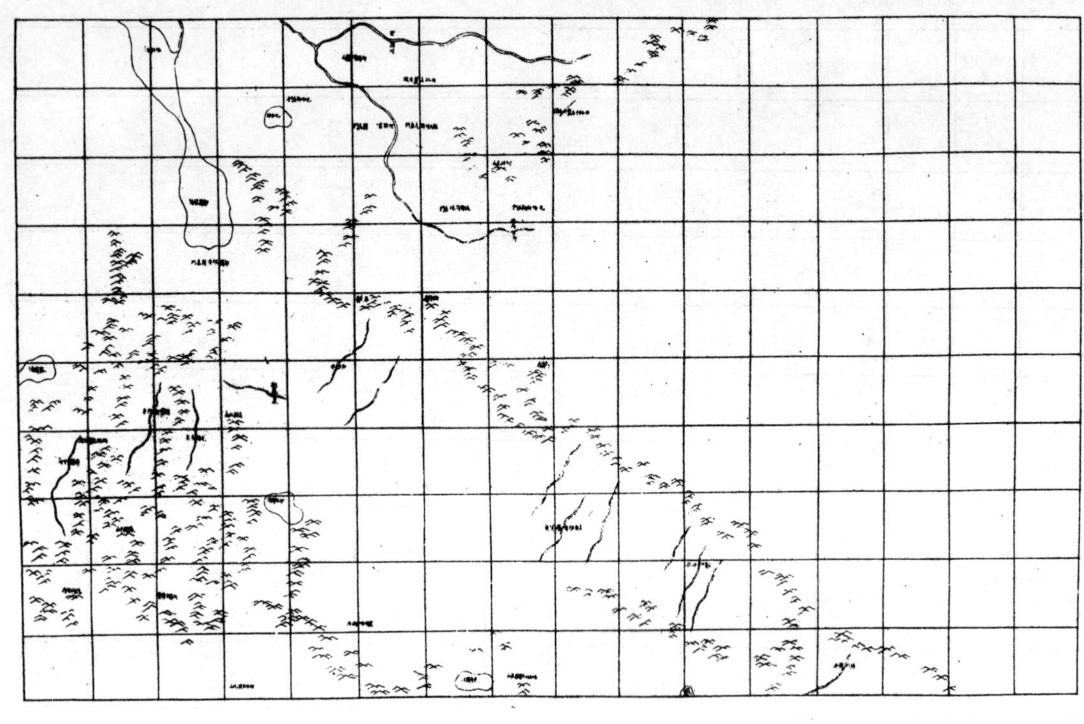

喀爾喀扎薩克必拉色欽畢都里雅諾爾盟游牧圖五
南一
左一

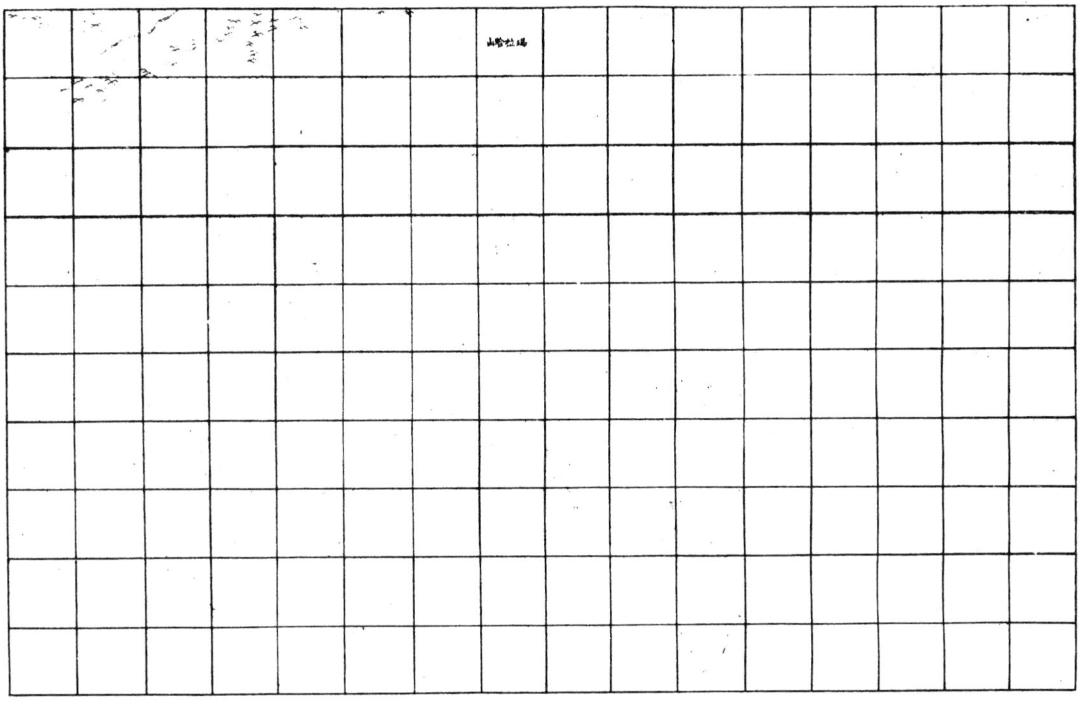

喀爾喀扎薩克必拉色欽畢都里雅諾爾盟游牧圖六 南二中

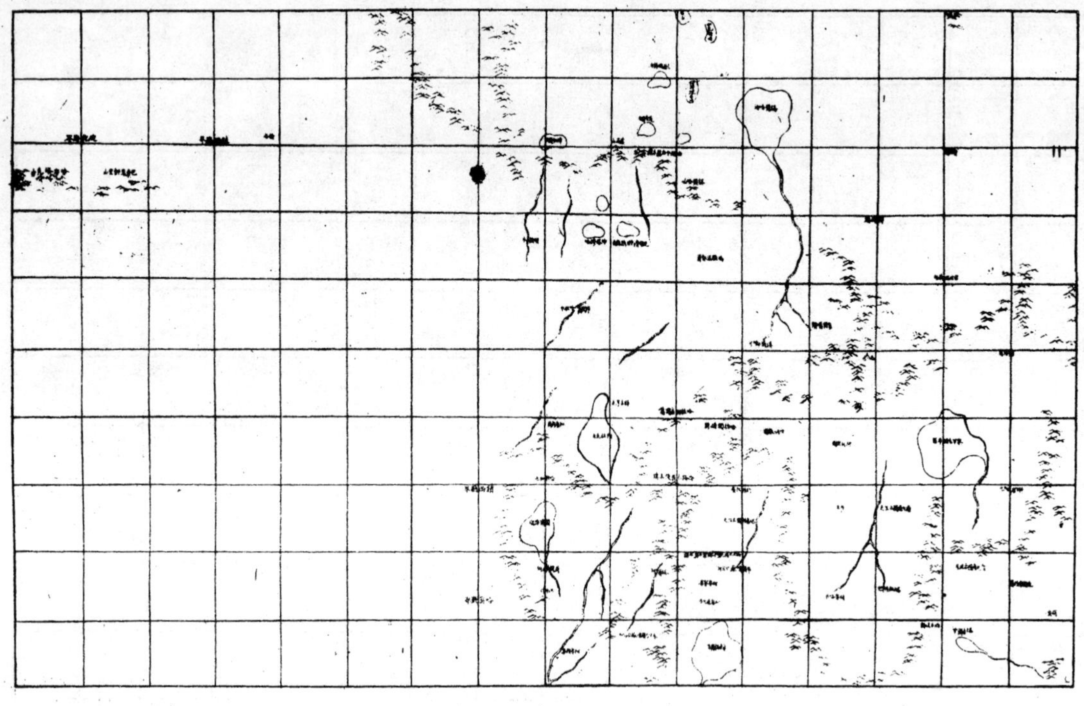

喀爾喀札薩克必拉色欽畢都里雅諾爾盟游牧圖七　南二左一

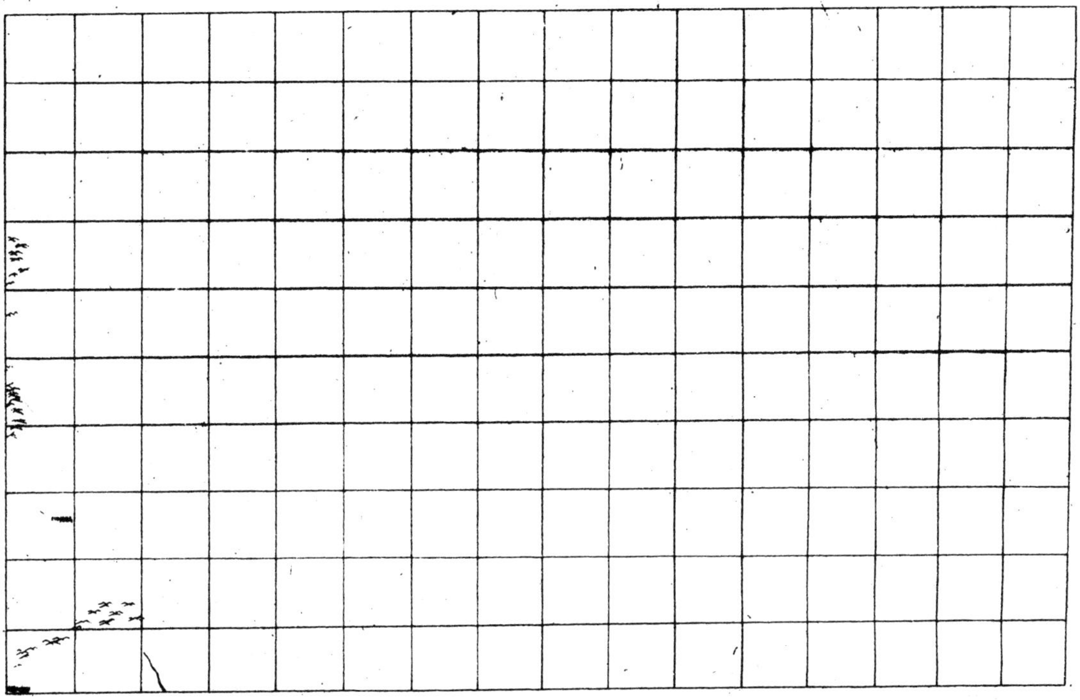

喀爾喀扎薩克必拉色欽畢都里雅諾爾盟游牧圖八 南三中

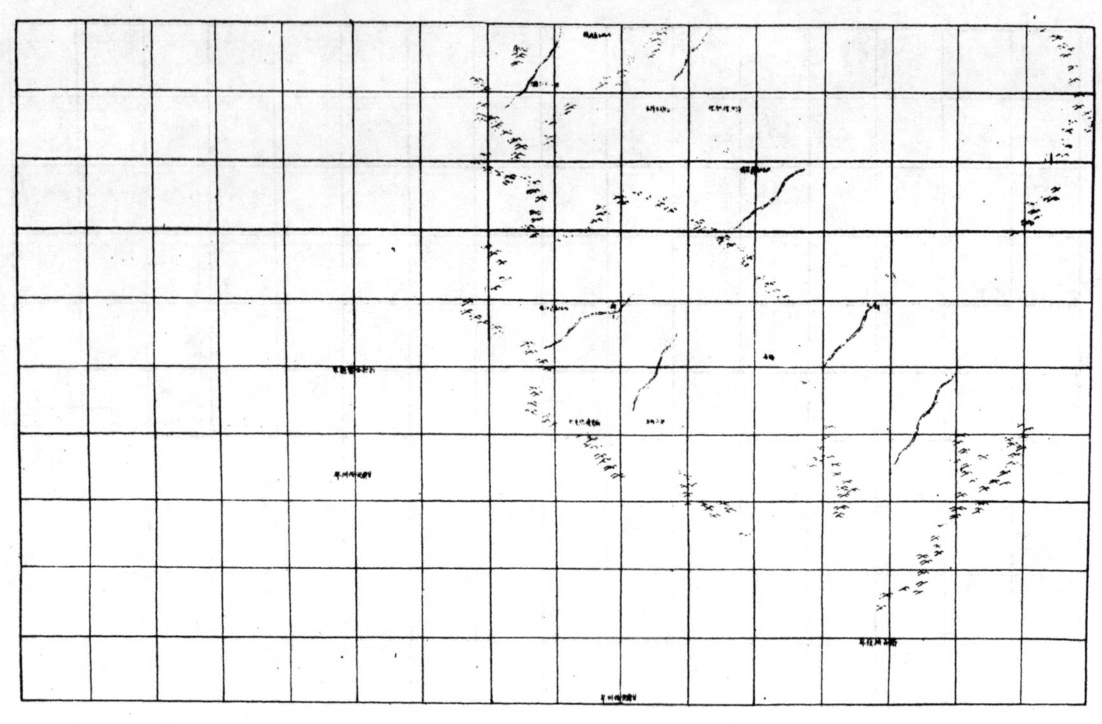

喀爾喀扎薩克必拉色欽畢都里雅諾爾盟游牧圖九 南三左一

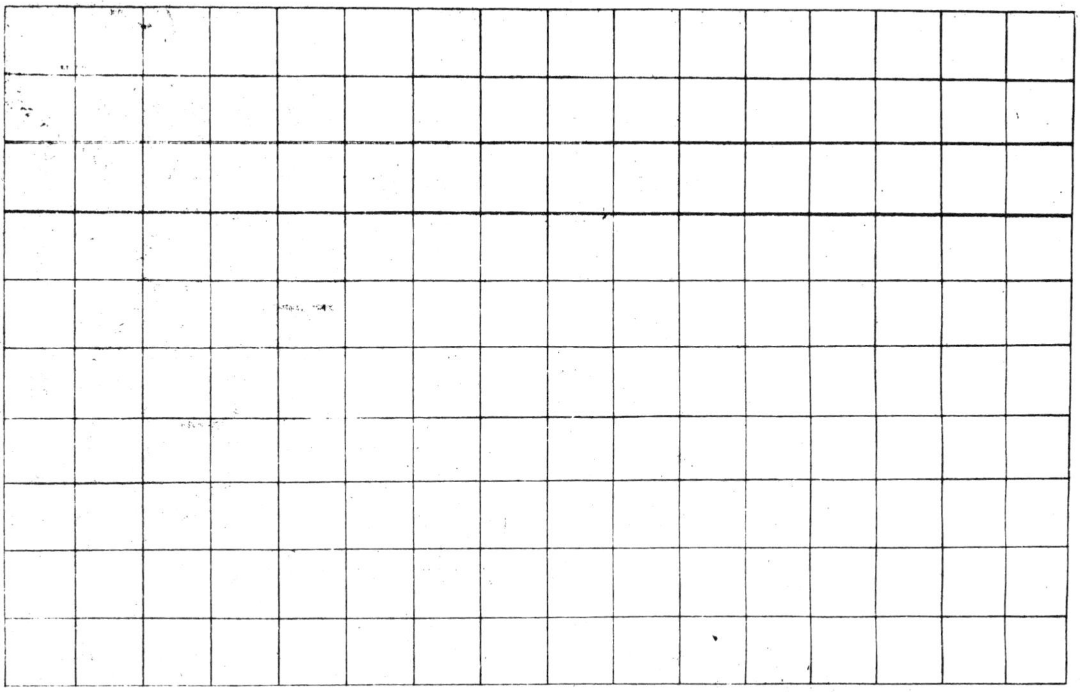

外蒙古喀爾喀札薩克必拉色欽畢都里雅諾爾盟游牧在

京師西北。札薩克圖汗部稱西路。凡十八旗附輝特一旗。汗旗偏西南臨博格爾泊。與右翼左旗同游牧。東南為右翼右旗。西南為右翼前旗左翼後旗。西北為右翼後末旗中右翼末旗左翼中旗右翼後旗二旗同游牧中右翼左旗左翼右旗中右翼末次旗左翼左旗。東北為輝特旗左翼前旗左翼後末旗同游牧中左翼左旗中左翼右旗右翼右末旗中左翼末旗。札布干河自三音諾顏部西北流入界。經中右翼末次旗南阿拉克山南麓。又西流折北。經左翼左旗西。又西北至阿爾噶靈圖山西。空歸河東流來注之。又西北合奇爾吉斯泊愛拉克泊水。緣科布多界折南流匯為哈拉泊。又南為都爾根泊。瀦烏德勒格爾河自唐努烏梁海南流入界。托爾和里碩和亦自唐努烏梁海南來注之。又南右納一水。又南布克綏河出鄂爾伯吉山東南麓合四水東流注之。折東南。額德爾河自三音諾顏部來緣界東流注之。又東南入三音諾顏部界。桑錦達賴在中左翼左旗中左翼右旗之閒。特思河出中左翼左旗西唐努山南麓。西北流經察罕托羅輝嘉們北。入唐努烏梁海界。尾滚泊特爾們泊在其南。各一水東流瀦焉。哈拉泊在左翼後末旗西。謨機爾空歸河西流瀦焉。其東北有噶順泊。圖都哈拉泊達蘭圖魯泊布色特哈拉泊都魯泊。特爾格里河出布胡圖山西。流南出一支曰杭吉察克河分流入於沙。烏拉克欽河察罕布爾噶蘇河並入於沙。錫爾哈河出輝特旗西南。合二水屈曲北流經旗西北瀦為泊。博格爾泊在汗旗東南。阿拉克泊在右翼後末旗西。圖爾庫爾在其西南。察罕克爾泊在輝特旗東南。一水西北流瀦焉。珠其爾泊在右翼右旗東南。伊克爾泊在旗東。齊齊克泊在旗西。察罕泊在旗西北。東界三音諾顏部。西界科布多新疆迪化府鎮西廳哈密廳。南界甘肅安西州西套額濟納土爾扈特旗。北界唐努烏梁海。

欽定大清會典圖卷二百六十九

輿地一百三十一

科布多所屬蒙古游牧圖

科布多所屬蒙古游牧圖一

中

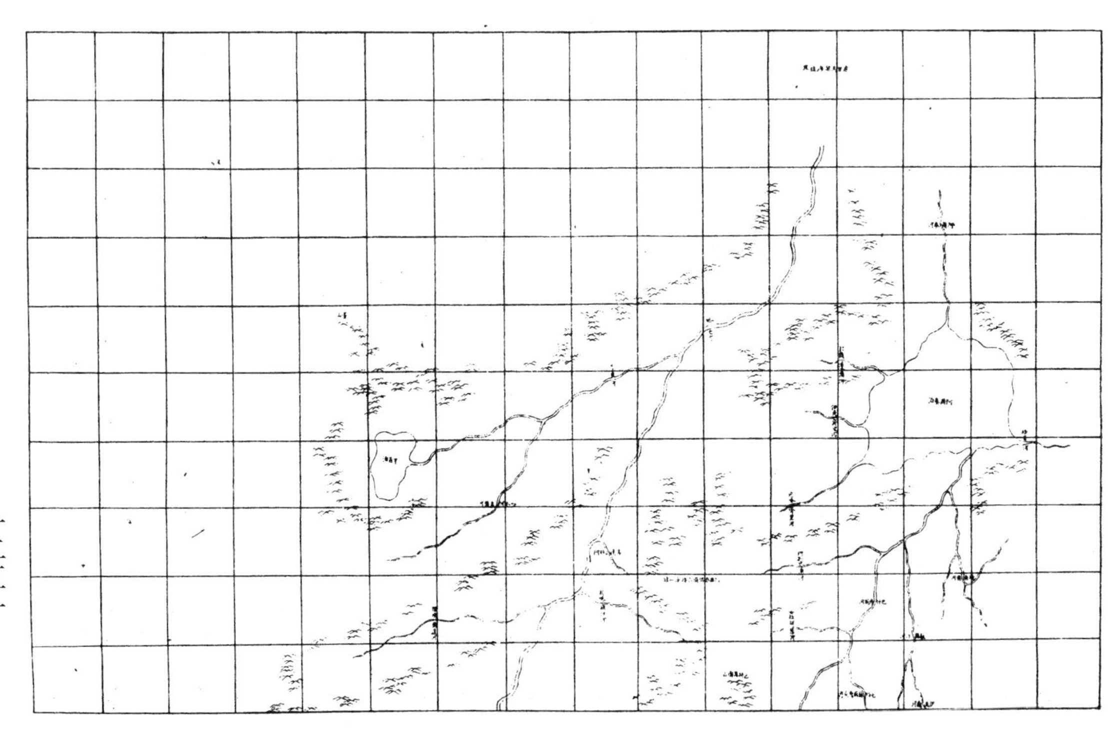

科布多所屬蒙古游牧圖二

南一中

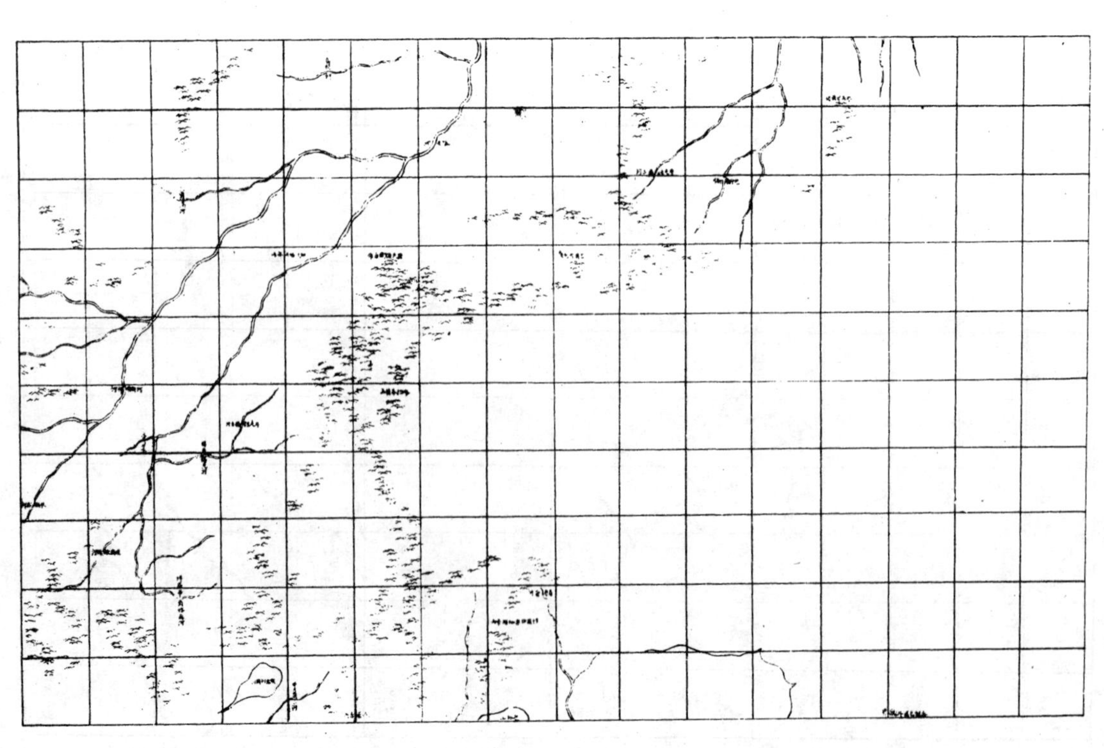

科布多所屬蒙古游牧圖三

南一
右一

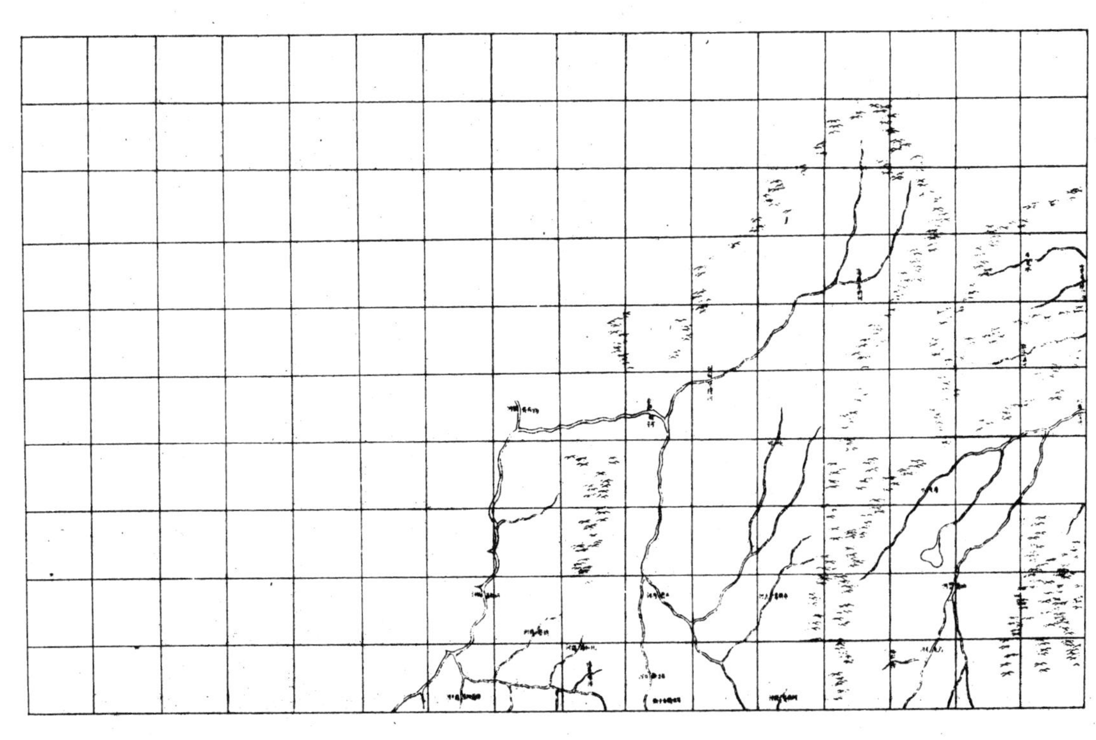

科布多所屬蒙古游牧圖四 南二中

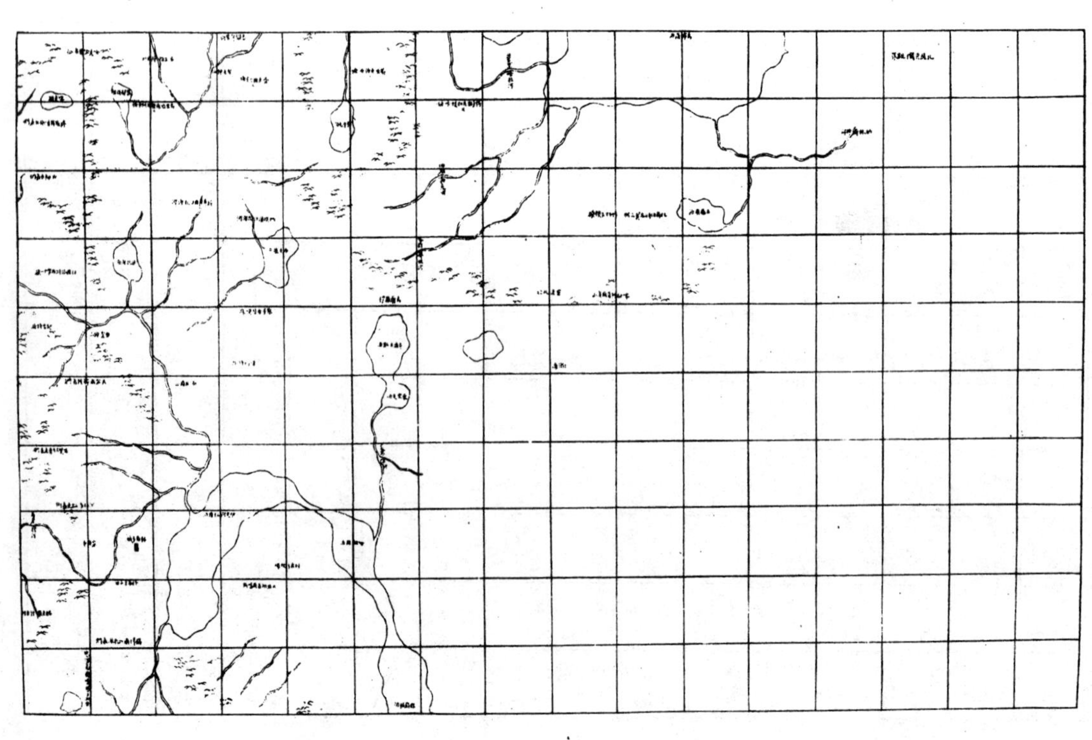

科布多所屬蒙古游牧圖五

南二
右一

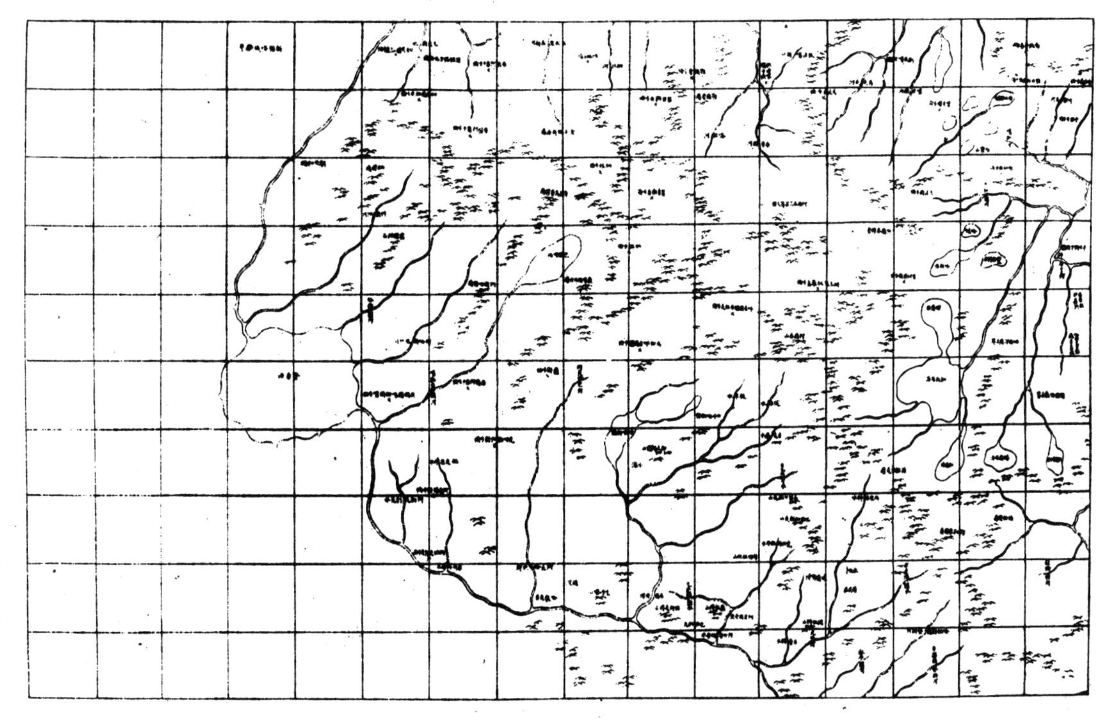

科布多所屬蒙古游牧圖六
南三中

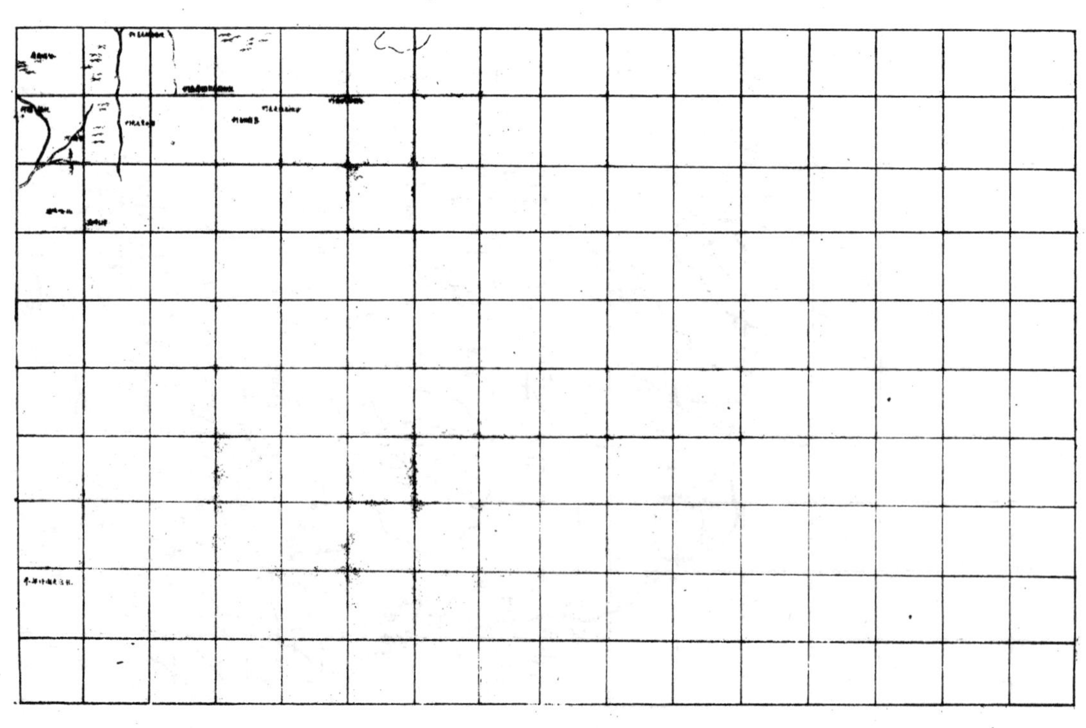

科布多所屬蒙古游牧圖七

南三右一

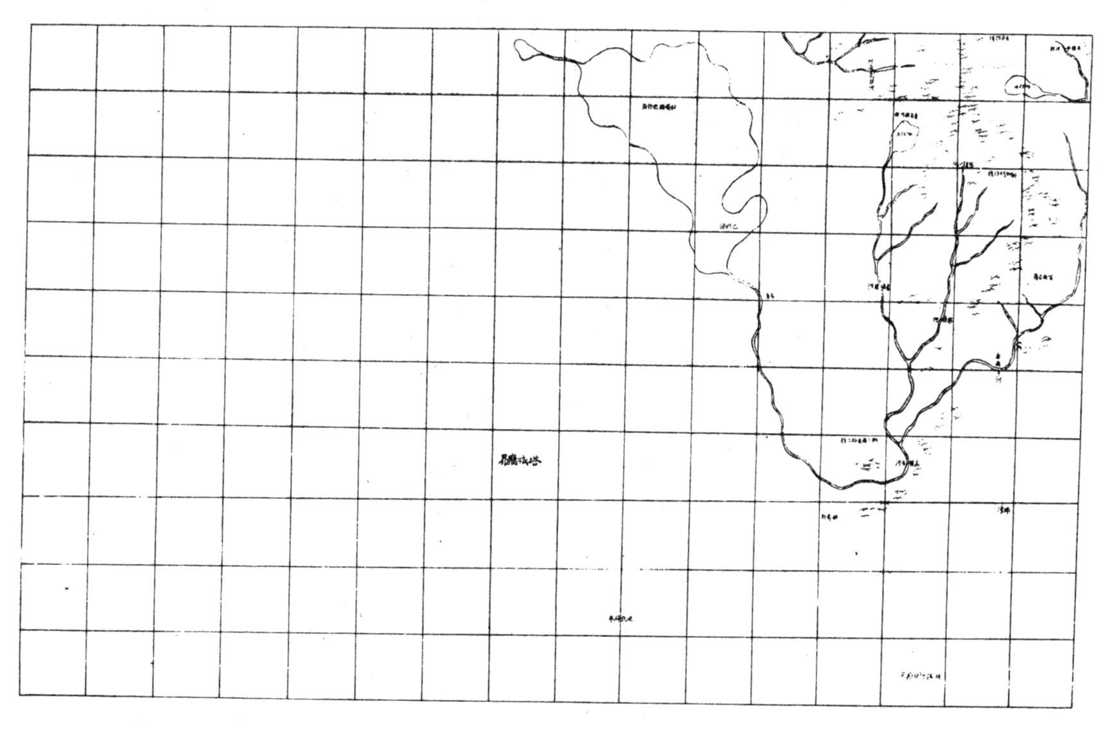

科布多所屬蒙古游牧在
京師西北凡七部曰杜爾伯特曰輝特曰明阿特
曰札哈沁曰新和碩特曰新土爾扈特曰烏梁
海共三十旗東起杜爾伯特左翼三旗輝特下
後旗同游牧西為杜爾伯特右翼十一旗輝特
下前旗同游牧又西為阿爾泰烏梁海七旗東
北為阿爾泰諾爾烏梁海二旗杜爾伯特之南
為明阿特旗又南為札哈沁旗新和碩特旗又
南為新土爾扈特二旗科布多城在明阿特旗
南伊克阿拉爾泊北參贊大臣幫辦大臣共治
焉科布多河上源曰索郭克河出杜爾伯特右
翼西北境合數水東南流和通泊和托昂泊輝
漢泊諸水合而東北流復合哈拉泊水和圖河
東流注之又屈曲西南托爾博泊塔爾巴泊二
水合北流注之是為科布多河折東右納一水
又東經旗南洪郭爾鄂隆嘉們北二水合北流
注之又東經庫靈圖山北齊克爾台河出旗東
北合根德克圖泊水烏里雅蘇圖河戴舒爾泊
水匯為沙札海泊復南出注之折東南錫博爾
沙札海河合一水西南流注之又東南經科布
多城東北一水出黃覺舒魯嘉們西一水出沙
拉布拉克嘉們西並東南流注之又東南經城
東北布彥圖河出阿爾泰烏梁海旗東境合錫
克爾什台河德倫特河東流經城北又東北注
之又東南注伊克阿拉爾泊南受二水其東為
哈拉泊又南為都爾根泊札布干河自喀爾
喀札薩克圖汗部來西流合奇爾吉斯泊愛里
克泊水緣界南流入哈拉泊瀦焉烏龍古河上
源二東源曰布爾干河出阿爾泰烏梁海旗東
南境南流右合哈拉泊水左合索必爾河岳羅
圖河經新和碩特旗東西南流右納三水經新
土爾扈特旗東會西源西源曰青吉爾河亦出
阿爾泰烏梁海旗西南境上承哈拉泊南流左
納二水察漢河合二水西南流注之又南與東
源會是為烏龍古河折西流經旗南胡齊斯北
屈西北經薩爾巴圖山北匯為巴噶泊又北為
赫薩爾巴什泊瀦焉泊亦名烏龍古湖即古乞
則里八海也其西岸為新疆塔城廳界額爾齊
斯河出阿爾泰烏梁海旗東山麓二源東曰華
額爾齊斯河西南流西曰哈拉額爾齊斯河南

流與東源合。是為額爾齊斯河。左納阿爾克河。折西北右納蘇布圖河。又西北。克林河舊曰齊蘭河。合罕達海圖水而木里特水古魯特水西南流注之。又西北阿什魯庫魯水合克什布拉克水乞必斯朗水南流注之。又西布爾崇河舊名博爾集河。上承喀喇斯湖水。合浣木河梭木河吉克嶺水白克得可水南流注之。又西北阿克哈巴河舉列子克水阿勒克別克水並南流注之。又北噶勒吉爾河舊名哈雅爾巴斯河。上承巴爾哈泊水西南流注之。又西匯為齋桑泊。

阿哈爾巴什河哈柳圖河亦西南流瀦焉。又西北出仍名額爾齊斯河。科爾沁河舊名輝齊爾河西南流注之。折東北經虧屯和碩西。又東北經舊和尼邁拉虎卡倫北。烏克爾水東北流注之。又東北納林河出舊卡倫南。西北流合博集海河托和羅圖河溫都里烏蘇河博魯爾河庫蘭阿集爾干河注之。又北會布魯爾河。河出旗西阿爾泰山北麓。西北流合欽達噶圖河喀拉河北流。右納阿爾察圖河。折西北右納布爾噶克河。又西北。吹河二源合西南流注之。又西昌吉斯台河北流注之。折北左納一小水。又北布克圖拉穆河合海爾庫捫河西南流注之。折西南與額爾齊斯河會。額爾齊斯河又北入俄羅斯界。烏布薩泊在杜爾伯特左翼旗東北。東北跨唐努烏梁海境。受其界內西南來諸水。東南有納林蘇穆河合古薩泊水西流折北瀦焉。西南有哈爾齊拉河坤都勒克河並東北流瀦焉。西有薩克里哈拉河。西北有布奢圖河並瀦焉。阿爾泰泊。在阿爾泰諾爾烏梁海旗東北。上游為巴什庫斯河。出旗南境二源合北流。左合庫克

額爾吉河。折東北右合巴哈蘇爾魯克河。又北哈拉胡集爾河阿斯巴圖河並東流注之。敖爾漢河合沙克蘭河與綽爾齊河並北流注之。又東折北匯為泊。格吉河出其東巴哈齊里河伊克齊里河郭爾達爾河出其西分流注之。復北出為阿爾泰河。北流入唐努烏梁海界。哈屯河上游為納爾噶河。出阿爾泰諾爾烏梁海旗南境。二源。東曰噶老圖河。三水合西北流。西源曰烏克克河。三水合東北流。相會北流為納爾噶河。屈曲東北。庫克水合一水與札斯台河並東

北流注之。又東北鄂衣滿河合哈集爾庫捫河庫克水東流注之。又東北札爾滿河東流注之。又東會達爾欽圖河。河又名吹河。亦出阿爾泰諾爾烏梁海旗南境東北流。博羅爾布爾格蘇河合一水西北流注之。又東北博爾錫克河庫克額爾吉河合西流注之。左納察罕水。又東北經阿爾和碩西。又東北與納噶爾河會。是爲哈屯河。折東北左納烏賴河僧瑪爾達河。右納札喀胡什河喀達林河。又東北亨吉河上承亨吉泊東流合哈拉胡吉爾河注之。又東北入唐努烏梁海界。阿爾泰山即金山。在阿爾泰烏梁海旗境。東界唐努烏梁海喀爾喀札薩克圖汗部。西界新疆塔城廳。北界俄羅斯及哈薩克。南界新疆迪化府。

欽定大清會典圖卷二百七十

輿地一百三十二

唐努烏梁海游牧圖

唐努烏梁海游牧圖一

中

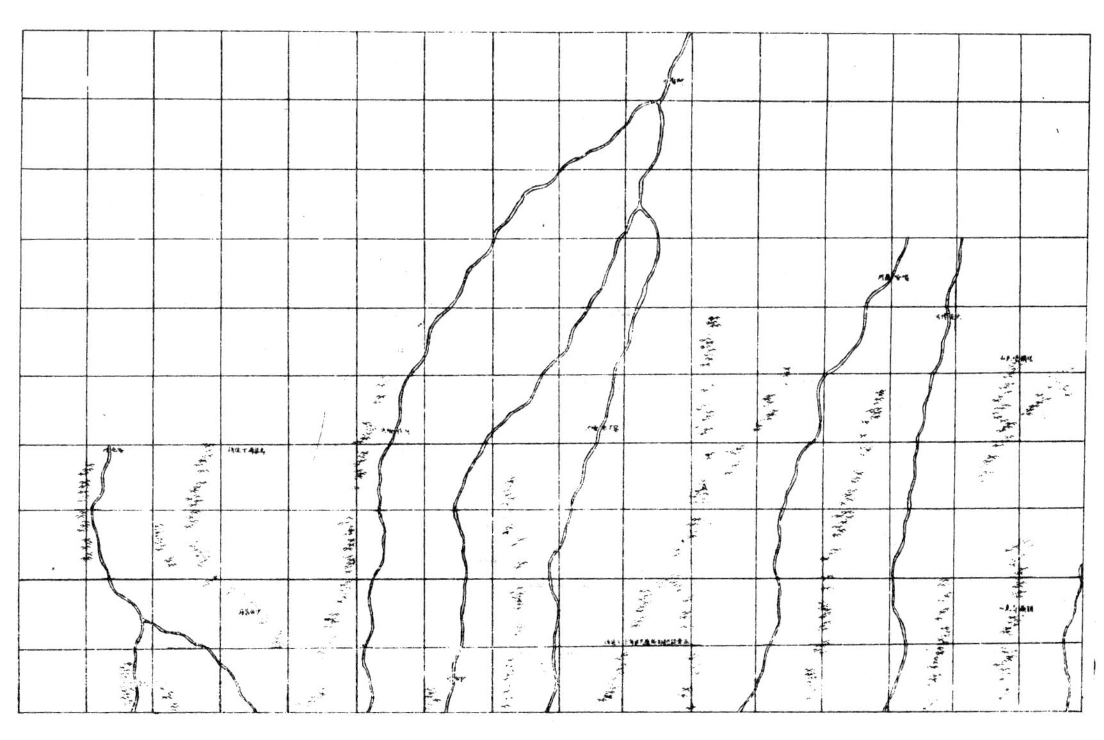

唐努烏梁海游牧圖二

中左一

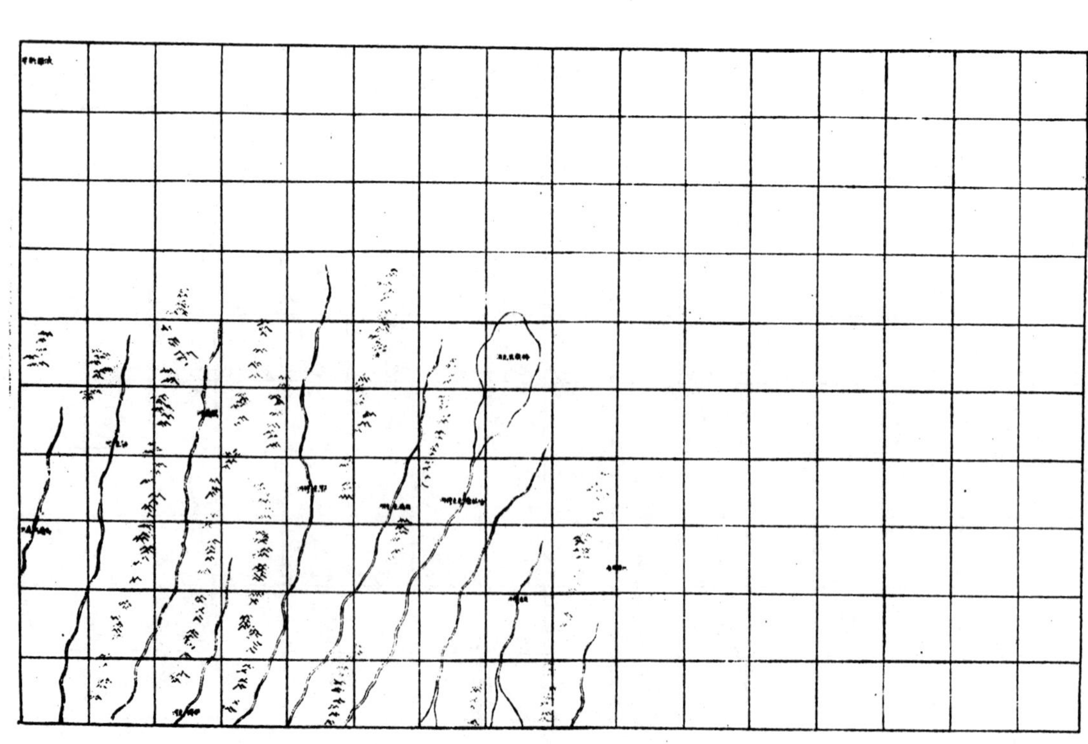

唐努烏梁海游牧圖三 南一 中

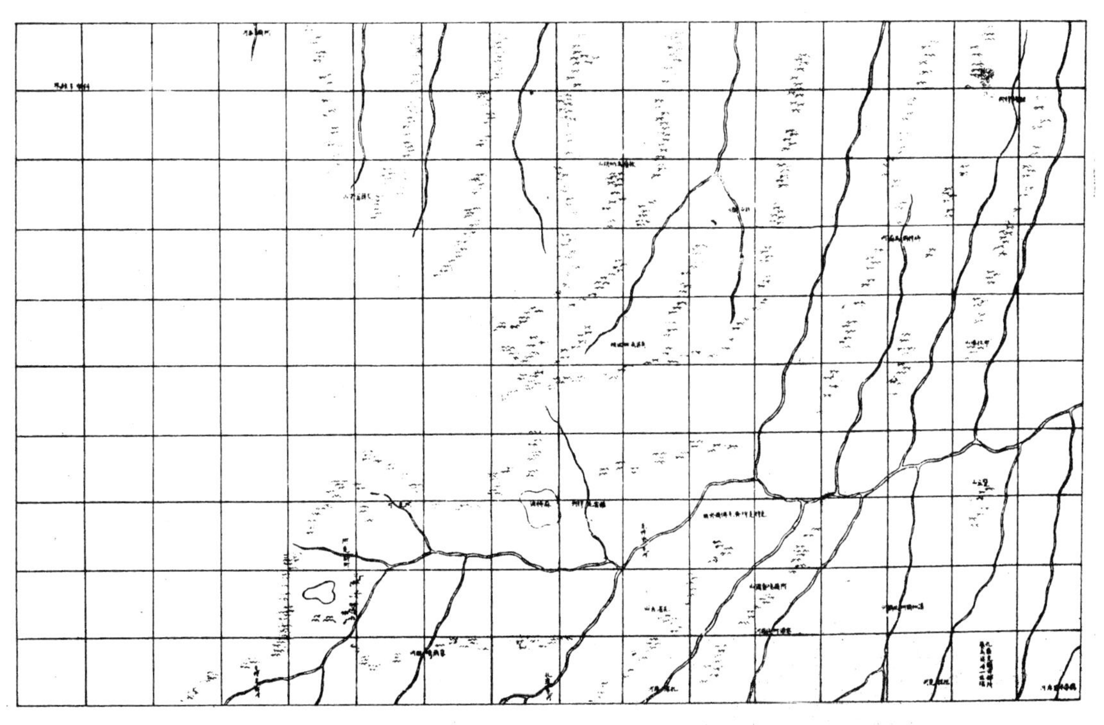

唐努烏梁海游牧圖四

南一　左一

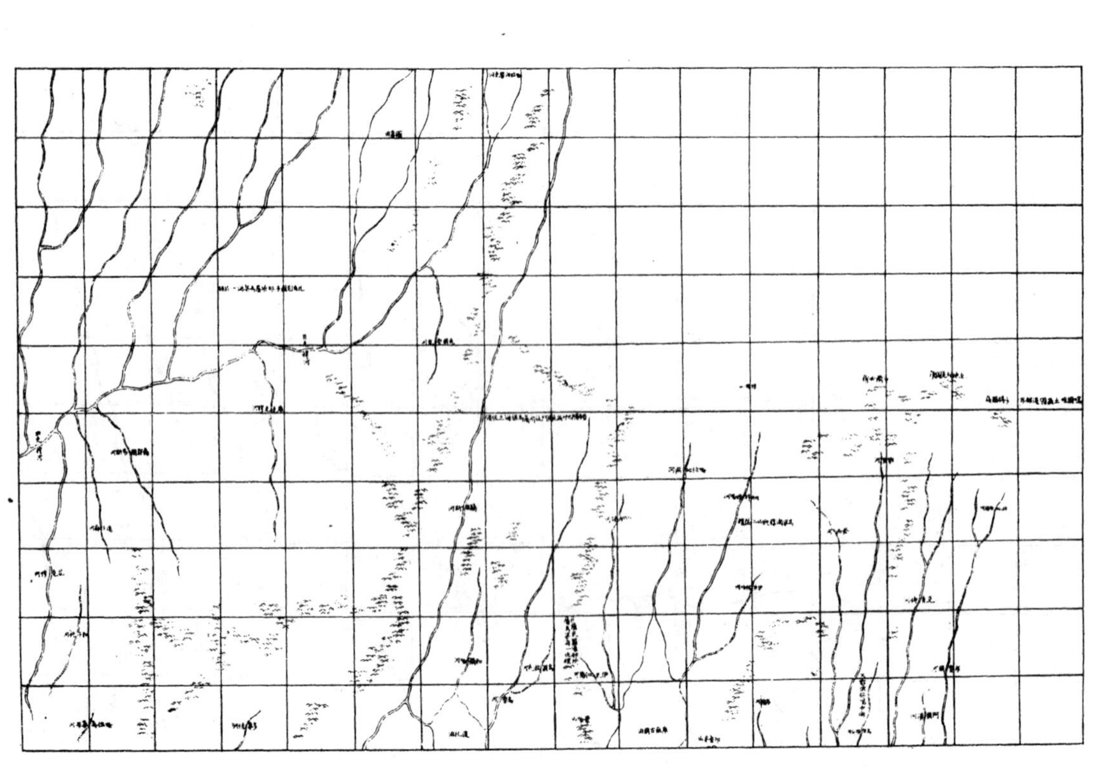

唐努烏梁海游牧圖五

南二左一

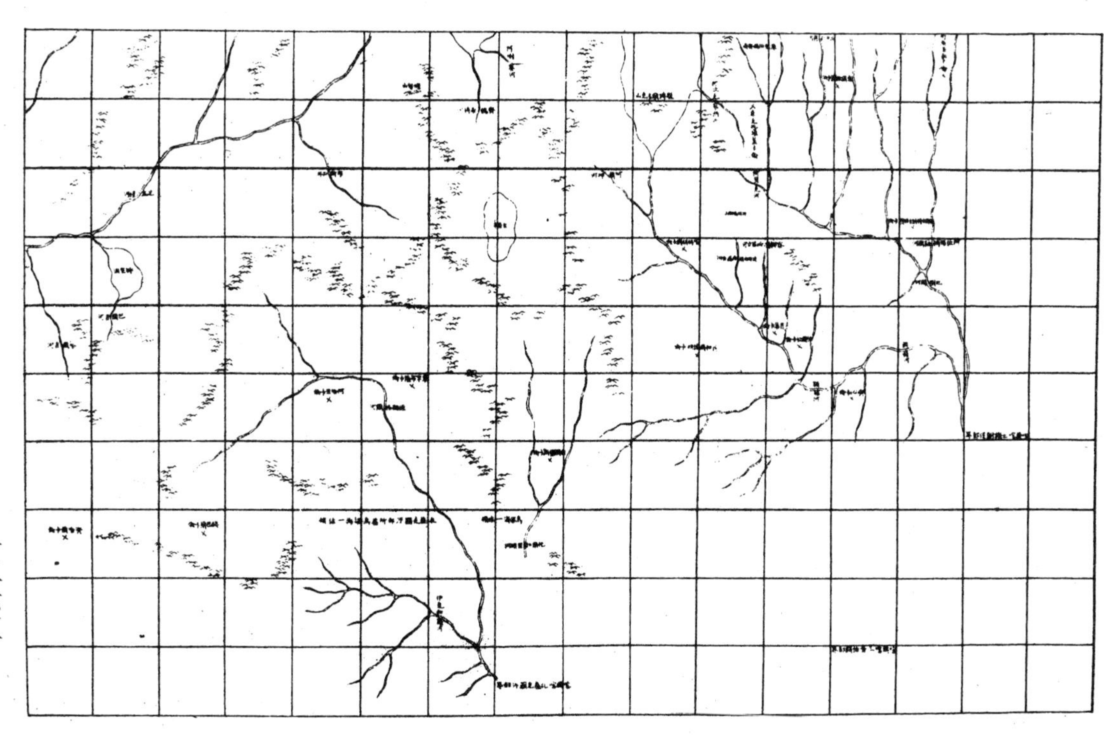

唐努烏梁海游牧圖六

南二中

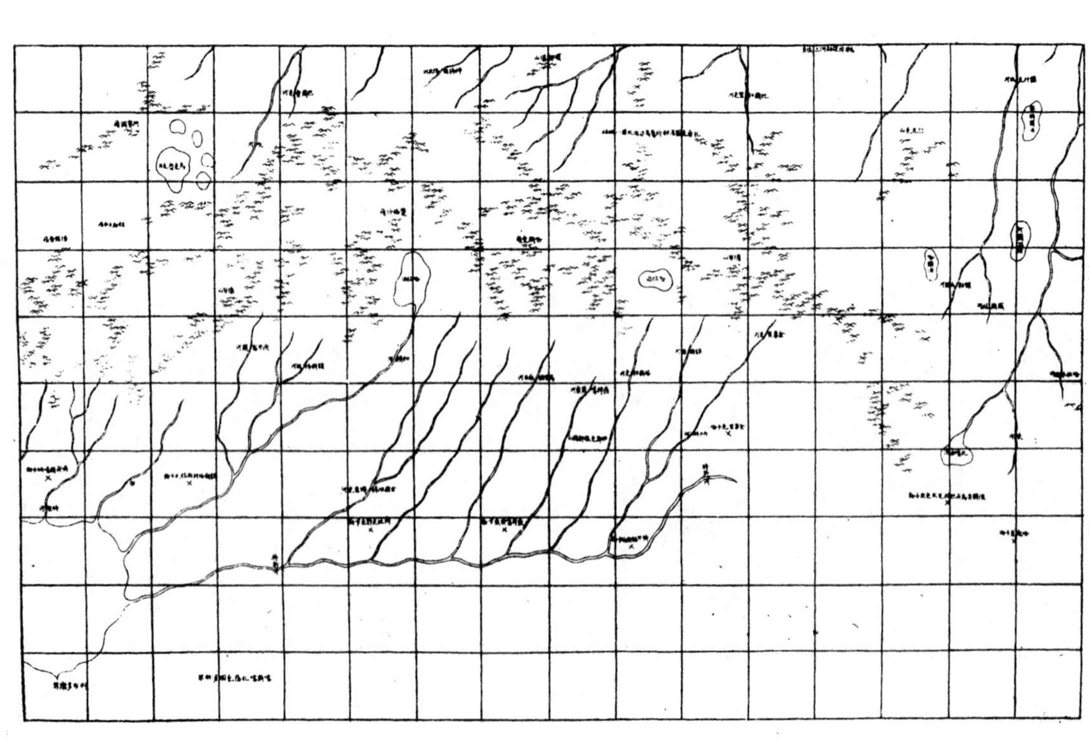

唐努烏梁海游牧圖七

南二
右一

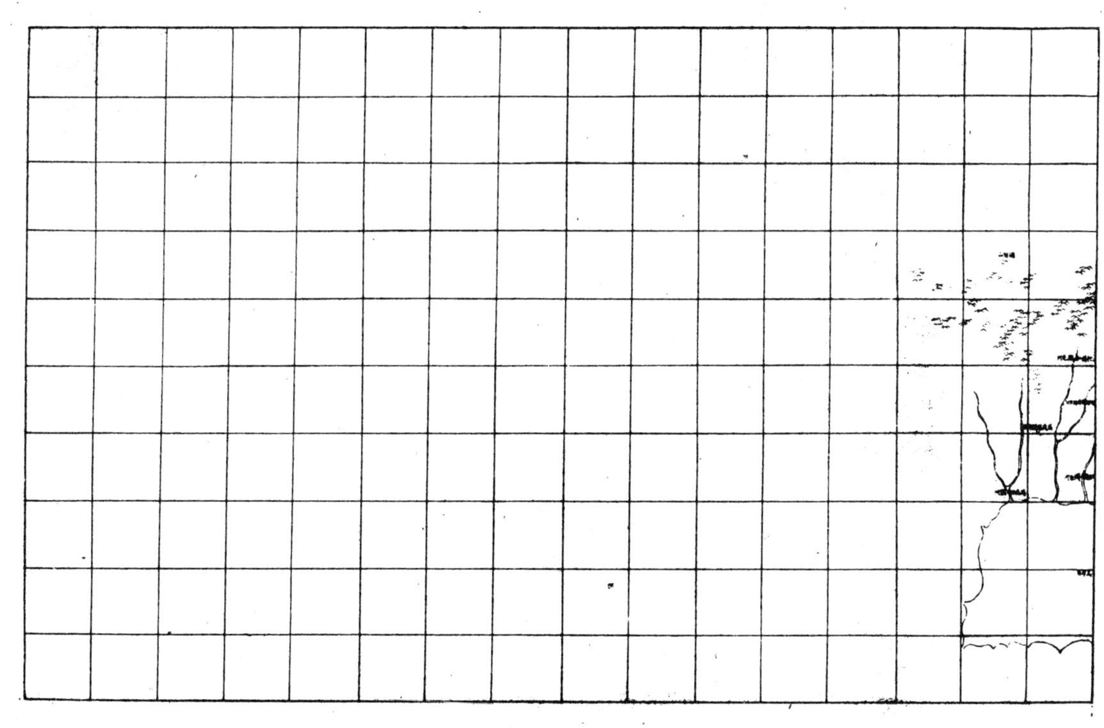

唐努烏梁海游牧在
京師西北分隸於定邊左副將軍及三音諾顏部札薩克圖汗部哲布尊丹巴呼圖克圖共四十八佐領定邊左副將軍所屬二十五佐領其二在德勒格爾河東岸其二在穆遜山南其四當貝克穆河西流處其三當謨爾阿拉河源其四當噶哈爾河源其十跨阿爾泰河阿穆哈河三音諾顏部所屬十三佐領俱南依鄂爾噶汗山札薩克圖汗部所屬五佐領其一在庫蘇古爾泊北其一在德勒哲河西岸其一在貝克穆河華克穆河之閒其一在謨什克河西其一當札庫爾河源哲布尊丹巴呼圖克圖所屬三佐領在道托泊北伊克穆河一作大克穆河即古謙河二源曰華克穆河曰貝克穆河華克穆河上源曰騰吉斯河出托羅斯嶺南流道托泊舊作陶托泊匯和爾哈河烏魯河烏圖拉克河阿喇賽河齊錫希肯河西出注之又西南左納布斯必河右納多集穆河是名華克穆河又西南巴爾吉河北流匯為特里泊西北出注之折西左納哈爾吉河又西札噶台泊水東北流合吹河哈拉木倫河注之折北流右納哈拉烏集布河和卜托河左納錫集木克木河又北會貝克穆河河出華克穆河源之西南流為哈拉伯魯克泊西南出右納圖集泊水折西左納庫克克穆河又西哈塔薩克克河上承特爾里克泊水西南流右合伯德克穆河注之又西鄂克穆河南流注之又西左納轟郭爾烏斯河達卜蘇河右納伊博克河又西與華克穆河會是為伊克穆河又西圖蘭河合鄂克河西南流注之又西謨什克依河上承圖爾根河額勒古斯河北流注之又西巴拉克河東北流注之烏蘭烏蘇河南流注之又西經布拉汗山南甕衮山北謨和爾阿拉爾河合一水屈曲北流注之又西額錫穆河南流注之又西察漢阿拉爾河合托爾和里克河東北流注之特穆爾烏蘇河南流注之又西札庫爾河合三水西北流注之又經克穆克穆齊克博爾齊爾北折北流會克穆克齊河河出唐努山西麓東流吹河巴爾魯克河合東北流注之又東北阿克斯河阿克河並東南流注之又東集爾噶胡河東北流注之又經蘇特泊